2015

中国发展报告

CHINA DEVELOPMENT REPORT

中华人民共和国国家统计局 编

中国统计出版社
China Statistics Press

图书在版编目（CIP）数据

中国发展报告．2015 / 中华人民共和国国家统计局编．-- 北京 : 中国统计出版社，2015.6

ISBN 978-7-5037-7445-4

Ⅰ．①中… Ⅱ．①中… Ⅲ．①中国经济－经济发展－调查报告－2015 ②社会发展－调查报告－中国－2015
Ⅳ．①F124

中国版本图书馆 CIP 数据核字（2015）第 127373 号

中国发展报告 2015

作　　者 / 中华人民共和国国家统计局
责任编辑 / 许立舫
装帧设计 / 张　冰　黄　晨
编辑部电话 /（010）63376925、63376872、63376918（传真）
编辑部信箱 / cbsyb@gj.stats.cn
网　　址 / http://csp.stats.gov.cn
出版发行 / 中国统计出版社
通信地址 / 北京市丰台区西三环南路甲 6 号　邮政编码 /100073
电　　话 / 邮购 (010)63376907　书店 (010)68783172
印　　刷 / 北京画中画印刷有限公司
经　　销 / 新华书店
开　　本 / 880×1230mm 1/16
字　　数 / 860 千字
印　　张 / 33.5
版　　别 / 2015 年 6 月第 1 版
版　　次 / 2015 年 6 月第 1 次印刷
定　　价 / 460.00 元

序 言（代）

准确把握新常态　推动经济转型升级

国家统计局局长　王保安

改革开放是我国近现代以来最重要的一次成功的经济转型，极大地推进了我国现代化进程，并对世界经济、政治、文化格局，乃至人类文明进程产生了重大影响。但新一轮国际金融危机以来，国内外经济环境发生深刻变化，原有经济形态的增长动力逐步减弱，国际经济新格局的挑战不断加剧。我们需要站在新的历史起点上，贯彻落实中央经济工作会议精神，坚定不移地以经济建设为中心，坚定不移地改革开放，推动经济全面转型升级，实现向高收入国家的历史性跨越，实现“两个一百年”奋斗目标和中华民族伟大复兴的中国梦。

一、面对新常态新趋势，经济转型升级有新内涵

当前，我国经济发展所面临的内外部条件发生着深刻变化，经济正由传统的以要素投入、工业拉动、政府主导、高速增长为显著特征的发展模式，向形态更高级、分工更复杂、结构更合理的阶段演化，“新常态”将成为我国经济社会发展新的阶段性特征。认识新常态、适应新常态、引领新常态，是当前和今后一个时期我国经济发展的大逻辑。

从增长动力看，经济转型升级意味着动力转换

一是需求拉动出现新变化。消费需求的个性化、多样化逐渐成为主流，对产品质量安全和创新供给的要求更高，市场竞争必须通过创新供给激活需求；投资需求在传统产业相对饱和，但基础设施互联互通和一些新技术、新产品、新业态、新商业模式的投资机会大

量涌现；外部需求总体疲弱，国内低成本比较优势发生变化，但出口竞争优势依然存在，高水平“引进来”和大规模“走出去”正在同步发生。

二是创新成为驱动发展新引擎。随着生产要素相对优势发生变化，人口老龄化日趋发展，农业富余劳动力减少，要素的规模驱动力减弱，经济增长更多地依靠人力资本质量和技术进步，创新对经济发展的作用凸显。

三是资源配置动力内生化。资源配置效率的提高不仅来自资源要素在部门间、地区间的转移，还将更多地来自部门内、区域内资源的优化配置。

从经济结构看，经济转型升级意味着结构优化

一是产业组织出现新特征。传统产业供给能力大幅超出需求，企业兼并重组、生产相对集中不可避免。新兴产业、服务业、小微企业的作用更加凸显，生产小型化、智能化、专业化日益成为产业组织的新特征。

二是新型城镇化进程加速。资金、技术、人才等生产要素在城乡间双向自由流动，农村资源进一步市场化，农业农村发展现代化程度提高，城乡差距进一步缩小。

三是区域统筹发展的协调性增强。经济发展空间格局得以优化，随着“一带一路”、京津冀协同发展、长江经济带三大战略推进，区域间协同发展、共同发展趋势正在形成。

从发展质量看，经济转型升级意味着提质增效

一是要素生产率进一步提高。生产要素从低效率部门向高效率部门转移，在产业内部通过竞争、兼并重组、淘汰低效企业提高效率，经济整体效益和竞争力进一步增强。

二是实现绿色低碳循环发展。污染物的排放逐步减少，相应转为排放经过净化的氧气、水蒸气等，实现既有“金山银山”、也有“绿水青山”的发展目标。

三是增长的包容性不断增强。收入分配格局优化，更加公平合理，居民收入在整个收入分配中的比重提高，能够更多地共享改革发展成果。

四是有效化解各类风险。经济增速下调暴露出的各类风险，如地方政府性债务、影子银行等，能够通过建立健全体制机制，既减轻一次性风险冲击力度，又有效防范系统性风险威胁。

从制度环境看，经济转型升级需要市场发挥决定性作用

一是由政府主导型经济转为市场主导型经济。转变政府职能，加快形成统一透明、有序规范的市场体系。实现企业自主经营、公平竞争，消费者自由选择、自主消费，商品和要素自由流动、平等交换。

二是政府宏观管理更加科学有效。在全面把握总供求关系新变化的基础上，进行适度、有针对性的调控，增强微观活力，创造良好环境，形成市场和政府合理分工、“尽可能市场、必要时政府”的经济治理模式。

三是政府全面推进依法行政。推进关系行政组织和行政程序的法律制度不断完善，实现政府机构、职能、权限、程序、责任法定化，最大限度减少对市场的不合理干预。

二、加快转型升级，四个制约因素亟待破解

适应新常态需要加快经济转型升级，但转型不会自然发生，过程充满了困难与挑战。近年来，我们一直致力于推动经济转型升级，在体制上大力推进改革的深化，在结构上调整优化三次产业比重，在发展方式上积极提质增效等。但总体上任务艰巨，经济体制转型处于攻坚期，发展方式转变正在爬坡，经济结构调整步履艰难，开放模式升级压力重重。如果在当前和今后一个时期内转型升级遇阻，就有可能陷入长期停滞状态。因此，顺利完成全面转型升级的历史任务，引领新常态，就必须全面深化改革开放，突破瓶颈制约。

发展理念需要转变

发展理念是经济发展的思想基础。改革开放以来，我们一直实行赶超发展战略，经济发展主要致力于做大 GDP 规模和提高 GDP 增速，经济规模和增长速度成为衡量发展成果最重要的一个标尺。在此观念支配下，抓投资、上项目、扩出口成为常态，大干快上、开展“速度竞赛”，成为经济工作的主要内容，经济效率效益、生态环境、创新驱动、体制改革在一些地区、一些领域常被置于服从与服务地位。同时，随着经济规模越来越大，区域发展的系统性、协调性越来越低，沿海开放、西部开发、振兴老工业基地、中部崛起等区域发展战略缺乏适时适度的协调机制，实施了一些短期措施，在一定程度上加剧了重复建设和产能过剩。经济发展的包容性不够，社会收入差距拉大，这些都说明我们的发展理念滞后于改革的现实需求，未能实现与时俱进。

市场主体需要重塑

企业是经济转型升级的微观基础。经过 30 多年的改革发展，我国的国有企业和其他多种经济形式在资产规模、经营机制、管理体系、治理结构等方面都获得了长足进步，但仍未形成强劲的内生发展动力。国有企业改革尚未完成，其发展路径依赖和政策依赖仍相当严重。国有企业主营业务利润明显低于全社会规模以上工业企业的局面还未打破，国有企业在获得贷款、土地、商业机会、税费减免等方面通常具有优势，对成本、价格敏感不够，某种程度上存在着负面激励，尚未形成市场核心竞争力和国际竞争力，不利于经济转型升级。多种经济成分的企业在发展中存在着经营粗放、“家族式”治理、行为短期化等突出问题，培育合格的市场主体、打造坚实的微观基础，是转型升级亟待突破的瓶颈。

科技体制亟待改革

科技是第一生产力，是创新驱动战略实施的基础。为充分发挥科技对转型升级的支撑

作用，国家近年来通过“863”计划、国家自然科学基金等方式投入大量资源，取得了嫦娥登月、蛟龙潜水、超级水稻等一批世界级科技成果。但总体来看，我国科技体制尚未突破原有模式，行政化特征明显，严重制约经济转型升级。

一是科技资源配置行政化。科研机构从中央到地方还在按行政体系设置，立项管理和成果评价一般采取行政化的办法，以企业为主体的创新体系还未形成。科学研究、技术创新和经济社会发展“两张皮”未能根本解决，市场导向机制的缺失造成了科技资源的错配与浪费。

二是科技市场发育不健全。科技成果产业化缺乏有效的载体和纽带，虽然研发人员总量和科技人员发表论文数量位居世界第二，但每篇论文平均引用次数还不及世界平均水平的 70%。科技成果转化率仅为 10% 左右，远低于发达国家 40% 的水平。

三是科技创新的社会环境有待改善。知识产权得不到有效保护，科技人才评价机制行政化，大学专业设置仍由教育行政部门决定，难以充分反映市场需求，创新驱动缺乏足够的创新型人才支撑。

政府职能应加快转变

在一些地区和领域，政府“有形之手”还在主导着资源配置。

一是市场价格体系被扭曲。主要能源价格由政府部门制定，金融市场的利率、汇率受政府管控，靠价格信号引导资源配置的市场机制难以充分发挥作用。

二是一些地方政府还在主导市场投融资。有的地方政府习惯于冲在一线招商引资，由政府给企业定项目，提供融资担保，甚至替企业定投资、定技术路线，这些行政干预降低了微观层面的资源配置效率。

三是仍然存在的一些行政性垄断妨碍了公平竞争。一些限制性的发展规划和行政审批束缚了企业手脚，抑制了企业和个人进入市场创业创新，削弱了市场优胜劣汰的功能。

三、重点突破，加快推进经济转型升级

推动经济全面转型升级的关键，是进一步健全和完善社会主义市场经济体制机制，让市场真正在资源配置中起决定性作用和更好发挥政府作用，引领新常态，实现“中国速度”向“中国质量”的转型升级。

建设法治政府，让有形之手与无形之手形成合力

推进经济全面转型，需要全面推进依法行政，加快完善市场法治环境，创造条件让市场主体的行为符合转型要求。

一是加快推进政府自身改革。按照现代国家治理理念和市场经济原则，科学界定政府、市场、社会的作用边界以及中央和地方政府的事权，简政放权，加强政府在战略规划、市

场监管和公共服务等方面的职能。

二是深入推进法治体系建设。以保护产权、维护契约、统一市场、平等交换、公平竞争、有效监管为基本导向，完善社会主义市场经济法律制度。健全以平等为核心原则的产权保护制度，加强企业社会责任立法，依法加强和改善宏观调控、市场监管，促进合理竞争，维护公平竞争的市场秩序。

三是坚持“五位一体”的全面协调发展理念。以“五位一体”为核心，包容性增长为目标，弱化“速度思维”，推进全面、协调、可持续发展战略。从速度为主转向质量为主，与生态环境、经济效益、科技创新及民生改善协调平衡，统筹城乡、区域规划，打造公平竞争、协调发展的市场环境，让市场机制在统一的制度环境下推动产业结构调整和地区梯度发展。

推进产权改革，健全现代企业制度

以完善公司法人制度为基础，以产权清晰、权责明确、政企分开、管理科学为基本要求，以规范经济决策、资产保值增值、公平参与竞争、提高企业效率、增强企业活力、承担社会责任为重点，完善现代企业制度。

一是准确界定不同国有企业的功能。以公益类、竞争类、功能类为标准，明晰各类国有企业和国有资本的使命，为国有经济战略性调整提供方向。

二是健全公司法人治理结构。健全协调运转、有效制衡的公司法人治理结构，继续深化股份制改革，规范董事会建设，深化企业用工、分配制度改革，建立激励约束长效机制。

三是深化国企人事与收入分配制度改革。建立以职业经理人制度为主的现代人力资源管理体系，对不同功能的企业建立有区别的考评指标体系、经理层选聘和薪酬制度。

四是完善国有资产管理体制。打破“管企业、管资产、管人事”的闭环式管理，向“管资本”为主转变，组建大型国有资本投资集团，按市场机制优化国有资产配置。完善国有资本合理流动机制，推进国有企业重组调整，以混合所有制引领国民经济创新发展，增强国有经济的影响力、控制力和抗风险能力。

加快科技体制改革，利用市场机制配置科技资源

全面落实创新驱动发展战略，从根本上解决科技、经济“两张皮”问题。

一是建立市场导向的科技资源配置机制。推动科研机构去行政化改革，以创新为导向建立面向国际、面向市场、面向现代化的科技主体。打破“课题制”包打天下的局面，分类建立科学合理的组织管理模式，充分调动科技人员的积极性、主动性、创造性，赋予科研单位更多的研究自主权。

二是理顺政府与科研机构之间的关系。政府职责定位于引导方向、制定标准和实施监管，为企业技术创新打造公共平台。由政府投资的大型科研设施面向全社会开放，降低市场主体技术创新中的成本与风险。

三是深化教育培训改革，加快人力资本积累。充分发挥教育在知识创新、技术创新中的支撑作用，创新考试招生制度，重构政府、学校、社会之间的关系，落实和扩大学校办学自主权，除少数中国文化特色专业外，应按市场需求设立专业、组织教学和学术活动，建立依法办学、自主管理、政府监督、社会参与的现代学校制度，真正提高学生的素质和能力。

转变开放方式，构建新型开放经济体系

顺应高水平引进来、大规模走出去的趋势，推动全球布局的大战略。

一是加快自由贸易区建设。继续维护多边贸易体制在全球贸易发展中的主导地位，形成“一带一路”、中韩自由贸易区等以周边为基础、面向全球的高标准自由贸易区网络，建立由我国主导的区域性经济发展空间。

二是培育产业综合竞争新优势。改革外商投资管理体制，实行准入前国民待遇加负面清单管理模式，创造更加平等的竞争环境，推动开放型经济从数量扩张向质量效益提升转变，从成本优势向以人才、资本、技术、服务、品牌为核心的综合竞争优势转变，从“中国视角”转向“全球视角”，从引进、出口为主的“平面式扩张”开放，转向高水平引进来、走出去并举的“立体式”开放。

三是参与引领国际规则和标准制定。规则和标准的竞争是最高层次的竞争，需要从被动接受国际贸易规则转向积极参与规则制定。要在错综复杂的外部环境中站稳脚跟，在日趋激烈的国际竞争中把握主动。

经济全面转型升级是否成功，关键在于全面经济体制改革与发展方式转变是否能够取得实质性进展，新的经济增长动力是否能够基本形成。这项宏大而艰巨的历史任务倘能完成，我国将再造一个更加辉煌的经济奇迹，为世界历史和人类文明发展开辟新的道路。

《中国发展报告2015》编委会与编辑部

目录

主题报告篇

2014年国民经济运行情况报告 002
2014年人口发展报告 010
2014年全国农民工监测调查报告 014
2014年居民消费价格监测报告 021
2014年工业生产者价格运行情况报告 026
2014年城乡居民生活状况报告 031
2013年中国创新指数报告 037
2014年农业发展报告 044
2014年工业发展报告 051
2014年建筑业发展报告 059
2014年固定资产投资发展报告 062
2014年房地产市场发展报告 070
2014年消费品市场发展报告 076
2014年对外经济贸易发展报告 083
2014年交通运输业发展报告 089
2014年邮政电信行业发展报告 096
2014年财政运行报告 102
2014年金融运行报告 108
2014年证券市场运行报告 114
2014年保险市场运行报告 119
2014年社会保险基本情况及2015年展望 123
2014年教育事业发展报告 127
2014年科技事业发展报告 135
2014年社会事业发展报告 141
2014年能源供需和节能降耗情况报告 170
2014年环境与生态保护状况报告 172
2014年世界经济形势报告 183
2013年地区发展与民生指数监测报告 192

专题报告篇

7.4%：含金量高来之不易……216
城镇新增就业：稳中有增亮点纷呈……218
居民收入较快增长　收入差距进一步缩小……220
服务业成为中国经济增长的新动力……222
新产业新业态：异军突起方兴未艾……224
基础设施建设：总量稳定增长　结构更趋均衡……226
新型城镇化：经济社会发展的强大引擎……229
传统产业转型升级焕发生机……231
单位 GDP 能耗下降 4.8%意味着什么？……233
粮食产量 11 年连增　"定盘星"作用凸显……235
网购消费势头强劲　四大问题亟待解决……237
中小微企业网上经营发展快　但平台及网络资费偏高……240
振兴民企尚需打通"最后一公里"……243
农民工职业技能的状况、原因及期盼……245
带薪休假制度有待进一步落实……247
理性面对房地产市场新常态……250
从当前价格形势看中国经济前景……252
聆听 2014 年中国股市好声音……254
如何看待汽车市场的"放缓"……256
油价进入"低时代"莫为浮云遮望眼……258

地区报告篇

北京市经济社会发展报告……262
天津市经济社会发展报告……269
河北省经济社会发展报告……278
山西省经济社会发展报告……287
内蒙古自治区经济社会发展报告……296
辽宁省经济社会发展报告……306
吉林省经济社会发展报告……314
黑龙江省经济社会发展报告……323
上海市经济社会发展报告……334

江苏省经济社会发展报告 341
浙江省经济社会发展报告 351
安徽省经济社会发展报告 359
福建省经济社会发展报告 364
江西省经济社会发展报告 371
山东省经济社会发展报告 379
河南省经济社会发展报告 386
湖北省经济社会发展报告 393
湖南省经济社会发展报告 401
广东省经济社会发展报告 410
广西壮族自治区经济社会发展报告 421
海南省经济社会发展报告 429
重庆市经济社会发展报告 438
四川省经济社会发展报告 445
贵州省经济社会发展报告 451
云南省经济社会发展报告 459
西藏自治区经济社会发展报告 468
陕西省经济社会发展报告 475
甘肃省经济社会发展报告 482
青海省经济社会发展报告 490
宁夏回族自治区经济社会发展报告 497
新疆维吾尔自治区经济社会发展报告 505
新疆生产建设兵团经济社会发展报告 512

专栏文章

2014 年世界十大科技进展新闻 139
2014 年中国十大科技进展新闻 140
对当前养老机构现状的调研分析 162
建立临时救助制度目标任务和主要内容 165
全国医疗卫生服务体系规划纲要（2015—2020 年） 166
我国体育场地十年发展变化 167
我国孕产妇死亡率提前一年实现联合国千年发展目标 168
中国儿童与社会环境 169

循环经济发展指数发布 178
环境保护法修订颁布 179
《全国土壤污染状况调查公报》公布 179
"十二五"环境保护规划实施中期评估 180
《大气污染防治行动计划》全面实施，大气污染防治法修订启动 180
全面完成空气质量新标准监测实施任务，建立重污染天气预警预报机制 181
核安全规划实施中期评估 182
借鉴国外经验促进北京农民增收 266
新常态下天津城乡居民收入、消费的主要特点 275
收支增长稳定 城乡差距缩小 284
2014 年山西农业生产、居民收入和消费价格情况分析 293
内蒙古农牧业、居民生活发展及价格监测报告 301
惠企政策利好明显 辽宁规下服务业开启新常态 312
新常态下吉林省农业发展取得新成效 321
2014 年黑龙江省稳增长重民生取得实效 城乡居民收支同步增长 331
上海融资租赁业大有可为 339
江苏规模以下工业平稳发展 349
浙江小微工业在调整中行稳致远 357
安徽农村土地流转呈现新特征、新趋向 362
商事制度改革深化 助推小微经济发展 369
新常态下的 2014 年江西经济 377
"三农"基础地位稳定 存在问题不容忽视 384
河南畜牧业在结构优化中稳步发展 391
新常态下湖北"三农"砥砺前行 398
2014 年湖南居民生活质量稳步提升 407
广东新设立小微企业和个体经营户发展势头良好 418
广西农民收入增长较快 生活质量稳步提升 427
深挖县域经济潜力 海南农民增收加快 435
重庆市长江柑橘带发展报告 442
四川农民收入快速增长 扶贫开发任重道远 449
经济发展快 民生指标优 457
云南农民烤烟收入持续增长 466
陕西多措并举促农增收 479
甘肃农民收入来源多元化 生活质量稳步提高 487

青海城乡居民收入持续性稳定增长 495
宁夏生态移民就业、生活状况分析与思考 503
2014 年新疆城乡居民收入较快增长 509
2014 年新疆兵团经济社会发展改革亮点 517

Important Documents

一、主题报告篇

二、专题报告篇

三、地区报告篇

2014 年国民经济运行情况报告

2014 年，面对复杂多变的国际环境和艰巨繁重的国内发展改革稳定任务，党中央、国务院坚持稳中求进工作总基调，牢牢把握国内外发展大势，全力推进改革开放，着力创新宏观调控，奋力激发市场活力，努力培育创新动力，国民经济在合理区间平稳运行，结构调整、转型升级稳步推进，发展质量效益稳定提高，民生事业持续改善，经济社会保持良好发展态势。

一、经济速稳质升，服务业发展态势良好

初步核算，2014 年，国内生产总值 636463 亿元，比上年增长 7.4%。其中，第一产业增加值 58332 亿元，比上年增长 4.1%；第二产业增加值 271392 亿元，增长 7.3%；第三产业增加值 306739 亿元，增长 8.1%。分季度看，一季度增长 7.4%，二季度增长 7.5%，三季度增长 7.3%，四季度增长 7.3%。国民经济运行效率有所提高。2014 年，全社会劳动生产率（即国内生产总值与就业人员的比率）为 72313 元 / 人（以 2010 年不变价格计算），比上年提高 7.0%；万元 GDP 能耗比上年下降 4.8%，降幅比上年扩大 1.1 个百分点。

在国际环境复杂严峻，国内经济下行压力不断加大的情况下，全年实现 7.4% 的经济增长速度，经济运行质量继续提高，实属不易。从世界范围来看，我国经济增长也是独领风骚，不仅明显快于发达经济体，也好于大多数发展中经济体。

（一）农业基础继续巩固，粮食生产再获丰收

2014 年，粮食总产量 12142 亿斤（60710 万吨），比上年增长 0.9%，实现“十一连增”。其中，夏粮产量 2732 亿斤，增长 3.6%；早稻产量 680 亿斤，下降 0.4%，秋粮产量 8730 亿斤，增长 0.1%。全国粮食播种面积 16.9 亿亩，比上年增长 0.7%，对增产的贡献为 81.5%；单位面积产量达到 359 公斤 / 亩，增长 0.2%，对增产的贡献为 18.5%。

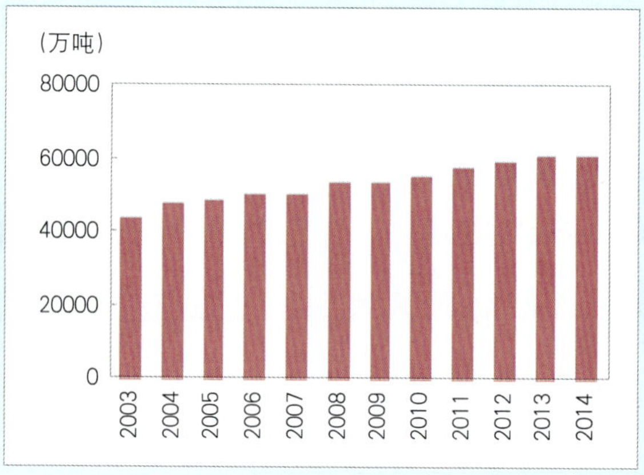

图 1　2003-2014 年粮食产量

畜牧业形势总体稳定。2014 年，猪牛羊禽肉产量 8540 万吨，比上年增长 2.0%。其中，猪肉产量 5671 万吨，增长 3.2%；禽肉产量 1751 万吨，减少 2.7%。牛奶产量 3725 万吨，增长 5.5%。全年生猪出栏 7.4 亿头，增长 2.7%；年末生猪存栏 4.7 亿头，减少 1.7%。

（二）工业生产有所放缓，高技术产业、装备制造业增长较快

2014 年，规模以上工业增加值比上年增长 8.3%，增速比上年回落 1.4 个百分点。分季度看，一季度增长 8.7%，二季度增长 8.9%，三季度增长 8.0%，四季度增长 7.6%。

从三大门类看，采矿业增加值比上年增长 4.5%，增速比上年回落 1.9 个百分点；制造业增长 9.4%，回落 1.1 个百分点；电力、燃气和水的生产供应业增长 3.2%，回落 3.6 个百分点。从行业看，41 个工业大类行业中，32 个行业增加值增速比上年回落，占 78.1%，合计拉低规模

以上工业增加值增速 1.7 个百分点；8 个行业增速加快，占 19.5%，合计拉升规模以上工业增加值增速 0.3 个百分点；1 个行业持平，占 2.4%。从地区看，东部地区规模以上工业增加值比上年增长 7.6%，增速比上年回落 1.3 个百分点；中部地区增长 8.4%，回落 2.3 个百分点；西部地区增长 10.6%，回落 0.4 个百分点。

高技术产业、装备制造业增长较快。2014 年，高技术产业增加值比上年增长 12.3%，增速比上年加快 0.5 个百分点，比规模以上工业增速快 4.0 个百分点，占规模以上工业增加值比重为 10.6%，比上年提高 0.7 个百分点；装备制造业增加值增长 10.5%，比规模以上工业增速快 2.2 个百分点，占规模以上工业增加值比重为 30.4%，比上年提高 1.2 个百分点。

传统行业增长明显放缓。2014 年，六大高耗能行业增加值比上年增长 7.5%，增速比上年回落 2.6 个百分点，比规模以上工业增速低 0.8 个百分点，占规模以上工业增加值比重为 28.4%，比上年回落 0.5 个百分点。

工业企业利润增长有所放缓。2014 年全国规模以上工业企业实现利润 64715 亿元，同比增长 3.3%，增速比上年回落 8.9 个百分点。实现主营活动利润 60472 亿元，同比增长 1.6%，回落 2.4 个百分点。从行业看，利润分化明显。2014 年煤炭开采和洗选业利润同比下降 46.2%，石油加工、炼焦和核燃料加工业下降 79.2%，电气机械和器材制造业增长 13.7%，计算机、通信和其他电子设备制造业增长 17.1%。

（三）服务业保持较快增长，对经济增长的支撑作用增强

2014 年，第三产业增加值比上年增长 8.1%，增速比第二产业快 0.8 个百分点，占国内生产总值的比重为 48.2%，比上年提高 1.3 个百分点，比第二产业高 5.6 个百分点；第三产业对经济增长的贡献率为 48.9%，比上年提高 1.3 个百分点。

交通运输业增长平稳。2014 年，全国主要运输方式累计完成货运量 432 亿吨，比上年增长 7.1%；累计完成货物周转量 18 万亿吨公里，增

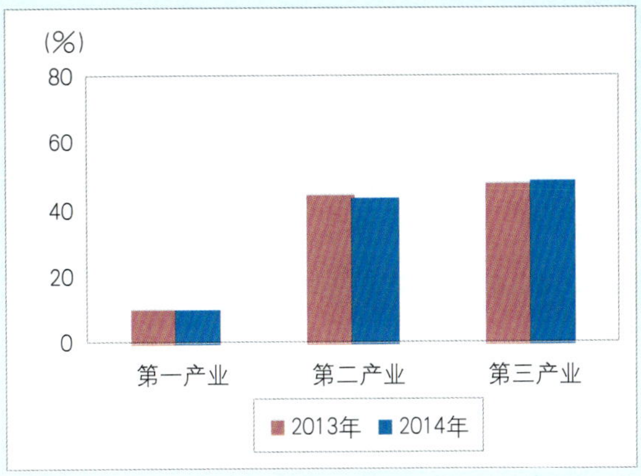

图 2 三次产业增加值占国内生产总值比重

长 9.9%，增速比上年加快 2.6 个百分点。分运输方式看，铁路货运量比上年下降 3.9%，公路增长 8.7%，水运增长 6.4%，民航增长 5.7%。沿海规模以上港口累计完成货物吞吐量 77 亿吨，比上年增长 5.6%，增速比上年回落 3.5 个百分点。

电信、邮政快速增长。2014 年，全国实现电信业务总量 18150 亿元，比上年增长 16.1%，增速比上年加快 0.7 个百分点。其中，一季度增长 15.2%，二季度增长 15.0%，三季度增长 14.9%，四季度增长 18.0% 左右。全国实现邮政业务总量 3696 亿元，比上年增长 35.6%，增速比上年快 1.8 个百分点。其中，一季度增长 35.1%，二季度增长 35.2%，三季度增长 32.9%，四季度增长 38.0% 左右。快递业务量高速增长。2014 年，全国完成快递业务量 139.6 亿件，比上年增长 51.9%，最高日处理量超过 1 亿件，增长 52.0%。

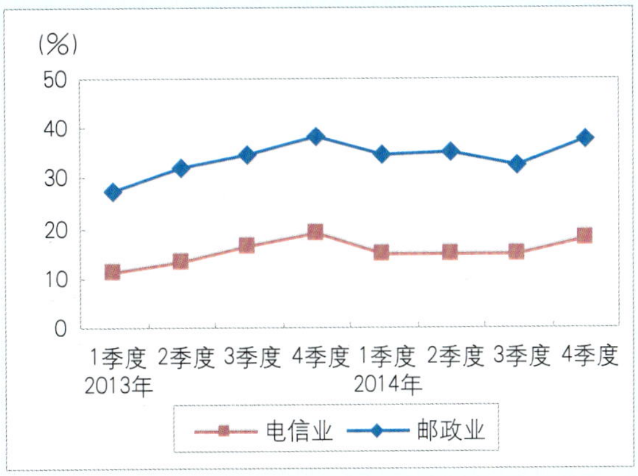

图 3 电信业和邮政业业务总量当季同比增速

服务业企业营业收入增长较快。2014 年 1-11

月份，规模以上10个行业门类[①]服务业企业实现营业收入106985亿元，同比增长9.1%，比1-8月份加快0.5个百分点。其中，卫生和社会工作企业营业收入同比增长28.4%，租赁和商务服务业增长14.2%，居民服务、修理和其他服务业增长13.5%，教育业增长13.5%。

二、需求增长稳中趋缓，需求结构有所改善

（一）市场销售稳定增长，网络零售增长较快

2014年，社会消费品零售总额262394亿元，比上年增长12.0%，增速比上年回落1.1个百分点；扣除价格因素，实际增长10.9%，回落0.6个百分点。其中，一季度名义增长12.0%，二季度增长12.3%，三季度增长11.9%，四季度增长11.7%。

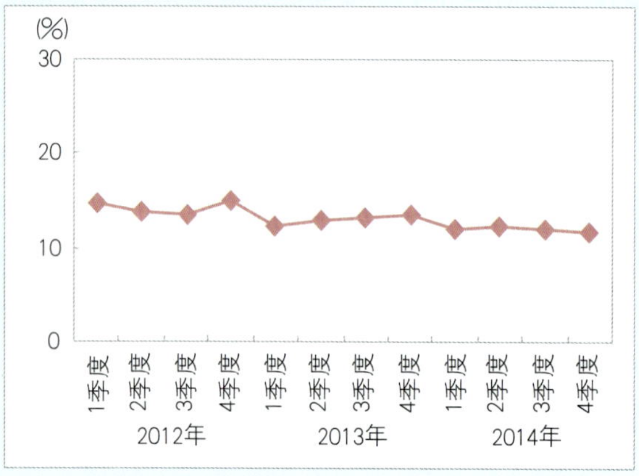

图4　社会消费品零售总额当季同比增速

按经营地分，2014年，城镇消费品零售额226368亿元，比上年增长11.8%；乡村消费品零售额36027亿元，增长12.9%。按消费形态分，2014年，商品零售额234534亿元，比上年增长12.2%；餐饮收入额27860亿元，增长9.7%，其中限上企业（单位）餐饮收入额8208亿元，增长2.2%。

消费升级相关商品销售保持较快增长。2014年，限上企业（单位）商品零售额中，通讯器材类比上年增长32.7%，中西药品类增长15.0%，建筑及装潢材料类增长13.9%，家具类增长13.9%，增速分别比社会消费品零售总额快20.7、3.0、1.9和1.9个百分点。网络零售高速增长。2014年，全国网上零售额27898亿元，比上年增长49.7%，增速比社会消费品零售总额快37.7个百分点。其中，限额以上单位网上零售额4400亿元，比上年增长56.2%。

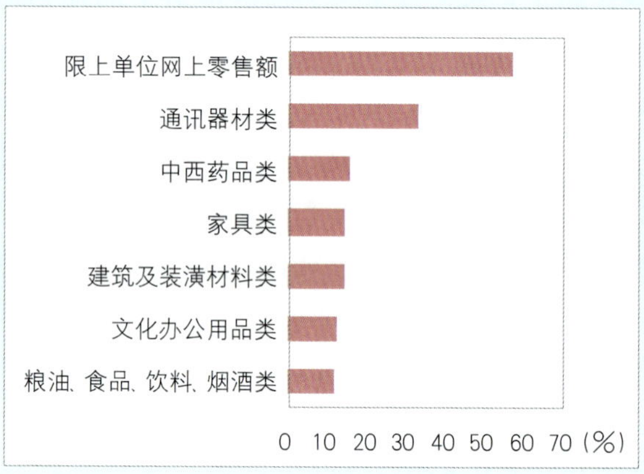

图5　2014年限上企业（单位）部分商品零售额同比增速

（二）投资增幅明显回落，民间投资、服务业和基础设施投资保持较快增长

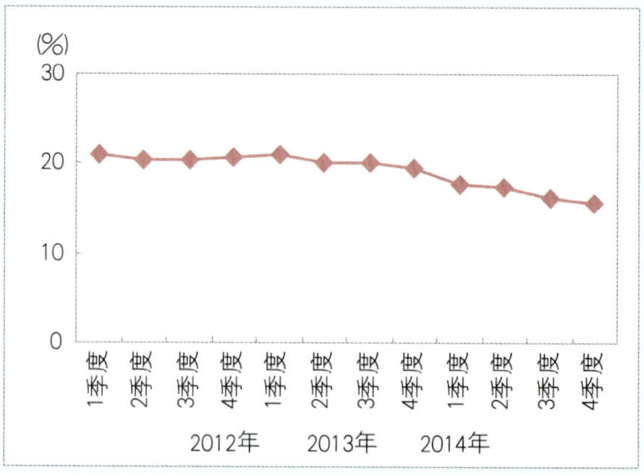

图6　固定资产投资季度累计同比增速

注：①10个行业门类包括交通运输、仓储和邮政业，信息传输、软件和信息技术服务业，物业管理和房地产中介服务业，租赁和商务服务业，科学研究和技术服务业，水利、环境和公共设施管理业，居民服务、修理和其他服务业，教育业，卫生和社会工作，文化、体育和娱乐业。

2014年，固定资产投资（不含农户）502005亿元，比上年增长15.7%，增速比上年回落3.7个百分点。其中，一季度增长17.6%，上半年增长17.3%，前三季度增长16.1%。

分三大行业看，2014年，制造业投资166918亿元，比上年增长13.5%；房地产开发投资95036亿元，增长10.5%；基础设施投资86669亿元，增长21.5%。分地区看，2014年，东部地区投资227452亿元，比上年增长14.6%；中部地区投资141644亿元，增长17.2%；西部地区投资125980亿元，增长17.5%。分隶属关系看，2014年，中央项目投资25371亿元，比上年增长10.8%；地方项目投资476634亿元，增长15.9%。

民间投资比重上升。2014年，民间投资321576亿元，比上年增长18.1%，增速比国有及国有控股投资快5.1个百分点，比全部投资快2.4个百分点，占全部投资的比重为64.1%，比上年提高1.4个百分点。服务业投资较快增长。2014年，第三产业投资281915亿元，比上年增长16.8%，增速比第二产业快3.6个百分点，比全部投资快1.1个百分点。其中，信息传输、软件和信息技术服务业增长38.6%，租赁和商务服务业增长36.2%，科学研究和技术服务业增长34.7%，批发和零售业增长25.7%，水利、环境和公共设施管理业增长23.6%，交通运输、仓储和邮政业增长18.6%，分别比全部投资快22.9、20.5、19.0、10.0、7.9和2.9个百分点。基础设施投资比重上升。2014年，基础设施投资比上年增长21.5%，增速比全部投资快5.8个百分点，占全部投资的比重为17.3%，比上年提高0.9个百分点。高耗能行业投资比重下降。2014年，六大高耗能行业投资61788亿元，比上年增长11.8%，增速比全部投资低3.9个百分点，占全部投资的比重为12.3%，比上年下降0.4个百分点。

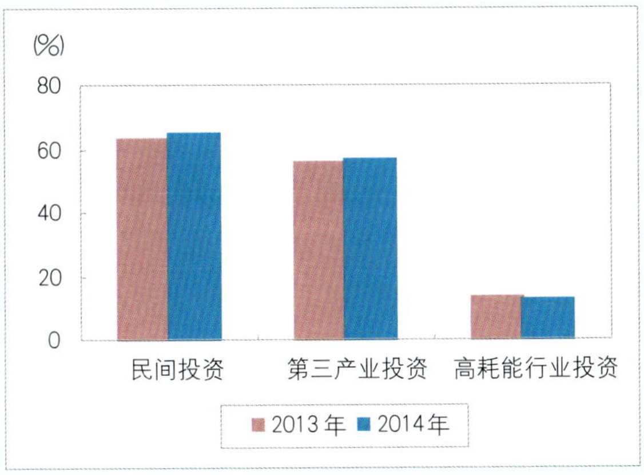

图7　民间投资、服务业投资和高耗能行业投资占全部投资比重

（三）进出口低速增长，高附加值产品出口快速增长

根据我局统计，2014年，规模以上工业出口交货值120933亿元，比上年增长6.4%，增速比上年加快1.4个百分点。其中，一季度增长4.2%，二季度增长6.7%，三季度增长7.9%，四季度增长6.5%。根据海关统计，按人民币计价，2014年，进出口总额264335亿元，比上年增长2.3%。其中，一季度下降3.8%，二季度增长1.7%，三季度增长7.1%，四季度增长4.0%。其中，出口额143912亿元，比上年增长4.9%；进口120423亿元，下降0.6%；顺差23489亿元，比上年增加7351亿元。

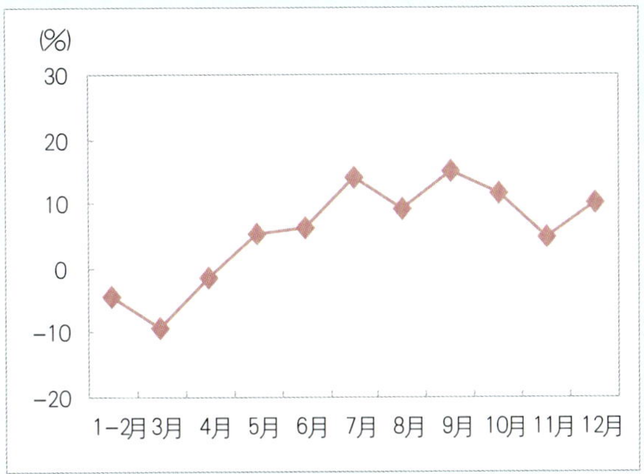

图8　2014年出口总额（按人民币计价）月度同比增速

分贸易方式看，2014年，一般贸易出口额增长9.6%；加工贸易出口额增长1.8%。分国别和地区看，2014年，对印度出口额增长10.7%，对东盟出口额增长10.3%，对欧盟出口额增长8.3%，对俄罗斯出口额增长7.2%，对美国出口

额增长6.4%；对日本出口额下降1.4%，对巴西出口额下降3.8%，对香港出口额下降6.6%。

高附加值产品出口增长较快。2014年，彩色电视机出口额比上年增长21.5%，手持无线电话机及零件增长11.0%，增速比全部出口额分别快16.6和6.1个百分点。传统劳动密集型产品出口增速较低。2014年，纺织、服装、箱包、鞋类、玩具、家具、塑料制品等7大类劳动密集型产品出口额比上年增长4.0%，增速比全部出口额低0.9个百分点。

三、居民消费价格温和上涨，工业生产者价格持续下降

（一）居民消费价格走势平稳，食品价格继续上涨

在经济增速放缓、市场供应充足的大背景下，居民消费价格涨幅有所回落。2014年，居民消费价格比上年上涨2.0%，涨幅比上年回落0.6个百分点，低于全年预期目标。分季度看，一季度上涨2.3%，二季度上涨2.2%，三季度上涨2.0%，四季度上涨1.5%，总体走势基本平稳。其中，新涨价因素影响居民消费价格上涨1.1个百分点，占全部涨幅的55.0%；翘尾因素为0.9个百分点，占45.0%。

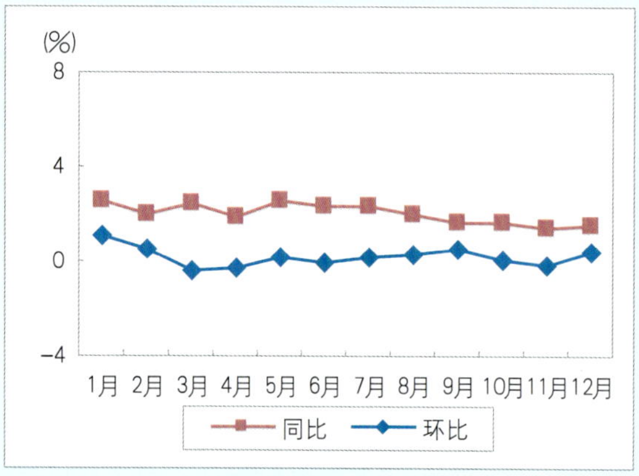

图9 2014年居民消费价格总水平当月变化率

食品价格总体平稳，但鲜果价格上涨较多。2014年，食品价格比上年上涨3.1%，涨幅比上年回落1.6个百分点，拉动居民消费价格总水平上涨1.03个百分点，占居民消费价格涨幅的51.8%。其中，粮食上涨3.1%，拉动总水平上涨0.09个百分点；肉禽及其制品上涨0.4%，拉动总水平上涨0.03个百分点；蛋上涨10.4%，拉动总水平上涨0.09个百分点；水产品上涨4.4%，拉动总水平上涨0.11个百分点；鲜菜下降1.5%，拉动总水平下降0.05个百分点；鲜果上涨18.0%，拉动总水平上涨0.37个百分点。

非食品价格涨势平稳。2014年，非食品价格比上年上涨1.4%，涨幅比上年回落0.2个百分点，拉动居民消费价格总水平上涨0.96个百分点，占居民消费价格涨幅的48.2%。其中，娱乐教育文化用品及服务价格上涨1.9%，涨幅比上年扩大0.1个百分点；衣着价格上涨2.4%，扩大0.1个百分点；交通和通信价格下降0.1%，降幅缩小0.3个百分点；医疗保健和个人用品价格上涨1.3%，涨幅与上年持平；居住价格上涨2.0%，涨幅回落0.8个百分点；家庭设备用品及维修服务价格上涨1.2%，回落0.3个百分点；烟酒及用品价格下降0.6%，上年为上涨0.3%。

（二）工业生产者价格继续下降，生产资料价格下降较多

2014年，工业生产者出厂价格比上年下降1.9%，降幅与上年相同。分季度看，一季度下降2.0%，二季度下降1.5%，三季度下降1.3%，四季度下降2.8%。分类别看，生产资料价格比上年下降2.5%，其中采掘工业价格下降6.5%，原材料工业价格下降3.0%，加工工业价格下降1.8%；生活资料价格与上年持平，其中食品价格上涨0.2%，衣着价格上涨0.7%，一般日用品价格上涨0.1%，耐用消费品价格下降0.8%。分行业看，41个大类行业中，有12个行业价格比上年上涨，4个行业持平，25个行业下降。其中，黑色金属冶炼和压延加工业价格下降6.7%，煤炭开采和洗选业价格下降11.0%，石油加工、炼焦和核燃料加工业价格下降5.2%，有色金属冶炼和压延加工业价格下降4.4%，分别影响全年工业生产者出厂价格总水平下降约0.5、0.3、0.2、0.2个百分点，合计影响约1.2个百分点，占总

降幅的 63% 左右。

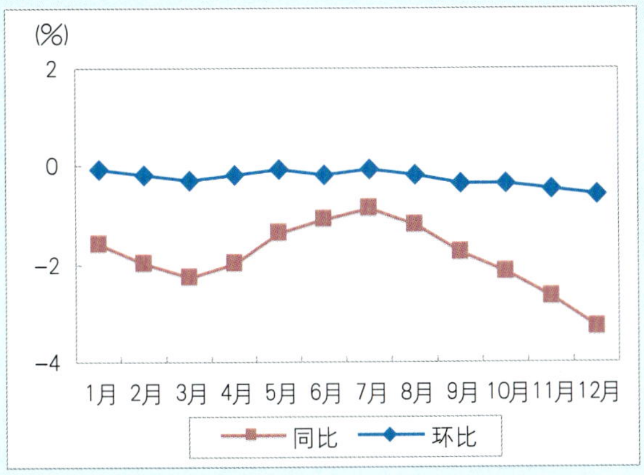

图 10　2014 年工业生产者出厂价格总水平当月变化率

四、人口增长有所加快，劳动力供给继续减少

（一）人口自然增长率有所提高，城镇化水平稳步提升

根据我局最新统计，2014 年末，全国大陆总人口 136782 万人，比上年末增加 710 万人。单独二孩政策效果有所显现。2014 年，全国出生人口 1687 万人，比上年增加 47 万人，出生率为 12.37‰，提高 0.29 个千分点；死亡人口 977 万人，增加 5 万人，死亡率为 7.16‰，与上年持平。人口自然增长率为 5.21‰，比上年提高 0.29 个千分点。

图 11　总人口和自然增长率

城镇化率继续提高。2014 年末，我国城镇人口 74916 万人，比上年末增加 1805 万人；乡村人口 61866 万人，减少 1095 万人。城镇化率达到 54.77%，比上年末提高 1.04 个百分点。

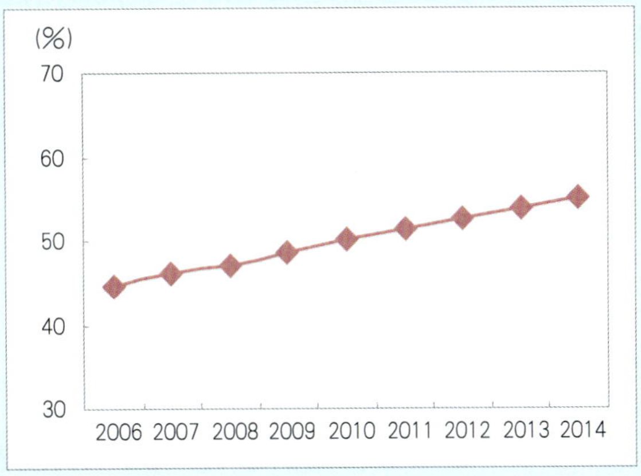

图 12　2006–2014 年城镇化率

（二）老年人口持续增加，劳动年龄人口继续减少

2014 年末，60 岁及以上人口 21242 万人，比上年末增加 999 万人，占全部人口比重 15.5%，比上年末提高 0.6 个百分点；65 岁及以上人口 13755 万人，比上年末增加 594 万人，占全部人口比重 10.1%，比上年末提高 0.4 个百分点。劳动年龄人口连续第三年减少。2014 年末，16-59 岁（不含 60 周岁）的劳动年龄人口 91583 万人，比上年末减少 371 万人，连续三年减少；占总人口的比重为 67.0%，下降 0.6 个百分点。

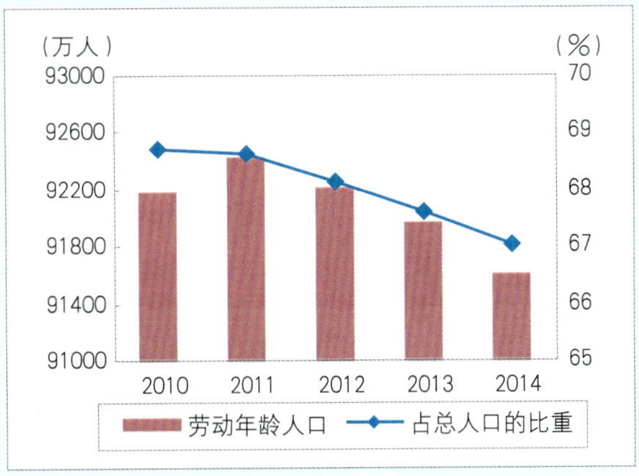

图 13　劳动年龄人口及占总人口的比重

五、就业形势稳中向好，民生事业持续改善

（一）就业总量继续增加，农民工就业稳定增长

2014年，全国城镇新增就业1322万人，比上年增加12万人，超额完成全年1000万人目标。全年农民工总量为27395万人，比上年增加501万人，增长1.9%。其中，本地农民工10574万人，增加290万人，增长2.8%；外出农民工16821万人，增加211万人，增长1.3%。

（二）居民收入较快增长，收入分配继续改善

2014年，全国居民人均可支配收入20167元，比上年增长10.1%，扣除价格因素，实际增长8.0%。其中，一季度实际增长8.6%，上半年增长8.3%，前三季度增长8.2%。从构成看，转移净收入增长较快。2014年，全国居民人均可支配收入中，转移净收入3427元，比上年增长12.6%；财产净收入1588元，增长11.6%；经营净收入3732元，增长8.7%；工资性收入11421元，增长9.7%。分城乡看，农村居民收入继续快于城镇。2014年，农村居民人均可支配收入10489元，比上年增长11.2%，扣除价格因素，实际增长9.2%。城镇居民人均可支配收入28844元，增长9.0%，扣除价格因素，实际增长6.8%，比农村居民人均可支配收入增速低2.4个百分点。农民工收入继续增加。2014年，农民工月均收入2864元，比上年增长9.8%。

收入分配向居民倾斜。2014年，全国居民人均可支配收入比上年实际增长8.0%，比人均GDP增速快1.2个百分点。居民收入差距也在缩小。2014年，全国居民人均可支配收入中位数比上年名义增长12.4%，比平均数增速高2.3个百分点。城镇居民人均可支配收入中位数比上年名义增长10.3%，比平均数增速高1.3个百分点；农村居民人均可支配收入中位数名义增长12.7%，比平均数增速高1.5个百分点。

六、财政收入增势稳定，货币信贷保持较快增长

2014年1-11月份，全国公共财政收入129595亿元，同比增长8.3%，增速比上年同期回落1.6个百分点。其中，中央财政收入61063亿元，同比增长7%，加快0.5个百分点；地方财政收入68531亿元，同比增长9.5%，回落3.6个百分点。税收收入增长放缓。2014年1-11月份，税收收入110598亿元，同比增长7.5%，增速比上年同期回落2.5个百分点。分税种看，国内增值税同比增长7.5%，回落1.5个百分点；营业税增长1.4%，回落8.5个百分点；企业所得税增长9.8%，回落5.3个百分点。

2014年12月末，广义货币（M_2）余额122.8万亿元，比上年末增长12.2%，增速比上年末回落1.4个百分点；狭义货币（M_1）余额34.8万亿元，增长3.2%，回落6.1个百分点；流通中货币（M_0）6.0万亿元，增长2.9%。2014年，金融机构新增人民币各项贷款（含票据融资）97816亿元，比上年多增8900亿元。在各项贷款中，短期贷款增加24542亿元，少增17443亿元；中长期贷款增加60644亿元，多增14783亿元；票据融资增加9574亿元，上年为减少896亿元。各项存款增加94820亿元，比上年少增30800亿元。其中，单位存款增加43913亿元，少增18069亿元；财政性存款增加5531亿元，少增235亿元；个人储蓄存款增加37659亿元，少增11118亿元。2014年，社会融资规模为16.46万亿元，比上年减少8598亿元。

同时，2014年，党中央、国务院坚持深入推进改革开放，有效激发了市场活力。财税、金融、投资、价格、农业农村、科技、环保、户籍制度、教育卫生、社会等重要领域和关键环节改革积极推进，行政审批改革力度进一步加大，商事制度改革顺利出台，对外开放水平进一步提升，“一带一路”战略开始实施，上海自贸区试点工作力度加大，中韩、中澳自贸区结束实质性谈判。改革开放向纵深推进，持续向市场释放红利，为我国经济社会发展注入了新的动力。

总的来看，2014年在面对世界经济复苏缓慢，不稳定、不确定因素较多，国内经济下行压力较大的复杂多变的形势下，我国经济保持了总体平稳、稳中有进、进中提质的良好发展态势，实属来之不易。但也要清醒地看到，我国经济发展环境仍然十分错综复杂，经济运行仍面临不少困难、问题和挑战。一是世界经济总体上仍处在危机后的深度调整之中，复苏疲弱的“亚健康”状态难以改观。主要经济体发展态势分化明显，货币政策趋于分化，全球经济金融波动风险上升，大国博弈和地缘政治风险趋于加剧，国际大宗商品价格持续走低。二是国内经济仍处在“三期”叠加的阵痛期，降库存去产能的压力超出预期。投资增长乏力，新的消费热点带动不足，工业企业产成品库存水平仍处高位，产能过剩矛盾，工业生产领域价格持续下降，企业生产经营困难等问题仍比较突出，经济运行存在较大的下行压力。三是物价存在继续下行的可能性，在市场总体供大于求，石油矿产等国际大宗商品价格下降、输入性通缩持续的条件下，维持市场主体预期稳定的难度加大。

2015年，是全面深化改革的关键之年，也是“十二五”的收官之年，还是“十三五”发展奠基之年，保持经济在合理区间平稳运行，意义十分重大。面对复杂严峻的国内外形势和新常态下的新情况新问题，要按照中央对经济工作的总体要求和部署，坚持稳中求进的工作总基调，着眼战略全局，立足当前，兼顾长远，主动适应经济发展新常态，狠抓改革攻坚，突出创新驱动，全力推进经济结构调整和发展方式转变，有针对性地解决经济运行中的突出矛盾和问题，促进经济社会持续健康稳步发展。

（执笔：付凌晖 王冠华 周平 黄涛 许小乐 黄永山
国家统计局国民经济综合统计司）

2014 年人口发展报告

2014 年全国人口变动情况抽样调查共抽取了31个省(自治区、直辖市)的2130个县(市、区),4439 个乡(镇、街道),4810 个村(居)委会,调查登记了 140.6 万人,其中常住人口 112.4 万人。

调查结果显示,2014 年我国人口呈现以下特点:人口总量继续保持低速增长;15-59 岁人口继续呈下降趋势,老龄化进程加快;出生人口性别比和总人口性别比均呈下降态势;城镇人口比重继续稳步提高;流动人口规模不断扩大;人口婚姻、家庭状况保持稳定;人口素质稳步提高。

一、人口总量继续保持低速增长

2014 年末,我国大陆总人口为 136782 万人,比 2013 年增加了 710 万人。全年出生人口 1687 万人,人口出生率为 12.37‰,比 2013 年提高了 0.29 个千分点;死亡人口 977 万人,人口死亡率为 7.16‰,与 2013 年持平。

分地区看,2014 年末,我国东部地区人口规模达 52169 万人,占各省(自治区、直辖市)人口合计的 38.3%;东北地区人口规模为 10976 万人,占 8.1%;中部地区人口规模为 36262 万人,占 26.6%;西部地区人口规模为 36839 万人,占 27.0%。与 2013 年相比,各地区人口所占比重基本保持不变,从人口数量上看,东北地区人口保持不变,东部地区增长最快,西部地区人口增长略快于中部地区。

2014 年是全国各地实施单独两孩政策的第一年,出生人口没有明显的增加。从育龄妇女总量、结构和生育水平对出生人口影响的情况看,2014 年育龄妇女人数和生育旺盛期育龄妇女人数的变化,对出生人口增加影响较小,妇女生育水平变化对2014年出生人口增加起了决定的作用。2014 年出生人口比 2013 年增加 47 万人,有单独两孩政策、部分省取消生育间隔和计划外生育人口增加等多种因素的影响,并非全部为实施单独两孩政策后出生的单独两孩。

各省人口自然增长率呈现明显差异,辽宁省的自然增长率最低为 0.26‰,自然增长率最高的新疆为 11.47‰,自然增长率低的地区主要集中在东北和东部沿海发达地区,而自然增长率高的地区多为西部地区。省际自然增长率差异主要由出生水平不同导致(2014 年分地区人口变动情况见附表)。

二、15-59 岁人口继续呈下降趋势,老龄化进程加快

2014 年全国 0-14 岁(含不满 15 周岁)人口为 22558 万人,占总人口的 16.5%,比 2013 年提高了 0.08 个百分点;60 岁及以上人口达到 21242 万人,比 2013 年增加了 999 万人,占总人口的 15.5%,提高了 0.65 个百分点;65 岁及以上人口达到 13755 万人,比 2013 年增加了 594 万人,占总人口的 10.1%,提高了 0.38 个百分点;15-59 岁(含不满 60 周岁)人口为 92982 万人,比 2013 年减少了 518 万人,占总人口的比重为 68.0%,下降了 0.73 个百分点。15-59 岁

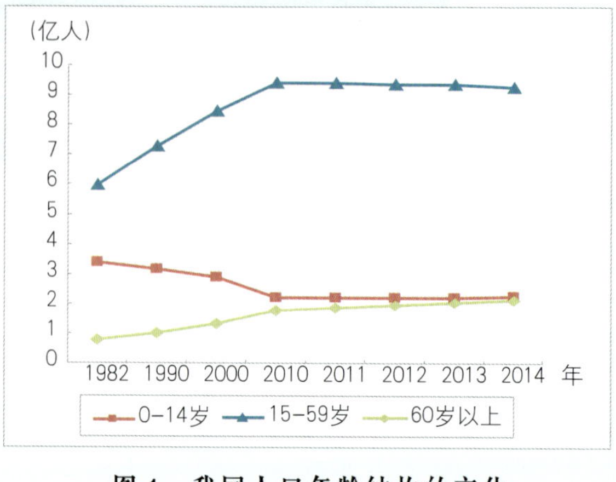

图 1 我国人口年龄结构的变化

（含不满 60 周岁）人口总量连续三年减少，呈现下降趋势。15-64 岁（含不满 65 周岁）人口为 100469 万人，比 2013 年减少了 113 万人，占总人口的比重为 73.4%，下降了 0.47 个百分点。15-64 岁人总量首次出现减少。

随着人口年龄结构的变化，抚养比也随之变化。受 15-64 岁人口减少的影响，与 2013 年相比，少儿抚养比、老年抚养比和总抚养比均有所提高。从几次普查年份的数据来看，少儿抚养比一直处于下降趋势，下降幅度逐渐缩小，2013 年与 2012 年持平，2014 年少儿抚养比为 22.45%，多年来首次呈现上升趋势，比 2013 年提高了 0.25 个百分点；老年抚养比上升幅度增大，2014 年为 13.69%，比 2013 年提高了 0.61 个百分点；总抚养比为 36.14%，提高了 0.86 个百分点。

表 1　四次人口普查与 2011-2014 年人口抚养比

单位：%

指标 \ 年份	1982	1990	2000	2010	2011	2012	2013	2014
总抚养比	62.60	49.83	42.55	34.17	34.35	34.86	35.28	36.14
少儿抚养比	54.62	41.49	32.63	22.27	22.10	22.20	22.20	22.45
老年抚养比	7.98	8.35	9.92	11.90	12.25	12.66	13.08	13.69

三、出生人口性别比和总人口性别比均呈下降态势

2014 年，我国出生人口性别比为 115.88，比 2013 年下降了 1.72。2008 年以来，出生人口性别比一直呈现下降趋势，特别是 2014 年，下降幅度较大，一方面反映了出生人口性别比治理工作的取得了一定成效，出生人口性别比偏高现象得到遏制；另一方面受单独两孩生育政策调整的影响，人们对孩子性别预期有所调整。但当前出生人口性别比仍明显高于正常水平(105-107)，出生人口性别比治理工作不能放松，另外，进一步调整完善生育政策，将有利于改善出生人口性别比偏高现象。

2014 年，我国男性人口 70079 万人，比 2013 年增加 351 万人，占全国总人口的 51.23%，女性人口 66703 万人，比 2013 年增加 359 万人，占 48.77%；男性人口比女性人口多 3376 万人，总人口性别比为 105.06，受出生人口和死亡人口性别比的影响，总人口性别比自 2005 年来一直呈现下降态势。

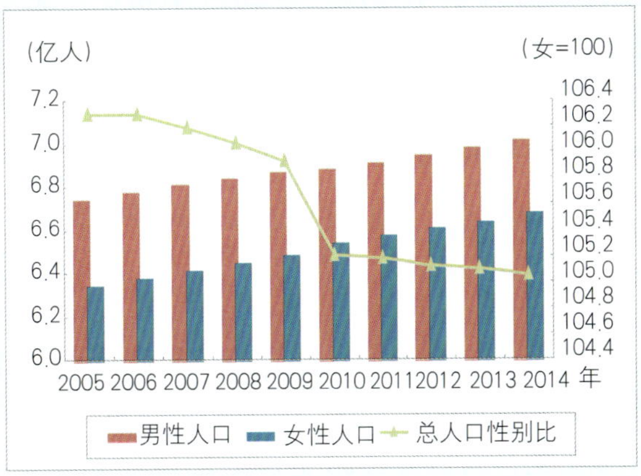

图 2　2005-2014 年分性别人口和总人口性别比

四、城镇人口比重继续稳步提高

2014 年末，我国城镇人口比重达到 54.77%，与 2013 年相比，上升了 1.04 个百分点，城镇人口为 74916 万人，增加了 1805 万人；乡村人口 61866 万人，减少了 1095 万人。城镇人口比乡村人口多 13050 万人。

近年来，我国城镇化水平不断提高，2005 年至 2014 年，我国城镇化率以平均每年 1.31 个百分点的速度发展，城镇人口平均每年增长 2078 万人。

表 2　2005-2014 年全国城镇人口比重

单位：万人

年份	总人口	城镇人口数	城镇人口比重（%）	增长幅度(百分点)
2005	130756	56212	42.99	-
2006	131448	58288	44.34	1.35
2007	132129	60633	45.89	1.55
2008	132802	62403	46.99	1.10
2009	133450	64512	48.34	1.35
2010	134091	66978	49.95	1.61
2011	134735	69079	51.27	1.32
2012	135404	71182	52.57	1.30
2013	136072	73111	53.73	1.16
2014	136782	74916	54.77	1.04

分地区看，中西部地区城镇化发展速度快于东部地区，东部地区又快于东北地区。2014 年，东部地区城镇人口比重 63.64%，东北地区城镇人口比重 60.82%，中部和西部城镇人口比重分别为 49.79% 和 47.37%，与 2013 年相比，东中西和东北地区分别增长 0.84、1.31、1.39 和 0.61 个百分点。中西部地区城镇化发展继续保持较快速度，但与东部和东北地区的差距仍然较大。

五、流动人口规模不断扩大

2014 年，全国人户分离的（居住地和户口登记地所在乡镇街道不一致且离开户口登记地半年以上的）人口为 2.98 亿，比 2013 年增加 944 万人；其中，流动人口（人户分离人口中不包括市辖区内人户分离的人口）为 2.53 亿，比 2013 年增加 800 万人。2010 年以来我国人户分离人口和流动人口总量不断增加。

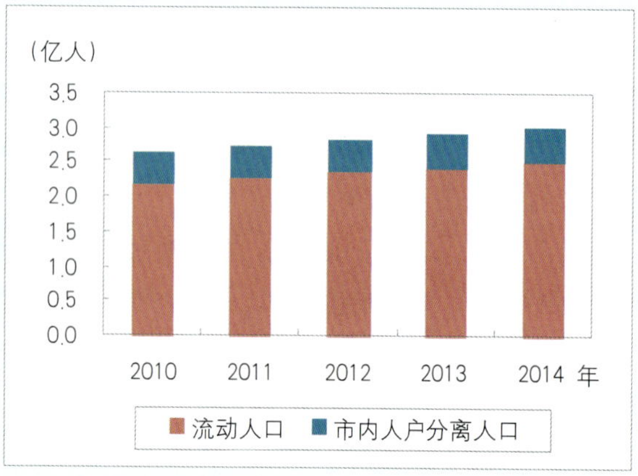

图 3 2010—2014 年人户分离人口和流动人口

调查数据显示，东部地区是跨省流动人口的主要集中地，近八成的跨省流动人口集中在广东、浙江、上海、北京、江苏和福建六个省（市）。流动人口以青壮年人口为主体，流动人口中，20-49 岁人口占 64.76%，分性别看，流动人口中男性多于女性，性别比为 107.70，略高于全国总人口性别比。务工经商是人口流动的主要原因，41.49% 的流动人口因务工经商离开户口登记地。

15 岁及以上流动人口中，参加社会医疗保险的比重为 88.88%。参加社会养老保险的比重为 71.81%（具体保险项目参保比重见表 3）。流动人口参加社会养老保险的比重低于参加社会医疗保险的比重，原因是流动人口以青壮年为主体，与养老保险相比，他们更看重当前对健康的保障。流动人口参加社会医疗保险和社会养老保险的比重均低于非流动人口。

表 3 2014 年流动人口参加社会医疗保险和养老保险的比重

单位：%

参加社会医疗保险情况	比重	参加社会养老保险情况	比重
职工基本医疗保险	33.23	城镇职工基本养老保险	36.87
城镇居民基本医疗保险	12.14	城镇居民社会养老保险	5.51
新型农村合作医疗保险	35.44	新型农村社会养老保险	21.84
城乡居民基本医疗保险	6.80	城乡居民社会养老保险	5.19
公费医疗	1.27	机关事业单位养老保险	2.40
未参加	11.12	未参加	28.19

六、人口婚姻、家庭状况保持稳定

调查数据显示，我国人口婚姻状况相对稳定，未婚比例低、有配偶比例高、离婚比例低等基本特征未变。2014 年，在 15 岁及以上人口中，未婚比例为 19.69%，初婚有配偶比例为 71.16%，再婚有配偶比例为 2.04%，离婚比例仅为 1.74%，丧偶比例为 5.37%。

分城乡看，城乡人口婚姻构成状况存在差别，城镇中未婚和离婚比例高于乡村，初婚有配偶、再婚有配偶和丧偶比例低于乡村。

表 4 2014 年我国城乡 15 岁及以上人口婚姻构成状况

单位：%

地 区	未婚	初婚有配偶	再婚有配偶	离婚	丧偶
全 国	19.69	71.16	2.04	1.74	5.37
城 镇	20.96	70.81	1.91	2.01	4.31
乡 村	18.04	71.63	2.21	1.37	6.75

家庭户规模继续保持平稳下降，2014 年，我国平均家庭户规模为 2.97 人。从户规模来看，二人户和三人户所占比重较高，分别为 27.65% 和 26.68%。从家庭户类型来看，最为典型的家

庭户类型为两代户和一代户，分别为44.48%和37.78%。分城乡看，城镇平均家庭户规模小于乡村平均家庭户规模，城镇平均家庭户规模2.83人，乡村平均家庭户规模3.15人。

七、人口素质稳步提高

2014年，我国15岁及以上人口的平均受教育年限为9.34年，与2013年持平。分城乡看，城镇人口的文化程度高于乡村，城镇15岁及以上人口的平均受教育年限为10.46年，乡村为7.87年。15岁及以上人口文盲率为4.92%，其中，男性文盲率为2.51%，女性文盲率为7.40%。

近年来，我国人口素质稳步提高，15岁及以上人口平均受教育年限从2005年的8.02年提高到2014年的9.34年，平均每年提高0.15年。2005-2014年我国人口粗文盲率下降了4.77个百分点。

附表　2014年分地区人口变动情况

地　区	常住人口（万人）	出生率（‰）	死亡率（‰）	自然增长率（‰）	城镇人口比重（%）
全　国	136782	12.37	7.16	5.21	54.77
北　京	2152	9.75	4.92	4.83	86.35
天　津	1517	8.19	6.05	2.14	82.27
河　北	7384	13.18	6.23	6.95	49.33
山　西	3648	10.92	5.93	4.99	53.79
内蒙古	2505	9.31	5.75	3.56	59.51
辽　宁	4391	6.49	6.23	0.26	67.05
吉　林	2752	6.62	6.22	0.40	54.81
黑龙江	3833	7.37	6.46	0.91	58.01
上　海	2426	8.35	5.21	3.14	89.60
江　苏	7960	9.45	7.02	2.43	65.21
浙　江	5508	10.51	5.51	5.00	64.87
安　徽	6083	12.86	5.89	6.97	49.15
福　建	3806	13.70	6.20	7.50	61.80
江　西	4542	13.24	6.26	6.98	50.22
山　东	9789	14.23	6.84	7.39	55.01
河　南	9436	12.80	7.02	5.78	45.20
湖　北	5816	11.86	6.96	4.90	55.67
湖　南	6737	13.52	6.89	6.63	49.28
广　东	10724	10.80	4.70	6.10	68.00
广　西	4754	14.07	6.21	7.86	46.01
海　南	903	14.56	5.95	8.61	53.76
重　庆	2991	10.67	7.05	3.62	59.60
四　川	8140	10.22	7.02	3.20	46.30
贵　州	3508	12.98	7.18	5.80	40.01
云　南	4714	12.65	6.45	6.20	41.73
西　藏	318	15.76	5.21	10.55	25.75
陕　西	3775	10.13	6.26	3.87	52.57
甘　肃	2591	12.21	6.11	6.10	41.68
青　海	583	14.67	6.18	8.49	49.78
宁　夏	662	13.10	4.53	8.57	53.61
新　疆	2298	16.44	4.97	11.47	46.07

注：1. 本表数据根据2014年人口变动情况抽样调查数据推算。
2. 全国总人口包括现役军人数，分地区数字中未包括。
3. 分地区年末人口数为常住人口口径。

（执笔：李桂芝　国家统计局人口和就业统计司）

2014 年全国农民工监测调查报告

一、农民工规模

（一）农民工总量继续增加

根据国家统计局抽样调查结果，2014 年全国农民工总量为 27395 万人，比上年增加 501 万人，增长 1.9%。其中，外出农民工 16821 万人，比上年增加 211 万人，增长 1.3%；本地农民工 10574 万人，增加 290 万人，增长 2.8%。

表 1　农民工规模

单位：万人

	2010 年	2011 年	2012 年	2013 年	2014 年
农民工总量	24223	25278	26261	26894	27395
1. 外出农民工	15335	15863	16336	16610	16821
（1）住户中外出农民工	12264	12584	12961	13085	13243
（2）举家外出农民工	3071	3279	3375	3525	3578
2. 本地农民工	8888	9415	9925	10284	10574

（二）农民工总量增速继续回落

2010 年以来农民工总量增速持续回落（详见图 1）。2011 年、2012 年、2013 年和 2014 年农民工总量增速分别比上年回落 1.0、0.5、1.5 和 0.5 个百分点。2011 年、2012 年、2013 年和 2014 年外出农民工人数增速分别比上年回落 2.1、0.4、1.3 和 0.4 个百分点。近三年本地农民工人数增速也在逐年回落，但增长速度快于外出农民工增长速度。

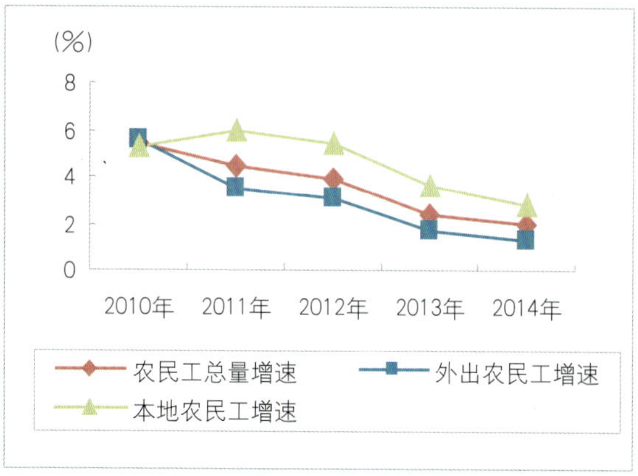

图 1　农民工总量增长速度

（三）西部地区农民工数量增长快于其他地区

按输出地分，东部地区农民工 10664 万人，比上年增加 210 万人，增长 2.0%，东部地区农民工占农民工总量的 38.9%；中部地区农民工 9446 万人，比上年增加 111 万人，增长 1.2%，中部地区农民工占农民工总量的 34.5%；西部地区农民工 7285 万人，比上年增加 180 万人，增长 2.5%，西部地区农民工占农民工总量的 26.6%。西部地区农民工增长速度分别比东部、中部地区高出 0.5 和 1.3 个百分点。

二、农民工基本特征

（一）六成以上为男性农民工

在全部农民工中，男性占 67.0%，女性占 33.0%。其中，外出农民工中男性占 69.0%，女性占 31.0%；本地农民工中男性占 65.1%，女性占 34.9%。

（二）年轻农民工比重逐年下降

分年龄段看，农民工以青壮年为主，16-20 岁占 3.5%，21-30 岁占 30.2%，31-40 岁占 22.8%，41-50 岁占 26.4%，50 岁以上的农民工占 17.1%。调查资料显示，40 岁以下农民工所占比重继续下降，由 2010 年的 65.9% 下降到 2014 年的 56.5%，农民工平均年龄也由 35.5 岁上升到38.3岁。

表2　农民工年龄构成

单位：%

	2010年	2011年	2012年	2013年	2014年
16–20岁	6.5	6.3	4.9	4.7	3.5
21–30岁	35.9	32.7	31.9	30.8	30.2
31–40岁	23.5	22.7	22.5	22.9	22.8
41–50岁	21.2	24.0	25.6	26.4	26.4
50岁以上	12.9	14.3	15.1	15.2	17.1

（三）高中以上文化程度比例增加

高中及以上农民工占23.8%，比上年提高1个百分点。其中，外出农民工中高中及以上的占26%，比上年提高1.6个百分点，本地农民工高中及以上的占21.4%，比上年提高0.3个百分点。

表3　农民工文化程度构成

单位：%

	农民工合计		外出农民工		本地农民工	
	2013年	2014年	2013年	2014年	2013年	2014年
未上过学	1.2	1.1	0.9	0.9	1.6	1.6
小学	15.4	14.8	11.9	11.5	18.9	18.1
初中	60.6	60.3	62.8	61.6	58.4	58.9
高中	16.1	16.5	16.2	16.7	16.0	16.2
大专及以上	6.7	7.3	8.2	9.3	5.1	5.2

（四）接受技能培训的比例提高

接受过技能培训的农民工占34.8%，比上年提高2.1个百分点。其中，接受非农业职业技能培训的占32%，比上年提高1.1个百分点；接受过农业技能培训的占9.5%，比上年提高0.2个百分点；农业和非农业职业技能培训都参加过的占6.8%，比上年提高0.4个百分点。分性别看，男性农民工接受过农业和非农业职业技能培训的占36.4%，女性占31.4%。分年龄看，各年龄段农民工接受培训比例均有提高。

表4　接受过技能培训的农民工比例

单位：%

	接受农业技能培训		接受非农职业技能培训		接受技能培训	
	2013年	2014年	2013年	2014年	2013年	2014年
合计	9.3	9.5	29.9	32.0	32.7	34.8
20岁及以下	5.0	6.0	29.9	31.4	31.0	32.6
21–30岁	5.5	6.0	34.6	37.0	35.9	38.3
31–40岁	9.1	8.8	31.8	34.0	34.1	36.1
41–50岁	12.7	12.6	27.8	29.9	32.1	33.7
50岁以上	12.4	12.7	21.2	24.0	25.9	28.8

三、农民工流向分布

（一）西部地区吸纳能力继续增强

在全部农民工中，16425万人在东部地区务工，比上年增加251万人，增长1.6%；5793万人在中部地区务工，比上年增加93万人，增长1.6%；5105万人在西部地区务工，比上年增加154万人，增长3.1%。在西部地区务工农民工增速较快，主要由于就近就地转移加快。与上年相比，西部地区本地农民工增长了4.1%。

（二）跨省流动农民工比重有所提高

外出农民工中，跨省流动农民工7867万人，比上年增加129万人，增长1.7%，占外出农民工总量的46.8%，比上年提高0.2个百分点。分区域看，东部地区外出农民工18.3%跨省流动，比上年提高0.5个百分点；中部地区外出农民工62.8%跨省流动，比上年提高0.3个百分点；西部地区外出农民工53.9%跨省流动，比上年下降0.2个百分点。

表 5　2014 年外出农民工地区分布及构成

按输出地分	外出农民工总量（万人）			构成（%）		
	外出农民工	跨省流动	省内流动	外出农民工	跨省流动	省内流动
合计	16821	7867	8954	100.0	46.8	53.2
东部地区	5001	916	4085	100.0	18.3	81.7
中部地区	6467	4064	2403	100.0	62.8	37.2
西部地区	5353	2887	2466	100.0	53.9	46.1

（三）流入地级以上城市的农民工比重继续上升

在外出农民工中，流入地级以上城市的农民工 10885 万人，占 64.7%，比上年提高 0.8 个百分点。其中，8.1% 流入直辖市，比上年下降 0.4 个百分点；22.4% 流入省会城市，比上年提高 0.4 个百分点；34.2% 流入地级市，比上年提高 0.8 个百分点。跨省流动农民工 77% 流入地级以上大城市，比上年提高 0.4 个百分点；省内流动农民工 53.9% 流入地级以上大城市，比上年提高 1 个百分点。

表 6　2014 年外出农民工流向地区分布及构成

	合计	直辖市	省会城市	地级市	小城镇	其他
外出农民工总量（万人）	16821	1359	3774	5752	5864	72
其中：跨省流动	7867	1107	1783	3163	1742	72
省内乡外流动	8954	252	1991	2589	4122	0
外出农民工构成（%）	100.0	8.1	22.4	34.2	34.9	0.4
其中：跨省流动	100.0	14.1	22.7	40.2	22.1	0.9
省内乡外流动	100.0	2.8	22.2	28.9	46.1	0.0

四、农民工就业

（一）农民工在第三产业从业的比重提高

农民工在第二产业中从业的比重为 56.6%，比上年下降 0.2 个百分点。农民工在第三产业从业的比重为 42.9%，比上年提高 0.3 个百分点。其中，从事批发和零售业的农民工比重为 11.4%，比上年提高 0.1 个百分点；从事交通运输、仓储和邮政业的农民工比重为 6.5%，比上年提高 0.2 个百分点；从事住宿和餐饮业的农民工比重为 6.0%，比上年提高 0.1 个百分点。

表 7　农民工就业行业分布

单位：%

	2013 年	2014 年	增减（百分点）
第一产业	0.6	0.5	-0.1
第二产业	56.8	56.6	-0.2
其中：制造业	31.4	31.3	-0.1
建筑业	22.2	22.3	0.1
第三产业	42.6	42.9	0.3
其中：批发和零售业	11.3	11.4	0.1
交通运输、仓储和邮政业	6.3	6.5	0.2
住宿和餐饮业	5.9	6.0	0.1
居民服务、修理和其他服务业	10.6	10.2	-0.4

（二）中西部地区第三产业从业比重提高明显

中部地区从事第三产业的比重提高，主要是从事批发和零售业、住宿和餐饮业的农民工比重提高。其中，从事批发和零售业的农民工占 13.2%，从事住宿和餐饮业的农民工占 6.5%，分别比上年提高 0.3 个百分点。西部地区第三产业比重提高，主要是从事交通运输、仓储和邮政业、住宿和餐饮业的农民工比重提高。其中，从事交通运输、仓储和邮政业的农民工占 8.7%，从事住宿和餐饮业的农民工占 8.3%，分别比上年提高 0.5 和 0.2 个百分点。

表 8 分地区的农民工产业分布

单位：%

	东部地区		中部地区		西部地区	
	2013年	2014年	2013年	2014年	2013年	2014年
第一产业	0.5	0.4	0.5	0.4	0.9	0.8
第二产业	61.1	61.2	52.8	52.5	47.6	47.1
第三产业	38.4	38.4	46.7	47.1	51.5	52.1

（三）自营方式就业的农民工比重提高

2014 年，受雇就业的农民工所占比重为 83%，自营就业的农民工所占比重为 17%，自营就业农民工比重较上年提高 0.5 个百分点。

五、农民工收入

（一）各行业农民工收入均保持增长

农民工人均月收入 2864 元，比上年增加 255 元，增长 9.8%。分行业看，各行业农民工人均月收入均保持增长，增长较快的是制造业、建筑业与居民服务、修理和其他服务业。

表 9 分行业农民工人均月收入及增幅

单位：元

	2013 年	2014 年	增长率（%）
合计	2609	2864	9.8
制造业	2537	2832	11.6
建筑业	2965	3292	11.0
批发和零售业	2432	2554	5.0
交通运输、仓储和邮政业	3133	3301	5.3
住宿和餐饮业	2366	2566	8.4
居民服务、修理和其他服务业	2297	2532	10.2

（二）在东部地区务工的农民工收入增长较快

分地区看，在东部地区务工的农民工人均月收入 2966 元，比上年增加 273 元，增长 10.2%；在中部地区务工的农民工人均月收入 2761 元，比上年增加 227 元，增长 9%；在西部地区务工的农民工人均月收入 2797 元，比上年增加 246 元，增长 9.6%。在东部地区务工的农民工人均月收入增速分别比在中西部地区务工的农民工高 1.2 和 0.6 个百分点。

六、外出农民工消费和居住

（一）农民工在外务工生活消费支出增长

外出农民工月均生活消费支出人均 944 元，比上年增加 52 元，增长 5.8%。外出农民工月均居住支出人均 445 元，比上年减少 1.8%，居住支出占生活消费支出的比重为 47.1%，比上年下降 3.6 个百分点。

表 10 外出农民工在不同地区务工月均生活消费和居住支出

	生活消费支出（元/人）		其中：居住支出（元/人）		居住支出占比（%）	
	2013年	2014年	2013年	2014年	2013年	2014年
合计	892	944	453	445	50.7	47.1
东部地区	902	954	454	447	50.3	46.8
中部地区	811	861	441	414	54.3	48.0
西部地区	909	957	443	449	48.7	46.9

（二）工地工棚和生产经营场所居住的农民工比重下降

外出农民工中，在单位宿舍居住的占 28.3%，比上年下降 0.3 个百分点；在工地工棚和生产经营场所居住的占 17.2%，比上年下降 0.5 个百分点；租赁住房的占 36.9%，比上年提高 0.2 个百分点；乡外从业回家居住的农民工占 13.3%，比上年提高 0.2 个百分点；在务工地自购房的农民工占 1%，比上年提高 0.1 个百分点。自购房农民工比例提高，主要是在小城镇自购住房的农民工增加。在自购房农民工中，在小城镇购房的农民工占 49.1%，比上年提高 2.7 个百分点。

（三）从雇主或单位得到住房补贴的农民工增加

外出农民工中，从雇主或单位得到免费住宿的农民工所占比重为 46.8%，比上年下降 0.1 个百分点；从雇主或单位得到住房补贴的农民工所占比重为 8.6%，比上年提高 0.4 个百分点；不提供住宿也没有住房补贴的比重为 44.6%，比上年下降 0.3 个百分点。

七、农民工权益保障

（一）超时劳动和签订劳动合同情况变化不明显

外出农民工年从业时间平均为 10 个月，月从业时间平均为 25.3 天，日从业时间平均为 8.8 个小时，较上年变化不大。日从业时间超过 8 小时的农民工占 40.8%，较上年略有下降，但周从业时间超过 44 小时的农民工占 85.4%，比上年提高 0.7 个百分点。

表 11　外出农民工从业时间和强度

	2013 年	2014 年
全年外出从业时间（月）	9.9	10.0
平均每月工作时间（天）	25.2	25.3
平均每天工作时间（小时）	8.8	8.8
日工作超过 8 小时的比重（%）	41.0	40.8
周工作超过 44 小时的比重（%）	84.7	85.4

表 12　农民工签订劳动合同情况

单位：%

	无固定期限劳动合同	一年以下劳动合同	一年及以上劳动合同	没有劳动合同
2013 年农民工合计	13.7	3.2	21.2	61.9
其中：外出农民工	14.3	3.9	23.2	58.6
本地农民工	12.9	2.1	18.2	66.8
2014 年农民工合计	13.7	3.1	21.2	62.0
其中：外出农民工	14.6	3.7	23.1	58.6
本地农民工	12.5	2.3	18.5	66.7

2014 年与雇主或单位签订了劳动合同的农民工比重为 38%，与上年基本一致。

（二）被拖欠工资的农民工比重有所下降

被拖欠工资的农民工所占比重为 0.8%，比上年下降 0.2 个百分点。分地区看，在东部地区务工的农民工被拖欠工资的比重为 0.5%，比上年下降 0.3 个百分点，其中东部地区本地农民工被拖欠工资比重下降 0.7 个百分点；在中部地区务工的农民工被拖欠工资的比重为 1.2%，与上年持平；在西部地区务工的农民工被拖欠工资的比重为 1.1%，比上年下降 0.1 个百分点。

从农民工比较集中的几个行业看，建筑业仍是拖欠农民工工资的多发地，批发和零售业农民工被拖欠工资的比重上升。建筑业农民工被拖欠工资的比重为 1.4%，比上年下降 0.4 个百分点。制造业农民工被拖欠工资的比重下降 0.3 个百分点，交通运输、仓储和邮政业下降 0.4 个百分点，住宿和餐饮业下降 0.3 个百分点。批发和零售业农民工被拖欠工资的比重比上年上升 0.2 个百分点。

表 13　分行业农民工被拖欠工资的比重

单位：%

	2013 年	2014 年	增减（百分点）
合计	1.0	0.8	−0.2
制造业	0.9	0.6	−0.3
建筑业	1.8	1.4	−0.4
批发和零售业	0.1	0.3	0.2
交通运输、仓储和邮政业	0.9	0.5	−0.4
住宿和餐饮业	0.6	0.3	−0.3
居民服务、修理和其他服务业	0.3	0.3	0

（三）工资拖欠额上升较多

2014 年，被拖欠工资的农民工人均被拖欠工资为 9511 元，比上年增加 1392 元，增长 17.1%。其中，被拖欠工资的外出农民工人均被拖欠 10613 元，比上年增加 1529 元，增长 16.8%；被拖欠工资的本地农民工人均被拖欠 8148 元，比上年增加 1050 元，增长 14.8%。

（四）参加“五险一金”的农民工比例提高

农民工“五险一金”的参保率分别为：工伤保险26.2%、医疗保险17.6%、养老保险16.7%、失业保险10.5%、生育保险7.8%、住房公积金5.5%，比上年分别提高1.2、0.5、0.5、0.7、0.6和0.5个百分点。外出农民工和本地农民工“五险一金”的参保率均有提高。外出农民工在工伤、医疗、住房公积金方面的参保率高于本地农民工，在养老、失业和生育方面的参保率低于本地农民工。

表14　2014年农民工参加“五险一金”的比例

单位：%

	工伤保险	医疗保险	养老保险	失业保险	生育保险	住房公积金
合　计	26.2	17.6	16.7	10.5	7.8	5.5
其中：外出农民工	29.7	18.2	16.4	9.8	7.1	5.6
本地农民工	21.1	16.8	17.2	11.5	8.7	5.3
比上年增加（百分点）	1.2	0.5	0.5	0.7	0.6	0.5
其中：外出农民工	1.2	0.6	0.7	0.7	0.5	0.6
本地农民工	1.0	0.4	0.3	0.9	0.8	0.4

（五）东部地区参保率最好，中西部地区参保率提高较快

分区域看，在东部地区务工的农民工“五险一金”参保率分别为：工伤保险29.8%、医疗保险20.4%、养老保险20.0%、失业保险12.4%、生育保险9.1%、住房公积金6.0%，均好于中西部地区。但在中西部地区务工的农民工“五险一金”的参保率提高较快。

表15　2014年分地区农民工参加“五险一金”的比例

单位：%

	工伤保险	医疗保险	养老保险	失业保险	生育保险	住房公积金
东部地区	29.8	20.4	20.0	12.4	9.1	6.0
中部地区	17.8	11.8	10.7	6.9	4.9	4.7
西部地区	21.9	13.6	11.4	7.7	5.8	4.4
比上年增加（百分点）						
东部地区	1.0	0.1	0.4	0.7	0.4	0.4
中部地区	1.6	1.2	0.7	1.0	0.7	0.6
西部地区	0.4	0.8	0.7	1.1	0.8	0.7

（六）制造业参保率最高，建筑业参保率最低

分行业看，在农民工比较集中的几个行业中，制造业农民工“五险一金”参保率分别为：工伤保险34.2%、医疗保险22.1%、养老保险21.4%、失业保险13.1%、生育保险9.3%、住房公积金5.3%，分别是参保率最低的建筑业农民工的：工伤保险2.3倍、医疗保险4.1倍、养老保险5.5倍、失业保险6.2倍、生育保险7.9倍、住房公积金5.9倍，从事不同行业农民工参保率差距明显。

表16　2014年分行业农民工参加“五险一金”的比例

单位：%

	工伤保险	医疗保险	养老保险	失业保险	生育保险	住房公积金
制造业	34.2	22.1	21.4	13.1	9.3	5.3
建筑业	14.9	5.4	3.9	2.1	1.3	0.9
批发和零售业	19.2	15.0	14.4	9.9	7.8	3.5
交通运输、仓储和邮政业	27.8	19.2	17.6	12.8	9.2	8.0
住宿和餐饮业	17.2	10.8	10.0	5.4	4.0	2.6
居民服务、修理和其他服务业	16.3	12.1	11.8	6.6	5.2	3.1
比上年增加（百分点）						
制造业	1.4	0.4	0.5	0.9	0.5	0.3
建筑业	0.5	0.2	0.2	0.1	0.0	0.0
批发和零售业	2.2	0.8	0.9	1.0	0.8	−0.1
交通运输、仓储和邮政业	2.3	1.8	2.0	2.3	1.6	1.8
住宿和餐饮业	0.1	−1.1	−0.6	−1.2	0.1	0.1
居民服务、修理和其他服务业	0.4	0.5	0.5	0.4	0.4	0.9

附注：

1. 农民工监测调查简介

为准确反映全国农民工规模、流向、分布、

就业、收支、生活和社会保障等情况，国家统计局2008年建立农民工监测调查制度，在农民工输出地开展监测调查。调查范围是全国31个省（自治区、直辖市）的农村地域，在1527 个调查县（区）抽选了8930个村和23.5万名农村劳动力作为调查样本。采用入户访问调查的形式，按季度进行调查。

2. 主要指标解释

农民工：指户籍仍在农村，在本地从事非农产业或外出从业6个月及以上的劳动者。

本地农民工：指在户籍所在乡镇地域以内从业的农民工。

外出农民工：指在户籍所在乡镇地域外从业的农民工。

新生代农民工：指1980年及以后出生的农民工。

老一代农民工：指1980年以前出生的农民工。

举家外出：指农村劳动力及家人离开原居住地，到户籍所在乡镇以外的区域居住。

东部地区：包括北京、天津、河北、辽宁、上海、江苏、浙江、福建、山东、广东、海南11个省（市）。

中部地区：包括山西、吉林、黑龙江、安徽、江西、河南、湖北、湖南8省。

西部地区：包括内蒙古、广西、重庆、四川、贵州、云南、西藏、陕西、甘肃、青海、宁夏、新疆12个省（自治区）。

（执笔：郝彦宏　国家统计局住户调查办公室）

2014年居民消费价格监测报告

2014年，居民消费价格运行总体平稳，呈现出温和上涨的态势，其中食品价格涨幅最高，但总体涨幅回落。全国居民消费价格总水平比上年上涨2.0%，比2013年2.6%的涨幅回落0.6个百分点。

一、居民消费价格总体运行平稳，上涨温和

2014年，全年居民消费价格总水平上涨2.0%。分城乡看，城市上涨2.1%，农村上涨1.8%，农村低于城市；而2013年城市上涨2.6%，农村上涨2.8%，城市略低于农村。

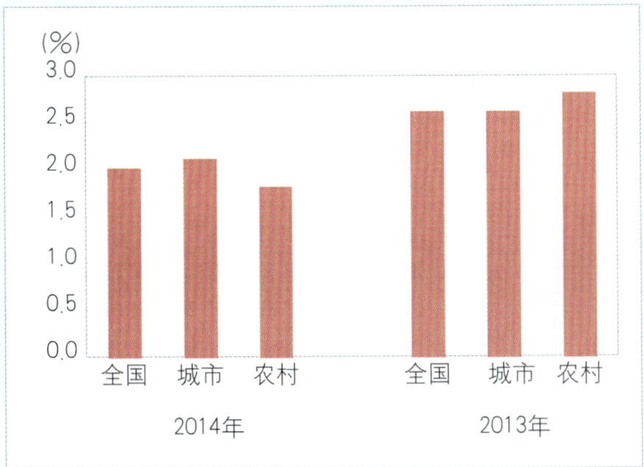

图1　2014年及2013年居民消费价格涨幅

（一）居民消费价格同比涨幅逐季回落

受上年对比基数影响，2014年居民消费价格同比涨幅较高的月份是1月、3月和5月，涨幅分别为2.5%、2.4%和2.5%，其中1月和5月2.5%的涨幅为全年最高点。前8个月，除4月份居民消费价格同比上涨1.8%外，其他7个月份居民消费价格涨幅均维持在2%以上。9月份以后，居民消费价格涨幅则回落到1.4%至1.6%之间。

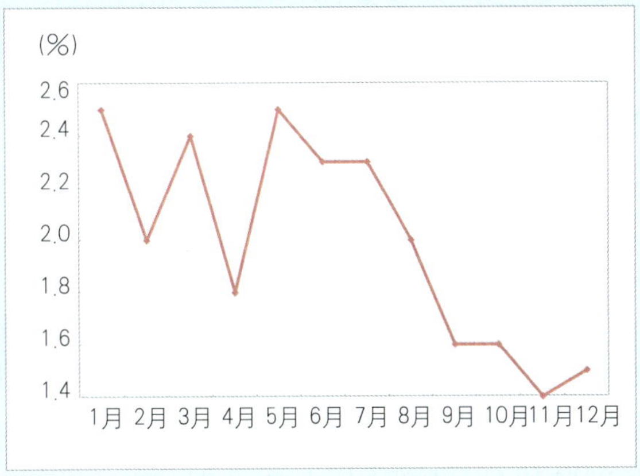

图2　2014年居民消费价格各月同比涨跌幅

分季度看，居民消费价格涨幅同比走势呈现逐季回落态势，其中1季度居民消费价格同比上涨2.3%，2季度上涨2.2%，3季度起涨幅回落加速，其中3季度上涨2.0%，4季度上涨1.5%，总体逐步走低。

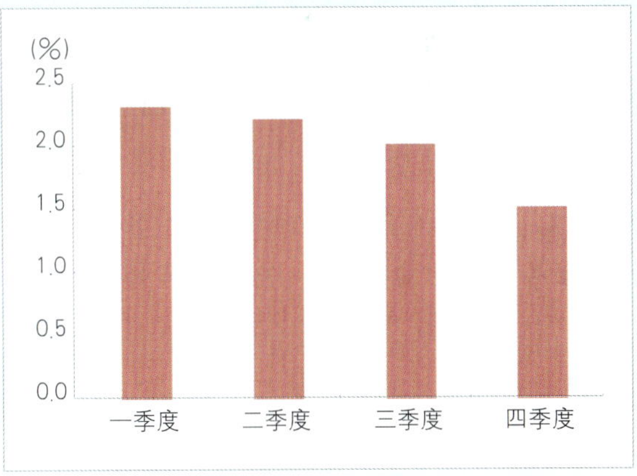

图3　2014年居民消费价格季度同比涨幅

（二）各月环比走势打破了传统的“U”型分布

2014年各月环比价格有升有降，居民消费价格七个月环比上涨，四个月下降，一个月持平，涨跌幅度在-0.5%至1.0%之间。

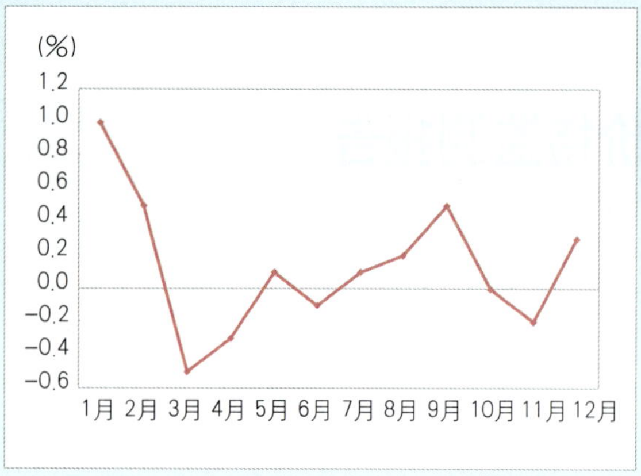

图 4　2014 年居民消费价格各月环比涨跌幅

受节假日、气候、消费习惯等影响，大多数年份居民消费价格月度环比走势大体呈“U”型分布，即年初、年底环比涨幅高，年中涨幅较低。但 2014 年 CPI 走势不同于“U”型分布，年中个别月份涨幅并未走低，年末涨幅并不高。2014 年 1 月和 2 月，在春节等因素影响下，居民消费价格环比涨幅分别维持在 1.0% 和 0.5% 的较高水平；9 月份，在“十一”黄金周等因素影响下，居民消费价格出现了 0.5% 的全年第二高的涨幅；四季度，全国气温高于常年，而且没有出现全国性大范围的恶劣天气，鲜菜价格不涨反跌，居民消费价格总水平呈现走低态势。

（三）八大类商品和服务价格六涨两降

2014 年，食品价格上涨 3.1%，衣着价格上涨 2.4%，居住价格上涨 2.0%，娱乐教育文化用品及服务价格上涨 1.9%，医疗保健和个人用品价格上涨 1.3%，家庭设备用品及维修服务价格上涨 1.2%，烟酒及用品价格下降 0.6%，交通和通信价格下降 0.1%。

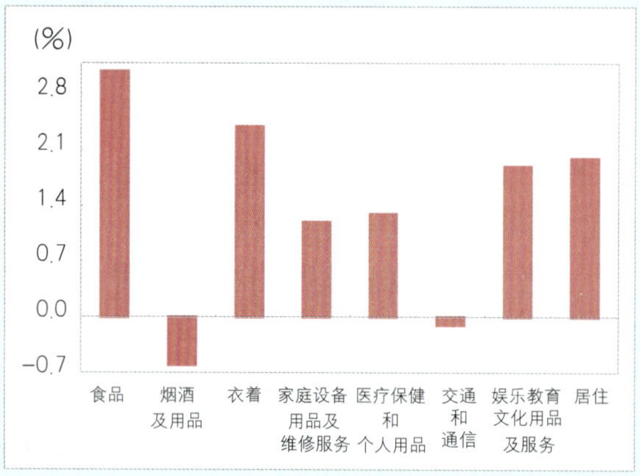

图 5　2014 年居民消费价格各大类商品和服务价格涨跌幅

据测算，在居民消费价格中，2014 年消费品和服务价格分别上涨 1.8% 和 2.5%。

（四）31 个省（区、市）中有 30 个居民消费价格涨幅均比上年有所回落

2014 年，31 个省（区、市）的居民消费价格涨幅在 1.5%-2.9% 之间。地区间差异逐步缩小，西南地区涨幅相对较高，平均上涨 2.2%。其中，除上海市比 2013 年涨幅扩大 0.4 个百分点外，其余 30 个省（区、市）均比 2013 年涨幅有所回落，回落幅度在 0.1% 至 1.8% 之间。

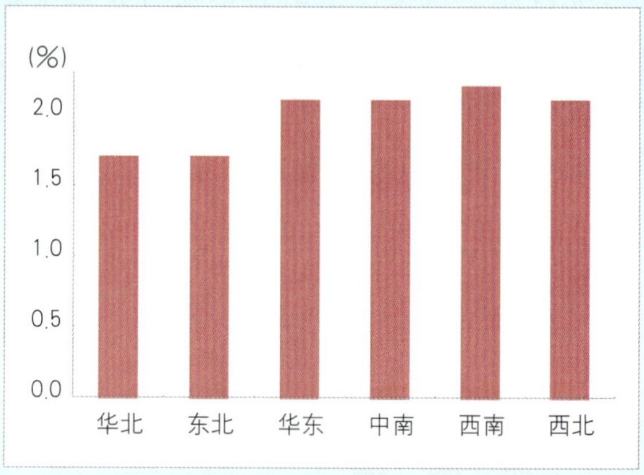

图 6　2014 年各地区居民消费价格涨幅

二、居民消费价格运行结构中食品价格涨幅最高，服务价格影响提高

（一）食品、衣着和居住类价格涨幅较高

2014 年，与城乡居民生活密切相关的食品、衣着、居住类价格涨幅列居前三位，三者合计影响居民消费价格上涨 1.6 个百分点，约占居民消费价格总涨幅的 80%。

食品价格全年上涨 3.1%，影响 CPI 上涨约 1.03 个百分点。鲜果、液体乳及乳制品、水产品、蛋和粮食是食品价格上涨的主力，以上五项合计影响占居民消费价格总涨幅约四成。

衣着价格全年上涨 2.4%，影响 CPI 上涨约

0.21个百分点。服装价格上涨2.6%，其中男装、女装、童装价格分别上涨了2.5%、2.5%和2.7%。

居住价格全年上涨2.0%，影响CPI上涨约0.39个百分点。私房房租价格环比9个月上涨，3个月持平，全年比2013年上涨4.0%。

（二）娱乐教育文化用品及服务价格涨幅为近四年最高

2014年，娱乐教育文化用品及服务价格全年上涨1.9%，影响CPI上涨约0.21个百分点。娱乐教育文化用品及服务价格2010年起温和上涨（2010-2013年分别上涨0.6%、0.4%、0.5%、1.8%）。

娱乐教育文化用品及服务中，旅游价格上涨5.0%，比2013年旅游价格涨幅扩大1.0个百分点；教育服务价格上涨2.5%，比2013年教育服务价格涨幅回落0.3个百分点。

（三）烟草价格微涨，酒类价格下降

2014年，烟酒及用品价格全年下降0.6%，影响CPI下降0.02个百分点。烟草价格上涨0.2%，其中，高档卷烟价格下降0.3%，中、低档卷烟价格分别上涨0.2%和0.9%。酒类价格下降1.8%，主要是受白酒价格下降3.7%影响，其他酒类价格均略有上涨。

（四）交通和通信价格降幅比上年有所缩小

2014年交通和通信价格下降0.1%，降幅比2013年缩小了0.3个百分点。其中，交通工具价格下降0.8%，车用燃料及零配件价格下降1.3%，通信工具下降4.3%。

（五）食品价格在居民消费价格涨幅中的影响比重逐渐减弱

2014年食品和非食品价格分别上涨3.1%和1.4%，分别影响CPI上涨约1.03和0.96个百分点，分别约占居民消费价格总涨幅的51.8%和48.2%。从涨幅来看，3.1%的涨幅是2010年以来最低的食品年度涨幅（2010-2013年食品年度涨幅分别为7.2%、11.8% 、4.8%和4.7%），食品价格上涨在总涨幅中的影响比重也逐年减少（2011年、2012年、2013年分别为65.7%、59.6%、58.5%），非食品价格上涨的影响比重逐年增加（2011年、2012年、2013年分别为34.3%、40.4%、41.5%）。

粮食价格持续小幅上涨。2014年粮食价格上涨3.1%，影响CPI上涨约0.09个百分点。自2009年1月份起，粮食价格持续逐月小幅上涨，从六年的累积效果看，2014年12月价格比2008年12月累计上涨了49.4%。

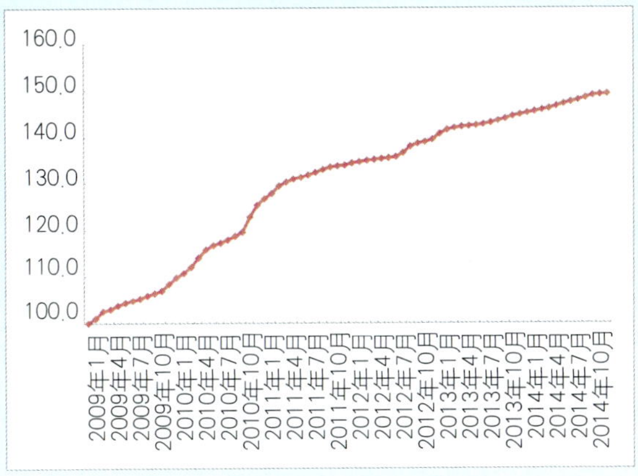

图7　粮食价格指数（2008年12月=100）

猪肉价格由涨转降。2014年1月份起，猪肉价格环比持续四个月下降，5月份受国家启动中央储备冻猪肉收储影响价格逐月反弹，但10月份后价格逐月回落，全年猪肉价格由2013年微涨0.3%转为下降4.3%，影响CPI下降0.14个百分点。

牛肉和羊肉价格涨幅回落。2014年牛肉价格环比基本呈上涨态势，除3、4、6月份下降外，其他月份逐月上涨；羊肉价格环比1、2月份分别上涨1.3%和0.9%，自3月份起逐月下降，下降幅度在0.1%至0.9%之间，全年分别上涨6.3%和4.3%，分别比2013年的涨幅回落19.1和9.2个百分点。

鲜菜和鲜果价格各月环比波动较大。2014年鲜菜价格各月环比波动较大，涨跌幅度在-9.3%至12.1%之间，全年价格比2013年下降1.5%，影响CPI下降约0.05个百分点。鲜果价格各月

环比涨跌幅度在-6.3%至11.0%，全年价格比2013年上涨较多，涨幅达18.0%，影响CPI上涨约0.37个百分点。

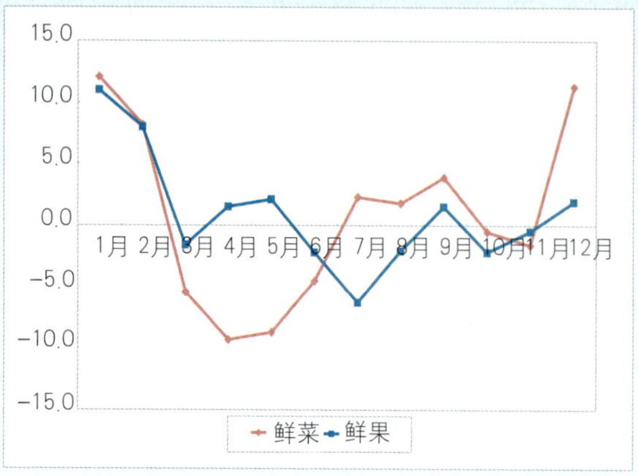

图8 2014年鲜菜、鲜果各月环比涨跌幅

（六）服务价格在居民消费价格总涨幅中的影响比重逐年提高

2014年全年服务价格上涨2.5%，消费品价格上涨1.8%，分别影响CPI上涨约0.72和1.27个百分点，分别约占CPI总涨幅的36.2%和63.8%。从近年来的变化情况看，服务价格上涨在CPI总涨幅中的影响比重逐年提高（2010、2011、2012、2013年分别为14.8%、18.9%、21.9%和32.3%），消费品价格上涨在CPI总涨幅中的影响比重逐年降低（2010、2011、2012、2013年分别为85.2%、81.1%、78.1%和67.7%）。

（七）新涨价因素占居民消费价格总涨幅的比重约55%，是近三年来的最低比重

在2014年2.0%的居民消费价格总涨幅中，新涨价因素和翘尾因素影响分别为1.1和0.9个百分点，各占CPI总涨幅的55.0%和45.0%。新涨价因素占CPI总涨幅的比重为近三年最低（2012、2013年分别为57.7%、61.5%）。

（八）扣除食品和能源价格涨幅略有回落

2014年扣除食品和能源价格比上年上涨1.6%，月度环比七涨五平。2006年开始编制该项指数以来，2014年1.6%的涨幅仅次于2011年的2.2%和2013年的1.7%。

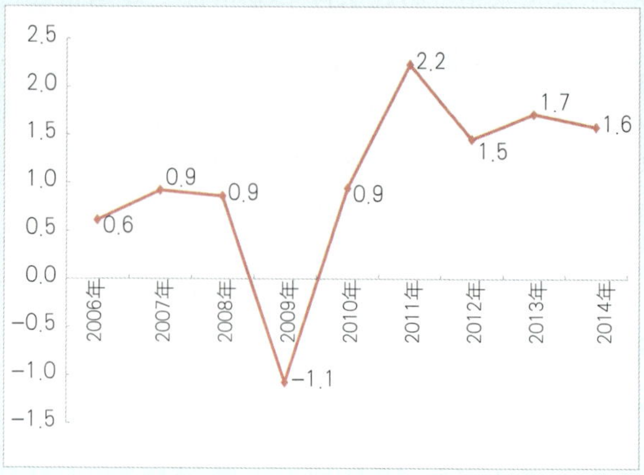

图9 2006年-2014年各年扣除食品和能源价格涨跌幅

三、居民消费价格涨幅回落的主要原因

（一）食品价格涨幅回落

2014年，粮食及主要经济作物再获丰收，实现“十一连增”。这不仅在一定程度上缓解了国内粮食紧平衡的局面，也为稳定物价提供了物质基础。联合国粮食与农业组织2015年2月5日发布的《谷物供求简报》，将2014年世界谷物产量估值提高至25.31亿吨，较2013年增长700万吨，这是粮食产量连续第二年刷新历史记录。由于全球谷物供应不断增加，国际粮价已经跌至2010年以来的最低点。为保护种粮积极性，促进粮食生产的发展，2014年国家继续在粮食主产区实行最低收购价格政策，并适当提高了最低收购价格水平。数据显示，2014年粮食价格上涨3.1%，比2013年粮食价格上涨4.6%的涨幅回落了1.5个百分点。

（二）服务价格涨幅回落

受人口政策影响，近年来劳动力供应偏紧，2014年16周岁以上至60周岁（含60周岁）的劳动年龄人口比2013年末减少371万人。人工成本直接影响服务价格，与消费品相比，其价格上涨带有一定的刚性特征。2014年部分人工服务价格上涨较快，如家庭服务、洗浴、衣着清洗、理发价格分别上涨了8.9%、5.1%、5.1%和4.9%。但由于受社会总需求增速放缓的影响，对服务业

的需求也出现了减弱，相应的价格涨幅呈现回落的趋势，2014 年服务价格上涨 2.5%，比 2013 年回落了 0.4 个百分点。

（三）能源价格持续下降

受全球需求和经济增速预期的下降、美国原油出口禁令松动的预期、金融市场的集体行动、伊拉克产量的回归、OPEC 的不减产决定等因素影响，国际油价自 2014 年 6 月开始下跌。布伦特（Brent）油价自 2014 年 6 月 19 日达到 115 美元 / 桶的高点以来，在 7 个月中一路下跌，直至 2015 年 1 月 13 日的 45 美元 / 桶，跌幅超过 60%。受国际原油市场价格下跌影响，国内成品油价格从 2014 年 7 月 21 日发改委下调油价起持续下跌。经测算，2014 年 12 月汽油、柴油价格分别比 7 月份下降了 16.3% 和 18.8%，汽油、柴油价格全年分别下降 1.3% 和 3.3%。

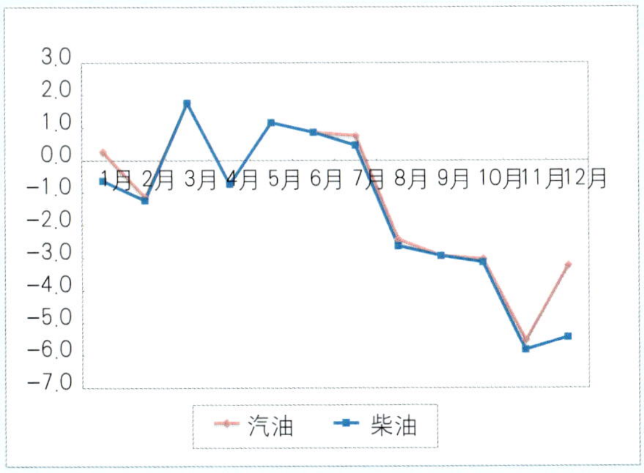

图 10　2014 年汽油、柴油各月环比价格涨跌幅

（四）住房租金价格上涨趋势减缓

2014 年，政府完善住房保障机制，加大保障性安居工程建设力度，全年全国城镇保障性安居工程基本建成 511 万套，新开工 740 万套。部分城市房地产市场供应增加，房价上涨乏力。受此影响，租房市场需求减弱，住房租金价格上涨趋势减缓。2014 年住房租金价格上涨 3.3%，比 2013 年 4.1% 的涨幅回落了 0.8 个百分点。其中，私房房租价格上涨 4.0%，低于 2013 年 5.1% 的年度涨幅。分月度看，私房房租价格环比 9 个月上涨 3 个月持平，涨幅在 0.1%-0.8% 之间，同比涨幅基本呈逐月回落态势。

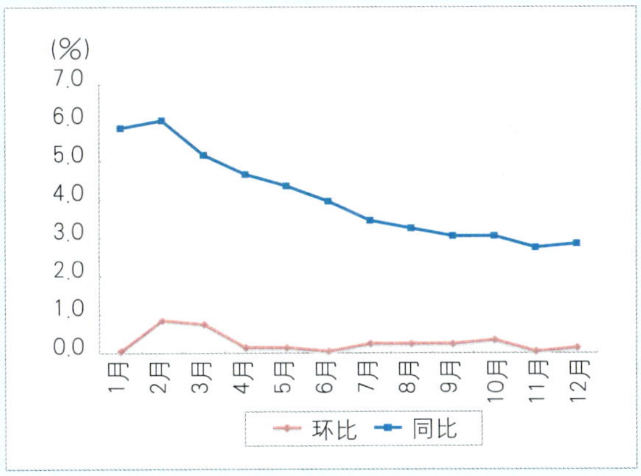

图 11　2014 年私房房租各月环比和同比涨跌幅

（执笔：杨彩芳　国家统计局城市社会经济调查司）

2014 年工业生产者价格运行情况报告

2014 年，受宏观经济放缓、产能过剩、国际大宗商品价格下跌等因素影响，工业生产者价格总体呈弱势运行。全年工业生产者出厂价格比上年下降 1.9%，工业生产者购进价格比上年下降 2.2%。截至 2014 年 12 月份，工业生产者出厂价格同比已经连续 34 个月出现负增长，工业生产者购进价格连续 31 个月负增长。

一、工业生产者出厂价格总体变动情况

工业生产者出厂同比价格总体呈现先降后缓再加速下行的走势。一季度在翘尾因素和新涨（跌）价因素共同影响下，工业生产者出厂价格同比承接 2013 年的走势继续下降。4 月份后翘尾因素影响减小，同比指数的对比基数降低，工业生产者出厂价格同比虽然继续下降，但降幅连续四个月收窄。下半年在原油价格“腰斩”，成品油价格连续下调，煤炭、钢材和有色金属等主要工业品价格持续下跌的影响下，工业生产者出厂价格加速下跌，特别是 12 月份同比下降 3.3%，为全年最大降幅。

从月度环比指数看，前期走势基本平稳，后期持续下滑。1-8 月，环比指数稳定在 99.7-99.9 区域之间，9 月份以后环比价格呈现持续下滑态势。其中 9、10 两个月环比指数维持在 99.6，11 月下降到 99.5，12 月份进一步下滑到 99.4。

从定基指数看，2014 年 12 月份工业生产者出厂价格定基指数为 98.3，总体价格已跌至 2010 年的平均水平之下，主要是生产资料价格下跌影响所致。其中，生产资料定基指数为 96.2，生活资料定基指数为 105.1。从具体行业看，原油、有色金属、钢材、煤炭、黑色金属矿采选业和化学纤维制造业的定基指数均跌至 100 以下。

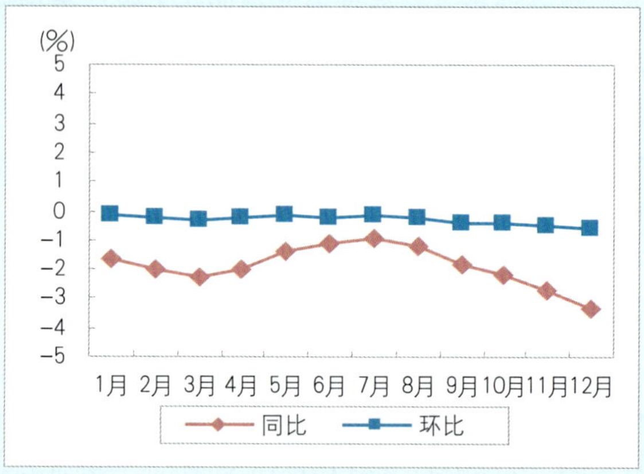

图 1　2014 年工业生产者出厂价格涨跌幅

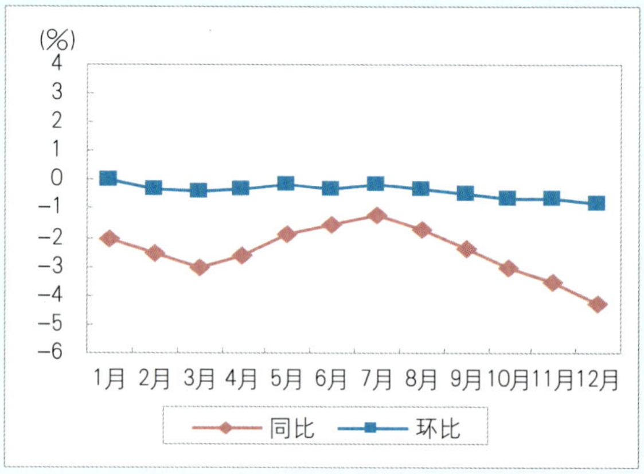

图 2　2014 年生产资料出厂价格涨跌幅

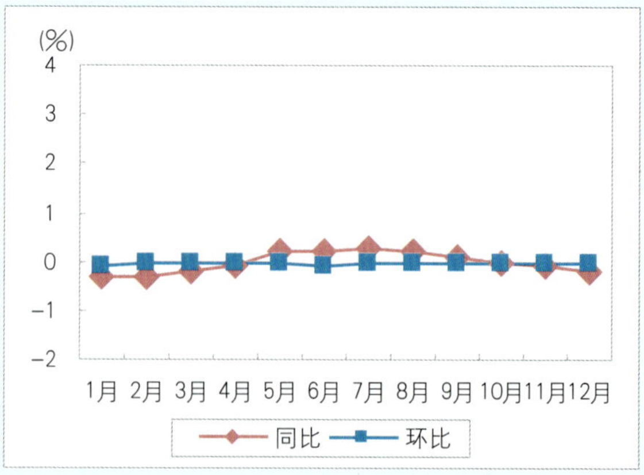

图 3　2014 年生活资料出厂价格涨跌幅

表 2013年、2014年工业生产者出厂价格大类行业指数

上年价格 =100

项目名称	2013年	2014年
总指数	98.1	98.1
煤炭开采和洗选业	88.7	89.0
石油和天然气开采业	95.8	96.6
黑色金属矿采选业	97.0	91.2
有色金属矿采选业	95.7	96.5
非金属矿采选业	100.6	99.3
开采辅助活动	105.3	99.4
其他采矿业	100.0	100.0
农副食品加工业	101.2	99.1
食品制造业	101.7	102.0
酒、饮料和精制茶制造业	100.1	100.5
烟草制品业	100.4	100.3
纺织业	99.8	99.4
纺织服装、服饰业	101.1	100.2
皮革、毛皮、羽毛及其制品和制鞋业	102.2	101.8
木材加工和木、竹、藤、棕、草制品业	100.8	100.9
家具制造业	100.5	100.8
造纸和纸制品业	97.7	99.2
印刷和记录媒介复制业	99.5	100.0
文教、工美、体育和娱乐用品制造业	99.1	99.8
石油加工、炼焦和核燃料加工业	96.3	94.8
化学原料和化学制品制造业	96.7	98.0
医药制造业	100.6	100.7
化学纤维制造业	95.6	94.7
橡胶和塑料制品业	98.8	98.7
非金属矿物制品业	99.0	100.0
黑色金属冶炼和压延加工业	94.0	93.3
有色金属冶炼和压延加工业	94.6	95.6
金属制品业	98.2	98.6
通用设备制造业	99.3	99.5
专用设备制造业	100.2	99.8
汽车制造业	99.4	99.5
铁路、船舶、航空航天和其他运输设备制造业	99.3	99.6
电气机械和器材制造业	98.4	98.8
计算机、通信和其他电子设备制造业	97.3	98.3
仪器仪表制造业	99.7	100.0
其他制造业	102.0	102.1
废弃资源综合利用业	94.0	93.5
金属制品、机械和设备修理业	99.0	99.3
电力、热力生产和供应业	100.2	100.2
燃气生产和供应业	102.1	103.5
水的生产和供应业	101.9	102.6

分类别看，全年生产资料出厂价格比上年下降2. 5%，影响工业生产者出厂价格总水平下降约1.9个百分点，是工业生产者出厂价格下降的主要因素。其中，采掘工业价格下降6.5%，原材料工业价格下降3.0%，加工工业价格下降1.8%。生活资料出厂价格持平（涨跌幅度为0，下同）。其中，食品价格上涨0.2%，衣着价格上涨0.7%，一般日用品价格上涨0.1%，耐用消费品价格下降0.8%。

分行业看，主要工业行业出厂价格下降居多。从同比指数看，2014年在调查的41个大类行业中，有12个行业上涨，4个行业持平，25个行业下降。其中，降幅较大的行业有煤炭、黑色金属冶炼及压延加工业、化学纤维制造，同比分别下降11.0%、6.7%和5.3%。从影响程度看，黑色金属冶炼和压延加工、煤炭、成品油、有色金属冶炼和压延加工业分别影响全年工业生产者出厂价格总水平下降约0.5、0.3、0.2、0.2个百分点，四者合计影响约1.2个百分点，占总降幅的63%左右。

二、重要生产资料出厂价格变动情况

（一）原油价格大幅下挫，创五年新低

2014年全球经济增长放缓，需求减弱，美国页岩油产量猛增，原油供应过剩，国际原油价格持续下跌，特别是下半年开始，国际油价从高位陷入了连跌的无底洞，7月底，美国原油价格跌破每桶100美元，10月油价跌破每桶90美元，

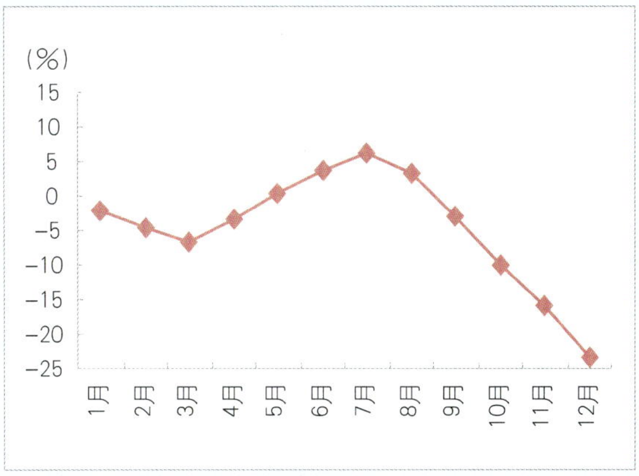

图4 2014年各月原油出厂价格同比涨跌幅

11月份，欧佩克拒绝了减产以提升油价的建议，更是加剧了油价下跌势头。截至2014年12月31日，纽约油价跌至每桶53.27美元，与年内高点相比几近“腰斩”，创五年新低。受此影响，国内原油价格总体呈一季度连续下降，二季度有所回升，下半年断崖式下降态势，12月份同比下降23.3%，为全年最大降幅。全年原油价格比上年下降4.7%，是五年来的最大降幅。

受国际原油价格大幅下跌影响，国内成品油价格进行了十一次下调。与上年相比，汽油价格下降2.6%，柴油价格下降4.0%，煤油价格下降6.2%。

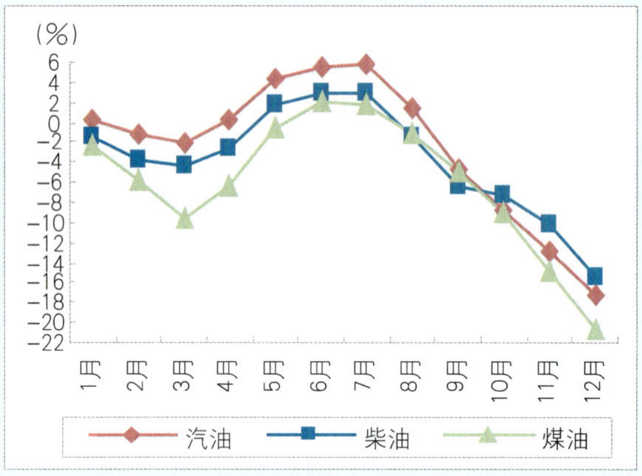

图5　2014年各月成品油出厂价格同比涨跌幅

（二）煤炭价格低位运行

2014年，随着国内经济增速放缓，钢铁、水泥等主要耗煤行业产能收缩，煤炭供给过剩，全年煤炭价格始终处于低位运行。尤其是前四个月降幅不断扩大，4月份同比下降 12.5%，为全年最大降幅。由于2013年4月以后煤炭价格下降幅度加深，对比基数走低，致使2014年5月后煤炭价格降势趋缓，同比降幅连续4个月收窄。9月份以后，煤炭价格再度走低，降幅不断扩大。全年煤炭开采和洗选业出厂价格比上年下降11.0%，其中原煤价格下降10.6%。

（三）钢材价格降幅加深

2014年，原材料铁矿石价格大幅下跌，降至十年前价格水平，同时钢铁行业产能过剩严重，库存高企，房地产开发投资增速不断回落，钢铁市场需求不振，企业生产能力利用不足，导致钢材产品价格持续下行，截至2014年12月，黑色金属冶炼及压延加工业同比价格已连续37个月呈现负增长。尤其是下半年，降幅逐月扩大，12月份下降9.7%，为全年最大降幅。全年黑色金属冶炼及压延加工业比上年下降6.7%，比2013年降幅扩大0.5个百分点，其中，大型型钢和线材价格比上年均下降9.0%，中小型型钢价格下降6.5%，厚钢板价格下降6.4%。

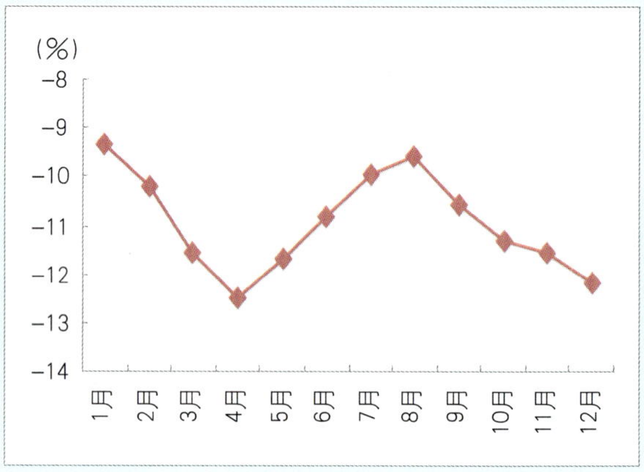

图6　2014年各月煤炭出厂价格同比涨跌幅

（四）有色金属价格回升乏力，总体弱势

2014年全球主要经济体复苏缓慢，有色金属市场需求疲软，供应过剩，尽管二季度后有色金属价格有回升表现，但整体市场仍表现低迷，价格持续走弱。2014年有色金属冶炼及压延加工业价格比上年下降4.4%。其中，铜冶炼价格

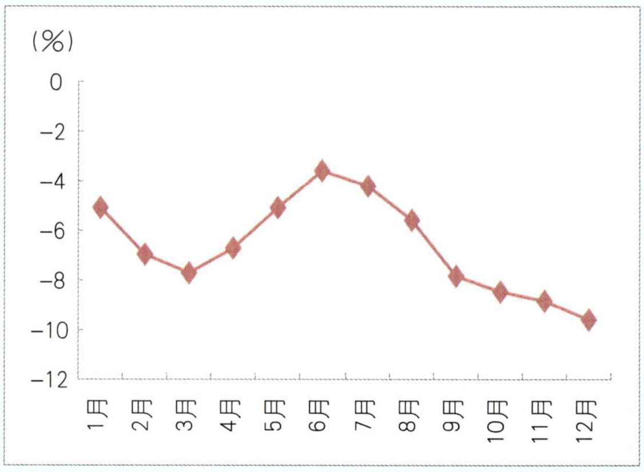

图7　2014年各月钢材出厂价格同比涨跌幅

比上年下降 7.2%，铝冶炼价格下降 4.6%，铅冶炼价格下降 1.6%；锌冶炼价格上涨 3.7%。

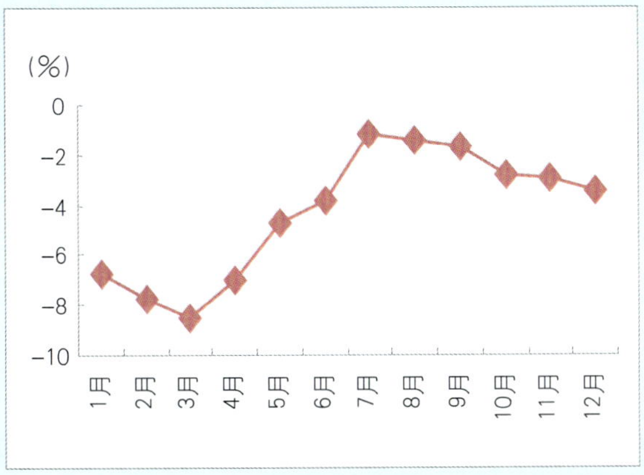

图 8　2014 年各月有色金属出厂价格同比涨跌幅

三、工业生产者购进价格总体变动情况

2014 年，工业生产者购进价格总体呈低位运行。前 3 个月同比降幅逐月扩大，4-7 月降幅逐渐收窄，8 月份后降幅再次扩大，至年底加速下跌，12 月份下降 4.0%，为全年最大降幅。九大类中，黑色金属材料类购进价格比上年下降 5.4%，有色金属材料及电线类价格下降 3.9%，燃料动力类价格下降 2.9%。

从月度环比价格变动情况看，全年除 7 月价格持平外，其他 11 个月份均呈下降态势，其中 12 月份下降幅度最大，为 -0.8%。

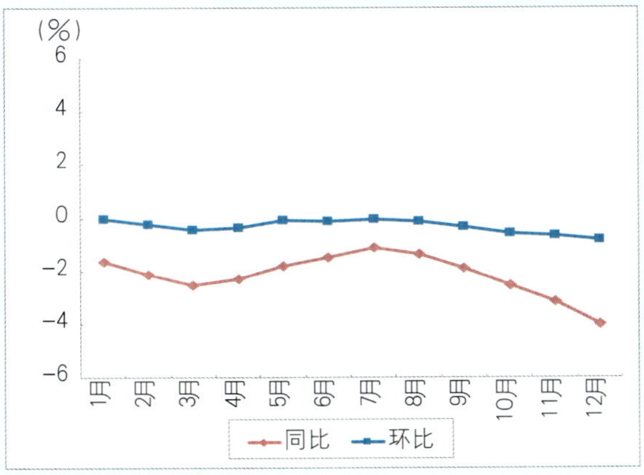

图 9 2014 年工业生产者购进价格涨跌幅

四、影响工业生产者价格下降的主要原因

（一）国际大宗商品价格大幅下跌

2014 年，国际市场有色金属、铁矿石、钢材，特别是原油等大宗商品价格大幅下跌。据海关总署数据显示，2014 年我国原油进口平均价格下跌 6.1%，铁矿石下跌 23.4%，大豆下跌 6.8%，铜下跌 6.1%，成品油下跌 4.6%，煤炭下跌 15.2%。带动国内原油、煤炭、钢材、有色金属、成品油、化工原料等重要生产资料价格持续下行，从而影响工业生产者价格总水平。

（二）国内宏观经济增速总体放缓

中国经济目前正处于从高增长转化为调结构、稳增长、后劲强的战略调整期，中国的宏观经济逐渐步入增长放缓但经济结构更加趋于合理的新常态。据国家统计局资料显示：2014 年 1—12 月，全国规模以上工业增加值同比增长 8.3%，增速比上年同期回落 1.4 个百分点；全社会固定资产投资（不含农户）同比增长 15.7%，增速比上年同期回落 3.9 个百分点，其中工业投资同比增长 12.9%，增速比上年同期回落 4.9 个百分点；全国社会消费品零售总额同比增长 12.0%，增速比上年同期回落 1.1 个百分点。国内宏观经济增速总体放缓对工业生产者价格低位运行具有较大影响。

（三）部分行业产能过剩影响

近年来，我国工业领域多个行业产能过剩，不论是钢铁水泥等传统基建行业，还是光伏风电等新兴产业，均存在产能过剩问题。在经济放缓的大环境下，产能过剩和产品附加值低的企业不得不依靠降低价格等方式来缓解库存压力，市场竞争更加激烈，企业寄希望以价格战赢得市场竞争的主动权，从而也进一步削弱了价格上行的支撑力量，致使工业品出厂价格进一步走低。

五、2015 年工业生产者价格走势判断

受国内外经济形势的影响，预计 2015 年工业生产者价格将继续下降。从环比看，下降为主调，但不排除个别月份出现环比上涨的情况。从同比看，上半年，各月降幅会较深，下半年降幅会不断收窄。主要依据：

（一）世界经济不会明显改善

2015 年，预计美国经济稳固复苏，欧元区国家经济增长乏力，日本扩张性货币政策效力逐渐减弱，新兴国家经济面临调整压力，全球需求增长空间有限，原油等国际大宗商品价格下行压力较大。因此，大宗商品价格走低因素仍会影响重要生产资料的价格。

（二）固定资产及房地产投资增速继续减缓

由于我国制造业产能过剩问题短期内不可能得到根本解决，大部分工业产品供过于求矛盾突出，世界经济复苏缓慢，出口增速回落，地方债务管理得到强化，加上一些城市房价出现同比、环比双降的态势，致使 2014 年固定资产及房地产投资增速明显回落。预计 2015 年这一趋势仍将延续，受此影响，与固定资产及房地产投资相关的建筑装修材料、设备工器具以及密切相关的矿产品、原材料和耐用消费品市场将持续低迷，价格下跌。

（三）国内工业消费品市场平稳

目前，我国城乡居民恩格尔系数维持在 36%左右，按国际粮农组织标准看处于富裕阶段。这一阶段，消费构成中服务项目需求比重逐渐增加，对工业品日用消费需求逐渐降低。此外，由于近一两年来，原材料价格持续下跌，大部分工业品生产成本随之降低，价格滞涨或走低为必然之势。同时就消费自身规律而言，对工业品需求是平稳变化的，需求一般不会出现暴发式增长局面。我们预计 2015 年工业品市场需求增长平稳，目前工业品供需格局不会打破，鲜有价格大幅攀升的情况。因此，2015 年国内工业品价格对 PPI 的拉动力也不大。

（执笔：王青青　国家统计局城市社会经济调查司）

2014年城乡居民生活状况报告

据国家统计局对全国31个省（自治区、直辖市）16万户居民家庭开展的城乡一体化住户抽样调查①，2014年全国居民收入稳定增长，生活水平继续提高。城乡居民收入差距有所缩小。

一、2014年居民收入状况

（一）人均可支配收入②

2014年全国居民人均可支配收入20167元，同比名义增长③10.1%，扣除价格因素影响，实际增长8.0%。按常住地分，城镇居民人均可支配收入28844元，同比名义增长9.0%，扣除价格因素影响，实际增长6.8%；农村居民人均可支配收入10489元，同比名义增长11.2%，实际增长9.2%。农村居民人均纯收入9892元。全国及分城乡居民人均可支配收入增长的主要情况如下：

1. 工资性收入

2014年，全国居民人均工资性收入11421元，增长9.7%，对全国居民人均可支配收入增长的贡献率为54.4%，拉动全国居民人均可支配收入增长5.5个百分点。其中，城镇居民人均工资性收入增长7.9%，农村居民人均工资性收入增长13.7%。工资性收入增长的主要原因：一是各级政府积极促进就业，城镇就业人数稳中有升，农民工人数继续保持增长，比上年增长1.9%。二是大多数省份在2014年上调了最低工资标准和企业工资指导线，工资水平继续保持稳定上升，尤其是农民工工资保持了较快增长，月均收入同比增长9.8%。但随着各地产业转型升级步伐加快，部分地区压缩过剩产能，调节产业结构，影响了部分人员工资增速，使得居民工资性收入增长与2013年相比有所放缓。

2. 经营净收入

2014年，全国居民人均经营净收入3732元，增长8.7%，对全国居民人均可支配收入增长的贡献率为16.0%，拉动全国居民人均可支配收入增长1.6个百分点。其中，城镇居民人均经营净收入增长10.2%，农村居民人均经营净收入增长7.7%。

经营净收入增长的主要原因：一是全国居民人均二三产业经营净收入增长较快，比上年增长11.6%。主要是各地区积极贯彻落实对小微企业的各项财政、金融、税费等扶持政策，如在2013年下半年对小微企业免征增值税、营业税的基础上，2014年继续扩大免征范围，使个体工商户和小微企业的税负进一步减轻，经营环境进一步改善。二是农村居民人均一产经营净收入增长5.6%。其中，人均种植业净收入增长6.8%。主要是种植业产品价格和粮食产量总体有所上升，水果、蔬菜、药材等生产情况较好，但棉花量价齐跌。人均牧业净收入下降3.7%，主要是受猪肉、羊肉、奶、毛绒价格明显下跌的影响。三是油价下跌以及化肥等农业生产资料价格的下降，降低了家庭生产经营成本，拉动城乡居民经营净收入较快增长。

注：① 2012年四季度，国家统计局实施了城乡一体化住户调查改革，统一了城乡居民收入名称、分类和统计标准，在全国统一抽选了16万户城乡居民家庭，直接开展全国住户收支与生活状况调查。本文使用数据均来源于此项调查。

②根据城乡一体化住户收支调查，国家统计局于2015年正式公布了城乡可比、口径统一的新口径城乡常住居民人均可支配收入和人均消费支出。计算农村居民人均可支配收入时不包括在城镇地区常住的农民工。同时为满足政策需求，按照一体化改革前的农村住户调查老口径推算农村居民人均纯收入大数。

③若无特殊说明，本文各项收入和消费增长均未考虑价格因素影响。因四舍五入原因，部分数据存在分项数据与合计数据有误差的情况。

3. 财产净收入

2014 年，全国居民人均财产净收入 1588 元，增长 11.6%，对全国居民人均可支配收入增长的贡献率为 8.9%，拉动全国居民人均可支配收入增长 0.9 个百分点。其中，城镇居民人均财产净收入增长 10.2%，农村居民人均财产净收入增长 14.1%。财产净收入增长的主要原因：一是全国居民人均出租房屋收入增长 21.5%，人均红利收入增长 14.6%，使得财产净收入保持较快增长。二是农村土地流转和规模经营加快，农村居民人均转让承包土地经营权租金净收入增长 40.3%。

4. 转移净收入

2014 年，全国居民人均转移净收入 3427 元，增长 12.6%，对全国居民人均可支配收入增长贡献率为 20.7%，拉动全国居民人均可支配收入增长 2.1 个百分点。其中，城镇居民人均转移净收入增长 11.4%，农村居民人均转移净收入增长 13.9%。转移净收入增长的主要原因：一是国家继续提高企业离退休人员基本养老金和城镇居民基础养老金水平，部分行政事业单位津补贴改革覆盖离退休人员，城镇居民人均养老金和离退休金比上年增长 11.2%，带动城镇居民人均转移净收入稳定增长；二是各地陆续提高农村低保、农村基本养老等社保标准，提高新农合报销范围和标准，进一步加大强农惠农政策力度，带动农村居民人均转移净收入保持较快增长速度。

（二）人均可支配收入中位数[④]

2014 年全国居民人均可支配收入中位数 17570 元，同比增长 12.4%，比平均数增速高 2.3 个百分点。全国居民人均可支配收入中位数相当于平均数的 87.1%。其中，城镇居民人均可支配收入中位数为 26635 元，同比增长 10.3%，比平均数增速高 1.3 个百分点。城镇居民人均可支配收入中位数相当于平均数的 92.3%。农村居民人均可支配收入中位数 9497 元，同比增长 12.7%，比平均数增速高 1.5 个百分点。农村居民人均可支配收入中位数相当于平均数的 90.5%。

表 1 2014 年居民人均可支配收入增长情况

指 标	全国居民		城镇居民		农村居民	
	绝对值（元）	增速（%）	绝对值（元）	增速（%）	绝对值（元）	增速（%）
人均可支配收入	20167	10.1	28844	9.0	10489	11.2
（一）工资性收入	11421	9.7	17937	7.9	4152	13.7
（二）经营净收入	3732	8.7	3279	10.2	4237	7.7
（三）财产净收入	1588	11.6	2812	10.2	222	14.1
（四）转移净收入	3427	12.6	4816	11.4	1877	13.9

二、2014 年居民收入差距

（一）全国居民收入差距

2014 年全国居民人均可支配收入 20167 元，人均可支配收入基尼系数为 0.469，比上年下降了 0.004，居民总体收入分配格局有所改善。

1. 城乡居民间收入差距缩小

2014 年，农村居民人均可支配收入增速为 11.2%，快于城镇居民收入增速 2.2 个百分点。按照城乡同口径人均可支配收入计算，2014 年城乡居民人均收入之比为 2.75:1，比上年

注：④人均可支配收入中位数：指将所有调查户按人均可支配收入水平从低到高顺序排列，处于最中间位置调查户的人均可支配收入。

下降 0.06。

2. 不同地区居民间收入差距略有下降

分区域看，收入水平较低的中部、西部地区居民收入增速较快，收入水平较高的东部、东北地区居民收入增速较慢。中部、西部地区全体居民收入增速均为 10.5%，比东部地区高 0.8 个百分点，比东北地区高 0.9 个百分点。东部地区与西部地区全体居民人均收入之比为 1.69:1，与中部地区之比为 1.54:1。东部与西部、东部与中部地区差距均比上年缩小 0.01。

表 2　2014 年分区域居民人均可支配收入情况

区域	全体居民		城镇居民		农村居民	
	绝对值（元）	增长率（%）	绝对值（元）	增长率（%）	绝对值（元）	增长率（%）
全国	20167	10.1	28844	9.0	10489	11.2
东部	25954	9.7	33905	8.8	13145	10.9
中部	16868	10.5	24733	9.1	10011	11.4
西部	15376	10.5	24391	9.1	8295	11.5
东北	19604	9.6	25579	8.8	10802	10.7

3. 全国居民收入增长“中间快、两头慢”

按人均可支配收入从低到高进行五等份分组，全国低收入组、高收入组居民收入增速基本一致，分别为 7.8% 和 7.4%，明显低于中等偏下、中等、中等偏上三组居民 12.8%、12.3% 和 10.6% 的收入增长速度。全国高、低收入组居民人均可支配收入之比为 10.74:1，比上年下降了 0.04。

（二）城镇居民收入差距

1. 中西部地区城镇居民收入增速较快

分区域看，2014 年收入水平较低的中部、西部地区城镇居民收入增速较快，为 9.1%；收入水平较高的东部、东北地区城镇居民收入增速相对较慢，为 8.8%。东部地区与西部地区城镇居民人均可支配收入之比为 1.39:1，东北地区与西部地区农村居民人均可支配收入之比为 1.05:1。

2. 低收入组城镇居民收入增速较快

按人均可支配收入从低到高进行五等份分组，低收入组城镇居民收入增速较快。2014 年低收入组城镇居民人均可支配收入增速为 13.4%，中等偏下收入组城镇居民人均可支配收入增速为 11.5%，中等收入组城镇居民人均可支配收入增速为 10.2%，中等偏上收入组城镇居民人均可支配收入增速为 9.3%，高收入组城镇居民人均可支配收入增速为 6.7%。高、低收入组城镇居民人均可支配收入之比有所缩小，2014 年为 5.49:1，比 2013 年下降 0.35 个百分点。

表 3　2014 年分组居民人均可支配收入情况

组别		全国居民		城镇居民		农村居民	
		绝对值（元）	增长率（%）	绝对值（元）	增长率（%）	绝对值（元）	增长率（%）
平均数	合计	20167	10.1	28844	9.0	10489	11.2
	低收入组	4747	7.8	11219	13.4	2768	−3.8
	中等偏下组	10887	12.8	19651	11.5	6604	10.7
	中等收入组	17631	12.3	26651	10.2	9504	12.6
	中等偏上组	26937	10.6	35631	9.3	13449	13.8
	高收入组	50968	7.4	61615	6.7	23947	12.3
中位数		17570	12.4	26635	10.3	9497	12.7

（三）农村居民收入差距

1. 中西部地区农村居民收入增速较快

分区域看，2014 年收入水平较低的中部、西部地区农村居民收入增速较快，在 11% 以上；收入水平较高的东部、东北地区农村居民收入增速相对较慢，低于 11%。其中：西部地区农村居民人均可支配收入增速为 11.5%，比中部地区高 0.1 个百分点，比东部地区高 0.6 个百分点，比东北地区高 0.8 个百分点。东部地区与西部地区农村居民人均可支配收入之比为 1.58:1，东北地区与西部地区农村居民人均可支配收入之比为 1.30:1，中部地区与西部地区农村居民人均可支配收入之比为 1.21:1。

2. 中等收入以上组农村居民收入增速较快

按人均可支配收入从低到高进行五等份分组，中等收入以上组农村居民收入增速较快。2014 年中等收入组农村居民人均可支配收入增速为 12.6%，中等偏上收入组农村居民人均可支配收入增速为 13.8%，高收入组农村居民人均可支配收入增速为 12.3%。中等偏下收入组农村居民人均可支配收入增速为 10.7%，低收入组农村居民人均可支配收入同比下降 3.8%。高、低收入组农村居民人均可支配收入之比有所扩大，2014 年为 8.65:1，比 2013 年扩大 1.24 个百分点。低收入组农村居民人均可支配收入增速下降的主要原因是：2014 年部分农产品价格下降明显，农业经营亏损户增多，使农村低收入人群出现负增长。

三、2014 年居民消费状况

（一）全国居民消费状况

2014 年全国居民人均消费支出 14491 元，同比名义增长 9.6%，剔除价格因素影响，实际增长 7.5%。分项消费支出情况见表 4。

表 4　2014 年全国居民人均消费支出

指　标	绝对数（元）	名义增长速度（%）	构成（%）
人均消费支出	14491	9.6	100.0
1.食品烟酒	4494	8.9	31.0
2.衣着	1099	7.0	7.6
3.居住	3201	6.7	22.1
4.生活用品及服务	890	10.3	6.1
5.交通通信	1869	14.9	12.9
6.教育文化娱乐	1536	9.9	10.6
7.医疗保健	1045	14.5	7.2
8.其他用品和服务	358	10.3	2.5

1. 食品烟酒。2014 年全国居民人均食品烟酒支出 4494 元，同比增长 8.9%，占消费支出的比重为 31.0%。全国居民人均食品烟酒支出中，粮油支出 787 元，增长 5.0%；蔬菜支出 417 元，增长 3.6%；肉禽支出 893 元，增长 6.5%；水产品支出 258 元，增长 11.8%；蛋奶支出 270 元，增长 14.8%；烟酒支出 447 元，增长 10.7%；在外饮食支出 657 元，增长 8.5%。

2. 衣着。2014 年全国居民人均衣着支出 1099 元，同比增长 7.0%，占消费支出的比重为 7.6%。全国居民人均衣着支出中，服装类支出 847 元，同比增长 6.1%；鞋类支出 252 元，同比增长 10.1%。

3. 居住。2014 年全国居民人均居住支出 3201 元，同比增长 6.7%，占消费支出的比重为 22.1%。全国居民人均居住支出中，住房维修及管理支出增长 8.5%；水电燃料及其他支出增长 4.8%。

4. 生活用品及服务。2014 年全国居民人均生活用品及服务支出 890 元，同比增长 10.3%，占消费支出的比重为 6.1%。全国居民人均生活用品及服务支出中，家庭日用杂品支出 267 元，增长 18.7%；家用器具支出 233 元，增长 5.3%；个人用品支出 124 元，增长 26.9%。

5. 交通通信。2014 年全国居民人均交通通信支出 1869 元，同比增长 14.9%，占消费支出的比重为 12.9%。全国居民人均交通通信支出中，交通支出 1244 元，增长 16.5%；通信支出 625 元，增长 11.7%。

6. 教育文化娱乐。2014 年全国居民人均教育文化娱乐支出 1536 元，同比增长 9.9%，占消费支出的比重为 10.6%。全国居民人均教育文化娱乐支出中，教育支出 864 元，增长 5.3%；文化娱乐支出 671 元，增长 16.4%。

7. 医疗保健。2014年全国居民人均医疗保健支出1045元，同比增长14.5%，占消费支出的比重为7.2%。主要是国家提高了居民医疗保险，尤其是大病医疗保险报销的范围和比例，居民看病增加，但个人自付医疗费用支出占比下降。

8. 其他用品和服务。2014年全国居民人均其他用品和服务支出358元，同比增长10.3%，占消费支出的比重为2.5%。

（二）城镇居民消费状况

2014年，按常住地分，全国城镇居民人均消费支出19968元，同比名义增长8.0%，剔除价格因素影响，实际增长5.8%。分项消费支出情况见表5。

表5 2014年城镇居民人均消费支出

指 标	绝对数（元）	名义增长速度（%）	构成（%）
人均消费支出	19968	8.0	100.0
1.食品烟酒	6000	7.7	30.0
2.衣着	1627	4.7	8.1
3.居住	4490	4.4	22.5
4.生活用品及服务	1233	9.2	6.2
5.交通通信	2637	13.8	13.2
6.教育文化娱乐	2142	7.7	10.7
7.医疗保健	1306	14.9	6.5
8.其他用品和服务	533	8.7	2.7

1. 食品烟酒。全国城镇居民人均食品烟酒支出6000元，同比增长7.7%。人均食品烟酒支出中，粮油支出增长7.6%；蔬菜支出增长2.0%；肉禽支出增长4.8%；水产品支出增长10.1%；蛋类支出增长13.4%；奶类支出增长11.1%；烟酒支出增长8.4%；在外饮食支出增长6.4%。

2. 衣着。全国城镇居民人均衣着支出1627元，同比增长4.7%。人均衣着支出中，服装类支出增长4.2%；鞋类支出增长6.7%。

3. 居住。全国城镇居民人均居住支出4490元，同比增长4.4%。人均居住支出中，住房维修及管理支出增长7.7%；水电燃料及其他支出增长2.7%。

4. 生活用品及服务。全国城镇居民人均生活用品及服务支出1233元，同比增长9.2%。人均生活用品及服务支出中，家用器具支出增长7.4%；家用纺织品支出增长7.8%；家庭日用杂品支出增长16.6%；个人用品支出增长21.3%；家庭服务支出增长6.3%。

5. 交通通信。全国城镇居民人均交通通信支出2637元，同比增长13.8%。人均交通通信支出中，交通支出增长16.5%，其车辆保险支出增长46.1%；通信支出增长8.6%，其中通信服务支出增长10.3%。

6. 教育文化娱乐。全国城镇居民人均教育文化娱乐支出2142元，同比增长7.7%。人均教育文化娱乐支出中，教育支出增长1.1%；文化娱乐支出增长15.0%，其中主要是文化娱乐服务支出增速较快，增长20%以上。

7. 医疗保健。全国城镇居民人均医疗保健支出1306元，同比增长14.9%。人均医疗保健支出中，医疗器具及药品支出增长14.1%；医疗服务性支出增长15.5%。

8. 其他用品和服务。全国城镇居民人均其他用品和服务支出533元，同比增长8.7%。人均其他用品和服务支出中，其他用品支出增长3.0%；其他服务性支出增长17.6%。

9. 消费支出结构略有变动。与2013年比较，2014年城镇居民八大项消费结构略有变动。在城镇居民消费支出中：食品烟酒支出占30.0%，比2013年略降0.1个百分点；衣着支出占8.1%，比2013年下降0.3个百分点；居住支出占22.5%，比2013年下降0.8个百分点；生活用品及服务支出占6.2%，比2013年略升0.1个百分点；交通通信支出占13.2%，比2013年提高0.7个百分点；教育文化娱乐支出占10.7%，与2013年基本持平；医疗保健支出占6.5%，比2013年提高0.4个百分点；其他用品及服务支出占2.7%，与2013年持平。

（三）农村居民消费状况

2014年，按常住地分，全国农村居民人均消费支出8383元，同比名义增长12.0%，剔除价格因素影响，实际增长 10.0%。分项消费支出情况见表 6。

表 6　2014 年农村居民人均消费支出

指　标	绝对数（元）	名义增长速度（%）	构成（%）
人均消费支出	8383	12.0	100.0
1.食品烟酒	2814	10.2	33.6
2.衣着	510	12.5	6.1
3.居住	1763	11.6	21.0
4.生活用品及服务	506	11.3	6.0
5.交通通信	1013	15.7	12.1
6.教育文化娱乐	860	13.9	10.3
7.医疗保健	754	12.8	9.0
8.其他用品和服务	163	13.0	1.9

1. 食品烟酒。全国农村居民人均食品烟酒支出 2814 元，同比增长 10.2%。人均食品烟酒支出中，粮油支出增长 0.8%；蔬菜支出增长 6.0%；肉禽支出增长 8.8%；水产品支出增长 14.6%；蛋类支出增长 20.9%；奶类支出增长 20.4%；烟酒支出增长 13.8%；在外饮食支出增长 15.9%。

2. 衣着。全国农村居民人均衣着支出 510 元，同比增长 12.5%。人均衣着支出中，服装类支出增长 10.4%；鞋类支出增长 19.2%。

3. 居住。全国农村居民人均居住支出 1763 元，同比增长 11.6%。人均居住支出中，住房维修及管理支出增长 9.1%；水电燃料及其他支出增长 8.4%。

4. 生活用品及服务。全国农村居民人均生活用品及服务支出 506 元，同比增长 11.3%。人均生活用品及服务支出中，家具及室内装饰品支出增长 2.4%；家用纺织品支出增长 7.7%；家庭日用杂品支出增长 21.9%；家庭服务支出增长 10.1%。

5. 交通通信。全国农村居民人均交通通信支出 1013 元，同比增长 15.7%。人均交通通信支出中，交通支出增长 14.2%；通信支出增长 18.8%。

6. 教育文化娱乐。全国农村居民人均教育文化娱乐支出 860 元，同比增长 13.9%。人均教育文化娱乐支出中，教育支出增长 12.5%；文化娱乐支出增长 18.4%。

7. 医疗保健。全国农村居民人均医疗保健支出 754 元，同比增长 12.8%。人均医疗保健支出中，医疗器具及药品支出增长 18.7%；医疗服务性支出增长 10.6%。

8. 其他用品和服务。全国农村居民人均其他用品和服务支出 163 元，同比增长 13.0%。人均其他用品和服务支出中，其他用品支出增长 10.1%；其他服务性支出增长 18.5%。

9. 消费支出结构略有变动。与 2013 年比较，2014 年农村居民八大项消费结构略有变动。在农村居民消费支出中：食品烟酒支出占 33.6%，比 2013 年下降 0.5 个百分点；衣着支出占 6.1%，与 2013 年持平；居住支出占 21.0%，比 2013 年略降 0.1 个百分点；生活用品及服务支出占 6.0%，与 2013 年持平；交通通信支出占 12.1%，比 2013 年提高 0.4 个百分点；教育文化娱乐支出占 10.3%，比 2013 年提高 0.2 个百分点；医疗保健支出占 9.0%，比 2013 年提高 0.1 个百分点；其他用品及服务支出占 1.9%，与 2013 年持平。

（执笔：唐平　丁胜　国家统计局住户调查办公室）

2013年中国创新指数报告

据国家统计局社科文司《中国创新指数研究》课题组测算，2013年中国创新指数为152.8（以2005年为100），比上年增长3.1%。分领域看，创新环境指数、创新投入指数、创新产出指数和创新成效指数分别为150.1、154.1、168.4和138.4，分别比上年增长4.2%、1.3%、2.6%和4.6%。表明我国创新环境持续优化，创新投入力度继续加大，创新产出能力不断提高，创新成效显著增强。

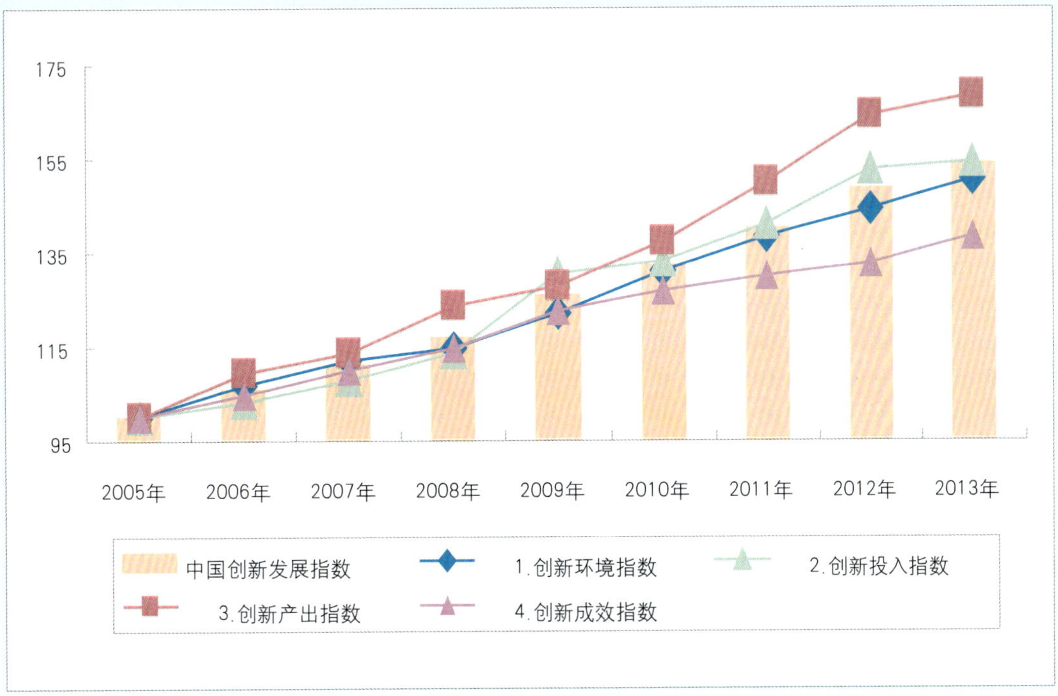

图1 2005–2013年中国创新指数及分指数

各领域创新指数变化情况如下：

创新环境指数：2013年创新环境指数为150.1，比上年提高6.1个点。5个分指数三升一平一降，其中经济活动人口中大专及以上学历人数指数值最高，达208；享受加计扣除减免税企业所占比重指数增速最快，为8.6%；信息化指数与上年持平，为128.4；科技拨款占财政拨款的比重指数近年来呈小幅下降趋势，2013年比上年下降了0.9个点。

创新投入指数：2013年创新投入指数为154.1，比上年提高1.9个点。6个分指数四升二降，其中每万人R&D人员全时当量指数值最高、增速最快，分别为248.7和8.3%；而有研发机构的企业所占比重指数和开展产学研合作的企业所占比重指数分别下降了9.2%和1.9%。

创新产出指数：2013年创新产出指数为168.4，比上年提高4.2个点。在5个分指数中，有3个比上年有所提高，其中每百家企业商标拥有量指数为141.1，比上年增长12.7%；而每万名R&D人员专利授权数指数和发明专利授权数占专利授权数的比重指数分别为276.5和96.9，分别比上年下降了3%和5.5%。

创新成效指数：2013年创新成效指数为

表 1　中国创新指数情况

	2005	2010	2011	2012	2013
中国创新指数	100	131.8	139.6	148.2	152.8
一、创新环境指数	100	131.0	138.1	144.0	150.1
1.经济活动人口中大专及以上学历人数指数	100	161.7	184.7	194.7	208.0
2.人均 GDP 指数	100	165.9	180.4	193.8	207.1
3.信息化指数	100	120.0	124.3	128.4	128.4
4.科技拨款占财政拨款的比重指数	100	116.4	114.1	113.0	112.1
5.享受加计扣除减免税企业所占比重指数	100	103.0	106.3	113.5	123.2
二、创新投入指数	100	132.7	140.7	152.2	154.1
1.每万人 R&D 人员全时当量指数	100	182.5	205.0	229.7	248.7
2.R&D 经费占 GDP 比重指数	100	133.3	139.2	150.0	157.6
3.基础研究人员人均经费指数	100	163.5	187.0	206.2	217.9
4.R&D 经费占主营业务收入比重指数	100	112.8	115.9	119.7	120.5
5.有研发机构的企业所占比重指数	100	117.6	124.4	142.7	129.7
6.开展产学研合作的企业所占比重指数	100	103.7	100.9	102.5	100.6
三、创新产出指数	100	137.2	150.0	164.2	168.4
1.每万人科技论文数指数	100	152.8	154.5	155.6	156.9
2.每万名 R&D 人员专利授权数指数	100	230.6	243.8	284.9	276.5
3.发明专利授权数占专利授权数的比重指数	100	89.3	105.4	102.5	96.9
4.每百家企业商标拥有量指数	100	100.1	112.0	125.2	141.1
5.每万名科技活动人员技术市场成交额指数	100	155.3	171.7	211.1	229.9
四、创新成效指数	100	126.4	129.5	132.4	138.4
1.新产品销售收入占主营业务收入的比重指数	100	115.2	113.9	111.5	116.3
2.高技术产品出口额占货物出口额的比重指数	100	109.0	100.9	102.5	104.4
3.单位 GDP 能耗指数	100	123.5	126.1	130.6	135.6
4.劳动生产率指数	100	177.1	210.1	225.8	251.7
5.科技进步贡献率指数	100	117.8	119.7	120.8	122.9

138.4，比上年提高 6 个点。该领域的 5 个分指数均保持了上升势头，其中劳动生产率指数值最高、增速最快，分别为 251.7 和 11.5%。

（执笔：张鹏　国家统计局社会科技和文化产业统计司）

专栏：中国创新指标体系及指数编制方法

一、中国创新指标体系

中国创新指标体系分成三个层次。第一个层次用以反映我国创新总体发展情况，通过计算创新总指数实现；第二个层次用以反映我国在创新环境、创新投入、创新产出和创新成效等4个领域的发展情况，通过计算分领域指数实现；第三个层次用以反映构成创新能力各方面的具体发展情况，通过上述4个领域所选取的21个评价指标实现（指标体系框架详见附表）。4个领域及21个评价指标的简要说明如下：

（一）创新环境

该领域主要反映驱动创新能力发展所必备的人力、财力等基础条件的支撑情况，以及政策环境对创新的引导和扶持力度，共设5个评价指标。

1. 经济活动人口中大专及以上学历人数

该指标用以反映我国劳动力综合素质和创新人力资源情况。经济活动人口是指所有年龄在16岁及以上，在一定时期内为各种经济生产和服务活动提供劳动力供给的人口。

2. 人均GDP

这是反映一个国家经济实力的最具代表性的指标，可以反映经济增长与创新能力发展之间相互依存、相互促进的关系。

3. 信息化指数

该指数从信息化基础设施建设、信息化应用水平和制约环境，以及居民信息消费等方面综合性地衡量国家信息化发展总体水平，用以反映社会利用信息通信技术来创建、获取、使用和分享信息及知识的能力，以及信息化发展对社会经济发展的推动作用。该指标数据来源于有关部门开展的信息化发展指数评价的测算结果。

4. 科技拨款占财政拨款的比重

政府财政科技拨款对全社会创新投入和创新活动的开展具有带动和导向作用，该指标反映政府对创新的直接投入力度以及对重点、关键和前沿领域的规划和引导作用。

5. 享受加计扣除减免税企业所占比重

企业研发费用税前加计扣除政策被认为是鼓励企业加大研发投入、开展创新活动的最为直接和有利的扶植政策之一。该指标可以反映政府有关政策的落实情况，进而从一个侧面反映企业创新环境情况。受数据来源限制，该指标的数据口径为大中型工业企业。

（二）创新投入

该领域通过创新的人力财力投入情况、企业创新主体中发挥关键作用的部门（即研发机构）建设情况以及创新主体的合作情况来反映国家创新体系中各主体的作用和关系。由于缺乏创新的人力和财力投入指标且研发是当前我国创新的最重要环节，因此这里的投入指标用研发投入指标代替。该领域共设6个指标。

1. 每万人R&D人员全时当量

指按常住全部人口平均计算的R&D人员全时当量。该指标反映自主创新人力的投入规模和强度。R&D人员包括企业、科研机构、高等学校的R&D人员，是全社会各种创新主体的R&D人力投入合力。R&D人员全时当量是指按工作量折合计算的R&D人员。

2. R&D经费占GDP比重

该指标又称R&D投入强度，是国际上通用的、反映国家或地区科技投入水平的核心指标，也是我国科技中长期科技发展规划纲要中的重要评价指标。

3. 基础研究人员人均经费

指按基础研究人员全时当量平均的基础研究经费。基础研究是科学技术发展的根基，其水平在一定程度上可以代表一个国家原始创新能力。本指标体系以该指标来反映国家在加强原始创新能力上所作的努力。

4. R&D经费占主营业务收入比重

企业是创新活动的主体，而工业企业又在企业创新活动中占有主导地位。该指标反映创新活动主体的经费投入情况。受数据来源限制，该指标的数据口径为有R&D活动的大中型工业企业。

5. 有研发机构的企业所占比重

企业办研发机构是企业开展R&D活动的专门机构，是企业持续、稳定开展创新活动的重要保障。该指标从一个侧面反映企业持续开展创新活动的能力。受数据来源限制，该指标的数据口径为大中型工业企业。

6. 开展产学研合作的企业所占比重

该指标是反映产学研合作的重要指标。本指标体系通过产学研合作来反映我国各创新主体间的合作情况。受数据来源限制，该指标的数据口径为大中型工业企业。

（三）创新产出

该领域通过论文、专利、商标、技术成果成交额反映创新中间产出结果。该领域共设5个指标。

1. 每万人科技论文数

科技论文是指企事业单位立项的由科技项目产生的、并在有正规刊号的刊物上发表的学术论文，科技论文是创新活动中间产出的重要成果形式之一。该指标反映研发活动的产出水平和效率。

2. 每万名R&D人员专利授权数

指按R&D人员全时当量平均的专利授权数量。本指标体系中的专利授权数指国内职务专利授权数，专利授权数是创新活动中间产出的又一重要成果形式。该指标也是反映研发活动的产出水平和效率的重要指标。

3. 发明专利授权数占专利授权数的比重

发明专利在三种专利中的技术含量最高，能够体现专利的水平，也体现了研发成果的市场价值和竞争力，本指标体系中的发明专利授权数指国内职务发明专利授权数。该指标是反映专利质量的关键指标。

4. 每百家企业商标拥有量

商标拥有量指企业拥有的在国内外知识产权部门注册的受知识产权法保护的商标数量。该指标在一定程度上反映企业自主品牌拥有情况和自主品牌的经营能力。受数据来源限制，该指标的数据口径为大中型工业企业。

5. 每万名科技活动人员技术市场成交额

指按每万名科技活动人员平均的技术市场成交金额。该指标反映技术转移和科技成果转化的总体规模。技术市场成交额指全国技术市场合同成交项目的总金额。

（四）创新成效

该领域通过产品结构调整、产业国际竞争力、节约能源、经济增长等方面，反映创新对经济社会发展的影响。该领域共设 5 个指标。

1. 新产品销售收入占主营业务收入的比重

新产品销售收入是反映企业创新成果，即将新产品成功推向市场的指标。该指标用于反映创新对产品结构调整的效果。受数据来源限制，该指标的数据口径为大中型工业企业。

2. 高技术产品出口占货物出口额的比重

高技术产业与创新具有互动关系。该指标通过高技术产品出口的变化情况，反映创新对产业国际竞争力的影响效果。该指标的数据口径为规模以上工业企业。

3. 单位 GDP 能耗

指每产出万元国内生产总值（GDP）所消耗的以标准煤计算的能源。节约能源是企业技术创新的目的之一，创新是节约能源的途径和保障，对节约能源起决定性因素。该指标反映创新对降低能耗的效果。

4. 劳动生产率

指一定时期内工业总产值与年平均从业人员之比。创新是影响劳动生产率的重要因素，提高劳动生产率是企业创新的目的之一。该指标反映创新对工业经济发展的促进作用，数据口径为规模以上工业企业。

5. 科技进步贡献率

指广义技术进步对经济增长的贡献份额，即扣除了资本和劳动之外的其他因素对经济增长的贡献。该指标数据来源于有关部门开展的科技进步贡献率评价的测算结果，是衡量科技竞争实力和科技转化为现实生产力的综合性指标。本指标体系中该指标使用的是报告期及之前 4 年间的平均水平，用以反映创新对国民经济发展的促进效果。

二、中国创新指数编制方法

（一）确定指标权重

在比较国内外赋权方法优劣的基础上，本课题采用“逐级等权法”进行权数的分配，即各领域的权数均为 1/4；在某一领域内，指标对所属领域的权重为 1/n（n 为该领域下指标的个数）；因此，指标最终权数为 1/4n。各指标的权数详见附表。

（二）计算指标增速

通常指标的增速或发展速度是以基期年份指标值作为基准进行比较的。在某一指标体系中，如果按照通常方法计算各指标的增速后进行加权平均，由于可能存在某些指标增速过高（或过低）的情况，这样就会造成指标增速之间不可比（即增速过高或过低的一些指标的作用掩盖了其他指标的作用），从而造成整个指标体系失真的现象。因此，必须采用对指标体系中各指标增速的范围进行控制的方法。一种较好的方法是将指标增速的基准值设定为该指标的两年平均值，这样计算出来的各指标增速的范围可以控制在 [-200，200] 的区间内。

本指标体系中，除“万元 GDP 能耗”是逆指标之外，其余 20 个指标都是正指标。逆指标取倒数后再计算指标增速。

各指标相邻年份的增长速度计算方法为：

$V_{it}=\left[\frac{X_{it}-X_{it-1}}{(X_{it}+X_{it-1})/2}\right]\times 100$ ，其中 i 为指标序号，t 为年份，$t\geqslant 2006$。

（由于 $|v_{it}|=\left|\frac{X_{it}-X_{it-1}}{(X_{it}+X_{it-1})}\right|\times 200$，而 $|X_{it}-X_{it-1}|\leqslant|X_{it}|+|X_{it-1}|$，对于 $X_{it}>0$ 和 $X_{it}-1>0$，有 $|V_{it}|\leqslant 200$）

（三）合成分领域指数和总指数

指数合成方法分为以下三个步骤：

1. 计算各领域所辖指标的加权增速：

$C_t=\sum_{i=1}^{k}w_iV_{it}$ ，其中 W_i 为各指标对其所属领域的权重，k 为该领域内指标的个数，t 为年份，$t\geqslant 2006$。

2. 计算定基累计发展各领域分指数：

$E_{t+1}=E_t\times\left(\frac{200+C_{t+1}}{200-C_{t+1}}\right)$，其中 t 为年份，$t>=2005$，E2005=100。

（在计算指标体系中的某一个指标的定基发展速度时，如采用这一方法，其结果与通常方法一致，即指标当年的定基发展速度等于该指标上年的定基发展速度与当年发展速度的乘积除以100，当年的定基发展速度等于指标当年值乘以100与基期值之比。

这是由于：

$$\frac{E_{t+1}}{E_t}=\frac{200+C_{t+1}}{200-C_{t+1}}=\frac{200+\left(\frac{X_{it+1}-X_{it}}{X_{it+1}+X_{it}}\right)\times 200}{200-\left(\frac{X_{it+1}-X_{it}}{X_{it+1}+X_{it}}\right)\times 200}=\frac{(X_{it+1}+X_{it})+(X_{it+1}-X_{it})}{(X_{it+1}+X_{it})-(X_{it+1}-X_{it})}=\frac{X_{it+1}}{X_{it}}$$

，因此，$E_{t+1}=\frac{X_{it+1}}{X_{it}}\times\frac{X_{it}}{X_{it-1}}\times\cdots\times\frac{X_2}{X_1}\times\frac{X_1}{X_0}\times 100=\frac{X_{it+1}}{X_0}\times 100$

3. 计算定基累计发展总指数：

$Z_{t+1}=\sum_{i=1}^{4}a_iE_{t+1}$，其中 t 为年份，α_i 为各领域对总指数的权数。

附表　中国创新指标体系框架

	指标名称	计量单位	权数
创新环境(1/4)	1.1　经济活动人口中大专及以上学历人数	人/万人	1/5
	1.2　人均 GDP	元/人	1/5
	1.3　信息化指数	%	1/5
	1.4　科技拨款占财政拨款的比重	%	1/5
	1.5　享受加计扣除减免税企业所占比重	%	1/5
创新投入(1/4)	2.1　每万人 R&D 人员全时当量	人年/万人	1/6
	2.2　R&D 经费占 GDP 比重	%	1/6
	2.3　基础研究人员人均经费	万元/人年	1/6
	2.4　R&D 经费占主营业务收入比重	%	1/6
	2.5　有研发机构的企业所占比重	%	1/6
	2.6　开展产学研合作的企业所占比重	%	1/6
创新产出(1/4)	3.1　每万人科技论文数	篇/万人	1/5
	3.2　每万名 R&D 人员专利授权数	件/万人年	1/5
	3.3　发明专利授权数占专利授权数的比重	%	1/5
	3.4　每百家企业商标拥有量	件/百家	1/5
	3.5　每万名科技活动人员技术市场成交额	亿元/万人	1/5
创新成效(1/4)	4.1　新产品销售收入占主营业务收入的比重	%	1/5
	4.2　高技术产品出口额占货物出口额的比重	%	1/5
	4.3　单位 GDP 能耗	吨标准煤/万元	1/5
	4.4　劳动生产率	万元/人	1/5
	4.5　科技进步贡献率	%	1/5

（执笔：张鹏　国家统计局社会科技和文化产业统计司）

2014 年农业发展报告

在我国经济发展进入新常态的背景下，2014年农业支持保护政策稳中有进，农业稳定增长，农业基础进一步稳固。农业发展的良好形势，为稳增长、调结构、促改革、惠民生提供了有力支撑。

一、农业支持保护政策稳中有进

（一）财政支农资金继续增长

当前，经济发展进入新常态，但公共财政对农林水事务的支出仍保持相对较高的增长速度。2014年，全国一般公共财政农林水支出14002亿元，比上年增长4.9%。

（二）继续实施“四项补贴”和生产大县奖励政策

2014年国家继续实施种粮直接补贴、农资综合补贴、良种补贴和农机具购置补贴等“四项补贴”政策，补贴规模和补贴标准基本保持稳定。另外，为培育新型农业生产经营主体，国家加大了对专业大户、家庭农场和农民合作社等新型农业经营主体的支持力度，实行新增补贴向专业大户、家庭农场和农民合作社倾斜的政策。鼓励和支持承包土地向新型农业生产经营主体流转，大力发展多种形式的适度规模经营。

2014年国家继续实施产粮（油）大县奖励政策。常规产粮大县奖励资金与省级财力状况挂钩，不同地区采用不同的奖励系数，产粮大县奖励资金由中央财政测算分配到县，常规产粮大县的奖励标准为500万元-8000万元。产油大县奖励由省级人民政府确定，入围县享受的奖励资金不低于100万元，奖励资金全部用于扶持油料生产和产业发展。

2014年国家继续实施生猪调出大县奖励政策。奖励资金重点用于规模化生猪养殖户（场）圈舍改造、良种引进、粪污处理的支出，以及保险保费补助、贷款贴息、防疫服务费用支出等。

（三）继续提高小麦、水稻最低收购价

2014年国家继续在粮食主产区实行最低收购价政策，并提高最低收购价水平。2014年小麦（三等）最低收购价提高到每斤1.18元，比2013年提高0.06元，提价幅度为5.4%；早籼稻（三等，下同）、中晚籼稻和粳稻最低收购价格分别提高到每斤1.35元、1.38元和1.55元，比2013年提高0.03元到0.05元，提价幅度在2.3%到3.3%。另外，2014年国家继续在主产区实行玉米、油菜籽、食糖的临时收储政策。

（四）开展农产品目标价格改革试点

农产品目标价格改革的基本思路是坚持市场供求决定价格的基本原则，充分发挥市场机制形成价格的决定性作用，在市场价格低于目标价格时按差价补贴生产者。2014年，国家启动了东北和内蒙古大豆、新疆棉花目标价格改革试点工作。

（五）改善涉农金融服务

农村和农业贷款继续增长。据中国人民银行统计，2014 年末，主要金融机构及小型农村金融机构、村镇银行、财务公司农村（县及县以下）贷款余额19.44 万亿元，同比增长12.4%；农户贷款余额5.36 万亿元，同比增长19%；农业贷款余额3.4 万亿元，同比增长9.7%。

农业保险进一步完善。除继续对玉米、水稻、小麦、棉花、马铃薯、油料作物、糖料作物、能繁母猪、奶牛、育肥猪、天然橡胶、森林、青稞、藏系羊、牦牛等15个农产品试行保费补贴外，2014年国家进一步加大对农业保险支持力度，提高中央、省级财政对主要粮食作物保险的保费补贴比例，逐步减少或取消产粮大县县级保费补

贴，不断提高稻谷、小麦、玉米三大粮食品种保险的覆盖面和风险保障水平；鼓励保险机构开展特色优势农产品保险，有条件的地方提供保费补贴，中央财政通过以奖代补等方式予以支持；扩大畜产品及森林保险范围和覆盖区域；鼓励开展多种形式的互助合作保险。

二、农业生产稳定发展

（一）农业产出稳定增长

2014 年农业产出总体保持稳定增长态势，但畜牧业产出增长速度相对较低。2014 年农林牧渔业（包括农林牧渔服务业）总产值（现价，下同）为 102226 亿元，可比增长 4.2%。其中，农业总产值为 54772 亿元，比上年增长 4.4%；林业总产值为 4256 亿元，比上年增长 6.1%；畜牧业总产值为 28956 亿元，比上年增长 3%；渔业总产值为 10334 亿元，比上年增长 4.4%。

从结构方面来看，农业、林业和渔业占农林牧渔业总产值的比重略增，畜牧业占比下降。2014 年农业、林业和渔业总产值占农林牧渔业总产值的比重分别为 53.6%、4.2% 和 10.1%，比上年分别提高 0.5、0.1 和 0.1 个百分点；畜牧业总产值占农林牧渔业总产值的比重为 28.3%，比上年降低了 1 个百分点。

表 1　2014 年农林牧渔业总产值、结构及其变化

	总产值（亿元）	比上年增长（%）	占比（%）	占比变化（百分点）
农林牧渔业	102226	4.2	–	–
农业	54772	4.4	53.6	0.5
林业	4256	6.1	4.2	0.1
畜牧业	28956	3	28.3	–1.0
渔业	10334	4.4	10.1	0.1

注：本表的各业比例是按包括农林牧渔服务业在内的农林牧渔业总产值计算的。

从增加值来看，2014 年农林牧渔业增加值为 60158 亿元，可比增长 4.2%。其中，农业增加值为 35257 亿元，增长 4.3%；林业增加值为 2793 亿元，增长 6.2%；畜牧业增加值为 14025 亿元，增长 2.9%；渔业增加值为 6260 亿元，增长 4.4%。在增加值结构方面，农业、林业和渔业增加值占农林牧渔业增加值的比重提高，畜牧业增加值比重下降。2014 年农业、林业和渔业增加值占农林牧渔业增加值的比重分别为 58.6%、4.6% 和 10.4%，比上年分别提高了 0.4、0.1 和 0.1 个百分点；畜牧业增加值占比为 23.3%，比上年下降了 0.8 个百分点。

表 2　2014 年农林牧渔业增加值、结构及其变化

	增加值（亿元）	比上年增长（%）	占比（%）	占比变化（百分点）
农林牧渔业	60158	4.2	–	–
农业	35257	4.3	58.6	0.4
林业	2793	6.2	4.6	0.1
畜牧业	14025	2.9	23.3	–0.8
渔业	6260	4.4	10.4	0.1

注：本表的各业比例是按包括农林牧渔服务业在内的农林牧渔业增加值计算的。

（二）粮食实现“十一连增”，总产再创历史新高

1、粮食增产情况。根据对全国 31 个省（自治区、直辖市）的抽样调查，2014 年全国粮食总产量 12140 亿斤，增长 0.8%。其中，谷物产量 11148 亿斤，增加 95 亿斤，增长 0.9%。粮食总产在上年突破 12000 亿斤的基础上，再次实现增产，表明我国粮食综合生产能力稳步提高，确保口粮绝对安全的能力进一步增强。

分品种看，稻谷产量 4130 亿斤，增产 57 亿斤，增长 1.4%；小麦产量 2524 亿斤，增产 86 亿斤，增长 3.5%；玉米产量 4313 亿斤，减产 56 亿斤，下降 1.3%；大豆 243 亿斤，增产 4 亿斤，增长 1.7%。玉米产量占粮食总产量的比重为 35.5%，比上年下降 0.8 个百分点，但仍为三大谷物之首；稻谷、小麦产量占粮食总产量的比重分别为 34.0% 和 20.8%，分别提高 0.2 个百分点和 0.5 个百分点。

表 3　2000 年以来粮食总产量变化情况

单位：亿斤

年份	粮食总产量	比上年增加	比上年增长（%）
2000	9244	-924	-9.1
2001	9053	-191	-2.1
2002	9141	88	1.0
2003	8614	-527	-5.8
2004	9389	775	9.0
2005	9680	291	3.1
2006	9961	280	2.9
2007	10032	71	0.7
2008	10574	542	5.4
2009	10616	42	0.4
2010	10930	313	3.0
2011	11424	495	4.5
2012	11791	367	3.2
2013	12039	247	2.1
2014	12140	102	0.8

2. 粮食增产的主要原因。一是粮食播种面积稳中略增，单产提高。粮食播种面积增加对增产的贡献率为 81.5%。2014 年，全国粮食总播种面积 112722.6 千公顷，比上年增加 767 千公顷，增长 0.7%。其中，谷物播种面积 94603.5 千公顷，增加 834.8 千公顷，增长 0.9%。谷物中，稻谷播种面积 30309.9 千公顷，减少 1.9 千公顷；小麦 24069.4 千公顷，减少 47.8 千公顷，下降 0.2%；玉米 37123.4 千公顷，增加 805 千公顷，增长 2.2%。大豆播种面积 6799.9 千公顷，增加 9.4 千公顷，增长 0.1%。粮食单产提高对增产的贡献率为 18.5%。2014 年，全国粮食单产为 359 公斤 / 亩，比上年增加 0.6 公斤，增长 0.2%。

二是防灾减灾及时，总体灾情轻于上年。针对 2014 年粮食生产面临的干旱、洪涝、低温寡照、台风等各种自然灾害，各级政府高度重视，及早防范，加强灾情调度，及时制定和落实应对措施，科学防灾救灾。2014 年，国家继续实施“农业防灾减灾稳产增产关键技术补助政策”，加大相关补助力度，积极推动实际效果显著的关键技术补助常态化。虽然 2014 年局部地区旱情较重，玉米生产受到较大影响，但小麦、稻谷、大豆等生长期间主产区气象条件接近常年，对相关作物生长发育及产量形成有利，总体灾情轻于上年。据民政部门统计，2014 年全国农作物受灾面积 29961 千公顷，比上年同期减少 1389 千公顷，下降 4%。

三是粮食劳动生产率提高。工业化和城镇化快速发展过程中，农业就业人数持续下降是客观规律。近年来，国家逐步加大农业科研投入、稳步推进以培育优良品种为重点的农业科技创新、完善农业科技推广应用体系、开展农业防灾减灾稳产增产关键技术补助、深入推进粮棉油糖高产创建支持政策、实施“阳光工程”和培养农村实用人才政策等，提高农业科技创新和应用水平，农业科技进步贡献率稳步提高。据农业部统计，2014 年我国农业科技进步贡献率达到 56%，比上年提高了 0.8 个百分点；与此同时，农业机械化水平快速提高，2014 年全国农作物耕种收综合机械化率突破了 60%，三大粮食作物耕种收综合

表 4　2000 年以来粮食劳动生产率

年份	粮食总产量（亿斤）	第一产业就业人员数（万人）	每个劳动力平均粮食产量（公斤/人）	比上年增长（%）
2000	9244	36042.5	1282.4	
2001	9053	36398.5	1243.6	-3.03
2002	9141	36640.0	1247.4	0.31
2003	8614	36204.4	1189.7	-4.63
2004	9389	34829.8	1347.9	13.3
2005	9680	33441.9	1447.3	7.37
2006	9961	31940.6	1559.3	7.74
2007	10032	30731.0	1632.3	4.68
2008	10574	29923.3	1766.9	8.25
2009	10616	28890.5	1837.3	3.98
2010	10930	27930.5	1956.7	6.5
2011	11424	26594.0	2147.9	9.77
2012	11791	25773	2287.5	6.5
2013	12039	24171	2490.4	8.87
2014	12140	22790	2663.4	6.95

说明：a. 因缺乏从事粮食生产的劳动力数量指标，这里使用第一产业就业人员来代替，实际每个从事粮食生产的劳动力平均粮食产量应大于表中的近似数。b.2000~2014 年第一产业就业人员数是国家统计局根据第六次全国人口普查资料及历年劳动力调查资料推算得到的。

机械化率均超过 75%，小麦生产基本实现全过程机械化。农业科技进步和农业机械化水平提高，使得粮食劳动生产率进一步提高。据测算，2014年全国平均每个农业劳动力生产的粮食大约为2663公斤，比上年增长6.9%。

（三）主要经济作物减产

2014年，棉花种植面积422万公顷，比上年减少12万公顷。受种植面积减少的影响，2014年棉花产量下降。2014年全国棉花总产量为617.8万吨，比上年减少1.9%。油料种植面积1404万公顷，增加2万公顷。油料产量3507万吨，比上年减少0.3%。糖料种植面积190万公顷，减少10万公顷，下降5%。糖料产量13361万吨，减产2.8%。

表5　2000年以来棉花、油料和糖料产量变化情况

单位：万吨

年份	棉花		油料		糖料	
	总产量	比上年增加	总产量	比上年增加	总产量	比上年增加
2000	442	59	2955	354	7635	
2001	532	91	2865	−90	8655	1020
2002	492	−41	2897	32	10293	1638
2003	486	−6	2811	−86	9642	−651
2004	632	146	3066	255	9571	−71
2005	571	−61	3077	11	9452	−119
2006	753	182	2640	−437	10460	1008
2007	762	9	2569	−72	12188	1728
2008	749	−13	2953	384	13420	1231
2009	638	−112	3154	202	12277	−1143
2010	596	−42	3230	76	12008	−269
2011	660	64	3307	77	12517	508
2012	684	25	3437	130	13485	968
2013	630	−54	3517	80	13746	261
2014	618	−12	3507	−10	13361	−385

（四）畜产品和水产品产量稳步增长

2014年，全国主要畜禽生产呈稳步增长态势，肉蛋奶等主要产品产量增加。2014年全国猪牛羊禽肉产量为8540万吨，比上年增长2.0%。其中，猪肉产量5671万吨，增长3.2%；牛肉产量689万吨，增长2.4%；羊肉产量428万吨，增长4.9%；禽肉产量1751万吨，下降2.7%。2014年全国禽蛋产量2894万吨，增长0.6%。牛奶产量3725万吨，增长5.5%。

2014年全国水产品产量6450万吨，比上年增长4.5%。其中，养殖水产品产量4762万吨，增长4.9%；捕捞水产品产量1688万吨，增长3.5%。

表6　2014年畜牧业生产情况

项目	单位	2014年	比上年增长（%）
猪牛羊禽肉	万吨	8540	2.0
猪肉	万吨	5671	3.2
牛肉	万吨	689	2.4
羊肉	万吨	428	4.9
禽肉	万吨	1751	−2.7
生牛奶	万吨	3725	5.5
生猪出栏	万头	73510	2.7
生猪存栏（年末数）	万头	46583	−1.7

三、农产品生产者价格下跌0.2%

2014年全国农产品生产者价格总水平比上年下降0.2%，这是2010年以来农产品生产者价格总水平首次出现下降。分季度看，第一季度同比下降1.2%，第二、第三季度同比分别上涨0.3%、0.3%，第四季度下降1.6%。

（一）农业产品生产者价格上涨1.8%

分季度看，第一至第三季度农业产品生产者价格分别上涨2.6%、0.7%、1.4%，第四季度农业产品生产者价格下降1%。

粮食生产者价格上涨2.6%。分季度看，第一至第四季度分别上涨1.6%、1.3%、3.9%和2.3%。分品种看，谷物生产者价格上涨2.7%，其中，小麦、

稻谷和玉米分别上涨5.1%、2.2%和1.7%。豆类上涨2.4%，其中，大豆上涨1.8%。薯类上涨2.7%。分区域看，粮食主产区粮食生产者价格上涨2.9%，主销区粮食生产者价格上涨2.6%，其他地区上涨1.7%。

棉花（籽棉）生产者价格下降12.9%。分季度看，第一季度、第二季度生产者价格同比分别上涨2.5%、0.3%，第四季度下降29.3%。在棉花主产省中，第四季度新疆棉花生产者价格同比下降30.1%。

油料生产者价格下降0.1%。分季度看，第一季度、第二季度分别下降3.3%、1.5%，第三季度、第四季度分别上涨0.1%、2.2%。分品种看，油菜籽上涨1.3%，芝麻上涨4.2%，花生下降3.8%。

糖料生产者价格下降0.3%。分季度看，第一季度上涨2.1%，第二季度下降3.7%，第四季度下降0.9%。分品种看，甘蔗下降0.1%，甜菜下降2.4%。

蔬菜生产者价格下降1.5%。分季度看，第一季度上涨0.6%，第二至第四季度分别下降3.4%、2.6%和1.8%。分种类看，叶菜类下降2.6%，白菜类下降1.8%，瓜菜类下降3.1%，根块类上涨2.3%，葱蒜类蔬菜上涨1.8%，食用菌上涨0.7%。

水果生产者价格上涨6.4%。分季度看，第一季度、第二季度分别上涨12.2%、6.9%，第三季度下降1.9%，第四季度上涨4.2%。分品种看，苹果上涨8.5%，梨上涨23.3%，柑桔上涨6.8%。

（二）林业产品生产者价格下降0.6%

分季度看，第一季度、第二季度分别下降0.5%、0.6%，第三季度上涨3.2%，第四季度下降2.1%。分种类看，木材生产者价格上涨4.7%，竹材上涨0.2%，胶脂和果实类林产品下降14.9%，其中橡胶下降18.1%。

（三）饲养动物及其产品生产者价格下降2.9%

生猪生产者价格下降7.8%。分季度看，第一至第四季度生猪生产者价格同比分别下降11.1%、8%、4.7%和7.1%。分区域来看，生猪主产省生产者价格下降7.2%，其他省份下降6.5%。

活牛、活羊、家禽等产品生产者价格上涨。活牛和活羊生产者价格分别上涨4.4%和0.8%；活家禽生产者价格上涨4.4%，其中，活鸡、活鸭和活鹅分别上涨4.9%、4.1%和2.6%；禽蛋生产者价格上涨5.7%，其中，鸡蛋上涨7.9%；生奶生产者价格上涨7.9%；动物毛类产品生产者价格下降1.6%。

（四）渔业产品生产者价格上涨3.1%

分季度看，第一至第四季度分别上涨3.3%、5.6%、0.1%和1%。海水养殖产品生产者价格上涨1.9%，海水捕捞产品上涨3.1%；淡水养殖产品生产者价格上涨3.8%，淡水捕捞产品上涨1.5%。

四、农业生产发展中存在的主要问题

（一）农业基础设施薄弱，资源和环境约束强化

近年来，随全球气候变化，我国自然灾害呈现频发多发态势，暴露出农业基础设施尤其是水利基础设施薄弱的问题，农业靠天吃饭的局面尚未得到根本改观。我国人均耕地面积不到世界平均水平的一半，后备土地资源不足，土地利用中水土流失严重、石漠化和荒漠化面积扩大。耕地质量较差，大约三分之二的耕地是中低产田。我国水资源严重不足，人均水资源不到世界平均水平的30%，并且区域季节分布不均。农业用水量大，但有效利用率低。在工业化和城镇化过程中，工农争地争水矛盾突出。长期粗放型的经济增长方式，导致生态环境破坏，土壤和水资源污染严重，生态环境的承载能力下降。资源和环境约束强化，农业持续发展和农业产业结构优化升级的难度较大。

（二）生产成本增加，农产品价格普遍高于国际市场

受能源、原材料价格上涨的影响，近年来农资价格持续增长，主要农资价格处于较高水平。同时，随着劳动力成本持续增长，从事农业生产的人力成本增加。另外，随着土地流转扩大，农村土地市场逐渐发育，农业用地的机会成本快速增长。主要农业生产要素价格全面上涨，推动农业生产进入高成本时代。农业生产高成本，必然要求提高农产品价格来弥补增加的成本。为维护农民种粮收益和确保粮食安全，国家综合利用补贴和价格政策提高粮食价格，导致国内主要大宗产品价格高于国际市场。目前，我国粮食、棉花、牛羊肉等产品进口到岸价格远远低于国内市场价格水平，使得我国农业国际竞争力下降。农业生产高成本和农产品高价格进一步导致农业政策选择陷入“两难”境地：如果进一步提高农产品价格，农业竞争力将进一步下降，同时也给下游产业的发展带来严重压力；如果降低农产品价格，农业生产合理收益得不到满足，势必会影响国家粮食安全。

（三）农产品质量安全问题日益凸显

当前，我国农业发展仍处于改造传统农业、推进传统农业向现代农业转变的阶段。农业增长方式粗放，各种化学品过量不当使用现象比较普遍，畜禽水产养殖用药不规范和追求短期利益，农产品质量标准建设滞后，加之土壤、水资源污染严重，农产品质量安全问题日益凸显。另外，农产品种类繁多、生产周期长、生产环节多，在分散小规模农户生产处于主体模式下，推行农业标准化生产和建立农产品质量追溯体系的难度较大。近年来发生的多起农产品质量安全事件，充分表明我国农产品质量安全问题不容忽视。

五、几点建议

（一）健全农业支持保护政策体系

农业依然是国民经济的薄弱环节和弱质产业，要进一步健全农业支持保护政策体系。一是要健全农业投入保障制度，拓宽农业投入资金来源渠道。二是加强以农田水利为重点的农业基础设施建设，提高农业抵抗自然灾害的能力；三是要健全农产品价格保护制度，充分发挥市场机制对价格的决定性作用，稳步推进农产品目标价格改革。四是要完善农业补贴体系，扩大补贴范围，提高补贴标准，完善与农业生产资料价格上涨挂钩的农资综合补贴动态调整制度。

（二）推动农业科技进步，改造传统农业

破解环境资源约束、实现农业持续稳定发展和确保农产品有效供给，根本出路在科技。要把提高土地产出率、资源利用率和劳动生产率作为农业科技进步的主要目标，加强农业基础性、前沿性和公益性科技研究。要进一步完善农业科技推广应用体系，引导科研教育机构积极开展农技服务，加快培养农业科技人才，大力培训农村实用人才，提高农民科技应用能力。要大力改造传统农业，推动农业粗放型增长方式向集约化方向转变，把农业提质增效真正转到依靠科技进步和劳动生产率提高上来。要健全土地制度，推进土地流转依法有序进行，大力发展适度规模经营。要大力培育新型农业生产经营主体，发展农业产业化经营，延长农业产业链条，提高农业效益。要加强农产品质量安全标准和农产品质量追溯体系建设，大力发展绿色无公害农业。

（三）统筹利用两个市场两种资源，扎实推进农业走出去战略

在推动现代农业发展进程中，要具备国际视野，顺应经济全球化趋势，充分利用两种资源和两个市场，调节国内总量平衡和结构平衡。根据国内农产品需求结构和变动趋势，合理把握进口的时机、规模和节奏。要充分发挥劳动力资源丰富的优势，大力支持和鼓励劳动密集型和优势农产品出口，提高农业竞争力。要充分发挥贸易规模大的优势，增强对国际市场价格的影响力，逐步改变价格被动接受者的不利地位，维护国家利益。加快培育具有国际竞争力的农业企业集团。要大力支持农业企业开展境外农业合作开发，完善支持农业对外合作的投资、财税、金融、保险、贸易等政策，为各类农业合作开发企业提供信息咨询、法律咨询和纠纷仲裁服务。

（执笔：汪传敬　国家统计局农村社会经济调查司）

2014年工业发展报告

2014年，工业经济运行总体保持在合理区间。从长期趋势看，工业生产增速呈继续放缓态势；从年内运行变化看，上半年增长总体平稳，下半年增速有所回落；工业产品出口增速有所回升；工业企业利润低位增长；小微企业生产经营状况仍不容乐观。在一系列促进转型升级的改革政策推动下，工业增长动力支撑趋向转换，产业增长分化、行业结构优化、产品结构提升、发展动力升级的现象在各个方面涌现，工业结构出现积极变化。

一、工业经济运行基本情况

（一）工业生产增长有所放缓

2014年，全国规模以上工业增加值同比实际增长8.3%（以下增加值增速均为扣除价格因素的实际增长率），较2013年放缓1.4个百分点，这是工业生产增长速度自2010年起第四年放缓。41个工业大类行业中，32个行业增加值同比增速较2013年回落；8个行业增速较2013年加快；1个行业持平。

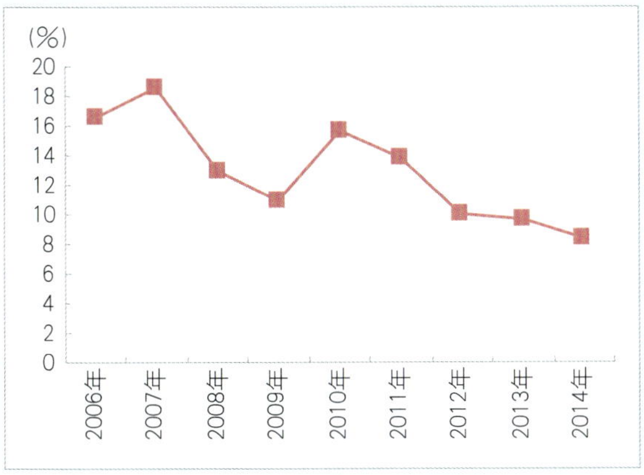

图1 2006-2014年规模以上工业增加值年度增速

分季度看，一季度增长8.7%，二季度增长8.9%，三季度增长8%，四季度增长7.6%，呈上半年平稳、下半年波动回落的特征。

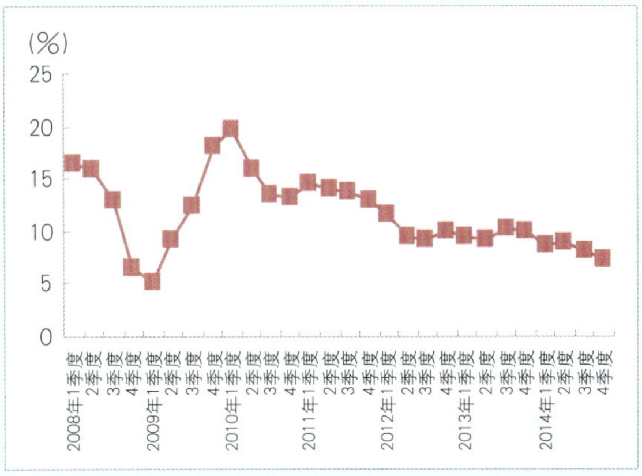

图2 2008-2014年规模以上工业增加值分季度增速

分行业看，采矿业增加值同比增长4.5%，较2013年回落1.9个百分点；制造业增长9.4%，较2013年回落1.1个百分点；电力燃气水的生产和供应业增长3.2%，较2013年回落3.6个百分点。

2014年，高耗能行业增加值同比增长7.5%，增速较2013年回落2.6个百分点，影响规模以上工业增速回落0.56个百分点。其中，电力热力生产和供应业同比增长2.2%，回落4个百分点；黑色金属冶炼及压延加工业增长6.2%，回落3.7个百分点；非金属矿物制品业增长9.3%，回落2.2个百分点；有色金属冶炼及压延加工业增长12.4%，回落2.2个百分点；化学原料及化学制品制造业增长10.3%，回落1.8个百分点；石油加工炼焦及核燃料加工业增长5.4%，回落0.7个百分点。

2014年，采矿业增加值同比增长4.5%，增速较2013年回落1.9个百分点，影响规模以上工业增速回落0.34个百分点。其中，黑色金属矿采选业增长10.6%，回落4.4个百分点；

非金属矿采选业增长 7.8%，回落 4.2 个百分点；煤炭开采和洗选业增长 2.5%，回落 3.2 个百分点；有色金属矿采选业增长 7.4%，回落 2.1 个百分点；石油和天然气开采业增长 3.5%，加快 1.2 个百分点。

2014 年，消费品制造业增加值同比增长 8.2%，增速较 2013 年回落 1.2 个百分点，影响规模以上工业增速回落 0.22 个百分点。其中，酒、饮料和精制茶制造业同比增长 6.5%，回落 3.7 个百分点；纺织业增长 6.7%，回落 2 个百分点；造纸和纸制品业增长 6.5%，回落 1.9 个百分点；皮革、毛皮、羽毛及其制品和制鞋业增长 6.2%，回落 1.9 个百分点；化学纤维制造业增长 8.5%，回落 1.8 个百分点；农副食品加工业增长 7.7%，回落 1.7 个百分点；家具制造业增长 8.7%，回落 1.5 个百分点；食品制造业增长 8.6%，回落 1.4 个百分点；医药制造业增长 12.3%，回落 1.2 个百分点；纺织服装业增长 7.2%，与上年持平；烟草制品业增长 8.2%，加快 1 个百分点。

2014 年，装备制造业增加值同比增长 10.5%，增速较 2013 年回落 0.5 个百分点，影响规模以上工业增速回落 0.03 个百分点。其中，汽车制造业同比增长 11.8%，回落 3.1 个百分点；仪器仪表制造业增长 9.4%，回落 2.2 个百分点；专用设备制造业增长 6.9%，回落 1.6 个百分点；电气机械和器材制造业增长 9.4%，回落 1.5 个百分点；金属制品业增长 11.6%，回落 0.8 个百分点；通用设备制造业增长 9.1%，回落 0.1 个百分点；计算机、通信和其他电子设备制造业增长 12.2%，加快 0.9 个百分点；铁路、船舶、航空航天和其他运输设备制造业增长 12.7%，加快 7.9 个百分点。

从企业经济类型看，2014 年国有及国有控股企业增加值同比增长 4.9%，较上年回落 2 个百分点；股份制企业增长 9.7%，回落 1.3 个百分点；外商及港澳台商投资企业增长 6.3%，回落 2 个百分点；私营企业增长 10.2%，回落 2.2 个百分点。

分地区看，2014 年东部地区规模以上工业增加值同比增长 7.6%，较上年回落 1.3 个百分点；中部地区增长 8.4%，回落 2.3 个百分点；西部地区增长 10.6%，回落 0.4 个百分点。

分产品看，全年 563 种主要工业产品中有 406 种产品产量比上年增长。其中，原煤产量 38.7 亿吨，同比下降 2.5%；原油 2.1 亿吨，增

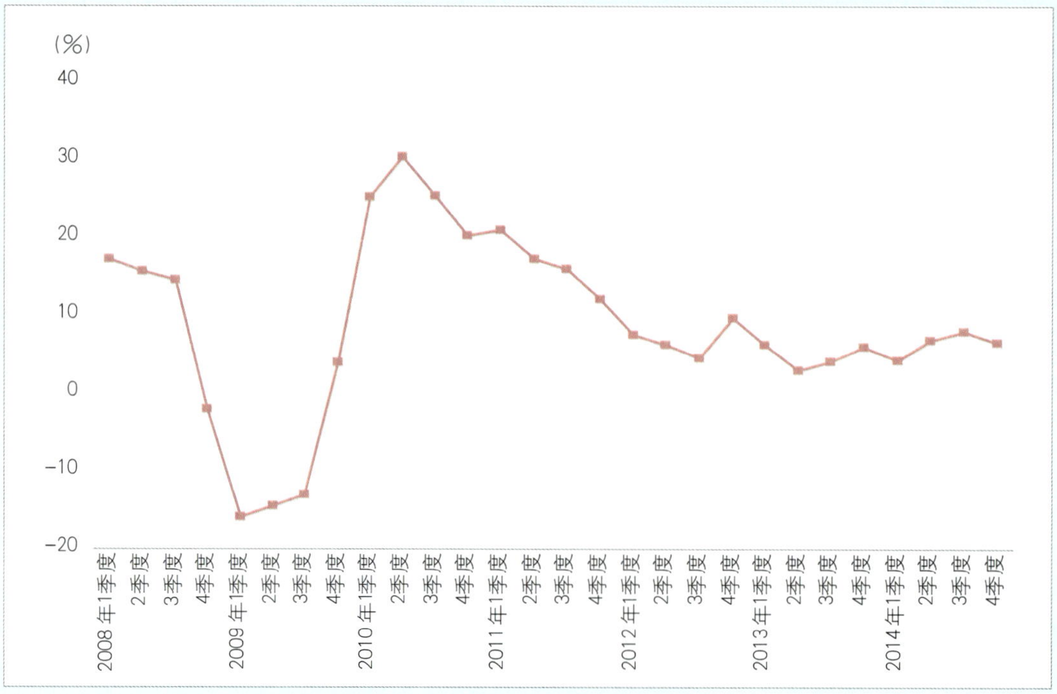

图 3 2008–2014 年规模以上出口交货值分季度增速

长 0.7%；天然气 1301.6 亿立方米，增长 7.7%；发电量 5.6 亿千瓦小时，增长 4%；粗钢 82269.8 万吨，增长 1.2%；钢材 112557.2 万吨，增长 4%；十种有色金属 4380.1 万吨，增长 7.4%；水泥 24.8 亿吨，增长 2.3%；硫酸（折 100%）8846.3 万吨，增长 8.5%；烧碱（折 100%）3059 万吨，增长 4.5%；化学纤维 4389.8 万吨，增长 5.5%，乙烯 1696.7 万吨，增长 6.1%；汽车 2372.5 万辆，增长 7.3%，其中，轿车 1248.3 万辆，增长 3.1%；微型计算机设备 35079.6 万台，同比下降 0.8%；手机 162719.8 万台，增长 6.8%；集成电路 1015.5 亿块，增长 12.4%。

（二）工业产品出口增速有所回升

2014 年，规模以上工业完成出口交货值 120933.1 亿元，同比增长 6.4%，较上年回升 1.4 个百分点。其中 ，一季度增长 4.2%，二季度增长 6.7%，三季度增长 7.9% ，四季度增长 6.5%。

2014 年，前 10 大出口行业①中，技术密集型的电子、装备类新兴行业出口增速均较上年加快：计算机、通信和其他电子设备制造业出口交货值增长 5.8%，加快 0.2 个百分点；电气机械和器材制造业增长 6.1%，加快 3.9 个百分点；通用设备制造业增长 2.4%，加快 1.9 个百分点；金属制品业增长 8.7%，加快 3.8 个百分点。劳动密集型的纺织类传统行业出口增速均较上年回落：纺织服装、服饰业增长 3%，回落 4.4 个百分点；纺织业增长 1%，回落 6.3 个百分点；皮革、毛皮、羽毛及其制品和制鞋业增长 5.7%，回落 0.1 个百分点。轻工、化工类出口行业增速有所加快：文教、工美、体育和娱乐用品制造业增长 18.6%，加快 12.8 个百分点；橡胶和塑料制品业增长 3.8%，加快 0.8 个百分点；化学原料和化学制品制造业增长 10.1%，加快 2.1 个百分点。

2014 年，6 大工业品出口地区②中，5 个地区工业品出口增速较上年回升，1 个地区回落。江苏增长 1.8%，回升 1.3 个百分点；福建增长 5.8%，回落 3.1 个百分点；广东增长 5.7%，回升 1.4 个百分点；浙江增长 5.3%，回升 3.1 个百分点；山东增长 6.8%，回升 2.3 个百分点；上海下降 2%，降幅收窄 1.5 个百分点。

（三）工业经济效益有所下滑

2014 年，全国规模以上工业利润明显回落，全年增速呈现前高后低走势，主营业务收入增速有所回落，产成品存货增长明显加快，应收帐款增速放缓。

1. 工业利润明显回落。2014 年，全国规模以上工业企业实现利润总额 64715.3 亿元，同比增长 3.3%，增速较上年大幅回落 8.9 个百分点。在 41 个工业大类行业中，28 个行业利润总额比上年增加，11 个行业减少，2 个行业持平。分季度看，一季度同比增长 10.1%；二季度增长 12.4%，三季度增长 1.9%，四季度下降 5%，呈现明显的前高后低态势。

2014 年，全国规模以上工业亏损企业亏损额 6917.8 亿元，同比增长 22.5%，上年为下降 5.2%。

2014 年，采矿业实现利润总额 6245.7 亿元，同比下降 23%。主要采矿行业利润呈普降态势。其中，煤炭开采和洗选业利润同比下降 46.2%，石油和天然气开采业下降 13.7%，黑色金属矿采选业下降 23.9%，有色金属矿采选业下降 10.7%。

2014 年，制造业实现利润总额 53732.5 亿元，同比增长 6.5%。其中，主要装备制造行业利润增长较快：汽车制造业利润同比增长 18.1%，计算机、通信和其他电子设备制造业增长 17.1%，铁路、船舶、航空航天和其他运输设备制造业增长 20.5%，电气机械和器材制造业增长 13.7%；消费品行业缓慢增长：纺织业利润同比增长 3.6%，纺织服装、服饰业增长 10.5%，农副食品加工业下降 0.4%，食品制造业增长 9.8%；原材料类行业低速增长或下降：化学原料和化学制品制造业利

注：① 2014 年 10 大工业品出口行业出口交货值占总计的 76.9%。
② 2014 年 6 大工业品出口地区出口交货值占全国规模以上工业的比重为 75.6%。

润同比增长1.7%，非金属矿物制品业增长3.9%，有色金属冶炼和压延加工业增长2.5%，石油加工、炼焦和核燃料加工业下降79.2%，黑色金属冶炼和压延加工业下降2.7%。

2014年，电力、热力、燃气及水生产和供应业实现利润总额4737.1亿元，同比增长17.1%。其中，电力、热力生产和供应业增长19.1%。

2014年，分经济类型看，国有及国有控股企业实现利润总额14006.7亿元，由上年增长6.4%转为下降5.7%；股份制企业实现利润总额42962.8亿元，增长1.6%，增幅较上年回落9.4个百分点；外商及港澳台商投资企业实现利润总额15971.8亿元，增长9.5%，增幅回落6个百分点；私营企业实现利润总额22322.6亿元，增长4.9%，增幅回落9.9个百分点。

*2. 主营业务收入增速有所回落。*2014年，全国规模以上企业实现主营业务收入1094646.5亿元，同比增长7%，增速较上年回落4.2个百分点；发生主营业务成本937493.4亿元，增长7.5%，增幅回落4.4个百分点；销售费用27476.8亿元，增长8.5%，增幅回落4.5个百分点；管理费用38823亿元，增长6.8%，增幅回落4.6个百分点；财务费用13129.7亿元，增长11.2%，增幅加快5.1个百分点。

*3. 主营业务税金及附加增速略有加快，应交增值税增速大幅回落。*2014年，全国规模以上工业企业主营业务税金及附加16894亿元，同比增长8.2%，增幅较上年加快0.4个百分点；应交增值税31507.6亿元，增长5.1%，增幅回落7.6个百分点。

*4. 产成品存货增长加快，应收帐款增速放缓。*2014年末，全国规模以上工业企业产成品存货37109.6亿元，比上年末增长12.6%，增速较上年加快5.8个百分点；应收帐款105168亿元，增长10%，增幅回落4个百分点。

*5. 主营业务收入利润率略有下降。*2014年，全国规模以上工业企业主营业务收入利润率为5.91%，较上年降低0.21个百分点；每百元主营业务收入中的成本为85.64元，较上年增加0.41元；每百元资产实现的主营业务收入为125.2元，较上年减少3.3元；产成品存货周转天数为13.3天，较上年增加0.4天。

（四）小微工业企业经营状况仍不容乐观

*1. 小微企业主营业务收入增速有所回落。*2014年，小微企业主营业务收入同比增长7.1%，增速较2013年回落1.2个百分点。从年内变化趋势看，一季度增长5.5%，二季度增长6.3%，三季度增长6.2%，四季度增长6%。分地区看，东部地区小微企业主营业务收入增长6.7%，较上年回落0.7个百分点；中部地区增长6.6%，回落1.3个百分点；西部地区增长9.8%，回落1.4个百分点。

*2. 小微企业利润增幅明显下降。*2014年，小微企业营业利润同比增长4.6%，增速较2013年下降3个百分点。分地区看，东部地区增长6.1%，下降2.2个百分点；中部地区增长0.3%，下降5.9个百分点；西部地区增长7.7%，下降0.6个百分点。

*3. 企业主营业务收入利润率略有下降。*2014年，小微企业主营业务收入利润率为6%，增速较2013年下降0.1个百分点。分地区看，东部、中部和西部地区主营业务收入利润率分别为4.5%、9%和8.5%。与2013年相比，东部地区持平，中部地区下降0.5个百分点，西部地区下降0.1个百分点。

*4. 景气指数仍然较低。*2014年四季度，根据问卷调查结果，小微企业景气指数为97.9，比三季度下降0.1个点，仍处于不景气区间。小微企业中，16.1%的企业生产经营状况良好，比三季度下降0.4个百分点；65.7%的企业经营状况一般，比三季度上升0.7个百分点；18.2%的企业经营不佳，比三季度下降0.3个百分点。

*5. 职工薪酬增幅趋缓，但用工成本问题依然突出。*2014年，小微企业应付职工薪酬同比增长3.3%，增速较2013年下降1.8个百分点。人均月薪酬为2389元，同比增长4.3%，增速较2013年下降1.8个百分点。四季度，小微企业在选择“当前面临的三个突出问题”时，选择“用

工成本上升快”的企业占62.6%，仍然远高于选择其他问题的企业比例。

6. 企业融资成本略有下降，但依然偏高。2014年四季度，小微企业发生银行借款的平均年利息及费用率约为7.3%，比三季度下降0.03个百分点，有银行借款需求的小微企业占31.8%。在有银行借款需求的企业中，56.7%的企业没能从银行获得借款，比三季度下降3.9个百分点；15.7%的企业从银行获得少部分借款，比三季度提高1.8个百分点；18.2%的企业从银行获得大部分借款，比三季度提高1个百分点；9.4%的企业从银行获得全部借款，比三季度提高1.1个百分点。四季度，小微企业民间借款的平均月利率约为1.81%，年化利率约为24.02%，虽比三季度下降1.57个百分点，但仍相当于银行借款年利息费用率的3.29倍。

（五）工业经济增长放缓的因素分析

从需求层面看，投资增速放缓、房地产行业趋冷影响相关工业品需求走弱。房地产行业产业关联度高，既影响上游采矿、基础原材料行业的需求，也对下游装修、家电等相关消费品行业需求产生影响。房地产投资增速的明显放缓，造成相关工业行业需求走弱、产量增速回落、生产增长减缓。2014年，粗钢产量同比增长1.2%，增速较上年回落6.4个百分点；水泥同比增长2.3%，较上年回落7个百分点；家用电冰箱同比下降5%；家用洗衣机同比下降3.3%；家具增长3.1%；人造板表面装饰板同比下降2.7%。

汽车、电子等前期高速增长的支撑行业增速合理回归，拉动作用趋缓。2014年末，全国民用汽车保有量达到15447万辆，移动电话用户达到12.86亿户，汽车、手机等产品由2013年的两位数增长放缓至个位数增长。由于汽车保有量的增加及资源、环境等压力的影响，汽车的生产和利润增速合理回归；由于出口需求仍然较为低迷，电子行业在发展日趋成熟的过程中增速也有所回落，对于工业生产的拉动作用趋缓。

从宏观数据看，有效需求不足引起的价格下跌、资金周转缓慢等问题影响利润增长放缓。一是价格下跌压缩盈利空间。2014年，工业品出厂价格同比下降1.9%，年内持续处于波动下行态势，价格下跌造成收入减少，挤压工业企业的利润空间。二是工业利润率下降，单位成本上升。2014年，

规模以上工业企业主营业务收入利润率为5.91%，较上年下降0.2个百分点。每百元主营业务收入中的成本为85.64元，较上年上升0.37个百分点。三是应收帐款增速较高，资金回笼缓慢。2014年末，规模以上工业企业应收账款同比增长10%，较上年回落4个百分点，但仍然处于较高水平。四是库存仍然保持较高水平。在工业销售增长放缓的情况下，产成品存货增速仍然较高。2014年，规模以上工业企业实现主营业务收入同比增长7%，增速较上年回落4.2个百分点。产成品存货增长12.6%，增速较上年加快5.8个百分点；产成品存货周转天数为13.3天，较上年增加0.6天。

从问卷调查看，部分企业面临的订单不足和用工成本上升等困难影响企业生产积极性。根据问卷调查对6.5万家大中型和部分小型工业企业的问卷调查结果，用工成本上升、订单不足、资金紧张、原材料价格上涨、招工难和应收账款较高是企业面临的前六大主要困难。其中，反映订单不足的企业比例连续四个季度都处于上升趋势，反映用工成本上升的企业比例在第四季度明显上升，反映资金紧张、招工难和应收账款较高的企业比例也居高不下，只有反映原材料价格上涨的企业比例逐季下降。有效需求不足是企业经营中比较突出的问题。

二、工业经济运行的主要特点

（一）工业结构出现一些积极变化

工业生产的行业结构呈现积极变化：装备制造业、高技术产业比重上升；高耗能行业及采矿业比重明显下降。装备制造业的比重由2013年的29.2%上升至2014年的30.4%；高技术产业的比重由2013年的9.9%上升至2014年的10.6%。六大高耗能行业的比重由2013年的28.9%下降至2014年的28.4%；采矿业的比重由2013年的12.4%下降至2014年的11%。

（二）行业利润增长继续呈现分化

利润增长的行业板块显示出结构优化的特征。从利润增长的行业板块看，2014年，采矿业利润同比下降23%，原材料制造业利润下降1.4%，均低于全部规模以上工业利润增速；而消费品制造业、装备制造业和高技术制造业利润分别增长5%、12.4%和15.5%，均高于规模以上工业利润增速。这表明，一方面，在投资需求减弱的情况下，消费需求平稳增长，对工业利润起到了一定支撑作用；另一方面，调结构、促转型对工业效益的提升正在产生积极作用。

新增利润呈现明显的行业分化态势。2014年，新增利润最多的五个行业依次为汽车制造业（利润增加916.9亿元）、电力、热力生产和供应业（利润增加677.6亿元）、计算机、通信和其他电子设备制造业（利润增加565亿元）、电气机械和器材制造业（利润增加476.2亿元）、医药制造业（利润增加250.6亿元），合计相当于规模以上工业新增利润的137.8%，多为技术含量较高的装备制造业或高技术产业。利润同比下降最多的五个行业依次为煤炭开采和洗选业（利润减少1089.3亿元）、石油和天然气开采业（利润减少502.4亿元）、石油加工、炼焦和核燃料加工业（利润减少371.5亿元）、黑色金属矿采选业（利润减少252亿元）、有色金属矿采选业（利润减少67.2亿元），合计相当于规模以上工业利润增加额的108.9%，均为传统的上游采矿业。

装备制造行业利润率提高。2014年，装备制造行业利润率6.33%，高于全部规模以上工业0.42个百分点，较上年提高0.18个百分点。其中，汽车制造业利润率8.99%，提高0.55个百分点；铁路、船舶、航空航天和其他运输设备制造业6.14%，提高0.55个百分点；电气机械和器材制造业5.93%，提高0.27个百分点；计算机、通信和其他电子设备制造业4.58%，提高0.3个百分点。

高耗能行业利润率仍然较低。2014年，高耗能行业利润率4.29%，低于整个规模以上工业1.62个百分点。41个大类行业利润率最低的5个行业中，高耗能行业占3位。其中，有色金属冶炼和压延加工业利润率2.94%，较上年下降0.17个百分点；黑色金属冶炼和压延加工业2.2%，下降0.02个百分点；石油加工、炼焦和核燃料加工业利润率0.24%，下降0.95个百分点。

（三）高技术、新兴行业和产品增长较快

高技术产业生产增长加快。2014年，在工业经济总体放缓的背景下，高技术产业增长12.3%，较上年加快0.5个百分点，明显高于规模以上工业增速。在工业生产增速下半年回落的情况下，高技术产业各季度均保持了两位数的较快增长，一至四季度分别增长11.8%、12.8%、12.2%和12.5%，并且四季度增速较三季度加快。高技术产业各行业中，2014年，信息化学品制造业增长17.3%，较上年加快13.7个百分点；电子及通信设备制造业增长14.9%，加快2个百分点；航空、航天器及设备制造业增长20.5%，加快0.5个百分点；医疗仪器设备及仪器仪表制造业增长10.8%，与上年持平；医药制造业增长12.3%，较上年回落1.2个百分点；计算机及办公设备制造业增长1.5%，回落3.4个百分点。

符合转型升级方向的新型、高端装备产品仍有强劲的需求增长空间。2014年，汽车各产品增长态势出现明显差异，轿车产量1248.3万辆，同比增长3.1%；载货汽车累计产量313万辆，同比下降6.8%；多功能乘用车（MPV）产量186万辆，增长42.6%；运动型多用途乘用车（SUV）产量419万辆，增长35%。追求产品品质的消费需求升级使得新型、高端装备产品增长迅猛。机械行业中，农业机械、医疗机械、环卫机械保持较好增长，机械化农业及园艺机具2014年同比增长33%，医疗仪器设备及器械增长15.1%，环境污染防治设备增长5.3%，其中，大气污染防治设备增长11.9%。

（四）传统行业内部存量优化、结构提升

化解产能过剩取得一定成效。长期以来，钢铁、有色、建材等高耗能行业在供大于求的情况下，以规模扩张和价格竞争为主要竞争手段，积累了巨量的生产能力。在市场需求放缓和过剩产能双重压力下，高耗能行业通过淘汰落后企业和关停生产线，在化解产能过剩方面取得一定成效。2014年工业领域16个重点行业淘汰落后产能任务较好地得到完成，淘汰落后炼钢产能3110万吨、水泥8100万吨、平板玻璃3760万重量箱，圆满完成政府工作报告确定的目标。2011至2014年，累计淘汰落后炼钢产能7700万吨、水泥（熟料及粉磨能力）6亿吨、平板玻璃1.5亿重量箱，提前一年完成“十二五”淘汰任务。

传统行业内部转型升级。从细分行业看，传统行业各细分行业增长态势和盈利水平发生分化，上游低附加值行业的生产与利润增长明显低于下游高附加值行业。如有色金属冶炼和压延加工业中，2014年常用有色金属冶炼行业生产增长9.5%；有色金属压延加工行业生产增长12.2%。有色金属冶炼和压延加工业总体主营业务收入利润率为2.94%，其中，常用有色金属冶炼行业利润率仅为1.09%，实现利润总额217.4亿元，同比下降13.7%；有色金属压延加工行业利润率为4.02%，实现利润总额893.9亿元，同比增长11.6%。从企业层面看，铝冶炼企业行业整体处于严重亏损状态，但企业间由于用电成本差异其经营效益也存在显著差别，使用上网高电价的企业严重亏损，使用自备电尤其是局域网电的企业在目前铝价走低的情况下仍有盈利空间。从产品结构看，建材行业中，传统的水泥、平板玻璃产量2014年增速分别回落至1.8%和1.1%，分别为24年和14年以来的新低。而分标号看，强度等级52.5水泥4.7%的增速高于强度等级42.5水泥1%的增速。技术含量更高的钢化玻璃、夹层玻璃、中空玻璃分别增长15.1%、9.7%和21.2%，也明显高于平板玻璃的增长。2014年，以混凝土与水泥制品、建筑用石、技术玻璃、轻质建材等为代表的建材低耗能和加工制品行业的销售额比重已经接近建材工业的五成，并较2013年有所上升。

三、工业经济运行的分析与展望

从工业经济的发展趋势看，工业发展已经从总量扩张的阶段转型升级至结构优化的阶段。经过改革开放之后三十多年的工业化进程，我国的工业体系全面、工业产能庞大、工业实力雄厚，

处于工业化发展的成熟期。因此，与之前工业化发展积累期的两位数高速增长相比，增速的回落是正常的，工业增长已经转型至结构优化、质量提升的阶段。目前，我国经济正显现出增长速度换挡期、结构调整阵痛期和前期刺激政策消化期“三期”叠加的阶段性特征。新兴产业与传统产业增长分化的态势将会延续。由于投资、房地产市场持续走弱造成对基础原材料及相关产品需求减弱，受化解产能过剩等调控政策的影响，采矿业、高耗能产业的增速正在并可能会进一步回落；而在促进结构调整和转型升级的政策推动下，装备制造业、消费品制造业等有望保持平稳增长，支撑工业经济总体稳定增长。

从国际背景看，制造业正在全球范围内迎来以高度数字化、网络化、智能化的制造业生产为特征的工业 4.0 时代，推进工业化与信息化的高度融合是未来全球工业经济发展的必然趋势。随着信息物理融合系统（或称智能技术系统）的运用日趋广泛，包涵智能硬件、3D 打印、工业机器人的智能工业正在崛起，集“互联、集成、数据、创新、转型”五位一体的“第四次工业革命”正在影响世界工业格局。同时，网络经济的发展使得国内厂商通过建立多层级、金子塔式的销售网络的渠道优势减弱，电子商务平台的再造促进信息流与物流贯通，使得渠道扁平化，海外商品进入中国变得更加容易，高端进口商品对于国内生产商品的冲击更加明显。这些都对中国工业经济突破发展瓶颈、提升国际竞争力、加强技术和创新驱动力提出了更高的要求。

从政策层面看，在促进工业经济驱动力创新、可持续发展的宏观政策支撑下，工业经济将在新常态特征下，向高质量、高技术、多样化、智能化方向发展的趋势将持续扩展。实施创新驱动发展战略、促进产业结构升级、加大知识产权保护力度等方面的宏观政策将对新增长点的培育创造更广阔的发展空间。加快战略性新兴产业、节能环保产业发展等重大工程的实施将对新能源汽车产业、新材料产业、集成电路产业等符合转型升级方向的工业领域蓬勃发展提供契机；传统产业优化升级、淘汰落后产能、化解产能过剩等政策将促进行业内的存量优化调整和产业链、产品链的价值升级；围绕“一带一路”、京津冀协同发展、长江经济带等产业转移、产业合作战略将推动地区的产业整合和创新发展。工业经济在结构优化和转型升级的过程中，也将获得更强的内生动力，在保持平稳运行的同时，为中长期的持续、健康、高质发展蓄积力量。

（执笔：陈颖婷　国家统计局工业统计司）

2014 年建筑业发展报告

2014 年，受固定资产投资特别是房地产开发投资增速回落等因素影响，全国建筑业企业（指具有资质等级的总承包和专业承包建筑业企业，不含劳务分包建筑业企业，下同）完成建筑业总产值增速明显放缓，生产下行压力加大。

一、全年基本情况

（一）建筑业总产值增速逐季放缓

2014 年，全国建筑业企业完成总产值 176713 亿元，同比增长 10.2%，增速比上年回落 14.8 个百分点。

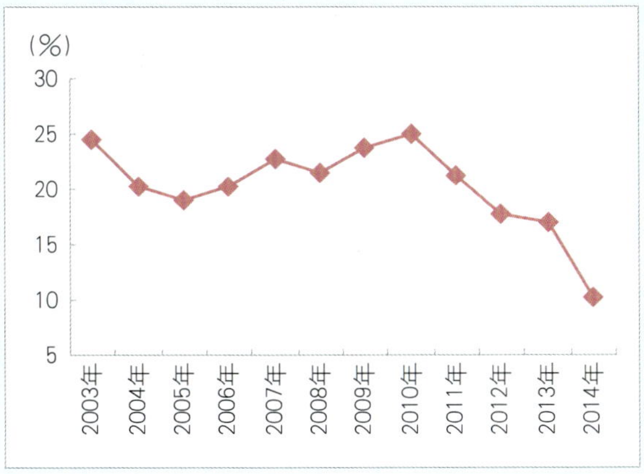

图 1　2003-2014 年建筑业总产值增速情况

分季度看，全国建筑业企业完成总产值增速逐季回落。一季度，全国建筑业企业总产值增速为 15.9%，此后逐季回落，上半年、前三季度、全年分别回落至 15.3%、13.5% 和 10.2%。

分地区看，东部地区完成建筑业总产值 103207 亿元，同比增长 9.2%，增速比上年回落 7 个百分点；中部地区完成建筑业总产值 41373 亿元，增长 12.1%，增速回落 5 个百分点；西部地区完成建筑业总产值 32133 亿元，增长 11%，增速回落 7.9 个百分点。

与前三季度、上半年和一季度相比，东部地区建筑业总产值增速分别回落 3.5、5 和 5.7 个百分点，中部地区分别回落 2.5、4.9 和 5 个百分点，西部地区分别回落 3.6、6.1 和 6.6 个百分点。

（二）房屋施工、竣工面积增速回落，竣工率下降

2014 年，全国建筑业企业完成房屋施工面积 125.0 亿平方米，同比增长 10.4%，增速比上年回落 4.4 个百分点，比前三季度、上半年和一季度分别回落 1.9、3.1 和 5.1 个百分点；房屋竣工面积 42.3 亿平方米，增长 5.4%，增速比上年回落 6.5 个百分点，比前三季度、上半年和一季度分别回落 5.8、7.0 和 9.6 个百分点；房屋建筑面积竣工率为 33.8%，比上年下降 1.7 个百分点。

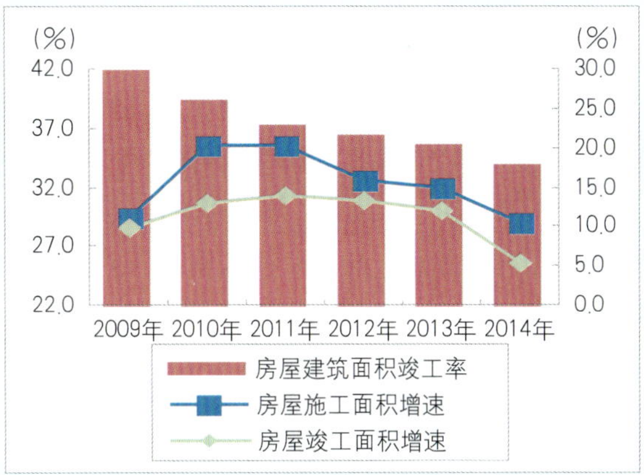

图 2　2009-2014 年房屋竣工面积增速及房屋建筑面积竣工率

（三）竣工产值增速大幅回落

2014 年，全国建筑业企业竣工产值 100720 亿元，同比增长 7.5%，增速比上年回落 10.2 个百分点，比前三季度、上半年和一季度分别回落 6.6、8.1 和 8.5 个百分点。其中，国有及国有控股企业竣工产值 22405 亿元，增长 4.0%，增

速回落10.2个百分点，较前三季度、上半年和一季度分别回落6.8、12.0和5.9个百分点。

（四）企业签订合同额增速明显回落

2014年，全国建筑业企业签订合同额323614亿元，同比增长11.8%，增速比上年回落5.2个百分点，比前三季度、上半年和一季度分别回落2.1、5.3和4.2个百分点。其中，新签订合同额184683亿元，增长5.6%，增速回落13.6个百分点，比前三季度、上半年和一季度分别回落1.9、6.7和7.4个百分点。

（五）国有及国有控股企业签订合同额增长情况好于全国平均水平

2014年，国有及国有控股建筑业企业签订合同额131126亿元，同比增长13.5%，比全国建筑业企业高1.7个百分点；新签合同额66229亿元，增长6.3%，比全国建筑业企业高0.7个百分点。

二、存在的主要问题

（一）生产下行压力持续加大

2014年，全国建筑业企业各季度累计完成建筑业总产值比上年同期分别增长15.9%、15.3%、13.5%和10.2%，各季度增速不仅同比均回落，逐季也呈回落态势，表明全年建筑业生产下行压力在持续加大。

（二）国有及国有控股企业工程进度迟缓

2014年，国有及国有控股建筑业企业工程进度明显放缓，房屋竣工率大幅低于全国平均水平。在房屋施工面积比上年增长13.6%的同时，国有及国有控股企业房屋竣工面积增速近年来首次出现负增长，增速为-0.6%，比全部企业低6个百分点；房屋竣工率仅为19.1%，比上年同期下降2.8个百分点，比全部企业低14.7个百分点，表明国有及国有控股建筑业企业在项目运营方面困难较多，强化项目管控、科学推进施工进度的任务较为紧迫。

（三）建筑行业生产经营效益整体仍然较差

2014年，全国建筑业企业实现利润6913亿元，产值利润率为3.9%，比上年略高0.1个百分点；主营业务利润率为3.7%，比上年同期下降0.3个百分点，比同期全国规上工业企业低2.2个百分点，行业差距仍比较明显。这表明，长期以来建筑企业盈利能力整体仍处于较低水平，行业生产经营效益较差的情况并未得到改善。

（四）劳动生产率提升进入阶段性瓶颈期

2014年，建筑业企业按总产值计算的劳动生产率为320366元/人，比上年提高1328元，仅微增0.4%。而在上个经普年度（2009年至2013年）期间，除2013年的劳动生产率增速为7.6%外，其他年份增速均在10%以上。这表明，当前建筑业企业普遍存在的高投入、高消耗、高增长、低效益的粗放式发展模式已经遇到了发展瓶颈。面对劳动力成本上升的中长期趋势，建筑行业优化管理、提升技术装备水平、提质增效迫在眉睫。

三、原因分析

（一）建筑业生产增速放缓是行业进入“新常态”发展期的表现

2002年-2013年，我国建筑业总产值增速保持了较高速度增长，除2005年为19.1%、2012年为17.8%、2013年为16.9%外，其余年份均在20%以上。但随着我国经济进入“新常态”，进入产业结构调整期、转型优化升级期，宏观经济开始逐步从要素驱动、投资驱动转向创新驱动，2014年固定资产投资增速持续回落，尤其是房地产开发投资增速较快回落，对建筑业的影响十分显著。与此同时，粗放型的增长模式不可持续和过于激烈的竞争形势也在客观上促进了建筑企业向进一步加强行业资源整合、由注重扩规模向更加注重提效益的思路转变。

（二）市场环境不够规范给企业生产经营带来较大压力

建筑业作为劳动密集型产业和完全竞争性行业，市场门槛不高、竞争激烈，恶性压价、低价招投标等无序竞争现象仍较为普遍，加上近年来劳动力成本上升较快，给企业带来较大的成本压力，因此行业整体处在有规模、低效益的状态。

（三）结构调整效果整体还不明显

总体看，我国建筑行业整体结构仍需进一步优化。一是从地区结构上看，东部强、西部弱的建筑业发展格局分化仍比较明显甚至在2014年有所强化，地区结构仍需进一步均衡；二是从行业集中度看，近几年特一级企业数量和完成产值占比均变动不大，显示行业结构调整和资源整合效果仍不太明显；三是从行业结构看，房屋建筑业总产值占行业比重已经连续四年超过60%，行业结构的不平衡也使得房地产开发投资增速的波动对建筑业企业影响加大，压制了建筑业行业整体的生产经营走势。

四、对2015年建筑业发展状况的展望

尽管我国宏观经济下行压力有所加大，近年来建筑业生产增长呈现增幅回落的态势，但随着国家加快启动七大类重大投资工程包、“一带一路”国家战略、长江经济带等规划项目的逐步实施、房地产新政效果的逐渐显现，都会给建筑业带来新的机遇和挑战，有利于我国建筑业企业实现平稳较快发展。

（执笔：张刚　国家统计局固定资产投资统计司）

2014 年固定资产投资发展报告

2014 年，受国内经济增长放缓、自主投资需求不足的影响，全国固定资产投资增速基本呈逐月回落走势，全年增速比 2013 年回落幅度较大，但仍保持了两位数增长。

一、2014 年固定资产投资运行基本情况

（一）投资增速保持回落态势

2014 年，全国完成固定资产投资（不含农户）502005 亿元，名义增长 15.7%（以下分析均采用此口径），比上年回落 3.7 个百分点，回落幅度比 2013 年加大 2.6 个百分点。与 2013 年投资增速的变化趋势相同，2014 年投资增速呈逐季回落的走势，全年投资增速比一季度、上半年、前三季度分别回落 1.9、1.6 和 0.4 个百分点。

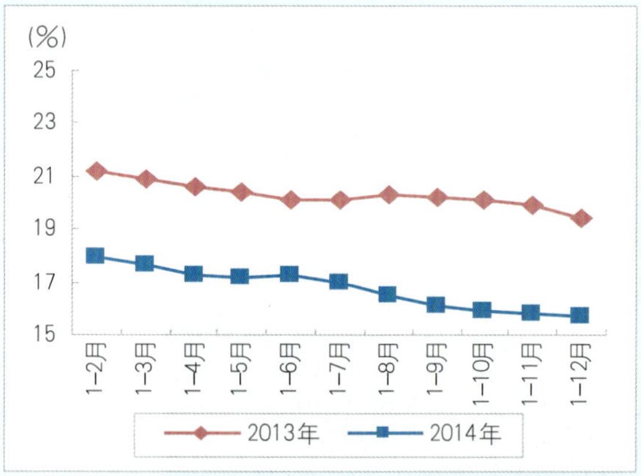

图 1　2013 和 2014 年各月投资增速变化

（二）一产投资增速加快，二、三产业投资增速回落

2014 年，第一产业投资 11983 亿元，增长 33.9%，比上年提高 1.4 个百分点。第一产业投资增速在 2013 年全年高速增长的基础上，2014 年初增速有所回落，但下半年开始增速逐月提高，全年达到 33.9% 的高点。第一产业投资快速增长主要是农业和畜牧业投资拉动，全年农业投资增长 40.6%，畜牧业投资增长 35.7%。

第二产业投资 208107 亿元，增长 13.2%，比上年回落 4.2 个百分点。其中，采矿业投资 14681 亿元，增长 0.7%，比上年回落 10.2 个百分点，制造业投资 166918 亿元，增长 13.5%，回落 5 个百分点，电力热力燃气及水的生产和供应业投资 22916 亿元，增长 17.1%，回落 1.3 个百分点；建筑业投资 4450 亿元，增长 27.2%，加快 25.8 个百分点。

第三产业投资 281915 亿元，增长 16.8%，比上年回落 4.2 个百分点。第三产业中，除基础设施各行业投资增长较快外，仍有部分行业投资增速较高，如与生产相关的租赁与商务服务业投资增长 36.2%，科学研究技术服务业投资增长 34.7%；与商品消费相关的批发零售业投资增长 25.7%；与民生相关的教育投资增长 24%，卫生和社会工作投资增长 27.6%；与文化和休闲娱乐相关的广播电视电影和影视录音制作业投资增长 82.4%，娱乐业投资增长 29.3%。

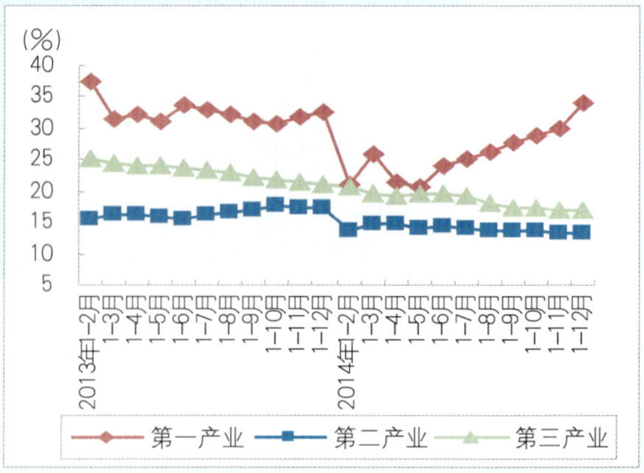

图 2　2013 和 2014 年三次产业投资增长情况

从 2014 年各月看，第一产业投资增速上半年有所波动、下半年逐月加快，而第二产业和第三产业投资增速基本呈缓慢回落的走势。全年，

第一、二、三次产业投资增速分别比全部投资增速高 18.2、低 2.5 和高 1.1 个百分点，第二产业投资增速最低。

三次产业投资所占的比重两升一降。第一产业投资占全部投资的 2.4%，比上年提高 0.3 个百分点；第二产业投资占 41.5%，下降 0.8 个百分点；第三产业投资占 56.2%，提高 0.6 个百分点。

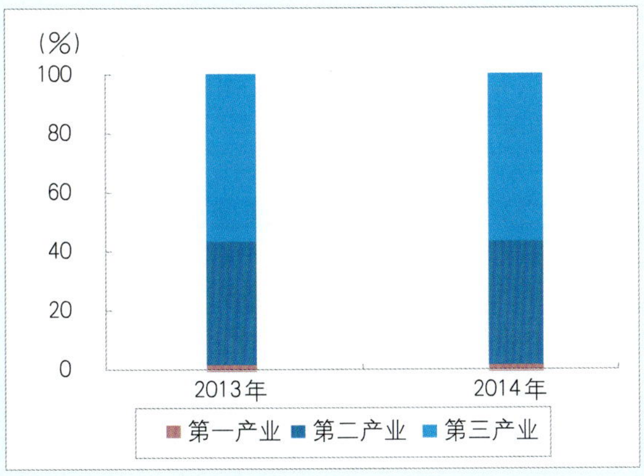

图 3　三次产业投资比重变化

（三）民间投资增速回落幅度较大，但仍然高于全部投资

2014 年，民间投资完成 321576 亿元，增长 18.1%，比上年回落 5 个百分点，比全部投资增速高 2.4 个百分点，领先优势进一步缩小。国有及国有控股投资完成 161629 亿元，增长 13%，比上年回落 3.3 个百分点，比全部投资增速低 2.7 个百分点。

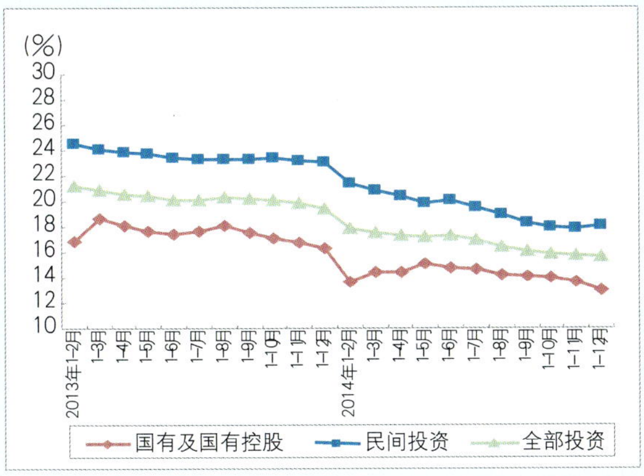

图 4 全部投资、国有及国有控股投资及民间投资增长情况

2014 年，虽然民间投资增速回落幅度较大，但增速仍高于全部投资和国有及国有控股投资增速，从而使民间投资占全部投资的比重上升。2014 年，民间投资占全部投资的 64.1%，比上年提高 1.4 个百分点；国有及国有控股投资占全部投资的 32.2%，比上年下降 0.8 个百分点。这反映出投资主体的投资自主性不断提高，民间投资对全部投资的支撑作用增强。

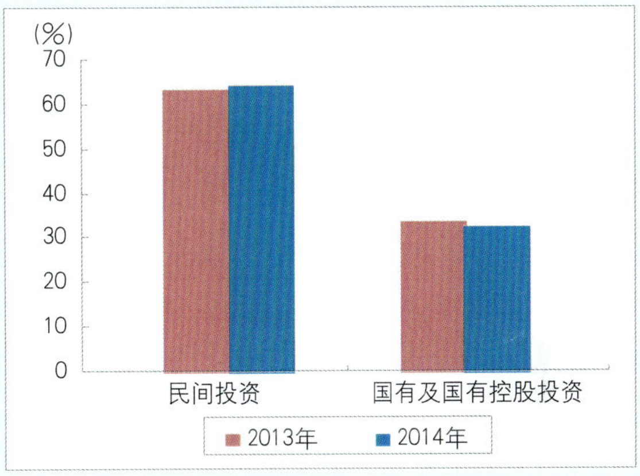

图 5　民间投资、国有及国有控股投资比重变化

全部民间投资中，制造业民间投资 144953 亿元，占 45.1%，房地产业民间投资 87443 亿元，占 27.2%，两者合计占全部民间投资的 72.3%，反映出民间投资主要集中于这两大行业。与此对应，垄断性行业民间投资所占比重较低，如电力燃气及水的生产和供应业，交通运输仓储和邮政业，水利、环境和公共设施管理业三大行业民间投资分别仅占全部民间投资的 2.3%、3.1% 和 3.5%。

（四）中、西部地区投资增速回落幅度大于东部地区

2014 年，东部地区完成投资 227452 亿元，增长 14.6%，比上年回落 3.3 个百分点；中部地区投资 141644 亿元，增长 17.2%，比上年回落 5.6 个百分点；西部地区投资 125980 亿元，增长 17.5%，比上年回落 5.5 个百分点。虽然中、西部地区投资增速仍高于东部地区，但中、西部地区投资增速回落幅度分别比东部地区多 2.3 和 2.2 个百分点，三大地区投资增速差距缩小。

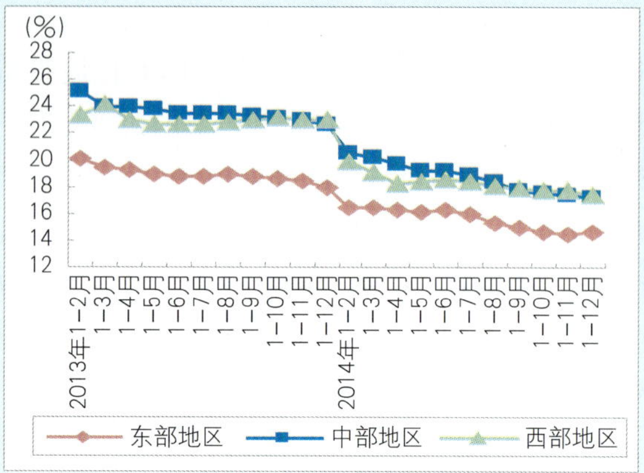

图 6　2013 和 2014 年东、中、西部地区投资增长情况

2014 年，东部地区投资占全国投资的 45.3%，比上年下降 0.9 个百分点；中部地区投资占全国投资的 28.2%，提高 0.2 个百分点；西部地区投资占全国投资的 25.1%，提高 0.6 个百分点。

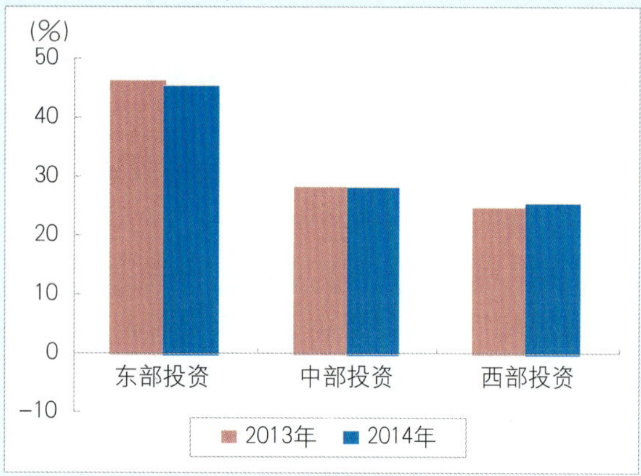

图 7　三大地区投资比重变化

二、2014 年固定资产投资运行主要特点

2014 年，由于市场投资需求不足，导致投资增速继上年回落到 20% 以内后再度回落，制造业和房地产开发投资增速回落幅度较大。但在投资增速回落的同时，投资结构出现了一些可喜的变化，投资行业结构不断优化，垄断行业民间投资高速增长。具体特点如下：

（一）投资增速回落幅度较大

2014 年投资增速的回落幅度较大。1-2 月全国投资增长 17.9%，比上年同期回落 3.3 个百分点，比上年全年回落 1.5 个百分点。而且从各月投资增速的变化看，除 1-6 月投资增速比上月提高 0.1 个百分点外，其他月份投资增速均呈逐月回落走势，全年回落到 15.7%，比 1-2 月回落 2.2 个百分点，比 2014 年全国投资计划增长 17.5% 的目标低 1.8 个百分点，继 2013 年回落到 20% 以内后持续回落。

（二）三大领域投资增速分化明显

2014 年，制造业投资 166918 亿元，增长 13.5%，比上年回落 5 个百分点。年内各月，制造业投资增速基本呈不断回落的走势，表明当前制造业企业的投资积极性仍然不高，产能过剩的影响仍然较大。但从 1-10 月开始，制造业投资增速连续三个月为 13.5%，中止了连续下滑的趋势，但是否为企稳的信号，还有待于进一步观察。

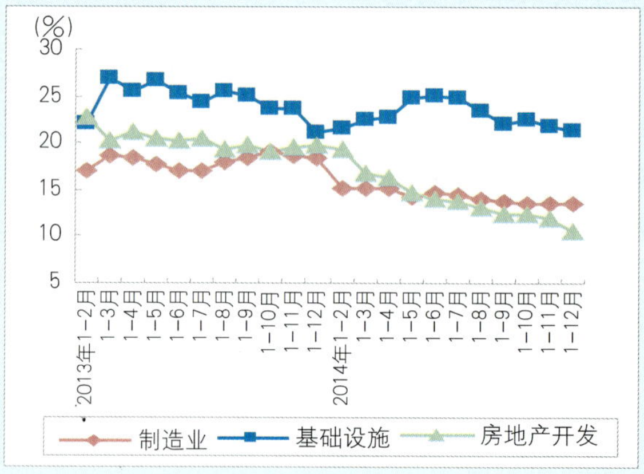

图 8　2013 和 2014 年三大主要领域投资增长情况

房地产开发投资 95036 亿元，增长 10.5%，比上年回落 9.3 个百分点。年内各月，房地产开发投资增速呈连续回落的走势，从 1-2 月的 19.3% 回落到全年的 10.5%，未有丝毫反弹。

基础设施[①]投资 86669 亿元，增长 21.5%，

注：①基础设施包括以下行业：铁路运输业，道路运输业，城市公共交通业，航空运输业，水上运输业，管道运输业，邮政业，电信、广播电视和卫星传输服务业，互联网和相关服务业，水利管理业，环境管理业，市政公共设施管理业。

比上年提高 0.3 个百分点。年内各月，基础设施投资增速呈先升后降的走势，全年投资增速明显高于全部投资增速。年初以来，面对经济下行压力，各地加大了基础设施投资力度，从而使得基础设施各行业投资保持快速增长，其中交通运输业投资 37826 亿元，增长 18.2%，信息传输业投资 2570 亿元，增长 33.6%，水利管理业投资 6290 亿元，增长 26.5%，生态保护和环境治理业投资 1801 亿元，增长 26%，公共设施管理业投资 38183 亿元，增长 23.1%。（见表 1）

表 1　基础设施各行业投资及增速变化

行　业	2014 年投资（亿元）	增长（%）	2013 年增长（%）	比上年（百分点）	比重（%）
基础设施	86669	21.5	21.2	0.3	100.4
交　通运输业	37826	18.2	15.5	2.7	43.8
其中：铁路	7801	16.6	6.3	10.3	9.0
信　息传输业	2570	33.6	14.7	18.9	3.0
水　利管理业	6290	26.5	21.2	5.3	7.3
生态保护和环境治理业	1801	26.0	31.1	−5.1	2.1
公共设施管理业	38183	23.1	27.8	−4.7	44.2

2014 年，三大领域投资增速分化比较明显。基础设施投资增速虽然下半年有所回落，但全年仍高于 20%，而制造业和房地产开发投资增速回落幅度较大，与基础设施投资增速的差距拉大。尤其是房地产开发投资增速，年初以来呈逐月回落的态势，在三大领域中增速最低。

2014 年，三大主要领域投资占全部投资的比重两降一升。制造业投资占全部投资的比重由上年的 33.9% 下降到 33.3%，房地产开发投资所占比重由上年的 19.8% 下降到 18.9%，基础设施投资所占比重由上年的 16.4% 提高到 17.3%。

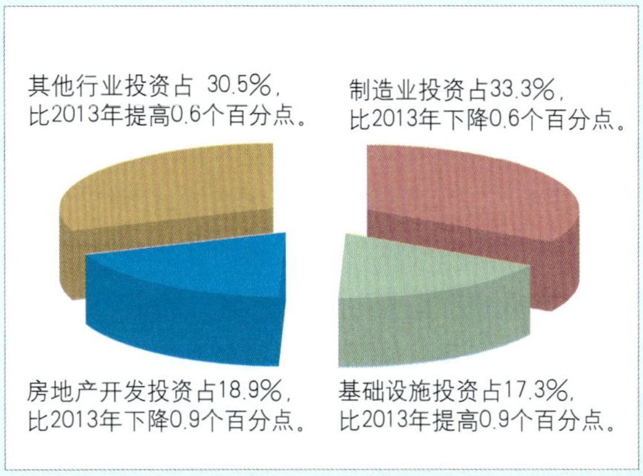

图 9　2014 年主要领域投资占全部投资的比重变化

2014 年，三大领域投资对全部投资增长的贡献率两降一升。制造业投资贡献率为 29.3%，比上年下降 2.7 个百分点；房地产开发投资贡献率为 13.3%，比上年下降 6.5 个百分点；基础设施投资贡献率为 22.5%，比上年提高 5 个百分点。

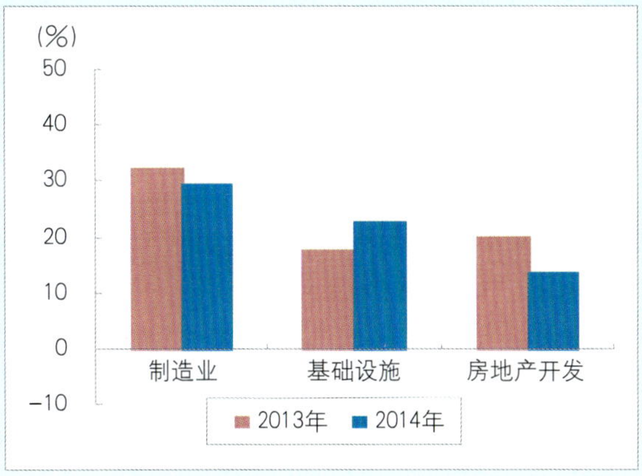

图 10　三大主要领域投资贡献率变化

（三）投资行业结构有所改善

经济结构的调整和经济增长质量的提高，往往先在投资结构的变化上有所体现。在投资增速不断放缓的大背景下，2014 年投资行业结构发生了积极的变化，产能过剩行业和高耗能行业投资增速减缓甚至负增长，而国家鼓励发展的高技术产业、清洁能源发电行业投资增速提高。这种变化对中国产业结构调整和优化升级将发挥积极作用。

1. 高耗能行业投资增速回落。经济增长放缓对高耗能行业投资带来较大的影响。2014年，高耗能行业投资61788亿元，增长11.8%，增速比上年回落2.4个百分点，比工业投资增速低1.1个百分点，比全部投资增速低3.9个百分点。高耗能行业投资低速增长，既反映了当前投资需求不足，也有利于节能减排和经济结构的转型升级。

在高耗能内部六大行业中，与上年相比，两个行业投资增速提高，四个回落。其中，电力、热力的生产和供应业投资增速最高，为19.4%，黑色金属冶炼及压延加工业投资仍然负增长，有色金属冶炼及压延加工业投资增速回落幅度最大，达16.5个百分点。

表2 高耗能各行业投资及增速变化情况

行 业	2014年投资（亿元）	2014年增长（%）	上年增长（%）	增速变化（百分点）	比重（%）
高耗能行 业	61788	11.8	14.2	-2.4	100.0
石油加工、炼焦及核燃料加工业	3240	7.1	19.4	-12.2	5.2
化学原料及化学制品制造业	14584	10.5	17.1	-6.6	23.6
非金属矿物制品业	15867	15.6	14.8	0.8	25.7
黑色金属冶炼及压延加工业	4789	-5.9	-2.1	-3.8	7.8
有色金属冶炼及压延加工业	5770	4.1	20.6	-16.5	9.3
电力、热力的生产和供应业	17538	19.4	14.5	4.9	28.4

2. 主要产能严重过剩行业投资下降。2013年10月，国家下发的《国务院关于化解产能严重过剩矛盾的指导意见》（国发〔2013〕41号）中指出，中国钢铁、水泥、电解铝、平板玻璃、船舶产能利用率均明显低于国际通常水平，是产能严重过剩行业。近两年来，在国家化解产能过剩政策和行业利润增长大幅度下滑的共同作用下，企业投资产能过剩行业的热情下降，相关行业投资增长低迷。2014年五大行业投资增速只有一个行业投资增速转正，四个行业投资仍为负增长，且降幅扩大。2014年，钢铁行业投资下降5.9%，降幅比上年扩大3.8个百分点；水泥制造业投资下降19.4%，降幅扩大12.9个百分点，而且连续四年负增长；铝冶炼行业投资下降29.7%，降幅扩大16.5个百分点；平板玻璃制造业投资下降9.1%，降幅扩大0.6个百分点；只有金属船舶制造业投资在上年下降41%的基础上转负为正，增长17.8%。主要产能严重过剩行业投资下降，有利于化解我国产能过剩矛盾。

3. 高技术产业投资增长较快。在全国固定资产投资增速不断放缓的形势下，2014年高技术产业投资增速却呈现上半年稳中有升，下半年平稳增长的态势，全年高技术产业投资27924亿元，增长18.9%，增速比上年回落0.7个百分点，比全部投资增速高3.2个百分点，其中高技术服务业投资10212亿元，增长32.8%，比上年提高

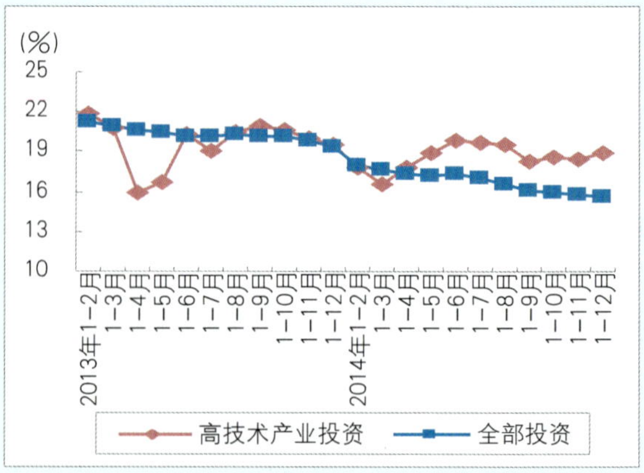

图11 2013和2014年高技术产业投资增速与全部投资增速比较

10.9个百分点。高技术产业投资保持平稳较快增长，特别是高技术服务业投资高速增长，表明投资产业结构不断优化，有利于促进经济转型升级和加快经济发展方式的转变，为中国经济培育新的增长点。

4. 新能源发电投资高速增长。2014年，电力投资增长摆脱了连续几年的低迷状态，增速明显回升，尤其是以风力发电和太阳能发电为代表的新能源发电，在市场转暖、政策支持的利好支撑下，投资高速增长。2014年，风力发电投资在上年下降17.2%的基础上，增速转正并大幅度提高，全年完成投资2462亿元，增长29.8%，比全部发电投资增速高11个百分点；太阳能发电投资在上年增长105%的基础上继续高速增长，全年完成投资1821亿元，增长51.7%，比全部发电投资增速高32.9个百分点。

风力发电和太阳能发电投资高速增长，使其在全部发电投资中占比迅速提高。2014年风力发电占全部发电投资的22.2%，比上年提高1.9个百分点，太阳能发电投资占全部发电投资的16.4%，提高3.5个百分点，两者合计占全部发电投资38.6%，地位日益重要。风力发电和太阳能发电投资的高速增长，对于改善我国能源结构、治理环境污染、提高人民生活质量将发挥巨大的作用。

（四）主要基础设施行业民间投资高速增长

当前民间投资主要集中于竞争性行业，如2014年制造业和房地产业的民间投资占全部民间投资的72.3%，而基础设施行业民间投资所占比重较低。但随着近几年国家不断出台各种支持民间投资的政策，基础设施行业中的民间投资高速增长，占全行业投资的比重上升。2014年，电力、燃气及水的生产和供应业民间投资7347亿元，增长25.9%，比行业全部投资增速快8.8个百分点，占行业全部投资的32.1%，比上年提高2.3个百分点；交通运输、仓储和邮政业民间投资9992亿元，增长24.7%，比行业全部投资增速高6.1个百分点，占比为23.2%，提高1.1个百分点，其中道路运输业民间投资增长34.9%，比行业全部投资增速高14.6个百分点，占比为14.5%，提高1.6个百分点；水利、环境和公共设施管理业民间投资11332亿元，增长35.3%，比行业全部投资增速高11.7个百分点，占比为24.7%，提高2.3个百分点，其中，生态保护和环境治理业民间投资736亿元，增长39.6%，比行业全部投资增速高13.6个百分点，占比为40.8%，提高3.9个百分点，公共设施管理业投资9797亿元，增长35.9%，比行业全部投资增速高12.8个百分点，占比为25.7%，提高2.5个百分点。基础设施行业民间投资高速增长，反映了这些行业对民间投资的放开有了新的进展，有利于解决政府投资项目资金不足问题。

三、投资增速回落的原因分析

2014年投资增长的制约因素明显多于支撑因素，投资增速回落是必然趋势，但回落幅度仍然较大，特别是15.7%的增速是近十年来没有过的。在当前中国经济增长仍未完全摆脱投资拉动、各地区仍把投资作为稳定经济主要抓手的环境下，投资增速的明显回落反映出自主投资需求不足问题比较突出，政府投资对全部投资增长的影响力下降。

（一）产能过剩、市场需求不足导致工业投资需求不足

工业领域产能过剩矛盾仍然是2014年经济运行的主要矛盾，而产能过剩无论对企业生产还是投资都带来极大的负面影响。产能过剩问题突出与市场需求不足导致工业产品价格下滑，企业利润增速下降，严重影响了企业投资预期。到2014年12月，工业品出厂价格指数连续34个月负增长，煤炭、钢铁、水泥、有色金属等传统产品的价格连创新低。2014年规模以上工业利润仅增长3.3%，比上年大幅度回落8.9个百分点，其中采矿业利润下降23%，钢铁行业利润下降2.7%。受此影响，一方面产能严重过剩行业经营困难，去产能、去库存是企业的必然选择，这些行业投

资负增长也在预期之中。如2014年钢铁、水泥、铝冶炼、平板玻璃、煤炭行业投资均为负增长；另一方面，投资总量较大的装备制造业投资增速回落幅度较大，如通用设备制造业投资12132亿元，增长16.4%，比上年回落7.1个百分点，专用设备制造业投资11388亿元，增长14.1%，回落4.4个百分点，汽车制造业投资10099亿元，增长8.3%，回落6.7个百分点，通信设备、计算机等电子设备制造业投资7952亿元，增长10.7%，回落9.5个百分点。受这些行业的影响，2014年工业投资204515亿元，增长12.9%，比上年回落4.9个百分点，比全部投资增速低2.8个百分点，占全部投资的比重为40.7%，比上年下降1个百分点。工业投资增速回落对全部投资增速回落影响较大。

（二）房地产市场进入深度调整期，投资增速快速回落

2014年，房地产行业多年高速增长积累的问题开始显现，整个行业进入深度调整期。虽然一线城市受人口不断增加的影响，房地产市场还有发展空间，但大部分三、四线城市的商品房供应过剩的问题日益突出，需要较长时间来消化。2014年初以来，商品房销售面积和销售额持续负增长，房地产开发企业到位资金增速持续回落，全年转为负增长。房地产企业对市场前景看淡，从而导致全年商品房新开工面积持续负增长，房地产开发投资增速从1-2月的19.3%直线回落到全年的10.5%，比上年大幅度回落9.3个百分点，而且年中各月未有丝毫反弹，12月当月投资甚至转为下降1.9%。2014年房地产开发投资占全部投资的比重也由上年的19.8%下降到18.9%，从而带动了全部投资增速的回落。

（三）投资资金供应不足制约投资增长

投资增长必须有资金的供应来保证，资金供应充足，则投资增长潜力大，资金供应不足，则投资增长乏力。2014年，投资资金供应明显比上年更为紧张，对投资增长的制约作用有所强化。资金供应紧张主要表现在以下几个方面：

一是投资到位资金增速明显回落，与同期投资增速的差距拉大。2014年，投资到位资金530833亿元，增长10.6%，比上年回落9.5个百分点，比同期投资增速低5.1个百分点，到位资金增速的回落幅度明显大于投资增速的回落幅度。其中，500万元以上项目到位资金增长14.3%，比项目投资增速低2.6个百分点，房地产开发到位资金下降0.1%，比房地产投资增速低10.6个百分点。500万元以上投资项目和房地产开发投资的资金增速均低于同期投资增速，但房地产开发投资的到位资金负增长，表明房地产开发资金更为紧张。

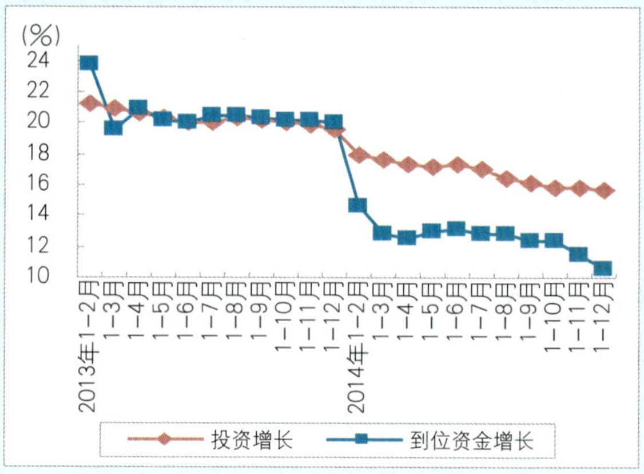

图12　2013和2014年投资增速与到位资金增速比较

二是投资资金充足率[②]明显回落。2011-2013年，全部投资资金充足率分别为110.7%、109.5%和110%，呈先降后升走势，但相对平稳，而2014年全部投资资金充足率下降到105.7%，比上年下降4.3个百分点，其中投资项目资金充足率为100.5%，比上年下降1.7个百分点，房地产开发资金充足率为128.4%，比上年下降13.6

注：②投资资金充足率=报告期投资到位资金/同期完成投资*100%，充足率越高反映投资资金越充裕。由于房地产到位资金是企业全部资金，不一定全部用于投资，因此投资资金充足率相对较高，纵向比较能够反映资金供应紧张状况。

个百分点。投资资金充足率的大幅度回落反映出投资资金的紧张状况有所加剧。

三是各类资金增速全部回落。2014 年，按资金渠道分，各类到位资金增速全部回落，其中国家预算资金增长 14.1%，比上年回落 2.9 个百分点；国内贷款增长 8.6%，回落 5.8 个百分点，回落到个位数增长；利用外资下降 6.3%，降幅扩大 2.6 个百分点，连续三年负增长；占比最大的自筹资金增长 14.4%，回落 6.4 个百分点，其中企业事业单位自有资金仅增长 4.1%，回落 3.5 个百分点；其他资金受房地产销售定金及预收款和个人按揭贷款负增长的影响，下降 5.1%，而上年是增长 25.3%。

表 3　主要到位资金及增速变化情况

资金情况	2014 年到位（亿元）	增长（%）	比上年（百分点）	比重（%）
本年到位资金	530833	10.6	-9.5	100.0
国家预算资金	25411	14.1	-2.9	4.8
国内贷款	64092	8.6	-5.8	12.1
利用外资	4042	-6.3	-2.6	0.8
自筹资金	370016	14.4	-6.4	69.7
其中：自有资金	102521	4.1	-3.5	19.3
其他资金	67272	-5.1	-30.4	12.7

（四）新开工不足制约投资增长

每年的投资项目是由上一年结转项目和该年新开工项目两部分组成，新开工项目不足必然影响到投资增长。2014 年新开工不足主要体现在两个方面，一是新开工项目计划总投资[③]增速不高，特别是大项目增长明显不足。全年新开工项目计划总投资 406478 亿元，增长 13.6%，比上年回落 0.6 个百分点，低于同期投资增速 2.1 个百分点。其中亿元以上新开工项目计划总投资仅增长 5.7%，比上年回落 8.7 个百分点，表明新开工大项目不足问题更为突出。二是房地产开发新开工面积负增长。2014 年，房地产开发新开工面积各月均为负增长，全年下降 10.7%，新开工面积的不足导致房地产开发投资增长乏力。

四、2015 年投资形势展望展望

2015 年，基础设施投资仍是支撑投资增长的最重要因素，地下管网、中西部铁路、重大水利、节能环保等领域还有很大的投资空间，国家在政策上也会加大支持力度。但当前市场投资需求不足问题比较突出，制造业投资和房地产开发投资增长短期内难有改善，资金供应不足和新开工项目储备不足对投资增长的影响将会持续显现。因此，预计 2015 年投资增速仍会持续回落。

（执笔：王宝滨　国家统计局固定资产投资统计司）

注：③新开工项目计划总投资仅包含 500 万元以上投资项目，不包括房地产开发。

2014 年房地产市场发展报告

2014 年，我国房地产市场进入深度调整期。商品房销售面积和销售额持续下降，开发投资增速回落，土地市场持续低迷。随着中央和地方保持房地产市场平稳健康发展的调控政策陆续出台，四季度市场出现一些新变化。但从总体来看，房地产市场下行压力仍然较大。

一、房地产市场运行主要情况

（一）全国房地产开发投资情况

2014 年，全国房地产开发投资 95036 亿元，比上年名义增长 10.5%（扣除价格因素实际增长 9.9%），比 2013 年回落 9.3 个百分点。

从全年走势看，受住房需求提前释放、企业到位资金不足、土地市场趋冷影响，开发投资缺乏动力，投资增速呈逐季回落态势。一季度、上半年、前三季度和全年全国房地产开发投资分别增长 16.8%、14.1%、12.5% 和 10.5%。虽然房地产市场进入调整期，但当前开发规模依然处于历史高位，房地产开发投资占全国固定资产投资（不含农户）的比重为 18.9%，比上年仅下降 0.9 个百分点。

1. 各类型房屋投资增速比上年均回落。2014 年，住宅开发投资 64352 亿元，比上年增长 9.2%，增速比 2013 年回落 10.2 个百分点。其中，90 平方米及以下住宅投资 20335 亿元，增长 4.6%，增速回落 11.2 个百分点；90-144 平方米（不含 90 平方米）住宅投资 34374 亿元，增长 18.3%，增速回落 9.2 个百分点；144 平方米以上住宅投资 9643 亿元，下降 7.8%，2013 年为增长 6.6%。

2014 年，非住宅类房屋投资 30683 亿元，比上年增长 13.4%，增速比 2013 年回落 7.3 个百分点。其中，办公楼投资 5641 亿元，增长 21.3%，增速回落 16.9 个百分点；商业营业用房

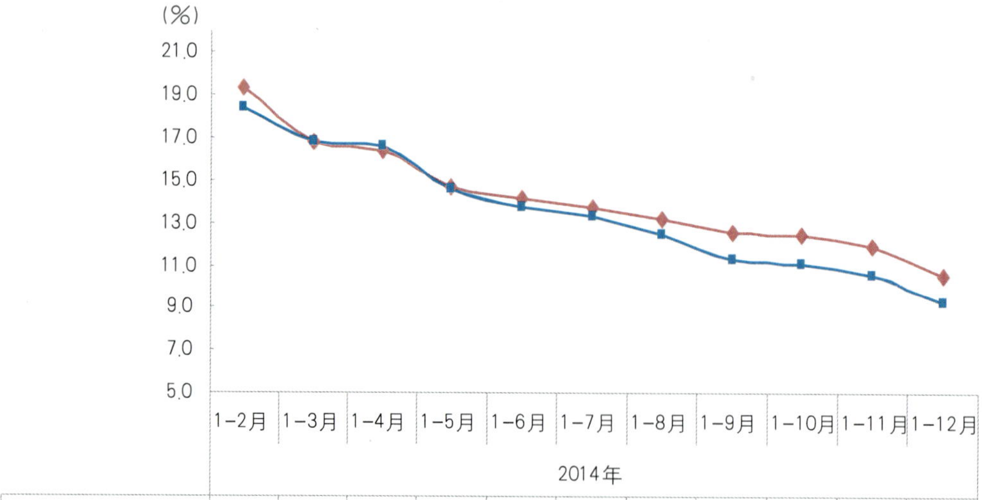

	1-2月	1-3月	1-4月	1-5月	1-6月	1-7月	1-8月	1-9月	1-10月	1-11月	1-12月
房地产开发投资	19.3	16.8	16.4	14.7	14.1	13.7	13.2	12.5	12.4	11.9	10.5
住宅开发投资	18.4	16.8	16.6	14.6	13.7	13.3	12.4	11.3	11.1	10.5	9.2

图 1　2014 年全国房地产开发投资及住宅开发投资增速

投资14346亿元，增长20.1%，增速回落8.2个百分点；其他房屋投资10696亿元，增长2.2%，增速回落5.1个百分点。

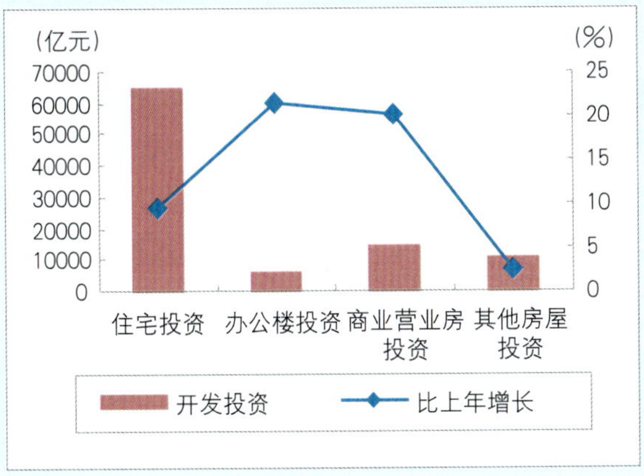

图2 2014年全国各类型房屋开发投资情况

2. 东、中、西部地区投资增速均回落，中部地区回落幅度最大。2014年，东部地区房地产开发投资52941亿元，比上年增长10.4%，增速比2013年回落7.9个百分点；中部地区投资20662亿元，增长8.5%，增速回落12.3个百分点；西部地区投资21433亿元，增长12.8%，增速回落9.8个百分点。

31个省、自治区、直辖市中，5个地区房地产开发投资比上年下降，26个地区投资增长。其中，房地产开发投资下降的5个地区为辽宁、吉林、黑龙江、内蒙古和甘肃。房地产开发投资增长最快（除西藏外）的5个地区为青海、福建、新疆、湖北和重庆。

3. 新开工面积比上年明显下降。2014年，房地产开发企业房屋施工面积726482万平方米，比上年增长9.2%，增速比2013年回落6.9个百分点。其中，住宅施工面积515096万平方米，增长5.9%。房屋新开工面积179592万平方米，下降10.7%，2013年为增长13.5%。其中，住宅新开工面积124877万平方米，下降14.4%。房屋竣工面积107459万平方米，增长5.9%，增速提高3.9个百分点。其中，住宅竣工面积80868万平方米，增长2.7%。

4. 土地购置面积比上年明显减少。2014年，房地产开发企业土地购置面积33383万平方米，比上年下降14.0%，2013年为增长8.8%；土地成交价款10020亿元，增长1.0%，增速比2013年回落32.9个百分点。

（二）房地产市场销售和待售情况

2014年，全国商品房销售面积120649万平

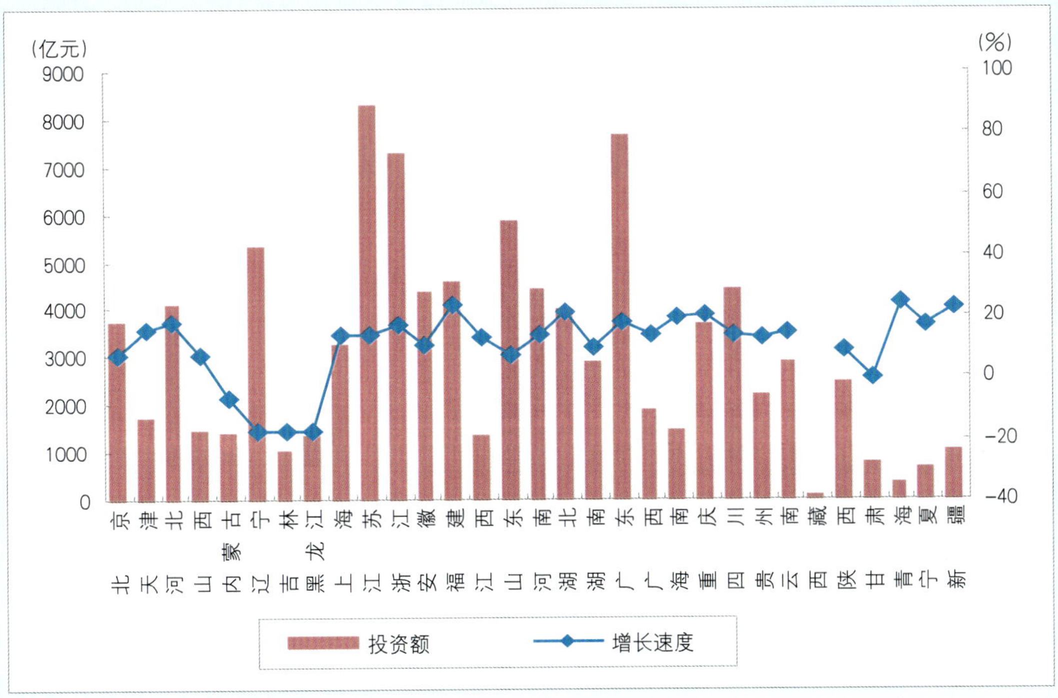

图3 2014年各地区房地产开发投资及增速

方米，比上年下降 7.6%，2013 年为增长 17.3%；销售额 76292 亿元，下降 6.3%，2013 年为增长 26.3%。

2014 年年内全国商品房销售呈下行走势，年底降幅有所收窄。一季度、上半年、前三季度和全年商品房销售面积分别下降 3.8%、6.0%、8.6% 和 7.6%，全年降幅比前三季度收窄 1 个百分点；一季度、上半年、前三季度和全年销售额分别下降 5.2%、6.7%、8.9% 和 6.3%，全年降幅比前三季度收窄 2.6 个百分点。

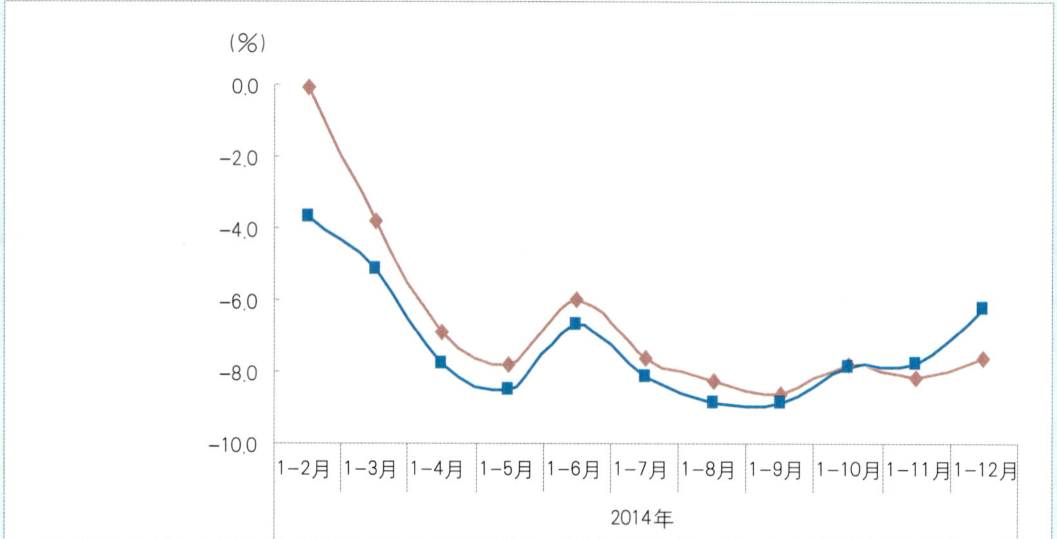

	1-2月	1-3月	1-4月	1-5月	1-6月	1-7月	1-8月	1-9月	1-10月	1-11月	1-12月
商品房销售面积	-0.1	-3.8	-6.9	-7.8	-6.0	-7.6	-8.3	-8.6	-7.8	-8.2	-7.6
商品房销售额	-3.7	-5.2	-7.8	-8.5	-6.7	-8.2	-8.9	-8.9	-7.9	-7.8	-6.3

图 4　2014 年全国商品房销售面积、销售额增速

1. 住宅、办公楼销售下降，商业营业用房销售增速回落。2014 年，住宅销售面积 105182 万平方米，比上年下降 9.1%，2013 年为增长 17.5%；销售额 62396 亿元，下降 7.8%，2013 年为增长 26.6%。办公楼销售面积 2498 万平方米，下降 13.4%，2013 年为增长 27.9%；销售额 2944 亿元，下降 21.4%，2013 年为增长 35.1%。商业营业用房销售面积 9075 万平方米，增长 7.2%，增速比 2013 年回落 1.9 个百分点；销售额 8906 亿元，增长 7.6%，增速回落 10.7 个百分点。

分户型看，大户型住宅销售面积比上年降幅最大，年底小户型住宅销售降幅明显收窄。2014 年，90 平方米及以下小户型住宅销售面积 30845 万平方米，比上年下降 9.3%，降幅比 1-11 月份收窄 1.7 个百分点，2013 年为增长 10.7%。90-144 平方米（不含 90 平方米）中等户型住宅销售面积 60344 万平方米，下降 7.4%，降幅比 1-11 月份收窄 0.6 个百分点，2013 年为增长 24.7%。144 平方米以上大户型住宅销售面积 13994 万平方米，下降 15.4%，降幅比 1-11 月份收窄 0.5 个百分点，2013 年为增长 6.8%。

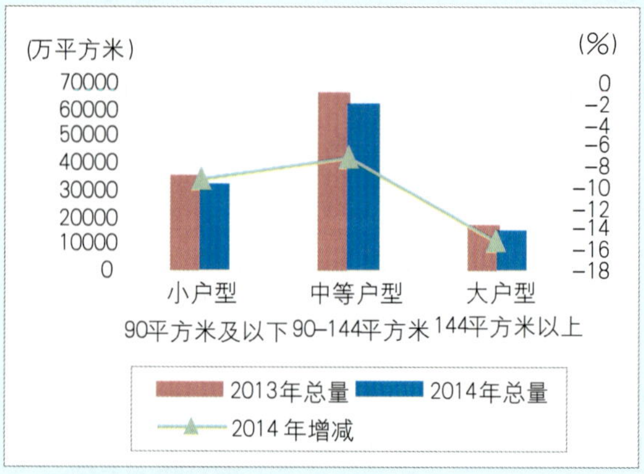

图 5　2013 年和 2014 年全国分户型住宅销售面积情况

2. 东部地区商品房销售下降，西部地区增速回落。2014年，东部地区商品房销售面积54756万平方米，比上年下降13.7%，2013年为增长19.3%；销售额43607亿元，下降11.6%，2013年为增长28.4%。中部地区商品房销售面积33824万平方米，下降3.9%，2013年为增长16.8%；销售额16558亿元，增长0.2%，增速比2013年回落26.7个百分点。西部地区商品房销售面积32068万平方米，增长0.6%，增速回落13.5个百分点；销售额16127亿元，增长3.5%，增速回落16.1个百分点。

3. 二手房成交大幅下降。据住房和城乡建设部40个重点城市房地产市场信息系统数据显示，2014年，重点城市二手房成交面积14887万平方米，比上年下降25.7%。其中，二手住房成交12426万平方米、142.9万套，面积和套数均比上年下降28.1%。东部20个城市二手房成交面积9012万平方米，比上年下降29.2%；中部8个城市二手房成交面积2508万平方米，下降16.1%；西部12个城市二手房成交面积3367万平方米，下降21.8%。

4. 商品房待售面积快速增加，年末增幅有所回落。2014年末，全国房地产开发企业商品房待售面积62169万平方米，比上年末增长26.1%，增加12874万平方米；其中，住宅待售面积40684万平方米，增长25.6%，增加8281万平方米。与9月末相比，商品房和住宅待售面积增速分别回落1.9和2.9个百分点，与11月末相比分别回落1.7和2.5个百分点。

图6 2013年和2014年各月末全国房地产开发企业住宅待售面积

（三）房地产开发企业资金来源情况

2014年，全国房地产开发企业到位资金121991亿元，比上年下降0.1%。分季度看，一季度到位资金增长6.6%，上半年增长3.0%，前三季度增长2.3%，全年下降0.1%，年内增速整体呈回落走势。

1. 开发贷款增速比上年明显回落。2014年，房地产开发企业贷款增速大体呈逐月回落走势，1-2月份同比增长24.8%，为全年最高点；全年房地产开发企业贷款21243亿元，比上年增长8.0%，增速比年初回落16.8个百分点，比2013年回落25.1个百分点。其中，银行贷款18054亿元，增长5.2%，增速比2013年回落25.4个百分点；非银行金融机构贷款3189亿元，增长27.2%，增速回落25.9个百分点。

2. 定金及预收款、个人按揭贷款比上年下降。2014年，全国商品房销售面积和销售额同比双双下降。受此影响，到位资金中的定金及预收款和个人按揭贷款增速呈持续下行走势。房地产开发企业定金及预收款由1-2月份同比增长6.3%转为1-3月份下降3.6%，全年房地产开发企业定金及预收款30238亿元，比上年下降12.4%，2013年为增长29.9%。1-2月份个人按揭贷款增长2.9%，1-4月份转为下降3.1%，全年房地产开发企业个人按揭贷款13665亿元，比上年下降2.6%，2013年为增长33.3%。

3. 自筹资金增速比上年回落。2014年，房地产开发企业自筹资金50420亿元，比上年增长6.3%，增速比2013年回落15个百分点。从全年走势看，前三季度自筹资金基本保持平稳增长，四季度表现出明显波动，1-10月份自筹资金增长13.8%，达全年最高点，之后连续两个月增速回落，年底回落至6.3%，为全年最低点。

4. 利用外资由降转升。2014年，房地产开发企业利用外资639亿元，比上年增长19.7%，增速比2013年回落13.1个百分点。从全年走势看，1-2月份利用外资下降43.2%，之后降幅逐月收窄，前三季度转为增长9.9%，全年进一步提高为 19.7%。

（四）房地产开发景气指数

2014 年，房地产开发景气指数（简称“国房景气指数”）呈下行走势。全年最高点为 2 月份，指数为 96.91，最低点为 12 月份，指数为 93.93。12 月份指数比 2013 年 12 月份回落 3.28 点。

二、房地产市场运行的主要特点

（一）房地产市场主要指标均呈下行调整走势

1. 商品房销售持续下降。2014 年全国商品房销售面积比上年下降 7.6%；销售额下降 6.3%，年内连续 12 个月同比下降。其中住宅销售面积下降 9.1%，销售额下降 7.8%，降幅大于全部商品房。

2. 房地产开发投资持续回落，到位资金转为下降，两者增速差持续在 10 个百分点以上。2014 年，全国房地产开发投资比上年增长 10.5%，增速比 2013 年回落 9.3 个百分点；房地产开发企业到位资金下降 0.1%，2013 年为增长 26.5%。房地产开发企业到位资金增速明显低于同期房地产开发投资增速。一季度到位资金增速比同期房地产开发投资增速低 10.2 个百分点，上半年低 11.1 个百分点，前三季度低 10.2 个百分点，全年低 10.6 个百分点。

3. 反映未来供给的新开工面积走势与反映当期需求的销售指标同步下行。2014 年全国房地产开发企业新开工面积比上年下降 10.7%，商品房销售面积下降 7.6%。从本年度减少的绝对量来看，新开工面积比上年减少 21615 万平方米，商品房销售面积减少 9902 万平方米，新开工面积减少量远大于销售面积减少量。说明房地产企业根据市场形势，相应调整投资开工策略，着力于压缩库存，防范风险。

4. 土地市场持续低迷，企业待开发土地面积仍较多。2014 年，全国房地产开发企业土地购置面积 33383 万平方米，为 2004 年我国全面实行土地“招拍挂”制度以来的第二低点（最低点为 2009 年，31909 万平方米），比上年下降 14.0%。土地市场低迷一方面表明房地产开发企业对后市发展不乐观，另一方面与当前地价较高，企业待开发土地面积仍较多有一定关系。2014 年，全国房地产开发企业土地成交价款 10020 亿元，在成交量大幅下降的情况下，仍比上年增长 1.0%，说明土地均价仍有所上涨；待开发土地面积 42136 万平方米，为 2004 年以来的第三高点（第一和第二高点分别为 2008 年和 2013 年），比上年微降 0.3%。

图 7　2004–2014 年房地产开发企业土地购置面积和待开发土地面积

（二）市场呈现结构分化特点

1. 重点城市市场降幅企稳，非重点城市下行压力大。40 个重点监测城市商品房销售降幅收窄，非重点城市销售降幅继续扩大。2014 年，

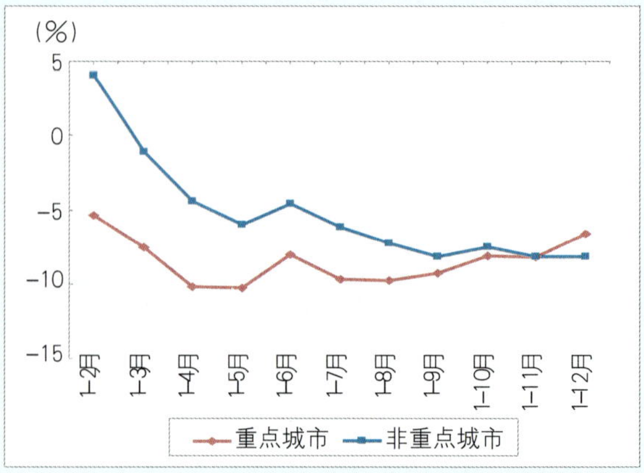

图 8　2014 年重点城市和非重点城市商品房销售面积增速

重点监测城市商品房销售面积45834万平方米，比上年下降6.6%，自四季度起降幅呈收窄走势；非重点城市商品房销售面积74815万平方米，下降8.2%，降幅总体呈持续扩大走势。从三季度市场调研情况来看，部分三四线城市企业因销售不畅，出现延缓工程进度甚至停工现象，市场表现不乐观。

非重点城市商品房待售面积总量及增速高于重点城市。2014年，非重点城市商品房待售面积37320万平方米，比上年增长28.2%，比重点城市商品房待售面积多12471万平方米，增速高5.1个百分点。其中，非重点城市住宅待售面积26179万平方米，增长26.8%，比重点城市多11674万平方米，增速高3.4个百分点。

2. 小户型住宅需求较强，但该类房屋投资比重下降。2014年，在国家分类调控政策的指导下，自住性需求比较稳定，中小户型商品住宅销售降幅明显小于大户型。2014年，中（90-144平方米）、小（90平方米及以下）户型住宅销售面积分别比上年下降7.4%和9.3%，大大低于大户型（144平方米以上）住宅15.4%的降幅。从均价看，小户型住宅的均价涨幅最大。2014年，小户型住宅平均销售价格5787元/平方米，比上年上涨3.8%；中等户型住宅均价5359元/平方米，上涨1.5%；大户型住宅均价8722元/平方米，仅上涨0.9%。说明市场对小户型住宅的需求仍较好。而对比市场供给结构，则出现中等户型比重提高，两头比重下降的态势。2014年，小户型住宅投资占各类住宅的比重为31.6%，比上年下降1.4个百分点，大户型住宅投资占15.0%，比重下降2.7个百分点；中等户型投资占53.4%，比重提高4.1个百分点。在供求结构出现偏差的情况下，未来有可能出现小户型住宅的结构性短缺。

3. 中小企业资金状况更为困难。在重点企业电话调查和市场调研中发现，大型房企受益央行“930”新政较多，且融资渠道更为多样，资金相对较充足。中小房企受政策执行效果影响，融资环境未见明显改善。2014年，全国房地产开发企业本年各项应付款合计25584亿元，比上年上涨19.4%，占房地产开发投资的26.9%，占比较2013年提高2个百分点。大型房企应付款占投资比例为15.3%，占比最低；中型企业这一比例为29.8%；微型企业为39.4%；小型企业为53.3%。可见，小型和微型房地产企业开发投资押账和乙方垫资的现象比较突出，如果房地产市场持续滞销，有可能导致部分中小企业资金链出现断裂风险。

三、对房地产市场形势的判断

2014年出现的房地产市场销售持续下降、投资增速明显回落的局面主要是房地产在市场作用下的正常调整。为了应对新的房地产市场形势，党中央、国务院沉着应对，科学决策，分类指导，因地施策，落实地方政府稳定房地产市场的主体责任。适时取消住房限购、限价等行政性干预政策，调整完善差别化信贷政策，确保全国房地产市场整体上平稳运行。但由于近几年房地产市场快速增长，购房需求提前透支，部分地区库存高企，行业对房地产市场走势趋于谨慎乐观，2015年房地产市场下行压力可能仍将继续。

（执笔：杲海青　国家统计局固定资产投资统计司）

2014年消费品市场发展报告

2014年，社会消费品零售总额增速虽有所回落，但消费品市场总体上继续保持平稳增长，而且消费结构继续优化，企业经营模式不断创新，转型升级成为众多企业发展的重要动力，这也为今后消费品市场持续健康发展创造了有利条件。

一、消费品市场运行的基本情况和主要特点

2014年，社会消费品零售总额271896亿元，比上年增长12.0%，增速比上年回落1.1个百分点；扣除价格因素，实际增长10.9%，比上年回落0.6个百分点。分季度看，一、二、三、四季度，社会消费品零售总额名义增速分别为12.0%、12.3%、11.9%、11.7%，增速较为平稳；实际增速分别为10.9%、10.8%、10.6%、11.1%，呈现稳中有升的良好发展态势。

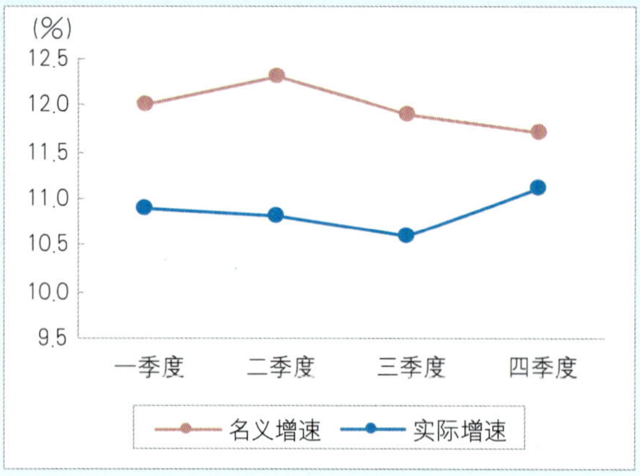

图1 2014年社会消费品零售总额分季增速

1. 乡村市场相对活跃，增速继续高于城镇。随着农村居民收入稳步提高，农村消费基础设施逐步完善，以及农村社会保障体系的不断健全，农村居民的消费意愿和消费能力不断增强。特别是新兴电子支付对于居民消费尤其是农村居民的影响和促进作用越来越明显，在一定程度上缩小了城乡消费硬件设施的差距。同时，2014年，农村居民人均纯收入增速比城镇居民人均可支配收入增速高2.2个百分点，农村消费呈现快速增长态势。按经营地统计，2014年，城镇消费品零售额234948亿元，比上年增长11.8%，乡村消费品零售额36948亿元，增长12.9%，乡村零售额增速比城镇高1.1个百分点，而上年相差1.7个百分点，城乡居民消费品零售额增速差距有所减小。

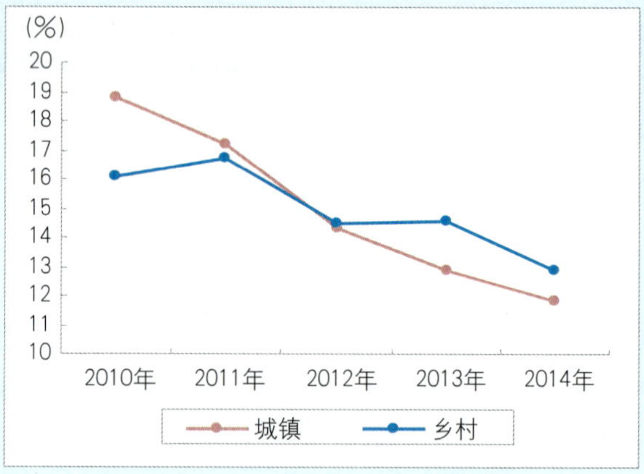

图2 2010年以来城镇和乡村零售额同比增速

2. 中西部地区增速继续高于东部地区。国家对中西部地区政策支持力度的不断加大，为其

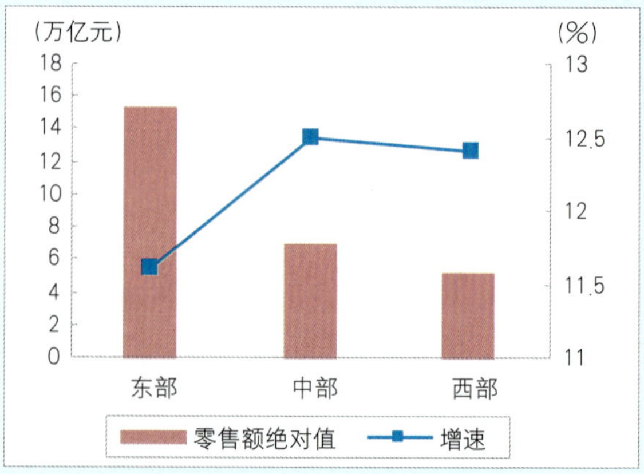

图3 2014年东中西部地区零售额绝对值和同比增速

经济发展和消费品市场的快速增长创造了良好条件。2014年，东、中、西部地区零售额分别为152805亿元、69241亿元和49850亿元，同比分别增长11.6%、12.5%和12.4%，中、西部地区增速比东部地区分别高0.9和0.8个百分点；中、西部地区零售额占全国比重分别为25.5%和18.3%，分别比上年提高0.1和0.5个百分点。

3. 商品零售增速稳中略降，餐饮收入增速有所回升。按消费类型分，2014年商品零售242401亿元，同比增长12.2%，增速比上年回落1.4个百分点；餐饮收入29495亿元，同比增长9.7%，增速比上年提高0.7个百分点，说明在严格公务消费等政策措施的抑制作用下，餐饮企业特别是高端餐饮企业逐步改变市场定位，不断迎合大众消费的需求，仍有较大发展空间，增长潜力有待进一步发掘。

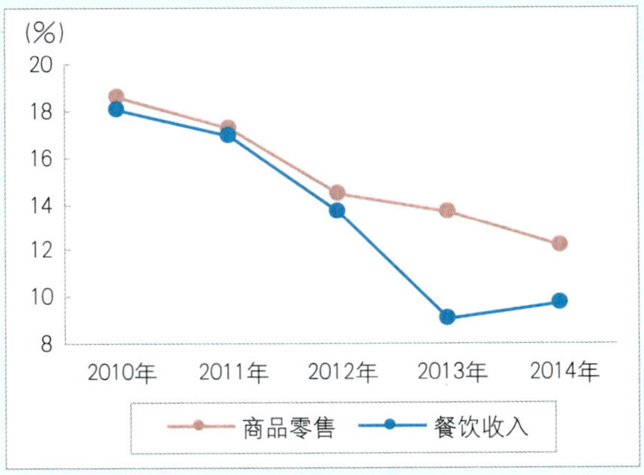

图4 2014年按消费类型分零售额同比增速

4. 网上零售快速增长，不同零售业态分化明显。随着网络技术的进步和网络覆盖范围的扩大，尤其是国家对农村地区网络建设的支持力度不断加大，以及网络购物带来的操作简便、商品选择余地大、价格优势明显等突出特点，网络购物用户规模不断壮大。2014年，全国网上零售额27898亿元，同比增长49.7%，其中，网上商品零售额23939亿元，同比增长50.2%，占社会消费品零售总额的比重约为8.8%，对社会消费品零售总额的拉动超过3个百分点。

从限额以上网上商店的商品类别看，网上零售主要集中在粮油食品饮料烟酒类、服装鞋帽针纺织品类、化妆品类、金银珠宝类、日用品类、家用电器和音像器材类、文化办公用品类和通讯器材类，此八类商品零售额占全部网上商店零售额的比重超过90%，同比分别增长56.7%、57.4%、15.5%、60.0%、21.4%、64.8%、28.6%和81.2%。

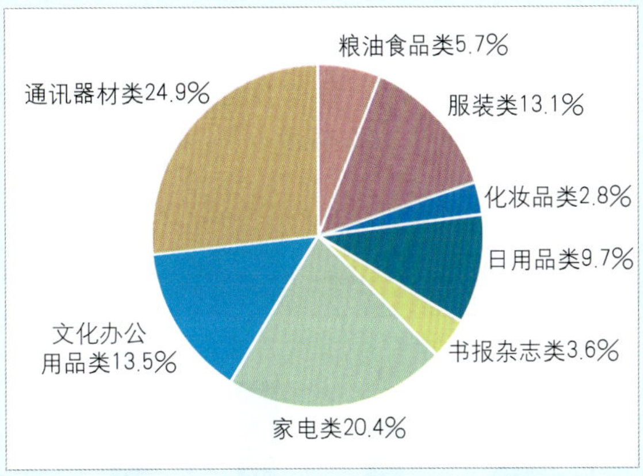

图5 限上单位网上商店各类值占全部网上商店零售额的比重

与之形成鲜明对比的是，传统百货零售类企业在电商的冲击下，商品销售形势较为严峻。从限额以上单位来看，网上商店零售额同比增长52.6%，而百货店、超市、专业店（指专门经营某一大类商品为主的零售业态）和专卖店（指专门经营或被授权经营某一主要品牌商品为主的零售业态）的零售额同比增速分别为5.4%、14.6%、9.9%和9.6%，分别比网上商店的增速低47.2、38、42.7和43个百分点，而且增速也均

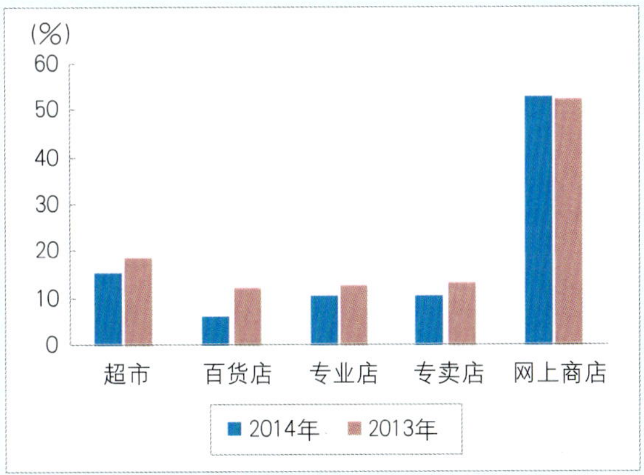

图6 2013–2014年限上单位不同零售业态同比增速

比上年回落。

5. 与消费升级有关的商品增速提高。随着生活水平的提高和大数据、云计算、第四代通讯系统等新一代信息通信技术广泛应用，通讯器材等信息消费类商品零售额占社会消费品零售总额比重也逐年增大，对消费品零售总额的影响日益显著。2014年，限额以上单位通讯器材类商品零售2685亿元，同比增长32.7%，增速比上年提高12.3个百分点，对社会消费品零售总额增速的拉动超过0.1个百分点。

图7 通讯器材类商品近年增速

二、消费品市场增速回落的主要因素分析

1. 城乡居民收入增速继续放缓影响。收入是影响消费的重要因素，收入放缓将直接影响居民的消费意愿和消费能力。2014年，我国城镇居民人均可支配收入和农村居民人均纯收入名义增速分别为9.0%和11.2%，分别比上年回落0.7和1.2个百分点。

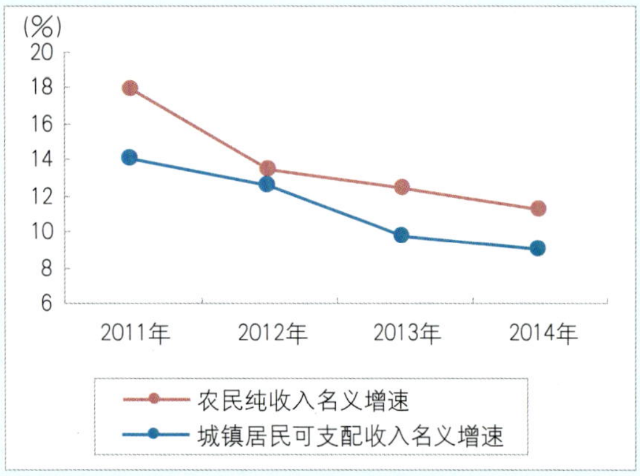

图8 2011-2014年城镇居民可支配收入和农村居民纯收入名义增速

2. 价格回落因素影响。价格是影响名义增速的重要因素。2014年，商品零售价格指数为101.0（上年同期=100），而上年该价格指数为101.4，扣除价格因素，社会消费品零售总额实际增速仅比上年同期回落0.6个百分点。

3. 房地产市场调整的累积效应影响。我国房地产市场经历了深度调整，与之相关的商品零售增速相应回落。2014年，限额以上单位家用电器和音像器材类、家具类和建筑及装潢材料类商品同比增速分别为9.1%、13.9%和13.9%，分别比上年同期回落5.4、7.1和8.2个百分点，此三类商品拉低社会消费品零售总额增速约0.3个百分点。

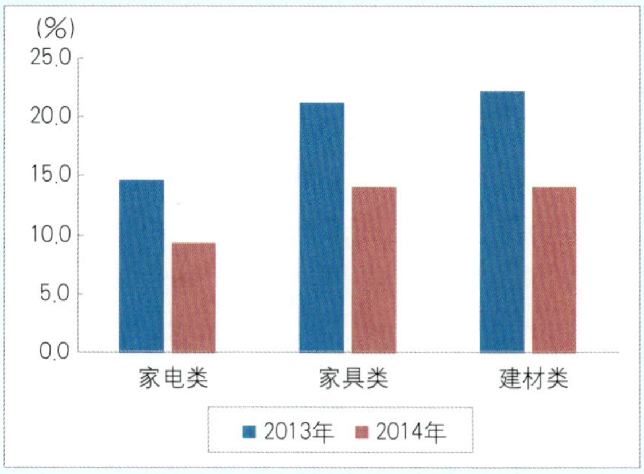

图9 2013-2014年限额以上单位家电类、家具类和建材类商品增速

4. 汽车、石油类商品增速回落影响。受多地限牌及公车采购改革等多种因素影响，2014年，限额以上单位汽车类商品增速比上年同期回落2.7个百分点；受价格下调的影响，限额以上单位石油类商品增速比上年同期回落3.3个百分点，此两类商品拉低社会消费品零售总额增速超过0.5个百分点。

5. 消费品市场缺少新的消费热点。在以往优惠政策已退出而未出台新的刺激政策的情况下，消费品市场没有明显的消费热点，而且原有消费热点也在降温。受价格下跌和上年同期基数较高等双重因素影响，金银珠宝等投型商品增速回落。2014年，限额以上单位金银珠宝类商品增速比上年同期大幅回落25.8个百分点，此类商品拉低社会消费品零售总额增速超过0.3个百分点。

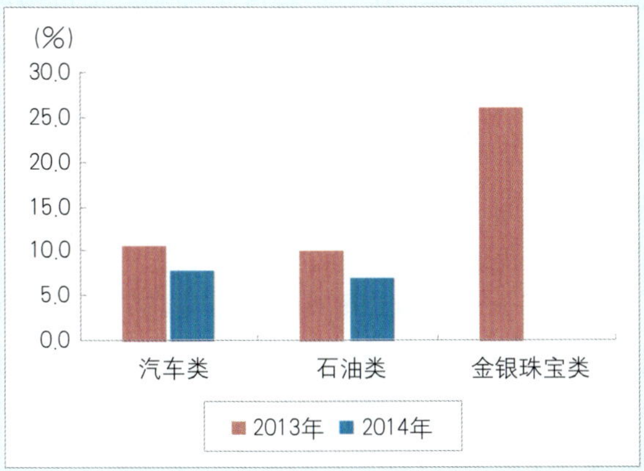

图10 2013-2014年限额以上单位汽车类、石油类和金银珠宝类商品增速

三、对2015年消费品市场的展望

展望2015年，消费品市场发展既有支撑因素，也有一些制约因素。

（一）支撑因素

1. “一带一路”和新型城镇化战略将助推消费增长。“一带一路”即“丝绸之路经济带”及“21世纪海上丝绸之路”战略的提出与实施将带动我国部分地区的经济增长，并将最终带动消费增长。新型城镇化方面，我国推进城镇化的首要任务是促进有能力在城镇稳定就业和生活的常住人口有序实现市民化，而不是搞成城乡一律化，其核心放在人的城镇化上，因此，已出台的政策着重从户籍等核心问题入手，着力突破农民工市民化的障碍。2014年7月，国务院印发《关于进一步推进户籍制度改革的意见》等有关文件，明确了发展目标，到2020年，努力实现1亿左右农业转移人口和其它常住人口在城镇落户，未落户的也能享受城镇基本公共服务。城镇化率的提高和城市人口的增多的必然带动衣食住行等多方面的消费需求和消费升级，对消费的快速增长会有明显的促进作用。

2. 国家将进一步完善相关政策，支持商业转型升级和物流体系建设。有关部门正研究制定促进传统商业转型升级的指导意见，支持连锁经营发展，落实跨地区连锁企业总分支机构汇总纳税，争取对统一采购环节给予支持，促进商业企业走智能型连锁发展之路，并将采取措施推动流通企业加快科技应用，创新发展模式，提高竞争能力。在物流体系建设方面，国家将鼓励发展整合供应链能力的嵌入式物流，延展到生产、销售各个环节，对网点开发、车辆保障等加大投资和改善力度。在金融及融资支持方面，银监会还将出台支持小微商贸企业融资的指导意见，推动供应链融资、商圈融资、商户经营权质押融资的发展。

3. 商业和消费领域的税收改革和税制完善以及政府各部门的简政放权将有利于消费需求的释放和消费能力的提高。国税总局发布的《关于坚持依法治税更好服务经济发展的意见》提出，积极支持新业态和新商业模式健康发展，着力优化政策环境，深入分析电子商务、“互联网＋”等新兴业态、新型商业模式的特点，积极探索支持其发展的税收政策措施，特别是对处在起步阶段、规模不大但发展前途广阔、有利于就业的新经济形态。有关部门将继续深化财税体制改革，完善小微企业税收优惠政策，推进部分商品消费税改革。这些税制改革措施将发挥税收调节收入分配、调控宏观经济的作用，促进相关领域的消费增长。另一方面，简政放权、取消和下放一批行政审批等事项，将为企业创新和个人创业创造有利条件。

4. 伴随着消费结构的不断升级和信息通信技术的广泛应用，信息消费将成为消费领域的重要引擎。信息消费是一种直接或间接以信息产品和信息服务为消费对象的消费活动，迎合了当前生活的快节奏、个性化与便利化等特点，已显现出强大的增长潜力。可以预见，智能手机、平板电脑、互联网电视消费量将稳步增加，可穿戴设备、智能家电、消费类电子产品等新型信息产品将成为新的消费热点。

5. 网上零售等新兴零售业态将继续保持快速增长。2014 年，全国移动电话用户净增 5698 万户，总数达 12.86 亿户，移动电话用户普及率达 94.5 部 / 百人，比上年提高 3.7 部 / 百人；4G 用户发展速度超过 3G 用户，新增 4G 和 3G 移动电话用户分别为 9728.4 和 8364.4 万户，总数分别达到 9728.4 和 48525.5 万户，在移动电话用户中的渗透率达到 7.6% 和 37.7%。全国互联网宽带接入端口数量突破 4 亿个，比上年净增 4160.1 万个，同比增长 11.5%，截至 2014 年 12 月，我国网民规模达 6.49 亿，互联网普及率为 47.9%。在网络及通讯技术的快速发展和物流配送覆盖面的逐步扩大的支撑下，我国网络购物继续保持高速增长。

（二）制约因素

1. 城乡居民收入放缓制约消费增长。随着中国经济进入“新常态”，经济增速由高速进入中高速区间，经济发展正处于经济增速换挡期、结构调整阵痛期、前期刺激政策消化期三期叠加的关键时期，居民收入也相应放缓。收入增速的放缓必将影响消费能力的提高。此外，城乡居民在医疗、教育、养老和住房方面的支出压力较大，储蓄倾向较强，也影响消费意愿的提升。

2. 食品安全事件以及商品质量问题仍将在一定程度上制约消费增长。国家工商总局的有关统计显示，2014 年，中国工商和市场监管部门共受理消费者投诉 116.2 万件，同比增长 14.3%，投诉量及增幅均居五年来最高。其中，商品消费投诉 70.6 万件，占投诉总量的 60.7%，排在前五位的商品投诉类别是日用百货、通讯器材、家用电器、交通工具和食品；处理投诉中涉及质量问题 41 万件、合同问题 21.2 万件、售后服务问题 18.2 万件，分别占投诉总量的 35.3%、18.3% 和 15.6% 。此外，网络购物投诉同比增长超三倍，受理网络购物投诉 7.8 万件，同比增长 356.6%。这些投诉事件反映出的食品安全和产品质量等问题会直接影响消费者的购物体验，降低其消费信心和消费意愿。

3. 汽车等大件耐用品增速放缓将拖累消费品市场快速增长。前几年，汽车消费市场的快速发展已经满足了一定的消费需求，很难持续保持长期快速增长态势。一是汽车类商品零售额基数较大，继续保持快速增长的难度较大；二是环保压力在不断加大，牌照限购和车辆限行等政策可能会进一步收紧，在一定程度上抑制汽车市场消费增长；三是新能源汽车消费规模仍然较小，配套设施建设比较滞后，自身技术有待改进，大规模发展还需时日。由于汽车类商品占社会消费品零售总额的比重较大，其增速放缓必将影响消费品市场的快速增长。

综合上述支撑和制约因素，如果 2015 年居民消费价格不出现大的波动，我国消费品市场仍有望保持平稳增长，但增速将比 2014 年有所回落。

四、对促进消费品市场健康发展的政策建议

1. 进一步提高居民收入水平，继续完善社会保障制度。收入是消费的基础，促进城乡消费市场繁荣发展，核心是增加城乡居民收入。一是调整收入分配格局，稳步提高最低工资标准，建立健全职工工资正常增长机制，并加大对城乡低收入人群的转移支付力度，改善居民的收入预期，提高居民的消费意愿。二是完善社会保障制度，着力解决人民群众“有钱不敢花”等问题。

2. 规范新兴业态的发展，改善企业经营环境。网上零售等新兴零售业态发展迅速，需进一步出台相关政策，做好新兴业态和新兴产业的培育和引导工作。一是规范促进电子商务发展，拓展网络消费领域，推进商务领域大数据信息服务平台建设，促进线上线下融合发展，加快推进电子发票应用，鼓励支付产品创新。二是加快发展连锁经营，推进发展直营连锁，规范发展特许连锁，引导和支持发展自愿连锁。

在改善经营环境方面，一是进一步减少行政审批，最大限度取消和下放涉及内贸流通领域审批、备案等行政事项，减轻企业行政审批和税费

负担。二是创建公平竞争的市场环境，打破行业垄断，消除地区封锁，完善跨地区经营企业总分支机构汇总纳税政策，落实和改进零售商、供应商公平交易行为规范及相关制度。

3. *加强流通基础设施建设，深化流通领域改革创新*。一是推进商品市场转型升级，探索采取设立农产品流通产业发展基金等模式，培育一批全国和区域公益性农产品批发市场，并出台相关政策支持和鼓励城区商品批发市场异地搬迁改造。二是增加居民生活服务设施投入，鼓励建设面向大众的社区综合服务中心，培育一批多功能乡镇商贸中心，落实好新建社区商业和综合服务设施面积占社区总建筑面积比例不低于相关标准的政策。三是支持物流配送业的发展，加强物流标准化、专业化、信息化建设，推动城市配送车辆统一标识管理，保障运送生鲜食品、主食制品等车辆便利通行。

在深化流通领域改革方面，一是加快推进中小商贸流通企业公共服务平台建设，完善小微商贸流通企业融资环境，增强中小商贸流通企业发展活力。二是支持部分知名流通企业做大做强，形成若干具有国际竞争力的大型零售商、批发商，支持商业银行扩大对兼并重组商贸企业综合授信额度，推进混合所有制发展。三是推进内外贸融合发展，进一步扩大市场采购贸易方式的试点范围，打造一批布局合理、管理规范、功能完善、辐射面广的内外贸结合市场。

4. *优化消费软环境，增强消费者信心*。优化消费软环境，增强消费者信心是促进居民消费增加的必要措施之一。一是要继续开展诚信体系建设，建立和完善国内贸易企业信用信息记录和披露制度，依法发布失信企业黑名单，推动建立健全覆盖线上网络和线下实体店消费的信用评价机制，进一步促进企业加强社会责任感和道德意识。二是加强银商合作，积极开展信用消费，扩大信用消费规模，进一步发挥消费金融在促进消费方面的推动作用，引导和培育消费者建立理性的信用消费理念。同时，要规范商家、金融机构经营行为，维护市场经济秩序的良好运行，为消费者提供优质服务和安全保障。三是加强各行业协会、消费者协会、产品质量监督与市场监管机构之间的协作，对食品安全、产品质量、服务诚信各方面严格监管，加大违法惩治力度，营造和谐的消费环境，从根本上保护消费者的消费安全和保障消费者权益，保证消费者维权渠道的畅通无阻，降低消费者的维权成本，为消费者的合法权益保驾护航。

5. *继续发掘农村居民消费潜力，缩小城乡消费水平差距*。2014年，社会消费品零售总额中乡村零售额占比为13.6%，比上年略有提高，但所占比重仍然较低，农村消费品市场仍有巨大的潜力可挖。一方面要加强农村基础设施特别是流通环节基础设施建设，建设或改造一批布局合理、辐射面广的农产品批发市场和物流配送中心；充分发挥信息时代互联网交易和电子支付的应用，弥补农村地区基础设施较为落后的先天不足。从支付环节来讲，我国广大农村地区甚至小城镇，都不同程度地存在金融基础设施薄弱、金融服务供给不足的问题。依托于互联网金融的移动支付，具有效率高、成本低、简单易行等特点，能够较好地解决这些地区的金融服务需求。另一方面要落实好强农、惠农、富农政策，为农村发展、农民增收创造有利条件。

6. *顺应新形势和新事物的发展，着力培育消费领域新增长点*。随着云计算、大数据、物联网等新一代信息和通信技术的广泛应用，“互联网＋”产业模式已催生出更多新行业和新业态，居民的消费习惯和消费方式也随之发生转变。要从满足不同群体的多层次需求出发，在坚持促进便利实惠消费、安全放心消费、绿色循环消费的同时，有针对性、有重点地培育和形成信息、养老、健康、旅游、文化等新的消费增长点，并带动相关行业健康较快发展。

（执笔：张敏　国家统计局贸易外经统计司）

网络零售助推消费增长

近年来，电子商务在云计算、物联网、三网融合等新一代信息技术的引领下不断发展，在我国国民经济各个行业中的应用覆盖率和应用水平都有显著提高。伴随着电子商务的迅猛发展，网络零售市场交易规模也呈现出高速增长态势，作为新兴业态的网络零售已成为提振内需、扩大消费、促进就业的重要助力。

根据中国互联网络信息中心报告显示，截至2014年12月，我国网民规模达6.49亿，网络购物用户规模达3.61亿。据国家统计局统计，2014年全国网上零售额达到2.8万亿元，同比增长49.7%，其中网上商品零售额2.4万亿，同比增长50.2%，比同期社会消费品零售总额增速快38.2个百分点，拉动社会消费品总额增长3个百分点左右。

2014年，一系列关于电子商务的管理办法和政策意见相继出台，有效推动了网络零售市场的健康有序发展。国家工商总局颁发的《网络交易管理办法》，细化了对网购消费者合法权益的各项保护措施，为网络交易注入“强心针”；《关于跨境电子商务零售出口税收政策的通知》、《网络商品和服务集中促销活动管理暂行规定（征求意见稿）》、《网络零售第三方平台交易规则制定程序（试行）》等规定相继发布。相关政策规定的逐步实施，为网络零售走向成熟和规范化的道路提供了保障。

2014年，国内电商迎来发展的黄金期，电商巨头纷纷上市融资，“双11”促销大战交易额再创新高，跨境电商崭露头角拉开国际化战略序幕……作为市场的主体，电商的发展也体现出目前我国网络零售市场的几大特征。第一，O2O领域布局加快，线上线下互动打造消费新增长点。便利店、超市、百货等传统零售业在网络零售渗透的压力下积极互联网化，打造线下门店与线上平台的融合，商品品类已涉及日常生活相关的各个领域。结合线下购物的体验优势与互联网的营销优势，传统零售与电商、服务商共同合作，促进消费升级。第二，电商下乡，开拓消费新市场。随着农村居民收入的不断提高，相对欠发达的实体零售已不能满足其日益增长的消费需求。电商巨头们一方面联手邮政、物流建设乡镇服务站，为广大农村用户开拓更大的消费空间；另一方面积极支持农村网商，为特色农产品打开销路助力县域经济发展。第三，跨境电商火爆，海淘成为消费新热点。伴随国家自贸区建设及进出口税收政策红利，国内电商努力整合资源打造海外供应链，不断拓展销售品类，丰富国内消费者购物选择的同时更有利于消费回流扩大内需。

凭借政府对电子商务坚定不移的支持，伴随网络购物用户规模的不断扩大，依托新一代信息技术产业的发展进步，未来几年网络零售将释放更多的消费潜力，成为我国经济发展的新动力。

（执笔：付加奇 国家统计局贸易外经司）

2014年对外经济贸易发展报告

2014年，世界经济复苏步伐缓慢，国际市场整体需求没有明显改善；国内经济发展进入新常态，面临不少困难和挑战。在这样的形势下，我国政府深入推进改革开放，加快转变对外经济发展方式，货物贸易大国地位进一步巩固，服务贸易保持较快增长，利用外商直接投资企稳向好，对外投资亮点纷呈。展望2015年，在外部环境不发生大的变化情况下，我国对外经济贸易将保持平稳运行。

一、我国对外经贸运行情况

（一）货物贸易

按人民币计价，2014年，我国货物进出口总额264334.5亿元，比上年增长2.3%。其中，出口总额143911.7亿元，增长4.9%；进口总额120422.8亿元，下降0.6%；全年贸易顺差23488.9亿元，比上年扩大45.9%。

按美元计价，我国货物进出口总额43030.4亿美元，比上年增长3.4%。其中，出口总额23427.5亿美元，增长6.1%；进口总额19602.9亿美元，增长0.4%；全年贸易顺差3824.6亿美元，比上年扩大47.7%。

2014年我国货物进出口呈现以下主要特点：

1. 进出口总体保持平稳增长，规模继续位居全球第一。2014年，我国货物进出口规模超过4.3万亿美元[①]，再创年度历史新高，进出口总额连续两年位居全球第一，全球第一大货物贸易国的地位得到巩固。其中，出口连续六年位居全球榜首，进口连续六年位居全球第二位。进出口增速低位回落，增速比上年回落4.1个百分点。其中，出口增长6.1%，比上年回落1.7个百分点；进口增长0.4%，回落6.8个百分点。

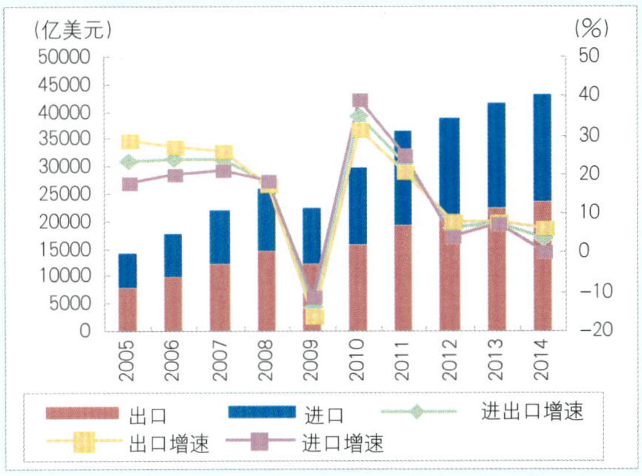

图1 2005–2014年进出口总额及增速

2. 出口增速明显快于进口增速，贸易顺差大幅扩大。出口方面，一至四季度呈逐步企稳回升的走势：受国际市场需求不足、上年同期基数较高等因素的影响，一季度出口同比下降3.5%，为2009年四季度以来首次单季出口下降；随着高基数效应的消退，二季度出口回归常态增长，三季度增速回升至13%；四季度增速为8.6%，虽比上个季度有所回落，但仍处在相对较高水平。进口方面，受国际大宗商品价格持续下跌、国内进口需求减少的影响，进口呈低位回落的趋势，前三个季度进口增速均保持在1.1-1.5%之间，四季度出现负增长。由于进口增速明显放缓致使

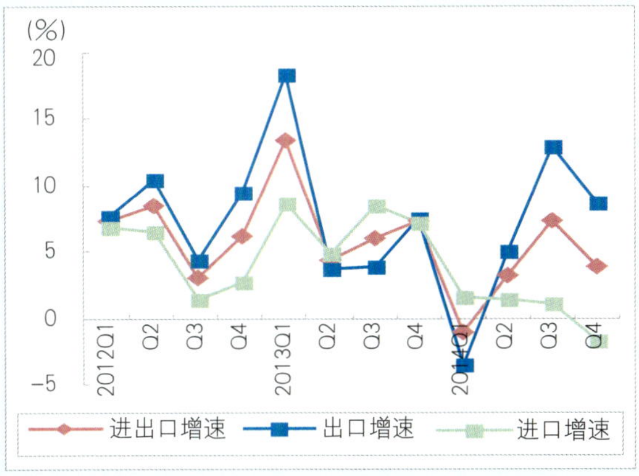

图2 2012–2014年分季度进出口总额及增速

注：①除特殊说明外，文中均使用以美元计价的数据。

我国贸易顺差大幅扩大，2014年我国贸易差额达3824.6亿美元，创历史新高；增幅为47.7%，比上年高出34.9个百分点。

进出口总额的比重为2.2%，比上年提高0.1个百分点。其中，对东盟出口增长11.5%，自东盟进口增长4.4%。

表1 2013年、2014年我国对主要贸易伙伴进出口情况

国别/地区	2014年				2013年		
	进出口		出口增速(%)	进口增速(%)	进出口增速(%)	出口增速(%)	进口增速(%)
	金额(亿美元)	增速(%)					
欧盟	6151.4	9.9	9.4	10.7	2.1	1.1	3.7
美国	5551.2	6.6	7.5	4.2	7.5	4.7	14.8
东盟	4803.9	8.3	11.5	4.4	10.9	19.5	1.9
香港	3760.9	-6.2	-5.5	-20.7	17.5	19.0	-9.3
日本	3124.4	0.0	-0.5	0.4	-5.1	-0.9	-8.7
韩国	2904.9	5.9	10.1	3.9	7.0	4.0	8.5
台湾	1983.1	0.6	13.9	-2.8	16.7	10.5	18.5
澳大利亚	1369.0	0.3	4.3	-1.2	11.5	-0.4	16.8
俄罗斯	952.8	6.8	8.2	4.9	1.1	12.6	-10.3
巴西	865.8	-4.0	-2.8	-4.8	5.3	8.3	3.4

3. 一般贸易占比提升，加工贸易稳定增长。2014年，一般贸易进出口23131.9亿美元，比上年增长5.3%，增速高于进出口总体增速1.9个百分点。其中，出口12036.8亿美元，增长10.7%，比上年加快0.6个百分点；进口11095.1亿美元，增速接近零，比上年回落8.5个百分点。加工贸易进出口14087.4亿美元，增长3.8%，增速比上年加快2.8个百分点。其中，出口8843.6亿美元，增长2.7%，而上年为下降0.2%；进口5243.8亿美元，增长5.5%。

4. 与欧盟、俄罗斯、日本双边贸易有所回升，与美国、东盟双边贸易保持稳定。2014年，中欧双边贸易额为6151.4亿美元，同比增长9.9%，比上年加快7.8个百分点。中俄双边贸易额为952.8亿美元，增长6.8%，比上年加快5.7个百分点。中日双边贸易额为3124.4亿美元，规模与上年基本持平。对日本出口降幅收窄，自日本进口止跌转升。中美双边贸易额为5551.2亿美元，增长6.6%；占同期进出口总额的比重为12.9%，比上年提高0.4个百分点。其中，对美出口增长7.5%，自美进口增长4.2%。我与东盟双边贸易额4803.9亿美元，增长8.3%；占同期

5. 民营企业、外资企业进出口增长，国有企业进出口微降。2014年，民营企业进出口14856.9亿美元，增长7.3%；占同期进出口总额的比重为34.5%，比上年提高1.2个百分点。其中，出口增长较快，增速为10.3%，虽比上年回落8.8个百分点，但高出同期出口总体增速4.2个百分点。外资企业进出口增长平稳，外商投资企业进出口19840.5亿美元，增长3.4%。其中，出口增长3.0%，进口增长3.9%。外商投资企业进出口占进出口总额的比重为46.1%，与上年基本持平。国有企业进出口7475.5亿美元，下降0.2%，降幅比上年收窄0.3个百分点，连续三年负增长。

6. 中西部地区进出口保持较快增长，区域结构更趋平衡。西部地区进出口较为活跃，占比首次超过中部地区。2014年，西部地区进出口总额3343.8亿美元，增长20.5%，比上年加快3.1个百分点，高出全国总体增速17.1个百分点；占全国进出口总额的比重为7.8%，比上年提高1.1个百分点。中部地区进出口总额3127.1亿美元，增长10%，比上年回落1.3个百分点；占全国进出口总额的比重为7.3%，比上年提高0.5个百分点。东部地区进出口总额36559.5亿美元，

同比增长 1.6%，增速比上年回落 5 个百分点；占全国的比重为 85%，比上年下降 1.5 个百分点。

7. **劳动密集型和机电产品出口稳定增长，高新产品出口增速大幅回落。**2014 年，我国劳动密集型产品出口稳定增长，服装、纺织品、鞋类、家具、塑料制品、箱包和玩具等 7 类劳动密集型产品出口合计为 4850.5 亿美元，增长 5%，比上年回落 5.3 个百分点。其中，鞋类和玩具类出口增长较快，增速分别为 10.8% 和 14.2%，箱包及类似容器出口同比下降 1.7%。机电产品出口 13109 亿美元，增长 3.7%，比上年回落 3.6 个百分点。高新技术产品出口 6605.3 亿美元，增长 0.1%，比上年回落 9.7 个百分点。

8. **主要能源资源类商品进口均价普遍下跌，消费品进口增长较快。**2014 年，我国煤及褐煤进口 2.9 亿吨，下降 10.9%，均价为 76.4 美元 / 吨，下跌 13.8%；原油进口 3.1 亿吨，增长 9.5%，均价为 740 美元 / 吨，下跌 5%；铁矿砂及其精矿进口 9.3 亿吨，增长 13.8%，均价为 100 美元 / 吨，下跌 22.2%；未锻轧铜及铜材进口 483 万吨，增长 7.4%，均价为 7388 美元 / 吨，下跌 5.2%。我国消费品进口增长较快，占比继续提升。2014 年，我国进口消费品 1524 亿美元，增长 15.3%，比上年加快 6.8 个百分点，远高于进口总体增速；占进口总额的比重由上年的 6.7% 提升至 7.8%。

9. **对外贸易条件进一步改善。**2014 年，我国出口、进口商品价格指数双双继续回落，而且维持在 100 以下，出口商品价格指数为 99.3%，进口商品价格指数为 96.7%。对外贸易条件指数为 102.7%，表明我们出口一定数量的商品，可以多换回 2.7% 的进口商品，我国对外贸易条件连续三年得到改善。

（二）服务贸易

2014 年，我国继续稳居世界服务贸易的前列，服务进出口总额首次突破 6000 亿美元，达到 6043.4 亿美元，比上年增长 12.6%。其中，出口 2222.1 亿美元，增长 7.6%；进口 3821.3 亿美元，增长 15.8%；服务贸易逆差 1599.2 亿美元，增长 34.9%。按国际收支口径测算，服务进出口占对外贸易总额（货物贸易与服务贸易之和）的比重为 12.3%，比上年提高 0.8 个百分点。

我国服务贸易保持较快增长，发展潜力逐步显现。2014 年，我国服务进出口增速约高出全球服务进出口总体增速 7.9 个百分点，高出世界第一大服务贸易国——美国的增速 8.8 个百分点。

（三）吸收外商直接投资

2014 年，我国新设立外商投资企业 23778 家，同比增长 4.4%，而上年为下降 8.6%；实际利用外商直接投资[②]金额 1195.6 亿美元，增长 1.7%，增速比上年回落 3.6 个百分点。

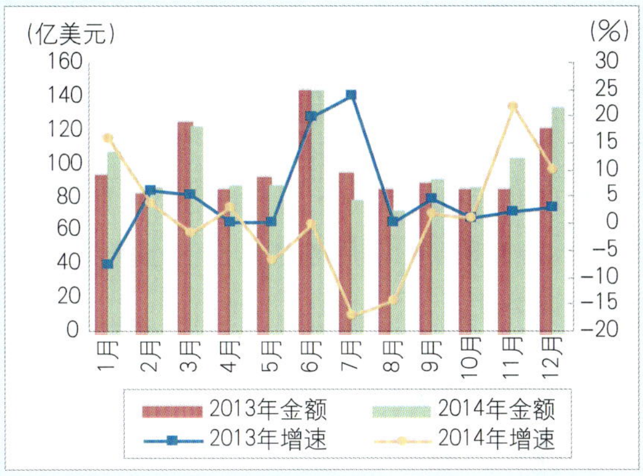

图 3 2013 年、2014 年分月利用外商直接投资金额及增速

2014 年吸收外商直接投资主要特点如下：

1. **利用外资增长企稳向好。**2014 年，我国新设外商投资企业数由上年的下降 8.6% 转为增长 4.4%，扭转了自 2012 年以来连续两年下降的局面；实际使用外资额规模连续 23 年保持发展中国家首位，增速高于美国、欧盟、俄罗斯、巴西等主要经济体。从进度趋势看，利用外商直接投资增长年初高开，而后逐步下行，7 月触底后反弹回升，呈现 “U 型” 走势。

2. **主要国家（地区）对华投资总体保持稳定。**2014 年实际投入外资金额排名前十位的国家或

注：②文中吸收外资数据均未包含银行、证券、保险领域数据。

地区（香港、新加坡、台湾、日本、韩国、美国、德国、英国、法国、荷兰）合计投入 1125.9 亿美元，占全国实际使用外资金额的 94.2%，同比增长 2.7%。其中，韩国和英国对华投资增长较快，实际投入金额分别为 39.7 亿美元和 13.5 亿美元，同比增长 29.8% 和 28%。

3. 第三产业成为吸收外资的主力军。第三产业实际使用外资 741 亿美元，增长 11.9% ，高出利用外资总体增速 10.2 个百分点；占全部外资的比重为 62%，比上年提高 5.7 个百分点。其中，房地产业、租赁与商务服务业实际使用外资保持高速增长，分别增长 20.2% 和 20.5%。第一、二产业实际使用外资分别为 15.2 亿美元和 439.4 亿美元，分别下降 15.4 % 和 11.3%。

4. 外资区域布局日趋合理。东部地区实际使用外资 979.2 亿美元，增长 1.1%；中部地区实际使用外资 108.6 亿美元，增长 7.5%；西部地区实际使用外资 107.8 亿美元，增长 1.6%。在外向型产业转移的带动下，中部地区吸收外资增长较快，占同期全国利用外资总额的比重为 9.1%，比上年提高 0.5 个百分点。

（四）对外直接投资

2014 年，我国境内投资者对全球 156 个国家和地区的 6128 家境外企业进行了直接投资，累计实现非金融类直接投资 1028.9 亿美元，同比增长 14.1%。截至 2014 年底，我国累计非金融类对外直接投资 6463 亿美元。

2014 年对外直接投资主要有以下三大亮点：

1. 企业海外并购取得突破。2014 年，我国对外投资并购领域更趋多元。能源领域继续成为投资热点，五矿资源等企业联营体以 58.5 亿美元收购秘鲁拉斯邦巴斯铜矿；国家电网公司以 25.4 亿美元收购意大利存贷款能源网公司 35% 股权。制造业领域并购活跃，联想集团以 29.1 亿美元收购美国摩托罗拉公司移动手机业务；东风汽车有限公司以 10.9 亿美元收购法国标致雪铁龙集团 14.1% 股权。农业领域跨国并购取得突破，中粮集团以 15 亿美元并购新加坡来宝农业公司和以 12.9 亿美元并购荷兰尼德拉公司，成为迄今农业领域对外投资最大的两个项目。

2. 对外直接投资产业结构继续优化。2014 年对外直接投资产业门类广泛，涉及租赁和商务服务业、采矿业、批发和零售业、建筑业、制造业、房地产业、交通运输、仓储和邮政业等 15 大类。租赁和商务服务业、采矿业和批发零售业成为对外直接投资的主要领域，分别实现对外投资 372.5 亿美元、193.3 亿美元和 172.7 亿美元。

3. 地方企业对外直接投资发展迅速。2014 年，地方企业对外直接投资 451.1 亿美元，同比增长 36.8%，占同期对外直接投资总额的 43.8%，比重比上年提高 7.2 个百分点。其中广东、北京、山东位列前三，对外直接投资额分别为 96 亿美元、55.5 亿美元、44.1 亿美元。

（五）对外经济合作

1. 对外承包工程。2014 年，我国对外承包工程业务完成营业额 1424.1 亿美元，比上年增长 3.8%，新签合同额 1917.6 亿美元，增长 11.7%。新签合同额在 5000 万美元以上的项目 662 个，合计 1578.2 亿美元，占新签合同总额的 82.3%。其中上亿美元的项目 365 个，比上年减少 27 个。

截至 2014 年底，对外承包工程业务累计签订合同额 1.4 万亿美元，完成营业额 9351.6 亿美元。

2. 对外劳务派出。2014 年，我国对外派出各类劳务人员 56.2 万人，比上年增长 6.6%。其中，对外承包工程派出 26.9 万人，对外劳务合作派出 29.3 万人。年末在外各类劳务人员 100.6 万人，比上年增加 15.3 万人。

截至 2014 年底，我国对外劳务合作业务累计派出各类人员 748 万人。

二、对外经贸发展的影响因素及走势判断

展望 2015 年，我国外经贸发展面临的国内外环境依然严峻复杂，存在的不确定性、不稳定性因素较多。

（一）有利因素

中共十八大报告指出，适应经济全球化新形势，必须实行更加积极主动的开放战略，要加快转变对外经济发展方式。推动外贸转型、有效利用外资，加快对外投资合作，这些是实现我国经济提质增效升级的重要举措，有利于培育对外开放新优势，推动形成优进优出的开放型经济新格局，使我国经济与世界经济在更高层次上的融合。

1. 政策完善提供有利支撑。党中央、国务院高度重视外经贸工作，近期印发了《关于加快培育外贸竞争新优势的若干意见》，指出优化通关、质检、退税、外汇管理方式等，加快培育以技术、品牌、质量、服务为核心的外贸竞争新优势，支持跨境电子商务、外贸综合服务平台、市场采购贸易等新型贸易方式蓬勃发展；大力发展服务贸易，扩大金融、物流等服务业对外开放；

稳定外商投资规模和速度，提高引进外资质量；加快对外贸易与对外投资有效互动，深化对外投资管理体制改革，推动制订投资规则。这些都将有利于我国对外经济贸易的长足发展。同时扩大进口的政策进一步完善，2015 年，我国将对部分进口商品实施低于最惠国税率的进口暂定税率。其中，首次实施进口暂定税率和进一步降低税率的产品包括光通信用激光器、全自动铜丝焊接机等先进制造业所需的设备、零部件；电动汽车用电子控制制动器等有利于节能减排的环保设备；乙烯、镍铁等国内生产所需的能源资源性产品；降脂原料药、夏威夷果、相机镜头等药品和日用消费品。此外，2014 年国家发展改革委和商务部对《外商投资产业指导目录》进行了修订，大幅度缩减了限制类条目，并且进一步放开外资股比限制，结合上海自贸试验区试点情况并且综合考虑社会各界，包括媒体的反映，修订后的目录在金融、文化、会计审计、商贸物流、电子商务等领域都提出了进一步开放的措施。

2. 四大自贸区推进创造重要增长点。随着上海自由贸易试验区实施面积范围的扩大，广东、天津和福建自由贸易试验区的挂牌设立，我国自贸区建设将迈上一个新台阶，新一轮高水平对外开放和更大范围的改革试点正在稳步推进。通过在贸易便利化、金融配套服务以及政府管理方式等方面的改革创新，上海自贸试验区试点取得重大阶段性成果。2014 年，上海自贸区共新增外商投资项目 2015 个，比上年猛增 4.5 倍；新增外资项目合同外资 92.4 亿美元，占当年上海市的三成。在 2015 个新增外资项目中，两成集中在金融、文化、专业服务、社会服务等开放新领域，显示出自贸区独特的吸引力。

3. “一带一路”战略带来巨大发展机遇。2015 年 3 月，国家发改委、外交部、商务部联合发布了《推动共建丝绸之路经济带和 21 世纪海上丝绸之路的愿景与行动》，表明“一带一路”正从倡议逐步走向落实，由于投资与贸易合作是“一带一路”建设的重要内容，因此“一带一路”有望成为我国外经贸增长的重要引擎。目前已经有 60 多个沿线国家和国际组织对参与一带一路建设表达了积极的态度，与此同时，我国还积极推进建立亚洲基础设施投资银行。“一带一路”战略将是上海合作组织、欧亚经济联盟、中国 - 东盟、中日韩自贸区等国际合作的整合升级，也是我国发挥地缘政治优势，推进多边跨境贸易、交流合作的重要平台。“一带一路”沿线大多是新兴经济体和发展中国家，这些国家普遍处于经济发展的上升期，开展互惠互利合作的前景广阔。据估算，“一带一路”沿线总人口约 44 亿，经济总量约 21 万亿美元，分别约占全球的 63% 和 29%。据海关初步测算，2014 年，我国与“一带一路”国家或地区进出口双边贸易值接近 7 万亿元人民币，增长 7% 左右，占同期我国外贸进出口总值的四分之一。其中，我国对“一带一路”沿线国家的出口增长超过 10%，进口增长约为 1.5% 左右。

（二）制约因素

1. 世界经济复苏缓慢制约我国外经贸的快速发展。世界经济现在还处在国际金融危机后的调整期，全球经济没有呈现出明显改观，国际市场需求不旺盛。发达经济体的经济增长明显分化，除欧元区经济有改善迹象以外，美国经济增速有所放缓，日本经济依旧较为低迷；主要新兴市场国家经济增速也在放缓。在经济低速增长的背景下，全球贸易增长动力不足。2012 年以来，全球贸易量增速连续 3 年低于世界经济增速。世界贸易组织（WTO）预计，2015 年全球贸易量将增长 4%，增速比 2014 年提高 0.9 个百分点，但仍明显低于 1990 年以来 5.1% 的平均增速，且这一预测仍面临下调的可能。

2. 国际贸易投资保护主义不断升温。伴随世界经济复苏乏力的同时，贸易投资保护主义呈现出升温的迹象，限制措施有增无减。一些贸易大国强化贸易救济的调查执法，加大对其国内产业的保护力度。2014 年，共有 22 个国家和地区对我国出口产品发起贸易救济调查 97 起。其中，反倾销 61 起，反补贴 14 起，保障措施 22 起，涉案金额 104.9 亿美元。此外，我国产品还遭受美国 337 调查 12 起，遭受欧盟发起的反规避调查和反吸收调查各 1 起。我国已经连续 19 年成为遭遇贸易摩擦最多的国家。预计 2015 年这种贸易投资保护主义形势不会发生明显好转，对我国外贸发展的不利影响仍将持续。

3. 我国国际竞争力面临双重挑战。在低端产业领域，我国外贸长期以来形成的低成本比较优势正在减弱，而新的竞争优势还不明显。近年来，我国劳动力成本处于快速上涨期，劳动密集型出口产业竞争力不断弱化，制造业利用外资持续下降，出口订单和产能快速向周边国家转移，纺织服装等产品在发达市场份额明显下降，我国低端机电产品对发达国家出口增速也开始落后于部分周边国家，市场份额面临被蚕食的危险。在高端产业领域，发达经济体利用科技、人才优势抢占新兴技术前沿，促进“再工业化”，开拓国际市场，并且已经取得成效。过去 5 年间，美国出口额年均增长 9%，欧盟出口额年均增长 8.2%，均超过全球出口总体增速。虽然近年来我国装备制造等新兴产业快速发展，但企业开拓国际市场经验不足，支持相关产品出口的财税、金融政策等仍不完善，出口潜力难以得到充分发挥。

此外，金融市场剧烈波动以及地缘政治不稳定等风险因素也将对我国外经贸增长造成一定的影响。

综上所述，未来一段时期，我国对外经贸发展面临世界经济复苏缓慢、传统竞争优势有所弱化、外部限制措施增多等诸多挑战，但 2015 年我国新一轮扩大开放的推进，将为我国对外经济贸易创造新的增长空间。预计 2015 年我国货物贸易有望趋稳向好，贸易顺差比上年有所扩大；服务贸易平稳增长，占外贸总额的比重继续提升；利用外资波动可能加剧，质量进一步提高；对外直接投资保持较快增长，结构不断优化。

（执笔：刘旭玲　国家统计局贸易外经统计司）

2014 年交通运输业发展报告

2014 年，交通运输行业按照稳增长、促改革、调结构、惠民生、防风险的要求，继续加大投资，基础设施规模进一步扩大，交通运输网络不断完善，交通运输装备数量不断增加，运输能力不断提高，服务水平进一步提升，交通运输业的科技和发展迈出了新步伐。保持了交通运输事业持续健康发展，为顺利完成“十二五”规划目标奠定了坚实的基础。

一、基础设施规模继续扩大，交通网络日趋完善

2014 年，交通运输业在新常态下固定资产投资保持较高增速，随着一批重大项目建成投入使用、“新四化”的推进、现代服务业的发展和新一轮科技革命带来的技术进步，加上“一带一路”交通基础设施互联互通，京津冀协同发展交通率先突破，长江经济带综合立体交通走廊建设的启动，我国交通运输网络进一步完善，为交通运输能力的持续提高奠定了较好的基础。

（一）铁路基础网络更趋完善

2014 年，全国铁路加大投资力度，继续保持加快铁路建设势头。全年完成铁路固定资产投资 8088 亿元，比上年增长 21.5%。其中，铁路建设投资 6623 亿元，比上年增长 12.6%，占全年固定资产投资完成额的 81.9%。

伴随着铁路投资力度的继续加大，沪昆高铁杭州东至南昌西段、长沙南至新晃西段、兰新高铁、成绵乐客专、青荣城际、南广线、贵广客专、郑开城际等一批高铁新线陆续开通运营。2014 年 7 月 1 日、12 月 10 日铁路两次调整列车运行图，调图后，甘肃、贵州、青海、内蒙古 4 省区首次开行动车组。至此，高铁列车开行范围扩展至 28 个省区市，铁路基础网络进一步完善。2014 年末，全国铁路营业里程达到 11.18 万公里，比上年末新增 8676 公里，比上年末增长 8.4%；其中，高速铁路新增 5428 公里，达到 16456 公里，比上年末增长 49.2%。全国路网密度 116.5 公里 / 万平方公里，比上年末增加 9.0 公里 / 万平方公里；电气化里程达到 65055.5 公里，比上年末增长 16.9%；电气化率达到 58.2 %，比上年末提高 4.1 个百分点。

图 1　2008-2014 年高速铁路里程及其增长速度

（二）公路通达里程较快增长

2014 年，全年完成公路建设投资 15460.94 亿元，比上年增长 12.9%，比上年提高 5.2 个百分点。其中，高速公路建设完成投资 7818.12 亿元，增长 7.1%，比上年提高 6.3 个百分点。普通国省道建设完成投资 4611.82 亿元，增长 18.9%。农村公路建设完成投资 3030.99 亿元，增长 20.4%，纳入《集中连片特困地区交通建设扶贫规划纲要（2011-2020）》的 505 个贫困县完成公路建设投资 3442.92 亿元，增长 8.1%，占全国公路建设投资 22.3%。

随着高速公路大通道建设的完成，农村公路新改建项目的建成，我国公路基础网络更趋科学、完善。2014 年末，全国公路总里程达 446.39 万

公里，比上年末增加 10.77 万公里，增长 2.5%。其中，高速公路 11.19 万公里，比上年末增加 7498 公里，增长 7.2%。全国等级公路里程达 390.08 万公里，比上年末增加 14.53 万公里，占公路总里程的比重为 87.4%，比上年末提高 1.2 个百分点。在各行政等级公路里程中，国道 17.92 万公里、省道 32.28 万公里，比上年末分别增加 0.24 万公里、0.49 万公里。2014 年末，全国公路密度为 46.5 公里 / 百平方公里，比上年末提高 1.1 公里 / 百平方公里。

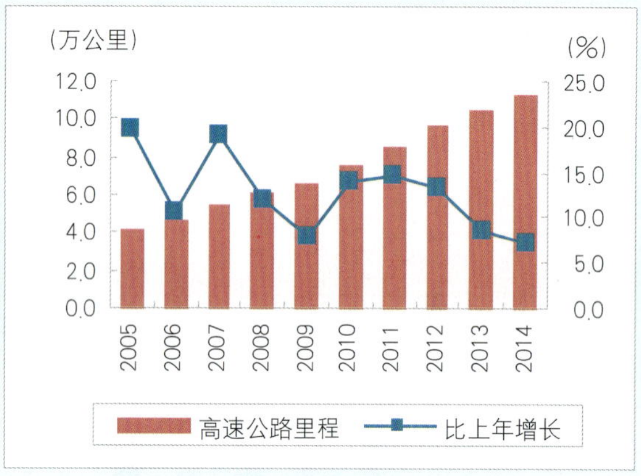

图 2　2005-2014 年高速公路里程及其增长速度

2014 年，我国农村公路建设迅速发展。年末全国农村公路（含县道、乡道、村道）里程达 388.16 万公里，比上年末增加 9.68 万公里；其中村道 222.45 万公里，增加 7.71 万公里。全国通公路的乡（镇）占全国乡（镇）总数 99.98%，其中通硬化路面的乡（镇）占全国乡（镇）总数 98.08%、比上年末提高 0.28 个百分点；通公路的建制村占全国建制村总数 99.82%，其中通硬化路面的建制村占全国建制村总数 91.76%、提高 2.76 个百分点。

（三）水运和港口建设平稳发展

2014 年，内河及沿海建设完成投资 1459.98 亿元，比上年下降 4.5%。其中，内河建设完成投资 508.12 亿元，下降 6.9%；沿海建设完成投资 951.86 亿元，下降 3.1%。505 个贫困县完成水运建设投资 24.69 亿元，全部为内河建设投资，增长 27.7%，占全国内河建设投资 4.9%。

随着长江南京以下 12.5 米深水航道一期工程等投入试运行，长江中游荆江航道整治工程等顺利进展，全年新增及改善内河航道里程 2000 公里。到 2014 年末，全国内河航道通航里程达到 12.63 万公里，比上年末增加 427 公里。等级航道 6.54 万公里，占总里程 51.8%，提高 0.2 个百分点。其中，三级及以上航道 10854 公里，五级及以上航道 2.85 万公里，分别占总里程 8.6% 和 22.5%，分别提高 0.5 个和 0.6 个百分点。

2014 年末，内河港口新建及改（扩）建码头泊位 253 个，新增吞吐能力 16216 万吨，其中万吨级及以上泊位新增吞吐能力 3094 万吨。沿海港口新建及改（扩）建码头泊位 170 个，新增吞吐能力 36269 万吨，其中万吨级及以上泊位新增吞吐能力 33123 万吨。

2014 年末，全国港口拥有生产用码头泊位 31705 个，比上年末减少 55 个。其中，沿海港口生产用码头泊位 5834 个，增加 159 个；内河港口生产用码头泊位 25871 个，减少 214 个。全国港口拥有万吨级及以上泊位 2110 个，比上年末增加 109 个。其中，沿海港口万吨级及以上泊位 1704 个，增加 97 个；内河港口万吨级及以上泊位 406 个，增加 12 个。

（四）民航基础设施能力明显增强

2014 年，我国民航全年完成固定资产投资 1508 亿元，其中基本建设投资完成 734 亿元。随着投资建设的稳步推进，我国民航实力明显增强。全国运输颁证民用航空机场数量增至 202 个，其中千万级机场达 24 个，三千万级机场达 7 个。北京首都机场旅客吞吐量连续五年居全球第二；上海浦东机场货邮吞吐量连续七年保持世界前三。2014 年末，定期航班通航机场 200 个（不含港澳台地区，下同），比上年末增加 10 个；定期航班通航城市 198 个，比上年末增加 10 个。

2014 年末，我国定期航班航线里程（按不重复距离计算）达到 463.72 万公里，比上年末增加 53.12 万公里；其中，国内航线 287.00 万公里，国际航线 176.72 万公里，分别比上年增加 26.72 万公里、26.41 万公里。定期航班航线条数达到3142条，比上年末增加266条，增长9.2%。其中，国内航线2652条（含港澳台航线114条），比上年末增加203条，增长8.3%；国际航线490条，比上年末增加63条，增长14.8%。

（五）管道运输网络格局初步形成

2014年，全国管道运输完成投资321亿元，随着投资的增加，我国油气管网格局初步形成。

2014年末，全国管道总里程达10.57万公里，比上年末增加7224公里，增长7.3%。其中：输油管里程达4.52万公里，比上年末增加1970公里，增长4.6%；输气管里程达6.05万公里，比上年增加5253公里，增长9.5%。2014年末，全国输油（气）管道共有821条，比上年增加16条；其中：输油管道有299条，比上年末增加2条，增长0.7%；输气管道有522条，比上年末增加14条，增长2.8%。

二、科技进步促进了运输装备水平不断提高

2014年末，全国铁路机车拥有量2.11万台、公路营运汽车1537.93万辆和民用飞机4168架，运输装备的数量都有较大幅度的增长，使运输能力得到了较大的提高。交通运输行业铁路重载的研究、大功率电力机车和ETC(不停车收费）联网等一批新成果的开发应用，不仅促进了运输装备质量持续提升，也使交通运输效率得到了进一步的提高。

（一）科技引领铁路装备水平不断提升

基于自主技术平台的《系列化大功率交流传动电力机车研发及应用》成果实现了大功率电力机车电气系统核心技术的全面自主化和可持续发展，完成了我国电力机车核心技术的飞跃；《高速铁路关键基础设施综合检测及评估技术》成果形成了具有自主知识产权的时速385公里高速综合检测及评估成套技术，在检测速度、检测功能、主要技术指标等方面均达到国际领先水平。

重载运输是国际公认的铁路货运发展方向，而货车轴重代表着重载铁路发展水平。2014年我国铁路货车在成功研发了25吨轴重重载铁路成套技术的基础上，铁路部门开展了30吨轴重重载铁路技术的综合研发，系统组织了核心装备和关键技术攻关，首次研制了30吨轴重机车、30吨轴重货车和电控空气制动系统等相关技术，形成具有自主知识产权的30 吨轴重重载铁路成套技术体系。

铁路运输装备水平进一步提升。2014年末，全国铁路机车拥有量2.11万台，比上年末增加261台。其中，电力机车占55.0%，比上年提高2.9个百分点；内燃机车占45.0%，比上年减少2.8个百分点。铁路客车拥有量为6.06万辆，比上年末增加0.17万辆；其中，空调车5.21万辆，占85.9%，提高3.3个百分点；“和谐号”动车组1411组、13696辆，增加103组、3232辆。全国铁路货车拥有量为71.66万辆，比上年末减少0.53万辆，下降0.73%。

（二）科技进步推动了公路运输装备发展

2014年实现了全国14个省市高速公路电子不停车收费（ETC）联网正式开通，全国共建成ETC车道7600余条，用户超过1300万。截至今年11月底，本次联网的14个省市共建成ETC专用车道6659条，发展ETC用户909万，行业自营网点718个，合作网点5504个，用户自助服务终端超过1.8万台，部分服务网点已覆盖到乡镇。14个省市ETC联网工程，取得了路网协调管理的重大突破，进一步发挥了路网规模效益，为实现全国ETC联网提供重要的技术支撑。

为适应交通运输发展的需要，全国公路营运车辆较快增长。2014年末全国拥有公路营运汽车1537.93万辆，比上年末增长2.2%。其中，拥有载客汽车84.58万辆、2189.55万客位，比上年末分别减少0.8%和增加0.9%。其中，大型客车30.67万辆、1326.24万客位，分别增长2.6%和3.4%。拥有载货汽车1453.36万辆、10292.47万吨位，比上年末分别增长2.4%和7.1%。其中普通货车1091.32万辆、5241.45万吨位，分别增长1.0%和4.7%；专用货车45.58万辆、490.59

万吨位，分别减少1.4%和4.6%。

（三）水上运输船舶大型化发展

2014年末，全国拥有水上运输船舶17.20万艘，比上年末减少0.3%；净载重量25785.22万吨，增长5.7%；平均净载重量1499.34吨/艘，增长6.0%；载客量103.23万客位，减少0.1%；集装箱箱位231.87万TEU，增长36.3%；船舶功率7059.85万千瓦，增长8.9%。

（四）应用新技术推进了民航的发展

在新技术应用上，今年民航完成包括黎平、延安在内的33个机场PBN建设，在上海虹桥、青岛机场开展HUD运行试点，适航攻关稳步推进。2014年末，我国已拥有民用飞机4168架，比上年末增加164架，增长4.1%；运输飞机2370架，比上年末增加225架，增长10.5%。其中大中型运输飞机2218架，比上年末增加233架，增长11.7%。

三、旅客运输平稳增长，货物运输较快发展

2014年，交通运输业客货运输量保持了稳步增长，为国民经济发展提供了有力支撑。全年完成客运量220.94亿人、旅客周转量30097.38亿人公里，比上年分别增长4.1%和9.2%；完成货运量438.68 亿吨、货物周转量185837.42亿吨公里，比上年分别增长7.0%和10.6%。

（一）铁路客运量较快发展，货物运输持续下降

2014年，铁路部门以实现旅客“安全出行、方便出行、温馨出行”常态化为目标，通过扩充客运能力、完善售票组织、提升服务质量这“三驾马车”，持续深化客运组织改革。

伴随一批新线相继开通运营，高铁列车开行范围扩展至28个省区市。客运能力的扩充极大缓解了客流高峰时期运输能力紧张的问题。2014年，铁路部门圆满完成了春运、暑运、小长假和国庆黄金周的旅客运输任务，实现铁路客运量较快增长。2014年，全国铁路运输完成客运量23.57亿人，比上年增加2.51亿人，增长11.9%，比上年提高1.1个百分点；完成旅客周转量 11604.75 亿人公里，比上年增加1009.13亿人，增长9.5%，比上年提高1.5个百分点。

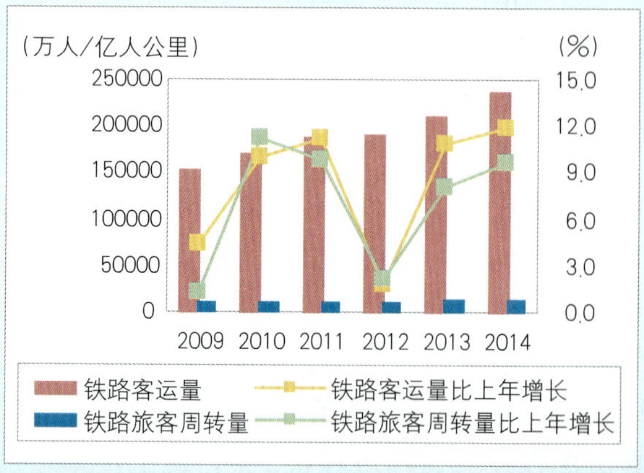

图3 2009-2014年铁路旅客运输情况

2014年，高铁基本成网，为释放货运能力创造了有利条件。围绕货运改革难点，铁路部门强力攻关，不断创新货运产品，大力提高货运服务质量。在大宗物资运输需求不旺的情况下，铁路部门大力开发高附加值“白货”市场；在全面深入开展集装箱运输调研的基础上，全路启动了集装箱运输改革，2014年下半年集装箱运量比上半年增长8%；同时，为充分发挥铁路在综合交通运输体系中的骨干作用，降低全社会物流成本，铁路部门进一步加大货运组织改革力度，全面推出货物快运业务。这一系列货运新业务的推出，使铁路物流服务功能全面提升。

2014年，全国铁路完成货运量38.13亿吨，比上年减少1.54亿吨，下降3.9 %；完成货物周转量27530.19亿吨公里，比上年减少1643.70亿吨公里，下降5.6%。从主要品类运输完成情况看，全国铁路煤炭运量完成16.41亿吨，比上年下降2.3%；金属矿石完成3.67亿吨，下降8.7%；钢铁及有色金属完成1.97亿吨，下降8.8%；石油运量完成1.28亿吨，增长0.6%；粮食运量完成0.83亿吨，下降20.9%；化肥及农药运量完成0.79亿吨，下降5.7%；集装箱运量完成0.91

亿吨，增长 4.7%。

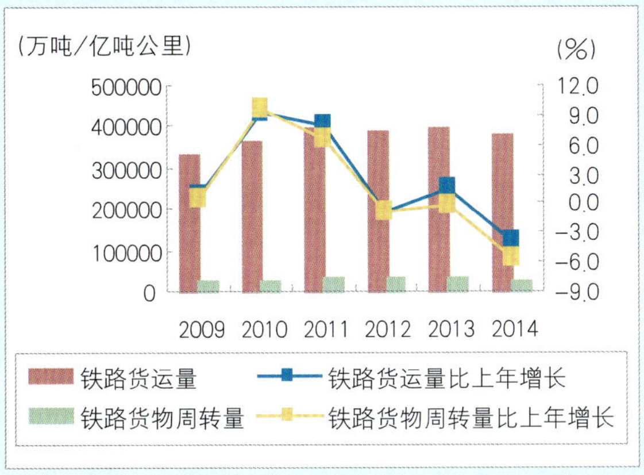

图 4　2009—2014 年铁路货物运输情况

（二）公路旅客运输平稳增长，货物运输较快增长

随着公路基础网络的不断完善，我国公路客货运输继续保持增长，特别是公路货物运输持续较快发展，为国民经济稳步增长发挥了重要作用。2014 年，全国完成公路客运量 190.82 亿人，比上年增加 5.47 亿人，增长 3.0%；完成旅客周转量 12084.10 亿人公里，比上年增加 833.15 亿人公里，增长 7.4%。全年完成货运量 333.28 亿吨，比上年增加 25.62 亿吨，增长 8.3%；完成货物周转量 61016.62 亿吨公里，比上年增加 5278.55 亿吨公里，增长 9.5%。

（三）水路客运较快增长，货物运输持续较快增长

2014 年，全国水路客运量较快增长，全年水路完成客运量 2.63 亿人、旅客周转量 74.34 亿人公里，比上年分别增长 11.7% 和 8.8%。全国水路货运量持续较快增长，水路完成货运量 59.83 亿吨，比上年增长 6.9%；完成货物周转量 92774.56 亿吨公里，比上年增长 16.8%。在全国水路货运中，内河运输完成货运量 33.43 亿吨、货物周转量 12784.90 亿吨公里；沿海运输完成货运量 18.92 亿吨、货物周转量 24054.59 亿吨公里；远洋运输完成货运量 7.47 亿吨、货物周转量 55935.06 亿吨公里。

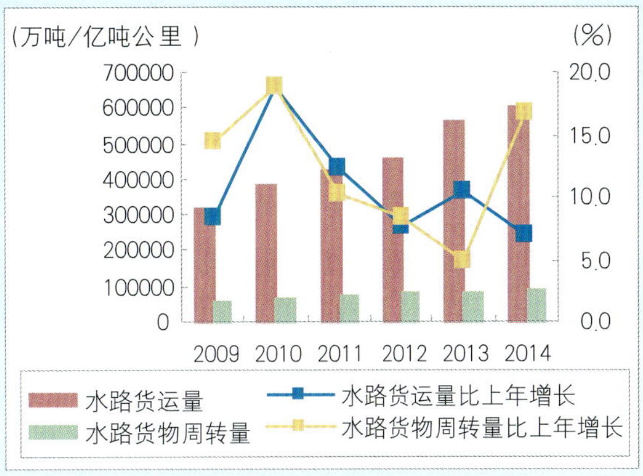

图 5　2009—2014 年水路货物运输情况

（四）港口货物吞吐量平稳发展，外贸货物吞吐量持续增长

2014 年，全国规模以上港口完成货物吞吐量 111.88 亿吨，比上年增加 5.39 亿吨，增长 5.1%；其中，沿海港口完成 76.96 亿吨，内河港口完成 34.92 亿吨，分别比上年增长 5.7%、3.7%。全国规模以上港口完成外贸货物吞吐量 35.29 亿吨，比上年 6.2%%；其中，沿海港口完成 32.08 亿吨，内河港口完成 3.21 亿吨，分别比上年增长 6.1%、7.1%。

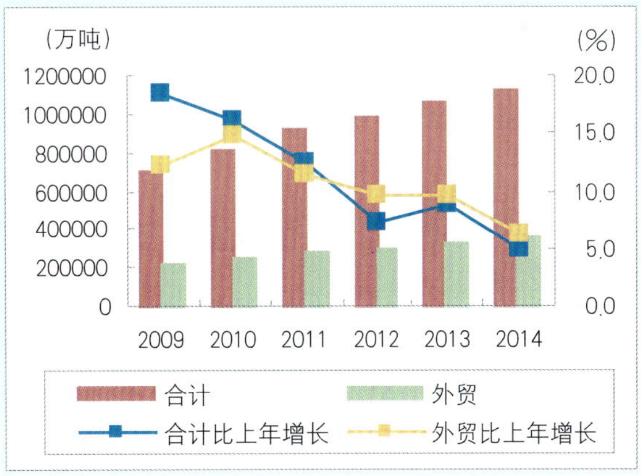

图 6　2009—2014 年规模以上港口及外贸货物吞吐量

全国港口完成集装箱吞吐量 2.02 亿 TEU，比上年增长 6.4%。其中，沿海港口完成 1.82 亿 TEU，内河港口完成 2066 万 TEU，比上年分别增长 7.1% 和 0.6%。

从主要货品吞吐量情况看，2014 年，全国

规模以上港口完成煤炭及制品吞吐量21.89亿吨，石油、天然气及制品吞吐量7.86亿吨，金属矿石吞吐量17.97亿吨，分别比上年增长0.7%、3.7%、7.6%。

表1　2014年规模以上港口各货类吞吐量及增长速度

货类名称	吞吐量（亿吨）	比上年增长（%）	外贸吞吐量（亿吨）	比上年增长（%）
总计	111.88	5.1	35.29	6.2
煤炭及制品	21.89	0.7	2.81	-10.4
石油、天然气及制品	7.86	3.7	3.89	7.6
金属矿石	17.97	7.6	11.04	8,012.6
钢铁	4.69	3.79	0.96	34.2
矿建材料	16.53	1.3	0.35	8.3
水泥	3.09	8.C	0.14	4.5
木材	0.81	13.6	0.65	11.2
非金属矿石	2.48	5.8	0.5C	-20.4
化学肥料及农药	0.52	33.9	0.33	54.6
盐	0.17	7.C	0.08	0.8
粮食	2.41	7.1	0.95	17.0
机械、设备、电器	2.18	11.3	1.35	13.6
化工原料及制品	2.36	9.C	0.88	-0.1
有色金属	0.16	-2.4	0.12	-8,432.9
轻工、医药产品	1.15	3.6	0.47	-2.1
农林牧渔业产品	0.49	18.2	0.23	10.1
其他	27.11	8.C	10.55	6.6

（五）民航旅客运输较快增长，货物运输平稳发展

近年来，航空运输市场竞争加剧，高铁持续冲击中短程航线，国内核心航空市场竞争更趋激烈，运量排名前20条航线平均每条航线承运人数量达7.6个。国际航空市场上，国外低成本航空公司也纷纷加入竞争行列。激烈的市场竞争将形成倒逼机制，迫使民航企业选择差异化发展战略。骨干航空公司围绕各自核心市场构建航空枢纽；支线航空公司专注于中西部市场和支线市场，与骨干航空公司形成互补；低成本航空大力开拓旅游休闲航空运输市场；传统航空货运向现代物流业转型，促使航空运输产品日趋多样化和个性化。

2014年，我国民航旅客运输保持较快增长，完成客运量3.92亿人，比上年增加0.38亿人，增长10.7%。其中，国内航线完成3.60亿人，比上年增长10.1%（其中内地至香港、澳门和台湾地区航线为1005万人，比上年增长11.2%）；国际航线完成0.32亿人，比上年增长18.8%；完成旅客周转量6334.19亿人公里，比上年增加677.43亿人公里，增长12.0%；其中，国内航线完成5017.39亿人，比上年增长11.2%；国际航线完成1316.80亿人，比上年增长14.9%。

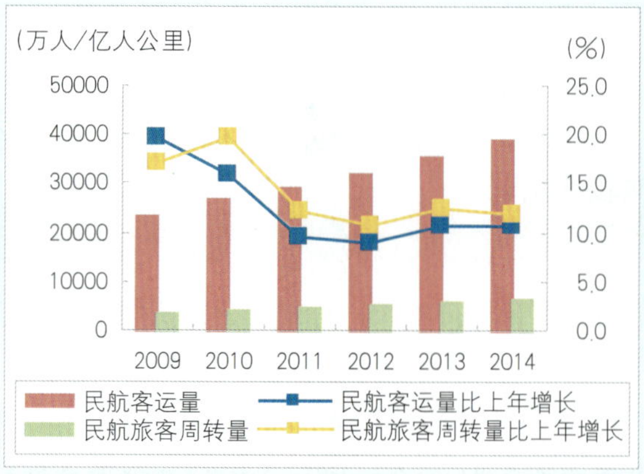

图7　2009–2014年民航旅客运输情况

2014年，民航货物运输保持平稳增长，全年完成货运量594.10万吨，比上年增加32.85万吨，增长5.9%；完成货物周转量187.77亿吨公里，比上年增加17.48亿吨公里，增长10.3%。

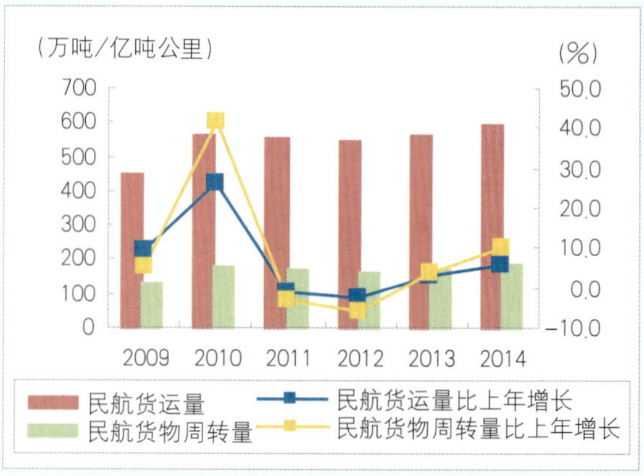

图8　2009–2014年民航货物运输情况

（六）管道运输较快速发展

2014年，全年管道实际完成输油（气）量7.38亿吨，比上年增加8543万吨，增长13.1%。其中：输油量5.04亿吨，增长3.9%；输气量2.34亿吨，增长39.8%。全年完成输油（气）周转量4328.28亿吨公里，比上年增加832.39亿吨公里，增长23.8%。其中：输油周转量2094.77亿吨公里，增长10.9%；输气周转量2233.51亿吨公里，增长39.1%。

2014年，交通运输业持续健康快速发展，各方面都取得了长足进步，在继续深化投融资体制的改革，推进交通基础设施建设，进一步提高交通运输服务水平和服务能力，加快推进综合运输体系建设以更好地适应经济社会发展的需要等方面均迈上了新台阶。2015年，交通运输业将进一步优化运输组织，不断提升综合交通运输服务能力，为稳定经济增长作出积极贡献。

（执笔：栾尽晖　国家统计局服务业统计司）

2014 年邮政电信行业发展报告

邮政、电信行业作为国家重要的社会公共事业和现代服务业，2014 年在经济下行压力较大的情况下，坚持贯彻中央稳增长、惠民生总基调，认真落实国务院决策部署。邮政行业坚持改革创新精神，邮政企业发扬国家基本公共服务均等化主人翁意识，重点推进城乡普惠进程。我国快递业抓住邮政体制改革的重大机遇，与迅猛发展的电子商务携手共进，年快递业务量首次问鼎世界第一；电信行业深入推进“宽带中国”战略，大力提升 4G 网络和宽带基础设施水平，积极发展移动互联网，迎来了拥有自主知识产权的 4G（TD-LTE）商用元年，全行业保持健康发展。2014 年全国邮电业务快速增长，全年完成邮电业务总量 21846 亿元，同比增长 19%。

一、我国邮政行业深化改革创新、加快普惠邮政建设，快递企业市场主体活力迸发

2014 年，邮政普遍服务大力推进城乡普惠进程，竞争性业务快递服务板块持续释放改革红利，市场开放规模继续扩大，开始向快递强国迈进。我国邮政行业服务流通经济、提升社会消费能力作用增强、影响力扩大。全年邮政行业业务总量完成 3696.1 亿元，同比增长 35.6%。业务收入（不包括邮政储蓄银行直接营业收入）完成 3203.3 亿元，同比增长 25.7%。

（一）努力健全邮政网络基础设施保障体系，提升国家基本公共服务水平

积极发挥政策引领作用，为普遍服务发展提供更加宽松的政策环境。国家邮政局先后编制完成《邮政业标准体系》，修订邮政普遍服务监督管理办法，出台无着邮件规范性文件，颁布实施邮政行政执法监督办法，积极推动邮政业节能减排与绿色发展，并向社会公开征求《村邮站服务规范》意见。邮政地方法规体系进一步完善，省级邮政立法基本实现全覆盖。

国家基本公共服务体系“十二五”规划将邮政服务“乡乡设所、村村通邮”纳入基本公共服务重点任务。邮政业是国家基础性、公共性、服务性行业，发展是第一要务。各级邮政管理部门和邮政企业在推进空白乡镇邮政营业场所补建、“村邮户箱”工程和西部农村地区邮政基础设施建设和更新改造工作中，努力健全邮政基础设施投资保障机制，完善城乡服务平台建设，确保 2020 年邮政普遍服务均等化目标全面实现。国家“十二五”规划确定全国累计安排补建空白乡镇邮政营业场所项目 8440 个，“补白”作为国家确定的邮政业一项重要民生工程，惠及广大农村百姓。截止 2014 年底，全国空白乡镇已竣工 7926 个项目，竣工率达 93.9%。运营 6368 个，运营率达 75.5%，超额完成“补建竣工率 90%、运营率 60%”的年度目标。在全国 29 个有“补白”任务的省份中，实现竣工率和运营率“双百”的省份提升至 13 个，“补白”工作取得重要突破。

邮政普遍服务基础设施持续加强，单位用邮服务水平继续改善。截至 2014 年底，全国邮路总长度达到 630.6 万公里，比上年增加 40.8 万公里。农村投递路线长度达到 377.6 万公里，比上年增加 3.1 万公里。营业网点达到 13.76 万处，比上年增加 1.25 万处，其中设在农村的有 4.4 万处。平均每一营业网点服务面积由上年 76.7 平方公里改善到 69.8 平方公里，平均每一营业网点服务人口由上年 1.1 万人改善到 1.0 万人。邮政城区每日平均投递 2 次，农村每周平均投递 5 次。全国拥有邮政信筒信箱 14.2 万个，邮政报刊亭总数 2.8 万处。完成西部和农村地区营业网点改造 2650 处，车辆更新 1358 辆，“村邮户箱”建设制度体系日趋完善。

在邮政业服务能力进一步提升的同时，普遍服务主体业务正在面临着挑战。近年来，在移动互联网的快速普及推动下，人们在享受基本用邮服务生活方式方面发生了很大变化。2014 年，邮政企业全年函件业务量完成 56.1 亿件，同比下降 11.5%。包裹业务量完成 6024 万件，同比下降 13.0%。订销报纸业务完成 191.2 亿份，同比下降 1.6%。订销杂志业务完成 10.8 亿份，同比下降 5.4%。汇兑业务完成 1.3 亿笔，同比下降 32.4%。年人均函件量 4.1 件，每百人订有报刊量 10.9 份，均比上年有所减少。

（二）快递业在竞争中做大做强、活力迸发，首次问鼎世界第一

为进一步促进我国快递业健康发展，国家和各地区陆续出台一系列扶持政策。2014 年，国家邮政管理部门起草了促进快递业发展的若干意见，推动快递条例报请国务院审议，发布《快递专用电动三轮车技术要求》。9 月，国务院常务会议决定全面开放我国包裹快递市场，对于符合条件的快递企业按地域可以发放经营许可。从开放国内包裹市场到邮政业试点“营改增”，从国家邮政局启动‘三向’工程到加快简政放权，这一系列‘引进来走出去’、‘松绑减负’的改革措施彰显出政府对快递业发展审时度势的把握和促其转型升级的决心。力争到 2020 年，基本实现“县县有分拨，乡乡有网点，村村通快递”。

大力实施快递“向下”、“向西”和“向外”工程，加快农村和中西部地区网络布局和设施建设。2014 年快递服务营业网点达 13.2 万处，同比增长 12.1%。全国快递服务网路条数 14 万条，同比增长 33.4%。快递服务网路长度（单程）3071.8 万公里，同比增长 35.2%。快递服务汽车 17.8 万辆，手持终端 57.1 万台。改扩建转运分拨中心 185 万平方米，新增干线车辆 1.4 万台。高铁快递 + 电商专列 + 货物快运模式取得新突破，中铁快运联手申通等快递企业相继开通京广、沪深、京沪 3 对 6 列电商快递班列，快件班列覆盖全国 65 个城市。企业自主航空运输能力持续增强，邮政 EMS、顺丰加强机队建设，圆通航空机队正在组建，行业新增货机专用航线 40 余条、合作航线 200 余条，快递专用货机增至 68 架。企业加大分拣自动化设备以及移动客户端软件等科技成果推广力度，生产效能不断提升。多地利用客运班车代运邮件快件、交邮合作不断深化，综合运输体系衔接效能陆续显现。郑州、贵阳等全国性和区域性快递中心园区建设成效突出，苏南“全国快递产业集聚发展试验园区”进展顺利。石家庄、佛山等城市将快递用电动三轮车、摩托车通行纳入规范化管理， 快递车辆进城难得到初步缓解。创新末端投递方式，全年投入使用智能快件箱 1.5 万个，冷链快递网络在 20 多个城市启用。顺丰、韵达、申通等企业加大在东南亚、欧美、俄罗斯、日本等国的布点力度与合作机制，企业“走出去”国家战略意图得到有效落实。

快递业是一个充分竞争的领域，市场在资源配置中起决定性作用。近年来，我国快递业紧紧抓住邮政体制改革的重大战略机遇期，与信息时代迅猛发展起来的电子商务携手共进，企业市场主体活力爆发，行业发展由此驶入了快车道。2014 年，中国快递正式进入了“百亿”时代。我国快递业务量达到 139.6 亿件，超过美国，首次问鼎世界第一，连续 4 年实现了年均增幅超过 50% 的速度，年人均快递使用量达到 10.2 件，人均快递支出 149.5 元。全国快递最高日处理量继 2012 年突破 3000 万件、2013 年突破 6500 万件之后，2014 年又突破 1.026 亿件。快递业务收入完成 2045.4 亿元，同比增长 41.9%，快递业务收

图 1　2007-2014 年快递业务量及增长速度情况

入占邮政行业业务总收入的比重达到63.9%，比上年提高7.3个百分点。快递业务量从0-10亿件，中国快递走了26年；从10亿件到100亿件，中国快递仅用了八年时间。

（三）健全市场常态管理机制，着力提高行业安全监管和应急保障能力

各级邮政管理部门坚持以安全为基本，建立行业安全监管联动机制。与中央综治办等九部门联合出台《关于加强邮件、快件寄递安全管理工作的若干意见》，组建邮政业安全中心，配合公安、质检、新闻出版、民航等部门开展寄递渠道信息安全、反恐、禁毒、扫黄打非、打击侵权假冒和航空邮件监管等工作。11月上旬APEC会议在北京召开，国家邮政局下发《关于做好APEC会议期间进（出）京邮件、快件疏运安排的通知》，提前制定有效措施应对市区车辆限行的影响。

面对“双11”等快递服务行业特有的常态化业务高峰，严峻地考验着快递业对我国国民经济的支撑力度和服务能力。国家邮政主管部门采取积极措施构建国家、省、市三级邮政管理部门三级互动机制；政府、协会和企业之间三维互动的保障机制；协调电商、快递企业“错峰发货、均衡推进”统筹调度工作机制。督促快递企业严格履行服务承诺，保证旺季期间服务质量不降低。11月11日至16日，全行业共处理快件5.4亿件，最高日处理量达到1.026亿件，是今年以来日常处理量的3.1倍。监测显示：全网运行基本平稳，确保了“全网不瘫痪、重要节点不爆仓”的预定目标。

建设诚信邮政，维护消费者合法权益。2014年开展邮政执法检查11.9万次，作出行政处罚决定1693起，建立快递市场主体退出机制依法注销172家企业经营许可资质。国家邮政局和各省（区、市）邮政管理局通过“12305”邮政行业消费者申诉电话和申诉网站共受理消费者申诉71.9万件，同比增长86.2%，其中有效申诉23.9万件，同比增长19.3%。为消费者挽回经济损失2749.3万元，同比增长31.6%。邮政业消费者申诉处理满意率由上年92.1%提高到96.1%，全国快递业务平均百万件快件有效申诉由上年的21.3件下降到16.8件。

二、围绕建设“网络强国”战略目标，电信行业加快新一代信息通信技术发展步伐

2014年，我国电信业认真贯彻落实中央稳增长政策措施，继续深入推进“宽带中国”战略，围绕建设网络强国的战略目标，把握4G、移动互联网时代的创新与融合的机遇，信息消费在经济增长中的拉动作用进一步凸显，实现了稳中有进、稳中提质、稳中促优的发展目标。全年完成电信业务总量18150亿元，同比增长16.1%。实现电信业务收入11541亿元，同比增长3.6%。

（一）“宽带中国”战略2014专项行动扎实推进，行业投资水平创六年来新高

我国电信行业以改革创新为动力，继续推进简政放权，致力于激发市场活力。2014年，工业和信息化部修订了《电信服务质量监督管理暂行办法》等规章，已批复42家民营企业开展移动通信转售业务，出台《关于向民间资本开放宽带接入市场的通告》进一步向民间资本开放基础电信领域，工业和信息化部、住房城乡建设部联合组织开展了2014年光纤到户国家标准贯彻实施情况监督检查工作。推动电信基础设施共建共享新机制实现新突破，三家基础电信企业共同组建成立了中国铁塔公司。推进贫困地区行政村接通符合国家标准的互联网，努力消除“数字鸿沟”带来的差距，力争到2020年，全国通电自然村基本实现通宽带。创建示范效果初步显现，确定北京市、天津市、上海市、长株潭城市群以及石家庄市、大连市等39个城市（城市群）为2014年度“宽带中国”示范城市（城市群）。

“宽带促进可持续发展”深刻揭示了宽带网络发展的重要作用和巨大潜力。我国电信行业以宽带中国战略为龙头，优化网络互联架构，持续提高移动宽带网络能力和服务水平。2014年我国信息基础设施建设投入进一步加大，“宽带中国”2014专项行动顺利实施，全行业以移动通信

投资为重点，共完成电信固定资产投资 3992.6 亿元，同比增长 6.3%。其中移动通信投资同比增长超过 20%，占行业全部投资的比重提升到 40.5%。

我国光纤宽带网络基础设施能力增强。2014 年，新建光缆线路 300.7 万公里，全国光缆线路总长度达到 2046 万公里，同比增长 17.2%。互联网宽带接入端口比上年净增 4160.1 万个，总数量突破 4 亿个。“铜退光进”日益显现，在互联网宽带接入端口中 xDSL 端口占比由上年的 41% 下降至 34.3%，光纤接入（FTTH/O）端口占比由上年的 32% 提升至 40.6%。新增移动通信基站 98.8 万个，总数达 339.7 万个。新增 WLAN 公共运营接入点（AP）30.9 万个，总数达到 604.5 万个，WLAN 用户达到 1641.6 万户。以 LTE 发展为契机，组织实施“中国 LTEv6 工程”，加快移动互联网 IPv6 商用化进程。持续实施“通信村村通”工程，推动完善电信普遍服务补偿机制，加强公共财政对农村宽带发展的支持，新增 1.38 万个行政村通宽带，全国通宽带乡镇和行政村的比例分别达到 100% 和 93.5%。

宽带用户规模扩大、高速率接入服务水平提升。基础电信企业固定互联网宽带接入用户净增 1157.5 万户，总数量突破 2 亿户。光纤接入（FTTH/O）用户总数达 6831.6 万户，光纤接入（FTTH/O）用户占宽带用户的比重达到 34.1%。8M 以上、20M 以上宽带用户总数占宽带用户总数的比重分别为 40.9% 和 10.4%，比上年提高 18.3 和 5.9 个百分点，我国主流固定宽带接入速率正在从 4Mbps 迈向 8Mbps 时代。《中国宽带速率状况报告》显示，2014 年第四季度，我国固定宽带互联网网络平均可用下载速率达到 4.25Mbps，一年内提升 20%。新增 FTTH 覆盖家庭 8859 万户，移动宽带（3G/4G）用户总数超过 5.8 亿户。融合业务发展逐渐成规模，交互式网络电视（IPTV）用户达 3363.6 万户。

（二）开启中国 4G（TD-LTE）商用元年，中国企业已成为 4G 标准的领跑者和产业主导者

2014 年，由我国主导的 4G 技术 TD-LTE 正式走上商用舞台，并且分别在 56 个城市开展 LTE FDD 和 TD-LTE 混合组网试验，两大国际主流技术的融合发展揭开了新篇章。仅一年时间，我国就新建高速无线网络 4G（TD-LTE）基站 73.3 万个，发展 4G 用户 9728.4 万户，建成全球最大的 4G 网，覆盖超过 300 个国内城市，基本实现县级以上城市和发达乡镇覆盖。在全球 LTE 专利数中，中国企业占比超过 20%。全球已有 26 个国家开通 42 张 TD-LTE 商用网，中国企业已成为 4G 标准的领跑者和产业主导者，为我国移动通信设备制造企业“走出去”，在全球 TD-LTE 网络建设中创造了更大的成长空间。

在“网络强国”国家战略布局下，目前我国已经成为全球最大的电信市场，建成世界第一大固定网络和移动网络，拥有最多的固话、移动和互联网用户，电话用户总数突破 15 亿户，高速率移动宽带用户占比提升明显。截至 2014 年底，全国电话用户总数达 153552 万户，同比增长 2.6%。其中：移动电话用户升至 128609 万户，占全国电话用户总数比重提升到 83.8%；固定电话用户总量降至 24943 万户，占比下降至 16.2%。全国电话普及率为 112.8 部 / 百人，比上年提高 2.9 部 / 百人。其中移动电话普及率由上年 90.3 部 / 百人上升至 94.5 部 / 百人，全国共有北京、辽宁、上海、江苏、浙江、福建、广东、海南、内蒙古和宁夏等 10 个省市区的移动电话普及率超过 100 部 / 百人；固定电话普及率由上年 19.6 部 / 百人下降至 18.3 部 / 百人。

2014 年新增 3G 和 4G 移动电话用户 8364.4 万户和 9728.4 万户，移动宽带（3G/4G）用户总数达到 58254 万户，移动宽带用户在移动用户中的渗透率达到 45.3%，比上年提高 12.6 个百分点；2G 移动电话用户占比下降至 54.7%。由中国主导的 TD-SCDMA 和 TD-LTE 用户在移动宽带总量中的份额达到 57.4%。

在智能终端普及推动下，手机上网流量成为推动移动互联网流量高速增长的重要因素。2014 年全国移动互联网接入流量消费达 20.62 亿 G，同比增长 62.9%。月户均移动互联网接入流量达到 205M，同比增长 47.1%。手机上网流量达到

17.91 亿 G，同比增长 95.1%。固定互联网宽带接入时长达 41.44 万亿分钟，同比增长 29.6%。移动电话去话通话时长同比增长 1.3%，移动短信发送量同比下降 14.4%；固定本地电话、长途通话时长同比分别下降 13.3% 和 9.8%。

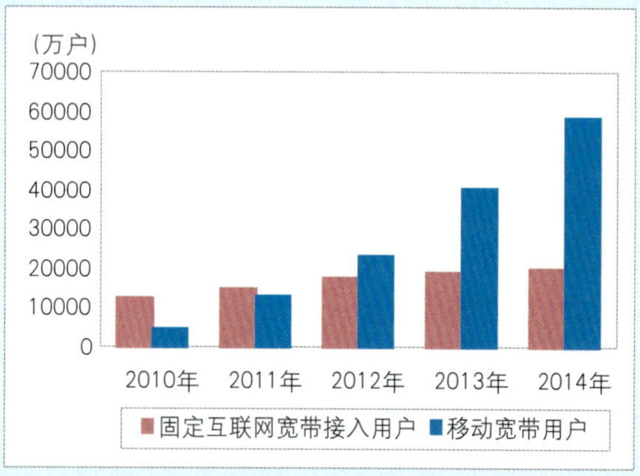

图 2　2010—2014 年固定互联网宽带接入用户和移动宽带用户情况

（三）我国互联网拉动经济发展作用愈发凸显，中国正在从互联网大国向互联网强国迈进

随着近 20 年的建设和发展，我国互联网实现了从小到大、从弱到强、从跟随模仿到创新驱动的跨越式发展，中国已成为全球网民数量最多的国家。互联网与传统产业加速融合，“互联网 +”成为产业发展新常态，进一步促进了我国经济社会领域信息消费。

2014 年 2 月中央网络安全和信息化领导小组成立，8 月中央全面深化改革领导小组第四次会议审议通过了《关于推动传统媒体和新兴媒体融合发展的指导意见》，工业和信息化部、公安部、工商总局等部门联合开展打击治理移动互联网恶意程序、垃圾短信治理、打击伪基站等专项行动。发布加强电信和互联网行业网络安全工作指导意见，简政放权废止了《互联网电子公告服务管理规定》规章，强化事中事后监管提升网络安全保障能力，保护人民群众切身利益。

截至 2014 年 10 月 1 日，7 个新增国家级互联网骨干直联点全部建成开通，全国互联总带宽达到 2430G，网络与信息安全保障得到有效强化。巨大的市场培育出一批有世界影响力的互联网公司，世界市值前 10 名的互联网企业中，中国企业占了 4 席，中国正在从互联网大国迈向互联网强国。

根据中国互联网络信息中心（CNNIC）发布的第 35 次《中国互联网络发展状况统计报告》显示：

中国互联网网民数量方面。截至 2014 年底我国网民规模达到 6.49 亿，互联网普及率提升到 47.9%，网民增长速度由上年 9.5% 减缓到 5.0%，其中农村、城镇网民分别占 27.5% 和 72.5%。手机网民以其 5.57 亿的庞大用户规模和上网第一大终端地位为其他相关服务提供了巨大的潜在商业价值，手机上网人群占比提升至 85.8%，我国网民人均每周上网时长提高到 26.1 小时。

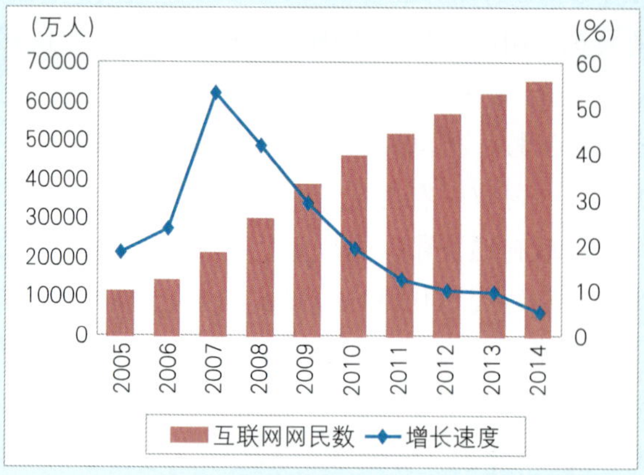

图 3　近十年互联网网民数及增长速度情况

互联网基础资源方面。我国域名总数为 2060 万个，其中“.CN”域名总数达到 1109 万。中国网站总数为 335 万，同比增长 4.6%。国际出口带宽为 4118663Mbps，年增长 20.9%。我国 IPv4 地址总数基本维持不变共计有 3.32 亿个，IPv6 地址数量为 18797 块 /32，同比增长 12.8%。网页数量为 1899 亿个，同比增长 26.6%。

互联网络接入设备方面。通过台式电脑、笔记本电脑、手机、平板电脑、网络电视接入互联网的比例分别为 70.8%、43.2%、85.8%、34.8% 和 15.6%。

2014 年，在移动互联网的推动下，即时通信作为网民互联网第一大上网应用其使用率上升到 90.6%。微博、电子邮件等其他交流沟通类应用使用率持续走低，博客社交性退化，媒体功能凸显使用率呈现回升态势，电子商务类应用依然保持快速发展，手机旅行预订应用表现突出。

在信息获取类应用方面，搜索引擎作为互联网基础服务之一，用户规模达到5.22亿，使用率为80.5%。商务交易类应用方面，网络购物用户规模达到3.61亿，使用率提升至55.7%。交流沟通类应用方面，以社交元素为基础平台的即时通信作为我国第一大上网应用，用户规模达5.88亿，使用率由上年的86.2%提升至90.6%。网络娱乐类应用方面，网络视频用户规模达4.33亿，使用率为66.7%。网络游戏用户规模达到3.66亿，使用率升至56.4%。手机网购激发消费，引领网络购物市场迅猛发展，用户规模达到2.36亿，同比增长63.5%。伴随着我国国民休闲体系的逐渐形成，手机旅行预订进入发展新阶段，用户规模同比增长194.6%，是增长最为快速的移动商务类应用。

我国企业办公中使用计算机的比例为90.4%，互联网的普及率也保持在78.8%的水平上，其中固定宽带接入率超过95%，互联网已成为企业日常经营中不可分割的一部分。

2015年，邮政电信行业注重创新驱动发展，全面深化改革，努力促进行业持续健康的发展。邮政行业将坚持稳中求进，巩固邮政业良好发展态势。出台邮政服务创新发展、快递业发展指导意见，有效实施邮政普遍服务和特殊服务监管，增强安全和应急保障能力。支持邮政、快递与铁路、航空联动，提升邮政、快递物联网、互联网信息技术应用能力和水平，真正实现邮政网点遍布全国、服务全社会。电信行业将深入贯彻落实党中央、国务院的决策部署，顺应行业发展大趋势，乘势而上。着力增强网络安全保障能力和管理水平，加快推进“大幅提升网速”等重点工作力度，在“网络强国”建设征程上迈出新的步伐，为打造中国经济升级版、全面建成小康社会作出新的更大的贡献。

（执笔：邢明发　国家统计局服务业统计司）

2014 年财政运行报告

2014 年，世界经济复杂多变，国内经济受增长速度换挡期、结构调整阵痛期、前期刺激政策消化期三期叠加的影响，下行压力比较明显。面对艰巨而繁重的改革发展任务，党中央、国务院全面深化改革，保持宏观政策的连续性和稳定性，创新宏观调控思路和方式，有针对性地进行预调微调，确保经济社会持续稳定发展。财政部门积极贯彻落实党中央、国务院各项决策部署，紧紧围绕稳增长、促改革、调结构、惠民生、防风险，继续实施积极的财政政策，着力深化财税制度改革，不断强化财政预算管理，进一步优化财政支出结构，切实保障和改善民生，各项财政工作取得新进展，有力地促进了国民经济的平稳运行和提质增效。

一、全国预算执行情况良好

1. 一般公共财政收入稳定增长。2014 年，全国财政收入平稳增长，顺利完成全年收入预算并略有超收。全年一般公共财政收入 140350 亿元，比 2013 年增加 11140 亿元，增长 8.6%，增幅同比回落 1.6 个百分点，完成预算的 100.6%。其中，中央一般公共财政收入 64490 亿元，比上年增加 4292 亿元，增长 7.1%；地方一般公共财政收入（本级）75860 亿元，同比增加 6849 亿元，增长 9.9%。从一般公共财政收入的主要收入项目执行情况看，税收收入 119158 亿元，同比增长 7.8%，非税收入 21192 亿元，增长 13.5%。

分季度看，全国一般公共财政收入一季度同比增长 9.3%，开局良好；二、三季度呈现出增速

表 1　2014 年全国公共财政收入主要项目执行情况

项目	执行数（亿元）	执行数为预算数的百分比	执行数为上年决算数的百分比
一、税收收入	119158.1	99.2	107.8
国内增值税	30849.8	98.6	107.1
国内消费税	8906.8	100.4	108.2
进口货物增值税、消费税	14424.4	96.6	103.0
出口货物退增值税、消费税	-11356.5	100.2	108.0
营业税	17781.6	95.0	103.2
企业所得税	24632.5	101.7	109.8
个人所得税	7376.6	103.2	112.9
城市维护建设税	3645.0	98.8	106.6
印花税	1540.0	111.6	123.8
其中：证券交易印花税	667.1	132.0	142.0
土地增值税	3914.4	107.2	118.8
关税	2843.2	101.4	108.1
二、非税收入	21191.7	109.4	113.5
专项收入	3711.2	99.6	105.2
行政事业性收费	5204.7	111.3	109.0
国有资本经营收入	3184.5	122.0	141.4
国有资源（资产）有偿使用收入	4361.1	114.5	120.4

缓慢下降的走势，上半年和前三季度增速分别为8.8%和8.1%；进入四季度后，受部分金融机构上缴国有资本经营收入增加、房地产相关税收回升等因素影响，增速略有回升，全年增速回升至8.6%。我国税收收入中，间接税的比重较高，因此，一般公共财政收入的走势与国民经济的波动相关性较高。2014年，我国经济发展进入新常态，GDP增速由高增长转向中高速增长，经济发展更加注重转变经济发展方式和优化调整经济结构。在这一宏观环境下，财政收入中低速增长也将成为我国今后一段时期内财政运行的新常态。

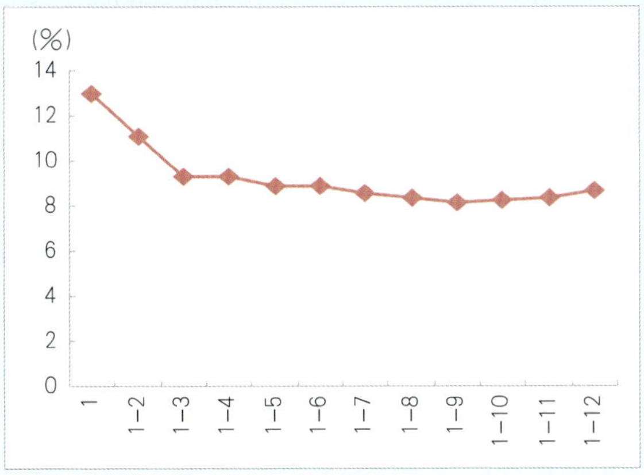

图1　2014年全国一般公共财政收入增长情况

2014年，全国一般公共财政收入增长8.6%，比2012、2013年分别回落4.3个和1.6个百分点。一般公共财政收入增幅明显回落的主要原因：一是国内流转税增速回落明显。我国经济发展进入新常态后，国民经济增速明显放缓，2014年，GDP增长7.4%，与经济增长密切相关的国内流转税增幅回落明显，其中，国内增值税增长7.1%，增速比2013年回落2.0个百分点，营业税增长3.2%，增速回落6.2个百分点，国内消费税增长8.2%，增速提高3.7个百分点。国内流转税对一般公共财政收入增长的贡献率为29.3%，比2013年下降了6.1个百分点。二是工业企业利润增速放缓。2014年，我国工业生产者出厂价格（PPI）同比下降1.9%，已经连续34个月同比下降，致使工业企业利润增长较慢。全年企业所得税增长9.8%，增幅比2013年降低4.2个百分点，其中，工业企业所得税增长5.6%。三是房地产市场疲软，商品房销售面积同比下降7.6%，商品房销售额下降6.3%，与房地产相关的房地产营业税、房地产企业所得税、契税、土地增值税等项目增幅明显下降。四是结构性减税因素影响。随着营改增试点范围扩大，在优化税制、减轻企业负担等方面发挥了积极作用，但客观上也对财政形成减收。

2. 一般公共财政支出结构进一步优化。2014年，在财政收支矛盾十分突出的情况下，财政部门继续坚持积极的财政政策，着力优化财政支出结构，压减一般性支出，支持改革发展和民生等重点领域支出，促进了各项社会事业发展。

1-12月累计，全国一般公共财政支出151662亿元，比2013年增加11449亿元，增长8.2%，完成预算的99.1%。

分中央和地方看，中央一般公共财政支出74174亿元，完成预算的99.1%，增长8.3%。其中，中央本级支出22570亿元，增长10.2%，完成预算的100.3%；对地方税收返还和转移支付51604亿元。地方财政使用地方本级收入、中央对地方税收返还和转移支付资金等安排支出129092亿元，比上年增加9351亿元，增长7.8%。

分支出项目看，在财政收入中低速增长的情况下，财政部门不断优化财政支出结构，从严控制“三公经费”等一般性支出，支持改革发展和民生等重点领域。1-12月累计，一般公共服务支出13876亿元，同比增长8.0%；教育支出22906亿元，增长4.1%；科学技术支出5254亿

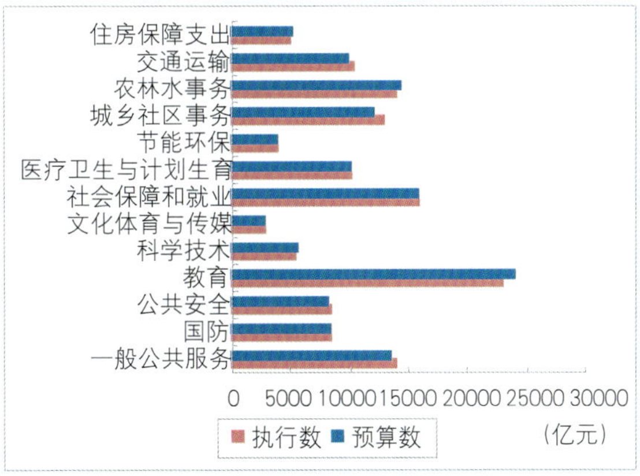

图2　2014年全国一般公共财政支出主要项目完成情况

元，增长 3.4%；文化体育与传媒支出 2683 亿元，增长 5.5%；医疗卫生与计划生育支出 10086 亿元，增长 9.8%；社会保障和就业支出 15913 亿元，增长 9.8%；住房保障支出 4968 亿元，增长 10.9%；农林水事务支出 14002 亿元，增长 4.9%；节能环保支出 3752 亿元，增长 2.6%；城乡社区事务支出 12884 亿元，增长 15.4%；交通运输支出 10371 亿元，增长 10.9%。

从一般公共预算执行结果看，中央一般公共财政收入 64490 亿元，从中央预算稳定调节基金调入 1000 亿元，收入总量为 65490 亿元。中央一般公共财政支出 74174，补充中央预算稳定调节基金 816 亿元，支出总量为 74990 亿元。收支总量相抵，中央财政赤字 9500 亿元，与预算持平。

2014 年，地方一般公共预算本级收入 75860 亿元，中央对地方税收返还和转移支付收入 51604 亿元，地方一般公共财政收入总量为 127464 亿元。地方一般公共财政支出 129092 亿元，加上补充地方预算稳定调节基金及结转下年支出 1380 亿元、地方政府债券还本支出 993 亿元，支出总量为 131464 亿元，收支总量相抵，地方财政赤字 4000 亿元。

3. 政府性基金收支增长较慢。2014 年，全国政府性基金收入 54093 亿元，比上年增长 3.5%。其中，中央政府性基金收入 4097 亿元，下降 3.3%；地方政府性基金收入（本级）49996 亿元，增长 4.1%。其中，受房地产市场调整影响，国有土地使用权出让收入 42606 亿元，仅增长 3.2%，增幅较 2013 年大幅回落。

全国政府性基金支出 51388 亿元，比上年增长 1.8%。其中，中央政府性基金支出 4320 亿元，增长 3.4%，中央本级支出 2964 亿元，增长 7.4%，对地方转移支付 1356 亿元；地方政府性基金支出 48424 亿元，比上年增长 1.4%，其中，国有土地使用权出让收入安排的支出 41202 亿元，增长 0.8%。

4. 国有资本经营预算收支增长较快。2014 年全国国有资本经营预算收入 2023 亿元，全国国有资本经营预算支出 2000 亿元。其中，中央国有资本经营预算收入 1411 亿元，增长 33.3%，中央国有资本经营预算支出 1419 亿元，增长 45.1%；地方国有资本经营预算收入 613 亿元，地方国有资本经营预算支出 581 亿元。

5. 社会保险基金收支超额完成预算。2014 年全国社会保险基金收入 39186 亿元，为预算的 104%。其中，保险费收入 29104 亿元，财政补贴收入 8446 亿元。全国社会保险基金支出 33669 亿元，完成预算的 103.3%。当年收支结余 5517 亿元，年末滚存结余 50409 亿元。

总的来看，在财政收支矛盾比较突出的情况下，2014 年全国预算执行总体良好，预算管理在完整性、公开性、规范性等方面都取得了新的进展。

二、财税体制改革不断深化

按照中央深化改革的总体要求，财政部门积极研究深化财税体制改革总体方案，改革方案已于 2014 年 6 月由中央政治局会议审议通过，各项改革任务正在扎实推进。一是预算管理制度改革全面推开。《中华人民共和国预算法》修改完成，将于 2015 年 1 月 1 日起正式实施。印发了深化预算管理制度改革的决定。制定了实行中期财政规划管理的意见，启动编制全国三年滚动财政规划。制定了改革和完善中央对地方转移支付制度的意见，优化转移支付结构。进一步加大预算公开力度，中央财政预决算和部门预决算公开到“项”级科目，专项转移支付预算公开到具体项目。全国社会保险基金预算首次编入预算草案，提高了中央国有资本经营预算调入一般公共预算的比例。加强地方政府性债务管理，组织开展存量债务纳入预算管理，研究制定地方政府债务风险评估预警等相关配套办法。二是税制改革有序推进。进一步扩大营改增试点行业范围，将铁路运输、邮政和电信业在全国范围纳入试点。制订了消费税改革方案，完善了消费税政策。在全国实施煤炭资源税从价计征改革，调整原油、天然气资源税适用税率，同时清理规范涉及煤炭、原油、天然气的收费基金。配合全国人大积极推进环境保护税等立法工作。三是深入研究建立中央与地方事权和支出责任相适应的财政体制，推进财政体制改革。此外，其他重要改革也进展顺利。出台了改进加强中央财政科研项目和资金管理的若干意见。制定了深化中央财政科技计划（专项、基金等）管理改革的方案，开展科技成果使用、处置和收益管理改革试点。政府采购法实施条例制定完成。制定了政府购买服务管理办法并组织开展试点。

三、统筹稳增长和调结构，促进经济平稳运行和提质增效

为促进经济稳定增长，财政部门继续认真落实积极的财政政策，保持预算安排的财政赤字规模，根据经济运行的新情况新问题，在区间调控的基础上实施定向调控。支持扩大投资需求，保障中西部铁路建设、棚户区改造等重点项目资金投入，发挥政府投资的引导作用。加大减税降费力度，简并增值税征收率，扩大小微企业所得税优惠政策实施范围，在增值税和营业税政策上进一步支持小微企业发展，切实为企业减负，增强企业活力。完善出口退税负担机制，加强外经贸发展专项资金的使用管理，鼓励企业承接国际服务外包业务和技术出口，推动外贸协调发展。

充分发挥财政政策精准调控的特点，推动经济结构优化和提质增效。总结上海自贸区税收改革经验，在苏州、重庆等地的保税区开展调整相关税收规定、促进贸易多元化的试点。大力支持公共科技活动，加快实施科技重大专项，促进科技资源开放共享。完善并实施固定资产加速折旧、支持技术先进型服务企业发展等企业所得税政策，支持企业加快设备更新和科技研发创新。启动实施国家科技成果转化引导基金，运用市场机制促进科技成果资本化、产业化。选择装备制造、电子信息产业领域15个重点方向推进工业转型升级，打造战略性新兴产业集群。设立铁路发展基金和国家集成电路产业投资基金。调整完善重大技术装备等进口税收政策。启动信息惠民示范城市创建、电子商务与物流协调发展试点，建设全国农产品骨干网络。深入开展排污权有偿使用和交易试点，加大淘汰落后产能的力度。加大对大气、重金属污染防治和水生态保护的支持力度。

四、全面落实强农惠农政策，促进农业可持续发展

加大支农力度，全年农林水事务支出14002亿元，同比增长4.9%。落实农业“休养生息”政策，启动农业可持续发展相关试点。开展重金属污染耕地修复治理、地下水超采综合治理等试点。大豆、棉花目标价格补贴改革试点稳步推进。完善涉农补贴政策，在5个省份开展种粮大户补贴试点。贯彻节水优先方针，推进1200个小型农田水利重点县建设。调整优化农业综合开发力度，建设高标准农田2818.6万亩。实施中小河流治理，完成治理河长4.6万公里。推进小型病险水库除险加固。支持农业机械化发展，全国农作物耕种收综合机械化水平超过61%。完善草原生态保护支持政策，对38亿亩草原给予补助。改革财政专项扶贫资金管理，提高扶贫资金使用效果，农村贫困人口减少1232万人。启动建制镇示范试点工作，探索支持建制镇发展的有效途径。

五、保障改善民生取得新进展

促进教育事业发展。2014年，全国财政教育支出22906亿元，同比增长4.1%。启动实施第二期学前教育三年行动计划，以奖补方式鼓励社会力量举办学前教育，大力支持中西部农村地区幼儿园建设。农村义务教育经费保障机制进一步完善，农村中小学校生均公用经费基准定额提高40元，在此基础上进一步提高寄宿制学校公用经费水平。改善农村义务教育薄弱学校办学条件，落实乡村教师生活补助政策，缩小城乡义务教育差距。支持职业教育实训基地、中等职业教育改革发展示范校和国家示范性高职院校建设。支持实施“985工程”和“2011计划”，推动研究生教育综合改革。进一步完善国家资助政策体系，将少数民族预科学生纳入国家资助范围，调整完善国家助学贷款相关政策，惠及约660万名

高校学生、488 万名普通高中学生和 1234 万名中职学生。

加大社会保障和就业支持力度。2014 年，全国财政社会保障和就业支出 15913 亿元，同比增长 9.8%。实施新一轮“大学生创业引领计划”，鼓励高校毕业生就业创业。将新型农村社会养老保险和城镇居民社会养老保险整合为城乡居民基本养老保险制度，从 2014 年 7 月 1 日起，按月人均增加 15 元。推进机关事业单位养老保险制度改革，按照“完善个人账户、健全缴费激励机制”的思路，积极推进改革。实施企业年金、职业年金个人所得税递延纳税政策，促进多层次养老保险体系发展。实施社会保险补贴和公益性岗位补贴，帮助就业困难人员就业。企业退休人员基本养老金水平提高 10%，月人均达到 2068 元。城乡低保标准进一步提高。做好特困人员供养工作，全面实施临时救助制度。残疾军人、烈属、在乡红军老战士和老复员军人等优抚对象的抚恤和生活补助标准提高 20% 以上。

在医疗卫生与计划生育方面，2014 年共支出 10086 亿元，同比增长 9.8%。完善医疗保障政策体系，加大保障力度，新型农村合作医疗和城镇居民基本医疗保险财政补助标准提高到每人每年 320 元，中央财政加大了对地方财政的补助力度，个人缴费标准也相应提高到每人每年 90 元。整合城乡医疗救助补助资金，扩大了救助范围。城乡居民大病保险试点扩大到所有省份。支持全面建立疾病应急救助制度。新增 737 个县和 17 个城市开展公立医院综合改革试点。基本公共卫生服务项目人均经费标准从 30 元提高到 35 元，并重点向村医倾斜。

调整完善住房保障政策体系。2014 年，全国住房保障支出 4968 亿元，同比增长 10.9%。整合中央补助廉租住房、公共租赁住房和城市棚户区改造专项资金。推进公共租赁住房和廉租住房并轨运行。出台城镇保障性安居工程贷款贴息政策。新开工城镇保障性安居工程 740 万套，基本建成 511 万套。支持 266 万贫困农户改造危房。

在文化体育与传媒方面，制定国家基本公共文化服务标准；继续推进公共图书馆、博物馆、纪念馆等公益性文化设施向社会免费开放；鼓励大型体育场馆向社会免费或低收费开放，进一步改善基层公共体育健身设施；加快中央广播电视节目无线数字化覆盖；推进文化创意与相关产业

融合发展。

六、财政管理进一步科学化、规范化

财政预算管理更加规范、完整。清理规范税收等优惠政策，优惠政策纳入长效机制、规范管理。进一步规范政府性基金预算管理，建立了将政府性基金预算中应统筹使用的资金列入一般公共预算的机制。完善国有资本经营预算管理，继续提高了中央企业国有资本收益收取比例。中央国有资本经营预算调入一般公共预算的资金规模由2013年的65亿元增加到184亿元。全国社会保险基金预算首次编入预算草案。

政府性债务管理制度进一步健全。出台了加强地方政府性债务管理的意见，明确建立规范的地方政府举债融资机制，对地方政府债务实行规模控制、预算管理和风险预警，建立“借、用、还”相统一的地方政府性债务管理机制。开展清理甄别地方政府存量债务工作。2014年继续发行地方政府债券4000亿元，在10个地区顺利开展了地方政府债券自发自还试点。完善国债余额管理制度，扩大了国债预发行试点券种，健全了关键期限国债定期发行和续发机制，首次发布了关键期限国债收益率曲线。推动投融资机制创新，推广运用政府和社会资本合作（PPP）模式，出台合作模式指南，开展项目示范。

严格财经纪律，加强预算公开。在全国范围开展了严肃财经纪律和“小金库”专项治理工作，狠刹各种财经违纪违法行为。严格执行“三公”经费只减不增的要求，减少会议费支出，清理超标公务用车和办公用房，从严控制政府性楼堂馆所建设和财政供养人员，严格控制使用财政资金举办文艺晚会等活动。中央和国家机关公务用车制度改革基本完成。在国库集中支付制度改革已基本覆盖县级以上预算单位的基础上，推动乡镇分类实施改革。加大预决算公开力度，公开预决算的中央部门增加到99个，专门增加了“三公”经费财政拨款预决算表。中央财政预决算和部门预决算公开到支出功能分类最底层的项级科目，专项转移支付预算公开到具体项目。31个省（自治区、直辖市）全部公开了本地区一般公共预算和本级部门预算。

回顾2014年，面对经济下行压力加大，财政收支矛盾突出的困难，财政部门创新思路，积极作为，财政预算完成情况总体良好，各项财政税收改革稳步推进，在稳定经济增长、促进经济结构优化和切实改善民生等方面财政都发挥了积极的作用，有力地促进了社会经济的稳定发展。展望2015年，在我国经济发展进入新常态后，财政运行仍然会面临许多突出的问题与挑战：财政收入中低速增长与支出刚性增长矛盾将会更加突出；预算规范管理、公开透明的要求越来越高；各类隐性风险逐步显性化，地方政府性债务风险总体可控，但化解风险的任务十分艰巨；预算执行中依然存在漏洞，资金使用的规范性、安全性、有效性有待进一步提高；中央与地方的事权和支出责任划分还需要更加清晰、合理和规范，等等。这些问题还需要通过深化财税体制改革、规范管理和完善立法切实加以解决。

（执笔：武央　国家统计局国民经济核算司）

2014 年金融运行报告

2014 年，全球经济复苏艰难曲折，主要经济体走势分化，国内经济下行压力持续加大，多重困难和挑战相互交织。面对复杂多变的国际环境和艰巨繁重的国内改革发展稳定任务，在全面深化改革和做好宏观调控的预调微调等基础上，中国实现了经济在合理区间运行，经济结构出现积极变化，为金融市场的持续创新与规范发展提供了现实基础。金融监管部门继续实施稳健的货币政策，不断创新宏观调控思路和方式，丰富政策工具，优化政策组合，金融市场规模显著扩大，结构更加完善，支持实体经济发展能力进一步提高。

一、货币供应量增速趋缓

2014 年，中国人民银行继续实施稳健的货币政策，既保持定力又主动作为，不断补充和完善货币政策工具组合，适时适度预调微调。2014 年末，广义货币供应量 M2 余额为 122.8 万亿元，比上年末增长 12.2%，增速比上年末回落 1.4 个百分点，继续保持适度增长的态势。分月看，M2 前 6 个月同比增速加快，6 月后增速稳步回落。狭义货币供应量 M1 余额为 34.8 万亿元，同比增长 3.2%，增速比上年末回落 6.1 个百分点。流通中货币 M0 余额为 6.0 万亿元，同比增长 2.9%，增速比上年末回落 4.2 个百分点。全年现金净投放 1688 亿元，比上年少投放 2211 亿元。

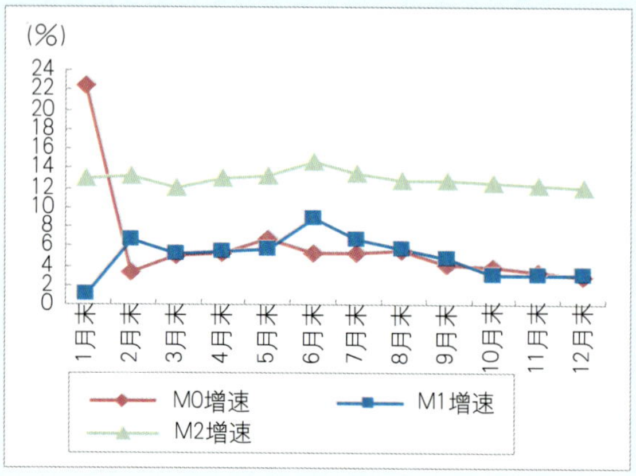

图 1　2014 年各月末货币供应量增长情况

2014 年末，基础货币余额为 29.4 万亿元，同比增长 8.5%，比年初增加 2.3 万亿元。货币乘数为 4.18，比上年末高 0.10。

二、金融机构人民币存款增速放缓

2014 年末，金融机构本外币各项存款余额 117.4 万亿元，同比增长 9.6%，增速比上年末回落 3.9 个百分点；比年初增加 10.2 万亿元，同比少增 2.5 万亿元。其中，人民币存款余额 113.9 万亿元，同比增长 9.1%，增速比上年末回落 4.7 个百分点，比年初增加 9.5 万亿元，同比少增 3.1 万亿元。外币存款余额 5735 亿美元，同比增长 30.8%，全年外币存款增加 1084 亿美元，同比多增 800 亿美元。

从人民币存款部门分布看，住户存款与非金融企业存款增速均放缓。年末金融机构住户存款余额为 50.3 万亿元，同比增长 8.9%，增速比上年末回落 4.7 个百分点；比年初增加 4.1 万亿元，同比少增 1.4 万亿元。非金融企业人民币存款余额为 37.8 万亿元，同比增长 4.6%，增速比上年末回落 5.8 个百分点；比年初增加 2.0 万亿元，同比少增 1.5 万亿元。财政存款余额为 3.6 万亿元，比年初增加 5531 亿元，同比少增 235 亿元。

三、金融机构人民币贷款增长平稳

2014 年末，金融机构本外币贷款余额 86.8 万亿元，同比增长 13.3%，增速比上年末回落 0.6 个百分点；比年初增加 10.2 万亿元，同比多增 8222 亿元。其中，人民币贷款余额 81.7 万亿元，同比增长13.6 %，增速比上年末回落0.5个百分点；比年初增加9.8万亿元，同比多增8900亿元；外币贷款余额8351亿美元，同比增长7.5%；全年外币贷款增加582亿美元，同比少增353亿美元。

从人民币贷款分部门结构看，住户贷款增速回落，非金融企业及其他部门贷款增速有所上升。年末，人民币住户贷款同比增长16.6%，增速比上年末回落6.5个百分点；比年初增加3.3万亿元，同比少增4218亿元。非金融企业及其他部门贷款同比增长12.5%，增速比上年末上升1.4个百分点；比年初增加6.5万亿元，同比多增1.3万亿元。从人民币贷款分期限结构看，中长期贷款比年初增加6.1万亿元，同比多增1.5万亿元，在新增人民币贷款中占比达62.0%，比2013年高10.4个百分点。包含票据融资在内的短期贷款平稳增长，比年初增加3.4万亿元。

四、社会融资规模平稳增长

2014年，社会融资规模增量为16.5万亿元，比上一年少8598亿元。

从结构上看，社会融资规模包括金融机构本外币贷款、实体经济通过金融机构表外的融资、直接融资和其他类融资四个部分。

金融机构本外币贷款增量比重有所回升。全年人民币贷款增加9.8万亿元，比上年多增8900亿元；外币贷款折合人民币增加3554亿元，比上年少增2294亿元。全年人民币贷款增量占社会融资规模增量的59.4%，比上年高8.1个百分点，外币贷款增量占比2.2%，同比低1.2个百分点。金融机构本外币贷款仍然是社会融资的主体，表明当前贷款依然是实体经济的主要融资工具。

实体经济通过金融机构表外的融资，主要有委托贷款、信托贷款和未贴现的银行承兑汇票三种形式。2014年这三项增量合计2.9万亿元，比上年少2.3万亿元；占同期社会融资规模增量的17.6%，比上年低12.3个百分点。

直接融资由非金融企业境内债券和股票融资两个部分组成。2014年直接融资增量总计2.9万亿元，比上一年多8273亿元，占同期社会融资规模增量的17.4%，比上一年高5.7个百分点。其中，企业债券净融资2.4万亿元，比2013年多6142亿元；非金融企业境内股票融资4350亿元，比上一年多2131亿元。

其他类融资主要包括投资性房地产、保险赔偿和小贷公司及贷款公司贷款。2014年这三项增量合计为5639亿元，比上年少596亿元，占同期社会融资规模增量的3.4%，比上年降低了0.2个百分点。

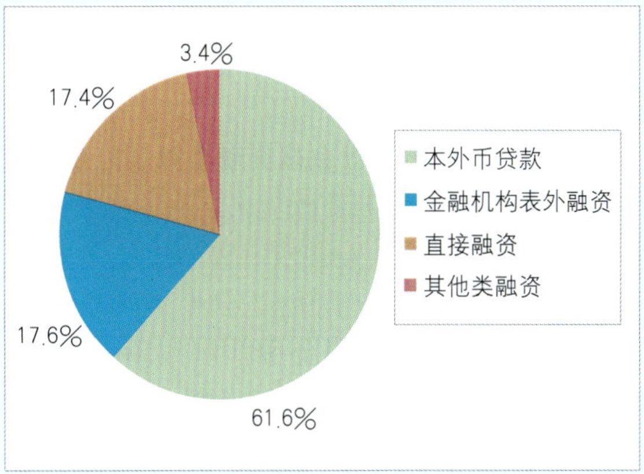

图2　2014年社会融资规模增量构成

2014年末社会融资规模存量为122.9万亿元，同比增长14.3%。其中，对实体经济发放的人民币贷款余额为81.4万亿元，同比增长13.6%；对实体经济发放的外币贷款折合人民币余额为3.5万亿元，同比增长4.1%；委托贷款余额为9.3万亿元，同比增长29.2%；信托贷款余额为5.4万亿元，同比增长10.7%；未贴现的银行承兑汇票余额为6.8万亿元，同比下降1.8%；企业债券余额为11.7万亿元，同比增长25.8%；非金融企业境内股票余额为3.8万亿元，同比增长12.7%。

从结构看，2014年末对实体经济发放的人民币贷款余额占同期社会融资规模存量的66.3%，同比低0.4个百分点；对实体经济发放的外币贷款余额占比2.8%，同比低0.3个百分点；委托贷款余额占比7.6%，同比高1.0个百分点；信托贷款余额占比4.4%，同比低0.1个百分点；未贴现的银行承兑汇票余额占比 5.5%，同比低 0.9 个百分点；企业债券余额占比 9.5%，同比高 0.8 个百分点；非金融企业境内股票余额占比 3.1%，与上年末持平。

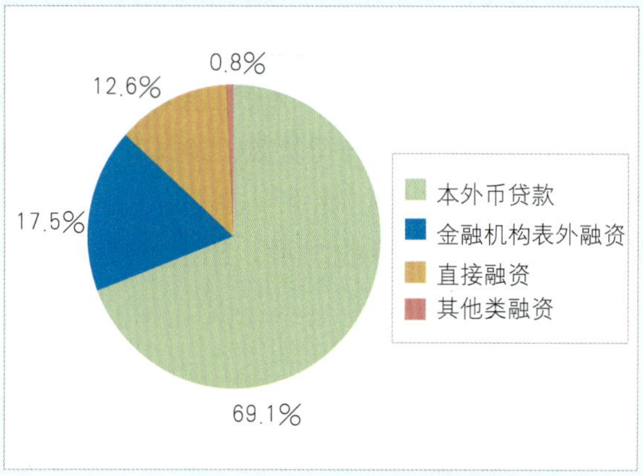

图 3 2014 年末社会融资规模存量构成

五、利率市场化改革加快推进

利率市场化是中国金融体制改革的重要一环。2014 年 11 月 21 日，央行宣布自 11 月 22 日起下调金融机构人民币贷款和存款基准利率，同时，将存款利率上浮的区间扩大到 1.2 倍。11 月 30 日，国务院法制办公室在其网站上公布了由中国人民银行起草的《存款保险条例（征求意见稿）》，向社会公开征求意见。存款保险条例制定加速，将为利率市场化的进一步推进夯实基础，扫清障碍。

六、银行间市场成交量增长

2014 年，银行间市场拆借、现券和债券回购累计成交 302.4 万亿元，同比增加 28.5%。其中，银行间市场同业拆借成交 37.7 万亿元，同比增加 6.0%；债券回购成交 224.4 万亿元，同比增加 41.9%；现券成交 40.4 万亿元，同比减少 3.0%。

银行间市场投资者类型进一步丰富，数量继续增加。2014 年末，银行间市场各类参与者共计 6462 家，较上年末增加 607 家，同比增加 10.4%。其中，境内法人类参与机构为 1848 家，境内非法人机构投资者为 4434 家。截至 2014 年末，共有 211 家包括境外中央银行或货币当局、国际金融机构、主权财富基金、人民币业务清算行、跨境贸易人民币结算境外参加行、境外保险机构、RQFII 和 QFII 等在内的境外机构获准进入银行间债券市场，较去年末增加 73 家，其中已有 180 家境外机构入市交易，持有债券 5720.4 亿元。

2014 年，货币市场利率波动幅度减小，利率中枢明显下行。2014 年 12 月，质押式回购加权平均利率为 3.49%，较去年同期下降 79 个基点；同业拆借加权平均利率为 3.49%，较去年同期下降 67 个基点。年内货币市场利率共发生两次较大波动：1 月 20 日，7 天质押式回购加权平均利率上升至 6.59%，达到年内最高点；12 月 22 日，7 天质押式回购加权平均利率上升至 6.38%，创下半年利率新高。

七、人民币对美元平均汇率小幅上升，国际收支趋向平衡

2014 年，人民币对美元平均汇率小幅上升，人民币对一篮子货币多边汇率升值，人民币汇率双向浮动弹性增强。2014 年，人民币对美元平均汇率为 1 美元兑 6.1428 元人民币，比上年升值 0.8%。据国际清算银行（BIS）测算，2014 年人民币对一篮子货币的名义有效汇率累计升值 6.41%，扣除通货膨胀因素的实际有效汇率累计升值 6.39%。2005 年汇改以来，人民币名义和实际有效汇率累计分别升值 40.5% 和 51.3%，在 BIS 监测的 61 种货币中升值幅度分别居第 1 位和第 2 位。

国际收支趋向基本平衡，新增储备资产减少。2014 年，我国国际收支在振荡中趋向基本平衡。经常项目顺差 2197 亿美元，较上年增长 48%，与 GDP 之比为 2.1%，仍处于国际公认的合理水平之内。其中，货物贸易顺差增长 32%，服务贸易逆差扩大 54%。同时，跨境资本流动的波动性明显增强。第一季度延续了 2013 年底的净流入态势，资本和金融项目顺差 940 亿美元。第二季度以来，受国内外经济金融环境变化、人民币汇率双向波

动等因素共同影响，资本和金融项目转为逆差，二至四季度累计逆差557亿美元。具体来看，直接投资持续较大规模净流入；证券投资、其他投资等非直接投资形式的跨境资本由净流入转为净流出，主要体现了境内主体持汇意愿增强和对外偿债加快。2014年，我国新增储备资产1178亿美元，较上年下降73%，相当于国内生产总值的1.1%，较上年回落3.4个百分点。

八、银行业金融机构资产规模继续增长，盈利水平和资本充足率稳步提升

银行业资产和负债规模稳步增长。2014年12月末，我国银行业金融机构境内外本外币资产总额为172.3万亿元，同比增长13.9%。其中，大型商业银行资产总额71.0万亿元，占比41.2%，同比增长8.3%；股份制商业银行资产总额31.4万亿元，占比18.2%，同比增长16.5%。

银行业金融机构境内外本外币负债总额为160.0万亿元，同比增长13.4%。其中，大型商业银行负债总额65.7万亿元，占比41.1%，同比增长7.4%；股份制商业银行负债总额29.5万亿元，占比18.4%，同比增长16.3%。

对经济社会重点领域和民生工程的金融服务继续加强。2014年，银行业进一步完善差别化信贷政策，优化信贷结构，继续加强对“三农”、小微企业、保障性安居工程等经济社会重点领域和民生工程的金融服务。截至12月末，银行业金融机构涉农贷款（不含票据融资）余额23.6万亿元，同比增长13.0%；用于小微企业的贷款（包括小微型企业贷款、个体工商户贷款和小微企业主贷款）余额20.7万亿元，同比增长17.5%；用于信用卡消费、保障性安居工程等领域贷款同比分别增长29.4%和53.7%，以上各类贷款增速均高于同期各项贷款平均增速。

信用风险继续上升，信贷资产质量总体可控。2014年12月末，商业银行（法人口径，下同）不良贷款余额8426亿元，较年初增加2506亿元；商业银行不良贷款率1.25%，较年初上升0.25个百分点。

2014年12月末，商业银行正常贷款余额66.6万亿元，其中正常类贷款余额64.5万亿元，关注类贷款余额2.10万亿元。

银行业整体风险抵补能力较强。银行业利润增长保持平稳。2014年商业银行当年累计实现净利润1.55万亿元，同比增长9.65%；平均资产利润率为1.23%，同比下降0.04个百分点；平均资本利润率17.59%，同比下降1.58个百分点。

针对信用风险计提的减值准备较为充足。2014年12月末，商业银行贷款损失准备余额为1.96万亿元，较年初增加2812亿元；拨备覆盖率为232.06%，较年初下降50.64个百分点；贷款拨备率为2.90%，较年初上升0.07个百分点。

资本充足率继续维持在较高水平。2014年12月末，商业银行（不含外国银行分行）加权平均核心一级资本充足率为10.56%，较年初上升0.61个百分点；加权平均一级资本充足率为10.76%，较年初上升0.81个百分点；加权平均资本充足率为13.18%，较年初上升0.99个百分点。

流动性水平比较充裕。2014年12月末，商业银行流动性比例①为46.44%，较年初上升2.42个百分点；人民币超额备付金率2.65%，较年初上升0.11个百分点。自2014年7月1日起，银监会对商业银行存贷款比例计算口径进行调整，2014年12月末调整后人民币口径存贷款比例（人民币）为65.09%。

九、货币政策稳健，金融宏观调控成效显著

2014年，中国人民银行坚持稳中求进、改革创新，继续实施稳健的货币政策，加大金融对实体经济的支持，宏观调控的针对性和有效性不

注：①商业银行流动性比例是指商业银行流动性资产与流动性负债之比。

断提高，全面深化金融改革开放取得重大进展，人民币跨境使用越来越广泛，在国际金融领域的话语权进一步提升，有力促进了经济金融持续稳步发展。

（一）宏观调控手段和方式不断补充

坚持实施稳健的货币政策，既保持定力又主动作为，不断补充和完善货币政策工具组合，适时适度预调微调。综合运用公开市场操作、短期流动性调节工具、常备借贷便利等多种货币政策工具，保持流动性合理充裕。非对称下调存贷款基准利率，促进社会融资成本下行。改进合意贷款管理，发挥差别存款准备金动态调整机制的逆周期调节和信贷结构引导功能。两次实施定向降准，建立引导金融机构提高“三农”和小微企业贷款比例的正向激励机制。创设中期借贷便利。新设信贷政策支持再贷款。创设抵押补充贷款工具，为开发性金融支持棚户区改造提供长期稳定、成本适当的资金来源。

（二）金融服务实体经济的力度加大

认真落实国务院关于缓解企业融资成本高问题的政策措施，改进和加强“三农”和小微企业金融服务。围绕经济结构调整和转型升级，引导金融机构加大对重点行业和新兴产业等领域的金融支持，做好化解产能过剩矛盾的金融服务工作。鼓励合理的住房消费。认真做好扶贫开发金融服务，加大对民生领域的金融支持。

（三）金融改革开放继续深化

取消和下放了一批行政审批事项。人民币存款利率上限由基准利率的1.1倍扩大至1.2倍，完善市场利率定价自律机制，金融机构自主定价空间和定价能力进一步提升。人民币汇率形成机制不断完善，银行间即期外汇市场人民币兑美元交易价浮动幅度由1%扩大至2%，人民币汇率双向浮动弹性增强，央行基本退出常态化的外汇干预。资本项目可兑换和金融对外开放取得进展，推动沪港股票市场互联互通试点，继续推动境内金融机构赴境外发行人民币债券，人民币合格境外机构投资者试点拓展到10个国家或地区。启动农业发展银行改革。存款保险制度建设取得重大突破。外汇管理改革深入推进。继续深化货物贸易和服务贸易外汇管理制度改革。开展直接投资资本金意愿结汇试点，深化跨国公司资金集中运营试点。简化外汇市场准入。完善大规模外汇储备经营管理。上海自贸区等区域金融改革积累了可复制可推广经验。

（四）金融市场创新发展加快

金融产品不断创新。实现人民币利率互换集中清算。信贷资产证券化试点进一步扩大。推动多层次债券市场建设。推出银行间市场债券预发行交易业务。

（五）人民币跨境使用越来越广泛

2014年，在10个国家新建了人民币清算安排。离岸人民币债券市场平稳较快发展。与13家境外央行或货币当局新签或续签双边本币互换协议。人民币发展成为我国第二大跨境支付货币，成为越来越受欢迎的国际结算和储备货币之一。

（六）重点领域金融风险得到有效防范化解

加强对产能过剩行业、房地产、地方政府性债务和影子银行等领域的风险监测和排查。牵头规范金融机构同业业务。加强金融监管协调。

（七）在国际金融领域的话语权进一步增强

做好二十国集团布里斯班峰会金融领域工作。推动金砖国家签署应急储备安排条约。推动落实国际货币基金组织份额和治理改革。推动采纳国际货币基金组织数据公布特殊标准并接受评估。稳步推进与港澳台地区的金融合作。

（八）金融服务和管理水平全面提升

推动修改相关金融法律法规。金融统计和研究工作取得新成果，金融业综合统计试点扩大。会计财务转型工作扎实推进。中央银行会计核算数据集中系统推广到全国，第二代支付系统推广到所有法人机构参加者。科技服务创新与保障作用不断增强，全面推进金融机构代码应用。人民币冠字号码查询和人民币净化工程扎实有效推进。《预算法》修订取得重大突破，国库经理体制不断完善。启动地方国库现金管理试点。征信市场规范发展，《社会信用体系建设规划纲要（2014-2020年）》颁布实施，互联网个人信用报告查询服务覆盖全国。反洗钱工作深入开展。金融消费权益保护工作机制逐步健全，“12363金融消费权益保护咨询投诉电话”全国开通。中央银行公信力建设进一步加强。

2015年是全面深化改革的关键之年，是全面推进依法治国的开局之年，也是全面完成“十二五”规划的收官之年。金融系统还需要坚持稳中求进工作总基调，准确把握、主动适应经济发展新常态，统筹稳增长、促改革，调结构、惠民生和防风险，继续实施稳健的货币政策，保持政策的连续性和稳定性，更加注重松紧适度，适时适度预调微调。加快推进金融改革和金融创新，维护金融稳定，防范金融风险，不断提升金融服务和管理水平，努力推动经济社会持续健康发展。

（执笔：陈希　国家统计局国民经济核算司）

2014 年证券市场运行报告

2014 年，在增长速度平稳、结构不断优化升级的经济发展新常态下，我国证券市场健康平稳运行，资本市场各项改革稳步推进，市场法制化和多层次市场体系建设取得新成效，市场约束机制、内生发展机制和创新机制进一步完善，对于降低社会融资成本、促进实体经济发展发挥了重要作用。

一、股票市场运行情况

（一）IPO 重启，股票市场筹资额大幅增加

2014 年，沪深两市发行 A 股股票 605 只，合计筹资 4834 亿元（不含定向增发资产认购），比上年多筹 2031.2 亿元，其中，IPO 重启后首发 125 只，筹资 668.90 亿元；公开增发 1 只，筹资 3.65 亿元；定向增发 466 只（现金认购），筹资 4023.51 亿元；配股 13 只，筹资 137.98 亿元。

（二）沪深股指先抑后扬，市场交易活跃

2014 年，我国股票市场先抑后扬，摆脱了多年来的熊市格局，指数大幅上涨，成交量频频突破历史高点，市场活跃度显著提高。

沪深 300 指数开盘 2323.43 点，最高 3542.34 点，最低 2077.76 点，收盘 3533.71 点，较 2013 年底上涨 51.66%；上证综指开盘 2112.13 点，最高 3239.36 点，最低 1974.38 点，收盘 3234.68 点，较 2013 年底上涨 52.87%；深证综指开盘 1055.88 点，最高 1504.48 点，最低 1004.93 点，收盘 1415.19 点，较 2013 年底上涨 33.80%；创业板指数开盘 1302.30 点，最高 1674.98 点，最低 1210.81 点，收盘 1471.76 点，较 2013 年底上涨 12.83%。

2014 年，沪深两市股票累计成交 73755 亿股，成交金额为 74.4 万亿元，日均成交 3036.38 亿元，较 2013 年增加 1066.93 亿元，增长 54.17%。全年沪市平均换手率为 173.8%，同比上升 50.2 个百分点；深市平均换手率为 478.0%，同比上升 88.8 个百分点。

（三）沪深股市市值大幅增长，市盈率明显提高

2014 年，在股指上涨和上市公司扩容的带动下，沪深股市市值大幅增长，成为仅次于美国的全球第二大股市。截至 12 月 31 日，沪深两市共有上市公司 2613 家，总市值 37.25 万亿，比上年增长 55.8%；流通市值 31.56 万亿，增长 58.1%。

与此同时，沪深 A 股的市盈率明显提高。2014 年年底，沪市 A 股加权平均市盈率从上年末的 11.0 倍升至 16.0 倍，深市 A 股加权平均市盈率从上年末的 27.8 倍升至 34.1 倍。

（四）股市运行主要特点

1. 新股运行整体平稳。2014 年 1 月 17 日，新股 IPO 在时隔一年多后重启，新股市场运行良好。共有 125 只新股发行上市，其中，沪市 43 只，深市 82 只（中小板 31 只，创业板 51 只）。首发募集资金 668.90 亿元，平均每家融资 5.35 亿元。新股平均发行市盈率为 23.82 倍，新股上市首日较发行价格平均涨幅为 43.52%，新股首日平均换手率为 5.25%。

2. 行业板块全部上涨，上涨幅度分化明显。2014 年，沪深两市行业板块均为上涨，其中，非银金融、建筑装饰、钢铁行业涨幅居前，分别上涨 123.98%、119.56%、80.39%；电子、医药生物、农林牧渔行业涨幅较小，分别上涨 18.13%、16.31% 和 14.98%。

3. 大盘股表现明显好于中小股票。2014年，代表蓝筹股公司的沪深300指数上涨51.66%，上证50指数上涨63.93%，上证180指数上涨59.60%，代表中小市值股票的中小板指数和创业板指数仅累计上涨9.67%和12.83%。

4. 市场参与者大幅增加，机构投资者持股比例有所上升。股票市场活跃，新入市投资者积极开立股票账户，大量存量休眠账户也被激活。2014年，股票有效账户达到14215万户，比上年增加968万户。机构投资者持有A股流通市值比例为60.75%，比上年提高2.75个百分点；自然人持有A股流通市值比例为25.0%，比上年下降2.3个百分点。机构投资者中，证券投资基金达到1897只，比2013年增加345只，证券投资基金规模为42012亿份，增加10831亿份，共成交19905亿元，增长58.5%，证券投资基金在股票市场中的作用进一步增强。

表1 股票市场基本情况

	2010	2011	2012	2013	2014
上市公司数量（家）	2063	2342	2494	2489	2613
上市公司总市值（万亿元）	26.5	21.5	23.0	23.9	37.3
成交额（万亿元）	54.6	42.2	31.5	46.9	74.4
股票市场筹资额（亿元）	9606.3	5073.1	3127.5	2802.8	4834.0
股票有效帐户数（万户）	13391	14050	14046	13247	14215
机构投资者持有流通市值占比（%）	70.9	57.8	57.3	58.0	60.75

资料来源：中国证券监督管理委员会

二、债券市场运行情况

2014年，债券市场规模继续扩大，在发挥直接融资功能，降低社会融资成本，服务实体经济发展方面的能力进一步增强。

（一）债券发行规模大幅增长

2014年，债券发行规模大幅增长，全年累计发行各类债券（含中央银行票据）10.98万亿元，比上年多发行2.12万亿元。

从债券发行品种看，2014年国债发行21747亿元，比上年同期多1517亿元，其中，财政部通过银行间债券市场发行国债1.7万亿元，财政部代发地方政府债券2908亿元，地方政府自行发债1092亿元；金融债券发行36552亿元，比上年多10242亿元，其中，国家开发银行金融债及政策性金融债2.3万亿元，商业银行等金融机构发行金融债券5460亿元，证券公司短期融资券4247亿元；公司信用类债券发行5.2万亿元，同比增加38.9%，增速较上年扩大34.9个百分点，其中，非金融企业债务融资工具发行4.1万亿元，同比增加45.4%，企业债券发行6952亿元，同比增加46.3%，公司债券发行3484亿元，同比减少14.6%。

表2 2014年各类债券发行情况

债券品种	发行额（亿元）	比上年同期增减（亿元）
国债	21747	1517
中央银行票据	0	-5362
金融债券	36552	10242
其中：国家开发银行及政策性金融债	23201	3390
公司信用类债券	51516	14817
其中：非金融企业债务融资工具	41812	13124
企业债券	8260	2008
公司债	1028	-367
合计	109815	21214

数据来源：中国人民银行《2014年第四季度货币政策执行报告》。

（二）债券市场托管总量快速增长

截至2014年12月末，全国债券市场总托管余额达到35.64万亿元，比上年末增加6.16万亿元，同比增幅为20.9%。其中，在中央结算公司托管的债券总量为28.73万亿元，占全市场托管量的80.6%；上海清算所托管总量为5.56万亿元，占全市场托管量的 15.6%；交易所托管总量为 1.35 万亿元，占全市场托管量的 3.79%。

表 3　2014 年债券市场托管余额

	余额（亿元）	托管数（只）
全市场	356449.55	11075
中央结算公司登记托管的债券	287305.61	4858
上海清算所登记托管的债券	55643.2	4818
中证登登记托管的债券	13500.74	1399

数据来源：中国债券信息网、上海清算所网站、中国结算网和万得资讯

（三）债券市场活跃，债券指数持续上涨

2014年，由于金融市场流动性总量适度充裕，资金面整体稳中趋松，债券市场交易活跃，呈现出明显的“牛市”格局。

债券市场指数呈上行趋势。截至 12 月 31 日，中债新综合指数（净价）为 99.48 点，比 2013 年末上涨 5.54%；中债新综合指数（财富）为 157.06 点，比 2013 年末上涨了 10.34%；银行间债券总指数为 158.69 点，比 2013 年末上涨 10.26%；交易所市场国债指数为 145.68 点，比 2013 年末上涨 4.42%。

2014 年，债券市场现券和回购交易结算量为 352.55 万亿元，比 2013 年增长 30.03％，增速提高了 28.98 个百分点。其中全市场现券结算量为 40.61 万亿元，同比下降 6%；全市场的回购交易结算量为 311.54 万亿元，同比增长 36.88%，比上年提高了 16.2 个百分点。

（四）债券收益率震荡下行，企业债券融资成本显著降低

2014 年，债券收益率总体呈现震荡下行的趋势。中债固定利率国债、政策性金融债、企业债（AAA 级）和中短期票据（AAA 级）平均收益率分别较上年末下行 100、152、136 和 144 个基点。银行间市场国债收益率曲线整体下移，12 月末，国债收益率曲线 1 年、3 年、5 年、7 年、10 年期收益率较去年末分别下降 96 个、105 个、95 个、98 个、93 个基点，10 年期与 1 年期国债期限利差为 36 个基点，较去年末扩大 3 个基点。

2014 年以来，企业债券融资成本明显降低。年末固定利率企业债券加权平均发行利率为 5.52%，较去年末下降 148 个基点。公司信用类债券收益率曲线大幅下行，年末 5 年期 AAA、AA+ 企业债收益率较去年末分别下降 148 个和 141 个基点。不同等级公司信用类债券信用利差出现分化，3 年期 AAA 级、AA 级、A 级票据与同期限政策性银行债券信用利差较去年末分别扩大 16 个、19 个、105 个基点。

三、期货市场运行情况

2014 年，国内期货市场品种持续增加，产业链不断完善，期货市场成交量和成交金额均较快增长。

（一）期货市场成交量与成交金额增长较快

2014 年中国期货市场成交量和成交金额均创新高。1 至 12 月累计，我国期货市场成交 25.06 亿手，比上年增长 21.54%，成交金额 291.99 万亿元，增长 9.16%。其中，金融期货成交 21758.11 万手，成交金额 164.02 万亿元，分别占全市场的 8.68% 和 56.17%；商品期货市场累计成交量为 22.88 亿手，累计成交额为 127.96 万亿元，较 2013 年分别增长 22.48% 和 1.18%。与上年相比，近 30 个商品期货品种的成交量上升，铁矿石、鸡蛋、胶合板、铅、纤维板、棉花、铝、锌、甲醇等期货成交量增幅较大。

（二）股指和国债期货走强，多数商品期货价格下跌

2014 年，国际主要经济体增长乏力，我国经济增速明显放缓，对大宗商品需求的预期下降，同时美元指数持续上升，使美元计价的大宗商品价格整体以下跌走势为主，部分品种跌幅较大。金融期货方面，受改革预期、央行降息降准等因

素影响，股指和国债期货双双走强。

农产品方面，2014年末，天然橡胶期货主力合约收报13590元，比2013年末下跌4550元；强麦期货收报2538元，下跌307元；棉花期货收报13260元，下跌6085元；白糖期货收报4619元，下跌169元；菜籽油期货收报6078元，下跌956元；豆粕期货收报2869元，下跌499元；豆油期货收报5744元，下跌1106元；玉米期货收报2380元，上涨35元；鸡蛋期货收报4268元，上涨317元；胶合板期货收报132.95元，上涨10.10元。

金属期货方面，铜期货主力合约收报45800元，下跌6480元；铝期货收报13060元，下跌930元；螺纹钢期货收报2594元，下跌976元；黄金期货收报241.65元，上涨2.25元；白银期货收报3522元，下跌577元；铁矿石期货收报509元，下跌402元。

能源化工方面，燃料油期货主力合约收报2979元，下跌1172元；甲醇期货收报2051元，下跌944元；玻璃期货收报949元，下跌341元，动力煤期货收报481.6元，下跌81.0元；PVC期货收报5445元，下跌975元；焦炭期货收报1032元，下跌426元。

金融期货方面，沪深300股指期货主力合约四季度跟随现货市场快速上涨，年末收报3593.2点，比2013年末上涨1248.2点；国债期货收报96.772元，上涨4.970元。

四、证券市场改革开放取得较大进展

2014年是我国全面深化改革的开局之年，证券市场的各项改革开放政策有序推进。

（一）国务院发布《关于进一步促进资本市场健康发展的若干意见》

2014年5月，国务院印发《关于进一步促进资本市场健康发展的若干意见》，对包括股票市场、债券市场、期货市场在内的资本市场发展进行了全面的顶层设计。《意见》明确了股权市场的层次结构、基本要求和发展债券市场、期货市场的政策措施，提出到2020年，基本形成结构合理、功能完善、规范透明、稳健高效、开放包容的多层次资本市场体系。

《意见》对资本市场提出了许多具体的改革规划：发展多层次股票市场，到2020年，基本形成结构合理、功能完善、规范透明、稳健高效、开放包容的多层次资本市场体系；切实保护投资者特别是中小投资者合法权益，优化投资者回报机制；鼓励市场化并购重组，各类资本公平参与并购，破除市场壁垒和行业分割，实现公司产权和控制权跨地区、跨所有制顺畅转让；逐步完善退市制度，对欺诈发行的上市公司实行强制退市，逐步形成公司进退有序、市场转板顺畅的良性循环机制；大力培育私募市场；推进期货市场建设，继续推出大宗资源性产品期货品种，发展商品期权、商品指数、碳排放权等交易工具，平稳有序发展金融衍生产品，逐步丰富股指期货、股指期权和股票期权品种；继续扩大开放，稳步开放境外个人直接投资境内资本市场，有序推进境内个人直接投资境外资本市场。《意见》为今后资本市场的健康发展指明了方向。

（二）证券市场基础设施建设取得较大进展

1. 新股IPO重新启动。2014年1月17日，新股IPO在时隔一年多后重启，1、2月份共发行48只股票。随后因发行中存在问题而又暂停了5个月，期间沪深交易所修改IPO网上申购实施办法，证券业协会修订《首次公开发行股票承销业务规范》等，进一步完善和规范了IPO配套措施，6月18日再次重启。全年共有125家企业首次公开发行，募集资金668.9亿元，较好地发挥了股票市场的直接融资功能。

2.《优先股试点管理办法》发布，优先股试点稳步推进。全年共有五家上市公司发行优先股，共募集资金1030亿元，支持了企业兼并重组，丰富了证券品种，也为投资者提供了多元化投资渠道。

3. 证监会发布《关于改革完善并严格实施上市公司退市制度的若干意见》，于11月16

日正式生效。《退市意见》要求按照市场化、法制化和常态化的基本原则，对退市制度做了系统的规范，特别是对退市工作中存在的突出问题做了明确的规定。

4.《期货公司监督管理办法》发布，适当降低了准入门槛，并从业务范围、强化投资者保护等方面对期货公司进行了规范。

5.规范发展债券市场，推动多层次债券市场建设。引导符合条件的私募类非法人产品及农村金融机构、非金融机构合格投资人规范投资银行间市场，进一步丰富了投资者类型。继续推动金融产品创新，推出项目收益票据、并购债、供应链票据和碳债券，进一步扩大信贷资产证券化试点，商业银行柜台债业务品种扩展到国家开发银行金融债券、政策性金融债和中国铁路总公司等政府支持机构债券，推动国家开发银行等高信用等级债券在银行间和交易债券市场跨市场发行。推出债券预发行交易，促进提高债券发行定价的透明度和竞争性，完善债券收益率曲线，活跃二级市场交易。

6.财政部发布国债收益率曲线。自2014年11月2日起，财政部开始发布由中央结算公司编制提供的中国关键期限国债收益率曲线，进一步增强了国债市场和国债收益率曲线在我国经济体系运行中的基准作用。11月28日，农业银行非公开发行优先股在上证所综合业务平台挂牌转让，其发行定价采用中债国债收益率曲线5年期收益率为基准浮动。截至2014年年底，在债券市场创新品种中，先后还有29只永续债都采用中债国债收益率曲线作为发行定价基准。

（三）沪港通正式启动

4 月，内地和香港证券监管部门发布联合公告，原则批准开展沪港股票市场交易互联互通机制试点。6 月，证监会发布《沪港股票市场交易互联互通机制试点若干规定》，明确了沪港通的业务范围、外资持股比例和清算交收方式等相关事项，对投资者保护和监督管理等内容提出了相关要求。在投资额度管理上，对人民币跨境投资额度实行总量管理，并设置每日额度，进行实时监控。11 月，经国务院批准，沪港通正式启动，两地市场运行平稳。沪港通正式启动，加强了两地资本市场联系，将对内地和香港资本市场的发展、人民币国际化进程起到积极推动作用。

（四）债券市场国际化程度进一步提高

2014年11月11日，以中债—中国高等级债券指数为标的的ETF产品在美国纽约交易所挂牌上市，标志着人民币债券市场国际化进入了新的发展阶段，反映了国际市场对中国债券市场的认可程度进一步提高。

债券市场境外投资者大幅增加。伴随着中国债券市场的不断深化发展，越来越多的境外机构参与了中国债券市场。2014年年末在中央结算公司开立托管账户的境外机构达176家，较上年末增加65家，持有债券共计0.54万亿元，较上年末增长74.19%。

展望2015年，我国资本市场的稳定运行和健康发展既存在难得的机遇，也面临不少新情况、新挑战，主要是：经济下行压力加大，上市公司面临产能过剩、利润增长缓慢等诸多困难，中小企业融资难融资贵问题仍然突出；地方债务规模扩大，房地产市场低迷，这些领域的潜在风险对资本市场的影响不容忽视；融资融券规模快速增长，交易杠杆率显著提高，信用风险凸显；股价结构分化严重，有些股票估值过高，存在较大的投资风险；部分上市公司亏损加大，存在退市隐患；随着对外开放进一步深入，境外资金流入流出规模和频率不断增加，监测监控面临不少难题。这些问题都需要证券监管部门加大改革创新力度，不断提高监管水平，推进资本市场的市场化和法制化建设，使资本市场在促进实体经济发展中发挥更加积极的作用。

（执笔：武央　国家统计局国民经济核算司）

2014 年保险市场运行报告

2014 年是保险业具有历史性意义的一年。国务院连续出台《关于加快现代保险服务业发展的若干意见》和《关于加快商业健康保险发展的若干意见》，着眼于服务国家治理体系和治理能力现代化，对新时期保险业改革、发展和监管进行了全面部署，提出了加快建设世界保险强国的战略目标和系统性支持政策，翻开了保险业加快发展和走向腾飞的新篇章，在保险业发展史上具有里程碑意义。在国际经济金融形势错综复杂，国内经济结构深度调整以及经济下行压力加大等环境中，保险业坚持抓服务、严监管、防风险、促发展，改革发展实现重大跨越。保险市场实现强势发展，行业发展活力极大激发，服务大局能力不断提升，保险消费者权益保护工作取得积极进展，保险监管现代化建设稳步推进。

一、保险业务快速增长，结构调整不断深入

随着保险业务的扩张，2014 年保险业快速增长，全年累计实现保费收入 20235 亿元，同比增长 17.5%，增速比上年提高 6.3 个百分点，是 2008 年国际金融危机以来增长最快的一年。其中，财产险业务增速略有回落，保费收入 7203 亿元，同比增长 16.0%，增速比上年回落 0.5 个百分点；人身险业务增速明显加快，保费收入 13031 亿元，同比增长 18.4%，增速比上年提高 10.0 个百分点。其中寿险保费收入 10902 亿元，同比增长 15.7%；健康险保费收入 1587 亿元，同比增长 41.3%；人身意外伤害险保费收入 543 亿元，同比增长 17.6%。由于财产险保费收入增速低于人身险保费收入增速，财产险保费收入占保费总收入的比重为 35.6%，比 2013 年下降了 0.4 个百分点。我国保费收入规模世界排名已经从 2012 年的第 6 位上升至 2014 年的第 3 位。

同时，保险业结构调整进一步深化。与实体经济联系紧密的保证保险同比增长 66.1%，与民生保障关系密切的年金保险同比增长 77.2%，保障性较强的健康保险同比增长 41.3%。10 年期以上新单期缴占比同比提高 5.9 个百分点。

表 1　2013–2014 年保险公司保费收入

单位：亿元

项目	2013 年	2014 年
合计	17222.24	20234.81
一、财产保险公司	6481.16	7544.40
1.企业财产保险	378.80	387.35
2.家庭财产保险	37.87	33.68
3.机动车辆保险	4720.79	5515.93
4.工程保险	78.61	81.67
5.责任保险	216.63	253.30
6.信用保险	155.17	200.67
7.保证保险	120.37	199.88
8.船舶保险	53.53	55.12
9.货物运输保险	102.94	95.44
10.特殊风险保险	38.98	41.76
11.农业保险	306.59	325.78
12.健康险	117.97	169.09
13.意外伤害保险	150.93	171.93
14、其他险	1.98	12.80
二、人寿保险公司	10741.08	12690.41
1、寿险	9425.14	10901.69
2、健康险	1005.52	1418.09
3、人身意外伤害险	310.41	370.63

注：本表人寿保险公司中包括中华控股寿险业务。

二、保险公司总资产突破 10 万亿，外资公司资产份额提升

2014 年，我国保险公司总资产增长较快，外资保险公司资产份额有所提升。保险公司（不含筹建）已经发展到了 180 家，比上年增加 6 家。其中，中外合资保险公司 57 家，比上年增加 2 家。

保险公司总资产首次突破10万亿元，达10.2万亿元，同比增长22.6%，增速比上年提高9.9个百分点。其中外资保险公司资产达到6640亿元，占保险业资产总额的6.5%，比上年提高了1.3个百分点。保险系统职工人数达到90.4万人，同比增长8.8%，其中中外合资保险公司职工人数为4.4万人，同比增长13.7%，占职工总人数的4.9%，比上年上升0.2个百分点。

2014年，我国财产险市场原保费收入超过百亿的保险公司达到10家，比上年增加1家，排名前三位的保险公司原保费收入占比为64.7%，比上年下降0.1个百分点；人身险市场原保费收入超过百亿的保险公司达到18家，比上年增加6家，排名前三位的保险公司原保费收入占比为48.5%，比上年下降5.2个百分点。

表2 2013-2014年保险系统机构和人员情况表

项目	机构数（个）		期末职工人数（人）	
	2013	2014	2013	2014
一、总计	174	180	831303	904253
二、保险集团公司	10	10	3968	4824
三、中资保险公司	109	113	788540	855320
四、中外合资公司	55	57	38795	44109

表3 2013-2014年保险公司资产情况表

单位：亿元

项目	2013	2014
总资产	82887	101591
其中：财产险公司	10941	14061
寿险公司	68250	82487
再保险公司	2104	3514
其中：中资公司	78552	94951
外资公司	4335	6640

三、保险市场开发程度不断深化

随着保险业市场的加速发展，我国保险市场开发程度也在不断深化。2014年，我国保险密度（人均保费收入）为1483元/人，比上年增长16.9%；保险深度（保费收入占GDP的比重）为3.2%，比上年提高0.3个百分点。

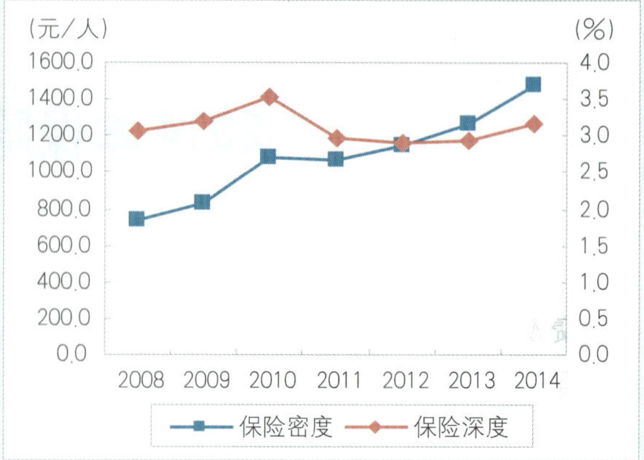

图1 2014年保险市场运行情况

四、发挥保险功能，服务经济社会发展

2014年保险业赔款与给付达7216亿元，同比增长16.2%。其中财产保险公司支出3968亿元，同比增长11.6%，占总支出的55.0%，比上年下降2.2个百分点；人寿保险公司支出3248亿元，同比增长22.3%，占总支出的45.0%，比上年提高2.2个百分点。

2014年，保险业为全社会提供风险保障1114万亿元，同比增长25.5%，保险业赔款与给付7216.2亿元，同比增长16.2%。保险业努力在服务党和国家的中心工作、服务经济社会大局上找准立足点，服务能力迈上新台阶：一是完善社会保障的作用显著增强。大病保险在27个省开展了392个统筹项目，覆盖人口7亿人，参保群众保障水平普遍提高10-15个百分点。各类医疗保障经办服务人数达3.2亿。企业年金受托服务覆盖3.5万个企业的877万职工，受托管理资产3160亿元。二是参与社会管理的作用显著增强。责任保险保费收入253.3亿元，提供风险保障66.5万亿元。三是服务“三农”能力显著增强。农业保险保费收入325.7亿元，同比增长6.2%，承保金额1.66万亿元，同比增长19.6%。向3500万受灾农户支付赔款214.6亿元，同比增长2.86%。承保主要农作物突破15亿亩，占全国主要农作物播种面积的61.6%。承保森林面积24.7亿亩，覆盖率超过85%。向辽宁特大旱灾的118.7万户受灾农户支付赔款9.3亿元，向“威马逊”台风受灾群众支付赔款11.5亿元，帮助受灾地区及时恢复生产生活。小额人身保险服务低收入群体人数超过7000万。四是支撑经济发展的能力显著增强。发起基础设施投资计划1.1万亿元，比年初增长56.8%，其中投资1072.5亿元参与棚户区改造和保障房建设。出口信用保险保费收入27亿美元，同比增长8.2%，承保总金额3804.5亿美元。国内贸易信用保险业务保单质押贷款余额1801亿元。

表4 2013—2014年保险公司赔款及给付情况

单位：亿元

项目	2013年	2014年
合计	6212.90	7216.21
一、财产保险公司	3556.20	3968.27
1.企业财产保险	213.65	215.22
2.家庭财产保险	17.20	11.46
3.机动车辆保险	2719.83	3026.74
4.工程保险	29.70	35.01
5.责任保险	89.21	107.72
6.信用保险	69.64	57.7
7.保证保险	16.52	29.05
8.船舶保险	28.74	33.58
9.货物运输保险	42.78	43.68
10.特殊风险保险	15.85	12.91
11.农业保险	194.94	205.8
12.健康险	72.97	124.84
13.意外伤害保险	44.09	55.21
14、其他险	1.10	9.36
二、人寿保险公司	2656.70	3247.94
1、寿险	2253.13	2728.43
2、健康险	65.41	446.31
3、人身意外伤害险	338.16	73.21

注：本表人寿保险公司中包括中华控股寿险业务。

五、经营效益显著提升，资本实力明显增强

2014年保险行业经营效益显著提升。保险公司预计利润2046.6亿元，同比增长106.4%，是历史上最好的一年。保险资金运用实现收益5358.8亿元，同比增长46.5%，创历史新高。保险资金投资收益率6.3%，综合收益率9.2%，比上年分别提高1.3和5.1个百分点，均创5年来最好水平。

2014年保险行业资本实力明显增强。截至2014年底，全行业资产总额首次突破10万亿元，达10.2万亿元，同比增长22.6%，增速比上年提高9.9个百分点。全行业净资产1.3万亿元，较年初增长56.4%。

2014年末，保险资金运用余额9.3万亿元，同比增长21.4%。其中企业债为15465亿元，同比增长12.7%，占总资产的比重为16.6%，比上年下降1.3个百分点；证券投资基金为4714亿元，同比增长31.8%，占总资产的比重为5.1%，比上年上升0.4个百分点。风险较小的银行存款为25311亿元，同比增长11.8%，占总资产的比重为27.1%，比上年下降2.4个百分点。（见表5）

表5 2013—2014年保险公司资金运用情况

	绝对额（亿元）		结构比重（%）		同比增速（%）
	2013年	2014年	2013年	2014年	
总资产	82887	101591			22.6
资金运用余额	76873	93314			21.4
其中：银行存款	22641	25311	29.5	27.1	11.8
国债	4777	5010	6.2	5.4	4.9
金融债券	14812	15067	19.3	16.1	1.7
企业债券	13728	15465	17.9	16.6	12.7
证券投资基金	3576	4714	4.7	5.1	31.8

六、保险监管改革创新，现代化建设稳步推进

2014年保险监管工作坚持抓改革促创新，坚持严监管、防风险、抓服务、重长效、打基础、建机制、转作风、严管理，保险监管现代化建设稳步推进。

以全面深化改革为突破口，开拓创新，成效显著。一是保险费率形成机制改革稳步推进。二是市场准入退出制度改革进一步完善。三是保险资金运用改革不断深化。四是巨灾保险制度建设取得积极进展。五是积极推动汽车产业链变革。

科学预判、主动作为，严守不发生区域性系统性风险的底线。一是较好地防范了满期给付和退保风险、偿付能力不足风险、流动性风险和资金运用风险。二是实施四个领域大检查。选取16家开展公司治理现场检查；联合财政部开展农业保险专项检查，覆盖11家产险机构的166家分支机构；在全国范围开展大病保险合规性检查，共检查121个大病保险项目；全面开展保险中介市场清理整顿工作，检查了500多家保险公司和保险中介机构。三是稳步推进“反欺诈、反洗钱、反非法集资”工作。四是切实加强保险产品监管。五是不断增强防范风险的实力。保险保障基金管理制度和运行机制不断完善，基金规模达到577亿元。

扎实开展保险消费者权益保护工作，着力解决好消费者最关心最直接最现实的利益问题。一是继续治理车险理赔难和寿险销售误导。二是妥善解决保险消费争议。三是着力加强保险消费者教育。建设完成官方网站、报纸专栏、普及读物、官方微博、官方微信、现场活动六位一体的保险知识普及渠道。四是积极推进保险消费者权益保护的制度建设。

立足中国国情，把握国际保险监管趋势，积极推进保险监管体系现代化。一是公司治理和集团监管迈出新步伐。二是偿二代监管制度体系基本建成，推动建立行业资本补充机制，建立保险公司资本分级制度。三是国际监管规则制定的话语权显著提升。四是保险监管制度建设取得新成绩。基本完成《保险法》修改条文初稿起草工作。五是统计和监管信息化建设扎实推进。六是监管机制流程进一步理顺。落实保监局资金运用监管联系人机制，开展资金运用属地监管试点，成立中国保险资产管理业协会。七是两岸四地保险反欺诈合作机制初步建立，签署内地与港澳保险监管机关反保险欺诈监管合作协议。

（执笔：陈希　国家统计局国民经济核算司）

2014年社会保险基本情况及2015年展望

2014年，全国人力资源社会保障系统落实中央全面深化改革和依法治国重大部署，坚持稳中求进总基调，改革创新、主动作为，社会保险各项工作深入开展，社会保险体系建设取得新的重大进展。

一、2014年社会保险基本情况

（一）各项社会保险参保人数继续增长

1. 养老保险。年末全国基本养老保险参保人员共计84232万人，比上年末增加2263万人。其中，领取待遇人员22096万人，比上年末增加1097万人。（1）年末全国参加城镇职工基本养老保险人员为34124万人，比上年末增加1906万人。其中，参保职工25531万人，参保离退休人员8593万人，分别比上年末增加1354万人和552万人。（2）年末城乡居民基本养老保险参保人员50107万人，比上年末增加357万人。其中，实际领取待遇人员14313万人，比上年末增加544万人。

2. 城镇基本医疗保险。年末全国参加城镇基本医疗保险人员为59747万人，比上年末增加2674万人。其中，参加职工基本医疗保险人员为28296万人，比上年末增加853万人；参加城镇居民基本医疗保险人员为31451万人，比上年末增加1821万人。在参加职工基本医疗保险的人员中，参保职工21041万人，参保退休人员7255万人，分别比上年末增加540万人和313万人。

3. 失业保险。年末全国参加失业保险人员为17043万人，比上年末增加626万人。全年全国共向422万失业人员提供了不同期限的失业保险待遇，比上年增加5万人。年末全国领取失业保险金人员为207万人，比上年末增加10万人。

4. 工伤保险。年末全国参加工伤保险人员为20639万人，比上年末增加722万人。其中，参加工伤保险的农民工为7362万人，比上年末增加98万人。全年享受工伤保险待遇人员为198万人，比上年增加3万人。

5. 生育保险。年末全国参加生育保险人员为17039万人，比上年末增加647万人。全年共有613万人次享受了生育保险待遇，比上年增加91万人次。

（二）社会保险基金收支规模持续扩大

2014年，各项社会保险的基金总收入约为39828亿元，比上年增加4575亿元，增长13%；基金总支出约为33003亿元，比上年增加5086亿元，增长18.2%。

1. 养老保险。全年基本养老保险的基金总收入达到27620亿元，比上年增长11.7%；基金总支出23326亿元，比上年增长17.7%。（1）全年城镇职工基本养老保险基金总收入25310亿元，比上年增长11.6%，其中征缴收入20434亿元，增长9.7%；全年基金支出21755亿元，比上年增长17.8%。年末基金累计结存31800亿元。（2）全年城乡居民基本养老保险基金收入2310亿元，比上年增长12.6%，其中个人缴费666亿元，比上年增长4.7%；基金支出1571亿元，比上年增长16.5%。年末基金累计结存3845亿元。

2. 城镇基本医疗保险。全年城镇基本医疗保险基金总收入9687亿元，比上年增长17.4%；全年基金总支出8134亿元，比上年增长19.6%。（1）全年职工基本医疗保险基金收入8038亿元，比上年增长13.8%；全年基金支出6697亿元，比上年增长14.9%。年末基金累计结存9450亿元（统筹基金累计结存5537亿元、个人账户积累3913亿元）。（2）城镇居民基本医疗保险基金收入1649亿元，比上年增长39.0%；全年基金支出1437亿元，比上年增长48.0%。年末基金累计结存1195亿元。

3. 失业保险。全年失业保险基金收入1380亿元，比上年增长7.1%；全年基金支出615亿元，比上年增长15.6%。年末基金累计结存4451亿元。

4. 工伤保险。全年工伤保险基金收入695亿元，比上年增长13%；全年基金支出560亿元，比上年增长16.3%。年末基金（不含储备金）累计结存938亿元，储备金结存190亿元。

5. 生育保险。全年生育保险基金收入446亿元，比上年增长21.1%；全年基金支出368亿元，比上年增长30.2%。年末基金累计结存593亿元。

（三）社会保险待遇水平稳步提高

企业退休人员基本养老金实施自2004年以来连续第10次调整，人均养老金水平又提高10%，2014年全国企业退休人员养老金人均水平达到每月2050元。国务院决定从2014年7月1日起将全国城乡居民基础养老金最低标准从每人每月55元提高至70元。2014年各级财政对居民医保的补助每人每年320元以上，居民医保二级及以下医疗机构政策范围内住院费用基金支付比例为70.9%，参保人员的医保待遇明显提高。工伤保险待遇水平进一步提高，2014年有28个省份调整提高了伤残津贴、供养亲属抚恤金和生活护理费等待遇水平。失业保险待遇水平进一步提高，2014年有19个省份调整提高了失业保险金标准，18个省份向领取失业保险金人员发放了价格临时补贴，为领取失业保险金人员缴纳职工基本医疗保险费月人均达241元。生育保险待遇继续提高。

（四）统筹推进城乡社会保障体系建设

1. 推进机关事业单位养老保险制度改革，整合城乡居民基本养老保险制度。深化养老保险顶层设计研究，完善养老保险制度。出台机关事业单位工作人员养老保险制度改革方案，确定了“一个统一五个同步”的改革思路。在全国范围内合并实施新型农村社会养老保险和城镇居民社会养老保险，建立统一的城乡居民基本养老保险制度。出台《关于城乡养老保险制度衔接暂行办法》，职工基本养老保险与城乡居民基本养老保险制度有效衔接，继续推进城镇职工基本养老保险关系转移接续工作，促进参保人员在城乡之间顺畅转移。研究建立和完善养老金正常调整机制，再次调整了企业退休人员基本养老金水平。大力发展企业年金和职业年金，加快构建多层次养老保险体系。2014年末，全国建立企业年金的企业7.33万家，比上年增长10.8%；参加职工2293万人，比上年增长11.5%；企业年金基金年末累计结存7689亿元。完善和落实被征地农民社会保障政策。

2. 完善全民医保体系，健全生育保险制度。进一步推进城乡居民基本医疗保险制度整合和城乡统筹。居民医保财政补助水平提高到每人每年320元，个人缴费同步新增20元。整体推进城乡居民大病保险，全国31个省（自治区、直辖市）和新疆生产建设兵团均已出台推进大病保险的工作方案。深化医保付费方式改革，全面推进付费总额控制，加强社会保险医疗服务监管。出台《关于进一步做好基本医疗保险异地就医医疗费用结算工作的指导意见》，以异地安置退休人员和异地住院费用为重点，分层次推进异地就医结算服务。规范生育保险政策，落实各项待遇。

3. 不断完善失业保险制度。继续推进东部7省（市）扩大失业保险基金支出范围试点，研究建立完善失业保险稳定就业、促进就业长效机制。稳步推进失业动态监测工作，开展失业预警试点。失业保险金标准正常调整机制进一步完善。出台《关于失业保险支持企业稳定岗位有关问题的通知》，切实做好兼并重组、化解产能过剩和淘汰落后产能企业职工队伍稳定工作。

4. 稳步推进工伤保险工作。出台《关于进一步做好建筑业工伤保险工作的意见》，针对建筑业生产经营和用工特点，创造性提出项目参保、全员覆盖、概算提取、一次性缴纳的政策措施。进一步完善工伤保险条例配套政策，颁布了《工伤职工劳动能力鉴定管理办法》，修订了《劳动能力鉴定职工工伤与职业病致残等级》国家标准，颁布了《工伤保险职业康复操作规范》（试行）。工伤预防试点工作在50个试点地区有序开展，工伤康复试点工作稳步推进。工伤保险市级统筹进一步规范，已有10个省份实现了省级统筹。

（五）加强社会保险基金监管

依法监督的制度建设取得新进展。2014 年 4 月，全国人大常委会出台了刑法第 266 条解释，首次明确，以欺诈、伪造证明材料或者其他手段骗取养老、医疗、工伤、失业、生育等社会保险金或者其他社会保障待遇的，按诈骗公私财物罪量刑。部署开展全国性社会保险财政补助资金和社会保险基金管理情况两项专项检查，问题整改成效明显。深入开展社会监督试点工作，部级试点地区扩大到 12 个省份的 36 个城市，加上各地自行试点，全国共有 30 个省份 122 个地市开展了试点。强化网络监管措施，全国 29 个省份和 382 个地级市启动社保基金监管软件联网应用工作。加强和改进社会保险基金预算管理，提高预算编制的科学性和执行、考核的严肃性。研究制定基本养老保险基金投资管理办法，推动基金保值增值。进一步扩大企业年金投资范围，完善信息披露制度，当年投资收益率达到 9.39%。

（六）社会保险经办管理服务标准化、规范化、信息化水平不断提高

社会保险标准化工作稳步推进。一方面，稳步推进已发布的 7 项社会保险国家标准和行业标准的贯彻实施；另一方面，标准制定步伐开始加速，同时启动 13 项社会保险国家标准制定工作。另外，人力资源社会保障部与重庆市人民政府共建中国社会保险公共服务标准化示范基地，于 2014 年 10 月 31 日正式启动，为促进社会保险标准化建设科学发展，奠定了创新与实践基础。

健全社会保险法的配套规章、规程，制定实施社会保险稽核办法和城乡基本养老保险制度衔接、机关事业单位养老保险经办、城乡居民基本养老保险经办等相关规程。稳步推进五险合一经办，提升基层社会化管理水平。继续做好外国人参加社会保险工作。完善社会保险信息披露制度。坚持精算平衡原则，进一步加强社会保险精算工作。

基层劳动就业和社会保障服务设施建设继续推进，到 2014 年底中西部地区县级规模已占到 50%，覆盖人口达 4.9 亿，提高了建设地区人力资源社会保障公共服务能力。社会保障卡工作重心由发行为主转向发用并举，2014 年底实际持卡人数达 7.12 亿，应用领域进一步扩展。启动全国社会保障卡持卡人员基础信息库建设，为全国“一卡通”提供基础保障。继续推进跨地区社会保险业务系统建设和应用，逐步形成跨地区协同的工作机制。实现城乡居民基本养老保险信息系统的整合，推进社会保险核心平台和医疗服务监控系统的部署实施。

二、2015 年社会保险工作展望

2015 年社会保险工作的任务是：全面贯彻党的十八大和十八届三中、四中全会精神，坚持稳中求进工作总基调，坚持改革统揽、依法行政，全面深化社会保障制度改革，进一步健全社会保障体系，发挥好托底作用。

（一）继续做好社会保险扩面、征缴和支付工作

继续扩大各项社会保险覆盖面，扩大以养老、医疗保险为重点的全民参保登记计划试点，做好建筑业等高风险企业特别是农民工参加工伤保险工作。预计到 2015 年底，全国参加基本养老保险人数将达到 8.56 亿人，城镇基本医疗保险 6.46 亿人、失业保险 1.72 亿人、工伤保险 2.15 亿人、生育保险 1.71 亿人。强化社会保险基金征缴和监督管理。完善多缴多得的激励机制，继续提高社会保险待遇水平，确保各项社会保险待遇按时按规定支付。

（二）加快推进养老保险制度建设

实施机关事业单位养老保险制度改革。制定养老保险制度改革总体方案及职工基础养老金全国统筹方案、渐进式延迟退休年龄方案，完善个人账户政策。制定基本养老保险基金投资管理办法。制定病残津贴和遗属待遇政策。全面实施统一的城乡居民基本养老保险制度。完善并落实被征地农民社会保障政策。做好企业退休人员和城乡居民基本养老金调整工作，研究完善兼顾各类

人员的基本养老金正常调整机制。研究进一步完善城镇职工养老保险跨地区转移接续、企业养老保险制度和机关事业养老保险制度间的转移衔接办法，推动继续做好参保人员跨地区和跨制度流动养老保险关系转移接续工作。

（三）完善全民医保体系，健全生育保险制度

将各级财政对居民医保的补助标准提高到人均 380 元，同步提高个人缴费标准到人均 120 元。继续推进城乡居民基本医疗保险制度整合。全面实施城乡居民大病保险。贯彻落实加强医疗服务监管的意见，协调推进全面推广医疗监控系统的工作。巩固和提高医疗保险统筹层次，做好异地就医医疗费用结算和关系转移接续工作。完善生育保险办法。

（四）完善失业保险制度

修订失业保险条例，抓好调整失业保险费率和失业保险稳岗补贴政策的贯彻落实。加强就业失业状况动态监测，做好失业预警试点工作。

（五）加强工伤保险制度建设

组织实施“同舟计划”——建筑业工伤保险专项扩面行动计划，推进建筑企业全面参加工伤保险。完善费率机制，降低工伤保险费率。积极稳妥推进工伤预防和工伤康复。加快推进工伤保险省级统筹。研究制定工伤伤残辅助器具管理办法、贯彻《工伤保险条例》若干政策问题、非因工评残办法和标准等政策标准。

（六）加强基金管理监督

全面推进社会保险基金社会监督工作，开展基金安全评估试点，探索建立基金安全巡查、约谈和挂牌督办制度。完善社会保险基金预算执行约束机制，进一步严格预算管理。建立健全社会保险风险管理制度，坚持依法征收和应收尽收，强化社会保险稽核工作，禁止以各种名义自行降低缴费基数、缴费费率损害参保人员利益。开展养老保险基金检查工作，强化社会保险基金征缴和管理监督，用好法律、法规武器和信息化手段，加强实时监控和核查比对，加快健全社会保险欺诈案件查处和移送机制，打击各种套取、诈骗社保基金行为。制定实施职业年金办法及基金管理办法，修订企业年金办法和企业（职业）年金管理机构资格认定办法，促进企业年金市场良性运行。

（七）提升社会保险经办管理服务水平

制定实施机关事业单位养老保险经办、城乡居民基本养老保险经办等相关规程。加强社会保险经办管理服务，整合经办资源，推进五险合一征缴，抓好基本医疗保险异地就医结算服务工作。完成行业企业社会保险纳入地方管理。继续做好外国人参加社会保险工作。完善社会保险信息披露制度。坚持精算平衡原则，进一步加强社会保险精算工作。推进社会保险经办机构业务整合和流程优化，进一步推动社会保险标准化建设，大力发展“电子社保”。

（八）加大社会保险信息化建设力度

加快发行和推广应用全国统一的社会保障卡，2015 年底持卡人数将达到 8 亿人。结合社会保障卡持卡人员基础信息库建设，推动全民参保登记计划，建立参保信息跨地区交换、全国范围内及时比对机制，实现参保数据动态更新。继续推进跨地区社会保险业务系统建设和应用，启动建设跨省异地就医结算系统，逐步形成跨地区协同的工作机制。

（执笔：饶志刚　人力资源和社会保障部）

2014年教育事业发展报告

2014年，教育系统坚定不移贯彻落实党中央、国务院的决策部署，牢牢把握全面深化综合改革的主题，紧抓促进公平和提高质量两大任务，在“破解”一些人民群众关切的重大热点难点问题、促进教育公平方面取得新成效，教育内涵发展迈上新台阶，在培养学生成长、服务经济社会发展等方面取得了新成绩。

一、教育事业总体进展

（一）教育总规模

2014年，全国共有各级各类学校[①]51.4万所，比上年减少5432所。其中，幼儿园为21.0万所，比上年增加1.1万所；义务教育阶段学校为25.4万所，比上年减少1.2万所；高中阶段学校为2.6万所，比上年减少548所；高等学校为2824所，比上年增加36所；特殊教育学校2000所，比上年增加67所。

2014年，全国各级各类学历教育在校生为2.6亿人，比上年增加83.1万人；非学历教育注册人数5350.3万人，比上年减少242.9万人。随着教育普及程度的提高，学前教育、高等教育在校生规模持续扩大。义务教育阶段在校生也出现回升，而高中阶段教育在校生规模持续下降。

学前教育规模持续增长。2014年，全国在园幼儿人数达4050.7万人，比上年增加156.0万人，增长4.0%，增幅比上年略有下降。

义务教育规模略有回升。2014年，义务教育阶段在校生1.4亿人，比上年增加35.0万人，略增0.3%。其中，全国普通小学在校生为9451.1万人，比上年增加90.5万人，增长1.0%；初中阶段在校生为4384.6万人，比上年减少55.5万人，下降1.3%。

高中阶段教育规模持续减少。2014年，全国高中阶段在校生为4170.7万人，比上年减少199.3万人，下降4.6%。其中，普通高中在校生为2400.5万人，比上年减少35.4万人，下降1.5%；中等职业教育在校生为1755.3万人，比上年减少167.7万人，下降8.7%。

高等教育规模稳步发展。2014年，全国高等教育在学总规模达3559万人，比上年增加98.5万人，增长2.9%。

特殊教育规模略有增长。2014年，全国特殊教育在校生39.5万人，比上年增加2.7万人，增长7.3%。

（二）各级教育普及水平进一步提高，国民受教育机会进一步扩大

2014年，学前教育毛入园率达70.5%，比上年提高3个百分点，提前实现《国家中长期教育改革和发展规划纲要》确定的2020年70%的发展目标；义务教育普及水平处于高位，小学学龄儿童净入学率达99.81%，比上年略升0.1个百分点；初中阶段毛入学率达103.5%，比上年略降0.6个百分点；高中阶段毛入学率达86.5%，比上年提高0.5个百分点，这表明我国目前新增劳动力绝大部分已接受过高中阶段以上教育；高等教育毛入学率达37.5%，比上年提高3.0个百分点，提前实现《教育改革和发展规划纲要》确定的2015年37%的目标。

随着教育普及水平的提高，每十万人口中高等教育和学前教育在校生人数明显增加。2014年，每十万人口中高等教育在校生人数为2488人，比上年增加70人；每十万人口中学前教育人数为2977人，比上年增加101人；每十万人口中小学在校生人数略有增加，为6946人，比上年

注：①学校数未含教育机构。

略增 33 人；初中和高中阶段教育每十万人口在校生人数持续减少，2014 年，每十万人口中初中阶段在校生人数为 3222 人，比上年减少 57 人；每十万人口中高中阶段教育在校生人数为 3100 人，比上年减少 155 人。

（三）教师队伍规模继续增加

2014 年，各级各类学校共录用 37.0 万名应届毕业生充实到教师队伍中，比上年增加 1.5 万人，增长 4.2%。全国各级各类学校专任教师达 1514.1 万人，比上年增加 30.4 万人，增长 2.0%。其中，幼儿园专任教师数增长较快，由上年的 166.3 万人增加到 184.4 万人，增加 18.1 万人，增长 10.9%。

高等教育专任教师数比上年略有增加，为 156.6 万人，比上年增加 3.5 万人，增长 2.3%。其中，普通高校专任教师有 153.5 万人，比上年增加 3.8 万人，增长 2.5%。普通高校 50 岁以下中青年教师有 128.6 万人，占 83.8%（45 岁以下青年教师有 109.9 万人）。

高中阶段专任教师数比上年略有增长。其中，普通高中专任教师为 166.3 万人，比上年增加 3.4 万人，增长 2.1%；中等职业学校专任教师为 85.8 万人，比上年减少 9530 人，下降 1.1%。义务教育阶段专任教师数比上年略有增加。普通小学专任教师为 563.4 万人，比上年增加 4.9 万人；初中阶段专任教师为 348.8 万人，比上年增加 0.7 万人。

（四）学校办学条件进一步改善

2014 年，各级政府通过推进义务教育学校标准化建设、提高中小学生均公用经费基准定额、推动各地建立高职院校生均拨款制度、出台国家城乡统一的中小学教职工编制标准等有力措施，教育保障达到新水平，各级各类学校办学条件进一步改善。

全国各级各类学校拥有校舍建筑面积②总量达 29.9 亿平方米，比上年增加 1.2 亿平方米，增长 4.2%。其中，幼儿园和初中校舍建筑面积增长比较快，增幅分别达 13.9% 和 5.0%。除普通高校外，其他各级各类学校生均校舍建筑面积均比上年有所增加，其中，中等职业学校③和普通高中增量最大，分别增加 1.4 平方米和 1.0 平方米，分别达 16.6 平方米和 18.9 平方米，

2014 年，全国各级各类学校教学、科研仪器设备资产总值为 6577.8 亿元，比上年增加 737.3 亿元，增长 12.6%。其中，小学教学、科研仪器设备资产值增长较快，为 862.9 亿元，增长 20.3%。随着仪器设备投入总量的增加，各级各类学校生均教学、科研仪器设备值均比上年有所提高，其中中职学校和小学增幅最大，分别比上年增长 24.6% 和 19.2%，分别达 4661 元和 913 元。

（五）办学效益基本稳定

2014 年，各级各类学校办学效益逐步提高，教师配置状况也有所改善。小学和普通高校校均规模继续扩大，其余各级各类学校均规模均有所缩小。普通小学校均规模为 469 人，比上年增加 31 人；初中校均规模为 833 人，比上年减少 8 人；普通高中校均规模为 1811 人，比上年减少 13 人；中等职业学校校均规模为 1478 人，比上年减少 90 人。全国普通高校校均规模为 9995 人，比上年增加 181 人。其中，普通本科院校为 14342 人，比上年增加 81 人；普通专科院校为 6057 人，比上年增加 181 人。

中小学平均班额相对稳定。2014 年，全国普通小学平均班额仍为 37 人，普通初中和高中分别为 48 人和 54 人，均比上年减少 1 人。

中小学大班额比例继续下降，普通高中下降幅度较大。小学 56 人及以上大班额比例为 12.2%，比上年下降 1.1 个百分点；普通初中、普通高中大班额比例分别为 21.7% 和 39.9%，分别下降 2.9 个百分点和 5.2 个百分点。

从专任教师配置状况看，除普通高校生师比比上年略有增大之外，其他各级教育生师比都有

注：②高校和中等职业学校含独立产权和非产权独立使用两部分，仪器设备值等条件指标同，下同。
③除校均规模外，中职学校办学条件指标不含技工学校数据。

所下降。2014年，普通高校生师比为17.5:1，比上年略增0.2。高中阶段教师配置状况有所改善，普通高中生师比由上年的15.0:1下降为14.4:1；中等职业学校生师比④由上年的23.0:1下降到21.3:1；初中生师比由上年12.8:1降至12.6:1，小学生师比与上年持平，为16.8:1；幼儿教育规模大幅增长的同时，生师比继续下调，由19.4:1下降至18.7:1，教师补充力度比较大。

二、义务教育

2014年，义务教育普及与巩固水平保持高位，办学条件进一步改善，城乡差距逐步缩小，均衡化程度有所提高。

（一）小学生规模出现增长，初中生规模继续下降

2014年，全国小学招生1658.4万人，比上年减少36.9万人，下降2.2%；其中，城市小学招生540万人，比上年增长4.1%。初中阶段招生继续减少，为1447.8万人，比上年减少48.3万人，下降3.2%；其中，城市初中阶段招生480.8万人，比上年微降0.2%，农村初中阶段招生967.1万人，比上年下降4.7%。

小学在校生规模出现增长，2014年，小学在校生为9451.1万人，比上年增加90.5万人，增长1.0%。分城乡看，城市小学在校生为2943.2万人，比上年增长6.1%，农村小学在校生为6507.8万人，比上年下降1.2%。初中阶段在校生为4384.6万人，比上年减少55.5万人，下降1.2%。分城乡看，城市初中阶段在校生为1468.7万人，比上年增加2.7%，农村初中阶段在校生为2915.9万人，比上年下降3.1%。

（二）义务教育普及和巩固水平继续保持高位

2014年，小学学龄儿童净入学率达99.81%，比上年提高了0.1个百分点，其中，男童小学净入学率为99.80%，女童小学净入学率为99.83%。绝大多数省份基本消除男女童入学率性别差异。

全国初中普及程度继续保持高位。2014年，全国初中阶段毛入学率达103.5%，比上年略降0.6个百分点。全国小学毕业生升学率为98.0%，比上年略降0.3个百分点。初中毕业生升学率（含职业初中）为95.1%，比上年提高3.9个百分点。

（三）义务教育阶段就读的进城务工人员随迁子女人数主要集中在东部地区

2014年，全国义务教育阶段就读的进城务工随迁子女人数为1294.7万人，占在校生总人数的比例为9.4%。其中，57.7%的进城务工随迁子女在校生集中在东部地区。

在小学就读的进城务工人员随迁子女有955.6万人，在初中就读的有339.1万人。

从来源看，全国义务教育阶段就读的进城务工人员随迁子女以省内流动为主，2014年，外省迁入的占44.5%，省内其他县迁入的占55.5%；小学就读的进城务工人员随迁子女中，省内其他县迁入的比例为53.5%；初中阶段为62.4%。

（四）义务教育阶段在校生中农村留守儿童规模有所减少，中部地区占比近半

2014年，全国义务教育阶段在校生中，农村留守儿童有2075.4万人。其中，在小学就读的农村留守儿童为1409.5万人，占农村小学在校生的比例为30.2%。在初中就读的农村留守儿童为665.9万人，占农村初中在校生的比例为30.6%。从区域分布看，约半数农村留守儿童集中在中部地区，小学有48.9%，初中有45.4%。

（五）义务教育学校办学条件继续得到改善，城乡差距有所缩小

义务教育学校高一级学历教师比例继续提升，农村学校提高幅度快于城市，城乡差距缩小。

注：④不含技工学校数据。

2014 年，全国小学大专及以上学历教师比例达到 89.8%，比上年提高 2.5 个百分点，城乡差距为 9.2 个百分点，比上年缩小 1.8 个百分点。全国初中本科及以上学历教师比例达到 77.9%，比上年提高 3.0 个百分点，城乡差距为 14.5 个百分点，比上年缩小 1.7 个百分点。

2014 年，全国小学中级及以上职称教师比例为 53.9%，比上年降 0.4 个百分点，城乡差距为 4.1 个百分点，比上年缩小 0.6 个百分点。全国初中中级及以上职称教师比例为 60.1%，比上年提高 0.8 个百分点，城乡差距 7.5 个百分点，比上年缩小 1.4 个百分点。

全国义务教育学校基本办学条件不断改善，教学仪器设备配置水平继续提升。2014 年，全国小学生均仪器设备值为 913 元，比上年增加 147 元，增长 19.2%。其中，农村为 723 元，比上年增加 149 元，增量高于城市小学；全国初中生均仪器设备值为 1512 元，比上年增加 210 元增长 16.2%。其中，农村为 1298 元，比上年增加 195 元，增量高于城市。

义务教育学校信息化配置水平持续提高，信息技术和教育教学的深度融合逐步加强。2014 年，全国小学每百名学生拥有教学用计算机台数由上年的 6.3 台增加到 7.5 台，初中由上年的 9.9 台增加到 11.2 台。

2014 年，小学建立校园网学校比例为 39.1%，初中为 67.8%，分别比上年提高 13.6 个百分点和 12.0 个百分点。全国接入互联网的比例小学为 77.4%、初中为 95.5%，分别比上年提高 9.3 个百分点、3.1 个百分点，小学接入互联网比例城乡差异比较大，农村为 74.8%，比城市小学低 20 个百分点。

三、学前教育与特殊教育

（一）学前教育规模持续增长，普及水平继续提升

2014 年，全国幼儿园数为 21.0 万所，比上年增加 1.1 万所。全国入园幼儿（包括附设幼儿班）1987.8 万人，比上年增加 17.7 万人，增长了 0.9%；在园（班）幼儿数为 4050.7 万人，比上年增加 156.0 万人，增长 4.0%，增幅有所下降；其中，农村在园（班）幼儿 2644.8 人，增长 2.6%。

2014 年，全国学前教育毛入园率达到 70.5%，比上年提高 3 个百分点；小学招生中接受学前教育的比例为 97.7%，比上年提高 0.9 个百分点。

2014 年，全国学前教育专任教师数为 184.4 万人，比上年增加 18.1 万人，增长了 10.9%。其中大专及以上学历教师比例为 70.9%，比上年提高 2.7 个百分点。农村专任教师中大专及以上教师比例为 64.6%，比城市低 13.1 个百分点，差距仍然明显。学前教育专任教师中幼儿教育专业毕业的比例为 64.5%，比上年提升 0.6 个百分点。

（二）特殊教育规模持续增长，接受专业培训教师比例依然偏低

2014 年，全国特殊教育学校为 2000 所，比上年增加 67 所；特殊教育在校生为 39.5 万人，比上年增加 2.7 万人，增幅为 7.3%。

小学特殊教育在校生总数 28.3 万人，比上年增加 2.4 万人，增长 9.3%。其中，随班就读和附设特教班在校生 15.0 万人，比上年增加 1.7 万人，占小学特殊教育在校生总数的比例为 52.9%，比上年提高 1.7 个百分点。

初中阶段特殊教育在校生总数为 10.2 万人，比上年增加 0.3 万人，增长 2.9%。其中，随班就读和附设特教班在校生 5.9 万人，比上年增长 2%；占初中阶段特殊教育在校生总数的比例为 58.3%，比上年减少 0.5 个百分点。

高中阶段特殊教育在校生总数为 9883 人，比上年减少 112 人。

2014 年，全国特殊教育专任教师数为 4.8 万人，比上年增加 0.2 万人；专任教师中受过特殊教育专业培训的比例为 64.0%，比上年提高 3 个百分点。

四、高中阶段教育

2014 年，高中阶段教育规模继续下降，招

生普职结构较为合理，普及水平有所提高，办学条件得到进一步改善。

（一）高中阶段教育规模继续下降，普通高中与中职的比例结构较为合理

2014 年，全国共有高中阶段学校（包括普通高中、成人高中和中等职业教育[⑤]）2.57 万所，比上年减少 548 所。招生 1416.4 万人，比上年减少 81.1 万人，下降 5.4%；在校生 4170.7 万人，比上年减少 199.3 万人，下降 4.6%；高中阶段毛入学率 86.5%，比上年提高 0.5 个百分点。

全国共有普通高中 1.3 万所，比上年减少 99 所；招生 796.6 万人，比上年减少 26.1 万人，下降 3.2%；在校生 2400.5 万人，比上年减少 35.4 万人，下降 1.5%。

全国共有中等职业教育学校（包括普通中专、成人中专、职业高中和技工学校）1.2 万所，比上年减少 384 所；招生 619.8 万人，比上年减少 55.0 万人，下降 8.2%；在校生 1755.3 万人，比上年减少 167.7 万人，下降 8.7%。

2014 年，高中阶段教育招生普职比[⑥]为 56.2:43.8，中职所占比例比上年下降 1.3 个百分点。

（二）普通高中办学条件进一步改善

普通高中专任教师学历合格率（本科及以上学历教师比例）进一步提高，2014 年为 97.3%，比去年提高 0.5 个百分点。

随着各级政府加大投入力度，普通高中办学条件继续得到改善。2014 年，全国普通高中生均校舍建筑面积为 18.9 平方米，比上年增加 1.0 平方米；生均仪器设备值达到 2735 元，比上年增加 337 元，增长 14.0%；每百名学生拥有教学用计算机台数为 14.4 台，比上年增加 1.5 台；建网学校比例为 86.1%，比去年增加 5.6 个百分点。

（三）中等职业学校办学条件有所改善

2014 年，全国中等职业学校[⑦]专任教师中本科及以上学历教师比例为 89.3%，比上年提高 1.4 个百分点；双师型教师比例为 27.6%，比上年提高 1.3 个百分点，但对照《中等职业学校设置标准》提出的双师型教师比例不低于 30% 的标准，仍存在较大差距。

2014 年，全国中等职业学校生均校舍建筑面积 16.6 平方米，比上年增加 1.4 平方米；生均仪器设备值为 4661 元，比上年增加 920 元，增幅为 24.6%；每百名学生拥有教学计算机 18.9 台，比上年增加 2 台。

五、高等教育

2014 年，我国高等教育规模稳步发展，结构进一步优化，办学条件保障水平有所提高，为推动经济社会快速发展和国民素质提升，发挥了重要的支撑和推动作用。

（一）高等教育招生规模适度增长，普通专科招生增长较快，招生层次结构有所调整

2014 年，全国共有普通、成人高等学校 2824 所，比上年增加 36 所。其中，普通高校为 2529 所（含独立学院 283 所），比上年增加 38 所。普通高校中本科院校 1202 所，比上年增加 32 所；高职（专科）院校 1327 所，比上年增加 6 所。成人高校为 295 所，比上年减少 2 所。

2014 年，全国共招收研究生 62.1 万人，比上年增加 1 万人，增长 1.6%。其中，招收博士生 7.3 万人，硕士生 54.9 万人；

全国共招收普通、成人本科、高职（专科）学生 987.0 万人，比上年增加 30.7 万人，增长 3.2%。

普通本科、高职（专科）招生 721.4 万人，

注：⑤中等职业教育中技工学校的相关数据由上年代替，下同。
⑥普职比例为普通高中与中职招生人数之比。
⑦中等职业学校办学条件有关指标未包含技工学校数据。

比上年增加21.6万人，增长3.1%，增幅比上年提高1.5个百分点。其中，普通本科招生383.4万人，比上年增加2.0万人，增长0.5%；高职（专科）招生338.0万人，比上年增加19.6万人，增长6.2%。成人本专科招生265.6万人，比上年增加9.1万人，增长3.6%。

2014年，全国高职（专科）招生规模有较快增长，普通本科和研究生的招生规模增幅相对较小。高职（专科）、本科与研究生招生的结构比由上年的41.9:50.1:8.0调整为43.1:48.9:7.9。

（二）高等教育在校生规模稳步发展，普及水平进一步提高

2014年，各种形式高等教育在学总规模达到3559万人，比上年增长2.9%。高等教育普及水平进一步提升，毛入学率达到37.5%，比上年提高3个百分点。

2014年，全国在学研究生184.8万人（其中，博士生31.3万人，硕士生153.5万人），比上年增加5.4万人，增长3.0%，增幅比上年的略有回落；

全国普通、成人本科、高职（专科）在校生3200.8万人，比上年增加106.3万人，增长3.4%。其中，普通本科、高职（专科）在校生2547.7万人，比上年增加79.6万人，增长3.2%，增幅与上年持平；成人本科、高职（专科）在校生为653.1万人，比上年增加26.7万人，增长4.3%，增幅有所回落。

（三）普通本专科毕业生增长幅度高于上年

2014年，全国毕业研究生53.6万人（其中，博士毕业生5.4万人，硕士毕业生48.2万人），比上年增加2.2万人，增长4.3%，增幅有所回落。全国普通本专科毕业生659.4万人，比上年增加20.6万人，增长3.2%，增幅比上年高1.0个百分点。

（四）研究生学位结构逐步调整，硕士专业学位教育取得新进展

2014年，国家继续积极发展硕士专业学位研究生教育，稳步发展博士专业学位研究生教育，加强应用型高层次人才的培养力度，促进了各类人才培养与社会发展多种需求的有效衔接。

全国高等教育招收专业学位硕士研究生23.9万，比上年增加1.4万，增长了6.2%，占硕士研究生招生人数的43.5%，比上年提高近2个百分点；招收专业学位博士研究生招生2015人，比上年增加296人，增长了17.2%，占博士研究生招生人数的2.8%，比上年提高0.4个百分点。

2014年，全国专业学位硕士在校生60.5万人，占硕士研究生在校生总数的比例为39.4%，比上年提高3.4个百分点；全国专业学位博士在校生为7713人，占博士研究生在校生总数的2.5%，比上年提高0.1个百分点。

（五）普通高校办学条件继续改善，教师数量配置依然偏紧

由于严格控制招生规模增长和加强教学资源配置的投入力度，普通高校的办学条件总体上得到改善。教师学历层次继续提高。2014年，普通高校研究生学位教师比例为66.5%，比上年提高2.1个百分点；本科院校为76.3%，比上年提高1.7个百分点；高职（专科）院校为42.3%，比上年提高2.3个百分点。

高级专业技术职务教师比例略有提高。2014年，全国普通高校高级专业技术职务教师比例为41.5%，比上年提高0.5个百分点；本科院校为46.4%，比上年提高0.6个百分点；高职（专科）院校为29.4%，比上年提高0.1个百分点。

普通高校教师数量配置仍然较紧。2014年，全国普通高校有专任教师153.5万人，比上年增加3.8万人，增长2.5%。普通高校生师比为17.7:1，比上年增大0.2，其中，本科院校⑧为17.7:1，高职（专科）院校为17.6:1。

生均教学行政用房与上年基本持平。2014

注：⑧本科院校数据含独立学院，分省数据均为地方高校的数据。

年，全国普通高校生均教学辅助及行政用房面积14.4平方米，与上年基本持平。其中，本科院校13.4平方米，与上年持平；高职（专科）院校16.0平方米，与上年基本持平。

教学科研仪器设备配置水平普遍提高。2014年，全国普通高校生均教学科研仪器设备值为11820元，比上年增长6.5%。其中，普通本科院校为13478元，比上年增长7.5%；高职（专科）院校为7897元，比上年增长2.9%。

信息化水平有所提高。2014年，全国普通高校每百名学生拥有教学用计算机25.2台，比上年增加0.7台。其中，普通本科院校为25.4台，比上年增加1台；高职（专科）院校为24.8台，与上年基本持平。

普通高校校均上网课程为145.5门，比上年增长18.7%。其中，普通本科院校校均上网课程为245.9门，比上年增长20.3%；高职（专科）院校校均上网课程为54.5门，比上年增长8.9%，数量及增幅明显低于本科院校。

六、成人教育及培训

2014年，全国接受各种非学历高等教育的学生736.7万人，当年已毕（结）业920.3万人次；接受各种非学历中等教育的学生4613.7万人，当年已毕（结）业5084.5万人次。

2014年，高等、中等教育培训注册学生中，全国资格证书培训注册学生943.5万人次，比上年下降5.7%；结业学生1051.6万人次，比上年下降4.8%。全国岗位证书培训注册学生1282.1万人次，比上年下降4.8%；结业学生1433.9万人次，比上年下降6.2%。

2014年，全国有成人小学1.8万所，在校生116.4万人，教职工4.0万人，其中专任教师2.2万人；成人初中1370所，在校生46.3万人，教职工8732人，其中专任教师7559人。

扫盲教育进一步推进。2014年，全国共有扫盲班1.3万个，毕结业人数44.2万人。

七、民办教育

各级政府进一步贯彻落实《中华人民共和国民办教育促进法》及其实施条例，引导民办教育健康发展。除民办中职外，各级民办教育规模均比上年有所增长，所占比例也进一步提高。

2014年，全国共有各级各类民办学校（教育机构）15.5万所，比上年增加6252所，增长4.2%；各类在校学生为4301.9万人，比上年增加 223.6 万人，增长 5.5%。

非义务教育阶段民办教育规模快速增长，占同级教育的比例继续提高。2014 年，全国民办高校 728 所（含独立学院 283 所），比上年增加 10 所；民办高等教育在校生 587.2 万人，比上年增加 29.6 万人，增长 5.3%。其中，在校生中硕士研究生 408 人，本科生 374.8 万人，高职（专科）生 212.3 万人；民办普通本专科在校生 574.5 万人，占全国普通本专科在校生总数的比例为 22.6%，比上年提高 0.4 个百分点。

2014 年，全国高中阶段共有民办学校 4785 所，比上年减少 72 所；民办高中阶段教育在校生为 428.2 万人，比上年减少 11.4 万人，占全国高中阶段在校生总数（不含成人高中和技工学校）的比例为 11.2%，与上年基本持平。

全国民办普通高中 2442 所，比上年增加 67 所；民办普通高中在校生 238.7 万人，比上年增加 7.0 万人，增长 3.0%，占普通高中在校生总数的比例为 9.9%，比上年提高 0.4 个百分点。

民办中等职业学校 2343 所，比上年减少 139 所；民办中职在校生 189.6 万人，比上年减少 18.4 万人，下降 8.8%，占全国中等职业学校在校生总数的比例为 13.4%，与上年基本持平。

全国民办普通小学 5681 所，比上年增加 274 所；民办小学在校生 674.1 万人，比上年增加 45.5 万人，增长 7.2%，占全国小学在校生总数的比例达 7.1%，比上年提高 0.4 个百分点。

全国民办初中 4744 所，比上年增加 209 所；民办初中在校生 487.0 万人，比上年增加 24.7 万人，增长 5.3%，占初中在校生总数的比例达 11.1%，比上年提高 0.7 个百分点。

2014 年民办学前教育继续保持快速发展。全国民办幼儿园 13.9 万所，比上年增加 5831 所；在园幼儿 2125.4 万人，比上年增加 135.1 万人，增长 6.8%，占全国学前教育在园（班）幼儿的比例为 52.5%，比上年提高 1.4 个百分点。

（执笔：李燕丽　张振助　教育部）

2014 年科技事业发展报告

2014 年是全面深化改革的开局之年，也是深入落实创新驱动发展战略的关键之年。在这一年里，科技体制改革得到系统性推进，财政对科技扶持力度加大，全社会研发投入持续增长，企业创新主体地位日渐突出，基础研究得到加强，技术市场环境优化，各项专业技术服务工作不断完善，科技产出成果丰硕，科技创新不断促进产业优化升级，支撑经济提质增效。

一、加强创新驱动战略谋划，科技体制改革系统推进

实施创新驱动战略是我国一项重要的国策，为加强创新驱动的战略谋划，加快科技体制改革迫在眉睫。《中共中央国务院关于深化体制机制改革加快实施创新驱动发展战略的若干意见》提出，面对全球新一轮科技革命与产业变革的重大机遇和挑战，面对经济发展新常态下的趋势变化和特点，面对实现"两个一百年"奋斗目标的历史任务和要求，必须深化体制机制改革，加快实施创新驱动发展战略，并提出到 2020 年，基本形成适应创新驱动发展要求的制度环境和政策法律体系，为进入创新型国家行列提供有力保障。

2014 年，国家科技体制改革得到系统性推进，在科技计划、人才评价和成果转化等重点领域进行改革。为重点解决项目交叉重复、评审时间分散等突出问题，国务院颁发了《关于深化中央财政科技计划（专项、基金等）管理改革的方案》，取消和下放了 35% 的行政审批事项，中央财政科技资源配置得以优化；为大力扶持科技服务业发展，国务院颁布了《国务院关于加快科技服务业发展的若干意见》。为加速科技成果转化，我国开展了《促进科技成果转化法》修订工作。

二、财政科技扶持力度加大，创业风险投资得到较快发展

2014 年，财政科技支出规模有所扩大，中央财政中科学技术支出 2541.8 亿元，比上年增长 3.5%。因部分国家科技重大专项研制难度大，实际支出规模低于年初预算水平，导致增速放缓。

2014 年，创业风险投资得到较快发展，为科技经费筹集拓宽了渠道。全年国家新兴产业创投计划累计支持设立 213 家创业投资企业，比上年增加 72 家；资金总规模达 574 亿元，比上年增长 47.2%，投资创业企业 739 家，比上年增加 317 家。

三、全社会研发投入持续增长，企业居投入主体地位

据初步统计，2014 年全社会投入研发经费 13312 亿元，比上年增加 1465 亿元，增长 12.4%；研发经费投入强度（与国内生产总值之比）由上年的 2.01% 提高到 2.09%，距离《国家中长期科技发展规划纲要（2006-2020）》2020 年达 2.5% 的目标又近一步。2014 年全社会从事研发活动的人员达 562.3 万人，比上年增长 12%；按国际可比的研发人员全时当量计算，人力资源达 393.7 万人年，增长 11.4%。

2014 年，企业研发投入保持较快增长，创新能力显著增强。据初步统计，在 2014 年全社会研发经费中，企业研发经费突破 9000 亿元，所占比重达 74.8%，比上年提高 0.2 个百分点。截至 2014 年底，我国累计认定的国家级企业技术中心 1098 家，比上年增加 96 家；技术中心共投入研发经费 3827.3 亿元，比上年增长 10.4%，占全部企业研发经费支出的比重达 38.5%。2014 年，我国企业发明专利申请 48.5 万件，占国内发明

专利申请受理量的 60.5%，与上年持平；我国企业获得发明专利授权 9.2 万件，占国内发明专利授权量的 56.4%，较上年提高 1.5 个百分点。国家科技进步奖获奖项目有企业参与的占 76.3%。

四、基础研究得到加强，原始创新能力不断提升

加强基础研究是提升原始创新能力的重要途径，也是实施创新驱动发展战略的关键所在。2014 年我国进一步加大对基础研究的投入，据初步统计，全年全社会用于基础研究的经费支出达 625.7 亿元，比上年增长 9.5%；基础研究经费支出占研发经费支出的比重为 4.7%，与上年持平。

基础研究投入的增加源于国家财政不断加大对基础研究的支持，也是国家科技计划和自然科学基金引导的结果。据统计，2014 年国家自然科学基金共资助各类项目 39089 项，其中以基础研究项目为主的面上项目达 15000 项，占全部项目的比重达 38.4%；全年共资助资金 250.7 亿元，其中面上项目资金 119.3 亿元，所占比重达 47.6%；面上项目的平均资助强度高达 80 万元，远超全部项目 64.1 万元的平均水平。国家对重点基础研究发展计划（“973”计划）的财政投入不断加大，2014 年国家对“973”计划的中央财政拨款达 297200 万元，比上年增加 14389 元，增长 5.1%（上年 282811 万元）。以基础研究为重点任务的国家重点实验室建设得到加强，截至 2014 年底，国家重点实验室累计达 401 个，比上年增加 136 个。

国家对基础研究的重视与加强，涌现出一批重大基础研究成果：发现新生期心脏具有重新生成冠状动脉的能力、合成具有空前硬度和热稳定性的纳米孪晶金刚石、证实青藏高原通过下部地壳物质流动和上部地壳沿断层块体滑移两种方式向东扩张、提出并验证了一种既可提高产量又可降低环境成本的种植模式，等等。我国在基础前沿领域的加速赶超，显示我国原始创新能力的进一步提升。

五、技术市场环境优化，交易规模再创新高

2014 年，我国技术交易市场环境进一步优化。为鼓励做出突出贡献的科研工作者，《中共中央国务院关于深化体制机制改革和加快实施创新驱动发展战略的若干意见》提出提高科研人员成果转化收益；为促进科技成果转化为现实生产力，规范科技成果转化活动，《促进科技成果转化法（修订草案）》已经国务院常务会议审议通过。科技企业孵化器作为促进科技成果转化的科技创业服务机构，是国家创新体系重要组成部分。截至 2014 年底，全国科技企业孵化器超过 1600 家，在孵企业 8 万家，吸纳就业人数超过 175 万人。

2014 年全国技术交易规模再创新高，全年技术市场共签订技术合同 29.7 万项，比上年增长 0.7%；技术合同成交金额 8577 亿元，增长 14.8%；平均每项技术合同成交金额 288.8 万元，增长 14%。

分合同类型看，技术服务稳居技术交易的首要地位。2014 年技术服务合同成交金额 4246.7 亿元，比上年增长 24.3%，占全国合同成交金额的比重达 49.5%。分技术领域看，电子信息技术领域、先进制造技术领域和现代交通领域占据技术领域前三位，成交金额分别为 2182.6 亿元、1242.6 亿元和 968.4 亿元，分别占全国合同成交金额的 25.5%、14.5% 和 11.3%。分知识产权类型看，涉及技术秘密和专利等各类知识产权的技术合同成交金额 4127.9 亿元，占全国成交金额的 48.1%，比上年减少 1.7%；其中发明专利技术合同成交数 4662 项，成交金额 433.3 亿元，比上年增长 51.3%。

全国技术交易的稳步发展，有效地促进了科技成果向市场的转移和向生产领域的转化。

六、质检工作进一步加强，专业技术服务工作不断完善

质量监督和检验检疫工作不断加强。截至 2014 年底，全国共有产品检测实验室 27051 个，

其中国家检测中心597个，比上年增加41个；质监部门全年抽查产品159种、2.6万批。全国现有产品质量、体系认证机构183个，比上年增加9个；已累计完成对11.8万个企业的产品认证，比上年增加1.3万个。全国共有法定计量技术机构4056个，全年强制检定计量器具6162万台（件）。全年制定、修订国家标准1530项，其中新制定1067项。

气象服务、地震预报、海洋监测和测绘等专业技术服务工作继续完善。2014年，气象部门利用网络向社会提供气象科学气象科学数据共享服务数据量达348336GB，全年中央气象台和省级气象台发布气象预警信号4127次，警报4486次。截至2014年底，全国共有地震台站1687个，区域地震台网32个；共有海洋观测站79个；全年测绘地理信息部门公开出版地图1678种，测绘图书2191种。

七、科技事业成果丰硕，重大成就举世瞩目

2014年，全国共登记省部级以上重大科技成果53140项，其中应用技术成果46091项。我国对为科技事业作出突出贡献的科技工作者和组织机构授予国家科学技术奖：授予于敏院士国家最高科学技术奖；国家自然科学奖授奖项目46项，其中一等奖1项，二等奖45项；国家技术发明奖授奖项目70项，其中一等奖3项，二等奖67项；国家科学技术进步奖授奖项目202项，其中特等奖3项，一等奖26项，二等奖173项；授予若列斯·伊万诺维奇·阿尔费罗夫等7名外籍专家和美国德州大学MD安德森癌症中心中华人民共和国国际科学技术合作奖。

2014年我国在众多科技领域实现突破，涌现出一批达到世界先进水平的重大科技成果。首次获得人源葡萄糖转运蛋白结构，对于人类进一步认识生命过程具有重要的指导意义；首次获得靶向基因编辑灵长类动物模型，为人类疾病基因治疗奠定基础；4500米级深海遥控作业型潜水器“海马号”，是我国迄今为止自主研发的下潜深度最大、国产化率最高的无人遥控潜水器系统；超高产水稻百亩平均亩产过千斤，创造了一项里程碑式的世界纪录，等等。这些重大科技成果大力夯实了我国科技基础，为我国跻身世界科技强国提供了有力支撑。

八、发明专利数量继续增加，专利水平显著提升

专利是国际通用的反映一国科技产出能力和水平的重要指标。2014年，我国受理境内专利申请218.6万件，比上年下降1%；其中受理境内发明专利79万件，比上年增长13.9%，发明专利所占比重为36.1%，比上年提高4.7个百分点。全年授权专利130.3万件，比上年下降0.8%；其中境内专利119万件，下降1.5%，占总量的91.5%；授予境内发明专利15.8万件，增长14.1%。全年专利申请量与上年基本持平，而发明专利继续保持稳步增长，所占比重居三种专利之首，表明专利创造重心继续向技术水平较高的发明专利倾斜，专利结构进一步优化。

有效专利是指截至报告期末专利权处于维持状态的专利，是反映一国自主知识产权情况的重要指标。截至2014年底，我国有效专利464.3万件，比上年增加44.7万件；其中境内有效专利391.8万件，境内有效发明专利66.3万件，分别比上年增加39.3万件和11.8万件。我国每万人口发明专利拥有量达4.9件，比“十二五”规划纲要的目标提高了1.6件。

《专利合作条约》（PCT）是对各国专利申请进行提交、检索和审查的一项国际合作条约，PCT专利情况可在一定程度上反映一国的科技实力和水平。2014年，国家知识产权局共受理PCT专利申请26169件，比上年增长14.2%，远高于世界知识产权组织（WIPO）4.5%的水平；其中受理国内申请24007件，比上年增长14.9%，占全部申请量的91.7%。我国通过PCT途径提交的国际专利申请达25539件，占全球总量的12%，世界排名已上升至第三位。

九、科技创新促进产业优化升级，支撑经济提质增效

科技创新促进产业优化升级。钢铁、有色、轻工等传统行业进行绿色转型，发布 19 项节能减排与低碳技术成果；现代服务业发展迅速，信息软件、新能源等产业增势强劲。2014 年，我国国民经济三次产业结构进一步优化，据初步统计，第一、二、三产业增加值占国内生产总值的比重分别为 10.0%、43.9 和 46.1%，第三产业增加值占比首次超过第二产业。

2014 年，高技术产业 R&D 投入增长较快，创新能力稳步提升。据初步统计，全年我国有 27940 家规模以上高技术制造业企业开展了 R&D 活动，比上年增长 3.9%，占全部规模以上高技术制造业企业的 38.9%；规模以上高技术制造业企业投入 R&D 经费 2370 亿元，比上年增长 16.5%，占全部规模以上制造业企业的 25.5%；高技术 R&D 经费投入强度为 1.87%，比上年提高 0.12 个百分点，比制造业平均水平高出 0.92 个百分点。

2014 年，我国高技术产业总体呈稳中有进的发展态势。初步统计结果显示，以医药制造业、航空、航天器及设备制造业、电子及通信设备制造业为代表的高技术制造业企业增加值比上年增长 12.3%，比同期规模以上工业增加值增速高出 4 个百分点；全年完成新产品产值 35898.8 亿元，比上年增长 14%；实现主营业务收入 127453.1 亿元，比上年增长 9.8%；实现新产品销售收入 35525 亿元，比上年增长 13.8%；全年完成出口交货值 50768.2 亿元，比上年增长 3.0%。

国家高新技术产业开发区建设成效显著，成为创新驱动发展先导区，在推动区域经济提质增效方面发挥重要作用。据初步统计，2014 年国家高新技术产业开发区总数达 115 家，区内企业数达 7.6 万家，比上年增加 0.5 万家；全年实现营业收入 22.9 万亿元，比上年增长 14.5%；实现净利润 1.4 万亿元，增长 9.6%；出口创汇 4272 亿美元，增长 3.4%。

（执笔：赵利婧 国家统计局社会科技和文化产业统计司）

专栏：2014年世界十大科技进展新闻

1. 研制出新一代模仿人脑计算机芯片。IBM于8月7日宣布，模仿人脑结构和信息处理方式研制出新一代计算机芯片“真北”，该芯片模拟了100万个神经元和2.56亿个神经突触，具有4096个处理核；与传统芯片一直处于运行状态的情况不同，“真北”只在需要时运行，使所消耗能量和运行环境温度大为降低。该成果可能给计算机行业带来革命。

2. “菲莱”成功登陆彗星。欧航局于11月12日确认，欧航局彗星着陆器“菲莱”已成功登陆彗星“丘留莫夫—格拉西缅科”。这是人造探测器首次登录一颗彗星，科学家希望通过了解形成于太阳系形成初期的彗星，进一步探究太阳系甚至人类的起源。

3. 确认117号元素。由欧洲、美国等多国研究人员参与的国际科研小组在德国亥姆霍兹重离子研究中心，利用新实验成功证实了117号元素的存在（该元素在2010年首次成功合成后曾在2012年成功重复实验一次）。该成果使得该超重元素向正式加入元素周期表更近了一步。

4. 基因疗法首次降伏HIV或可促“功能性治愈”艾滋病。美国研究人员首次使用锌指核酸酶瞄准并破坏了12名艾滋病病毒（HIV）携带者免疫细胞中的一种基因，使HIV无法进入这些免疫细胞，从而增强了他们抵抗病毒的能力。这是HIV基因疗法的第一个重大进步。

5. 用激光束从太空传回高清视频。美国航天局宣布完成一项名为“激光通信科学光学载荷”(OPALS)的试验，该机构利用激光束仅用3.5秒即把一段时长37秒的高清视频从国际空间站传送回地面，而传统技术下载至少需要10分钟。这是一次可能根本性改变未来太空通信的技术演示。

6. “猎户座”载人飞船成功首飞。12月5日，全世界最大型的火箭第一次运载新型的“猎户座”载人飞船从肯尼迪航天中心发射升空，此次深空探索没有将宇航员送上天，而是到达距离地面5800公里的高度，这个距离相当于国际空间站距离地面高度的15倍。猎户座”的成功降落标志着人类第一艘以深空探索为目标的载人飞船首次试飞取得成功。

7. 首个埃博拉疫苗通过临床试验安全有效。美国国家卫生研究院宣布，从埃博拉病毒中提取出部分基因，并植入人体细胞内，最终制成的疫苗成功通过临床试验，被证实安全有效。但研究显示，人体免疫系统需要大剂量的疫苗才能产生出足够的抗体，这意味着短期内该疫苗的产量还无法满足需求。

8. 受控核聚变研究首次实现能量总增益。美国利弗莫尔劳伦斯国家实验所研究人员在《自然》杂志网络版上报告说，他们将极少量氢同位素核燃料均匀裹在一个直径2毫米的球状颗粒上，并将球装入一个微型“胶囊”，然后利用激光将“胶囊”迅速加热到比太阳还高的温度，使其内部爆炸，最终释放的能量超出实验全部投入的能量，首次实现能量“盈余”。

9. 最新研究成果显示暗物质可能存在。美籍华人物理学家丁肇中公布阿尔法磁谱仪项目最新研究成果，进一步显示宇宙射线中过量的正电子可能来自暗物质。此外瑞士科研团队称他们通过分析英仙座星系团和仙女座星系发出的X射线，可能发现了被科学家苦苦追寻的暗物质的信号。

10. 绘制最详尽海底地图。多国科学家利用欧美民用卫星数据，制作出历来最详尽的海底地图，令2万座位处深海的神秘山峰曝光，一些深海海沟面貌也可呈现人前。专家指出，新海图有助于军事、能源开发及地质考古等方面的应用。

（执笔：赵利婧 国家统计局社会科技和文化产业统计司）

专栏：2014 年中国十大科技进展新闻

1. 探月工程三期再入返回飞行试验获圆满成功。再入返回飞行试验器于 10 月 24 日发射升空，返回器于 11 月 1 日顺利着陆，试验器服务舱继续在太空飞行开展拓展试验。首次再入返回飞行试验的圆满成功，标志着中国已全面突破和掌握航天器以接近第二宇宙速度的高速再入返回关键技术，为确保嫦娥五号任务顺利实施和探月工程持续推进奠定了坚实基础。

2. 4500 米级深海遥控作业型潜水器“海马号”海试成功。“海马号”是“863”计划重点项目，由国土资源部作为项目主持部门，广州海洋地质调查局牵头并联合多所高校协同完成其研制与海试；“海马号”共完成 17 次下潜，最大下潜深度达 4502 米，完成 91 项技术指标的现场考核并通过专家组验收。“海马号”是我国迄今为止自主研发的下潜深度最大、国产化率最高的无人遥控潜水器系统，并实现了关键核心技术国产化。

3. 量子通信安全传输创世界记录。中国科学技术大学潘建伟院士及其团队与中科院上海微系统所和清华大学合作，通过发展高速独立激光干涉技术，结合高效率、低噪声超导纳米线单光子探测器，将可以抵御黑客攻击的远程量子密钥分发系统的安全距离扩展至 200 公里，并将成码率提高了 3 个数量级，创下新的世界纪录。《物理评论快报》发表了这一重要成果，审稿人评论认为，该项成果是“实用量子密钥分发的重要里程碑”和“物理和技术上的重大进展”。

4. 甲烷高效转化研究获重大突破。中科院大连化学物理研究所包信和院士团队基于“纳米限域催化”的新概念，创造性地构建了硅化物晶格限域的单中心铁催化剂，成功实现了甲烷在无氧条件下选择活化，一步高效生产乙烯、芳烃和氢气等高值化学品，反应过程中碳原子达到 100% 利用率。有关专家认为这是一项“即将改变世界”的新技术，未来的推广应用将为天然气、页岩气的高效利用开辟新的途径。

5. 超级稻亩产首破千公斤。由袁隆平院士团队牵头的国家“863”计划课题“超高产水稻分子育种与品种创制”取得重大突破，经专家组现场测产，平均亩产突破千公斤。该突破首次实现了超级稻百亩片过千公斤的目标，创造了一项里程碑式的世界纪录。

6. 能量最高质子回旋加速器首次出束。由中国原子能科学研究院承建的 100 兆电子伏质子回旋加速器首次出束。这标志着国家重点科技工程 -- 串列加速器升级工程的关键设施全面建成，工程建成后将填补我国中能强流质子回旋加速器的空白，使我国成为少数几个拥有新一代放射性核束加速器的国家。

7. 首次获人源葡萄糖转运蛋白结构。清华大学研究组在世界上首次解析了人源葡萄糖转运蛋白 GLUT1 的晶体结构，初步揭示了其工作机制及相关疾病的致病机理。该成果同时为理解其他具有重要生理功能的糖转运蛋白的转运机构提供了重要的分子基础，揭示了人体内维持生命的基本物质进入细胞膜转运的过程，对于人类进一步认识生命过程具有重要的指导意义。

8. 光通信技术取得新突破。由武汉邮电科学研究所牵头，多所高校共同参与的国家“973”项目“超高速超大容量超长距离光传输基础研究”通过验收，在国内首次实现一根头发丝般粗细的普通单模光纤中以超大容量超密集波分复用传输 80 公里，传输总容量达到 100.23Tb/s，相当于 12.01 亿对人在一根光纤上同时通话。该成果实现了我国光电传输实验在容量上的突破，使我国在光通信领域继续保持国际领先地位。

9. 首次揭示阿尔茨海默氏症致病蛋白三维结构。清华大学研究组在世界上首次揭示了与阿尔茨海默氏症发病直接相关的人源 γ 分泌酶复合物（γ-secretase）精细三维结构。该成果对于研究阿尔茨海默氏症的发病机理提供了重要线索，相关成果发表于《自然》杂志。

10. 首套 30 米分辨率全球地表覆盖遥感制图数据集成功研制并捐赠联合国。由国家测绘地理信息局完成的这一“863”重点项目研究成果，涵盖全球陆域范围和两个基准年（2000 年和 2010 年），包括水体、耕地和林地等十大类地表覆盖信息，《自然》杂志对该成果作了专题报道。该成果是全球环境变化研究、可持续发展规划等不可或缺的重要基础资料。

（执笔：赵利婧 国家统计局社会科技和文化产业统计司）

2014 年社会事业发展报告

一、社会服务

2014 年，各级民政部门深入贯彻党的十八大和十八届二中、三中、四中全会精神，积极履行保障和改善基本民生、提供社会服务等方面职能，有力推进了民政事业发展。

（一）基本民生保障水平稳步提升

1. 减灾救灾工作成效显著。针对新疆于田地震，云南盈江地震、鲁甸地震和景谷地震，四川康定地震，超强台风“威马逊”，南方和华西洪涝灾害以及北方旱灾等重特大自然灾害，及时启动救灾应急响应，协调安排救灾资金和物资，保障受灾群众基本生活。2014 年，全国各类自然灾害共造成 2.4 亿人次不同程度受灾，因灾死亡失踪 1818 人，紧急转移安置 601.7 万人次；农作物受灾面积 2489.1 万公顷，其中绝收面积 309.0 万公顷；倒塌房屋 45.0 万间，严重损坏 98.5 万间，一般损坏 255.7 万间；因灾直接经济损失 3373.8 亿元。国家减灾委、民政部分别启动 3 次预警响应和 28 次应急响应，协调派出 22 个救灾应急工作组赶赴灾区，财政部、民政部共下拨中央救灾资金 98.73 亿元，民政部调拨帐篷 11.4 万顶、棉衣被 16.4 万件（床）、折叠床 4.7 万张等救灾物资，累计救助受灾群众 7500 万人次。受灾群众基本生活得到妥善保障。

2. 社会救助制度进一步健全。国务院颁布了《社会救助暂行办法》，第一次以行政法规形式构建了社会救助体系，建立健全了保障困难群众基本生活的安全网；出台了《关于全面建立临时救助制度的通知》，规范、促进解决城乡困难群众突发性、紧迫性、临时性生活困难。各项救助政策全面落实，救助水平进一步提升。

3. 城市低保。截至 2014 年底，全国共有城市低保对象 1026.1 万户、1877.0 万人。全年各级财政共支出城市低保资金 721.7 亿元，其中中央财政补助资金 518.7 亿元，占总支出的 71.9%。2014 年全国城市低保平均标准 411 元／人、月，比上年增长 10%；全国城市低保月人均补助水平 286 元；救济城市“三无”7.7 万人。

4. 农村低保。截至 2014 年底，全国有农村低保对象 2943.6 万户、5207.2 万人。全年各级财政共支出农村低保资金 870.3 亿元，其中中央补助资金 582.6 亿元，占总支出的 66.9%。2014 年全国农村低保平均标准 2777 元／人、年，比上年提高 343 元，增长 14.1%；全国农村低保年人均补助水平 1552 元，比上年增长 11.4%。

5. 农村五保。截至 2014 年底，全国有农村五保供养 529.1 万人，比上年下降 1.5%。全年各级财政共支出农村五保供养资金 189.8 亿元，比上年增长 10.2%。其中：农村五保集中供养 174.3 万人，集中供养年平均标准为 5371 元／人，比上年增长 14.6%；农村五保分散供养 354.8 万人，分散供养年平均标准为 4006 元／人，比上年增长 14.5%。2014 年农村传统救济 74.5 万人。

6. 医疗救助。2014 年民政部门认定资助参加基本医疗保险 6646.0 万人，各级财政共支出资助参加基本医疗保险资金 48.4 亿元，人均补助水平 72.9 元；直接医疗救助 2323.4 万人次，各级财政共支出直接医疗救助资金 204.1 亿元。

2014 年全年累计医疗补助优抚对象 474.6 万人次，人均补助水平 661.8 元，各级财政共支出优抚医疗补助资金 31.4 亿元。

7. 临时救助。2014 年临时救助 512.9 万户次，其中，按户籍性质分类城市家庭 202.0 万户次，农村家庭 310.9 万户次；按属地分类当地常驻户口 493.7 万户次，非当地常驻户口 19.2 万户次；按救助类型分类支出型临时救助 401.7 万户次，应急型临时救助 111.2 万户次。

8. 社会福利服务不断拓展。民政部牵头或配合制定了落实《国务院关于加快发展养老服务业的若干意见》的14个政策文件，涵盖养老设施建设、政府购买养老服务、老年人补贴、责任保险、远程医疗、人才培养等多个方面。推进了养老服务业综合改革、公办养老机构改革等6项试点。联合下发了《关于建立健全经济困难的高龄、失能等老年人补贴制度的通知》。

全国各类养老服务机构和设施92328个，其中：注册登记的养老服务机构33044个，社区养老服务机构和设施18927个，互助型的养老设施40357个；各类养老床位577.7万张，比上年增长17.0%（每千名老年人拥有养老床位27.2张，比上年增长11.5%），其中社区留宿和日间照料床位187.5万张；年末收留抚养老年人320.3万人，比上年增长4.2%。

发布《家庭寄养管理办法》，联合有关部门下发《关于规范宗教界收留孤儿、弃婴活动的通知》，组织98个地区开展了未成年人社会保护试点，扩大了适度普惠型儿童福利制度建设试点地区，进一步强化了孤儿、弃婴以及其他困境儿童基本权益保障。建立困难残疾人生活补贴制度的省份增加到17个，建立重度残疾人护理补贴制度的省份增加到12个。中央专项彩票公益金支持了20个精神病人福利机构建设。

截至2014年底，全国共有孤儿52.5万人，其中集中供养孤儿9.4万人，社会散居孤儿43.2万人。2014年全国办理家庭收养登记22772件，其中：内地居民收养登记19694件，港澳台华侨收养191件，外国人收养登记2887件。

2014年中国福利彩票年销售2059.7亿元，比上年增加294.4亿元，同比增长16.7%。全年筹集福彩公益金585.7亿元，比上年增长14.7%。

9. *慈善事业健康发展*。国务院印发了《关于促进慈善事业健康发展的指导意见》，民政部协调制定了《关于鼓励支持民营企业积极投身公益慈善事业的意见》，出台了《关于加强和创新慈善超市建设的意见》、《关于建立儿童福利领域慈善行为导向机制的意见》，为慈善事业发展提供了政策保障措施。截至2014年底，全国共建立经常性社会捐助工作站、点和慈善超市3.2万个（其中：慈善超市10174个）。全年各地共接收社会捐赠款物604.4亿元，其中：民政部门直接接收社会各界捐款79.6亿元，各类社会组织接收捐款524.9亿元。全年各地接收捐赠衣被5244.5万件，捐赠物资价值折合人民币8.0亿元。间接接收其他部门转入的社会捐款2.2亿元，衣被105.6万件，捐赠物资折款3.9亿元。全年有1694.9万人次困难群众受益。全年有1095.9万人次在社会服务领域提供了2711.1万小时的志愿服务。

（二）相关社会治理创新深入推进

基层群众自治依法有序。开展村委会换届选举的14个省份中98%以上的村委会实行了直接选举，村民平均参选率达到96%以上。截至2014年底，基层群众自治组织共计68.2万个，其中：村委会58.5万个，村民小组470.4万个，村委会成员230.5万人；居委会96693个，比上年增长2.2%，居民小组135.8万个，居委会成员49.7万人，比上年增长2.7%。全年共有33.0万个村（居）委会完成选举，参与选举的村（居）民登记数为4.3亿人，参与投票人数为3.4亿人。

社区治理与服务创新广泛开展。全国各地广泛推动社区治理创新、建立多元主体共同治理格局。农村社区建设覆盖面不断扩大，统筹城乡社区建设机制逐步建立。

截至2014年底，全国共有各类社区服务机构31.1万个，社区服务机构覆盖率45.5%；其中：社区服务指导中心918个，社区服务中心23088个，比上年增加4074个，社区服务站120188个，比上年增加11811个，社区养老服务机构和设施18927个，互助型的养老设施40357个，其他社区服务机构10.7万个。城镇便民、利民服务网点30.9万个。社区志愿服务组织10.9万个。

社会组织管理制度改革进展明显。截至2014年底，全国共有社会组织60.6万个，比上年增长10.8%；吸纳社会各类人员就业682.3万人，比上年增加7.2%；形成固定资产1560.6亿元；社会组织增加值为638.6亿元，比上年增长 11.8%，占第三产业增加值比重为 0.21%；接收各类社会捐赠 524.9 亿元。

社会工作和志愿服务继续拓展。民政部制定了《关于进一步加快推进民办社会工作服务机构发展的意见》，全国民办社会工作服务机构达到 3300 余家，组织实施了全国社会工作者职业水平考试和一系列社工服务项目，全国持证社会工作专业人员达到 15.9 万人，全国事业单位、城乡社区已开发社会工作专业岗位 11 万余个，政府购买社会工作服务项目近 20 亿元。积极推进志愿服务记录制度实施，经常参与志愿服务活动的志愿者达 6500 多万人。

（三）支持国防军队建设有力有效

优抚安置政策完善并落实。在各项优抚安置政策的支持下，丰富了优抚保障的对象和内容，各类优抚对象平均提标幅度达 20%。截至 2014 年底，国家抚恤、补助各类重点优抚对象 917.3 万人。其中：伤残人员 76.6 万人，在乡复员军人 99.3 万人，60 岁以上农村籍退伍军人 374.8 万人。

烈士褒扬工作制度化提升。全国人大常委会决定将 9 月 30 日设立为烈士纪念日，国家和各地人民政府隆重举行首个烈士纪念日纪念活动，公祭烈士上升为国家行为。国务院公布第一批 80 处国家级抗战纪念设施、遗址名录，民政部公布第一批 300 名著名抗日英烈和英雄群体名单，民政部和总政治部首次公布 197653 名抗美援朝烈士名单。完成 84.8 万座散葬烈士墓、1.37 万处零散烈士纪念设施的抢救保护工程。

退役士兵安置改革平稳推进。民政部制定了加强和改进退役士兵就业培训等 6 项改革配套政策。各地积极实施有关安置改革政策，退役士兵年均参训人数连续 3 年超过 30 万人，参训率达到 96.65%，参训后就业率达到 85%。退役士兵安置遗留问题基本解决。

（四）专项社会事务管理服务持续加强

区划地名和界线管理工作稳步推进。经国务院批准开展第二次全国地名普查，完成各项普查准备工作。审核上报国务院批准了 29 件县级以上行政区划调整，优化了城市布局和规模结构。完成了太平洋、印度洋 19 处海底地理实体和吉林省中俄边境地区 5 处地理实体命名工作。深入推进地名公共服务示范建设和地名文化建设。

截至 2014 年底，全国共有省级行政区划单位 34 个，地级行政区划单位 333 个，县级行政区划单位 2854 个，乡级行政区划单位 40381 个。

2014 年，共联合检查省界 14 条，完成了总长度约为 7874 公里的联检省界任务。

殡葬管理服务更加规范。深入贯彻《中共中央办公厅国务院办公厅关于党员干部带头推动殡葬改革的意见》，28 个省份出台了实施意见，惠民殡葬政策实施范围逐步从困难群众向户籍居民乃至常住人口扩展，节地生态安葬方式在更多省份得到推广应用。截至 2014 年底，全国共有殡葬服务机构 4559 个，其中殡仪馆 1801 个，殡葬管理机构 1141 个，民政部门管理的公墓 1598 个。殡葬服务机构职工共有 8.3 万人，其中殡仪馆职工 4.6 万人。火化炉 5908 台，火化遗体 459.3 万具，火化率 47.0%。

生活无着流动人员救助管理工作成效明显，未成年人社会保护试点工作深入推进。2014 年，全年救助城市生活无着的流浪乞讨人员 351.7 万人次。其中在站救助 299.5 万人次，不在站救助 52.1 万人次。

全国婚姻登记信息数据库已有数据 1.1 亿条，网上预约登记系统已在全国大多数婚姻登记机关部署，与公安、外交等部门的数据共享取得实质性进展。2014 年全国共有事业单位性质的婚姻登记机构 2236 个。各级民政部门和婚姻登记机构共依法办理结婚登记 1306.7 万对，比上年下降 3.0%。其中：内地居民登记结婚 1302.0 万对，涉外及华侨、港澳台居民登记结婚 4.7 万对。粗结婚率为 9.6‰。2014 年 25-29 岁办理结婚登记占结婚总人口比重最多，占 38.0%，比上年提高 2.8 个百分点。

2014 年依法办理离婚手续的共有 363.7 万对，比上年增长 3.9%，粗离婚率为 2.7‰，比上年增加 0.1 个千分点。其中：民政部门登记离婚 295.7 万对，法院办理离婚 67.9 万对。

二、文化事业

2014年，全国文化系统认真贯彻落实党的十八大和十八届三中、四中全会精神，深入学习领会习近平总书记系列重要讲话精神，紧紧围绕社会主义文化强国建设，培育践行社会主义核心价值观，牢固树立以人民为中心的工作导向，各项工作取得新突破。

（一）机构和人员

年末纳入统计范围的全国文化单位28.74万个，比上年末减少0.55万个；从业人员204.02万人，比上年减少11.47万人。其中，文化部门所属单位6.56万个，增加872个；从业人员63.82万人，与上年基本持平。

（二）公共文化服务体系

2014年，文化部牵头成立国家公共文化服务体系建设协调组，形成共同会商、统筹推进的工作机制。研究起草《关于加快构建现代公共文化服务体系的意见》和《国家基本公共文化服务指导标准》，为全国公共文化事业的发展提供了有力保障。

1. 公共图书馆。年末全国共有公共图书馆3117个，比上年末增加5个。其中少儿图书馆108个，增加3个。年末全国公共图书馆从业人员56071人，其中具有高级职称的人员5479人，占9.8%；具有中级职称的人员18146人，占32.4%。

年末全国公共图书馆实际使用房屋建筑面积1231.60万平方米，比上年末增长6.3%；图书总藏量79092万册，增长5.6%；电子图书50674万册，增长34.2%；阅览室座席数85.55万个，增长5.7%；计算机19.86万台，增长1.6%；供读者使用的电子阅览终端12.16万台，增长4.6%。

年末全国平均每万人公共图书馆建筑面积90.0平方米，比上年末增加4.9平方米；全国人均图书藏量0.58册，比上年增加0.03册；全国人均购书费1.24元，比上年增加0.02元。

全年全国公共图书馆发放借书证3944万个，比上年增长37.1%；总流通人次53036万，增长7.7%。书刊文献外借册次46734万，增长14.4%；外借人次22737万，增长10.6%。全年共为读者举办各种活动103586次，增长13.2%；参加人次5015万，增长13.7%。

2. 群众文化机构。年末全国共有群众文化机构44423个，比上年末增加163个。其中乡镇综合文化站34465个，增加122个。年末全国群众文化机构从业人员170299人，比上年末增加5944人。其中具有高级职称的人员5633人，占3.3%；具有中级职称的人员16605人，占9.8%。

年末全国群众文化机构实际使用房屋建筑面积3686.39万平方米，比上年末增长8.8%；藏书2.48亿册，增长7.8%；计算机34.67万台，增长18.6%；对公众开放的阅览室108.02万平方米，增长8.3%。年末全国平均每万人群众文化设施建筑面积269.51平方米，比上年末提高20.42平方米。

全年全国群众文化机构共组织开展各类活动147.20万场次，比上年增长13.8%；服务人次50668万，增长14.7%。

表1　2014年全国群众文化机构开展活动情况

	总量		比上年增长	
	活动次数（万次）	参加人数（万人次）	活动次数（%）	参加人次（%）
各项活动总计	147.20	50668	13.8	14.7
#展览	13.17	10263	-4.7	11.0
文艺活动	84.54	36382	14.2	15.9
公益性讲座	2.56	445	8.1	0.9
训练班	46.93	3578	20.1	15.2

年末全国群众文化机构共有馆办文艺团体6447个，演出13.34万场，观众8352万人次。由文化馆（站）指导的群众业余文艺团体40.46万个，馆办老年大学705个。

（三）艺术创作演出

年末全国共有艺术表演团体8769个，比上年末增加589个；从业人员26.29万人，增加0.20

万人。其中各级文化部门管理的艺术表演团体2053个，占23.4%。

2014年，全国文艺表演团体坚持以人民为中心的创作导向，以中国精神为灵魂，着力提高文艺作品的质量和水平。通过开展“深入生活、扎根人民”主题实践活动，，把人民作为文艺表现的主体，践行为人民抒写、为人民抒情、为人民抒怀的要求。全年全国艺术表演团体演出173.91万场，比上年增长5.3%；国内观众91020万人次，增长1.1%；赴农村演出114.04万场，增长8.5%，赴农村演出场次占总演出场次的65.6%，比重比上年增加2个百分点；农村观众55863万人次，比上年增长5.5%，占观众总人数的61.4%，比重比上年增加2.6个百分点。总收入226.40亿元，比上年下降了19.1%，其中演出收入75.70亿元，比上年下降了7.8%。

表2 2007-2014年全国艺术表演团体基本情况

年份	机构数（个）	从业人员数（人）	演出场次（万场）	国内演出观众人次（万人次）	总收入（万元）	#演出收入
2007	4512	220653	92.7	75895.6	829045	203757
2008	5114	208174	90.5	63186.8	933685	204842
2009	6139	184678	120.2	81715.9	1121559	288214
2010	6864	185413	137.1	88455.8	1239255	342696
2011	7055	226599	154.7	74585.1	1540263	526745
2012	7321	242047	135.0	82805.1	1968802	641480
2013	8180	260865	165.1	90064.3	2800266	820738
2014	8769	262887	173.9	91019.7	2264046	757028

全年全国文化部门所属艺术表演团体共组织政府采购的公益演出10.58万场，比上年增长18.3%；观众9893.36万人次，比上年增长8.7%。利用流动舞台车演出10.62万场次，比上年增长5.9%；观众9900.64万人次，比上年增长2.2%。

年末全国国有艺术表演场馆1338个，观众坐席数118.74万个。全年共举行艺术演出6.95万场，比上年增长5.3%，观众2598万人次，比上年下降2.4%。

（四）文化产业与文化科技

2014年，年末全国共有10个国家级文化产业示范园区，10个国家级文化产业试验园区和339个国家文化产业示范基地。建设国家文化产业项目服务平台，面向全国公开征集重点项目3834个。

文化部举办中国文化艺术政府奖第二届动漫奖，共评出30个奖项、80个入围项目。开展弘扬社会主义核心价值观动漫作品扶持计划，集中扶持革命传统教育、中华优秀传统文化主题的20个产品和42个创意项目。促进动漫与科技融合，深入推进手机（移动终端）动漫标准示范应用推广工程，开展标准修订工作，整合手机（移动终端）动漫运营平台。年末经文化部、财政部、国家税务总局三部门联合认定的动漫企业共有669个，重点动漫企业43个。

实施文化金融扶持计划，首次发布文化金融合作债券融资项目库，确定106个项目，获中央财政文化产业发展专项资金支持6.73亿元，较上年增长46%。推进文化产业信贷融资，全国文化产业本外币贷款余额突破1900亿元，同比增长30%以上。

2014年，文化部围绕文化重点工作，组织专项攻关，积极推动将文化领域的技术研发纳入国家科技创新体系，组织申报了3个国家科技支撑计划项目，申请国家资金4000余万元。加强文化科技创新载体建设，评定首批6家文化部重点实验室。强化艺术科研项目的对策研究，更好地为文化改革发展服务。

（五）文化市场

年末全国文化市场经营单位（含互联网上网服务营业场所、娱乐场所和民营艺术表演团体）22.00万个，比上年减少6541个；从业人员132.32万人，比上年减少12.86万人。全年全国文化市场经营单位营业收入1613.52亿元，比上年增长18.1%；营业利润468.06亿元，增长28.0%。

分区域看，年末城市文化市场经营单位77465个，占文化市场经营单位总量的35.2%；县城90453个，占41.1%；县以下地区52125个，占23.7%。

表3 2014年按区域全国文化市场经营单位主要指标

		机构数（个）	从业人员（人）	营业收入（万元）	营业利润（万元）
总量	总计	220043	1323248	16135167	4680616
	城市	77465	533590	8150929	2089175
	县城	90453	601410	4531994	1407732
	县以下	52125	188248	3452244	1183709
比重（%）	总计	100.0	100.0	100.0	100.0
	城市	35.2	40.3	50.5	44.6
	县城	41.1	45.4	28.1	30.1
	县以下	23.7	14.2	21.4	25.3

年末全国共有娱乐场所84137个，比上年末减少5515个；从业人员72.91万人，减少10.66万人；全年营业收入1101.87亿元，比上年增长24.6%；营业利润260.50亿元，增长17.1%。

年末全国共有互联网上网服务营业场所129289个，比上年末减少1724个；从业人员45.21万人，减少2.61万人；全年营业收入447.76亿元，比上年增长15.4%；营业利润196.20亿元，增长37.6%。

表4 2014年我国文化市场经营单位按业务分组情况

		机构数（个）	从业人员（人）	营业收入（万元）	营业利润（万元）
总量	总计	220043	1323248	16135167	4680616
	＃娱乐场所	84137	729125	11018667	2604957
	互联网上网服务营业场所	129289	452105	4477597	1962040
比上年增长（%）	总计	−2.9	−8.9	18.1	33.1
	＃娱乐场所	−6.2	−12.7	24.6	17.1
	互联网上网服务营业场所	−1.3	−5.5	15.4	37.6

（六）文化遗产保护

年末全国共有文物机构8418个，比上年末增加681个。其中，文物保护管理机构3280个，占39.0%，博物馆3658个，占43.5%。年末全国文物机构从业人员14.81万人，比上年末增加1.09万人。其中文物保护管理机构37843人，占25.6%；博物馆83970人，占56.7%。

年末全国文物机构拥有文物藏品4063.58万件，比上年末增加222.77万件，增长5.8%。其中，博物馆文物藏品2929.97万件，占文物藏品总量的72.1%；文物商店文物藏品770.09万件，占18.9%。文物藏品中，一级文物9.82万件，占0.2%；二级文物68.82万件，占1.7%；三级文物340.51万件，占8.4%。

全年全国文物机构共安排基本陈列9996个，举办临时展览[15]11174个，接待参观84256万人次，增长12.8%。其中博物馆接待观众71774万人次，占文物机构接待观众总人次的85.2 %；文物保护管理机构接待观众12182万人次，占14.4%。参观人群中未成年人22403万人次，比上年增长10.7%占参观总人数的26.6%。

2014年，国务院公布第四批国家级非遗代表性项目153个、扩展项目153个。至此，国务院共公布了1372个国家级非物质文化遗产名录，文化部共认定了1986名国家级非物质文化遗产项目代表性传承人。据初步统计，年末全国共有非物质文化遗产保护机构2645个，比上年增加120个；从业人员18692人，比上年增加564人。全年全国非物质文化遗产保护机构共举办展览16042次，接待观众3390万人次，分别比上年增长14.0%和9.9%；举办演出34703场，观众3795万人次，分别比上年增长31.8%和23.6%；举办民俗活动12982次，观众3884万人次，分别比上年增长5.0%和5.7%；举办培训班20946次，培训人数137万人次，分别比上年增长19.3%和13.2%。

（七）对外和对港澳台文化交流

2014年，我国与21个国家签订或续签文化交流年度执行计划，与6个国家签订了互设文化中心协定和谅解备忘录；我国已签订的文化协定共计149个。全年经文化系统审批的对外文化交流项目1667起，40781人次参加；对港澳文化交流项目230项，5593人次参加；对台文化交流项目500项，12593人次参加。

2014年，文化部主动把对外文化工作放到国家外交整体战略中谋划定位。“欢乐春节”活动在112个国家和地区、321个城市举办了570多项大型活动。圆满举办亚太经合组织第22次领导人非正式会议文艺演出、亚信峰会文艺晚会。组织开展庆祝中法建交五十周年音乐会、第十四届“相约北京”联欢活动等大型文化交流活动。积极践行“亲诚惠容”和“真实亲诚”理念，成功举办第五届中俄文化大集、首届“东亚文化之都”、2014中国—东盟文化交流年、第二届中俄文化论坛、“中印友好交流年”。

联合中国社科院共同举办了两期2014“青年汉学家研修计划”，来自39个国家的55位青年汉学家应邀参加；举办“中国当代作品译介研修对接计划”，23位海外青年汉学家、翻译家参加了研修；举办2014“汉学与当代中国”座谈会，来自17个国家的20位外国前政要、知名学者和14位中方的杰出学者参会。

围绕中央战略部署，积极开展“一带一路”文化品牌的创立工作，成立“丝绸之路经济带西北五省区文化发展战略联盟”，举办首届“丝绸之路国际艺术节”、“海上丝绸之路国际艺术节”等一系列文化交流活动。

2014年，文化部制定了《海外中国文化中心管理办法（试行）》及《海外中国文化中心评估框架》，为海外中国文化中心的健康运营提供了制度保障。2014共完成6个海外文化中心的揭牌启用工作，海外文化中心总数达到20个。

2014年，举办“艺海流金”、“港澳大学生文化实践活动”等活动，增强港澳各界对祖国的向心力。签署《粤港澳文化交流合作发展规划2014-2018》，推进三地文化与区域建设的共同发展。打造“艺传两岸—台湾青少年中华传统文化培训”等对台青年文化交流品牌。依托“第七届海峡两岸文博会”等平台，推动两岸文化产业对接与合作。

（八）文化资金投入

2014年，中央财政通过继续实施“三馆一站”免费开放、非遗保护、公共数字文化建设、地市级公共文化设施建设等中央补助地方文化项目，共落实中央补助地方专项资金46.53亿元，比上

表5　全国文化事业费按城乡和区域分布情况

		1995年	2000年	2005年	2010年	2012年	2013年	2014年
总量（亿元）	全国	33.39	63.16	133.82	323.06	480.10	530.49	583.44
	#县以上	24.44	46.33	98.12	206.65	243.08	272.67	292.12
	县及县以下	8.95	16.87	35.70	116.41	237.02	257.82	291.32
	#东部地区	13.43	28.85	64.37	143.35	211.56	231.41	242.98
	中部地区	9.54	15.05	30.58	78.65	107.78	120.01	133.46
	西部地区	8.30	13.70	27.56	85.78	139.53	152.16	171.15
所占比重（%）	全国	100.0	100.0	100.0	100.0	100.0	100.0	100.0
	#县以上	73.2	73.4	73.3	64.0	50.6	51.4	50.1
	县及县以下	26.8	26.7	26.7	36.0	49.4	48.6	49.9
	#东部地区	40.2	45.7	48.1	44.4	44.1	43.6	41.6
	中部地区	28.6	23.8	22.9	24.3	22.4	22.6	22.9
	西部地区	24.9	21.7	20.6	26.6	29.1	28.7	29.3

年增长 0.72%。

全年全国文化事业费 583.44 亿元，比上年增加 52.95 亿元，增长 10.0%；全国人均文化事业费 42.65 元，比上年增加 3.66 元，增长 9.4%。

全国文化事业费占财政总支出的比重为 0.38%，比重与上年基本持平。

全国文化事业费中，县以上文化单位 292.12 亿元，占 50.1%，比重比上年降低了 1.3 个百分点；县及县以下文化单位 291.32 亿元，占 49.9%，比重比上年提高了 1.3 个百分点。东部地区文化单位文化事业费 242.98 亿元，占 41.6%，比重下降了 2.0 个百分点；中部地区文化单位 133.46 亿元，占 22.9%，比重提高了 0.3 个百分点；西部地区文化单位 171.15 亿元，占 29.3%，比重提高了 0.6 个百分点。

全国文物事业费 247.87 亿元，比上年增加 16.12 亿元，增长 7.0%；文物事业费占财政总支出的比重为 0.17%，比重与上年基本持平。

据财政部统计，2014 年全国财政支出中，文化体育传媒经费 2753 亿元，比上年增长 9.2%，占财政支出的 1.82%，比重与上年基本持平。

三、广播电影电视事业

2014 年，在党中央、国务院和中宣部的正确领导下，全国各级广播影视部门深入学习贯彻习近平总书记系列重要讲话精神，特别是总书记在全国宣传思想工作会议、文艺工作座谈会上的重要讲话以及关于做好宣传文化工作的一系列重要指示，确保了广播影视工作始终沿着正确方向健康发展，各项工作取得新进展，事业产业呈现新局面。截至 2014 年底，全国广播、电视综合人口覆盖率分别达到 97.99%、98.60%，有线广播电视用户达 2.35 亿户。广播影视行业从业人员超过 116 万人。

（一）舆论宣传导向正确、引导有力

坚持导向为魂，全方位、多层次开展重大主题宣传，及时准确做好突发事件和热点问题引导。一是重大主题宣传浓墨重彩、形成声势。各级广播电台、电视台深入宣传党的十八届三中、四中全会精神和习近平总书记系列重要讲话精神，推出一批高水平的专题节目，发挥了舆论主阵地作用。把弘扬中国梦和社会主义核心价值观贯穿始终，开展全方位、立体化宣传，唱响了时代主旋律。《家风是什么》《绝对忠诚》等节目受到广泛好评。二是中央领导重大政治和外事活动时政报道以及新中国成立 65 周年、北京 APEC 会议、纪念抗战胜利等重大活动报道策划更加周密，报道更有深度，更有吸引力感染力。三是公益宣传力度加大。广泛开展“弘扬中国梦”等系列公益广告制作展播活动，大幅提高上星综合频道公益性节目播出比重，广播电视公益广告刊播长效机制初步建立。

截至 2014 年底，全国共有广播电台 149 个，电视台 159 个，广播电视台 2214 个，教育电视台 42 个。各级广播电视台共播出广播节目 1406 万小时，电视节目 1748 万小时，其中新闻资讯类广播节目 284 万小时、新闻资讯类电视节目 244 万小时。

（二）广播影视创作生产持续繁荣

坚持把社会效益放在首位，内容生产稳定数量、提升质量。一是集中优势资源组织创作弘扬中国梦和社会主义核心价值观的影视作品，抓重点带整体、抓剧本促原创、抓调控促引导，推出了一批“三性”统一的优秀作品。2014 年共制作广播节目 765 万小时、电视节目 328 万小时。电视剧方面，全年共制作电视剧 429 部、15983 集，各级播出机构播出电视剧 23 万部 669 万集，现实题材创作播出继续占主流地位，涌现出《历史转折中的邓小平》、《北平无战事》、《马向阳下乡记》等优秀剧目；动画片和纪录片方面，国产动画和纪录片整体质量明显提升，纪录片《百年潮，中国梦》、爱国主义题材动画片《戚继光》《英雄冯子材》《翻开这一页》等获得好评，全年共制作电视动画片 12 万分钟；网络剧方面，“弘扬社会主义核心价值观 共筑中国梦”优秀原创网络视听节目展播，两个月点击数超过 2 亿次。电影方面，全年共制作电影故事片 618 部、比 2013 年减少 20 部，制作动画影片 40 部、科

教影片52部、纪录影片25部、特种影片23部。全国电影票房达296亿元，比2013年的217亿元增长36%，其中国产影片票房占54.5%，《天上的菊美》、《兰辉》等被指定为第二批群众路线教育实践活动观看影片；二是推广播电视节目创新创优，重点扶持弘扬优秀传统文化等原创节目类型，专项治理电视晚会和歌唱类选拔节目，荧屏声频呈现新气象。《中国汉字听写大会》、《成语英雄》等10多档弘扬优秀传统文化的原创节目深受欢迎。

（三）重大惠民工程扎实推进

一是广播电视公共服务由村村通向户户通升级，村村通工程已完成“十二五”81万个“盲村”建设任务，直播卫星户户通工程加快整省推进。二是电影公共服务水平进一步提升。农村数字电影院线已达252条、放映队5万余支，全年完成订购860万场，圆满完成“一村一月一场”任务。农村电影公共服务正逐步实现由流动放映向固定放映、从室外放映向室内放映转变，覆盖人群由农村人口扩展到城市务工人员和中小学生。全国县级城市拥有数字银幕超过7200块，已有10个省（区、市）实现了县城数字影院全覆盖。三是边疆及民族地区公共服务进一步加强。西新工程建设积极推进，少数民族语言节目制作译制和覆盖能力得到提高。四是全面开展应急广播体系建设，四川、广西加快试点，浙江、湖北等七省区启动规划建设。五是启动中央广播电视节目无线数字化覆盖工程，到2015年底基本实现全国覆盖。《关于加快构建现代公共文化服务体系的意见》及《国家基本公共文化服务指导标准》已以中办国办文件形式正式印发，看电视、听广播已列为公共文化服务的重要任务，明确了广播影视方面公共服务体系建设的新任务和新标准。

（四）科技创新步伐加快

一是全行业数字化发展加快。各级广播电视台基本实现数字化，省级以上广播电视台实现网络化制播。全国数字电视用户达1.91亿，数字化率超过81%。双向交互电视用户3700万。下一代广播电视网示范网覆盖用户超过5500万。电影数字化放映全面覆盖，具有自主知识产权的“中国巨幕”发展迅速。二是新媒体新业务发展加快。2014年广电网络三网融合业务收入58亿元，比2013年增加8亿元，增幅16%。中央电视台及4家省级广播电视台建设了综合制播平台，29家省级以上广播电视播出机构获准开办网络广播电视台。移动多媒体广播电视用户达4500万。三是自主创新取得新成果。研发了具有自主知识产权的数字音频广播等关键技术，发布了自主知识产权的智能电视操作系统。有线无线卫星融合网试点正式启动。

2014年度中国广电行业十大科技关键词为：（1）宽带接入、（2）云平台、（3）媒体融合、（4）移动互联、（5）大数据、（6）4K超高清、（7）国家广播电视网络、（8）信息安全、（9）智能电视操作系统（TVOS）、（10）智能终端。

（五）行业管理水平进一步提升

围绕“治理”和“规范”，重拳出击，取得明显效果。一是坚决净化荧屏声频银幕，大力抵制低俗之风，严禁吸毒嫖娼等丑闻劣迹者发声出镜，清理不良网络剧微电影，打击非法电台，综合治理非法卫星地面接收设施，荧屏声频银幕进一步清朗。二是严格管理广告播出、电视购物，规范电影市场和有线电视传送业务，切实维护了群众利益。三是着力加强互联网电视、移动互联网视听节目和网上境外影视剧管理，网络视听行业秩序进一步规范。

（六）深化改革成绩显著

一是行政管理改革方面，总局机构整合、业务融合、职能转变步伐加快，将简政放权与改善加强宏观管理相统一，加快推进机构整合、业务整合、职能转变。二是国有文化企业改革方面，中国广播电视网络有限公司成立运行，中影、上影等国有影视企业上市融资工作稳步推进。国有电影制片厂、电视剧制作机构、省市级电影公司、电影院和有线电视网络机构全面完成转企改制。三是产业推进方面，加快落实财政、税收等一系列优惠政策，出台支持电影发展若干经济政策。市场主体更加活跃，国有、民营共同发展的良好格局进一步巩固，一批核心龙头企业浮出水面。

（七）走出去力度加大

一是贯彻落实中央“一带一路”战略，全力推进丝绸之路影视桥工程。影视桥工程启动13个重点项目，成功举办首届丝绸之路国际电影节，取得良好开局。扎实推进中非影视合作工程，与38个非洲国家的48个主流媒体签订65个合作协议，与阿拉伯、太平洋及周边16个国家签署10个协议。举办第二届中非媒体合作论坛，签订22项合作协议。二是紧密配合中央领导重大国事访问，通过电影电视合拍、举办影视节等形式，深化了中韩、中印、中新、中斯等交流合作，有力服务国家总体外交。三是中央三台国际一流媒体建设取得新进展。中央电视台已建成70个驻外机构，国际频道海外整频道用户增加3753万户、全球累计达3.87亿户，海外酒店落地超过5000家。国际台建成8个海外地区总站和25家海外节目制作室，新开播7家海外分台，在全球已拥有102个整频率电台，特别在美国建设了 18个整频率电台，取得重要突破。中国电视长城平台启动互联网电视业务，加快升级转型。中央人民广播电台藏语、维语、哈语广播首次实现海外落地播出。四是大力引导扶持走出去重点企业、重点项目。组织“中国联合展台”，加强海外营销推广，广播影视内容产品和服务出口近73亿元，“中国巨幕”已经走向海外。

四、体育事业

2014年，全国体育战线把深入学习贯彻习近平总书记系列重要讲话批示精神和党的十八届三中、四中全会精神作为全国体育系统的首要政治任务，推动我国体育事业稳步前进。

（一）解放思想，开拓创新，推动体育工作新一轮改革

一年来，体育总局始终把改革创新作为体育事业不断发展的根本动力，强化问题意识，坚持统筹兼顾，采取了多方面的改革措施：

1. 积极主动推进行政审批制度改革。共取消和下放3项行政审批事项，对4项非行政许可审批提出清理意见，对行政审批的法律依据、条件和程序、已审批项目等进行了公示，公布了《体育总局行政审批事项公开目录》。

2. 积极、稳妥地推进全国性单项体育协会改革试点。依据“统筹考虑、试点先行、分类推进、分步实施”的思路，制定了《以运动项目管理中心和单项体育协会改革为突破口，深化体育管理体制改革的方案》。选择若干单位分别开始进行非运动项目协会、部分非奥运项目协会脱钩改革试点，单项体育协会综合体制改革试点，非奥运项目协会管办分离、按社团机制运行改革试点，奥运项目协会群众体育功能优化改革试点。根据改革试点积累的经验，按照不同类型和方式，逐步全面推开全国性单项体育协会改革，并对事业单位进行必要的调整和整合。

3. 积极推进“三大球”管理体制改革。足球项目研究制定中国足协综合改革方案，进一步推进职业联赛管理改革，努力构建联赛监管的长效机制。篮球、排球项目分别组织力量进行了联赛管理体制改革的调研和实践。

4. 研制出台体育产业政策文件。10月20日，国务院正式印发了由体育总局与国家发改委共同研究起草的《关于加快发展体育产业促进体育消费的若干意见》（国发［2014]46号），以发展体育产业、促进体育消费为出发点和落脚点，向改革要动力，向市场要活力，从国家层面为体育产业的发展指明了方向，提供了政策保障，并将全民健身上升为国家战略。

5. 认真做好赛事审批制度改革的前期工作。进行了全国性单项体育协会赛事和在华举办国际体育赛事的调研，深入研究了赛事审批事项改革的政策和措施，为全面推进相关改革奠定了扎实基础。

（二）群众体育工作取得新进展

1. 各项基础性工作进展显著。本周期《全

民健身计划》评估工作有序进行，启动了新周期研制的前期准备工作。圆满完成群众体育健身活动和体质状况年度抽测工作与第四次全国国民体质监测数据采集工作。公共体育设施“十二五”项目建设评估及“十三五”项目调研有序推进。

2. 全民健身公共服务体系不断发展完善。召开了中央国家机关相关部门实施《全民健身计划》工作座谈会、体育总局系统全民健身工作会议。全面落实与江苏省人民政府签署的《建设公共体育服务体系示范区合作协议》。在北京、宁夏、江西开展多层次、多种形式服务体系示范区建设试点。

3. 发挥群众性体育社会组织作用，创新全民健身活动方式。对全国性体育社会组织现状进行了深入调研，初步形成了进一步发挥体育社会组织作用的思路。联合中央电视台，发挥社会组织作用，积极推动“谁是球王”羽毛球、足球民间争霸赛等群众性竞赛。全民健身志愿服务长效机制不断完善，培训国家级社会体育指导员2623人。

4. 青少年体育公共服务不断强化。继续广泛开展青少年阳光体育大会等活动。体育传统项目学校联赛制度初步形成。青少年体育俱乐部赛事体系不断丰富。首次开展了青少年的体育活动和体质状况抽测。

（三）竞技体育发展基础更加牢固

1. 圆满完成各项国际综合性运动会的参赛任务，为祖国和人民赢得了新的荣誉。索契冬奥会上，共获得3枚金牌、4枚银牌、2枚铜牌，实现了冬奥会基础大项金牌零的突破，男子成绩超过以往，运动员展现了良好体育道德风尚。南京青奥会上，共获得37枚金牌、63枚奖牌，位列金牌榜和奖牌榜第一位，运动员加强与各国青少年的交流，展现了良好精神风貌。仁川亚运会上，共获得151枚金牌、342枚奖牌，保持了整体优势，为里约奥运会全面锻炼了队伍。

2. 里约奥运会各项备战工作稳步推进。总局与各奥运项目管理中心签订了奥运会任务责任书。通过多轮次“盘点”逐一项目梳理存在的问题并提出解决方案。召开了全国体育系统备战里约奥运会暨冬训动员大会。制定实施了国家队教练员年度业务考评办法，扩大了《国家队训练质量管理评估实施办法》试点范围，成立了国家队身体运动功能训练团队。

3. 基础性、长效性工作取得新进展。运动员文化教育与保障工作进一步加强。组织实施了精英教练员“双百”培养计划，拟定了《全国教练员注册管理办法》（草案），颁布实施了《国家体育训练基地管理办法》。对2015年全国青运会、2016年全国冬运会、2017年全运会设项和规模进行了调整压缩。编制完成了《竞技体育后备人才培养中长期规划（2014—2024）》。颁布了《反兴奋剂管理办法》。

（四）稳扎稳打，体育产业实现跨越式发展

1. 体育产业作为国民经济新增长点作用日益显现。2013年全国体育及相关产业总产出1.1万亿元，同比增长11.91%，实现增加值3563亿元，同比增长10.82%，增加值占GDP比重增加到0.63%。

2. 体育产业更加得到了各级政府的重视，发展环境进一步优化。已有19个省市制定了加快发展体育产业的实施意见，26个省市制定了体育产业发展规划或将体育产业纳入了当地社会经济发展规划，9个省市设立了体育产业引导资金，6个省市设立了省级体育产业基地，11个省市成立了省级体育产业协会或产业集团，13个省市开展了体育产业统计工作。

3. 全面做好国务院体育产业政策文件的贯彻落实。第一时间通过媒体进行多角度的宣传，联合发改委召开部门联席会议，成立了总局落实分工方案专项工作领导小组，举办了全国体育局长体育产业管理能力提升研修班，各地方积极行动，已有26个省市启动了实施意见的研制工作。

4. 进一步加强大型体育场馆运营管理工作。与财政部共同印发了《大型体育场馆免费低收费开放的通知》和相关补助资金管理办法，下拨补助资金8.5亿元，研制了大型体育场馆公

共服务规范和运营管理综合评价体系。第六次全国体育场地普查工作顺利完成。成功举办了中国国际体育用品博览会、体育旅游博览会、体育文化博览会。

5. 全国体育彩票销量达到1764亿元，筹集体彩公益金454亿元，再创历史新高。1994年至2014年，全国体育彩票累计销售8781亿元，筹集公益金2484亿元。我国彩票事业对各项社会公益事业起到了有力的支撑作用。

（五）以运动项目管理中心和单项体育协会改革试点为突破口，深化体育管理体制改革

直属事业单位行政、事业、社团、企业四位一体是体育行业深化管理体制改革面临的焦点和关键问题。按照统筹考虑、试点先行、分类推进、分步实施的改革思路，进行改革的顶层设计，以问题为导向，制定了《以运动项目管理中心和单项体育协会改革为突破口，深化体育管理体制改革的方案》。根据改革试点积累的经验，将按照不同类型和方式，逐步全面推开全国性单项体育协会改革，并对事业单位进行必要的调整和整合，最终建立起政府监管有力，市场配置资源合理，社会体育组织蓬勃发展的现代体育制度和高效科学的体育管理运行机制。

2014年，围绕体育工作的中心任务，体育文化、体育法治、体育人才、体育对外交往、体育科技、体育教育、体育宣传及各项基础保障工作均稳步推进，取得了长足发展。

五、残疾人事业

2014年是全国残联系统认真学习党的十八届三中、四中全会精神，深入贯彻中央关于残疾人事业的新部署新要求，全面落实中国残联“六代会”任务的开局之年。一年来，在党中央、国务院领导下，各级残联主动作为，广大残疾人和残疾人工作者共同努力，各项事业在新起点上取得了重要进展。

（一）康复

2014年，通过实施一批重点康复工程，使751.5万残疾人得到不同程度的康复服务。

截至2014年底，全国共有康复机构6914个，其中，残联系统康复机构2622个，康复机构在岗人员总数达到23.36万人，其中业务人员16.0万人，管理人员3.05万人，其他人员4.31万人。

在914个市辖区和2023个县（市）开展了社区康复服务工作，累计已建社区康复站的社区总数21.9万个，配备39.2万名社区康复协调员。

1662个县的1958个医疗卫生机构陆续开展残疾儿童筛查工作，年度新诊断0-6岁残疾儿童4.8万人。依托各级各类残疾儿童康复机构建立儿童家长学校1547个，开展家长学校活动3625次，参与残疾儿童家长达94170人次。

开展视力残疾康复机构总数达到891个，完成白内障复明手术 74.8万例；为30.0万名贫困白内障患者免费施行复明手术；为14.2万名低视力患者配用助视器，培训低视力儿童家长3.6万名，有效开展家庭康复训练。对12.3万名盲人进行定向行走训练。

推进听力语言康复机构规范化管理，完善基层服务网络。已建设省级听力语言康复机构31个，基层听力语言康复机构1025个。年度新收训聋儿1.9万名，在训聋儿3.2万名；规范聋儿家长学校，开展家庭训练，共培训聋儿家长3.9万名；开展各级各类听力语言康复专业技术人员培训，共培训专业人员5772人；实施贫困聋儿人工耳蜗、助听器抢救性康复项目，资助11200名聋儿免费植入人工耳蜗，资助19600名聋儿免费配戴助听器；开展彩票公益金成年听力残疾人（助听器）康复项目，为38352名贫困成年听力残疾人免费验配助听器，各级康复机构共为4.0万名成年听力残疾人提供技术服务。

开展肢体残疾康复训练服务机构达2181个，其中，省级康复机构42个，地市级、县级康复机构2139个；培训各级各类肢体残疾康复人员3.5万人次；全国共对36.7万肢体残疾者实施康复训练；实施救助项目资助4.0万名脑瘫儿童进行机构康复训练，资助8860名贫困肢体残疾

儿童实施矫治手术。

为麻风畸残者实施矫治手术224例，开展宣传普及教育，为麻风患者回归社会营造良好社会氛围。

开展智力残疾康复训练服务的机构1730个，其中，省级康复机构45个，地市级、县级康复机构1685个；培训各级各类智力残疾康复人员1.5万人次；全国共对13.9万名智力残疾人进行康复训练；实施救助项目资助3.1万名智力残疾儿童进行机构康复训练，同时培训儿童家长。

大力推广“社会化、综合性、开放式”精神病防治康复工作。在2664个市县开展精神病防治康复工作，对583.7万重性精神病患者进行综合防治康复，监护率达到79.4 %，显好率达到66.2%，社会参与率达到51.7%，肇事率0.12%；解除关锁4123人；对49.2万贫困精神病患者进行医疗救助。

建立了41个省级孤独症儿童康复训练机构；2.0万名孤独症儿童在各级机构进行了康复训练。

加强残疾人辅助器具服务体系建设，构建覆盖全国的服务网络，培育建设6个国家辅助器具区域中心，建设省级辅助器具服务机构29个，地市级服务机构220个，县级服务机构945个。开展多层次、多形式的专业技术人员培训，共组织培训专业人员6261人次。深入开展辅助器具服务，组织实施系列辅助器具项目，全年共为残疾人减免费用供应辅助器具152.4万件，其中装配假肢2.9万件、矫形器6.4万件，验配助视器17.8万件。

（二）教育

2014年，启动实施《特殊教育提升计划（2014-2016年）》，残疾人受教育权得到了更好保障。

实施残疾人事业专项彩票公益金助学项目，为全国1.1万人次家庭经济困难的残疾儿童享受普惠性学前教育提供资助。各地也积极多渠道争取资金支持，对2908名残疾儿童给予学前教育资助。

全国共有特殊教育普通高中班（部）187个，在校生7227人，其中聋生6173人，盲生1054人。残疾人中等职业学校（班）197个，在校生11671人，毕业生7240人，其中5532人获得职业资格证书。全国有7864名残疾人被普通高等院校录取，1678名残疾人进入特殊教育学院学习。

（三）就业

2014年，残疾人就业规模总体保持稳定。城镇新安排就业残疾人27.8万，其中，集中就业残疾人7.6万，按比例安排残疾人就业7.0万，公益性岗位就业1.2万，个体就业及其它形式灵活就业10.7万，辅助性就业1.3万。

全国残疾人职业培训基地达到6154个，其中残联兴办2211个，依托社会机构兴办3943个，38.2万人次城镇残疾人接受了职业培训。

盲人按摩事业稳定发展，按摩机构迅速增长。2014年度培训盲人保健按摩人员21296名、盲人医疗按摩人员5623名；保健按摩机构达到15609个，医疗按摩机构达到1018个；在专业技术职务资格评审中，分别有494人和1229人通过盲人医疗按摩人员中级和初级职称评审。

（四）社会保障

2014年新型农村和城镇居民社会养老保险统一合并实施，已有2180.0万城乡残疾居民参保，参保率74.2%，在60岁以下的参保残疾人中有405.0万重度残疾人，其中379.2万得到了政府的参保扶助，代缴补贴比例达到93.6%。有234.7万非重度残疾人也享受了全额或部分代缴的优惠政策。领取养老金待遇的人数达到858.6万人。

城镇残疾职工参加基本养老和医疗保险人数稳定在280万左右，城镇261.5万和农村844.1万残疾人纳入最低生活保障范围；城镇集中供养残疾人和农村五保供养残疾人分别达到11.2万和66.2万；455.0万和279.0万符合条件的城乡残疾人分别享受了稳定的生活补贴和护理补贴。257.7万城乡残疾人得到了其他救助救济。

残疾人托养服务工作规范推进，残疾人托养服务机构达到5917个，共为16.1万残疾人提供了托养服务。其中寄宿制托养服务机构1758

个；日间照料机构 2132 个；综合性托养服务机构 2027 个。在以上机构中，共有 15933 名残疾人实现辅助性就业，3503 名残疾人实现了支持性就业。机构之外接受居家托养服务的残疾人达到 77.1 万人。全年共有 4.9 万名托养服务管理和服务人员接受了各级各类专业培训，其中接受国家级培训 882 人。

（五）扶贫开发

2014 年，233.2 万贫困残疾人得到扶持，其中 119.9 万人通过扶贫开发实现脱贫；接受实用技术培训的残疾人达到 72.6 万人次。

康复扶贫贴息贷款扶持 6.1 万农村残疾人，残疾人扶贫基地达到 6593 个，安置 12.4 万残疾人就业，扶持带动 25.8 万残疾人户，其中，本年度新安置残疾人 4.3 万人，新增带动 9.1 万残疾人户。

完成 9.0 万户农村贫困残疾人危房改造，各地投入危房资金 8.5 亿元，10.3 万残疾人受益。

基层党组织助残扶贫项目帮扶 95403 名农村贫困残疾人，其中首次接受帮扶 57678 人。“万村千乡市场工程”助残扶贫项目安置 6865 名贫困残疾人就业，帮扶贫困残疾人创办 1990 个村级农村店。

（六）宣传文化

中央电视台《新闻联播》播出残疾人题材报道 44 条，《人民日报》刊登消息、侧记和综述等 84 篇。截至 2014 年底，全国共有省级残疾人专题广播节目 17 个、电视手语栏目 30 个，播出公益广告 42 个；地市级残疾人专题广播节目 241 个、电视手语栏目 201 个，播出公益广告 366 个。

推出“百家图书馆”、“百家博物馆”、“百家新闻媒体”三个百家系列公益助残行动活动。全国有 500 多万残疾人走出家门参与各种文化活动，丰富了生活，提高了综合素质。截至 2014 年底，全国省地县三级公共图书馆共设立盲文及盲人有声读物阅览室 1616 个，共开展残疾人文化周活动 5568 场次，共举办残疾人文化艺术类比赛及展览 2806 次，全国共有各类残疾人艺术团体 775 个。

（七）体育

全国累计培养了 719 名国家级残疾人体育健身指导员。在全国 26 个省（区、市）资助了 150 个示范点；为中西部地区配发了 8 套健身器材，并纳入示范点统一管理；累计共资助建设自强健身示范点 397 个。在北京、河北 1000 个残疾人家庭试点康复体育进家庭项目。组织了第八次全国特奥日活动、特奥足球比赛及家庭论坛等 14 项次系列活动，特奥运动员超过 118 万人。

全年举办了 20 项全国残疾人体育赛事，参赛总人数达 6000 多人。组团参加索契冬季残奥会、仁川亚残运会等 19 项国际赛事交流活动，我轮椅冰壶队在索契冬季残奥会上获得第四名，取得历史性突破。仁川亚残运会上，我国代表团夺得 174 枚金牌、317 枚奖牌，实现八连冠。指导训练基地成功举办国际乒联残疾人世锦赛、国际残奥会北京田径公开赛、盲人门球亚洲锦标赛等 5 项国际重要赛事，世界各地 58 支代表队 1000 多名运动员参赛。组织了 39 批次 607 人次的运动员集训，残疾人体育人才队伍和组织建设不断加强。注册登记的残疾人运动员达到 9354 人，审批的裁判员 1188 人、分级员 36 人。国家级残疾人体育培训基地达到 34 所。

组织省级残疾人群众体育健身活动 241 次，6.2 万余人次参加；建设省级残疾人群众体育活动示范点达到 839 个；培训省级残疾人体育健身指导员达到 1.1 万人；组织省级残疾人体育比赛 151 次，参赛运动员达 2.3 万人次；省级残疾人体育训练基地已达 234 个。组织地市级残疾人体育活动 5544 次，69.4 万人次参加；设立地市级残疾人群众体育活动示范点 1930 个；培训地市级残疾人体育健身指导员 1.8 万人。

（八）维权

全年修订《残疾人保障法》地方实施办法 1 件；制定或修改了关于残疾人的专门法规、规章省级 8 件、地市级 10 件；制定或修改保障残疾人权益的规范性文件省级 22 件、地市级 71 件、县级334件。全国县级以上人大进行《残疾人保障法》执法检查和专题调研649次；政协进行视察和专题调研635次。全国开展普法宣传教育活动6510次，93.3万人参加；举办法律培训班1511个，9.2万人参加。

截至2014年底，全国成立残疾人法律救助工作协调机构1521个，建立残疾人法律救助工作站1348个，办理案件4666件，建立残疾人法律援助中心(工作站)3001个，办理案件1.8万件，有力地推动了法律救助和法律援助工作。

残疾人参政议政工作得到加强，各地残联协助人大代表、政协委员提出议案、建议、提案1538件，办理议案、建议、提案1374件。

无障碍建设法规、标准进一步完善。全国共出台了451个省、地市、县级无障碍建设与管理法规、规章和规范性文件；1506个市、县、区系统开展无障碍建设；全国开展无障碍建设检查4906次，无障碍培训4万余人次；为14.9万户贫困残疾人家庭实施了无障碍改造；为67.9万残疾人发放了残疾人机动轮椅车燃油补贴。

（九）组织建设

截至2014年底，32个省级残联（含新疆兵团）领导班子中配备了残疾人理事长或副理事长；246个地市级残联在领导班子中配备了残疾人理事长或副理事长；1631个县级残联机关配备了残疾人干部；已建乡镇（街道）残联4.0万个，已建率达到98.0%，选聘残疾人专职委员4.7万名；已建社区（村）残协59.0万个，已建率达到93.8%，选聘残疾人专职委员56.1万名。

全国省市县乡残联实有人员已达11.5万人；全国共建立省级以下各类残疾人专门协会15633个，其中省级专门协会已建比例为100%；全国共建立助残社会组织2972个，其中在民政部门注册的为1581个，以残联为业务主管单位的1395个。

（十）服务设施建设

残疾人服务设施建设得到全面发展。截至2014年底，全国已竣工并投入使用的各级残疾人综合服务设施2231个，总建设规模460.26万平方米，总投资128.64亿元；已竣工并投入使用的各级残疾人康复设施613个，总建设规模130.01万平方米，总投资40.38亿元；已竣工并投入使用的各级残疾人托养服务设施442个，总建设规模101.39万平方米，总投资25.71亿元。

（十一）信息化建设

2014年，中国残联网站对60多项惠残服务内容进行分类分项梳理，全年网站浏览量达到7510万，浏览人数660万。中国残疾人服务网年度浏览量超过150万，累计注册用户数量近4万人。为盲人提供图形验证码网上识别服务达126万人次，累计服务残疾人求职者2.2万人，为残疾人提供涉残岗位超过3.1万个，发布招聘需求企业信息2.2万个。截至2014年底，全国33个省级单位（含新疆兵团、黑龙江垦区）、280个地市、1347个县级残联开通网站，比上年增加43个。对38个省级及计划单列市残联网站开展评测，对118家部委和省政府等政府网站开展年度网站无障碍专项评估，评测结果为网站无障碍建设推进工作提供依据。

截至2014年12月31日，全国残疾人人口基础数据库录入采集持证残疾人数据达到2947万人。依托残疾人人口基础数据库，中国残联和20多个省（区、市）残联开展重点业务系统建设和个性化服务，为向残疾人提供精准服务和业务政策的有效落实提供支持和保障。

六、人民检察院工作

2014年，全国检察机关全面贯彻党的十八大和十八届三中、四中全会精神，深入贯彻习近平总书记系列重要讲话精神，认真落实十二届全国人大二次会议决议，忠实履行宪法法律赋予的职责，各项检察工作取得新进展。

（一）充分发挥检察职能，服务改革保障民生

抓住事关改革发展稳定、事关人民利益的重

大问题，制定实施为全面深化改革服务的28条意见，有针对性地调整工作重心，努力营造良好法治环境。

1. 着力保障经济平稳健康发展。围绕新农村建设、保障性安居工程、重大水利、中西部铁路、社会事业等政府投资重点领域，严肃查办贪污、挪用、私分政府投资资金的职务犯罪10529人。依法维护金融管理秩序，起诉非法吸收公众存款、集资诈骗、内幕交易、保险诈骗等金融犯罪22015人，同比上升12.2%。推动健全行政执法机关与司法机关信息共享、案情通报、案件移送制度，起诉破坏市场经济秩序犯罪91025人，督促行政执法机关向公安机关移送涉嫌犯罪案件6706件。深化商业贿赂治理，查办涉嫌商业贿赂的国家工作人员4056人。

2. 平等保护各种所有制经济。查办国有企业经营、管理、改革中的职务犯罪6158人，保障国有资产安全；坚决打击侵犯非公有制企业特别是小微企业合法权益的犯罪。认真分析涉案单位改革发展中遇到的法律问题，正确把握法律政策界限，慎重使用强制措施，慎重查封扣押冻结涉案财物，及时与涉案单位及主管部门沟通，维护正常生产工作秩序。

3. 保障创新驱动发展战略实施。加大知识产权司法保护力度，与有关部门共建打击侵权假冒信息平台，坚决打击侵权行为，起诉侵犯商标权、专利权、著作权和商业秘密等犯罪9427人，同比上升7.1%。

4. 严惩危害食品药品安全犯罪。最高人民检察院牵头制定办理危害药品安全刑事案件的司法解释，开展危害食品药品安全犯罪专项立案监督。坚持依法从严原则，起诉制售有毒有害食品、假药劣药等犯罪16428人，同比上升55.9%；在食品药品生产流通和监管执法等领域查办职务犯罪2286人。

5. 加强对生态环境的司法保护。开展破坏环境资源犯罪专项立案监督，起诉污染环境、盗伐滥伐林木、非法开垦草原等犯罪25863人，同比上升23.3%。在生态环境保护领域查办职务犯罪1229人。

（二）依法查办职务犯罪，保持惩治腐败犯罪高压态势

坚决贯彻党中央反腐败决策部署，严肃查办各类职务犯罪案件41487件55101人，人数同比上升7.4%。

1. 坚持“老虎”、“苍蝇”一起打。查办贪污、贿赂、挪用公款100万元以上的案件3664件，同比上升42%。查办县处级以上国家工作人员4040人，同比上升40.7%，其中厅局级以上干部589人。以对人民、对法律高度负责的精神，依法办理周永康、徐才厚、蒋洁敏、李东生、李崇禧、金道铭、姚木根等28名省部级以上干部犯罪案件。深入开展查办发生在群众身边、损害群众利益职务犯罪专项工作，查办社会保障、征地拆迁、扶贫救灾、教育就业、医疗卫生、“三农”等民生领域的职务犯罪9913人。

2. 加大惩治贿赂犯罪力度。针对一些国家工作人员利用职权索贿受贿的问题，查办受贿犯罪14062人，同比上升13.2%；针对不法分子为谋取不正当利益、行贿腐蚀干部的问题，部署打击行贿犯罪专项行动，查办行贿犯罪7827人，同比上升37.9%。

3. 依法惩治渎职侵权犯罪。积极回应人民群众反映强烈的“为官不为”、“为官乱为”问题，查办国家机关工作人员渎职侵权犯罪13864人，同比上升6.1%，其中行政执法人员6067人、司法人员1771人。

4. 开展职务犯罪国际追逃追赃专项行动。与有关部门联合发布敦促在逃境外经济犯罪人员投案自首的通告，加强境外司法合作，共抓获境内外在逃职务犯罪嫌疑人749人，其中从美国、加拿大等17个国家和地区抓获、劝返49人。在积极追逃的同时，探索对犯罪嫌疑人逃匿案件启动违法所得没收程序，依法追缴其违法所得及其他涉案财产，决不让腐败分子在经济上捞到好处。

5. 紧密结合办案深化职务犯罪预防。向涉案单位及其主管部门提出防控风险、堵塞漏洞的建议2.1万余件。普遍开展惩治和预防职务犯罪年度报告、专题报告工作，深入分析系统性、行业性、区域性职务犯罪的特点和原因，提出防治

对策建议。重视发挥职务犯罪警示教育基地作用，广泛开展警示教育和预防宣传。

（三）积极投入平安中国建设，维护社会和谐稳定

坚决贯彻党中央关于建设平安中国的重大部署，依法履行批捕、起诉等职责，批准逮捕各类刑事犯罪嫌疑人 879615 人，同比下降 0.02%，提起公诉 1391225 人，同比上升 5%。

1. 依法严惩严重刑事犯罪。积极投入反渗透、反间谍、反分裂斗争，坚决维护国家安全。严厉打击暴力恐怖犯罪，对重大暴恐案件第一时间介入侦查、引导取证。最高人民检察院深入一线、直接指导，会同有关部门制定办理暴力恐怖和宗教极端刑事案件的意见。深入开展打黑除恶专项斗争，依法办理刘汉刘维黑社会性质组织犯罪等重大案件。严惩“全能神”等邪教组织犯罪。坚决打击群众反映强烈的电信诈骗、拐卖儿童妇女、性侵幼女以及侵害残疾人、老年人和农村留守儿童妇女合法权益的犯罪。与有关部门合作，完善劳动保障监察执法与刑事司法衔接制度，加大对拒不支付劳动报酬等犯罪打击力度，维护劳动者特别是农民工合法权益。与有关部门共同开展打击涉医违法犯罪专项行动，严惩“温岭杀医案”等暴力伤医犯罪，维护正常医疗秩序。

2. 最大限度增进社会和谐。坚持宽严相济刑事政策，该严则严，当宽则宽。对涉嫌犯罪但无社会危险性的，决定不批捕 85206 人；对犯罪情节轻微、依法不需要判处刑罚的，决定不起诉 52218 人，同比分别上升 3.8% 和 1.6%。对不需要继续羁押的 33495 名犯罪嫌疑人建议释放或变更强制措施。加强未成年人检察工作，落实专人办理、合适成年人到场、犯罪记录封存等制度，对 4021 名涉嫌轻微犯罪但有悔罪表现的未成年人，决定附条件不起诉，加强帮教考察，创造改过自新的机会。对 17666 名真诚悔罪，积极赔偿损失、赔礼道歉，获得被害人谅解的轻微刑事犯罪嫌疑人，决定不起诉。

3. 推进涉法涉诉信访工作机制改革。建立涉法涉诉信访导入、纠错、退出机制，引导当事人在法治轨道上表达诉求、维护权益。最高人民检察院与各省级检察院全面联通远程视频接访系统，积极推进与基层检察院的全面贯通，方便群众就地反映诉求。全年共接收群众信访 112 万余件次，同比上升 35.3%，其中涉检信访 1.4 万件次。完善检察环节司法救助制度，为 10919 名生活确有困难的刑事被害人或其近亲属提供救助。

4. 做好社会治安综合治理工作。积极参与校园周边、医院、城乡接合部等重点地区治安突出问题专项整治。加强社区矫正法律监督，防止社区服刑人员脱管漏管。对 1453 名实施暴力危害社会、经鉴定依法不负刑事责任的精神病人，向人民法院提出强制医疗申请。依法惩治“伪基站”和利用网络敲诈勒索、诈骗、制造传播谣言、传播淫秽信息等犯罪，维护网络信息安全。

（四）加强对诉讼活动的法律监督，维护社会公平正义

加强对执法不严、司法不公问题的监督，加强人权司法保障，维护宪法法律尊严和权威。

1. 把严防冤假错案作为必须坚守的底线。以事实为依据、以法律为准绳，加大审查把关力度，对侦查机关不应当立案而立案的，督促撤案 17673 件；对滥用强制措施、违法取证、刑讯逼供等侦查活动违法情形，提出纠正意见 54949 件次；对不构成犯罪和证据不足的，决定不批捕 116553 人、不起诉 23269 人，其中因排除非法证据不批捕 406 人、不起诉 198 人。

2. 开展减刑假释暂予监外执行专项检察。针对群众反映强烈的一些“有权人”、“有钱人”犯罪后“以权赎身”、“提钱出狱”等问题，以职务犯罪、金融犯罪、涉黑犯罪为重点，对正在监管场所服刑的，逐人审查；正在保外就医的，逐人见面、重新体检。监督纠正“减假暂”不当 23827 人，同比上升 42.6%；监督有关部门对 2244 名暂予监外执行罪犯依法收监执行，其中原厅级以上干部 121 人；查办违法“减假暂”背后的职务犯罪 252 人。

3. 深入开展久押不决案件专项监督。对政法各机关羁押 3 年以上仍未办结的案件持续进行

集中清理，对羁押8年以上的案件挂牌督办，清理出的4459人现已纠正4299人。坚决贯彻保障人权、疑罪从无原则，对32件因存在疑点或证据不足难以定案、导致犯罪嫌疑人被长期羁押的案件分别依法作无罪处理，其中检察机关不起诉10人，并共同做好释法说理、司法救助、国家赔偿等工作。

4. *全面履行对诉讼活动的监督职能*。强化刑事诉讼监督，督促侦查机关立案21236件，追加逮捕27496人，追加起诉32280人，对认为确有错误的刑事裁判提出抗诉7146件。强化民事诉讼监督和行政诉讼监督，对认为确有错误的民事和行政生效裁判、调解书提出抗诉或再审检察建议9378件，对民事执行活动中的违法情形提出检察建议33107件。

七、人民法院工作

2014年，全国各级人民法院紧紧围绕“让人民群众在每一个司法案件中感受到公平正义”的目标，推进司法改革，深化司法公开，加快审判体系和审判能力现代化建设，人民法院各项工作取得新进展。

（一）狠抓执法办案第一要务，忠实履行审判职责

2014年，人民法院案件数量持续增长，案件质量稳中有进，审判执行工作总体态势平稳。最高人民法院共受理各类案件11210件，同比上升1.76%；审结9882件，同比上升1.71%。地方各级人民法院共受理各类案件15650784件，同比上升10.09%；审结13796525件，同比上升6.56%；案件标的金额26190.90亿元。

1. *加强刑事审判工作，维护国家安全，保障社会和谐稳定*。2014年，各级人民法院新收一审、二审、再审刑事案件1164826件，审结1144838件，同比分别上升7.86%和8.03%。其中，审结一审刑事案件1023017件，判处罪犯1183784人，同比分别上升7.24%和2.25%。

依法审理新疆和田“6•28”劫机案、云南昆明“3•01”暴恐案、北京天安门广场“10•28”暴恐案等一批暴力恐怖犯罪案件。全年共审结煽动分裂国家、暴力恐怖袭击、传播暴力恐怖音视频等危害国家安全和公共安全犯罪案件558件，判处罪犯712人，有力打击恐怖势力、分裂势力，全力维护国家安全和社会稳定。

依法审理刘汉、刘维等36人组织、领导、参加黑社会性质组织案。全年共审结组织、领导、参加黑社会性质组织犯罪315件，判处罪犯2227人，深入推进打黑除恶工作，有效提升人民群众安全感。

依法审理葛兰素史克公司行贿案等一批商业贿赂案件。全年共审结各类经济犯罪案件55858件，判处罪犯72612人，维护社会主义市场经济秩序，保障经济社会健康平稳发展。

依法审理“网络大V”“秦火火”、“边民”、“立二拆四”等诽谤、寻衅滋事、非法经营案，切实维护网络秩序，净化网络空间。依法审理网络盗窃、电信诈骗等涉众型网络犯罪，保障人民群众财产安全。全年共审结非法侵入计算机信息系统罪、破坏计算机信息系统罪案件98件，判处罪犯135人，加大对信息网络安全的保护力度。

依法审理广西政协原副主席李达球、国家发展和改革委员会原副主任刘铁男、原铁道部副总工程师张曙光受贿案等案件。全年共审结贪污贿赂犯罪案件25583件，判处罪犯25676人，其中被判处五年有期徒刑以上重刑的被告人7421人，占28.86%；审结行贿案件2941件，判处罪犯2394人；审结渎职犯罪案件5496件，判处罪犯5907人。充分发挥人民法院在反腐败中的职能作用，有力推动反腐败斗争深入开展。

2. *加强民商事审判工作，维护当事人合法权益，促进经济社会科学发展*。2014年，各级人民法院新收一审、二审、再审民商事案件9068011件，审结8750735件，同比分别上升7.41%和7.29%。其中，审结一审民商事案件8010342件，同比上升6.65%，案件标的金额14983亿元，同比上升9.91%。

在一审民商事案件中，审结婚姻家庭、继承纠纷案件1618904件，同比上升0.43%；合同纠

纷案件 4375771 件，同比上升 10.58%；权属、侵权以及其他纠纷案件 2015667 件，同比上升 3.81%。

审结婚姻家庭和继承纠纷案件 1618904 件，促进家庭和睦，维护社会稳定，保护无过错方及弱势群体合法权益。审结劳动争议案件 374299 件，维护劳动者合法权益，促进企业健康发展，促进劳动关系和谐稳定。审结农村承包合同纠纷案件 18530 件，宅基地纠纷案件 2239 件，维护农民合法权益，促进农业现代化，推动新型城镇化建设。审结权属侵权类纠纷案件 1605726 件，制裁侵权行为，保障人民群众的生命健康权和财产权。审结民间借贷纠纷案件 1024379 件，规范民间借贷行为，解决中小微企业融资难问题，促进实体经济健康发展。

审结借款合同纠纷案件 1653846 件，新类型融资租赁合同纠纷案件 10591 件，保险合同纠纷案件 90552 件，企业间借款合同纠纷案件 11164 件，取得了良好的法律效果和社会效果。审结股份转让、股权确认等股东权纠纷案件 24446 件，证券纠纷案件 2413 件，促进资本市场的有序发展和证券交易的顺利进行。审结企业破产案件 2059 件，正确适用破产清算程序，为产业升级、经济结构调整提供司法保障。

审结知识产权民事一审案件 94501 件，切实发挥民事审判在保护知识产权中的主渠道作用。审结涉知识产权侵权的刑事一审案件 10803 件，判决发生法律效力 13904 人，有效惩治和震慑侵犯知识产权犯罪行为。审结知识产权行政一审案件 4887 件，规范知识产权行政行为，保障行政相对人合法权益。

审结涉外民商事案件 15780 件，平等保护中外当事人合法权益，为开放型经济新体制提供良好司法环境。审结海事海商案件 11678 件，有效维护航运贸易秩序，大力促进海洋经济发展。审结涉港澳台民商事案件 13999 件，认可港澳台地区民事判决、裁定、调解书 333 件，为推动海峡两岸经贸合作，促进港澳经济繁荣发展提供保障。

审结环境资源合同纠纷一审案件 72822 件，高度重视涉民生资源合同纠纷案件的审理，依法保障人民群众的合法权益。审结环境资源权属、侵权纠纷一审案件 3331 件，保障资源使用权人的合法权益。

3. 加强行政审判工作，维护人民群众合法权益，促进行政机关依法行政。2014 年，各级人民法院共新收一审、二审和再审行政案件 193240 件，审结 180163 件，同比分别上升 20.98％和 15.09％。其中，新收一审行政案件 141880 件，审结 130964 件，同比分别上升 15.17％和 8.53％。

4. 加强国家赔偿工作，维护赔偿请求人合法权益，促进国家机关依法行使职权。2014 年，各级人民法院共新收行政赔偿一审案件 8050 件，审结 7881 件，同比分别上升 8.58% 和 8.55%。新收司法赔偿案件 2831 件，审结 2708 件，同比分别上升 38.1% 和 32.42%。其中，呼格吉勒图、徐辉等刑事冤错案件的受害人依法获得赔偿，体现了对人权的尊重和保障。

5. 强化执行工作，破解执行难题，维护当事人合法权益。2014 年，各级人民法院共新收各类执行案件 3138509 件，执结 2906861 件，同比分别上升 10.75% 和上升 6.96%，案件标的金额 9089.41 亿元，同比上升 25.63%。

——清理专项领域执行积案。全年共执结涉民生案件 24.67 万件，执行到位金额 80.9 亿元，司法救助当事人 1.4 万人次，救助金额 1.4 亿元；执结金融债权积案约 4000 件，执行到位金额 122 亿元；执结立案一年以上其他类型执行积案 92.13 万件，执行到位金额 1120.88 亿元。最高人民法院与有关部门联合开展集中打击拒不执行判决、裁定等犯罪行为专项活动，判处罪犯 696 人，同比上升 17.8%，有效惩治抗拒执行违法犯罪行为，坚决维护法律尊严和司法权威。

——加强联合信用惩戒。最高人民法院网站公布失信被执行人 89.4 万例，其中自然人 77.6 万名，法人及其他组织 11.8 万个。与有关部门联合对失信被执行人开展信用惩戒，共限制失信被执行人乘坐列车软卧 3.1 万人、5.6 万人次，限制乘坐飞机 4.5 万人、105.5 万人次，限制办理贷款和信用卡 10 万人次，有效震慑失信被执行人。

6. 加强立案信访工作，畅通当事人诉讼通道，保障当事人合法诉求。2014 年，各级人民法院共审查立案 10426077 件，为确有困难的案件当事人减免诉讼费 17514.20 万元，进一步规范和畅通案件入口，保障当事人依法行使诉讼权利，让有理无钱的人打得起官司。最高人民法院登记来访 52648 件（次），视频接访 3331 件（次），地方各级人民法院登记来访 582890 件（次），牢固树立群众观念，勇于担当定分止争、保障权益、维护稳定的责任。最高人民法院收到群众来信 171173 件，办理网上申诉信访 2695 件（次），地方各级人民法院收到群众来信 175496 件，继续发挥申诉来信在表达诉求、密切联系方面的作用，推行来信数据化处理，统一信访入口。

7. 加强审判监督工作，依法纠正错误裁判，促进司法公正。2014 年，各级人民法院共审结刑事和行政申诉、民事申请再审案件 125273 件，依法保障当事人的权利救济途径，确保程序正义。审结各类再审案件 33662 件，其中，改判 9635 件，发回重审 4281 件，再审改判和发回重审的案件占同期生效案件的 0.15%，少量确有错误的裁判得到及时纠正。审结各类抗诉再审案件 4960 件，其中，改判 1280 件，发回重审 446 件，依法审理检察机关对生效裁判提出的抗诉案件，共同维护司法公正。依法纠正呼格吉勒图案等 10 件重大冤假错案，依法改判念斌等一批久拖不决的疑案被告人无罪，指定山东省高级人民法院对聂树斌故意杀人、强奸案进行异地复查。

8. 加强综合审判工作，优化审判资源配置。2014 年，最高人民法院积极贯彻落实中央司法改革部署，优化审判资源配置，加强综合审判业务指导。

——启动《人民法院组织法》修改研究工作，参与《刑法修正案（九）》、《国家安全法》等立法工作，人民法院的意见和建议在上述立法工作中均得到充分吸收和体现。

——完善司法解释制定程序，制定并发布司法解释 15 件，清理 1949 年以来司法解释 715 件，组织、协调、推动 132 件司法解释和司法解释性质文件的修改工作。

——人民法院少年法庭共判处未成年犯 50415 人，同比下降 9.68%，占全部罪犯的 4.26%，同比下降 0.56 个百分点。

——办理涉港澳台送达文书、调查取证、裁判认可、罪赃移交等司法协助案件 12863 件。自香港回归以来首次出现内地法院请求香港法院调查取证民事案件并受理 3 件，完成首例台湾居民被害人大陆遗属通过两岸司法互助途径取得补偿金的成功实践。

（二）加强审判能力现代化建设，创新管理司法工作

1. 加强和创新审判管理，实现人民法院科学发展。——设立中国裁判文书网，统一公布各级人民法院的生效裁判文书。截至 2014 年底，全国各级人民法院共在中国裁判文书网上传裁判文书 569.1 万篇，其中最高人民法院上传 7595 篇，地方各级法院上传 568.4 万篇。

——开通中国审判流程信息公开网。案件当事人和诉讼代理人可以通过该网站查询最高人民法院审理案件的审判流程信息和部分实体材料。

——清理久押不决刑事案件和长期未结诉讼案件。2014 年全年，全国法院共清理三年以上长期未结诉讼案件 2419 件，截至年底尚存件数比 2011 年下降 89.94%。

2. 加强和创新廉政管理，确保司法工作公正廉洁。全国法院共开展日常审务督察 48809 次，专项审务督察 9629 次，对违反中央八项规定精神等作风问题进行明察暗访，现场查纠违规行为 1206 人次，给予党政纪处分 177 人，给予其他处理 19 人，并将其中 20 起典型违规案件向社会公开通报。

最高人民法院举报受理中心网站直接受理纸质、电话和网络举报共计 25330 件，督办重要举报线索 125 件。以零容忍的态度惩治司法腐败，全国法院共立案调查违纪违法干警 2180 人，结案处理 1937 人，截至 2014 年底，已移送司法机关处理 180 人，给予党纪政纪处分 1733 人。

3. 加强和创新行政管理，提高法院管理保障水平。2014 年，中央财政拨付地方法院的办

案资金99.36亿元。中央财政和地方法院支援新疆、西藏和青海法院经费和项目资金8.65亿元。安排审判法庭、人民法庭建设项目566个，投资31.8亿元。办理鉴定、审计、评估、拍卖等对外委托案件37万余件。

三、深化司法体制机制改革，全面推进依法治国

1. 加强调查研究，切实保障科学决策水平。起草《关于全面推进依法治国的意见和建议》(一)(二)等多篇报告，全面反映人民法院关于全面推进依法治国的意见和建议，为党的十八届四中全会研究依法治国重大战略部署建言献策。

规范人民法院案件信息标准，起草《人民法院案件信息统计管理规定》、《全国法院案件信息标准业务规范》等规范性文件。深入研究人民法院案件质量评估指标体系，推动案件质量评估工作科学发展。发布全国法院司法统计分析重大课题，加强课题研究工作。

2. 注重理论研究，切实服务人民法院中心工作。编著《世界司法制度文库》、《公正司法的理论与探索读本》等理论书籍，解决审判实践中迫切需要解决的现实问题。

发布15个审判理论重大课题、15个调研重大课题和10个司法统计分析重点课题，不断提升课题服务审判实践的理论水平。

3. 推进司法改革，促进司法公正高效权威。协助中央制定《关于司法体制改革试点若干问题的框架意见》，制定《关于最高人民法院巡回法庭审理案件若干问题的规定》。2014年，在北京、上海和广州分别成立了知识产权产权法院，全国首家跨行政区划法院——在上海市第三中级人民法院成立（北京为第二家），最高人民法院环境资源审判庭正式成立。

2014年，全国法院人民陪审员总数已达20.95万人，比实施“倍增计划”前增加约12.5万人，增幅为146.5%，普通群众比例达到70.2%。全国人民陪审员共参审案件219.6万件，占一审普通程序案件的78.2%。积极拓展人民陪审员参审范围，首次吸收人民陪审员参与审理重大职务犯罪案件，充分发挥人民陪审员作用。

（执笔：民政部规划财务司规划统计处
文化部财务司规划统计处
国家新闻出版广电总局规财司统计处
国家体育总局体育经济司综合处
中国残疾人联合会信息中心统计处
最高人民检察院案件管理办公室
最高人民法院研究室）

专栏：对当前养老机构现状的调研分析

随着我国人口老龄化趋势的加快，社会化养老事业的发展越来越受到各级政府和社会公众的关注。为了解目前我国养老机构运营现状，城乡老年人在养老机构的生活状况，以及各类养老机构面临的问题和困难，为国家和相关部门制定政策提供参考依据，近期由国家统计局社会科技和文化产业统计司和相关调查总队共同组织和完成了养老机构和入住老人情况专题调研，选取了老年人口比重相对较高的天津、石家庄、沈阳、上海、杭州、济南、郑州、长沙、广州、南宁、成都、西安十二个城市，对143个（公办62个、民办81个）养老机构和770位入住老人进行了实地调研。本文依据调研情况进行分析，旨在发现和反映问题，完善我国的养老服务体系，促进养老事业发展。

一、养老机构运营现状

（一）养老机构硬件设施有待加强。各类硬件设施设备的配置是养老机构科学管理的“硬实力”。从调研情况看，养老机构的设施配备还需要加强。济南受访的8家养老机构中，仅有3家机构房间里设有卫生间，4家配有电视机，4家提供无线紧急呼叫服务，1家房间里提供互联网服务。南宁受访的8家养老机构中，有50%的机构房间没有电视，25%的机构在房间和浴室里没有紧急呼叫服务，所有房间均未提供互联网服务。上海受访的67家养老机构虽然各项硬件设施配备情况比其他地区好，也仅有47.7%的机构在房间里设有浴室，16.4%的机构提供互联网服务。

（二）医养结合模式需进一步推进。国家正在积极推进医疗卫生与养老服务相结合，推动医养融合发展，要求养老机构内设的医疗机构，纳入医保定点范围，其目的之一就是为入住养老机构的老人提供优质、价廉、方便的医疗服务。但调研发现有些养老机构未设诊所或医务室，有些设有诊所的养老机构也未纳入医保。在受访的126家养老机构中（长沙、石家庄除外），只有73家养老机构内设卫生诊所，所占比重不到六成，且60%的卫生诊所未纳入国家医保定点单位。郑州受访的12家养老机构中，有4家未设卫生诊所，而在8家内设卫生诊所的机构中，5家未纳入国家医保定点单位。西安设有卫生诊所的6家养老机构中，只有1家纳入国家医保定点单位。上海受访的67家养老机构，仅三成养老机构内设卫生诊所，其中仍有20%未纳入国家医保定点单位。调研还发现，养老机构入住老人以高龄老人为主。据入住老人反映，有些养老机构虽有卫生所，但医务人员配置不到位，老人看病只能去医院，特别是对于不能自理的高龄老人看病就医非常不方便。如能尽快引入医保服务，既可方便入住老人看病治疗，又可提升养老机构入住率，更好地解决社会养老问题。

（三）生活服务项目仍有欠缺。生活服务项目的提供是养老机构科学管理的“软实力”，从各地养老机构提供的服务项目看，在满足入住老人生活需求方面还有一定差距。以成都为例，养老机构提供的服务项目尽管比较丰富，但就服务频率而言，每周能提供洗衣服务的机构只占33.3%，其余机构均为不定期提供洗衣服务，而定期进行健康体检的养老机构仅占22.2%，66.7%的机构为不定期提供服务；在没有提供的服务项目中，主要是电影放映占44.4%，互联网服务占77.8%。济南受访机构中仅有1家养老机构能定期提供洗衣服务、健康体检、保健锻炼等生活服务项目，其余均为不定期提供服务。成都受访老人中，仅41.7%的老人认为养老机构照料护理精心，只有三成的老人认为养老机构文化生活丰富。郑州有50%以上老人认为养老机构文化生活单调。对养老机构饭菜的评价也是满意的少，不满意的多，成都受访老人中，仅有27.8%的老人对养老机构的饭菜表示满意，广州受访的50位老人中，半数以上对饭菜质量表示不满意。

（四）人员配置不能满足需要。调研结果显示，各养老机构内平均30%以上入住老人都是生活不能自理的高龄老人，需要特殊护理和照顾，因此，对养老机构的服务和人员配置提出了较高要求。调研数据分析发现，在家没人照顾是老人选择养老机构的首要原因，老人选择到养老机构是享受专业人员护理，周到的服务，但实际情况不够理想。天津和济南受访的养老机构，普遍反映护理人员紧张，且因专业护理人员不足已影响机构的正常运转。郑州受访12家养老机构中，33.3%的养老机构表示医生护士人员不足，41.7%表示缺少护理人员，

25% 表示难以招聘到持有专业护理证的人员。南宁受访的 62.5% 养老机构表示由于缺乏持证的专业护理人员，难以满足入住老人的各种服务需求。

（五）部分机构入住率不高。由于硬件设施配备较差、医疗服务水平较低，生活服务项目单调，直接影响了养老机构的入住率。天津受访民办养老机构入住率仅为 45.4%。沈阳受访养老机构平均入住率为 62.8%，最低仅为 17.6%。济南所有受访养老机构均有空余床位，未出现满员或者需要提前排队入住情况。广州养老机构总体床位空置率达到三成（约 1.3 万张床位空置），且主要集中在郊区新开业的民办养老机构，其中部分养老机构空置率高达七成。

二、养老机构存在的主要问题

（一）盈利水平低，亏损较为普遍。近年来由于水电气、房租价格、食品价格、员工工资上涨较快，同时每年房屋、设施损耗率又较高，固定资产维修开销大，均加重了机构运营成本，而养老行业的公益性和服务对象的特殊性都决定了其收费上涨空间十分有限，各种因素制约了养老机构的盈利水平，多数机构只是处于维持状态，亏损情况较为普遍。调研显示，沈阳民营养老机构主要靠自有和自筹资金，有的机构靠出售自有住房来维持养老机构运营，在受访的 8 家养老机构中，2013 年盈利的仅有 3 家，持平 2 家，亏损 2 家，1 家完全由政府出资，不计算盈亏。上海受访的 67 家养老机构中，亏损 23 家，占 34.3%。郑州受访的 6 家民办养老机构，一半处于亏损状态。

（二）资金较为紧张，影响养老机构的升级改造和规模扩大。资金紧张是当前养老机构面临的主要问题。天津受访的 8 家养老机构中，半数以上机构在扩大规模时受到了资金紧张的困扰，从养老机构资金支出情况看，2013 年用于设施日常维护费和购进各种设施费占各项支出比重仅为 13%，由于资金问题，养老机构在升级改造方面受到制约。西安受访养老机构未得到机构建设补贴和占地审批的支持，基本靠自身力量解决资金和土地问题。沈阳受访机构反映，目前对养老机构的补贴是由财政按每张床位 4000 元一次性建设补贴支付，分两年进行补贴。但这一补贴政策未得到较好落实，如有的机构反映没有得到补贴，有的只得到一半。济南受访机构还反映，目前国家资金补贴有限，对征地新建的养老机构每张床一次性补贴 4500 元，自有住房或租赁住房创建的养老机构每张床一次性补贴 2000 元。而民办养老机构创建时的资金多数来自个人筹集，由于资金不足，只能选在相对偏远的地区租赁场地房屋。郑州部分养老机构建于 2010 年以前，不能享受建设补贴，但是由于运营周期超过 10 年，已经进入设施大修和改造阶段，而因投资大，床位补贴标准偏低，资金运转困难，制约了机构的升级改造项目的建设。

（三）招工难，队伍稳定性差。由于养老机构护理工作条件差、工作辛苦、工资偏低，导致护理人员招聘难。上海 71.6% 的养老机构反映招工难，人员流动性大；民办养老机构更加困难，92% 的民办养老院遭遇招工难的问题。对招工情况分析发现，招聘困难的主要原因依次是工作辛苦占 59.7%、工资待遇低占 46.3% 和工作条件差占 29.9%。 济南受访的养老机构反映，由于受养老机构效益的影响，目前护理人员工资多数在 1000 元 -2000 元之间，基本没有办理“五险一金”，收入与护理人员的付出不成正比。南宁 8 家养老机构均反映，由于养老护理工作辛苦，工资低，对护理院校毕业生缺乏吸引力，难以招到高学历的人员。而由于工作压力难度大，个人上升空间较小，使护理人员流动性很大，队伍不稳定。

（四）民办养老机构租赁场地费用负担重。受访民办机构六成以上无房屋土地产权，多数为租赁土地。创建资金来源主要为自有资金、民间借贷和银行贷款。济南受访的 8 家养老机构中只有 2 家拥有土地产权和自有住房，其他养老机构的房屋场地都属于租赁性质。南宁受访的机构中，63% 的民办养老机构均是租赁场地。沈阳、广州民营养老机构基本上都是租赁场地。与公办相比，这些没有自主产权的民办养老机构，租赁场地费用支出负担较重。数据分析还显示，天津受访的 5 家民办养老机构场地租赁费占各项支出的 44.3%，济南约占 31.0%，广州 6 家民办养老机构中，5 家机构租赁场地费用支出约占全部资金使用的 10%-30%。

（五）面临拆迁和搬迁征地问题。随着城乡一体化建设的快速发展，城市规划改造进程的加快，郑州受访机构反映，许多现有养老机构都面临拆迁和搬迁，而新建养老机构的主要困难是征地较难，缺少用地保障。成都受访的9家养老机构中，5家有征地、拆迁问题，有些养老机构需要扩大规模，而因土地问题，不管是租地还是买地，均存在审批难问题。西安受访机构反映，养老机构想获得适合发展的好环境和好地段的土地很难，占地审批困难重重；如是租用土地，也同样面临租不到地、租金高、出租方不配合、租用期限无保障等问题，调研中有75%的养老机构面临土地困难。

三、对促进养老机构发展的几点建议

（一）加强养老机构规范化管理。尽管相关部门对养老机构管理已有明文规定，但从调研情况看，落实不够到位，对养老机构缺乏规范化管理，尤其是养老机构各项服务费用还未建立基本的标准。为贯彻落实国务院《关于加快发展养老服务业的若干意见》，引导养老机构健康有序发展，各级政府应出台相关政策措施，加强养老机构规范化建设，尽快研究制定养老服务基本标准，如分级护理标准、膳食服务标准、医疗保健和康复服务标准，以及针对护理质量、护理风险管理、收费等方面建立统一的养老行业标准，完善养老服务相关政策，加强养老机构规范化管理。

（二）加大对民办养老机构的扶持力度。相对于公办养老机构，民办养老机构在租房、资金和经营过程中承担了更多的压力。尤其是随着经济的发展，加大了人口流动性，在异地养老问题上也应引起重视。如，广州对民办养老机构接收的广州户籍老人每月按民非登记的三级护理标准分别以300、200和150元资助，在工商登记的养老机构分别以200、150和100元给予运营资助。由于外来人口不断增加，许多外地人携带老人到广州养老，民办养老机构接收非广州户籍的老人占了相当比例，但在帮助社会解决外地人口在广州养老问题的同时，民办养老机构却无法申请得到相应的运营补贴。政府应在规范民办养老机构管理的基础上，建立财政资金扶持制度，加大财政投入和社会筹资力度，提高养老机构建设和床位补贴标准，鼓励金融机构加大对民办养老机构的信贷投入，完善优惠税收政策，支持民办养老机构的发展。

（三）提高养老服务专业化水平。养老护理是一项专业性工作，但从调研情况看，护理人员受教育程度普遍较低、缺乏专业护理知识。有些机构招收的护理人员多数来自郊区农村，年龄偏大，专业护理水平低。对此有些地方政府出台了相应的政策，出资委托专业机构进行免费业务培训，但是由于养老机构维持运转的人力不足，很难抽调护理员工脱岗参加培训。针对这一现象，政府应加大对在岗护理人员的教育和培训力度，为护理人员定期参加业务培训创造条件，逐步推行职业资格和技术等级管理认可制度。同时针对养老机构护理人员工作辛苦、工时长、工资待遇低，却又是养老服务行业必不可少的用工特点，对护理人员岗位应实行特岗津贴制度，提高护理人员社会地位和薪酬待遇，使养老护理人员能够安心工作。倡导和鼓励具有医护专业技能的高校毕业生到养老机构就业，以提高养老服务队伍专业化水平，使老年人在生活起居、医疗保健、精神慰藉等方面享受到专业化的养老服务。

（四）鼓励养老机构和入住老人投保。养老机构是高风险行业，鼓励养老机构和入住老人投保，提高投保意识，是降低养老机构运营风险的重要措施。调研显示，养老机构的服务对象80岁以上高龄老人占三成多。面对入住老人年龄偏大、自理能力较差、养老机构承担意外风险几率较大的特点，政府应支持和鼓励养老机构投保责任险，鼓励入住老人投保意外伤害险。保险机构应丰富和设置适于养老服务行业的险种，为养老服务事业提供保障。

（国家统计局社科文司根据天津、河北、辽宁、上海、浙江、山东、河南、湖南、广东、广西、四川、陕西调查总队重点选题调研报告撰写）

专栏：建立临时救助制度目标任务和主要内容

2014年10月3日，国务院印发了《关于建立全面建立临时救助制度的通知》（国发［2014］47号）。《通知》要求，为发挥社会救助托底线、救急难作用，解决城乡困难群众突发性、紧迫性、临时性生活困难，根据《社会救助暂行办法》有关规定，全面建立临时救助制度。

一、重要意义

建立临时救助制度，体现了党和政府对社会救助工作的高度重视。对解决一些遭遇突发性、紧迫性、临时性生活困难的群众救助问题，发挥救急难功能，使城乡困难群众基本生活得到有效保障，对全面深化改革、促进社会公平正义、全面建成小康社会都具有重要意义。建立临时救助制度是填补社会救助体系空白，提升社会救助综合效益，确保社会救助安全网网底不破的必然要求。

二、目标任务、总体要求和主要内容

目标任务：临时救助制度要以解决城乡群众突发性、紧迫性、临时性基本生活困难问题为目标，通过完善政策措施，健全工作机制，切实保障困难群众基本生活权益。

总体要求：临时救助制度实行地方各级人民政府负责制，民政部门统筹全国临时救助制度建设，国务院各相关部门密切配合。临时救助工作要做到五个坚持，即坚持应救尽救，坚持适度救助，坚持公开公正，坚持制度衔接，坚持资源统筹。

主要内容：临时救助是国家对遭遇突发事件、意外伤害、重大疾病或其他特殊原因导致基本生活陷入困境，其他社会救助制度暂时无法覆盖或救助之后基本生活暂时仍有严重困难的家庭或个人给予的应急性、过渡性的救助。涉及了救助对象范围、申请受理、审核审批、救助方式和标准等内容。

三、工作机制和保障措施

工作机制：包括建立“一门受理、协同办理”机制、社会救助信息共享机制、社会力量参与机制、临时救助资金筹集机制。

保障措施：强化临时救助制度实施的保障措施是要加强组织领导、加强能力建设、加强监督管理、加强政策宣传，通过这些保障措施确保临时救助工作顺利进行。

（执笔：张会英　国家统计局社会科技和文化产业统计司）

专栏：全国医疗卫生服务体系规划纲要（2015–2020 年）

2015 年 3 月 6 日，国务院办公厅印发《全国医疗卫生服务体系规划纲要（2015-2020）》（国办发 [2015] 14 号）（以下简称《纲要》）。这是首次在国家层面制定的医疗卫生服务体系规划，是推动深化医改向纵深发展，解决看病难、看病贵问题，打造健康中国的一项重要举措。《纲要》主要内容如下：

一、规划目标和原则。目标：优化医疗卫生资源配置，构建与国民经济和社会发展水平相适应、与居民健康需求相匹配、体系完整、分工明确、功能互补、密切协作的整合型医疗卫生服务体系。原则：坚持健康需求导向、公平与效率统一、政府主导与市场机制相结合、系统整合、分级分类管理。

二、总体布局。机构设置：医疗卫生服务体系包括医院、基层医疗卫生机构和专业公共卫生机构等（见下图）。床位配置：遵循分区域制定床位配置原则，到 2020 年，每千常住人口医疗卫生机构床位数控制在 6 张，其中，医院床位数 4.8 张，基层医疗卫生机构床位数 1.2 张。信息资源配置：开展健康中国云服务计划，推动惠及全民的健康信息和智慧医疗服务，提高服务能力和水平。设备、技术资源配置：坚持资源共享和阶梯配置，引导机构合理配置适宜设备；健全医疗技术临床应用准入制度，发展优质医疗资源。

四、卫生人才队伍。人员配备：到 2020 年，每千常住人口执业（助理）医师数达到 2.5 人，注册护士数达到 3.14 人，医护比达到 1 ∶ 1.25，市办及以上医院床护比不低于 1 ∶ 0.6，公共卫生人员数达到 0.83 人。人才培养：加强卫生人才队伍建设，注重专业人才的培养。加强基层医疗卫生队伍建设，缩小区域、院校和学科专业之间培养水平的差距。人才使用：健全用人机制，以品德、能力、业绩为导向，深化收入分配制度改革，完善专业技术职称评定制度。

五、功能整合与分工协作。建立和完善医疗卫生机构之间的分工协作关系，整合各级、各类机构的服务功能，做到：防治结合、上下联动、中西医并重、多元发展、医养结合。

六、实施保障与监督评价。合理划分各级政府责任，明确相关部门职责。深化医药卫生体制改革，建立和完善政府卫生投入责任机制，优化医疗卫生资源配置，为区域卫生规划的实施创造有利条件。按照严格规划增量、科学调整存量的原则，采取多种措施推动医疗卫生机构布局和结构的优化调整。规范规划编制流程，严格规划实施，建立规划实施的监督评价机制。

（执笔：张会英　国家统计局社会科技和文化产业统计司）

专栏：我国体育场地十年发展变化

2013年第六次全国体育场地普查结果与2003年第五次相比（见表1），体育场地数量增加84.45万个，用地面积增加17.32亿平方米，建筑面积增加1.84亿平方米，场地面积增加6.62亿平方米；人均场地面积增加0.43平方米，每万人拥有体育场地数量增加5.87个。

表1　体育场地主要指标十年发展变化情况

指标	单位	2003年	2013年	增长(%)
体育场地总数量	万个	85.01	169.46	99.34
体育场地总用地面积	亿平方米	22.50	39.82	76.98
体育场地总建筑面积	亿平方米	0.75	2.59	245.33
体育场地总场地面积	亿平方米	13.30	19.92	49.77
人均体育场地面积	平方米	1.03	1.46	41.75
每万人拥有体育场地数量	个	6.58	12.45	89.21

表2　三大球新建场地数量和面积情况

三大球场地	数量（万个）	场地面积（万平方米）
足球类场地	0.71	2136.99
篮球类场地	47.69	28179.67
排球类场地	3.07	960.62

全国新建三大球场地中（见表2），足球类场地0.71万个，场地面积2136.99万平方米；篮球类场地47.69万个，场地面积28179.67万平方米；排球类场地3.07万个，场地面积960.62万平方米。

全国新建全民健身路径器械330.03万件、登山步道0.12万条、城市健身步道0.97万条和户外活动营地0.09万个，场地面积共计0.87亿平方米。

82种主要体育场地类型包括：体育场、田径场、田径房（馆）、小运动场、体育馆、游泳馆、跳水馆、室外游泳池、室外跳水池、综合房（馆）、篮球房（馆）、排球房（馆）、手球房（馆）、体操房（馆）、羽毛球房（馆）、乒乓球房（馆）、武术房（馆）、摔跤柔道拳击跆拳道空手道房（馆）、举重房（馆）、击剑房（馆）、健身房（馆）、棋牌房（室）、保龄球房（馆）、台球房（馆）、沙狐球房（馆）、室内五人制足球场、网球房（馆）、室内曲棍球场、室内射箭场、室内马术场、室内冰球场、室内速滑场、室内冰壶场、室内轮滑场、壁球馆、门球房（馆）、足球场、室外五人制足球场、室外七人制足球场、篮球场、三人制篮球场、排球场、沙滩排球场、室外手球场、沙滩手球场、橄榄球场、室外网球场、室外曲棍球场、羽毛球场、乒乓球场、棒垒球场、室外射箭场、室外轮滑场、板球场、木球场、地掷球场、室外门球场、室外人工冰球场、室外人工速滑场、室外人工冰壶场、摩托车赛车场、汽车赛车场、卡丁车赛车场、自行车赛车场、自行车赛车馆、小轮车赛车场、室外马术场、射击房（馆）、室外射击场、水上运动场、海上运动场、天然游泳场、航空运动机场、室内滑雪场、室外人工滑雪场、高尔夫球场、室外人工攀岩场、攀岩馆、登山步道、城市健身步道、全民健身路径和户外活动营地等。

（执笔：张会英　国家统计局社会科技和文化产业统计司）

专栏：我国孕产妇死亡率提前一年实现联合国千年发展目标

根据全国妇幼卫生监测数据，2014 年我国孕产妇死亡率下降至 21.7/10 万，较 1990 年的 88.8/10 万降低了 67.1 个十万分点，提前一年实现了联合国千年发展目标。

联合国千年发展目标是联合国全体 191 个成员国在 2000 年的千年首脑会议上一致通过的一项行动计划，旨在将全球贫困水平在 2015 年之前降低一半（以 1990 年的水平为标准）。目标包括五岁以下儿童的死亡率降低三分之二、产妇死亡率降低四分之三等 8 项目标。

婴儿死亡率、五岁以下儿童死亡率及孕产妇死亡率（俗称“三项死亡率”）是国际社会公认的反映一个国家社会经济发展状况和卫生标准的重要指标。为实现降低儿童死亡率、改善产妇保健的千年发展目标，中国政府采取了一系列措施，如“降消”（降低孕产妇死亡率，消除新生儿破伤风）项目的实施，特别是新农合等医疗保障制度的建立，以及推进基本公共卫生服务均等化、实施农村妇女住院分娩补助等妇幼重大专项，我国妇女儿童健康指标显著改善，三项死亡率有了较大幅度下降。2014 年，全国孕产妇死亡率下降至 21.7/10 万（按照“产妇死亡率降低四分之三”的千年发展目标，至 2015 年孕产妇死亡率应在 22.2/10 万以下），继全国婴儿死亡率、五岁以下儿童死亡率已于 2007 年实现了联合国千年发展目标之后，也提前一年实现了联合国千年发展目标，为促进全球实现千年发展目标作出了重要贡献，中国政府履行了对国际社会的庄严承诺。

尽管我国妇女儿童健康水平得到较大改善，但仍面临一些问题和挑战：一是地区间发展不平衡。一些东部地区的孕产妇死亡率已低于发达国家，一些西部偏远地区的孕产妇死亡率则长期偏高，2014 年，西部地区孕产妇死亡率是东部的 2.6 倍，一些贫困边远地区及流动人口中的孕产妇死亡率均远高于全国平均水平。二是调整完善生育政策后，二胎生育需求增加，高龄产妇比例提高，优质医疗保健服务供需矛盾将进一步加大。三是孕产妇和儿童死亡率已进入下降相对缓慢的平台期，加之我国人口基数大，孕产妇和儿童的死亡绝对数大，与往年相比，继续保持平稳下降态势的难度较大。

（执笔：徐建琳　国家统计局社会科技和文化产业统计司）

专栏：中国儿童与社会环境

长期以来，我国十分重视儿童的健康成长，多方营造有利于儿童成长的生存环境和生长环境。

生活环境持续优化。2014 年，全国有自然保护区 2729 个，其中国家级自然保护区 428 个，国家级自然保护区面积占全国自然保护区面积约 64%。公园绿地面积与 2010 年比人均增加近 1.5 平方米。城市建成区绿化覆盖率近 40%，城市污水处理率约 90%，城市生活垃圾无害化处理率接近 90%，农村改水累计受益人口约为 9 亿人，累计收益率超过 95%，农村卫生厕所普及率近 75%。全国环境污染治理投资总额近万亿元，呈逐年增加趋势，比 2010 年增长约 25%。上述变化使儿童生存的自然环境和生活环境进一步得到优化。

健康环境日渐完善。国家建立的覆盖城乡的基本医疗保障体系日益完善，儿童可通过参加城镇居民医疗保险和新型农村合作医疗获得基本医疗保障。对于困难家庭儿童，还可通过城乡医疗救助制度获得医疗保障。针对儿童医疗保障的具体措施除了在城乡居民基本医疗保险和新型农村合作医疗制度框架内完善儿童基本医疗保障，逐步提高儿童医疗保障水平外，进一步提高儿童医疗救助水平，加大对大病儿童和贫困家庭儿童的医疗救助。

社会环境不断改善。全社会多方营造有利于儿童健康成长的社会环境。教育部联合有关部门建设主题教育社会实践基地，利用中央专项彩票公益金支持建设示范性综合实践基地，为学生提供丰富多彩校外活动，促进校内外教育有机结合。质检总局以“提升儿童用品，维护儿童健康安全”为主题，开展儿童用品质量提升行动，加大儿童用品质量安全监管力度。会同多部门联合印发《关于促进儿童用品质量提升的指导意见》。公安部多措并举打击一切拐卖儿童犯罪活动。动员全社会力量，深入扎实地推进反拐工作。颁布实施了《中国反对拐卖人口行动计划（2013-2020）》，建立并完善预防、打击、救助和康复为一体的反拐工作长效机制。

精神文化产品日渐丰富。2014 年，全国共有公共图书馆 3110 个，有博物馆 2760 个（文化系统），均比 2010 年有所增加。全国有少儿图书馆百余个，少儿图书馆藏书 3000 余万册，比 2010 年增加近三成。未成年人参观博物馆、科技馆人数逐年增加。2014 年，全国未成年人参观博物馆人数近 2 亿人次，参观科技馆人数超过 1500 万人次。

儿童文化产品市场异常丰富，大批优秀儿童艺术作品极大地丰富了广大儿童的文化生活。2014 年，全国共有近 150 种儿童期刊，3 万多种儿童图书，共出版儿童刊物 4 亿多册，出版儿童图书近 5 亿册，儿童音像制品约 3000 万盒，与 2010 年相比，以上文化产品的增幅均超过或接近 50%。公共图书馆中有少儿文献近 6000 万册。全国少儿广播节目播出时间约 17 万小时，少儿电视节目播出时间 40 余万小时，动画电视节目播出约 30 万小时。

（执笔：肖丽　国家统计局社会科技和文化产业统计司）

2014 年能源供需和节能降耗情况报告

2014 年是我国提出能源革命的第一年。能源生产稳定增长，能源供给充足多元，能源消费总量平稳，消费结构显著改善，利用效率明显提高，各地能耗强度下降，节能降耗成效显著。

一、能源生产稳定增长

2014 年全国能源生产总量 36 亿吨标准煤，比上年增长 0.5%。其中，原煤生产 38.7 亿吨，下降 2.5%；原油生产 21142.9 万吨，增长 0.7%；天然气生产 1301.6 亿立方米，增长 7.7%；电力生产 56495.8 亿千瓦小时，增长 4.0%。在电力生产中，一次电力产量（包括核电、水电、风电等）14158.5 亿千瓦小时，比上年增长 19.5%。

二、能源供给充足多元

2014 年，全年能源净进口为 7.1 亿吨标准煤，加上能源生产总量 36 亿吨标准煤，合计能源总供给量为 43.1 亿吨标准煤，比上年增长 1.6%，年末能源库存比年初增长 8.5%，能源供给充足。从一次能源生产总量的构成来看，原煤占 73.2%，比上年降低 2.2 个百分点；原油占 8.4%，与上年持平；天然气占 4.8%，比上年提高 0.4 个百分点；一次电力及其他能源占 13.7%，比上年提高 1.9 个百分点。煤炭生产比重的降低和清洁能源生产比重的提高标志着我国能源供给的多元化进程取得明显进展。

三、能源消费总量平稳增加

2014 年，能源消费总量为 42.6 亿吨标准煤，比上年增长 2.2%。其中：煤炭消费 41.2 亿吨，比上年下降 2.9%；石油消费约 5.1 亿吨，比上年增长 3.4%；天然气消费 1852 亿立方米，比上年增长 8.6%；电力消费 5.52 万亿千瓦时，比上年增长 3.8%。

四、能源消费结构明显改善

从一次能源消费的构成来看，煤炭消费比重降低，石油比重持平，清洁能源比重提高，能源消费结构继续改善。全年煤炭消费占 66.0%，比上年降低 1.4 个百分点；石油占 17.1%，与上年持平；天然气占 5.7%，比上年提高 0.4 个百分点；一次电力及其他能源占 11.2%，比上年提高 1 个百分点。

五、能源利用效率明显提高

2014 年，多数工业产品的单位产品能耗明显下降。在统计的重点用能工业企业的 25 个重点耗能产品、107 项单位综合能耗指标中，80% 以上呈下降趋势。其中，原煤生产单位能耗下降 2.5%，炼焦工序单位能耗下降 2.0%，烧碱单位能耗下降 2.3%，纯碱单位能耗下降 1.6%，乙烯单位能耗下降 2.3%，合成氨单位能耗下降 0.3%，电石单耗下降 3.1%，水泥单位能耗下降 1.1%，吨钢综合能耗下降 1.7%，铜、铝、铅、锌冶炼单位能耗分别下降 3.8%、2.7%、4.2%、2.2%，火力发电煤耗下降 0.7%。

同时，能源加工转换效率进一步提高。2014 年，能源加工转换总效率比上年提高 1.5 个百分点，其中火力发电提高 0.3 个百分点，热电联产提高 0.5 个百分点，原煤洗选提高 0.3 个百分点，天然气液化提高 0.9 个百分点，炼油及煤制油与上年持平。

能源回收利用增加。2014 年，规模以上工业企业回收利用能源 15107 万吨标准煤，比上年增加 841 万吨标准煤，回收利用率为 2.5%，与上年持平。

六、各地能耗强度下降

从地域看，东部地区下降5.4%，中部地区下降5.3%，西部地区下降3.8%。全国30个省（区、市，不含西藏）单位GDP能耗均呈下降趋势，其中，能耗强度降低7%以上的地区有2个；降低6-7%的地区有4个；降低5-6%的地区有8个；降低4-5%的地区有5个；降低3-4%的地区有7个；降低0-3%的地区有5个。截止2014年底，全国共有26个地区完成了“十二五”发展规划的年均进度目标任务。

七、节能降耗成效显著

2014年，全国单位GDP能耗比上年降低4.8%，其中：一季度降低4.3%，上半年降低4.2%，前三季度降低4.6%，全年单位GDP电耗降低3.4%。全国规模以上工业单位增加值能耗比上年降低7.6%，其中，煤炭行业降低4.6%，石油石化行业上升0.9%，钢铁行业降低7.9%，有色行业降低1.7%，建材行业降低8.2%，化工行业降低4.7%，纺织行业降低8.1%，电力行业降低5.3%。

（执笔：朱虹　国家统计局能源统计司）

2014 年环境与生态保护状况报告

一、环境保护事业取得积极进展

（一）大气、水、土壤污染防治迈出新步伐

全面实施《大气污染防治行动计划》。一是加强重点行业污染治理。环境保护部等部门印发京津冀及周边地区和长三角、珠三角地区重点行业大气污染限期治理方案，出台大气污染防治成品油质量升级行动计划，发布石化行业挥发性有机物综合整治方案，提出码头油气回收技术推广行动方案。全年淘汰落后和过剩产能钢铁 3110 万吨、水泥 8100 万吨、平板玻璃 3760 万重量箱，淘汰黄标车及老旧车超过 600 万辆，淘汰燃煤小锅炉 5.5 万台。二是推进区域协作。北京亚太经合组织（APEC）会议、南京青奥会空气质量保障任务圆满完成。特别是 APEC 会议期间，北京空气质量 4 天为优、7 天为良，各项污染物平均浓度均达到近 5 年同期最低水平，出现了“APEC 蓝”，得到社会各界的普遍认可。三是加强大气环境执法监管。环保部门运用卫星和无人机等高科技手段，采取联合执法、交叉执法、区域执法等方式，坚持每月组织开展大气污染防治专项检查，检查结果通报给地方政府并向社会公开。四是完善监测预警体系。全国 338 个地级以上城市 1436 个监测点位全部具备实施新空气质量标准监测能力，京津冀、长三角、珠三角区域空气质量预报预警平台已基本建成。五是加快出台配套政策。国务院办公厅印发《大气污染防治行动计划实施情况考核办法（试行）》，有关方面先后出台 19 项配套政策措施，发布 20 项相关污染物排放标准。六是强化基础支撑。中央财政先后安排专项资金 104.4 亿元，支持各地开展大气污染防治。实施清洁空气研究计划和蓝天科技工程重点专项，发布大气污染防治先进技术汇编，北京、天津、石家庄大气颗粒物源解析研究成果已发布。通过努力，2014 年，在首批实施新环境空气质量标准的 74 个城市中，细颗粒物（$PM_{2.5}$）年均浓度为 64 微克 / 立方米，同比下降 11.1%。

积极推进水污染防治。环境保护部会同有关部门和单位编制完成《水污染防治行动计划》。对重点流域水污染防治规划实施情况进行考核，对未通过考核的地方政府负责人进行约谈，并实施区域环评限批。经国务院同意，环境保护部等部门印发《水质较好湖泊生态环境保护总体规划（2013-2020 年）》。中央财政安排专项资金 55 亿元，支持 64 个水质较好湖泊保护。住房城乡建设部、发展改革委积极推进城市节水，水利部、国土资源部启动国家地下水监测工程。

持续强化土壤污染防治。环境保护部会同有关部门起草了《土壤污染防治行动计划》，会同国土资源部发布全国土壤污染状况调查公报。中央财政安排 55 亿元专项资金，支持农村环境连片整治。农业部开展农产品产地土壤重金属污染普查和动态监测，在 9 个地区实施土壤重金属污染治理修复示范；通过实施测土施肥项目，减少不合理施肥量近 200 万吨。

（二）主要污染物总量减排年度任务顺利完成

严格减排目标责任考核，环境保护部对存在突出问题的 5 个城市实行环评限批，对 37 家企业挂牌督办，对脱硫设施不正常运行的火电企业扣减脱硫电价款 5.1 亿元。着力推进减排工程建设，全年新增城镇污水（含建制镇和工业园区）日处理能力 1070 万吨，2.6 亿千瓦燃煤机组实施脱硝改造，2.4 亿千瓦燃煤机组实施除尘改造，1.3 亿千瓦燃煤机组脱硫设施实施增容改造；3.6 万平方米钢铁烧结机安装烟气脱硫设施，6.5 亿吨水泥熟料产能新型干法生产线安装脱硝设施。完善减排政策体系，国务院办公厅印发《2014-

2015年节能减排低碳发展行动方案》和《关于进一步推进排污权有偿使用和交易试点工作的指导意见》，有关部门印发环保电价监管办法、煤电节能减排升级与改造行动计划等文件。2014年，全国化学需氧量、氨氮、二氧化硫、氮氧化物排放总量同比分别下降2.47%、2.90%、3.40%、6.70%。

（三）环境保护优化经济发展作用继续显现

推进主体功能区建设，省级主体功能区规划已全部发布，13个省份开展环境功能区划编制试点。完成中部发展战略环评，开展城镇化、经济发展转型政策试点。环境保护部全年共批复项目环评文件237件，涉及总投资2.15万亿元；对不符合审批条件的26个项目不予审批、暂缓审批或退回报告书，涉及总投资872亿元。有关部门印发重大环保装备与产品产业化工程实施方案、国家鼓励发展的重大环保技术装备目录，积极推进环保产业发展。新发布国家环保标准140项，现行有效环保标准达1623项。

（四）环境法制建设、执法监管和环境风险管理更加有力

全力推动《环境保护法》修订出台，发布按日计罚、查封扣押、限产停产、行政拘留、企业事业单位环境信息公开、突发环境事件调查处理等配套文件。加大环境执法监管力度，国务院办公厅印发《关于加强环境监管执法的通知》，环境保护部对25个城市开展环境保护综合性督查，公开约谈7个城市政府主要负责人。各地查处违法企业10万余家次，挂牌督办案件2177件，罚款达20多亿元。各地环保部门向公安机关移送涉嫌环境违法犯罪案件2080件，是过去10年总和的2倍。强化重金属、化学品和危险废物管理，中央财政安排42亿元，支持重点省（区）重金属污染治理。环境保护部发布《重点环境管理危险化学品目录》，启动全国危险化学品环境管理登记，支持106家企业处理废弃电器电子产品近7000万台，拨付补贴33亿元。各级环保部门妥善应对突发环境事件471起。

（五）生态环境保护稳步推进

开展生态文明建设示范区创建活动。经中央批准，设立“中国生态文明奖”。全国已建成国家级生态市（县）92个、生态乡镇4596个。开展生态保护红线划定试点，发布生态功能红线划定技术指南。印发《联合国生物多样性十年2014—2015年度中国行动方案》。经国务院批准，新建国家级自然保护区21处。中央财政分别安排专项资金3亿元和5000万元，支持新安江、汀江流域开展水环境补偿。完成造林面积603万公顷、退耕还林还草500万亩。新增水土流失治理面积5.4万平方公里，新增实施水土流失地区封育保护面积2.0万平方公里。

（六）核与辐射安全可控

加强运行核电厂全天候安全监管，强化在建核电厂调试监督。全国22台运行核电机组均处于安全状态，26台在建核电机组建造质量处于受控状态，19座民用研究堆总体情况良好。发布核安全文化政策声明，组织开展核安全文化宣传贯彻推进活动。妥善应对南京放射源丢失事故，在全国启动放射源安全专项检查。

（七）生态环境领域改革取得积极进展

国务院办公厅印发《关于推进环境污染第三方治理的意见》。生态文明体制改革总体思路和生态环保管理体制改革顶层设计方案正在抓紧研究，国家公园体制、陆海统筹机制等研究有序进行。环境保护部会同有关部门调整排污费征收标准，实行差别化排污收费政策。经国务院批准，环境保护部取消“环境保护设施运营单位甲级资质认定”等2项审批事项，将“危险废物经营许可”等3项许可事项下放到省级环保部门。

（八）环保能力和队伍建设进一步强化

通过中央本级环境监管能力建设及运行项目安排近2.3亿元。安排预算内基本投资1.2亿元，支持核安全监管技术研发基地等项目建设。新修订的《环境保护法》赋予了环境监察机构执法地位以及对地方政府履行环保责任的监督授权。国

务院同意研究建立国家环境监察专员制度，部属事业单位分类改革意见已全部协商一致。发布加强基层环保人才队伍建设的意见，印发第一批国家环境保护专业技术领军人才和青年拔尖人才名单。广西、西藏、天津、重庆、成都等地乡镇环保机构和队伍建设取得重要进展。

（执笔：环境保护部污染物排放总量控制司）

二、林业事业取得明显成效

（一）林业改革取得重大进展

国家林业局成立了林业改革领导小组和7个专项小组，制定了林业改革中长期规划。确定了建立健全9项基本制度、全面加强9种能力建设、加快推进林业治理现代化的改革总体目标。会同有关部门制定了《国有林场改革方案》和《国有林区改革指导意见》，并已报经国务院常务会议和中央政治局常委会审议通过。协调银监会形成了国有林区和国有林场金融机构债务初步解决方案。起草了《关于全面深化集体林权制度改革的意见》，拟报国务院审批。制定了《国家林业局关于进一步改革和完善集体林采伐管理的意见》。配合有关部门推动出台了《关于引导农村土地经营权有序流转 发展农业适度规模经营的意见》、《关于创新重点领域投融资机制 鼓励社会投资的指导意见》，联合有关部门制定了《积极发展农民股份合作 赋予集体资产股份权能改革试点方案》，确定了2个集体资产股份权能改革试点单位、8个集体林业综合改革试验示范区。全国林业经济合作组织近15万家，县级以上林权管理服务机构达1600多个，集体林业社会化服务体系进一步健全。共调处林权纠纷19.6万起，林地家庭承包到户率比2013年提高近2个百分点。研究提出了《包括自然资源资产产权在内的生态文明体制改革总体思路》、《林业事权与支出责任划分研究报告》。会同有关部门完善了国家公园建设试点方案，开展了编制自然资源资产负债表、国家生态安全战略研究。

（二）造林绿化任务全面完成

全国共完成造林9041万亩，中幼龄林抚育1.17亿亩。全国和山西、吉林、江苏等14个省份均超额完成全年造林任务。成功举办国际森林日、共和国部长义务植树等活动，4.9亿人次参加义务植树，植树23.2亿株。加强了京津冀蒙林业生态建设和干旱半干旱地区造林绿化。推进了全国木材储备生产基地建设，首批划定国家储备林1500万亩，改造培育600万亩，成立了国家木材储备战略联盟。共生产林木种子2670万公斤，培育苗木600亿株，种子和苗木抽查合格率分别为88.4%、95.2%。修订了森林抚育规程、作业设计规定和检查验收办法，推进了森林经营样板基地和示范国有林场建设。2020年后林业增汇减排行动目标纳入国家应对气候变化行动方案，发布了推进林业碳汇交易工作指导意见和林业碳汇计量监测体系建设总体方案，12个省开展了土地利用变化与林业碳汇计量监测工作。

（三）重点生态工程深入推进

启动了全面停止天然林商业性采伐试点，加强了扩大天然林资源保护工程范围政策研究和协调，工程区17.32亿亩森林得到有效保护。启动了新一轮退耕还林还草工程，落实退耕还林还草任务500万亩。三北等防护林体系建设工程稳步推进，出台了退化防护林改造指导意见，启动了张家口坝上地区退化防护林更新改造试点。京津风沙源治理二期工程完成林业建设任务367万亩。石漠化综合治理工程完成林业建设任务557万亩，新增14个重点治理县，滇桂黔三省区石漠化县实现全覆盖。20处国家湿地公园试点通过验收，新批140多处国家湿地公园，国家湿地公园总数达570多处。

（四）资源管理全面加强

生态红线逐步落地，天津、湖北、湖南、四川、贵州、陕西、甘肃等省市划定了生态红线。发布了第八次全国森林资源清查和全国第二次湿地资源调查成果，推进了全国林地“一张图”变更调查、荒漠化和沙化监测、重点省份泥炭地调查、国际重要湿地生态状况评价等工作。启动了建设项目使用林地占补平衡试点，开展了全国非法侵占林地清理排查、重点国有林区开垦林地清查、打击侵犯植物新品种权等专项行动。新批准12处国家森林公园。与12个重点省份签订了省级政府防沙治沙目标责任书。新增国家沙漠公园32处、沙化土地封禁保护补助试点县23个。全国共查处林业行政案件23.05万起，破获涉林刑事案件1.9万多起。

（五）野生动植物保护力度加大

出台了《陆生野生动物收容救护管理规定》，与海关总署联合发布了《野生动植物进出口证书管理办法》。完成了全国第四次大熊猫调查工作，推进了第二次全国野生动植物资源调查。成立了全国林业生物多样性保护委员会，加强了大熊猫、朱鹮、老虎等重点物种保护，珍稀野生植物德保苏铁回归自然获得成功。开展了2014天网行动和眼镜蛇二号行动，公开销毁6.1吨执法查没象牙及其制品。19个林业自然保护区晋升国家级，国家级林业自然保护区总数达344个。强化了野生动物疫源疫病监测防控，发现并妥善处置8起野生动物疫情。

（六）森林火灾等灾害防控水平不断提高

完成了林火信息系统更新和林火监测系统、应急卫星升级改造，森林防火天地图系统投入使用，提升了林火卫星监测和应急处置能力。认真落实有火必报和卫星监测热点核查2小时报告制度，热点核查反馈率达99.8%。武警森林部队昆明直升机场建设获国务院和中央军委批复，森林航空消防飞行二大队组建工作全面展开，森林航空消防能力稳步提升。开展了重点林区大型装备、以水灭火、视频监控等试点项目建设，加强了防火物资储备库建设和管理。全年共发生森林火灾3673起，受害森林面积28.2万亩，人员伤亡112人，森林火灾次数有所下降。国务院办公厅印发了《关于进一步加强林业有害生物防治工作的意见》，河北、安徽、江西等省人民政府制定了落实办法。完成了省级人民政府重大林业有害生物防治目标责任检查考核，启动了全国林业有害生物普查。林业有害生物发生面积1.79亿亩。加强了沙尘暴预警监测，全国共发生沙尘天气7次。

（七）林业产业快速发展

出台了《国务院办公厅关于加快木本油料产业发展的意见》，印发了优势特色经济林发展布局、森林等自然资源旅游、林下经济等专项规划，制定了扶持特色经济林产业发展指导意见。认定了首批128家国家林业重点龙头企业，确定了69个国家林业标准化示范企业，开展了林业产业特色区域评定、林产品质量监测、林产品质量提升行动。成功举办2014青岛世界园艺博览会、第七届中国义乌国际森林产品博览会，北京成功申办认可2019世界园艺博览会，第三届中国绿化博览会筹备工作进展顺利。成立了中国林业产业诚信联盟，首次开展了中国林业产业突出贡献奖评选。全国林业产业实现总产值5.26万亿元，比2013年增长11.1%。其中，木竹加工及产品制造业、经济林产品种植与采集业产值均突破1万亿元。广东、山东、福建、广西、浙江、江苏等省林业产值均超过3000亿元。全国林产品进出口贸易额达1380亿美元，比2013年增长9.5%。全国经济林产量1.49亿吨，油茶种植面积5664万亩，花卉种植面积1841万亩，木材产量8178万立方米，人造板产量2.58亿立方米。

（八）林业宣传文化活动深入开展

与主流媒体合作开展了“红线”“森林与水”“与梦想同行——绿色梦”等20多项主题宣传活动，全年刊播稿件1万多条。在中国网、央视网等开设了林业宣传平台，林业官方微博运行良好，网络生态文化影响力逐步提高。宣传了林业方面的“时代楷模”“最美职工”“最美基层干部”“我最喜爱的人民警察”等重大典型。成功举办第八届中国竹文化节。拍摄了《山丹丹花儿开》、《梦萦张家界》等生态主题电影，出版了《生态文明时代的主流文化》等精品图书。《中国绿色时报》被列入农家书屋重点推荐目录，

《森林与人类》和《中国林业》杂志荣获中国最美期刊称号。森林城市、森林城镇、生态文明示范市县、生态文明教育基地、生态文化村等创建活动深入开展，国家森林城市达 75 个，国家生态文明教育基地达 67 个。

（九）政策和法治保障能力持续增强

完成了 11 个国家重点生态功能区生态保护与建设规划、12 个扶贫开发专项规划编制工作。中央林业投入 1517 亿元，涉林贷款 2083 亿元。落实停止天然林商业性采伐试点、新一轮退耕还林工程、国有林场改革中央财政补助资金 73.1 亿元，安排退耕还湿、湿地生态效益补偿、湿地保护奖励试点资金 10.9 亿元。森林保险范围扩大到 27 个省份，林权抵押贷款加快发展，新增林业贴息贷款 99.4 亿元。落实林业棚户区（危旧房）改造任务 8.53 万户，累计安排改造任务 158.9 万户、中央投资 245.6 亿元，已竣工 140 万户，惠及林区职工群众 500 多万人。国有林场（区）外联道路和安全饮水纳入相关行业规划并落实部分投资计划。中国绿化基金会和中国绿色碳汇基金会募集资金 1.5 亿元。加大了林业援疆援藏援青和对口扶贫工作力度。放宽了外商投资林业领域，欧洲投资银行 4 亿欧元林业贷款基本落实。木材等资源性产品纳入国家进口重点扶持范围，境外森林资源开发利用稳步推进。全面加强林业项目和资金管理，及时整改审计发现的问题。森林法修改稿进一步完善，野生动物保护法修改建议稿已报全国人大环资委，种子法修订草案已提交全国人大常委会审查。湿地保护条例草案待征求有关部门意见后将报国务院审议。办理行政许可事项 4500 多件，完成行政复议案 10 件。

（执笔：国家林业局发展规划与资金管理司）

三、海洋事业不断发展

（一）以改革创新为指引，深化海洋生态文明制度建设

对涉及面广、需要逐步认识实践的制度，积极开展试点。生态红线制度在渤海和福建、江苏等地建立实施，渤海 35% 的近岸海域和 30% 的自然岸线纳入红线区管理。区域限批制度在河北、

山东、宁波先期开展。资源环境承载能力监测评估体系初步构建，对全国沿海地方进行试评估。《海洋生态损害国家损失索赔办法》印发实施，海洋生态损害国家索赔制度的顶层设计工作已经完成。

对条件成熟、立即可行的制度，抓紧予以推进。2014 年，在海洋环境行政许可与监管、生态保护与建设、监测与评价三个方面共实施了生态环境质量通报等 15 项制度和标准规范，为强化地方环境保护责任、健全海洋环境影响评价科学审查机制、加强油气勘探开发监督管理等方面提供了有力的制度保障。

（二）以强基固本为重点，提升海洋生态环境保护能力

加强监测能力建设，把提升海洋（中心）站能力作为重要突破口，开展了基层海洋监测机构能力摸底，印发了关于加强海洋环境监测海洋（中心）站建设的通知。强化生态保护能力建设，滨海湿地国家监测中心和国家级海洋保护区生态监控体系建设稳步推进。加强信息化能力建设，启动了全国海洋生态环境监督管理系统建设，实现系统核心模块上线试运行。

（三）以提质增效为目标，深化海洋环境监测评价工作

加强组织领导和规范管理，成立了全国海洋生态环境监测评价领导小组，印发了《关于加强海洋生态环境监测评价工作的若干意见》，出台了监测质量管理、环境信息通报等方面的规章制度。狠抓监测质量保证，印发《关于进一步加强海洋生态环境监测质量管理的意见》，制定《全国海洋生态环境监测质量保证工作三年行动计划》，开展了第一届全国海洋环境监测技术比测活动。建立海洋生态环境质量通报制度，印发《关于建立海洋生态环境质量通报制度的意见》，将生态环境保护领域突出问题和社会公众关注的环境热点问题纳入通报范围。

（四）以立规严管为导向，改进海洋环境监督管理工作

加强监督管理体系建设，有序推进《海洋环境保护法》和《海洋石油勘探开发环境保护管理条例》修订工作，制定修订《海岸工程建设项目环境影响报告书征求意见办理程序》等 6 项管理文件，印发了海洋石油勘探开发、海砂开采、海上风电 3 项环评技术规范。坚持严格审批和提高效率相结合，将海砂开采、海上风电的环评核准权限下放省级海洋主管部门。组织修订海洋石油勘探开发溢油应急预案，开展了海洋石油勘探开发溢油风险排查整治，编制了重大海上溢油应急能力建设专项规划报告。

（五）以保治结合为手段，强化海洋生态保护建设工作

遴选并推荐日照、洞头、东山、横琴新区为国家级生态保护与建设示范区，纳入了国家生态保护建设的总体布局。加强海洋保护区建设，新批准建立盘锦鸳鸯沟等 11 处国家级海洋公园，组织 11 处国家海洋保护区总体规划评审，批复 3 处保护区总体规划，印发《国家级保护区规范化建设与管理指南》，制定《海洋保护区监督检查办法》，推动保护区建设与管理向质量效益型转变。

（执笔：国家海洋局战略规划与经济司）

专栏：循环经济发展指数发布

为贯彻落实十八届三中全会加快生态文明制度建设、完善发展成果考核评价体系的有关要求，国家统计局研究建立了循环经济综合评价指标体系，并据此对我国循环经济发展状况进行了测算。以2005年为基期计算，2013年我国循环经济发展指数达到137.6，平均每年提高4个点，循环经济发展成效明显。

资源消耗减量化稳步推进。2013年我国资源消耗强度指数为134.7，比2005年提高34.7个点，年均提高3.8个点。与2005年相比，5个资源消耗指标中有4个明显下降：单位GDP用水量下降49.1%，单位GDP生物质资源消耗下降37.5%，单位GDP能源消耗下降26.4%，单位GDP非金属消耗下降17.4%，但由于金属资源消耗大幅增长，单位GDP金属消耗上升13.2%。

废物排放减量化效果明显。2013年我国废物排放强度指数为146.5，年均提高4.9个点。期间，由于工业固体废物等排放大幅增长，2011年的废物排放强度指数曾比2010年下降6个百分点，但2012年和2013年已明显回升。与2005年相比，2013年单位GDP主要污染物排放量和废水排放量下降明显，其中：单位GDP工业废水化学需氧量排放量下降60.3%，单位GDP工业废水氨氮排放量下降48.6%，单位GDP工业二氧化硫排放量下降62.8%，单位GDP废水排放量下降38.5%，但单位工业增加值固体废物产生量不降反升，比2005年上升10.7%。

污染物处置水平大幅提高。2013年我国污染物处置率指数为174.6，指数逐年上升，年均提高7.2个百分点，在4个分类指数中增幅最大。与2005年相比，2013年污染物处置率各项指标均明显提高，其中：城市污水处理率提高37.3个百分点，城市生活垃圾无害化处理率提高37.6个百分点，工业废水化学需氧量去除率提高19.4个百分点，工业废水氨氮去除率提高34.4个百分点，工业二氧化硫去除率提高37.5个百分点。

废物回用进展较慢。2013年我国废物回用率指数为108.2，在4个分类指数中增幅最小。2011年以来该指数连续下降，主要是由废钢等废旧资源回用率下降引起的。从各项指标来看，与2005年相比有升有降，其中：能源回收利用率提高0.5个百分点，工业用水重复利用率提高4.4个百分点，工业固体废物综合利用率提高5.5个百分点，废铅回用率提高8.8个百分点，但废钢回用率下降6.6个百分点，废铜回用率下降8.2个百分点，废铝回用率下降0.9个百分点。

（执笔：陶全　国家统计局能源统计司）

专栏：环境保护法修订颁布

2014年4月24日，历经四次审议，《环境保护法》修订草案经十二届全国人大常委会第八次会议表决通过，自2015年1月1日起施行。国家主席习近平签署第9号主席令，予以公布。

新修订的《环境保护法》贯彻了中央关于推进生态文明建设的要求，最大限度地凝聚和吸纳了各方面共识，是现阶段最有力度的《环境保护法》。作为环境领域基础性、综合性法律，新修订的《环境保护法》在基本理念创新、健全政府责任、提高违法成本、推动公众参与等方面有很多突破和创新，获得到了国内各界和国际社会的广泛好评，被誉为“史上最严”的环保法。

新《环境保护法》的出台，为新时期环保工作奠定了基础，对于保护和改善环境，保障公众健康，推进生态文明建设，促进经济社会可持续发展，都具有重要意义。

为确保新《环境保护法》落实到位，环境保护部积极采取措施，强化配套文件制定，不断加大执法力度，精心做好《环境保护法》贯彻实施的各项工作，取得了积极进展。

（执笔：环境保护部污染物排放总量控制司）

专栏：《全国土壤污染状况调查公报》公布

根据国务院部署，2005年，环境保护部（原国家环保总局）会同国土资源部启动首次全国土壤污染状况调查。经过各地区、各部门共同努力，2013年12月全面完成各项调查任务。调查范围为中华人民共和国境内（未含香港特别行政区、澳门特别行政区和台湾地区）的陆地国土，调查点位覆盖全部耕地，部分林地、草地、未利用地和建设用地，实际调查面积约630万平方公里。调查采用统一的方法、标准，基本掌握了全国土壤环境质量的总体状况。经国务院同意，2014年4月17日，环境保护部和国土资源部发布《全国土壤污染状况调查公报》（以下简称公报）。公报主要内容包括调查的主要结论、主要污染物超标情况、典型地块及其周边土壤污染状况，以及不同土地利用类型的土壤环境质量状况等。

公报显示，全国土壤环境状况总体不容乐观，部分地区土壤污染较重；耕地土壤环境质量堪忧，土壤点位超标率为19.4%；工矿业废弃地土壤环境问题突出。全国土壤总的超标率为16.1%，其中轻微、轻度、中度和重度污染点位比例分别为11.2%、2.3%、1.5%和1.1%。耕地土壤点位超标率为19.4%，其中轻微、轻度、中度和重度污染点位比例分别为13.7%、2.8%、1.8%和1.1%。林地、草地和未利用地土壤点位超标率分别为10.0%、10.4%和11.4%。污染类型以无机型为主，有机型次之，复合型污染比重较小，无机污染物超标点位数占全部超标点位的82.8%。镉、汞、砷、铜、铅、铬、锌、镍8种无机污染物点位超标率分别为7.0%、1.6%、2.7%、2.1%、1.5%、1.1%、0.9%、4.8%，六六六、滴滴涕、多环芳烃3类有机污染物点位超标率分别为0.5%、1.9%、1.4%。

（执笔：环境保护部污染物排放总量控制司）

专栏："十二五"环境保护规划实施中期评估

按照国务院《关于印发国家环境保护"十二五"规划的通知》（国发〔2011〕42号）"要在2013年年底和2015年年底，分别对规划执行情况进行中期评估和终期考核"的要求，环境保护部于2013年就着手启动中期评估工作，选择在江苏省、陕西省、安徽省铜陵市、四川省南充市"两省两市"先期开展了《国家环境保护"十二五"规划》（以下简称《规划》）试评估，并编制完成《规划》中期评估框架。2014年初，联合国家发展改革委组织国务院各有关部门、各省（自治区、直辖市）和环境保护部机关各部门编写《规划》中期评估材料，全面部署开展《规划》中期评估工作。组织召开《规划》中期评估培训会议，对全国31个省（自治区、直辖市）环保部门的评估管理人员和技术人员进行技术指导，建立各省自评估实时在线交流平台。5月底，对国务院各部门、各省（自治区、直辖市）和部内机关各部门报送的86份评估材料进行了认真研判，研究讨论《规划》中期报告编制基本思路和框架内容。召开《规划》中期评估分区域综合校核会议，准确把握各省（自治区、直辖市）自评估报告重点指标、重点工作和任务、政策与保障措施实际完成进度。充分吸纳发展改革委、部内机关各司（局）、部分省（自治区、直辖市）环保部门的意见和建议，编制完成《规划中期评估报告》。在三轮次征求意见的基础上，与发展改革委联合向国务院报送《关于<国家环境保护"十二五"规划>中期评估情况的报告》，评估表明：规划实施三年来，在经济较快发展的同时，主要污染物排放有所减少，污染防治取得积极成效，生态环境恶化趋势得到遏制，核与辐射安全水平得到提高。

（执笔：环境保护部污染物排放总量控制司）

专栏：《大气污染防治行动计划》全面实施，大气污染防治法修订启动

2014年是贯彻落实《大气污染防治行动计划》（以下简称《大气十条》）的关键一年，在党中央、国务院的领导下，各地各部门高度重视，紧紧围绕空气质量改善的主线，出台配套政策，落实目标责任，狠抓工作落实，取得积极进展。

一是强化《大气十条》考核。国务院办公厅发布《大气污染防治行动计划实施情况考核办法（试行）》，确立了以质量改善为核心的考核体系。环境保护部会同发展改革委等部门联合印发考核实施细则，进一步明确和细化考核要求。组织31省（区、市）环保部门相关人员，针对《大气十条》实施情况考核内容及要求进行培训。

二是完善环境法规。配合法制办完成《大气污染防治法》修订工作，2014年11月26日，国务院常务会讨论通过《中华人民共和国大气污染防治法（修订草案）》。2014年2月12日，国务院常务会议审议确定了首批落实《大气十条》22项配套政策，截至目前，22项政策措施已出台19项。

三是健全区域协作机制。按照国务院部署，由环境保护部牵头建立全国大气污染防治部际协调机制，在统筹部门、协调地方、沟通信息、衔接政策等方面发挥积极作用。配合京津冀及周边地区、长三角区域、珠三角区域大气污染防治协作机制开展工作，加强区域协作，实行联防联控，完成重点城市大气颗粒物来源研究，在共同解决区域性大气污染方面发挥积极作用。

（执笔：环境保护部污染物排放总量控制司）

专栏：全面完成空气质量新标准监测实施任务，建立重污染天气预警预报机制

自2012年《空气质量标准》（GB3095-2012）颁布实施后，环境保护部制定了空气质量新标准“三步走”实施方案，按照该实施方案，2014年1月1日起，空气质量新标准监测扩大至国家环保重点城市和环保模范城市在内的161个地级及以上城市的884个监测点位；2014年底，环境保护部提前一年完成了《大气污染防治行动计划》关于城市空气质量新标准监测实施的要求，在全国338个地级及以上城市共1436个监测点位，全部开展了空气质量新标准监测，并从2015年1月1日起，实时发布全国所有地级及以上城市的空气质量监测数据。2012年以来，执行空气质量新标准监测的站点监测设备运行稳定，$PM_{2.5}$等各项污染物监测数据获取率较高。各地严格执行空气质量监测质量保证和质量控制相关规范，监测数据准确可靠，监测数据与公众对空气质量的感受趋于一致，得到公众和社会的广泛认同。

按照《大气污染防治行动计划》关于“建立重污染天气监测预警体系”工作要求，环境保护部积极谋划，认真组织实施。一是国家空气质量监测预警平台建设取得积极进展。在财政部的大力支持下，中央财政投入4500万元，中国环境监测总站在京津冀区域空气重污染监测预警体系建设的基础上，搭建了国家空气质量预报预警业务平台。二是重点区域空气质量预报预警体系初步建成并在重大活动保障中发挥重要作用。组建了京津冀、长三角和珠三角等重点区域的三个预警中心，其中，中国环境监测总站牵头的京津冀预报预警中心于2013年10月初步建成，上海市和广东省克服困难，自筹经费，已于2014年底完成了长三角和珠三角预报预警系统建设，三个重点区域均实现了空气质量预报业务化，并于2014年12月28日在环境保护部官网和新华网上公开发布预报信息。重点区域监测预警体系的建成在重大活动保障中发挥了重要作用，圆满完成北京APEC会议和南京青奥会空气质量保障工作。三是积极推进全国各省级、计划单列城市和省会城市开展空气质量预报预警能力建设，全面推进全国空气质量预报预警工作，为大气污染防治、重污染天气预警应对和公共信息服务提供技术支撑。

（执笔：环境保护部污染物排放总量控制司）

专栏：核安全规划实施中期评估

《核安全与放射性污染防治“十二五”规划及2020年远景目标》（简称《核安全规划》）的发布是在2011年日本福岛核事故后我国核与辐射安全领域的一次重大举措。《核安全规划》是第一次由环境保护部（国家核安全）牵头五部委联合编制发布，并由国务院批复的核与辐射安全领域的专项规划，其编制和出台对提升核安全与放射性污染防治水平产生了巨大作用。

截止到2014年6月，《核安全规划》已经实施两年的时间，为检验《核安全规划》的总体实施情况，全面梳理我国核安全与放射性污染防治工作情况。环境保护部（国家核安全局）、国防科工局和国家能源局联合发布了开展《核安全规划》中期评估的通知以及中期评估技术方案，指导各相关规划任务承担单位和企业开展了自评估并提交了自评估报告。三部门集中开展了《核安全规划》中期评估工作，征求了财政部和发展改革委的意见，形成了《核安全规划中期评估报告》，评估结果显示，《规划》实施总体进展情况良好，进度基本达到目标要求，“十二五”末可完成规划目标。

一是核设施及核设备安全水平稳步提升。福岛核事故后核电厂中、短期安全改进项目全部完成，长期改进项目有序推进。运行核电机组未发生2级及以上事件和事故，各类安全指标位居世界前列。新建7台机组设计安全目标满足规划要求。核电厂严重事故应对能力达到国际先进水平。研究堆安全改造和核燃料循环设施老旧厂房抗震校核全部完成。对80余家国内从事核设备活动的持证单位持续开展日常监督，设立6个国内监督点和2个境外监督点，开展违规补焊专项整治和安装单位专项检查。

二是核技术利用管理日趋规范。放射性同位素100%纳入许可证管理。废旧金属回收熔炼企业监测仪器配备率达92.3%。废旧放射源收贮率达100%。放射源辐射事故年发生率逐年降低，从2011年每万枚1.44起下降至2013年每万枚1起以下，低于规划目标每万枚2.0起的要求。

三是核设施、铀矿冶退役和废物治理取得进展。重点核设施单位的退役治理工作有序推进。放射性废物处理能力初步形成，废物处置场建设取得进展，基本建成飞凤山中、低放废物处置场。全国核设施、核基地放射性污染现状调查与评价全面展开。

四是核与辐射事故应急体系持续完善。修订发布《国家核应急预案》（2013版），基本形成国家核应急组织指挥体系、法规制度体系、预案管理体系、技术支持体系、应急救援体系。设立国家辐射环境监测技术中心，新建省级核应急指挥中心6个和省级辐射事故应急指挥中心31个。中核集团、广核集团组建核事故应急支援队，建成国家核事故应急救援分队25支，开展综合应急演习24次。

五是监管能力建设与科研工作进一步强化。研发基地获得国家立项批复和用地审批。新增放射性环境质量监测站、点（国控点）231个，其中新建自动监测站100个。全国38个重要核设施开展辐射环境监督性监测。全国71%的省份省级辐射环境监测机构能力建设达标。建成17个重大科技创新平台。大型先进压水堆及高温气冷堆核电站国家科技重大专项取得阶段性成果，开展130余项核安全关键技术研发，培养领军人才1190人。

（执笔：环境保护部污染物排放总量控制司）

2014 年世界经济形势报告

2014 年，发达经济体经济运行分化加剧，发展中经济体增长放缓，世界经济复苏依旧艰难曲折。预计 2015 年世界经济形势可能好于上年，但不确定因素增多。我国外部环境仍然复杂多变，需认真应对。

一、2104 年世界经济运行的主要特点

（一）经济增长缓慢

岁末年初，各主要国际组织纷纷下调对世界及主要经济体经济增长率预测值。按汇率法 GDP 加权汇总，联合国 2015 年 1 月份预测，2014 年世界经济将增长 2.6%，增速比上年小幅加快 0.1 个百分点，但比 7 月份预测值下调 0.4 个百分点；世界银行 2015 年 1 月份预测，2014 年世界经济将增长 2.6%，增速比上年小幅加快 0.1 个百分点，比 6 月份预测值下调 0.2 个百分点；共识公司

表 1　各国际组织近期下调世界及主要经济体经济增长率预测值

单位：%

	2012 年	2013 年	2014 年	与上次预测差值(百分点)
联合国（2015 年 1 月）				
世界	2.4	2.5	2.6	−0.4
发达经济体	1.1	1.2	1.6	−0.3
发展中经济体	4.8	4.8	4.3	−0.8
世界银行（2015 年 1 月）				
世界	2.4	2.5	2.6	−0.2
英国共识公司（2015 年 3 月）				
世界	2.4	2.5	2.6	−0.1

注：2014 年为预测数据。联合国、世界银行和共识公司上次预测分别为 2014 年 7 月、2014 年 6 月和 2014 年 11 月。世界总计均为按汇率法 GDP 加权。

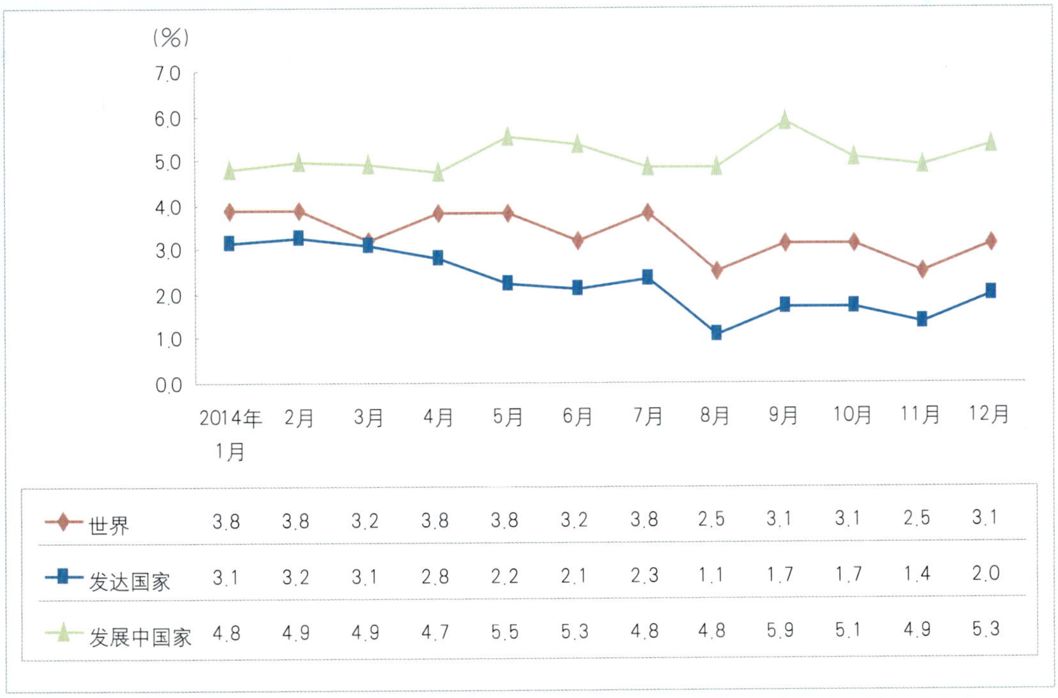

图 1　世界工业生产同比增长率

2015年3月份预测，2014年世界经济将增长2.6%，增速比上年小幅加快0.1个百分点，比11月份预测值下调0.1个百分点。

世界工业生产增长小幅加快。2014年，世界和发达国家工业生产同比分别增长3.2%和2.7%，比上年同期加快0.5和1.8个百分点；发展中国家工业生产同比增长5.2%，比上年同期放缓0.3个百分点。主要经济体中，美国工业生产增长加快，欧元区波动前行，日本自第二季度以来持续恶化。

（二）经济运行分化加剧

美国第一季度GDP环比折年率下降2.1%，第二、三、四季度分别增长4.6%、5.0%和

表2　世界及主要经济体GDP同比增长率

单位：%

	2012年	2013年	2014年	2013年		2014年			
				Q3	Q4	Q1	Q2	Q3	Q4
世界[①]	2.4	2.5	2.6						
美国	2.3	2.2	2.4	2.3	3.1	1.9	2.6	2.7	2.4
欧元区	-0.7	-0.5	0.9	-0.3	0.5	1.1	0.8	0.8	0.9
日本	1.5	1.5	0.0	2.2	2.3	2.4	-0.3	-1.4	-0.8
南非	2.5	1.9	1.5	1.8	2.9	1.9	1.3	1.6	1.3
巴西	1.0	2.3	0.1	2.4	2.2	2.7	-1.2	-0.6	-0.3
印度[②]	5.1	6.9	7.4	7.5	6.4		6.5	8.2	7.5
俄罗斯	3.4	1.3	0.6	1.3	2.0	0.6	0.7	0.9	0.4
墨西哥	4.0	1.4	2.1	1.6	1.1	2.0	1.6	2.2	2.6

注：①世界经济增长率按汇率法GDP加权汇总。②指财政年度，即当年4月至次年3月。2015年1月，印度调整GDP核算方法并大幅上修近年GDP增长率数据。2014年数据为印度中央统计局预测数据。

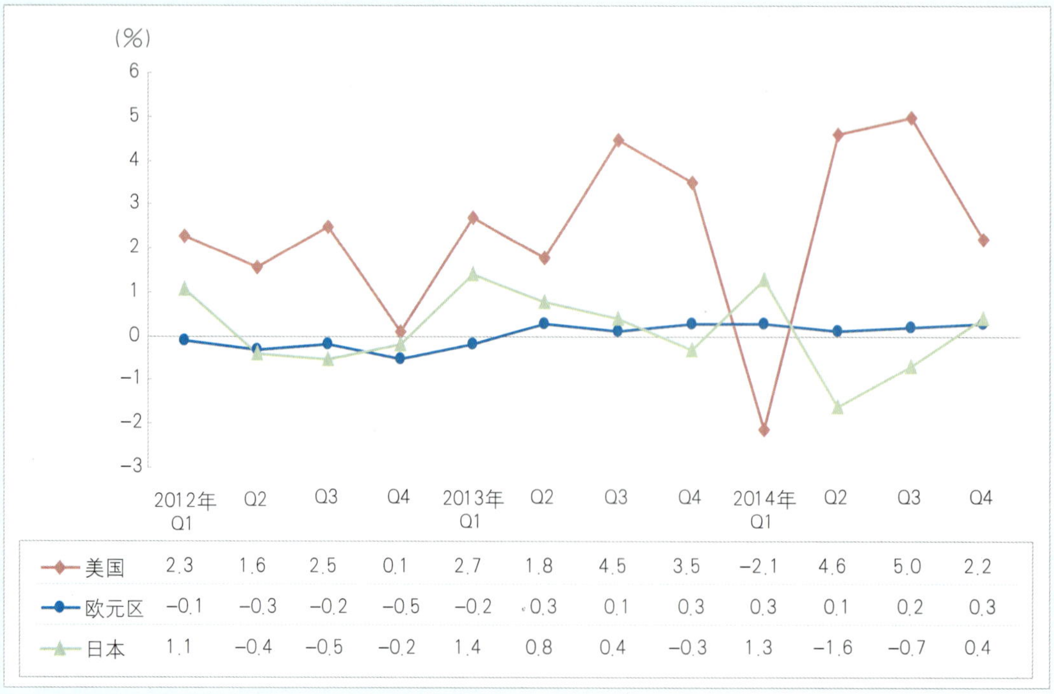

图2　三大经济体GDP环比增长率

注：美国为环比折年率增长率。

2.2%，其中第三季度为2003年三季度以来最高增速；全年经济增长2.4%，比上年加快0.2个百分点。欧元区一到四季度GDP环比分别增长0.3%、0.1%、0.2%和0.3%，始终在停滞的边缘徘徊；全年经济增长0.9%，上年为下降0.5%。日本因消费税上调引发提前消费潮，第一季度GDP环比增长1.3%，但第二、三季度环比分别下降1.6%和0.7%，第四季度仅环比增长0.4%，全年勉强零增长，经济出现技术性衰退。多数发展中经济体经济增长放缓。2014年第四季度，韩国、印度尼西亚、新加坡和中国香港GDP增长3.3%、5.0%、2.2%和2.3%，分别比上年第四季度放缓0.3、0.6、3.2和0.6个百分点。马来西亚和菲律宾经济在波动中保持较快增长，2014年第四季度分别增长5.8%和6.9%，增速与上年第四季度加快了0.7和0.6个百分点。2014年，金砖国家中，仅印度经济增长有所加快，第四季度增长7.5%，增速比上年第四季度加快1.1个百分点。

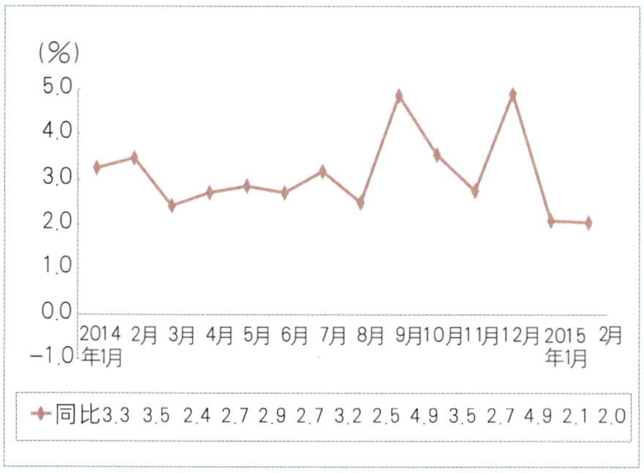

图3 世界贸易量同比增长率

（三）主要发达经济体消费低迷

2014年，美国零售额比上年增长3.5%，比上年回落0.9个百分点；日本零售额增长1.7%，比上年加快0.7个百分点。欧元区零售量增长1.3%，上年为下降0.9%。2014年，美国个人消费比上年增长2.5%，比上年加快0.1个百分点。从全年看，美国个人消费保持稳定增长，各月同比增速保持在2%-3%的范围内。日本家庭支出形势不容乐观，一季度剧烈波动，二至四季度持续负增长。

（四）世界贸易低速增长

据联合国最新预测，2014年，世界贸易量

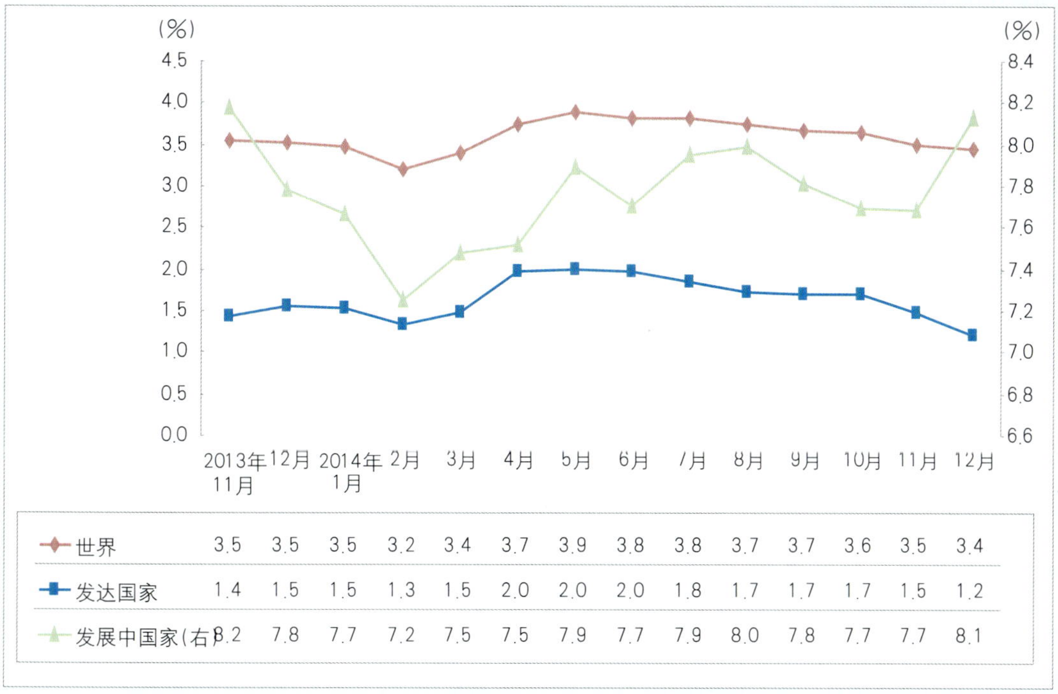

图4 世界、发达国家和发展中国家消费价格同比上涨率

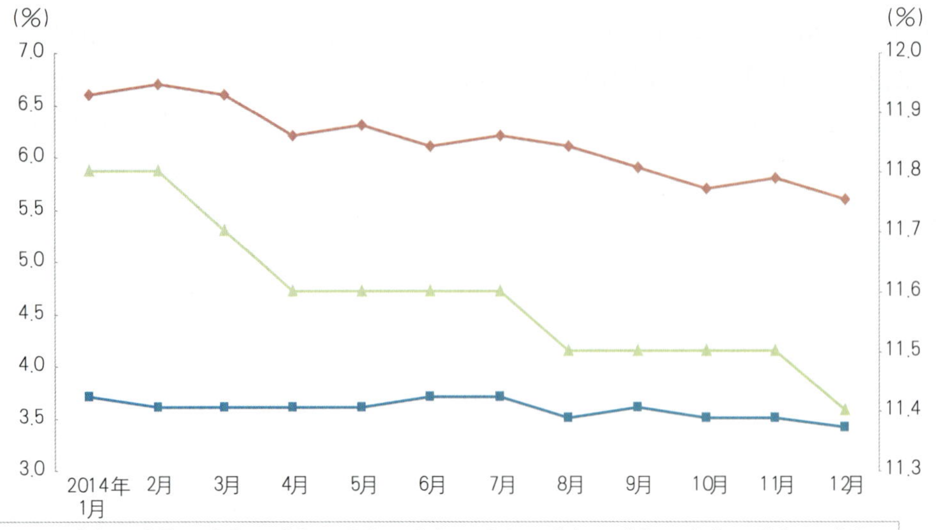

	2014年1月	2月	3月	4月	5月	6月	7月	8月	9月	10月	11月	12月
美国	6.6	6.7	6.6	6.2	6.3	6.1	6.2	6.1	5.9	5.7	5.8	5.6
日本	3.7	3.6	3.6	3.6	3.6	3.7	3.7	3.5	3.6	3.5	3.5	3.4
欧元区(右)	11.8	11.8	11.7	11.6	11.6	11.6	11.6	11.5	11.5	11.5	11.5	11.4

图 5　美国、日本和欧元区失业率

预计增长 3.4%，比 7 月份预测值调低 1.3 个百分点，虽略高于上年的 3%，但大大低于国际金融危机前约 7%的平均水平。波罗的海干散货运指数回落。2014 年，波罗的海干散货运指数基本在海运平衡点（2000 点）以下波动回落，从 1 月 2 日的 2113 点降至 12 月 24 日的 782 点，累计下降 62.9%。

（五）全球通胀冲高回落

2014 年，世界、发达和发展中经济体 CPI 分别比上年上涨 3.6%、1.7% 和 7.8%。分月看，三者涨幅轨迹呈冲高回落走势，世界 CPI 由 5 月份的年内最高值 3.9% 回落至 12 月份的 3.4%，发达国家由 4-6 月份的最高值 2.0% 回落至 12 月份的 1.2%；发展中国家由 8 月份的最高值 8.0% 回落至 11 月份的 7.7%（12 月份回调至 8.1% 的水平）。

（六）就业状况总体稳定

2014 年，美国失业率为 6.2%，比上年降低 1.2 个百分点，就业形势好转；日本和欧元区失业率分别为 3.6% 和 11.6%，均比上年降低 0.4 个百分点；其他主要经济体就业形势基本稳定。但扩大就业仍是各国的政策导向。部分国家失业率仍然较高，例如希腊和西班牙失业率均高于 20%，法国、意大利和葡萄牙的失业率也超过 10%。

表 3　2014 年降息的主要经济体

经济体	降息次数	累计幅度（基点）	年底利率水平（%）
匈牙利	7	90	2.10
智利	5	125	3.00
罗马尼亚	4	100	3.00
土耳其	3	175	8.25
以色列	3	75	0.25
欧元区	2	20	0.05
秘鲁	2	50	3.50
韩国	2	50	2.00
瑞典	2	75	0.00
冰岛	2	75	5.25
中国	1	25	2.75
波兰	1	50	2.00
泰国	1	25	2.00
越南	1	50	6.50
墨西哥	1	50	3.00

表 4　2014 年升息的主要经济体

经济体	升息次数	累计幅度（基点）	年底利率水平（%）
俄罗斯	6	1150	17.00
巴西	5	175	11.75
新西兰	4	100	3.50
乌克兰	3	750	14.00
菲律宾	2	50	4.00
南非	2	75	5.75
马来西亚	1	25	3.25
加纳	1	200	21.0
印度尼西亚	1	25	7.75
马拉维	1	250	25.0
印度	1	25	8.00
土耳其（隔夜贷款利息）	1	425	12.00

二、影响世界经济运行的主要因素

（一）世界经济仍处于危机后的修复期

2014 年，世界经济仍处在国际金融危机后的深度调整过程中，各国深层次、结构性问题没有解决。如：结构调整远未到位、人口老龄化加剧、新经济增长点尚在孕育、内生增长动力不足等问题，都制约着经济发展。

（二）全球需求不足

一方面，全球进口需求增长乏力。2012-2013 年全球贸易量增速连续两年低于经济增速，2014 年贸易量增速也仅比 GDP 增速快 0.8 个百分点，与国际金融危机前 5 年贸易量快于 GDP 增速 1 倍形成强烈反差；另一方面，在内需不振的情况下，各国均致力扩大出口，竞争性货币贬值的诱惑力增大，国际竞争趋于激烈。同时，全球贸易保护主义抬头，区域贸易自由化有取代全球贸易自由化之势。

（三）全球经济政策协调难度加大，各经济体货币政策分化加剧

2008 年国际金融危机之后，国际组织的政策协调成效并不明显，特别在维护金融稳定、恢复金融秩序与保持经济增长方面更是如此。在 2014 年 11 月举行的二十国集团（G20）首脑峰会上，各方承诺在未来五年内将 G20 整体 GDP 由目前预测水平提高 2% 以上。但总体来说，具体实施效果不容乐观，IMF 和世界银行等国际经济组织倡导的改革则一拖再拖。各国货币政策措施

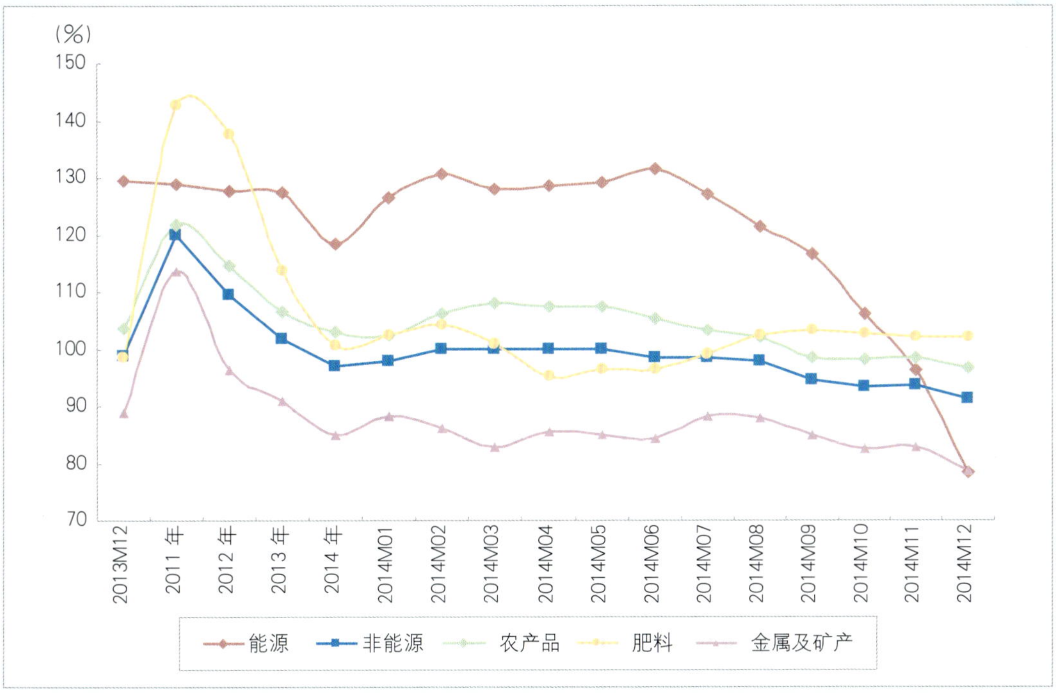

图 6　国际市场初级产品价格名义指数走势（2010 = 100）

分化严重。美国于 2014 年 10 月份完全退出量化宽松；欧元区和日本年中以后仍在加大宽松政策力度；俄罗斯和巴西分别升息 6 次和 5 次，累计升息幅度全年达 1150 个和 125 个基点；罗马尼亚和韩国分别降息 3 次和 2 次，累计降息 100 个和 50 个基点。

（四）国际金融市场再起波澜

2014 年国际金融市场在年初出现一波震荡以后，一直处于相对稳定的状态。到了下半年，特别是四季度出现了大幅波动，涉及股市、汇市等多个领域。

1. 股市。美国道琼斯工业指数在 2014 年屡创历史新高，而主要欧洲股市下半年来震荡加剧，全年总体走势平平。日本股市在 2014 年下半年走出了一波上涨行情。新兴市场则出现了明显的剧烈震荡走势，2014 年 2 月初至 9 月初一路上扬，4 季度急剧下跌，幅度超过 12%，致使上半年成果尽失。

2. 汇市。美元走强，欧元和日元走弱。美元指数在 2014 年下半年上涨超过 13%。受乌克兰危机影响，俄罗斯卢布全年贬值超过 73%，仅 2014 年 4 季度就贬值了近 43%。乌克兰格里夫纳全年贬值近 48%。受经济疲弱及国际大宗商品价格下跌等因素影响，拉美主要国家成了货币贬值的重灾区，阿根廷比索全年累计贬值近 23%，巴西雷亚尔贬值近 14%，墨西哥比索贬值超过 11%。

（五）国际市场大宗商品特别是原油价格大幅下跌

1. 大宗商品价格连续三年下跌。据世界银行统计，2014 年，能源、非能源价格比上年分别下跌 7.2% 和 4.6%，均连续三年下跌。其中，农产品价格下跌 3.4%，肥料下跌 11.6%，金属和矿产下跌 6.6%。粮农组织食品价格指数 2014 年全年平均为 202 点，比上年下降 3.7%;12 月份同比下跌 8.5%。其中，谷物价格跌幅最大，谷物价格指数年平均为 192 点，比上年下降 12.5%。全球谷物供应充足，2014-2015 年度世界谷物产量预计将再创纪录，达到 25.32 亿吨，比 2013-2014 年度的原纪录再增 700 万吨，增幅为 0.3%，为连续两年增长。

2. 原油价格暴跌。受全球原油供给增加、需求增长放缓、美元持续升值以及投机需求减弱等因素影响，全球原油价格出现暴跌。2014 年，欧佩克一揽子原油价格为 96.2 美元／桶，

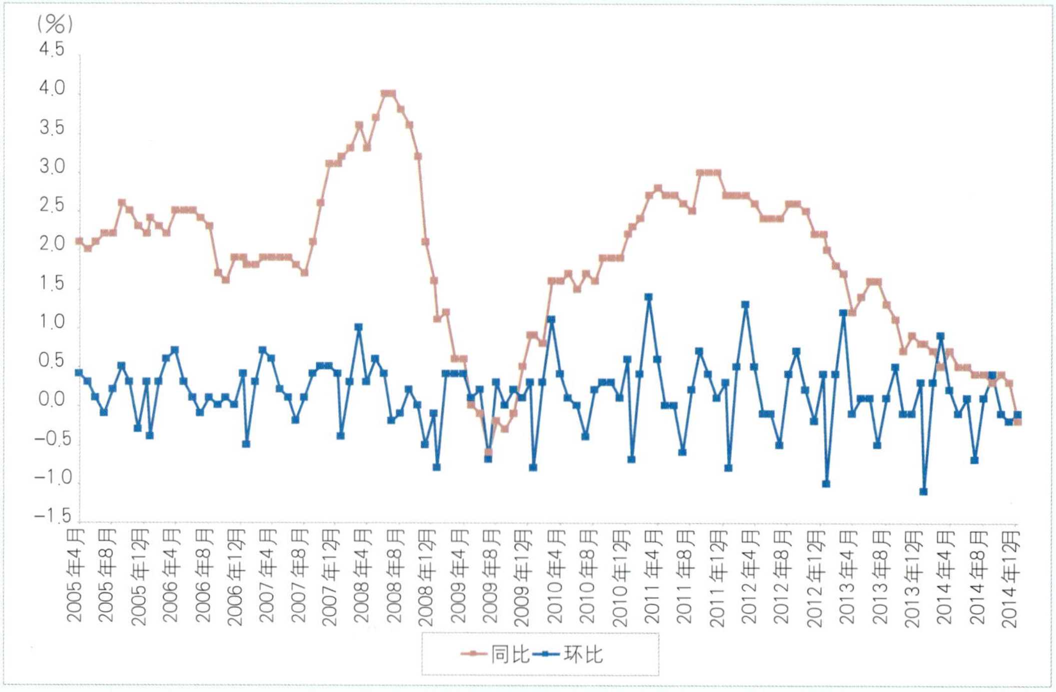

图 7 欧元区 CPI 上涨率

比上年下跌 9.2%；纽约期货市场轻质原油价格为 93 美元／桶，比上年下跌 3.6%，均连续两年下跌。2015 年 1 月 12 日，欧佩克一揽子原油价格更是创下国际金融危机以来的最低点 43.55 美元／桶，比 2014 年内最高点 110.48 美元／桶暴跌 60.6%。

原油价格下跌对世界经济将产生较大影响：一是对世界经济产生正向拉动。据世界银行测算，油价每下跌 30%，将拉动全球经济增长 0.5%；二是对石油出口国造成较大负面影响，原油价格每下降 10%，其 GDP 增速将大幅回落 0.8-2.5 个百分点，同时还导致财政收入下降、货币贬值、国际收支恶化等不利影响；三是拉低 CPI 涨幅，加大部分发达经济体通货紧缩风险。据分析，油价每下降 30%，全球 CPI 将回落 0.4-0.9 个百分点。

（六）地缘政治等非经济因素

俄乌冲突、中东局势等地缘政治形势恶化，一方面造成了该区域的不稳定性，使国际投资、资本撤离该地区；另一方面，西方和俄罗斯经济上的制裁与反制裁，也打压投资者信心，抑制各自的进口需求和相互间的贸易，使欧洲和俄罗斯不稳固的经济雪上加霜。2014 年，埃博拉疫情的扩散，也使相关地区的交通、旅游等行业遭受损失。

三、对 2015 年世界经济运行的初步判断

（一）支撑经济增长加快的因素

1. 全球货币政策总体宽松。一是欧日推出宽松措施，二是预计英美升息力度较为有限，三是其他经济体大多采取宽松措施。

2. 原油价格大幅下跌。世界银行预测全年原油均价将比上年降低 44.8%。油价下跌对全球经济增长总体利好，通过降低进口成本，将石油净出口国的收入再分配至石油净进口国，收入完成转移，相当于净进口国变相减税。

3. 发达国家去杠杆化力度继续减弱。一是美国财政空间进一步拓展和家庭债务负担减轻。2014 年 12 月 13 日，美国国会通过了总额达 1.1 万亿美元的财政拨款预算法案，化解了政府关门的威胁，同时确保了多数联邦机构 2015 年 9 月前的资金来源。2014 年第三季度，美国家庭债务率降至 9.9%，比上年同期下降 0.1 个百分点，为 1980 年以来最低水平。二是欧洲财政整顿力度减轻，压力测试之后银行融资能力趋于增强。三是日本将延后提高消费税并推行了新的财政刺激措施，将原定于 2015 年 10 月的增税计划推迟至 2017 年 4 月。2014 年 12 月 27 日，日本政府推行了总额为 3.5 万亿日元的一揽子经济刺激措施，以拉动经济重回复苏轨道。

4. 全球外需逐渐回暖。2015 年，世界主要经济体经济形势将略好于上年。美国经济继续保持稳健扩张步伐，就业形势继续好转，工资收入有望加速增长以及财富效应带动国内消费增长加快。欧元区经济温和回暖，各主要成员国经济在宽松货币政策刺激下将逐渐摆脱疲弱走势。消费税上调对日本经济的负面影响会逐渐淡化，预计日本经济可能艰难走向缓慢复苏。

（二）制约因素和不确定因素

1. 英国特别是美国升息的外溢作用巨大。预计美国和英国将于今年年中前后启动升息，国际金融市场动荡的风险将会增大，全球主要汇率波动加剧、美元债务负担增加、资本异常流动扩大、竞争性贬值甚至货币战争等都可能发生。新兴经济体政策将继续处于两难境地：一方面需要降息来刺激国内经济增长；另一方面又需要升息来减少资金外流，部分国家还要应对高通胀、货币快速贬值等不利影响。

2. 欧元区逼近通缩。2014 年，欧元区 CPI 低位运行且持续回落，12 月份受能源价格大幅下滑影响 CPI 同比下降 0.2%，为 2009 年 11 月以来最低水平，欧元区已逼近通缩。

3. 希腊“退欧”和欧洲主权债务危机风险升高。2014 年希腊虽实现了 0.6% 左右的年度经济增长，但债务占 GDP 比率上升到约 175%，高于 2011 年欧债危机最严重时的水平。希腊 2015 年 1 月 25 日大选，反对财政紧缩政策、主张撕毁“援助协议”的极左翼联盟党赢得选举，希腊“退

欧”风险上升。一旦希腊退出欧元区，将带来诸多不利影响：欧盟和国际货币基金组织2010年以来累计对希腊总额高达2450亿欧元的援助，很可能在希腊违约退欧后化为乌有；就希腊而言，强行退出欧元区将丧失外援，从长期看，国内经济形势会变得更加严峻。此外，希腊“退欧”，会对欧盟特别是欧元区的吸引力和凝聚力带来重大打击，不排除出现“多米诺骨牌效应”；随着希腊退出欧元区风险的上升，近期其10年期国债收益率再次升至10%，显示出欧洲主权债务潜在风险依然存在。

4. **地缘政治风险**。2014年存在的地缘政治风险目前仍没有减轻的迹象，今年不排除出现新的风险，比如西亚、北非其他国家出现政局动荡等。

（三）主要国际组织预测2015年世界经济形势好于2014年

表5 四大机构对世界及主要经济体GDP增长率的预测（%）①

预测机构	2013年	2014年预计	2015年预测	预测机构	2013年	2014年预计	2015年预测
世界银行				联合国			
世界	2.5	2.6	3.0	世界	2.5	2.6	3.1
发达国家	1.4	1.8	2.2	发达国家	1.2	1.6	2.1
美国	2.2	2.4	3.2	美国	2.2	2.4	2.8
欧元区	-0.5	0.9	1.1	欧元区	-0.5	0.9	1.3
日本	1.5	0.0	1.2	日本	1.5	0.0	1.2
发展中国家	4.9	4.4	4.8	发展中国家	4.8	4.3	4.8
巴西	2.5	0.1	1.0	巴西	2.3	0.1	1.5
俄罗斯	1.3	0.6	-2.9	俄罗斯	1.3	0.6	0.2
印度②	6.9	7.4	8.0-8.5	印度②	6.9	7.4	8.0-8.5
南非	1.9	1.5	2.2	南非	-	-	-
经合组织				英国共识公司			
世界	3.1	3.3	3.7	世界	2.6	2.6	2.8
美国	2.2	2.2	3.1	美国	2.2	2.4	3.1
欧元区	-0.5	0.9	1.1	欧元区	-0.5	0.9	1.4
日本	1.5	0.0	0.8	日本	1.6	0.0	1.1

资料来源：世界银行（2015年1月），联合国（2015年1月），英国共识公司（2015年3月），经合组织（2014年11月），印度中央统计局。

1. **经济增速将继续加快**。据世界银行2015年1月份预测，按汇率法GDP加权汇总，2015年世界经济将增长3.0%，增速比上年加快0.4个百分点。据联合国2015年1月份预测，按汇率法同口径测算，2015年世界经济将增长3.1%，增速比上年加快0.5个百分点。

2. **全球贸易增长将有所加快**。据世界银行2015年1月份预测，2015年全球贸易量将增长4.5%，增速比上年加快0.5个百分点。据联合国2015年1月份预测，2015年全球贸易量将增长4.4%，增速比上年加快0.9个百分点。

注：①经合组织世界经济增长率为购买力平价法GDP加权汇总；世界银行、联合国和英国共识公司均为按汇率法GDP加权汇总。世界经济增长率按汇率法GDP加权汇总。欧元区和各国2014年为实际数。②印度为财政年度，即当年4月至次年3月。2015年1月，印度调整GDP核算方法并大幅上调近年GDP增长速度，致使国际组织基于原系列所作预测结果与印度官方最近发布结果不具有可比性。本表2014年度印度数据为印度中央统计局2015年1月预测结果，2015年为印度官方预测结果。

3. 全球通胀将继续走低。据英国共识公司2015年3月份预测，2015年全球CPI将上涨2.5%，比上年回落0.5个百分点。据经合组织2014年11月份预测，2015年美国CPI将上涨1.4%，涨幅比上年回落0.3个百分点；日本CPI将上涨1.8%，涨幅回落1.1个百分点；欧元区CPI上涨0.6%，涨幅扩大0.1个百分点。

4. 三大经济体失业率将进一步下降。据英国共识公司2015年3月份预测，2015年，美国失业率为5.4%，比上年下降0.7个百分点；欧元区为11.2%，比上年下降0.4个百分点；日本为3.4%，比上年下降0.2个百分点。

四、外部环境对我国经济的影响

（一）外需有所回暖

一方面，全球经济形势会有所改善和全球贸易量增长将有所加快有利于我国扩大出口；另一方面，这种改善的程度有限，还存在全球贸易保护加剧、汇率波动扩大等不利因素，我国出口个位数增长可能成为新常态。

（二）原油价格下跌有利于我国经济发展

一是国际油价下跌将降低我国原油进口成本，是增加原油战略储备的好时机；二是油价下跌对我国交通运输业、农业等多个行业和产业将带来降低成本的实质利好；三是国际油价下跌有利于我国消费者的扩大消费支出，刺激经济增长。据联合国最新测算，油价每下降10%，原油进口国GDP增长将加快0.1-0.5个百分点。

（三）美国升息的负面外溢效应

美国升息会对世界经济尤其是发展中国家经济，产生明显的溢出效应。国际资本异常流动扩大、国际汇市波动加剧会对我国经济稳定造成冲击，美元升值还会加重我国的外债负担，我国也可能面临上文所述新兴经济体货币政策两难境地等。

（四）警惕地缘政治局势恶化带来的冲击

随着我国在海外投资的逐年增加，受地缘政治的影响也越来越大。我国现在推行的“一带一路”战略，涉及多国合作，涵盖西亚和东欧等敏感地带。应密切关注相关地区局势发展，做好预案，努力避免出现大的损失。

（执笔：释经组　国家统计局国际统计信息中心）

2013 年地区发展与民生指数监测报告

为了客观、全面、科学反映各地区经济社会发展和民生改善情况，中国统计学会和国家统计局统计科学研究所按照《地区发展与民生指数编制方案》，继续对各地区发展与民生指数（Development and Life Index，简称 DLI）进行监测。地区发展与民生指数评价指标体系包括经济发展、民生改善、社会发展、生态建设、科技创新和公众评价（另行开展）六大方面，共 42 项指标。指数的计算合成借鉴联合国人类发展指数（HDI）等有关方法，根据每项评价指标的上、下限阈值对其进行无量纲化，计算各分项评价指标的指数，再根据指标权重合成分类指数和总指数。测算结果显示，2013 年我国东、中、西部及东北地区发展与民生指数分别为 73.17%、62.35%、60.08% 和 63.53%，均比上年稳步提升。

一、四大区域发展与民生指数稳步提升

2013 年东部地区发展与民生指数由上年的 71.57% 提高到 73.17%，上升 1.60 个百分点；中部地区由 60.35% 提高到 62.35%，上升 2.00 个百分点；西部地区由 58.22% 提高到 60.08%，上升 1.86 个百分点；东北地区由 62.04% 提高到 63.53%，上升 1.49 个百分点（见图 1）。

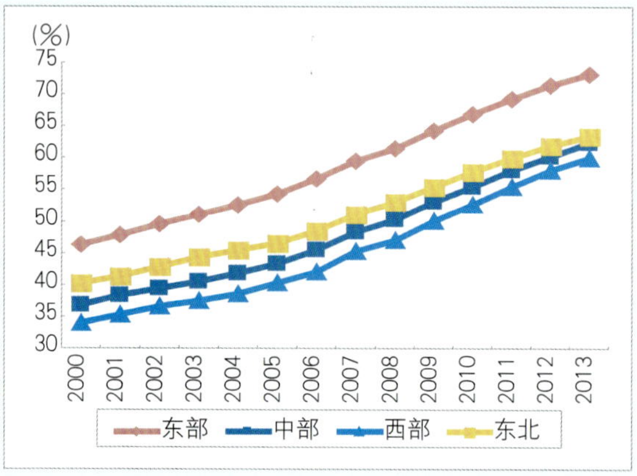

图 1　2000 - 2013 年四大区域发展与民生指数

二、民生改善步伐快于经济发展

2013 年，尽管经济增速有所放缓，但各区域普遍加大了民生改善的力度，民生改善指数的增速均高于同期经济发展指数。东部、中部、西部和东北地区民生改善指数分别比上年增长 5.23%、4.77%、4.92% 和 3.95%，同期经济发展指数分别增长 2.16%、2.78%、2.19% 和 1.03%，民生改善步伐快于经济发展（见图 2）。

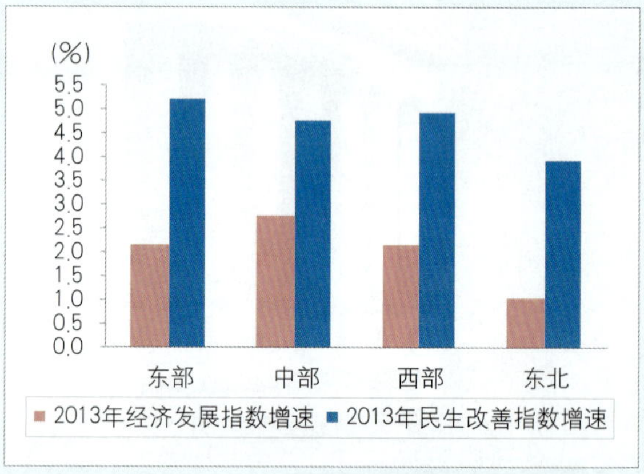

图 2　2013 年各地区经济发展指数增速与民生改善指数增速比较

三、发展与民生指数增速较快的省份主要集中在西部地区

2013 年，发展与民生指数增速排在前 10 名的省份分别为重庆、安徽、陕西、西藏、四川、宁夏、福建、广西、黑龙江和贵州，除福建、安徽和黑龙江外，其余 7 个省份均属于西部地区（见图 3）。

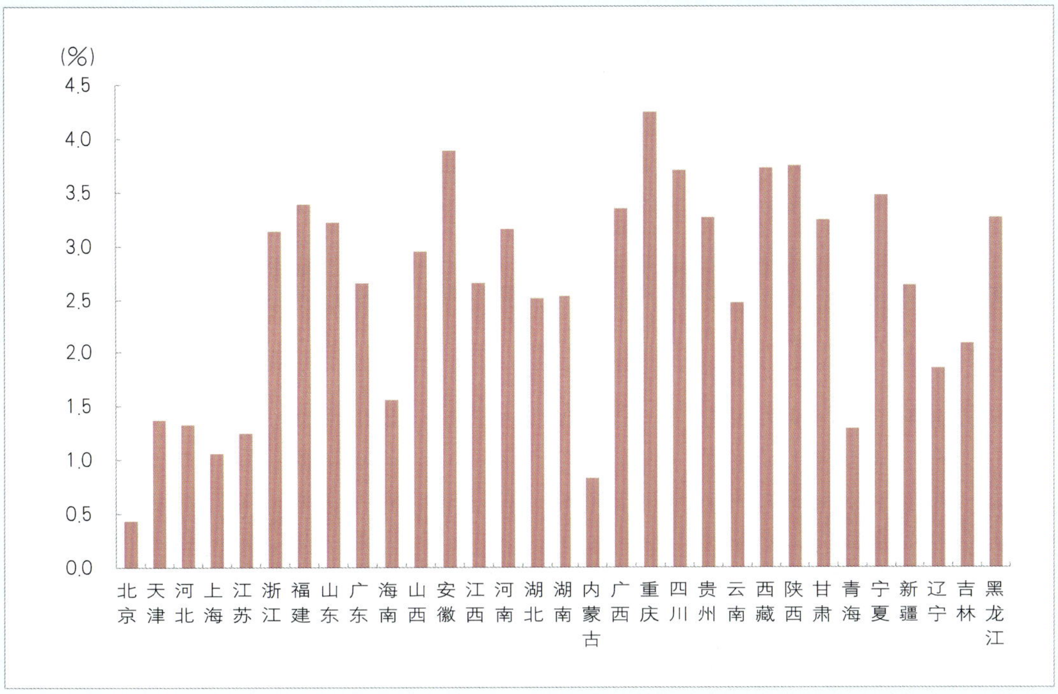

图3 2013年31个省（区、市）发展与民生指数比上年增长

（执笔：万东华 吕庆喆 施凤丹 谷彬 国家统计局统计科学研究所）

附表 1

2000 – 2013 年各地区发展与民生指数

单位：%

	2000	2001	2002	2003	2004	2005	2006	2007	2008	2009	2010	2011	2012	2013
东部地区	**46.39**	**47.98**	**49.72**	**51.20**	**52.73**	**54.45**	**56.90**	**59.61**	**61.62**	**64.49**	**67.10**	**69.38**	**71.57**	**73.17**
北京	64.08	66.37	68.16	69.51	73.52	75.59	78.20	81.35	82.85	84.90	85.33	87.64	90.18	90.57
天津	53.11	56.12	58.92	59.85	61.52	63.05	65.90	68.11	69.95	72.83	74.90	76.74	78.65	79.74
河北	38.14	39.47	40.88	41.86	42.66	44.78	46.62	48.68	50.58	53.37	56.60	58.79	60.27	61.08
上海	62.01	63.39	63.75	66.78	68.58	70.34	72.64	75.76	76.46	79.12	82.49	84.24	85.53	86.44
江苏	46.25	48.01	49.80	52.17	54.85	56.08	58.46	61.65	63.97	68.01	70.95	74.11	77.02	77.98
浙江	49.07	50.54	51.86	53.70	54.94	58.10	60.90	63.16	65.00	67.69	70.96	72.56	75.43	77.80
福建	45.80	47.33	48.86	50.31	51.47	52.58	54.27	56.77	59.71	61.99	63.73	66.43	68.54	70.86
山东	41.76	42.86	44.82	46.60	47.47	49.32	52.39	55.19	57.05	59.72	61.71	63.92	65.67	67.79
广东	50.54	52.43	54.50	54.82	56.31	57.28	59.45	62.03	63.85	66.21	68.75	70.64	72.85	74.79
海南	40.55	41.71	42.88	43.25	43.97	44.93	46.70	48.91	49.78	52.85	55.54	58.63	61.44	62.40
中部地区	**36.85**	**38.39**	**39.59**	**40.61**	**41.80**	**43.45**	**45.54**	**48.42**	**50.30**	**53.19**	**55.51**	**58.04**	**60.35**	**62.35**
山西	34.31	35.71	38.36	38.87	39.52	41.44	44.67	47.62	48.46	52.24	54.54	56.57	59.77	61.54
安徽	36.13	37.14	37.99	38.49	40.48	41.18	43.42	46.31	49.08	52.24	54.60	57.89	61.23	63.62
江西	35.80	37.41	39.52	40.98	42.25	44.83	46.13	49.56	52.13	54.62	56.63	58.70	60.46	62.07
河南	35.85	37.54	38.64	40.26	41.30	42.70	44.76	47.46	49.03	51.58	53.76	56.72	59.04	60.91
湖北	40.35	41.20	42.71	43.53	44.37	45.97	48.41	51.18	52.67	55.75	58.08	60.02	62.41	63.98
湖南	37.89	40.32	40.45	41.23	42.38	44.60	46.23	49.03	50.97	53.72	56.36	58.69	60.88	62.42
西部地区	**34.18**	**35.31**	**36.80**	**37.58**	**38.57**	**40.40**	**42.10**	**45.44**	**47.07**	**50.05**	**52.64**	**55.43**	**58.22**	**60.08**
内蒙古	35.78	36.64	37.73	38.73	40.36	43.15	45.38	50.21	49.67	52.39	54.69	56.85	59.14	59.64
广西	34.83	36.51	38.30	39.15	40.01	42.42	43.86	46.34	47.64	51.09	52.93	54.33	57.55	59.48
重庆	36.14	37.79	39.11	40.36	42.45	44.94	47.50	51.08	53.38	56.41	59.49	63.69	65.87	68.67
四川	35.46	38.17	39.86	40.02	40.92	42.56	44.79	48.92	50.63	53.64	55.92	58.95	61.54	63.82
贵州	28.66	29.55	31.01	31.97	33.23	36.29	37.24	40.17	41.19	44.40	47.93	51.21	54.07	55.83
云南	35.42	33.79	34.99	36.25	37.15	38.79	39.58	42.96	44.69	47.77	50.13	52.95	56.20	57.59
西藏	30.09	32.10	33.72	34.94	36.39	35.80	38.82	39.88	40.94	43.40	46.32	47.85	50.65	52.54
陕西	38.21	38.86	40.04	40.01	40.57	41.32	43.59	47.01	50.12	52.67	56.14	58.79	61.63	63.94
甘肃	29.31	30.41	32.19	33.07	34.30	35.33	35.90	38.40	40.35	43.15	45.58	49.60	52.40	54.10
青海	31.06	31.97	33.58	34.95	35.43	36.82	38.91	39.81	41.01	42.93	45.82	48.68	51.93	52.60
宁夏	31.37	32.29	34.33	35.41	36.86	37.89	40.09	43.28	44.90	46.68	49.92	50.80	53.88	55.75
新疆	30.92	31.11	32.51	34.67	34.35	35.49	37.17	39.90	41.54	44.46	47.12	49.42	52.10	53.47
东北地区	**40.32**	**41.48**	**43.01**	**44.43**	**45.51**	**46.56**	**48.68**	**51.18**	**53.11**	**55.63**	**57.97**	**60.03**	**62.04**	**63.53**
辽宁	42.42	43.59	44.90	46.88	48.04	49.89	52.29	54.44	56.41	58.81	61.21	64.07	65.84	67.07
吉林	40.18	41.78	43.18	44.46	45.83	45.85	47.66	50.67	52.59	55.01	57.21	58.77	60.28	61.54
黑龙江	38.11	38.94	40.79	41.70	42.49	43.37	45.37	47.88	49.76	52.47	54.82	56.32	58.96	60.89

附表 2

2000 – 2013 年各地区发展与民生指数年均增长情况

单位：%

	2001—2013 年年均增速	"十五"期间年均增速	"十一五"期间年均增速	"十二五"以来年均增速
东部地区	**3.57**	**3.26**	**4.27**	**2.93**
北京	2.70	3.36	2.45	2.01
天津	3.18	3.49	3.50	2.11
河北	3.69	3.26	4.80	2.57
上海	2.59	2.55	3.24	1.57
江苏	4.10	3.93	4.82	3.20
浙江	3.61	3.44	4.08	3.11
福建	3.41	2.80	3.92	3.60
山东	3.80	3.38	4.58	3.18
广东	3.06	2.54	3.72	2.85
海南	3.37	2.07	4.33	3.96
中部地区	**4.13**	**3.35**	**5.02**	**3.95**
山西	4.60	3.85	5.65	4.11
安徽	4.45	2.65	5.80	5.23
江西	4.32	4.60	4.78	3.11
河南	4.16	3.56	4.71	4.25
湖北	3.61	2.64	4.79	3.28
湖南	3.91	3.31	4.79	3.46
西部地区	**4.43**	**3.40**	**5.44**	**4.45**
内蒙古	4.01	3.82	4.85	2.93
广西	4.20	4.02	4.53	3.97
重庆	5.06	4.45	5.77	4.90
四川	4.62	3.72	5.61	4.50
贵州	5.26	4.83	5.72	5.22
云南	3.81	1.83	5.26	4.74
西藏	4.38	3.54	5.29	4.29
陕西	4.04	1.58	6.32	4.43
甘肃	4.83	3.81	5.23	5.88
青海	4.14	3.46	4.47	4.71
宁夏	4.52	3.85	5.67	3.75
新疆	4.30	2.80	5.83	4.30
东北地区	**3.56**	**2.92**	**4.48**	**3.10**
辽宁	3.59	3.30	4.17	3.10
吉林	3.33	2.68	4.53	2.46
黑龙江	3.67	2.62	4.80	3.56

附表 3

2013 年各地区发展与民生指数及分类指数

单位：%

	发展与民生指数	经济发展指数	民生改善指数	社会发展指数	生态建设指数	科技创新指数
东部地区	**73.17**	**83.54**	**79.67**	**71.04**	**72.29**	**49.02**
北京	90.57	99.88	93.50	80.04	79.65	99.56
天津	79.74	96.18	83.31	74.72	74.64	63.26
河北	61.08	67.19	72.70	70.95	60.40	13.56
上海	86.44	99.98	88.82	79.51	80.61	71.50
江苏	77.98	87.48	81.62	72.31	72.11	74.25
浙江	77.80	83.55	87.53	69.12	75.45	67.13
福建	70.86	80.64	78.04	71.08	77.53	30.84
山东	67.79	76.43	76.77	70.23	69.33	30.20
广东	74.79	89.62	77.74	67.65	76.51	54.97
海南	62.40	71.95	69.05	71.12	68.16	11.49
中部地区	**62.35**	**67.57**	**69.19**	**70.00**	**65.94**	**22.73**
山西	61.54	68.63	67.54	72.30	57.92	26.80
安徽	63.62	67.03	69.32	70.27	70.34	25.93
江西	62.07	66.93	71.20	71.52	66.92	13.64
河南	60.91	64.21	68.19	68.24	64.63	23.74
湖北	63.98	71.41	70.82	68.70	66.24	27.76
湖南	62.42	69.33	68.60	71.08	67.26	17.97
西部地区	**60.08**	**68.19**	**64.85**	**67.86**	**63.25**	**20.62**
内蒙古	59.64	77.05	65.02	67.07	60.19	9.28
广西	59.48	65.47	66.57	67.12	67.63	11.22
重庆	68.67	77.90	72.67	67.61	73.80	40.29
四川	63.82	68.70	67.87	70.35	66.15	34.06
贵州	55.83	64.25	60.86	66.90	60.56	7.64
云南	57.59	65.27	60.84	67.97	65.06	11.05
西藏	52.54	60.64	58.14	69.58	51.31	3.25
陕西	63.94	70.02	62.96	72.36	66.28	39.37
甘肃	54.10	62.44	60.43	64.42	54.65	11.07
青海	52.60	66.18	60.12	63.03	47.97	6.91
宁夏	55.75	67.97	62.92	65.73	53.11	10.55
新疆	53.47	66.79	65.42	60.92	46.89	7.13
东北地区	**63.53**	**76.64**	**70.34**	**69.02**	**65.97**	**17.10**
辽宁	67.07	81.61	72.64	70.24	71.81	21.17
吉林	61.54	72.71	70.18	69.25	62.70	12.86
黑龙江	60.89	73.76	67.83	67.47	61.64	15.47

附件一：

地区发展与民生指数编制方案

一、研究背景

2005年10月，党的十六届五中全会审议通过的《中共中央关于制定国民经济和社会发展第十一个五年规划的建议》指出：“要深化对科学发展观基本内涵和精神实质的认识，建立符合科学发展观要求的经济社会发展综合评价体系。”2011年3月，第十一届全国人民代表大会第四次会议通过的《中华人民共和国国民经济和社会发展第十二个五年规划纲要》提出：“以科学发展为主题，是时代的要求，关系改革开放和现代化建设全局”，“加快制定并完善有利于推动科学发展、加快转变经济发展方式的绩效评价考核体系和具体考核办法，弱化对经济增长速度的评价考核，强化对结构优化、民生改善、资源节约、环境保护、基本公共服务和社会管理等目标任务完成情况的综合评价考核，考核结果作为各级政府领导班子调整和领导干部选拔任用、奖励惩戒的重要依据。”为引导和转变发展观念，激励发展思路创新，中国统计学会、国家统计局统计科学研究所组织专家，成立课题组，根据科学发展观的内涵与要求，制定并发布了2000－2010年各地区综合发展指数（Comprehensive Development Index，简称CDI）。

党的“十八大”以后，考虑到我国地区经济社会发展中一些新情况，为客观、全面反映各地区发展水平，并突出“民生”主题，课题组根据“十八大”提出的新目标和新要求，在原《综合发展指数编制方案》的基础上，调整和补充了部分指标，并修订为《发展与民生指数编制方案》，并据此对各地区发展与民生指数（Development and Life Index，简称DLI）进行了测算。主要修订情况如下：①在民生改善类指标中增加了农村自来水普及率和每千人拥有社会服务床位数两个指标；②在社会进步类指标中，把农村居民享受最低生活保障人口比例替换为农村最低生活保障救助标准占农村居民人均消费支出比例，把城镇居民享受最低生活保障人口比例替换为城镇最低生活保障救助标准占城镇居民人均消费支出比例；③删除了个别相关和重复的指标。

长期以来，如何更好地对经济社会发展进行综合评价，有关国际组织和一些国家都进行了积极探索。联合国开发计划署（UNDP）从1990年开始发布用以衡量各国社会经济发展程度的人类发展指数（Human Development Index，简称HDI），该指数是在预期寿命、成人识字率、人均GDP（购买力平价美元）3个指标的基础上计算生成的。英国于1996年提出了国家可持续发展战略，并成为在全球首次提出全套可持续发展指标体系的国家。联合国大会于2000年通过决议，提出了8项“千年发展目标”及相关的18项具体目标和48项指标，内容涉及社会公平（反贫困、教育平等、性别平等）、生命健康、环境保护及全球合作等方面，成为衡量社会发展进程的重要标准。国内有关研究机构和部门对地区发展也提出了诸多评价指标体系和测评办法。

本课题研究以科学发展观为指导，以“十二五”规划纲要中主要指标为核心指标，制定发展与民生指数评价指标体系；并采用有关部门发布的权威数据，对各地发展与民生改善情况进行量化评价。需要指出的是，本课题报告是初步的、阶段性研究成果，旨在从统计角度反映我国各区域及各省、自治区、直辖市在发展与民生改善方面的进程情况。课题研究在指标选取、测算方法等方面还需要进一步完善，课题组将持续开展进一步深入的研究。

二、指导原则和指标体系设计

发展与民生指数评价指标体系的构建应该遵循以下指导原则：

——导向性原则。指标体系要充分发挥导向、引领作用，激励各地区进一步增强科学发展意识和发展能力，创新体制机制，切实有效地加快科学发展进程。

——前瞻性原则。建立发展与民生指数评价指标体系，视野要开阔，着眼要长远，不仅要考虑本世纪头二十年全面建设小康社会的目标，而且要考虑本世纪中叶基本实现现代化的目标，力争与“十二五”规划相衔接，重点应放在本世纪第二个十年。

——开放性原则。发展与民生指数评价指标体系的建立过程，应保持指标体系的动态性和开放性，根据地区发展的新情况、新特征及中国发展阶段的变化，及时对指标体系进行补充、完善和修订。

——可操作性原则。指标选择具有代表性，同时兼顾统计数据的可获得性，使指标可采集、可量化、可对比。指标设置要与中央“十二五”规划建议等相关国民经济和社会发展规划指标衔接一致，以增强指标体系的政策导向与实践意义。

——公认性原则。评价指标不仅要以客观指

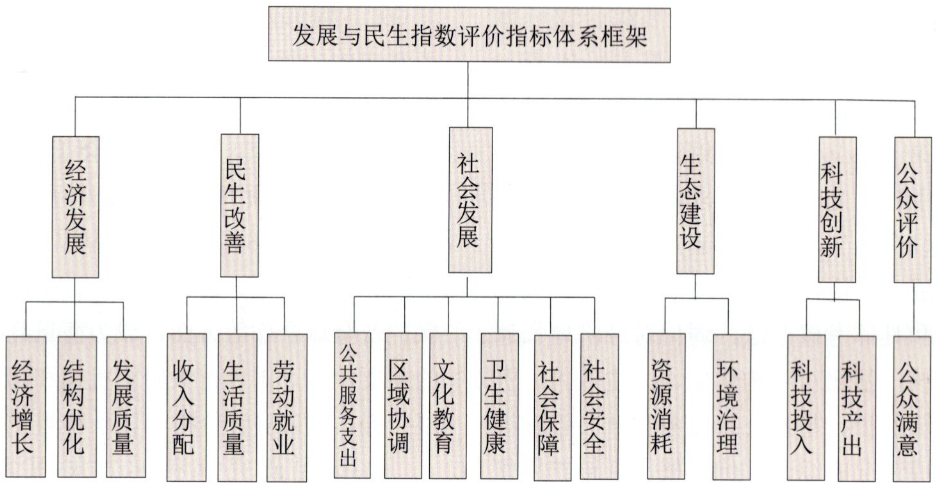

图 1　发展与民生指数评价指标体系框架图

表 1　经济发展类指标

二级指标	三级指标	备注
经济增长	人均 GDP、GDP 指数	这是反映经济发展水平的指标，没有选用总量，而是选用人均，既体现发展第一要义，又体现以人为本，同时选用增长速度，充分考虑了区域经济的动态变化，以衡量经济发展绩效。
结构优化	服务业增加值占 GDP 比重	这是反映产业结构优化升级的指标。服务业是产业结构升级的未来方向，对于发展方式转变及国家整体竞争力具有重要意义，其产出比重已成为衡量产业结构层次高低的重要标准。
	居民消费占 GDP 比重	这是反映优化经济增长需求结构的指标，提高消费需求贡献率，可以促进三大需求拉动的平衡发展，增强经济发展的内生动力。
	高技术产品产值占工业总产值比重	这是反映产业结构优化升级的指标，体现工业结构调整的重要方向，是提高产业竞争力、走新型工业化道路的重要途径。
	城镇化率	该指标反映一个地区城镇化水平高低，衡量城乡二元结构的改善状况，也是反映科学发展观城乡统筹发展的重要指标。
发展质量	全社会劳动生产率	这是反映经济发展综合效益的指标。

标反映地区发展的数量特征，更要把群众认可、满意作为一项重要的衡量标准，做到量化考评和定性考评相结合。因此，发展与民生指数评价指标体系引入公众评价指标，以充分考察人民群众的切身感受，提高公众对于发展的参与度和认可度，主观性指标的引入强化了“既看数字又不唯数字”的理念。

按照以上指导原则，发展与民生指数评价指标体系具体包含经济发展、民生改善、社会发展、生态建设、科技创新、公众评价六个方面（见图1）42项指标，涵盖经济、民生、社会、生态、科技、民意等领域，体现“以人为本”的核心理念和“全面协调可持续”的基本要求，突出资源节约和环境友好，强调科技创新对于转变发展方式、推动科学发展的重要作用。

经济发展类。“十二五”规划建议指出，以加快转变经济发展方式为主线，是推动科学发展的必由之路。按照坚持把经济结构战略性调整作为加快转变经济发展方式的主攻方向，力争经济结构战略性调整取得重大进展。因此，经济发展模块设置了经济增长、结构优化、发展质量3项二级指标及7项三级指标（见表1）。

民生改善类。“十二五”规划建议指出，完善保障和改善民生的制度安排，把促进就业放在经济社会发展优先位置，加大收入分配调节力度，坚定不移走共同富裕道路，使发展成果惠及全体人民。因此，民生改善模块设置了收入分配、生活质量、劳动就业3项二级指标及13项三级指

表2 民生改善类指标

二级指标	三级指标	备注
收入分配	城乡居民收入占GDP比重	这是反映居民在居民、企业、政府三者之间收入分配关系的指标。
	城乡居民收入比	这是反映提高城乡居民收入水平及调整收入分配结构的重要指标。
生活质量	城镇居民人均可支配收入、农村居民人均纯收入	这是反映城乡居民收入水平的重要指标，包括城镇居民人均可支配收入和农村居民人均纯收入，体现了切实的民生改善。
	城乡居民家庭恩格尔系数	这是反映居民生活质量的重要指标。
	人均住房使用面积	这是综合反映一个地区居民居住状况的重要指标，是衡量住房供求差距的重要依据。
	城镇保障性住房新开工面积占住宅开发面积比重	城镇廉租房、经济适用房以及限价房开发面积占住宅开发面积的比重是衡量城镇低收入居民等社会弱势群体是否“居者有其屋”的重要指标。由于目前各地还缺少城镇廉租房以及限价房的统计，因此暂用经济适用房代替。
	互联网普及率	这是反映信息化程度的指标。
	每万人拥有公共汽（电）车辆	这是衡量公共交通便利程度和城市公共服务发展水平的重要指标。
	平均预期寿命	这是衡量一个社会的生活质量、医疗卫生服务水平的指标。人的发展是科学发展的出发点和落脚点，提高人均寿命是以人为本的重要体现。
	农村自来水普及率	农村自来水工程是一项社会公益性为主的事业，是一项重大民生工程。农村自来水普及率是反映农村居民生活水平、生活质量和卫生条件的一项重要指标。
	每千人拥有社会服务床位数	加强社会养老服务体系建设，是应对人口老龄化、保障和改善民生的必然要求，是适应传统养老模式转变、满足人民群众养老服务需求的必由之路，是解决失能、半失能老年群体养老问题、促进社会和谐稳定的当务之急。每千人拥有社会服务床位数是反映社会养老服务体系建设状况的一项重要指标。
劳动就业	城镇登记失业率	这是反映就业水平的指标，体现了就业是民生之本。

表 3 社会发展类指标

二级指标	三级指标	备注
公共服务支出	人均基本公共服务支出	这是反映政府提供公共服务的指标，既反映城市又反映农村，体现公共财政的发展方向、政府职能的转变和城乡统筹的思想。
区域协调	地区经济发展差异系数	这是反映区域之间差别的指标。
文化教育	文化产业增加值占 GDP 比重	该指标反映文化产业在整个国民经济中的发展状况。"十二五" 规划建议中提出推动文化产业成为国民经济支柱性产业，该指标可以衡量文化产业的发展状况。
	平均受教育年限	这是反映人口受教育状况的总体指标，旨在体现科教兴国战略和人才强国战略的实施成果。
卫生健康	5 岁以下儿童死亡率	这是反映社会公共医疗发展水平的重要指标。
社会保障	基本社会保险覆盖率	这是反映城乡社会保障水平的指标，包括现行的城镇基本社会保险，同时增加了农村有关保险的内容，体现了城乡统筹的思想。
	农村（城镇）最低生活保障救助标准占农村（城镇）居民人均消费支出比例	这是反映贫困人口得到社会救助的一项重要指标。
社会安全	社会安全指数	这是反映社会治安及安全生产状况的综合指标。

表 4 生态建设类指标

二级指标	三级指标	备注
资源消耗	单位 GDP 能耗	这是"十一五"规划纲要中提出的一个约束性目标，在"十二五"规划建议中仍是一个约束性指标，反映节约能源情况和资源的利用效率。该指标的设立体现建设资源节约型、环境友好型社会的要求。
	单位 GDP 水耗	这是反映水资源节约和利用效率的指标，反映建设节水型社会的情况。
	单位 GDP 建设用地占用	这是反映土地资源集约、高效利用的指标，符合资源节约的要求。
环境治理	环境污染治理投资占 GDP 比重	这是反映环境治理保护投入力度和水平的重要指标。
	工业"三废"处理达标率	这是反映工业"三废"（废水、废气、固体废物）治理情况的指标。
	城市生活垃圾无害化处理率	城市生活垃圾已经成为城市环境的主要污染源之一，而垃圾被称为"放错地方的资源"，要加强资源循环利用和生态环境保护，增强可持续发展能力，使人民在良好的环境下生活，需要监控城市生活垃圾的无害化处理情况。
	城镇生活污水处理率	城镇生活污水已成为城市环境的主要污染源之一，由于城镇化步伐的加快，为使人民在良好的环境下生活，需要监控城镇生活污水处理情况。
	环境质量指数	这是反映环境问题治理和改善状况的重要指标，包括空气、水和绿化，是人民群众直接感受到环境改善的指标。

标（见表 2）。

社会发展类。“十二五”规划建议指出，加快发展各项社会事业，完善基本公共服务体系，统筹城乡发展，加快推进社会主义新农村建设，促进区域良性互动、协调发展。因此，社会发展模块设置了公共服务支出、区域协调、文化教育、卫生健康、社会保障、社会安全 6 项二级指标及 9 项三级指标（见表 3）。

生态建设类。“十二五”规划建议指出，把建设资源节约型、环境友好型社会作为加快转变经济发展方式的重要着力点。按照深入贯彻节约资源和保护环境基本国策，节约能源，促进经济社会发展与人口资源环境相协调，走可持续发展之路。因此，生态建设模块设置了资源消耗、环境治理 2 项二级指标及 8 项三级指标（见表 4）。

科技创新类。“十二五”规划建议指出，把科技进步和创新作为加快转变经济发展方式的重要支撑，充分发挥科技第一生产力和人才第一资源作用，推动发展向主要依靠科技进步、劳动者素质提高、管理创新转变，加快建设创新型国家的要求。因此，科技创新模块设置了科技投入、科技产出 2 项二级指标及 4 项三级指标（见表 5）。

公众评价类。对发展与民生改善的评价，必须坚持群众满意的原则。因此，评价体系引入公众满意度指标，作为重要的辅助参考指标，暂不参与定量评价（见表 6）。

三、测评方法

发展与民生指数是从经济发展、民生改善、社会发展、生态建设和科技创新五个维度测量的综合性指数，每一维度都是构成具体方面的分指数，每个分指数又由若干个指标合成。其测评方法主要借鉴了联合国人类发展指数（HDI）的测量方法，基本思路是根据每个评价指标的上、下限阈值来计算单个指标指数（即无量纲化），指数一般分布在 0 和 100 之间，再根据每个指标的权重最终合成发展与民生指数。此种方法测算的指数不仅横向可比，而且纵向可比；不仅可以比较各省（区、市）发展与民生指数相对位次，而且也可以考察每个省（区、市）发展与民生改善的历史进程。

表 5　科技创新类指标

二级指标	三级指标	备注
科技投入	万人 R&D 人员全时当量、R&D 经费支出占 GDP 比重	这是国际上通用的衡量一个国家或地区科技活动规模、科技投入强度以及科技创新能力的重要指标，在很大程度上反映了一个国家或地区经济增长潜力和可持续发展能力。
科技产出	高技术产品出口占总出口比例	这是反映出口商品中高技术含量、高附加值产品所占比重的一个重要指标，这一比重的提高既可以直接反映出中国外贸出口产品结构不断升级，也可以间接反映出中国的自主创新能力不断增强。
	万人专利授权数	这是反映自主知识产权和自主创新的指标，专利特别是发明专利体现了一个地区的科技创新能力，具有很强的导向性。

表 6　公众评价类指标

二级指标	三级指标	备注
公众满意	人民群众对发展与民生改善的满意度	采用民意调查，用于衡量人民群众对发展与民生改善的主观感受和认可程度。

（一）指标上、下限阈值的确定

在计算单个指标指数时，首先必须对每个指标进行无量纲化处理，而进行无量纲化处理的关键是确定各指标的上、下限阈值。指标的上、下限阈值主要是参考 2000 － 2009 年全国 31 个省（区、市）中相应指标最大值和最小值，以及小康社会目标值，对有些比例指标还参考了世界中等收入国家的平均值。将第 i 个指标的实际值记为 x_i，权重为 w_i，下限阈值和上限阈值分别为 x^i_{min} 和 x^i_{max}，无量纲化后的值为 Z_i。

（二）指标无量纲化

无量纲化，也叫数据的标准化，是通过数学变换来消除原始变量（指标）量纲影响的方法。

正指标无量纲化计算公式：

$$Z_i = \frac{X_i - X^i_{\min}}{X^i_{\max} - X^i_{\min}} \text{或} Z_i = \frac{Ln(X_i) - Ln(X^i_{\min})}{\ln(X^i_{\max}) - Ln(X^i_{\min})} \qquad (1)$$

逆指标无量纲化计算公式：

$$Z_i = \frac{X^i_{\max} - X_i}{X^i_{\max} - X^i_{\min}} \text{或} Z_i = \frac{Ln(X^i_{\max}) - Ln(X_i)}{Ln(X^i_{\max}) - Ln(X^i_{\min})} \qquad (2)$$

（三）指标权重的确定

权重值的确定直接影响综合评估的结果，权重值的变动可能引起被评估对象优劣顺序的改变。所以，合理地确定综合评估发展各主要因素指标的权重，是进行综合评估能否成功的关键问题。本体系采取常用的专家打分法（即 Delphi 法）确定各级指标的权重。

（四）分类指数和总指数的合成

1．分类指数的合成方法

本体系由经济发展、民生改善、社会发展、生态建设、科技创新五个分类组成。将某一类的所有指标无量纲化后的数值与其权重按公式（3）计算就得到类指数。

$$I_i = \frac{\sum Z_j W_j}{\sum W_j} \qquad (3)$$

2．发展与民生指数的合成方法

将发展与民生指数评价指标体系中的前 41 个指标无量纲化后的数值与其权重按公式（4）计算就得到发展与民生指数。

$$I = \frac{\sum_{i=1}^{41} Z_i W_i}{\sum_{i=1}^{41} W_i} \qquad (4)$$

表 7 发展与民生指数评价指标体系

一级指标	二级指标	三级指标	单位	权重
经济发展（20.0）	经济增长	人均 GDP	元	3.0
		GDP 指数	上年=100	2.0
	结构优化	服务业增加值占 GDP 比重	%	3.0
		居民消费占 GDP 比重	%	3.0
		高技术产品产值占工业总产值比重	%	3.0
		城镇化率	%	3.0
	发展质量	全社会劳动生产率	元/人	3.0
民生改善（26.0）	收入分配	城乡居民收入占 GDP 比重	%	3.0
		城乡居民收入比	农村=1	3.0
	生活质量	城镇居民人均可支配收入	元	2.5
		农村居民人均纯收入	元	2.5
		城乡居民家庭恩格尔系数	%	1.5
		人均住房使用面积	平方米	1.5
		城镇保障性住房新开工面积占住宅开发面积比重	%	0.5
		互联网普及率	%	1.5
		每万人拥有公共汽（电）车辆	标台	1.5
		平均预期寿命	岁	2.0
		农村自来水普及率	%	2.0
		每千人拥有社会服务床位数	张	2.0
	劳动就业	城镇登记失业率	%	2.5
社会发展（21.0）	公共服务支出	人均基本公共服务支出	元	2.5
	区域协调	地区经济发展差异系数	–	2.5
	文化教育	文化产业增加值占 GDP 比重	%	2.5
		平均受教育年限	年	2.5
	卫生健康	5 岁以下儿童死亡率	‰	2.5
	社会保障	基本社会保险覆盖率	%	2.5
		农村最低生活保障救助标准占农村居民人均消费支出比例	%	1.5
		城镇最低生活保障救助标准占城镇居民人均消费支出比例	%	1.5
	社会安全	社会安全指数	%	3.0
生态建设（20.0）	资源消耗	单位 GDP 能耗	吨标准煤/万元	3.0
		单位 GDP 水耗	吨/万元	3.0
		单位 GDP 建设用地占用	亩/万元	3.0
	环境治理	环境污染治理投资占 GDP 比重	%	2.0
		工业“三废”处理达标率	%	2.0
		城市生活垃圾无害化处理率	%	2.0
		城镇生活污水处理率	%	2.0
		环境质量指数	%	3.0
科技创新（13.0）	科技投入	万人研究与试验发展（R&D）人员全时当量	人年	3.5
		R&D 经费支出占 GDP 比重	%	3.5
	科技产出	高技术产品出口占总出口比例	%	3.0
		万人专利授权数	件	3.0
公众评价	公众满意	人民群众对发展与民生改善的满意度		

注：①人均 GDP、城镇居民人均可支配收入、农村居民人均纯收入、单位 GDP 能耗、单位 GDP 水耗、单位 GDP 建设用地占用均按 2000 年价格计算。②公众评价暂未开展。

附件二：

主要指标定义、计算方法与数据来源

1. 人均 GDP

国内生产总值（GDP）是指一个国家（或地区）所有常住单位在一定时期内生产活动的最终成果。对于地区，GDP 中文名称为“地区生产总值”。人均 GDP 是指一定时期内按常住人口平均计算的 GDP。计算公式为：

人均 GDP=GDP÷ 年平均常住人口

注：GDP 按 2010 年不变价计算。

资料来源：统计部门国民经济核算资料。

2. GDP 指数

国内生产总值（GDP）是一个价值量指标，其价值的变化受价格变化和物量变化两大因素影响。不变价国内生产总值是把按当期价格计算的国内生产总值换算成按某个固定期（基期）价格计算的价值，从而使两个不同时期的价值进行比较时，能够剔除价格变化的影响，以反映物量变化，反映生产活动成果的实际变动。

GDP 指数是根据两个时期不变价国内生产总值计算得到，在现有的统计体系中通常选择上年，或者 1978 年为基期。本指标体系中该指标选择上年为基期，即上年 =100，其计算公式为：

$$\text{GDP 指数} = \frac{\text{按上年价格计算的本年度 GDP}}{\text{上年度 GDP}} \times 100$$

数据来源：统计部门国民经济核算资料。

3. 服务业增加值占 GDP 比重

指第三产业增加值占国内生产总值（GDP）的比重。

我国的三次产业划分是：

第一产业：农业（即农林牧渔业）。

第二产业：工业（包括采矿业、制造业、电力燃气及水的生产和供应业）、建筑业。

第三产业：服务业（除第一、第二产业以外的其他各业）。

计算公式为：

第三产业增加值占 GDP 比重 ＝ 第三产业增加值 ÷ 国内生产总值 ×100%

资料来源：统计部门国民经济核算资料。

4. 居民消费占 GDP 比重

居民消费支出指常住住户在一定时期内对于货物和服务的全部最终消费支出，包括如下几种类型：单位以实物报酬及实物转移的形式提供给劳动者的货物和服务；住户生产并由本住户消费了的货物和服务，其中的服务仅指住户的自有住房服务和付酬的家庭雇员提供的家庭和个人服务；金融机构提供的金融媒介服务。

居民消费占 GDP 比重指居民消费支出与 GDP 的比值，计算公式为：

$$居民消费占\ GDP\ 比重 = \frac{居民最终消费支出}{GDP} \times 100\%$$

数据来源：统计部门国民经济核算资料。

5. 高技术产品产值占工业总产值比重

高技术产品产值指高技术产业以货币表现的在一定时期内（通常为一年）生产的工业产品总量。工业总产值是以货币形式表现的，工业企业在一定时期内（通常为一年）生产的工业最终产品或提供工业性劳务活动的总价值量，反映一定时间内工业生产的总规模和总水平。

高技术产品产值占工业总产值比重指高技术产业产品产值与工业总产值的比值。计算公式为：

$$高技术产品产值占工业总产值比重 = \frac{高技术产品产值}{工业总产值} \times 100\%$$

数据来源：统计部门国民经济核算资料、科技统计资料。

6. 城镇化率

指城镇人口数量占总体人口数量的比重。计算公式为：

城镇化率 ＝ 城镇人口 ÷ 人口总数 ×100%

本指标使用的是人口普查中按城乡划分标准统计的城镇人口数。

资料来源：统计部门人口统计资料。

7. 全社会劳动生产率

指一定时期内全社会劳动者（从业人员）的劳动效率。它表明一个国家（或地区）的社会生产力发展水平，是反映该国家（地区）经济实力的基本指标之一。计算公式为：

$$全社会劳动生产率 = \frac{GDP}{平均就业人口总数}$$

数据来源：统计部门国民经济核算资料、人口统计资料。

8. 城乡居民收入占 GDP 比重

指一个国家（或地区）城镇居民可支配收入与农村居民纯收入之和占 GDP 的比重，其中城镇居民可支配收入等于城镇居民人均可支配收入乘以城镇常住人口，农村居民纯收入等于农村居民人均纯收入乘以农村常住人口。计算公式为：

$$城乡居民收入占\ GDP\ 比重 = \frac{城镇居民人均可支配收入 \times 城镇人口 + 农村居民人均纯收入 \times 农村人口}{GDP} \times 100\%$$

数据来源：统计部门住户调查资料、人口统计资料、国民经济核算资料。

9. 城乡居民收入比

指城镇居民人均可支配收入与农村居民人均纯收入之比（以农村为 1）。计算公式为：

城乡居民收入比 ＝ 城镇居民人均可支配收入 ÷ 农村居民人均纯收入

资料来源：统计部门住户调查资料。

10．城镇居民人均可支配收入

城镇居民可支配收入指居民家庭可以用来自由支配的收入。它是家庭总收入扣除交纳的所得税、个人交纳的社会保障费以及调查户的记账补贴后的收入。计算公式：

城镇居民可支配收入＝家庭总收入－交纳所得税－个人交纳的社会保障支出－记账补贴

城镇居民人均可支配收入指在一段时期内（一般为一年）按城镇人口平均计算的城镇居民可支配收入。

数据来源：统计部门住户调查资料。

11．农村居民人均纯收入

农村居民纯收入指农村居民当年从各个来源得到的总收入相应地扣除所发生的费用后的收入总和。计算公式：

农村居民纯收入＝总收入－税费支出－家庭经营费用支出－生产性固定资产折旧－赠送农村内部亲友支出

农村居民人均纯收入指在一段时期内（一般为一年）按农村人口平均计算的农村居民纯收入。

数据来源：统计部门住户调查资料。

12．城乡居民家庭恩格尔系数

指居民用于食品消费的支出占消费性支出（城镇）或生活消费支出（农村）的比重。食品支出是指居民用于主食、副食、其他食品以及在外饮食的支出总和。计算公式为：

恩格尔系数 =（城镇居民食品支出 ÷ 消费性支出 ×100%）× 城镇人口比重 +

（农村居民食品支出 ÷ 生活消费支出 ×100%）×（1 －城镇人口比重）

数据来源：统计部门住户调查资料。

13．人均住房使用面积

指城镇人均住房使用面积和农村人均钢筋砖木结构住房面积的加权平均。计算公式为：

人均住房使用面积 = 城镇人均住房使用面积 × 城镇人口比重

+ 农村钢筋砖木结构人均住房面积 ×（1 －城镇人口比重）

城镇人均住房建筑面积：指城镇居民按人平均的现有住房的建筑面积。现住房计算总建筑面积时以房屋产权证或租赁证为准。建筑面积可按使用面积乘以 1.33 计算得出。

农村人均钢筋、砖木结构住房面积：指农村居民按人平均的钢筋混凝土结构和砖木结构住房的室内面积。房屋面积从内墙线算起，不包括房屋结构（如墙、柱）占用的面积，多层建筑按各层面积总和计算。钢筋混凝土结构是指房屋的梁、柱、承重墙等主要部分是用钢筋混凝土建造的。砖木结构是指梁、柱、承重墙等主要部分是用砖、石和木料建造的。

数据来源：统计部门住户调查资料。

14．城镇保障性住房新开工面积占住宅开发面积比重

保障性住房指政府在对中低收入家庭实行分类保障过程中所提供的限定供应对象、建设标准、销售价格或租金标准，具有社会保障性质的住房。包括廉租房、经济适用住房、公共性租赁房（是政府提供政策支持，限定户型面积、供应对象和租金水平，面向中低收入住房困难家庭等群体出租的住房）、城市棚户区改造房、林（垦、煤）区棚户区改造房以及国有工矿棚户区改造房等。计算公式为：

$$城镇保障性住房新开工面积占住宅开发面积比重=\frac{本年新开工保障性住房面积}{本年新开工住宅面积}\times 100\%$$

由于数据所限，本指标用经济适用房面积来表示保障性住房面积。

数据来源：统计部门固定资产投资统计资料。

15. 互联网普及率

指一段时期内互联网使用人口占全部人口的比重。计算公式为：

$$互联网普及率=\frac{互联网使用人口}{全部人口}\times 100\%$$

数据来源：工业和信息化部统计资料、统计部门人口统计资料。

16. 每万人拥有公共汽（电）车辆

指报告期末每万人平均拥有的公共交通车辆的标准运营车数，单位为标台。标准运营车数即为不同类型的运营车辆按统一的标准当量折合成的运营车数。计算公式为：

$$标准运营车数=\Sigma（每类型车辆数\times 相应换算系数）$$

各类型车辆换算系数标准：

类别	车长范围（米）	换算系数	类别	车长范围（米）	换算系数
1	>5～7	0.7	5	>16～18	2.0
2	>8～10	1.0	6	>18	2.5
3	>10～13	1.3	7	双层	1.9
4	>13～16	1.7			

注：每类车长的上限值均含在本级中。

数据来源：交通运输部统计资料、公安部门统计资料。

17. 平均预期寿命

指一个人口群体从出生起平均能存活的年龄（岁）。平均预期寿命是根据分年龄死亡率，通过编制生命表得到的。由于需要分年龄死亡数据，为了保证分年龄死亡数据的代表性，必须从规模较大的调查中获得死亡数据。我们可以利用10年一次的人口普查和5年一次的1%人口抽样调查获得的死亡数据计算平均预期寿命。其余年份的数据采取根据联合国推荐的平均预期寿命在各阶段提高幅度，参考年度1‰人口变动情况抽样调查数据进行推算，以此对指标执行情况进行监测和评价。

资料来源：统计部门人口统计资料。

18. 农村自来水普及率

指农村饮用自来水人口数占农村人口总数的百分比。计算公式为：

$$农村自来水普及率=\frac{农村饮用自来水人口}{农村人口总数}\times 100\%$$

数据来源：卫生部门统计资料、统计部门人口统计资料。

19. 每千人拥有社会服务床位数

指每 1000 人口中拥有社会服务床位的数量。计算公式为：

$$每千人拥有社会服务床位数=\frac{社会服务床位数}{常住人口}\times 1000$$

数据来源：民政部门统计资料、统计部门人口统计资料。

20. 城镇登记失业率

指城镇登记失业人员与城镇单位就业人员（扣除使用的农村劳动力、聘用的离退休人员、港澳台及外方人员）、城镇单位中的不在岗职工、城镇私营业主、个体户主、城镇私营企业和个体就业人员、城镇登记失业人员之和的比。计算公式为：

$$城镇登记失业率=\frac{城镇登记失业人口}{\begin{gathered}(城镇单位就业人口-使用的农村劳动力-聘用的离退休人员-\\聘用的港澳台及外方人员)+不在岗职工+城镇私营业主+城镇\\个体户主+城镇私营企业及个体就业人员+城镇登记失业人数\end{gathered}}\times 100\%$$

数据来源：统计部门人口统计资料。

21. 人均基本公共服务支出

基本公共服务是指建立在一定社会共识之上，由政府根据经济社会发展阶段和总体水平来提供、旨在保障个人生存权和发展权所需要的最基础的公共服务。基本公共服务主要分为四个方面：一是基本生存服务，包括公共就业服务、社会保障等；二是基本发展服务，包括教育、医疗卫生、文化体育等；三是基本环境服务，包括交通通信、公共设施和环境保护等；四是基本安全服务，包括公共安全、国防安全等。这里的基本公共服务支出是指包括公共教育、医疗卫生、社会保障和就业、公共文化、环境保护、基础设施、住房保障等支出。

人均基本公共服务支出指在一段时期内按常住人口平均计算的基本公共服务支出。计算公式为：

$$人均公共服务支出=\frac{基本公共服务支出}{常驻人口}\times 100\%$$

数据来源：财政部门统计资料。

22. 地区经济发展差异系数

指各地区经济发展水平（人均国内生产总值）的差异系数。计算公式为：

$$V_{\sigma}=\frac{\sqrt{\frac{1}{n}\sum_{i=1}^{n}(PCY_i-\overline{PCY})^2}}{\overline{PCY}}$$

其中 n 为辖区内地区个数，PCY_i 为地区 i 的人均 GDP，$\overline{PCY}$ 为 n 个地区的平均人均 GDP。地区经济发展差异系数 V_{α} 反映的是各地区之间经济发展差异情况，V_{α} 值越大，各地区之间经济发展差异程度越大，反之亦然。

数据来源：统计部门国民经济核算资料。

23. 文化及相关产业增加值占 GDP 比重

指文化及相关产业增加值占国内生产总值的比重。

文化及相关产业指为社会公众提供文化产品和文化相关产品的生产活动的集合。我国文化及相关产业的范围包括：以文化为核心内容，为直接满足人们的精神需要而进行的创作、制造、传播、展示等文化产品（包括货物和服务）的生产活动；为实现文化产品生产所必需的辅助生产活动；作为文化产品实物载体或制作（使用、传播、展示）工具的文化用品的生产活动（包括制造和销售）；以及为实现文化产品生产所需专用设备的生产活动（包括制造和销售）。根据各类文化活动的特点，兼顾相关标准，将全部文化产业活动划分为 10 大类别：①新闻出版发行服务；②广播电视电影服务；③文化艺术服务；④文化信息传输服务；⑤文化创意和设计服务；⑥文化休闲娱乐服务；⑦工艺美术品的生产；⑧文化产品生产的辅助生产；⑨文化用品的生产；⑩文化专用设备的生产。计算公式为：

文化及相关产业增加值占 GDP 比重 = 文化及相关产业增加值 ÷ 国内生产总值 ×100%

资料来源：统计部门。

24. 平均受教育年限

指一定时期全国 15 岁及以上人口人均接受学历教育（包括成人学历教育，不包括各种非学历培训）的年数。计算公式为：

$$\text{平均受教育年限} = \frac{\sum P_i E_i}{P}$$

式中 P 为本地区 15 岁及以上人口，P_i 为具有 i 种文化程度的人口数，E_i 为具有 i 种文化程度的人口受教育年数系数，i 则根据我国的学制确定。

资料来源：统计部门人口统计资料。

25. 5 岁以下儿童死亡率

指每千名活产婴儿从出生到满 5 岁时的死亡概率。

数据来源：卫生部门统计资料。

26. 基本社会保险覆盖率

指已参加基本养老保险和基本医疗保险人口占政策规定应参加人口的比重。计算公式为：

$$\text{基本社会保险覆盖率} = \frac{\text{已参加基本养老保险的人数}}{\text{应参加基本养老保险的人数}} \times 50\% + \frac{\text{已参加基本医疗保险的人数}}{\text{应参加基本医疗保险的人数}} \times 50\%$$

基本社会保险主要包括基本养老保险、基本医疗保险、失业保险、工伤保险和生育保险等五项，其中基本养老保险、基本医疗保险最为重要，所以在计算基本社会保险覆盖率时只计算基本养老保险和基本医疗保险的覆盖率。

资料来源：劳动和社会保障部门统计资料或统计部门劳动保障统计资料。

27. 农村最低生活保障救助标准占农村居民人均消费支出比例

是反映享受最低生活保障的农村居民相对于农村一般消费水平所能达到的生活质量。计算公式为：

$$\text{农村最低生活保障救助标准占农村居民人均消费支出比例} = \frac{\text{农村最低生活保障救助标准}}{\text{农村居民人均消费支出比例}} \times 100\%$$

农村最低生活保障救助标准按照当地维持农村居民基本生活所必需的衣、食、住费用，适当考虑用电、用水、燃料等所需费用确定，并随着当地生活必需品价格变化、经济发展和农村居民生活水平提高适时调整。

数据来源：民政部门统计资料、统计部门住户调查资料。

28．城镇最低生活保障救助标准占城镇居民人均消费支出比例

是反映享受最低生活保障的城镇居民相对于城镇一般消费水平所能达到的生活质量。计算公式为：

$$\text{城镇最低生活保障救助标准占城镇居民人均消费支出比例}=\frac{\text{城镇最低生活保障救助标准}}{\text{城镇居民人均消费支出比例}}\times 100\%$$

城镇居民最低生活保障标准按照当地维持城镇居民基本生活所必需的衣、食、住费用，适当考虑用电、用水、燃料等所需费用确定，并随着当地生活必需品价格变化、经济发展和城镇居民生活水平提高适时调整。

数据来源：民政部门统计资料、统计部门住户调查资料。

29．社会安全指数

是一个合成指数，表示社会安全的状态。指一定时期内，社会安全的几个主要方面（社会治安、交通安全、生活安全、生产安全等）的总体变化情况。其中，社会治安采用万人刑事犯罪率指标；交通安全采用万人交通事故（含道路交通、水上交通、铁路、民航等）死亡率指标；生活安全采用万人火灾事故死亡率指标；生产安全采用万人工伤事故死亡率指标。计算公式为：

$$\text{社会安全指数}=\frac{\text{2000 年全国万人刑事犯罪率}}{\text{当年本地万人刑事犯罪率}}\times 40+\frac{\text{2000 年全国万人交通事故死亡率}}{\text{当年本地万人交通事故死亡率}}\times 20+\frac{\text{2000 年全国万人火灾事故死亡率}}{\text{当年本地万人火灾事故死亡率}}\times 20+\frac{\text{2000 年全国万人工伤事故死亡率}}{\text{当年本地万人工伤事故死亡率}}\times 20$$

资料来源：法院、公安、安全生产管理部门统计资料。

30．单位 GDP 能耗

指在一定时期内（通常为一年），每生产万元国内生产总值（GDP）所消耗的能源总量。计算公式为：

$$\text{单位 GDP 能耗}=\frac{\text{能源消耗总量（吨标准煤）}}{\text{国内生产总值（GDP）（万元）}}$$

注：GDP 按 2000 年不变价计算。

资料来源：统计部门能源统计资料。

31．单位 GDP 水耗

指在一定时期内（通常为一年），每生产万元国内生产总值（GDP）的用水总量。计算公式为：

$$\text{单位 GDP 水耗}=\frac{\text{用水总量（立方米）}}{\text{国内生产总值（GDP）（万元）}}$$

注：GDP 按 2000 年不变价计算。

数据来源：水利部门统计资料、国民经济核算资料。

32．单位 GDP 建设用地占用面积

指在一定时期内（通常为一年），每生产万元国内生产总值（GDP）所占用的建设用地面积。计算公式为：

$$单位GDP建设用地占用面积=\frac{建设用地面积（公顷）}{国内生产总值（GDP）（万元）}$$

注：GDP按2000年不变价计算。

数据来源：国土资源部门统计资料、统计部门国民经济核算资料。

33. 环境污染治理投资占GDP比重

环境污染治理投资指在污染源治理和城市环境基础设施建设的资金投入中，用于形成固定资产的资金，其中污染源治理投资包括工业污染源治理投资和“三同时”项目环保投资两部分。环境污染治理投资为城市环境基础设施投资、工业污染源治理投资与“三同时”项目环保投资之和。环境污染治理投资占GDP比重指环境污染治理投资在GDP中所占比重。计算公式为：

$$环境污染治理投资占GDP比重=\frac{环境污染治理投资}{GDP}\times100\%$$

数据来源：环保部门统计资料、统计部门国民经济核算资料。

34. 工业“三废”处理达标率

指工业废水排放达标率、工业废气排放达标率、工业固体综合利用率的算术平均。计算公式为：

$$工业“三废”处理达标率=\frac{工业废水排放达标率+工业废气排放达标率+工业固体综合利用率}{3}$$

其中，工业废气排放达标率是工业二氧化硫排放达标率、工业烟尘排放达标率、工业粉尘排放达标率的算术平均数。

资料来源：环保部门统计资料。

35. 城市生活垃圾无害化处理率

指在一定时期内（通常为一年），生活垃圾无害化处理量与生活垃圾产生量比率。在统计上，由于生活垃圾产生量不易取得，可用清运量代替。

生活垃圾无害化处理量指用卫生填埋、堆肥、焚烧等工艺方法处理生活垃圾的总量，即生活垃圾在无害化处理厂（场）处理的垃圾总量。计算公式为：

$$城市生活垃圾无害化处理率=\frac{城市生活垃圾无害化处理量}{城市生活垃圾产出量}\times100\%$$

资料来源：住房和城乡建设部统计资料。

36. 城镇生活污水处理率

指在一定时期内（通常为一年），城镇生活污水处理量与城市生活污水产生量的比率。计算公式为：

$$城市生活污水处理率=\frac{城市生活污水处理量}{城市生活污水排放总量}\times100\%$$

城镇生活污水排放量指城镇居民每年排放的生活污水，用人均系数法测算。计算公式为：

$$城镇生活污水排放量=城镇生活污水排放系数\times市镇非农业人口\times365$$

城镇生活污水处理量指报告期内污水处理厂处理的城镇生活污水总量。由于污水处理厂不仅处理生活污水，也处理一部分工业废水。因此，计算公式为：

城镇生活污水处理量 = 污水处理厂处理的城镇生活污水总量 - 处理的工业废水总量

资料来源：住房和城乡建设部统计资料。

37. 环境质量指数

环境质量是包括水环境、大气环境、土壤环境、生态环境、地质环境、噪声等环境要素优劣的一个综合概念。由于环境统计数据的限制，环境质量指数的计算目前暂由水环境、大气环境、绿化等环境要素构成，待条件成熟时，再加其他。环境质量综合指数包括：城市空气质量达标率、地表水达标率和国土绿化达标率。计算公式为：

$$环境质量指数 = 城市空气质量达标率 \times 40\% + 地表水达标率 \times 40\% + 国土绿化达标率 \times 20\%$$

其中：

（1）城市空气质量达标率：指辖区内城市全年空气质量良好以上天数（即空气污染指数 API 小于或等于 100 的天数）占总天数比例的平均值。

（2）地表水达标率：指辖区内各地表水环境功能区断面全年监测结果均值按相应水域功能目标评价达标的断面数占总断面数的比例。计算公式：

$$地表水达标率 = \frac{辖区内各地表水环境功能区断面中全年水质达标的断面数}{辖区内各地表水环境功能区断面总数}$$

（3）国土绿化达标率：指辖区内森林覆盖率与目标值 23% 的比率。计算公式：

$$国土绿化达标率 = \frac{森林覆盖率（\%）}{23\%} \times 100\%$$

数据来源：环保部门、林业部门统计资料。

38. 万人 R&D 人员全时当量

研究与试验发展（R&D）人员全时当量由参加 R&D 项目人员的全时当量及应分摊在 R&D 项目的管理和直接服务人员的全时当量两部分相加计算。一个折合全时当量是一人年。例如，一个人在 R&D 活动上花费了 30% 的正常工作时间而 70% 的时间用于其他工作，则其折合全时当量为 0.3。

万人研究与试验发展（R&D）人员全时当量指每万个地区人口的研究与试验发展（R&D）人员全时当量。计算公式为：

$$万人\ R\&D\ 人员全时当量 = \frac{R\&D\ 人员全时当量}{常驻人口总数（万人）} \times 100\%$$

数据来源：统计部门科技统计资料。

39. R&D 经费支出占 GDP 比重

指一定时期（通常为一年）科学研究与试验发展（简称 R&D）经费支出占同期 GDP 的比重。计算公式为：

$$R\&D\ 经费支出占\ GDP\ 比重 = \frac{R\&D\ 经费支出}{GDP} \times 100\%$$

研究与试验发展（R&D）指在科学技术领域，为增加知识总量、以及运用这些知识去创造新的应用进行的系统的创造性的活动，包括基础研究、应用研究、试验发展三类活动。

数据来源：统计部门科技统计资料。

40．高技术产品出口占总出口比例

指一定时期（通常为一年）高技术产品出口额占同期出口总额的比重。计算公式为：

$$高技术产品出口占总出口比例=\frac{高技术产品出口额}{总出口额}\times 100\%$$

数据来源：统计部门科技统计资料。

41．万人专利授权数

专利授权数指报告年度内由国内外知识产权行政部门向调查单位授予专利权的件数。包括发明、实用新型和外观设计三种专利，反映拥有自主知识产权的科技和设计成果情况。万人专利授权数指按年度常住人口平均计算的专利授权数。计算公式为：

$$万人专利授权数=\frac{专利授权数}{常驻人口总数（万人）}\times 100\%$$

数据来源：统计部门科技统计资料。

42．公众对发展与民生改善的满意度

主观指标，采用民意调查得到，用于衡量公众对于各地发展与民生改善的主观感受和认可程度。此指标暂未开展调查。

Important Documents

一、主题报告篇

二、专题报告篇

三、地区报告篇

7.4%：含金量高来之不易

2014年，面对复杂多变的国际环境和艰巨繁重的国内发展改革稳定任务，中国经济克服诸多挑战，顶住下行压力，现价GDP一举突破60万亿元大关，不变价GDP较上年增长7.4%，实现了年初提出的7.5%左右的增长目标。中国经济这辆重载“列车”能够在新常态下继续以中高速度奋力爬坡前行，实属来之不易。

7.4%是一个符合“新常态”下内在经济规律的增速

也许，对于那些习惯了中国经济以往动辄实现“八九不离十”增长的观察人士而言，7.4%的增速让他们感觉不太适应。但这样的思维方式其实与中国经济发展进入“新常态”阶段的现实并不合拍。

经常爬坡登山的人都会有这样的体会：开始时上得疾也爬得快，可越往后越感吃力，因为空气越来越稀薄，速度自然也就慢下来了，然而不经意间回头望去，却发现自己攀上了“群山渐小”的新高度。登山如此，经济发展也如是。

2014年我国初步核算的名义GDP是63.6万亿元，按人民币兑美元平均汇率计算，较2013年多出了8665亿美元。这个增量，比1996年全年8608亿美元的经济总量还高出约57亿美元，超过了土耳其全年的经济总量，而土耳其则是全球的第十七大经济体。这意味着，纵向来看，实现中国经济增长7.4%的增速，我们已经创造出比以往我国一年的GDP总量还要多的新增量；而从横向来比较，我们已经新增了一个比土耳其的经济体量还要大的规模。

由此可见，随着中国经济的体量一年比一年扩张，进一步的增长所面临的基数大了，起点高了，每增长一个百分点都需要付出艰辛的努力。这是经济发展进入新常态阶段的内在规律使然。可以说，我国经济能够在由高增长转向中高速增长的增速换挡期，继续保持7.5%左右的增长水平，殊为不易。

7.4%也是一个有着较高“含金量”的增速水平

如今，中国经济每增长一个百分点，就需要新增1171亿美元。这反映出了什么？我们不妨将2014年与2007年进行一番比较。

2007年是近20多年来我国经济增长水平最高的一年，当年现价GDP为26.8万亿元，较上年增长14.2%，属于名副其实的高增长。如按当年人民币平均汇率折算，新增GDP约合7944亿美元。这意味着2007年每增长一个百分点，其所对应的GDP新增量是559亿美元。

而2014年尽管是中国经济进入新世纪以来增速最低的一年，增速为7.4%，大约是2007年的一半，但GDP新增量按当年人民币平均汇率折算为8665亿美元，每增长一个百分点所对应的GDP新增量高达1171亿美元，其“含金量”是2007年的两倍多！

这足以说明，当中国经济发展进入新常态后，关于经济增速高与低的评价尺度和标准，必须适应“新常态”，而且要有新维度。只有深刻认识和把握“新常态”下经济发展增速换挡的客观规律，才能深切体认到7.4%增速的弥足珍贵。

7.4%更是一个克服困难、奋力稳中求进的增速

简单就数论数，容易失之偏颇。只有将结果置于过程中来观察，方能体会到得之非易。

2014年，是中国经济发展很不平凡的一年，我们遭遇不少困难，面临许多挑战。一方面，从

国际环境来看，全球经济仍处于国际金融危机后的深度调整期，世界经济复苏曲折、缓慢而复杂，主要经济体经济表现和宏观政策明显分化，增长动力不足。由于国际市场需求增长乏力，地缘政治等非经济扰动因素增多，大宗商品价格剧烈波动，增加了国际贸易风险和不确定性，这就给我国外贸的稳定增长带来了不利影响。另一方面，从国内环境来看，经济增速换挡期、结构调整阵痛期、前期刺激政策消化期“三期叠加”的效应进一步显性化，工业增长明显放缓，投资需求进一步减弱，中国经济下行压力很大。

面对严峻的内外环境和极其复杂的改革发展任务，党中央、国务院坚持稳中求进的工作总基调，精准把握宏观调控区间管理界限，不搞“漫灌”式的强刺激，而是强力推进结构性调整，加大改革力度，通过简政放权激发市场和企业活力，培养经济增长的新动力，确保了中国经济的“列车”在世界经济深度调整的大背景下平稳较快运行。

2014 年，我国经济不仅没有掉挡失速，其增速在世界主要经济体中仍然是最高水平；

2014 年，我国经济不仅没有掉挡失速，主要经济指标之间反而相互匹配、相得益彰——与 GDP 增长 7.4% 相适应的是，在经济放缓情况下，城镇就业新增 1300 多万人，CPI 上涨 2%，低于年初预期目标；

2014 年，我国经济不仅没有掉挡失速，反而进一步优化了结构，形成了新动能，跑得更加稳健有力——产出结构由工业主导向服务业主导加快转变；需求结构中最终消费的比重在提升；增长动力结构方面，新产业、新技术、新业态、新模式、新产品不断涌现并加速成长，经济向中高端迈进势头明显，经济运行质量进一步提高。

总之，在世界经济深度调整和中国经济进入新常态阶段的大背景下，我国经济能够取得如此富有“含金量”的增长，既来之不易，更需要倍加珍惜。

（撰稿：黄真　国家统计局中国信息报社）

城镇新增就业：稳中有增亮点纷呈

羊年春节前夕，山东省一个名不见经传的小城中，一年前因生孩子而辞职待业的孙女士，在家门口新开张的大型综合购物超市找到了一份心仪的工作。“商场广播员，工作挺轻松，待遇也不错”。对于文化程度并不高的孙女士而言，这份不用“卖力气”的工作，让她颇为满意。

根据国家统计局日前公布的《2014 年国民经济和社会发展统计公报》（下称《公报》），2014 年，我国城镇新增就业 1322 万人，同比多增 12 万人，再创历史新高。在年内国际环境错综复杂、国内经济下行压力较大的大背景之下，新增就业稳中有增，这份就业“成绩单”的取得实属不易。其背后，是各级政府千方百计促就业的有效调控，是深化改革与结构调整不断释放的增长红利，是大众创业、万众创新迸发出的市场活力。

促就业 保底线 重点群体就业稳步推进

如果说就业是民生之本，那么“促就业”便是头号惠民工程。步入 2014 年，中国经济增速换挡、企业效益欠佳、结构调整压力显现等种种因素叠加，让“促就业”这一最大的惠民工程经受巨大考验。而另一方面，随着我国劳动年龄人口的逐步减少，就业领域总量矛盾相对缓解的同时，结构性矛盾却在逐步凸显。

在这样的背景下，年内各级政府始终将“保就业”作为稳增长的“底线”，实施就业优先战略和更加积极的就业政策，特别是针对高校毕业生、农村转移劳动力、城镇就业困难人员等重点群体推出并落实了一系列颇具效力的政策措施。

其中，高校毕业生就业一直以来是我国就业工作的重中之重。2014 年我国高校研究生和本科专科毕业生总计达到 713 万人。为了能够更好的促进高校毕业生就业创业，诸如“大学生就业促进计划”、“大学生创业引领计划”、“离校未就业高校毕业生就业促进计划”以及高校毕业生就业服务周等等一系列政策措施在全国各地轮番上阵，成效显著。来自多地的相关数据表明，2014 年高校毕业生就业形势总体稳中趋好。

近年来，我国城镇化建设不断加快，城镇化率大幅提高。在城镇化进程中，劳动力转移就业压力增大。农村转移劳动力同样是就业工作的重点关注群体。《公报》数据显示，2014 年全国农民工总量达到 27395 万人，比上年增加 501 万人，增长 1.9%。为帮助他们充分顺利就业，年内旨在提升农民工职业技能、服务农民工就业的“春潮行动”、“春风行动”等在全国各地遍地开花，有效地促进了农民工就业规模不断扩大。

此外，还解决了一些困难群体的就业问题。来自人力资源和社会保障部的相关数据显示，2014 年城镇失业人员再就业 540 万人，就业困难人员就业 170 万人。

转方式 优结构 新常态释放就业增长新动力

除了政策措施的有效调控，经济增速放缓下的就业逆势增长，同样源自于中国经济增长的“含金量”已经不同以往。事实上，新常态下，随着中国经济结构调整的推进、经济增长方式的转变，推动中国就业增长的动力机制已更新换代。

由吸纳就业能力更强的第三产业服务业的蓬勃发展所带来的经济结构优化，是促进就业增长的一个关键动力。《公报》显示，2014 年第三产业增加值 306739 亿元，占国内生产总值的比重为 48.2%，高出第二产业 5.6 个百分点。而在 2014 年全国新设立的企业中，第三产业企业数量增幅为 50.03%，明显高于第二产业 29.72% 的增幅，第三产业企业占所有企业的比重提高到了

78.72%。

在服务业加速发展的势头之下，中国经济每一个增长点所能够带动的新增就业规模也相应提升。李克强总理曾经指出，过去中国 GDP 每增长 1 个百分点，能够拉动大约 100 万人就业。经过几年经济结构调整，尤其是随着服务业的加快发展，目前 GDP 增长 1 个百分点，能够拉动大约 130 万甚至 150 万人就业。

小微企业作为国民经济的重要组成部分，在就业领域发挥着“主力军”的作用。全国第三次经济普查结果显示，2013 年末，小微企业从业人员 14730.4 万人，占全部企业法人单位从业人员 50.4%，也就是说小微企业创造了我国半数就业。在此背景下，扶持小微企业健康发展是 2014 年政府工作的一大着力点。年内诸如税收减免、鼓励小微企业吸纳就业者等等一系列惠及中小企业特别是小微企业的扶持政策密集出台，让小微企业在迎来发展“黄金期”的同时，其在拉动就业方面所发挥的关键作用也愈发凸显。

此外，以电子商务为代表的新业态、新产业的不断涌现也成为新常态下不可忽视的就业增长点。中国电子商务研究中心的相关数据显示，截至 2014 年 6 月，电子商务企业直接从业人员超过 250 万人，间接带动的就业人数已超过 1720 万人。

促改革 倡创新 全民创业带动就业效应显现

2014 年是全面深化改革的开局之年。新一届政府以深化行政审批制度改革为突破，推出一系列重大改革措施，全年分 3 批取消下放行政审批事项 247 项。而其中，有关投资创业创新和就业的有 160 多项，有效地带动了创业，促进了就业。

而商事制度改革作为简政放权的“先手棋”，通过降低创业门槛、改善营商环境，撬开了大众创业、万众创新的闸门，市场蕴藏的活力得到全面激发。国家工商总局相关数据显示，自去年 3 月 1 日商事制度改革实施以来，我国新登记注册企业呈现“井喷式”增长——3-12 月，全国新登记注册市场主体 1146.69 万户，同比增长 16.82%。其中，企业 323.51 万户，增长 48.76%，平均每天新登记企业 1.06 万户。

毋庸置疑，借着深化改革创新的“东风”，我国 960 万平方公里的土地上，新一轮“大众创业”的浪潮正在涌动，“万众创新”的势头正在孕育。这不仅为新常态下的中国社会经济发展注入强大活力，也随之创造了大量的就业机会，以创业带动就业的效应开始显现，成为解决就业的一条重要渠道。根据国家工商总局的相关数据，截至 2014 年 12 月底，全国个体私营经济从业人员实有 2.5 亿人，比 2013 年底增加了 3117.66 万人，增长 14.26%。

上述种种就业领域出现的新亮点、新迹象，让人们看到了中国经济提质增效所取得的新进展，看到人民生活水平提高的新希望。无疑，这也将铸就中国经济行稳致远的坚定信心。

（撰稿：李琳 杨敬 国家统计局中国信息报社）

居民收入较快增长　收入差距进一步缩小

“税后工资多少？”“股票是赚了还是赔了？”“粮食卖了多少钱？”……盘点过去一年，最绕不开的就是收入话题。

收入是民生之源，是老百姓最关心的切身利益问题。刚刚过去的2014年，全国居民人均可支配收入20167元，比上年增长10.1%，扣除物价实际增长8%，居民收入保持较快增长。与此同时，物价保持稳定，全年CPI上涨2%，老百姓钱袋子越来越鼓。

工资性收入：就业稳促收入增

2014年全国居民人均工资性收入占人均可支配收入的56.6%，虽然比2013年的56.9%略有下降，但仍是居民收入增长的最主要拉动力量。

宏观经济运行总体平稳，就业形势持续向好，为工资收入稳定增长提供了有力保证。去年我国顶住经济下行压力，国民经济实现了7.4%的增速。经济的稳定增长保证了就业形势的总体稳定，同时各级政府积极出台促进就业创业政策，就业人数稳中有增。按照人社部的统计，城镇新增就业1322万人，超额完成1000万人的目标。

最低工资标准和工资指导线标准均有不同程度提高，促进劳动者特别是低收入劳动者工资水平提升。据了解，去年全国有19个省份上调了最低工资标准，平均增幅为14.1%，23个省份调高了工资指导线。

农民工工资收入增长拉动农村居民工资性收入快速增长。2014年农民工工资收入继续快速增长，外出农民工月均收入增长9.8%，同时农民工人数继续增加，同比增长1.9%。

经营性收入：政策扶持减负担

2014年是全面深化改革元年。一项项惠民政策接连出台，让广大老百姓实实在在获得了改革带来的红利。

优化市场环境、破除市场壁垒、减轻企业负担、扶持创业就业，国家一系列政策扶持，为促进中小企业发展增加城乡居民经营性收入发挥了积极作用。

2014年，国务院在取消和下放300多项行政审批的基础上，专门下发了扶持小微企业发展的政策意见，从政策鼓励、财税支持、激励创新、企业减负等方面推进小微企业的发展。去年有2000多万户小微企业享受到了政策减免税的优惠，同时国务院专门出台了普惠性降税的措施，每年可以为企业和居民减少负担400多亿元。

2014年，农村居民人均第一产业经营净收入2999元，比上年增长5.6%。其中，种粮农民收入增长主要得益于以下方面：一是粮食增产，实现“十一连丰”；二是中央高度重视农业生产，不断增加种粮农民补贴；三是国家再次提高粮食最低收购价格，农产品价格总体平稳；四是农业生产资料价格下降。

各级各地政府采取有力政策扶持农民自主创业，个体工商户和小微企业的经营环境进一步改善，以农副产品加工、商品零售、交通运输以及乡村旅游为主的农村二、三产业快速发展。2014年农村居民人均第三产业经营净收入增长16.3%，非农产业经营收入成为农村居民增收的重要推动力量。

财产性收入：步入增长快车道

从“存款搬家”到理财话题热议，从证券公司营业部排队开户到土地经营权出租……我国城乡居民获得财产性收入的渠道在不断拓展。

城镇居民已经形成了房屋出租、银行储蓄、投资理财和股权分红等多层次的财产组合。居民

投资理财意识在不断增强，单一存款的局面早已发生了变化。在各种理财产品和股市的分流下，2014年银行人民币存款同比少增3.08万亿元。银行上浮利率，增加了居民的利息收入。随着存款利率的逐步放开，去年12月，包括中行、工行、交行在内的国有银行都已经有条件上浮存款利率，最高到基准利率的20%，达到当时央行所规定的存款利率上限，出现了中长期存款利率不降反升现象。过去一年，互联网金融的快速发展，让一些家庭财产不多的居民也可以将手中的余钱利用起来，在保证资金流动性的同时，获得远高于活期存款的收益。

2014年受房地产调控和刚性住房需求持续旺盛影响，城镇居民“由购转租”和“以租养贷”现象日趋普遍，居民出租房屋收入同比增长20.9%，促进财产性收入较快增长。

如今，财产性收入已不再是城里人的专利。在农民日益鼓起的“钱袋子”中，财产性收入一直是占比最小却极具潜力的部分。党的十八届三中全会明确提出，赋予农民更多财产权利，赋予农民对承包土地占有、使用、收益、流转及承包经营权抵押、担保权能，无疑抓住了农民增收的核心环节。农民来自土地承包经营权出租、入股等财产性收入增加。2014年农村居民人均转让土地经营权收入增加24元，增长了40.3%。

转移性收入：调节分配精准发力

一个个扶贫举措，一笔笔民生支出，为中低收入阶层带来福音。

政府发放的养老金或离退休金以及各种救济金是转移性收入的重要组成部分。虽然财政收入增速有所放缓，但是投入民生的“真金白银”却大幅增加。2014年全国居民人均转移净收入3427元，增长12.6%，转移净收入占全国居民人均可支配收入的比重由2013年的16.6%提高到2014年的17%。城镇居民人均转移净收入增长11.4%，农村居民转移净收入增长13.9%。

我国社会保险覆盖面不断扩大，更多居民享受到基本社会保障。2014年参加基本养老保险和基本医疗保险的分别约有8.4亿人、6亿人；城乡居民养老保险待遇水平不断提高，全国城乡居民基础养老金最低标准提高至每人每月70元，城镇居民医保人均政府补助不断提高，已达到320元。

各地进一步增加财政投入，增加困难群体的补助补贴标准，促进城乡居民增收。

到2014年底，企业退休人员养老金已实现“十连涨”，企业退休人员基本养老金水平明显提高，月人均水平已超过2000元。2015年又迎来第11次上调，将有近8000万退休人员受益。

统计数据显示，2014年，全国居民收入基尼系数为0.469，是2003年以来的最低值，我国居民收入水平的差距正在进一步缩小。居民收入中位数比上年名义增长12.4%，快于居民收入的平均增速，这意味着收入差距有所缩小。同时，农村居民收入增幅已连续5年超过城市居民，城乡收入差距继续缩小。

（撰稿：孙启文　国家统计局中国信息报社）

服务业成为中国经济增长的新动力

服务业已成为我国新一轮经济增长的“火车头”。《2014 年国民经济和社会发展统计公报》显示，2014 年，我国国内生产总值为 636463 亿元，跨越 60 万亿元关口。其中，第三产业增加值 306739 亿元，占 GDP 比重达到 48.2%，高出第二产业 5.6 个百分点。第三产业比重超过第二产业，标志着中国经济正式迈入“服务化”时代，意味着中国经济由工业主导向服务业主导加快转变。服务业将成为新常态下中国经济增长的新动力。

我国经济结构正在发生重大变化，由工业主导向服务业主导加快转变，成为经济新常态下一道亮丽风景线

《统计公报》显示，2014 年，我国第三产业增加值 306739 亿元，增长 8.1%，占 GDP 比重达到 48.2%。第三产业增加值的增速也快于第二产业的 7.3% 和第一产业的 4.1%。

第三产业占比持续上升，这表明我国经济结构正在发生重大变化，转型升级已到了关键阶段，中国经济由工业主导向服务业主导加快转变，中国“服务化”进程已不可逆转，并且越来越快。

回顾近 10 年来，第二产业增速基本保持在 10% 以上，而第三产业只有在 2006 年和 2007 年增幅超过 10%，但两者增速之差逐年缩小，第三产业占 GDP 的比重逐年上升。2012 年，第三产业增速“追平”第二产业，但占 GDP 的比重依然略低于第二产业。2013 年，第三产业增加值增长 8.3%；第二产业增加值增长 7.8%。第三产业增加值首次超过第二产业。2014 年，第三产业增加值再次超过第二产业。

国家统计局局长马建堂近日在国务院新闻办举行的新闻发布会上特别指出：“评价（中国经济）7.4% 的增速，尺度、标准也需要适应‘新常态’。”他说，“更要看到中国经济发生了一些深刻的变化，这些变化是深刻的，是趋势性的。”“去年服务业比重提高到 48.2%，这是衡量中国经济一个很重要的指标。”

2014 年中国经济最大亮点，就是经济结构得到优化，居民收入有所增长，就业形势保持稳定。而经济结构优化的最大明证就是服务业增速超过工业的同时，新增就业人口同步增加。

2014 年服务业部分行业投资（不含农户）及其增长速度

行业	投资额（亿元）	比上年增长（%）
批发和零售业	15669	25.7
交通运输、仓储和邮政业	42984	18.6
住宿和餐饮业	6237	4.2
信息传输、软件和信息技术服务业	4187	38.6
金融业	1360	10.5
租赁和商务服务业	7970	36.2
科学研究和技术服务业	4205	34.7
水利、环境和公共设施管理业	46274	23.6
居民服务、修理和其他服务业	2262	14.2
教育	6678	24.0
卫生和社会工作	3983	27.6
文化、体育和娱乐业	6192	18.9
公共管理、社会保障和社会组织	6652	13.6

这种结构性变化态势不仅是居民收入水平提升、消费结构升级不断加快的客观反映，也是产业结构调整政策不断推进的结果。

国际经验表明，第三产业快速发展一般发生在一个国家的整体经济由中低收入水平向中上收入水平转化的时期，反映了一个国家的工业化和城市化的发达程度。目前，我国正在从中低收入水平向中上收入水平进程迈进。

近年来，我国十分重视第三产业发展，陆续出台了支持现代物流业、高技术、节能、家政服务、文化产业、体育产业等第三产业发展的政策措施，从财税、信贷、土地和价格等方面不断深

化、细化和完善促进第三产业发展的政策体系，重点从加快推进服务领域改革，加大政策扶持力度，拓宽投融资渠道，加大了对第三产业的投入力度，不断优化第三产业发展环境等方面，有力地促进了我国第三产业的快速发展。第三产业的投资增速明显超过了整体投资的增速，2014年第三产业投资281915亿元，增长16.8%，比第二产业增速高出3.6个百分点。

在经济增速放缓的情况下，服务业成为吸纳就业的主渠道，使得我国就业保持稳定增长，经济继续运行在合理区间，可谓居功至伟

在经济增速放缓的情况下，就业是最大的民生问题，也是衡量中国经济运行质量的关键指标。

“中国经济增长7.4%，城镇新增就业1322万人，调查失业率稳定在5.1%左右，居民消费价格上涨2%，这4个指标配合在一起，可以说中国经济继续运行在合理区间。”马建堂日前向中外记者解读2014年中国经济时作出上述表示。

2014年，在经济增速下降，第二产业在GDP中占比减少的情况下，我国就业总体平稳，城镇新增就业好于预期。这主要得益于服务业的快速发展。

服务业，已成为吸纳就业的主渠道。2011年，我国第三产业就业比重首次超过第一产业，跃居第一，此后逐年增加。

与其他产业部门相比，第三产业具有就业弹性大，劳动密集、技术密集和知识密集并存的特点，在吸纳劳动力就业方面具有独特优势，能够吸纳各种不同素质的劳动者就业。仅仅一个阿里巴巴创造的就业岗位就近千万人，吸纳了不同层次的就业者。

从结构转型来看，服务业还是天然的绿色产业和“无烟工业”，不仅资源消耗少、环境污染小，而且附加值较高，对节能降耗有着重要意义。2014年单位GDP的能耗下降4.8%，与服务业的发展有莫大关系。

服务业在消费升级的推动下加速发展，二者相互促进；服务业在国家政策支持下迸发出勃勃生机，成为推动中国经济增长的主要推动力

消费成为当前和未来中国经济的主要推动力，也推动着服务业加速发展。当前我国城乡居民消费结构升级趋势愈发明显：吃讲营养、穿追时尚、住想舒适、行求便捷、购认品牌、游重自然、娱要品位，绿色消费、品牌消费、休闲消费、保健消费、教育消费、文化消费、旅游消费等渐成气候，文教娱乐、文化创意、健康服务、旅游服务、设计服务、养老服务等服务型产业发展空间巨大。

和互联网、电子商务有关的新兴服务业快速发展。各种新产品、新行业、新产业、新业态、新模式加速成长，新的动力加快孕育，成为中国经济未来的希望所在。互联网电商经济等信息服务业发展风起云涌，不仅成为城市现代生活的一道风景，也改变了农民的生活方式，给他们带来极大便利。

与此同时，生产性服务业也获得迅速发展。未来中国经济应在分工与互动中实现现代制造业与生产性服务业“双轮驱动”战略，将高端服务元素嵌入制造业之中，通过发展生产性服务业促进制造业转型升级。此外，未来城乡居民生活质量的改善与提升，人口城镇化的加快推进，工业的转型升级，都高度依赖于生产性服务业和生活性服务业的发展。

未来，随着服务业发展，服务业体系会逐步完善，会更好地满足消费需求，有助于进一步提升消费，从而进一步提升消费对经济增长的助力，经济增长的稳定性会更好，经济增长质量也会更高。

（撰稿：鄢来雄　国家统计局中国信息报社）

新产业新业态：异军突起方兴未艾

2014年我国经济在转型升级中步入中高速发展的“新常态”。战略性新兴产业和生产性服务业逆势上行，渐成拉动经济增长的两大“新引擎”，此乃年度公报博人眼球的最大亮点。

近几年，我国积极应对复杂多变的国际环境，主动选择了转型升级、提质增效的经济结构调整之路，把大力培育新兴产业、发展生产性服务业上升为国家战略。《“十二五 ”国家战略性新兴产业发展规划》明确了七大战略性新兴产业的重点发展方向和主要任务；“十二五”规划提出“有序拓展金融服务业，大力发展现代物流业，培育壮大高技术服务业，规范提升商务服务业”，再经《关于加快发展生产性服务业促进产业结构调整升级的指导意见》进一步细化。上述规划、布局，催生新产业和新业态快速成长，并在经济承压的2014年大放异彩，可谓适时发力！

解读公报，产业结构优化集中体现在推陈出“新”，即新产业、新技术、新业态异军突起，以高增长、高收益决胜出彩，与高能耗、高污染的传统产业大幅萎缩形成鲜明反差。有4个看点值得关注。

赏“新”悦目高增速

以发展速度论，随着网购、快递、互联网金融、移动支付、在线教育等新业态快速进入百姓生活，新型服务业攻城掠地，势如破竹。2014年，金融业增加值增长10.2%，高于第三产业增速2.1个百分点；电子商务赢得全国网上零售额增长49.7%的佳绩，比全社会消费品零售总额增速快37.7个百分点，并拉动快递业务量继上年增长61.6%之后再创51.9%的高增速。

令人欣喜的是，工业高技术产业超越传统产业，增加值同比增长12.3%，较规上工业增速快4个百分点。细观科技含量高、新兴产业比重大的制造业，不难发现，增加值实现两位数增长的有：化学原料和化学制品制造业增长10.3%，金属制品业增长11.6%，汽车制造业增长11.8%，计算机、通信和其他电子设备制造业增长12.2%，医药制造业增长12.3%，有色金属冶炼和压延加工业增长12.4%，铁路、船舶、航空航天和其他运输设备制造业增长12.7%。上述七大行业明显好于规上工业增加值平均8.3%的增速，既表明高技术、高成长的新兴产业如日中天，也反映出技术改造令部分传统产业生机焕发、重拾升势。

尤为突出的是，我国新能源产业沐浴政策春风茁壮成长，涨势惊人：核电增长36.1%，并网风电增长25.6%，增速分别提升19.9个和1.1个百分点；并网太阳能发电在上年增长3.4倍的基础上，继续保持67%的高增长。新能源产业风光无限，部分核电机组投入商业运行，加之一批沿海核电项目重启在即，新能源建设势必带来拉动经济增长、改善能源结构的长期利好。

新生力量唱主角

以影响和贡献论，新产业、新业态助推经济增长功不可没。据对持续走强的服务业测算，2014年，金融业占第三产业增加值的比重达到15.3%，金融业增加值占GDP的比重从上年的5.89%跃升至7.37%，一举突破“十二五”以来在5%左右徘徊的格局。

全国网上零售额相当于社会消费品零售总额的10.63%，上升2.68个百分点。足见因互联网、移动支付而勃发的新金融成长之快，足见电子商务新业态对促流通、扩消费、惠民生的积极作用。

考量新产业、新业态对经济增长的牵引力，经济大省可见一斑。昔日的制造业龙头广东如今正向服务业强省转型。2014年，广东规上租赁和商务服务业实现营业收入增长 12.6%，实现利润增长 32.7%，对全省规上服务业营业收入增长的贡献率超过 30%；高技术服务业营业收入也占规上服务业的 28.6%。在山东，高端装备制造业增加值增长 12.1%，对全省工业增长的贡献率为 34.4%，比上年提高 5.5 个百分点。江苏省仅快递业务收入就增长 40.6%，拉动邮政业务收入增长 24.9 个百分点，贡献率高达 87.5%。

创富首推新经济

以提质增效论，新产业、新业态更有上佳表现。试看当今“中国首富”宝座，无论是凭借电子商务网罗财富的马云，还是投资太阳能产业暴富的李河君，皆为依托新产业创造财富神话的典范。中国新经济的创富效应与日俱增，恰是产业结构调整、经济提质增效的初衷与追求。

解析 2014 年工业效益数据，即便规上工业实现利润总额仅微增 3.3%，也难掩新兴产业 8 个相关行业两位数以上利润增长的亮丽。例如，汽车制造业增长 18.1%，铁路、船舶、航空航天和其他运输设备制造业增长 20.5%，计算机、通信和其他电子设备制造业增长 17.1%，废弃资源综合利用业增长 25.7%，电力、热力生产和供应业增长 19.1%……在经济低迷背景下，新兴产业的高速成长和聚富能力脱颖而出，更让我们坚定了转型升级的发展自信。

回望 2014 年，服务业运行呈速度与效益“双升”的理想轨迹。特别是服务业体量大的发达地区，大多实现利润增速超营业收入增速。广东省规上服务业实现利润增长 24.1%，远超营业收入 8.2% 的增速，难能可贵。以营业收入利润率计算，北京为 23.36%，浙江为 17.48%，广东为 16.77%……服务业盈利能力普遍胜于工业，增效优势毋庸置疑。

革故鼎新占先机

以发展前景论，新产业、新业态势头强劲，必成我国经济的新栋梁、新支柱。时下工业 4.0 的新浪潮正催生全球制造业向智能化转型，以高端装备制造业为代表的新兴产业当是工业转型升级的方向，也是投资追“新”逐“高”的目标。近年来，各地持续推进新兴产业投入，立足“高端”抢占发展先机。走在前列的苏州市，2014 年新兴产业投资已占工业投资的 56.8%，同比提升 5.4 个百分点；八大新兴产业完成产值占规上工业的比重高达 47.5%，提升 2.1 个百分点。

正是看好新产业、新业态的发展潜能，2014 年我国固定资产投资亦加速追“新”逐“高”。公报数据显示，第三产业固定资产投资完成额增长 16.8%，其中生产性服务业备受青睐：科学研究、技术服务和地质勘查业增长 34.7%，租赁和商务服务业增长 36.2%，信息传输、软件和信息技术服务业增长 38.6%，水利、环境和公共设施管理业增长 23.6%。

制造业固定资产投资增长 13.5%，其中新兴产业颇受追捧：废弃资源综合利用业增长 24.9%，金属制品业增长 21.4%，通用设备制造业增长 16.4%，铁路、船舶、航空航天和其他运输设备制造业增长 16.1%，非金属矿物制品业增长 15.6%，医药制造业增长 15.1%。

有政策扶持，有投资托举，中国经济转型升级的“新”篇章将更加精彩恢宏。

（撰稿：钟蓝　国家统计局中国信息报社）

基础设施建设：总量稳定增长　结构更趋均衡

“终于能喝上丹江水啦！”年末岁尾，欢欣鼓舞的消息在冬日里的京城传播开来。2014年12月12日14点32分，举国瞩目的南水北调中线一期工程正式提闸通水。作为缓解北方地区水资源严重短缺局面的国家战略性基础设施，这一跨世纪工程历经50年论证与规划、耗时11年建设，最终惠及上亿人。正如习近平总书记所言，可谓“功在当代，利在千秋”。

回首2014年，在经济下行压力如影随形的大背景下，以南水北调、高速铁路等为代表的国家基础设施领域建设，可以说交出了一份可圈可点的成绩单。统计公报显示，2014年全国固定资产投资（不含农户）额为502005亿元，增长15.7%。而同期第三产业中基础设施投资（不含电力）额为86669亿元，增长21.5%，这一增速不仅远远高于同期制造业及房地产投资增速，也高于投资领域整体增速。事实上，基础设施建设已当仁不让地成为中国经济社会健康可持续发展的有力支撑，持续不断地为稳增长与惠民生增添强劲动力。

稳增长　惠民生　重点领域建设进一步加强

年内，以农业、水利、交通、能源、棚户区改造、节能环保、信息等为重点的多领域基础设施建设和民生工程全面开花。作为经济稳增长的一大政策着力点，上述领域基础设施项目的扎实推进不仅直接拉动经济增长、创造就业并为经济发展注入强大后劲，也通过改善民生，让人民群众真正分享到改革发展所带来的滚滚红利。

其中，南水北调工程作为重大的国家战略性水利工程，是扩内需与惠民生相结合的极佳典型。年内正式通水的南水北调中线工程干线全长1432公里，年均调水量95亿立方米，沿线20个大中城市及100多个县（市）直接从中受益。其间，巨额的资金、物资和劳动投入，无疑对提振内需、增加就业都产生了强大的推动作用，显著地带动了沿线地方经济增长。以南阳市为例，据相关报道，南水北调工程在该市投资高达300多亿元，在建设期每年直接拉动GDP增长0.8个百分点。

而我国铁路特别是高铁项目在2014年一片热火朝天的建设景象，同样在基建领域写下浓墨重彩的一笔。数据显示，2014年全年铁路共完成固定资产投资8088亿元，投资规模仅次于2010年，创历史第二高；新开工铁路项目66个，新建铁路投产里程共计8427公里，创历史最高纪录，铁路营业总里程突破11.2万公里。其中新建高速铁路投产里程5491公里，高速铁路营业总里程超过1.6万公里，稳居世界第一。

2014年固定资产投资新增主要生产与运营能力

指　　标	单　位	绝对数
新增220千伏及以上变电设备	万千伏安	22394
新建铁路投产里程	公里	8427
其中：高速铁路[1]	公里	5491
增、新建铁路复线投产里程	公里	7892
电气化铁路投产里程	公里	8653
新建公路里程	公里	65260
其中：高速公路	公里	7394
港口万吨级码头泊位新增吞吐能力	万吨	43553
新增民用运输机场	个	9
新增光缆线路长度	万公里	301

注：[1] 高速铁路是指最高营运速度达到200公里/小时及以上的铁路。

除此之外，以城镇保障性安居工程为代表的民生工程进一步推进。根据国家统计局数据，全年全国城镇保障性安居工程基本建成住房511万套，新开工740万套，均较2013年有所增长。

调结构 补短板 均衡发展引领转型升级

基建工程在神州大地上如火如荼地进行之时，国家通过向中西部、农村及落后地区乃至与转型升级相关的重点领域加大政府投资力度，不断调整结构、补齐“短板”，我国基础设施领域的建设也更趋均衡，在引领经济转型升级中发挥出关键作用。

统计公报显示，在西部大开发的政策效应下，2014年中西部地区投资依然延续相对较高增速。其中，中部地区投资124112亿元，同比增长17.6%；西部地区投资129171亿元，增长17.2%，双双高于同期东部及东北地区投资增速。

根据国家发改委相关统计数据，2014年国家新开工西部大开发重点工程33项，投资总规模8353亿元，铁路、大型水利枢纽等重大基础设施建设以及生态环保和民生工程是投资的重点领域。其中，在我国铁路掀起的这一轮建设热潮中，中西部铁路建设占据重要地位。数据显示，2014年中西部铁路投资占比高达78%；投产新线中，中西部铁路网达6747公里，占比高达80%。随着年内兰新高铁这一我国西部首条高速铁路的全线开通运营，甘肃、青海、新疆等越来越多的西部地区步入了朝发夕至的“高铁时代”，我国大西部也必将凭借这一重要的高原经济动脉迎来经济发展新的“春天”。

而近年来，基础设施建设相对落后的农村地区和农业发展，始终是政府投资的重点关注领域。2014年，以重大水利工程、道路交通等为重点的农业基础设施建设得到进一步加强，为促进城乡协调发展奠定下坚实基础。以道路交通领域为例，交通部数据显示，2014年全年新改建农村公路23万公里，超额完成国务院下达的建设任务。一条条在广大的农村地区串联起田间地头、千家万户的农村公路，不仅缩短了城市与农村之间的距离，同样也拓展了亿万农民的致富之路。

此外，分产业来看，信息、能源、节能环保等与经济转型升级相契合的相关领域也成为当前基础设施建设的着力点。以信息领域为例，统计公报显示，2014年新增光缆线路长度301万公里，国内光缆线路总长度达到2046万公里，同比增长17.2%，虽比上年同期小幅回落0.7个百分点，但仍保持着较快的增长态势。

要“面子” 重“里子” 城市面貌日新月异

在当前我国稳步推进的城镇化进程中，城市基础设施建设的进一步夯实和完善显得尤为重要。与曾几何时城市基建领域广泛存在“重面子”“轻里子”所不同，2014年的城市基础设施建设体现了“面子”与“里子”并重，要“面子”，更重“里子”。

其中，作为现代化都市的一张闪亮名片，城市轨道交通在2014年的建设呈现出大中城市你追我赶的火热局面。据中国城市轨道交通协会统计，2014年全国城市轨道交通运营城市中，新增加了长沙、宁波、无锡3座城市。

而在诸如北京、上海等早已开通轨道交通的一线大城市，纵横交错的城市轨道交通网愈发呈现密集态势，并随着城市化的进程逐步向周边区域辐射。以北京市为例，2014年底，共计有6号线二期、7号线、14号线东段以及15号线一期西段4条轨道交通新线开通试运营。至此，北京市轨道交通线路增至18条，线路总里程达到527公里，同比增长13.3%。从全国范围来看，根据相关统计数据，截至2014年末，我国累计有22个城市建成投运城轨线路101条，运营线路长度 3155 公里，增势可谓迅猛。

彰显都市风貌的“面子”工程全力推进的同时，2014 年被喻为城市“良心”的“里子”工程——地下管线建设也实现了新突破。除了年内各地方相继启动和实施城市地下管网的排查与改造工作，由住房和城乡建设部等五部委联合开展的全国范围内的城市地下管线普查工作也已于 2014 年末全面启动。此举将对全国城市范围内的供水、排水、燃气、热力、电力、通信、广播电视等与城市居民生活息息相关的地下管线进行全面的基础信息普查和事故隐患排查，有望破解城市发展的“地下迷局”问题。

回首 2014 年，我国基础设施领域建设成绩斐然。与此同时也应当看到，与发达国家相比，基础设施建设在诸多领域都存在着不可忽视的差距。从另一个角度来看，这同样也意味着我国基础设施建设存在无比广阔的发展前景与不可估量的发展潜力。在 2014 年北京 APEC 峰会上，“加强全方位基础设施与互联互通建设”成为会议三大重点议题之一。毫无疑问，在中国经济“新常态”下，基础设施建设在稳增长、惠民生以及国际合作等方面都将扮演着愈发重要的关键角色。

（撰稿：李琳　国家统计局中国信息报社）

新型城镇化：经济社会发展的强大引擎

来自河南的小刘在北京市丰台区某小区开班车已经3年了。虽然每天要从早上6点工作到晚上9点，但包吃包住3000元的月收入，仍比他在家务农高不少。和老家相比，这里不仅生活便利、丰富多彩，更重要的是，每天能接触到各种信息，让他眼界大为开阔。来年，他打算跟老乡一起开家洗车行。

数据显示，2014年，我国城镇常住人口比上年末增加了1800多万。农民进城，改变的不仅仅是生产和生活方式，更是他们的生活观念。

全国7.5亿人生活在城镇，了不起的深刻变化

1978年我国的城镇化率只有17.9%，生活在城镇的人口约为1.7亿。2014年，我国城镇人口占总人口比重达到54.77%，有将近7.5亿人生活在城镇。国家统计局局长马建堂感言："这是一个了不起的深刻变化。"

2011—2014年年末人口数及其构成

单位：万人

指 标	2011年	2012年	2013年	2014年
全国总人口	134735	135404	136072	136782
其中：城镇	69079	71182	73111	74916
乡村	65656	64222	62961	61866

"十二五"规划纲要提出，积极稳妥推进城镇化。《国家新型城镇化规划（2014－2020年）》指出，城镇化是现代化的必由之路，是保持经济持续健康发展的强大引擎，是加快产业结构转型升级的重要抓手，是解决农业农村农民问题的重要途径，是推动区域协调发展的有力支撑，是促进社会全面进步的必然要求。

《规划》要求，城镇化健康有序发展，常住人口城镇化率达到60%左右，稳步推进义务教育、就业服务、基本养老、基本医疗卫生、保障性住房等城镇基本公共服务覆盖全部常住人口，阻碍城镇化健康发展的体制机制障碍基本消除。

城镇化率稳步提升，增强经济发展内生动力

从1978年的17.9%到2014年的54.77%，我国城镇化率以年均增长1.02个百分点的速度稳步提高，这意味着每年上千万的农民进入城镇工作、生活。而城镇之所以能够吸纳如此大量的农村剩余劳动力，皆因经济发展创造了大量的就业岗位，在近几十年的发展历程中，突出表现为"中国制造"的繁荣与兴盛。

同时，城镇化水平持续提高，让更多农民腰包鼓起来，使城镇消费群体不断扩大、消费结构不断升级，也带来城市基础设施、公共服务设施和住宅建设等巨大投资需求，促进了服务业快速发展。所有这些都进一步增强了经济发展的内生动力。

研究发现，世界各国的城市化率百分点与人均GDP的对数值的相关系数基本稳定在0.85的水平。我国1978-2012年城镇化率百分点与人均GDP对数的相关系数高达0.99。也就是说，城镇化率与经济发展密切相关，在我国表现尤为明显。

城镇就业人员首超农村，社会转型新标志

值得关注的是，2014年我国城镇化率1个多百分点的提高，是在近两年我国经济增长速度放缓的大背景下实现的。这1个多百分点的得来，与此前经济两位数增长时期有明显的不同。

城市吸纳农村转移劳动力，过去主要以制造业和基建投资为平台，最近两年则转向服务业带

动。2014 年，第三产业占国内生产总值的比重达到 48.2%，连续第二年超过第二产业，高于第二产业 5.6 个百分点。服务业在城镇化进程中扮演越来越重要的角色。

与此同时，2014 年全年城镇新增就业 1322 万人，年末城镇就业人员达到 39310 万人。城镇就业人员占全国就业总量的比重比上年提高 1.2 个百分点，并首次超过 50%，达到 50.9%。即是说，全国有超过一半的就业人口在城镇上班。因此，城镇化也成为社会转型发展的重要标志。

不仅如此，大量的劳动力从农村解放出来，也推动了农村土地的规模经营，促进了农业现代化水平的提高。养牛 200 头，一年能赚四五十万元；种桃 100 亩，差不多一年能净挣 30 多万元；种地 600 亩，一年挣五六十万元没问题……随着农村土地流转加快，规模经营效益显现，山东土地流转大户"年入几十万元"者日渐增多。城镇化改善了资源配置效率，成为推动我国经济结构和城乡区域结构优化的重要力量。

进城农民渴望早日市民化

值得注意的是，尽管我国常住人口城镇化率达到了 54.77%，但与发达国家 80%的平均水平相比，与人均收入和我国相近的发展中国家 60%的平均水平相比，我国的城镇化水平还有较大的提升空间。

此外，在我国城镇化快速发展过程中，也存在一些必须高度重视并着力解决的矛盾和问题。这包括不少农民工及其随迁家属未能在教育、就业、医疗、保障性住房等方面享受城镇居民的基本公共服务，大量农业转移人口仍未融入城市社会，"城市病"问题日益突出等。在我国经济加快转型的新阶段，城镇化必须走上以人为核心的新型城镇化之路。

事实上，我国已经从户籍等核心问题入手，着力突破农民工市民化的障碍。随着《关于进一步推进户籍制度改革的意见》公布，我国实行了半个多世纪的二元户籍管理模式已退出历史舞台。《国家新型城镇化规划（2014 — 2020 年）》提出，推进农业转移人口享有城镇基本公共服务，保障随迁子女平等享有受教育权利，加强农民工职业技能培训，扩大社会保障覆盖面。就当前来说，推动新型城镇化，应着力解决好"三个 1 亿人"的问题。

北漂 11 年的王勇烈刚刚在北京通州新城买了房。这是他和妻子新近作出的重大决定。2 月 4 日，国家发改委通知印发《国家新型城镇化综合试点方案》，将全国 62 个城市（镇）列为国家新型城镇化综合试点地区。作为试点之一的北京市通州区将推行积分落户政策。这让原本打算过两年回家生子的王勇烈夫妇，重新点燃了在京继续打拼的激情。

新型城镇化是关系现代化全局的大战略，是最大的结构调整，事关几亿人生活的改善。可以预见，以人为核心的新型城镇化将成为推动我国经济社会健康稳定发展的强大引擎，亿万农民将更加充分地享受到改革发展的成果。

（撰稿：孙志强　国家统计局中国信息报社）

传统产业转型升级焕发生机

2014年5月，浙江宏达集团从德国引进了100台“斯托尔”全自动电脑横机，原来每个员工管理1台半自动横机，如今每人可管理6台全自动横机，生产效率提高了数倍之多。此后，该集团又陆续引进了300台国际先进的全自动设备，解决了产品质量和用工两大问题，以“机器换人”，成功实现了传统产业的转型升级。

2014年，我国传统产业转型升级工作稳步向前推进，新兴产业不断涌现，成为国民经济保持平稳运行的重要因素。

高新技术推动中国“智”造

近年来，我国传统产业自主创新，在高新技术的改造和提升下，提高了原有技术装备水平和产品的科技含量及其附加值，被赋予了新的活力，从而进入另一个新的生命周期。

《公报》显示，2014年全部工业增加值227991亿元，比上年增长7%，规模以上工业增加值增长8.3%；高技术制造业增加值比上年增长12.3%，占规模以上工业增加值的比重为10.6%，其中传统产业的转型升级发挥了重要作用。

2014年规模以上工业部分行业增加值增长速度

单位：%

行业	增速
通用设备制造业	9.1
汽车制造业	11.8
计算机、通信和其他电子设备制造业	12.2
电气机械和器材制造业	9.4
高技术制造业	12.3
装备制造业	10.5

2014年，随着政府各项扶持政策的相继出台，在机械、纺织、服装、家具、鞋业等重复劳动特征明显、劳动强度大的传统制造业中，利用先进自动化生产设备进行技术改造升级，掀起了一场“机器换人”的浪潮，不但节约了劳动力成本，提高了劳动生产率和技术贡献率，还提升了产品质量。温州鞋企康奈集团采用三维足型扫描仪，能够在10秒内完成一个脚型的完整三维尺度测量，不仅将生产效率提高了30%以上，而且节省了大量人力成本。

在产业转型升级过程中，唐山钢铁行业利用炉外精炼、动态仿真、自动化炼钢等先进技术，对原有落后技术进行改造和优化，延伸了产业链条。在大力压减钢铁产能的前提下，唐山市政府鼓励和引导钢铁企业，加快利用高新技术和先进适用技术对现有技术、工艺、装备进行改造升级，实现了工艺装备现代化、市场过程环保化和企业管理集约化。同时，唐山市政府还大力推进钢铁企业兼并重组，整合资源要素，谋求创新发展路径。

有着国企背景的浙江寿尔福化学有限公司曾长期亏损，在当地政府的支持下转产，与一家门业公司合作，联合生产“物联网概念”防盗门——即便你不在家，也可以远程控制把门打开，遇到异常情况，防盗门不但会自动报警，还会把信息发送到你的手机上。在转产后短短的一段时间里，这家原来的化学企业，由亏损大户一跃成为了当地的创税大户，实现华丽转身。

只有夕阳技术，没有夕阳产业。高新技术改变了传统产业以往的生产方式，最终高效而有力地推动产业由“制造”向“智造”的转型升级。

高耗能高污染产业走向绿色环保

许多传统产业都是高耗能产业。传统产业转型升级，必须从降低能耗做起，或者以绿色低碳产业代替高耗能产业。

唐山雾霾频发，与钢铁产业这一不争的“污

染源”有直接关系。为此，当地政府从去年5月开始，果断搬迁改造市区的钢铁、焦化、电力、水泥等重污染企业，对5家过剩产能钢铁企业进行了永久性拆除，力度之大前所未有。2014年1-7月，浙江省嘉善县为治理重污染、高耗能的传统行业，“狠心”关停了4家造纸企业、12家电镀企业、10家印染企业和6家化工企业。

传统陶瓷业是高能耗、高污染的代名词。去年，山东华腾新型建材厂为了降低厂内粉尘含量，一期购置了3套可回收粉尘并重新利用的除尘设备。更重要的是，整个生产线全部采用天然气燃料，从源头控制污染。同时，在生产时配合使用先进的窑炉宽体窑，三排瓷砖同时烧制，既提高了产量，也由于使用了先进的隔热材料而减少了热能的浪费，真正实现了陶瓷产业的升级转型。

随着煤炭资源整合、煤炭企业重组政策的实施，山西省加大扶持力度，在融资、税费优惠、项目审批等关键环节给予企业支持，促进煤炭企业向现代高效农业、养殖加工业等方向转型。山西某养殖公司严经理，曾是孝义市的一家煤矿矿主。小煤矿被关闭后，政府和银行给了他一定数量的补贴。去年，他已有近20个鸭棚投入运营，每年能养殖几百万只鸭子，利润也有几百万元！昔日的煤老板变成了今天的“鸭司令”。

信息化激发传统产业勃勃生机

当前，新一轮互联网革命正迅速向各个产业领域渗透、融合，旧有工业体制机制及管理模式已与“互联网思维”不相适应，现行的产业政策在逐渐改变过往的工业化思路，互联网已从单一的技术工具，演进到重构产业生态及价值创造阶段，成为撬动传统产业转型升级的重要力量。

工业和信息化部曾出台《信息化和工业化深度融合专项行动计划（2013-2018年）》，其中第七项就是互联网与工业融合创新行动，目前已有20多家企业成为第一批试点。

在以互联网作为技术平台引发新一轮的技术和产业革命中，三一重工通过在其设备上安装2G、3G的通信模块而与后台联系起来，可以实时采集设备的运行状况，从而进行主动维护。如今，三一重工在全球有10万台设备接入了后台的网络中心，通过大数据处理进行实时的远程监控预警，3年间成本降低60%，新增利润超过20亿元。

物联网对推动我国产业结构调整和转型升级也具有重要意义。在传统产业转型升级的过程中，

利用物联网提高物流的信息化和智能化水平，降低物流成本，提高物流效率，在许多传统企业已比比皆是。

越来越多的传统行业正在被新兴的信息技术所改变。互联网、物联网、大数据、云计算等日新月异，成为撬动传统产业转型升级的新力量。

当前，我国传统产业转型升级正稳步向前推进。转型升级的成效，关系到我国未来的经济和社会发展，更与能否实现强国富民的“中国梦”密不可分。

（撰稿：魏琳　国家统计局中国信息报社）

单位 GDP 能耗下降 4.8%意味着什么?

2014 年，全国单位国内生产总值能耗下降 4.8%，降幅比 2013 年的 3.7% 扩大 1.1 个百分点。这是“十二五”以来我国节能降耗的最好成绩，成为新常态下的新亮点。

2014 年万元 GDP 能耗及主要工业产品能耗下降情况

指　　标	比上年下降（%）
全国万元国内生产总值能耗	4.8
吨粗铜综合能耗	3.76
吨钢综合能耗	1.65
单位烧碱综合能耗	2.33
吨水泥综合能耗	1.12
每千瓦时火力发电标准煤耗	0.67

对于单位国内生产总值能耗这个统计专业名词，供职于京城一家都市报的刘女士虽然和大多数普通人一样有些不懂，但一提起“APEC 蓝”、新能源汽车、冬季供暖，她似乎明白了 4.8% 降幅的深刻含义。

经济结构调整初露曙光　节能降耗效应日渐凸显

单位 GDP 能耗之所以下降这么多，得益于中国经济结构调整初见成效，更加注重质量和效益。

互联网金融异军突起，电子商务、物流快递飞速成长，信息消费亮点频现，支付宝、微信“抢”红包大战，国产大飞机有望首飞……各种新业态新增长点改变着我们的生活，也不断催生着新发展动力，成为积极推动经济结构调整的重要力量。

耗能相对较少的服务业比重继续提升。加快发展服务业，提高服务业在三次产业结构中的比重，有利于缓解能源资源短缺的瓶颈制约、提高资源利用效率，有利于推进经济结构调整、加快转变经济发展方式。2014 年，我国服务业增加值比重由上年的 46.9% 提高到 48.2%，全国网上零售额同比增长 49.7%，快递业务量增长 51.9%。

工业生产结构出现了积极变化，带来了明显的节能效果。能耗比较多的重化工业在减速，高耗能行业增加值同比增长 7.5%，增速较上年回落 2.6 个百分点；装备制造业增加值同比增长 10.5%，快于规模以上工业增加值 2.2 个百分点，占规模以上工业增加值的比重为 30.4%；高技术制造业增加值比上年增长 12.3%，比规模以上工业增加值的速度快 4 个百分点，占规模以上工业增加值的比重提高到 10.6%。

能源消费结构优化　绿色低碳战略发力

“奔腾的流水、过境的大风、普照的阳光、涌动的海潮等自然界的能源，将会通过无数水轮发电机、风力发电机、光伏光热装置、海浪发电机等载体，转换成电能，造福全人类。”国家电网董事长刘振亚在他的新书《全球能源互联网》中描绘了清洁能源替代化石能源的图景。应对人类社会可持续发展所面临的能源安全、环境污染、气候变化等诸多挑战，必须加快能源变革，实现清洁发展。

事实的确如此。在我国经济 30 年的高速发展中，高耗能高污染的生产和消费对生态环境损害严重，以往的能源供给和消费模式已经难以为继。2014 年 6 月，习近平总书记提出推动能源消费、能源供给、能源技术和能源体制“四个革命”和“一个全方位加强国际合作”的能源发展国策。

我国进而提出了能源发展绿色低碳战略，大力发展非化石能源，积极发展水电，安全发展核电，大力发展风电、太阳能发电，扎实推进地热能、生物质能发展。清洁能源已成为撬动能源结构调整乃至整个经济结构调整的重要支点。

节能环保的清洁能源消费的比重进一步提

高，能源消费结构不断优化，推动能源发展方式转变。统计公报显示，2014 年，水电、风电、核电、天然气等清洁能源消费量占能源消费总量的 16.9%。

新能源产业快速成长，发电装机规模上升。2014 年，我国并网风电装机容量同比增长 25.6%；核电装机容量增长 36.1%；并网太阳能发电装机容量增长 67%。

淘汰落后产能成果显著。2014 年，全国淘汰落后炼钢产能 3110 万吨、水泥 8100 万吨、平板玻璃 3760 万重量箱，超过 2014 年淘汰落后产能任务，提前一年完成了“十二五”淘汰落后产能任务。能源领域大气污染治理力度不断加大，推动煤炭清洁高效利用，全年改造淘汰落后小火电 330 万千瓦；京津冀及周边地区淘汰落后小火电机组超过 25 万千瓦。

一系列政策措施发力，对节能降耗拉动作用明显。

节能降耗还在路上 驰而不息久久为功

按照规划，“十二五”时期，我国单位国内生产总值能耗下降 16%，年均计划降低 3.4%。而 2011 年、2012 年、2013 年、2014 年实际分别降低 2.01%、3.6%、3.7% 和 4.8%。也就是说，2015 年只要降低 3%，就可以完成“十二五”降低 16% 的预期目标，这几乎没有什么悬念。但是，国家统计局能源司朱虹处长告诉记者，尽管我国能源发展取得了巨大成绩，节能降耗数据让人欣慰，却不能掉以轻心。

——我国能源生产和消费面临严峻挑战。能源资源约束日益加剧，生态环境问题突出，调整结构、提高能效和保障能源安全的压力还在加大。作为世界上能源生产大国和消费大国，随着人民物质生活改善的需求不断增加，未来一个时期能源需求的增长压力依然巨大，尤其是新型城镇化建设会带来能源需求增加。

——煤炭消费量比重仍然偏高。2014 年煤炭消费量虽然下降，但煤炭消费量占能源消费总量的 66.0%，能源结构仍然以煤为主，特别是在治理大气污染的环保压力下，迫切需要减少煤炭消费总量。

——高耗能行业比重仍然偏高，淘汰落后产能并抑制总产能继续发展任务还很艰巨。2014 年，在规模以上工业中，六大高耗能行业能耗所占比重为 79.6%。另外，单位国内生产总值能耗降低幅度比较大，除了结构调整带来的积极变化外，还有一部分原因是由经济减速换挡，高耗能行业增加值的增速降低，其能耗对总能耗的拉动作用减小带来的。与此同时，尽管当前不以 GDP 论英雄的理念已经深入人心，但是有的地方政府由于找不到新的经济增长点，为了当地的经济发展，仍然对高污染、高耗能项目欲罢不能，比如钢铁行业、电解铝行业等。

——从国际上看，世界经济复苏动力不足、全球气候变化、地缘政治影响等因素对国际能源形势产生重要影响，世界能源市场更加复杂多变，不稳定性和不确定性进一步增加，对于石油对外依存度较高的我国，其影响和不确定性增加，应对气候变化的压力增大。

驰而不息，久久为功。站在 2015 年的春天，我们出发远行。节能降耗的道路依然坎坷，甚至充满荆棘，但我们一定要持之以恒，才能留住 APEC 蓝，让百姓笑出“幸福之美”，让山川呈现“生态之美”，让经济社会内生“和谐之美”。

（撰稿：王青萍　国家统计局中国信息报社）

粮食产量11年连增 “定盘星”作用凸显

手中有粮，心中不慌。《2014年国民经济和社会发展统计公报》显示，2014年我国粮食再获丰收，实现“十一连增”。全年粮食产量60710万吨，比上年增加516万吨，增产0.9%。粮食连年丰收，确保了中国人把饭碗牢牢端在自己手上，不仅对新常态下中国经济的平稳运行发挥着“定盘星”的作用，也为世界粮食安全贡献了中国力量。

“高点”再爬坡，“十一连增”来之不易

2014年，全国粮食产量增加516万吨，增产0.9%。其中，夏粮产量13660万吨，增产3.6%；早稻产量3401万吨，下降0.4%；秋粮产量43649万吨，增长0.1%。全年谷物产量55727万吨，比上年增长0.8%。其中，稻谷产量20643万吨，增产1.4%；小麦产量12617万吨，增产3.5%；玉米产量21567万吨，减少1.3%。这是自2013年我国粮食产量首次突破1.2万亿斤的“高点”之后，再次取得历史性突破。

与往年相比，2014年的粮食增产更加来之不易。一是自然灾害影响秋粮生产；二是粮食生产成本不断上升；三是粮食生产基数高，尤其是在“十连增”的基础上高点爬坡，实属不易。

尽管气候条件相对较好，灾情轻于2013年，但2014年1-9月，全国农作物受灾面积仍高达24899千公顷，绝收面积2854千公顷。局部地区灾情较重，尤其是北方地区遭受“卡脖旱”，秋粮生产因此受到一定影响。

2014年粮食丰产，得益于科技支撑有力、田管措施到位、防灾减灾及时有效，更关键的是中央审时度势提出了新时期国家粮食安全战略，政策稳定、措施到位。去年以来，中央继续出台了一系列强农惠农政策，及早预拨农业“四补贴”，及早发布小麦、稻谷最低收购价，继续实施产粮大县奖励政策，积极推进农业生产经营方式转变，注重培育新型农业生产主体等政策措施，进一步调动了多方面粮食生产积极性。公报显示，2014年，全国粮食总播种面积11274万公顷（16.91亿亩），比上年增加78万公顷（1174万亩）。

各地则继续推广应用优良品种，促进了粮食单产水平的提高。实施“农业防灾减灾稳产增产关键技术补助政策”，加大相关补助力度，积极推动实际效果显著的关键技术补助常态化。与此同时，针对粮食生产过程中遇到的问题，及时采取小麦“一喷三防”、水稻集中育秧、病虫防控等措施，加强田间管理。2014年，全国粮食作物平均单产5385公斤/公顷（359公斤/亩），比上年增产8公斤/公顷（0.56公斤/亩）。

在粮食连续多年增产的同时，根据居民消费快速升级的发展趋势，近年来我国不断加大种植业与养殖业的品种品质结构调整与优化，积极推进饲用粮生产，拓展优质牧草发展空间，加快发展循环农业。通过调整优化农业结构，努力“确保谷物基本自给，口粮自给能力达到100%”、“稳定粮食产量和粮食产能，实现谷物基本自给、口粮绝对安全”的底线和目标。

丰产稳定物价，凸显“定盘星”作用

粮价是百价之基。粮价稳则百价稳，粮价稳则百姓安。2014年，我国GDP比上年增长7.4%，物价则保持在2.0%的低水平，实现了经济运行“较高增长、较低通胀”的较理想态势。这其中，粮食增产功不可没。受益于粮食丰产预期，2014年我国粮食价格保持基本稳定，全年涨幅为3.1%，对稳定物价发挥了重要作用。

粮食连续11年增产，极大地增强了我国粮食市场抵御国内外风险的能力。不仅在一定程度

上缓解了国内粮食紧平衡的局面，也确保了国内粮食价格没有受到来自国际市场的压力，平抑了物价。

中国粮食丰产，为世界粮食安全贡献了中国力量，在世界范围内具有更为积极而广泛的意义。目前全球粮食年贸易量仅为5000亿斤-6000亿斤，不及中国年粮食消费量的一半；全球大米贸易量仅相当于中国大米消费量的1/4。如果中国因为粮食生产不足，需要长期从国际市场大量采购粮食，很可能引起国际市场粮价大幅度上涨。而且，粮食是不同于其他产品的战略物资，粮食贸易甚至可能引发国际冲突。中国用不到世界10%的耕地，生产了世界25%的粮食，养活了世界20%的人口，向世界展示了一个负责任大国的形象。

用新粮食安全观将饭碗端牢

作为13亿多人口的大国，解决好吃饭问题始终是治国理政的头等大事。在粮食总产量突破6亿吨、实现“十一连增”的大好形势下，我们要清醒地认识到，越是粮食连年丰收，越是需要绷紧粮食安全这根弦。“中国人的饭碗任何时候都要牢牢端在自己手上。我们的饭碗应该主要装中国粮。”

目前，我国粮食供需还存在一定缺口，产需自给率大体在97%左右，虽在95%的基本自给线以上，但总体上仍是产不足需。分品种看，玉米产需基本平衡，小麦、水稻供求偏紧，大豆存在较大缺口，粮食生产结构不平衡的矛盾依然突出。

同时，我国粮食消费结构正在发生新的变化。饲料用粮和工业用粮快速增长，成为影响我国粮食消费的决定性因素。未来，饲料用粮和工业用粮年均增加量，远高于口粮和种子用粮年均减少量。而且，随着我国人均GDP进入6000-10000美元区间，食物消费结构也在加快升级，口粮消费越来越少，对肉蛋奶等产品的需求越来越多，更好地满足我国食物消费结构升级的需要，需要树立新的粮食安全观。

刚刚发布的2015年中央一号文件中提出，要“加快发展草牧业”“促进粮食、经济作物、饲草料三元种植结构协调发展”，将饭碗端得越来越牢固。

保障国家粮食安全，最根本的还是要在坚守耕地红线的同时，坚持用更给力的政策支撑、更完善的科技集成推广、更长效的保障机制、更有生命力的经营体系创新，进一步挖掘科技增产的潜力，调动农民种粮积极性，牢牢构筑起我国粮食安全稳定发展的基石。

（撰稿：鄢来雄　国家统计局中国信息报社）

网购消费势头强劲 四大问题亟待解决

国家统计局北京、天津、河北、内蒙古、上海、江苏、安徽、山东、湖南、广东、广西、四川、宁夏调查总队近期对居民收支情况调查数据的分析和网购消费状况的调查显示，2013年居民网购消费迅猛增长，城镇居民网购普及率高。但当前网购发展也面临着四方面问题。

一、居民网购消费普及率高

上海调查的751位市民中，有网络经历的占51.1%。山东调查的517个城镇居民家庭中，有网购经历的占87%。四川调查的588位受访者中，有网购经历的占83%。河北调查的275个城镇居民家庭中，有网购经历的占75%。湖南调查的275个城镇居民家庭中，有网购经历的占69.1%。广东珠海、江门、佛山、韶关4市调查的280位居民中，有网购经历的占90%。江苏无锡、镇江、盐城3市调查的426位城乡居民中，有网购经历的占54.4%。安徽合肥、芜湖2市调查的292位城镇居民中，有网购经历的近70%。

二、网购消费支出迅猛增长

各地调查显示，2013年居民网购消费支出迅猛增长。湖南城镇居民2013年人均通过互联网购买商品或服务的支出为130元，比上年增长90.6%，远高于居民生活消费支出8.7%的增速。宁夏城镇居民2013年人均通过互联网购买商品或服务的支出为106元，比上年增长75%，远远超过全区城镇居民生活消费支出8.9%的增幅。北京调查的834位受访者中，77.6%的人2013年网购消费支出比上年增长。河北调查的205个城镇居民家庭中，84.4%的家庭2013年网购消费支出比上年增加，其中5成以上家庭的支出增幅在5%-20%之间，7.2%的家庭支出增长1倍以上。山东调查的450个2013年有网购经历的城镇居民家庭中，60%的家庭网购消费支出较上年增加，其中增幅在5%及以下的占24%，5%-20%的占46%，20%-50%的占20%，50%以上的占10%。安徽城镇居民2013年人均通过互联网购买商品或服务的支出为193.2元，比上年增长65.0%。内蒙古呼和浩特市城镇居民2013年人均通过互联网购买商品或服务的支出为144.69元，比上年增长3倍多。广东深圳市调查的128名在2013年有网购经历的受访者中，60.2%的人网购消费支出比上年增加，其中增幅超过20%的占32.9%。珠海市调查的87位2013年有网购经历的受访者中，74.7%的人网购消费支出比上年增加，其中增幅超过20%的占42.5%。湛江市调查的60位2013年有网购经历的受访者中，78.3%的人网购消费支出比上年增加，其中增幅超过20%的占39.9%。

三、网购已成为许多家庭的消费习惯

北京调查的有网购经历的居民中，月均网购1-3次的占60.6%，4-6次的占22.3%，7-10次的占9.3%，10次以上的占7.8%。上海调查的有网购经历的家庭中，全年网购1-6次的占44.1%，7-12次的占11.8%，13-47次的占30.1%，48次以上的占14%。山东调查的450个有网购经历的城镇居民家庭中，月均网购4次以上占21%。安徽铜陵市调查的有网购经历的城镇居民家庭中，85%的家庭每月至少网购1次。芜湖市调查的有网购经历的城镇居民家庭中，一半以上每月至少网购1次。

四、多数家庭月均网购消费支出在 500 元以下

北京调查的有网购经历的居民，2013 年月均网购消费支出在 300 元以内的占 65.3%，在 301-500 元的占 14.9%，在 501-1000 元的占 13.4%，在 1000 以上的占 8.2%。上海调查的有网购经历的居民中，2013 年网购金额在 1200 元及以下的占 24.2%，1201-6000 元的占 38%，6001-12000 元的占 18.2%，12001-30000 元的占 13.8%，30001 元以上的占 5.8%。天津调查的有网购经历的城镇家庭 2013 年户均月网购消费支出 279 元。家庭月均网购消费支出在 500 元以下的占 80.0%，500-1000 元的占 16.7%，还有 3.3% 的家庭月均网购消费支出超过 1000 元。安徽芜湖市调查的 45 个有网购经历的居民家庭 2013 年全年户均网购消费支出 5348.25 元，其中网购消费支出低于 2000 元的有 8 户，占 17.8%；2000-5000 元的有 19 户，占 42.2%；5000-10000 元的有 11 户，占 24.4%；10000 元以上的有 7 户，占 15.6%。四川成都市温江区调查的 100 位 2013 年有网购经历的受访者中，20% 的人网购消费支出在 1000 元以下，52% 的人在 1000-5000 元，13% 的人在 5000-10000 元，15% 的超过 10000 元。广元市调查的 70 位有网购经历的受访者中，2013 年网购消费支出在 1000 元以下的占 35.7%，1000-5000 元的占 47.1%，5000-10000 元的占 7.1%，10000 元以上的占 10%。

五、网购消费面临的主要问题

（一）交易安全得不到保障

天津有网购经历的受访者中，13.0% 的人认为支付安全保障不够，49.0% 的人认为完善支付的安全措施是网购亟需解决的问题。安徽合肥市的受访者中，认为网购支付安全的仅占 35.5%，66.3% 的人对网上信息的真实性存有顾虑。山东枣庄市调查的 60 个有网购消费经历的家庭中，46.7% 的家庭认为网购交易安全存在问题。东营市调查的 71 个有网购消费的家庭中，54.9% 的家庭认为交易安全存在问题。河北石家庄市的受访家庭中，对网购账户的安全性存有顾虑的占 58%，对网上信息的真实性表示担忧的占 41%。北京 18.4% 的有网购经历的受访者反映在网购过程中有过信息被泄露的经历，2.6% 的人有过因网购而使银行卡被盗刷的经历。对于使用手机等移动互联网终端购物，51.1%的人表示很担心支付安全得不到保障，这已成为制约人们使用移动互联网购物的首要因素。

（二）商品质量得不到保证

天津有网购经历的受访者中，53.0%的人认为网购中最大的问题存在于商品质量没有保障，70.7%的人认为加强网上商品的质量监督是亟需解决的问题。广东深圳市有网购经历的受访者中，超九成表示在网购过程中遇到过问题，其中45.3%的人遇到过收到商品与描述不符的问题，19.5%的人遇到过货物损坏的问题。梅州市60%的受访者反映在网购时曾经遇到产品质量问题。江门市47%的受访者反映在网购中买到过假冒伪劣商品。广西超过八成的受访者认为网购存在的主要问题是商品或服务的质量良莠不齐，得不到保障。湖南岳阳市调查的50位居民中，6%的人遭遇过付款后无商品的欺诈，超过20%的人遭遇过购买的商品与介绍不符的问题。河北石家庄市的受访者中，对网购商品质量不能完全放心的占82%。衡水市有网购经历的受访家庭中，遭遇过商家欺骗的占38.9%，遭遇虚假标价的占27.8%，发错货的占22.2%。北京有网购经历的受访者中，71.9%的人有过商品与实物描述不符的经历，54.6%的人遭遇过商品以次充好的问题。

（三）售后服务保障不完善

天津有网购经历的受访者中，34.0%的人认为网购最大的问题在于售后服务保障不完善。广东深圳市有网购经历的受访者中，57.8%的人表示在退换货时曾遇到麻烦，25%的人遇到过售后服务态度差的情况。梅州市有网购经历的受访者中，40%遇到过售后服务问题。江门市45%的受访者中反映遇到过退货慢、换货难的问题，31%的人反映售后服务得不到保障。河北衡水市的受访者中，遇到商品破损不退换问题的占11.1%。湖南岳阳市调查的50位居民中，超过30%的人遭遇过退货或换货难以如愿的问题。

（四）消费维权难

网购中遇到纠纷和侵权时，由于取证困难、维权成本高等因素使得维权十分困难。北京有网购经历的受访者中，44.4%的人遇到问题时进行了投诉，但“问题得到有效解决”的仅占投诉者的41.9%。上海调查的有网购经历的384位居民中，32.6%的人表示网店纠纷解决起来比实体店更为困难。广东江门市调查的受访者中，43%的人表示遭遇网购纠纷和侵权时会坚决维权；41%的人表示一般不会维权，只有特别不满意时才会投诉；16%的人表示不会维权，因为维权取证难、成本高，不值得。

（国家统计局办公室根据北京、天津、河北、内蒙古、上海、江苏、安徽、山东、湖南、广东、广西、四川、宁夏调查总队报送信息综合整理）

中小微企业网上经营发展快　但平台和网络资费偏高

国家统计局北京、河北、辽宁、黑龙江、上海、浙江、福建、湖南、广西、新疆调查总队近期调研显示，与前几年主要应用互联网开展广告宣传不同，近年来部分中小微企业开始应用互联网销售产品和采购原材料，且经营活动增长较快。缺乏资金和人才使中小微企业更青睐于使用第三方电商平台。在与第三方电商平台的博弈中缺乏话语权以及在电信资费方面遭遇不公平对待是其面临的主要问题。

一、小微企业应用互联网经营情况

（一）部分中小微企业应用互联网销售或采购

浙江调查的49家小微工业企业中，45家2013年曾在互联网上销售产品或采购原材料，占91.8%。其中，45家在网上销售，18家在网上采购原材料。福建调查的179家中小微企业中①，58家2013年曾在互联网上销售或采购，占32.4%。其中，51家在网上销售，14家在网上采购。黑龙江调查的38家中小微企业 中，23家2013年曾在互联网上销售或采购，占60.5%。企业在网上销售的主要是有形产品，采购的主要是原材料、机械设备和零部件。上海调查的261家中小微企业中，111家2013年曾在互联网上销售或采购，占42.5%。其中，34家在网上销售，89家在网上采购。湖南调查的487家中小微企业中，81家在网上销售，71家在网上采购，分别占调查企业的16.6%、14.6%。在开展网上销售的企业中，37.1%的企业销售服务，61.7%的企业销售产品，销售的产品主要有包装材料、原材料、修理用备件等。新疆调查的236家中小微工业企业中，18家2013年曾在互联网上销售或采购，占7.6%。其中，16家在网上销售，2家在网上采购，采购的主要是办公用品、劳保用品、电脑耗材等，尚没有采购原材料。北京对3000家小微企业的调查显示，2013年曾在互联网上销售产品和服务的企业占13.6%。其中，住宿和餐饮业、批发和零售业、制造业等5个行业的网上经营活动相对较多。该市重点调查的100家2013年曾在有网上经营的企业中，78家在网上销售，54家在网上采购。

（二）企业应用网上销售和采购增长较快

黑龙江调查的23家有互联网采购或销售的中小微企业中，2013年网上采购产品或服务的金额比上年增长的企业占39.1%，网上销售产品或服务的金额比上年增长的企业占26.1%。浙江宁波市调查的20家小微工业企业中，2013年在网上采购原材料的总支出为1107.80万元，比上年增长45.9%；网上销售额为5919.05万元，比上年增长38.9%。上海调查的89家2013年曾在网上采购的企业中，20.3%的企业网上采购额占总采购额的比重较上年增长，9.4%的企业减少；在网上销售的企业中，21.4%的企业网上销售额占销售收入的比重较上年增长，14.3%的企业减少。湖南调查的81家2013年曾在网上销售的企业中，60.5%的企业反映网上销售的数量比上年增加，59.3%的企业反映网上销售额比上年增加；在71家曾在网上采购的企业中，62%的企业反映网上采购的数量比上年增加，63.4%的企业反映网上

注：①福建调查的79家中小微型企业中，中型企业44家，小型企业75家，微型企业60家。分类型看，生产资料生产企业55家，消费品生产企业90家，贸易企业34家。
②黑龙江调查的38家中小微型企业中，中型企业3家，小型企业31家，微型企业4家。分类型看，生产资料生产企业21家，消费品生产企业13家，服务业企业4家。

采购金额增加。福建调查的58家有网上销售和采购的企业全年网上采购额比上年增长11.7%，网上销售额比上年增长3.8%。

（三）网上经营尚属起步，采购和销售份额多寡不一

北京调查的100家有网上销售和采购的小微企业中，80%的企业开展电子商务的时间在5年以下。46.2%的企业网上销售额占全部销售收入的比重高于20%，44.4%的企业网上采购额占全部采购额的比重高于20%。福建调查的58家有网上销售和采购的企业中，有16家是2013年才开始在网上销售和采购的。58家企业全年网上销售额占全部销售收入的7.3%，网上采购额占全部采购额的14.5%。上海调查的34家2013年有网上销售的企业中，网上销售额占全部销售收入的比重不足10%的企业占50%，在10%-30%的企业占42.9%，超过30%的企业占7.1%；在网上采购的89家企业中，网上采购额占全部采购额的比重不足10%的企业占67.2%，在10%-30%的企业占12.5%，超过30%的企业占20.3%；黑龙江调查的23家有互联网采购或销售的中小微企业中，超半数企业2013年的网上采购额占全部采购额的比重低于20.0%，近八成企业的网上销售额占全部销售收入的比重低于20.0%。浙江宁波调查的20家小微工业企业中，2013年网上销售额占主营业务收入的29.8%。湖南调查的81家在网上销售的企业中，网上销售额占全部销售收入的5%以下的占22.4%，在5%-10%的企业占21%，在10%-20%的企业占38.3%，网上销售份额在20%以上的企业占18.3%；71家在网上采购的企业中，网上采购额占全部采购额5%以下的企业占半数以上，在5%-10%的企业占26.8%，在10%-20%的企业占15.5%。广西桂林市调查的2013年在网上销售的10家企业中，3家网上销售额占全部销售收入的比重在5%以下，2家在占5%-10%，3家在20%-50%。贵港市调查的15家2013年曾在网上采购的企业中，5家网上采购额占全部采购额的比重在5%以下，10家在5%-10%。

部分企业网上销售和采购份额占比较高。如河北冀州市冀南医疗器械厂（小型企业）2012年建立了网店，2013网上销售自发热护膝16317件、自发热护腰13464件、托玛琳自发热护膝10002件、远红外磁疗护腰2505件，全年网上销售额达到182.7万元，占全部销售收入的54.2%。辽宁沈阳市特种仪表厂（微型企业）2013年网上销售额比上年增长1倍，占全部销售收入的比例达到50%。广西柳州市双英科技有限公司（中型企业）2013年有98%的原材料在网上采购，柳州天隆汽车部件制造有限公司（中型企业）2013年有30%的原材料在网上采购。

（四）网上经营的优势受到中小微企业充分肯定

对于网上经营的优势，北京调查的100家有网上经营的小微企业中，50%的企业认有利于产品更好地满足市场需求，49%的企业认为有利于降低经营成本，48%的企业认为有利于提高企业经营效率。上海66.7%的受访企业认为网上经营可以降低销售和采购成本，55.4%的企业认为可以提高销售和采购效率，35%的企业认为可以扩展销售和采购渠道。浙江小微企业通过网上经营，突破了区域、渠道的限制，使交易更方便、更经济、更快捷。宁波市调查的20家小微工业企业中，10家利用互联网向国外销售产品，交易范围涉及欧美和东亚地区。

二、人才、技术和资金限制，使企业更青睐于使用第三方电商平台

黑龙江调查企业反映，开展电子商务需要既懂技术又懂业务的人才，但小微企业财力有限、投入有限，无法吸引更多的人才。上海闵行区调查的41家小微企业中，47.1%反映网上经营缺乏硬件设施，32.4%反映缺乏专业人才，2.9%反映资金不足。浙江调查的多数小微企业网上经营尚处于“一根网线+一台电脑+几个人”的初级业态，多数企业仅有2-3人维持网上经营，且人员身兼多职，缺乏专业的设计、策划和运营团队。北京调查的100家小微企业中，反映2013年在

电子商务中的资金和人力投入与上年基本持平的分别占 73% 和 70%，反映投入下降的超过 10%。辽宁铁岭市鑫鑫工业炉设备制造厂反映，网站维护成本高，网上的订单少，收回网站建设成本都很困难。

有限的人才、技术和资金投入，促使中小微企业更青睐于使用第三方电商平台，以节约网上经营成本。北京调查的 100 家小微企业中，61% 使用第三方电商平台。浙江调查的 49 家企业中，40 家使用第三方电商平台，且大部分集中在阿里巴巴、淘宝、天猫等平台。湖南调查的有网上销售的企业中，64.2% 主要使用淘宝、亚马逊、京东商城等第三方电商平台。

三、小微企业互联网应用面临的主要问题

一是第三方平台费用高。北京企业反映，近年来，随着淘宝、天猫、京东商城等第三方电商平台的做大做强，其经营中的优势地位逐步显现，面向企业的收费逐年攀升，企业认为一些收费不合理或不规范，但在与第三方电商平台的博弈中缺少话语权。部分第三方电商平台利用优势地位，制定不合理的结账规定，造成企业回款慢，影响了资金周转。浙江企业反映，目前入驻天猫商城需缴纳押金 10 万元，技术服务费每年 6 万元，以及相当于销售额 5% 的佣金。如果全年销售额低于 60 万元，还有被清退的风险。为了增加销售，企业必须加大广告宣传力度，平台广告费随之水涨船高。淘宝首页的“直通车”广告费从 2012 年下半年起快速上涨，好位置广告的点击费已从 0.1 元 / 次上升到目前的最高 15 元 / 次，企业感觉压力很大。

二是网络资费高。北京企业反映，目前网络宽带对企业和个人的收费标准不统一。如果以企业身份申请使用，在相同带宽的情况下，平均资费为个人申请的 5-7 倍，这对于利润微薄的小微企业来说很难承受。

（国家统计局办公室根据北京、河北、辽宁、上海、黑龙江、浙江、福建、湖南、广西、新疆调查总队上报信息综合整理）

振兴民企尚需打通“最后一公里”

从上半年的情况看，民间投资增速一路下滑的走势并没有因6月份的小幅反弹而明显改观，但投资的结构有所改善。与此同时，民企数量猛增成为上半年简政放权等系列改革措施收获的最大亮点，但政策落实“中梗阻”的问题也随着国务院的大范围督查而展露无遗。加速转型，需要大智慧，更要下大决心。

民间投资仍处低位 投资结构在改善

数据显示，今年以来的民间固定资产投资增速一路下滑，1-2月为21.5%、1-3月20.9%，1-4月20.4%，1-5月19.9%，虽然1-6月小幅反弹至20.1%，但与去年1-6月的23.4%相比，仍有较大差距。这说明目前民间投资的积极性尚未被充分激发，中小企业经营状况尚未得到明显改善。

从结构上看，结构转型仍在稳步推进。一是民间投资占固定资产投资的比重从2012年底的61.4%，上升到今年上半年的65.1%，延续了近年来稳步上升的势头。相对于政府投资而言，民间投资比重的稳步上升，更有利于提高投资效率，增强经济增长的内生动力。

二是民间投资内部第三产业的占比有所提升。1-6月份第三产业的民间投资占到了整个民间投资的46.9%，比去年同期提高了0.7个百分点。第二产业占整个民间投资的比重则从去年1-6月份的51.3%下降到今年上半年的50.3%。

三是第三产业民间投资的增速超过第二产业。1-6月份，第三产业民间投资的增速为22%，比第二产业民间投资17.8%的增速高4.2个百分点。第三产业占比提高、增速较快，与加快发展服务业的转型方向一致。

简政放权 民企数量猛增

上半年民间投资最大的亮点，就是3月份企业注册资本登记制度改革后，民间投资热情迸发，私营企业数量及资本增长强劲。2014年3-6月，新登记注册内资企业125.74万户，同比增长67.77%。其中，私营企业120万户，同比增长70.14%，注册资本（金）5.09万亿元，同比增长91.2%。民企猛增，不仅带来更多的就业岗位，也提振了进一步深化改革的信心与决心。

据统计，国务院各部门正在实施的审批事项为1235项，其中行政许可审批866项，非行政许可审批369项。截至目前，新一届中央政府至少已下放了468项行政审批事项。李克强总理表示，“行政审批制度改革是转变政府职能的突破口，是释放改革红利，打造中国经济升级版的重要一招”。在去年承诺削减1/3行政审批事项的基础上，今年国务院选择确定了36个重点部委，要求其将削减比例提高到1/2。

政策落实须打通“最后一公里”

然而，并非所有的简政放权都会立竿见影。从最早的非公36条开始，民间投资就饱受“弹簧门”、“玻璃门”之苦。国家行政学院某教授比喻，简政放权，就像一个人右手砍左手，其难因其痛。说到底，还是部门利益在作祟。

6月25日起，国务院抽调百余人，派出8个督查组，分别对27个中央部委及16个地方省市展开简政放权、减负稳增、扶贫就业、养老环保等方面的督查。督查中了解到，简政放权“干货”不多，执行不到位问题反映强烈。某部委在简政放权督查中被点名批评“进度滞后，贡献率低”。政策落实如何突破“最后一公里”，力破“中梗阻”，是摆在新一届政府面前的最大难题。

应当说，造成政策执行不力的原因有多种。除了地方、部门利益坐大，对中央政令消极应对的原因外，公众监督缺失也是其中一个重要原因。中央的许多政策之所以在执行过程中“销声匿迹”，是因为采取的是内部传达的形式，没有让相关社会群体充分了解，无法让公众对政策执行效果提出自己的意见和要求，与中央精神形成呼应，致使出现了“以会议落实会议，以文件落实文件”，甚至“政令不出中南海”的现象。因此，增强社会公众对相关政策的知晓度，加大政策执行的舆论监督，以对政策执行者形成倒逼效应，应当是增强政策执行力的有效手段。以简政放权为例，不妨将正在实施的审批事项全部公开，让公众公开讨论审批事项的合理与否，让一些不合理、理应消除的审批事项成为舆论关注的热点，从而倒逼相关部门、地方将相关政策落到实处。

此外，还应严正法纪，加大对“为官不为”、“尸位素餐”等行为的惩戒力度，确保政令畅通，确保政府部门“说到做到、不放空炮”。

（撰稿：孙志强　国家统计局中国信息报社）

农民工职业技能的状况、原因及期盼

一、农民工职业技能状况不乐观

（一）大多数农民工所从事工作对职业技能要求不高

辽宁 2194 名受访农民工中，71.6% 的人表示当前从事的工作不需要职业技能，表示需要的占 28.4%。甘肃 1900 名受访农民工中，74.4% 的人表示当前工作不需要职业技能培训，表示需要的占 25.6%，广西 891 名受访农民工中，39.1% 的人表示当前工作不需要职业技能，表示需要的占 60.9%。河南 371 名受访农民工中，39.9% 的人表示当前工作不需要职业技能，表示需要的占 60.1%。湖北 663 名受访农民中，35.1% 的人表示当前工作不需要职业技能，表示需要的占 64.9%。浙江 473 名受访农民工中，仅 44.8% 的人表示当前工作需要职业技能。

（二）大部分农民工缺乏一技之长

甘肃受访农民工中，75.8% 的人没有职业技能；具备 1 种职业技能的占 23.4%，具备 1 种以上的占 0.8%。辽宁受访农民工中，67.5% 的人没有职业技能；具备 1 种职业技能的占 26.4%，具备 1 种以上的占 6.1%。广西受访农民工中，41.3% 的人没有职业技能；具备 1 种职业技能的占 43.8%，具备 1 种以上的占 14.9%。安徽阜阳、合肥、蚌埠、宣城四市的 284 名受访农民工中，46% 的人没有职业技能；具备 1 种职业技能的占 36%，具备 1 种以上的占 18%。江苏 247 名受访农民工中，30.4% 的人不具备职业技能，具备 1 种及以上职业技能的占 69.6%。浙江受访农民工中，49.3% 的人没有职业技能，具有 1 种及以上职业技能的占 50.7%。

（三）获得国家级资质证书的农民工占比不高

甘肃受访农民工中，具有国家颁发的职业资格证书或职业技能（鉴定）证书者占 9.9%。其中，拥有初级、中级、高级证书者分别占 65.1%、34.4%、0.5%。广西受访农民工中，具有国家颁发的职业资格证书或职业技能（鉴定）证书的占 22.1%。其中，拥有初级、中级、高级证书者分别占 67.0%、26.9% 和 6.1%。辽宁受访农民工中，具有国家颁发的职业资格证书或职业技能（鉴定）证书者占 10.4%。其中，拥有初级、中级、高级证书者分别占 66.4%、27.9% 和 5.7%。湖北受访农民工中，具有国家颁发的职业资格证书或职业技能（鉴定）证书的占 34.2%，其中，拥有初级、中级、高级证书者分别占 63.9%、32.6% 和 3.5%。安徽阜阳、合肥、蚌埠、宣城四市受访农民工中，拥有国家颁发的职业资格证书或职业技能（鉴定）证书的占 19.7%。浙江受访农民工中，具有国家颁发的职业资格证书或职业技能（鉴定）证书的占 19.7%。

二、影响农民工接受职业技能培训的主要因素

一是部分农民工对职业技能培训的认识不足。辽宁不愿意接受培训的农民工中，觉得没有必要的占 48.1%。湖南一些受访农民工有“安于现状，安于温饱”的思想，存在凭体力闯市场，靠吃苦耐劳挣钱的观念，认为职业技能培训耽误时间，影响挣钱，因而不愿意参加培训。安徽部分受访农民工满足于体力劳动，认为不参加培训照样能找到工作，且培训前后收入差异不大。黑龙江未接受过职业技能培训的 127 名受访农民工中，56.7% 的人认为不需培训同样可以工作，19.7% 的人表示即使有空闲时间也不会去参

加免费培训。

山东、福建、宁夏等地反映，不少农民工工作缺乏稳定性，很难在某一单位或行业长期工作，缺乏长远打算导致农民工参加职业技能培训积极性不高。

二是因时间、精力和经济条件所限，不愿参加培训。河南受访农民工反映，外出打工工作时间长、经济压力大，没有时间参加培训。山东近3年没有参加过职业技能培训的农民工中近七成是因为没有时间。上海、辽宁、安徽合肥市等地分别有五成左右的受访农民工表示因工作忙没有时间参加培训。

山东近3年没有参加过技能培训的农民工中，有1/3是因为经济条件不宽裕。部分农民工表示，即使参加公益性的免费培训，也会耽误挣钱的时间，而且培训期间的生活花费也是不少的开销。安徽合肥市35.7%的农民工表示不会自费参加培训，33.3%表示愿意承担部分费用。辽宁不愿意接受培训的农民工，认为费用高的有208人，占12%。黑龙江127名未参加培训的农民工中，有30人因费用问题没有参加，占23.6%

三是培训质量不高，内容实用性不强，对就业帮助不大。河南受访农民工反映，社会上假证太多，培训效果良莠不齐，因此不愿意花冤枉钱。湖南过去3年接受过培训的农民工中，44.2%的人觉得培训效果一般，5.8%的人觉得培训效果较差。部分受访者反映，一些培训机构提供的培训针对性不强、质量不高，有的培训内容偏重理论，实际操作性不强，与岗位需求脱节；有的培训时间太短，管理也不够正规。甘肃反映，虽然目前社会上的职业学校、成人教育学校、社会办学力量和各种机构组织的培训层出不穷，但培训内容往往缺少市场调查，课程设置存在一定的盲目性和重复性，加之师资不强和管理落后等因素，培训对劳动者的求职择业、技能提升帮助不大。辽宁不愿意参加培训的农民工中，认为没合适内容的占11.8%。黑龙江48.3%的受访农民工认为培训资源和项目缺乏、内容实用性不强是当前农民工培训中遇到的主要问题；12.6%的受访者表示未参加培训的主要原因是缺少合适的培训项目和内容。

三、农民工对职业技能培训的期盼

从培训方式看：辽宁愿意参加培训的农民工中，回答喜欢哪种培训方式时，选择现场实习的占73.5%，选择面对面授课的占56.1%，选择电视、广播、电脑等远程教育的占4.9%，选择看VCD、DVD学习的占1.3%。上海受访农民工青睐的4种职业技能培训方式分别为：单位组织的脱产培训（31.3%）、单位安排师傅指导学习（22.3%）、单位组织的业余时间培训（18.3%）和专项职业培训（16.5%）。此外，选择职业学校培训的占4%，电视和网络学习占3.4%。

从培训内容看：四川在问及受访进城务工人员“为了提高务工技能，目前最需要哪些类型的培训”时，选择“专业技术、实用技能培训”的比例最高，占51.1%；其次是“创业、经营培训”，占38.1%；第三是“法律知识、自我权益保护培训”，占32.4%。辽宁愿意参加培训的农民工想接受车工、焊工、汽车维修等制造与修理类方面培训的占40.6%；想接受木工、架子工等建筑与装饰类培训的占24.5%，想接受电脑操作类培训的占18.5%，想接受美容与保健类培训的占11.4%，想接受餐饮酒店类培训的占9.5%，想接受服装制作与保养类培训的占7.5%，想接受家政服务类培训的占7.1%，另外还有部分农民工想接受兽医、司机、会计、销售等其他方面的培训。

（国家统计局办公室根据天津、河北、辽宁、黑龙江、上海、江苏、浙江、安徽、福建、山东、河南、湖北、湖南、广西、四川、甘肃、宁夏调查总队和四川省统计局报送信息综合整理）

带薪休假制度有待进一步落实

今年8月，国务院发布了《关于促进旅游业改革发展的若干意见》，提出了强化全社会依法休假理念、切实落实职工带薪休假制度等要求，并首次提出了为学生放春假、组织中小学生开展研学旅行活动等措施。近期，国家统计局部分调查总队就职工带薪休假制度落实情况及职工对学生放春假和开展研学旅行等措施的意见进行调研。结果显示：

一、带薪休假制度有待更好地落实

各地调查显示，《职工带薪年休假条例》（以下简称《条例》）自2008年施行以来已超过6年，但落实情况并不尽如人意。山西、上海、江苏、浙江、福建、湖南、广东、广西、重庆、四川、云南抽样调查的7994名政府机关、企事业单位职工，过去三年中（下同），27.6%的人从未享受过带薪休假，35%的人未能享受全部休假。其中，江苏、湖南、重庆从未享受过带薪休假的职工均超过四成。上海、广东带薪休假制度落实较好，从未享受过带薪休假的职工分别占14.1%、17.6%。

从单位类型看，政府机关、国有企事业单位、外资合资企业带薪休假制度执行情况相对较好，内资私营企业较差。山西政府机关、外资合资企业受访职工中享受过带薪休假的分别占82%和78%，而内资私营企业受访职工享受过带薪休假的仅占26.2%。福建国有企事业单位、外资合资企业和政府机关受访职工中享受过带薪休假的分别占80.9%、74.1%和72.9%，而内资私营企业职工中享受过带薪休假的仅占53.9%。广西政府机关、国有企事业单位受访职工中享受过带薪休假的分别占92%、88%和86%，外资合资企业为76%，内资私营企业仅占59.2%，个体户雇工仅为22.2%。

调查显示，《条例》关于给予未能休假职工经济补偿的规定落实情况不理想。在未享受或未完全享受带薪休假的受访职工中，山西、福建、四川、云南未能得到经济补偿的比例分别为74.1%、75.3%、69.2%、75%。浙江仅7.1%的人得到了足额补偿，36.9%的人得到部分补偿，56%的人没有得到任何补偿。湖南得到经济补偿的占22.8%，即便是在政府机关和国有企事业单位中，也分别有84.9%和64.1%的人没有得到经济补偿。广西未得到补偿的占80.5%，得到部分补偿的占11.1%，仅8.4%的人得到足额补偿。国有企业、外资合资企业得到足额补偿的人数占比最高，但也只有15%左右。未得到任何经济补偿的比重，政府机关接近九成，事业单位约八成，内资私营企业约七成，国有企业和外资合资企业约六成，个体户雇工为96.2%。

二、两方面因素影响带薪休假制度落实

一是用人单位落实国家带薪休假制度不力。要将《条例》规定的职工带薪休假权利落到实处，用人单位也需要建立相应的制度并予以执行。调查显示，部分用人单位尚未建立制度或虽有制度但不执行。浙江33.2%的受访职工反映所在企业尚未建立带薪休假制度。在未享受或未完全享受带薪休假的职工中，38.1%的人表示主要原因是单位没有带薪休假制度，6.3%的人表示单位不让休假。浙江天瑞化学有限公司反映，带薪休假制度会极大地增加企业成本，对于小企业来说执行很困难。广西未享受或未完全享受带薪休假的受访职工中，28.7%的人是因为单位没有实施带薪休假制度，17.4%的人是因为单位不批准。在外资合资企业、内资私营企业职工和个体户雇工中，分别有34.6%、53.5%和65.4%的人反映，未享受或未完全享受带薪休假的主要原因是单位没有

实施带薪休假制度。福建调查的职工中，30.6%的人反映所在单位虽建立了制度，但根本未执行或执行较差；23.8%的人反映所在单位没有建立制度。宁夏调查的政府机关、国有企事业单位和外资企业大都建立了带薪休假制度，而私营企业和个体户普遍未建立相应制度。

湖南、重庆等地受访职工表示，《条例》约束力不强、相关部门监督不力是带薪休假制度得不到落实的重要原因。陕西反映，《条例》虽已施行多年，但并未明确用人单位不落实制度的法律责任，对用人单位缺乏威慑力。浙江25.7%的受访职工表示，政府机关对带薪休假制度落实的监管力度不够；19.2%的人认为工会组织在维护职工休假权利方面作用发挥不够。

二是职工因工作忙、经济因素和竞争压力等，放弃休假。受访职工未享受或未完全享受带薪休假的原因中，“工作太忙、没有时间”的提及率较高。上海、福建、云南、江苏、广西、浙江受访职工中，分别有58.9%、52.0%、43%、39.7%、36.8%、31%的人选择此项。值得重视的是，工作太忙没时间休假在政府机关和国有企事业单位中更为普遍。广州市调查的政府机关、国有企事业单位职工认为，带薪休假制度落实不到位的首要原因是工作太忙、没时间休假，选择比例分别为76.0%和56.5%，远高于内资私营企业和外资合资企业。陕西安康市调查的市级、区级政府机关中，分别有94%和90%的职工能够享受带薪休假；而在乡级政府仅37.5%的职工能够享受带薪休假，原因是基层干部工作更忙。汉中市城固县基层政府干部反映，因工作繁忙无法休假或休假被中断的情况时有发生。江苏反映，基层政府尤其是乡镇一级工作压力大、任务重，经常要加班加点，法定节假日都难以保证，更何况带薪休假。

此外，部分职工因经济因素或迫于竞争压力主动放弃休假。上海未享受或未完全享受带薪休假的受访职工中，42.4%的人担心休假会影响前途。浙江未享受或未完全享受带薪休假的受访职工中，8.6%的人为了获得经济补偿而主动放弃休假，6%的人因休假会影响奖金而放弃，2.6%的人因担心休假丢掉工作而放弃。福建南平市铝业有限公司职工反映，带薪休假会被扣除效益奖，平均休假一天扣100元，因此放弃休假。宁夏部分地区反映，许多职工自愿放弃年休假，以获得相当于正常工作日工资2-3倍的补贴，这在政府机关和事业单位表现得尤为明显。

三、假期少影响职工外出旅游

各地调查显示，过去三年中，分别有五至七成的受访职工曾自费外出旅游，但半数以上职工主要是利用法定节假日出游，利用带薪休假出游的比例不高，只占 10%-30% 左右。

调查发现，除经济条件不允许、有家庭成员需照顾无法出行等原因外，职工本人、家庭成员缺少假期或缺少共同假期是影响职工外出旅游度假的主要原因。江苏、陕西、山西、上海、福建因本人或家庭成员缺少假期而未能外出旅游度假的职工，分别占 37.6%、43%、43.8%、46.3%、58.5%。此外，受访职工反映，由于法定节假日偏少，带薪休假制度落实不力，不得不利用“十一”等长假集中出游，结果道路拥堵、景区人满为患，交通、餐饮、住宿、卫生等设施难以支撑，一些旅行社或景区借机涨价、宰客。黄金周出游“花钱买罪受”，客观上减少了职工的出游意愿。陕西宝鸡市 77.3% 的受访职工反映节假日旅游景点人多、价高，抑制了其出游愿望。北京、浙江、湖南、广西、山西未曾外出旅游度假的职工中，表示对旅游景点的设施和服务不够满意而影响其出游意愿的分别占 10.6%、9.7%、6.8%、6.5%、6.3%。

四、多数有子女的职工支持开展学生研学旅行和放春假

江苏调查的有子女的职工中，支持学校组织学生开展研学旅行活动的占 84.8%，赞成给中小学生放春假的职工占 79.3%。徐州市受访家长表示，研学旅行能拓宽孩子视野、提升综合素质，培养团队精神，增进同学情谊。宜兴市 78.3% 的受访家长表示，有计划利用春假带子女外出旅游。辽宁调查的有中小学生子女的职工中，支持开展研学旅行的占 69.8%。赞成放春假的职工占 81.4%。75.6% 的人认为放春假会增加家庭外出旅游度假的机会。重庆调查的有子女的职工中，支持开展研学旅行的占 90.3%，赞成放春假的占 79.9%。76.1% 的人认为放春假会增加家庭外出旅游度假机会。内蒙古、广西调查的有子女的职工中，支持开展研学旅行活动的分别占 80.1%、75.8%，赞成放春假的分别占 69.1%、75%。

各地调查的有子女的职工中，均有一定比例的人不赞成开展研学旅行或放春假。江苏、内蒙古、广西、上海、福建不支持开展研学旅行活动的比例分别为 15.2%、19.9%、24.2%、1.1%、13%，不赞成放春假的比例分别为 20.7%、30.9%、25%、16%、24.8%。受访职工不支持研学旅行的主要原因：一是担心学校组织不力，出现安全问题。二是担心学校借机乱收费，增加经济负担。三是担心研学旅行走形式，“只游不学”。受访职工不赞成放春假的主要原因：一是担心孩子放假，自己却无法同步休假，孩子无人照顾。二是认为孩子的假期已经很多，放春假只会影响孩子学习的连贯性，不但影响正常学习任务的完成，还会使孩子变懒。

（国家统计局办公室）

理性面对房地产市场新常态

在过去几个月中，房地产市场发生了一些不容忽视的变化。政策面上，46 个限购城市中，41 个取消限购；央行、银监会于 9 月 30 日出台房贷新政。这些均给房地产市场带来了新的希望，地方政府、房地产商、消费者对未来都有了不同的期待。有人说这是新一轮的政策救市，亦有人说这是行政调控向市场调节的回归。不管怎样，各方面对的都是一个变化了的房地产市场，是一种新的常态，需要理性面对并且逐渐适应。

房价过快上涨得到遏制，有形之手渐次放开

2014 年 6 月 26 日，呼和浩特市人民政府的一份文件引起了房地产界和社会各界的广泛关注，这份文件要求充分发挥市场对资源配置的决定性作用，取消商品房销售方案备案制度，居民购买商品住房（含二套住房）在办理签约、网签、纳税、贷款以及权属登记时，不再要求提供住房套数查询证明；产权登记部门在办理相关业务时，不再对购房人的房屋套数进行查询。

这是全国第一个明文公开放开限购的政府文件。之前，有过各种的“破限”传闻，有过一些地方松绑限购“一日游”，就是呼和浩特的这份文件在 6 月 25 日也曾被撤回。这份文件的出台使得限购松绑成为现实。之后，南宁、天津、无锡等地也明确发文调整限购政策。截至 10 月 8 日，全国 46 个限购城市中，除了北京、上海、广州、深圳四个一线城市和三亚，其他城市均已放松限购，对现行房地产市场调控政策进行调整。这是自 2010 年 4 月 17 日“新国十条”，2013 年 2 月 20 日“国五条”出台后各地“限购令”的集体松绑。

在限购政策松绑的同时，限贷政策也有了调整。9 月 30 日，央行、银监会发出通知，对我国房贷政策作出调整。根据通知，对拥有 1 套住房并已结清相应购房贷款的家庭，为改善居住条件再次申请贷款购买普通商品住房，银行业金融机构执行首套房贷款政策。

政策面的变化，基于这样一个事实：即 2014 年的房地产市场不再一路高涨，房价的过快上涨基本得到遏制，各地房地产市场出现分化，一些地方甚至持续下行。国家统计局发布数据显示，从 1 月至 9 月，房价环比下降的城市不断增多，1-5 月，还只有零星的几个城市房价下降；6-9 月均增加到 55 个城市以上。9 月份 70 个大中城市中，新建商品住宅（不含保障性住房）70 个城市全部停涨，其中 69 个城市价格环比下降；二手住宅 70 个城市全部下降。销售情况是：1-9 月，全国商品房销售面积 77132 万平方米，销售额 49227 亿元；同比分别下降 8.6% 和 8.9%，降幅双双创下年内新低。

自限购出台之后，争议一直不断，各地在限购区域、限购住房类型、购房资格审查等方面，执行也是有严有松。此番由地方政府做主渐次放开有形之手，更多地体现了中央政府调控思路和调控方式的变化。国家统计局新闻发言人盛来运分析，在市场更多发挥调节作用的情况下，房地产的市场结构会更趋优化，会更有利于房地产市场长期、稳定、健康的发展，也有利于国民经济长期、可持续发展。

去库存将是艰巨任务，房地产市场运行渐趋平稳

限购政策和信贷政策调整之后，楼市 9 月份出现止跌迹象，但这并不意味着房地产市场就会回暖，期待楼市回到之前的火爆场面不太现实。一方面，从供给方面讲，库存过于庞大；另一方面，从需求方面讲，在房价高企之后，消费者的消费能力降低，消费也更为理性。还有，政策松

绑也不是完全放松。

根据国家统计局数据，在房地产开发企业到位资金、商品房销售面积、销售额等各项指标均创年内新低的同时，商品房待售面积再创历史新高，截至9月末，商品房待售面积57148万平方米，比8月末增加988万平方米，同比增长28%，其中，住宅待售面积增加629万平方米，均处于历史高位。这是自2012年4月以来，全国商品房库存连续29个月保持上升。与2012年3月低点时的30122万平方米相比，增幅达到89.7%。按照上海易居房地产研究院的分析，截至9月底，全国35个城市的新建商品住宅库存总量创近5年新高，存销比为17.7个月。

库存高企，昭示着市场供需关系发生了微妙的变化。庞大的库存，如同一把悬在房地产企业头上的达克摩斯之剑。部分二三线城市以及不少四线城市，供大于求的形势明显。对当下的房地产市场而言，去库存并非易事。主要原因是限购政策放宽短期内会释放一部分被压制的需求，但并不能改变房地产市场的供求关系。有媒体记者在10月中旬采访了呼和浩特取消楼市限购后的情况，发现楼市并没有因为限购取消而回暖，更没有出现井喷。中原地产研究中心的统计显示，9月前14天，全国54个主要城市合计住宅签约83349套，环比8月同期基本持平。其中，二线城市的利好政策被消化后，成交量不涨反降。传统的“金九”成色明显不足。

同时限购政策和信贷政策虽有松动，但力度和速度均受到控制，投资和投机性购房并不受到鼓励。开发商要想改变库存高企的窘境，唯有以价换量。在此背景下，房价大幅上涨不具备市场条件。

高增长时期已逝，理性面对、适应新常态

当前，我国经济发展进入新常态，房地产市场不可能脱离中国经济的基本面独自运行。在经济增速放缓的大背景下，在管理层着力稳增长、调结构、惠民生的政策指导下，房地产市场也将告别前期的高速增长进入结构调整期。当限购、限贷等行政之手松开之后，房地产市场将进入供需双方的再博弈阶段，由市场决定的价格波动将成为新常态，政府、企业和个人都应清楚地认识和适应这种新常态。

首先是地方政府要积极地面对并适应这种新常态。一段时期以来，房地产业作为国民经济的带动产业、财政收入的主要来源、改变城镇面貌的重要手段，在各地经济社会发展中发挥了重要作用。在新常态下，房地产投资告别高增长。过去10多年里因为房地产的高速增长带来地价普遍的大面积快速上涨，是发展的阶段性特征，未来较长一段时间内，房地产的投资增速可能维持低位徘徊的状态，对经济的带动作用无疑将降低。地方政府需要踏着中央政府的节拍，不断调整产业结构，降低对房地产业的依赖程度。

房地产商也要适应这种新常态。我国过去30多年的经济快速增长，带来房地产业的快速增长与繁荣。自1998年房改以来，房地产业经历了爆发式增长，但这种爆发式增长不可能一直持续。随着中国居民房屋拥有率的不断提高，房地产业面临有限需求。房地产商应适应这种新常态，适应新的供需结构，从追求快速发展，高价拿地，不断提高房屋销售价格获得超额利润的经营模式中走出来，精耕细作，提升房屋品质，提升服务能力，增强市场竞争力。

对消费者而言，房地产快速增值的时代已经过去，期望通过购买房产实现财富快速增值的投机行为可能面临高位接棒的风险，因此，未来的购房者，更多是根据自己的经济实力、家庭需求决定购房行为。

（执笔：王麦玲　国家统计局办公室）

从当前价格形势看中国经济前景

当前，宏观经济继续平稳运行，但经济生活中也面临着物价下行压力。9月份，CPI同比微涨1.6%，为56个月以来新低；PPI同比下降1.8%，降幅较上月扩大0.6个百分点，已是连续31个月负增长。价格统计的最新结果引起了舆论界密切关注，关于通缩的话题甚嚣尘上。怎样判断当前价格形势？经济运行是否滑向了通缩？如何在复杂局面下管控好通缩预期？值得认真梳理，冷静分析。

价格研判出现了不同声音

9月份CPI和PPI等价格指标出炉后，市场机构、理论界和实际工作部门相继出现了多种研判声音。

一种意见判断，CPI创5年新低表明“通缩在敲门”，建议加大政策力度稳增长；另一种意见则认为，当前CPI环比仍呈温和上涨之势，未来3个月同比涨幅扩大的可能性较大。在宏观调控取向上，一种判断认为，“CPI和PPI的深度回落，深层原因是整体经济的回调”，“现在是调整扭曲的货币政策的时间窗口，不要担心降息降准会刺激房地产”。另一种判断则认为，尽管物价涨幅走低显示当前经济存在下行压力，但结合就业等因素，经济运行总体仍然平稳，宏观经济政策应继续保持连续性稳定性。还有分析认为，货币政策定向放松一直在持续，继续放松的空间有限，财政政策仍须加大减税力度。如此等等，不一而足。

用环比价格研判通缩更靠谱

通缩意味着“物价的全面持续下降”，这是它的核心涵义。那么，当前物价是否出现了全面持续下降的态势？

首先从同比角度观察，9月份CPI指数微涨1.6%，确实处于近5年来的低点。但同比涨幅较快回落事出有因，因为去年下半年涨幅明显高于上半年，较高的对比基数拉低了当前的同比涨幅。从统计意义上看，就体现为翘尾因素在快速消减。事实上，9月翘尾因素就比上月减少了0.7个百分点，这就是导致当月同比涨幅较8月份回落0.4个百分点的主要原因。随着年底翘尾因素的消失，以及今年以来新涨价因素的累积，下阶段同比物价涨幅有可能又将趋于回升走势。

其次，基于同比结果难以摆脱翘尾因素的影响，就专业分析而言，还是用环比价格指数来衡量和判断通货紧缩的出现、程度更为合理与准确。从环比价格来看，9月CPI不仅较8月上涨了0.5%，而且涨幅还扩大了0.3个百分点。

另外，从构成CPI指数篮子的八大类商品和服务价格来看，无论同比还是环比，9月份并没有形成普降局面，而是有升有降有平，涨跌不一。例如，猪肉价格同比下降2.9%，但月环比上涨2.3%；又如蛋价同比上涨12.9%，月环比上涨1.9%。再如旅游价格，同比上涨3.2%，环比下降0.3%。

以上情况表明，现实的物价仍保持着小幅温和上涨态势，并没有滑进通缩。

总体经济仍运行在平稳轨道上

在通缩研判上，一些理论分析人士主张不光要看物价是否出现了全面持续下降，还应观察货币供给量是否出现连续下降，甚至还要观察是否出现有效需求不足，经济全面衰退。这就是理论界关于通缩的“单要素论”、“双要素论”抑或“三要素论”。

当前来看，不仅物价未现全面持续下降，反映社会总需求规模的货币供给量还在较快扩张中。9月份，人民币贷款增加8572亿元，同比多增702亿元，较上月多增1547亿元。当月社会融资规模为1.05万亿元，比上月多出945亿元。金融是现代经济的血液，货币供给量的持续扩张反映出社会总需求支撑经济增长的力度仍然较为强劲，这就是前三季度GDP能够以7.4%的增速继续前行的货币基础。

总体经济依然运行在平稳轨道。自2012年下半年以来，季度GDP增速始终围绕7.5%的中轴线运行在7.3%-7.7%的区间内，季度CPI同比涨幅也基本保持在2%-2.8%的狭窄通道内，经济大船在劈波斩浪中平稳前航，充分展现了宏观调控精妙的驾驭艺术和区间管理水平。

差强人意的是PPI指标，无论出厂价还是购进价，无论同比还是环比，均处于下降状态。但笔者认为，这并不能构成一些分析人士担忧“有效需求不足”的充分理由。首先，就出厂价而言，同比下降虽持续了31个月，但就月度生活资料出厂价涨幅来看，无论同比还是环比，一直以来都保持了基本持平状态，下跌的是生产资料出厂价。而生产资料价格下行，更多是以满足住行需求为代表的重化工业产能严重过剩的必然结果，同时也是近期国际能源和大宗商品价格暴跌所传导过来的外部输入性因素使然。

事实上，随着中国经济增长动力更多转向消费拉动、转向能够吸纳更多劳动力就业的服务业，以往靠投资拉动和资本密集的重工业发展模式将趋向式微。当前，工业内部结构调整正在加快，新产业、新业态、新产品继续保持了较快增长势头。这无疑是结构调整转型升级的有力表征，反映出总体经济在较为平稳的运行轨道上正朝着中高端迈进。

复杂多变形势下要管控好通缩预期

价格研判多种声音的存在，既反映了人们分析问题的角度和选取的数字依据各有侧重，也折射出当前经济形势的错综复杂。这需要我们在分析形势时更加理性，管控好价格预期。

从某种意义上讲，通缩预期也是一种心理预期，虽非真正的通缩，却能影响人们的消费和投资行为——看跌就越跌，越跌就越看跌，陷入螺旋式恶性循环，推动形成实际的通缩，进而影响到整体经济和社会稳定。因此，管理通缩预期也要像管理通胀预期那样，不能有丝毫松懈和麻痹。

当前，影响我国物价运行的因素错综复杂，既有内生因素，也有外生因素。从内生因素看，我国经济结构正在进行着深刻的调整转型升级，需求结构和动力都在重组集聚中，一些旧产业、旧业态、旧产品被调整、被淘汰，一些新产业、新业态、新产品不断涌现，必然会带来价格的结构性波动，这是大趋势。从外生因素看，当前世界经济仍未摆脱上一轮金融大危机的阴影，地缘局势动荡，美元升值，国际能源大宗商品价格暴跌，尤其是美元加息预期等不确定性因素，令中国经济发展面临的外部环境复杂多变，而这种复杂性往往会增强人们对通缩的预期。

管好通缩预期，就要不为浮云遮望眼，进一步保持宏观调控政策的连续性和稳定性。始终坚持区间管理不动摇，把握好上下限，精准掌控货币“阀门”，保持货币供给温和扩张。当前来看，仍应搞点穴式的定向滴灌，四两拨千斤，而不宜轻易挥长拳、使大招、搞漫灌，如降低准备金或降低基准利率。

管理好通缩预期，就要加强形势研判，及时防范和化解风险冲击。要密切跟踪国际主要经济体的货币政策动向，加强国际资本流动的监测与管理，不断提高政策应对的前瞻性、针对性和有效性。

管理好通缩预期，还要进一步坚定信心。当前，中国经济增长仍平稳运行在较高平台上，无论是平衡区域发展所带来的增长空间，还是改革调整孕育出来的发展机会，都将继续推动中国经济保持适度增长，这是主流。

（撰稿：黄 真 国家统计局中国信息报社）

聆听 2014 年中国股市好声音

“股票一多半解套了，打新股也赚了！”说起这段时间的收成，资深股民周先生脸上洋溢着喜悦的笑容。国家统计局最新公布的数据显示，2014 年全国居民人均可支配收入实际增长 8%。其中，财产性收入同比增长 11.6%，高于同期工资性收入 9.7%、经营净收入 8.7% 的增速。众多像周先生一样的普通投资者财产性收入增加，正是得益于股市投资的良好回报。

2014 年股市表现不俗 走势强劲

刚刚过去的 2014 年，中国资本市场不负众望，走出了一轮牛市行情。上证综指年初 2112.13 点开盘，年末最后一个交易日报收 3234.68 点，全年涨幅 52.87%，居全球股市第二。深成指年涨幅 35.62%，创业板年涨幅 12.83%。2592 家上市公司 A 股市值总规模达到 37.11 万亿元，创造了 A 股市场历史最高纪录。

带着延续 2014 年牛市行情的期许，人们走进了 2015 年。但近期 A 股市场走势的大幅震荡，又让还沉浸在喜悦中的投资者心跳加速。尤其是上周，先是 19 日上证综指大跌 7.7%，创 7 年来最大的单日跌幅；23 日股指大涨 4.74%，创 5 年来最大单日涨幅。随后股指又持续上涨。就连在股市里摸爬滚打了 20 年的专业人士周先生也不那么显得气定神闲了。一时间市场又弥漫起恐慌情绪，有人担心暴涨暴跌的行情会扰乱今年 A 股市场的秩序。

市场环境向好 股市步入积极发展新常态

在记者看来，暴涨暴跌的行情不会持续。随着市场环境的逐步向好，股市正逐步步入积极发展的新常态，全年发展的主基调是平稳与平衡。原因有四。

其一，这是中国资本市场发展契合中国经济新常态的需要。李克强总理在参加 2015 年冬季达沃斯论坛时用滑雪妙喻中国经济：滑雪有三要素，速度、平衡、勇气。对中国经济而言，就是要保持中高速度的增长，平衡好稳增长和调结构的关系，以壮士断腕的勇气推进改革。面对中国经济 2015 年仍将承受的较大下行压力，需要继续保持战略定力，不搞“大水漫灌”，更加注重预调微调，更好实行定向调控，确保经济运行在合理区间，同时着力提升经济发展的质量和效益。中国资本市场要契合中国经济的这种新常态，就必须平衡融资者与投资者利益，平衡市场参与者地位。只有股市平衡发展了，才能实现资本市场的平稳健康长远发展、有质量的发展。这一波牛市行情，正是契合经济结构调整，助力中国经济“提质增效”，资本市场走向价值回归的具体体现。长远看，大盘指数也许不会像前段时间那样大涨大跌，而是出现结构性、阶段性、局部性行情，这也是一个健康的股票市场的新常态。

其二，改革为资本市场的发展注入新的活力和动力。推进股票发行注册制改革，是 2015 年资本市场改革的头等大事，是涉及市场参与主体的一项“牵牛鼻子”的系统工程，也是证监会推进监管转型的重要突破口。以注册制改革为契机，中国的投融资体制将发生一场深刻的变革，旨在实现对上市企业从实质监管到形式监管、事前检查到强调事中和事后监管的转移，进一步提升监管的市场化程度。这将长期利好资本市场健康发展。

其三，我国资本市场国际化步伐加快。当前，我国资本市场的国际化正进入一个“黄金窗口期”。力争使我国资本市场从新兴走向成熟，成为一个具有更强国际竞争力的世界一流市场。去年沪港通的启动，在某种意义上是资本市场的加入 WTO，标志着中国资本市场进入双向开放新阶段。目前，证监会正在稳步推动A股市场纳入MSCI（MSCI全球指数，指由摩根士丹利资本国际公司所编制的股价指数，即一般所称的摩根指数或大摩指数，为欧美基金经理人对全球股票市场投资的重要参考指数。目前MSCI指数涵盖24个发达市场、21个新兴市场及31个前沿市场）和FTSE指数。

其四，由于利率趋势向下，今年股市总体"不差钱"。由于其他可投资渠道的回报减少，包括房产、银行理财产品、信托产品和债券等，不少投资者重新配置家庭资产，部分资金流向了股市。2014年全年新增人民币存款9.48万亿元，比上年少增3.08万亿元。

理性投资 加强风险管理

但是，市场面临的不确定因素和风险绝不可忽视。

从外部环境看，2014年全球经济回暖，但未来还存在变数，美联储何时加息及对金融市场和新兴经济体带来不确定性；欧洲央行22日宣布超预期的每月600亿欧元国债与其他债券购买计划，持续时间18个月，如此大规模且长时间的宽松货币政策，能否让欧洲走出危机也有待时间检验；新兴经济体增长继续下行；西方国家对俄罗斯实施制裁的范围、强度和持续时间；油价暴跌对世界经济产生的广泛影响。从内部环境看，国内经济仍然存在下行压力，结构调整也不会一帆风顺，这些都会传导到和影响股市走向，股票市场也有一定的不确定性；在注册制推进过程中不免面临一些影响投资者对股市扩容的心理预期及高价发行、低质发行、欺诈发行的风险。另外，随着我国资本市场与全球市场联系的日渐紧密，国际市场上有个"风吹草动"都会影响到股市上来，增加A股市场的不确定性和波动。

投资者保护是资本市场发展的基石。在股市新常态下，依法治市，做好中小投资者保护工作尤为迫切。这就需要进一步加强市场监管与风险提示，严厉打击各种违法违规行为，维护市场"公开、公正、公平"原则。

2014年以来，证监会针对信息披露违法违规立案调查43起，已对16家上市公司和5家中介机构作出行政处罚，有效遏制了违法违规行为的蔓延。在日前召开的2015年全国证券期货监管工作会议上，证监会主席肖钢透露出这样的信息：2015年将在"小国九条"提出的要求下，尽快发布投资者适当性、优化回报、保障行权等专项文件，做好投资者保护有效性评估，建立健全股票发行注册制改革全过程的投资者保护机制，在多层次市场建设和市场经营机构创新发展中，有效落实投资者适当性管理和投资者教育，做好投资者尤其是中小投资者风险揭示工作。而在此前的1月16日，证监会通报了2014年第四季度证券公司融资类业务现场检查情况。有12家券商存在融资融券业务违规情况，并被处以不同程度的处罚。监管层对"两融"违规下重手，也显示了证监会把风险监控摆在重要位置的坚决态度，利于投资者及市场更加理性。

作为投资者，既要坚定股市信心，保持良好的心态，重视公司基本面研究，积极参与股市投资；又要加强风险管理，尤其是投资杠杆的运用要量力而行。只有理性投资，价值投资，才能管理好自己的财富，实现家庭资产保值增值。

（撰稿：王青萍　国家统计局中国信息报社）

如何看待汽车市场的“放缓”

增速放缓似乎已成为今年车市的主调。

据中国汽车工业协会统计，今年1-9月，汽车产销分别为1722.59万辆和1700.09万辆，同比增长8.08%和7.04%，增幅同比分别减缓4.7个和5.7个百分点。

自去年我国汽车产销量双双突破2000万辆大关并创出历史新高后，今年以来，除个别月份外，汽车产销量环比逐月下降，同比增幅逐月减少，汽车市场整体呈现放缓趋势，令一度亢奋的市场信心受到不小的冲击。

那么，该如何看待今年前三季的汽车市场形势呢？

在结构调整的大背景下，汽车市场不可能一枝独秀。

从国内大环境看，今年以来汽车市场的整体放缓是与国家宏观经济的发展趋势紧密相关的。据国家统计局统计，前三季度国内生产总值同比增长7.4%，经济增长速度略有放缓。在调整经济结构的大背景下，相关产业的传导作用以及消费需求的新变化，必然对汽车产业产生深刻的影响。与宏观经济关联最直接的商用车市场，自今年4月份起连续出现负增长，据中国汽车工业协会统计，今年1-9月商用车产销分别完成283.97万辆和284.54万辆，同比分别下降5.7%和6.2%。因此，指望汽车产业在经济下行的大背景下一枝独秀，是不现实的。

从汽车市场来看，继上海、北京、广州、贵阳实行汽车限购限行政策之后，天津、杭州等大城市今年先后实施限牌限行。杭州实行限牌半年来，4-9月杭州新车销量下降了42.7%。全国范围内其他城市的限购限行传言不断。限牌往往引发恐慌性抢购潮，透支未来消费需求，对常态化市场造成了致命的破坏，最终必然导致乘用车市场增长放缓。

汽车行业自身也面临着结构调整和升级的问题，从而导致一些板块出现产销下滑，最典型的表现，一是中国品牌板块，一是日系车板块。

据中国汽车工业协会统计，今年1-9月中国品牌乘用车共销售532.32万辆，同比增长3.52%，增幅较上年同期减缓8.62个百分点，占乘用车销售总量的37.61%，占有率同比下降2.42个百分点。中国品牌去年9月以来出现连续下滑，尽管有外国品牌价格挤压以及消费者对中国品牌信心不足等多方面的原因，但根本原因是中国品牌普遍进入了产品结构的深度调整期。长城汽车由于把重点放在SUV上，今年1-9月份，长城汽车乘用车销量累计41.70万辆，同比下跌了8.8%。主要原因是轿车销量较去年同期出现较大的下滑，而SUV销量由去年同期的29.85万辆攀升至34.63万辆，同比增长16.0%。吉利汽车由于品牌调整，今年1-9月轿车销量同比下跌3成至23.22万辆。

目前仍占中国市场份额15%的日系车，似已风光不再，今年1-9月乘用车销量增速低于10%，远低于其他外国品牌。自今年6月起，丰田在华终止了连续9个月的同比增长态势，当月同比下跌7.6%。今年前三季度，日产累计在华销量为879100辆，而今年的目标是在华销售143万辆。日系车在中国市场的滑落，除去消费心理的原因，根本原因是其产品结构已无法适应市场的新需求、新格局。目前日系车的产品更新仍主要依赖于车型垂直换代，新车型的研发较少，急需进行产品结构的深度调整。

此外，国际新兴市场的经济下行，令我国汽车出口减少，也使今年的汽车市场增长乏力。据中汽协统计，今年1-9月汽车累计出口66.29万辆，同比下降7.5%。其中乘用车出口39.18万辆，同比下降9.7%；商用车出口27.11万辆，同比下降4.1%。

内在动力依然旺盛，新的市场热点正在形成

必须看到，尽管今年以来汽车市场增速放缓，但作为汽车市场绝对主力的乘用车，产销同比保持较快增长，为汽车市场的稳定发展起到了“定海神针”的作用。

据统计，1-9月乘用车产销分别完成1438.62万辆和1415.55万辆，同比分别增长11.3%和10.2%。分车型产销情况看，SUV和MPV增长明显，均超过30%，其中SUV产销增速分别为34.7%和33.3%，MPV产销增速分别为55.7%和51.6%；轿车产销增速分别为5.1%和3.9%。乘用车的持续增长，表明车市发展的内在动力依然十分旺盛，而SUV、MPV一类多功能车型的热销，表明人们的购车需求开始变得多样化，汽车市场日渐成熟。

另一方面，新能源汽车作为新的市场热点，产销实现了快速增长，为汽车市场稳定发展提供了新的热点和动力。特别是在政府直接补贴、牌照优先、公务用车加大新能源车占比等政策扶持下，电动汽车推广呈爆发式增长。据中汽协统计，1-9月新能源汽车生产38522辆，销售38163辆，比上年同期分别增长2.9倍和2.8倍。其中纯电动汽车产销分别完成22747辆和22258辆，插电式混合动力汽车产销分别完成15775辆和15905辆。分季度看，一季度产销量同比增长1.8倍和1.6倍，二季度产销量同比增长2.7倍和2.9倍，三季度产销量同比增长3.9倍和3.8倍。

四季度车市可望恢复较高增长

历年的第四季度都是车市的“旺季”，因为前有10月份的销售小高峰，后有春节前的集中降价促销，加上各汽车厂商四季度还有一批新车上市，包括10月上市的别克昂科威、比亚迪S7、宝马M4、北京现代ix25等，今年四季度的车市可能重新恢复较高增长。

政策方面，今年9月11日，国家发改委、工信部和财政部公布了“节能产品惠民工程节能环保汽车”推广目录车型，共有28家企业的163款车型上榜。由于滞后效应，这部分政策“红利”预计将在10月份获得较大的释放，为车市带来更大的增幅。

在新能源汽车方面，国家将继续出台鼓励政策支持创新发展，加快动力电池发展，推进行业兼并重组做大做强，着力破除地方保护等。工信部、国家发改委、财政部等七部委日前印发《京津冀公交等公共服务领域新能源汽车推广工作方案》，今明两年将在京津冀地区公共交通服务领域共推广20222辆新能源汽车。这些政策将进一步促进新能源汽车加快发展，为市场带来新的增长动力。

随着整个宏观经济继续在向好的预期方向发展，四季度车市会保持较高的增长势头，乐观来看，全年有望突破2400万辆。

（撰稿：张凤宇　国家统计局中国信息报社）

油价进入“低时代”莫为浮云遮望眼

“终于可以一次性加满（油），让我的爱车痛快地‘喝饱’一回了！”家住北京市海淀区半壁店的刘先生看着加油站打出的降价促销的牌子半是认真半开玩笑地说。刚刚过去的2014年，国际油价大幅“跳水”。受国际油价影响，我国成品油市场价格也“应声而落”，一跌再跌，全年14次下调成品油价格。

作为经济“血液”的国际原油价格的异常波动，给正处于企稳回升的中国经济带来不小的影响。一方面，低油价有利于缓解我国能源安全压力，为我国经济结构调整赢得宝贵的时间与空间，同时可以减少企业生产成本和降低人民生活成本，减轻物价上涨压力。另一方面，油价下跌，也可能导致能源消费过度、节能意识下降，对新能源开发、节能减排带来阻力。当前，有必要趁国际油价下跌的有利时机，坚定不移地加快推进能源改革，加快经济转型升级步伐。

国际油价重回“低油价时代”

随着全年最冷时节的到来，国际油价仿佛也接近了冰点，再度上演大幅下跌行情。

当地时间1月5日，纽约原油期货价格盘中短暂跌破每桶50美元大关，布伦特原油也一度跌至每桶52.66美元的低点，双双达到2009年春季以来的最低点。6日，纽约原油期货价格收盘再度大幅下跌4.2%，跌破48美元，报每桶47.93美元，跌破了每桶50美元的心理关口。2014年，纽约和布伦特油价全年跌幅分别高达46%和48%。

而仅仅半年前，国际油价还停留在每桶100美元上方。现在，国际原油期货价格跌幅则超过55%，创5年来新低。

受国际油价下跌影响，2014年，国内成品油调价窗口开启共25次，其中4次上调，7次未作调整（含11月28日提高消费税，两因素相抵，未调整），14次下调成品油价格。除1月、3月、5月出现4次间断下调外，从7月21日开始，2014年全年国内成品油价格连续10次下调，平均下调幅度达23%。

2015年1月12日，我国成品油价格迎来新年首跌，这也是新定价机制后的“十二连跌”。同日，我国成品油消费税再次上调。1月26日，国内成品油价第二次下调，迎来国内油价调价史上史无前例的“十三连跌”，93号汽油全面进入“五元时代”。

油价下调对中国影响几何

“断崖式下跌”的油价，会对中国带来哪些影响？

从利好方面分析，国际原油价格持续下跌，这对于原油对外依存度接近60%的我国来说，是重大利好。油价下降显著降低了我国的进口原油成本，缓解了我国能源安全压力，为国家战略石油储备补仓提供了一个难得的机会。眼下国际油价降到5年来的最低，正是补仓战略石油储备的千载难逢机会。海关数据显示，2014年1-11月份，我国共进口原油2.78亿吨，同比增长9%。以中国平均每天进口原油600万桶计算，每桶少10美元，就相当于每天减少6000万美元的支出。

油价下降有利于减少部分企业生产成本和降低人民生活成本，减轻物价上涨压力，为经济结构调整赢得宝贵的时间与空间。有关研究表明，原油价格上涨10%，将导致CPI和PPI分别实际上涨0.31%和0.83%左右；而成品油价格上涨10%，将导致CPI和PPI分别实际上涨0.43%和0.91%左右。

油价下降还有利于助推经济增长。国际机构测算表明，国际油价每桶下降10美元，可以拉动GDP0.1-0.3个百分点，这无疑有利于当前下行压力加大的中国经济。

油价下降也是一柄“双刃剑”，不全是利好。国际原油等大宗商品价格下跌，折射出全球需求不足，不利于我国的出口。油价下跌将带动化工产品价格加速下跌，成为影响PPI跌幅扩大的主要因素。当前，工业通缩成为全球现象，国内工业产品价格下跌态势有可能持续甚至跌幅扩大，并可能对CPI产生较强的传导助跌作用。

油价下跌对新能源开发、节能减排也可能带来不小的阻力。有机构测算，油价每下跌10个百分点，石油消费就会增长0.15个百分点。一些本该淘汰的企业因油价等成本降低而苟延残喘，不利于经济转型升级。

不为浮云遮望眼

当前中国经济进入新常态，经济进入转型升级的关键时期，同时面临环境安全的重大挑战，

粗放型发展方式难以为继。面对国际油价的涨跌起伏，我们切不可“浮云遮望眼”，因油价涨跌而动摇自己的发展战略和生活方式。

从百姓的角度而言，油价下跌，的的确确给他们带来了较大的实惠。但是，在享受低油价实惠的同时，老百姓的节能减排意识往往容易被忽视，甚至可能产生新一轮的能源过度消费，进一步恶化环境。相反，在低油价时代，要大力倡导绿色能源消费，进一步提高百姓节能减排意识。

从产业层面分析，低油价，无疑会给那些依赖石油生产的高耗能企业带来一线生机，同时也很可能成为企业拖延转型升级的借口。不过，如果不趁低油价时代加快淘汰落后产能，加快产业转型升级，迟早会因为高油价时代的到来而被迫作出调整。到那时再作调整，恐怕已然时不我待。

这次油价下跌，尽管有地缘政治操纵等各种“阴谋”“阳谋”论断，但从市场层面分析，全球经济疲软导致需求不足，而主要产油国产量不减，供大于求才是根本原因。

从中长期来看，相对较高的油价仍是市场主常态。随着世界经济复苏，石油需求会再度回暖。而且过低的油价不符合美国的长远利益，也不符合产油国的投资期待。国际原油价格反弹是早晚的事。有机构预测，最快今年年中，国际原油价格会再度回升至每桶60美元-70美元。

从国际上观察，新能源革命是抢占未来国际竞争力制高点的重要途径。事实上，中国的每一次能源技术革命都会遭受少数发达国家千方百计的围堵和“截杀”，光伏产业在国际贸易市场屡屡遭受反倾销调查即是明证。中国政府清醒地认识到能源安全的重要性，须臾未敢防松能源安全这根弦。一方面加快调整能源消费结构，大力发展包括电动车等在内的新能源产业，寻找石化能源的替代产业；另一方面，加大利用国际市场资源的力度，推动更多的石化能源企业“走出去”。当前，有必要趁国际油价下跌的时机加快在国际市场的能源布局，逐步完善石油的战略储备、商业储备和资产储备布局。

总之，中国经济进入新常态，既不能因国际油价的一时下跌而对能源安全的意识有所松懈，也不可因之而改变发展方式，一切当以促进经济转型升级、人民生活质量提高为总则。

（撰稿：鄢来雄　国家统计局中国信息报社）

Important Documents

一、主题报告篇

二、专题报告篇

三、地区报告篇

北京市经济社会发展报告

2014 年，面对经济下行压力，北京着力稳增长、促改革、调结构、惠民生，经济运行总体平稳，结构调整和发展方式转变取得了新的进展，经济增长质量和效益稳步提高。展望 2015 年，平稳向好的基本面不会改变，总体经济运行仍将以稳为主。

一、2014 年北京经济运行主要特点

2014 年，北京经济运行呈现出“总体平稳、稳中有进、稳中提质”的特点。

（一）经济运行总体平稳

2014 年，北京地区生产总值总量突破 2 万亿元，达到 2.13 万亿元，全年增长 7.3%，已经连续 12 个季度稳定在 7%-8% 之间，经济增长以“稳”为主成为新常态。分产业看，第一产业增加值 159 亿元，下降 0.1%；第二产业增加值 4545.5 亿元，增长 6.9%；第三产业增加值 16626.3 亿元，增长 7.5%。三次产业结构由 2013 年的 0.8:21.7:77.5 调整为 2014 年的 0.7:21.4:77.9。

按常住人口计算，北京人均地区生产总值接近 10 万元人民币，为 99995 元，按年平均汇率折算超过 1.6 万美元，为 16278 美元。

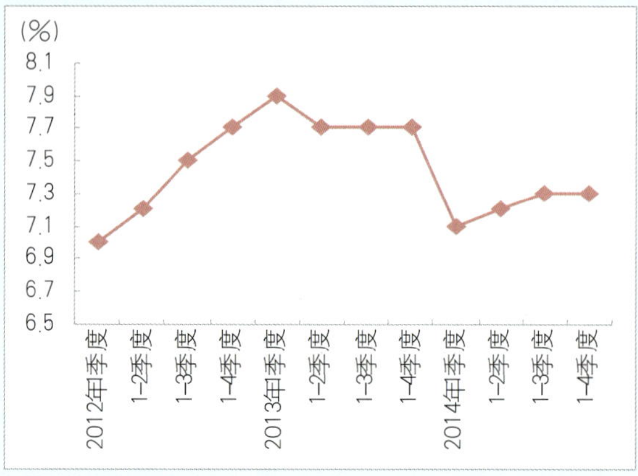

图 1　2012 年以来地区生产总值累计增速

1. 工业、服务业增势平稳。2014 年，在国内外市场需求不足，以及北京上下加大产业疏解力度的大背景下，北京工业实现了平稳增长。全年规模以上工业增加值按可比价格计算，比上年增长 6.2%。重点行业对北京工业增长发挥了明显的支撑作用，计算机、通信和其他电子设备制造业增长 17%，汽车制造业增长 12.3%，医药制造业增长 9%，3 个行业对北京工业增长的贡献率达到 74.2%。

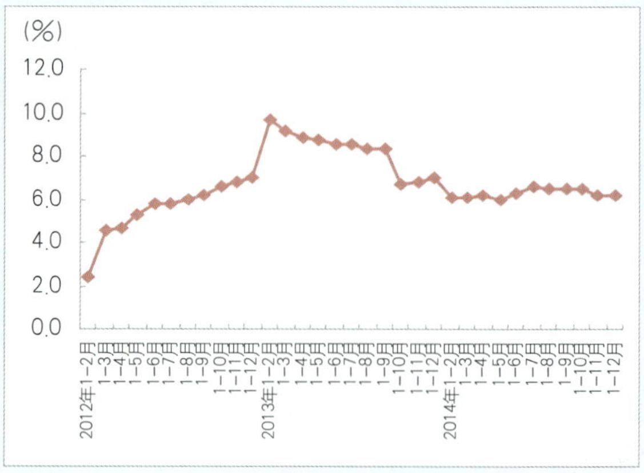

图 2　2012 年以来北京规模以上工业增加值累计增速

2014 年，北京第三产业增加值按可比价格计算，比上年增长 7.5%。重点行业中，金融业增加值 3310.8 亿元，增长 12.3%；信息传输、软件和信息技术服务业增加值 2062 亿元，增长 11.7%；科学研究和技术服务业增加值 1662.6 亿元，增长 11.1%，这 3 个行业增长较快。此外，租赁和商务服务业增加值 1700.2 亿元，增长 5.8%；批发和零售业增加值 2447.7 亿元，增长 5.5%；房地产业增加值 1329.2 亿元，下降 2.2%。

2014 年，北京规模以上工业企业实现利润 1631.6 亿元，同比增长 15.6%。规模以上第三产业企业实现利润 19720.4 亿元，同比增长 11%。

2. 固定资产投资稳步增长。2014 年，北京

全社会固定资产投资规模达到7562.3亿元（含区域项目），比上年增长7.5%。基础设施投资增速攀高，2014年，完成基础设施投资2018.1亿元，比上年增长13%，增速为2014年年内高点。完成房地产开发投资3911.3亿元，同比增长12.3%，占全社会固定资产投资的比重为51.7%，同比提高2.2个百分点。民间投资增长较快，全年完成民间投资2620.7亿元，增长8.3%，占全社会固定资产投资的比重为34.7%，同比提高0.3个百分点。

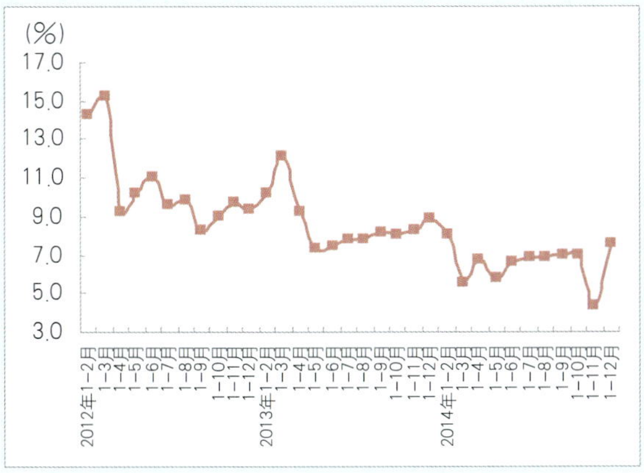

图3　2012年以来固定资产投资累计增速

3. 消费品市场增势较好。2014年，北京实现社会消费品零售总额9638.0亿元，比上年增长8.6%。从商品类值看，限额以上批发零售企业通讯器材类和文化办公用品类商品零售额增长较快，分别比上年增长93.8%和15.3%；金银珠宝类，服装鞋帽、针、纺织品类商品零售额分别下降7.9%和3.2%。网上零售快速发展，限额以上批发零售企业实现网上零售额1456.9亿元，比上年增长69.7%，对社会消费品零售总额增长的贡献率超过8成，占社会消费品零售总额的比重为16%，比上年提高4.9个百分点。

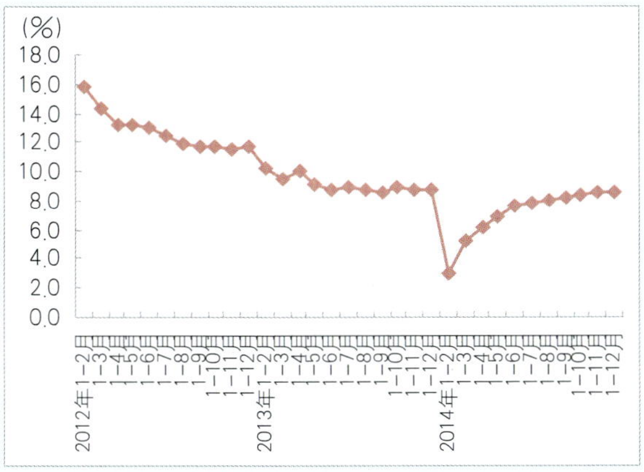

图4　2012年以来社会消费品零售总额累计增速

4. 进出口规模略有收缩。据北京海关统计，2014年北京地区进出口总值4156.5亿美元，比上年下降3.3%。其中，进口总值3533.1亿美元，下降3.7%；出口总值623.5亿美元，下降1.2%。

5. 就业和价格形势稳定。2014年，在总体经济平稳运行的背景下，全年城镇新增就业42.7万人，城镇登记失业率为1.31%，低于2%左右的年度调控目标，就业形势保持稳定。

2014年，北京生活必需品市场供应充足，加之房屋租赁价格回落、汽柴油及黄金饰品价格下降等因素影响，全年北京居民消费价格总水平累计上涨1.6%，涨幅比上年回落1.7个百分点，为2010年以来年度最低值。其中，食品、居住两大主要领域价格分别上涨3.2%和1.4%，涨幅分别比上年回落1.5个和4.2个百分点。12月份，北京居民消费价格总水平同比上涨0.8%，涨幅比11月份扩大0.1个百分点。

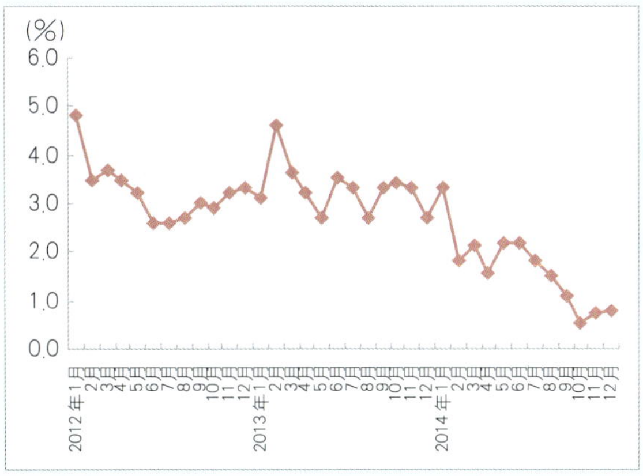

图5　2012年以来居民消费价格当月同比涨跌幅度

6. 居民收入稳步增加。2014年，北京城镇居民人均可支配收入48532元，比上年增长8.9%，扣除价格因素，实际增长7.2%，增幅比上年提高0.1个百分点。农村居民人均可支配收入18867元，增长8.9%。从收入来源看，城乡居民四项收入均呈现增长态势，其中人均财产性收入增速分别达 13.6% 和 21.2%，在四项收入中增速最高。

（二）结构调整稳中有进

1. 符合首都功能定位的产业快速增长。工业中战略性新兴产业发展势头持续向好。2014 年，北京规模以上工业中战略性新兴产业增加值比上年增长 17.9%，对规模以上工业的贡献率达 62.7%。服务业中的金融业同比增长 12.3%，信息传输、软件和信息技术服务业增长 11.7%，科学研究和技术服务业增长 11.1%，3 个行业对经济增长的贡献率达到 50.5%。

2. 与信息有关的消费、服务快速兴起。近两年，随着移动互联网技术的广泛应用，信息服务业及信息消费快速兴起。2014 年，互联网和相关服务业收入增长 26.2%，快于信息传输、软件和信息技术服务业收入增长 15.6 个百分点。与信息相关的商品实现零售额 1299.1 亿元，增长 59.1%；其中手机类实现零售额 916.6 亿元，增长 93.8%。

3. 六大高端产业功能区集聚作用进一步增强。1-11 月，“六高”规模以上法人单位实现收入超 4.7 万亿元，占全部规模以上法人单位收入的 45.2%，同比提高 2.8 个百分点。其中，六大高端产业功能区高技术制造业、现代制造业、信息服务业、科技服务业实现收入占北京该行业全部收入的比重分别为 96.3%、83.1%、89.8% 和 67.9%。

（三）经济增长质量稳步提高

一是企业技术创新活跃，劳动生产率显著提高。1-11 月，规模以上工业企业劳动生产率达到 32.1万元/人，比上年同期提高了1成。初步统计，2014 年，中关村企业实现总收入 3.57 万亿，增长 17.2%，其中技术收入增长 18.4%，快于收入平均增速；技术收入占总收入的比重为 13.4%，比上年提高 0.2 个百分点；近 7 成的企业开展技术活动。

二是民生不断改善。基本公共服务支出力度加大。2014 年，北京基本公共服务支出占地方公共财政预算支出的比重为 66.7%，比上年提高 0.6 个百分点。其中，节能环保、科学技术和医疗卫生的支出增速分别达到 46.5%、20.3% 和 13%，高于 8.2% 的地方公共财政预算支出的增速。居民收入差距缩小。城乡居民中，20% 低收入组收入分别增长 14.4% 和 12.6%，快于北京城乡居民平均增速 5.5 个和 2.3 个百分点，快于高收入组 6.4 个和 4 个百分点。城乡居民收入比由 2013 年的 2.20:1 下降到 2014 年的 2.17:1。

三是经济增长更加绿色、低碳。落实《清洁空气行动计划》，今年北京加大燃煤设施清洁能源改造力度，积极推进老旧机动车淘汰。2014 年，规模以上万元工业增加值能耗下降 10.9%。第二、第三产业规模（限额）以上单位煤炭、汽油消费量同比分别下降 20.3% 和 3.9%，降幅分别比 2013 年扩大 12.6 个和 2.7 个百分点；天然气消费量增长 9.4%，增幅比 2013 年缩小 7.3 个百分点。能源消费中，煤炭所占比重同比约下降 4.2 个百分点，天然气比重约上升 2.5 个百分点，结构进一步优化。

二、需要关注的问题

1. 生活性服务业品质仍需提升。一是组织规模偏小。目前，北京生活性服务业单位中从业人员在 7 人及以下的占 8 成左右，年户均营业收入在 81 万元左右。二是组织方式松散。零售业和餐饮业中，连锁店的比重仅为 5% 左右。三是规范性不足。居民服务业和修理业内部 15 个行业中，只有洗染、理发及美容服务等 6 个行业建立了质量标准；家政服务、家用电子产品修理等行业质量标准尚不完备；代驾服务、家具和相关物品修理等行业尚无质量标准。

2. 固定资产投资结构有待优化。一是房地产开发投资占比仍较高。目前，北京房地产开发投资占全社会固定资产投资的比重仍在一半左右（2014 年为 51.7%），占比明显高于 2 成左右的全国平均水平。二是民间投资潜力仍未完全释放。2014 年，民间投资增速总体呈放缓态势，全年民间投资增长 8.3%，与上年相比回落 7.6 个百分点；8 成左右的民间投资投向房地产业，交通运输、水电气热、教育、金融、卫生等领域民间投资占该行业固定资产投资的比重仍然很低，仅为1.1%、2.1%、3.8%、5%和5.9%。

3. 城市运营和环境改善压力较大。一是污水处理能力存在一定缺口。2013年北京污水排放15.5亿立方米，处理量13.1亿立方米，仍然存在一定缺口。二是垃圾清运量快速增长，清运压力增大。2014年北京生活垃圾清运量达到733.8万吨，比上年增加62.1万吨，增长9.3%。全年垃圾日均清运量在2万吨左右，超过前两年日均1.8万吨的平均水平。

三、后期走势展望及建议

2015年，北京经济内外部环境仍然复杂严峻。一方面，有利于经济平稳增长的积极因素在增加。一是中央近期加大预调、微调力度，释放了稳定增长的积极信号。国务院集中批复了一批大型基础设施项目，围绕拉动投资、消费、出口增长出台多项措施，预计政策效果将在2015年有所显现。二是新的增长动力正在形成。2014年北京加大调结构、转方式、促改革工作力度，生产和需求领域出现了一些积极变化，战略性新兴产业快速增长，科技文化双轮驱动力不断增强，信息类产品和服务发展迅速。市场主体的创新活力也在增强，经济增长的微观基础较好。

不利的方面，一是全国经济面临较大下行压力，增速将有所放缓。2014年以来，全国经济逐季放缓，国际机构对2015年中国经济的预测低于2014年。北京工业生产者价格已经连续32个月下降，市场需求明显不足。需求不足的环境使得北京经济增长面临一定压力。二是中长期北京潜在经济增速也有所降低。此外，疏解非首都功能、治理大城市病、人口调控等工作继续推进短期内也将对经济增速产生一定影响。

综合分析，2015年北京经济仍将保持平稳中速增长，但增速将在2014年的基础上有所放缓。下一步，建议在以下方面加大工作力度：

1. 培育增量、优化存量，提升产业品质。一方面，积极引入金融业、科技服务业、信息服务业、生态环境治理、生物医药、互联网等符合首都战略定位的产业项目和投资。加大对科技创新的支持力度，支持企业利用新技术改造旧有的生产环节，淘汰落后产能，做优做强高端产业和高附加值环节。另一方面，通过提高进入门槛、加强行业监管、提升信息化水平、规范市场运营秩序等方式，提升批发零售、住宿餐饮、居民服务等生活性服务业品质，促进传统行业优化升级。建立重点企业和市场疏解的市区两级联动机制，结合城市总体规划修编和“十三五”规划的制定，统筹解决产业疏解过程中土地、资产和人员的处置问题，清除产业疏解的障碍。

2. 优化结构、提高效率，发挥投资关键作用。一方面，积极推进投融资体制机制创新，灵活运用各种公私合营的模式，尽快征集、遴选一批符合首都经济社会发展实际的政府和社会资本合作项目，推进政府和社会资本的合作。另一方面，抓紧破解关键性制约因素，切实推进新机场、京台高速、京张客专等一批在建项目和储备项目的投资和建设。

3. 完善硬件、强化管理，提高城市建设水平。一是提升城市基础设施建设水平。加快水电气热、通信、污水处理、垃圾资源化处理、再生能源利用、中心路网、地下管网等基础设施建设。二是全面实施压减燃煤、控车减油、清洁降尘等措施，完善预报预警、科技治污、空气重污染应急联动机制，持续治理大气污染。三是综合运用法律、市场、行政等手段，做好人口调控和管理工作。四是深化城市管理体制改革，推进城市服务管理标准化、信息化，抓好痼疾顽症的专项整治，提高管理的精细化水平。

（作者：王文杰　北京市统计局局长）

专栏：借鉴国外经验促进北京农民增收

改革开放30多年来，北京经济快速发展，地区实力显著增强，特别是新世纪以来农村居民生活水平有了质的飞跃。与多数国际大都市农民收入变动趋势一致，北京农民收入也呈现出依靠农业获得的收入比重不断下降，收入结构更趋多元化、城镇化，高低收入差距呈缩小态势等变动特点。但同时也应看到，农村居民收入增长基本慢于经济增长，农村居民收入水平低于城镇居民，增收后劲不足等问题仍然存在。

一、北京农村居民增收中存在的主要问题

（一）农村居民收入增长基本慢于经济增长

改革开放以来，北京农村居民人均纯收入由1978年的225元增加到2014年的20226元，增长88.9倍，扣除价格因素，实际增长21.1倍，年均实际增长9%，低于地区生产总值年均增速1.2个百分点。30多年中，除改革开放初期和个别年份农民收入增速快于经济增长外，大部分年份都低于经济增长，反映出农村居民并未充分享受到城市发展和经济增长带来的成果。

（二）农村居民增收缺乏后劲

主要表现在四个方面。首先，农村居民从事的行业主要是工资水平相对较低、增长较慢的行业，加大了其依靠工资性收入带动总收入增长的难度。其次，保持转移性收入持续快速增长有一定压力。目前，社会保险缴款收入增长快于支出，政府转移支付能力较强，但人口老龄化程度的逐步加深，将对政府转移支付形成压力。第三，财产性收入占比仍然较低。在发达国家，农村居民财产性收入占总收入的比重一般在40%左右。2014年北京农村居民财产性收入占总收入的比重为12.1%，差距仍较大。第四，家庭经营收入易受宏观经济环境、相关政策及气候等因素影响，增长波动性较大，对农村居民总体收入的带动作用不够稳定。

（三）收入差距问题仍然存在

从城乡居民看，改革开放以来，虽然农村居民收入年均增速高于城镇居民1个百分点，但城乡居民收入的绝对差距仍呈扩大趋势，城乡居民收入比由1978年的1.6:1扩大到2014年的2.17:1（最高时2006年为2.32:1），表明北京城乡居民收入差距处于基本安全和有风险之间[①]。从农村居民内部看，2014年20%高低收入户的财产性收入之比为7.6:1，远大于纯收入之比（3.8:1）。

二、国外促进农民增收的主要做法

解决农民增收和缩小收入差距是一项复杂的系统工程，从国外的经验看，既要挖掘内部增收潜力，更要在农业和农村外部寻求增收途径。

（一）提高农业劳动生产率

2013年，北京农业劳动生产率仅相当于全市平均水平的16.6%。而美国和日本分别相当于该国平均水平的75%和32.4%，北京与发达国家相比差距仍然较大。从国外看，提高农业劳动生产率主要做法包括推进农业产业化、提高劳动者素质、加快特色产业发展等。

1. 推动农业产业化。欧美国家农业产业化的主要做法：一是建立完善的农村协会组织，主要为农民进行法律咨询，承担与农业产前、产中、产后相配套的供销、运输等业务，为农业生产和流通创造良好的条件。二是集中统一销售农产品。即农协将所属社员的产品集中起来，在大型批发市场以竞价销售的现代流通方式，面向国内外进行批发，既扩大了销售范围，又提高了销售价格。三是生产、加工、销售一条龙。农村协作组织集经营销售和深加工于一体，社员不但能通过协作组织使其产品实现价值，而且能分享因产品加工增值而增加的利

注：①参照国际经验，城乡居民收入差距1.7倍为安全，2倍为基本安全，2.5倍为有风险，3倍为有重大风险，3.5倍及以上易出现社会稳定危机。

润。四是农民以法人身份进入市场。在欧盟，农民对外的经济来源或以农场，或以合作社及其所设的加工、流通企业的名义出面，具有规范的法人地位。这就大大提高了其信誉度，为农村经济快速、健康发展奠定了基础。

2. 提高农村劳动者素质。全方位的教育供给系统是提高农业劳动者素质的主要途径。以日本为例，日本的农民教育供给主体是多元化的，包括各级农业科技培训中心、高中等农业院校、各级农民协会、各级农业技术推广服务体系等。日本这种由政府、科研机构等各种力量组成的全方位教育供给系统，对农民进行了不同层次、不同侧重点的培训，提高了农民的科技和文化素质。

3. 发展都市型现代农业。从国外都市型现代农业发展模式看，几点成功的做法值得借鉴。一是坚持多元化功能目标。既有高质量的生产功能，又有资源低耗与高效利用、环境清洁等生态功能，同时还有就业与增收等社会功能。二是以高科技为支撑。即注重引进工业生产管理技术、生物技术和信息技术，推进都市型现代农业从传统型向高新技术型转变，积极鼓励农业企业引进高新技术，加大财政对农业科技的投入。三是突出区域特色优势。根据各区域功能定位，借助各区域丰富的自然、人文资源，突出区域特色优势。

（二）促进农村居民非农收入的增加

非农产业的发展被认为是提高农民收入和缩小城乡收入差距的重要途径，其主要方式就是促使农村劳动力向二、三产业转移。以日本为例，非农收入增长是日本农民收入快速提高的主要原因。如 1961 年，政府在相关法律中规定在 10 年内要将农村中农户总数的 60% 转移到非农领域，同时由国家贴息向农户提供长期贷款，促使农业现代化，改变原有农业结构。这一措施使日本农业人口占全国总人口的比重由 1960 年的 37.1% 下降到 1970 年的 25.6%，从而在 1975 年以后日本农户的平均收入一直高于城市。

（三）加大城市反哺农村的力度

欧美日等发达国家十分重视对农业的直接补贴。如美国除了在农业、科研、教育发展等方面进行大量投资外，在农产品加工、销售、国际贸易以及生产条件方面也给予了大量的补贴支持，以提高农民的收入，平衡市场供求，稳定价格，保持环境以及农业持续发展。在日本，政府对农产品实行价格补贴政策，70% 以上农产品的价格受政府价格改革支持。此外，农业生产者的税收比非农生产者要低得多，大体上只有非农税率的一半。而欧盟对农民直接补贴的特点是按固定的面积和产量进行补贴，主要分为按种植面积补贴、按休耕补贴、环境保护补贴等三种方式。

三、促进北京农民增收的建议

（一）以专业合作社促农业产业化

今后北京应加大对农民专业合作社扶持力度，特别是人才和资金方面的扶持力度，进一步推动农民专业合作社产业化发展，支持和鼓励农民专业合作社参与政府投资的各类项目建设，重点帮助农民专业合作社兴办加工储运企业或参股龙头企业，延长产业链条，让社员分享加工、销售环节的增值收益，使其真正成为带动农民增收的重要途径。

（二）增强农民培训的针对性和实用性

近年来北京在促进农民就业、完善就业援助制度等方面取得了显著成效，但北京农村就业人员素质仍有待提高。2010 年人口普查数据显示，乡村就业人口中，初中及以下学历占 71.7%，远高于城市就业人口这一比重（31.8%），其中从事农业的就业人口这一比重高达 86%。在对农民进行职业培训时，培训的针对性和实用性还需要加强。既要进行基础型培训，又要注重技能型培训和专业型培训，采取农民能看得见、摸得着、能交流的培训方式，注重培训效果和实用性。

（三）都市型现代农业发展重“提质增效”

都市型现代农业无疑是今后适宜北京发展的环境友好型产业，在当前资源有限、空间有限的条件下，北京都市型现代农业发展更应在“提质增效”上下功夫。一是创新经营模式，加快农业园区化、生产标准化、经营产业化步伐，鼓励支持示范、体验、会展、开心农场等都市农业新型业态。二是创新营销方式，拓展市场空间，通过开拓优质品牌农产品专卖市场、开办网上商城等营销模式拓宽农产品销售渠道。三是在注重都市型现代农业经济功能的同时，要更加重视生态和社会功能。通过能源再利用和废弃物再循环等手段，合理利用农业自然资源和保护良好的生态环境，增强都市型现代农业发展后劲。

（四）推进农村剩余劳动力向二三产业转移

2014 年，北京非农收入②比重为 67.6%，比重不仅低于日本 2000 年的 82.1%，也低于自身 2001 年 7.8 个百分点。因此，北京应在提高农业劳动生产率和提升劳动者素质的基础上，大力推进农村剩余劳动力向二三产业转移，包括开发更多的公益性就业岗位、建立健全城乡一体化的就业服务体系、积极搭建“技能培训 + 就业平台”、建立帮扶就业困难家庭制度、大力发展小城镇建设等。

（五）加大对农村投资和扶持力度

近年来北京在财政支出中用于农业支出的比重总体呈上升趋势。2006 年以来，用于农业的财政支出所占比重基本维持在 6% 左右，2014 年上升到 7.6%。但从全社会固定资产投资看，农村投资比重近年来一直低位徘徊，2014 年为 8.4%。今后除对农业给予更多的直接补贴和扶持外，还应建立全方位的资金保障体系。例如大力推进金融创新，建立健全公共财政支持下的金融服务机制，对农业大户、龙头企业、农民专业合作社等给予信贷支持。

（作者：李纲　国家统计局北京调查总队总队长）

注：②非农收入等于工资性收入与非农家庭经营收入之和。

天津市经济社会发展报告

2014年，面对复杂多变的国内外经济形势，天津市认真落实中央各项决策部署，主动适应经济发展新常态，紧紧抓住京津冀协同发展等重大机遇，坚持稳中求进、改革创新，打造经济和城市两个升级版，全市经济运行总体平稳，发展质量不断提高，民计民生持续改善，在转型调整中实现新的发展。

一、新常态下经济社会发展呈现新特征

1. 增速换挡质量提升。经济运行总体平稳。一是经济平稳增长。2014年，全市生产总值15722.47亿元，增长10.0%，比上年回落2.5个百分点。分三次产业看，第一产业增加值201.53亿元，增长2.8%；第二产业增加值7765.91亿元，增长9.9%，其中工业增加值7083.39亿元，增长10.0%；第三产业增加值7755.03亿元，增长10.2%，占全市经济的比重达到49.3%，同比提高1.2个百分点。二是就业形势稳定。多渠道开发就业岗位，扶持小微企业发展，促进创业带动就业。城镇新增就业48.8万人，增长0.4%。劳动力调查数据显示，年末全市就业人口达到877.21万人，比年初净增加29.75万人；其中，服务业从业人员占比达到53.4%，比上年提高3.3个百分点，信息、科技、商务等新兴服务业成为吸纳就业的生力军，从业人员分别增长49.9%、12.9%和10.0%。三是物价稳中有落。居民消费价格上涨1.9%，涨幅比上年回落1.2个百分点。其中，食品价格上涨3.0%，比上年回落2.8个百分点，对总涨幅的贡献率为50.8%，低于2010-2013年平均贡献率（67.4%）；服务价格上涨2.2%，拉动消费价格总水平上涨0.7个百分点，贡献率为38.9%。

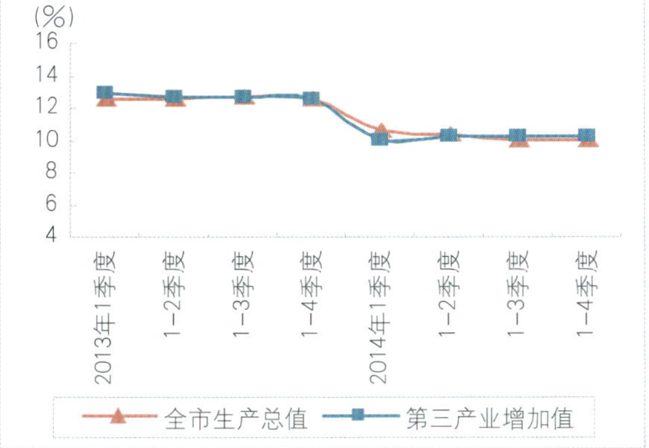

图1 天津市生产总值和第三产业增加值累计增速

质量效益稳步提升。一是财政收入增势良好。2014年，全市一般公共预算收入2390.02亿元，增长15.0%。其中，税收收入1486.55亿元，增长13.5%，占一般公共预算收入的62.2%，服务业税收贡献率达到68%，成为财政增收的主要来源。从主体税种看，增值税增长11.9%，营业税增长12.6%，企业所得税增长15.1%。扩大营改增试点范围，7.1万户企业减负面达到97%，落实小微企业减税政策，13万户企业受益。二是投资效益不断提高。天津投资总量超过万亿后，更加注重投资规模与投资效益并举，投资强度、投资效果系数等指标均位居全国前列。全年项目建成投产率（投产项目个数占施工项目比重）达到65.8%，比上年提高4.1个百分点。三是居民收入稳定增加。实施21项增收措施，企业养老金实现十连增，最低工资标准、城乡低保标准等进一步提高。城镇常住居民人均可支配收入31506元，增长8.7%；农村常住居民人均可支配收入17014元，增长10.8%，快于城镇居民2.1个百分点，城乡收入差距进一步缩小。

2. 产业动力加快转换。服务业发展快于工业。2014年，全市服务业增加值增长10.2%，快于工业0.2个百分点，自1999年以来首次超过工业增速；服务业拉动全市经济增长4.6个百分点，贡献率达到45.9%，同比提高0.7个百分点。其中，

金融业增加值 1389.53 亿元，增长 13.1%；信息、商务、文化等营利性服务业增加值 1318.98 亿元，增长 13.4%；科技、教育、卫生等非营利性服务业增加值 1527.14 亿元，增长 12.9%；交通运输、仓储和邮政业增加值 753.19 亿元，增长 8.8%；批发和零售业增加值 1981.10 亿元，增长 8.6%；住宿餐饮业增加值 234.41 亿元，增长 4.8%；房地产业增加值 550.68 亿元，增长 1.3%。

表 1　2014 年天津市服务业主要指标数据

指　标	绝对值	增速（%）	增速快于全市（百分点）	占全市比重（%）
增加值（亿元）	7755.03	10.2	0.2	49.3
新增私营企业户数（万户）	4.52	82.9	2.7	83.0
社会从业人员（万人）	467.72	10.2	6.7	53.4
税收收入（亿元）	1000.66	15.7	2.2	67.3
城镇固定资产投资（亿元）	6065.80	15.4	0.1	55.2
实际直接利用外资（亿美元）	102.89	8.6	−3.5	54.5
实际利用内资（亿元）	2358.68	15.5	0.1	65.5

新兴产业发展快于传统产业。2014 年，全市规模以上工业增加值增长 10.1%，39 个行业大类中，33 个行业实现不同程度增长。一是装备制造业贡献突出。装备制造业增加值占规模以上工业的 33.0%，同比提高 1.2 个百分点，其中，金属制品、电气机械、专用设备、通用设备四个行业分别增长 26.8%、22.4%、20.8% 和 18.5%，合计拉动全市工业增长 2.7 个百分点，贡献率达 26.8%。二是新兴产业蓬勃发展。环保、航空航天、生物医药等产业产值分别增长 47.8%、38.1% 和 17.0%，高技术产业、战略性新兴产业产值分别占规模以上工业的 14.1% 和 19.8%。三是高耗能行业增速减缓。六大高耗能行业增加值合计增长 9.2%，低于规模以上工业平均增幅 0.9 个百分点，水泥、生铁、粗钢产量同比分别下降 1.0%、1.4% 和 0.5%。

3. 需求结构逐步升级。投资结构不断优化。2014 年，全社会固定资产投资 11654.09 亿元（含区域项目），增长 15.1%。其中，城镇投资 10986.50 亿元，增长 15.3%；农村投资 667.59 亿元，增长 12.6%。一是实体投资支撑作用增强。实体经济投资 7759.33 亿元，增长 18.9%，比上年加快 4.3 个百分点；占全社会投资的比重为 66.6%，同比提高 2.1 个百分点。二是生产性服务业投资高位增长。第三产业投资 6065.80 亿元，增长 15.4%，比上年加快 1.4 个百分点，占城镇投资的 55.2%，其中，信息、科技、金融等生产性服务业投资分别增长 58.1%、57.8% 和 37.1%。三是优势产业投资贡献突出。工业优势产业投资 4393.24 亿元，增长 20.5%，比上年加快 7.8 个百分点；占城镇投资的比重为 40%，同比提高 1.7 个百分点。

大众化服务消费升温。2014 年，全市社会消费品零售总额 4738.65 亿元，增长 6.0%，限额以上 21 个商品大类中，15 类商品零售额实现不同程度增长。一是网络消费增势强劲。批发和零售业网上零售额 124.86 亿元，增长 62.1%，拉动限额以上零售额增长 2 个百分点。二是文化旅游消费保持活跃。限额以上书报杂志类零售额增长 35.3%，文化办公用品类增长 15.9%；接待国际旅游人数 296.10 万人次，旅游外汇收入 29.90 亿美元，分别增长 11.9% 和 15.4%。三是大众餐饮消费稳中有升。限额以下住宿餐饮业营业额 605.61 亿元，增长 16.5%，高于全市平均增幅 5.1 个百分点；占全市营业额的 80.9%，同比提高 2.3 个百分点。

出口结构进一步改善。2014 年，全市外贸进出口总额 1339.12 亿美元，增长 4.2%。其中，进口 813.16 亿美元，增长 2.3%；出口 525.97 亿美元，增长 7.3%，同比加快 5.8 个百分点。一是自主出口能力不断增强。一般贸易出口 229.31 亿美元，增长 11.2%，快于加工贸易 7.6 个百分点，占全市出口的 43.6%，同比提高 1.5 个百分点；新型贸易方式快速增长，租赁贸易、保税仓库进出境货物等新型贸易方式出口分别增长 25.5% 和

50.3%。二是贸易伙伴趋于多元化。对美国、欧盟、日本等传统市场出口分别增长4.6%、20.0%和0.5%，占全市出口的37.5%；新兴市场中，对澳大利亚、东盟、南非出口分别增长17.4%、13.0%和11.8%。三是高附加值、高技术含量的产品成为出口主导。机电产品出口358.32亿美元，高新技术产品出口199.41亿美元，分别占全市出口的68.1%和37.9%。

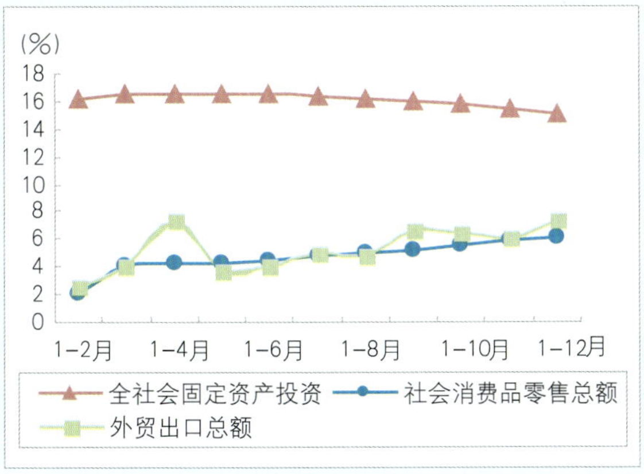

图2　2014年各月天津市投资、消费和出口累计增速

4. *发展活力明显增强*。简政放权力度加大。市级行政审批事项大幅减少，实现“一份清单管边界”；组建滨海新区行政审批局，实现“一颗印章管审批”；成立市场和质量监督管理委员会，实现“一个部门管市场”；实施街镇综合执法体制改革，集中行使行政处罚权，实现“一支队伍管执法”；加强事中事后监管，市场主体信用信息平台开放运行，实现“一个平台管信用”；推进大通关体系建设，建立京津冀海关信息互换、监管互认、执法互助工作机制，实现“一份单卡管通关”。

民营经济成为亮点。工商登记制度改革激发大众创业热情，新市场主体不断涌现，民营经济实现快速增长。2014年，全市新注册企业56945户，其中民营企业54580户，增长79.9%，占新注册企业的95.8%。民营经济占全市生产总值的比重达到45.2%，同比提高1.9个百分点；民营经济税收1202.92亿元，增长15.9%，快于全市税收2.4个百分点，比重达到80.9%；民营工业增加值增长24.3%，快于规模以上工业14.2个百分点；民间投资6743.68亿元，增长32.1%，快于全社会投资17个百分点，比重达到57.9%；民营企业出口114.69亿美元，增长22.9%，快于全市出口15.6个百分点，比重为21.8%。

表2　2014年天津市民营经济主要指标数据

指　标	绝对值	增速（%）	增速快于全市（百分点）	占全市比重（%）
新注册企业户数（万户）	5.46	79.9	5.6	95.8
增加值（亿元）	7100.42	14.9	4.9	45.2
税收收入（亿元）	1202.92	15.9	2.4	80.9
规模以上工业增加值增速（%）	—	24.3	14.2	—
民间投资（亿元）	6743.68	32.1	17	57.9
外贸出口（亿美元）	114.69	22.9	15.6	21.8

创新引领转型发展。天津国家自主创新示范区获批建设，为创新驱动注入新活力。加快培育科技型企业，形成一批领军企业和“杀手锏”产品，2014年，全市新增科技型中小企业1.48万家，累计达到6.10万家；其中，新增“小巨人”企业630家，累计达到3003家。大力实施万企转型升级，推动5841家企业完成6902个转型升级项目。

对外开放水平提升。自由贸易试验区获批建设，为金融、贸易等领域制度创新和开发开放带来新的机遇。2014年，全市新批外商投资企业674家，合同外资额228.20亿美元，增长10.1%；实际直接利用外资188.67亿美元，增长12.1%。其中，制造业实际直接利用外资83.29亿美元，增长15.6%；服务业实际直接利用外资102.89亿美元，增长8.6%，占全市的54.5%。全市实际利用内资3600.32亿元，增长15.4%。

京津冀协同发展上升为国家战略。三地产业对接、口岸合作、交通互联等取得积极进展。从产业对接看，未来科技城、京津产业新城等12个承接平台加快建设，2014年，北京、河北企业在津投资 1493.36 亿元，占全市实际利用内资的 41.5%。从口岸合作看，京津冀通关一体化全面启动，京冀“无水港”增至 10 个，天津口岸进出口总额中，来自北京与河北的货物比重达到 34.8%，同比提高 0.6 个百分点。从交通互联看，围绕打造京津“一小时通勤圈”、京津冀各主要城市间“两小时交通圈”，初步形成由京津城际、津秦客运专线和一批高速公路构成的交通网络，全年京津城际列车客运量 2807.1 万人，增长 8.6%。

5. 美丽天津加快建设。大交通体系进一步完善。加快建设“两港四路”，全力推进重大交通基础设施建设，构建服务区域、紧密衔接、高效便捷的现代综合交通体系，不断提升城市承载能力。天津港 30 万吨级铁矿石码头、国际邮轮码头二期等一批工程完工。2014 年，全市港口货物吞吐量 5.40 亿吨，增长 7.9%；集装箱吞吐量 1406.10 万标准箱，增长 8.1%。滨海国际机场 2 号航站楼建成运营，地铁 2 号线延伸到机场，异地候机厅达到 12 座，实现京津空铁联运一小时通达，机场旅客吞吐量 1207.30 万人次，增长 20.3%，增速领跑全国干线机场。津保铁路、京津城际高铁延伸线等加快建设，于家堡中心站主体完工。地铁 5 号、6 号线顺利推进，4 号、10 号线启动建设。

绿色发展取得进展。深入开展“四清一绿”行动，提高排污收费标准，环境质量进一步改善，2014 年全市 PM2.5 平均浓度下降 13.5%。率先以地方立法形式划定生态保护红线，将全市四分之一国土面积纳入永久性保护范围，生态用地保护总面积达到 2980 平方公里，其中红线区面积 1800 平方公里，占市域总面积的 15%。主动关停 1000 多家高耗能、高污染企业，规模以上工业能源消费量 4548.19 万吨标准煤，下降 1.9%，万元工业增加值能耗下降 10.9%；2011-2014 年全市万元 GDP 能耗累计下降 18.4%，提前一年完成“十二五”节能降耗考核任务。煤炭减量化稳步推进，规模以上工业煤炭消费量 4336.22 万吨，比上年减少 236.04 万吨，下降 5.2%。

6. 发展成果惠及民生。民生投入快速增长。2014 年，全市民生支出占财政总支出的 75.8%，城乡社区、医疗卫生、社会保障和就业等支出分别增长 24.8%、19.2% 和 13.3%，均高于一般公共预算支出增幅。大力实施安居工程，推进西于庄棚户区和农村危房改造，完成成片旧楼区三年综合提升改造，开工建设保障性住房 6 万套，新增住房补贴家庭 1 万户。完善社会保障体系，建立城乡居民大病保险制度，520 万城乡居民受益，社区老年日间照料服务中心达到 600 个。

教育事业优先发展。深化教育综合改革，实施新一轮义务教育学校现代化标准建设，加快海河教育园区建设。2014 年末，全市拥有各级各类学校 1547 所，普通高校在校生 50.58 万人，中等职业教育在校生 11.37 万人。

公共卫生服务体系不断完善。大力支持社会资本办医，调整优化卫生资源布局，健全基层医疗卫生网络，不断丰富便民惠民医疗服务。完成第二儿童医院、中医一附院、环湖医院等新建改扩建工程，推进基层医疗机构标准化建设。2014 年末，全市有各类卫生机构 4990 个，卫生机构床位 6.11 万张，卫生技术人员 8.48 万人。

二、新常态下经济发展面临新挑战

在复杂多变的国内外经济形势和持续增大的下行压力下，天津经济发展也面临不少挑战，制约经济发展的一些问题值得关注。

1. 工业增长基础尚不稳固。2014 年，全市规模以上工业增加值增长 10.1%，比上年回落 2.9 个百分点。一是新旧动力转换带来下行压力。工业增速换挡的压力和结构调整的阵痛相互交织，部分传统行业增长乏力，电子信息、石油加工等行业增加值分别仅增长 6.2% 和 6.5%；而新兴产业虽然加快孕育，但体量较小，短期内难以弥补传统行业回落带来的影响，环保、航空航天、生物医药等产业产值合计仅占全市工业的 6.4%，高技术产业比重不足两成。二是新项目贡献减弱。新增企业户均产值规模为 1.24 亿元，上年为 1.64 亿元；新增企业对规模以上工业增长的贡献率为 21.5%，与上年相比明显回落。三是出厂价格明显回落。工业生产者出厂价格同比下降3.7%，降幅比上年扩大0.7个百分点；39个行业大类中，有23个行业价格下降，其中石油开采、黑色冶金、电子信息等重点行业价格同比分别下降5.1%、8.6%和7.8%，部分行业主要产品产量增长但产值并未同步扩张。规模以上工业产销率为97.8%，比上年回落0.6个百分点。

2. *企业盈利能力有待增强*。2014年，全市规模以上工业企业主营业务收入增长5.3%，同比回落7.8个百分点；利润增长2.5%，低于全国平均增幅0.8个百分点。其中，黑色冶金、电子信息、汽车制造三个行业利润合计446.14亿元，占全市工业的21.8%，利润同比分别下降11.0%，7.0%和9.5%。主要影响因素：一是生产成本不断上升。百元主营业务收入中成本占86.31元，比上年增加0.39元，成本的上升主要来自于土地、劳动力、融资等方面。二是价格倒挂影响持续。受有效需求不足等因素影响，两大工业生产者价格同比持续下降，且呈现购销倒挂趋势。自2013年6月份以来，工业生产者出厂价格累计降幅始终大于购进价格，高进低出使企业利润空间进一步收窄。2014年，工业生产者出厂价格下降3.7%，降幅大于购进价格0.8个百分点。

3. *房地产市场仍处调整期*。2014年，全市房地产业增加值增长1.3%，同比回落10.6个百分点。一是商品房销售持续下降。商品房销售面积下降12.7%，楼市新政效应初步显现，四季度各月累计降幅分别为13.5%、13.4%、12.7%，降幅虽逐月收窄，但下降趋势依然持续。二是新建住宅销售价格由升转降。新建住宅销售价格各月同比涨幅稳步回落，其中9月份价格自2012年11月以来首次同比下降，连续4个月处于下降区间，且降幅逐月扩大；各月环比涨幅也呈回落态势，自6月份以来连续7个月环比下降。三是房地产开发到位资金趋紧。受商品房市场成交量萎缩和银行信贷收紧等因素影响，房地产开发项目本年到位资金增长2.2%，同比回落26.5个百分点，低于房地产开发投资增幅12.6个百分点，其中利用外资、企业自筹资金分别下降55.7%和34.4%。

三、新常态下抢抓机遇实现稳增长的几点建议

2015年是全面推进美丽天津建设、加快实现天津城市定位的关键一年。当前，天津面临着京津冀协同发展、自贸试验区建设、滨海新区开发开放、国家自主创新示范区建设、“一带一路”

建设等五大国家战略机遇，必须主动适应经济发展新常态，充分释放机遇叠加、政策叠加效应，努力实现有质量有效益可持续的发展。

1. 分类施策，推动工业提质增效。工业基础雄厚是天津经济发展的优势，保持工业较快增长对于建设先进制造业基地至关重要。一是对于占比较高、影响较大的行业，努力保持平稳运行，同时加快推进传统行业的转型发展和改造升级，占据研究设计和品牌服务等价值链条的制高点。推动石化行业提高产量、增加产值，引导冶金行业稳产增产、提升产品附加值，鼓励汽车行业扩大生产、加快升级换代，帮扶电子行业保住订单、抢占市场份额。二是对于目前占比较低、符合未来发展趋势的产业，进一步推进产业发展，加快项目引进，形成新的经济增长支撑动力。加快实施 18 个重点产业三年行动计划，启动一批高端装备、智能终端、民用航空、新能源汽车等方面的重大项目，推动战略性新兴产业和高技术产业上规模、上水平。

2. 围绕重点，提升服务经济水平。随着服务业比重提高，加快服务业发展日益成为稳增长的重要抓手。天津制造业基础好，发展生产性服务业条件得天独厚，生产性服务业具有创新活跃、产业融合度高、带动作用显著的特点，有利于引领产业向价值链高端提升。要重点借助自贸区三大片区，推进金融、科技服务、现代物流三大产业突破发展。一是促进金融创新产业集聚。依托天津港产业基础，更好地发挥融资租赁、航运金融、商业保理等新型金融机构作用，促进金融要素资源不断集聚。二是强化科技创新支撑作用。发挥中心商务区在发展科技互联网方面的先行先试作用，将自贸试验区打造成具有创新示范和带动作用的区域性创新平台，增强科技进步对经济增长的贡献度。三是引导现代物流借势发展。积极发挥天津港和滨海国际机场的海空联动作用，促进航运要素集聚，重点打造跨境电商物流平台、贵金属期货交割平台、高端商品国际物流基地等。

3. 定向调控，扩大投资拉动效应。扩大投资是应对经济下行压力最直接、最有效的手段，要用足用好国家出台的调控政策，全力扩大投资。一是稳定工业投资。要保持工业增长后劲，必须要保持一定规模的投资，尤其是加大技术含量高、带动作用强、市场前景好的行业投资。二是抓好项目筹划。紧紧围绕国家推出的七大工程包、六大消费工程等投资重点，抓紧谋划、实施和储备一大批重大项目，积蓄经济发展动能。三是加强招商引资。抓住自贸区挂牌运营的重大机遇，吸引更多高水平投资项目落户天津，对于新注册企业主动对接服务，促使其尽快投入运营，对全市经济形成新的增量。

4. 深化改革，挖掘经济增长潜力。中央明确提出强力推进改革实现稳增长，要在巩固既有改革成果的基础上，进一步向深化改革要动力。一是加大简政放权力度。充分发挥区县行政审批局作用，进一步简化审批流程，提高审批效率和服务水平，营造良好的经营环境，激发全社会创新创业活力。二是引导民间投资发展。进一步释放改革红利，推出更多面向民间资本的招商项目，重点推动 PPP 融资模式创新，引导社会资本参与公共产品和服务投资。三是大力扶持小微企业。落实小微企业减税政策，继续帮助小微企业落实贷款；支持“众创空间”快速发展，推动大众创业、万众创新。

5. 创新驱动，推动经济内生增长。创新是一种新的“资源红利”，也是打造经济“升级版”的关键，要充分释放科技创新潜力，不断凸显创新驱动的倍增效应。一是聚集高端科技要素。抓住国家自主创新示范区建设重大机遇，将“一区二十一园”建设成为科技研发成果、科技人才、科技服务、科技金融的高度聚集区，成为战略性新兴产业集聚区和创新驱动发展引领区。二是突出企业主体地位。着力推动创新资源向企业流动、创新政策向企业倾斜，激发企业自主创新的内在动力，加快培育一批集研发、设计、制造于一体的科技型骨干企业。三是完善科技创新体系。引导社会资本参与技术创新，重点推进新型研发机构发展，完善小微民营科技企业公共服务平台，为企业提供技术升级服务。

（作者：杜西平　天津市统计局局长）

专栏：新常态下天津城乡居民收入、消费的主要特点

2014年，是贯彻落实党的十八大和十八届三中、四中全会精神的重要一年，更是完成“十二五”规划的关键一年。全市上下全面落实中央和市委、市政府各项决策部署，坚持稳中求进工作总基调，进一步加大转方式调结构力度，全市经济稳步增长。同时，城乡居民收入继续保持平稳增长态势，居民生活水平不断提高。

一、居民收入平稳增长

调查资料显示，2014年，我市城镇常住居民人均可支配收入31506元，比上年同期增长8.7%；农村常住居民人均可支配收入为17014元，同比增长10.8%。城乡居民收入继续保持平稳增长的势头，生活水平稳步提升。

（一）城镇居民收入增长的主要特点

1. 工资性收入平稳增长。2014年人均工资性收入18797元，同比增长9.6%。2014年我市继续把企业单位从业人员劳动报酬总额的增长纳入全市主要经济工作目标考核体系，进一步提高了单位从业人员最低工资标准，规范了机关事业单位人员津贴补贴和绩效工资，促进了居民工资性收入稳步提升。

2. 经营净收入逐步提升。随着我市着力优化产业结构，加快经济转型升级，积极发展现代服务业，支持民营经济和小微企业发展，为各类民营和个体经济发展创造了条件，促进了居民经营净收入提升。数据显示，2014年人均经营净收入2442元，比上年增长7.5%。

3. 财产净收入增长较快。2014年人均财产净收入3230元，同比增长12.8%，居民理财多样化和理财意识常态化使得居民手中的“闲钱”增值和收益有了较大幅度的增长。此外，股息、红利及出租房屋收入不断增加，也为居民增收做出了较大贡献。其中人均红利收入增长23.5%、出租房屋收入增长22.4%。

4. 转移净收入不断改善。2014年，我市继续提高城乡低保、重点优抚对象、特困救助等补助标准和老年人生活补贴，为离退休人员生活改善起到极其重要的作用。人均转移净收入7037元，比上年增长5.2%。

（二）农村居民收入增长的主要特点

1. 工资收入较快增长。调查显示，2014年我市农村居民人均工资性收入9941元，同比增长11.7%。一方面，机关及部分企事业单位逐步提高职工工资水平，拉动了工资收入增长。另一方面，通过开发就业岗位、搭建交流平台、落实就业政策和开展技能培训等措施，积极促进农村劳动力转移，扩大就业人群，提高就业质量，带动工资收入较快增长。

2. 经营收入稳步提高。在发展环境优化、发展方式转变等有利因素促进下，2014年农村居民家庭人均家庭经营净收入4791元，同比增长8.8%。其中，第一、第二产业净收入增长率分别达到10.0%和12.3%，对居民收入拉动作用较为明显。

3. 财产收入持续增加。在“三改一化”政策促进下，2014年农村居民人均财产净收入799元，同比增长15.1%。资料显示，农村居民转让承包土地经营权租金收入增长29.3%，租金收入增长33.7%，红利收入增长15.9%，使广大农村居民在城市化进程中切实得到了实惠。

4. 转移收入继续提升。2014年，各项支农惠农政策措施进一步保障了农民转移性收入继续提升。人均转移净收入1483元，同比增长9.3%，其中养老金收入和补贴收入的增长，成为转移性收入提升的主要推动力，分别增长12.3%和15.9%。

二、居民消费水平不断提高

统计显示，2014年我市城镇常住居民人均生活消费支出24290元，较去年同期增长8.9%；农村常住居民人均生活消费支出13739元，同比增长10.0%。城乡居民消费支出均保持稳定增长态势，居民消费水平不断提高。

（一）城镇居民消费支出的主要特点

1. 吃、穿、用消费增势显著。2014 年我市城镇居民人均吃、穿、用消费支出 11507 元，同比增长 11.7%，占其生活消费总支出的 47.4%。其中：食品烟酒消费支出 8069 元，增长 11.1%；衣着消费支出 2051 元，增长 12.7%；生活用品及服务支出 1387 元，增长 13.4%。生活水平的提升以及日益便捷的全球化购物模式是城镇居民吃、穿、用消费快速增长的重要原因。

2. 居住、交通通信支出增速放缓。数据显示，2014 年城镇居民人均居住、交通通信支出 8365 元，同比增长 5.2%。其中：居住支出 5251 元，增长 6.3%；交通通信支出 3114 元，增长 3.4%。虽然居民在居住和交通通信方面的支出继续提升，但受房地产政策变动频繁以及私家车“限购”政策的影响，增速明显放缓，较去年分别回落 7.1 个和 9.8 个百分点。

3. 教育文化娱乐及医疗保健消费增幅明显。2014 年城镇居民人均教育文化娱乐和医疗保健支出 3734 元，同比增长 11.8%。其中：教育文化娱乐支出 2013 元，上涨 13.2%；医疗保健支出 1721 元，增长 10.2%。大中专院校学费标准的提高和各类文化娱乐活动的增多成为了居民教育文化娱乐消费增长的主因，二者分别较去年增长 32.5% 和 20.0%。而医疗保健用品支出和医疗服务支出也拉动了居民医疗保健消费的增长，二者同比分别增长 28.6 和 31.0 个百分点。

（二）农村居民消费支出的主要特点

1. 住、用消费增长较快。由于城镇化进程的加快，农村居民在居住及其相关消费领域呈现较快增长的趋势，特别是在住房装修和购买耐用消费品等方面的支出明显增加。资料显示，2014 年我市农村居民人均居住消费支出 3200 元，人均用品及服务消费 891 元，同比分别增长 14.9% 和 16.1%。

2. 教育文化娱乐消费增势迅猛。随着收入水平的不断提高以及消费观念的不断变化，农村居民在文教娱乐方面消费意愿空前高涨。调查显示，2014 年我市农村居民人均文教娱乐消费支出 1042 元，较去年增长 25.0%。

3. 交通通信支出小幅回落。一方面，居民通讯设备消费支出快速增长，全年人均通信类消费支出 741 元，增长 14.3%。另一方面，受汽车限购政策影响，农村居民交通类消费支出 1238 元，同比下降 13.8%，其中居民购买汽车的数量同比下降 36.5%，消费支出下降 56.2%。综合以上，2014 年我市农村居民人均交通和通信消费为 1979 元，较去年回落 5.0 个百分点。

三、保持城乡居民收入和消费平稳增长的建议

当前，我国经济进入中高速、优结构、新动力、多挑战的“新常态”，面临的国际经济形势也更为复杂，在这种大环境下，要保持当前城乡居民收入与消费水平平稳增长的局面，应对以下问题加以关注：

（一）努力保持全市经济平稳增长

在当前经济形势下，需要努力保持经济平稳增长，进一步调整优化产业结构，加快经济转型升级，提升科技创新能力。加快发展先进制造业、现代服务业、现代都市农业等能耗低、污染少、附加值高的新兴产业。继续加快发展民营经济，降低准入门槛和创业成本，消除各种隐性壁垒，激发民营经济发展活力。深化国有企业改革，加快调整布局结构，大力发展混合所有制经济。继续落实积极的就业政策，促进就业、鼓励创业，创造充分的就业机会和公平的就业环境。

（二）完善增加城乡居民收入政策体系

以提高最低工资标准，扩大工资指导线范围为基础，逐步健全职工工资正常增长机制，努力缩小行业间收入差距。依法推进企业工资集体协商制度的建设，保证劳动者报酬持续合理增长。建立健全社会保障和社会救助制度，继续提高企业退休人员养老金以及城乡低保户、特困户、农村五保户的补助标准，不断增加弱势群体收入来源。

（三）推动农村居民收入和消费的同步提高

利用好农村城镇化和城乡一体化的发展机遇，加快推进农民增收各项惠民工程的实施，鼓励发展家庭种养、手工业、农家乐等多样化经营，不断提高农村居民收入水平，进一步缩小城乡居民收入差距。同时，继续推进城镇化居住区周边的商场、医院等配套设施的建设，不断改善周边生活环境，提升农村居民生活的便利性，从而促进农村居民收入和消费水平的同步提高。

（四）继续推进金融改革创新

在全面推进滨海新区综合改革创新区建设的同时，继续利用新区先行先试优势，大力发展创新型金融服务业务，开发适用于不同人群的金融产品，提高城乡居民财产性收入比重。进一步推进农村金融体制改革和创新，推广村镇银行本土化、民营化、专业化发展模式，积极扶持农村民营龙头企业发展，提升农村居民工资性收入比重。

（五）进一步拓展居民消费领域

要在巩固和扩大传统消费的基础上积极培育信息、文化、体育、家庭服务等消费热点领域，大力发展社区服务等面向民生的服务业，积极拓展新型服务领域，加快发展特色旅游、休闲旅游等项目，促进消费结构优化升级，推动城乡居民消费持续增长。

（作者：彭志龙　国家统计局天津调查总队总队长）

河北省经济社会发展报告

2014年，面对严峻复杂的经济环境，全省上下认真贯彻落实习近平总书记系列重要讲话和对河北的重要指示精神，以建设“三个河北”为目标，坚持稳中求进、改革创新，打好四大攻坚战，推进改革、调整、巩固、提升四大任务，着力稳增长、调结构、促改革、治污染、惠民生，全省经济在新常态下爬坡过坎、换挡提效、凝聚动力。全省经济运行缓中趋稳，结构调整稳中有进，深层矛盾逐步显现，转型升级任重道远。

一、主要特点

2014年，全省经济基本面总体良好，需求拉动保持平稳，经济结构调整改善，运行质量效益有所提升，社会事业全面推进。

（一）经济基本面总体良好，三次产业协调发展

地区生产总值增速逐季回升。一季度全省生产总值同比增长4.2%，上半年增长5.8%，前三季度增长6.2%，全年完成生产总值29421.2亿元，增长6.5%。全年生产总值增速比上年回落1.7个百分点，比全国平均水平低0.9个百分点。其中，第一产业增加值3447.5亿元，增长3.7%，同比提高0.4个百分点；第二产业增加值15020.2亿元，增长5.0%，回落4.0个百分点；第三产业增加值10953.5亿元，增长9.7%，提高1.3个百分点。

农业经济总体平稳。农林牧渔业增加值完成3576.5亿元，比上年增长3.8%，增速同比加快0.3个百分点。粮食生产保持平稳。粮食作物播种面积6332.0千公顷，同比增长0.3%；粮食总产量3360.2万吨，与上年基本持平。蔬菜产业呈现面积扩大、结构优化、质量改善和效益提升的良好态势。蔬菜播种面积123.7万公顷，增长1.4%；蔬菜总产量8125.7万吨，增长2.8%；设施蔬菜产量比重达到32.9%，同比提高0.2个百分点。肉、蛋、奶和水产品生产势头良好。猪肉产量281.2万吨，增长6.0%；羊肉产量30.4万吨，增长4.8%；牛肉产量52.4万吨，增长0.2；禽蛋产量362.7万吨，增长4.8%；牛奶产量487.8万吨，增长6.5%；水产品产量126.4万吨，增长2.7%。畜牧、蔬菜、果品三大优势产业产值4188.3亿元，占农林牧渔业总产值的69.9%。

工业生产平稳增长。规模以上工业增加值完成11758.3亿元，同比增长5.1%，增速比上半年加快0.5个百分点，比前三季度加快0.1个百分点，比全国平均水平低3.2个百分点。从走势看，上半年增速均在5%以下，下半年均保持在5%以上。分经济类型看，股份制企业发展较快，完成增加值9394.9亿元，增长5.8%，高于全省增速0.7个百分点；国有企业完成增加值416.6亿元，增长2.9%，低于全省增速2.2个百分点；集体企业完成增加值113.6亿元，增长0.4%，低于全省增速4.7个百分点。从出口看，工业品出口增速回升，完成出口交货值1782.6亿元，增长10.9%，增速比1-11月份加快1.3个百分点。12月当月，全省规模以上工业增加值1055.5亿元，同比增长6.0%，比11月份回升2.1个百分点。

规模以上服务业加快发展。1-11月份，规模以上服务业实现营业收入2032.8亿元，同比增长2.6%，增速比1-2月份、1-5月份和1-8月份分别提高了2.5、0.7和0.9个百分点。企业规模进一步扩大，营业收入超亿元企业达到243家，同比增加24家。盈利水平不断提高，实现利润总额226.9亿元，增长10.0%，增速比1-5月份、1-8月份分别提高9.2和7.9个百分点。1-11月份，租赁和商务服务业，水利、环境和公共设施管理业，教育，卫生和社会工作营业收入同比增速均达到两位数，分别增长14.7%、23.3%、51.8%和26.8%。

就业和物价总体稳定。就业形势基本稳定。城镇新增就业72.1万人，下岗失业人员再就业25.9万人，就业困难对象再就业9.7万人，分别完成全年目标任务的103%、118%和121%，均超额完成全年目标任务。城镇登记失业率为3.59%，同比回落0.09个百分点，低于4.5%的调控目标。物价涨幅平稳。居民消费价格同比上涨1.7%，涨幅比前三季度回落0.2个百分点。其中，食品类价格上涨2.3%，涨幅回落0.3个百分点。工业生产者出厂价格同比下降4.8%，降幅比前三季度扩大0.7个百分点；工业生产者购进价格同比下降4.4%，降幅扩大0.8个百分点。

（二）需求拉动保持平稳，对外经贸较快增长

投资保持稳步增长。固定资产投资完成26671.9亿元，同比增长15.0%。其中，建设项目投资完成22087.5亿元，增长15.1%；房地产开发投资完成4059.7亿元，增长17.8%。大项目投资仍是拉动投资增长的主要动力。亿元以上在建项目6398个，增加490个，增长8.3%；完成投资16241.8亿元，增长21.2%。其中，亿元以上新开工项目3178个，增加646个，增长25.5%；完成投资7522.4亿元，增长39.1%。

消费品市场平稳增长。社会消费品零售额11820.5亿元，同比增长12.4%，比全国平均水平高0.4个百分点。乡村市场好于城镇，城镇市场实现零售额9254.0亿元，增长12.2%；乡村零售额2566.5亿元，增长13.1%，快于城镇市场0.9个百分点。大类商品销售平稳增长。在统计的25个大类商品中，有10个大类的商品累计增速在10%以上，其中，粮油食品饮料烟酒类增长12.5%，化妆品类增长10.4%，日用品类增长13.7%，五金、电料类增长12.5%，书报杂志类增长38.4%，大部分大类商品保持了平稳增长的态势。

进出口贸易持续较快增长。进出口总值598.8亿美元，同比增长9.1%，增速同比加快0.6个百分点，比全国平均水平高5.7个百分点。其中，出口总值357.1亿美元，增长15.4%，加快10.8个百分点。从出口市场观察，对亚洲出口165.7亿美元，增长26.6%，加快22.7个百分点；对欧洲出口81.1亿美元，增长1.3%，加快0.8个百分点；对北美洲出口52.1亿美元，增长16.5%，加快14.2个百分点。

利用外资实现增长。实际利用外资70.1亿美元，同比增长5.1%，比全国平均水平高3.4个百分点。其中，外商直接投资63.7亿美元，下降1.2%，降幅比前三季度收窄9.8个百分点。合同外资较快增长，全年签订合同外资49.7亿美元，增长35.0%。其中，第一产业签订合同外资3.4亿美元，增长33.7%；第二产业27.7亿美元，增长24.5%；第三产业18.6亿美元，增长54.4%。

（三）转型调整稳步推进，经济结构出现积极转变

服务业比重提高。服务业增加值同比增长9.7%，占生产总值比重为37.2%，同比提高1.1个百分点，服务业对经济增长的贡献率首次过半，达52.1%。

工业结构逐步改善。规模以上装备制造业完成增加值2416.5亿元，同比增长8.8%，高于规模以上工业增速3.7个百分点；占全部规模以上工业比重为20.6%，同比提高1.4个百分点；对全省规模以上工业增速的贡献率为32.5%，提高6.3个百分点。六大高耗能工业行业完成增加值4656.6亿元，增长2.8%，低于工业增速2.3个百分点，同比下降3.9个百分点；占规模以上工业比重为39.6%，同比下降1.8个百分点。电子信息产业呈现较快增长态势，计算机、通信和其他电子设备制造业完成增加值114.2亿元，同比增长11.5%，高于全省增速6.4个百分点。钢铁产品结构进一步优化，高附加值钢材产品增长较快，冷轧薄板同比增长34.5%，镀层板增长16.0%。

投资结构进一步优化。工业投资增速保持较快增长，完成投资13114.1亿元，同比增长18.8%；占固定资产投资的50.2%，同比提高1.4个百分点。其中，装备制造业完成投资4500.6亿元，增长24.7%，占工业投资的34.3%，提高

1.6 个百分点。工业技术改造投资完成 8397.0 亿元，增长 14.7%，占工业投资的 64%。高新技术产业投资完成 3169.6 亿元，增长 26.5%，为 2012 年 9 月份以来最快增长速度。民间投资完成 20975.7 亿元，增长 18.1%；占固定资产投资的 80.2%，提高 1.7 个百分点。

化解过剩产能成效得到巩固。12 月份，全省停产企业 1231 家，其中，黑色金属矿采选业、非金属矿物制品业、黑色金属冶炼和压延加工业、化学原料和化学制品制造业等 4 个行业停产企业 565 家，占全部停产企业的 45.9%。高耗能产品产量下降，生铁、粗钢、水泥产量同比分别下降 1%、0.6% 和 15.1%。

节能削煤完成目标任务。规模以上工业能耗 2.03 亿吨标准煤，同比下降 4.05%，比 2013 年全年下降 5.16 个百分点。单位工业增加值能耗同比下降 8.71%，超过年度下降 6% 的目标。规模以上工业煤炭消费量 2.57 亿吨，比 2012 年同期削减 2241 万吨。

（四）经济运行质量稳步提升，民生改善成效明显

财政收入平稳增长。全部财政收入累计完成 3764.6 亿元，同比增长 3.4%。公共财政预算收入完成 2446.6 亿元，同比增长 6.6%。其中，税收收入完成 1865.1 亿元，增长 8.1%。税收收入占公共财政预算收入比重达 76.2%，同比提高 1.1 个百分点。金融运行总体平稳。金融机构各项存款余额 43454.9 亿元，比年初增加 4233.6 亿元，同比少增 968.8 亿元；金融机构各项贷款余额 27593.8 亿元，比年初增加 3515.3 亿元，同比多增 473.4 亿元。城乡居民收入平稳增长。居民人均可支配收入 16647 元，同比增长 9.6%。城镇居民人均可支配收入 24141 元，增长 8.6%。农村居民人均可支配收入 10186 元，增长 10.9%。城乡居民收入增长均快于全省经济增速。

（五）社会事业全面推进，发展支撑能力增强

教育、科学技术事业平稳发展。2014 年，在学研究生 3.9 万人，增长 1.7%。普通高等学校在校生 116.4 万人。用于研究与发展（R&D）经费支出 320 亿元，比上年增长 13%，占全省生产总值的 1.1%，提高 0.1 个百分点。建设省级以上企业技术中心 436 家、工程技术研究中心 197 家、重点实验室 92 家。组织实施的国家和省高新技术产业化项目 262 项，在建国家重大专项和示范工程项目 61 项，新增国家重大专项和示范工程项目 25 项。专利申请量 30000 件，授权量 20132 件，分别比上年增长 8.6% 和 10.7%。截止年底，有效发明专利 9066 件，增长 22.4%。

文化、卫生和体育事业全面进步。年末全省共有艺术表演团体 102 个，文化馆 182 个，公共图书馆 173 个，档案馆 188 个。有线电视用户 938.4 万户，有线数字电视用户 778.1 万户。年末广播节目综合人口覆盖率 99.34%，电视节目综合人口覆盖率 99.27%。全年出版各类报纸 15.8 亿份，各类期刊 5279.2 万册，图书 20435.4 万册。年末全省共有医疗卫生机构 78906 个，卫生技术人员 35.2 万人，其中，执业医师及执业助理医师 15.8 万人，护师、护士 12.2 万人。医疗卫生机构床位 32.9 万张。全年我省运动员在国际比赛中获金牌 21 枚，银牌 7 枚，铜牌 6 枚。

二、经济运行中存在的主要问题

当前，全省正处在经济发展青黄不接的特殊时期，原有的增长动力正在减弱，新的增长动力还没有实现转换，河北转入新常态后面临的压力更大、任务更重。

（一）经济下行压力依然较大

2014 年，全省生产总值比上年增长 6.5%，同比回落 1.7 个百分点，低于全国平均水平 0.9 个百分点，增长速度偏低，下行压力仍然较大。主要受第二产业增加值增速回落较大影响。第二产业增加值增速同比回落 4.0 个百分点，影响 GDP 增速回落 2.2 个百分点。其中，工业增加值增速同比回落 4.4 个百分点，影响 GDP 回落 2.2 个百分点。随着“6643”工程深入推进，钢铁、

石化、建材等传统产业停减产企业增多。受此影响，钢铁工业增加值增长5.1%，同比回落5.0个百分点；石化工业增长3.9%，建材工业增长2.6%，分别回落1.0和5.0个百分点。同时，工业品价格持续下降影响企业生产积极性。12月份，全省工业生产者出厂价格指数(PPI)同比下降7.8%，连续36个月下降。

（二）产业结构不够优化

全省产业结构偏重，层次偏低，以资源型传统产业为主，工业特别是高耗能行业比重较高，2014年，六大高耗能行业增加值占规模以上工业的39.6%，这种偏重的结构抗风险能力较弱，特别是在大气污染防治、化解过剩产能和节能削煤刚性任务要求下受到的冲击更大。从产业观察，传统产业过剩产能大力度地压减，新兴产业还没有挑起大梁。全省高新技术产业增加值1540.4亿元，同比增长13.2%，占规模以上工业的比重仅为13.1%，低于钢铁建材等传统行业22.2个百分点。具有辐射带动作用强的龙头企业和科技含量高的重大项目偏少，难以弥补退出产业的影响。服务业比重偏低，2014年服务业增加值比重为37.2%，比全国平均水平仍低11.0个百分点。生产性服务业、高端装备制造、生物技术、节能环保等符合国家产业政策的行业尚不能形成主导性的增长动力。

（三）投资增长后劲不足

2014年，全省固定资产投资比上年增长15.5%，同比减缓3.0个百分点。从产业观察，主要是第三产业投资持续低迷，完成投资12059.7亿元，增长10.5%，同比减缓7.7个百分点，比全国平均水平低6.3个百分点，拉动全省投资增长5.1个百分点，同比回落3.8个百分点。从项目储备观察，在建项目减少对投资后劲影响较大。全省在建项目19149个，比上年下降6.1%，其中新开工项目13049个，下降0.6%，项目减少主要集中在房地产业、黑色金属矿采选业、农副食品加工业、畜牧业、专用设备制造业、教育、农林牧渔服务业、住宿业、零售业等行业，合计同比减少1010个，占全省项目减少个数的81.1%。新兴产业总体处于孕育期，高新技术产业投资仅占全省投资的12.1%，难以弥补传统产业投资回落的影响。从资金来源观察，资金供应总体偏紧。资金到位率仅为98.7%，低于全国平均水平7.0个百分点。资金紧张导致建设领域拖欠款明显增加，全省拖欠工程款同比增长51.8%。投资增长后劲不足，对稳增长、调结构带来不利影响。

（四）企业效益下降

2014年，全省规模以上工业企业利润总额由上半年增长4.8%转为下降6.7%，比全国平均水平低10.0个百分点。部分行业利润大幅下降，黑色金属矿采选业利润同比下降32.4%，石油和天然气开采业利润下降57.0%，煤炭开采和洗选业利润下降2.0倍。影响工业利润下降的主要原因：一是产品销售增长缓慢。规模以上工业主营业务收入增长0.8%，慢于增加值增速4.3个百分点；工业产品产销率为97.8%，同比回落0.1个百分点。二是工业品价格“倒挂”影响企业效益。全省工业生产者出厂价格指数（PPI）同比下降4.8%，降幅大于购进价格0.4个百分点。三是企业融资成本、用工成本上升挤压盈利空间。企业主营业务成本同比增长1.2%，高于主营业务收入0.4个百分点。提高经济发展质量效益，实现提质增效升级，面临诸多困难和挑战。

三、2015年经济走势展望

展望2015年，经济发展环境仍很复杂，影响经济走势的不确定因素依然较多，有利因素与不利因素并存。

从国际环境看，全球经济呈现持续缓慢复苏的态势，复苏力度弱于预期。国际货币基金组织（IMF）在今年4月最新发布的《世界经济展望》中，将2015年全球经济增速预测值由上年10月份的3.8%下调到3.5%。俄罗斯、印度、巴西等新兴经济体货币大幅贬值；欧元区、日本等发达经济体增长动力不足；美国退出量化宽松政策，美元汇率开始走高；大宗商品如石油、钢铁价格面临下行压力；多种因素显示明年经济发展面临的困难仍然较大。近期发达经济体提出再工业化，推动制造与服务相融合、高中低端一体化的新型国际分工，劳动密集型产业向较低收入国家（地区）出现转移。这些都会对我国乃至我省经济产生深远影响。

从国内环境看，全国经济呈现出中高速增长的新常态，受深层次矛盾影响下行压力依然较大。在经济发展新常态下，工业化、信息化、城镇化、农业现代化仍将为经济持续健康发展提供重要支撑。国家出台加快服务业发展、增强金融服务实体经济、推进消费扩大和升级等一系列政策措施，经济增长由依靠工业、投资向依靠服务业、消费转变，增长的协调性、稳定性和可持续性将进一步提高。但市场需求疲弱的状况难以得到根本改善，物价水平特别是工业产品价格持续回落，抑制了企业生产，导致生产力水平削弱。生产领域趋冷，又进一步制约了消费投资需求的扩大，加之房地产市场进入调整期，钢铁、建材等行业市场需求不足、产品价格回落的状况仍将持续，对生产的传导作用将进一步显现，经济紧缩的潜在风险在加大，全国经济仍处于探底过程中，经济运行下行压力依然存在。

从河北自身看，既面临京津冀协同发展的机遇，又面临调结构转方式的挑战。从有利因素看，2015 年，随着京津冀协同发展深入推进、沿海地区开放开发提质提速、新型城镇化战略加快实施，将为全省经济发展提供强大动力；四大攻坚战有序推进，项目、园区加速建设，将为全省稳增长、调结构提供新的动力源泉；省委、省政府出台了一系列促进服务业发展的政策措施，服务业发展将进一步提速，对经济增长和缓解就业压力产生积极作用。从不利因素看，我省调结构转方式任务依然艰巨，在“三期”叠加综合因素影响下，全省经济爬坡过坎仍需要一个过程。由于我省特殊的经济结构，发展的空间更为有限，处在了多种矛盾的夹缝之中。一是稳增长与调结构转方式的矛盾。全省经济结构偏重，工业占生产总值的 45% 以上，投资主导型特征明显，对经济增长的贡献率近 60%，消费、服务业发展相对不足。工业过分依赖钢铁等基础原材料行业，钢铁工业增加值占规模以上工业的比重达 30% 以上，随着大气污染防治、化解过剩产能和节能削煤深入实施，钢铁、煤炭、水泥等行业将会维持在较低速增长水平，对我省的冲击将持续相当长的一个时期。二是稳增长与产业转型升级的矛盾。全省传统产业比重高，高新技术产业规模小，增加值仅占规模以上工业的 13.1%，装备制造业、医药等行业增加值比重分别仅达到 20.6% 和 1.6%，难以弥补退出产业对经济增长的影响，全省经济爬坡过坎仍需一个过程。三是稳增长与项目储备不足的矛盾。稳增长的关键是稳投资，投资领域中项目减少对投资后劲产生较大影响。全省在建项目 19149 个，同比下降 6.1%，其中，新开工项目 13049 个，下降 0.6%，远低于全国增长 14.7% 的平均水平。目前，全省具有带动作用的大项目、好项目不多，直接影响明年的经济增长。

综合分析判断，2015 年国内外环境趋紧，不确定因素依然较多，是近年来比较困难的一年，但河北经济发展总体上仍处于一个大有作为的战略机遇期。只要充分利用好现有有利条件，努力化解发展中的矛盾和问题，更加注重提高经济运行的质量和效益，2015 年全省有望实现经济的持续稳定发展。

四、几点建议

2015 年，应贯彻落实中央和省经济工作会议精神，着力稳增长、调结构、抓项目、治污染、惠民生，确保经济持续健康发展。

第一，力促经济平稳增长。稳住速度，避免经济出现大起大落的波动，保持平稳运行，是调结构、惠民生的需要。明年，应着力稳增长，确保经济步入正常轨道。加强经济运行调节，密切关注经济形势变化，加强对新经济政策的研究，采取更加有效措施保持经济平稳健康发展。加强对生产增速低、效益差的企业跟踪监测和指导，及时把握经济运行中的新情况、新变化，分析和评价能源、资源、粮食等大宗商品价格波动对产业上下游传导和影响，密切关注钢铁、建材、化工、装备制造等重点行业形势，做好困难行业企业的帮扶，力促大型企业提速。强化产销对接，扩大产品销售，强化银企对接，缓解融资瓶颈，加强用工对接，保障企业用工需求。优化企业发展环境，继续推进简政放权，进一步减少行政审批，规范涉企检查和处罚，切实减轻企业负担，为稳增长提供强力支撑。

第二，加快推进结构调整。进一步增强服务业支撑作用，规划建设一批物流信息平台，加大政府投入引导力度，以信息平台带动现代物流业的整合提升。大力发展特色旅游业，打造文化旅游、红色旅游、休闲度假旅游品牌。积极培育消费热点，改善消费环境，多渠道解决住宿餐饮企业经营困难问题，提高消费对经济增长的拉动力。加快经济结构调整步伐，加大传统产业改造升级力度。利用目前市场需求不足形成的“倒逼机制”，积极培育新兴产业支撑点，发挥企业主体作用，加大技改投入，推进产业转型升级。大力发展高新技术产业与战略性新兴产业，重点支持先进装备制造、新材料、文化创意、生物、节能环保、新能源、信息等产业发展。

第三，狠抓投资项目建设。稳增长的关键是稳投资，稳投资的核心是抓项目。目前，我省具有带动作用的大项目、好项目不多，直接影响明年的投资增长。应抓住京津冀协同发展契机，谋划一批市场竞争力强、具有引领作用的产业项目，做好资金、用地等要素保障，落实好全省重点项目建设观摩暨调度会议精神，全力抓开工、促续建、保投产，确保项目开工率和竣工率。加大铁路、公路、港口等现代综合交通体系建设，推进服务业投资加快发展。加强政府、银行和企业沟通协调，引导金融机构保障重点项目后续融资，形成多渠道市场融资格局。

第四，加大治理污染和化解过剩产能力度。按照国家大气污染防治工作要求和省“6643”工程计划，2015-2017年三年需削减煤炭消费2500万吨，化解过剩产能任务仍很艰巨。应严控新建高耗能项目，要把好能评、环评关口。加强对重点能耗地区和企业的督导检查，深入开展重点用能企业能效对标和能源审计，加快推进工业节能技术改造，加快淘汰落后高耗能工艺、设备和产品，积极引导节能降耗、提质增效。通过“消化一批、转移一批、整合一批、淘汰一批”控制产能总量。建立产能退出奖励、交易机制，实行最严格能耗、排放标准，实行行政问责制度。优化能源品种结构，广泛推广太阳能、天然气、液化石油气等清洁能源。加强工业烟气、粉尘、汽车尾气等综合整治。

第五，着力保障和改善民生。改善民生是经济发展的出发点和落脚点，增加居民收入是改善民生的重要内容。河北城镇在岗职工平均工资仅为全国平均水平的81.2%，居第30位。同时，随着化解过剩产能力度加大，停产、减产企业增多，下岗、歇业职工将会增加，企业职工安置任务艰巨。应实施积极的就业政策，努力拓展就业渠道，增加就业岗位，落实创业支持政策，解决好就业困难人员和重点群体就业问题，确保就业形势稳定。加快形成合理的职工工资增长机制，缩小与全国平均水平差距，促进城乡居民收入较快增长，实现收入增长和经济发展同步。完善社会保障制度，提高保障标准和覆盖面，逐步提高保障水平。稳定市场物价，做好困难群众基本生活保障工作。加快保障性安居工程建设。加快建立健全基本公共服务体系，加快教育事业和医疗卫生事业改革发展，进一步加大财政投入，鼓励社会力量办学，鼓励社会资本以更多形式举办医疗机构，确保为城乡居民提供全面的教育服务和医疗卫生保障。

（作者：郭洪波　河北省统计局局长）

专栏：收支增长稳定 城乡差距缩小

2014 年，河北省主动适应经济发展的新常态，积极应对“三期叠加”和压产能、治污染等因素影响，坚持稳中求进、改革创新，着力稳增长、调结构、促改革、治污染、惠民生，全省城乡居民收入实现稳步增长，民生得到较大改善，实现了省十二届人大二次会议确定的目标任务。据全省城乡一体化住户调查资料显示：2014 年全省居民人均可支配收入为 16647 元，比上年增长 9.6%；人均生活消费支出为 11932 元，比上年增长 9.7%，收入、消费实现同步稳定增长，城乡差距进一步缩小。

一、收入稳步增长，农村快于城镇

2014 年全省居民人均可支配收入实现稳步增长，人均可支配收入为 16647 元，比上年增长 9.6%，增速同比下降 1.7 个百分点。其中，工资性收入 9829 元，增长 11.0%；经营净收入 2681 元，增长 8.9%；财产净收入 1138 元，增长 8.6%；转移净收入 2998 元，增长 6.3%。收入增长主要来自总体比重 59.0% 的工资性收入，其对收入增长的贡献率达 66.6%，拉动可支配收入增长 6.4 个百分点。具体特征有以下几点：

一是工资性收入仍然是促进城镇居民增收的主体。2014 年城镇居民人均可支配收入 24141 元，比上年增长 8.6%，增速比上年下降 1.3 个百分点。其中，工资性收入、养老金和退休金收入成为拉动城镇居民收入增长的主动力。全年城镇人均工资性收入为 15276 元，同比增长 8.9%，贡献率达到 65.3%，拉动可支配收入增长 5.6 个百分点；养老金和退休金收入人均为 5480 元，比上年增长 10.3%，贡献率达到 26.7%，拉动可支配收入增长 2.3 个百分点。

二是农村居民收入首次突破万元大关。2014 年农村居民人均可支配收入达到 10186 元，首次突破万元，比上年增长 10.9%，增速比上年下降 1.7 个百分点。其中，农村居民人均工资性收入 5133 元，比上年增长 15.3%，对农村居民可支配收入增长的贡献率达 68.1%，拉动可支配收入增长 7.4 个百分点，成为支撑农村居民可支配收入增长的主要因素。从历史数据看，河北农村居民收入基数低，和城镇居民收入相差较多，突破万元大关比城镇居民晚了 8 年。

三是农村居民收入增速连续 5 年快于城镇。按可比口径计算，2010 至 2014 年，农村居民收入分别增长 15.7%、19.5%、13.5%、12.6% 和 10.9%（2010 至 2013 年为农民人均纯收入，2014 年是农村居民人均可支配收入），城镇居民人均可支配收入分别增长 10.5%、12.5%、12.3%、9.9% 和 8.6%，农村居民收入增速分别快于城镇 5.2、7.0、1.2、2.7 和 2.3 个百分点。城乡居民收入差距逐步缩小，2014 年收入倍差为 2.37:1（以农村为 1），比上年缩小了 0.05，比全国低 0.38。

四是收入水平位于全国中下游。2014 年全省居民人均可支配收入绝对额为 16647 元，比全国平均水平少 3520 元，位居全国第 19 位，增长 9.6%，比全国低 0.5 个百分点。其中，城镇居民人均可支配收入为 24141 元，比全国平均水平少 4703 元，位居全国第 21 位，增速比全国低 0.4 个百分点；农村居民人均可支配收入为 10186 元，位居全国第 13 位，比全国少 303 元，增速比全国低 0.3 个百分点。

二、居民消费全面增长，消费结构趋于优化

2014 年全省居民消费全面稳步增长，居民人均消费支出 11932 元，比上年增长 9.7%。其中，城镇居民人均消费支出 16204 元，比上年增长 8.2%；农村居民人均消费支出 8248 元，比上年增长 11.8%。全省居民人均八大类消费支出增长由高到低分别为：交通和通信增长 23.5%，其他用品及服务增长 16.6%，生活用品及服务增长 11.0%，教育文化娱乐增长 10.0%，医疗保健增长 7.4%，食品烟酒增长 7.3%，衣着增长 7.3%，居住增长 5.6%。

（一）消费结构更加优化

随着人们生活的持续改善和消费观念的逐渐转变，居民消费呈现多层次、多样化的特点，生存型消费支出所占比重不断下降，享受型消费支出所占比重逐步上升。2014 年居民消费中的食品烟酒、衣着、居住、医疗保

健等生活必需品消费所占比重分别为27.4%、8.1%、22.9%、8.6%，分别比上年下降0.6、0.2、0.9、0.2个百分点；享受型或提升自身素质类的消费所占比重在提高，如交通通信所占比重比上年提高1.6个百分点，教育文化娱乐、生活用品及服务和其他用品及服务消费所占比重均比上年有所提高。网上购物、自驾出游、美容健身等享受型消费已越来越普遍。

（二）农村居民消费增速及需求高于城镇

农村居民消费支出增速比城镇居民快3.6个百分点。分项看，农村居民在食品烟酒、衣着、居住、教育文化娱乐方面消费支出增速分别快于城镇居民4.4、6.5、13.3和10.6个百分点；而在生活用品及服务、交通通信、医疗保健和其他用品及服务消费方面的支出增速分别慢于城镇4.4、0.7、14.8和19.1个百分点。

从消费需求看，农村同样高于城镇。2014年全省城镇居民边际消费倾向为0.64（消费增加额与收入增加额之比），农村居民为0.87，比城镇高0.23。城乡居民消费差距逐步缩小，2014年消费倍差为1.96:1（以农村为1），比上年缩小了0.06，比全国低0.42。

（三）消费水平处于全国中下游

全省居民人均消费支出为11932元，比全国少2560元，位居全国第21位。其中，城镇居民人均消费支出为16204元，比全国平均水平少3764元，位居全国第23位；农村居民人均消费支出为8248元，比全国平均水平少135元，位居全国第12位。

三、存在的主要问题

（一）经济增速放缓影响居民收入增长

居民收入增长速度与经济发展速度正向相关。2014年GDP增长6.5%，比上年回落近2个百分点，大部分主要经济指标增速回落到近年来最低水平。其中，2014年12月份河北工业生产者出厂价格已经连续第36个月同比下降，企业生产经营困难进一步加大，特别是全省支柱行业如钢铁、水泥、煤炭、玻璃等企业经济效益下滑明显，影响到职工收入增长，进而影响到全省居民收入增长。

（二）城乡居民收入增速放缓

2011-2014年农村居民收入增速分别为19.5%、13.5%、12.6%、10.9%，同比增速呈逐年递减态势，已连续下降3年，2014年是2010年以来的最低增速；2014年城镇居民收入增长8.6%，同比增量下降87元（新口径），增速下降1.3个百分点，增速为近10年来最低水平。

（三）与全国平均水平差距扩大

2014年河北省城镇居民人均可支配收入增速比全国慢0.4个百分点，和全国城镇居民人均可支配收入之比由2013年的1:1.191扩大到1:1.195（以河北为1）；2014年农村居民可支配收入增速比全国低0.3个百分点，是近5年来首次低于全国平均水平，和全国农村居民人均可支配收入之比由2013年的1:1.026扩大到1:1.030（以河北为1）。

四、提高居民收入的对策建议

当前河北经济面临结构转型和环保压力，经济增长的动力不足，对居民增收压力较大，必须采取有力措施，促进居民增收。

（一）把握京津冀一体化建设机会，提升城镇化质量，发展和壮大劳务经济

借助京津冀一体化建设契机，打造京津冀城市群。通过健全空间规划体系、推进市县“多规合一”工作实现优化城市空间布局、提升设区城市、县城和中心镇功能的目的。拓宽多元投资渠道，广泛吸引京、津资本参与到河北城镇基础设施建设中来，进一步提升城市基建水平，增加就业，提高城镇居民收入。实行更加积极的就业政策，把促进农民工就业放在转变经济发展方式、调整经济结构的重要位置，借助省内经济结构调整的机遇，

大力发展服务业、劳动密集型企业、中小微企业，为农民提供更多的就业机会。

（二）加大工资改革力度，调整收入分配结构

河北居民收入主渠道单一，地区收入不平衡。应通过调整工资结构，规范劳务派遣，深化企业工资分配制度改革等方式将工资体系和其他社会保障体系有效结合起来，平衡行业间、地区间工资收入差异，提高基层工作人员工资，均衡社会资源分配。

（三）鼓励农民发展非农经济，促进农民持续增收

一方面，以河北城镇化发展为契机，鼓励有条件的地区放手发展具有区域聚集优势的民营企业，培育有活力的市场主体，将企业布局与城镇化紧密统一，由非农经济催生区域性中小城镇发展壮大，为农民增收带来机遇；另一方面优化非农产业发展环境，放宽民营经济进入门槛，增强金融支持力度，减轻农村民营经济负担。

（作者：刘刚海　国家统计局河北调查总队总队长 ）

山西省经济社会发展报告

2014年，面对经济下行压力持续加大等严峻挑战，省委、省政府认真贯彻落实党中央、国务院决策部署，团结带领全省人民，迎难而上，奋力拼搏，经济社会在克服重重困难中实现新发展。经济结构不断优化，创新亮点纷呈，人民生活水平稳步提高，社会保持和谐稳定，各项工作稳中有为、稳中有进。但受煤炭行业需求不旺、价格下跌以及经济发展结构不优、质量效益不高等深层次矛盾影响，全省工业低位运行，企业经营困难，财政收入增速放缓，全省经济运行仍然处于最困难的时期。

一、2014年全省经济运行主要特点

初步核算，全年全省地区生产总值12759.44亿元，按可比价格计算，增长4.9%。其中，第一产业完成增加值788.14亿元，增长3.8%；第二产业完成增加值6343.29亿元，增长3.7%；第三产业完成增加值5628.01亿元，增长7.0%；

（一）生产方面

1. 农业稳定向好。全年粮食总产量133.1亿公斤，增长1.4%，实现“五连增”。全省冬小麦播种面积1010.3万亩，与2013年持平，苗情长势总体较好。水果、蔬菜生产形势好于上年。畜牧业继续保持稳定增长态势。全年生猪、牛、羊、家禽出栏分别增长6.5%、10.3%、5.3%、3.8%，猪牛羊禽四种肉类产品、禽蛋、牛奶等畜产品产量分别增长5.4%、4.8%、11.6%。

2. 工业增速明显放缓。受煤炭等能源原材料产品外部需求不振、价格持续下跌等因素影响，全省工业增长明显放缓。全年全省规模以上工业增加值增长3.0%，增幅比上年回落7.5个百分点。9月份以来，当月工业增速已经连续四个月负增长，其中12月份下降0.9%。

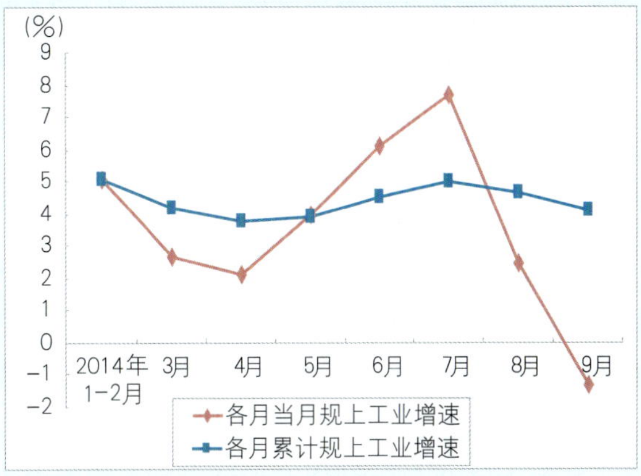

图1　2014年以来全省规模以上工业增加值当月和累计增速

注：按照国家规定1月份数据免报，1–2月为累计数据

分产品看，全年全省9种主要工业产品产量“4升5降”。原煤、钢材、氧化铝、发电量增长，焦炭、水泥、生铁、粗钢、原铝下降（9种主要工业产品产量情况见下表）。

表1　全省主要工业产品产量完成情况

产品名称	单位	2014年12月	增长(%)	2014年1-12月	增长(%)
原煤	万吨	8596	-7.3	97670	1.5
焦炭	万吨	725.4	-7.3	8722.4	-3.5
水泥	万吨	219.5	-29.2	4537.9	-7.7
生铁	万吨	286.9	-15.7	4052.0	-5.0
粗钢	万吨	319.6	-23.9	4325.4	-7.4
钢材	万吨	379.7	-5.6	4701.0	4.8
原铝	万吨	6.2	-32.9	82.7	-20.6
氧化铝	万吨	81.4	28.7	903.0	15.1
发电量	亿千瓦时	237.2	-1.5	2630.2	0.4

注：原煤产量为全社会口径，由煤炭厅提供。其他产品产量为规上工业口径。

煤炭、装备制造业、医药工业增速快于全国。全年全省规模以上工业主要行业中，占比较高的煤炭工业增长3.4%，虽较上年回落 7.1个百分点，但比全国平均水平高0.9个百分点。装备制造业、医药工业等新兴行业比重上升，增速快于全国，分别增长13.6%、16.2%，分别比全国平均水平高6.7个、3.9个百分点。在装备制造业和医药工业带动下，非煤工业比重提升，全省规上工业中非煤工业占比48.4%，较上年提升0.4个百分点。

3. 服务业占比提升。全年全省地区生产总值中，三次产业结构为6.2:49.7:44.1，与2013年（5.9:52.2:41.9，经济普查调整数，尚未对外公布使用）相比，第一产业提升0.3个百分点，第二产业下降2.5个百分点，第三产业提升2.2个百分点。

（二）需求方面

1. 固定资产投资增速稳中放缓。全省固定资产投资运行与全国一样，增速逐步放缓，1-2月份增速为年内最高点，除1-4月份回落幅度较大外，总体均呈现稳中放缓态势。全年全省固定资产投资12296.1亿元，增长11.5%，比上年回落11.2个百分点。

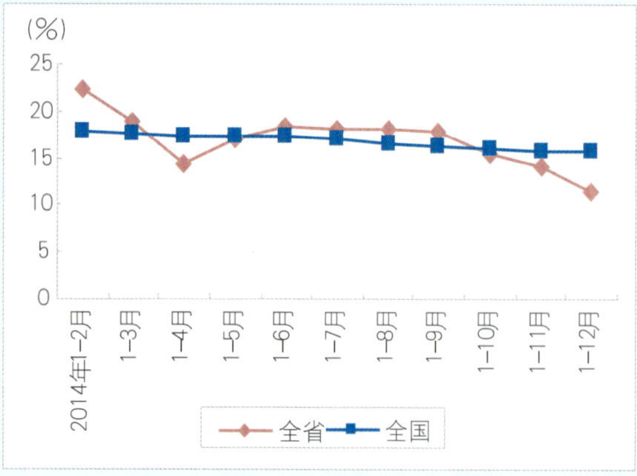

图2 2014年以来山西、全国固定资产投资增速

投资结构进一步优化，第一、三产业投资比重上升。在全省固定资产投资中，第一、二、三产业分别完成投资887.7亿元、5009.5亿元和6079.8亿元，分别增长34.5%、7.6%和12%。全省三次产业投资比例由上年的6.2:43.3:50.5转变为7.4:41.8:50.8，第一、三产业投资比重分别上升1.2个、0.3个百分点，第二产业投资比重下降1.5百分点。民间投资快速增长，比重上升4.4个百分点。全省固定资产投资中，民间固定资产投资完成6977.5亿元，增长20.5%，高于全省固定资产投资增速9个百分点，占全省固定资产投资比重为58.3%，比上年上升4.4个百分点。战略性新兴产业投资稳步增长。全省固定资产投资中，战略性新兴产业投资完成5825.6亿元，增长10.3%，占全省固定资产投资比重为48.6%，比上年回落0.5个百分点。非煤产业投资平稳增长，非传统产业投资占比提升。全年全省工业固定资产投资完成5054亿元，增长7.5%，其中非煤产业完成投资3965.8亿元，增长12%，占全省工业投资比重为78.5%，上升3.1个百分点。全省工业投资中非传统产业（除煤炭、炼焦、冶金、电力工业外）完成投资2750.1亿元，增长10.6%，占全省工业投资比重为54.4%，上升1.5个百分点。

2. 消费品市场平稳增长，新兴业态快速发展。全省消费市场总体平稳。一季度、上半年、前三季度全省社会消费品零售总额分别增长11.4%、11.8%和11.8%。全年全省社会消费品零售总额5717.9亿元，增长11.3%，继续保持平稳增长态势。其中，限额以上企业实现消费品零售额2489.7亿元，增长2.5%。以网络零售为代表的新型业态保持快速发展。全年全省限额以上企业（单位）网上实现零售额7.4亿元，增长135.9%，成为全省消费品市场增长的亮点。生活必需品保持平稳增长。全省生活必需品消费总体保持平稳较快增长态势。在全省限额以上消费品零售额中，粮油、食品、饮料、烟酒类零售额增长21.9%，服装、鞋帽、针纺织品类增长10.8%。旅游收入增长较快。全年全省旅游总收入2846.5亿元，增长23.5%；接待入境过夜人数56.5万人次，增长4.9%；接待国内旅游者人数3.0亿人次，增长21.7%。

3. 进出口低速增长。全年全省海关进出口总额162.5亿美元，增长2.9%；其中，出口89.4亿美元，增长11.8%；进口73.1亿美元，下降6.3%。

（三）经济运行质量方面

1. 财政收入平稳增长。全年全省公共财政收入完成1820.1亿元，增长7.0%；全省公共财政支出完成3096.3亿元，增长2.2%。12月份当月，全省公共财政收入完成140.7亿元，增长8.5%；全省公共财政支出完成618.4亿元，下降5.5%。

2. 工业经济效益明显下滑。受煤炭等价格持续下降影响，全省规模以上工业企业利润大幅下滑。2014年全省规模以上工业企业利润总额210.6亿元，下降61.4%。虽然降幅较1-5月份最低点收窄15.4个百分点，但企业经营困难情况依然突出。

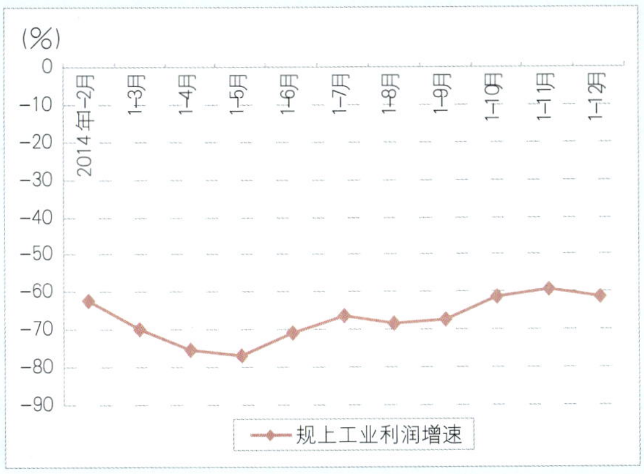

图3 2014年以来全省规上工业企业利润增速

（四）民生改善方面

1. 就业形势总体稳定。全年全省城镇新增就业人数为51.3万人，比目标任务51万人多0.3万人；城镇登记失业率为3.4%，低于4.2%的控制目标。

2. 物价运行平稳。全省居民消费价格指数呈现稳中回落态势，全年全省居民消费价格上涨1.7%；12月份当月上涨1.1%。

3. 城乡居民收入继续增加。全年全省居民人均可支配收入16538元，增长9.4%。按常住地分，城镇居民人均可支配收入24069元，增长8.1%；农村居民人均可支配收入8809元，增长10.8%。

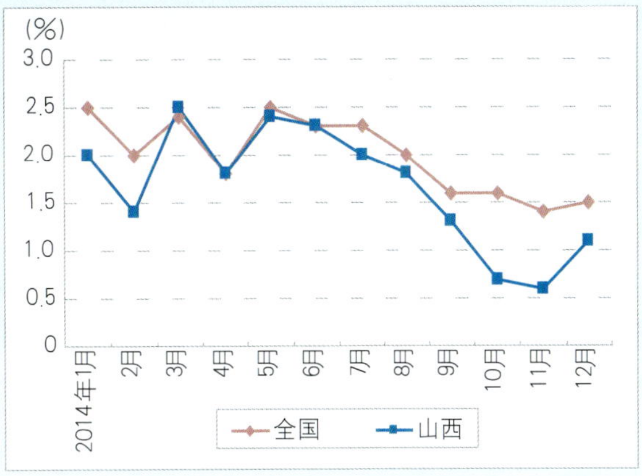

图4 2014年以来山西、全国当月居民消费价格指数

二、经济运行中的主要问题

（一）主要经济指标增速低于全国平均水平

GDP、工业、投资、贸易等主要经济指标增速均低于全国平均水平。全年全省地区生产总值增长4.9%，低于全国平均水平2.5个百分点，是1991年以来的最低点；规上工业增加值增长3.0%，低于全国平均水平5.3个百分点，是2009年以来最低点；固定资产投资增长11.5%，低于全国平均水平4.2个百分点，是2000年以来最低点；社会消费品零售总额增长11.3%，低于全国平均水平0.7个百分点，是近3年以来低点。

表2 2014年山西、全国主要经济指标增速

指标	山西（%）	全国（%）	山西低于全国（百分点）
地区生产总值	4.9	7.4	2.5
规上工业增加值	3.0	8.3	5.3
固定资产投资	11.5	15.7	4.2
社会消费品零售总额	11.3	12	0.7
城镇居民人均可支配收入	8.1	9.0	0.9
农村居民人均可支配收入	10.8	11.2	0.4

（二）主导产业需求不振，价格下滑，企业经营困难

受市场需求不振影响，煤炭、钢材等主导产

品价格持续下跌。8 月末环渤海 5500 大卡动力煤价格为 478 元 / 吨，为近年来的最低点。进入 10 月份受国家限产、采暖季到来等因素影响，煤炭价格小幅回升，但每吨价格（1 月 14 日 519 元）仍低于上年同期 112 元。

规上工业企业利润连续 33 个月下降，企业经营困难。1-11 月份，全省规模以上工业企业利润下降 59.1%，自 2012 年 4 月以来连续 33 个月下降。其中煤炭工业实现利润 27.8 亿元，同比下降 90.5%；冶金工业净亏损 2.2 亿元，较上年同期减少 13.6 亿元。全省规模以上工业亏损企业亏损面 42.1%。

（三）先行指标走势偏弱

用电量出现下降、货运量增幅回落。全年全省全社会用电量 1822.6 亿千瓦时，下降 0.5%，降幅较 1-11 月份扩大 0.2 个百分点；工业用电量 1452.1 亿千瓦时，下降 1.6%，降幅较 1-11 月份扩大 0.4 个百分点。其中，12 月份工业用电量 135.5 亿千瓦时，下降 5.1%，已连续 5 个月负增长。

图 5 2013–2014 年全省当月工业用电量增长速度

全年太原铁路局铁路货运量 6.1 亿吨，增长 4.8%，较 1-11 月份回落 0.6 个百分点；其中晋煤外运量 4.6 亿吨，增长 5.8%。公路货运量 8.8 亿吨。

工业生产者出厂价格连续在负增长区间运行。全年全省工业生产者出厂价格下降 8.6%，连续 33 个月处于负增长区间。其中，煤炭开采和洗选业产品出厂价格指数下降 13.8%，炼焦工业产品出厂价格指数下降 18.2%，冶金产品出厂价格指数下降 4.0%。

（四）限额以上消费品零售额连续出现负增长

受经济下行压力影响，市场需求不足，全年全省限额以上零售额仅增长 2.5%，比上年回落 10.5 个百分点。特别是自 7 月份以来，限上零售额增速持续回落，从 10 月份开始连续 3 个月负增长。主要大类商品销售乏力是增速回落的主要原因。

汽车类、成品油消费影响最大。随着汽车保有量的增加以及中央限制公务用车等规定的出台，汽车销售进入低潮，全年全省限额以上汽车类零售额增长 0.6%，低于上年 9.7 个百分点，影响限上零售额增速回落 2.8 个百分点。受经济持续下行、价格下调、产能过剩导致企业开工不足、大型项目施工减少等因素影响，全年石油及制品类销售下降 2.8%，低于上年 9.2 个百分点，影响限上零售额增速回落 2.4 个百分点。

房地产业持续回落影响相关商品的消费。受房地产持续低迷影响，全年全省家用电器及音像器材类零售额下降 13.4%，低于上年 32.1 个百分点，影响增速回落 1.6 个百分点；建筑及装潢材料类零售额增长 9.5%，低于上年 24.8 个百分点，回落 0.9 个百分点。

（五）财政增收困难加大

税收收入下降。全年全省公共财政收入增长 7%，其中税收收入 1133.8 亿元，下降 0.3%；非税收收入 686.3 亿元，增长 21.5%。税收收入中占比大的营业税、企业所得税、城市维护建设税和个人所得税分别下降 8.8%、17.3%、4.0% 和 3.4%。

部分地市财政负增长。全年全省 11 市中，吕梁、朔州、长治 3 市公共财政收入分别下降 20.4%、9.1%、8.3%；临汾、阳泉 2 市分别仅增长 0.1%、0.5%。全省 119 个县区中三成以上（38 个县区）为负增长，降幅超过 20% 的有 13 个县（区）。

三、建议

2014年，面对复杂严峻的宏观经济形势，全省上下团结奋斗、迎难而上，取得了来之不易的成果。2015年是全面深化改革的关键之年，是全面推进依法治国的启动之年，是全面完成“十二五”规划的收官之年，也是我省全面推进“六大发展”的开局之年，要主动适应经济发展新常态，促进经济平稳健康发展。

一是采取有效措施，积极做好煤与非煤“两篇大文章”。围绕煤炭产业“六型转变”，深入做好煤炭这篇大文章，以技术创新、产业创新、商业模式创新和管理创新为动力，推动山西国家综合能源基地建设，加快建设三大煤炭基地、三个千万级现代化大型煤电外送基地，以此带动全省煤炭经济步入良性发展，推动全省经济稳定发展。

围绕“七大产业发展”，抓住2014年发展势头良好的装备制造、食品医药、文化旅游等，深入做好非煤这篇大文章，紧紧围绕文化旅游、装备制造、新能源、新材料、节能环保、食品医药和现代服务业等七大产业，选准科技创新的着力点和突破口，以循环经济为重点，抓紧细化相关发展规划，扎实推进实施，在构建绿色产业体系的同时，推动全省经济稳定发展。

二是立足山西实际，依托政策和资源优势，着力发现培育新的经济增长点。准确把握国家产业政策，紧密结合山西实际，在重大基础设施、产业转型、城镇化和生态环保、民生和社会安全事业等方面，谋划实施一批能够形成新的经济增长点的大项目好项目。传统产业中，继续围绕拓宽煤焦冶电等传统产业链条，充分发挥铝土矿、煤层气等资源优势，进一步提高产品附加值和竞争力，推进传统产业新型化；新兴产业中，继续发挥加快装备、医药等行业的潜在优势，重点做好电子商务、特色经济和现代服务业的发展。依托综改实验区建设，大力推进板块经济建设，充分发挥板块经济产业集中、资源综合利用等优势，继续催生新的经济增长点。

三是继续加大投资力度，保障大项目储备，增强投资发展后劲。继续把投资作为稳增长的重要引擎、调结构的主要抓手，在完成“百日百项”后续任务的基础上，继续坚持“六位一体”工作机制推进重点工程建设，准确把握国家产业政策和投资方向，着力推进基础设施、产业转型、城镇化和生态化、社会民生等“四大方面”和公路、铁路、低热值煤发电、外送电通道等“十大重点领域”投资，突出做好汾河综合综合治理等“十大标杆工程”投资建设。积极做好符合产业结构调整要求的大项目的前期谋划，加大对重点产业、重点企业、重点项目的支持力度，狠抓招商引资和大项目的落地、开工、达效，加强亿元以上项目资金运作，突出效益，避免资金、土地等要素对项目建设的制约。尽快推出第二批面向社会资本开放项目名单，激发民间投资活力。积极对接中央预算内投资和国家重大投资工程，完善投融资机制，加大国家大项目引进力度，增加亿元以上大项目储备，真正发挥大项目投资“火车头”的拉动作用，增强全省投资发展后劲。

四是加大政策支持力度，推进现代服务业与工业、农业深度融合，充分释放消费新动力。把发展服务业特别是现代服务业作为稳增长、调结构、保就业的重要动力，加大政策支持力度，坚持市场化、产业化、社会化的方向，从体制机制、政策法规、资金投入和改善环境等多方面采取措施，推进重点项目和公共服务平台建设，以现代物流服务业为先导，推动我省产业向价值链高端提升。积极推进现代服务业与工业、农业深度融合，在信息传输、计算机服务和软件业、金融业、房地产业、租赁和商务服务业、特色农业等现代服务业重点领域寻求突破。多渠道解决住宿餐饮企业经营困难问题；拓宽电子商务发展空间，积极发展信息消费；鼓励新能源汽车、成品油等大宗消费；大力发展特色旅游业，规范旅游市场管理和旅游商品管理，打造文化旅游、休闲度假旅游品牌。积极采取有效举措，进一步巩固和扩大消费需求，强化观念引导，促进消费升级，培育消费热点，改善消费环境，提高消费对经济增长的拉动力。

五是努力扩大就业，增加城乡居民收入，全

力保障民生工程建设。在贯彻落实现有就业政策的基础上，大力拓宽就业渠道，重点做好全省就业稳存量、提增量、抓变量工作。落实好国务院和我省出台的一系列帮扶政策，鼓励企业采取在岗培训、协商薪酬的办法稳定就业岗位。认真按照国家融资和减免税政策要求，扶持小微企业发展，鼓励吸纳就业。进一步健全公共就业服务体系，推动高校毕业生、科技人员、返乡农民工创业。加强职业培训，对城市拆迁失业人员、下岗职工和就业困难人员特别是零就业家庭实行优先扶持和重点帮助。加快推进居民增收计划，通过稳定就业和做好机关事业单位工资改革，进一步增加居民工资性收入；鼓励自主创业和深化农村经营体制改革，进一步增加居民经营性收入；提高农业补贴和居民保障水平，进一步增加转移性收入；通过农村产权改革和拓宽投资渠道，进一步增加财产性收入。继续完善社会保障体系，稳步提高企业退休人员基本养老金和城乡居民最低生活保障标准。

六是高度重视一季度经济工作，强化各项政策落实，力争实现较好开局。做好一季度经济工作对全年十分关键，各级、各部门要高度重视，抓紧落实已部署的重点任务，各项工作都要早作安排、紧抓快办。全面梳理近期中央和省委省政府出台的关于稳增长的一系列重大政策措施，确保落实到位，发挥作用。

（作者：翟振新　山西省统计局局长）

专栏：2014年山西农业生产、居民收入和消费价格情况分析

2014年，面对国内外复杂而严峻的经济形势，山西省委、省政府认真贯彻落实中央“稳增长、促改革、调结构、惠民生”的决策部署，以转型发展为重心，以改革开放为动力，以改善民生为目的，完善政策，狠抓落实，全省经济保持了较为平稳的发展势头，城乡居民收入实现了稳步增长。全省城乡居民人均可支配收入分别增长8.1%、10.8%，工业品出厂价格降幅收窄，居民消费价格涨幅为1.7%，控制在3.5%以内。

一、粮食综合生产能力明显提高

1. 粮食产量再创历史新高

据国家统计局山西调查总队抽样调查，2014年山西粮食总产量为133.08亿公斤，比上年增加1.8亿公斤，增产1.4%；粮食亩产为270公斤，比上年增加3公斤，增产1.1%。其中夏粮总产量为26.03亿公斤，比上年增加2.86亿公斤，增产12.3%；在部分地区旱情严重的情况下，秋粮生产仍然获得较好收成，秋粮总产量为107.05亿公斤，比上年减少1.06亿公斤，减产1.0%，为历史第二个高产年份。

2. 粮食作物播种面积保持稳定

2014年全省粮食作物播种面积4929.6万亩，比上年增加18.1万亩，增长0.4%。其中，夏粮播种面积1027.7万亩，比上年减少8.3万亩，下降0.8%；秋粮播种面积3901.9万亩，比上年增加26.4万亩，增长0.7%。粮食播种面积的相对稳定和单产水平的不断提高，推动了全省粮食稳产增产。

二、畜牧业生产平稳发展

1. 生猪存栏、出栏双增长。生猪生产呈增长态势，2014年末全省生猪存栏514.7万头，增长2.5%。其中：能繁母猪存栏59.9万头，增长3.3%。2014年共出栏生猪837.3万头，增长6.5%。2014年猪肉产量64.2万吨，增长4.9%。

2. 牛存栏小幅增长。2014年末，全省牛存栏100.9万头，增长6.4%，其中：肉牛存栏41.5万头，增长10.1%；奶牛存栏34.7万头，增长8.2%。全年共出栏牛39.8万头，增长10.3%。全年牛肉产量5.8万吨，增长11.5%。全年牛奶产量96.2万吨。

3. 羊存栏平稳增长。2014年末，全省羊存栏922.7万只，增长5.1%，其中：绵羊存栏545万只，增长11.1%，山羊存栏377.7万只，减少2.5%；全年共出栏羊469.9万只，增长5.3%。全年羊肉产量6.7万吨，增长8.1%。

4. 家禽产品供应充足。2014年末家禽存栏9461.8万只，增长1.8%。全年共出栏家禽7592万只，同比增长3.8%。全年禽肉产量9.4万吨，同比增长3.5%；全年禽蛋产量83.7万吨，同比增长4.8%。

三、农产品生产价格小幅上涨

2014年，山西农产品生产价格上涨1.48%，涨幅比2013年同期回落3个百分点。

1. 农业产品生产价格小幅上涨。2014年，山西农业产品生产价格同比上涨1.43%，涨幅比2013年同期回落2.99个百分点。分品种来看，小麦、谷子生产价格呈上涨态势，分别比上年同期上涨5.08%和33.81%，玉米、高粱出现回落，生产价格分别下降0.49%、5.81%。蔬菜生产价格跌幅较大，全年山西蔬菜生产价格同比下跌8.24%，分类来看，六大类蔬菜与上年同期相比，均呈跌势，叶菜类、白菜类、根茎类、瓜菜类、葱蒜类、茄果类蔬菜生产价格分别同比下降11.38%、11.53%、0.75%、1.48%、7.22%和2.51%。水果生产价格涨幅较大，全年山西水果生产价格上涨12.35%。其中：苹果类、梨类、瓜类水果和核桃分别上涨14.55%、28.57%、11.71%和2.94%；鲜枣、干枣分别下跌12%和17.36%。。

2. 林业产品生产价格上涨。全年山西林业产品生产价格同比微幅上涨0.75%。分品种看：针叶乔木苗类下跌0.73%；果树苗类价格上涨1.74%。

3. 畜牧业产品生产价格涨跌互现。全年山西畜牧业产品生产价格小幅上涨，涨幅为1.67%。各类畜牧业产品涨跌互现：猪、羊生产价格下跌9.20%和1.15%；牛、活家禽、生奶、鸡蛋和动物毛类生产价格分别上涨4.77%、12.69%、7.55%、11.04%和1.20%。

4. 渔业产品生产价格有所回落。全年山西渔业产品生产价格指数为97.18%，比上年下降了2.82%。渔业产品价格下跌的原因一是2014年全国渔业丰产，货源充足；二是各地严格执行中央“八项规定”，部分酒店生意趋淡，渔产品消费量下降较多，餐饮业进货量减少。

四、全省居民收入稳步增长，农村居民收入增速快于城镇

2014年全省认真贯彻省委省政府“止缓回稳促增”的政策，民生支出继续加大，城乡居民可支配收入实现了稳步增长。全年全体居民人均可支配收入达到16538元，比上年同期增加1419元，增长9.4 %（扣除价格因素实际增长7.6%）。其中：城镇居民增长8.1%（扣除价格因素实际增长6.2%），农村居民预计增长10.8%（扣除价格因素实际增长9.3%），农村居民收入增速快于城镇居民2.7个百分点。

1. 城镇居民人均可支配收入增长8.1%。2014年，全省城镇居民人均可支配收入为24069元，比上年增加1811元，增长8.1%。收入的四大构成呈全面增长态势。

一是工资性收入增速放缓，但仍主导着城镇居民收入的走势。2014年，全省城镇居民人均工资性收入15624元，同比增加950元，增长6.5%，比上年回落1.8个百分点。工资性收入对可支配收入增长的贡献率为52.4%，拉动城镇居民人均可支配收入增长4.2个百分点。工资性收入占城镇居民收入的64.9%，比上年同期下降1个百分点，但仍是拉动可支配收入增长的主要力量。

二是经营净收入稳定增长。2014年，全省城镇居民人均经营净收入2701元，同比增加215元，增长8.7%。对可支配收入增长的贡献率为11.9%，拉动可支配收入增长1个百分点。

三是转移净收入稳定增加，绝对额位居四大项收入第二。2014年，全省城镇居民人均转移净收入为4017元，同比增加283元，增长7.6%。对可支配收入增长的贡献率达到15.6%，拉动可支配收入增长1.3个百分点。转移净收入占全部城镇居民可支配收入的16.7%，绝对额仅次于工资性收入。

四是财产净收入快速增长，是城镇居民收入的重要补充。2014年，全省城镇居民人均财产净收入1727元，同比增加363元，增长26.6 %，增幅居四大项收入之首。对可支配收入增长的贡献率为20.1%，拉动可支配收入增长1.6个百分点，是城镇居民收入的重要补充。

2. 农村居民人均可支配收入增长10.8 %。2014年，全省农村居民人均可支配收入为8809元，比上年增加860元，增长10.8 %，增速比前三季度的11.5%回落了0.7个百分点。从收入的四大构成来看，呈现出全面增长的态势。

一是工资性收入仍是农民收入增长的主要力量，但增速放缓。2014年，全省农村居民人均工资性收入4570元，同比增加420元，增长10.1%，比上年落7.2个百分点。工资性收入对全年农村居民可支配收入增长的贡献率为48.8 %，拉动农民可支配收入上涨5.3百分点。但增速比前三季度（11.0%）减缓了0.9个百分点，比上半年（15.0%）减缓了4.9个百分点，比一季度（18.9%）减缓了8.8个百分点。

二是经营净收入较快增长，占农民收入的比重有所提高。2014年，全省农民人均经营净收入2482元，同比增加292元，增长13.3%。经营净收入对全年农村居民人均可支配收入增长的贡献率为34%，拉动可支配收入上涨3.7个百分点。其占农村居民人均可支配收入的比重由上年同期的27.6%提高到28.2%。

三是转移净收入平稳增长。2014年，全省农民人均转移净收入为1634元，同比增加136元，增长9.1%。转移净收入对农民可支配收入增长的贡献率为15.9%，拉动可支配收入上涨1.7个百分点。

四是财产净收入稳定增长。2014年，全省农民人均财产净收入为123元，同比增加12元，增长10.7%。财产净收入对可支配收入增长的贡献率为1.4%，拉动可支配收入上涨0.1个百分点。

五、居民消费价格涨幅为 1.7%

2014 年山西居民消费价格总水平同比平均上涨 1.7%，涨幅比上年缩小 1.4 个百分点。从构成来看，主要有三个特点：一是城市涨幅高于农村。城市上涨 1.8%，农村上涨 1.4%；二是食品涨幅明显高于非食品。食品价格上涨 2.8%，非食品价格上涨 1.1%；三是服务项目涨幅明显高于消费品。消费品价格上涨 1.4%，服务项目价格上涨 2.2%。

全年居民消费价格指数的八大类商品和服务项目价格呈现“七升一降”格局。调查资料显示，尽管全年山西 CPI 涨幅不大，但调查的八大类产品和服务价格有七类出现上涨。从涨幅来看，食品（2.8%）、衣着（2.4%）、娱乐教育文化用品及服务（1.8%）和家庭设备用品及维修服务（1.4%）相对较高，医疗保健和个人用品（0.9%）、居住（0.8%）、烟酒（0.1%）相对较小，交通和通信类价格则下降 0.2%。与 2013 年相比，食品、居住涨幅分别回落了 3.4 和 1.7 个百分点，成为本省 CPI 涨幅回落的主要因素。

（作者：刘顺国　国家统计局山西调查总队总队长）

内蒙古自治区经济社会发展报告

2014年，内蒙古自治区在党委、政府的正确领导下，全区各地全力实施“8337”发展思路，积极打造祖国北疆亮丽风景线，经济社会总体发展在“新常态”下出现了“新亮点”。经济实现了稳中有进，运行在合理区间，结构调整出现积极变化，深化改革开放取得重大进展。农牧业发展形势良好，粮食产量再获丰收，规模以上工业在转型中实现两位数增长，第三产业稳步发展，物价相对稳定，民生进一步改善，社会事业取得较大进步。

一、2014年内蒙古经济社会发展基本情况及主要特点

在全国整体经济形势的降速转型发展阶段，内蒙古以习近平总书记考察我区时的重要讲话精神为指导，率先适应经济发展新常态，主动作为，全区经济发展保持稳定增长，整体经济呈稳中微升态势。初步核算，2014年，全区实现生产总值17769.5亿元，按可比价格计算，增长7.8%，高于全国平均增速0.4个百分点。其中，第一产业增加值1627.2亿元，增长3.1%；第二产业增加值9219.8亿元，增长9.1%；第三产业增加值6922.6亿元，增长6.7%。全区生产总值中一、二、三次产业比由上年的9.5:54:36.5调整为9.1:51.9:39。人均生产总值达到71044元，增长7.5%，按年均汇率计算折合为11565美元。

（一）农牧业生产保持平稳

全区上下通过推进农业科技进步，落实惠农政策，优化种植结构，提高管理水平，在部分地区遭受较重旱灾的情况下继续推进全区粮食生产。2014年，内蒙古粮食播种面积8476.5万亩，比2013年增加50.55万亩，增长0.6%。单位面积产量324.78公斤/亩。2014年全区粮食总产量2753万吨，接近上年水平，成为第二个高产年份。油料产量170.3万吨，增长7.7%；蔬菜产量1472.7万吨，增长3.6%；水果（含果用瓜）产量322.3万吨，增长9.4%。

内蒙古畜牧业积极转变生产方式，加快畜禽养殖标准化、规模化进程，建设型现代化畜牧业发展步伐不断加快。牧业年度全区牲畜存栏头数达12915.8万头（只），增长9.3%；牲畜总增7349.9万头（只），牲畜总增率达62.2%。牧业年度良种及改良种牲畜总头数11587.3万头（只）。全年肉类总产量252.3万吨，增长3%。其中，猪牛羊肉产量分别达到73.3万吨、54.5万吨和93.3万吨，分别增长-0.1%、5.3%和5.1%。牛奶产量788万吨，增长2.7%。

表1 2014年内蒙古主要农畜产品产量和牲畜存栏数

农畜产品	总量	速度（%）
粮食（万吨）	2753	-0.7
小麦（万吨）	153.9	-14.7
玉米（万吨）	2186.1	5.6
油料（万吨）	170.3	7.7
牛奶（万吨）	788	2.7
绵羊毛（万吨）	12.2	10.0
山羊绒（吨）	8283.6	4.8
肉类总产量（万吨）	252.3	3.0
牧业年度牲畜存栏（万头、只）	12915.8	9.3

（二）工业结构调整成效明显

全年全部工业增加值8004.4亿元，增长9.5%。其中，规模以上工业企业增加值增长10%，增速高于全国平均增速1.7个百分点。2014年，内蒙古工业发展呈现出以下亮点：全年规模以上工业总体实现了低开高走、稳步回升的态势。工业结构调整成效明显。围绕“五大基地”

建设，自治区党委、政府先后制定了10余项产业发展规划，到年底新开工清洁能源、有色装备、农畜产品加工、煤化工等亿元以上工业项目达到1250个。非公有制经济、新兴产业发展步伐加快。全年非公有制经济增加值增速达13.8%，高新技术产业增加值增长14.2%，装备制造业增加值增长16.1%，战略性新兴产业增加值增长15.7%。从工业产品产量看，全区原煤产量达9.9亿吨，同比增长0.3%；发电量达到3857.8亿千瓦小时，同比增长8.2%，其中，风力发电量386.2亿千瓦小时，同比增长3.6%。

表2 2014年内蒙古工业主要产品产量

工业产品	总量	同比增长（%）
原煤（万吨）	99391.3	0.3
天然原油（万吨）	193.2	16.4
发电量（亿千瓦小时）	3857.8	8.2
粗钢（万吨）	1661.5	2.2
钢材（万吨）	1763.2	5.7
乳制品（万吨）	269.8	−8.5
液体乳（万吨）	246.5	−8.0
彩色电视机（万部）	349.8	−6.4
十种有色金属（万吨）	329.9	9.8

（三）固定资产投资保持稳定增长

全年投资实现了平稳较快增长，全社会固定资产投资总额17585.0亿元，增长23.7%。在500万元以上项目固定资产投资中，第一产业投资840.1亿元，增长20%；第二产业投资5657.8亿元，增长16.5%，其中，工业投资5546.9亿元，增长16%；第三产业投资5576.4亿元，增长18.6%。全年施工项目15803个，增长11.4%；全年新开工项目数12399个，增长9.1%；全年投产项目数11449个，增长17.3%。

全国房地产市场降温，全区房地产市场也随之进入了阶段性的调整期，房地产开发投资持续下降、房屋开发规模萎缩、商品房销售低迷。全年全区房地产开发投资1370.9亿元，比上年下降7.3%。商品房销售面积2457.2万平方米，下降10.3%；商品房销售额1064.8亿元，下降9.6%。保障房建设蓬勃开展。全年新开工建设各类保障性住房24万套，投资484.4亿元，增长38.4%；完成农村牧区危房改造17万户，投资85亿元。

（四）消费品市场增速平稳回落

受经济下行、消费热点持续降温等多重因素影响，内蒙古消费品市场仍未扭转增速回落的局面，但随着一系列稳增长政策效果的逐步显现，消费需求总体情况全年仍保持平稳增长。2014年全区实现社会消费品零售总额5657.6亿元，同比增长10.6 %，增速比上年同期回落1.2个百分点，低于全国1.4个百分点。从经营单位所在地看，城镇实现社会消费品零售额4955亿元，占社会消费品零售总额的88.2%，增长10.6%；乡村消费品零售额664.9亿元，增长11%。在限额以上企业商品零售额中，粮食、食品、饮料、烟酒类完成零售额188.9亿元，增长9.9%；汽车类完成零售额420.7亿元，下降2.5%；石油及制品类完成零售额594.9亿元，下降0.9%。

（五）对外贸易保持良好增势

2014年，在世界经济深度调整、我国外贸增长乏力的背景下，内蒙古充分利用地缘优势，积极开拓与俄蒙的贸易交流，外贸实现了良好的增长势头。全区外贸进出口总值实现145.53 亿美元，创历史新高，同比增长21.4%，高于全国进出口增幅17.9个百分点。其中，出口63.94亿美元，同比增长56.2%；进口81.59亿美元，同比增长3.3%。从主要贸易方式看，一般贸易进出口额达80.4亿美元，占进出口总额的55.3%，增长20.8%；加工贸易进出口额达2.6亿美元，下降6.5%；边境小额贸易进出口额达35.7亿美元，下降11.5%。从贸易伙伴看，对俄、蒙的贸易总额71.5亿美元，占全区进出口的49%。从企业类型看，私营企业增势强劲，2014年，私营企业进出口102.24亿美元，同比增长41.3%，占全区进出口总额70.2%，较2013年提升了10个百分点。

（六）物价低位运行

2014 年，内蒙古 CPI 涨势持续趋缓，CPI 全年累计上涨 1.6%，涨幅较 2013 年收窄了 1.6 个百分点，创五年以来最低，远低于 3.5% 的年度调控目标。其中，城市上涨 1.7%，农村上涨 1.2%；食品价格上涨 2.9%，非食品价格上涨 0.9%；消费品价格上涨 1.4%，服务项目价格上涨 1.8%。从生产者角度看，工业生产者购进价格指数和工业生产者出厂价格指数分别比上年下降 1.6% 和 2.7%。固定资产投资价格下降 0.2%，农产品生产价格上涨 2.7%。

（七）财政收入顺利完成全年预期目标

2014 年，受煤炭、有色金属、房地产和建筑业四个主体行业税收增幅大幅回落和政策性减收双重影响，全区公共财政预算收入增速较上年各月均有不同程度回落，但内蒙古攻坚克难，积极作为，顺利完成了全年财政收入预期增长目标。全年全区公共财政预算收入实现 1843.18 亿元，比上年增长 7.1%。全年公共财政预算支出 3425.99 亿元，增长 14.6%。财政收入在今年困难较大的情况下，也呈现出了新亮点：全区 102 个旗县（市、区）中，有 100 个旗县（市、区）公共财政预算收入超过亿元；公共财政预算收入突破 5 亿元的旗县（市、区）达到 51 个。全区公共财政预算支出 3884.25 亿元，比上年增长 5.4%。民生和重点社会事业支出得到较好保障。其中，社会保障和就业支出 532.2 亿元，增长 8.4%；教育支出 475.6 亿元，增长 4.1%。全年共下拨“十个全覆盖”工程资金 50 亿元。

（八）金融形势较为平稳

全区金融形势平稳，货币政策对实体经济的服务作用更为明显。年末全区金融机构人民币存款余额 16217.6 亿元，全年新增存款 1011.9 亿元，增长 6.7%。其中，单位存款余额 7093 亿元，比上年末增加 270.5 亿元，增长 3.8%；个人存款余额 8317.3 亿元，比上年末增加 630.6 亿元，增长 8.6%。年末全区金融机构人民币贷款余额 14947.1 亿元，全年新增贷款 1916.7 亿元，增长 15.5%。其中，短期贷款余额 5974.9 亿元，比上年末增加 662.5 亿元，增长 14%；中长期贷款余额 5293.6 亿元，比上年末增加 1110.3 亿元，增长 15.1%；个人消费贷款余额 1862.6 亿元，比上年末增加 213 亿元，增长 19.2%。

（九）节能降耗工作成绩突出

初步核算，万元生产总值能耗超额完成年度下降目标和“十二五”进度目标，万元工业增加值能耗同比下降 7.4%。全年规模以上工业综合能源消费量同比增长 1.9%，其中六大高耗能行业综合能源消费量同比增长 2.2%。主要耗能工业企业吨原煤生产综合能耗同比下降 1.9%，电厂火力发电标准煤耗同比下降 0.9%，炼焦工序单位能耗同比下降 1.4%，单位电石生产综合能耗同比下降 0.5%，吨水泥综合能耗同比下降 14.4%，吨钢综合能耗同比下降 1.5%。

（十）城乡居民生活继续得到改善

在自治区保民生、促增收系列政策措施的作用下，全区居民收入圆满完成了全年预期目标。2014 年，内蒙古全体居民人均可支配收入达到 20559 元，同比增长 10.0%，扣除价格因素实际增长 8.3%。其中：城镇常住居民人均可支配收入为 28350 元，同比增长 9.0%，扣除价格因素实际增长 7.2%；农牧区常住居民人均可支配收入为 9976 元，同比增长 11.0%，扣除价格因素实际增长 9.7%。农村居民增速快于城镇居民 2 个百分点，城乡居民收入差距从去年的 2.89:1 缩小到 2.84:1，城乡居民收入差距进一步缩小。

民生工作向广覆盖、纵深化方向发展。年末全区参加城镇职工基本养老保险人数 524.9 万人，增长 5.7%；参加城乡居民社会养老保险人数 761.9 万人，下降 2.4%。参加失业保险职工人数 236.3 万人，领取失业保险金人数为 4.8 万人。参加基本养老保险的离退休人员 188.7 万人，增长 11.8%。参加基本医疗保险人数 998.1 万人，增长 1.2%；有 470.7 万职工参加了基本医疗保险，增长 1.3%。参加农村合作医疗农牧民数为 1289.3 万人，增长 2.2%。

二、2014年全区经济运行中存在的主要问题

（一）经济下行压力较大，部分经济指标未能完成全年预期目标

2014年全区生产总值增长7.8%，未能达到全年9%的预期增长目标。社会消费品零售总额增长10.6%，也未完成全年12%的预期增长目标。从其他主要指标增速看，规模以上工业和公共财政预算收入从今年开始进入一位数增长阶段，1-11月规模以上工业累计增速恢复到10%。投资从2013年10月份开始累计增速结束两成以上增长阶段，进入一成以上增长阶段。2015年全区经济增长的前景也不容乐观，下行压力仍不小，拉动下行的因素仍未消除，强力支撑因素仍显不足。

（二）工业企业效益偏差

2014年，全区工业企业效益偏差，主要表现为亏损企业亏损额增加，企业生产成本上升，企业盈利空间缩小。2014年，全区规模以上工业企业实现利润1294.4亿元，下降18.8%。全区有五分之一的规模以上工业企业处于亏损状态。亏损企业亏损额346.7亿元，同比增长69.6%。不少企业存在经营风险，一些大型企业特别是国有企业保值增值压力较大。2014年全区国有控股企业实现利润247.18亿元，同比下降49.2%。

（三）传统"经济增长点"支撑力下降

几大重点行业和支柱产业出现了整体低迷。从煤炭行业看，随着京津冀及周边地区治理大气污染措施的深入推进，国内市场对原煤的需求呈相对减少趋势，加之近年从国外进口煤数量的明显增加，供给源逐步多元化，煤炭行业的"黄金期"已经过去。从房地产业看，同全国类似，目前全区的房地产业也正处于深度调整中。投资额、施工、竣工面积、商品房的销售等，同比均处于全面下降中。

（四）科技创新能力对经济拉动仍显不足

在经济进入新常态后，创新驱动是其中的重要方面。而全区目前的总体创新能力仍偏弱，创新的氛围还不浓厚，保障鼓励创新的体制机制还未完全形成，创新人才严重不足。科技创新基础薄弱，原始性创新成果和自主创新品牌缺乏，企业拥有自主知识产权较少，大专院校、科研院所与企业间的联系和合作还不够密切。科技投入不足，科技要素对经济增长的贡献率偏低，主要依靠科技进步和创新提升经济社会可持续发展能力的目标还不能充分实现。

三、对2015年全区经济形势的展望

2015年是全区全面深化改革的关键之年，也是全面落实依法治区的开局之年，还是全面完成"十二五"规划的收官之年，意义重大。对于全区经济而言，2015年是我们能否成功适应新常态、引领新常态的重要一年。初步展望，我们认为，2015年全区经济会更加适应"新常态"，会在"新常态"下找寻新的"增长点"和调整的"着力点"，增速仍会在常速的区间内，和全国平均增速更接近。从增长动力看，2015年全区传统增长点的贡献会继续缩小，新的增长点的贡献会加大；从发展方式看，2015年全区经济的增长质量会更好，更有效率；从产业发展看，2015年全区产业链、价值链会加速向中高端迈进。民生方面，城乡居民收入增速仍会高于GDP增速。总体看，全区经济仍会保持平稳健康发展，实现稳中有进，创新的驱动力会增强。但同时，挑战也会不小，如资源环境的约束会更强，不确定因素仍较多，创新力提升较难、改革的难度在加大等等。

（一）从世界经济的走势以及我国参与世界经济发展的程度分析

世界经济仍处于金融危机后的深度调整期，主要经济体走势和政策取向继续分化，国际大宗商品价格波动，地缘政治等非经济因素影响加大，世界经济复苏步履艰难，影响我国发展的不确定、不稳定因素仍然较多。2014年中央经济工作会议指出，2015年世界经济增速可能会略有回升，但总体复苏疲弱态势难有明显改观。从我国的参

与度及开放格局看，当前我国新一轮的大开放格局正在形成，我国已与韩国、澳大利亚签署了结束中韩、中澳自贸区实质性谈判，标志着我国与这两个国家的自贸区建设终于取得实质性进展。在推动亚太自贸区的同时，我国也同时提出“丝绸之路经济带”和“21世纪海上丝绸之路”（简称为“一带一路”）的经济开放战略构想，以及主导筹建亚洲基础设施投资银行和丝路基金的开放战略布局等。目前，自治区已被纳入国家“丝绸之路经济带”建设范畴。这些都为全区经济进一步提高开放型水平，增强外向度，充分利用国际国内“两个市场”“两种资源”、促进要素流动具有积极的意义和助推力。

（二）从全国经济走势及具体领域分析

2015年，全国经济在“新常态”下，会继续保持稳中有进，继续实施积极的财政政策和稳健的货币政策，经济发展的质量和效益会进一步提高，新增长点会更多。我国仍处在重要的战略机遇期，工业化、城镇化发展空间巨大；消费结构正处于升级的关键阶段，发展型、享受型的消费倾向显著上升，这些都将给经济的发展增加新的动力和活力。国家宏观调控更加注重发展的质量与效益，出台了一系列激发市场活力，支持实体经济发展等既立足于当前又着眼于长远的政策措施。随着政策效应的持续显现，推动经济保持平稳较快增长的积极因素将会继续积累。这些都将给2015年自治区经济实现更好发展奠定较好基础和指导。从具体方面看：一些尖端的高新技术正在我国经济、社会、民生等多个领域得到广泛推广和应用。目前，我国拥有自主知识产权的“北斗”导航卫星、体现高端制造的机器人生产技术、核心技术更趋完善已领先世界的“中国高铁”、基因工程以及蓬勃兴起的跨境电子商务等正在全国经济社会的各领域、各地区延伸和应用，前景十分广阔，这也给全区经济实现转型升级、保障重点支撑产业向高端迈进、不断增进民生福祉提供了新的切入点和契机。企业融资成本有所降低。央行宣布自2014年11月22日起，基准的一年期贷款利率下调0.4个百分点至5.6%。这一金融措施的推出，将会有利于全区企业降低经营成本，缓解“融资贵”难题，对实体经济发展起到重要的助推作用。

（三）从自治区自身发展前景及新的支撑因素分析

概括起来至少有三项：一是从几个先行指标2014年的表现来推断2015年特别是一季度的经济走势角度分析。2014年，全区工业用电量2140.34亿千瓦时，增长11%，预示着2015年一季度全区工业生产仍会保持相对较好的增势。2014年末全区人民币贷款余额14947.07亿元，增长15.5%，这一较好增速可确保2015年特别是上半年全区实体经济能有一个较宽松的融资环境，一定程度缓解“融资难”问题，良好的宏观调控工具将为内蒙古自身经济发展助力。从货运量看，2014年全区铁路货运量1489.77亿吨公里，下降4%；公路货运量2103.47亿吨公里，增长12.3%；由此可预测2015年一季度全区产品销售及交通运输业、物流业等会与2014年的水平保持相当，较平稳。二是内蒙古首条特高压电力外送通道开工建设。2014年11月4日，锡林郭勒盟至山东济南特高压电力外送通道在多伦县正式开工建设，这是自治区电力外送的首条特高压工程。该线路全长730公里，总投资约178亿元。2017年建成后将有效实现内蒙古“煤从空中走、电送全中国”的发展战略，为保障我国能源供应和安全做出积极贡献。该通道将在锡盟境内新建线路20公里，特高压站1座，投资约16亿元。三是各盟市全部获得外商投资企业登记管辖权。2014年11月2日，国家工商总局授予兴安盟、锡林郭勒盟、乌兰察布市、巴彦淖尔市、乌海市、阿拉善盟、二连浩特市工商局外商投资企业登记管辖权。至此，全区各盟市工商局已全部获得外商投资企业登记管辖权。此举将对简化行政审批流程，优化外商投资企业发展环境，提升工商行政管理部门外商投资企业登记监管工作水平，扎实推进工商登记注册便利化，促进地方经济社会发展发挥重要作用。

（作者：胡敏谦　内蒙古自治区统计局局长）

专栏：内蒙古农牧业、居民生活发展及价格监测报告

2014年，内蒙古各级党委、政府坚持稳中求进的工作总基调，科学认识新常态、主动适应新常态、积极引领新常态，坚定信心、迎难而上，调查监测经济领域呈现出农牧业生产总体平稳、居民收入持续增加、价格水平低位运行的发展态势。

一、农牧业生产总体平稳

（一）粮食产量在受灾情况下仍然获得好收成

2014年，全区粮食总产量550.6亿斤，占全国粮食总产的4.6%，位居全国第10位，是自治区历史上的第二个高产年。

表1　1980—2014年内蒙古粮食作物播种面积、总产量、单产变化情况

年 份	粮食作物播种面积（万亩）	粮食产量（亿斤）	粮食单产（公斤/亩）
1980	5823.0	79.3	68.1
1990	5812.5	194.6	167.4
2000	6654.0	248.4	186.6
2001	6574.8	247.8	188.5
2002	6514.5	281.2	215.8
2003	6076.5	272.1	223.9
2004	6271.5	301.1	240.0
2005	6561.0	332.4	253.3
2006	7405.2	361.3	244.0
2007	7652.7	362.2	236.7
2008	7881.7	426.3	270.4
2009	8136.0	396.3	243.6
2010	8248.5	431.6	261.6
2011	8343.0	477.5	286.2
2012	8383.5	505.7	301.6
2013	8425.5	554.6	329.1
2014	8476.5	550.6	324.8

2014年内蒙古粮食生产的特点：一是粮食播种面积连续11年增长。2014年全区粮食作物播种面积达到8476.5万亩，同比增长0.6%，是历史上粮食播种面积最高的一年。二是高产作物玉米的播种面积和产量双双增加。2014年全区玉米播种面积达5058.3万亩，同比增长6.3%，占粮食作物播种面积的59.7%，较上年提高了3.3个百分点；产量占到全区粮食总产量70%以上，抵消了因灾减产造成的部分损失。三是部分粮食主产区呼伦贝尔市、兴安盟及黄灌区巴盟农业气候条件适宜，粮食增产明显，对稳定和增加粮食产量发挥了积极的作用。四是农业政策扶持力度加大、农业科技覆盖面扩大、政府抗旱措施得力等多重因素对粮食生产发挥了稳定和提振作用。

（二）主要畜禽生产势头良好

2014年末，内蒙古肉类总产量为252.32万吨，比上年增长3.03%。其中：牛肉、羊肉和禽肉的产量分别比

上年增长 5.29%、5.10% 和 1.21%；猪肉产量比上年下降 0.07%。禽蛋产量比上年下降 2.81%。绵羊毛产量和山羊绒产量分别比上年增长 9.95% 和 4.85%。牛奶产量比上年增长 2.70%。

表 2　2013–2014 年内蒙古主要畜产品产量变化情况

指标	2014 年	2013 年	比上年增长（%）
肉类总产量（万吨）	252.32	244.90	3.03
牛肉	54.53	51.79	5.29
羊肉	93.33	88.80	5.10
猪肉	73.30	73.35	-0.07
禽肉	22.60	22.33	1.21
禽蛋（万吨）	53.54	55.09	-2.81
绵羊毛（万吨）	12.15	11.05	9.95
山羊绒（吨）	8284	7901	4.85
牛奶（万吨）	788.02	767.30	2.70

二、居民生活水平进一步改善

（一）城乡居民收入水平持续增加

2014 年内蒙古全体居民人均可支配收入 20559 元，比上年增长 10.0%。

其中：城镇常住居民人均可支配收入 28350 元，增长 9.0%，绝对值在全国排第 10 位，在西部省区市排第 1 位。从收入结构看，工资性收入占可支配收入的比重为 61.4%，工资性收入增长拉动可支配收入增长 7.8 个百分点，对可支配收入增长的贡献率为 53.7%。

农牧区常住居民人均可支配收入 9976 元，增长 11.0%，收入绝对值在全国排第 16 位，在西部省区市排第 1 位。从收入结构看，经营净收入拉动农牧民可支配收入增长 8.7 个百分点，对可支配收入增长的贡献率为 47.4%，依然是农牧民纯收入增长的主要因素。

城乡居民收入差距进一步缩小，从上年的 2.89:1 缩小到 2.84:1。

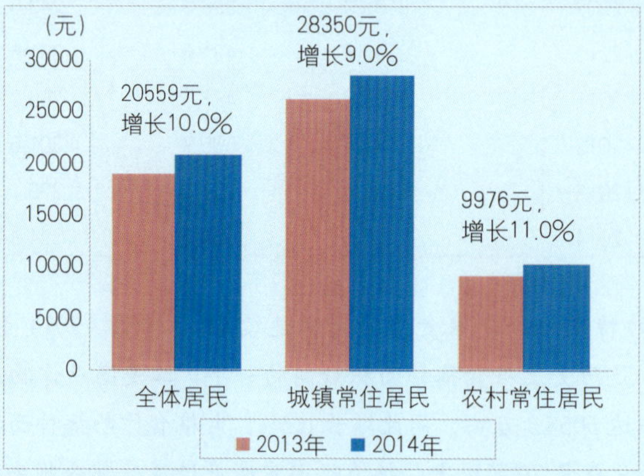

图 1　2013–2014 年内蒙古城乡居民收入水平及增速

（二）消费支出快速增加

2014 年，内蒙古全体居民生活消费支出达到 16258 元，同比增长 9.3%。其中：城镇常住居民人均消费支出为 20885 元，增长 8.5%；农牧区常住居民人均消费支出为 9972 元，增长 9.8%。农牧民增速快于城镇居民 1.3 个百分点，城乡居民消费差距从去年的2.12:1缩小到2.09:1，农牧民生活水平逐年接近城镇居民。

三、价格水平低位运行

（一）居民消费价格涨势持续趋缓

2014年，内蒙古CPI涨势持续趋缓，CPI全年累计上涨1.6%，涨幅较2013年收窄了1.6个百分点，创五年以来最低。其中，城市上涨1.7%，农村上涨1.2%；食品价格上涨2.9%，非食品价格上涨0.9%；消费品价格上涨1.4%，服务项目价格上涨1.8%。

分月份看，CPI涨幅持续趋缓，除了在1月份受年节因素影响，涨幅达2.4%的全年最高点，此后持续回落，前期回落幅度较慢，后期下滑加速，10月以后回到“0”时代，11月CPI同比涨幅0.5%，成为单月涨幅近60个月最低点。

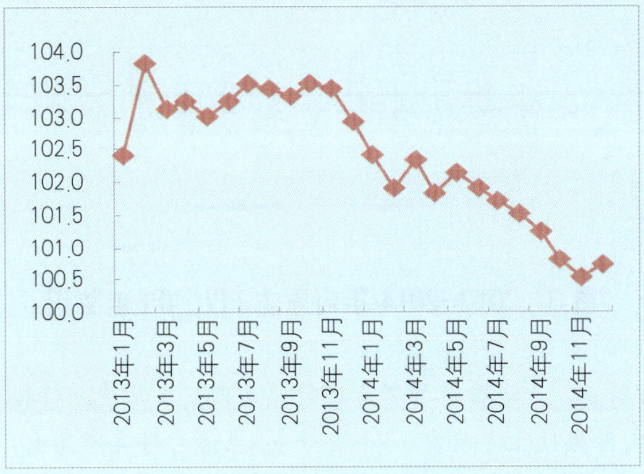

图2　2013-2014年内蒙古CPI月同比指数走势图

从八大类商品及服务项目来看，呈现“七升一降”的格局。其中涨幅排前三的分别是食品类、衣着类、娱乐教育文化用品及服务类，年均涨幅分别为2.9%、2.1%、1.2%。烟酒、家庭设备用品及维修服务、医疗保健和个人用品、居住类消费价格也维持涨势，涨幅在0.4%至1.0%之间。国际油价持续走低，年内汽柴油价格应声回落，带动交通和通信类消费价格指数下降0.6%。

表3　2013-2014年内蒙古居民消费价格分类指数情况

单位：%

项目名称	2013年		2014年	
	价格涨跌幅	对CPI的影响程度	价格涨跌幅	对CPI的影响程度
食品	6.3	57.0	2.9	53.4
烟酒	1.5	1.9	0.4	1.1
衣着	3.7	13.7	2.1	16.2
家庭设备用品及维修服务	0.8	1.2	0.6	1.9
医疗保健和个人用品	1.4	4.8	0.8	5.5
交通和通信	-0.5	-1.8	-0.6	-3.8
娱乐教育文化用品及服务	1.9	7.1	1.2	9.3
居住	2.3	12.1	1.0	10.5

（二）工业生产者价格持续负增长

2014 年内蒙古工业生产者出厂价格累计下降 2.7%，降幅比上年同期收窄了 0.3 个百分点；工业生产者购进价格累计下降 1.6%，降幅比上年同期扩大 0.9 个百分点。分月份看，今年 1 至 12 月份，全区 PPI 持续走低，降幅在 1.8%—3.7% 之间，12 月份同比降幅比 11 月份扩大了 0.5 个百分点；IPI 继续保持下降态势，且降幅逐月扩大，11 月份触底降幅达到 2.9%。

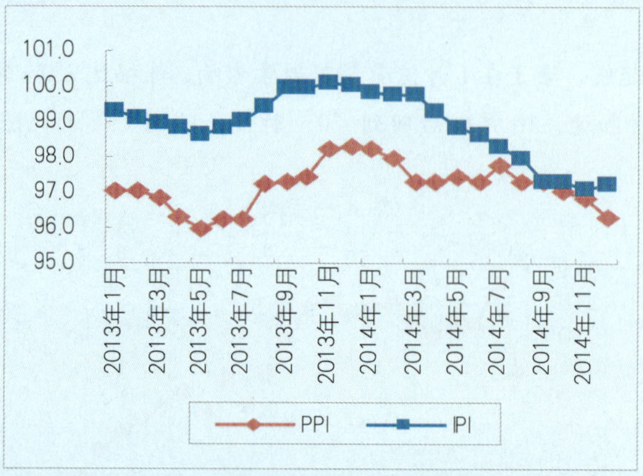

图 3　2013-2014 年内蒙古 PPI、IPI 走势图

2014 年内蒙古 PPI 的运行特点：一是生产资料价格持续走低，生活资料价格先涨后降。生产资料类产品出厂价格总水平比上年下降 3.7%，降幅比上年收窄 0.5 个百分点；生活资料类产品出厂价格总水平比上年上涨 2.1%，涨幅比上年同期回落 0.4 个百分点。二是近六成的工业行业产品价格水平呈现下降，煤炭、黑色金属和有色金属等行业产品价格下降明显。在调查的 37 个工业行业大类中，同比价格水平上涨的有 13 个，下降的有 20 个，4 个持平，下降面 54%。三是九大类原材料购进价格总水平"三涨六降"。降幅最大的是有色金属材料及电线类，同比累计下降 2.8%。其它工业原材料及半成品类，燃料、动力类、建筑材料及非金属类、黑色金属材料类、化工原料类等也都保持下降趋势。

（三）农产品生产价格总水平呈上涨态势

2014 年内蒙古农产品生产价格总体上涨 2.7%。其中：一季度上涨 2.7%，二季度上涨了 4.7%，三季度上涨 1.5%。分行业看：种植业产品上涨 3.4%，林业产品上涨 8.1%，牧业产品上涨 1.5%，渔业产品上涨 1.8%。价格上涨的主要农产品有粮食、牛奶、禽蛋、木材。价格下降的主要农产品有生猪、羊、蔬菜。

四、需要关注的问题

（一）种粮比较效益偏低影响农民种粮积极性

由于内蒙古农业生产靠天吃饭的局面还没有根本解决，粮食单产水平仍然较低，农民种粮比较效益不高，积极性受到一定影响。

（二）畜牧业养殖效益出现下滑苗头

羊肉价格低迷、牛奶价格不稳定以及养殖场雇工难、雇工贵、专业技术人员短缺等因素的共同影响，畜牧业利润空间在逐渐缩小，养殖效益出现了下滑的苗头。

（三）城乡居民收入持续快速增长的动力减弱

由于内蒙古城镇居民收入靠"工资"，农牧民收入靠"经营"的单一增收结构在短期内尚难破解，而国际国内经济的下行，使城镇居民就业和农牧民外出打工受到一定制约，增收渠道相对减少，城乡居民收入持续快速增长的动力减弱。

（四）PPI 长期维持降势，内蒙古工业经济继续面临较大下行压力

PPI 自 2012 年 7 月份同比跌破临界点步入下降区间以来，连续长时间维持降势。同时，由于钢材、煤、电、有色金属等生产资料价格持续下跌，均显示内蒙古工业经济继续面临较大的下行压力。

（作者：徐光伟　国家统计局内蒙古调查总队总队长）

辽宁省经济社会发展报告

2014 年，在省委、省政府的正确领导下，全省各地区、各部门坚持稳中求进的工作总基调，积极应对严峻复杂的经济形势和下行压力，统筹稳增长、促改革、调结构、惠民生、防风险，国民经济平稳发展，社会事业不断进步，人民生活继续改善。

初步核算，全年地区生产总值 28626.6 亿元，按可比价格计算，比上年增长 5.8%。其中，按新口径核算，第一产业增加值 2285.8 亿元，增长 2.2%；第二产业增加值 14384.6 亿元，增长 5.2%；第三产业增加值 11956.2 亿元，增长 7.2%。人均地区生产总值 65201 元，按可比价格计算，比上年增长 5.7%，按年均汇率折算为 10614 美元，人均地区生产总值首次突破万美元大关。

一、把握新常态，经济发展实现“稳增长”

（一）三次产业平稳发展

农业生产在遭受了自 1951 年以来最严重旱灾的情况下，粮食总产量稳定在 350 亿斤的较高水平。全年粮食总产量为 1753.9 万吨，比上年下降 20.1%。其中，稻谷产量 451.5 万吨，玉米产量 1170.5 万吨。全省猪牛羊禽肉产量 422.5 万吨，比上年增长 2.3%，其中猪肉产量 240.3 万吨，增长 2.8%。全省禽蛋产量 279.3 万吨，比上年增长 0.9%。年末生猪存栏 1558.8 万头，比上年末下降 4%；活家禽存栏 41490.6 万只，增长 1.2%。

工业生产保持增长。全省规模以上工业增加值比上年增长 4.8%。从经济类型看，国有及国有控股企业比上年增长 1.9%，私营企业增长 3.4%，集体企业下降 1.1%，外商及港澳台商投资企业增长 10.8%。从行业看，全省 41 个大类行业中 24 个行业增加值保持增长。其中，汽车制造业比上年增长 32.3%，铁路、船舶、航空航天和其他运输设备制造业增长 16%，非金属矿物制品业增长 7.9%，通用设备制造业增长 0.8%，电气机械和器材制造业增长 0.3%，黑色金属冶炼和压延加工业下降 0.4%，专用设备制造业下降 0.4%，石油加工、炼焦及核燃料加工业增加值比上年下降 0.6%，农副食品加工业下降 0.8%，纺织业下降 0.8%，计算机、通信和其他电子设备制造业下降 1.6%。从产品产量看，全省乙烯产量比上年增长 20.4%，发动机产量增长 16.6%，矿山专用设备增长 13.1%，汽车产量增长 12.7%，线型低密度聚乙烯树脂产量增长 5.3%，移动通信手持机增长 2.8%，原油加工量下降 1.8%，柴油产量下降 2.5%。从产销衔接看，全省规模以上工业产品销售率为 97.6%，与上年持平。完成出口交货值 3260.1 亿元，比上年增长 0.9%。

服务业发展保持稳定。一是金融信贷规模总体平稳。截止年末，全省金融机构（含外资）本外币各项贷款余额 33023.5 亿元，比年初增加 3231 亿元，同比增长 10.8%。其中，短期贷款 12703.6 亿元，比年初增加 1000.2 亿元，同比增长 8.5%；中长期贷款 18714.4 亿元，比年初增加 1699.5 亿元，同比增长 10.0 %。金融机构（含外资）本外币各项存款余额 42053.1 亿元，比年初增加 2629 亿元，同比增长 6.7 %。二是货运量保持增长。全年货物运输量 22.2 亿吨，比上年增长 7.4%。其中，铁路货运量 1.9 亿吨，比上年下降 6.7%；公路货运量 18.9 亿吨，增长 9.4%。港口货物吞吐量 10.4 亿吨，比上年增长 5.4%。其中，集装箱吞吐量 1860 万标准箱，增长 3.4%。三是邮电业务保持较快增长。全省邮政业务总量 59.5 亿元，比上年增长 18.6%；电信业务总量 589.3 亿元，增长 10.8%。

（二）三大需求相对稳定

固定资产投资保持较大规模。全年完成固定

资产投资24730.8亿元，比上年下降1.5%，投资总量规模居全国第六位。从三次产业看，第一产业完成固定资产投资476.4亿元，比上年增长6.4%；第二产业完成10350.9亿元，增长0.6%。其中，工业投资完成10256.5亿元，增长1.5%；第三产业完成13599.6亿元，下降3.2%。从建设性质看，新建项目投资15083.2亿元，比上年增长6.8%；扩建项目投资2145.8亿元，下降0.5%；改建项目投资1213.8亿元，下降8.3%。从项目规模看，全省亿元以上建设项目5436个，完成投资13939.3亿元，增长3.5%；十亿元以上建设项目548个。

消费市场平稳运行。全年实现社会消费品零售总额11857.0亿元，比上年增长12.1%。其中，城镇10678亿元，比上年增长11.4%；乡村1115.1亿元，增长18.2%。从消费形态看，餐饮收入1326.6亿元，比上年增长12.6%；商品零售10466.5亿元，增长12%。从限额以上批零贸易业商品零售类值看，汽车类商品比上年增长4.4%，石油及制品类增长3.3%，服装、鞋帽、针纺织品类增长8.2%，粮油、食品、饮料、烟酒类增长6.2%，机电产品及设备类增长21.2%，通讯器材类增长19.4%，五金、电料类增长17.8%。全年限额以上批发和零售业通过互联网实现零售额66.9亿元，比上年增长90.1%。

外贸出口略有下降。全省进出口总额1139.6亿美元，比上年下降0.5%。其中，出口总额587.6亿美元，下降9.0%；进口总额552.0亿美元，增长10.5%。在进出口总额中，从贸易方式看，一般贸易进出口总额635.5亿美元，占55.8%；加工贸易进出口总额367.1亿美元，占32.2%。从经济类型看，国有企业进出口总额311.8亿美元，占27.4%；私营企业进出口总额331.3亿美元，占29.1%；外商投资企业进出口总额485.8亿美元，占42.6%。从商品类值看，在出口总额中，机电产品出口219.9亿美元，钢材出口76.5亿美元，农产品出口53.4亿美元，高新技术产品出口51.2亿美元，船舶出口18.0亿美元；在进口总额中，机电产品进口159.8亿美元，原油进口137.0亿美元，农产品进口59.4亿美元，高新技术产品进口48.9亿美元。全省实际利用外资274.2亿美元，比上年下降5.6%。

二、适应新常态，经济发展着力“调结构”

（一）创新驱动，“调结构”增添新动力

全省紧紧抓住国家实施创新驱动发展战略的重要机遇，加快构建具有辽宁特色的自主创新体系，充分激发科技创新原动力，创新驱动形成的新动力特征有所显现。全省规模以上工业企业高新技术产品增加值比上年增长7.8%，增速快于全省规模以上工业增加值增速3个百分点，占规模以上工业增加值的比重由上年的43.9%提高到47.2%。全省研究与试验发展（R&D）经费支出497亿元，比上年增长11.5%，占地区生产总值的比重由上年的1.65%提高到1.74%。年末从事科技活动人员29.1万人，其中研究与试验发展（R&D）人员16.2万人。全年有6项成果获国家科技奖，其中自然科学奖2项、科技进步奖2项；有263项成果获省科技进步奖。全年技术市场成交各类技术合同11578项，技术合同成交额250.9亿元，比上年增长39.4%。

（二）投资引领，“调结构”孕育新希望

以项目为抓手，不断优化投资结构，投资在“调结构”中的关键作用得到进一步发挥。从经济类型看，全省民间固定资产投资所占比重达到71.1%，比上年提高2.6个百分点。从投资的投向看，全省信息领域和现代服务业投资尽管体量仍然较小，但增长较快、所占比重有所提高。全年全省通信设备、计算机及其他电子设备制造业投资增长32.4%，占固定资产投资比重为0.8%，比上年提高0.2个百分点；信息传输、软件和信息技术服务业投资增长73.9%，所占比重为0.9%，提高0.4个百分点；租赁和商务服务业投资增长39.3%，所占比重为2.3%，提高0.7个百分点；科学研究和技术服务业投资增长33.9%，所占比重为1.1%，提高0.3个百分点。

（三）节能降耗，“调结构”初现新成效

全省规模以上工业综合能源消费量比上年下降 1.6%。在 41 个工业大类行业中，有 31 个行业的综合能源消费量比上年下降，其中 15 个行业降幅超过 10%。全省六大高耗能行业综合能源消费量比上年下降 1%，拉动全省规模以上工业能耗下降 0.8 个百分点。全省重工业综合能源消费量 12705.8 万吨标煤，比上年下降 1.4%，拉动全省能耗下降 1.3 个百分点；轻工业综合能源消费量 472.1 万吨标煤，比上年下降 8.1%，拉动全省能耗下降 0.3 个百分点。

（四）科学发展，“调结构”迈出新步伐

三次产业结构逐步优化。全省第一产业增加值所占比重为 8%，比上年降低 0.1 个百分点；第二产业所占比重为 50.2%，降低 1.1 个百分点；第三产业增加值所占比重为 41.8%，提高 1.2 个百分点。第三产业增加值增速高于全省地区生产总值增速 1.4 个百分点。

工业内部结构进一步改善。全省装备制造业增加值比上年增长 7.1%，高于全省规模以上工业增速 2.3 个百分点；装备制造业增加值占全省规模以上工业的比重达到 32%，比上年提高 0.5 个百分点。其中，全省通用设备制造业增加值占规模以上工业的比重为 9.1%，比上年提高 0.1 个百分点，取代了黑色金属冶炼和压延加工业成为了全省工业第一大行业。近年来发展较快的汽车制造业所占比重进一步提高，全省汽车制造业增加值占规模以上工业的比重为 6.1%，比上年提高 1.2 个百分点。

现代服务业发展势头良好。全省金融业和现代服务业相对集中的营利性服务业增加值分别为 1425.9 亿元和 1986 亿元，比上年增长 14.8% 和 12.7%，增速分别比全省平均水平高 7.6 个和 5.5 个百分点。批发和零售业、交通运输及仓储和邮政业、住宿和餐饮业、非营利性服务业等传统服务业发展有所放缓，房地产业持续下降。全年批发和零售业实现增加值为 2588.1 亿元，比上年增长 6.2%；交通运输及仓储和邮政业实现增加值为 584.5 亿元，比上年增长 4.8%；住宿和餐饮业实现增加值为 1486.1 亿元，比上年增长 5.6%；非营利性服务业实现增加值为 2442.4 亿元，比上年增长 6.2%；增速分别比全省平均水平低 1 个、2.4 个、1.6 个和 1 个百分点。房地产业增加值 1177.8 亿元，比上年下降 0.9%，自 2014 年下半年以来一直处于下降区间。

三、进入新常态，经济发展突出“惠民生”

（一）居民收入持续增长，分配结构有所改善

居民收入规模超过全国水平。全省居民人均可支配收入达到 22820 元，超过全国水平 2653 元。其中，城镇常住居民人均可支配收入 29082 元，超过全国水平 238 元；农村常住居民人均可支配收入 11191 元，超过全国水平 702 元。

居民收入增速快于经济增长。全省居民人均可支配收入比上年增长 9.6%，扣除价格因素，实际增长 7.8%，高于全省地区生产总值增速 2 个百分点。城镇常住居民人均可支配收入比上年增长 8.9%，实际增长 7%；农村常住居民人均可支配收入比上年增长 10.1%，实际增长 8.6%。农村常住居民人均可支配收入实际增速快于城镇 1.6 个百分点。

（二）社会事业加快发展，生活保障水平提高

就业稳定增加。全省多措并举扩大就业，实施高校毕业生就业工作专项行动，有就业愿望的困难家庭高校毕业生全部就业。加大对就业困难群体的就业援助力度。年末全省就业人员 2626 万人，其中城镇就业人员 1521.5 万人。年末城镇登记失业率 3.38%，低于控制目标 0.92 个百分点。

完善保险和社会救助制度。从养老保险和社会救助制度看，年末城镇职工基本养老保险参保人数 1768 万人，比上年末增加 39.4 万人。失业保险参保人数 664.3 万人，增加 1.1 万人。城乡居民基础养老金最低标准由月 55 元提高到 70 元，企业退休人员基本养老金标准月人均提高到

2033元。城乡低保标准平均提高11.3%，80.4万城镇居民和80.04万农村居民得到政府最低生活保障。从医疗保险看，城乡居民大病保险全面启动，城乡居民基本医疗保险政府补助标准年人均提高到320元，城镇职工基本医疗保险参保人数1649.2万人，增加24.4万人；城镇居民基本医疗保险参保人数738万人，增加29.5万人；新型农村合作医疗参合农民1973万人，增加4.0万人。

加快教育事业发展和医药卫生体制改革。全面改善农村义务教育薄弱学校基本办学条件，69万名孩子享受到义务教育免试就近入学。优化职业教育布局结构，推进54所示范性职业院校建设。支持高校77个一流特色学科建设。在20个县级公立医院实施综合改革试点。改扩建了一批乡镇卫生院和标准化村卫生室，基本药物制度覆盖面进一步扩大。人均基本公共卫生服务经费标准提高到35元。农村免费孕前优生检查使54万个家庭受益。实施"单独两孩"政策，计划生育工作稳步推进。

（三）居住环境不断改善，生活质量持续提升

扎实推进碧水、青山、蓝天三大环境治理工程。省内6条主要河流全年水质稳定达标。大伙房水源保护区综合治理取得阶段性成果。辽河流域、大伙房水源保护区被国家确定为首批生态文明先行示范区。造林绿化334万亩。草原沙化治理100万亩。开展"治理雾霾亮剑行动"，空气优良天数达标率70.9%。全面启动宜居乡村建设。公共机构节能深入推进。

城市建设不断加快。全省城市生活垃圾无害化处理率由上年的87.61%提高到92.5%，供水普及率由98.77%提高到98.87%，燃气普及率由96.15%提高到96.55%。城市人均拥有道路面积由12.09平方米增加到13.44平方米，人均公园绿地面积由11.06平方米增加到13.44平方米，建成区绿化覆盖率由40.17%提高到41.16%。

四、引领新常态，经济发展跨入"新阶段"

2015年，是深化改革的关键之年，是推进依法治国的开局之年，也是实施新一轮老工业基地振兴发展的重要一年。在经济发展新常态的背景下，要实现全省经济平稳健康发展，就必须始终坚持一张好的蓝图干到底，保持工作连续性稳定性，全面深化改革，坚持依法行政，破解体制机制障碍，努力实现老工业基地振兴发展的新突破。

（一）在准确把握中国经济阶段演化规律中谋划未来的发展

1. 全面贯彻中央的新思路、新举措。新常态下，经济增速、发展方式、经济结构、发展动力都在发生变化，这是经济发展阶段性特征的必然反映。认识新常态、适应新常态，要求我们自觉遵循经济规律、自然规律和社会规律，把握好经济工作的主动权。一是要适应速度和结构变化，坚持以提高经济发展质量和效益为中心。要淡化"速度情结"，不可能也不必要再追求发展的高速度，但必须强化"质量关切"，用过去拼速度的那股劲儿来追求高质量。准确、全面、辩证地把握稳中求进的总基调，心态定、措施实、步子稳，脚踏实地，保持经济运行在合理区间，防止经济出现大起大落；牢牢抓住调整结构、转型升级的重点不撒手、不停步，在提质量、增效益、转方式、优结构上不断求进。二要继续全面深化改革，充分发挥市场在资源配置中的决定性作用。继续做好行政审批制度改革，继续取消和下放一批审批项目，清理非行政许可审批，减少前置审批，加快推进权力清单、责任清单、负面清单和网上审批平台建设。努力构建统一透明、规范有序的市场环境，逐步形成全省统一的市场调节机制，坚持市场导向，依靠市场竞争机制来培育新技术、新产品、新业态、新模式。

2. 在国家重大战略中谋划和定位经济发展。一是紧紧抓住新一轮东北振兴发展的重大机遇。深入贯彻习近平总书记关于推动东北地区新一轮振兴发展的重要批示和视察辽宁发表的重要讲话精神，全面落实党中央、国务院振兴发展战略举

措，主动争取国务院支持东北振兴重大举措的改革试点落在辽宁，全面对接中央各项支持政策。二是统筹好国内国际“两个市场”、“两种资源”。“一路一带”战略的实施，为全省经济发展指明了互联互通的方向，为此应充分发挥辽宁处于东北亚腹地的区位优势，推进与俄、韩、蒙、日、朝经贸合作。京津冀协同发展战略的实施，为全省经济发展指明了区域协同的方向，为此应主动融入东北四省（区）交流合作，推动东北东部经济带、辽西与蒙东地区一体化发展，尽早谋划新常态下全省区域发展重点战略。

（二）发挥好工业和投资在稳增长、调结构方面的关键作用

工业和投资是全省经济发展的两大传统动力，在今后一段时间内，仍是全省经济发展的主要动力。在经济发展新常态的大背景下，要坚持走新型工业化道路，构建产业发展新格局。要把增加有效投资作为稳增长的关键，进一步优化投资结构。

1. 工业要在转型升级中实现健康发展。一是装备制造业要全面提升核心竞争力。做大做强数控机床、发电和输变电装备、石化和冶金装备、船舶等优势产业，增强汽车行业竞争力。引导装备制造业企业重点突破核心装备、系统软件、关键材料等重大技术，加强基础材料、基础零部件、基础工艺和产业技术基础等领域的创新能力，形成激励企业运用新技术、新工艺、新材料、新装备的长效机制，重点发展高端装备制造业、机器人智能装备、航空装备和电子信息等行业。二是冶金、石化和农产品加工业重在提升精深加工水平。通过科技创新、技术改造、培育品牌等战略，增加钢铁产业关键品种，提高产品附加值。大力发展精细化工产业，拉长石化产业链条。坚决淘汰落后产能、消化过剩产能，推动有条件的大型企业整合资源，逐步提高冶金、石化企业的市场竞争力，构建起一个结构合理、流通顺畅、功能明确的冶金和石化产业体系。依托全省农副产品资源优势，适应市场需求，扶持一批农产品加工重点企业，延长农业产业链，促进农产品的精深加工，做大做强做优农产品品牌。

2. 投资要在扩大有效投资的基础上推动产业转型升级。一是要积极落实重大项目竣工和投产。加快推进长兴岛炼化一期工程、华锦石化改扩建工程、大连恒力石化炼化一体化等重点项目开工。积极推进央企、民企和沪企辽宁行活动签署的合作项目尽快落地、尽早开工，对于在建项目，要及时解决项目建设遇到的问题，确保按时竣工达产。二是抓好交通、能源、水利、通信、邮政等基础设施建设。要推出一批面向社会资本参与的重大项目，不断激发民间投资活力。积极支持、鼓励、引导社会资金进入高新技术领域，主要的投资项目应是处在成长期、扩张期的高新技术成果转化项目，能够取得自主知识产权且有市场潜力的项目和处于风险期的中小型科技项目。要在基础教育、公共医疗和政策性住房等领域加强投资，缓解居民在教育、医疗和居住上的生活压力，提高居民消费水平。三是要严格控制高耗能、高污染行业和产能过剩行业投资项目上马，高耗能行业的投资方向应以拉长产业链，提升工艺水平，促进科技创新等方面为重点，逐步破解全省经济增长高度依赖资源消耗的局面。

（三）发挥好消费和服务业在动力转换阶段的基础作用

当前，全省经济发展正处于工业和投资等原有主要动力有所减弱，同时创新驱动、区域联动发展模式尚未完全形成的阶段，扩大消费和加快服务业发展既符合当前发展需求又符合长远发展目标。

1. 积极扩大消费。要通过增加居民收入、完善消费政策、健全社会保障体系、改善市场环境等多种手段，让百姓能消费、愿消费、敢消费。支持居民个性化、多样化的消费意愿，推进网络信息、住房保障、旅游休闲、教育文化、体育健康、养老家政、环保绿色等领域消费，积极培育消费热点，促进网络购物健康发展。探索在大中城市建设社区生活综合服务中心的方式方法，健全农村生活服务网络，扩大服务消费范围。

2. 加快发展服务业。一是大力发展现代服

务业。发展现代服务业应坚持市场化、产业化、社会化的方向，从体制机制、政策法规、资金投入和改善环境等多方面采取措施，在信息传输、计算机服务和软件业、金融业、房地产业、租赁和商务服务业、科学研究等现代服务业重点领域寻求突破。二是加快发展生产性服务业。促进生产性服务业和装备制造业的融合，培育一批能够围绕装备制造业的产品生产，在产品设计、系统集成、工程承包、人员培训、设备租赁、产品升级及设备维护、产品报废回收及再制造等环节开展增值服务的生产性服务业企业。

（四）发挥好创新驱动和区域联动在新常态下的推动作用

1. 不断提高各类企业自主创新能力。突出企业创新主体地位，重点发挥大企业骨干核心作用，着力激发中小企业创新潜能。合理确定科技创新战略布局，瞄准国际技术前沿，在基础研究和应用研究领域齐头并进，组织跨区域、跨行业、跨部门的创新联盟，大力推进产学研协同创新，构建产业技术创新体系。继续加大财政支持力度，引导更多企业和社会资本增加研发投入，尤其应注重盘活存量，提高资金使用效率。要把股权激励、科技成果处置权、收益权改革等鼓励创新的政策和机制推广到更大范围，充分释放高校和科研院所的创新能量。

2. 在更高的起点上推动区域联动发展。一是要明确定位，因地制宜、充分发挥各地区的资源禀赋。中心城市应更加注重转型升级，注重发展对周边地区的辐射带动能力；重点地区应更加注重产业结构调整，注重提高对中心城市和周边地区的产业支撑能力；发挥辽宁沿海经济带区位和先发优势，突出大连东北亚国际航运中心、国际物流中心、区域性金融中心带动作用，加快建设产业结构优化的先导区、经济社会发展的先行区。深化沈阳经济区新型工业化综合配套改革，促进工业化和信息化融合，加快产业结构调整。落后地区应更加注重产业承接，立足本地，发挥特色，不贪大求全。全面实施突破辽西北战略，努力使辽西北成为活力迸发的新增长区。二是积极推动省内地区间经济发展的深度整合、协调发展，充分发挥跨区域和次区域的发展潜力。应坚持发展模式的差异化，防止简单重复发展。区域内的产业集群要在充分发挥各自规模优势的基础上，更加注重发挥区域间、产业集群间的合作优势。

（作者：张晶　辽宁省统计局局长）

专栏：惠企政策利好明显 辽宁规下服务业开启新常态

近年来，辽宁省委、省政府把加快服务业发展作为经济转型升级的重要突破口，全面落实各项惠企政策，全省规下服务业呈现平稳增长、质量提升的新特点。

一、资产规模不断扩大

据国家统计局辽宁调查总队对全省1646家规模以下服务业企业（主要涉及交通运输、信息技术服务、商务和居民服务业等9大行业门类，年营业收入1000万元以下，且从业人员50人以下的法人单位）抽样调查显示，2014年规下服务业资产总计157.7亿元，同比增长5.3%，户均资产达958.3万元。分行业看，教育、租赁和商务服务业资产增长较快，分别增长20.9%和17.2%，信息传输、软件和信息技术服务业增长13%。水利、环境和公共设施管理业户均资产最高，达到2522.2万元，其次为交通运输、仓储和邮政业，户均资产2122.7万元。调查还显示，1646家规下服务业企业中，交通运输、仓储和邮政业有316家，占比达19.2%，其资产占到全部调查企业的42.5%，构成规下服务业企业资产总量的主体。

二、营业收入稳步增长

调查显示，2014年1646家规下服务业企业实现营业收入36.3亿元，同比增长14.2%，户均营业收入220.2万元，总体保持平稳增长态势。分行业门类看，九大行业门类呈现七升二降的格局，其中交通运输、仓储和邮政业增速最快，实现营业收入9.4亿元，同比增长45.5%；其次是文化、体育和娱乐业，实现营业收入2.8亿元，同比增长41.1%；排在第三位的是水利、环境和公共设施管理业，实现营业收入3.9亿元，同比增长18.5%；排在四至七位的分别是卫生和社会工作，实现营业收入2585.6亿元，同比增长16.8%；教育，实现营业收入962.5亿元，同比增长9.5%；信息传输、软件和信息技术服务业，实现营业收入4361.3亿元，同比增长6.4%；居民服务、修理和其他服务业，实现营业收入1699.8亿元，同比增长5.7%；科学研究和技术服务业、租赁和商务服务业分别下降10.9%和7.8%。

三、盈利能力持续改善

调查表明，2014年规下服务业企业经营状况进一步好转，盈利能力得到改善，实现扭亏为盈。抽样调查数据显示，1646家规下服务业企业实现营业利润4222.7万元，而上年同期为亏损8684.1万元；实现利润总额7632.2万元，上年同期亏损4532.1万元。在调查的九大行业门类中，七大行业门类盈利水平得到提升，特别是随着家用汽车的日渐增多，以驾校、修车、洗车等为主业的生活类服务业企业盈利高企，表现突出。其中居民服务、修理和其他服务业实现营业利润726.8万元，同比增长69.7%；教育类实现营业利润928.6万元，同比增长61.4%；卫生和社会工作营业利润1165.8万元，同比增长37.4%。

四、社会贡献不断提高

随着企业规模扩大，效益不断提高，服务业对社会经济发展的贡献越来越大。一是对税收贡献增大。数据显示，2014年1646家规下服务业企业缴纳所得税4857万元，同比提高22.5%，比上年同期多纳税891万元；缴纳增值税4489万元，同比提高69.4%，多向国家纳税1838万元。二是带动就业增多。调查显示，2014年被调查的1646家规下服务业企业年从业人数达到19629人，同比增长2.9%，户均12人。其中，交通运输、仓储和邮政业从业人数最多，对拉动就业贡献最大，该行业从业人数达3559人，占全部从业人数的18.1%；物业管理与房地产中介服务业及水利、环境和公共设施管理业企业户均从业人员18人，成为户均吸纳就业人数最多的行业。

五、职工薪酬稳步提高

2014 年 1646 家规下服务业企业应付职工薪酬为 6.3 亿元，同比增长 12.3%，年人均薪酬为 32169 元，与上年同期相比增加 2693 元，月均增加 224 元。调查显示，技术含量越高，行业从业人员薪酬越高，增速也越快。人均薪酬排在前三位的行业分别是信息传输、软件和信息技术服务业（59939 元）、租赁和商务服务业（36829 元）及交通运输、仓储和邮政业（34322 元），分别比全省规下服务业平均职工薪酬多 19629 元、4660 元和 2153 元；人均薪酬增速最快的三个行业依次是卫生和社会工作（增长 19.2%）、信息传输软件和信息技术服务业（增长 16.0%）及交通运输、仓储和邮政业（增长 10.2%）；信息传输软件和信息技术服务业增额最多，年人均增加 8289 元，其次为卫生和社会工作，年人均增加 4218 元，交通运输、仓储和邮政业人均增加 3171 元。

六、企业受惠面明显扩大

近两年国家陆续出台了减免企业所得税、扩大营改增试点行业范围、取消多项行政事业性收费等多项扶持政策，企业受惠面逐年扩大。调查结果显示，2014 年末 1646 家规下服务业企业中，有 48.4% 的企业享受到了减税免税优惠政策。这一比重比 2012 年和 2013 年分别提高了 26.9 个和 23.3 个百分点，受惠企业翻了一倍；有 15.7% 的企业享受到免税政策，分别比 2012 年和 2013 年提高了 5 个和 3.5 个百分点；有关部门对企业收费增加的仅为 6.5%，比上年下降 1.9 个百分点，无收费的占比上升到 33.1%，比上年提高 21.1 个百分点。数据表明，国家出台的一系列惠企政策落实较好，企业受益情况明显好于去年。据悉，2013 年 8 月 1 日起，国家对小微企业中月销售额不超过 2 万元的增值税小规模纳税人和营业税纳税人，暂免征收增值税和营业税。2014 年 4 月份起，国家又将小微企业减半征收所得税优惠政策实施范围上限由原来的 6 万元提高到 10 万元，期限延长到 2016 年底，这些扶持政策使多家小微企业受益，增强了企业发展的信心。

同时随着“营改增”政策扩围，企业税收负担明显减轻，特别是信息传输业、交通运输业等入围行业减税尤为明显。数据显示，2014 年，1646 家规下服务业企业营业税金及附加 8213.2 万元，同比下降 18.8%，其中信息传输、软件和信息技术服务业营业税金及附加 538.1 万元，同比下降 42.4%；交通运输、仓储和邮政业营业税金及附加 1236 万元，同比下降 36.4%。到 2014 年末，样本企业中有 43.7% 的企业缴纳增值税，分别比 2012 年和 2013 年提高了 31.1 个和 8.2 个百分点。

（作者：贾晓光　国家统计局辽宁调查总队总队长）

吉林省经济社会发展报告

刚刚过去的2014年，是吉林省振兴发展进程中不平凡的一年，面对错综复杂的环境、面对改革发展和稳定的艰巨任务，全省上下在省委省政府的领导下，积极适应新常态，立足国家"一带一路"建设和东北地区实施新一轮振兴战略机遇，突出发挥"五个优势"，推进"五项措施"，加快"五大发展"，实现了全省经济增长相对平稳，结构调整进一步优化、发展质量提升、民生改善、社会事业全面进步，取得了吉林振兴发展的新成绩。

一、全省经济社会保持稳定发展

（一）经济总量稳步扩大

初步核算， 2014年全省实现地区生产总值（GDP）13803.81亿元，居全国第22位；按可比价格计算，比上年增长6.5%，低于当期全国平均增速0.9个百分点，居全国第27位。和邻近省份比较，地区生产总值增速分别高于辽宁和黑龙江两省0.7和0.9个百分点，在东北三省继续保持领先增长。

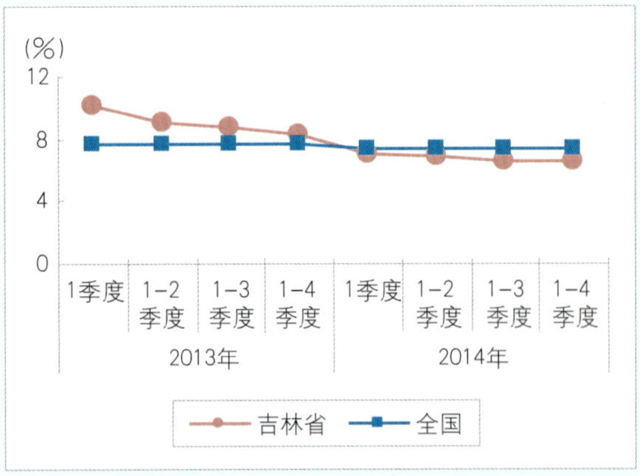

图1 各季度地区生产总值（GDP）增速情况

分产业看，全年实现第一产业增加值1524.56亿元，同比增长4.6%，高于当期全国平均增速0.5个百分点；实现第二产业增加值7287.26亿元，增长6.6%，低于当期全国平均增速0.7个百分点；实现第三产业增加值4991.99亿元，增长6.9%，低于当期全国平均增速1.2个百分点。

（二）产业平稳发展

1. 粮食产量保持高产，畜牧业持续稳定发展。2014年，全省农林牧渔业实现增加值1570.19亿元，按可比价格计算，比上年增长4.6%，高于当期全国平均增速0.4个百分点。

2014年全省粮食生产继续稳产高产，总产量达到706.56亿斤，在全国居第4位，再次超过700亿斤的阶段水平，单位面积产量达到7064.7公斤/公顷，单产继续位居全国第一。

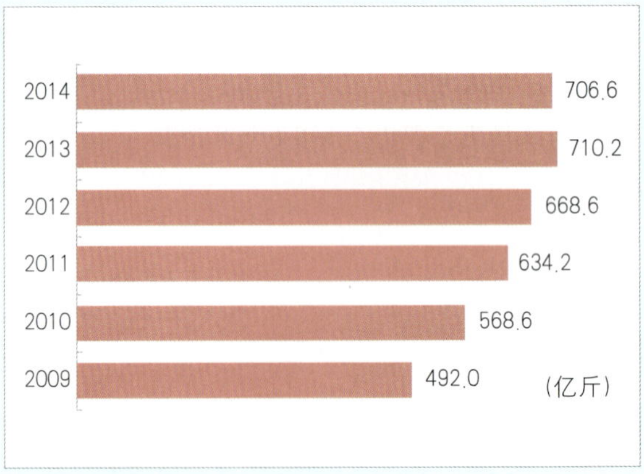

图2 近年吉林省粮食总产量情况

全省畜牧业生产保持平稳增长，全年畜牧业增加值同比增长1.2%，增速高于上年0.4个百分点。全年猪、牛、羊、禽肉类总产量256.7万吨，比上年增长0.3%。其中，猪肉产量140.4万吨，增长3.0%；牛肉产量46.0万吨，增长2.1%；羊肉产量4.5万吨，增长6.0%。全年生猪出栏1721.1万头，增长3.1%。

2. 工业生产稳定发展。2014年，全省规模以上工业增加值达到6492.93亿元，按可比价格计算，同比增长6.6%，较当期全国平均增速低1.7个百分点。和相邻省份比较，增速分别比辽宁和黑龙江两省高1.8和3.7个百分点，保持领先。

年内规上工业增速实现平稳回升。虽然2014年各期规上工业增加值的增速均低于全国平均水平，但增速基本保持了平稳的回升态势，而且和当期全国平均水平的差距逐月缩小。

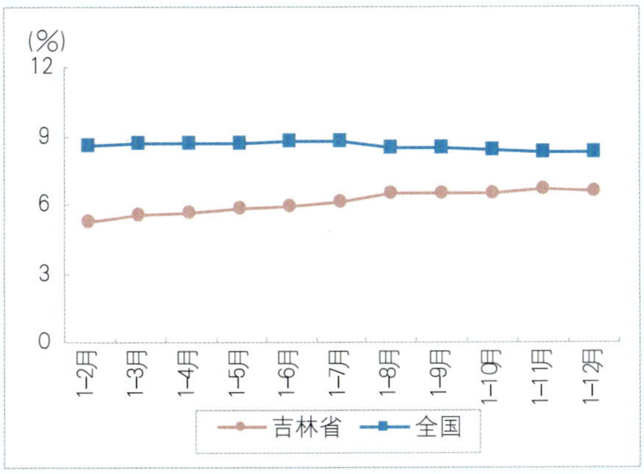

图3 2014年各月规模以上工业增加值增速情况

3. *服务业加速发展*。全省服务业加快发展，连续两年增速超过GDP和第二产业，对支撑全省经济稳定增长发挥了重要的作用。特别是各类现代服务业均保持了快速的增长。

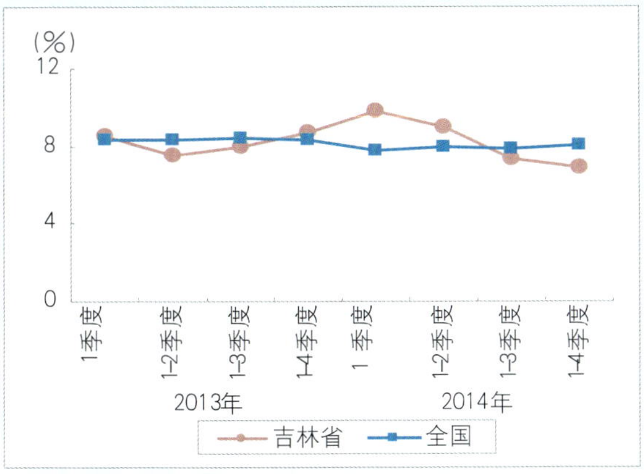

图4 各季度服务业增加值增速情况

交通运输行业稳定发展。全省各种运输方式全年累计完成货物周转量1861.54亿吨公里，比上年增长1.0%；货物发送量5.30亿吨，增长7.1%。全年各种运输方式旅客周转量472.63亿人公里，增长3.8%；旅客发送量3.55亿人，增长2.6%。其中，公路交通运输货运量达到4.18亿吨，同比增长9.9%；货物周转量达到1190.78亿吨，增长8.25%。民航集团全年共保障运输起降航班7.58万架次，完成旅客吞吐量911.35万人次。

金融服务业规模稳步扩大。12月末，全省境内金融机构本外币存款余额14885.9亿元，比年初净增加2066.9亿元。金融机构本外币贷款余额10805.2亿元，比年初净增加1526.0亿元。保险业原保险保费收入266.44亿元，同比增长14.6%。全部金融业增加值达到303.02亿元，同比增长22.0%。

邮政电信行业持续健康发展。全年邮电业务总量达到328.16亿元，同比增长18.37%。全年宽带接入用户414.9万户，增长9.3%，移动电话用户2612.3万户，移动电话普及率达到94.9部/百人，均保持了平稳增加。

全省旅游业实现快速发展。随着吉林省旅游品牌的提升和各类旅游资源知名度提升，吉林省旅游业呈现快速发展的势头。2014年全省共接待国内外旅游者12141.24万人次，比上年增长17.1%。其中，接待国内旅游者12003.55万人次，增长17.2%；接待入境旅游者137.69万人次，增长8.1%。全年旅游总收入1807.71亿元，增长22.4%。其中，国内旅游收入1766.55亿元，增长22.5%；旅游外汇收入6.75亿美元，增长18.4%。

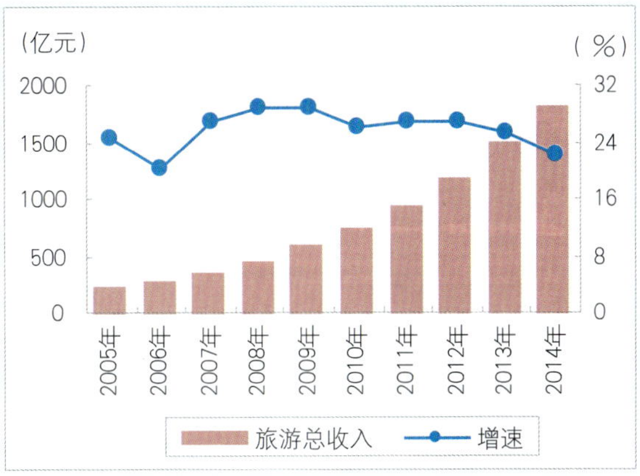

图5 近年来吉林省旅游总收入增长情况

（三）需求规模稳步扩大

1. 固定资产投资总额保持稳定增长。2014年，全省完成全社会固定资产投资11486.52亿元，同比增长15.1%。完成固定资产投资（不含农户）11254.84亿元，同比增长15.4%，低于当期全国平均增速0.3个百分点。增速分别比辽宁、黑龙江两省高16.9和13.9个百分点，在东北三省中仍处于明显领先的地位。

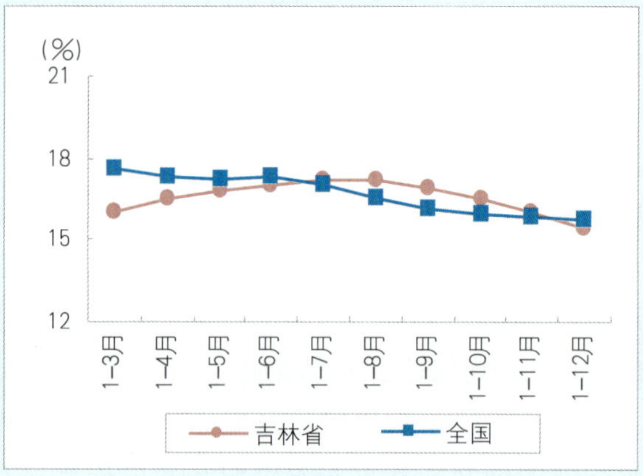

图6 2014年各月固定资产投资（不含农户）增速情况

分产业看，一产投资实现快速增长。2014年，全省固定资产投资（不含农户）中，第一、二、三产业分别完成投资414.04亿元、6445.19亿元和4395.61亿元，同比分别增长44.7%、16.0%和12.4%，一产增速遥遥领先。

分资金来源看，民间投资活跃、贡献突出。2014年全省民间投资额达到8040.58亿元，同比增长17.4%。民间投资占全省固定资产投资（不含农户）的比重达到71.4%，比上年提高1.9个百分点。

2. 消费品零售总额突破6000亿元。2014年，全省全社会消费品零售总额达到6080.90亿元，同比增长12.1%，高于当期全国平均增速0.1个百分点，居全国第21位。其中，限额以上企业累计实现社会消费品零售总额2309.33亿元，同比增长5.9%。

分地域看，城乡消费平衡增长。2014年，全省城镇和乡村企业分别实现社会消费品零售额5385.30亿元和695.60亿元，同比分别增长12.0%和12.3%，乡村的增速略快于城镇。

分产品类别看，多数类商品零售额保持平稳增长。从商品类别看，2014年纳入限上企业定期统计范畴的16类商品中有15类商品零售额实现正增长。其中，体育及娱乐用品、文化办公用品类、中西药品、建筑及装潢材料和日用品类商品零售额保持了较高的增长速度，增速分别达到18.4%、14.6%、14.2%、17.0%和12.7%。家用电器和音像器材类零售额负增长，同比下降2.3%。

3. 进出口总值达到新水平。2014年，全省累计完成外贸进出口总值263.78亿美元，同比增长2.1%，低于当期全国平均增速1.3个百分点，分别高于辽宁和黑龙江两省2.6和2.0个百分点。其中，累计完成出口总值57.78亿美元，同比下降14.3%；累计完成进口总值206.00亿美元，同比增长7.9%。

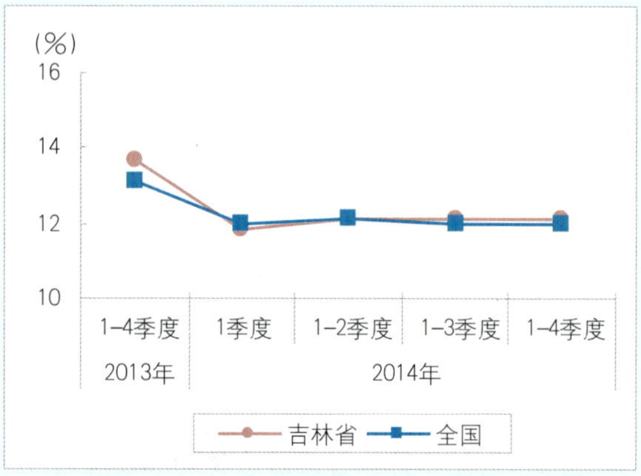

图7 2014年各季度社会消费品零售总额增速情况

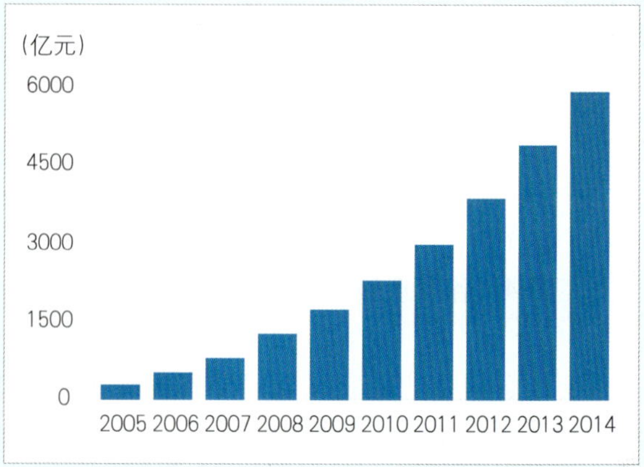

图8 近年吉林省实际利用外省资金情况

2014，全省实际利用外资76.53亿美元，同比增长13.1%。其中，外商直接投资额19.66亿美元，同比增长8.1%，高于当期全国平均增速6.4个百分点。2014年全省实际利用外省资金5880.93亿元，同比增长21.2%。

二、2014年全省经济社会发展特点

（一）经济增长进入相对平稳的中速

表1 2010—2014年吉林省主要经济指标增速情况

单位：%

指标名称	2010	2011	2012	2013	2014
地区生产总值（GDP）	13.8	13.8	12.0	8.3	6.5
规上工业增加值	19.9	18.8	14.1	9.6	6.6
固定资产投资	30.1	30.3	30.5	20.0	15.1
社会消费品零售总额	18.5	17.5	15.9	13.7	12.1
地方财政收入	23.7	41.1	22.5	11.1	4.0
进出口总额	43.4	30.9	11.4	5.2	2.1

从2014年全省主要经济指标的增速看，速度较以往年度有明显的回落，特别是和2010年、2011年高速增长时期相比，增速明显放缓。当前全省经济社会主要指标的增长速度已经从高速增长进入到中高速增长的阶段，部分指标进入中低速的增长阶段。全省的经济社会发展保持了相对平稳，主要体现在三方面：

一是主要指标的增速实现相对平稳。以GDP为例，2014年全省GDP的增速呈回落态势，但波动相对较小，季度之间的波动均在0.3个百分点之内。这种相对的稳定有利于经济社会发展的安全和稳定，有利于我们在新形势下对“新常态”的主动适应。

表2 2014年东北省宏观经济主要指标增速情况对比

单位：%

指标名称	吉林	辽宁	黑龙江
国内生产总值	6.5	5.8	5.6
地方财政收入	4.0	−4.6	1.8
财政支出	5.9	−2.4	1.9
规上工业增加值	6.6	4.8	2.9
规上工业净利润总额	12.3	−14.6	−14.9
全社会固定资产投资额	15.1	−1.5	1.5
社会消费品零售总额	12.1	12.1	12.2
进出口总额	2.1	−0.5	0.1

二是主要经济指标增速在东北三省保持领先。从宏观经济主要指标看，吉林省仅社会消费品零售总额增速略低于辽宁省0.1个百分点，其他生产、需求和效益指标的增速均明显高于辽宁和黑龙江两省，全省经济发展速度在东北地区保持了领先地位。

三是各项社会事业平稳有序推进。2014年全省就业在经济放缓情况下不减反增，全年城镇新增就业54.02万人，超出年初规划目标4.02万人，城镇登记失业率3.4%，低于年初规划目标1.1个百分点。物价水平较为稳定，全年居民消费价格同比上涨2.0%，低于年初规划目标1.5个百分点。进出口平稳增长，全年进出口总额263.78亿美元，比上年增长2.1%。在极其不利的天气条件下粮食生产仍然实现了700亿斤以上的阶段目标。全省经济总体向好，仍然在健康的轨道上稳步运行。

（二）结构调整逐步向好

1. 从产业看：三次产业协调发展，服务业引领经济增长。2014年全省三次产业的增长速度分别为4.6%、6.6%和6.9%，第三产业的增速比GDP的增速快0.4个百分点，比二产的增速快0.3个百分点，比重较上年提升0.1个百分点，成为全省经济发展的重要动力。三次产业的结构比例为11.0:52.8:36.2，第一产业比重较上年下降0.2个百分点，第二、第三产业的比重较上

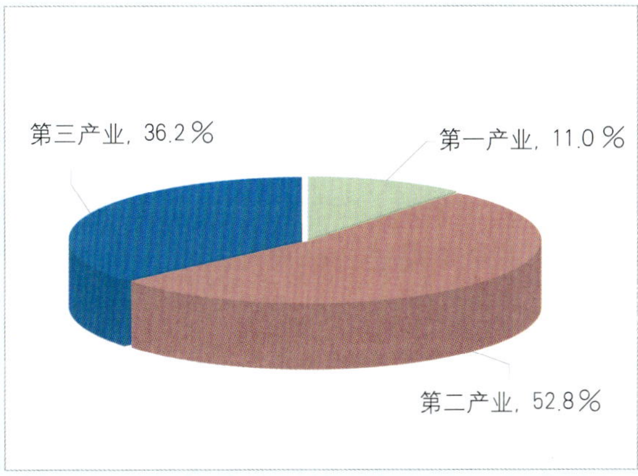

图9 2014年全省三次产业比重情况

年分别都提升 0.1 个百分点。

2. 从工业结构看：传统优势产业居主导地位。2014 年全省重点产业增加值增速比上年回落了 4.9 个百分点，但对规上工业增长的贡献率仍达到 83.7%，占全省规上工业增加值的比重达到 82.2%，比上年提高 0.8 个百分点。汽车制造业和医药制造业这两个全省的优势行业保持了良好的发展态势，增加值占全省规上工业的比重分别达到 24.9% 和 7.7%，比上年分别提高 1.4 和 1.2 个百分点。

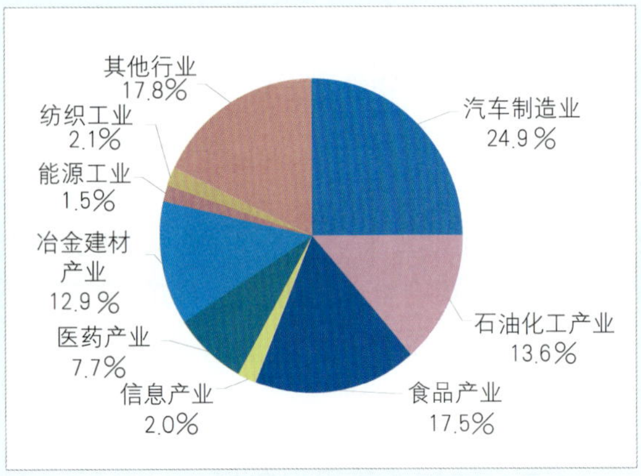

图 10　2014 年各行业增加值占规上工业的比重

3. 从拉动力看：由投资拉动向投资和消费共同拉动转变。从 2004 年开始实施投资拉动战略以来，全省固定资产投资连续高速增长，投资额从全年 1 千多亿元增长到超万亿元，在这 10 年中投资成为全省经济发展的绝对拉动力量，投资对经济增长的贡献率多年连续超过 70%，最高时在 2006 年达到 83.6% 左右的水平。但是投资的连续高增长是不可持续的，随着经济结构调整的不断深入，全国经济发展的拉动方式都在转变，当前全省投资对经济的拉动作用也在明显的回落，而消费需求的贡献率则呈现回归态势。

2014 年全省固定资产投资的增速和社会消费品零售总额的增速之比为 1.25:1，而 2012 年和 2013 年这项比值分别为 1.92:1 和 1.46:1，投资和消费的增长更趋均衡。2014 年全省投资对经济增长的贡献率虽仍达到 54 % 左右，但比上年降低 4 个百分点左右，而消费对经济增长的贡献率则达到 40% 左右，比上年提升 7 个百分点左右。全省投资对经济增长的贡献率在持续明显降低，而消费的贡献率则在持续明显的提升。

（三）经济运行质量效益不断提升

1. 工业企业效益保持高水平。2014 年，虽然全省工业企业生产增速有所放缓，但企业的效益保持了较高的水平。全年规上工业企业累计实现主营业务收入 23220.02 亿元，同比增长 6.0%；盈亏相抵累计实现净利润 1397.69 亿元，同比增长 12.3%，增速高于当期全国平均水平 9 个百分点，在全国居第 7 位，保持了较高的增长水平。

2. 节能降耗成效显著。2014 年全省万元 GDP 综合能耗降低率为 6.68%；规模以上工业万元增加值综合能耗降低率为 7.8%，保持了较高的水平。规上工业中，六大高耗能行业增加值增长 6.4%，低于全部规上工业增速 0.2 个百分点。六大高耗能行业 2014 年的投资额增速为 9.0 个百分点，低于全部投资增速 6.1 个百分点。产业结构的调整更加有利于节能降耗的推进。

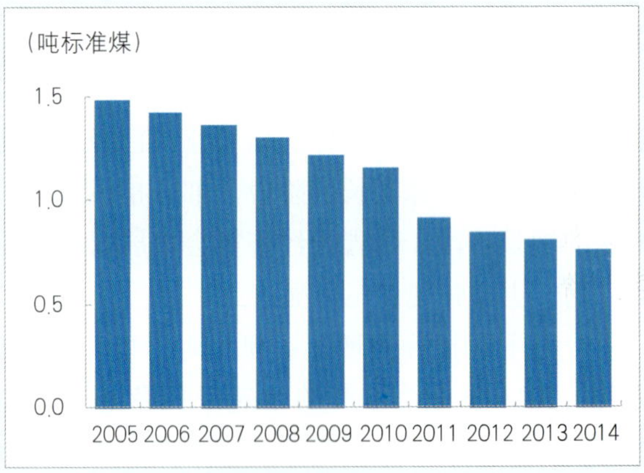

图 11　近年全省万元 GDP 综合能源消耗情况

3. 开放发展速度逐步加快。随着长吉图开发开放先导区战略深入实施，全省上下高度重视对外开放战略，一大批重点招商引资项目落地，有效地推动了吉林省与域外经济的合作与发展。全年全省实际利用外资总额达到 76.53 亿美元，比上年增长 13.1%；其中利用外商直接投资 19.66 亿美元，增长 8.1%，高于当期全国平均增速 6.4 个百分点。实际利用外省资金 5880.93 亿元，增长 21.2%，均保持了较快的增长速度。

全省工业企业在面临较大生产压力的情况下，积极开拓域外市场，对外贸易额实现较快增长。全年全省规模以上工业企业实现出口交货值412.57亿元，同比增长22.3%，增速较上年提高11.2个百分点。

4. 绿色发展全力推进。2014年，全省各项污染物排放量均有明显下降，全年化学需氧量（COD）排放量比上年下降2.39%；氨氮排放量下降3.04%；二氧化硫（SO2）排放量下降2.42%，氮氧化物排放量下降2.01%。

全省空气质量总体保持稳定，按照《环境质量标准》（GB3095-2012）评价，全省城市环境空气质量优良天数比例91.9%，均达到国家环境空气质量二级标准。全省主要城市17个集中式饮用水源地水质状况良好，与上年相比主要城市饮用水源地水质保持稳定。全省拥有各类自然保护区48个，自然保护区总面积248万公顷，占省域国土面积的13.4%。

5. 安全发展落到实处。2014年全省上下高度重视安全发展，将各项安全措施落实到实处，效果也十分显著。全年工矿商贸企业发生事故和死亡人数同上年相比分别下降36.8%和53.2%。全省亿元GDP生产安全事故死亡人数下降20.4%；工矿商贸就业人员10万人生产安全事故死亡人数下降47.5%；道路交通万车死亡人数下降5.9%；煤矿百万吨死亡人数下降72.7%。

（四）民生得到进一步改善，社会保障覆盖面扩大

虽然2014年全省经济总量的增速有所放缓，但各项民生事务均保持了较快的发展。

1. 城乡居民收入实现稳定快速增长。2014年全省城镇居民人均可支配收入达到23217.8元，比上年增长8.8%；农村常住居民人均可支配收入达到10780.1元，增长10.2%，均跑赢GDP和财政收入的增速。年末城乡居民人民币储蓄存款余额达8618.85亿元，再创新高，比上年末增长10.6%。城镇恩格尔系数为26.1%，农村恩格尔系数为29.6%，较上年分别回落3.1和3.4个百分点。

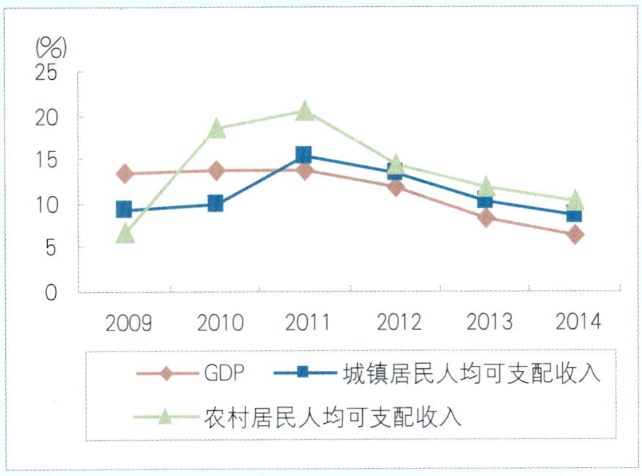

图12 城乡居民收入增速和GDP增速对比

注：农村居民的人均收入2009—2013年为纯收入，2014年为可支配收入。

2. 各项民生支出均保持了较快增长。2014年全省财政支出中，交通运输支出229.11亿元，增长34.7%；社会保障和就业支出390.20亿元，增长8.3%；医疗卫生支出206.44亿元，增长13.7%；城乡社区事务支出273.29亿元，增长27.6%，均实现了较快增长。

3. 社会保障覆盖面继续扩大。截至2014年末，全省城镇基本养老保险、城镇基本医疗保险、失业保险、工伤保险、生育保险的参保人数较上年均有增加。2014年全省城市低保月标准和月人均补助水平分别比上年增长10.39%和12.0%；农村低保年标准和年人均补助水平分别比上年增长14.27%和7%，均实现较大幅度的增长，有效保障了全省160万城乡低保对象的基本生活。

（五）社会事业全面进步

1. 科技成果硕果累累。2014年度登记省级科技成果696项。全年有8项科研成果获得国家科技奖励；19项获得省科技进步一等奖；84项获得省科技进步二等奖；118项获得省科技进步三等奖；4项获得省科学技术发明一等奖；6项获得省科学技术发明二等奖；14项获得省科学技术发明三等奖。全年共签订技术合同2891份，实现合同成交额28.2亿元。

2. 各类教育资源充足。伴随着学龄人口的减少和全省学校布局结构的调整，义务教育学校

数、在校生和招生数有所减少。但全省的学前教育机构明显增加，达到 6266 个，其中独立设置幼儿园 4039 所，入园（班）幼儿为 24.5 万人，在园（班）幼儿为 46.2 万人，不存在入园难的问题，各类教育资源均保持充足。

3. 医药卫生体制深化改革的成果显著。全省所有县（市、区、开发区）均实行了新型农村合作医疗，覆盖率达 100%。有 1321.43 万农民参加了新型农村合作医疗，参合率达 99.56%，已有 674.24 万人次从中受益，支付补偿资金 48.53 亿元，占年度新农合筹资总额的 96.66%。

4. 竞技体育和全民健身共同取得新成绩。2014 年，在国际、国内重大体育比赛中，全省体育健儿共获得金牌 80 枚、银牌 93 枚、铜牌 87 枚。同时，全省“五个一”全民健身工程建设共资助全民健身中心 5 个、体育馆 2 个、体育场 4 个、体育公园（健身广场）15 个，为 100 个乡镇（含街道）、1071 个行政村（含社区）配建了全民健身器材。创建青少年户外体育活动营地 1 个，青少年体育俱乐部 10 个。

三、小结

一年以来，全省上下 围绕稳增长、调结构、促改革、惠民生、保稳定、防风险所取得的突出成就。2015 年是全面深化改革的关键之年，是全面完成“十二五”规划的收官之年，也是实施新一轮老工业基地振兴的开局之年。尽管我们仍将面临诸多的困难和复杂的环境，但我们坚信，在党中央、国务院和省委、省政府的正确领导下，锐意改革，积极创新，不断推进结构调整和转型升级，努力培育经济社会发展中的新动力、新模式、新结构， 吉林经济社会发展将迎来更加美好的明天。

（作者：李 悦 吉林省统计局局长）

专栏：新常态下吉林省农业发展取得新成效

2014 年，吉林农业经受住了国内经济下行压力增大的严峻考验，“三农”工作在一些重点领域和关键环节的取得了新的突破，粮食产量达到 706.56 亿斤，农民人均可支配收入达到 10780.1 元，首次突破万元大关，粮食增产、农业增效、农民增收，新常态下吉林省农业发展取得新成效。

一、粮食增产，农业基础稳定巩固

在春季低温，夏季干旱的不利自然条件下，2014 年吉林省粮食生产再获丰收，总产量达到 706.56 亿斤，连续两年稳定在 700 亿斤的高水平。总产量占全国总量的 5.82%，位居全国第 4 位，粮食单产达到每亩 941. 96 斤，比全国平均水平的每亩 718 斤高出 223.96 斤，继续保持全国第 1。粮食播种面积达到 7501.1 万亩，比上年增加 316.2 万亩，同比增长 4.4%，由上年的全国第 10 位晋升为第 9 位。其中，玉米产量 2733.5 万吨，下降 1.5%，单产 7394.6 公斤 / 公顷，下降 6.9%；水稻产量 587.6 万吨，增长 4.3%，单产 7865.7 公斤 / 公顷，增长 1.5%。

一是惠农政策落实到位，农民种粮积极性显著提高。粮食直补、良种补贴、农资综合补贴、农机购置补贴，各种惠农政策很好地调动了农民的种粮积极性。在农机购置补贴政策的扶持下，吉林省农业机械化水平不断提高。2014 年吉林省争取国家农机购置补贴资金 13 亿元，同比增长 20%，资金总量位居全国第 3 位，补贴各类农机具 5.9 万台件，受益农户 4.4 万户。

二是农业科技支撑有力，粮食增产潜力巨大。农业科技成为挖掘粮食生产潜力的重要手段，多项重大农业增产技术广泛推广。测土配方施肥技术去年已覆盖吉林省 13 个县市，超过 8 万农户应用了这项服务。农民在自家田地拨打手机，系统就能自动完成地块定位、自动回复短信，进行施肥指导。仅此一项，全省每年可增产粮食 10 亿斤以上，农民节本增效 12 亿元，每年少投入肥料 6 万吨。

二、农业增效，农村经济活力增强

2014 年吉林省继续深化农村改革，转变农业发展方式，发展农业现代化、农业产业化，提高农业综合生产能力、发展农产品加工业，促进农业提质增效，促进农业产业结构转型升级。

一是加快推进农村改革，增强经济发展活力。2014 年吉林省共启动 919 个省级试点村开展土地确权工作，试点面积达到 847.7 万亩。出台“两证”管理办法和抵押担保贷款办法，推动农村土地经营权抵押贷款试点，发放贷款 1649 万元。2014 年全省农村土地流转总面积 1520 万亩，占承包地面积的 24%，比 2013 年增长 5%。2014 年全省工商系统共登记农民专业合作社 52065 户，发展成员 661100 名，出资总额达 1004.73 亿元，与上年同期相比分别增长 20.98%、32.71%、42.32%。

二是园艺特产业保持强劲发展态势。吉林省把棚膜经济、人参、食用菌、林蛙等重点产业作为突破口，全年园艺特产业总产值达到 1300 亿元，同比增长 5%。2014 年开工建设棚室 5 万亩，棚膜蔬菜总规模达到 110 万亩。全年蔬菜产量达到 1300 万吨，其中棚膜蔬菜产量 440 万吨，同比增长 4.8%；全年人参业产值实现 404.5 亿元，同比增长 39%；全年食用菌产量达到 100 万吨，同比增长 17.6%；扶持优质种蛙繁育基地和标准化示范基地等项目建设，全年林蛙回捕商品量达到 4.8 亿只，同比增长 6.7%。

三是农产品加工业平稳较快发展。农产品加工业是吉林省重要支柱型产业，1490 万吨的玉米加工能力，占全国加工能力的 19%，位居全国第 3。2014 年吉林省大力推动龙头企业转方式、调结构、促转型，继续保持了农产品加工业平稳较快发展。全省启动农产品加工业投资 3000 万元以上项目 175 个，总投资达到 100 亿元。支持省级以上重点龙头企业项目建设，投入农业产业化专项资金 1.5 亿元。全省农产品加工业销售收入预计实现 4500 亿元，同比增长 10%。

三、农民增收，农民生活持续改善

2014 年吉林省积极拓宽增收渠道，促进农民持续增收，提高农民生活水平，农民人均可支配收入达到 10780.1 元，同比增长 10.2%。速度连续 5 年高于经济增长和城镇居民收入的增长速度。

（一）一年一个新台阶，2014 年首次破万

2009 年以来，我省农民收入水平一年迈上一个新台阶，2014 年实现新跨越，首次突破万元大关。2014 年全国农村常住居民人均可支配收入为 10489 元，在 31 个省（区、市）中，有 15 个省的农民人均收入达万元以上，其中有 6 个省是在 2014 年首次超万元。

（二）连续五年两位数增长，城乡差距持续缩小

2001 年以来我省农民收入逐年增长，按同口径计算，2014 年人均收入水平是 2000 年的 5.24 倍。特别是 2010 年以来增速较快，连续五年保持两位数增长，年均增速（以 2009 年为基期）达 15.0%。农民收入增速高于城镇，城乡居民收入差距持续缩小，按同口径计算，收入比、从 2010 年的 2.47:1 缩小至 2014 年的 2.29:1。

（三）四大收入全面增长，结构有所优化

2014 年我省农村居民人均可支配收入的四大来源呈现全面增长，收入结构有所优化，其中，经营净收入仍占主导，比重为 69.1%，较上年下降 3.4 个百分点；工资性收入和财产净收入所占比重分别为 18.0% 和 1.7%，较上年有不同程度提高。

一是经营净收入平稳增长。2014 年我省农村常住居民人均经营性收入为 7445.6 元，同比增加 354.6 元，增长 5.0%。拉动可支配收入增长 3.6 个百分点。主要得益于谷物出售量增加，2014 年吉林省农村常住居民第一产业人均收入 7109.3 元，同比增长 6.1%。农业收入人均增加 615.1 元，同比增长 10.1%，农产品价格波动较大，但出售数量都有不同程度的增长。2014 年吉林省农村常住居民人均出售谷物综合价为 1.98 元 / 公斤，与上年 1.96 元 / 公斤相比，增长了 1.0%，人均出售数量为 4470.5 公斤，同比增长 13.8%。其中，玉米出售数量人均 3941.0 公斤，同比增长 18.5%。

二是工资性收入增量、增幅最大。2014 年我省常住居民人均工资性收入为 1937.6 元，增长 46.0%。拉动可支配收入增长 6.2 个百分点，主要是农村劳动力就业情况良好。2014 年农民劳动力转移就业 398．7 万人，农民人均劳务收入达到 3612 元，比 2013 年增长 39．5%。

三是财产净收入增幅较大。2014 年我省农村常住居民人均财产性收入为 181.8 元，增长 20.0%。目前，吉林省农村居民存款不断增加，土地流转需求增大，空置住房增多，财产性收入是今后农村居民增收的一个重要渠道和增长点。

四是转移净收入与上年持平。2014 年我省农村常住居民人均转移净收入为 1215.0 元，与上年基本持平。

（作者：李敏　国家统计局吉林调查总队总队长）

黑龙江省经济社会发展报告

年初以来，国内外经济形势错综复杂，黑龙江省经济下行压力增大。面对严峻形势，全省上下认真贯彻国务院稳中求进的工作总基调，落实稳增长、促改革、调结构、惠民生的各项措施，实施“五大规划”，推进“十大重点产业”发展，省政府出台了促进经济稳增长65条措施，宏观经济呈现低位开局、稳步上行、结构趋优、民生改善的良好态势。但是多数指标增幅比上年回落，经济稳增长的动力仍需增强。

一、宏观经济运行基本特点

2014年，国际经济环境复杂多变，全国经济增速逐季回落。在此背景下，全省宏观经济低速开局，逐季上行，一季度、上半年和前三季度增幅分别为4.1%、4.8%和5.2%。初步核算，全年地区生产总值实现15039.4亿元，比上年增长5.6%，低于全国平均水平1.8个百分点，其中，第一产业增加值增长5.6%，高于全国平均水平1.5个百分点；第二产业增加值增长2.8%，低于全国平均水平4.5个百分点；第三产业增加值增长9%，高于全国平均水平0.9个百分点。第一、第二、第三产业对GDP增长的贡献率分别为11.1%、24.1%和64.7%。

（一）工农业发展稳中有进

1. 粮食生产“十一连增”。2014年，全省深入贯彻落实“两大平原”现代农业综合配套改革规划，加之各项惠农政策落实，现代农业基础得到夯实。气象条件也总体有利，回暖早、墒情好、光热充足、雨水调和。粮食作物种植面积较上年也略有增长，其中，水稻种植面积略增、玉米略降、大豆恢复性上涨。2014年我省粮食产量再创历史新高，实现“十一连增”。

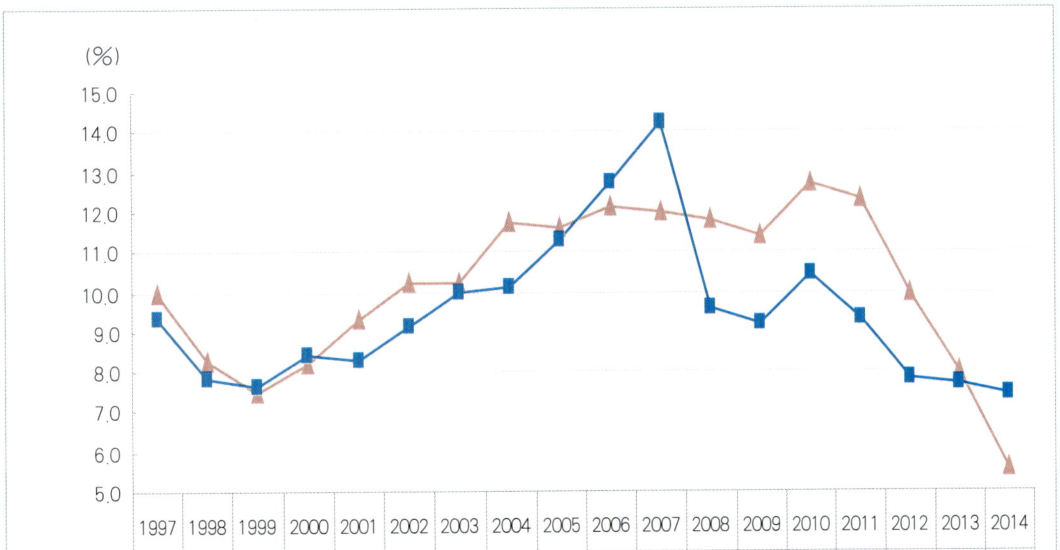

	1997	1998	1999	2000	2001	2002	2003	2004	2005	2006	2007	2008	2009	2010	2011	2012	2013	2014
我省	10.0	8.3	7.5	8.2	9.3	10.2	10.2	11.7	11.6	12.1	12.0	11.8	11.4	12.7	12.3	10.0	8.0	5.6
全国	9.3	7.8	7.6	8.4	8.3	9.1	10	10.1	11.3	12.7	14.2	9.6	9.2	10.4	9.3	7.8	7.7	7.4

图1 亚洲金融危机以来我省及全国GDP增幅

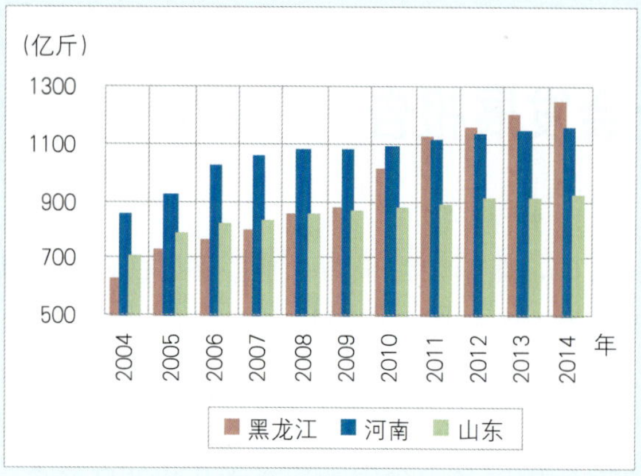

图 2　黑龙江省与河南、山东粮食产量图

2. 畜牧业有所回暖。2014 年，全省畜牧业克服了价格波动影响，呈现恢复性上升态势。猪、牛出栏分别为 1921 万头、263.2 万头，比上年分别增长 5.5%、2.9%；牛奶产量为 556.6 万吨，增长 7.4%；禽肉、禽蛋产量比上年有所下降。畜牧业增加值增长 4.4%，比上年提高 2.2 个百分点。

3. 工业生产缓中回升。年初我省工业生产低位开局，1-2 月规上工业增加值增长 0.3%，此后逐步回升，一季度增长 0.5%，上半年增长 2%，前三季度增长 2.4%，全年实现增加值 4499.8 亿元，增长 2.9%。若扣除石油和天然气开采业，全省“非采油气”行业同比增长 4.9%。分经济类型看，股份制企业增长 2.8%；国有及国有控股企业增长 2.7%；集体企业下降 0.1%。从规模看，大中型企业增长 2.6%；小型企业增长 5.4%。从主导产业看，四大主导产业实现增加值 3835.9 亿元，占全省规上工业的 85.2%，增长 2.4%。

（二）经济结构稳中趋优

1. 产业结构趋优，服务业主导地位巩固。2014 年，全省实现第三产业增加值占 GDP 的比重为 45.1%，比上年提高 3.7 个百分点，第三产业比重在上年超越第二产业之后，得到巩固，服务业在经济发展中的地位加强。以现代服务业为主的营利性服务业发展加快，实现增加值 896.5 亿元，增长 17.7%。金融业快速增长，增加值比上年增长 13.5%。

2. 所有制结构趋优，非公经济较快发展。2014 年，全省大力推动中小微企业和非公经济快速发展，前三季度全省非公经济增加值增长 6.8%，快于全省 GDP 增速 1.6 个百分点。全省非公企业数达到 25.2 万个，比上年同期增加 3 万户，非公经济实现税收占全省税收收入 41.7%，比重比上年同期高 2.4 个百分点。全年私营企业进出口

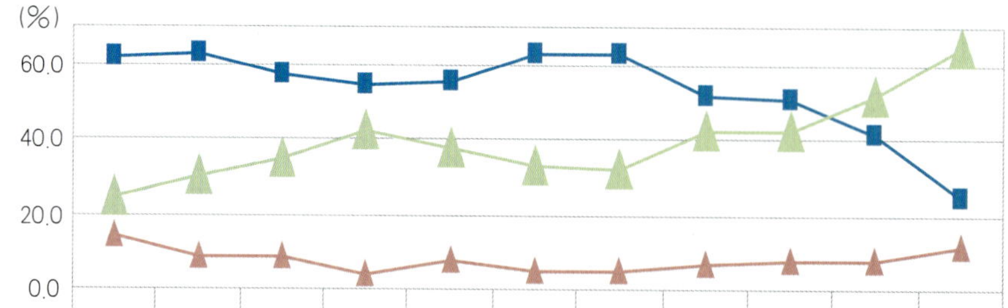

	2004	2005	2006	2007	2008	2009	2010	2011	2012	2013	2014 年
第一产业	14.4	8.3	8.7	4.1	7.8	4.9	5.0	6.3	7.6	7.4	11.1
第二产业	61.5	62.1	57.0	54.3	55.1	62.3	62.9	51.3	50.1	40.8	24.1
第三产业	24.1	29.6	34.3	41.6	37.1	32.8	32.1	42.4	42.3	51.8	64.7

图 3　黑龙江省三次产业贡献率变化情况

额210.3亿美元，增长7.8%，占全省进出口的54.1%，比重比上年提高3.9个百分点。

3. 种植业结构趋优，绿色食品快速发展。2014年，我省国家级绿色食品原料标准化基地达到5905万亩，约占全国总面积的50%。全省有机食品种植面积预计达到53.1万亩，比上年增长18%。无公害农产品产地认定面积超过1.5亿亩，新开发无公害农产品认证4087个。此外，食用菌产业稳步发展，预计产量增长7%左右。

4. 工业结构趋优，新兴产业和食品产业成为增长点。前三季度，全省战略性新兴产业工业增加值236.7亿元，比上年同期增长4.6%，高于规上工业2.2个百分点。其中，节能环保产业61.5亿元，增长10.2%；新一代信息技术产业1.3亿元，增长12.2%；高端装备制造产业23.0亿元，增长3.9%。食品工业快速发展，实现增加值658.4亿元，增长7.1%，快于规上工业增速4.2个百分点。

5. 消费结构趋优，消费水平提升。一是发展型、享受型商品销售增长较快。体育娱乐用品增长18.1%，电子出版物及音像制品增长35.5%。二是网络销售作为新型业态增长迅猛。全年网络零售额增长2.1倍。

6. 进出口结构趋优，两种资源得到更好利用。一是机电产品出口比重提高。2014年我省机电产品出口56.2亿美元，比上年增长17.2%，占全省出口总额的32.4%，比重比上年提升2.9个百分点。二是“原字号”产品进口比重提高。原油、农产品、原木进口额合计180.8亿美元，占全省进口总额的83.9%，比重比上年提升3.7个百分点。

7. 区域结构趋优，县域经济不断壮大。前三季度，全省县域实现地区生产总值4181.5亿元，比上年同期增长6.6%，比全省平均水平高1.4个百分点。一、二、三产业分别实现增加值912.9亿元、1635.6亿元和1633亿元，分别增长7.4%、6.6%和5.3%。

8. 落实生态发展战略，能源消耗量下降。2014年，全省规上工业综合能源消费量5272.6万吨标准煤，比上年下降4.9%。在14个部门中，煤炭、化工、冶金、轻工、烟草、建材、机械、有色和医药等9个部门能耗下降。

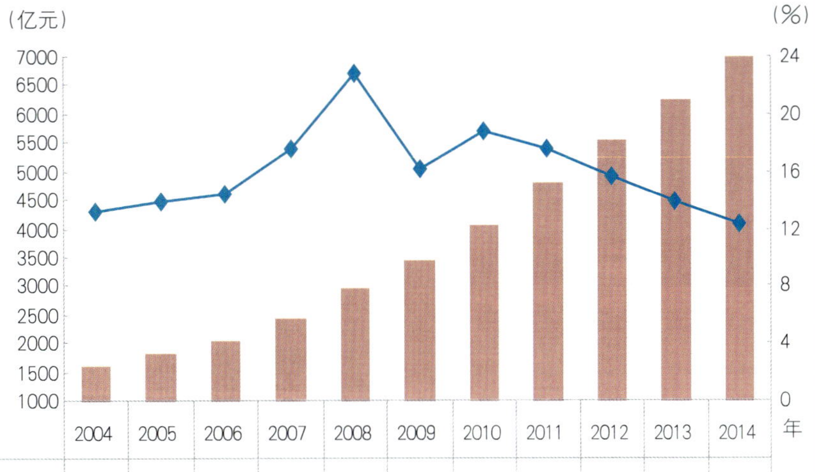

	2004	2005	2006	2007	2008	2009	2010	2011	2012	2013	2014
社会消费品零售额	1557	1774	2029	2386	2928	3402	4039	4750	5491	6206	6964
增幅	13.1	13.9	14.4	17.6	22.7	16.2	18.7	17.6	15.6	13.8	12.2

图4 黑龙江省社会消费品零售额及增幅

（三）三大需求减速

1. 固定资产投资小幅增长。2014 年，全省固定资产投资先抑后扬，6 月增幅由降转升，下半年保持小幅增长，全年增长 1.5%。分产业看，增速“两增一降”。第一、第三产业投资增速分别为 22.9%、7.2%，第二产业投资下降 7.7%。分行业看，交通运输、仓储和邮政等基础设施投资增速快，房地产投资回落。铁路运输业增长 86%；仓储业增长 122%；房地产开发投资下降 17.5%。从开工项目看，亿元以上投资项目开复工 2596 个，比上年增加 91 个，其中新开工项目 1246 个，增加 83 个。

商品房销售量减价升。2014 年，全省商品房销售面积 2484.7 万平方米，下降 25.6%。商品房平均销售价格 5004 元 / 平方米，比上年增长 3.4%。

2. 消费市场总体平稳。2014 年，我省消费零售总额实现 6964.2 亿元，比上年增长 12.2%，高于全国平均水平 0.2 个百分点。主要运行特点：一是商品零售额增速快于餐饮收入。全省实现批发零售业零售额 6160.8 亿元，增长 12.8%；餐饮收入 797.5 亿元，增长 9.7%。二是限下企业零售额快于限上企业。全省限上和限下企业零售额分别为 2460.7 亿元、4503.5 亿元，分别增长 10.1% 和 13.4%。三是乡村增幅快于城镇。城镇和乡村零售额分别增长 12.2% 和 12.6%。

3. 进出口总额微增。2014 年，全省进出口总值实现 389 亿美元，比上年增长 0.1%。出口 173.4 亿美元，增长 6.8%；进口 215.6 亿美元，下降 4.8%。一般贸易额 281.3 亿美元，比上年增长 0.6%；边境贸易额 91.2 亿美元，下降 3.8%。对俄进出口 232.8 亿美元，增长 4.1%，占全国对俄贸易比重 24.4%。与第二、第三贸易伙伴东盟和美国贸易额分别达到 23.7 亿美元、21.5 亿美元，分别增长 27%、9.8%。

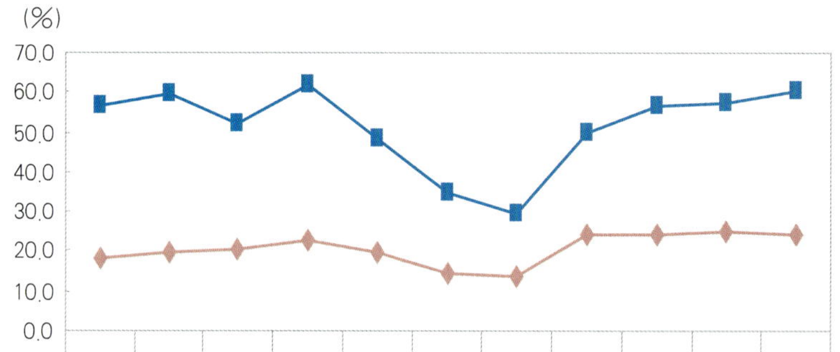

	2004	2005	2006	2007	2008	2009	2010	2011	2012	2013	2014
我省占全国对俄进出口比重	18.0	19.5	20.0	22.3	19.4	14.4	13.5	24.0	24.2	25.1	24.4
对俄占我省进出口比重	56.3	59.3	52.0	62.0	48.3	34.4	29.3	49.3	56.3	57.5	59.9

图 5　黑龙江省对俄贸易情况

（四）经济发展环境总体稳定

1. 财政收支小幅增长。2014 年，全省公共财政收入 1301 亿元，增长 1.8%。在税收收入中，增值税、营业税、企业所得税、个人所得税及资源税等主体税种分别实现 168.6 亿元、205.5 亿元、103.1 亿元、37 亿元和 108.3 亿元，增幅分别为 11.1%、-6.5%、4.4%、3.8% 和 43.9%。公共财政支出完成 3434.2 亿元，比上年增长 1.9%。从支出项目看，医疗卫生与计划生育、社会保障和就业、城乡社区事务增长较快，分别增长 16.4%、11.2% 和 10.3%。

2. 金融运行稳健。截至 2014 年末，全省各项存款余额 19254.8，比年初增加 1122.9 亿元。其中，单位存款 6839.2 亿元，比年初减少 120.2 亿元；个人存款 11249.1 亿元，比年初增加 898.3 亿元。金融机构贷款余额 13391.7 亿元，比年初增加 2000.5 亿元。其中，短期贷款 5891.3 亿元，比年初增加 1088.8 亿元；中长期贷款 6892.7 亿元，比年初增加 731.1 亿元。

3. 利用外资较快增长。2014 年，我省实际直接利用外资 50.9 亿美元，增长 10.3%。主要特点：一是"十大重点产业"是引资的主要领域，实际利用外资额占全省的 90.6%。二是第一、三产业是引资亮点，分别增长 51.6% 和 1.4 倍，分别占全省实际利用外资的 2.2%、42.3%。三是香港是外资的主要来源地。香港投资 38.8 亿美元，占全省实际利用外资的 76.2%。

4. 消费物价温和上涨。2014 年，居民消费价格（CPI）比上年上涨 1.5%，涨幅同比回落 0.7 个百分点。其中，食品价格上涨 2%，衣着价格上涨 2.9%，医疗保健和个人用品价格上涨 2.2%，烟酒价格上涨 0.9%，文教娱乐用品及服务价格上涨 0.9%，居住价格上涨 0.6%，家庭用品及服务价格上涨 0.8%，交通和通信价格下降 0.4%。

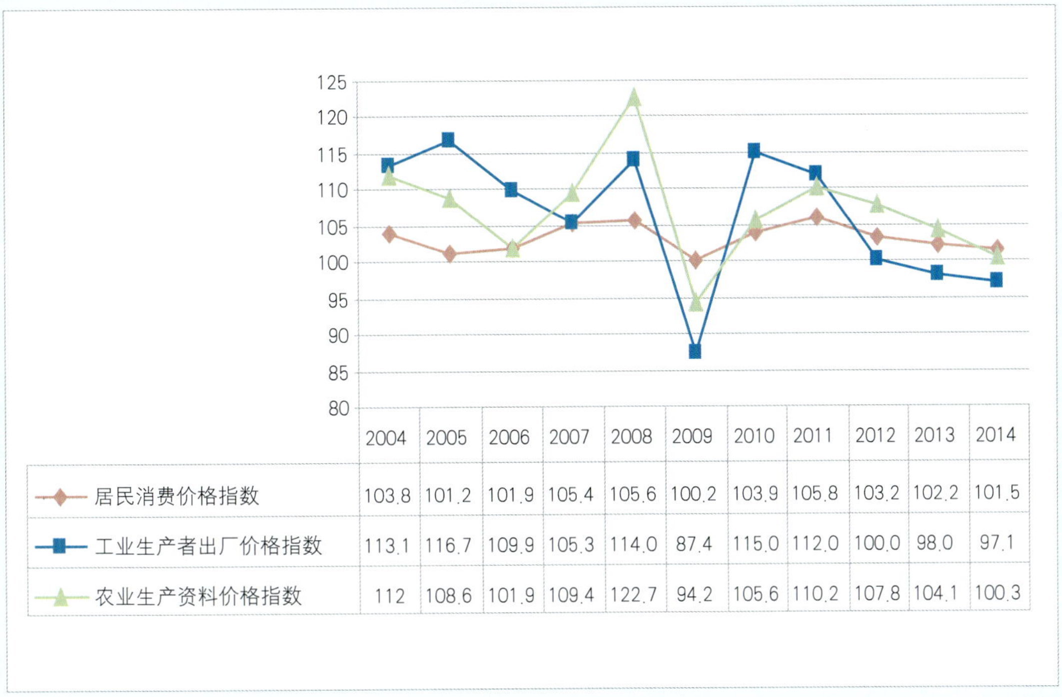

	2004	2005	2006	2007	2008	2009	2010	2011	2012	2013	2014
居民消费价格指数	103.8	101.2	101.9	105.4	105.6	100.2	103.9	105.8	103.2	102.2	101.5
工业生产者出厂价格指数	113.1	116.7	109.9	105.3	114.0	87.4	115.0	112.0	100.0	98.0	97.1
农业生产资料价格指数	112	108.6	101.9	109.4	122.7	94.2	105.6	110.2	107.8	104.1	100.3

图 6 黑龙江省物价变化情况（上年同期 =100）

（五）民生继续改善

1. 居民收入稳步增长。2014 年，全省城镇

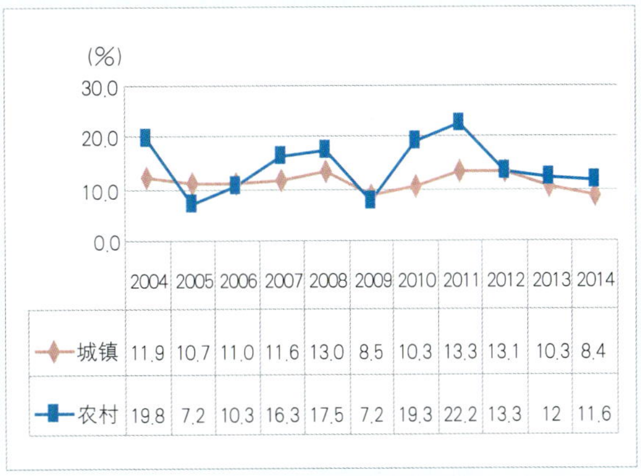

	2004	2005	2006	2007	2008	2009	2010	2011	2012	2013	2014
城镇	11.9	10.7	11.0	11.6	13.0	8.5	10.3	13.3	13.1	10.3	8.4
农村	19.8	7.2	10.3	16.3	17.5	7.2	19.3	22.2	13.3	12	11.6

图 7 黑龙江省城乡居民人均可支配收入增幅

注：2004—2013 年农村居民收入为人均纯收入。

常住居民人均可支配收入22609元，比上年增长8.4%，低于全国0.6个百分点。农村常住居民人均可支配收入10453元，比上年同期增长11.6%，比全国快0.4个百分点。

2. 就业形势稳定。前三季度，全省城镇非私营单位就业人员481.3万人，比上年末增加13.8万人。城镇新增就业人员60万人，新增公益性岗位3.59万个，城镇登记失业率4.4%。

二、影响经济稳增长的因素分析

2014年，全省主要经济指标增速虽然逐步回升，但是与上年相比，与全国平均水平相比，与年初预期目标相比，仍然存在一定差距，稳增长压力较大，主要影响因素：

（一）国内外环境错综复杂

1. 国际经济形势复杂多变。2014年，国际形势依然错综复杂，美国经济有所复苏，但是日本经济不振，欧盟经济复苏举步维艰，新兴经济体和东南亚主要经济体减速，俄罗斯经济由于多种因素交织影响，不确定性增加。

2. 全国经济在新常态下稳中趋缓。今年以来，面对错综复杂的国内外形势，党中央、国务院总揽全局、把握大势，坚持稳中求进，在区间调控基础上更加注重定向调控，国民经济在新常态下平稳趋缓，全年全国GDP增速为7.4%，同比回落0.3个百分点。四季度受应对产能过剩和房地产持续调整的累积效应等因素影响，GDP增长7.3%。

3. “禁伐”政策对全省影响显现。国家要求我省森工总局、大兴安岭管局从2014年4月1日起，全面停止木材商业性采伐。这对我省林业发展影响明显，2014年林业增加值仅增长0.2%，比上年回落6.7个百分点。

（二）工业生产形势不容乐观

2014年，全省规上工业增加值增速比上年回落4个百分点，主要影响因素：一是占主导地位的能源工业增速回落。占规上工业54%的能源工业增加值同比下降0.6%，增幅同比回落0.7个百分点。其中，石油和天然气开采业增加值增幅下降0.1%，同比回落1.5个百分点；石油加工炼焦业下降2%，增幅回落5.2个百分点；煤炭开采和洗选业增加值在上年同期下降21.8%的基础上，下降27.7%。二是受国内若干领域产能过剩影响。26种重点监测的产品中，产量同比增长和持平的有9种，下降的17种。全省工业生产者出厂价格同比下跌2.9%。三是地方工业企业竞争力不强。全省4220户规上企业中，184户全年一直处于停产状态。地方企业实现增加值2019.4亿元，增长5.9%，增幅比上年回落5.9个百分点。

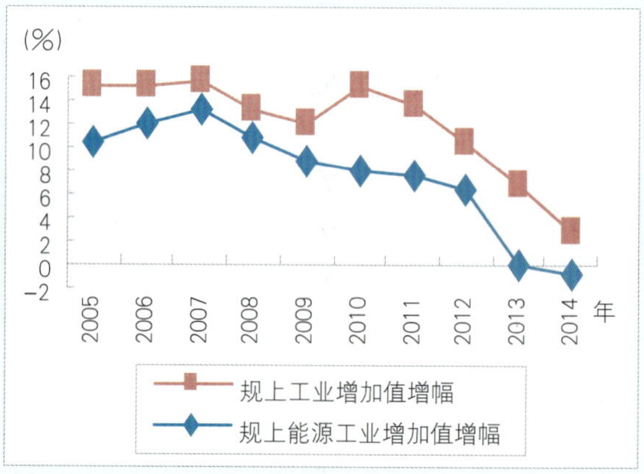

图8 2005年以来黑龙江省规上工业及能源工业增加值增幅

（三）“三驾马车”同时减档

1. 消费增速稳中放缓。全年社会消费品零售总额增速同比回落1.6个百分点。主要原因：一是受宏观政策影响，集团消费和过度消费得到遏制。全年餐饮收入增长9.6%，慢于批发零售业零售额增幅3.2个百分点。二是占限上企业零售额31.7%的石油、汽车类零售额增速同比分别回落7.8和7.1个百分点。三是热点商品降温。限上零售额中家具、珠宝和通讯器材零售额增幅分别为16.7%、12.1%和19.7%，同比分别回落13.6、3.8和6.4个百分点。

2. 固定资产投资动力不足。2014年，全省固定资产投资增幅比上年较大幅度回落。一是新开工项目明显减少。全省开复工项目12864个，同比下降12.8%；新开工项目9672个，同比下降 18.7%。二是三次产业增速均较大幅度回落。其中一产投资增速同比回落 17 个百分点；二产回落 22.4 个百分点，其中工业回落 18.4 个百分点；三产回落 12.5 个百分点。三是房地产开发投资下降。全年房地产开发投资完成 1324.1 亿元，比上年下降 17.5%，增幅同比回落 22 个百分点。四是民间资本长期以来的扩张冲动减弱。2014 年民间投资结束了此前 10 年最低 27.5% 的快速增长，下降 2.1%。

3. 进出口增幅回落。2014 年，全省实现进出口总值增幅同比回落 3.3 个百分点。其中，出口回落 5.6 个百分点，进口降幅扩大 2.6 个百分点。出口增速回落的原因：我国劳动力成本和融资成本上升，资源环境约束加大，传统产业竞争优势削弱。箱包、家具和塑料制品出口分别下降 31.3%、19.3% 和 15.7%。进口增速回落的原因：一是国内需求下降，导致能源资源类商品进口量减少。铁矿砂、煤进口量分别下降 15.8%、24.7%。二是大宗商品价格下降。由于价格下降，原油、铁矿砂、煤和化肥进口额降幅分别低于进口量降（增）幅 5.4 个、17 个、16.3 个和 11.7 个百分点。

4. 资源型城市发展面临困境。2014 年受价格和汇率等因素影响，石油开采和加工行业增加值下降；煤炭行业由于煤炭量价齐降，持续低迷；林业受“禁伐”政策影响，增速回落。受这些因素影响，大庆、鸡西、鹤岗、双鸭山、七台河、伊春、大兴安岭等 7 个资源型城市发展遇到困难。从 GDP 看，增长最快的大庆（4.5%）也慢于全省 1.1 个百分点，有 3 个地市负增长。从规上工业增加值看，7 个地市增速均低于全省，有 6 个地市负增长。从投资看，7 个资源型城市均不同程度下降，整体降幅达到 38.3%。从社会消费品零售总额看，整体增速慢于全省 2 个百分点。从公共财政收入看，除鸡西增长 0.8% 之外，其余 6 个地市负增长。

三、2015 年展望及对策建议

2015 年是“十二五”收官之年，也是全面建成小康社会的关键一年，全省经济发展面临的形势依然有很大的不确定性，既有有利方面，也有不利方面：

（一）有利方面

从国际看，联合国发表的《2015 年世界经济形势与展望》报告显示，2014 年全球经济增长幅度为 2.6%，预计 2015 年世界经济将增长 3.1%。美国经济 2015 年预计增长 2.8%，高于 2014 年 2.3% 的水平；全球通货膨胀仍为良性。

从全国看，一是 2015 年将继续实施积极的财政政策和稳健的货币政策，尤其是货币政策更加注重松紧适度。二是国家将转变农业发展方式和优化经济发展空间格局作为重要任务，对我省是有可为的机遇。

从全省看，我们面临着实施“五大规划”带来的重大机遇，“五大规划”既符合中央宏观政策取向，又切合我省实际，既是全面深化改革的切入点，也是我省科学发展的载体和抓手，有利于形成政策叠加效应。

（二）不利方面

从国际看，日本经济增速可能回落；欧元区经济困难重重；俄罗斯经济由于多种因素交织影响，不确定性增加；许多国家失业问题突出；全球总需求不振，我国低成本比较优势也发生了转化，劳动密集型型产品竞争力受到影响；地缘政治局势紧张等。

从全国看，明年经济预期增速将可能下调，全面化解产能过剩工作仍将持续。

从我省看，能源工业占比高仍然是短期内制约我省经济较快发展的重要因素。2015 年，全省原油产量预计减产 150 万吨，原油行业（近几年平均比重 40%）增速将下降 3.8%。煤炭行业低迷状态难有大的改变。此外，重点国有林区全面停止商业性采伐将对第一产业产生很大影响。

综上所述，2015 年我省宏观经济有望保持平稳发展，同时也应看到经济发展的下行压力也较大。

（三）对策建议

明年全省经济发展应继续坚持“稳中求进”的工作总基调，把“稳增长”放在更加重要位置，围绕实施“五大规划”，推进“十大重点产业”发展，积极落实省政府促进经济稳增长65条措施，在全国经济新常态下，加快产业转型升级，找准新的经济增长点，扩存量，保增量，确保经济平稳较快发展。

1. 转变农业发展方式，实现农业稳定发展。要加强农田水利建设、注重农业技术创新，发展高效、安全、节约的现代农业。加强惠农政策落实，提高农民积极性。要深化农村各项改革，完善农产品价格形成机制，完善农业补贴办法，强化金融服务。要完善农村土地经营权流转政策，搞好土地承包经营权确权登记颁证工作，健全公开规范的土地流转市场。

2. 保存量、扩增量，促进工业经济摆脱困境。针对我省国有企业，尤其是央企比重大的特点，要利用好老工业基地振兴方面的政策，积极向上争取，比如争取缩小原油减产幅度，向国家争取在财税、统计、发改等政策层面的补贴和支持。要推动创新，形成新的增长点，大力支持先进制造业、战略性新兴产业发展壮大，鼓励企业制度创新、管理创新、技术创新，培育新的竞争优势。要扶持中小企业发展。鼓励政策性银行和商业性银行加大对中小企业的信贷投入，拓宽中小企业直接融资渠道。要帮助企业降低运行成本。推出清费减负措施，依法合理税收征管。

3. 积极谋划项目，激发投资活力。围绕省委“五大规划”战略和“十大重点产业”发展要求，狠抓产业项目建设，全力推动经济稳增长。一要依托东部陆海丝绸之路经济带建设的新平台，在基础设施方面争取国家投入，吸引国内外企业前来投资兴业，促进项目稳增长。二要对于达成意向的项目对接跟进、助力扶持，推进项目建设，尽早形成新的经济增长点。三要发挥我省优势，谋划现代农业发展、资源深加工、生态化、对俄全方位合作等领域项目。四要扩大民间投资。要继续简政放权，尽快取消和下放行政审批事项，鼓励民间资本进入更多领域。

4. 创新供给，释放居民消费潜力。从长远看，居民消费增长是经济社会发展内生的持续拉动力，做强轻工业以及相关消费服务，就是打造经济持续发展的引擎。要把握居民需求升级换代的发展趋势，采取有效措施，引导、鼓励、扶持消费产业发展。一是发挥生态资源优势，既要发展夏季生态旅游和冬季冰雪旅游，还要发展农业旅游，带动住宿、商贸、旅游产品等相关产业发展。二是积极发展轻工业，迎合消费需求，如食品、医药、亚麻制品等。三是加快推进新兴消费服务业，如文化教育、体育、旅游休闲、电子商务、物流、养老、健康、医疗、家政等。

5. 敢闯敢试，激发改革红利。继续推进“两大平原”现代农业综合配套改革试验，在农业经营主体、土地管理制度创新、农村金融保险改革创新、支农保护政策创新、粮食价格形成机制改革创新等方面抓好改革落实和机制完善。深化国企改革，推进交叉重组，加快发展混合所有制经济。完善金融、科技、土地等要素市场体系。帮助企业增强创新能力，加强自主知识产权和发明专利保护，提高司法维权执行效率。

6. 推进东部陆海丝绸之路经济带建设，提高开放水平。一要认真落实国务院办公厅印发的《关于支持外贸稳定增长的若干意见》，以激发市场活力、提振外贸企业信心、促进进出口平稳增长。二要抓住东部陆海丝绸之路经济带建设机遇，深入贯彻实施《黑龙江和内蒙古东北部地区沿边开发开放规划》，加快通道、物流、园区、口岸建设，积极承接国内外产业转移，扩大服务外包规模，大力引进战略性新兴产业项目，推动对外开放水平提升。三要转变外贸发展方式。加快调整外贸产品结构，扩大自主知识产权、自主品牌、高附加值产品出口，引导加工贸易转型升级，扩大技术和资金密集型产品出口，积极推进出口市场多元化。

（作者：李玉涛　黑龙江省统计局局长）

专栏：2014年黑龙江省稳增长重民生取得实效 城乡居民收支同步增长

2014年，黑龙江省在省委省政府的正确领导下，全省上下深入贯彻落实党的十八大和十八届三中、四中全会精神，在国际国内经济发展形势比较复杂的现实条件下，牢牢把握稳中求进工作总基调，继续实施“五大规划”发展战略，大力促进十大重点产业发展，制定出台改革举措和促进经济稳增长65条措施，深入挖掘经济增长潜力，注重并大力推进民生工程，扎实做好民生工作，取得了显著成效，实现了经济平稳发展，城乡居民收入和生活消费双增长，民生状况持续改善。

一、城乡居民收入较高速度增长，农村居民人均可支配收入突破万元大关

（一）全体居民人均可支配收入增速达到9.4%

住户抽样调查数据显示：2014年，黑龙江省全体居民人均

可支配收入为17404元，比上年增长9.4%。在可支配收入中，人均工资性收入为8795元，同比增长9.4%，人均经营净收入为4209元，同比增长6.6%，人均转移净收入为3428元，同比增长13.0%，人均财产净收入为973元，同比增长10.4%。

（二）城镇居民收入稳步上升，增速高于全国平均

2014年，黑龙江省城镇常住居民人均可支配收入为22609元，比上年名义增长8.4%，扣除价格因素实际增长6.9%，高于全国平均0.1个百分点。城镇居民可支配收入中的四项收入增长情况如下：

1. 促就业和政策性增资保证了城镇居民收入的稳步增长。2014年，黑龙江省城镇居民人均工资性收入达到13741元，同比增长7.6%，工资性收入占家庭可支配收入的比重为60.8%，对可支配收入增长的贡献率为55.2%，拉动可支配收入增长4.7个百分点。工资收入增长主要源于两个方面，一是增加投入和完善政策促进就业创业，提高了城镇居民就业率，进而保证了居民工资收入的增加。2014年全省投入就业专项资金38.2亿元，促进就业和再就业，支持失业人员再就业和困难群体就业。全面实施订单式培训，促进高校毕业生就业创业，实施了2014年高校毕业生“三支一扶”计划，选拔476名高校毕业生到基层服务。开发适合高校毕业生就业的公益性岗位2500个，实施了新一轮大学生创业引领计划，完善基层就业和社会保障服务设施等等，有效地促进了社会就业水平提高。二是政策性增资和规范津补贴。2014年，黑龙江省机关事业单位全额发放第13个月工资，平均发放金额达到原来的2倍以上，对于工资水平在全国处于低位的黑龙江省，起到很大的拉动作用。加之全省机关事业单位职工再次规范津贴标准以及部分市县取暖费改革到位等有利因素，进一步保证了城镇居民工资性收入稳定增长。

2. 社会保障制度改革的进一步深化助推收入增长。随着人口的老龄化以及城镇社保覆盖面的扩大，在养老、医疗等方面的受益人口增多。2014年，全省企业退休人员基本养老金每月上调224元，增幅达到13.4%。企业退休人员养老金实现“十连涨”，企业退休人员基本养老金水平明显提高。调查显示，2014年，黑龙江省城镇居民人均转移净收入为5128元，同比增长15.7%，占家庭可支配收入的比重为22.7%，对可支配收入增长的贡献率为39.5%，拉动可支配收入增长3.3个百分点。其中，养老金或离退休金同比增长13.1%，占转移性收入的比重为88.6%，对转移性收入增长的贡献率达83.5%。社会救济和补助同比增长21.3%；报销医疗费同比增长73.5%。此外，2014年黑龙江省为企业退休人员发放了200元一次性御寒补助，对转移性收入的增长也有一定的拉动作用。

3. 经营净收入及财产净收入小幅增长。2014年黑龙江大力推进行政审批制度改革，积极扶持中小微企业发展，鼓励民营企业扩大经营，推动广大居民兴业创业，城镇居民家庭经营显露发展态势，全省新登记内资企业4.8万户，增长61.9%。2014年，黑龙江省城镇居民人均经营净收入为2421元，同比增长1.6%。由于工资收入和养老金收入两者共同构成城镇居民收入稳定增长的基础，而家庭经营性收入的增加，进一步增加了城镇居民家庭的经济实力，加之社会大环境的改变，居民的理财意识增强，城镇居民利息、股息红利、出租房屋收入

等财产性收入日渐增多。2014 年黑龙江城镇居民人均财产净收入为 1318 元，同比增长 4.4%。在财产净收入中，出租房屋收入同比增长 44.1%，利息及红利收入同比增长 72.1%。

（三）农村居民人均可支配收入增幅保持两位数，越过万元大关

2014 年，黑龙江省积极推广先进农业技术，加快农业基础设施建设，推进土地规模化经营，稳步提高农业综合生产能力，大力发展优质高效农业，重点支持绿色食品产业发展；以“两牛一猪”为重点，加快发展畜牧业；扩大蔬菜和食用菌等种植规模，使农业生产现代化水平全面提升，农村居民收入快速增长。

调查结果显示，2014 年，黑龙江省农村常住居民人均可支配收入闯过万元大关，达到人均 10453 元，同比增加 1084 元，名义增长 11.6%，扣除价格因素影响，实际增长 9.8%，增速高于全国平均 0.6 个百分点。

1. 农村各业生产大发展，农村居民家庭经营收入保持稳定增长。近年来，黑龙江省不断完善农村政策和加大投入，采取各种有效措施确保农村经济稳定持续发展，粮食总产量保持连续丰收，畜牧业规模化、标准化程度逐年提高，农民家庭经营收入稳步增长。2014 年，黑龙江省农村居民人均可支配收入中，家庭生产经营净收入人均达 6597 元，同比增长 9.6%，占可支配收入的比重为 63.1%，对可支配收入增长贡献率为 53.1%，拉动可支配收入增长 6.1 个百分点。家庭农业生产经营活动是农村居民主要生活来源。其中，人均农业经营净收入为 5374 元，同比增长 7.2%，占经营净收入的比重为 81.5%，占可支配收入的比重达 51.4%。以上数据表明黑龙江省作为农业大省，经营农业生产获得收入仍是农村居民的收入主渠道。

2. 工资性收入快速增长，成为农村居民增收的最大亮点。农业生产技术的进步，使大量农村劳动力从传统农业生产中解放出来，城市化进程的加快又使越来越多的农村居民走出农村开创新的增收渠道，农民外出务工获得的工资性收入成为农民的另一重大收入来源，工资性收入增长对农村居民可支配收入增长的贡献率越来越高。调查显示，2014 年黑龙江省农村居民人均工资性收入为 2189 元，同比增长 22.2%，占人均可支配收入的比重为 20.9%。对收入增长的贡献率为 36.7%，拉动可支配收入增长 4.2 个百分点。

3. 财产净收入呈现高增速，财产性收入水平有明显提高。随着农村居民家庭经济实力的增加，其财产也不断的积累，这使农村居民依靠财产获得收入有了基础条件，加之有国家政策的引导和保证，土地经营权流转规模不断扩大，价格也随之稳步提升，农村居民的财产性净收入在 2014 创出了新高。2014 年，黑龙江省农村居民人均财产净收入为 512 元，同比增长 35.6%。其中，人均转包土地净收入 468 元，同比增长 31.3%，占财产净收入的比重高达 91.4%。

4. 转移性收入总体平稳，主要项目的转移性收入继续提高。从总体上看，2014 年，黑龙江省农村居民人均转移净收入为 1156 元，同比下降 2.0%。但从转移性收入的各项构成数据看，主要项目转移性收入同比均不同程度增长。如人均政策性惠农现金补贴为 554 元，比上年增长 6.9%；人均养老金或离退休金为 284 元，比上年增长 45.4%；报销医疗费人均 107 元，比上年增长 1.8 倍。

二、城乡居民生活消费水平保持平稳增长态势，生活质量进一步提高

2014 年，即使受到了黑龙江省经济增速放缓以及消费价格上涨幅度降低的影响，但由于有收入增长的支撑，居民的生活消费水平仍然保持了增长。调查结果显示，2014 年，黑龙江省全体居民人均消费支出为 12769 元，比上年名义增长 6.1%，扣除价格因素，实际增长 4.5%；

（一）城镇居民各项消费支出均保持增长

2014 年，城镇居民消费价格指数创 2010 年以来新低，上涨幅度明显缩小，但城镇居民八大类消费支出均保持增长。2014 年受汽车消费的拉动以及通信行业迅猛发展的带动，黑龙江省城镇居民人均交通通信支出为 2054 元，比上年增长 21.2%，成为城镇居民消费中的耀眼亮点。除此之外的其他用品和服务、生活用品及服务、医疗保健、教育文化娱乐、食品烟酒、居住、衣着七大类消费支出比上年分别增长 6.8%、5.6%、4.4%、2.7%、2.5%、2.1% 和 2.0%。

（二）农村居民消费支出呈较高增长态势

从农村居民各项消费增长的总体情况看，保持了较高幅度的增长。其中，人均医疗保健、衣着、交通通信支和教育文化娱乐等四项支出增速达到了两位数增长，同比分别增长19.2%、13.7%、12.2%和10.1%；居住、生活用品及服务消费支出增长速度达到了较高幅度，同比分别增长9.1%和8.0%；食品消费支出增长速度有所放缓，同比增长3.2%；其他用品和服务支出同比下降10.7%。随着参与新农合整体保障水平提高，报销范围的扩大、报销比例的提高，农村居民有病敢医，是医疗保健消费支出快速上升的主要原因。

在党中央的正确领导下，黑龙江省各级政府始终坚持把改善民生工作放在优先位置，在促进就业创业、提高社会保障水平、促进教育公平、大力发展医疗卫生事业、加快发展文化体育事业、推进保障性安居工程建设、加快扶贫开发步伐、加强环境污染治理等有关民生方面，不断加大投入，落实责任制大力推进民生工程，经过坚持不懈的努力，黑龙江省城乡居民的收入一定会持续增长，生活将得到更有力的保证，生活质量将有更大跨越。

（作者：谭波　国家统计局黑龙江调查总队总队长）

上海市经济社会发展报告

2014年，在上海市委、市政府的坚强领导下，全市紧紧围绕创新驱动发展、经济转型升级，坚持稳中求进、改革创新，努力克服严峻复杂外部环境影响，积极应对经济下行压力加大等挑战，总体经济保持平稳有序运行，改革开放增量红利不断积聚，经济发展模式发生积极变化，发展质量和效益进一步提高。

一、经济保持平稳增长，若干指标稳中有降，经济运行仍处于合理区间

1. 经济增长稳中略缓，总体运行平稳有序。2014年，上海经济运行呈现“总体稳定、稳中略缓”特征，全年GDP比上年增长7.0%，增速同比下降0.7个百分点（见图1）。全年GDP增速虽比上年有所放缓，但在国内外形势错综复杂、自身转型升级不断深化、经济结构调整等多重背景下，依然来之不易。同时，经济增长速度的适度回落符合客观规律。

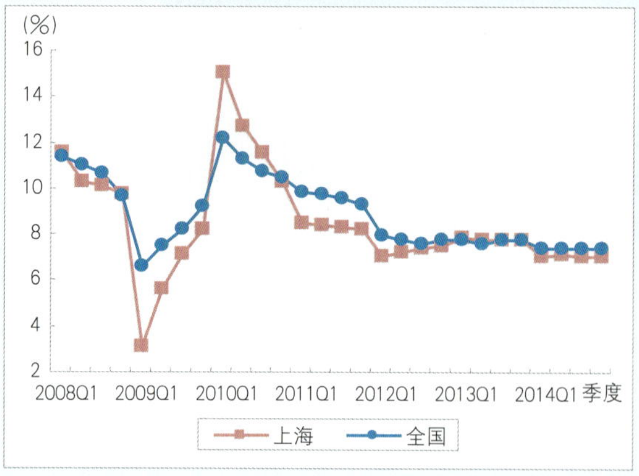

图1 2008-2014年上海与全国季度GDP增长趋势

总体判断，本市经济增长继续保持在合理区间。主要表现为：一是市场价格稳定，全年居民消费价格总水平比上年上涨2.7%，在年初预期目标范围内；二是就业形势稳定，全年新增就业岗位59.96万个，超过50万个的目标值；三是居民收入稳定，全年城乡居民家庭人均可支配收入分别增长8.8%和10.3%；四是财政收入稳定，全年本市地方财政收入增长11.6%，增速同比提高1.8个百分点。

2. 主要指标表现喜忧参半。

（1）从产业结构看，工业生产稳中趋缓，第三产业平稳增长。工业生产稳中趋缓。2014年，全市工业总产值（规模以上，下同）32237.19亿元，比上年增长1.6%，增速同比回落2.8个百分点；工业增加值7362.84亿元，增长4.3%，增速回落2.0个百分点（见图2）。从走势看，工业生产增速呈“前高后低”。下半年，受石油化工及精细化工制造业、精品钢材制造业和电子信息制造业生产下滑影响，工业总产值增速和工业增加值增速出现明显回落。分行业看，六个重点发展工业行业生产低迷，全年总产值增长1.4%，低于全市工业0.2个百分点（见表1）。

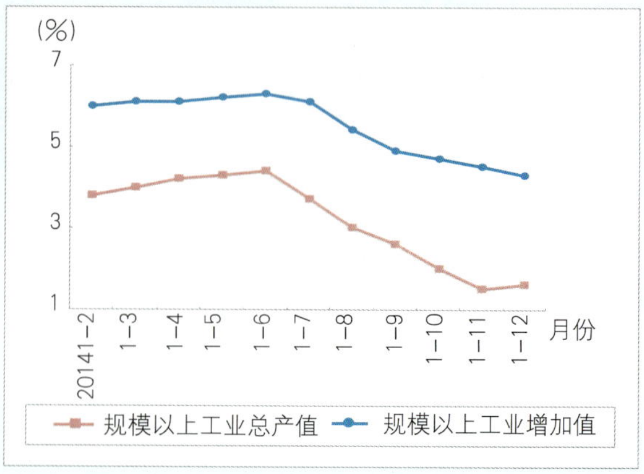

图2 2014年上海规模以上工业总产值和工业增加值增速走势（累计同比）

表 1　2014 年上海六个重点发展工业行业生产情况

指　标	工业总产值（亿元）	比上年增长（%）
规模以上工业总产值	32237.19	1.6
# 六个重点行业工业总产值	21626.85	1.4
电子信息产品制造业	6252.34	-2.3
汽车制造业	5319.03	10.5
石油化工及精细化工制造业	3785.03	-6.8
精品钢材制造业	1447.19	-2.7
成套设备制造业	3949.76	6.0
生物医药制造业	873.51	4.2

第三产业保持平稳增长。一是批发零售行业稳步增长。2014 年，全市商品销售额比上年增长 11.4%，增速同比回落 1.1 个百分点。二是证券交易增长放缓。全年上海证券交易所有价证券成交额比上年增长 48.1%，增速同比回落 9.9 个百分点。但其中股票市场表现突起，股票成交额增长 63.8%，增速提高 23.9 个百分点。三是商品房成交面积持续下降。2014 年，商品房销售面积自 4 月份起持续下降，全年下降 12.5%，而上年为增长 25.5%。

（2）从国内需求看，消费市场平稳运行，固定资产投资增速回落。消费市场平稳运行。2014 年，全市社会消费品零售额为 9303.5 亿元，比上年增长 8.7%。分行业看，批发和零售业增长较快，零售额为 7881.45 亿元，增长 9.1%，增速快于住宿餐饮业 3.4 个百分点。

固定资产投资增速回落。2014 年，全社会固定资产投资总额为 6016.43 亿元，增长 6.5%，增速同比回落 1.0 个百分点。从主要投资领域看，房地产开发投资增长 13.7%，增速同比回落 4.7 个百分点；城市基础设施投资增长 1.3%，增速提高 0.8 个百分点；工业投资继续下降 6.5%，降幅扩大 2.1 个百分点。从投资主体看，国有经济投资下降 6.8%，非国有经济投资增长 13.4%。其中，民间投资有所回暖，增长 8.5%，增速同比提高 3.8 个百分点。

（3）从对外经济看，外贸进出口总体回暖，外资实到金额平稳增长。外贸进出口总体回暖。2014 年，全市外贸进出口总额为 4666.22 亿美元，比上年增长 5.6%，增速同比提高 4.5 个百分点。其中，出口总额增长 3.0%，进口总额增长 7.9%（见图 3）。从总体形势看，外贸进出口形势总体好于上年，为近三年的最好水平。外贸出口结构继续呈现两个“快于”的特点。一是一般贸易出口增长快于加工贸易。一般贸易出口增长 7.6%，而加工贸易出口下降 2.5%；二是私营企业出口增长快于国有企业和外商投资企业。私营企业出口增长 7.8%，而外商投资企业出口增长 3.5%，国有企业出口下降 6.0%。

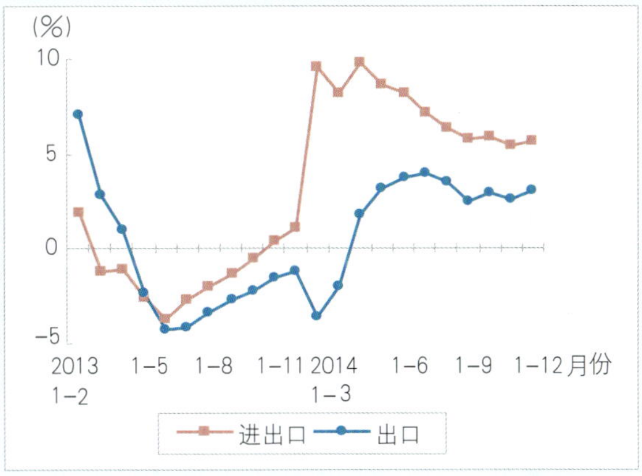

图 3　2013-2014 年上海外贸进出口增速走势（累计同比）

外商直接投资实际到位金额保持平稳增长。2014 年，外商直接投资实际到位金额为 181.66 亿美元，比上年增长 8.3%，增速同比回落 2.2 个百分点。其中，第三产业外资实到金额增长 20.8%，增速同比提高 13.8 个百分点；第二产业外资实到金额下降 44.6%，而上年为增长 29.0%。全年，外商直接投资合同金额 316.09 亿美元，增长 26.8%，增速提高 8.2 个百分点。

（4）从财政金融看，财政收入增长较快，货币信贷增长放缓。财政收入保持较快增长，财政支出平稳增长。2014 年，全市地方财政收入为 4585.55 亿元，比上年增长 11.6%，增速同比提高 1.8 个百分点。全年，地方财政支出 4923.44 亿元，增长 8.7%，增速回落 0.5 个百分点。主要支出项目中，医疗卫生与计划生育、城乡社区和公共安全分别增长15.9%、12.4%和10.8%（见表2）。

表2 2014年上海地方财政收支情况

指 标	绝对额（亿元）	比上年增长（%）
地方财政收入	4585.55	11.6
#增值税	969.14	14.2
营业税	1001.92	4.1
企业所得税	942.46	12.5
个人所得税	408.61	15.0
契税	214.33	-0.3
地方财政支出	4923.44	8.7
#一般公共服务	248.84	0.9
公共安全	250.90	10.8
教育	695.53	2.4
社会保障和就业	498.13	6.4
医疗卫生与计划生育	264.75	15.9
城乡社区	801.39	12.4

货币信贷增长放缓。12月末，中外资金融机构本外币存款余额为73882.45亿元，比上年同期增长6.7%，增速同比回落2.3个百分点。中外资金融机构本外币贷款余额47915.81亿元，增长8.0%，增速回落0.2个百分点（见图4）。在各项贷款中，短期贷款比年初减少413.54亿元；中长期贷款新增2568.66，同比多增248.21元。

图4 2013-2014年上海存、贷款余额增速变化情况

（5）从市场价格看，居民消费价格温和上涨，工业生产价格持续下降。居民消费价格温和上涨。2014年，居民消费价格总水平比上年上涨2.7%，涨幅同比提高0.4个百分点。居民消费价格变动主要有两个特征：一是从八大类商品看，居住类和食品类价格上涨成为居民消费价格总水平上涨的主要推力。全年居住类价格上涨4.6%，拉动居民消费价格总水平上涨1.1个百分点；食品类价格上涨3.2%，拉动居民消费价格总水平上涨1.0个百分点。二是从服务和消费品项目看，全年服务项目价格上涨4.0%，上拉居民消费价格总水平1.4个百分点，其对居民消费价格的影响程度超过消费品。

工业生产者出厂价格持续下降。2014年，工业生产者出厂价格比上年下降1.1%，工业生产者购进价格下降4.1%。从走势看，两大工业生产价格同比指数均呈倒V型走势，总体处于下降通道。工业生产者出厂价格在4月份起降幅逐月收窄后，7月份出现短暂回升，升幅为0.1%，8月份开始再次转为下降；工业生产者购进价格自4月份起降幅逐月收窄至7月份的1.7%，8月份开始降幅再次扩大（见图5）。

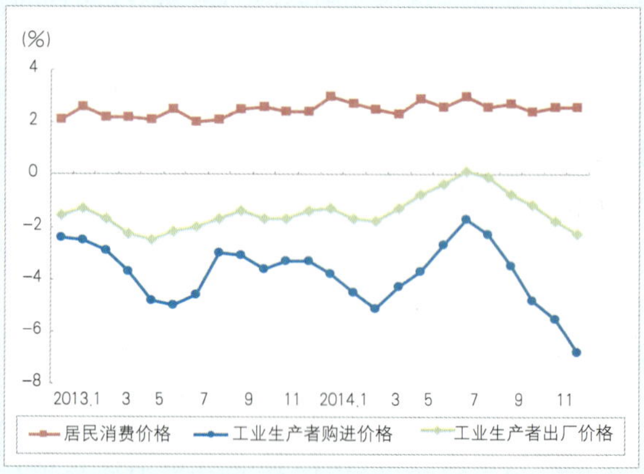

图5 2013-2014年上海居民消费价格和工业生产者价格涨（降）幅走势（月度同比）

（6）从收入就业看，城乡居民收入增速略有回落，就业形势总体稳定。城乡居民收入增速略有回落。2014年，上海城市居民家庭人均可支配收入为4884元，比上年增长8.8%（见表3），增速同比回落0.3个百分点；扣除价格因素，增长5.9%，增速下降0.7个百分点。农村居民家

庭人均可支配收入为21192元，增长10.3%，增速回落0.1个百分点；扣除价格因素，增长7.4%，增速下降0.5个百分点。城乡居民收入增速小幅回落与全市经济增长稳中略缓的形势相吻合。

表3 2014年上海城市和农村居民家庭人均可支配收入

指 标	金额（元）	增长（%）	指 标	金额（元）	增长（%）
城市人均可支配收入	48841	8.8	农村人均可支配收入	21192	10.3
工资性收入	30629	7.4	工资性收入	13430	8.5
经营净收入	2345	1.2	经营净收入	1035	12.5
财产性收入	846	7.4	财产性收入	1757	10.7
转移性收入	13890	13.6	转移性收入	4970	15.0

就业形势基本平稳。2014年，全市新增就业岗位59.96万个。其中，农村富余劳动力实现非农就业10.78万个。12月末，全市城镇登记失业人数为25.63万人，比上年末减少0.74万人。

二、改革开放红利递增，经济发展模式发生积极变化，创新转型加快推进

1. 改革开放红利递增。一是自贸试验区引领带动效应显现。2014年，上海自贸试验区新注册企业11440家，比上年同期增长1.6倍；内资企业注册资本增长2.9倍；合同外资增长5.2倍，占全市比重达37.3%；进出口总额增长8.3%，占全市比重达26.6%。

二是“四个中心”建设进一步推进。2014年，上海金融市场（不含外汇市场）成交总额比上年增长23.0%。上海港集装箱吞吐量增长5.0%，集装箱水水中转比率达45.8%，国际中转比率达7.1%。服务贸易占全国的比重为30%左右；关区进出口总额占全国的比重达到20.1%。

三是“营改增”试点效应持续扩大。“营改增”试点以来，本市社会服务业相关税负率逐年下降，根据初步测算，主要税种税率比2012年下降0.8个百分点左右。

2. 经济发展模式发生积极变化。一是在投资领域上更注重软投入。近几年全市固定资产投资低速增长，经济增长对投资的依赖程度明显下降。与此同时，研发领域的软投入明显增加，创新动力逐步加强。近5年全社会研发经费支出年均增长15%以上（见图6）。R&D经费支出相当于GDP的比例逐年提高，2014年继续保持在3.6%，与发达国家水平基本相当。

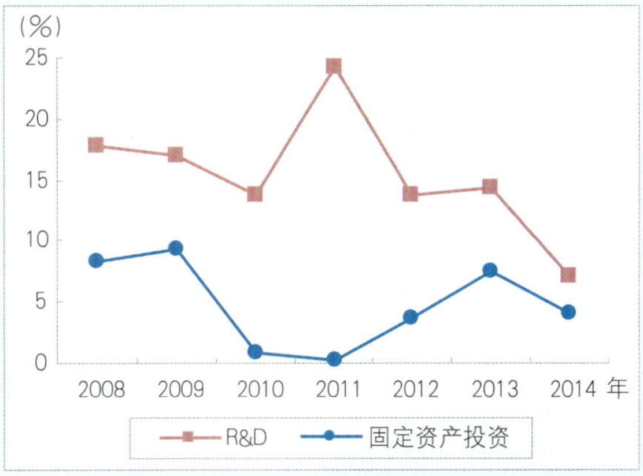

图6 2008–2014年上海R&D投入与固定资产投资增速变化情况

二是在市场需求上更依赖国内市场。2014年，本市商品销售总额和固定资产投资总额分别比上年增长11.4%和6.5%，明显高出外贸出口增速；最终消费支出占GDP的比重逐年提高，2013年达到57.9%，对经济增长的贡献率超过65%，2014年进一步提高。内需市场、内源要素、内生动力成为经济持续稳定增长的重要支撑。

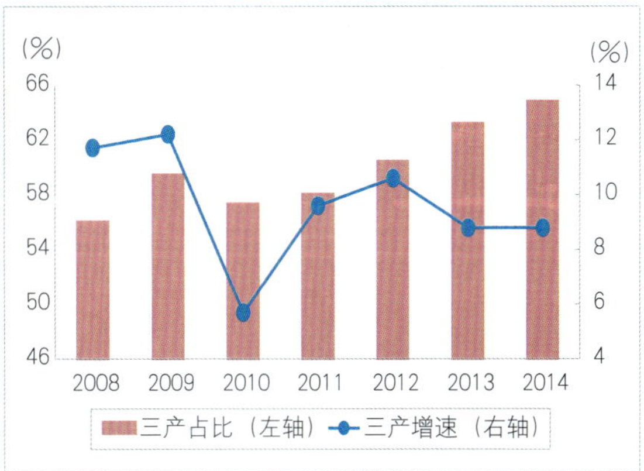

图7 2008–2014年上海第三产业增速及占比变化情况

三是资本流动上更重视资本流出。在利用外资增速总体趋缓的同时，对外投资迅猛增长。2014年本市对外直接投资总额比上年增长1.9倍；而全年利用外资实到金额增长8.3%。随着资本实力的不断增强，资本输出成为企业转型升级的重要方向。

3. 创新转型加快推进。一是产业转型取得明显进展。第三产业增速继续高于第二产业。2014年，全市第三产业增速为8.8%，快于第二产业4.5个百分点，对经济增长的贡献率达到76.3%。第三产业增加值占全市生产总值的比重达到64.8%，比上年提高1.6个百分点①（见图7）。战略性新兴产业制造业增速高于全市工业。2014年，全市战略性新兴产业制造业扭转前两年持续低迷的态势，全年制造业产值增长5.5%，增速快于全市工业3.9个百分点，占工业总产值约四分之一。生产性服务业主要行业增速高于第三产业。2014年，金融业增加值比上年增长14.0%，信息传输计算机软件服务业增加值增长12.5%，交通运输仓储和邮政业增加值增长9.4%，均高于第三产业增速。

二是新兴经济快速成长。互联网金融、移动互联网、电子商务、云计算等新产业、新业态、新技术和新模式加快发展，增速明显高于传统产业，逐步成为新的经济增长点。2014年，全市电子商务交易额增长28.3%；网上商店零售额增长24.6%，占社会消费品零售总额的比重达到9.4%。

（作者：王建平　上海市统计局局长）

注：①根据国家统计局规定，从2013年年报开始产业分类按新的《三次产业划分规定》进行核算，将原第一产业中的农林牧渔服务业和原第二产业中的开采辅助活动及金属制品机械设备修理业调整到第三产业，调整后2013年上海第三产业占GDP比重为63.2%。

专栏：上海融资租赁业大有可为

融资租赁被克强总理喻为金融支持实体经济的“新高地”，在拉动内需、促进中小企业发展、创新金融服务、优化资源配置方面发挥重要作用。2014 年 8 月，国务院印发《关于加快发展生产性服务业促进产业结构调整升级的指导意见》（国发〔2014〕26 号），明确把融资租赁业作为生产性服务业的重点发展领域之一。上海具备制造业产业发展基础、拥有高新技术、基础设施发展建设的强大需求，在建设“四个中心”的过程中，融资租赁业迎来了势头更猛的发展浪潮，业务发展迅速，企业数量和资金规模快速增长，经营实力不断增强，租赁资产具有一定规模，涉及领域日益拓宽，杠杆作用不断放大，自贸区产业集聚效应显现，整体处于全国领先的地位。

一、发展热潮方兴未艾

中国融资租赁业始于 20 世纪 80 年代初，历经高速成长期（1981-1987）、行业整顿规范期（1987-2007）、行业复苏及转型提升期（2007 年至今）等三个重要时期，经过三十多年的开拓和探索，目前正走向健康发展轨道。尤其是 2013 年上半年，受“营改增”税收政策利好影响，行业呈现出快速发展的态势，已一跃成为全球第二大租赁市场。融资租赁业支持实体经济的发展和国家重点基础设施的建设，在产业结构转型升级、拉动社会有效需求和促进金融市场完善等方面发挥重要作用，是新常态下推动我国经济转型升级的有效手段。伴随着巨大的市场潜力和广阔的发展前景，中国融资租赁业新时代已经到来。

与天津同为行业领跑者的上海融资租赁业也步入发展快轨，近三年来年增长 30%-50%，处于高速增长阶段。2014 年是中国租赁业突飞猛进的一年，截至 2014 年底，全国融资租赁企业约有 2200 家。其中，上海共有 540 家，企业数约占全国总数的四分之一，包括内资试点融资租赁企业 15 家，外资融资租赁企业 519 家，金融租赁企业 6 家。上海各类融资租赁企业整体发展势头良好，不仅形成了如远东国际租赁、交银租赁、招银租赁等千亿级规模的龙头企业，也创建了很多有一定的业务基础和核心竞争力的行业新星，经过近几年的发展，企业的业务领域逐步扩大，经营管理和风险控制能力明显提升，专业化程度不断提高。

二、业务增长迅猛

近年来，实体经济对资金的需求强烈，但受银行信贷政策影响，融资难问题凸显，尤其对于中小企业而言，融资渠道更加有限。融资租赁以融物的形式融资，具有门槛低、程序简单、融资期限长、还款方式灵活、压力小等优势，目前已成为不少企业的选择。数据显示，中国融资租赁业务总量由 2006 年的约 80 亿元增至 2014 年约 3.2 万亿元。其中，上海融资租赁业的业务总量约 8000 亿元，占全国的四分之一，处于全国前列。传统租赁项目如工程机械、生产设备、大飞机、船舶等大型固定资产业务发展迅猛，同时受经济结构转型、消费升级等因素影响，健康卫生、教育、文化、基础设施等新兴领域的业务量也呈现爆发增长。

三、规模扩张强劲

近两年，受业务量增长、国家政策支持、行业发展前景看好等多项因素影响，融资租赁企业规模逐步扩张。据国家统计局上海调查总队 2014 年开展的融资租赁企业发展情况调查显示，有 68.2% 的受访企业近两年增加了注册资本金，其中部分企业两次增资。企业反映，融资租赁是个重资产行业，业务规模的增加往往伴随着资本金的巨大消耗。目前融资租赁企业资金杠杆比例有严格规定，金融租赁企业的资产总额与净资本之比不得超过 12.5 倍，由商务部监管的融资租赁企业资本杠杆不得超过 10 倍。因此，随着租赁业务的快速增长，企业将进一步追加资本金，扩大规模之势将有所持续。

四、自贸区融资租赁集聚效应显现

自 2013 年 9 月中国（上海）自由贸易试验区挂牌以来，融资租赁作为区内最热门的产业受到广泛关注。目前，上海自贸区已经成为融资租赁产业最集聚的区域，截至2014年11月底，自贸区已经累计引进了264家境内外融资租赁公司和314家项目子公司，累计注册资本超过了847.6亿元。其中，挂牌后新引进的融资租赁公司190家，占累计总数的85%；项目子公司164家，占累计总数的52%；新增注册资本621亿元。共运作68架民航客机、7架支航客机、38艘远洋船舶、2台飞机发动机、2套石油钻探设备、2套光伏设备、41套发电机组以及其他若干大型设备，租赁资产的价值总额已经超过96亿美元。

自贸区持续关注融资租赁产业发展需求，不断完善区域功能，引导产业健康发展，为租赁上下游企业的发展提供全产业链、全方位服务和支持。融资租赁企业享受了很多独有的政策试点便利，如允许融资租赁企业兼营与主营业务有关的商业保理业务；自贸试验区内融资租赁企业可开立跨境人民币专户，向境外借取跨境人民币贷款，跨境人民币借款额度采取余额制管理；支持开展跨境人民币双向资金池，国内、国际外汇主账户等本、外币资金池业务；自贸试验区内融资租赁企业对外提供担保的便利政策等等。随着区内融资租赁政策效应的逐步显现，将会继续吸引境内外融资租赁企业入驻，形成更加集聚的产业规模和更加有利的产业发展环境。

五、未来发展潜力巨大

在发达国家，融资租赁业是综合性的金融产业，已成为仅次于银行信贷的第二大金融工具，被誉为“朝阳产业”及“新经济的促进者”，与银行、保险、信托、证券等共同构成西方现代金融的五大支柱。租赁渗透率（融资租赁额度与固定资产投资的比例）通常在15%-30%之间，其中，美国租赁业租赁渗透率达30%以上，澳大利亚在25%以上，加拿大在22%以上。而据相关部门估算，中国租赁渗透率仅为4%-5%左右，远低于发达国家水平。从国际横向比较看，我国租赁行业未来发展潜力大，仍有倍数成长空间。据预测，到2016年中国融资租赁业将突破5万亿大关，超越美国成为世界第一租赁大国，预计2020年行业规模将达到12万亿。调查显示，近七成受访企业对融资租赁业发展持乐观态度，企业认为，近期国家将融资租赁业定位为重点发展的生产性服务业，行业关注度可能进一步提高，有望成为中国扩大内需背景下新的经济增长点。尤其是上海正处于在经济转型升级、企业技术升级改造、产业调整的关键阶段，国际金融中心背景及良好的市场环境成为融资租赁行业发展的基础，市场对于融资租赁有巨大的需求，行业发展前景较为乐观。

面对未来12万亿的广阔市场，融资租赁业在法律法规建设、体制机制创新、政策制度保障、市场体系完善等方面还有待创新发展，在机构数量、产品种类、业务规模、人才储备、内部管理等方面还需要不断努力。面对新的发展机遇和挑战，处于朝阳期的上海融资租赁业也蓄势待发，将在更加有利的产业政策和更加宽松的产业环境支持下，依托国际金融中心的建设，借助互联网金融创新平台，夯实基础、发挥优势、积极创新，着力推进业务专业化和国际化、着力提升专业服务能力、着力构建融资租赁发展的大平台，继续做实、做强、做专，领跑全国。

（作者：朱章海　国家统计局上海调查总队总队长）

江苏省经济社会发展报告

2014年，面对复杂多变的宏观经济环境和艰巨繁重的改革发展稳定任务，全省坚持稳中求进工作总基调，统筹做好稳增长、促改革、调结构、重生态、惠民生、防风险各项工作，新常态下经济运行总体稳定、稳中有进，主要经济指标增幅保持在合理区间，综合实力再上新水平，结构调整取得新进展，发展质量跃上新台阶，民生改善收到新成效。但经济下行压力仍然较大，经济运行的矛盾和困难依然较多。

一、主要经济指标增长处于合理区间

初步核算，2014年全省实现生产总值65088.3亿元，按可比价格计算，比2013年增长8.7%，增速比前三季度回落0.1个百分点，比全国高1.3个百分点。其中，第一产业增加值3634.3亿元，增长2.9%；第二产业增加值31057.5亿元，增长8.8%；第三产业增加值30396.5亿元，增长9.3%。三次产业结构为5.6:47.7:46.7。

（一）农业生产形势较好

2014年，全省实现农林牧渔业增加值3835.2亿元，比2013年增长3.4%，增速同比回升0.3个百分点。全年粮食总产量3490.6万吨，比上年增加67.6万吨，实现粮食总产“十一连增”，总产居全国第五位。夏粮亩产、总产均创历史最好水平：亩产349公斤，比上年增加15公斤；总产1254.7万吨，增长4.9%。油料亩产再创历史新高，达196公斤，较上年增加9公斤。生猪生产小幅增长。2014年末，生猪存栏1799.5万头，比上年增长0.7%；出栏肉猪3073.6万头，增长0.8%；猪肉产量232.4万吨，增长1.1%。畜禽生产逐步恢复。2014年末，全

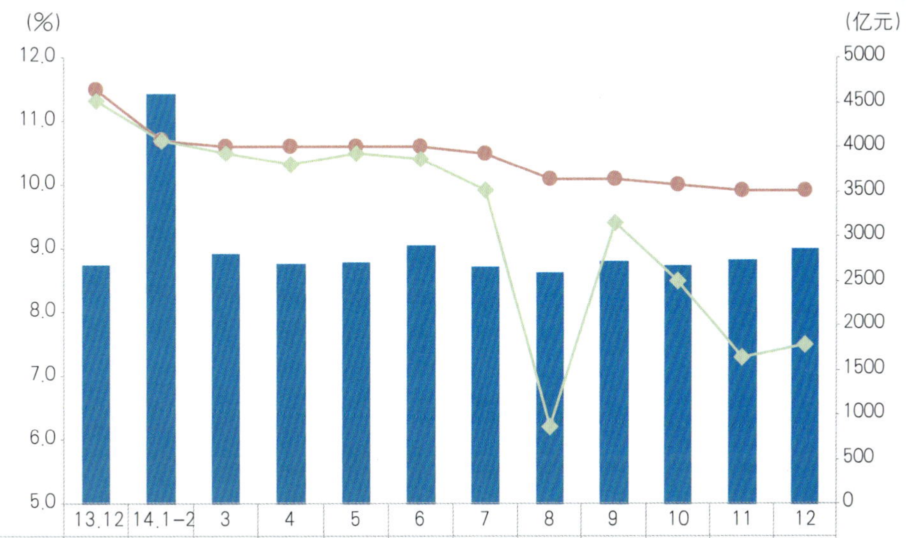

	13.12	14.1–2	3	4	5	6	7	8	9	10	11	12
当月总量	2646	4574	2773	2665	2688	2867	2638	2577	2705	2646	2708	2838
累计增速	11.5	10.7	10.6	10.6	10.6	10.6	10.5	10.1	10.1	10	9.9	9.9
当月增速	11.3	10.7	10.5	10.3	10.5	10.4	9.9	6.2	9.4	8.5	7.3	7.5

图1 规上工业增加值同比增速及当月总量

省家禽存栏 3.2 亿只，比 2013 年末增长 0.3%；累计出栏 7.6 亿只，比 2013 年下降 5.4%，降幅收窄 4.2 个百分点。水产品供应稳定，预计全年产量 517.9 万吨，比上年增长 1.7%。

（二）工业经济稳中趋缓

2014 年，全省规模以上工业增加值比 2013 年增长 9.9%，增速同比回落 1.6 个百分点。股份制经济增长较快，实现增加值 17807.6 亿元，比上年增长 11.2%。重工业回落明显，全年工业增加值增长 9.9%，比上年回落 2 个百分点。国有、“三资”工业低位增长，增加值分别增长 3.2%、8.3%，比上年回落 4.4 个、0.5 个百分点。多数行业稳定增长。全省 40 个工业大类行业中有 32 个产值较上年保持正增长，但增速回落明显，有 31 个行业增速同比有所回落。

（三）服务业发展态势良好

2014 年，全省规上服务业单位实现营业收入 9860 亿元，比 2013 年增长 12%，增速比上年同期提高 1.1 个百分点。交通运输服务业稳中有升。2014 年，公路、水运客货运周转量分别比 2013 年增长 10.1%、4.3%；规模以上港口货物吞吐量增长 5.7%；铁路客货运周转量增长 6.4%，达年内最高增速且比上年回升 1.5 个百分点；民航旅客吞吐量、货邮吞吐量分别增长 12.5%、17.2%。

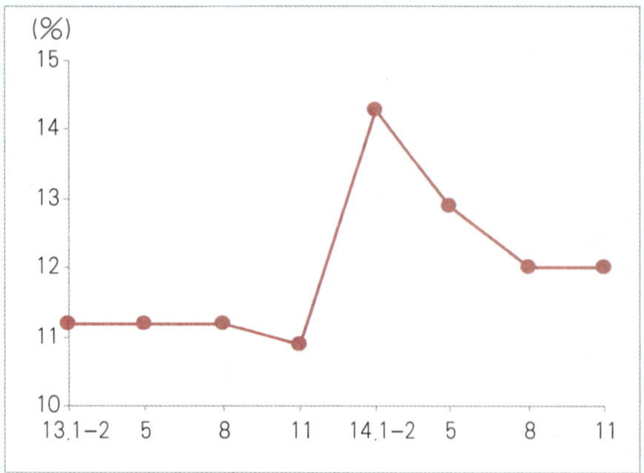

图 2 规上服务业单位营业收入同比增速（累计）

（四）固定资产投资稳中有降

2014 年下半年以来，固定资产投资增速呈回落之势，全年完成投资 41938.7 亿元，比 2013 年增长 15.3%。其中，项目投资 33312.5 亿元，增长 15.9%；房地产开发投资 8240.2 亿元，增长 13.8%。新开工项目增势稳定。全年新开工项目 35794 个，比上年增长 10.8%；完成投资 22431.5 亿元，增长 20.9%。商品房销售大幅回落。2014 年商品房销售面积 9846.8 万平方米，比上年下降 14%，同比大幅回落 41 个百分点。其中，住宅销售面积 8800.9 万平方米，下降 13.6%。

（五）消费品市场运行平稳

2014 年，全省实现社会消费品零售总额 23458 亿元，比 2013 年增长 12.4%，增速同比回落 1 个百分点。其中，限额以上社会消费品零售总额 12421.4 亿元，比 2013 年增长 9.7%，增速同比回落 1.4 个百分点。出行类商品贡献率较高。石油及制品类、汽车类商品零售额比上年分别增长 20.9%、6.6%，拉动限上批零业零售额增长 2.3 个、1.9 个百分点，贡献率达 23% 和 19.3%。房地产相关商品保持较快增长。建筑及装潢材料类、家具类、五金电料类分别增长 19.8%、17.7% 和 12.1%，三者合计拉动限上批零业零售额增长 1.4 个百分点，贡献率达 14.6%。

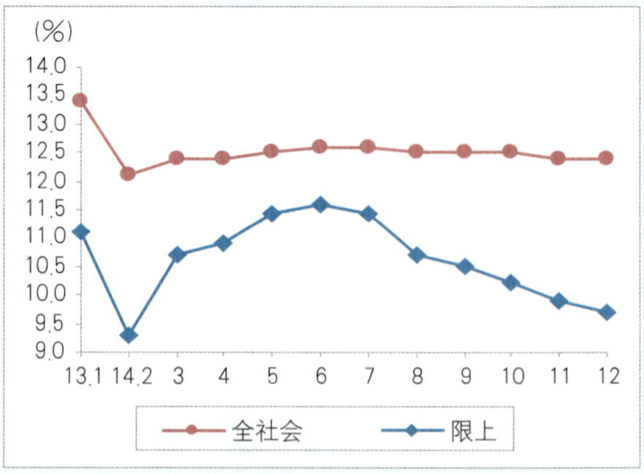

图 3 社会消费品零售总额同比增速（累计）

（六）进出口低位回升

2014 年，全省实现进出口总额 5637.6 亿美元，比 2013 年增长 2.3%，增速回升 1.8 个百分点；

出口总额3418.7亿美元，增长4%，增速回升3.9个百分点；进口总额2218.9亿美元，与上年同期基本持平。

（七）居民收入持续稳增

2014年，全省居民（全体居民）人均可支配收入27173元，比2013年增长9.7%。其中，工资性收入增长9.4%，经营净收入增长10.7%，财产净收入增长7.8%，转移净收入增长10.5%。分城乡看，城镇常住居民人均可支配收入34346元，比上年增长8.7%；农村常住居民人均可支配收入14958元，增长10.6%。

（八）财政金融增势基本稳定

2014年，全省公共财政预算收入突破7千亿元，达7233.1亿元，比2013年增长10.1%，增速同比回落2个百分点。其中，税收收入6006亿元，增长10.8%。分税种看，增值税增长14.9%、营业税增长11.3%、企业所得税增长7.5%、个人所得税增长15.7%，同比分别回升10.4个、回落1.5个、回升5.1个和回落2.4个百分点。2014年末，全省金融机构人民币存款余额93735.6亿元，比上年末增长9.5%，增速同比回落3.9个百分点，比年初新增8131.6亿元，同比少增1962.5亿元；人民币贷款余额69572.7亿元，比上年末增长12.5%，增速同比回落1.1个百分点，比年初新增7546.6亿元，同比多增338.8亿元。

（九）居民消费价格温和上涨

2014年，全省居民消费价格月度涨幅波动下行，累计涨幅基本平稳。全年CPI同比上涨

表1 2014年居民收入构成情况

指标	全体居民		城镇常住居民		农村常住居民	
	绝对值（元）	增幅（%）	绝对值（元）	增幅（%）	绝对值（元）	增幅（%）
人均可支配收入	27173	9.7	34346	8.7	14958	10.6
工资性收入	15707	9.4	20720	8.3	7170	10.9
经营净收入	4421	10.7	4063	10.7	5031	11.1
财产净收入	2300	7.8	3373	6.8	472	7.3
转移净收入	4745	10.5	6189	9.9	2286	9.4

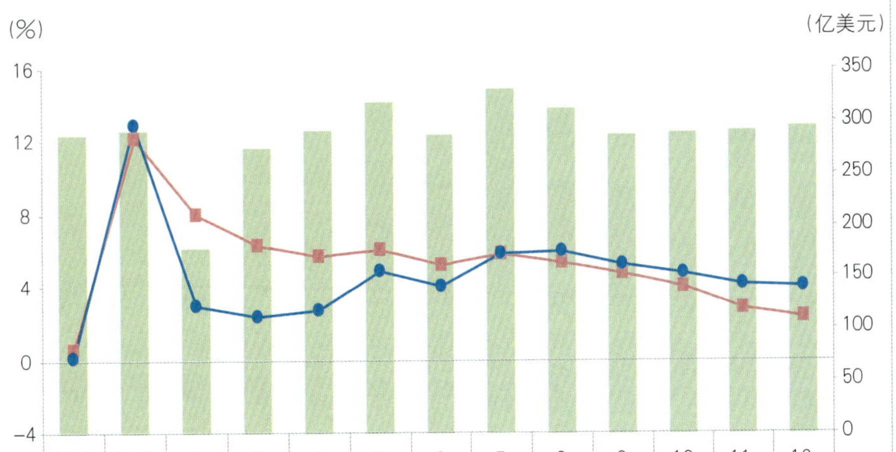

	13.1	14.1	2	3	4	5	6	7	8	9	10	11	12
当月出口额	285	289	175	273	290	316	285	328	309	284	287	290	293
进出口增速	0.5	12.2	8	6.3	5.7	6.1	5.2	5.8	5.4	4.7	4.0	2.8	2.3
出口增速	0.1	12.9	3	2.4	2.7	4.9	4	5.8	6	5.2	4.8	4.1	4.0

图4 进出口、出口同比增速（累计）及当月总量

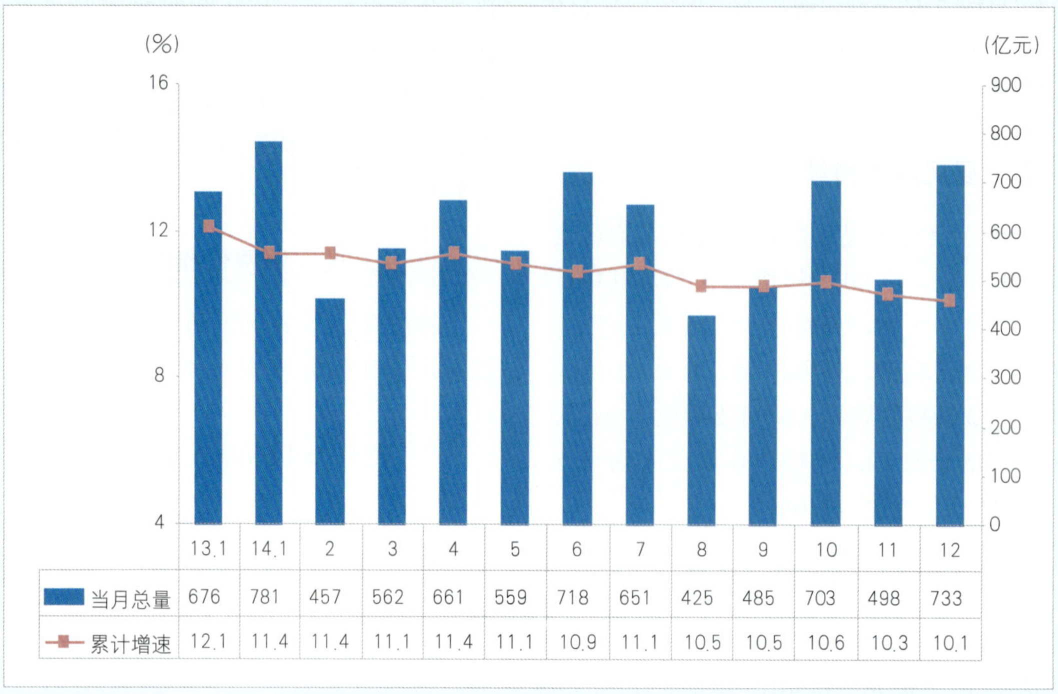

图 5　公共财政预算收入同比增速（累计）及当月总量

2.2%，比2013年回落0.1个百分点，比全国高0.2个百分点。八大类商品价格“六涨两跌”：食品涨2.6%、衣着涨3.9%、家庭设备用品及维修服务涨3.3%、医疗保健和个人用品涨1.8%、娱乐教育文化用品及服务涨2.6%、居住涨2.4%、烟酒跌1.4%、交通和通信跌0.2%。

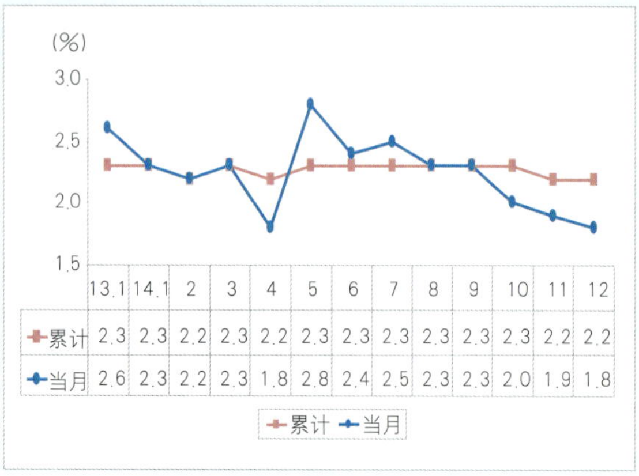

图 6　居民消费价格同比涨幅

（十）就业形势保持稳定

2014年，全省新增城镇就业138.34万人，创历史新高，连续十年实现新增就业超百万，比2013年增加1.44万人。2014年末，全省城镇登记失业人员36.57万人，比2013年末减少1.04万人；城镇登记失业率为3.01%，比2013年末下降0.02个百分点，继续保持较低水平。

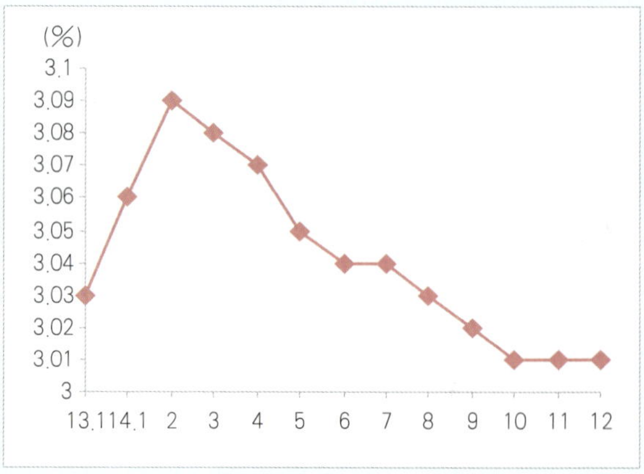

图 7　月末城镇登记失业率

二、平稳运行中实现提质增效

（一）产业结构调整步伐加快

一是先进制造业发展提速。2014年，全省装备制造业产值比上年增长8.8%，占规上工业比重达46.6%，贡献率52.7%，分别比高耗能行业高2.5个、14.4个和26.1个百分点。其中，通用设备、专用设备、汽车、仪器仪表以及铁路、船舶、航空航天和其他运输设备制造业产值增速均在两位数以上。2014年，全省高新技术产业实现产值5.7万亿元，比2013年增长10.4%，增速高于规上工业2.7个百分点；占规上工业比重达39.5%，同比提高1个百分点。二是现代服务业势头强劲。2014年，服务业增加值占GDP比重达46.7%，比2013年提高1.2个百分点，金融业、营利性服务业等现代服务业占第三产业比重分别为14.9%、17.7%，比上年提高0.3个、0.4个百分点。规模以上服务业单位营业收入中，互联网和相关服务业比上年增长41.9%，租赁和商务服务业增长19%，居民服务、修理和其他服务业增长17%，文化、体育和娱乐业增长11.5%。三是节能降耗成效显著。2014年，规模以上工业综合能耗22997万吨标准煤，比上年增长1%，增速同比回落3.4个百分点。预计全年单位GDP能耗比上年下降5.75%，将超额完成年度节能降耗3.9%的目标任务。

（二）需求结构不断优化

一是投资结构持续改善。服务业投资占比超过制造业。2014年全省服务业投资21045.3亿元，比2013年增长20.8%，增速快于制造业10.4个百分点；占全部投资比重达50.6%，同比提升2.2个百分点，且高于制造业4.5个百分点。高新技术产业投资增长快于高耗能行业，全年完成投资7172.1亿元，比上年增长11.6%，增速快于高耗能行业7个百分点。技改投资较快增长，完成投资10222.8亿元，比上年增长20.3%，其中工业技改投资增长19.9%。二是消费层次有所提升。消费结构开始呈现从商品消费向服务消费，从基本消费向发展型消费升级的特征。信息、医疗、娱乐等服务型消费增长加速，回升明显。全年限额以上商品零售额中，中西药品类、儿童玩具类商品零售额比上年分别增长16.2%、16.5%，均高于吃、穿、用等基本消费商品。体育、娱乐用品类，电子出版物及音像制品类增速同比分别回升8.1个、14.7个百分点。三是外贸转型步伐加快。一般贸易比重高于加工贸易，2014年一般贸易出口总额1583.4亿美元，占全部出口比重达46.3%，高于加工贸易2.7个百分点；一般贸易出口增长8.8%，快于加工贸易9.4个百分点。机电产品、高新技术产品出口回升。全年分别增长3.4%、1.1%，比上年同期回升4.9个、3.8个百分点。

（三）质量效益稳步提升

一是粮食种植效益稳步提升。2014年小麦现金收益首次突破500元/亩，达564.4元，亩均净利润263.3元，比上年增加112.7元。水稻亩均收益1203.7元（不含补贴和人工），比上年增加33.9元。二是企业盈利状况保持稳定。2014年，全省规模以上工业企业实现利润总额8839.8亿元，比上年增长12.8%，增速高于主营业务收入5.3个百分点；主营业务利润率为6.2%，同比提高0.5个百分点；企业亏损面为12.9%，比年初收窄10.3个百分点，年内持续收窄。规模以上服务业单位实现营业利润1091.5亿元，同比增长8.4%；企业亏损面为21.7%，比1—8月收窄2.4个百分点。三是财税质量持续提高。2014年，公共财政预算收入中税收占比达到83%，比2013年提高0.5个百分点。增值税、营业税以及个人所得税均保持较快增长，增速分别达到14.9%、11.3%和15.7%。从营业税内部结构看，金融业、租赁和商务服务业税收分别增长15.1%、26.5%，而房地产业税收仅增长6.6%。全年75%以上的财政支出用于民生保障，其中省级财政达到80%左右。全年公共财政预算支出当中，社会保障和就业、医疗卫生、城乡社区事务和住房保障支出分别增长14%、16.6%、18.9%和12.8%。四是城乡收入差距进一步缩小。2014年，农村常住居民人均可支配收入比上年增长10.6%，快于城镇1.9个百分点。城乡居民收入比由2013年的2.39:1缩小至2014年的2.30:1，连续五年呈缩小态势。

（四）改革开放纵深推进

坚持以经济体制改革为重点，制定出台有关经济体制改革的系列指导意见，扎实推进重要领域和关键环节改革。简政放权力度不断加大，省

级层面减少行政审批事项 506 项。“营改增”试点企业达 34 万户，累计减税 358.6 亿元，有力促进了服务业发展。全面实施企业注册资本登记制度改革，新登记企业和注册资本分别增长 14% 和 49.7%。推动多种所有制经济共同发展。2014 年全省规模以上民营工业实现增加值 16830.6 亿元，比 2013 年增长 11.8%，其中私营企业增长 11.7%，增速分别高于规上工业 1.9 个、1.8 个百分点。民营工业拉动规上工业增加值增长 6.5 个百分点，增长贡献率达 65.2%。全年私营企业出口首超千亿美元达 1054.6 亿美元，比上年增长 5.8%，高于外资企业 3.4 个百分点。

（五）区域经济协调发展

2014 年，苏南转型升级步伐明显加快，苏中整体发展水平稳步提升，苏北主要经济指标增幅继续高于全省平均水平。苏南、苏中、苏北地区规模以上工业增加值分别比 2013 年增长 7.6%、11.6% 和 12.4%，苏北高于全省 2.5 个百分点；公共财政预算收入分别增长 8.2%、12.7% 和 12.9%，苏北高于全省 2.8 个百分点；固定资产投资分别增长 10.5%、20.1% 和 22.3%，苏北高于全省 6.8 个百分点；社会消费品零售总额分别增长 12.3%、11.9% 和 12.9%，苏北高于全省 0.5 个百分点。

三、经济运行面临的困难和挑战

（一）经济运行下行压力较大

当前物价水平持续走低，国内宏观经济面临较大的下行压力，全国工业生产者出厂者价格（PPI）已连续 34 个月负增长，居民消费价格（CPI）涨幅创近五年来新低。从江苏情况看，2014 年工业生产者出厂价格同比下跌 1.7%，已连续三年负增长；12 月份 CPI 同比上涨 1.8%，已达近 20 个月以来最低水平。从金融市场来看，流动性也有所降低。2014 年末，全省金融机构人民币存款余额比上年末增长 9.5%，增速同比回落 3.9 个百分点；比年初新增 8131.6 亿元，同比少增 1962.5 亿元。当前物价水平偏低，一定程度上受国际原油、国际大宗商品价格下跌等全球性因素影响，但也客观反映了内需趋弱，去库存化、货币流动性下降等现实问题。

（二）经济增长动力不足

近年来劳动力、资源、环境等经济增长约束条件逐渐发生改变，需求内部的动力结构亟需调整转变。一是房地产高速增长不再持续。2014年房地产市场出现深度调整，房地产开发投资增势明显减缓，自四季度以来持续回落，全年增长13.8%，比前三季度和上年同期均回落2.9个百分点，且低于同期项目投资增速2.1个百分点。二是传统消费热点增势趋缓。汽车消费从快速发展逐渐进入普及期，占消费份额最大的汽车类商品销售下滑势头明显，个别月份甚至出现负增长，2014年汽车类商品零售额同比仅增长6.6%，比上年同期回落6.2个百分点。相比之下，需求较旺，发展后劲较强的信息、旅游、教育、医疗保险等服务型消费短期内供给能力不足，难以起到明显的支撑作用。三是苏南增长引擎明显放缓。2014年下半年以来，苏南地区规上工业增加值增速逐季回落，全年增长7.6%，比2013年回落1.8个百分点。2014年，苏南固定资产投资比2013年增长10.5%，同比回落8个百分点，占全部投资比重比上年下降2.3个百分点。其中，南京、苏州分别增长6.6%、4%，苏州项目投资甚至出现负增长，比上年下降2.7%。近年来，加工贸易持续处于负增长态势，特别是作为苏南地区主导产业的电子行业出口持续低迷，全年出口交货值比上年下降2.6%。

（三）实体经济困难较多

当前，企业生产经营状况仍不乐观。企业景气指数和企业家信心指数在2014年三、四季度均出现回落。2014年12月份全省123家重点贸易企业调查显示，自认经营状况好、一般、差的企业分别占23.6%、57.7%、18.7%，整体经营状况仍然一般。一是工业品产量回落明显。工业品价格持续下降，导致企业被动调整产能。2014年全省列统的458种工业产品中，有172种产品产量比2013年有所下降，其中钢材产量增长3.3%，比2013年回落9.5个百分点；笔记本计算机产量下降26%，降幅比2013年扩大17.2个百分点。二是产成品库存被动增加。2014年11月末，全省规模以上工业产成品达到4465.7亿元，同比增长8.5%，增速比上年同期高出3个百分点。三是重点行业产值回落明显。同2013年相比，2014年全省列统的40个大类行业中有31个行业产值增速出现回落，其中按累计产值排名前十大行业中，除通用设备制造业以外，其他行业产值增速均有不同程度回落。

四、2015年经济运行展望及政策建议

2015年是“十二五”规划的收官之年，随着改革红利进一步释放，经济内生增长动力的逐步增强，有望带动工业经济增速小幅提升；投资增速可能有所放缓，但增量依然可观；随着新的消费亮点逐步形成，消费品市场有望延续平稳发展态势；美国量化宽松政策退出后美元升值预期增强，加之全国自由贸易区建设加快以及“一带一路”建设推进，出口形势可能有所改善，但同时仍面临增长动力转换、化解过剩产能压力较大、房地产市场深度调整等因素产生的不利影响。

2015年，要继续坚持稳中求进工作总基调，坚持以提高经济发展质量和效益为中心，主动适应经济发展新常态，保持经济运行在合理区间，把转方式、调结构放到更加重要位置，狠抓改革攻坚，突出创新驱动，强化风险防控，加强民生保障，促进经济持续健康发展和社会和谐稳定。

（一）积极培育新的需求增长点

要正确处理好稳增长与调结构之间的平衡关系，发掘培育新的增长点，促进三大需求均衡拉动经济增长。消费方面，从供给端入手，促进养老、健康、信息消费、旅游等新型服务型商品供给力度。大力发展电子商务，支持有条件的企业向电商转型，加快传统零售商触网转型。投资方面，推动城市基础设施领域建设改革，重点加强信息基础设施建设。鼓励对民间资本投入到公共交通、城市垃圾处理等准公益项目。外贸方面，要以技术、品牌、质量和服务为核心，加快外贸

转型升级，加快形成技术密集型产业优势。大力发展服务贸易。重点推动文化贸易、技术贸易和中医药服务贸易等。复制推广上海自贸区经验，稳定外商投资规模和速度，提高引进外资质量。

（二）全面优化要素供给

经济进入新常态下，低成本要素供给优势逐步消退，经济增长将更多依靠人力资本质量和技术进步，必须让创新成为驱动发展的新引擎。一是加强制度创新。推动完善社会保障、土地流转等政策，促进劳动力、资本等生产要素的合理流动，使企业能更有效率地利用各种要素。二是依靠创新驱动。充分发挥江苏科教人才优势，重点培养一批复合型创新人才。强化创新成果同产业对接，完善科技成果转化及产业化机制。三是强化金融支撑。鼓励引导金融机构加大对产业转型升级、重大基础设施建设、科技创新、“三农”以及小微企业的支持力度。四是加快苏南转型升级步伐。抓住建设苏南自主创新示范区的重大机遇，做好苏州工业园区、昆山深化两岸产业合作试验区和海关特殊监管区等重要载体建设，强化自主创新，培育优势产业，尽快形成新的增长动力。

（三）大力推动产业高端化发展

一是优化产能结构。通过严格环保能耗标准、强化差别电价政策执行等手段，加快淘汰落后产能。加快企业兼并重组，提高生产集中度进一步化解过剩产能。二是壮大先进制造业。加快发展装备制造业、智能制造业，夯实战略性新兴产业

发展基础，形成新的核心竞争力，使其逐步成为经济发展的重要引领和拉动力量。三是重点发展现代服务业。围绕全产业链的整合优化，大力发展生产性服务业、科技服务业、物流业、文化创意产业等现代服务业。

（四）重点强化民生保障

一是扎实推进居民增收。配合做好收入分配制度改革各项工作，合理提高机关事业单位工资标准。二是确保就业形势保持稳定。密切关注宏观经济调整对就业的影响，特别是化解过剩产能等调控政策对部分行业和企业就业产生的影响。对重点缺工企业和就业失业状况及时做好政策应对，确保春节后人力资源市场供求平稳。三是继续完善社会保障体系。更大力度抓好社保扩面征缴，逐步实施完善统一的城乡居民基本养老保险制度。认真落实机关事业单位工作人员养老保险制度改革的各项决定，研究出台相关细则。

（作者：夏心旻　江苏省统计局局长）

专栏：江苏规模以下工业平稳发展

2014年，江苏规模以下工业继续呈平稳运行态势，企业主要生产经营指标在合理区间，用工需求相对稳定，资金紧张状况有所缓解。

一、主要运行特点

（一）生产经营总体平稳

2014年全省规模以下工业实现主营业务收入9208.8亿元。其中，工业企业6691.5亿元，个体工业2517.3亿元。全年完成工业增加值2612.5亿元，较上年增长6.1%，增速同比回落0.4个百分点。2014年第四季度全省规模以下工业企业景气指数为97.0，同比下降4.6个百分点。全省两千多家被调查企业中，85.4%的企业综合经营状况稳定，其中，经营状况良好的占13.7%，经营状况平稳的占71.7%。从企业主要产品销售价格涨幅看，66.8%的企业产品售价与上年变化不大，19.8%的下跌，13.4%的上涨。

（二）利润增长趋缓

2014年，全省规模以下工业企业实现营业利润330.2亿元，同比增长3.9%。从主要行业看，计算机/通信和其他电子设备制造业、医药制造业、农副食品加工业、纺织业等24个行业的企业利润同比增加，化学原料和化学制品制造业、化学纤维制造业、通用设备制造业、专用设备制造业等13个行业利润减少。

（三）用工需求相对稳定

截止2014年末，全省规模以下工业企业从业人数为269.4万人。68%的被调查企业反映用工基本能满足需要，32%的企业四季度有招工需求。从企业反映看，劳动力流动性强、工资待遇较低、技能水平不够成为招工难的主要原因。第四季度全省有招工需求的被调查企业中，技术人员和生产人员是主要的缺工类型，占比分别为35.8%、33.8%，其次为销售人员、管理人员、财务人员，占比分别为20.6%、8.4%、1.4%。

（四）企业资金状况有所好转

自国家金融财税扶持政策逐步落实以来，全省规模以下工业企业资金紧张状况有所缓解。第四季度调查显示，75.5%的受访企业表示当前流动资金状况基本正常，同比上升0.7个百分点；21%的企业反映流动资金紧张，同比下降1.7个百分点。

（五）企业对下季度形势谨慎乐观

对于未来扩大生产能力意向，多数企业持谨慎态度。第四季度问卷调查显示，11.4%的企业对2015年一季度综合经营状况预计良好，同比下降3.7个百分点；72.8%的预计基本平稳，上升2个百分点；15.8%的表示不佳，上升1.7个百分点。预计2015年一季度生产增速与2014年第四季相比加快的占4.9%，同比下降2.5个百分点；持平的占72.8%，上升0.8个百分点；减缓的占22.3%，上升1.7个百分点。

二、主要制约因素

（一）企业用工成本上升

2014年，全省规模以下工业企业人均应付职工薪酬为3.23万元，同比上升10.1%。调查的28个行业大类中，20个行业应付职工薪酬同比上升。全省规模以下工业企业普通员工月平均工资在2000元以下的占9.6%，2000－4000元的占88.2%，4000元以上的占2.2%。

（二）期末订单量减少

全省规模以下工业企业年末订单量同比下降7.7%。调查的28个行业大类中，19个行业同比下降，其中，酒、饮料制造业期末订单额降幅超过50%，仪器仪表制造、文体用品制造、印刷和记录媒介复制业等行业降幅在 20% 左右；汽车制造、化工、有色、电气机械和金属制品等 9 个行业有所上升。

（三）企业人员素质及管理水平有待提高

从被调查企业的负责人文化程度看，大学本科及以上的占 12.8%，大专的占 30.8%，中专或高中的占 44.4%，其他占 12%。从企业财务人员情况看，28.6% 的企业设有专职会计，33.4% 的企业是兼职会计，36.2% 的企业使用代账会计，1.8% 的企业暂无任何形式的会计。

（作者：樊燕超　国家统计局江苏调查总队总队长）

浙江省经济社会发展报告

2014年，面对严峻复杂的外部环境和经济下行压力，全省上下认真贯彻中央和省委省政府决策部署，突出转型升级主线，着力抓改革、促转型、治环境、惠民生，大力推进“五水共治”、“三改一拆”、“四换三名”、浙商回归等重点工作，取得积极成效，全年经济运行平稳健康，主要经济指标处于中高速增长合理区间，结构、效益持续向好，市场活力进一步释放，民生不断改善，省人代会确定的全年经济发展主要预期目标基本实现。预期2015年浙江经济将在认识新常态，适应新常态，引领新常态下实现平稳发展创新发展。

一、经济增速稳中有升

2014年，全省生产总值跃上4万亿元台阶，为40154亿元，按可比价格计算，比上年增长7.6%，增幅与一季度的7%、上半年的7.2%和前三季度的7.4%相比，呈逐季上行态势，从一季度低于全国的0.4个百分点转为全年高于全国0.2个百分点。GDP总量列广东、江苏、山东之后，继续居全国第四位。其中，第一产业增加值1779亿元，增长1.4%，比重为4.4%；第二产业增加值19153亿元，增长7.1%，比重为47.7%；第三产业增加值19222亿元，增长8.7%，比重为47.9%，三产比重首次超过二产。人均GDP为72967元，比上年增加4162元，增长7.3%，是全国46652元的1.56倍，列天津、北京、上海、江苏，继续居全国第五位。人均GDP按年平均汇率（6.1428）折算，达11878美元。从主要经济指标看，与全国和部分东部省市下半年增速明显回落的趋势不同，我省增速平稳，稳中有升，波幅较小。

1. 农业生产稳步增长，粮食生产实现“三增”。2014年，农林牧渔业增加值1809亿元，比上年增长1.5%，其中，农、林、牧、渔业增加值分别增长3.7%、1.8%、-8.9%、2.1%，农林牧渔服务业增加值增长7%。粮食粮食播种面积为1266.8千公顷（1900万亩），比上年增长1.0%；单位面积产量399公斤/亩，增长2.1%；总产量为757.4万吨（151.5亿斤），增长3.2%，其中，春粮和秋粮分别增长6.1%和3.3%，早稻下降0.3%。生态效益农业持续发展。全年预计，蔬菜、花卉、药材等播种面积增长0.2%、5.1%和3.0%，茶叶产量持平；肉类总产量157万吨，下降9.9%，其中，猪肉产量下降8.5%，禽、蛋产量分别下降17%和9.4%；水产品总产量568万吨，增长2.3%。

2. 工业生产增速加快，小微企业较快增长。2014年，规模以上工业增加值12543亿元，比上年增长6.9%，增幅逐季回升，高于一季度的6.2%、上半年的6.4%和前三季度的6.6%。重工业增长快于轻工业，增加值分别增长7.4%和6.1%。在3.85万家规模以上工业企业中，3.33万家小微企业工业增加值增长8.4%，大型、中型企业分别增长6.4%和4.8%。

3. 服务业增长较好，比重明显提高。2014年，第三产业增加值增幅比GDP高出1.1个百分点，对GDP增长贡献率达52.1%。其中，批发和零售、交通运输仓储和邮政、金融、住宿和餐饮业、房地产业、其他服务业增加值分别比上年增长9.3%、8%、8%、7.8%、1.5%和11.2%。

4. 投资增长较快，商品房销售面积降幅收窄。2014年，固定资产投资24262.8亿元，比上年增长16.7%。房地产投资从一季度的16.2%回升到全年的16.8%。商品房销售面积降幅从一季度的25.6%收窄到全年的4.3%。8月份我省全面取消限购政策后销售量明显上升，8-12月销售2629万平方米，同比增长14.6%，月均销量比前7个月平均增长79.8%。

5. 消费增长平稳，网络零售快速增长。2014

年，社会消费品零售总额 17835 亿元，比上年增长 11.7%。实现网络零售额 5642 亿元，比上年增长 47.6%，省内居民实现网络消费额 3193 亿元，增长 41.2%。从限额以上企业商品零售额看，汽车零售额为 2973.5 亿元，增长 6.7%，增幅比上年回落 4 个百分点，受 4 月份起杭州对小客车限牌前的汽车销售井喷影响，汽车销售对社会消费品零售总额的增长贡献率从一季度的 33.4% 回落到全年的 10.6%；建筑及装潢材料、家具、五金电料类零售额分别增长 58.2%、36.9% 和 47.5%；服装、中西药品、文化办公用品、日用品、食品类零售额稳定增长，分别增长 18.9%、16.5%、14.4%、14.1%、13.8%；家用电器类零售额回升，增长 11.2%，增幅比上年回升 5 个百分点。餐饮住宿业零售额增幅转降为升。2014 年，限额以上企业（单位）餐饮业零售额 339 亿元，比上年增长 4.5%，住宿业零售额 147 亿元，增长 3.7%，增幅均从上年的下降(-2.8% 和 -13.9%)转为增长。

6. 出口增势良好，进口下降。2014 年，全省进出口总值为 3551 亿美元，比上年增长 5.8%，其中，出口 2734 亿美元，增幅从一季度的 2.3% 回升到 9.9%；进口 818 亿美元，下降 6%。12 月份，进出口 326 亿美元，同比增长 1.5%，其中，出口 255 亿美元，增长 5.6%；进口 71 亿美元，下降 11.1%。按人民币计价，2014 年，进出口总额 21817 亿元，比上年增长 4.7%，其中，出口 16792 亿元，增长 8.8%，进口 5024 亿元，下降 7%。规模以上工业出口交货值 12085 亿元，增长 5.2%，增幅比一季度回升 3 个百分点。

7. 市场活力进一步释放，新设企业大量增加。积极推进工商注册制度改革，激发市场主体活力。据省工商局资料，2014 年，全省新设企业 23.6 万户，比上年增长 10.3%；新设个体工商户 52.3 万户。至 2014 年末，全省共有各类市场主体 420.7 万户，比上年增长 13%；在册企业 127.1 万户，增长 17.1%，平均每 13.1 人中就有一位老板，平均每 43.3 人中就拥有一家企业。每万人拥有市场主体 765.2 户，拥有企业 231.2 户。

二、质量效益持续改善

1. 财政收支平稳增长，民生投入继续加大。2014 年，财政总收入 7522 亿元，比上年增长 8.9%。公共财政预算收入 4121 亿元，增长 8.5%，其中，税收收入 3853 亿元，增长 8.7%，税收比重为 93.5%，连续 3 个月回升。在税收收入中，企业所得税、增值税、营业税及改征增值税分别增长 12.1%、7.4% 和 5.8%。公共财政预算支出 5159 亿元，增长 9.1%，其中，卫生计生、节能环保、住房保障、城乡社区、商业服务业、社会保障和就业、文体传媒、教育等支出分别增长 23.7%、22.9%、22.3%、16.8%、15.8%、9.7%、8.8%、8.5%。

2. 企业效益有所好转，效率稳步提升。工业企业利润增速高于收入增速。2014 年，规模以上工业实现利润 3544 亿元，比上年增长 5.1%，增速高于主营业务收入 0.8 个百分点。2014 年总资产贡献率 11.6%；主营业务利润率为 5.6%；每百元主营业务收入中的成本为 85.6 元，低于上年 0.1 元；劳动生产率为 18.0 万元 / 人，按可比价计算增长 9.4%；人均创利税增长 7.7%。

3. 居民收入较快增长，农村快于城镇。根据城乡一体化住户调查口径测算，2014 年，城镇常住居民人均可支配收入 40393 元，增长 8.9%，农村常住居民可支配收入 19373 元，增长 10.7%，城乡居民收入差距从上年的 2.12 倍缩小至 2.09 倍；全省居民人均可支配收入 32658 元，增长 9.7%。低收入农户收入倍增计划顺利推进。根据扶贫统计监测，2014 年全省省级扶贫标准低收入农户人均纯收入 7251 元，比上年增长 17.4%，其中，工资性收入和非家庭经营性收入分别增长 25.2% 和 28.7%，但经营纯收入下降 3.4%。低收入农户（“低保”除外）家庭人均纯收入超过 8000 元的户数比重为 36.0%，比上年提高 20.1 个百分点。

三、创新驱动和产业升级加快推进

1. 科技投入不断增加，创新驱动作用增强。

2014年，地方财政科技支出208亿元，比上年增长8.4%；规模以上工业科技活动经费支出674.8亿元，增长7.6%。预计全年R&D支出相当于GDP比例约为2.34%。技术市场交易额182.8亿元，增长7.7%；发明专利授权量13372件，增长20%。规模以上工业新产品产值19415亿元，增长21.6%，增幅比规模以上工业产值高15.2个百分点；新产品产值率为29.2%，比上年提高3.6个百分点。

2. 产业升级取得新进展，信息经济长足发展。装备制造业、高新技术产业、战略性新兴产业增加值增长较快，比重提高，2014年，增加值分别为4328、4283和3075亿元，比上年增长8.9%、8.5%和8.6%，增幅高于规模以上工业2、1.6和1.7个百分点，占规模以上工业的比重为34.5%、34.1%和24.5%，分别比上年提高0.5、0.5和0.4个百分点。装备制造业对规模以上工业增长的贡献率为41.4%，拉动规模以上工业增长2.8个百分点。八大高耗能行业比重下降，增加值为4496亿元，增长4.6%，增幅比规模以上工业低2.3个百分点。按可比价计算，占规模以上工业的比重为35.9%，比上年下降0.7个百分点。全省主动淘汰了3000多家企业的落后产能，关停取缔高污染小作坊1.88万家。信息经济发展势头较好。2014年，规模以上工业电子信息制造业增加值1133亿元，增长8.2%。电子商务交易额突破2万亿元，增长25%。1-11月，规模以上软件和信息服务业营业收入增长17.5%，高技术服务业营业收入增长16%。

3. 投资结构有所优化，投资主体多元化。新开工项目转降为升，为投资增长增添了后劲。2014年，投资新开工项目数达27675个，增速从一季度的下降5.9%转为增长9.6%；新开工项目投资增速从一季度的2.2%回升到全年的16.9%。新开工项目投资中，工业投资占53.4%，增长15.6%；基础设施投资占32%，增长25.2%；首次有100亿元以上的新项目开工。民间投资增长较快，为14782亿元，增长20.1%，比投资总额增速高3.5个百分点，比重达62.8%。工业和制造业投资缓中有升，技术改造投资、高新技术产业和战略性新兴产业投资增长较快，工业和制造业投资分别增长12.2%和11.2%，增速比上半年分别提高4.4和6.1个百分点，工业技术改造投资5420亿元，增长16.2%，占工业投资的68.8%。高新技术产业和战略性新兴产业投资分别增长11.1%、16.4%；装备制造业投资增长6.2%。服务业和基础设施投资增长较快，分别增长18.8%和21.6%。投资资金以自筹资金为主，投资资金本年来源25977亿元，增长11%，其中，国内贷款占13.9%，增长13.3%；自筹资金占62.5%，增长18.2%。重点投资增长较快。海洋经济项目投资超过2300亿元。浙商回归态势良好。据省经合办资料，浙商回归引进项目累计省外到位资金2236亿元，比上年增长27.6%。实际利用外资保持增长。2014年，新批外商投资企业1550家，投资总额439.8亿美元，合同外资244.1亿美元，实际外资158.0亿美元，合同和实际外资分别增长0.1%和11.6%。截至2014年底，全省累计共批外商投资企业54127家，投资总额4736.1亿美元，合同外资2628.4亿美元，实际外资1416.9亿美元。境外投资和国际经济合作增势较好。全省经审批和核准的境外企业和机构共计577家，中方投资额58.2亿美元（折合356.7亿元人民币），增长5.4%，实际投资 34.8 亿美元，增长 45.2%。国外经济合作营业额53.4亿美元（折合327.5亿元人民币），增长18.3%。

4. 对外贸易结构继续改善，民营企业一枝独秀。2014年，民营企业出口1911亿美元，增长14.3%，占出口总额的69.9%，而外商投资企业和国有企业仅分别增长0.8%和1.1%。全省出口机电产品1125亿美元，增长10.8%，高于全省出口增速0.9个百分点，占出口总额的41.2%。出口纺织品、服装、箱包、鞋类、玩具、家具、塑料制品等7大类传统劳动密集型产品1051亿美元，增长8.3%，占出口总额的38.4%。欧美市场需求好转带动外贸出口增长，对欧盟、美国和东盟出口分别增长15.1%、11.5%和12.8%，三大市场占出口总额的50.9%，对日本出口127亿美元，下降4.5%。服务贸易实现进出口总额381亿美元，比上年增长17.0%，占全省外贸（货物与服务贸易）总额的 9.7%，比重比上年提高 0.8 个百分点。

四、要素供给有所改善

1. 存贷款增幅回升，新增贷款实现多增。2014 年末，金融机构本外币存款余额 79242 亿元，比上年末增长 7.5%，新增存款 5509 亿元，同比少增 1543 亿元。本外币贷款余额为 71361 亿元，增长 9.2%，新增贷款 5806 亿元，同比多增 101 亿元，是自 2014 年 4 月以来首次多增。从境内贷款投向看，短期贷款增长 1.5%，中长期贷款增长 19.1%，票据融资增长 76.8%。

2. 用电量企稳回升，发挥了对经济增长的保障作用。2014 年，全社会用电量 3506 亿千瓦时，比上年增长 1.5%，其中，工业用电量 2597 亿千瓦时，增长 2.0%，其中，制造业用电量 2191 亿千瓦时，增长 2.6%。用电量增幅总体较低的原因既有今年夏天高温天气比上年大幅减少的客观因素，也是主动加快节能改造、加大产业结构调整的成效。

3. 客货运周转量保持增长，港口货物吞吐量稳增。2014 年，全社会铁、公、水路客运周转量为 1076.8 亿人公里，货运周转量为 9548 亿吨公里，分别比上年增长 5.0% 和 6.7%，客、货运量分别下降 3.8% 和增长 3.7%。全省沿海港口货物吞吐量达 10.8 亿吨，集装箱吞吐量 2136 万标箱，比上年分别增长 7.5% 和 11.8%。其中宁波—舟山港完成货物吞吐量 8.7 亿吨，增长 7.9%，继续保持全球海港首位；集装箱吞吐量达 1945 万标箱，增长 12%。

4. 工业生产者价格继续下降，购进价格降幅大于出厂价格。2014 年，全省工业生产者价格延续上年的下降态势继续下跌。其中，出厂价格同比下降 1.2%，降幅比上年缩小 0.6 个百分点；购进价格同比下降 1.8%，降幅比上年缩小 0.5 个百分点，购进价格降幅大于出厂价格降幅 0.6 个百分点。12 月份，工业生产者出厂价格比上年同期下降 2.1%，降幅比上月扩大 0.4 个百分点，为年内最大降幅；环比价格下降 0.4%，已连续 6 个月下降。

五、资源利用与环境保护取得积极成效

1. 单位 GDP 能耗大幅下降，建设用地利用率提高。2014 年，单位 GDP 能耗下降 6.1%，降幅比上年提高 2.4 个百分点。其中，一季度、上半年和前三季度单位 GDP 能耗同比分别下降 5.7%、6.5% 和 6.8%，均为“十一五”以来较好水平。“十二五”前四年，单位 GDP 能耗累计下降率已达 17.8%，2015 年只要下降 0.3%，就能圆满完成“十二五”节能降耗约束性目标。规模以上工业单位增加值能耗下降 6.7%。38 个大类行业中，33 个行业的单耗同比下降，下降面超过八成。八大高耗能行业单耗同比下降 4.4%，其中石油加工、非金属矿物制品和化学纤维行业单耗下降较快，分别同比下降 15.6%、8.2%、8.0%。积极推进城镇低效用地再开发，盘活存量建设用地 10.5 万亩。

2. 城乡环境治理进一步加强，环境质量有所改善。2014 年，“五水共治”消灭垃圾河 6496 公里，治理黑臭河 4660 公里，新建污水管网 3130 公里。“三改一拆”改造旧住宅区、旧厂区、城中村 1.84 亿平方米，拆违 1.66 亿平方米。美丽乡村建设深入推进，全面启动并加快推进农村污水治理，开展 6120 个村治理，新增受益农户 150 万户。培育美丽乡村创建先进县 11 个。规模化养猪全面开展污染治理。

据省环保厅通报，2014 年，全省 11 个设区城市环境空气 PM2.5 年均浓度平均为 53 微克 / 立方米，比上年下降 13%。145 个跨行政区域河流交接断面中，1- Ⅲ类水质断面占 67.5%，比上年上升 3.9 个百分点；劣Ⅴ类占 9.7%，下降 5.5 个百分点；满足功能要求的断面（即水质达标率）为 67.5%，上升 4.6 个百分点。化学需氧量、二氧化硫、氨氮和氮氧化物 4 项主要污染物年度减排任务全面完成。

六、民生继续改善

1. 就业形势基本稳定，社会保障切实加强。

据省人力社保厅资料，2014 年，城镇新增就业 107.43 万人，比上年增长 2.96%。登记失业率为 2.96%，比上年下降 0.05 个百分点。基本养老保险参保人数达 3890 万人，其中，企业职工参保 2443 万人，比上年末新增 170 万人；城乡居民社会养老保险参保人数为 1342 万人；基本医疗保险参保人数为 4847 万人，比上年末新增 120 万人，其中，城镇职工参保人数为 1900 万人。据省建设厅资料，2014 年，全省新开工城镇保障性安居工程 20.6 万套，竣工 13.3 万套，分别完成省政府年度目标任务的 137.3%、115.7%，新开工公共租赁住房 3.1 万套。

2. 居民消费价格涨幅逐步回落，月度涨幅创近五年内新低。2014 年，居民消费价格上涨 2.1%。从月度走势看，下半年以来涨幅逐月回落，9 月份起进入涨幅 2% 以下区间，11、12 月涨幅处于 1% 以下区间，12 月份仅上涨 0.7%，创近五年内新低。全年八大类消费价格同比六涨二跌，食品、居住、娱乐教育文化用品及服务、医疗保健和个人用品、衣着类、家庭设备用品及维修服务价格分别上涨 3.1%、2.4%、2.2%、1.9%、1.8%、1.5%，交通和通信、烟酒类价格下降 0.3%、0.4%。

3. 人口低速增长，城镇化率提高。2014 年，常住人口为 5508 万人，比上年增加 10 万人，人口出生率为 10.51‰，人口死亡率为 5.51‰，人口自然增长率为 5‰，外来人口的回流趋势和效应进一步显现。城镇人口比重为 64.87%，比上年提高 0.87 个百分点。

综合分析，2014 年，在省委省政府主动适应新常态、有效实施精准对策下，浙江经济走势呈现“平开稳走向好”态势，主要经济指标处于中高速增长区间，在下半年全国和东部地区经济出现明显回落的情况下，依然保持稳中有升态势，年初省人代会确定的年度经济发展预期目标基本实现。但受经济增速换挡和结构调整阵痛等“三期叠加”和国际经济复苏缓慢与国内需求不足的影响，我省经济运行中仍存在不少矛盾和问题。

一是行业分化明显，部分企业经营困难。从生产增长情况看，2014 年，规模以上工业增加值增速（6.9%）比一季度仅回升 0.7 个百分点，回升幅度不大。在 31 个制造业行业中，烟草、废弃资源利用、医药、汽车、有色金属、化纤、石油加工、家具、通信电子等行业增长较快，增加值分别增长 20.7%、19.7%、19%、18.5%、12.7%、11.9%、10.3%、9.6%、9.5%，但也有 14 个行业增加值增速比前三季度回落。从利润增长情况看，电气机械（占 23.2%）、汽车（23.2%）、通信电子（15.4%）、医药（12.7%）、化纤（12.6%）、纺织（10.2%）、通用设备（9.5%）七大行业新增利润占到规模以上工业的 93.2%，也有 21 个行业利润增速比前三季度回落，其中，铁路船舶、非金属矿物制品、有色金属等行业回落幅度在 15 个百分点以上。一批企业主动通过科技创新、机器换人等成为产业转型升级的引领者，但也有相当数量的企业生产经营困难，12 月末，规模以上工业有 4926 家企业亏损，亏损面为 12.8%，亏损额增长 18.1%，亏损企业的应收账款增长 12.2%。11 月末，规模以上服务业有 4420 家企业亏损，亏损面达 31.2%。

二是需求和成本双重挤压制约企业发展。国内外市场需求不足是制约企业发展的主要问题。工业生产者出厂价格同比已连续 36 个月下降，8 月份开始降幅又出现扩大趋势，12 月份下降 2.1%，比降幅最小的 7 月扩大 1.8 个百分点，表明工业品市场有效需求仍然不足。四季度，规模以上工业平均产能利用率为 75.0%，比三季度回落 0.5 个百分点。工业出口交货值增长不快。2014 年，规模以上工业出口交货值增长 5.2%，低于同期海关出口增速（8.8%，以人民币计价）。

酒和饮料茶、烟草、石油加工、铁路船舶等4个行业出口交货值分别下降12.8%、1.7%、0.6%和0.3%，纺织、纺织服装、食品制造业仅增长0.2%、0.6%和1.8%。出口订单短期化和订单被转移。据省商务厅对重点联系企业调查，12月份，出口订单景气指数为99.2，连续2个月低于荣枯分界点，3个月之内短期订单为主的企业占58%；遭遇客户订单转移的企业面为14.8%。用工成本快速上升压缩盈利空间是企业问卷调查中反映的突出问题。规模以上工业应付职工人均薪酬在2012年和2013年分别比上年增长14.6%和12.2%的基础上，2014年增长12%，年人均薪酬水平为5.2万元左右，比2009年翻了一番多。

三是企业投融资意愿总体不足。由于市场约束强化、投资项目预期收益不佳、企业盈利与偿债能力下降、融资门槛提高等原因，企业投融资意愿不足。年末金融机构投向制造业的贷款余额为20144亿元，比上年下降1.7%，全年新增贷款为-348.5亿元，同比少增1205.4亿元。小微企业融资难与贷款有效需求不足并存。工业和制造业投资增长12.2%和11.2%，分别低于上年3.7和4.6个百分点。

同时，房地产市场虽然销售有所好转，但去库存压力也不容忽视。2014年，商品房销售面积和销售额分别下降4.3%和8.8%，而商品房屋竣工面积则增长36.2%，待售面积增长46.4%。据浙江调查总队资料，12月末，11个设区市城区新建商品住宅库存套数约为30.4万套，比9月末增加1.29万套，按月平均成交1.5万套推算，现有库存量可以销售20个月。房价下跌。12月份，杭州、宁波、金华、温州新建商品住宅（不含保障性住房）销售价格同比分别下降10.3%、5.6%、4.9%、4.7%，降幅居全国监测的70个大中城市的前列，环比也均呈下降态势。潜在金融风险依然存在。不良贷款“双升”，12月末，银行不良贷款余额1397亿元，比年初增加197.2亿元；不良贷款率1.96%，比年初上升0.12个百分点；关注类贷款余额比年初增加876.7亿元。

展望2015年，国际形势依然纷繁复杂，世界经济复苏疲弱态势难有明显改观。我国经济发展进入新常态，仍然处于增长速度换挡期、结构调整阵痛期、前期刺激政策消化期“三期叠加”阶段。浙江经济正处于转型升级的关键时期，既面临许多有利因素，也存在不少不确定和不利因素，机遇与挑战并存。近年来，省委省政府以“八八战略”为总纲领，主动适应经济新常态的趋势性变化，通过积极推进“五水共治”、“四换三名”、“三改一拆”、浙商回归等重点工作，倒逼推动浙江经济加快转型升级，这些“组合拳”已经并将继续产生积极效应，经济发展方式正在转向质量效率型集约增长转变，经济结构正转向调整存量、做优增量并存的深度调整，经济发展动力正从传统增长点转向新的增长点，预期2015年浙江经济将在认识新常态，适应新常态，引领新常态下实现平稳发展创新发展，加快向增长速度中高速和质量效益中高端迈进。

（作者：李学忠　浙江省统计局局长）

专栏：浙江小微工业在调整中行稳致远

以民营经济为优势的浙江，小微工业在推动经济增长和吸纳就业方面，都发挥着重要作用。2014 年浙江省委省政府对小微企业扶持力度不断增强，多次出台“降利息、降税收、降管理费”的减负惠企政策，着力稳增长、促转型，竭力呵护小微企业健康发展，规模以下工业呈现调整中向好发展的势头，生产和效益稳中有升。

一、小微工业生产在调整中向好发展

2014 年，浙江规模以下工业（简称规下工业）实现工业增加值 5352.5 亿元，增长 7.0%，按可比价格计算实际增长 7.8%。分季看，一季度、上半年、前三季度工业增加值分别增长 6.8%、6.5%、7.6%。

（一）机械行业增长较快

在调查的 37 个规下工业行业中，30 个行业实现增长，占 81%，前十大行业中，通用设备制造业、电气机械和器材制造业、汽车制造业等机械行业生产增速较快，分别增长 10.2%、18.1%、9.4%；增速相对较慢的是纺织业、橡胶和塑料制品业、纺织服装和服饰业、金属制品业等行业，分别增长 7.4%、6.0%、2.7%、4.7%。

（二）私营企业占据主导地位

浙江规下工业企业经济类型呈现多元化格局，私营企业蓬勃发展，对于发展生产，搞活经济，扩大就业，增加收入起到了重要作用。2014 年各种经济类型工业企业中，私营企业单位数达 19.3 万家，占全部规下工业企业的 88.7%，比上年提高 0.4 个百分点；期末从业人数达到 274.7 万人，占到全部规下工业企业从业人数的 83.9%，比上年下降 0.2 个百分点；实现主营业务收入 9172.8 亿元，占全部规下工业企业的 86.1%，比上年提高 0.5 个百分点。

（三）企业产能利用率逐季提高

2014 年规下工业生产能力利用率为 81.2 %，比上年提高 2.0 个百分点。分季看，一季度、上半年、前三季度生产能力利用率分别为 76.3%、78.9%、80.3%，呈逐季上升趋势，表明规下工业企业生产经营逐季向好。从主要行业情况看，通用设备制造业、纺织业、橡胶和塑料制品业、电气机械和器材制造业、专用设备制造业、金属制品业等生产能力利用率均在 80% 以上，分别为 80.7%、83.3% 、82.5%、 81.3%、 81.8%、 81.5%，比上年分别提高 1.3、2.4、1.4、2.1、3.3 和 2.4 个百分点。

二、政策红利持续释放，企业提质增效明显

2014 年，浙江规下工业实现营业利润 481.0 亿元，增长 12.5%，高于规模以上工业 7.4 百分点，营业利润率为 4.5%，比上年提高 0.14 个百分点。企业效益提升是由于，一是企业融资成本下降。全年利息支出 129.8 亿元，比上年下降 12.9%，调查企业全年平均的银行利息及费用率为 7.64%，低于上年 0.25 个百分点；民间借款利息支出 8.22 亿元，比上年下降 9.3%。二是企业税收负担减轻。随着新的减半征收企业所得税优惠政策实施，纳税标准由 6 万元提高到 10 万元，减轻了部分小微企业税费负担。2014 年规下工业企业共缴纳税金 443.1 亿元，比上年增长 7.1%，增速低于主营业务收入 1.6 个百分点；每百元主营业务收入缴纳税金 4.16 元，比上年下降 1.5%。三是机器换人效果显现，企业用工人数下降，薪酬支出增幅趋缓。随着用工成本的持续上升，企业机器换人的积极性提高。2014 年规下工业企业期末从业人数 327.5 万人，比上年下降 0.8%；应付职工薪酬为 1047.2 亿元，增长 7.8%，但增速低于主营业务收入增速 0.7 个百分点。四是企业亏损面下降。各项有利于小微企业的政策红利持续释放，企业效益提升，亏损面下降。2014 年规下工业企业亏损面为 9.3%，比上年下降 1.3 个百分点。

三、企业出口实现稳定增长

随着人民币汇率形成机制改革不断推进，人民币汇率双向波动、升贬值阶段性交替出现的特征日益明显，人民币单边升值状况不再，尤其是人民币贬值有利于企业外贸出口增长，规下工业企业出口继续保持稳步增长。

全年规下工业企业实现出口产品销售收入1065.5亿元，比上年增长8.3%。

四、应收帐款回笼明显，资金紧张状况有所缓解

为缓解小微企业融资难、融资贵问题，国务院陆续出台多项政策措施，以期形成金融与实体经济良性互动。随着各项金融政策的落实，以及企业应收帐款回收好转等因素，规下工业企业资金紧张状况有一定程度缓解。特别是临近年底，企业加强风险控制，应收账款回笼情况改善明显。截至12月底，规下工业企业应收账款1936.1亿元，比上年增长7.3%，比前三季度11.4%的增幅有较大回落。企业负债减少，2014年规下工业企业负债4594.7亿元，比上年下降2.0%。其中纺织业，纺织服装、服饰业，橡胶和塑料制品业，金属制品业等行业负债下降明显。另据9055家规模以下工业企业问卷调查，当前企业面临的突出问题中，表示资金紧张的企业降低到19.9%，低于用工成本上升快、招工难、市场需求不足、原材料成本上升快等因素的认同率；有74.5%的企业认为当前流动资金宽裕或基本正常。

（作者：洪玉　国家统计局浙江调查总队总队长）

安徽省经济社会发展报告

2014年，面对复杂多变的宏观环境，全省人民在省委、省政府的坚强领导下，认真贯彻落实中央各项决策部署，坚持稳中求进、改革创新，统筹做好稳增长、促改革、调结构、惠民生、防风险各项工作，保持了经济持续健康较快发展的态势。初步核算，全年全省生产总值20848.8亿元，按可比价格计算，比上年增长9.2%。其中，一产增长4.6%，二产增长10.3%，三产增长8.8%。受产能过剩、有效需求不足等多重影响，当前经济运行仍面临较大下行压力。

一、2014年经济运行基本情况

1. 农业生产形势较好。全年粮食播种面积9943.4万亩，与上年基本持平；粮食产量683.2亿斤，居全国位次由上年的第8位前移到第6位，增长4.2%，增幅居全国第2位。养殖业生产稳定，全年生猪出栏3089.2万头，增长4%；主要肉类产量412.8万吨，增长2.6%；牛奶产量27.9万吨，增长10%；水产品产量223.7万吨，增长3.8%。

2. 工业生产总体平稳。全年规模以上工业增加值9530.9亿元，增长11.2%，增幅比全国高2.9个百分点，居全国第7、中部第2位；实现利润1775.2亿元，增长0.1%。

3. 固定资产投资较快增长。全年固定资产投资21688.5亿元，增长16.5%，增幅比全国高0.8个百分点。其中，一、二、三产投资分别增长39.2%、13.9%和17.7%，一、三产投资占比分别由上年的2.1%和52.6%提高到2.5%和53.1%。

4. 市场销售平稳增长。全年社会消费品零售总额7957.0亿元，增长13%，增幅比全国高1个百分点，居全国第2、中部第1位。其中，城镇零售额增长12.9%，乡村零售额增长13.1%。分消费形态看，餐饮收入769.8亿元，增长13.2%；商品零售6551亿元，增长12.9%。

5. 外贸出口增长加快。全年进出口总额492.7亿美元，增长8.2%，增幅比全国高4.8个百分点。其中，出口314.9亿美元，增长11.5%，比全国高5.4个百分点，比上年高5.9个百分点；进口177.8亿美元，增长3%。新批外商投资项目256个，增长4.1%；实际利用外商直接投资123.4亿美元，增长15.5%。

6. 财政收入稳定增长。全年财政收入3663亿元，增长8.9%，其中地方财政收入2218亿元，增长6.9%。地方财政收入中，企业所得税增长14.6%，营业税增长7.5%，增值税增长16.1%。

7. 金融机构新增贷款多于上年。年末全省金融机构人民币存款余额29817.7亿元，增长11.5%，增幅比全国高2.4个百分点；余额比年初增加3078.4亿元，同比少增676.7亿元。人民币贷款余额22088.3亿元，增长15.7%，增幅比全国高2.1个百分点；余额比年初增加2952.5亿元，同比多增191.7亿元。

8. 居民收入保持增长。全年城镇常住居民人均可支配收入24839元，增长9%，居全国第10位；农村常住居民人均可支配收入9916元，增长12%，居全国第6位。

9. 就业和物价保持稳定。全年城镇新增就业67.1万人，超额完成年度目标任务(63万人)；城镇登记失业率为3.2%，低于年度预期目标。居民消费价格上涨1.6%，比全国低0.4个百分点。

二、2014年经济运行主要特点

1. 速度减慢质量提升。与上年相比，GDP增幅低1.2个百分点，其中一产高1.1个百分点，二三产业分别低2.1个和0.7个百分点。虽然发展速度减慢，但经济运行的质量稳步提升。突出表现在：一是GDP中服务业占比上升，由上年的34.2%提高到34.8%；二是地方财政收入中非税收入占比下降，由上年的 26.7% 下降到 23.7%；三是能耗水平降幅较大，规模以上工业单位增加值能耗下降 8.4%，降幅比上年扩大 1.4 个百分点；四是财政收入、居民收入增长与经济发展基本同步。

2. 新兴产业贡献提高。规模以上工业中，装备制造业、高新技术产业增加值分别增长 12.3% 和 13.6%，对全部工业增长的贡献率为 36.2% 和 40.9%。电子信息产业增加值增长 43.8%，对全部工业增长的贡献率由上年的 7.7% 提高到 13.8%，居 40 个行业之首；实现利润增长 38.9%，对全部规模以上工业利润增长的贡献率由上年的 6.4% 提高到 11.5 倍，也居各行业之首。战略性新兴产业产值增长 22.5%，贡献率由上年的 30.3% 提高到 40.3%。

3. 需求结构调整优化。固定资产投资中，基础设施投资增长 20.2%，对全部投资增长的贡献率由上年的 17.5% 提高到 19.6%；装备制造业投资增长 17%，贡献率由 17.6% 提高到 18.5%；六大高耗能行业投资占比由 10.6% 下降到 9.7%。社会消费品零售额中，83 家限额以上网上企业，全年网上零售额增长 84.7%，比全国高 28.5 个百分点，对社会消费品零售总额增长的贡献率为 3.8%。外贸出口中，高新技术产品出口额增长 1.2 倍，占比由上年的 9.9% 提高到 19.3%；加工贸易占比由 18.9% 提高到 27.8%。

4. 发展活力持续增强。全省生产总值中，民营经济占比由上年的 57% 提高到 57.3%。规模以上工业中，中小企业增加值增长 13.8%，贡献率由上年的 70.8% 提高到 75.7%；民营工业增加值增长 13.9%，贡献率由 72.7% 提高到 81.2%。固定资产投资中，民间投资增长 20.9%，占比由上年的 66.5% 提高到 69.1%，对全部投资增长的贡献率由上年的 77.5% 提高到 84.3%。

5. 区域发展基本协调。皖江示范区 8 市生产总值、财政收入分别增长 9.8% 和 10.3%，增幅比全省高 0.6 个和 1.4 个百分点，继续保持领先地位。皖北 6 市生产总值、财政收入分别增长 7.6% 和 3.6%，若两者剔除淮南市下降的因素，则其他 5 市合计增长 9.2% 和 11.5%，发展速度与全省基本同步。

三、当前经济发展存在的主要困难和问题

1. 市场需求不足的矛盾仍然突出。目前全球经济总体复苏疲软的态势没有明显改观，国际大宗商品价格波动、地缘政治等非经济因素的影响在加大， 我国外贸出口受到制约。国内部分行业产能过剩问题突出、企业效益下滑等，影响了投资者的投资意愿和能力，投资高速增长难以保持。随着汽车拥有量快速增加，以及房地产市场进入调整期，相关消费增长趋于减速。反映市场变化的工业生产者出厂价格持续低迷，我省已连续 33 个月同比下降，去年全年下降 2.6%。企业产成品库存增长加快，去年末规模以上工业企业产成品库存增长 19.2%，增幅比上年上升 13.5 个百分点。商品房待售面积增长较快，去年末商品房待售面积 1636.7 万平方米，增长 21.9%。

2. 固定资产投资增长后劲不足。一方面新开工大项目减少，去年亿元以上新开工项目计划总投资下降 11.4%，而上年为增长 10.7%；另一方面投资资金供应偏紧，去年固定资产投资到位资金增长 12.3%，增幅低于投资完成额 4.2 个百分点，比上年低 11.4 个百分点，其中国内贷款下降 8.4%，自筹资金增长 16.1%、比上年低 12 个百分点。同时，房地产投资下滑，去年房地产开发投资增长 10%，比上年低 15.2 个百分点，对全部投资增长的贡献率由 24.9% 下降到 13.1%。

3. 部分行业生产经营困难较大。去年全省规模以上工业中，亏损企业亏损额增长 57.2%，其中燃气生产和供应业、黑色金属矿采选、水的生产和供应、食品制造、非金属矿采选、金属制品、金属制品机械和设备修理等行业亏损额增长均在 1 倍以上，煤炭业净亏损 121 亿元、比上年增亏 80.5 亿元，有色、有色金属矿采选、铁路船舶航空航天和其他运输设备制造、黑色金属矿采选等行业利润降幅均在 20% 以上，分别下降 26.5%、27.4%、47.8% 和 56.6%。

4. 实体经济发展的资金制约有所增加。去

年末全省工业贷款（人民币口径）余额仅增长3%，增幅比上年低7.5个百分点，比全部贷款低12.7个百分点，其中制造业新增人民币贷款60.2亿元，比2013年、2012年分别少增330.5亿元和496.5亿元。规模以上工业企业应收账款和产成品库存“两金”占流动资金比重为36.5%，比上年上升1.9个百分点。省调查总队的一项调查显示，12月份监测的197家制造业企业中反映资金紧张的占42.9%。

5. *房地产市场调整的影响不断扩大*。去年房地产业实现增加值增长3.8%，增幅比上年回落8.4个百分点，对GDP增长的贡献率由上年的4.6%下降到1.5%。与房地产相关的水泥、钢材产量去年仅分别增长1.6%和3.6%，增幅比上年回落10.7个和6.9个百分点，平板玻璃产量下降15.3%。与房地产相关的家电产品，房间空调器、洗衣机、电冰箱产量分别下降0.2%、12.5%和7.1%。房地产业税收收入增长7.6%，比上年回落19.2个百分点，对地税收入增长的贡献率由上年的59.9%下降到26.1%。

四、2015年经济发展展望

当前，世界经济仍处在国际金融危机后的深度调整期，我国经济发展总体进入速度变化、结构优化和动力转换的新常态。虽然我省经济发展还面临不少困难和挑战，但也有不少有利因素。综合来看，全省经济仍有望继续保持平稳健康发展。主要判断依据是：

主要有利因素：一是美国经济继续稳步复苏。去年12月份，美国失业率降至5.6%，为2008年6月以来最低水平；非农就业人口增加25.2万人，为近15年来就业增长表现最好的一年；先行指数升至92.6，为近7年来的最高水平；就业趋势指数升至128.43。世界银行预测2015年美国经济增长3.2%。二是欧元区经济出现企稳迹象。欧洲经济研究中心公布的数据显示，欧元区今年1月份经济景气指数升至45.2，创近6个月新高，比前值上升13.4点。其中，德国升至48.4、上升13.5点，法国升至18.9、上升9.4点，意大利升至17.3、上升7.2点。三是国家启动“一带一路”、长江经济带建设，以及继续加大对重大水利工程、中西部铁路、自主创新、战略性新兴产业等扶持，为我省经济发展提供了较多机遇。四是全面深化改革的红利加速释放。特别是创新型省份、新型城镇化、医药卫生体制改革等一批国家级改革试点加快实施，将进一步激发市场主体活力和发展内生动力。五是市场主体发展较快。去年新登记内资企业12.49万户、增长58.8%，新登记外资企业598户、增长26.7%；新增规模以上工业企业2218家，年末达16372家，其中产值超亿元的有6649户，比上年净增753户；限额以上商贸流通企业净增1009户，这些将为全省经济发展提供重要支撑。六是一批重点项目开工。今年计划开工亿元以上重点项目1600个以上，其中10亿元以上350个，50亿元以上40个，100亿元以上15个，将有力支撑全省投资增长。

主要不利因素：一是日本和俄罗斯经济下滑。国际货币基金（IMF）1月19日发布的最新一期《世界经济展望》报告预测，2015年日本实际经济增长率仅为0.6%，比去年10月的预测下调0.2个百分点。世行预计2015年俄罗斯经济下降2.9%。二是国内房地产市场分化、地方债务风险较大、传统产业产能过剩、新兴产业规模较小等。三是我省部分优势产业的竞争优势减弱。去年我省汽车、家电业工业增加值分别增长7%和7.1%，低于全部规模以上工业4.2个和4.1个百分点，低于全国4.8个和2.3个百分点；煤炭业增加值下降2.6%，全国为增长2.5%。

下一阶段，应抓住多重战略叠加机遇，主动适应新常态，坚持改革发展、创新发展、转型发展，着力提质增效、转型升级、改善民生，加快新常态下经济发展动力转换，促进经济继续保持平稳健康发展态势，圆满完成“十二五”目标任务。

（作者：钱晓康　安徽省统计局局长）

专栏：安徽农村土地流转呈现新特征、新趋向

土地是人类赖以生存的基础，也是农村、农业、农民问题的根本。作为农业大省，安徽人均耕地少，户均土地经营规模小，人地矛盾仍较为突出，土地制度改革一直是安徽农村改革的核心内容。随着工业化、城镇化推进和农村人口持续转移，安徽农村土地承包经营权加快流转，土地集中规模经营趋势日益明显。以所有权、承包权、经营权三权分置为主要内容的土地制度改革，正推动安徽新一轮农村改革向纵深发展。

一、安徽农村土地流转呈现新特征

以家庭联产承包责任制为核心的农村改革，曾激发出农村改革的巨大动力。作为较早开展土地流转制度改革试点的省，安徽通过体制机制的不断创新，推动农村土地流转进入新阶段。

（一）土地流转进程明显加快

从流转总量看，截至今年10月底，全省土地流转面积3161.8万亩，其中耕地2314.4万亩，约占全省耕地总面积的37.6%，比上年底提高5.5个百分点。从发展趋势看，过去5年，全省耕地流转率年均增幅达到37.6%。从转入方流转规模看，零散流转正向集中规模流转转变。调查数据显示，庐江县50亩以下、50-500亩、500-1000亩、1000亩以上的规模土地流转分别占土地流转总面积的18%、46%、23.2%和12.8%。

（二）土地流转形式不断创新

调查发现，目前安徽农村土地流转以出租和转包为主。各地以出租和转包形式进行土地流转的面积约占总面积的80%左右。但股份合作、托管等新的流转形式发展迅速。目前，歙县以入股形式流转的土地已有1287亩。埇桥区灰古镇碾盘村依托种植专业合作社，以股份制流转村民承包地开展合作经营。同时，各地土地流转市场化程度不断提升，流转合同签订率逐步提高。以庐江县为例，2011年前该县土地流转书面合同签订率约50%，目前合同签订率已达90%以上。

（三）集体经济组织在土地流转中作用突出

在一次对长丰、肥西、埇桥、萧县等流转市场发育较好县（区）的农户问卷调查中，当问及“在土地流转合同谈判时最愿和谁谈”时，1053户农户中有827户选择村干部，占总农户数的78.5%。这表明，尽管理论界普遍认为农村土地产权存在虚置与代理人弱化问题，但不可否认的是，农村集体经济组织及其代表（村组干部），对农户土地流转行为仍具有很强的影响力。因此，在现有制度框架下，既要依法保护流转农户权益，也应关注土地集体所有权的保护和实现问题，以激活农村集体组织的功能。

（四）农民群体分化已成为土地流转的根本动力

改革开放以来，随着农民群体不断分化，其身份职业、收入来源和活动空间等方面发生了不同程度的分离。安徽数以百万计的农民沿着产业活动由农业到非农产业，收入来源由农业经营收入到工资性收入，经济活动空间由农村到城镇，身份由农民向市民的路径转换。农民群体分化，已成为农村社会经济结构演进的根本动力。但由于城乡二元体制等制度障碍，农民身份上的转变明显滞后于农民的职业、收入和空间转变，使市民化的农民群体较小、兼业农民群体庞大，也不利于职业农民群体形成。农民群体分化的不彻底，对土地有序流转，乃至农村经济社会转型影响很大。1053户农户调查问卷结果显示，45岁以上年龄组的农户对土地流转的认同度较高，但在土地流转时更倾向于留下部分“养老田”。这说明，在农村日趋老龄化之时，土地对于劳动能力下降、年龄偏大的农民仍具有重要的保障功能。

总体来看，安徽农村土地流转正向纵深发展，农民的群体分化、市场机制的深入将对农村土地流转，乃至农村经济社会结构调整产生重要的趋势性影响。

二、安徽农村土地流转出现新的趋向

农民与土地有着天然的联系，农村土地承包经营权的流转，与其说是地的问题，不如说是人的问题。土地

资源的配置，既有经济的功能性因素，又有社会的伦理性因素；体现了我国在农村改革发展中对公平和效率的双重追求。如果说土地转入更多基于对土地经济价值的考量，那么土地转出则往往是农户在土地的经济和社会二重性基础上，做出的理性选择。

（一）“经济价值型”土地流转将成为主流

产权制度是经济运行的基础，不同的产权制度有着不同的组织、技术和效率。当前理论界普遍认为，产权不明晰是我国农村土地配置效率不高的一个重要原因。但正如美国著名经济学家巴泽尔在《产权的经济分析》一书所说，产权不是绝对的。调查中发现，由于产权的复杂性，农民对土地产权的理解和认识具有显著的层次性特征。相对来说，土地流转的空间越往外部扩展，产权的界定难度就越突出；在村民组内部进行土地流转，很少发生产权界定难题，因产权问题导致的纠纷也比较少。这说明，紧密的社会联系和血缘关系仍在土地流转活动中发挥着降低交易成本、减少交易摩擦的作用。事实上，目前安徽农村土地流转仍有相当部分是在亲戚、朋友或村集体内部展开的。在当前阶段，“社会关系型”土地流转，对于促进土地集中仍具有积极意义。但从长期看，“经济价值型”土地流转将成为主流。对农户的调查问卷显示，如果流转给亲戚，农户平均预期租金为每亩437元；如果流转给村里其他人，农户平均预期租金为每亩579元；如果流转给村外的人，则农户的预期租金可能更高。这一现象与费孝通提出的“差序格局理论”是吻合的。随着农村市场机制的不断深入，土地流转空间将不断扩展，农户基于经济利益考虑，越来越倾向于“经济价值型”土地流转。“社会关系型”土地流转将逐步减少。

（二）土地流转效益正逐步显现

随着农村土地流转的加速，农村经济出现诸多积极变化。主要表现在兼业农民逐步减少、土地适度规模经营效率提升和农民收入结构优化等几个方面。对农户的问卷调查显示，1053户农户中仍以农业收入为主的有384户；以工资性收入和非农经营收入为主的有786户，占到全部农户的74.6%。从土地流转前后经济状况变化看，1010户土地流转农户中，有545户认为土地流转后经济状况得到改善；当问及改善原因时，有372户认为是土地流转后可专心外出打工获得更多收入。土地流转正是通过促进分工，在不断优化土地资源配置的同时，促进农民收入的增长。从流转前后土地产出和效益看，1010户中有187户农民认为流转后土地亩均产量高于流转前，223户农民认为流转后亩均收益高于流转前；土地规模经营优势较为突出。

三、不断创新农村土地流转的体制机制

（一）破除城乡二元体制障碍，加快推进农民市民化

完善农民市民化多元化成本分担机制，逐步将农民工纳入城镇社会保障体系。通过体制机制创新，解决农民工参保预期不佳、缴费能力不足和政府责任缺失、制度平台不统一等问题，降低农民工融入城市成本。大力发展中小城市和中小企业，优化城市体系和产业结构，扩大农民工就业空间，不断改善农民工就业环境，加大对农民工的职业教育和技能培训上的投入，提升农民工的整体素质和人力资源水平。

（二）加快农村公共服务体系建设，创新农村养老体制机制

重点解决好农村老龄人口养老问题，解决其后顾之忧。加大社会化养老体系建设，促进政府养老、家庭养老、社会养老协同发展机制。加强农村医疗等公共服务体系建设力度，大力建设公益性服务机构。通过向社会购买公共服务等方式，一方面为农民提供基础公共服务，另一方面也可创造更多适合农民的就业机会，搞活农村公共服务体系。

（三）完善土地流转法律法规，大力培育新型职业农民

坚持从实际出发，创新农村土地资源优化配置的体制机制，提升土地资源配置效率。继续做好农村土地承包经营权确权发证工作；用制度规范土地流转。稳步推进土地经营权抵押、担保试点，研究制定统一规范的实施办法，探索建立抵押资产处置机制。建立分级、高效、规范的农村土地流转市场体系。大力培育职业农民。

（作者：骆 飞　国家统计局安徽调查总队总队长）

福建省经济社会发展报告

2014年，在面对世界经济复苏曲折、全国经济下行压力加大的背景下，福建主动适应新常态，认真贯彻落实中央关于稳增长、促改革、调结构、惠民生的决策部署，实现了在新常态下全省经济平稳运行。

一、2014：经济总量不断扩大，运行质量稳步提高

（一）经济运行处于合理区间，主要指标平稳增长

初步核算，2014年全省实现地区生产总值24055.76亿元，按可比价格计算，比上年增长9.9%，增幅高于全国平均水平2.5个百分点，比前三季度提高0.4个百分点。其中，第一产业增加值2014.91亿元，增长4.4%；第二产业增加值12515.36亿元，增长11.7%；第三产业增加值9525.49亿元，增长8.3%。三次产业保持协调推进的势头。全省规模以上工业实现增加值10038.20亿元，比上年增长11.9%，增速居全国第3位，东部地区第2位，增幅比上年回落1.3个百分点，比上半年和前三季度分别回落0.4个和0.2个百分点。工业生产处在平稳匀速增长的区间。全省完成全社会固定资产投资18449.48亿元（含区域项目），比上年增长18.8%，增幅比上年回落3.4个百分点；其中，固定资产投资（不含农户）18141.37亿元，比上年增长19.0%，增速居全国第10位，东部地区第1位，增幅比上年回落3.4个百分点，比1-11月回升0.2个百分点。全省社会消费品零售总额9346.9亿元，比上年增长12.9%，增速居全国第5位，东部地区第1位，增幅比上年回落1.1个百分点，与前三季度持平。其中，限额以上企业实现零售额4625.96亿元，增长17.8%，对社会消费品零售总额的贡献率为64.0%。全省海关进出口总额1774.99亿美元，比上年增长4.8%，增幅分别比前三季度和1-11月回升2.2个和0.7个百分点。其中，出口1134.57亿美元，增长6.6%，增幅分别比前三季度和1-11月回升2.0个和0.6个百分点；进口640.42亿美元，增长1.9%。全体居民人均可支配收入为23330.9元，比上年增长10.0%，扣除价格因素后，实际增长7.8%。全省公共财政总收入3828.02亿元，比上年增长11.6%，增幅比上年回落2.4个百分点。其中，地方公共财政收入2362.29亿元，增长11.5%，增幅比上年回落7.8个百分点。2014年，全省公共财政支出3300.70亿元，比上年增长7.6%，增幅比上年回落10.1个百分点。全省居民消费价格总水平上涨2.0%，比上年回落0.5个百分点。工业生产者出厂价格下降1.4%，降幅比上年收窄0.2个百分点，比前三季度扩大0.1个百分点；工业生产者购进价格同比下降1.7%，降幅比上年和前三季度均扩大0.1个百分点。全省金融机构本外币各项存款余额31858.43亿元，比上年末增加2919.62亿元，增长10.1%，增幅比上年回落5.4个百分点；本外币各项贷款余额30051.27亿元，增长15.7%，增幅比上年提升0.2个百分点。

（二）发展重点凸显

产业转型升级行动计划。全年产值超千亿元的产业集群10个，主营业务超百亿元的企业37家，省级工业龙头企业实现工业总产值8093.95亿元，增长18.6%；纳入跟踪管理的全省“三维”项目完成投资6714亿元，增长31.7%。

城乡基础设施提升行动计划。全年城乡基础设施六项提升工程完成投资3502.2亿元，完成年计划的106.3%，其中交通、能源、市政、水利、信息、环保提升工程分别完成投资995亿元、536亿元、1350亿元、197亿元、94亿元和330

亿元。

宜居环境建设行动计划。全年宜居环境建设完工项目2204个，在建项目1531个，完成投资2158亿元，完成年计划120%。重点推进的50个集中成片棚户区改造项目中已开工38个，完成投资87.1亿元。

现代农业发展行动计划。全年实施现代农业发展重点项目1239个，完成年计划177.1%；完成投资118.7亿元，完成年计划131.8%。其中，园区建设实施项目339个。占年计划169.5%，完成投资62.5亿元，完成年计划125%。

民生工程行动计划。省委、省政府确定的21项年度为民办实事项目全面完成，全省到位各级各类补助与配套资金659.6亿元。

（三）三次产业协调发展

农业生产形势良好。2014年，全省实现农林牧渔业总产值3522.31亿元，按可比价计算，比上年增长4.5%，增幅与上年持平。其中，农业产值1529.72亿元，增长4.5%；林业产值323.11亿元，增长5.5%；畜牧业产值522.90亿元，增长1.5%；渔业产值1025.19亿元，增长5.6%；农林牧渔服务业产值121.40亿元，增长6.5%。粮食生产保持稳定，全年产量667.03万吨，增长0.4%。特色农产品发展喜人，食用菌产量104.25万吨，增长8.6%；茶叶产量37.21万吨，增长7.2%；园林水果产量701.72万吨，增长6.6%；花卉及盆景园艺播种面积45.37万亩，增长21.8%；水产品总产量695.97万吨，增长5.6%。

工业生产平稳增长。从所有制结构看，2014年，全省规模以上股份制工业企业完成增加值5601.49亿元，比上年增长14.6%，占规模以上工业的55.8%，比上年提高6.5个百分点，对规模以上工业增长的贡献率为66.5%，增速、比重和贡献率均居各经济类型之首。外商及港澳台商投资企业完成增加值3889.52亿元，增长8.7%，贡献率为29.4%。国有企业和集体企业分别增长9.7%和5.8%，股份合作企业则下降1.3%。从行业看，2014年，全省38个规模以上工业大类行业中有36个行业实现增长，其中23个行业实现两位数增长，有6个行业增速在20%以上。从产品产量看，2014年，全省列入统计的396种产品中有257种产品产量比上年增长，增长面达64.9%，98种产品产量增速超20%，占全部监测产品数的24.7%。从主导产业看，2014年，三大主导产业实现增加值3402.41亿元，比上年增长14.3%，增幅比上年提高1.9个百分点，对规模以上工业增长的贡献率为40.2%，比上年提高8.2个百分点。

服务业发展势头较好。2014年，全省服务业增加值9525.49亿元，比上年增长8.3%，增幅比前三季度提高1.3个百分点；占GDP比重为39.6%。其中，金融业增加值1449.82亿元，增长13.3%；交通运输仓储和邮政业增加值1320.35亿元，增长10.7%；批发和零售业增加值1961.18亿元，增长8.3%；住宿和餐饮业增加值374.61亿元，增长4.8%。1-11月，全省规模以上服务业实现营业收入1996.51亿元，同比增长4.3%。其中，其他营利性服务业实现营业收入333.91亿元，增长21.7%，比上年同期和1-8月分别提高14.2个和3.3个百分点，比全国平均增速高8.4个百分点。

（四）需求结构持续改善

投资结构逐步优化。一是三次产业投资结构更加合理。第一产业完成投资382.78亿元，比上年增长57.6%；第二产业完成投资6467.11亿元，增长13.4%；第三产业完成投资11291.48亿元，增长21.4%。一、三产业投资增速比二产投资增速分别快44.2个和8.0个百分点，比全省投资增速分别高38.6个和2.4个百分点。全省三次产业投资结构由上年的1.6:37.4:61.0转为2.1:35.7:62.2。二是工业投资结构明显改善。改建和技术改造投资进一步加强。2014年，全省完成改建和技术改造投资2228.11亿元，比上年增长29.5%，高于全省投资增速10.5个百分点。其中工业完成改建和技术改造投资1291.10亿元，增长25.9%，占全部工业投资的20.6%，比上年提高了2.5个百分点。高技术制造业投资快速增长。2014年10月以来，全省高技术产业投资连续3个月持续加速增长，其中有6个行业投资增长超过50%，分别是飞机制造及修理业投资增长1.33倍、电子计算机整机制造业投资增长80.5%、计算机网络设备制造业投资增长79.1%、广播电视设备制造业投资增长77.1%、信息化学品制造业投资增长56.6%、公共软件服务业投资增长52.4%。高耗能行业投资增长继续放缓。2014年，全省高耗能行业完成投资1755.37亿元，比上年增长4.7%，增幅分别比全省投资和工业投资低14.3个和6.3个百分点，占全部投资比重由上年的11.0%降为9.7%。三是民间投资占比提升。2014年，全省民间投资10731.33亿元，比上年增长23.7%，占全部投资的比重由上年同期的56.9%上升至59.1%，对全省投资增长的贡献率达71.0%，拉动全省投资增长13.5个百分点。四是基础设施投资增长较快。2014年，全省基础设施投资4843.92亿元，比上年增长22.5%，增幅比上年提高9.4个百分点。基础设施投资占全省投资比重为26.7%，分别比上年提高0.8个

百分点，对全省投资增长的贡献率为 30.7%，拉动全省投资增长 5.8 个百分点。

消费结构出现积极变化。一是市场聚集度不断提升。2014 年全省限额以上企业实现零售额 4625.96 亿元，比上年增长 17.8%，拉动全省社会消费品零售总额增长 8.6 个百分点，对社会消费品零售总额增长的贡献率达 66.3%，占社会消费品零售总额的比重由上年的 48.2% 进一步提高至 50.3%。二是文化消费、信息消费增长较快。2014 年，全省文化办公用品类零售额比上年增长 25.7%，通讯器材类零售额增长 40.6%，增幅比上年分别提升 9.1 个和 0.6 个百分点，文化消费、信息消费占限额以上批发零售业零售额的比重由上年的 3.3% 提高至 3.5%。三是网上购物保持高速增长。2014 年，全省限额以上单位实现网上零售额 191.79 亿元，比上年增长 102.3%，拉动社会消费零售总额增长 2.5 个百分点，网上购物成为拉动我省今年消费品市场增长的主要亮点。

出口结构继续调整。从贸易方式看，2014 年，全省一般贸易出口额 810.90 亿美元，比上年增长 8.1%，占出口总额比重达 71.5%，比上年提高 1.1 个百分点，超过加工贸易 47.5 个百分点。从出口商品看，机电产品出口 404.12 亿美元，增长 7.5%，占出口总额的比重为 35.6%，比上年提高 0.3 个百分点。

（五）经济运行保障有力

金融机构存贷款平稳增长。2014 年末，全省金融机构本外币各项存款余额 31858.43 亿元，比上年末增加 2919.62 亿元，增长 10.1%，其中人民币存款 30747.61 亿元，增长 9.6%，外汇存款 181.54 亿美元，增长 23.7%。本外币各项贷款余额 30051.27 亿元，比上年末增加 4087.82 亿元，增长 15.7%，其中人民币贷款 28417.70 亿元，增长 16.1%，外汇贷款 266.97 亿美元，增长 10.3%。年末全省本外币余额存贷比为 94.3%，比上年末提高 4.6 个百分点，高于全国平均水平。

利用外资保持增长。2014 年，全省新签外商直接投资项目 1044 项，比上年增长 24.3%；实际利用外资 71.15 亿美元，比上年增长 6.5%，增幅比上年提高 1.1 个百分点。其中，制造业实际到资 39.23 亿美元，增长 20.2%，占全省比重 55.1%，比上年提高 6.2 个百分点。香港、台湾（含第三地转投）仍为全省外资主要来源地，实际到资 57.06 亿美元，增长 12.3%，占全部比重为 80.2%，比上年提高 4.1 个百分点。

交通基础设施建设取得成效。全年完成公路水路建设投资 835 亿元，居全国第 7 位，连续三年超 800 亿元。全省公路通车总里程超 10 万公里，其中高速公路新建成 5 个项目 118 公里；普通国省干线建成 248 公里、改造 307 公里，“镇镇有干线”项目建成 350 公里，农村公路建成 1775 公里。港口新增生产性泊位 20 个，其中万吨级以上泊位 10 个，新增货物吞吐能力 4000 万吨。运输站场建成投用 3 个客运站，现有高铁站点全部配套公路客运站或公交站。各种运输方式全年实现货运量 111779.42 万吨，比上年增长 15.6%；货物周转量 4783.48 亿吨公里，增长 21.3%；客运量 60754.43 万人，增长 6.7%；旅客周转量 900.90 亿人公里，增长 14.8%；港口货物吞吐量 49166.24 万吨，增长 8.1%；港口集装箱吞吐量 1270.71 万标箱，增长 8.7%。

（六）经济发展质量良好

财税质量稳步提高。2014 年，全省实现财政总收入 3828.02 亿元，完成预算 100.6%，比上年增收 397.67 亿元，增长 11.6%。其中，地方公共财政收入完成 2362.29 亿元，完成预算 100.4%，增收 242.85 亿元，增长 11.5%。地方公共财政收入中税收收入比重达 81.4%，比上年提高 0.1 个百分点。省级地方公共财政收入完成 244.76 亿元，完成预算 129.3%，增收 43.9 亿元，增长 21.9%。

企业效益持续提升。2014 年，全省规模以上工业经济效益综合指数为 2710.44，比上年提高 15.60 个点；主营业务收入 36300.09 亿元，增长 10.1%；实现利润总额 2081.74 亿元，增长 5.3%；亏损企业数为 1219 家，亏损面为 7.6%，比上年下降 0.6 个百分点；全员劳动生产率 25.07 万元，比上年提高 2.98 万元，增长 13.5%；人均创利税 8.70 万元 / 人。比上年提高 0.56 万人。

环境保护成效明显。一是水环境质量总体保持优良。全省 12 条主要河流 135 个常规水质监测断面整体水质位优，水质保持稳定。水域功能达标率位 98.1%，I 类—III 类水质比例为 94.7%。饮用水源地水质保持基本为优，14 个县级市的 25 个集中式生活饮用水源地水质达标率为 99.8%，44 个县城的 61 个集中式生活饮用水源地水质达标率为 100%。二是大气环境质量总体保持稳定。按照空气质量老标准评价，全省 23 个城市平均达标天数比例为 99.3%，9 个设区市空气质量优、良比例天数为 99%。按照空气质量新标准评价，福州、厦门和泉州达标天数比例分别为 92%、95.3% 和 95.3%。2014 年 11 月，福州、厦门在全国 74 个城市空气质量排名中分别居第 3 位和第 6 位。三是环境执法监管成效明显。2014 年，全省共出动执法人员 8.10 万人次，检查企业 2.99 万家次，立案处罚违法排污案件 2065 件，移送公安部门涉嫌环境污染罪案件 152 件，挂牌督办突出环境问题 313 个，在媒体曝光 64 家冒黑烟污染企业。

（七）人民生活不断改善

城乡居民收入平稳增长。2014 年，全省居民人均可支配收入 23330.9 元，比上年增长 10.0%，扣除价格因素，实际增长 7.8%；按常住地分，城镇居民人均可支配收入 30722.4 元，增长 9.0%，扣除价格因素，实际增长 6.8%；农民人均可支配收入 12650.2 元，增长 10.9%，扣除价格因素，实际增长 8.8%。

就业形势基本稳定。2014 年，全省城镇新增就业 66.13 万人，完成任务的 110.2%；城镇失业人员再就业 12.80 万人，完成任务的 128.0%，其中城镇就业困难人员再就业 3.99 万人，完成任务的 133%；新增农业富余劳动力转移就业 42.4 万人，完成任务的 106%；城镇登记失业率 3.47%，控制在 4.2% 的年度目标以内。

物价保持较低水平。2014 年，居民消费价格比上年上涨 2.0%，涨幅比上年回落 0.5 个百分点。其中，城镇上涨 2.1%，农村上涨 1.9%。八大类消费价格指数“七升一降”，除烟酒下降 0.8% 以外，其余七大类商品价格均有不同程度上涨：食品涨 3.3%、衣着涨 2.6%、家庭设备用品及维修服务涨 0.4%、医疗保健和个人用品涨 0.7%、交通和通信涨 0.2%、娱乐教育文化用品及服务涨 1.7%、居住类涨 2.3%。

二、可持续的福建经济

2015 年是全面贯彻落实党的十八届三中、四中全会精神、全面深化改革的关键之年，也是完成“十二五”规划目标任务的收官之年。世界经济仍处于危机后的复苏期，发达经济体有望延续温和复苏走势，新兴经济体面临的困难和挑战依然较多。2014 年全国经济在新常态下平稳运行，发展质量不断提高，为 2015 年经济的良性发展打下基础。2015 年国家将把稳增长放在更加突出的位置，财政政策将着力盘活存量资金，调整支出结构，扩大减税力度，货币政策将在防控风险的同时逐步宽松。福建发展也面临着“一带一路”建设和自由贸易实验区双重政策效应的历史性机遇。但是，当前福建经济在运行过程中仍然存在一些需要关注的问题，如工业下行压力加大、服务业发展较为滞后、投资后劲不足、财政增收难度加大等等。

2015 年，接下来，国家“一带一路”战略的实施，福建自贸试验区的建设等，必将给福建发展带来新的动力元素和动力机制，福建所提出的“机制活、产业优、百姓富、生态美的新福建”建设势将稳步推进。

（作者：孙希有　福建省统计局局长）

专栏：商事制度改革深化　助推小微经济发展

2014年3月份以来，商事制度改革在福建省取得较为显著的成效，各类市场主体得以享受高效便捷的登记注册服务，尤其是对创新型的小微企业发展起到了较大的推动作用。

一、商改释放红利，优化发展环境

2014年福建省社会投资创业活力在商事制度改革政策的驱动下得到有效的激发和释放，市场主体发展和各项改革关联指标呈现明显上升趋势。截至2014年底，全省新登记内资主体41.41万户，注册资金总额5925.63亿元，同比分别增长36.2%、123.0%。其中，新登记内资企业11.91万户，注册资金5420.77亿元，同比分别增长72.4%和155.4%；新登记内资个体工商户28.98万户，注册资金328.05亿元，同比分别增长26.3%和35.0%。商事制度改革得到广大新设小微业主的拥护，据对全省598家小微企业政策落实情况调查显示，有96.8%的企业业主对全省工商登记制度改革表示满意。

（一）降低门槛，激发全民创业热情

改革后，取消了企业法人注册资金最低限额，解决了有办企业意愿而缺乏资金的难题，减轻了投资者负担，方便了企业准入，给初次创业者带来极大动力。据对全省2260家新设小微企业调查，在正常营业的1231家企业和个体经营户中，首次创业的占70.0%，其中，大学生首次创业的有208家，占10.6%；非大学生首次创业的有1160家，占59.4%；二次或多次创业的有585家，占30.0%。闽侯县某米业有限公司是夫妻两人工厂，过去因受各种条件约束，一直未能办理营业执照，商事制度改革后仅用10万元就注册了一家小型企业，期间边生产边办理其它相关手续，2014年7-10月已有营业收入8万元，实现利润0.2万元。业主表示，这在改革前无法实现。虽然“1元公司”可注册，但注册资本是公司自身实力的一个展示，可以为公司合作赢得更多的信任，改革后将认缴资金时限也延长了，调查企业普遍反映：不会去注册“1元公司”，因为随着公司的发展，10年内达到承诺的注册资金没有问题。

（二）简化手续，提升工商服务质量

从接受调查的企业反馈情况来看，企业登记注册手续简单、流程明晰，从递交注册申请资料到拿到营业执照所需的时间基本上都不超过5个工作日，在材料齐全情况下还可实现当天领取营业执照。据对289家企业问卷调查显示：18.2%的新增企业或个体户材料齐备当日受理当日办证，31.4%的新增企业或个体户材料齐备从递交申请至拿证时间仅需2-3天。企业对整个办理流程满意，如泉州市工商登记制度改革后，企业注册须提交材料减少了34份，登记文书减少了15种；在服务方式上建立了全省第一个以智能手机为操作界面的工商登记业务微信公众服务平台。创业者领取营业执照后，就可以从事一般性的生产经营活动。若开展需办理许可的生产经营，可再向主管部门申请。在此期间，创业者可以着手开展一些筹备工作，这就为企业先期发展争取了大量时间。既理顺了证照关系，解决了“办证难”，提升了市场准入率，又有助于明确监管分工。

（三）减免费用，有效降低创业成本

工商登记改革前，企业注册资本金增加需要缴纳新增资本金万分之八的登记费，个体工商户登记需要缴纳23.5元的工本费，企业需要缴纳50元的工本费；改革后所有费用全部免交并取消了年检费用。如浦城县某金属构件有限公司注册资金100万元，改革前应收取费用800元，而今分文未收，大大减轻了企业负担。据问卷调查显示：86.1%调查企业和个体户认为费用有不同程度的减少，其中认为费用减少10%以上的企业占56.9%，费用减少10%以内的占29.2%，无一例认为费用增加，从而大大降低了创业成本。

二、发展质量提升，助推经济发展

（一）企业正常运营，生产逐步好转

工商登记制度改革后，新设小微企业大多处于正常运营状态。据对全省2260家新设小微企业调查，截

止2014年12月底，54.5%新设小微企业已正常营业，24.5%正在筹建状态中。正常营业的1234家企业和个体经营户收入已达7.43亿元，比上季度又增加了2.82亿元。其中：商业增加1.89亿元，工业增加0.50亿元，服务业增加0.28亿元。反映生产经营情况比上季度好的占15.4%，比上季度提高2.5个百分点；比上季度差的占29.3%，比上季度下降2.4个百分点。另据对全省142家新设小微工业调查，有74.8%的工业企业和个体户实现盈利，出现亏损的比例仅为11.7%。

（二）优化产业结构，提升发展层次

据调查，全省第三产业新登记注册企业占新登记注册企业总数的79.4%，分别比第二产业、第一产业高62.4个百分点和75.8个百分点。企业信息技术等新兴行业也得到发展，其中信息传输、软件和信息技术服务业新登记注册占比3.5%，文化、体育和娱乐业占比1.8%，科学研究和技术服务业占比3.0%。第三产业的发展对经济拉动的作用增强。截至2014年底，新设小微第三产业营业收入达5.27亿元，占新设小微企业营业收入的71.0%；第二产业营业收入1.83亿元，占比24.7%；第一产业营业收入0.33亿元，占比4.4%。产业结构进一步优化，逐步摆脱第三产业发展滞后的局面。

（三）培植本土企业，助推经济发展

福建省具有天然深水良港、众多的海外侨胞和丰富的自然资源等外向型经济的发展条件，吸引了众多跨国、跨地区企业来闽投资，在促进福建省经济繁荣的同时也应当清醒地认识到，此类企业对福建的忠诚度低、利润回报率也低，在赢利时，把绝大多数利益输回母公司，一旦市场有波动，则采取缩小驻外机构规模或退回等做法来降低经营风险。只有发展本地的企业才会真正把福建作为发展的根据地，这种企业对福建有归属感、认同感。而新设小微企业基本为本土企业，将是未来经济发展的中坚力量。

三、带动作用增强，促进社会和谐

（一）规模不断扩大，税费贡献提高

截止到2014年第4季度末，新设小微企业户均营业收入60.19万元，比上季度增加21.14万元；资产总计10.32亿元，户均资产83.62万元，比上季度增加5.08万元。据调查，2014年三季度末调查的1180家企业中就有1家企业上升为规模以上企业，年底又有2家企业上升为规模以上企业。企业规模的不断扩张，为地方经济社会发展作出了应有的贡献。2014年新设小微已交纳各种税金1637.03万元，户均交纳税金1.33万元；交纳各种费用1321.71万元，户均交纳各种费用1.07万元。

（二）创造就业机会，促进社会和谐

小微企业同人们生产生活息息相关，因其本身固有的特性最吸引劳动者，最容易吸纳劳动力。失业人员可以自愿组织小微企业，创造就业岗位，进行生产自救；农民在农产品加工、流通和销售环节上合作，有望增加收入等。小微企业的稳定发展，可以带来社会的稳定。截至2014年12月底，1234家新设小微企业为社会提供了6738个就业岗位，户均就业人数5.5人，以此推算全省可增加159.66万个就业岗位；人均月薪约2632元，不到一年时间已为全省居民提供42.04亿元收入，平均为每人增加收入约110元左右，不仅对社会的稳定起到了积极的作用。同时，进一步提升了内需对福建科学发展、跨越发展的带动作用。

（作者：张福坤　国家统计局福建调查总队总队长）

江西省经济社会发展报告

2014年，面对复杂严峻的国内外发展环境，在省委、省政府的坚强领导下，全省上下认真贯彻落实党的十八大、十八届三中、四中全会和习近平总书记系列重要讲话精神，按照“发展升级、小康提速、绿色崛起、实干兴赣”十六字方针，坚持稳中求进、改革创新，统筹做好稳增长、调结构、促改革、惠民生、防风险等各项工作，全省经济在新常态下平稳运行，各项社会事业全面进步，较好地完成了年初确定的主要目标任务。

一、经济总量不断扩大，结构调整继续推进

经济运行稳中有进。初步核算，全年实现地区生产总值15708.6亿元，比上年增长9.7%。其中，第一产业增加值1683.7亿元，增长4.7%；第二产业增加值8388.3 亿元，增长11.1%；第三产业增加值5636.6亿元，增长8.8%。人均生产总值34661元，增长9.2%。

经济结构进一步优化。三次产业结构调整为10.7:53.4:35.9，第三产业占比较上年提高0.8个百分点。三次产业对经济增长的贡献率分别为5%、65.8%和29.2%。非公有制经济实现增加值9129.3亿元，增长10.3%，占GDP的比重为58.1%，比上年提高0.7个百分点。

区域发展战略扎实推进。南昌临空经济区、共青先导区建设进展顺利，昌九一体化实力显著增强；国务院批复赣闽粤原中央苏区振兴发展规划，赣州综合保税区等重大平台获批设立，中央国家机关及有关单位对口支援工作扎实推进，苏区振兴发展步伐加快；扎实推进赣东北开放合作、赣西经济转型发展，支持抚州深化区域合作。

二、财政实力稳步增强，保障能力不断提升

财政收入稳定增长。全年财政总收入2680.5亿元，比上年增长13.7%。其中，公共财政预算收入1881.5亿元，增长16.1%。财政总收入占生产总值的比重17.1%，比上年提高0.7个百分点；税收收入2179.8亿元，增长13.8%，占财政总收入的比重81.3%，比上年提高0.1个百分点。

县域财力显著增强。全年所有县（市、区）财政总收入都超过6亿元，财政总收入超10亿元的县（市、区）77个，超30亿元的15个，超50亿元的3个。其中，南昌县突破80亿元，达87.3亿元。

财政支出结构不断优化。全年公共财政预算支出3882.2亿元，比上年增长11.9%。其中，科学技术支出57.6亿元，增长24.3%；社会保障和就业支出419.1亿元，增长10.6%；医疗卫生与计划生育支出334.7亿元，增长9.1%。

三、农业生产形势稳定，基础地位得到巩固

农业生产稳步发展。全年粮食总产量2143.5万吨，比上年增长1.3%，总产再创历史新高，实现“十一连丰”。其中，早稻820.1万吨，下降1%；中稻及一季晚稻272.5万吨，增长3.1%；二季晚稻932.6万吨，增长2.3%。全年粮食种植面积3697.3千公顷，增长0.2%；油料种植面积741.5千公顷，减少0.2%；棉花种植面积84.9千公顷，增长0.3%；蔬菜种植面积572.3千公顷，增长1.5%。

牧渔业较快发展。全年肉类总产量355.2万

吨，比上年增长 3.1%。年末生猪存栏 1943 万头，下降 1.3%；生猪出栏 3325.7 万头，增长 3%。全年牛奶产量 12.8 万吨，增长 1.1%；禽蛋产量 57.8 万吨，增长 1.6%。全年水产品产量 253.8 万吨，增长 4.6%。

农业现代化发展加快。全年 854 家省级以上龙头企业实现销售收入 2798.5 亿元，实现利润 116.7 亿元。规模以上农产品加工企业 3298 家，比上年增长 3.9%；实现销售收入 3116.7 亿元，增长 7.2%。农民专业合作组织 3.5 万个，成员达 64.4 万人。

农业生产条件持续改善。全年新增有效灌溉面积 29.4 千公顷，有效灌溉总面积 2001.6 千公顷；新增节水灌溉面积 40.1 千公顷。农用化肥施用量（折纯）142.9 万吨，增长 0.9%。

四、工业经济平稳增长，主导作用显著增强

工业生产稳定增长。全年全部工业完成增加值 6994.7 亿元，比上年增长 11.2%，占生产总值比重 44.5%。其中，规模以上工业增加值 6833.7 亿元，增长 11.8%。分轻重工业看，规模以上轻工业增加值 2471.5 亿元，增长 12.7%；重工业增加值 4362.2 亿元，增长 11.3%。分企业类型看，规模以上国有企业增加值 294.3 亿元，增长 5.1%；集体企业增加值 22.2 亿元，增长 1.7%；股份合作企业增加值 25.9 亿元，增长 6.8%；股份制企业增加值 2638.4 亿元，增长 12.7%；私营企业增加值 2781.9 亿元，增长 13.5%；外商及港澳台投资企业增加值 1065.1 亿元，增长 10.2%。六大高耗能行业实现工业增加值 2702.4 亿元，增长 10.3%，低于全省平均增速 1.5 个百分点。

装备制造业增势较好。在规模以上工业中，装备制造业完成增加值 1477.3 亿元，占全省工业比重 21.6%，比上年增长 14.5%，高于全省平均水平 2.7 个百分点，拉动全省工业增长 3 个百分点，贡献率达 25.6%。其中，汽车制造业实现增加值 234.8 亿元，增长 14.1%；计算机、通信和其他电子设备制造业实现增加值 330.8 亿元，增长 24.5%，对全省工业增长的贡献率分别达 3.9% 和 8.5%。

企业效益稳步提升。全年规模以上工业实现利税 3358.7 亿元，比上年增长 14.4%，其中，利润 2043.9 亿元，增长 14.1%。38 个行业全部实现盈利，其中，增长 20% 以上的行业有 15 个。全年规模以上工业实现主营业务收入 30537.1 亿元，增长 13%。主营业务收入过千亿元的行业 11 个，较上年增加 2 个。主营业务收入超过百亿元的企业 14 户，比上年增加 1 户。其中，江铜集团主营业务收入突破 2 千亿元，达到 2078.5 亿元，居全省首位。全年工业经济效益综合指数 339.3%，同比提高 13.4 个百分点。

工业园区平稳发展。年末工业园区投产企业 8966 家；安置从业人数 208.2 万人。全年园区完成工业增加值 5454.5 亿元，增长 12%；主营业务收入、利润、利税分别完成 23226.7 亿元、1663.4 亿元和 2747.6 亿元，分别增长 12.3%、16.7% 和 16.8%。年主营业务收入超百亿元的园区新增 35 家，总数 71 家，其中，南昌高新技术产业开发区达 1103.7 亿元，居全省首位。

五、服务业较快发展，支撑作用明显提升

金融市场运行总体平稳。年末金融机构人民币各项存款余额 21537.7 亿元，比上年末增长 10.8%。其中，单位存款余额 9520.7 亿元，增长 10.3%；个人存款余额 11048.3 亿元，增长 11.1%。年末金融机构人民币各项贷款余额 15466.1 亿元，增长 19.4%。其中，短期贷款余额 6436.1 亿元，增长 13.8%；中长期贷款余额 8586.3 亿元，增长 20.9%。为加大实体经济帮扶力度，对融资模式进行了创新，全年“财园信贷通”发放贷款 229 亿元，“财政惠农信贷通”发放贷款 21.1 亿元。

证券交易市场稳定发展。全年新增证券分公司 5 家、证券营业部 107 家、期货营业部 3 家。年末证券公司 2 家、期货公司 1 家、证券分公司 11 家、证券营业部 239 家、期货营业部 30 家。

年末全省境内证券市场共有A股上市公司32家，全年6家上市公司资本市场融资65.4亿元。新三板企业实现融资突破，1家企业通过定向增发募集资金1.3亿元，3家挂牌企业提交了融资方案；4家企业发行中小企业私募债融资5.5亿元，比上年增长1.8倍；4家企业引入私募股权投资基金5.6亿元。全年证券经营机构累计成交2.9万亿元，增长55.0%；期货经营机构共代理成交5.2万亿元，增长50.1%。

保险业发展加快发展。全年保险公司保费收入400.4亿元，比上年增长25.9%，同比加快8.9个百分点。其中，财产险保费收入138.8亿元，增长19.4%；寿险保费收入153.4亿元，增长6.4%；健康险保费收入29.5亿元，增长78.7%；意外伤害险收入9.5亿元，增长23.1%。支付各类赔款及给付142.1亿元，增长11.9%。其中，财产险赔款73亿元，增长9.5%；寿险给付57.4亿元，增长8.5%；健康险赔款和给付9.7亿元，增长71%；意外险赔款2亿元，增长12.8%。

旅游业发展进一步加快。全年接待国内旅游人数31134.5万人次，比上年增长25.3%，同比加快3.2个百分点；国内旅游收入2615.2亿元，增长40.3%，同比加快4.5个百分点。入境旅游者人数171.7万人次，增长4.9%；旅游外汇收入5.6亿美元，增长6.1%。

六、投资规模持续攀升，建筑业发展势头良好

固定资产投资较快增长。全年全社会固定资产投资15110亿元，比上年增长17.6%。其中，固定资产投资（不含农户）14677亿元，增长18%。分产业看，在固定资产投资中，第一产业投资315.8亿元，增长16.3%；第二产业投资7999.7亿元，增长11.1%，其中工业投资7935.5亿元，增长11.2%；第三产业投资6361.5亿元，增长28.1%。分投资主体看，在固定资产投资中，国有投资3326亿元，增长31.9%；非国有投资11351亿元，增长14.5%，其中，民间投资10738.2亿元，增长15.2%。

房地产投资稳定增长。全年房地产开发投资1322.5亿元，比上年增长12.6%。其中，住宅投资增长22.1%，商业营业用房投资增长29.3%，办公楼投资下降46.5%。商品房竣工面积1871.8万平方米，增长4.9%；商品房销售面积3067.2万平方米，下降3.2%；商品房销售额1621.8亿元，下降1.6%。

建筑业较快增长。全年完成建筑业总产值4122.6亿元，比上年增长18.8%；完成建筑业增加值1393.6亿元，增长10.5%。

七、消费市场繁荣活跃，对外经济迅速发展

消费品市场总体平稳。全年社会消费品零售总额5292.6亿元，比上年增长12.7%。限额以上批发零售业零售额1893.9亿元，增长13.9%。其中，汽车类零售额520.2亿元，增长16.2%；家具类零售额47.7亿元，增长23.2%；通讯器材类零售额17.1亿元，增长18.2%；家用电器和音像器材类零售额122.2亿元，增长18.4%；化妆品类零售额14.9亿元，增长36%；建筑及装潢材料类零售额28.2亿元，增长33.4%；电子出版物及音像制品类零售额8.5亿元，增长20.6%。

居民消费价格涨幅放缓。全年居民消费价格上涨2.3%，比上年回落0.2个百分点。其中，食品类价格上涨3.7%，对居民消费价格上涨的贡献率达56.6%；衣着类价格上涨2.4%，居住类价格上涨2.5%。

对外贸易形势向好。全年进出口总额427.8亿美元，比上年增长16.4%，同比加快6.5个百分点。其中，出口320.4亿美元，增长13.7%；进口107.4亿美元，增长25.2%。在出口中，外商投资企业出口额68.5亿美元，增长8%；私营企业出口额227.7亿美元，增长11%；国有企业出口额23.7亿美元，增长88.5%。出口结构不断优化。全年机电产品出口129.1亿美元，比上年增长22.2%；高新技术产品出口52.5亿美元，增长53.2%。对韩国、香港、日本、俄罗斯联邦

等国家或地区出口快速增长，分别为 82.1%、49.1%、28.5% 和 26.7%。

利用外资增速加快。全年新批外商投资企业 822 个，实际使用外商直接投资 84.5 亿美元，比上年增长 11.9%，同比加快 1.3 个百分点。利用省外 5000 万元以上项目实际进资 4540.5 亿元，增长 17.6%。截止 2014 年底，全省具有世界 500 强投资背景的外商投资企业 62 家。

对外合作力度加大。全年对外承包工程合同项目 209 个，合同金额 26.48 亿美元，比上年增长 30.2%，同比加快 9.3 个百分点；完成营业额 28.51 亿美元，增长 25.5%，同比加快 2.0 个百分点。

八、基础设施日趋完善，城市面貌日新月异

重大基础设施建设加快推进。全年新增高速公路通车里程 180 公里，通车总里程达 4515 公里，实现“县县通高速”。新增铁路营运里程 588 公里，达到 3734 公里。沪昆客专杭南长段建成通车，昌吉赣客专开工建设，江西进入高铁时代。

交通运输业基本平稳。全年铁路、公路、水运完成旅客运输量 67798 万人，比上年增长 4.1%；完成货物运输量 151767 万吨，增长 12.0%。机场旅客吞吐量 930 万人，增长 9.6%。其中，昌北机场旅客吞吐量 724 万人，增长 6.3%。

邮政电信业快速发展。全年完成邮电业务总量 445.7 亿元，比上年增长 32.4%。其中，邮政业务量 51.4 亿元，电信业务量 394.3 亿元。年末固定电话用户 577.4 万户。全年新增移动电话用户 131.6 万户，年末移动电话用户总数为 2938.5 万户。3G 移动电话用户 1150.7 万户，增长 22.6%。固定互联网宽带接入用户 434.2 万户，比上年增加 24.1 万户；移动宽带用户 1914.6 万户，增加 247.2 万户。

生态建设成效显著。全年深入实施大气污染防治行动计划，南昌、九江空气质量优良率分别为 80.5%、84.4%，其他设区市空气环境质量稳定在国家Ⅱ级。全省地表水监测断面水质达标率 80.9%，设区市城区集中式饮用水源地达标率 100%。完成植树造林 210.2 万亩，森林覆盖率 63.1%。吉安、抚州成功创建国家森林城市。新增国家级自然保护区 3 处、国家级森林公园 2 处、国家级湿地公园 13 处。深入开展农村环境连片整治行动，农村面源污染防治取得新成效。启动排污权有偿使用和交易、环境污染强制责任保险试点。国家六部委批复江西省生态文明先行示范区建设实施方案，我省成为全国首批全境纳入生态文明先行示范区建设的省份。

节能减排顺利推进。淘汰落后产能和技改工作取得积极进展，完成国家下达的老机动车及黄标车、燃煤锅炉淘汰任务，淘汰落后和过剩产能涉及 7 个行业 80 家企业，实现综合节能约 150 万吨标煤；安排节能技改资金 8500 万元，支持了方大特钢、万年青水泥等 70 多个企业节能技改项目和节能产品推广，帮助企业实现节能约 50 万吨标准煤。初步核算，万元生产总值综合能耗 0.573 吨标准煤，下降 3.16%。全年化学需氧量排放量 72 万吨，下降 1.96%；二氧化硫排放量 53.4 万吨，下降 4.18%。单位生产总值能耗下降和主要污染物减排完成年度目标任务。

九、科教文卫蓬勃发展，社会事业全面进步

科技创新能力进一步增强。全年研究与试验发展（R&D）经费支出 157 亿元，占 GDP 比重为 1%，比上年提高 0.05 个百分点。新增国家重点实验室 1 家，省重点实验室 18 家；年末拥有国家重点实验室 2 家，省重点实验室 90 家。国家工程技术研究中心 8 家，省工程技术研究中心 172 家。全年通过省级科技主管部门鉴定的科技成果 101 项，获得国家级科学技术奖的科技成果 7 项，特别是时隔 15 年，1 项科技成果获国家科技进步一等奖。全年受理专利申请 25594 件，比上年增长 51.1%；授权专利 13831 件，增长 38.7%，增幅居全国第一，南昌欧菲光获中国专利金奖。全年技术市场合同成交金额 50.8 亿元。高新技术产业增加值 1700.4 亿元，增长 11.9%；占 GDP

的比重为10.8%，比上年提高1个百分点。

教育事业较快发展。全年研究生教育在校研究生2.8万人，普通高校在校生91.6万人，普通高中、初中、小学在校生分别为90.5万人、175万人和413万人，特殊教育在校生2万人。幼儿园11448所，在园幼儿159.4万人。高等教育毛入学率34.5%，比上年提高2.5个百分点；高中阶段毛入学率84.5%，提高2.5个百分点；初中适龄人口入学率98.95%；小学适龄儿童入学率99.83%。

公共文化服务水平进一步提高。年末共有艺术表演团体82个，文化馆104个，公共图书馆113个，博物馆109个。广播电台10座，电视台10座，广播电视台82座。有线广播电视用户610万户，数字电视用户498.3万户。广播综合人口覆盖率97.5%；电视综合人口覆盖率98.6%。全年出版各类报纸12.2亿份，各类期刊7352万册，图书18950万册。

卫生事业平稳发展。年末共有各类医疗卫生机构38874个（含村卫生室）。其中，医院、卫生院2164个，妇幼保健院（所、站）112个，专科疾病防治院（所、站）110个，疾病预防控制中心110个，卫生监督所（中心）110个。卫生技术人员20万人。其中，执业医师和执业助理医师7万人，注册护士8万人；医院和卫生院床位18万张。

体育事业较快发展。年末共有青少年俱乐部138个，晨晚练健身活动点15153个。全民活动每天相对稳定人数39.8万人次。农民体育健身工程2232个，老区和贫困地区“雪炭工程”设施建设项目3个。全省体育健儿在国际和国内的重大比赛中共获得41枚金牌、36枚银牌和39枚铜牌。

十、人民生活显著改善，社会更加和谐稳定

人口增长处于较低水平。根据人口变动情况抽样调查统计，年末常住人口4542.2万人，比上年末增长0.4%。65岁及以上老年人口414.2万人，占总人口的比重为9.1%，比上年末提高0.3个百分点。全年出生人口60万人，出生率13.24‰；死亡人口28.4万人，死亡率6.26‰；自然增长率6.98‰。

居民生活水平持续改善。根据城乡一体化住户抽样调查，全年居民人均可支配收入 16734 元，比上年增长 10.8%。按常住地分，农村居民人均可支配收入 10117 元，比上年增长 11.3%；城镇居民人均可支配收入 24309 元，增长 9.9%。年末农村居民人均住房建筑面积 50.2 平方米，比上年末增加 1.1 平方米。城镇居民人均住房建筑面积 41 平方米，比上年末增加 0.9 平方米。年末民用汽车保有量 296.5 万辆，增长 15.6%；民用轿车保有量 154.3 万辆，增长 21.2%，其中，私人轿车保有量 139.3 万辆，增长 25.4%。

就业形势总体稳定。年末从业人员 2603.3 万人，比上年末增加 14.6 万人。全年城镇新增就业 55.1 万人，新增转移农村劳动力 58.7 万人；年末城镇登记失业率为 3.3%。年末农民外出从业人员 822.4 万人，其中，省外务工 553.5 万人。

社会保障体系进一步完善。全年就业困难人员实现就业 6.8 万人。共发放小额担保贷款 114.5 亿元，扶持个人创业 9.2 万人次，带动就业 44.7 万人次。年末参加城镇基本养老保险人数 783.9 万人，比上年末增长 3.9%。其中，参保职工 562.8 万人，参保离退休人员 221.1 万人。参加城镇职工医疗保险人数 579.2 万人，其中，职工 381.5 万人，退休人员 197.7 万人。开展新型农村合作医疗试点工作的县（市、区）96 个，实现农村人口全覆盖，基金支出额 125.1 亿元。参加失业保险人数 271.8 万人，参加生育保险人数 241.1 万人。参加工伤保险人数 461.2 万人，其中参加工伤保险的农民工 136.5 万人。重大疾病免费救治工作顺利推进，全年免费救治大病患者 12 万例。向城市低保户发放低保金月人均补差 270 元；向农村低保户发放低保金月人均补差 145 元。为全省城乡 561.1 万名义务教育阶段公办学校学生全部免除学杂费和免费提供教课书。全年新开工保障性住房 10.7 万套，基本建成 12.3 万套。新开工棚户区改造 22.4 万套，基本建成 13.8 万套。发放廉租住房租赁补贴 17 万户，完成农村危旧房改造 15.8 万户。加大扶贫开发力度，全年完成扶贫移民搬迁 8.0 万人，减贫 70 万人。大力推进法治江西、平安江西建设，安全生产形势持续好转，社会保持和谐稳定。

社会福利事业健康发展。年末有各类收养性社会福利提供床位 17.9 万张，收养人数 15.8 万人，临时救济困难户 5.6 万人次。全年销售社会福利彩票 61.5 亿元，筹集福利彩票公益金 18.6 亿元。

安全生产形势持续向好。全年生产安全事故 3199 起，比上年下降 38.5%。其中，道路交通事故 879 起，工矿商贸事故 155 起，铁路交通事故 74 起，水上交通事故 2 起，火灾事故 2079 起，农业机械事故 10 起。全年生产安全事故死亡 845 人，比上年下降 50.2%。其中，道路交通事故死亡 591 人，下降 56.3%；工矿商贸事故死亡 195 人，下降 16.7%；铁路交通事故死亡 48 人，与上年持平；水上交通事故死亡 3 人，下降 25%；火灾事故死亡 6 人，下降 90.1%；农业机械事故死亡 2 人。亿元生产总值生产安全事故死亡人数 0.104 人，下降 9.6%。

2014 年江西经济和社会发展取得了较大成绩，为“十二五”收官奠定了坚实基础。展望未来，机遇和挑战同在，我们相信，全省上下将在省委省政府的正确领导下，加快转变经济发展方式，紧紧抓住国家实施长江经济带、“一带一路”建设等战略机遇，不断优化经济发展空间格局，为“十二五”完美收官画上圆满的句号！

（作者：王建农　江西省统计局局长）

专栏：新常态下的2014年江西经济

2014年，在省委、省政府的坚强领导下，全省上下认真贯彻落实“发展升级、小康提速、绿色崛起、实干兴赣”十六字方针，全面推进稳增长、调结构、促改革、惠民生等各项工作，全省经济在新常态下平稳运行，呈现出稳中有进、结构优化、质量提升、民生改善的发展态势。

一、农业农村经济运行稳定向好

（一）经济总量稳定增长

据统计，江西全年实现现价农林牧渔业总产值2726.54亿元，按可比价计算，比上年增长4.8%。其中：农业产值1144.08亿元，增长3.8%；林业产值274.18亿元，增长6.5%；牧业产值814.88亿元，增长5.6%；渔业产值400.65亿元，增长4.6%；农林牧渔服务业92.74亿元，增长6.2%。实现现价农林牧渔业增加值1735.29亿元，按可比价计算，比上年增长4.8%。

（二）粮食生产喜获丰收

2014年江西早稻生产受种植结构调整和久雨寡照因素影响，出现面积、单产、总产“三减”。为确保全年粮食稳定，各地高度重视秋粮生产，加之气候条件偏好，全面实现了早稻损失秋粮补，全年粮食喜获丰收。据粮食产量抽样调查统计，2014年粮食总产再创历史新高，达2143.5万吨，较上年增产27.4万吨，增长1.29%，总产连续四年稳定在2000万吨以上。

（三）畜禽产品供应充足

据对全省100个县（市、区）近2万户各类养殖户的监测调查统计，2014年江西生猪出栏3325.7万头，比上年增长5.6%，年末存栏1738.5万头，增长1.8%；活家禽出笼45854.2万只，增长3.0%，年末存笼21100.2万只，增长4.2%；猪肉产量259.8万吨，增长6.0%，禽肉产量64.0万吨，增长4.6%。

（四）农产品生产价格小幅上涨

2014年江西农产品生产价格呈现小幅上涨态势，比上年上涨0.27%。分季度看“先抑后扬”，一季度同比下降1.50%，二季度同比下降0.82%，三季度同比上涨0.33%，四季度同比上涨1.43%；分类别看“三涨一跌”，种植业产品、林业产品、渔业产品价格分别上涨2.61%、1.80%和3.72%，畜牧业产品价格下降5.02%。分品种看，粮食、油料价格分别上涨2.46%和2.62%，生猪价格全年下降7.89%，向下拉动畜产品价格指数6.28个百分点、农产品价格总水平1.98个百分点。

二、城镇居民人均可支配收入稳步增长

据对全省城乡居民收支状况调查，2014年江西城镇居民人均可支配收入24309元，比上年增加2189元，增长9.9%。

城镇居民收入增长呈现三大特点：

（一）四大收入全面增长，工资性收入增长最快

2014年全省城镇居民来自工资性收入、经营净收入、财产净收入、转移净收入均呈增长态势，“四轮驱动”带动居民增收。其中，全省城镇居民人均工资性收入15623元，同比增长11.5%，增长最快；经营净收入1961元，增长1.1%；财产净收入2490元，增长9.4%；转移净收入4235元，增长8.8%。

（二）增收渠道拓宽，收入来源多元化

除传统的优势增收渠道继续保持较大幅度的增长外，近年来，居民的新兴增收渠道也日渐增多，2014年全省城镇居民人均经营净收入和财产净收入合计占城镇居民可支配收入的比重为18.3%。

（三）城镇低收入家庭人均可支配收入增长快于全省城镇居民收入平均水平

多年来，江西持续对低收入人群加大财政转移支付力度，并取得较好实效，2014年城镇20%低收入家庭人

均可支配收入 11309 元，比上年增长 12.1%，高于全省城镇居民收入平均水平 2.2 个百分点，高低收入户收入比由上年的 4.18:1 下降为 4.03:1，相对差距继续缩小。

三、农村居民人均可支配收入首破万元

据对全省城乡居民收支状况调查，2014 年江西农村居民人均可支配收入为 10117 元，比上年增加 1028 元，增长 11.3%，收入首次突破万元。

农村居民收入增长呈现三大特点：

（一）四大收入全面增长，增长质量有所提高

2014 年全省农村居民人均可支配收入的四大来源呈现“全增”格局，其中人均工资性收入 3937 元，比上年增加 538 元，增长 15.8%，对增收的贡献率为 52.3%，拉动农民收入增长 5.9 个百分点；经营净收入 4107 元，比上年增加 346 元，增长 9.2%，对增收的贡献率为 33.7%，拉动农民收入增长 3.8 个百分点；财产净收入 153 元，比上年增加 27 元，增长 21%；转移净收入 1919 元，比上年增加 117 元，增长 6.5%。

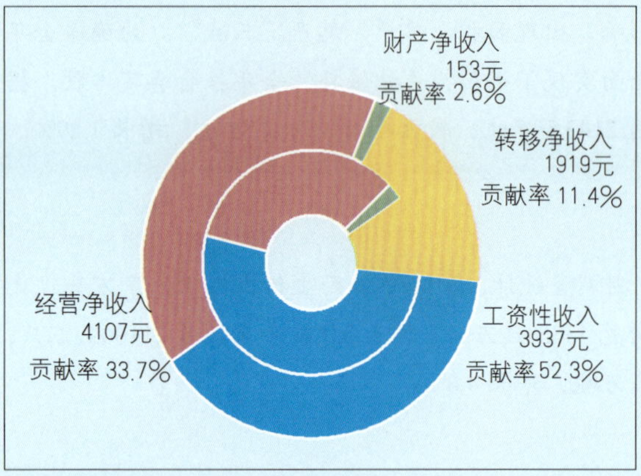

图 1　2014 年江西农村居民各项收入构成、对增收的贡献率

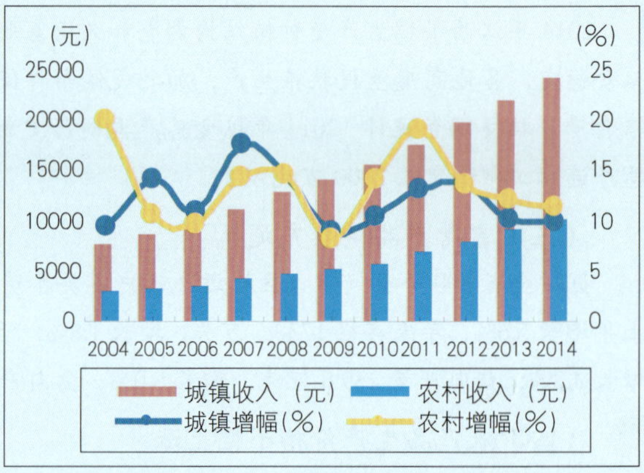

图 2　2004–2014 江西城乡居民收入及对比

（二）农村居民收入增长实现“十一连快”，首破万元

2004 年以来江西农民收入快速增长，2014 年全省农村居民人均收入首次突破万元，按同口径计算，是 2004 年的 3.3 倍，十年间年均增长 12.7%。特别是 2010 年以来农村居民收入连续五年两位数增长。

（三）农村居民收入增速连续五年快于城镇居民，城乡居民收入差距持续缩小

多年来，江西持续推进强农、惠农、富农政策，取得较大成效，改革发展成果更多地惠及农村居民。2014 年全省农村居民人均可支配收入增幅高于城镇居民 1.4 个百分点，是自 2010 年以来连续五年高于城镇居民。城乡居民收入差距持续缩小，2014 年城乡居民收入比为 2.40:1，比 2013 年的 2.43:1 有所缩小。

（作者：邓盛平　国家统计局江西调查总队总队长）

山东省经济社会发展报告

2014年，全省深入贯彻落实中央宏观调控各项措施，积极应对复杂严峻的国内外经济形势，坚持稳中求进、改革创新，加快产业结构优化和提质增效升级，增强经济增长内生动力，全省经济保持了总体平稳、小幅波动的运行态势，结构调整稳中有进，运行质量稳中有升。

一、2014年全省经济运行情况

（一）经济运行总体平稳，合理区间内小幅波动

初步核算并经国家统计局审核，2014年全省实现生产总值（GDP）59426.6亿元，按可比价格计算，比上年增长8.7%。其中，第一产业增加值4798.4亿元，增长3.8%；第二产业增加值28788.1亿元，增长9.2%；第三产业增加值25840.1亿元，增长8.9%。经济总量居全国第三位，占全国GDP总量的9.3%。从运行走势看，全年经济保持了总体平稳、稳中有进的发展态势。一季度、上半年、前三季度及全年GDP增速分别为8.7%、8.8%、8.7%和8.7%。全年人均GDP为60879元，按年均汇率折算达到9911美元，较上年增加726美元。

就业形势良好。2014年，全省城镇新增就业118.5万人，农村劳动力转移就业131.2万人，城乡就业连续十一年实现双过百万。城镇登记失业率3.3%，低于4%的全年控制目标。物价走势温和。全年居民消费价格上涨1.9%，涨幅比上年回落0.3个百分点。工业生产者价格低迷。其中，出厂价格下降1.6%，与上年持平；购进价格下降1.8%，降幅比上年扩大0.2个百分点。金融运行平稳。年末，全省金融机构本外币存款余额69151.9亿元，比上年末增长9.1%；金融机构本外币贷款余额53662.2亿元，增长11.9%。全年新增本外币贷款5538.3亿元，比上年多增612.8亿元。

（二）生产供给稳定增长，需求总量缓中趋稳

农业生产形势较好。2014年，全省粮食总产达到919.3亿斤，比上年增长1.5%，连续第十二年实现增产。其中夏粮452.9亿斤，增长2.0%；秋粮466.4亿斤，增长1.0%。畜牧业生产保持平稳。猪牛羊禽肉产量758.1万吨，下降0.7%；禽蛋产量388.0万吨，下降2.1%；牛奶产量279.6万吨，增长3.0%。渔业生产平稳增长。水产品总产量867.2万吨，增长1.8%。其中，海水产品709.3万吨，增长3.1%；淡水产品157.9万吨，下降3.5%。工业生产总体稳定。全省规模以上工业增加值增长9.6%。四个季度依次增长9.5%、10.1%、8.7%和9.6%，月累计增速在9.2%-9.8%之间小幅波动。其中，轻工业增长8.5%；重工业增长10.1%，重工业对工业增长贡献率为72.5%，比上年提高1.5个百分点。行业增长面为85.4%，重点工业产品增长面为48.3%。规模以上工业产销率达99.1%。服务业增势良好。全省服务业增加值25840.1亿元，增长8.9%。其中批发和零售业增长11.3%，金融业增长10.9%，住宿和餐饮业增长9.8%。

从三大需求看，投资缓中趋稳。2014年，全省固定资产投资42495.5亿元，增长15.5%。其中，房地产开发投资5818.0亿元，增长6.9%。市场消费保持平稳。全年全省社会消费品零售总额25111.5亿元，增长12.6%。四个季度分别增长12.4%、13.0%、12.5%和12.7%，运行较为平稳。其中，限额以上单位消费品零售额13235.4亿元，增长12.1%。分城乡市场看，城镇消费品零售额19562.5亿元，增长12.1%；乡村消费品零售额4929.5亿元，增长14.9%。对外贸易低速增长。年内全省进出口增幅先升后降，四季度

以来明显回落，全年进出口总额2771.2亿美元，增长4.0%。其中，出口1447.5亿美元，增长7.9%；进口1323.7亿美元，与上年持平。

（三）结构调整稳中有进，转型发展取得积极进展

产业结构继续优化，服务业贡献率提升。2014年，全省服务业增加值占GDP的比重比上年提高1.5个百分点；服务业对经济增长的贡献率达到38.3%，为近十年来的新高。知识技术密集型行业和技术创新型企业发展加快。全年装备工业生产增速明显快于规模以上工业，实现增加值增长12.1%，增速快于规模以上工业2.5个百分点。全省规模以上高技术行业利润增长10.5%，高于制造业增速4.9个百分点。高耗能行业增速放缓。全年六大高耗能行业增加值增长9.5%，延续了一季度以来的放缓走势，比上年回落3.0个百分点，低于规模以上工业0.1个百分点。内涵效益型投资增长较快，转型升级新动力凸显。全省工业企业技术改造投资12221.2亿元，增长24.1%，增速快于固定资产投资8.3个百分点；高新技术产业投资6724.5亿元，增长18.2%，增速快于固定资产投资2.4个百分点。出口商品结构继续优化，高附加值产品出口形势良好。全省高新技术和机电产品出口分别增长18.4%和11.0%，出口额依次占全省出口总额的14.2%和38.8%，比上年分别提高1.4和1.0个百分点。民营经济快速增长，市场活力增强。全年规模以上民营工业增加值增长11.8%，民营固定资产投资增长19.7%，限额以上民营单位消费品零售额增长17.0%，分别快于全省平均水平2.2、3.9和4.4个百分点。综合核算，全省民营经济增加值增长9.3%，高于GDP增速0.6个百分点。城镇化水平稳步提高。全省常住人口城镇化率达到55.01%，比上年提高1.26个百分点。

（四）经济运行质量稳中有升，收入效益稳步增加

工业能耗增速放缓。2014年，全省规模以上工业能耗增长1.4%，为近十年来的新低。科技创新能力显著提升。全省发明专利授权量10538件，增长18.2%。每万人口有效发明专利拥有量达到3.59件，较上年提高0.7件。财政收入平稳增长。全省公共财政预算收入累计增速自年初小幅放缓，四季度企稳回升，运行区间稳定于9.2%-11.1%。全年实现公共财政预算收入5026.7亿元，增长10.2%。其中，税收收入3965.6亿元，增长12.2%。税收占比继续提升。全省税收收入占地方财政收入的比重达到78.9%，比上年提高1.4个百分点。工业效益保持低位增长。全省规模以上工业主营业务收入143488.1亿元，增长9.8%；实现利润8763.4亿元，增长4.6%；实现利税14263.1亿元，增长5.6%。41个行业大类中，27个行业利润实现增长，增长面为65.9%。城乡居民收入协调稳定增长。全省居民人均可支配收入20864元，增长9.8%；扣除价格因素，实际增长7.8%。其中，城镇居民人均可支配收入29222元，增长8.7%；扣除物价因素，实际增长6.5%。农村居民人均可支配收入11882元，增长11.2%；扣除物价因素，实际增长9.6%，增速连续5年超过城镇居民，城乡居民收入比缩小到2.46:1。

二、当前经济运行中面临的主要问题

当前，国内外环境仍然较为复杂，不稳定不确定的因素依然较多，全省经济稳定发展仍面临多重困难和挑战。

（一）有效需求减弱，市场环境趋紧

一是全省交通运输量增速放缓，经济活跃度减弱。2014年公路、水路货运量以及港口吞吐量分别增长1.0%、2.7%和8.9%，比上年依次回落2.9、8.8和8.0个百分点；铁路运输下降11.8%，降幅比上年扩大7.9个百分点。二是工业用电量低位徘徊，生产动力依然不足。2014年仅增长3.6%，比上年回落3.9个百分点。三是工业品价格持续低迷，市场有效需求继续减弱。自2012年以来，全省工业生产者出厂价格连续35个月同比下降，购进价格连续32个月同比下

降，2014 年四季度以来降幅再次出现扩大趋势。这说明当前市场环境仍不乐观，表现出较强的趋紧态势。受此影响，2014 年全省工业产品产量增长面近年来首次跌破五成，仅为 48.3%，比上年降低 18.4 个百分点。

（二）转型升级压力加大，服务业发展后劲不足

一是企业产能空置率提高。2014 年四季度，据对全省 6440 家规模以上工业企业生产经营及景气状况专项调查显示，企业平均产能利用率仅 77.5%，比三季度下降 0.5 个百分点；13.3% 的企业反映产能发挥程度低于正常水平，比上年提高 2.5 个百分点。二是高耗能行业投资占比提升。2014 年全省六大高耗能行业投资增长 26.0%，快于固定资产投资增速 10.2 个百分点；完成投资 6510.3 亿元，占固定资产投资的比重为 15.7%，比上年升高 1.3 个百分点。三是服务业发展后劲不足。2014 年全省服务业投资仅增长 8.8%，比上年回落 10.9 个百分点；占固定资产投资比重为 47.1%，比上年回落 3.1 个百分点。其中，服务业新开工项目计划总投资仅增长 1.7%，新开工项目数量比上年减少 415 个。

（三）企业生产经营困难，亏损情况有所加剧

受市场需求不足，成本费用攀升影响，省内企业盈利水平持续下滑。2014 年，全省规模以上工业主营业务成本增长 10.9%，财务费用增长 11.2%，销售费用增长 10.9%，分别比主营业务收入增幅高 1.1、1.4 和 1.1 个百分点，每百元主营业务收入中的成本达到 87.5 元，比上年提高 0.7 元。全省规模以上工业利润总额增长缓慢，仅为 4.6%。部分企业在亏损状态下维持生产，亏损情况有所加剧。年末全省亏损企业 2458 家，比上年增加 252 家。亏损额为 344.6 亿元，由上年下降 21.4% 转为增长 23.9%。长期看，企业经营困难会逐步传导到宏观经济层面，并有可能影响就业稳定。

（四）投资增长乏力，资金支撑力不足

受当前市场环境趋紧，投资回报率降低，房地产市场调整等因素影响，市场主体投资信心不足，固定资产投资增速持续回落。2014 年全省固定资产投资增长 15.8%，比上年回落 3.8 个百分点。其中，全省新开工项目计划总投资 36109.2 亿元，增长 9.0%，增速比上年回落 14.5 个百分点。大项目拉动作用减弱。亿元以上新开工项目计划总投资 22002.7 亿元，增长 6.4%，增速比上年回落 29.9 个百分点。另外，建设资金趋紧问题凸显，制约了投资整体进度。全年全省固定资产投资建设到位资金增长 11.2%，比上年回落 10.9 个百分点，低于同期固定资产投资增速 4.6 个百分点。

（五）融资难、融资贵的问题仍然突出

2014 年全省社会融资规模为 9264.9 亿元，比上年少增 1577.9 亿元。受此影响，融资难与贵问题仍然突出。当前金融机构为规避经营风险，倾向提高大型优质企业授信额度，增加小微企业申请贷款条件，延长贷款申请审核周期，有的审核周期长达 1-2 个月，加剧了企业融资难问题。为维持企业正常运转，避免资金链断裂，不少企业被迫使用年息高达 30% 的民间过桥资金，同时为弥补银行贷款不足带来的资金缺口，小微企业仍需通过委托贷款、互联网贷款、民间融资机构贷款等方式获得高息资金，加上担保费、手续费等因素，融资成本折合年息 20% 以上，加剧了融资贵的问题。

三、2015 年全省经济发展形势展望

展望 2015 年，国内外经济形势依然严峻，机遇与挑战并存。

从国际看，世界经济正在缓慢复苏，总体向好。但发达国家经济恢复不均衡，美国复苏势头强劲，而欧盟和日本经济增长动力明显不足，经济政策日渐分化。发展中国家除中国与印度仍保持较快增长外，其他国家普遍低速增长，巴西经济连续两个季度环比负增长，陷入技术性衰退。

加之地缘政治与地区冲突影响，全球经济复苏基础并不稳固，存在较多的风险性不确定性因素。

从国内看，国内经济在三期叠加的背景下进入新常态，转型升级所带来的短期下行压力加大，累积的经济运行隐形风险开始显性化。同时也应看到，我国人均GDP仍远低于世界平均水平，还有广阔的追赶空间，经济发展仍处于重要的战略机遇期。工业化、城镇化、信息化和农业现代化将为经济发展提供强大动力，全面深化改革正持续释放市场活力，“一路一带”战略拓宽了经济发展新空间，新产业、新业态快速发展为经济增长注入新动力，这些因素都将长期支撑国内经济平稳运行。

从我省来看，经济发展稳中有忧，稳中可为。当前省内传统经济增长动力逐步减弱，投资增长方式由数量扩张型转向内涵效益型，增速持续放缓将成为常态。房地产投资回落幅度明显大于全国平均水平，对全省经济的负面影响将逐步扩大，形成较强下行压力。传统产业产能过剩问题仍然突出，造成大量资源固化，挤占了战略性新兴产业与现代服务业的发展空间，高耗能行业在宏观调控作用下仍将处于下行周期，工业生产形势十分严峻；实体经济仍面临不少困难，企业经营成本不断升高，盈利水平明显下滑，财政持续增收压力较大；局部存在金融风险忧患，债务违约率呈上升态势；加之市场需求不足、结构调整刚性以及多年积累的深层次矛盾没有完全解决等困难，全省经济仍将处于新旧增长动力转换期，结构性放缓将成为经济运行的新常态，这也是全国及多数省份表现出的共同趋势。

同时，我省经济仍面临较大发展机遇，具备较多支撑经济平稳运行的有利因素，在经济结构转型升级和全面深化改革领域大有可为。随着创新驱动战略的深入实施，传统产业的转型升级将释放巨大潜力，战略性新兴产业、高新技术企业及先进制造业将保持较快发展。在产业结构持续优化和物价走势温和的环境下，就业形势良好，居民持续增收，消费预期稳定，服务业和最终消费对经济增长的贡献率正逐步提升，成为经济运行的稳定支撑因素。区域产业优势凸显，“蓝黄”两区及“一圈一带”发展活力增强，沂蒙革命老区参照执行中部地区政策，聊城、菏泽及东平县加入中原经济区规划，青岛西海岸新区上升为国家战略，进一步优化了区域发展空间，成为地区经济增长的重要动力。

2015年是我省全面改革的“推进年”，农业、企业、财税、金融、简政放权、价格、投融资、城镇化等全局性、关键性改革会加快推进，这将激发和释放更多市场活力，促进民营经济快速发展，加速新产业、新业态和新商业模式的成长壮大，形成经济增长新动力，进一步增强经济运行的稳定性。

因此，全省经济运行的基本面没有发生大的变化，经济转型升级正朝着预期方向发展，预计2015年我省经济仍将在较为平稳的轨道上运行。

四、促进全省经济发展的政策建议

2015年，全省要积极适应经济发展新常态，坚持稳中求进的工作总基调，既保持定力、稳定政策，又主动作为、科学调控，更加重视经济发展的质量和效益，大力调整经济结构，加大科技创新力度，激发市场活力，力促我省在经济转型时期实现平稳发展。

第一，从稳定经济增长入手，深入挖掘内需潜力。加大公共投资力度，重点加强交通运输、教育、医疗、住房、节能环保、科技研发等领域的基础设施投资，稳定投资增长。完善投融资体制，放宽投资市场准入，引导各类投资主体加大对战略性新兴产业、先进制造业、现代服务业、重大民生工程和基础设施项目的投入力度。密切关注房地产开发投资、商品房销售和房价变动情况，防止出现较大波动，确保房地产市场平稳运行。积极发展以互联网经济为代表等新型消费业态以及养老、健康、旅游、文化娱乐等民生行业，对接居民改善性消费需求。

第二，从培植发展新动力入手，加大改革措施落实力度。进一步简政放权，努力打造全国领先的营商环境。加快建设现代市场体系，充分发挥市场在资源配置中的决定作用，使各类要素能够自由流动，激励全社会创业兴业，进一步激发和释放市场活力。深化财税改革，推进结构性减税，优化财政支持结构，提高资金使用效率，防止发生债务风险。稳步推进金融改革，提高直接融资比重，加快建设济南、青岛区域性金融中心；加强地方金融监管，加快农村信用社改革，发展村镇银行，服务小微企业。加快转变城镇发展方式，推进以人为核心的新型城镇化建设；积极参与国家“一路一带”建设；积极推动中韩自由贸易综合试验区的建设工作。

第三，从激发经济活力入手，发展壮大民营经济。按照全省民营经济工作会议精神要求，切实落实好促进民营经济发展的各项措施，推动民营经济加快发展。按“非禁即入”、“非禁即准”原则，实现各类市场主体间权利平等、机会平等、规则平等。进一步整合有关部门职能，形成顺畅的工作体制；进一步完善政策体系，取消各类限制性规定，落实好各项结构性减税措施，切实维护民营企业合法权益；健全民营经济发展的服务机制，切实解决民营企业发展壮大中的各类瓶颈制约。借鉴外省经验，采取“抓龙头、铸链条、建集群”模式，确定重点发展产业，着力培养龙头企业，打造特色产业集聚带集聚区。

第四，从增强核心竞争力入手，加大自主创新。深入实施创新驱动战略，健全和完善鼓励自主创新的制度、政策、措施，充分发挥企业在技术创新中的主体作用。营造有利于科技创新和人才聚集的良好环境，加快创新型人才队伍建设，加大科技投入力度，构建多元化的科研经费保障体系。深入实施质量强省和品牌带动战略，加快建设各类技术交易市场，加快科技投入成果转化和产业化过程，促进战略新兴产业的发展，尽快形成一批产业链完善、创新能力强、特色鲜明的战略性新兴产业集聚区；不断发展壮大先进制造业，提高制造业的核心竞争力，加快实现由“山东制造”向“山东创造”、“山东设计”、“山东标准”转变，使经济发展更多依靠科技创新驱动。

第五，从提高质量效益入手，加快经济转型升级步伐。坚持腾笼换鸟，既要优化和促进增量，又要合理调整和提升存量。要坚持“三个导向”，确保农业的基础地位不动摇。着力构建以高新技术产业为先导、以基础产业和制造业为支撑、服务业全面发展的现代产业体系。加快传统产业转型升级，提升产品层次，完善产品种类，通过供给创新激活市场需求，逐步化解过剩产能，推动传统产业向中高端迈进。积极发展海洋装备、新能源、新材料、生物医药等战略性新兴产业。加快发展金融保险、现代物流、信息服务、商务服务等生产性服务业，推动产业间融合发展，打响“厚道鲁商”品牌，实现山东经济发展新优势。

（作者：潘振文　山东省统计局局长）

专栏："三农"基础地位稳定　存在问题不容忽视

2014年，山东各级全面贯彻落实各项"三农"政策措施，持续深化农业农村改革，积极统筹城乡协调发展，大力发展现代农业，农业经济平稳发展，农村社会和谐安定，农民收入稳定增加。但是，"三农"发展中仍然存在不少问题，需要引起足够重视，在经济新常态背景下妥善加以解决。

一、农业农村经济平稳发展

粮食总产"十二连增"，棉花生产"双增"。全年粮食总产919.3亿斤，十二年连创新高，同比增长1.5%；播种面积11160.1万亩，增长2.0%；亩产411.9公斤，下降0.5%。夏粮总产、面积、单产"三增"；秋粮总产、面积增，单产减。棉花总产66.5万吨，增长7.1%；亩产74.8公斤，增长21.5%；播种面积889.4万亩，下降11.9%。

畜牧业生产波动调整，整体形势稳定。生猪、家禽生产形势前低后高，牛羊生产比较平稳。全年猪牛羊禽肉类产量758.1万吨，同比下降0.7%。其中，猪肉产量406.8万吨，增长3.5%；牛肉产量66.6万吨，下降1.9%；羊肉产量36.0万吨，增长6.9%；禽肉产量248.6万吨，下降7.5%。禽蛋产量388.0万吨，下降2.1%。牛奶产量279.6万吨，增长3.0%。

农产品生产者价格微涨，农业生产资料价格微降。全年农产品生产者价格同比上涨0.5%。除种植业产品价格上涨2.4%之外，林业、牧业、渔业产品价格分别下降0.1%、0.5%、2.0%。其中，粮食价格上涨1.9%，小麦、玉米和稻谷价格分别上涨3.2%、1.7%和0.6%；活猪、活羊价格下降8.8%、3.2%，活鸡、活牛价格上涨2.8%、4.3%。农业生产资料价格先抑后扬。由于前期跌幅太深，全年同比仍下降0.5%。其中，农业用工上涨7.4%，涨幅最高；农用种子上涨4.5%，饲料上涨1.8%；化肥价格持续低迷，下降3.5%。

农民收入持续较快增长，增幅连续五年高于城镇居民。全省农民人均可支配收入11882元，同比增长11.2%，扣除价格因素实际增长9.6%，超过城镇居民3.1个百分点，超过GDP增幅0.9个百分点。农民收入增幅已经连续五年和四年分别高于城镇居民收入和GDP增幅。城乡居民收入比已从2010年的2.85:1缩小到2014年的的2.46:1。分项看，工资性收入4713元，增长12.5%；经营净收入5431元，增长9.1%；财产净收入287元，增长18.5%；转移净收入1451元，增长13.7%。

农民工就业形势稳定，务工收入稳步提升。全省农民工总量为2399万人，同比增长0.8%。其中，外出（乡外）农民工1001万人，增长0.3%。在外出农民工中，省内就业的占83.7%；省外务工人数呈下降趋势，由2008年的约190万人降至目前的160万人左右，全省流入流出的农民工基本平衡。全省外出农民工的月均收入2998元，增长11.2%，其中58.9%月均收入在3000元以上。专项调查表明，全省农民工就业保障政策落实到位，农民工市民化意愿强烈，68.0%的农民工愿意在城镇落户。

农民消费需求稳步释放，交通通信消费是亮点。全省农民人均生活消费支出7962元，同比增长15.8%，增幅比城镇居民高5.7个百分点。交通通信支出涨幅最高，是当前农村居民消费亮点。全省农民生活消费支出中，人均交通通信支出1226元，增长22.1%。截至2014年末，全省农民每百户拥有家用汽车19.3辆，比上年增加2.2辆；每百户拥有计算机31.2台，比上年增加6.2台，其中近75%接入互联网；每百户拥有移动电话200.3部，比上年增加19.7部。

二、存在问题不容忽视

虽然全省农业农村经济保持了平稳发展势头，但是仍然面临诸多困难和问题，需要引起高度重视。一是粮食产量连续处于高点，持续稳产增产的难度加大。气候因素影响较大，2014年单产下降主要受秋旱影响，未来气候波动将更趋频繁。多年来农药、化肥的大量施用在提高农产品产量的同时，也导致土地持续增产能力下降。近10年粮食种植面积环比有8个年份在增长且趋于稳定，将来粮食种植面积大幅增加的可能性不大。当前粮食生产出现了“兼职化”，种地人员“老龄化”，二代农民工“城市化”，这些因素都制约着粮食生产的发展。二是棉花种植面积持续减少，增产不增收需关注。近年来，全省棉花播种面积持续减少，2007—2014 年平均每年减少 65.8 万亩。主要原因是棉花价格低位徘徊，种植效益低下。虽然 2014 年棉花总产、单产双增，但是棉花价格急剧下滑，农户平均棉花出售价格为每公斤 6.25 元，比 2013 年下降 26.2%。调查测算，每亩棉花的纯收益仅为 858 元，与前几年每亩 1200 元不可同日而语。三是畜禽生产结构不合理，生猪养殖效益逐年下滑。全省畜牧业产值占农业总产值的比重仅为 27.0%，既低于 29.3% 的全国平均水平，更低于 60% 以上的发达国家水平。全省猪鸡鸭等食粮型畜禽比重大，牛羊等食草型畜禽比重小，仅占肉类总产量的 13.1%。近几年生猪养殖效益呈逐年下滑态势。出栏一头 100 公斤的肥猪，从 2011 年平均盈利 415 元到 2014 年亏损 5% 左右。四是农民收入增长趋缓，持续增收动力不足。主要包括受经济下行压力的影响，农民工工资水平在经历了近几年来的大幅上涨后，未来将有所放缓；农业适度规模经营水平偏低，土地流转率仅 23.3%，农业比较效益降低；农村资源的资产化、资本化进程缓慢，农民财产性收入短期难有较大提高；政府对农民直接补贴比重小，短期内农民转移性收入也不会有大幅提升。五是农民工自身条件不足，市民化待遇亟待提升。农民工学历不高，就业“两难”现象仍然突出。2014 年外出农民工中有近 60% 为初中及以下文化程度，与企业的人力需求不匹配。农民工合法权益缺乏有效保障，只有 39.1% 签订劳动合同。农民工缴纳社会保险的比例仍然不高。养老保险、工伤保险、医疗保险、失业保险和生育保险的缴纳比例只有 22.6%、33.4%、22.3%、12.4% 和 9.7%。六是农民基本消费已经满足，提升消费有待加强。目前，传统的吃穿支出仍然是农民消费的主流，交通通讯支出虽然是消费热点，但是单一的消费热点难以支撑农民消费的可持续增长，需要在提升消费上下功夫。以住房条件为例，虽然农民人均住房建筑面积 40.2 平方米，但是设施条件仍有很大的提升空间。73.1% 的农户仍使用普通旱厕，42.9% 的农户仍用草木等作为炊用能源。全省集中供暖的村庄仅占 3.1%，还有 19% 的农户没有任何供暖设备。

三、几点建议

针对全省农业农村发展中存在的问题，要按照“稳粮增收、提质增效、创新驱动”的总要求，在经济发展新常态的背景下，采取切实有效措施妥善加以解决。一是继续加大财政投入力度，夯实“三农”基础。要强化政府促进农业农村发展的支出责任，继续增加和优先保证财政对农业农村的支出，努力确保只增不减，深入挖掘“三农”发展潜力。二是稳妥推进农业生产经营体制创新，稳定粮食生产。农业经营体制改革要牢牢守住保护耕地、不改变农业用途、不损害农民承包土地权益三条红线，在此基础上，深入推进粮食高产创建，努力确保粮食稳产增产。三是优化畜牧业生产结构，建立健全生产预警机制。要树立发展畜牧业也是保障粮食安全的理念，在继续巩固提升生猪、家禽等优势畜禽生产的同时，大力发展牛、羊、驴、兔等节粮型食草畜禽，突出发展名特优畜禽生产。四是稳定农产品价格，确保农民有效增收。要努力稳定农产品价格，真正实现农产品增产增收，不要出现价低伤农的局面。要尊重市场规律，运用市场机制引导大宗农产品保持合理生产规模，让农民从农产品价格中得到更多收入。五是大力推进服务均等化，加快农民工市民化进程。实施农民工职业技能提升、权益保障和公共服务三年行动计划。落实农民工与城镇职工同工同酬政策，建立农民工工资正常支付的长效机制。大力推进公共服务均等化，保障进城农民工及其随迁家属平等享受住房、教育、医疗、文化等基本公共服务。六是改善农村消费环境，释放农民消费潜力。进一步健全完善农村社会保障体系，降低农民对未来收支预期的不确定性。加强宣传力度，转变农民保守的消费观念和非科学的消费方式，丰富农民的精神文化生活，扭转人情消费不断扩张的趋势，逐步释放农民的消费潜力。

（作者：刘同星　国家统计局山东调查总队总队长）

河南省经济社会发展报告

2014年，面对错综复杂的国内外形势，全省上下深入贯彻落实中央和省委、省政府各项决策部署，坚持调中求进、变中取胜、转中促好、改中激活，统筹推进稳增长、促改革、调结构、强支撑、控风险、惠民生，全省经济在新常态下平稳运行，呈现出结构继续优化，质量有所提升，民生不断改善，增速进位前移的良好态势。但经济稳定增长的基础还不稳固，需求不足外部因素与自身结构性矛盾交织叠加，潜在风险显性化的可能有所增加，保持全省经济平稳较快增长依然面临许多困难和挑战。

一、经济运行基本情况

（一）经济运行总体平稳，稳中有进

初步核算，2014年全省生产总值34939.38亿元，比上年增长8.9%，增速同比回落0.1个百分点，高于全国平均水平1.5个百分点，居全国第13位，比上年前移8位。其中，第一产业增加值4160.81亿元，增长4.1%；第二产业增加值17902.67亿元，增长9.6%；第三产业增加值12875.90亿元，增长9.4%。

1. 农业生产保持稳定。粮食产量实现“十一连增”。2014年，全省粮食总产量达到1154.46亿斤，连续四年超过1100亿斤，占全国总产量近一成，其中夏粮总产667.80亿斤，比上年增产20.76亿斤，仍居全国第一；秋粮总产486.66亿斤，比上年减产9.04亿斤，夏增补秋减，全年比上年增产11.72亿斤，增长1.0%。畜牧业生产总体平稳。全省猪、牛、羊肉产量分别达到478.0万吨、82.1万吨和25.4万吨，分别增长5.3%、1.9%、2.6%；牛奶产量332.0万吨，增长4.9%；禽肉、禽蛋产量118.0万吨、404.0万吨，分别下降3.5%、1.5%。

2. 工业生产平稳增长，增速位次前移。2014年，全省规模以上工业增加值增长11.2%，增速同比回落0.6个百分点。受异常因素影响，8月份增速偏低，9月份之后增速小幅回升，全年工业增加值呈现小幅波动、总体平稳的增长态势。工业增速高于全国平均水平2.9个百分点，居全国第7位，比上年前移8位。非金属矿物制品业、计算机、通信和其他电子设备制造业、化学原料和化学制品制造业等9个行业是拉动全省工业增长的主要力量。这9个行业增加值占全省工业的48.4%，增长14.4%，高于全省平均水平3.2个百分点；对全省工业增长的贡献率为60.2%，拉动全省工业增长6.8个百分点。

3. 固定资产投资增速回落，仍保持较快增长。2014年，全省固定资产投资30782.2亿元，增长18.0%。在全国整体呈持续回落态势的背景下，全省投资在较快增长的基础上增速放缓，仍保持在较高平台上运行，高于全国，增速位次前移。全省投资增速高于全国3.1个百分点，居全国第11位，比上年前移4位。工业投资增速回落。全省工业投资15382.20亿元，增长17.1%，增速同比回落2.4个百分点，占全省投资的比重51.3%，同比降低0.8个百分点。民间投资保持较快增长。全省民间投资25433.21亿元，增长23.2%，高于全省投资增速4.0个百分点，占全省投资的比重84.7%，同比提高2.8个百分点。

房地产投资增速回落。2014年，全省房地产开发投资4375.71亿元，增长13.8%，增速同比回落12.8个百分点。商品房销售面积7879.67万平方米，增长7.8%，增速同比回落14.7个百分点；商品房销售额3440.58亿元，增长11.9%，增速同比回落22.5个百分点。

4. 消费品市场平稳运行。2014年，全省社会消费品零售总额14005.0亿元，增长12.7%，增速同比回落1.1个百分点，高于全国0.7个百分点，居全国第10位，比上年前移4位。2014

年上半年，社会消费品零售总额小幅稳步回升，下半年开始小幅波动回落，总体运行平稳。零售业零售额增速略有回落，批发和住宿餐饮业零售额增速提高。2014年，全省限额以上零售业零售额增长14.2%，同比回落1.2个百分点；批发业零售额增长9.8%，同比持平，住宿、餐饮业零售额分别增长2.7%、10.9%，同比分别提高8.0个、4.7个百分点。五大类商品拉动力强。2014年，占限额以上批发和零售业零售额77.4%的粮油食品饮料烟酒类、服装鞋帽针纺织品类、家用电器和音像器材类、石油及制品类、汽车类等五大类商品零售额分别增长19.3%、17.4%、12.0%、4.2%和12.9%，拉动限额以上批发和零售业零售额增长10.0个百分点。

5. 进出口增速回落。2014年，全省进出口总值650.33亿美元，增长8.5%，增速同比回落7.4个百分点。其中出口总值393.84 亿美元，增长9.4%，增速同比回落11.9个百分点；进口总值256.49亿美元，增长7.0%，增速同比回落1.6个百分点。全年全省进出口增速呈现同比回落、月度间小幅波动态势。

（二）结构调整和转型升级取得新进展

1. 第三产业增长提速，三次产业结构持续优化。2014年，全省第三产业增加值增长9.4%，高于GDP增速0.5个百分点，对GDP增长的贡献率为31.4%，拉动GDP增长2.8个百分点。2014年，全省三次产业结构为11.9:51.2:36.9，第三产业比重明显提升。

2. 工业产业结构继续呈现积极变化。2014年，全省高成长性制造业和高技术产业增加值增速分别高于全省工业增速2.6个、11.4个百分点，占全省工业的比重分别为45.0%、7.6%，同比分别提高2.7个、1.2个百分点；对全省工业增长的贡献率分别为53.2%、13.6%，分别拉动全省工业增长5.9个、1.5个百分点。

3. 产品升级优化趋势增强。通过加快初级加工环节改造，增强产业链中高端产品带动能力，产品精深加工程度提高，下游深加工产品产量高速增长。化工工业中，煤化工、盐化工、石油化工融合发展和上下游一体化发展加快，产业链向高端延伸，2014年全省精甲醇产量增长12.3%、化学农药原药增长16.7%，而硫酸、烧碱、纯碱产量下降，盐酸产量仅增长3.6%。有色工业中，铝材产量增长15.4%，超过上游电解铝产量增速13.5个百分点。钢铁工业中，钢材产量增长10.4%，增速分别比上游的粗钢和生铁快6.6个和2.3个百分点。纺织服装工业中，服装产量增长13.0%，分别高出上游产品纱和布增速6.0个和40.7个百分点。通过拉长产业链条、实施传统产业改造提升，全年传统支柱产业增长基本稳定在9%以上。

4. 投资结构不断优化。高成长性制造业投资增长较快，占比提高。2014年，全省高成长性制造业投资8331.67亿元，增长22.8%，高于全省工业投资增速5.7个百分点，高于传统支柱产业12.6个百分点；占工业投资的比重为54.2%，同比提高2.5个百分点。第三产业投资较快增长、占比提高。全省第三产业投资13361.87亿元，增长19.6%，占投资的比重为44.5%，同比提高0.1个百分点。投资结构的不断优化不仅带动了即期全省产业结构的升级，而且会促进未来经济结构改善，增强经济发展后劲。

（三）民生大局保持稳定

1. 就业形势稳中向好。据人社部门统计，2014年全省城镇新增就业144.2万人，同比增长0.7%；农村劳动力新增转移就业82万人，转移就业总规模达到2742万人，其中省内就业1590万人；失业再就业人员48.64万人，增长3.9%；2014届高校毕业生就业率达87%，与上年同期基本持平。

2. 物价水平涨幅较低。2014年，全省居民消费价格指数（CPI）同比上涨1.9%，低于全国平均水平0.1个百分点，涨幅同比收窄1.0个百分点，与前三季度持平，分别比上半年和一季度提高0.1个、0.2个百分点。

3. 民生保障支出增长较快。全省持续推进“十项重点民生工程”，深入实施各项惠民政策，2014年财政用于民生的支出4506亿元，占一般公共预算支出的比重为74.6%，同比提高0.7个百分点。

4. 居民收入稳定增长。2014年，全省城镇居民人均可支配收入23672元，增长8.9%，扣除价格因素实际增长6.8%，与全国平均水平持平；农村居民人均可支配收入9966元，增长11.1%，实际增长9.4%，高于全国平均水平0.2个百分点。根据城乡一体化住户调查，全省居民人均可支配收入15695.18元，增长10.5%，实际增长8.4%，高于全国平均水平0.4个百分点。

（四）经济发展的质量和效益总体较好

1. 财政收入和企业利润保持增长。2014年，全省地方财政总收入4094.78亿元，地方公共财政预算收入2738.47亿元，分别增长11.0%和13.4%。全省工业企业实现利润总额4771.38亿元，增长7.3%。

2. 节能降耗成效显著。为缓解资源环境瓶颈制约，改善生态环境，全省不断加大淘汰落后产能工作力度，2014年以来单位工业增加值能耗降低率降幅持续扩大，全年全省单位工业增加值能耗下降11.3%，降幅较上年扩大了2.9个百分点。

总体来看，在国际经济复苏弱于预期、国内经济增速放慢的大环境下，省委省政府统筹谋划，采取一系列长短结合、标本兼治的政策措施，深入实施三大国家战略，扩大开放招商，有序推进新型城镇化和产业集聚区建设，在全国及多数省份增速回落的背景下，全省主要指标增速高于全国平均水平，在全国的位次前移，就业、收入与物价形势总体稳定，速度与结构、质量、效益等指标更趋协调，发展的科学性不断增强。这些成绩来之不易，表明省委、省政府的决策部署是科学正确的，政策措施是有力有效的。

二、河南经济发展面临的机遇与挑战

下一阶段，河南经济发展依然是挑战与机遇并存。一方面，长期累积的结构性矛盾与竞争力不强问题仍未根本解决，新的接续力量难以弥补传统优势减量，在国际经济复苏不稳定、国内经济发展呈现新常态的双重压力下，保持全省经济平稳较快发展的困难依然较多；另一方面，经济增长的基本面没有发生根本改变，支撑经济增长的积极因素正在积累。我们要正视困难、积极应对、争取主动。

1. 需求不足与结构性矛盾并存，稳增长任务依然艰巨。从国际环境来看，世界经济仍处于金融危机后的深度调整期，主要经济体走势和政策取向继续分化，国际大宗商品价格波动，地缘政治等非经济因素影响加大，世界经济复苏步履艰难，影响我国发展的不确定、不稳定因素仍然较多。从国内环境看，经过30年两位数的持续增长，我国正处在“三期”叠加阶段，长期积累的结构性矛盾凸显，经济发展中不平衡不协调不可持续问题突出，经济呈现新常态，增速换档、结构调整、动力转换，经济发展更加注重质量和效益提升，全省经济发展面临的外部环境依然偏紧。

从河南看，河南正处于爬坡过坎、转型攻坚的关键时期，产能过剩与需求不足的矛盾仍未根本解决，经济下行压力进一步加大，潜在风险显性化的可能有所增加。一是市场需求依然偏弱。从工业品价格走势看，全省工业品市场需求仍显偏弱。12月份，全省工业生产者出厂价格指数（PPI）延续了2012年6月份以来的回落态势，同比下降3.0%，环比下降0.5%。虽然企业降价销售，但供大于求、产品积压的局面仍未改观，2014年全省工业企业产销率同比回落0.2个百分点。二是拉动河南省经济增长的投资、消费、出口增速回落。受新开工项目计划总投资增长缓慢影响，投资增长后劲不足。2014年全省新开工项目计划总投资增长3.3%，低于固定资产投资增速15.9个百分点，这将影响未来投资规模的持续扩张和投资增速的平稳较快增长。受居民收入增势趋弱及消费热点缺乏等因素影响，消费增速难有较大提升。近年来城乡居民收入增长速度持续走弱，城镇居民人均可支配收入增速从2011年的14.2%回落至2014年的8.9%，农民人均纯收入增速从19.6%回落至11.1%，势必影响消费信心；加之新的消费热点尚未形成，制约居民消费需求有效释放。2014年，全省进出口总值和出口总值增速同比分别回落7.4个、11.9个百分点，如果不能形成新的较大规模的出口增长点，外贸保持中低速增长可能成为常态。三是结构调整转型升级任重道远。近年来全省大力推进产业产品结构战略性调整，但产业结构不合理的状况并没有从根本上解决，全省经济对全国经济的依赖性依然较强，对宏观需求萎缩反应相对较大。国际大宗商品价格普遍持续下降，全国及多数省份经济增速回落，能源原材料工业市场需求进一步受到抑制。全省传统竞争优势逐渐削弱的同时，新的接续力量虽在形成之中，但短期内规模难以迅速扩张。此外，能源原材料行业和部分企业效益下降、亏损增加，受增速换挡影响，在结构调整的过程中可能导致就业压力、金融风险、社会风险等隐性风险显性化，全省结构调整、转型升级的任务依然艰巨。

*2. 经济增长的基本面没有改变，支撑河南经济增长的积极因素正在不断积累。*从国际看，国际货币基金组织、联合国、经合组织对2015年全球经济增长的预测比2014年普遍提高了0.4到0.5个百分点，全球经济增速的回升有利于我国出口需求的扩大。从国内看，我国仍处在重要的战略机遇期，工业化、城镇化发展空间巨大；消费结构正处于升级的关键阶段，发展型、享受型的消费倾向显著上升，这些都将给经济的发展增加新的动力和活力。国家宏观调控更加注重发展的质量与效益，出台了一系列激发市场活力、支持实体经济发展等既立足于当前又着眼于长远的政策措施。随着政策效应的持续显现，推动经济保持平稳较快增长的积极因素将会继续积累。

从河南看，随着三大国家战略规划的加快实施，河南在全国大局中的战略地位将更加突出，基础设施、发展载体、人力资源等支撑能力将不断增强，长期积蓄的发展潜力和发展后劲将进一步释放。一是产业集聚区对稳增长、调结构的带动作用不断增强。近年来省委、省政府以产业集聚区为主要平台，通过积极培育产业集群、大力承接产业转移，2014年产业集聚区对全省工业增长和投资增长的贡献率分别达到75.3%、68.7%，对经济增长起到了较强的支撑作用。通过优化投资结构，产业集聚区已成为全省产业结构调整的主要带动力量，产业集聚区中高成长性制造业增加值对全省高成长性制造业增长的贡献率达到82.8%。二是航空港区成为新的经济增长点。围绕“大建设、大发展、大跨越”的目标，郑州航空港经济综合实验区快速发展。2014年，港区生产总值增长17.6%，高于全省平均水平8.7个百分点，其他主要经济指标也远远高于全省平均水平。随着港区大规模基础设施建设的完成和项目逐渐投产达效，稳增长效应将进一步显现。三是结构调整与转型升级效应持续显现。《加快推进产业结构战略性调整的指导意见》明确了产业结构调整的方向和重点，全省坚持做强工业、做大服务业、做优农业、强化创新驱动、加大节能减排和淘汰落后产能的力度，全力提升全产业链竞争力，奠定了经济稳定增长的新基础。四是承接产业转移的基础支撑能力不断增强。通过不断强化基础支撑，突出重点、增加投资、弥补短板、释放潜力，河南作为全国重要的综合交通枢纽和物流中心所具备的区位优势、劳动力资源丰富的优势、存款余额充足带来的金融创新潜在优势、市场潜力巨大的优势、产业门类齐全的优势和郑州新郑综合保税区、出口加工区、保税物流中心等平台建设完善的开放条件优势等综合竞争优势持续凸显，对产业转移的吸引力不断增强。五是体制机制改革效果明显，市场活力增强。随着简政放权等改革措施的不断深化，全省市场主体活力和创业动力增强，改革红利进一步释放，改革的政策效应逐步显现。据省工商局统计，3月1日实施放宽市场主体准入管制的注册资本登记制度改革以来，全省新登记企业和注册资本成倍增长。

总体上看，随着十八届三中、四中全会精神的贯彻落实，随着对新常态的逐步适应，随着一系列长短结合、标本兼治政策效应的逐渐显现，2015年河南经济运行中的积极因素仍将不断积累，全省经济有望保持平稳较快增长。

三、积极适应新常态，保持经济持续健康较快发展

河南与全国一样进入经济发展新常态，面临许多新变化、新情况、新问题，同时也呈现出特有的阶段性特征。要用全面的眼光和辩证的思维来看待和适应新常态，坚持调中求进、改中激活、转中促好、变中取胜。正确处理速度与质量效益的关系，在稳增长的同时，更加注重产业结构调整和发展方式转变，更加注重提高经济发展的质量和效益，更加注重改革开放和创新驱动，强化风险防范，加强民生保障，促进经济持续健康发展和社会和谐稳定。

1. 加快产业结构调整和转型升级。要充分利用目前市场需求不足形成的“倒逼机制”，加快推进产业结构战略性调整，抓好已出台的制造业大省规划及各专项规划的实施。一方面，在存量调整上，要多从市场的角度想办法，推动传统行业骨干企业延伸产业产品链条、加快转型升级，严格控制对产能过剩、水平落后产业的投资。另一方面，在增量调整上，要大力支持高成长性产业和战略性新兴产业发展，支持小微企业发展，千方百计培育新的增长点，弥补传统产业回落带来的影响。

2. 找准突破口，切实加强创新驱动。我国经济增长的动力已经由要素驱动、投资驱动向创新驱动转变，创新发展是转型发展的必由之路，因此我们要选准突破口，提升创新能力。一方面，要紧紧抓住人才引进和培养，切实发挥高层次人才对创新发展的引领作用；另一方面，企业是技术创新的主体，科技型中小企业最具活力、潜力和成长性，是实现产业转型升级的基础，要积极搭建平台，让技术、资金和企业碰头，分类施策、定向帮扶，提供战略研究、创业信息、产品孵化、人才培训、知识产权、担保融资等全方位服务。

3. 继续深入开展开放招商，加大重点项目建设力度，扩大优质增量。从现阶段看，对全省而言依然是稳投资才能稳增长。要深入扩大开放招商，大力承接产业转移，在先进制造业、战略性新兴产业、现代服务业、农业、基础设施和社会事业等领域多引进一批龙头型、创新型、服务型项目。重点抓好政策鼓励且在全省具有发展潜力的产业转型升级、新型城镇化、民生改善等领域的重大项目建设，充分发挥重大投资项目对稳定经济增长、引领结构调整的带动和支撑作用。注重提高投资效益，避免重复建设。

4. 加快服务业发展步伐。加快发展服务业是稳增长、调结构、促转型的关键，也是潜力所在。要分行业地细化研究，逐一制订服务业各门类的发展方略、举措，各个突破。要放宽市场准入，提升开放层次，在电子商务、养老、保险、现代金融等领域继续扩大开放，鼓励民间资本以各种方式进入现代物流、商贸、文化、旅游以及基础设施、市政工程和其他公共服务领域。结合新区建设和旧城改造，加快推进城市特色商业区和中心商务区建设，谋划实施一批重点服务业建设项目。努力培育一批有特色和竞争优势的服务产业，培育一批实力强、机制活的服务业企业集团，培育一批服务业知名品牌。

5. 加大力度改善民生。继续实施就业优先战略和更加积极的就业政策，解决好高校毕业生、就业困难人员等群体的就业。多渠道增加城乡居民收入，缩小城乡、行业、区域收入差距。完善城乡居民养老保险制度，持续推进保障性安居工程建设，促进房地产业健康发展。组织好重点生活商品的产销衔接和调运储备，保持市场物价稳定。

（作者：胡五岳　河南省统计局局长）

专栏：河南畜牧业在结构优化中稳步发展

河南省地处中原，是我国传统的农牧业生产大省，不仅是国家粮食生产核心区，也是全国重要的畜产品生产和加工基地。近年来，在确保国家粮食生产安全的基础上，河南省畜牧产业在结构调整中稳步发展，已经成为河南构建现代产业体系、发展农村经济的重要产业，成为推进中原经济区建设的战略性支撑产业，既保障了畜产品市场的有效供给，也促进了农民增收。

2014 年，面对畜牧业生产效益下滑的形势，河南省通过持续大力构建现代畜牧业产业体系，着力培育畜牧业产业化集群，加快畜牧业产业发展方式转变，全面提升畜牧业生产经营规模化、标准化、产业化和信息化水平，因地制宜，综合施策，使全省畜牧业生产整体上保持了持续稳步发展的态势。

一、主要畜产品生产量平稳增长，占全国的比重进一步提升

2014 年，河南省肉类总产量首次突破 700 万吨大关，达到 718.96 万吨，比上年增长 2.8%；禽蛋产量 404.00 万吨，连续三年保持在 400 万吨以上的水平；奶类总产量 342.37 万吨，比上年增长 4.1%。肉、蛋、奶总产量分别占全国总产量的 8.3%、14.0% 和 8.9%，与 2010 年相比，除禽蛋产量稳定保持在 14% 的比例外，肉类总产量和奶类总产量分别提高 0.2 个和 0.7 个百分点。

从主要畜禽的饲养情况看，2014 年河南省猪、牛、羊、禽出栏分别达到 6310 万头、546 万头、2088 万只和 9.01 亿只，比上年分别增长 5.2%、2.0%、2.7% 和 -4.5%；年末存栏量分别为 4420 万头、918 万头、1886 万只和 6.85 亿只，分别比上年增长 -0.2%、1.4%、3.0% 和 0.5%。猪牛羊禽肉产量除禽肉产量有所下降外，其他均保持不同程度增长。

二、畜牧业规模化、标准化程度不断提升，畜产品质量明显提高

据河南省畜牧部门统计，2014 年河南规模化养殖场总数达到 36.97 万个，比上年和 2010 年分别增长 6.2% 和 10.4%。其中：年出栏万头以上猪场 583 个，出栏 10 万只以上肉鸡场 757 个，出栏 500 头以上肉牛场 687 个，出栏 1000 只以上的羊场 616 个；年末存栏 5 万只以上蛋鸡场 291 个，存栏 200 头以上奶牛场 630 个。生猪、肉鸡、奶牛规模饲养比重分别达到 83%、97% 和 87%，比 2010 年分别提高 14 个、0.2 个和 2 个百分点。比全国平均水平分别高 12 个、11 个和 9 个百分点。仅 2014 年当年新建年出栏 500 头以上的肉牛场就达 100 多个；新增 100 头以上规模奶牛场 95 个；新建或扩建年出栏 1000 只以上肉羊场达到 231 个。

在规模化、标准化生产加快发展的同时，围绕如何让消费者吃上“放心肉”，喝上“放心奶”，河南省进一步强化畜禽生产、运输、屠宰和市场的监管，全力保障畜产品质量安全。在 2014 年全国开展的畜产品质量安全状况 4 次例行监测中，河南省畜禽产品全年平均合格率达到 99.8%，位居全国前列。

三、畜牧业生产结构不断优化，生产方式在集聚中加快转型

针对近年来国内畜牧业生产成本增加较快、比较效益下降，国际贸易对国内畜牧业生产的冲击加大、畜产品消费主导生产的特征凸显等新趋势，河南省加快推进畜牧业发展方式转变，着力在“调结构、转方式，稳增长、提质增效”上下功夫，提出了在“粮经饲统筹、种养加一体”的现代农业架构下，坚持“强猪、壮禽、扩牛、增羊”调整方向，坚持以畜牧产业化集群为载体，按照链式发展、生态发展、循环发展的理念，向现代畜牧业发展方式转变。河南省政府先后出台了《关于大力实施千万吨奶业跨越工程的意见》、《沿黄区域绿色奶业发展专项规划》、《关于加快肉牛肉羊产业发展的实施意见》、《河南省生态畜牧业示范场创建方案》等，对全省“肉牛基础母牛扩群增量”、“标准化健康养殖金融创新”、“畜禽标准化健康养殖风险补助”、“生猪良种补贴”、“乳品加工企业喷粉临时补贴”等项目补贴政策的有效落实，全年落实各类畜牧业发展扶持资金 6.1 亿元，对促进河南省畜牧业转型升级起到了积极的推动作用。

据监测调查，2014 年河南省生猪、家禽规模养殖户数分别比上年减少 1.6% 和 7.0%，牛、羊规模养殖户数

分别比上年增长1.7%和54.2%。围绕肉品、乳品生产，依托加工龙头企业积极培育生猪、奶牛、肉牛、家禽等畜牧业产业化集群43个，其中：漯河双汇、许昌众品、漯河雨润、郑州雏鹰、内乡牧原等生猪产业化集群龙头企业年屠宰加工能力3000万头；中原皓月、南阳科尔沁、焦作伊赛、河南恒都等肉牛产业化集群龙头企业年加工能力90万头；大用、永达、华英等家禽产业化龙头企业加工能力235万吨；郑州花花牛、商丘科迪等8个奶业龙头企业加工能力231万吨。各类畜牧业产业化集群和龙头企业的快速增长，不仅拉长了产业链条，提高了效益，也促进了河南全省畜牧业在结构优化中的较好发展。

四、畜牧业在农业中的作用凸显，产业发展前景广阔

2014年，河南省畜牧业实现产值2505.2亿元，占农业总产值的比重达33.2%，比全国的28.3%高4.9个百分点，全省牧业产值占农业总产值比重超过40%的县区有50多个。河南省农民来自牧业的人均现金收入达到1225元，比2010年增加208.18元，增长20.7%。全省直接从事畜牧业生产的务工数量约20万人，实现了就近就业。全省30家秸秆加工企业以及养殖户加工的秸秆饲料数量达到2400万吨，扩大了农民增加收入的来源，减少了环境污染。

河南省畜牧业产业化发展前景广阔，但要认真研究生产经营中的主要问题：一是消费对生产的主导作用日益明显，产量和价格波动加剧，紧缺和卖难交替出现，畜产品市场竞争力不强；二是增产难度加大，蛋白饲料进一步短缺，畜禽养殖用地难、贷款难、技术人才短缺等问题日益突出；三是中小养殖规模户比重仍然较高，这些养殖户规范化、标准化程度低，管理粗放、生产成本高，畜产品质量和安全保证相对较低；四是养殖业风险加大，突发事件多，环保压力增加，疫情形势复杂，质量安全对消费信心冲击大，国际优质廉价畜产品对国内生产冲击越发明显。

探索畜牧业健康发展的途径，促进畜牧业产业的科学发展，要坚持“集聚发展、集约经营、产业融合、高效安全”的畜牧业发展方向，着力在调结构、控风险、提效率、强质量、促环保上下功夫，持续促进畜牧产业转型升级。

一是进一步加快优化畜禽生产结构。适当控制猪、禽生产规模，大力发展牛、羊等草食性家畜，走节粮型畜牧业发展道路。加快整合畜牧产业链，引导和鼓励种植、养殖、加工、流通等环节实现从松散型到紧密型的融合，促进畜牧业链式发展，促进一、二、三产业协调发展。充分发挥好政府在宏观调控中的重要作用，加大对草食性家畜养殖的支持补贴力度，重点向产业集群、畜牧专业合作社等新型经营主体倾斜，激发产业发展活力，促进畜牧业又好又快发展。

二是完善政策扶持和扩宽投融资措施。全面推行政府以贴息、担保等方式为养殖企业提供资金支持；创新金融方法，简化贷款手续，降低贷款门槛，提高贷款额度，扩大覆盖面；鼓励社会闲散资金投资畜牧产业发展；建立完善畜牧业生产保险机制，提高畜牧业生产的抗风险能力。

三是强化科技创新与竞争优势培育。要积极组织“送科技下场入户”，大力推广畜牧业科研成熟技术。充分发挥养殖企业科技创新主体作用，瞄准产业发展中的新品种培育、新技术推广、新工艺研发、新设备研制等关键和前沿技术开展科技攻关，切实提升自主创新能力，增强核心竞争力。

四是积极推进畜牧产业生态发展。用可持续发展的理念引领畜牧业发展，坚持经济效益、社会效益、生态效益相统一，提高资源利用效率，加快推动生态畜牧业发展。大力推广农牧结合、种养结合的生产经营方式，促进生态循环畜牧业的发展。

（作者：贾志鹏 国家统计局河南调查总队总队长）

湖北省经济社会发展报告

2014年，面对国内外复杂形势，全省上下认真贯彻落实省委、省政府决策部署，坚持“稳中求进”的总基调，按照“竞进提质、升级增效”的总思路，扎实做好各项工作，全省经济总体呈现“稳中向好、稳中有升、稳中有进”的良好态势，全省经济社会发展在新常态下取得了来之不易的新成就。

一、2014年湖北经济稳健运行

（一）经济运行总体平稳，质量效益稳步提高

经济增速快于全国。经国家统计局初步核定，2014年，湖北实现地区生产总值（GDP）27367.04亿元，按可比价计算，比上年增长9.7%，高于全国平均水平2.3个百分点。第一产业增加值3176.89亿元，增长4.8%；第二产业增加值12840.22亿元，增长10.1%；第三产业增加值11349.93亿元，增长10.5%。全省规上工业增加值增速高出全国2.5个百分点，居全国第9位，较上年上升6位。固定资产投资增幅快于全国3.6个百分点，居全国第8位，较上年提高3位。

财政收入增长较快。2014年，全省实现财政总收入4095.80亿元，增长14.8%。地方公共财政预算收入2566.90亿元，增长17.1%。其中，税收收入1873.11亿元，增长16.7%；非税收入693.78亿元，增长18.3%，税收收入占地方公共财政预算收入的比重达73.0%。

企业收入规模扩大。2014年，全省规模以上工业企业实现主营业务收入突破4万亿，达到40707.96亿元，增长9.6%。千亿元行业增多。全省41个行业中有14个行业的主营业务收入超过千亿，较上年增加2个，其中位列前十的行业累计主营业务收入占全省规模以上工业的69.3%。

节能降耗成效明显。2014年，全省规模以上工业万元总产值能耗比上年下降9.5%。高耗能行业比重持续下降。六大高耗能行业增加值增长6.7%，增速比上年回落2.6个百分点，占规上工业的比重由上年的28.4%降至27.3%。

（二）三次产业协同发展，生产供给保障有力

农业生产再获丰收。2014年，全省粮食播种面积4370.34千公顷，比上年增加111.94千公顷，增长2.6%；粮食总产达到2584.16万吨，比上年增加82.86万吨，增长3.3%。畜牧业生产形势总体稳定向好。全省生猪出栏4475.11万头，增长2.7%。家禽出笼51635.8万只，减少1.1%，禽鸡产量达到155.1万吨，增长6.9%。全省水产品产量达到433.3万吨，增长5.6%。

工业生产调速不减势。2014年，全省规模以上工业增加值比上年增长10.8%，增速与1-11月份持平，其中12月增长10.3%，环比加快1.1个百分点。全省41个大类行业中有37个行业实现增加值同比增长，23个行业增幅快于全省平均水平。轻工业继续快于重工业。全省轻工业增加值增长12.7%，快于重工业3.1个百分点。高技术制造业增长加快。全省规上高技术制造业增加值增长17.0%，占规上工业的比重达7.9%，提高0.7个百分点，对规上工业的贡献率达11.8%，较上年提高1.0个百分点。装备制造业贡献突出。装备制造业增加值占全省工业的比重达29.8%，增长13.1%，快于全省工业2.3个百分点，对全省工业的贡献率达36.2%，提高0.5个百分点。

服务业发展势头良好。2014年，全省经济结构调整取得明显成效，第三产业增加值比重比上年提高1.3个百分点。全省货运量和货物周转量分别达到154735.73万吨和5798.12万吨公里，分别增长15.2%和15.1%，增幅分别提高3.8个

和2.9个百分点。实现旅游总收入3205.61亿元，增长21.9%；完成邮电业务总量696.33亿元，增长18.7%，增幅提高7.3个百分点。贷款增幅高于存款。2014年，全省金融机构各项存贷款保持稳定增长。到12月末，全省金融机构各项存款余额达36494.82亿元，比年初增加3591.99亿元，增长10.9%。各项贷款余额25289.82亿元，比年初增加3408.80亿元，增长15.6%。

（三）三大需求出现积极变化，消费需求贡献提高

投资保持较快增长。2014年，全省固定资产投资总量突破2.4万亿元大关。全省累计完成固定资产投资24303.05亿元（含区域项目），增长20.4%。三次产业投资增幅“二升一降”。全省第一、二、三产业投资分别增长32.5%、16.8%和23.1%。一、二产业投资增幅分别比1-11月回升5.8个和1.5个百分点，三产业投资增幅比1-11月回落1.2个百分点。高新技术产业投资增长快于全省水平。2014年，全省高新技术产业累计完成投资1073.02亿元，增长26.4%，增速高于全省平均水平6.0个百分点，占全省投资比重达到4.4%，比上年提高0.2个百分点。民间投资优势明显。全省完成民间投资17039.23亿元，增长23.3%，增幅环比上升0.8个百分点，高于全省投资平均增幅2.9个百分点，占全省投资比重为70.1%，提高1.6个百分点。

消费品市场稳中向好。2014年，全省实现社会消费品零售总额12449.3亿元，增长12.8%。其中，限额以上单位消费品零售额7644.28亿元，增长13.6%。乡村市场增速继续快于城镇市场。全省城镇共实现消费品零售额9884.04亿元，增长12.7%；乡村消费品零售额1922.23亿元，增长13.2%，乡村市场增速快于城镇市场0.5个百分点。商品零售增速稳中有升，餐饮收入低位徘徊。全省商品零售11069.56亿元，增长12.9%，比1-11月上升0.1个百分点；餐饮收入736.72亿元，增长10.8%，比1-11月回落0.3个百分点。网上零售保持快速增长，对消费品市场增长贡献较大。全省限额以上单位网上零售额156.4亿元，增长88.7%，比社会消费品零售总额总体增速高75.9个百分点，占社会消费品零售总额的比重为1.3%，拉动社会消费品零售总额增长0.71个百分点。

外贸进出口较快增长。2014年，全省进出口总额430.64亿美元，增长18.4%。其中，出口266.46亿美元，增长16.7%；进口164.18亿美元，增长21.2%。12月份，全省进出口总额48.62亿美元，增长41.8%，其中，出口31.98亿美元，增长52.9%；进口16.65亿美元，增长24.5%。

（四）积极推进转型创新，发展活力不断增强

创新引领转型发展。2014年，全省启动实施“科技企业创业与培育工程”，高新技术产业保持较快增长。全省高新技术产业完成增加值4451.16亿元，增长14.8%，增幅快于全省规模以上工业4.0个百分点。全省“四上”高新技术企业和高新产品登记备案企业数达到3257家，比上年增加509家。全年新增的高新技术企业和高新产品生产企业完成增加值457.45亿元，占全省高新技术产业增加值的10.4%，成为全省高新技术产业发展的重要增长点。

新增产能贡献突出。截止12月底我省新增规上工业企业2307户，对全省工业增长贡献率达17.5%，拉动全省工业增长2.1个百分点。其中神龙汽车、联想移动通信、中韩化工3家企业合计新增产值456.87亿元，拉动全省工业1.2个百分点。

小微企业活力增强。全省规上小微工业企业13575家，实现增加值占全省规上工业的比重达74.9%，增长11.3%，增速分别高于全省和大中型企业0.5个和2.2个百分点，对全省工业的贡献率近八成，达78.3%。

内引外联成效明显。2014年，全省新批外商投资企业301个，增长1.3%；合同外资63亿美元，增长29.7%；实际使用外资79.3亿美元，增长15.1%。2014年，全省引进省外资金项目2988个，增长8.9%；实际到资6997.5亿元，增长13.7%。

（五）消费价格基本稳定，生产价格继续走低

消费价格涨幅回落。2014 年，全省居民消费价格上涨 2.0%，涨幅环比持平，同比回落 0.8 个百分点。其中，12 月份全省居民消费价格上涨 1.8%，涨幅环比持平、同比回落 0.7 个百分点。

生产价格继续走低。全省工业生产者出厂价格下降 1.6%，价格水平比上年下跌 0.8 个百分点。全年工业生产者购进价格下降 2.2%，价格水平比上年下跌 0.4 个百分点。

（六）人口就业形势稳定，民计民生持续改善

城镇化率进一步提高。2014 年末，湖北省常住人口为 5816 万人，比上年末增加 17 万人。全年出生人口 68.88 万人，人口出生率为 11.86‰，死亡人口 40.42 万人，人口死亡率为 6.96‰，人口自然增长率为 4.9‰，比上年减少 0.03 个千分点。从城乡结构看，城镇常住人口 3237.77 万人，比上年末增加 76.74 万人，乡村常住人口 2578.23 万人，减少 59.74 万人，城镇人口占常住人口比重为 55.67%，比上年提高 1.16 个百分点。

新增就业稳中有升。2014 年，全省多渠道开发就业岗位，扶持小微企业发展，营造大众创业良好环境。全年全省城镇新增就业人员 81.89 万人，增长 1.5%。其中，12 月份新增就业人员 5.67 万人。截止 12 月末，全省城镇登记失业率为 3.10%，同比回落 0.12 个百分点。

城乡居民收入稳定增加。2014 年我省出台一系列政策措施，促进群众收入较快增长。根据城乡一体化住户调查，全省居民人均可支配收入 18283 元，比上年增长 11.0%。按常住地分，城镇常住居民人均可支配收入 24852 元，比上年增长 9.6%；农村常住居民人均可支配收入 10849 元，比上年增长 11.9%。

民生投入力度加大。2014 年，全省公共财政安排民生支出 3644.80 亿元，增长 12.7%。用于交通运输、医疗卫生、住房保障、社会保障和就业方面支出分别达 392.72 亿元、389.83 亿元、146.54 亿元和 706.91 亿元，分别增长 27.2%、21.0%、19.0% 和 16.7%。

（七）区域经济多点支撑，发展空间不断拓展

“武汉城市圈”经济发展势头较好。2014 年，“武汉城市圈”规模以上工业增加值增长 10.8%，与全省增幅持平。其中武汉市增长 10.9%，高于全省平均水平 0.1 个百分点。“武汉城市圈”完成固定资产投资 14149.22 亿元，增长 19.0%，其中武汉市增长 16.5%。“武汉城市圈”实现社会消费品零售总额 7453.62 亿元，增长 12.9%，快于全省平均水平 0.1 个百分点，其中武汉市增长 12.7%。

“鄂西生态文化旅游圈”经济发展取得新进展。2014 年，“鄂西圈”规模以上工业增加值增长 10.9%，高于全省增幅 0.1 个百分点，其中宜昌、襄阳都保持 11.2% 的增幅，均高于全省平均水平 0.4 个百分点。“鄂西圈”完成固定资产投资 10087.96 亿元，增长 22.0%，高于全省平均水平 1.6 个百分点，其中宜昌、襄阳分别增长 22.1% 和 22.5%。“鄂西圈”实现社会消费品零售总额 4369.66 亿元，增长 13.4%，快于全省平均水平 0.6 个百分点，其中宜昌、襄阳分别增长 13.3% 和 13.4%。

二、经济运行中值得关注的问题

当前经济发展的下行压力依然较大，稳增长面临的一些问题值得关注。

（一）投资增长后劲不足

投资增长乏力是拖累当前经济增长的主要原因，也是未来一段时间经济下行风险的主要来源。各主要投资领域和投资主体都面临着一些困难与问题。一是受制造业持续产能过剩、需求不足影响，投资意愿减弱，2014 年全省投资虽然保持了 20.4% 的较快增长，但比上年低了 5.4 个百分点。二是房地产开发投资增长继续放缓。2014 年，全省完成房地产开发投资 3983.79 亿元，增

长 21.2%，增幅回落 8.2 个百分点。商品房销售面积和销售额低速增长。全省商品房销售面积 5601.98 万平方米，增长 5.7%，增幅回落 25.5 个百分点，商品房销售额 3088.31 亿元，增长 10.7%，增幅回落 26.3 个百分点。三是新开工项目减少。 全年全省新开项目 18892 个，比上年减少 353 个，下降 1.8%。其中：第一、第二和第三产业新开工项目分别为 923 个、8857 个和 9112 个，分别比上年增加 37 个，减少 164 个和 226 个。四是受预期以及其他各种因素影响，国有大中型企业和外商企业投资增长缓慢。在调研中还发现，部分地区在建项目和储备项目接续不好，一批重大项目陆续开工投产后，项目的补充跟进出现了不同程度的“断档”，将直接影响投资增长的可持续性。

（二）企业生产经营存在隐忧

一是企业盈利水平回落明显。12 月末，全省规模以上工业企业盈亏相抵后实现利润 2174.63 亿元，增长 5.9%，增幅比上年回落 20.5 个百分点。二是亏损额上升。12 月末全省工业亏损企业亏损额为 161.84 亿元，增长 13.6%，增幅上升 22.5 个百分点。三是大型企业盈利放缓。12 月末，全省 328 家大型工业企业共实现利润 827.86 亿元，增长 3.8%，增幅比 11 月末回落了 4.3 个百分点。大型企业中，亏损企业亏损额达 76.72 亿元，增长 22.9%，比 11 月末上升 17.9 个百分点。四是企业预期下降。全省工业企业专项调查结果显示，四季度企业景气指数为 122.40，较上年下降 14.4 个百分点。10.5% 的企业预计下季度企业综合经营状况不佳，超过两成的企业预计下季度企业生产增速将放缓。

（三）财政增收难度加大

公共财政预算收入增速继续放缓。2014 年，全省财政预算收入比上年增长 17.1%，增速分别比上年同期、一季度、上半年、三季度回落 3.0 个、4.3 个、2.6 个和 2.0 个百分点。在目前经济难以强势复苏的形势下，受结构性减税、涉房税收增长乏力、后续一次性税源减少等因素影响，财政增收的压力逐步加大。

（四）供给要素制约加剧

一是资金制约。据四季度工业企业景气调查结果显示，31.9% 的企业反映资金紧张，21.7% 的企业反映融资困难。两项资金占用严重。企业库存压力大，全省产成品资金 1521.37 亿元，上升 19.8%，高于收入增幅 10.2 个百分点。全省应收账款净额 3280.23 亿元，增长 9.0%。二是土地制约。土地刚性需求持续旺盛，建设用地指标却越来越紧张，土地资源供应不足的问题逐渐成为制约湖北一些地区经济发展进程的重要因素。三是环境制约。湖北既是国家“两型”改革综合配套试验区，又是国家南水北调水源保护区，但产业结构偏重特征明显，重化工业比重超过 60%，工业发展面临的能源资源约束与生态环境脆弱的矛盾突出，资源环境刚性约束增强。

三、实现经济发展新跨越的对策建议

当前我省经济从高速增长放缓到中高速增长，“新常态”经济特点鲜明，在经济发展转型时期，我们既要着力于结构调整和提升质量，又要着力于抓好稳增长，从而为深化改革、经济转型赢取时间和空间。同时也要致力于关键环节、关键领域，抓住产业链、资金链、价值链，疏导不利因素，化解潜在风险，增强发展动力，形成发展合力。

（一）精耕细作，努力提升产业质量

加快推进农业现代化发展。夯实农业基础，优化农业产业结构，确保粮食安全和农产品有效供给。严把各个关口，加强农产品质量安全监管，确保群众舌尖上的安全。深化农村改革，积极推进农村土地确权工作，进一步激发农村发展活力。

强化工业支撑作用。坚定不移地走新型工业化道路，以“调高调优调强”为基本取向，在更高水平上推动工业经济持续快速发展。明确“1311”发展目标，突出主攻产业结构调整，主攻自主创新；促进制造业向工业 4.0 计划提升、

由产品竞争向品牌竞争提升、由湖北制造向湖北智造、湖北创造提升。加快推进“个转企、小升规、规改股、股上市”进程，重点支持一批优势产业向高端环节延伸，重点培育一批大企业大集团，重点创建一批知名品牌，重点打造一批特色产业基地和产业集群。

加快培育壮大现代服务业。加快互联网技术与产业融合，鼓励发展电子商务、云计算、大数据等现代服务业。湖北中铁大桥局、中交二航局、铁四院等企业涵盖桥梁工程设计、制造整条产业链，是湖北极具市场竞争力的优势产业。努力发挥湖北桥梁设计优势，推进湖北桥梁建设业借“一带一路”东风走出湖北，成为湖北新的经济增长点。加快发展现代物流、文化旅游、健康养生等现代服务业和生产性服务业，推动服务业发展提速、比重提高、水平提升。

（二）提速扩围，强化投资引领作用

抓好项目建设，加大投资力度。全面对接“中国制造2025”战略实施，争取国家对我省制造业转型升级的政策、项目和资金支持。优化投资环境，积极引进高端产业项目，对重点产业、重点企业、重点项目予以政策、资金和人才支持，抓好投资项目的落地。拓宽项目投融资渠道，鼓励民间资本更多地投向新兴产业、基础设施和公共服务领域。

（三）精准发力，释放消费需求潜力

根据有关专项调查显示，如果手中有余钱，53.1%的被访者选择旅游，24%选择住房相关消费，20.1%选择购买汽车。针对居民的消费意愿，湖北可以从以下三方面促进消费。一是提供更多更好的旅游产品和服务。二是积极释放改善型住房需求，盘活存量房市场，发挥好房地产对稳增长、促消费和惠民生的积极作用。三是加大老旧机动车淘汰力度，提高汽车置换补贴标准，释放汽车消费潜力。

（四）改革创新，积极推进转型升级

坚持把创新驱动发展作为核心战略，完善以企业为主体、以市场为导向、产学研结合的开放型创新体系，推动科技创新与经济社会发展紧密结合。特别是要突出企业技术创新主体地位，发挥大型企业创新骨干作用，激发中小企业创新活力；要推进创新链、产业链和资金链“三链融合”，促进科技金融产业融合发展。对企业技术改造和技术创新进行贴息支持，采用股权投资和直接补贴的方式支持战略性新兴产业技术攻关、创业风险投资担保等。

（五）多点支撑，拓展经济发展空间

深入推进“一元多层次”发展战略，促进区域协调发展。一是强化武汉的战略核心。要围绕“复兴大武汉、建成国家中心城市”目标，着力打造全国有影响的创新中心、制造业中心、金融贸易中心和物流中心，发挥对国家发展、城市功能、全球网络和科技创新的引领、示范、优化等重要作用。二是发挥宜昌、襄阳两个省域副中心带动力、辐射力和影响力作用，围绕“两百平方公里、两百万人口”的目标做大城市规模，重点是以长江经济带和汉江生态经济带为主要范围，重点进行“Y字型”的生产力布局，形成“两圈两带”发展的主轴。三是其他市州围绕各自战略，发挥优势，形成抓手，打造区域特色经济中心。四是大力发展县域经济。一方面要解决县域经济发展中能源和金融服务短板，另一方面，大力建设在全国有特色品牌和实力的百强县市。

（六）未雨绸缪，关注财政金融风险

要关注潜在的财政和金融风险，特别是地方政府债务，涉产能过剩领域、房地产领域等相关行业的信贷风险，未雨绸缪，确保经济健康稳定运行。针对当前房地产市场出现的一些新动向，加强监测和分析，密切关注各地房地产投资、销售、价格变化情况，坚持以市场化导向来推动房地产市场健康发展，确保房地产市场平稳健康运行，防止房地产业过度波动对经济造成负面影响。

（作者：李克勤　湖北省统计局局长）

专栏：新常态下湖北"三农"砥砺前行

2014年，面对国内外复杂严峻的经济环境和不断加大的经济下行压力，湖北省委、省政府积极认识新常态、适应新常态、引领新常态，全力推进农村改革，实施了一系列稳农、强农、惠农政策，大力发展现代农业，全省"三农"工作稳中有进，有力支撑了全省经济社会的稳步发展，成为新常态下经济运行的新"亮点"。

一、"三农"工作彰显六大"亮点"

"亮点"一：农业产值稳步增长

据统计，2014年湖北省实现农林牧渔业增加值（现价）3176.89亿元，比上年增长4.8%，虽然增幅较上年回落0.1个百分点，但总体上看，农业稳步发展的格局依然没变。

"亮点"二：粮食生产再获好收成

据调查，2014年全省粮食总产量达到2584.16万吨（516.83亿斤），比上年增加82.86万吨（16.57亿斤），增长3.3%。湖北粮食生产已获"十一年连增"。与湖北历史最高年产量（1997年的2634.40万吨）相比，仅相差50.24万吨。

"亮点"三：畜禽生产平稳增长

规模化、标准化养殖方式，推进了畜禽生产稳步发展。一是生猪生产能力提高。生猪生产的亮点为：其一，生猪出栏数量创历史新高。2014年生猪出栏4475.11万头，增长2.7%。其二，生猪规模化养殖水平提高。全省生猪规模化养殖比重达到41.5%，比上年提高0.5个百分点；规模养殖生猪出栏量增长3.6%，比全省平均增幅高出0.9个百分点。

二是牛羊出栏量增长较快。2014年全省牛出栏152.11万头，增长8.4%，增幅比上年提高1.9个百分点；羊出栏541.87万只，增长5.2%，增幅比上年提高4.4个百分点。

三是家禽养殖业迅速复苏。虽然曾受H7N9疫情的影响，但年末家禽存笼量达到34987.66万只，增长5.7%；禽蛋产量155.06万吨，增长6.9%。

"亮点"四：农民工规模稳中有升

据对全省3117户农村住户抽样调查，2014年湖北农民工（外出务工、在本地非农务工和非农自营活动时间达到或超过6个月以上的农村从业人员）总量达到1410.82万人，比上年增加25.32万人，增长1.8%。湖北省农民工规模首次突破1400万。其中，外出农民工（本乡域以外）1077.71万人，比上年减少4.18万人；本地农民工（本乡域以内）333.11万人，比上年增加29.51万人。

农民工本省务工比例提高。2014年，外出农民工在省内务工的人数为390.95万人，比上年增加6.42万人，占外出农民工总数的36.3%，较上年提高0.8个百分点。

"亮点"五：农产品加工跳跃式发展

据统计，2014年湖北农产品加工业主营业务收入达到11901.60亿元，稳居全省第一大支柱产业。主营业务收入占全省规模以上工业的29.2%，贡献率接近三成。全省规上农产品加工业产值与农业总产值的比率为2.35:1，比2010年（1.39:1）提高0.96个百分点。

农产品加工业发展的主要亮点：一是农产品加工规模不断壮大。据统计，2014年全省亿元以上农产品加工企业实现主营业务收入10718.45亿元，占全省的比重达90.1%。其中主营业务收入过100亿元企业4家；过50亿元企业9家；过30亿元企业28家；过10亿元企业169家；过亿元企业也达2570家。

二是农产品加工效益不断提升。2014年农产品加工业实现利润628.97亿元，占全部规上工业的28.9%，比2010年增长1.8倍，快于全部规上工业100.2个百分点。实现税金748.88亿元，占规模以上税金总额的41.3%，增长17.2%，比全省规上税金增长速度高9.8个百分点。上缴利税1377.85亿元，占规上利税总额的34.6%，增长10.2%，比全省规上利税增长速度高3.4个百分点。

三是为农民工就地务工就业提供了便利。2014年农产品加工业吸纳的就业人数达到115.54万人，比2010年增长44.1%，占全省规上工业的34.3%，较2010年提高4.6个百分点。

四是打造了一批知名品牌和知名企业。农产品加工业已成湖北知名品牌最集中的行业。据统计，湖北农产品加工业累计获得“中国驰名商标”92件，占全省工业类总数的46%，比2009年增加74件。

“亮点”六：农民收入首破万元大关

据调查，2014年湖北农村常住居民人均可支配收入10849元，比上年增加1157元，增长11.9%，首破万元大关，并结束了自2001年以来湖北农民收入长期低于全国平均水平的历史。2014年农村常住居民人均可支配收入比全国平均水平多出360元，高3.4%，收入在全国的位次由第11位上升到第10位，中部居第1位。

农民收入的“亮点”表现为：一是收入结构更趋优化，改变了过去农民收入过分依赖于农业的现象。在收入构成中，工资性收入3299元，占农村常住居民人均可支配收入的30.4%；经营净收入5009元，占46.2%；财产净收入125元，占1.2%；转移净收入2416元，占22.3%。

二是农业收入和非农收入“多点开花”，“增收点”趋多。在增收的主要来源中，工资性收入比上年增加378元，增长12.9%，对增收的贡献率为32.7%。经营净收入比上年增加341元，增长7.3%，对增收的贡献率为29.5%。财产净收入比上年增加27元，增长27.7%，对增收的贡献率为2.3%。转移净收入比上年增加411元，增长20.5%，对增收的贡献率为35.5%。

二、促进“三农”发展和稳定农民增收的经验与启示

（一）必须认识新常态下“三农”稳步发展的重要性，做到运筹帷幄

农业是“第一民生”。湖北省是农业大省，虽然近年来农业发展取得了很大成就，但农业落后的状况还没有根本改变，与农业强省还有相当的差距；虽然近年来农业占国民经济中的份额有所下降，但农业的基础地位不会改变；虽然农业结构调整取得了一些成效，但结构调整仍需“常态化”；虽然农业效益整体不高，但农业作为“朝阳产业”的格局不会改变。为此，在新常态下必须进一步增强做好“三农”工作的责任感、紧迫感，对全省“三农”工作运筹帷幄，不断巩固其“重中之重”的地位。

（二）必须正视新常态下“三农”工作面临的困难和机遇，做到攻坚克难

经济发展进入新常态后，湖北农业、农村和农民工作将面临许多新情况、新问题。特别是当前主要农产品价格高于国际市场，生产成本持续上升，农业竞争力不断弱化；农业资源过度消耗，农村污染加剧，农业可持续发展面临挑战；城镇化加快推进，农村发展仍然滞后，“空心村”现象突出，实现城乡共同繁荣的任务艰巨。破解这些发展难题，关键在于把握机遇，深化改革，攻坚克难。改革就是要最大程度地解放生产力。在新形势下，全省“三农”发展要以改革创新为动力，向改革要空间、要潜力、要红利。当前重点是要推进农村土地确权登记颁证工作、农村产权交易市场建设、培育新型农业经营主体、推进农村金融体系创新等方面改革，突破农村融资难、融资贵等发展瓶颈，释放农民财产增值潜力，激发“三农”发展活力，构建具有湖北特色的农村改革新格局。

（三）必须依托农业资源优势推进农产品的加工转化，延伸产业链条

农产品加工业产值与农业产值之比是衡量现代农业发展水平的重要标志。2009年湖北只有1.08:1，虽然2014年已达到2.35:1，但潜力仍然巨大。湖北作为全国重要的商品粮生产基地，同时又是全国油菜籽、淡水产品第一生产大省，以及棉花、柑橘、茶叶、蔬菜、魔芋等经济作物的重要生产基地，具有农产品加工业的资源禀赋优势。新常态下，要利用好农产品加工业的转型升级和提质增效的倒逼机制，由初加工向精深加工转变，由粗放经营向集约经营转变，由外延扩张向自主发展转变，由经营产品向营销品牌转变，走出一条又快又好的

农产品加工业发展之路，真正让农产品加工业成为稳农富农、强省富民的加速器。

（四）必须始终将农民增收作为“三农”工作的出发点和落脚点，做好民生保障

“小康不小康，关键看老乡”。没有广大农民的小康，湖北的小康社会就无从谈起。为此，要坚持市场决定取舍、绿色决定生死、民生决定目的“三维”纲要，把农民增收作为“三农”工作的龙头和根本任务，充分发掘农业内部增收潜力，大力培育农村新业态，加快农村产权制度改革，不断向现代农业要效益，向务工新业态要活力，让广大农民在农业现代化进程中得到更多经营性和财产性收入，同步推进农业强、农村美、农民富的发展新目标。

（作者：王跃新　国家统计局湖北调查总队总队长）

湖南省经济社会发展报告

2014年，面对复杂多变的经济运行环境，湖南省委、省政府领导全省人民认真贯彻落实党中央、国务院各项决策部署，坚持稳中求进的工作总基调，主动适应新常态，大力促进“三量齐升”，全面推进“四化两型”，着力抓好全面深化改革，全省经济社会发展呈现稳中有进、稳中提质的良好局面。

一、2014年，经济运行总体平稳

2014年，全省经济运行呈现“四稳四进”的较好态势。

“四稳”主要表现在：

1. 运行轨迹稳。初步核算，2014年，全省地区生产总值达到27048.46亿元，同比增长9.5%，高于全国平均水平2.1个百分点，连续四个季度稳定在9%以上。农业生产发展加快。2014年，全省围绕加快推进现代农业发展的主线，积极落实各项强农惠农政策，农业生产稳步发展。第一产业增加值3148.75亿元，增长4.5%，比上年加快1.8个百分点。粮食总产量达到600.25亿斤，增长2.6%。生猪、牛、羊出栏分别增长5.4%、3.6%和2.8%，油料产量增长4.3%，蔬菜产量增长5.3%，水产品产量增长6%。工业经济继续增长。全省大力推进新型工业化，着力打造多点支撑的工业发展格局。第二产业增加值12481.88亿元，增长9.3%。规模工业增加值增长9.6%。其中，医药制造业、铁路船舶航空航天和其他运输设备制造业、仪器仪表制造业、计算机通信和其他电子设备制造业分别增长18.8%、20.9%、36.6%和39.7%，印刷和记录媒介复制业、金属制品业增加值增长16%和17.2%，同比分别加快5.4个和3.7个百分点。服务业来势较好。湖南全面实施《现代服务业发展行动计划》，围绕十大产业谋划建设重大项目，服务业发展较快。第三产业增加值11417.83亿元，增长11.1%。其中，金融业、营利性服务业发展态势良好，增加值分别增长16.3%和15.5%；文化和创意产业快速发展，增加值占GDP的比重超过5.5%。

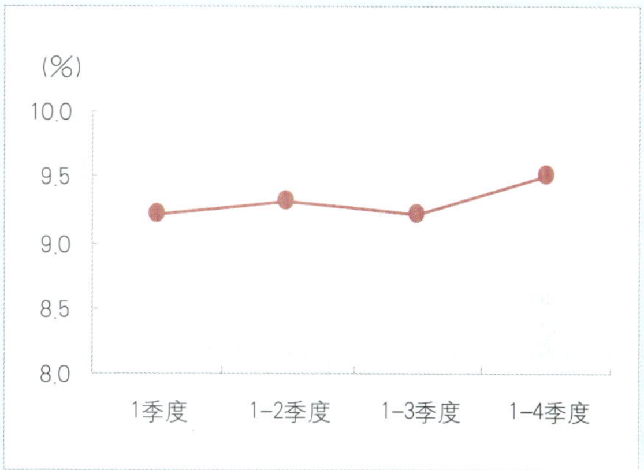

图1 2014年全省地区生产总值增长速度

2. 需求动力稳。项目投资增长较快。2014年，湖南着力实施项目带动战略，加强项目调度，强化资金筹措，投资增长平稳较快。全省完成固定资产投资21950.77亿元（含区域项目），增速虽有回落，但仍实现了19.4%的高速增长，且比全国平均水平快3.7个百分点。其中，房地产开发投资增长9.7%，工业投资增长14.9%，战略性新兴产业投资增长17.7%，基础设施投资增长23.6%。消费市场稳中趋旺。湖南积极落实消费刺激政策，重点培育新消费热点，消费品市场持续繁荣。全省实现社会消费品零售总额10723.5亿元，增长12.8%，比年初加快0.3个百分点。限额以上法人批发零售业中，汽车持续热销，零售额增长15%；基本生活品需求较盛，粮油食品饮料烟酒类、服装鞋帽针纺织品类零售额分别增长23.1%和12.9%；通讯器材类、机电产品及设备类零售额分别增长20.1%和22.7%，同比加快14.6个和11个百分点。对外贸易稳中有升。湖南认真实施促进外贸稳定增长的各项措施，鼓励企业“走出去”，对外贸易增长明显回升。全省实现进出口总额1906.87亿元，同比增长22.2%，快于全国平均水平19.9个百分点。其中，出口1230.36亿元，增长33.9%；进口676.52亿元，增长5.4%。出口产品中，机电产品增长44.3%，高新技术产品增长43.4%。

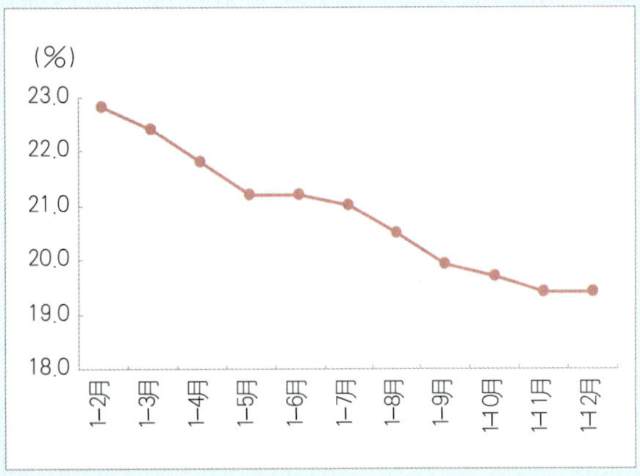

图2 2014年全省固定资产投资增长速度

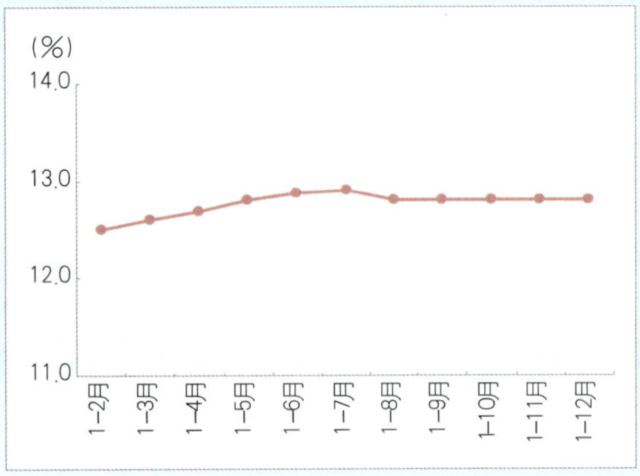

图3 2014年全省社会消费品零售总额增长速度

3. 就业形势稳。全省新增城镇就业82.68万人，同比多增加2.59万人，完成年度目标任务的110.2%。农民工人数达到1707.5万人，同比增加28.3万人，增长1.7%。实现失业人员再就业33.61万人，完成年度任务的112.0%。实现就业困难对象再就业12.03万人，完成年度任务的120.3%。

4. 物价走势稳。国家统计局湖南调查总队抽样调查显示，全省居民消费价格上涨1.9%，涨幅同比回落0.6个百分点。其中，食品价格上涨2.6%，衣着上涨1.7%，家庭设备用品及维修服务上涨1.3%，医疗保健和个人用品上涨2.1%，交通和通信上涨0.2%，娱乐教育文化用品及服务上涨3.0%，居住上涨1.4%，烟酒及用品下降0.5%。

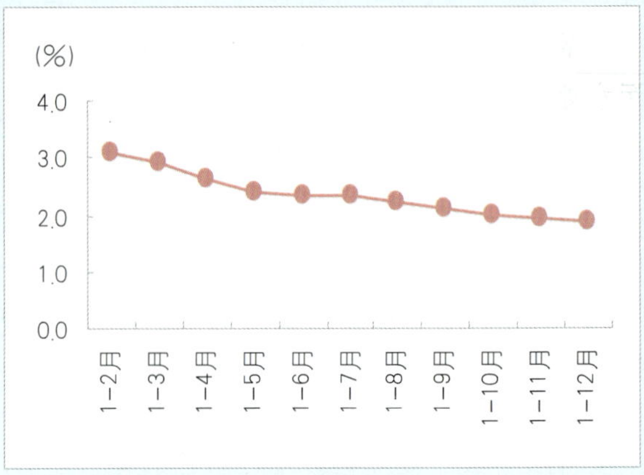

图4 2014年全省居民消费价格累计上涨幅度

“四进”主要表现在：

1. 经济结构进一步升级。从三次产业来看，2014年，全省三次产业比重由上年的12.2∶47∶40.8调整为11.6∶46.2∶42.2；比较效益较高的林业、渔业和农林牧渔服务业增加值分别增长5.8%、5.6%和7.3%，均高于第一产业平均增速，农业结构继续改善；第三产业占GDP的比重达42.2%，同比提高1.3个百分点，服务业地位日渐突出。从工业内部来看，高技术产业占比提高1.3个百分点，六大高耗能行业占比下降0.4个百分点；产业园区比重达59%，同比提高11.5个百分点。从消费结构来看，全省限额以上法人批发零售业中，文化娱乐体育健康类零售额增长16.8%，同比加快2.3个百分点；通过互联网实现的商品零售额增长65%，比限额以上法人批发零售业增速快50.8个百分点，消费需求理性升级。从投资结构来看，全省第一产业投资增长34.9%，比全部投资增速快15.5个百分点；民生工程投资增长40.6%，比全部投资快21.2个百分点。

2. 运行质量进一步提高。部分行业利润增速逆势加快。规模工业中的铁路船舶航空航天和其他运输设备制造业、金属制品业利润分别增长31.7%和33.4%，同比加快10.3个和15.5个百分点。节能降耗成效显著。全省经济发展方式由过度依赖资源消耗的粗放型逐步向集约型方向转变，规模工业综合能源消费量同比下降3.4%，单位地区生产总值能耗超额完成年度目标任务。环境治理力度加大。全省生态环境投资增长31%，比全部投资增速快11.6个百分点。县以上城镇污水处理率为88.8%，超过目标任务0.8个百分点；生活垃圾无害化处理率为98.2%，超过目标任务10.7个百分点。

3. *市场活力进一步释放*。市场主体增长较快。截止2014年底，全省市场主体总数达254.32万户、注册资本27252.69亿元，分别增长14.2%和34.8%。其中，2014年新登记公司制企业7.45万户、注册资本4426.52亿元，分别增长88.2%和110.3%。民营经济活力增强。全省民间投资增长21.2%，比全部投资增速快1.8个百分点；占全部投资的比重为65.6%，同比提高3.2个百分点。规模工业中非公有制企业增加值增长11.8%，比规模工业增速快2.2个百分点；占规模工业的比重为74%，同比提高2.9个百分点。招商引资成效明显。全省新批利用外资项目539个，实际利用外资102.66亿美元，增长17.9%，比全国平均水平快16.2个百分点。全省新批省外境内引资项目5106个，实际到位资金3300.79亿元，增长14.5%。其中，省级及以上产业园区实际利用内资1143.5亿元，增长12.1%。

4. *民生保障进一步改善*。保障房建设有力推进。全省新增公租房、城市棚户区改造、国有工矿棚户区改造分别完成15.93万套、19.55万户和3.44万户，开工率为106.2%、108.6%和114.6%，均超额完成任务。居民收入稳步增长。全省全体居民人均可支配收入17622元，同比增长10.1%。其中，城镇居民人均可支配收入为26570元，增长9.1%；农村居民人均可支配收入为10060元，增长11.4%；城乡居民人均收入倍差为2.64，比上年缩小0.16。民生保障继续提高。全省城市最低生活保障标准月均达到360元，农村最低生活保障标准月均达到204元，分别超过目标任务30元和39元；建设农村公路8283公里，解决368.6万农村人口饮水不安全问题，改造农村危房11.7万户，分别完成年度目标任务的103.5%、102.4%和145.7%。

表　2014年全省城乡居民人均可支配收入

指标名称	农村居民		城镇居民	
	绝对额（元）	增速（%）	绝对额（元）	增速（%）
人均可支配收入	10060	11.4	26570	9.1
工资性收入	4088	11.3	14662	9.0
经营净收入	3639	11.8	3567	9.6
财产净收入	166	26.7	2629	10.1
转移净收入	2168	10.0	5713	8.7

也应看到，湖南经济发展仍然面临一些困难和挑战。一是产业升级较慢。湖南经济增长主要依靠第二产业尤其是工业带动，全省第三产业增加值占地区生产总值的比重仍低于第二产业4个百分点，而全国第三产业占比为48.2%，高于第二产业5.6个百分点。第一产业增加值占GDP的11.6%，高于全国平均水平2.4个百分点，农业比重偏高且竞争力不强。工业结构依然偏重。对规模工业增长贡献居前5的大类行业中有3个高耗能行业，合计贡献率达24.1%；六大高耗能行业增加值占比虽有下降，但仍高达31.2%。二是投资后劲较弱。全省固定资产投资增速同比回落6.7个百分点，其中工业和房地产开发两大重点领域投资增速同比回落13.2个和9.2个百分点。计划总投资和投资项目到位资金增速分别低于实际完成投资3.8个和3.5个百分点。三是工业困难较大。工业品市场需求持续疲软，全省工业生产者出厂价格连续32个月下跌。规模工业增加值增速同比回落2个百分点，其中石油加工、炼焦和核燃料加工业回落6.7个百分点，有色金属冶炼和压延加工业回落8.6个百分点，电力、热力生产和供应业回落5.7个百分点。企业效益状况堪忧。规模工业企业利润总额增速由正转负，全年累计下降3.7%，比上年回落22.9个百分点。

二、2015 年，新常态下面临新机遇

2015 年，世界经济增速可能会略有回升，但总体复苏疲弱态势难有明显改观，国际金融市场波动加大，国际大宗商品价格波动，地缘政治等非经济因素影响加大。我国将主动适应经济发展新常态，保持经济运行在合理区间。作为发展不足、发展不优、地处中西部的湖南来说，新常态下潜藏一些重大机遇，要认真分析，及时抢抓，努力谋求新的发展。

（一）国内外经济步入新阶段

全球新一轮创新浪潮正在形成，为湖南引进来、走出去带来新机遇。经济全球化步伐加快，投资贸易新规则体系正在形成，第四次技术革命引致传统产业改造和新产业兴起的浪潮加快涌现。2014 年，全省实际利用外商直接投资增速比全国平均水平快 16.2 个百分点，对外直接投资增长 36.5%，服装、钢板、鞋类、汽车零配件出口额分别增长 1.7 倍、1.1 倍、84.9% 和 84%。湖南市场空间大，“引进来”有吸引力；部分行业存在过剩产能，“走出去”也很有潜力。国家宏观调控政策更加精准科学有效，为湖南经济发展带来新机遇。中央更加重视宏观调控政策的精准性、科学性、实效性和主动性，不失时机地采取预调微调措施，实施松紧适度的货币政策，有利于缓解湖南投资项目和实体经济资金紧张局面，进一步夯实稳增长基础。特别是国家加大“一带一路”、京津冀协同发展和长江经济带三大战略实施力度，给湖南寻求商机、对接项目、扩大投资、拉动增长带来了重大机遇。

（二）增长动力呈现新格局

消费拉动力有望进一步增强。2014 年，湖南居民人均教育文化娱乐消费增长 26%，拉动消费支出增长 3.1 个百分点，成为居民消费增长的主要动力和支撑；人均通过互联网购买的商品和服务支出增长 92.5%，网络购物成为居民消费的新风尚。今后一段时期，居民模仿型排浪式消费热度将继续降低，政府消费削减、房地产及其相关消费下降的同时，汽车、信息、旅游、文化、健康等彰显个性、宣示风格、追求时尚的新消费热点会加快发展，湖南消费的基础作用将更加突出。新业态、新产业投资有更大空间。2014 年，湖南住宿和餐饮业、房地产业、道路运输业投资增速同比分别回落 8.2 个、4 个和 12.1 个百分点，而与现代物流发展密切相关的仓储业、软件和信息技术服务业、包括金融信托和第三方非金融支付等在内的其他金融业投资分别增长39.2%、44.2%和1.2倍。随着新型城镇化的稳妥推进，湖南传统领域、铺摊子式的投资将减缓，引领新兴业态发展、改善互联互通的投资将获得更大增长空间。承接转移、扩大出口将提速。2014年，湖南实际到位省外境内资金增长14.5%，对东盟地区进出口额增长1倍。2015年，国家继续实施区域总体发展战略，推进“一带一路”和长江经济带建设，扩大全方位开放，这有利于湖南加强区域合作，进一步扩大承接产业转移和对外投资贸易规模，提升竞争优势。

（三）市场体系出现新变化

新业态加快发展有利于培育新增长点。2014年，全省限额以上批发和零售业中，仓储会员店、购物中心、家居建材商店等新业态商品零售额分别增长44.3%、32.1%和20.9%。随着国家大众创业、万众创新激励政策的实施，湖南各类新技术、新业态、新模式、新产业将更多涌现，引领经济向更高水平迈进。竞争环境改善有利于增强市场活力。湖南市场活力相对较弱，2014年底各类市场主体数量仅占全国的比重为3.7%，增长速度也低于全国平均水平。2015年国家继续推进行政审批和商事制度改革，深化国企和价格改革，放宽基础和垄断性领域门槛，将大大激发湖南市场活力，增强经济发展动力。市场结构优化有利于提升发展质量。2014年，全省小微型企业增加值增长10.7%，比规模工业和大中型企业分别快1.1个和2.6个百分点，表现出良好的成长性。2015年国家将积极化解产能过剩，促进企业优胜劣汰和新产业组织形态发展，推动供给结构优化升级。湖南传统行业去产能化、改造升级和兼并重组的节奏将明显加快，专注于智能化、专业化的小微企业将获得更好发展，经济运行的效率和质量有望继续提升。

三、新常态下谋求新发展

2015年，湖南要认真贯彻落实中央和省委经济工作会议部署，继续坚持稳中求进，把握“一带一部”新定位，以全面建成小康社会为总揽，狠抓改革攻坚，突出转型升级，着力提质增效，加强民生保障，努力完成“十二五”规划各项目标任务，推动全省经济平稳健康发展和社会和谐稳定。

（一）加强区域分类指导

2014年，长株潭地区、湘南地区、大湘西地区和洞庭湖地区的生产总值增速高低差距缩小到2.2个百分点，分类指导四大区域竞相发展取得初步成效；但地区差距仍然较大，大湘西地区生产总值增长8.3%，而其他三大区域增速均高于10%。大湘西地区和洞庭湖地区地方财政收入分别增长2.5%和12.7%，明显低于长株潭地区和湘南地区。湖南要充分发挥“一带一部”的区位优势，对接“一带一路”、长江经济带建设，推进新型工业化、信息化、城镇化、农业现代化同步发展，打造中部开放高地。加快长株潭两型社会试验区第二阶段改革，引领带动全省两型社会建设；推动洞庭湖生态经济圈建设，加快融入长江经济带基础建设步伐；增强湘南地区承接产业转移能力，加强与粤港澳、北部湾经济区和东盟对接合作；加大大湘西扶贫开发力度，大力发展县域特色产业。

（二）加强产业园区建设

经过多年发展，湖南省级及以上园区已达137个，2014年累计开发面积比上年增长7.1%，技工贸总收入增长18.1%，产业园区实力不断增强，但也面临着产业层次不优、地区发展不平衡等问题。2014年，湖南省级及以上园区利用外商直接投资41.25亿美元，占全省的比重仅为40.2%；实际利用境内省外资金1296.58亿元，比重仅为39.3%。要严格执行园区规划，全面清理闲置低效土地，集约、合理利用土地；合理引导产业布局，严格限制高污染、高能耗产业入园，大力引进投资强度大、发展前景好、带动作用强的企业和项目；切实优化软硬发展环境，加强产业配套项目及标准厂房建设，督促落实园区优惠政策，建设高效政务服务平台；根据各园区产业定位和特色，全盘统筹，避免产业雷同、重复投资。

（三）加强科技创新发展

2014 年，湖南高技术产业增加值和新产品产值分别占规模工业的 10.3% 和 13.3%，比重仍然偏低。加快推进创新驱动战略，要加大科技投入，建设一批新兴产业技术研究院、公共技术服务平台和中试转化基地，培育发展创新型骨干企业。加快成果转化，推动关键领域共性技术协同攻关和产学研一体化，加强自主知识产权保护。发挥新技术、新业态、新服务的引领带动作用，推进移动互联网、云计算、大数据与三次产业深度融合。

（四）加快现代服务业发展

2014 年，全省第三产业比重比全国平均水平低 6 个百分点，生产性服务业增加值占 GDP 的比重仅为 18.1%。培育健康、家政、养老等生活性服务业，全面提升金融服务水平，促进现代物流、设计咨询、科技服务等生产性服务业，加快现代传媒、新闻出版、旅游业发展，着力打造文化产业、生产性服务业新引擎。

（五）加快新型城镇化建设

2014 年，湖南城镇化率为 49.28%，比全国平均水平低 5.49 个百分点，处于加速发展阶段，有巨大提升空间。要不断完善规划体系，加强基础设施建设，提高城镇综合承载能力。强化省级中心城市辐射带动作用，做大省域次中心城市和地区性中心城市，加大县城和中心镇建设力度，构建新型城镇体系。深化户籍、医疗和社保制度改革，促进基本公共服务均等化，促进城乡一体化。

（六）加快民生保障体系建设

2014 年，全省全体居民人均可支配收入仅为全国平均水平的 87.4%。完善工资正常增长机制，严格实行最低工资标准制度。完善覆盖城乡居民的社会保障体系，稳步提高企业退休人员基本养老金和城乡居民最低生活保障标准。加快推进“两房两棚”、“两供”、“两治”等民生工程建设。积极扩大就业和扶贫攻坚力度，增加对武陵山和罗霄山等集中连片特困地区扶贫开发资金的投入力度，分类开展差异化、个性化扶持。

（作者：张世平　湖南省统计局局长）

专栏：2014年湖南居民生活质量稳步提升

2014年，湖南加快“四化两型”建设，全力推进转型升级，主动适应经济发展新常态，经济持续较快发展，人民生活进一步改善。城乡居民收入保持平稳较快增长，生活质量进一步提升。

一、居民收入稳步提高

2014年，湖南居民收入稳步提高，无论是从总体来看，还是分城乡来看，均保持了较快增长，收入结构更加优化。

（一）全省居民收入呈现三大亮点

1.增速较快。2014年，湖南居民人均可支配收入17622元，比上年名义增长10.1%，实际增长(扣除价格因素，下同)8.0%。人均可支配收入中位数15674元，比上年名义增长15.6%。

2.差距缩小。从高低收入群体来看，高收入组（按五等份收入分组）居民人均可支配收入40899元，低收入组居民人均可支配收入4532元，高低收入比由上年的9.38：1缩小到9.02：1。从城乡来看，城镇居民人均可支配收入为26570元，农村居民人均可支配收入10060元，城乡居民收入比由上年的2.80：1缩小到2.64：1。

3.结构趋优。居民财产性净收入和经营性净收入增长较快，收入构成更趋合理。人均财产性净收入1293.6元，增长11.7%，占人均可支配收入的比重为7.3%，占比较上年提高0.1个百分点；人均经营性净收入3605.8元，增长10.8%，占人均可支配收入的比重为20.5%，占比较上年提高0.2个百分点。

（二）城镇居民收入增长呈现两大亮点[①]

2014年湖南城镇居民人均可支配收入26570元，比上年名义增长9.1%，实际增长6.9%。人均可支配收入中位数25711元，比上年名义增长14.3%，增幅较上年提高3.5个百分点。

1.四项收入均呈较快增长态势。人均工资性收入14662元，增长9.0%；转移净收入5713元，增长8.7%；财产净收入2629元，增长10.1%；经营净收入3567元，增长9.6%。

2.财产性收入和经营性收入增长最快，占比提升。受房租及银行理财等投资性收入的增加，财产性收入增长最快，增长10.1%。其中，人均房屋租金收入达795元，增长20.6%。受惠于国家对小微企业发展和居民创新创业的扶持及营改增等税收制度改革的影响，居民经营性收入增长速度在四项收入中位居第二，增幅为9.6%。居民财产性收入和经营性收入在可支配收入中的比重分别较上年提升0.09个百分点和0.06个百分点，达到9.9%和13.4%。

（三）农村居民收入呈现三大亮点

2014年湖南农村居民人均可支配收入10060元，比上年名义增长11.4%，实际增长9.9%。人均可支配收入中位数9297元，比上年名义增长12.4%，增幅较上年提高3.1个百分点。

1.四项收入增速均超过10%。人均工资性收入4088元，增长11.3%，经营净收入3639元，增长11.8%，转移净收入2168元，增长10.0%，财产净收入166元，增长26.7%。

2.财产性收入增速最快。受土地流转、征地拆迁和林权制度改革等影响，农民的财产性收入呈快速增长态势。人均财产性收入166元，较上年增加35元，增速为26.7%，财产性收入占可支配收入的比重为1.7%，占比较上年提高0.2个百分点。

3.工资性收入对农民增收贡献最大。农民外出务工形势较好，农民工资性收入继续保持较快增长。人均工资性收入4088元，比上年增加417元，增长11.3%。农村居民工资性收入占农民人均可支配收入的40.6%，工资性收入增长对农民收入增长的贡献率达40.3%，为农民增收的重要来源。

注：①本文采用的2013年和2014年的城镇和农村居民收入、消费数据均为住户一体化改革实施后的新统计口径的数据。

二、居民消费结构进一步优化

2014 年，湖南居民消费水平稳步提升，消费结构不断优化，居民生活质量得到进一步提高。

（一）全省居民消费呈现四大亮点

1. 消费水平和消费倾向提升。2014 年，湖南居民人均消费支出 13289 元，比上年名义增长 11.2%，实际增长 9.1%，实际增幅较上年提高 1 个百分点；平均消费倾向为 75.4%，比上年提高 0.8 个百分点。

2. 恩格尔系数下降，发展享受型消费比重上升。食品烟酒支出占全部消费支出的比重（恩格尔系数）为 31.9%，比上年下降 0.7 个百分点；居住类支出所占比重为 20.4%，比上年下降 0.7 个百分点。教育文化娱乐消费支出所占比重为 13.3%，比上年上升 1.9 个百分点；交通通信消费支出所占比重为 12.0%，比上年上升 0.5 个百分点。

3. 文化教育娱乐消费成为拉动居民消费增长的重要动力。2014 年湖南居民人均教育文化娱乐消费 1765 元，增长 26.0%，拉动消费支出增长 3.1 个百分点。其中教育人均支出 1126 元，增长 20.8%；文化娱乐人均支出 639 元，增长 36.4%。

4. 网络消费迅猛增长，网络购物成为居民消费的新风尚。2014 年湖南居民人均通过互联网购买的商品和服务支出达 108 元，增长 92.5%。

（二）城镇居民消费支出呈现三大亮点

2014 年，全省城镇居民人均消费支出 18335 元，比上年名义增长 8.7%，实际增长 6.5%。八大类消费支出七升一降，以文教娱乐、交通通信为代表的发展享受型消费快速增长。

1. 文教娱乐消费支出增长最快。人均教育文化娱乐支出 2538 元，增长 25.9%，比上年提高 6.2 个百分点，其中教育支出 1442 元，增长 19.1%；文化娱乐支出 1095 元，增长 36.0%。

2. 交通通信、医疗保健类消费快速增长。人均交通通信消费支出 2462 元，增长 15.0%；人均医疗保障支出 1210 元，增长 18.3%。

3. 消费方式和消费观念进一步变化。网络购物继续保持迅猛增长的态势。人均通过互联网购买的商品和服务支出为 212 元，增长 82.0%。

（三）农村居民消费支出呈现两大亮点

2014 年，全省农村居民人均生活消费支出 9025 元，比上年名义增长 15.2%，实际增长 13.6%。八大类消费全面增长，消费结构升级趋势较明显。

1. 文教娱乐支出增长最快。农村居民人均教育文化娱乐支出 1112 元，增长 25.3%，其中教育支出 859 元，增长 22.6%；文化娱乐支出 254 元，增长 35.3%。

2. 交通通信和居住类消费继续保持较快增长。随着农村交通通信事业的快速发展和农民改善住房需求的释放，农村居民的交通通信和居住类消费继续保持 10% 以上的较快增速。人均交通通信支出 872 元，增长 16.7%；人均居住类支出 1982 元，增长 12.3%。

三、居住出行条件显著改善

（一）人均居住面积增加，住宅结构以中大户型为主

2014 年底湖南城镇居民人均现住房建筑面积为 42.2 平方米，较上年增加 0.1 个平方米，较 2009 年增加 4.9 个平方米。农村居民人均现住房建筑面积 54.7 平方米，较上年增加 1.5 个平方米，较 2009 年增加 13 个平方米。从住房结构来看，城镇居民居住三居室及以上的中大户型住房的比例达到 66.8%，较上年提高 0.7 个百分点；农村居民新建住宅也多为砖混式独栋住宅。

（二）交通及通信条件进一步改善

2014 年，湖南交通和通信条件继续改善，私人汽车保有量、移动电话和互联网宽带用户数保持较快增长。2014 年末，湖南公路通车里程 23.6 万公里②，较上年末增长 0.4%，其中高速公路通车里程 5493 公里，增长 8%。铁路营业里程 4551.9 公里，增长 13.0%；其中，高速铁路 1110 公里，增长 83.8%。私人汽车保有量 393.3 万辆，增长 20.2%；其中轿车保有量 234.1 万辆，增长 20.1%。移动电话用户数达到 4729.7 万户，增长 0.8%；互联网宽带用户数达到 754.4 万户，增长 5%。

（作者：庞晓林　国家统计局湖南调查总队总队长）

注：②公路通车里程、铁路营业里程、私人汽车保有量、轿车保有量、移动电话用户数、互联网宽带用户等数据来自于湖南省统计局《湖南省 2014 年国民经济和社会发展统计公报》。

广东省经济社会发展报告

2014年，广东各地坚决执行党中央、国务院宏观调控政策，认真贯彻落实省委、省政府决策部署，坚持稳中求进总基调，着力稳增长、促改革、调结构、惠民生、防风险，全省经济运行总体平稳。全年广东经济保持稳定增长，增速较2013年有所回落，但稳定增长的努力收到成效，经济运行基本面保持良好，结构继续优化调整，经济质量和效益进一步提升，发展后劲进一步增强。

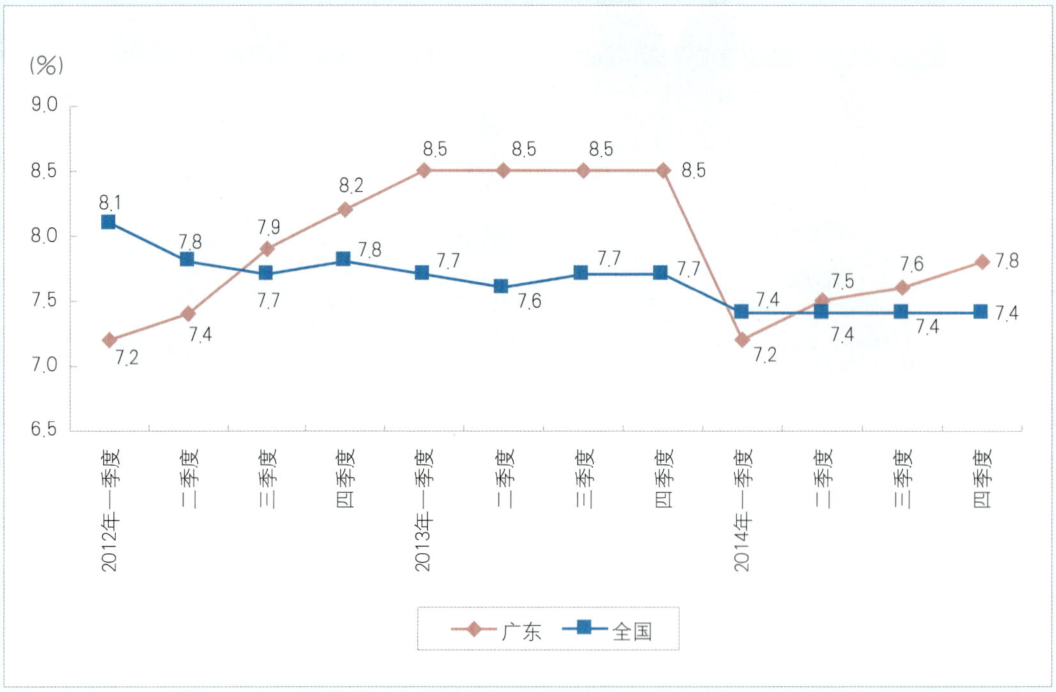

图1 2012年以来全国与广东GDP逐季累计增速图

一、全年广东经济稳健运行

（一）稳增长显成效，宏观调控各项指标表现平稳

——经济增速稳中向好。初步核算并经国家统计局核定，2014年广东实现地区生产总值6.78万亿，同比增长7.8%，增速虽同比回落0.7个百分点，但比前三季度提高0.2个百分点，比上半年提高0.3个百分点，比一季度提高0.6个百分点，呈现稳中有升的趋势。其中，第一产业增长3.3%，第二产业增长7.7%，第三产业增长8.2%。

与全国相比，全年GDP增速比全国平均水平高0.4个百分点，比山东和江苏低0.9个百分点，比浙江高0.2个百分点，比上海高0.8个百分点。

与2013年相比，回落较大的行业主要是金融业和房地产业。2014年金融业增加值增长12.5%，增幅比上年回落5.5个百分点，房地产业增长4.6%，增幅比上年回落6.6个百分点。客观上，对房地产投资占固定资产投资30%以上的广东来说，商品房销售回落拉低广东经济增长。

2014年广东经济增速是1990年以来首次低于8%，是经济发展进入新常态的重要特征，但2014年广东经济仍然保持了稳定增长，这离不开广东省委省政府的正确应对。一方面全力抓好中央各项预调微调政策的贯彻落实，另一方面结合广东实际及时出台实施了以重大项目拉动投资等10个方面稳增长政策、22项财政支持稳定经济增长政策和25项支持外贸稳定增长政策，力促经济运行保持在合理区间。与此同时，广东还深化改革和扩大开放，向改革开放要增长动力。深化行政审批制度改革，加快简政放权和职能转变；全面推开工商登记制度改革；积极参与21世纪海上丝绸之路建设，加快率先基本实现粤港澳服务贸易自由化。

广东经济综合实力继续提升。地区生产总值自1989年起连续26年位居全国第一，从经济大省逐步向经济强省迈进。2014年，广东人均GDP达到63452元，增长7.1%，按平均汇率折算为10330美元，突破1万美元大关，接近世界平均水平。按照世界银行制定的国家与地区收入水平划分标准，广东已迈进中上等收入国家或地区的新门槛。随着经济持续发展，近年广东人均GDP连续突破几个1000美元大关，2007年突破4000美元大关，2008年突破5000美元大关，2010年突破6000美元大关，2011年突破7000美元大关，2012年迈上8000美元大关，2013年再上9000美元台阶，2014年突破万美元大关，基本一年一个台阶。

表1　2007–2014年广东GDP和人均GDP增长情况

年份	GDP		人均GDP		
	绝对数（亿元）	比上年增长(%)	绝对数（元）	绝对数（美元）	比上年增长(%)
2007	31777.01	14.9	33272	4376	12.1
2008	36796.71	10.4	37638	5419	7.9
2009	39482.56	9.7	39436	5773	7.1
2010	46013.06	12.4	44736	6608	9.5
2011	53210.28	10.0	50807	7866	8.0
2012	57067.92	8.2	54095	8570	7.4
2013	62163.97	8.5	58540	9453	7.8
2014	67792.24	7.8	63452	10330	7.1

——全省物价逐步回落。广东居民消费价格指数从年初的增长3.3%逐步回落到12月的累计增长2.3%，其中1-3月增长3.0%，1-6月增长2.8%，1-9月增长2.6%。食品和居住类价格是物价上涨的主要领涨因素，而烟酒及用品、交通和通信价格持续走低是促成整体物价逐步回落的主要因素。工业生产者出厂价格指数和购进价格指数全年维持下降1个百分点左右的态势，1-12月降幅继续扩大，工业生产者出厂价格指数下降1.1%，购进价格指数下降1.2%。

——全省就业形势保持稳定。1-12月，全省城镇登记失业率2.44%，比上年末提高0.01个百分点；城镇新增就业人口159.6万人，超额完成年度任务，促进创业18万人。

（二）从三大供给看，农业和工业发展稳定，第三产业保持平稳较快增长

表2　2014年广东GDP核算情况

指　标	1-12月绝对值（亿元）	1-12月增长(%)	1-9月增长(%)	1-6月增长(%)	1-3月增长(%)
地区生产总值	67792.24	7.8	7.6	7.5	7.2
第一产业	3166.67	3.3	2.9	2.7	2.3
第二产业	31345.77	7.7	7.5	7.4	7.0
第三产业	33279.80	8.2	8.0	8.1	7.7
按行业分					
农林牧渔业	3242.42	3.3	2.9	2.7	2.3
工业	29087.55	7.8	7.7	7.6	7.2
建筑业	2323.72	5.4	4.1	3.9	4.2
批发和零售业	8047.47	8.4	8.7	7.9	7.6
交通运输、仓储和邮政业	2663.11	9.7	10.9	9.1	9.8
住宿和餐饮业	1342.24	3.2	3.0	2.7	2.3
金融业	4724.48	12.5	10.0	10.6	11.1
房地产业	4415.95	4.6	3.6	3.9	4.8

农业生产稳中向好。2014年完成农业增加值增长3.3%，增幅同比提高0.8个百分点。受天气总体较好影响，主要农作物产量稳定，播种面积小幅增长，园林水果产量大幅增长，水产品产量稳步提升。全年农作物总播种面积7138万亩，增长1.3%；粮食产量1357万吨，同比增长3.1%；园林水果产量1436万吨，同比增长4.9%；水产品产量831.82万吨，同比增长2.7%。

工业生产保持平稳。2014年规模以上工业实现增加值29327.61亿元，增长8.4%，同比回落0.3个百分点；其中，重工业增长9.1%，轻工业增长7.4%。规模以上民营工业继续较快增长13.2%，增幅由一季度领先全省规模以上工业平均水平3.4个百分点提高到4.8个百分点，占规模以上工业的比重由一季度的39.1%提高到43.6%；国有控股企业累计完成增加值4976.49亿元，增长6.3%；外商及港澳台商投资企业增长持续较缓，累计完成增加值13563.86亿元，增长5.0%。从重点行业看，水泥、金属制品、冶金、机械行业保持较快增长，成为拉动规上工业平稳增长的重要力量。全年非金属矿物制品业增长11.3%，金属制品业增长11.9%，有色金属冶炼和压延加工业增长11.0%，通用设备制造业增长8.2%，专用设备制造业增长9.2%，汽车制造业增长9.2%，计算机、通信和其他电子设备制造业增长11.7%。食品饮料、木材加工、印刷业等传统轻工行业的生产在加快，增速均处于年内高位，是稳定工业经济的重要支撑。

服务业平稳增长，新业态成为亮点。2014年第三产业实现增加值33279.80亿元，同比增长8.2%。其中，交通运输、仓储和邮政业保持较快增长，实现增加值增长9.7%；批发零售业增长8.4%，比前三季度回落0.3个百分点。金融业、房地产业增速经过上半年和前三季度回落后开始回升，金融业完成增加值增长12.5%，增幅比前三季度提高2.5个百分点；房地产业完成增加值增长4.6%，比前三季度提高1.0个百分点。第四季度，各大利好刺激金融业和房地产业加快发展。房地产市场限购限贷政策松绑刺激市场销售，全年商品房销售面积下降5.3%，商品房销售额下降5.4%，降幅收窄。证券交易市场火爆，日交易量多次突破万亿元，带动金融业增加值较快增长。全年营利性服务业增长10.2%，非营利性服务业增长6.3%。

信息消费、网购、快递、高铁出行等新业态发展迅速，成为拉动经济增长的重要力量。2014年现代服务业实现增加值增长9.0%，比整体服务业高出0.8个百分点。受厦深线班次增多、南广贵广高铁开通影响，高铁客运强劲增长，完成客运量8517万人，增长62.0%，占整个铁路运输的37.0%，占比同比提高11.3个百分点；完成旅客周转量230.34亿人公里，增长81.1%，占整个铁路运输的34.2%，占比同比提高11.7个百分点。全年通信业务总量增长13.5%，增幅同比提高7.3个百分点，3G移动电话期末户数达4981.24万户，同比增长11.5%，4G移动电话上半年开始起步，三季度末用户达646万户，年末飙升到1469.7万户，3G和4G移动电话覆盖率达43.2%，无线上网卡用户比上年末增长30.2%，宽带用户比上年末增长15.5%。全年互联网和相关服务业实现营业收入增长36.3%，营业利润增长19.3%；软件和信息技术服务业实现营业收入增长11.9%，营业利润增长9.8%。同时，与信息消费相关的通讯器材类消费增长加快，限额以上批发零售业通讯器材类商品零售额增长22.0%，增幅同比提高12.2个百分点。网购保持火爆，增长迅猛，受广货网上行活动及年底“双十一”等电商活动推动，传统实体商业积极发展网上销售，全年全省限额以上批发零售企业实现网上零售额高速增长70.7%，占社会消费品零售总额的2.3%，拉动社会消费品零售总额增长约1.1个百分点。网购等电子商务带动邮政、快递服务市场持续快速发展，全年邮政业完成快递业务量同比增长59.2%，规模以上快递服务业企业实现营业收入增长71.1%。

（三）从三大需求看，投资、消费比较稳定，进出口形势逐月好转

投资稳中趋缓。全年完成固定资产投资总额25928.09亿元（注：投资数据包含跨省项目，与

国家公布数据口径不一致），同比增长 15.9%，增幅同比回落 2.4 个百分点，比年初低 1.5 个百分点，扣除价格因素实际增长 14.2%，增幅同比回落 2.5 个百分点。其中，民间投资继续保持快速增长，全年完成投资 15065.02 亿元，增长 20.3%，占固定资产投资比重为 58.1%，占比同比提高 2.2 个百分点，对整体投资增长的贡献率为 71.4%，拉动投资增长 11.4 个百分点。受几条高速公路、高铁投资进入收尾期影响，基础设施投资在上半年高速增长 19.1% 后有所回落，完成投资 5984.65 亿元，增长 12.0%。房地产开发投资热情不减，全年完成投资 7638.45 亿元，增长 17.7%。工业投资平稳增长 17.3%，增幅同比提高 4.2 个百分点，比前三季度提高 2.0 个百分点。

消费品市场平稳运行。全年社会消费品零售总额增速保持在 11%-12% 之间，波动较小，实现社会消费品零售总额 28471.15 亿元，增长 11.9%，增幅同比回落 0.3 个百分点，扣除价格因素实际增长 10.3%。城乡两个消费市场发展比较均衡，城镇市场增长 11.9%，乡村市场增长 11.8%。批发零售业销售平稳增长，住宿餐饮业经营持续好转。全年批发零售业实现销售额 98857.85 亿元，增长 16.4%；住宿餐饮业营业额 3837.71 亿元，增长 9.5%。在限额以上批零企业中，汽车类消费继续快速增长 19.2%，增幅同比提高 3.0 个百分点；金银珠宝类消费下行幅度有所收窄，增长 1.7%，增幅较上年下降 20.0 个百分点。五金电料、家具类消费增速较快，分别增长 28.1% 和 18.0%。石油及制品类、体育娱乐用品、化妆品消费增速较缓，分别增长 4.8%、3.2% 和 0.7%，增幅同比下降 5.5 个、9.1 个和 8.3 个百分点。

外贸进出口持续好转。受去年特殊监管区贸易异常数据影响，2014 年广东外贸进出口出现下降，但降幅逐月收窄。全年广东实现外贸进出口总值 10767.3 亿美元，同比下降 1.4%，降幅比一季度收窄 21.7 个百分点。其中，出口 6462.2 亿美元，增长 1.5%，增幅由负转正；进口 4305.1 亿美元，下降 5.5%。

二、经济结构战略性调整持续推进

2014 年，广东经济增速有所放缓，但经济结构继续调整优化，转型升级不断加快推进，经济增长动力和竞争力保持良好状态。

（一）投资结构变化契合产业结构调整方向

全年全省服务业完成投资 17135.89 亿元，同比增长 15.9%，三次产业投资结构调整为 1.3:32.6:66.1，服务业投资比重同比提高 0.2 个百分点。金融业在平安国际金融中心、香江金融大厦、宝能环球金融中心等多个项目的拉动下，投资累计增长 27.5%。民生领域投资保持较快，居民服务修理业和其他服务业投资增长 14.8%，水利、环境和公共设施管理业增长 20.0%，卫生和社会工作投资增长 29.3%，其中以养老院、福利院为主体的社会工作投资大幅增长 121.5%。在湛江钢铁基地、中委合资广东石化、中海石油炼化改扩建及乙烯工程等重大项目的拉动下，全年工业完成投资 8400.04 亿元，增长 17.3%，其中先进制造业投资增长 23.9%，高于制造业投资 4.2 个百分点。启动珠江西岸先进装备制造产业带建设，首批总投资 330 多亿元的 13 个项目开工。高耗能工业投资增长放缓，增长 14.4%。与此同时，对工业企业的技术升级改造力度加强，全省完成技术改造投资 2668.24 亿元，增长 12.5%，其中工业技改投资 1867.59 亿元，增长 23.3%，占工业投资的比重为 22.2%。工业技改投资主要集中在工艺装备改进、信息化应用与融合、质量品牌提升、节能减排等重点领域，先进制造业及优势传统工业技改投资增速均超过 30%。

（二）现代产业占比提升，产业结构更趋高级化

三次产业结构继续调整，2014 年三次产业结构调整为 4.7:46.2:49.1，第三产业占比同比提高 0.3 个百分点。现代产业比重不断提升。全年现代服务业增长 9.0%，占服务业增加值比重达 58.4%，占比同比提高 0.6 个百分点。高技

术制造业完成增加值 7546.10 亿元，同比增长 11.4%，占规模以上工业的比重达 25.7%，占比比 2013 年提高 0.6 个百分点。先进制造业完成增加值 14103.95 亿元，同比增长 9.2%，占规模以上工业的比重达 48.1%，占比比 2013 年提高 0.2 个百分点。推动战略性新兴产业发展，新一代显示技术、新型动力电池、北斗卫星导航应用等投入生产。清洁能源的生产比重越来越大，全年广东核电产量 542.84 亿千瓦时，同比增长 16.9%，占比达 14.0%；风电产量 38.43 亿千瓦时，占比达 1.0%。

（三）内销占比提升，贸易结构优化

2014 年，广东工业品实现出口交货值 33358.92 亿元，增长 5.7%，实现内销产值 83039.89 亿元，增长 11.0%，内销占工业销售产值的比重达 71.3%，同比增加 0.5 个百分点。进出口结构优化，反映对外贸易自主发展能力的一般贸易自年初持续保持良好增长增势，完成进出口 4157.6 亿美元，增长 12.7%，一般贸易进出口额占比提升至 38.6%。加工贸易进出口降幅继续收窄，完成进出口 5202.9 亿美元，同比下降 1.2%，其中“委托设计 + 自主品牌”方式出口占出口总额比重提高到 66%，跨境电子商务交易量占全国近七成。

（四）粤东西北占比提升，区域协调发展战略初显成效

珠三角对粤东西北的对口帮扶力度进一步加强，省政府推动设立 121 亿元粤东西北振兴发展股权基金，积极争取国家政策支持 13 个原中央苏区经济发展，粤东西北以交通基础设施建设、产业园区扩能增效、中心城区扩容提质和新区建设为抓手，推进钢铁、石化等大项目的投资建设，促进经济加快发展，缩小与珠三角差距。2014 年，粤东西北地区多数经济指标增速高于珠三角地区。规模以上工业增加值增长 14.2%，比珠三角高 5.9 个百分点；固定资产投资增长 29.6%，比珠三角高 15.0 个百分点；社会消费品零售总额增长 11.8%，略低于珠三角；进出口增长 6.9%，

表 3　2014 年广东分区域主要经济指标增长情况

区域	规模以上工业增长（%）	固定资产投资增长（%）	社会消费品零售总额增长（%）	进出口增长（%）	地方公共财政预算收入（%）
全省	8.4	15.9	11.9	−1.4	13.9
珠三角	8.3	14.6	11.9	−1.7	15.1
粤东西北	14.2	29.6	11.8	6.9	12.7
东翼	13.2	32.3	12.0	1.7	9.1
西翼	15.2	30.0	11.7	13.9	11.1
山区	14.4	26.7	11.4	10.8	16.7

比珠三角高 8.6 个百分点（见表 3）。全年粤东西北地区 GDP 增速比珠三角地区高 1.6 个百分点。

三、经济运行质量和效益保持向好

（一）财政收入平稳增长

2014 年，来源于广东的财政总收入 19080.13 亿元，增长 12.5%。完成地方公共财政预算收入 8060.06 亿元，增长 13.9%，其中税收收入 6505.89 亿元，增长 12.9%，均保持较快水平。财政支出有所回落，但民生支出保持较高水平。完成地方公共财政预算支出 9134.33 亿元，增长 10.5%，同比回落 3.2 个百分点。其中教育、社会保障和就业等民生类支出完成 6177.11 亿元，同比增长 11.2%，超出平均水平 0.7 个百分点，占财政支出的比重为 67.6%，比上年提高 0.5 个百分点。全年税收收入增长平稳，国税收入突破万亿大关，达到 10152.21 亿元，增长 12.5%，收入总量连续 20 年位居全国首位，其中先进制造业、金融业和“营改增”现代服务业等体现经济结构调整成效的税收增速均在 20% 以上。地税收入突破 8000 亿元，增长 11.1%，税收规模连续 21 年居全国地税系统首位。

（二）企业利润保持较快增长

全年广东规模以上工业企业实现利润总额 6611.86 亿元，增长 12.4%，比全国利润增速高 9.1 个百分点，亏损企业亏损额 449.79 亿元，增长 15.9%，亏损面下降至 14.1%，主营业务收入利

润率 5.8%，同比提高 0.2 个百分点。工业企业利润总额在 2013 年增长超过 20% 的基础上继续保持较高增速，表明企业在应对市场风险、降低生产经营管理成本、推进产品升级换代方面取得良好的效果。

（三）居民收入稳定增加

全省实施 2014 年城乡低保最低标准，各类地区低保最低标准提高 45 元至 102 元不等；企业退休人员月平均养老金增长 10.4%；城乡居民基础养老金标准提高至每月每人 80 元。根据城乡一体化住户调查，2014 年广东居民人均可支配收入 25685 元，同比名义增长 9.7%，扣除价格因素实际增长 7.2%。其中农村常住居民人均可支配收入 12246 元，同比名义增长 10.6%，扣除价格因素实际增长 8.3%。城镇常住居民人均可支配收入 32148 元，同比名义增长 8.8%，扣除价格因素实际增长 6.4%。

（四）能耗水平持续降低

2014 年，广东规模以上工业综合能源消费量 14498.19 万吨标准煤，同比下降 1.6%，增速逐季回落，比前三季度回落 2.4 个百分点，比上半年回落 4.4 个百分点。单位工业增加值能耗同比下降 9.3%。国家万家低碳行动企业中的广东工业企业综合能源消费量 10224.51 万吨标准煤，同比下降 3.0%。全年单位地区生产总值能耗下降目标有望实现。

四、对 2015 年经济发展形势的预判

2015 年，国内外经济发展环境依然错综复杂，世界主要经济体经济发展有喜有忧，国内经济发展稳中有忧，下行压力较大。广东各项主要经济指标保持稳定，先行指标也显示经济具备稳定运行的基础和条件。综合判断，预计 2015 年广东 GDP 增速可以保持 7.5% 左右。

（一）国际国内经济形势稳中带忧

从国际形势看，世界经济复苏缓慢，主要经济体走势分化。美国经济总体较好，第三季度 GDP 折年率增长 5.0%，增幅创下 11 年之最；失业率位于 6 年底点， 新增非农就业人数持续超过 20 万人，劳动力市场表现强劲并接近充分就业，建筑商信心接近 9 年高点附近，制造业发展加速，国际机构普遍预计，2015 年美国经济将继续保持强劲复苏之势。欧元区复苏步履蹒跚，12 月欧元区 Markit 制造业采购经理人指数（PMI）终值为 50.6，不及预期， 11 月服务业 PMI 终值 51.1，为年内最低水平，综合 PMI 终值 51.1，创 16 个月以来新低，11 月 CPI 同比增长 0.3%，回落至五年低点，低通胀压力仍然难以缓

表 4　2014 年主要先行指标情况

指　标	1-9 月		1-12 月	
	绝对量	增长（%）	绝对量	增长（%）
居民消费价格指数（%）	102.6	2.6	102.3	2.3
工业生产者购进价格指数（%）	99.1	-0.9	98.8	-1.2
工业生产者出厂价格指数（%）	99.2	-0.8	98.9	-1.1
全社会用电量（亿千瓦时）	3959.80	9.2	5235.23	8.4
工业用电量（亿千瓦时）	2588.91	8.3	3454.68	7.8
货运量（万吨）	261231	9.9	357448	8.9
金融机构本外币存款余额（亿元）	127015.91	9.8	127881.47	6.9
#居民储蓄存款余额	53188.30	7.3	53215.87	5.1
金融机构本外币贷款余额（亿元）	83220.40	12.1	84921.79	12.2
实际利用外商直接投资（亿美元）	207.60	7.2	268.71	7.7
PMI（%）	51.4		50.2	

解，经济可能再次出现减速。日本经济受提高消费税影响明显，第三季度日本国内生产总值下滑 1.6%，继第二季度大幅收缩 7.3% 以来连续两季度出现负增长，出现技术性衰退。新兴经济体面临的困难增加，动力不足。巴西经济出现“滞胀”态势，通胀率居高不下，接近政府容忍上限。俄罗斯 12 月通胀率创 5 年新高，同比增长 11.4%，经济衰退加剧；乌克兰危机引发的国际制裁对俄罗斯经济的不利影响持续发酵。地缘政治及突发事件风险上升。巴以冲突、伊拉克地区恐怖组织威胁、西非埃博拉疫情等不稳定因素影响世界经济和贸易。

从国内形势看，国内经济虽有下行压力，但中央经济工作精神和各项宏观调控措施的出台稳定了各方生产经营预期，经济保持稳定是大概率事件。2014 年党中央、国务院坚持稳中求进的工作总基调，坚持积极的财政政策和稳健的货币政策，着力推动改革创新，着力培养新的动力，全国 GDP 增长 7.4%，国民经济在新常态下保持平稳运行，呈现出增长平稳、结构优化、质量提升、民生改善的良好态势。12 月全国制造业采购经理指数（PMI）为 50.1%，微高于临界点，表明我国制造业保持稳定运行的基本态势；非制造业商务活动指数为 54.1%，高于荣枯线 4.1 个百分点，连续 2 个月小幅回升，表明非制造业总体保持稳中有升的发展态势。

（二）广东经济发展机遇和挑战并存

——先行指标表明广东经济运行内在动力仍比较强劲。一是贷款增势良好。12 月末全省金融机构本外币贷款增长 12.2%，其中中长期贷款增长 11.8%，信贷规模保持平稳。二是用电量增速保持较高水平，增长稳定。2014 年，全社会用电量增 8.4%，其中工业用电量增长 7.8%，制造业用电量增长 6.7%，增幅均较为稳定。三是 12 月份广东省 PMI 指数 50.2，与上月持平，自 2014 年 3 月份以来连续第 10 个月居于 50% 的荣枯线上。四是货运、客运量保持较高增速。2014 年，货运量增长 8.9%，货物周转量增长 22.7%，客运量增长 10.0%。

——党的十八大和十八届三中四中全会将给广东发展带来新一轮重要机遇。全面深化改革，以改革释放发展潜力、提升发展活力，已经成为广东各界的共识。2015 年，行政审批制度改革、商事登记制度改革、投融资改革、金融创新、贸易促进平台建设等领域的深入推进，以及法治广东建设的推动，将大大提升广东的营商环境和市场活力，刺激经济发展。城镇化加快推进也将给广东带来巨大的内需潜力。

——自贸区获批、珠三角规划纲要和促进粤东西北振兴发展决定等重大战略的实施为广东经济持续健康发展注入新的强大动力。2014 年，广东基础设施建设、城镇化建设进程都在加快，基础设施投资和城市建设投资增速保持在较高的水平。生产数据也印证了这一观点，水泥、钢铁、有色金属、电力等行业的生产在加快，全年非金属矿物制品业增加值增长 11.7%，黑色金属冶炼和压延加工业增长 13.7%，有色金属冶炼及压延加工业增长 19.9%，均明显高于制造业的增长水平。2014 年 12 月，广东自由贸易试验区获批，涵盖三片区：广州南沙新区片区、深圳前海蛇口片区、珠海横琴新区片，总面积 116.2 平方公里，自由贸易试验区拟以“对港澳开放”和“全面合作”为方向，在投资准入政策、货物贸易便利化措施、扩大服务业开放等方面先行先试，率先实现区内货物和服务贸易自由化。自由贸易区获批使得广东经济面临良好机遇，将进一步推动广东经济发展。

——困难和挑战不容忽视，保持稳定增长也有难度。当前广东经济运行的主要困难是市场有效需求不足以及存在结构性矛盾。一是房地产市场存在许多不确定性。虽然近几月房地产市场迎来限购限贷有所放松、9 月 30 日央行推出房贷新政以及 11 月 22 日央行宣布不对称降息等利好，但销售量与房价的变动充满不确定性因素。二是消费增长动力略显不足。目前广东消费市场表现比较平，有信息消费、汽车消费、旅游消费等亮点，但尚未形成大规模消费，住宿餐饮业还没有完全复苏。市场物价走势疲软，表明整体市场需求不旺。三是广东外贸仍将面临部分劳动密集型产品向一些发展中国家和国内一些省区转移的挑战，进出口不容乐观。四是工业企业生产经营存在隐忧。库存增加态势将影响今年生产。至2014年12月，广东工业品出厂价格单月指数已经连续32个月负增长，产销率有所下降，导致产成品库存不断增加，增速持续攀升，1-12月规模以上工业企业产成品存货增速达到20.8%。同时企业资金周转趋紧。1-12月，工业企业产成品和应收账款两项资金占流动资产比重已达38.5%；流动资产周转率为2.39次，同比减少0.05次。此外，人民币汇率升水、日益严格的社保和住房公积金缴纳政策也将增加企业经营成本。五是科技创新短板明显，地区发展差距仍然较大，调结构转方式的任务依然艰巨。

五、政策建议

在全国经济进入新常态的大背景下，针对目前广东经济运行中存在的有效需求不足、企业生产经营压力较大等情况，从政策措施着眼，必须处理好几方面的关系：既要保证经济的合理增长速度，又要注重提高经济增长质量和效益；既要促改革，又要稳增长、调结构；既要着眼当前，又要着眼长远。有关政策建议如下：

第一，深化各项改革，以改革促实体经济发展。继续深入推进简政放权，取消不必要的生产经营准入限制、行业管理规定，规范企业投资前置审批及中介服务环节，为企业发展创造公平环境。支持中小微企业融资、推进营业税改增值税改革、深化审批制度改革、落实各项税收优惠减免等政策措施，减轻企业负担，帮助企业缓解生产经营难题，提升企业经济效益，促进企业对实体经济的投资热情，充分发挥小微企业在推动发展、促进就业等方面的积极作用。

第二，建立健全各种有利于刺激消费的机制，努力扩大内需。一是建立鼓励自主创业的灵活机制。通过商事登记改革，通过减免相关费用，通过营造好的市场环境，给自主创业者更多的创业机会。二是贯彻落实广东省深化收入分配制度改革的实施意见，完善收入分配和社会保障机制，提高各城市最低工资标准和普通工人收入，提高社会消费预期，促进百姓消费。三是促进资本市场发展壮大，加强资本市场管理，引导资本市场实现良性发展，以此实现资本增值，刺激居民消费。四是建立新兴消费热点培育机制。加大对综合性电商龙头企业和行业性电商平台的扶持力度，对4G移动通讯、家庭信息化、网购、快递等新兴业态加以引导、鼓励，尽快促进其发展壮大，形成新的经济增长点。

第三，进一步强化科技创新，以创新推进产业转型升级。要坚持把创新驱动发展作为核心战略，完善以企业为主体、以市场为导向、产学研结合的开放型区域创新体系，推动科技创新与经济社会发展紧密结合。特别是要突出企业技术创新主体地位，发挥大型企业创新骨干作用，激发中小企业创新活力；要推进创新链、产业链和资金链“三链融合”，促进科技金融产业融合发展。对企业技术改造和技术创新进行贴息支持，采用股权投资和直接补贴的方式支持战略性新兴产业技术攻关、创业风险投资担保等。

第四，加强市场监测和准精分析，提高宏观调控水平。重点是加强对进出口、资本市场、投资、房地产市场的监测和分析，及时发现苗头性和趋势性的情况，采取措施应对下行压力，引导经济持续健康发展。

（作者：幸晓维　广东省统计局局长）

专栏：广东新设立小微企业和个体经营户发展势头良好

小微企业和个体经营户是国民经济的重要组成部分。国家工商登记制度实行改革后，为准确把握小微企业和个体经营户的发展情况，广东调查总队依照新设立小微企业和个体经营户跟踪调查制度，近期对全省7897家新设立小微企业和个体经营户进行了跟踪调查。结果显示，工商注册登记改革政策的出台一定程度上激发了市场活力，新设立小微企业和个体经营户营业率上升，资本金大幅增加，经营状况总体平稳。

一、正常营业比重上升

营业状态反映企业报告期期末生产经营状况，从营业状态可以分析小微企业和个体经营户的发展和消亡等情况。跟踪调查表明，2014年四季度7897家样本单位中有304家发生了变动，总体变动率为3.8%，变动情况整体趋好，各种营业状态变化情况详见下表：

表1 2014年4季度新设立小微企业和个体经营户营业状态

营业状态	样本单位数（家）			所占比重（%）		
	4季度	3季度	增减	4季度	3季度	增减
营业	3885	3779	106	49.2	47.9	1.3
停业	222	124	98	2.8	1.6	1.2
筹建	811	999	−188	10.3	12.6	−2.3
搬迁	43	16	27	0.5	0.2	0.3
消亡	284	211	73	3.6	2.7	0.9
其他	2652	2768	−116	33.6	35.0	−1.4
合计	7897	7897	—	100	100	—

注：消亡包括关闭、破产、被兼并。由于工商登记提供的基本信息不全面或不准确，四季度调查时有2619家新设立小微企业和个体经营户未找到，占营业状态填报“其他”的2652家样本单位的98.8%。

从营业状况来看，样本单位中，四季度营业、停业（歇业）、搬迁和消亡（包括关闭、破产、被兼并）的分别增加106家、98家、27家和73家，所占比重分别上升1.3、1.2、0.3和0.9个百分点；筹建和其他的分别减少188家和116家，所占比重分别下降2.3和1.4个百分点。调查表明，随着企业经营环境的改善，各地政府加快了对软、硬件环境的打造，为企业的进驻和开业提供了方便，部分新设立小微企业和个体经营户完成了前期筹建工作在四季度陆续开业经营。同时，由于整体经济存在下行压力，部分新设立小微企业和个体经营户也因为订单不足或经营不善在四季度停业或消亡，但整体上正常营业的小微企业和个体经营户所占比重在上升。

从调查对象来看，四季度正常营业的样本单位（3885家）中，小微企业为2853家，占小微企业样本的45.4%，比三季度上升2.0个百分点；个体经营户为1032户，占个体经营户样本的64.0%，下降1.3个百分点。

二、实缴资本金大幅增长

实缴资本金反映企业在报告期期末实际收到的股东出资总额。在正常营业的样本单位（3885家）中，属于小微企业的2853家，截至四季度末，实际缴纳资本金465786.2万元，平均每家163.3万元，比三季度大幅度增长3.4倍。从不同产业来看：正常营业的农业企业25家，实缴资本金877.0万元，平均每家35.1万元；工业企业698家，实缴资本金32452.7万元，平均每家46.5万元；服务业企业2023家，实缴资本金429218.7万元，平均每家

212.2 万元；建筑业企业 107 家，实缴资本金 3237.8 万元，平均每家 30.3 万元。

三、自主创业积极性明显提高

工商登记制度改革后，促进了就业观念的转变，自主创业积极性明显提高。从调查情况看，正常营业的样本单位（3885 家）中，首次创业者占 70.9%。其中，大学生首次创业者为 478 家，占到 12.3%；非大学生首次创业者为 2276 家，占到 58.5%。在调查中发现，部分应届大学毕业生，毕业后直接自主创业。

四、经营状况较为平稳

据调查，正常营业的企业和个体经营户（3885 家）2014 年四季度末资产总计达到 35.32 亿元，平均每家 90.9 万元（企业为 116.7 万元、个体经营户为 19.6 万元）；2014 年实现营业收入达到 20.94 亿元，平均每家 54.0 万元（企业为 66.4 万元、个体经营户为 19.7 万元）。问卷调查显示，认为四季度生产经营状况 "很好" 和 "比较好" 的分别占 2.2% 和 9.8%，认为 "一般" 的占 53.3%，认为 "比较差" 或 "很差" 的分别占 23.7% 和 11.0%。从四季度经营情况来看，全省超过六成的新设立小微企业和个体经营户经营状况发展态势较为平稳。

五、用工情况趋于稳定

用工情况保持稳定。正常营业的企业和个体经营户（3885 家）四季度末从业人员达到 24792 人（企业 21653 人、个体经营户 3139 人），平均每家 6.4 人（企业 7.6 人、个体经营户 3.0 人），比三季度增加 0.1 人；四季度人均月薪酬为 2642 元（企业 2784 元、个体经营户 2247 元），比三季度增加 71 元。新设立小微企业和个体经营户用工情况基本保持稳定，招工需求减弱。正常营业的企业和个体经营户中有 70% 没有用工需求，比三季度上升 4.4 个百分点。

六、营运资金保有率超七成

新设立企业和个体经营户经营筹备、开业渐渐步入经营正轨，随着货款逐步收回、经营资金逐步到位以及订单相对稳定，资金紧张得到缓和，融资需求逐渐减弱，正常营业的小微企业和个体经营户（3885 家）中超过七成 (74.9%) 在四季度没有融资需求，比三季度上升 1.7 个百分点。

七、存在问题不容忽视

（一）政府扶持力度不够

政策扶持力度不够的问题也在新设立小微企业和个体经营户中凸显。调查显示，在正常营业的样本单位（3885 家）中，没有享受过政府扶持政策的有 3017 家，占 77.6%；享受过政府税费减免政策的只有 826 家，占 21.3%；享受过政府资金支持和贷款优惠政策的分别为 42 和 30 家，仅占 1.9%。

（二）招工难

据 1167 家四季度有招工需求的小微企业和个体经营户反映，近五成（49.3%）没能招到所需员工，仅招到少部分所需员工的占 33.0%，有 8.5% 和 9.2% 分别招到大部分和全部所需员工。

（三）融资难

在有融资需求的 976 家小微企业和个体经营户中，超过八成 (80.7%) 因没有担保抵押或手续不全而未获得融资，只有不足两成 (19.3%) 获得了融资（其中 14.7 % 获得少部分、3.2 % 获得大部分、1.4% 获得全部）。四季度在 188 家获得融资的小微企业和个体经营户中，有 96 家从银行（含信用社等金融机构）获得贷款；有 114 家从民间（包括个人、企业、小额贷款公司、担保公司、典当行等）获得借款。

（四）市场需求疲软

对于四季度市场需求情况调查反映，3705 家正常营业的企业和个体经营户（有 180 家四季度才开业经营，无对比资料）中，有 16.3% 认为比上季度好、51.4% 认为与上季度基本相同、32.3% 认为比上季度差，分别比上季度上升 1.6 个百分点、下降 3.2 个百分点和上升 1.6 个百分点。市场总体需求仍然疲软，新设立小微企业和个体经营户的经营状况仍趋于一定的困难。

调查表明，国家及各级政府在放宽工商注册条件的同时，应当加大对小微企业及个体经营户的引导、扶持和监管力度，真正达到充分活跃市场，促进经济持续健康发展的预期目标。

（作者：叶健夫　国家统计局广东调查总队总队长）

广西壮族自治区经济社会发展报告

2014年，面对复杂严峻的国际国内形势和艰巨繁重的改革发展稳定任务，广西区党委、政府团结带领全区各族人民，认真贯彻落实党中央、国务院关于稳增长、促改革、调结构、惠民生、防风险的决策部署，主动作为，综合施策，攻坚克难，经济运行在新常态下稳中向好，全年全区生产总值比上年增长8.5%，增速比前三季度加快0.2个百分点，但在“三期叠加”等多重因素影响下，我区产业结构层次低，竞争力不强等困难和矛盾更加突出，亟需引起关注。

一、经济运行稳中向好，发展质量稳步提升

初步核算，全年全区生产总值15672.97亿元，按可比价格计算，比上年增长8.5%。分产业看，第一产业增加值2412.21亿元，增长3.8%；第二产业增加值7335.60亿元，增长10.1%，其中工业增加值6065.34亿元，增长10.1%；第三产业增加值5925.16亿元，增长8.1%。

三次产业结构调整为15.4:46.8:37.8，与上年相比，一产比重下降0.5百分点，二产和三产比重分别提高0.2和0.3个百分点。三次产业对经济增长的贡献率分别为6.4%、60.2%和33.4%，其中工业贡献率为51.0%。

（一）三次产业平稳增长，重点产业发展实现新突破

1. 主要农产品产量保持增长，粮食生产实现四连增。全年，全区粮食总产量1534.4万吨，超额完成全年1500万吨目标任务，比上年增加12.6万吨，实现四连增；粮食单产333.5公斤/亩，再创历史新高。生猪出栏3518万头，比上年增长1.8%；猪牛羊禽肉总产量412.2万吨，减少0.5%；园林水果产量1233.49万吨，增长9.9%；木材产量2550万立方米，增长3%；水产品产量332.12万吨，增长4.1%。

2. 工业运行稳中向优，千亿元产业发展壮大。全年，全区规模以上工业增加值比上年增长10.7%。千亿元产业实现新突破。电子信息产业新成长为千亿元产业，全区千亿元产业已达10个。食品产业主营业务收入首个突破三千亿元；汽车产业突破两千亿元，与冶金、石化并列成为三大两千亿元产业。造纸与木材加工产业工业主营业务收入超900亿元，有望成为下一个千亿元产业。

工业结构调整优化。一是高技术行业快速发展，增加值比上年增长17.4%，增速高于规上工业增速6.7个百分点，比上年提高0.7个百分点。二是高耗能行业增加值比重下降，增加值占规上工业增加值比重比上年下降0.8个百分点。三是非公经济保持稳健发展，非公有工业增加值增长12.2%，高于规上工业增速高1.5个百分点。四是扶微工程成效明显，小微型工业企业增加值增长14.5%，高于规模以上工业增速3.8个百分点。

高附加值工业品快速增长。铝合金产量3.41万吨，比上年增长75.4%；铝材226.21万吨，增长21.8%；汽车209.23万辆，增长11.9%，尤其是上汽通用五菱汽车股份有限公司近两年开发投产的多功能乘用车（MPV）五菱宏光、宝骏730等车型市场竞争力强，多功能乘用车115.01万辆，增长61.1%；太阳能电池365.76万千瓦，增长69.3%。产销衔接顺畅。全区工业产销率95.3%，比上年提高0.4个百分点。

3. 服务业触底回升，新兴业态较快发展。服务业逐季回升。在各项工作措施的有力推动下，全区第三产业增加值增速从一季度的4.0%，逐季回升，上半年增长6.0%，前三季度增长6.6%，全年回升至8.1%。

新型服务业较快发展。1-11月，全区规模

以上租赁和商务服务业营业收入比上年同期增长21.9%，增速同比提高12.0个百分点；居民服务修理和其他服务业增长21.9%，提高11.4个百分点；文化体育娱乐业增长17.0%，提高16.3个百分点；物业管理和房地产中介服务业增长10.8%。

全年，货运量增长7.6 %，其中，公路增长7.7%，水路增长12.6%，铁路下降3.2%。邮电业务总量增长15.7%，其中，邮政速递业务总量增长22.0%。

房地产市场持续调整。全年商品房销售面积3156.55万平方米，比上年增长5.4%；商品房销售额1532.05亿元，比增长11.4%。全区房屋施工面积增长8.9%，提高2.1个百分点；新开工面积由上年下降0.7%转为增长11.4%，房屋竣工面积由上年下降26.6%转为增长9.0%。

金融运行平稳。金融机构本外币各项贷款余额16070.95亿元，比上年增长14.1%，保持上年发展水平。全区新增本外币贷款1954.93亿元，同比增加243.56亿元，增长14.2%，增速比上年提高14个百分点。

旅游业较快增长。旅游服务设施日臻完善，旅游接待能力加快提升，旅游产品体系加快构建，全年旅游总收入2601.99亿元，增长26.5%。

（二）投资、消费需求平稳，出口增势强劲

1. 固定资产投资缓中企稳。全年，全区固定资产投资13843.2亿元，比上年增长16.3%。分产业看，第一产业投资比上年增长12.7%，第二产业增长18.7%，第三产业增长15.5%。

投资结构调整趋于优化。一是民间投资持续活跃，比上年增长19.9%，高于固定资产投资3.2个百分点，占固定资产投资比重为65.5%，比上年提高1.9个百分点。二是能耗型行业投资下降，六大高耗能行业投资增长10.0%，增速比上年下降8.2个百分点。三是新兴服务业投资得到加强。信息传输、软件和信息技术服务业增长21.6%，比上年提高8.2个百分点；租赁和商务服务业增长51.9%，提高37.7个百分点；居民服务、修理和其他服务业增长24.3%，提高1.1个百分点。

新开工重大项目投资快速增长。亿元以上项目2304个，比上年增长8.1%；完成投资额3307.66亿元，增长13.6%。其中，新开工亿元以上项目846个，增长38.2%；完成投资1295.38亿元，增长69.9%。

2. 消费品市场平稳增长。全年，全区实现社会消费品零售总额5772.8亿元，比上年增长12.5%。其中，汽车类零售额增长8.6%，石油及制品类零售增长11.1%，中西药品类增长15.3%，粮油食品饮料烟酒类增长8.8%，家用电器和音像器材类增长0.9%，服装鞋帽针纺织品类增长0.7%。

3. 对外贸易高速增长。全年，全区外贸进出口突破400亿美元大关达405.53亿美元，比上年增长23.5%。其中出口243.30亿美元，增长30.2%；进口162.23亿美元，增长14.8%。贸易顺差81.07亿美元，比上年扩大35.48亿美元。

加工贸易增长强劲。全年，全区加工贸易进出口83.84亿美元，比上年增长63.6%，比边境小额贸易增幅高出35.6个百分点；占全区进出口总额的比重为20.7%，比上年提高5.1个百分点。

高附加值产品快速增长。高新技术产品出口增长48.1%，机电产品出口增长45.0%，农产品出口增长31.6%。高新技术产品和机电产品比重达56.0%，比上年提升6.0个百分。

对东盟进出口增势良好。全年，广西对东盟进出口198.86亿美元，比上年增长24.9%，其中出口170.73亿元，增长35.7%，占同期广西出口总值七成以上。对香港进出口26.45亿美元，增长50.1%，增幅提高41.6个百分点；对巴西进出口21.60亿美元，增长20.7%。对非洲进出口20.91亿美元，由上年同期下降22.0%转为增长79.3%。

（三）经济运行质量稳步提升，财政收入和企业利润稳步增长

全年，全区财政预算收入2162.4亿元，比上年增长8.1%。其中，公共预算收入1422.05亿

元，增长7.9%。税收占比近一步提高，在公共财政预算收入中，税收收入977.79亿元，增长11.7%，占比达68.8%，比上年提高2.3个百分点。全区公共财政预算支出3455.44亿元，比上年增长7.7%，增幅同比提高0.8个百分点。

2014年，全区规模以上工业企业实现利润963.8亿元，比上年增长9.9%；主营业务收入18455.1亿元，比上年增长10.1%；上缴税金911.1亿元，比上年增长7.5%。

（四）民生继续改善，就业物价总体平稳

居民收入稳步增长。全年，全区居民人均可支配收入15557元，比上年名义增长10.5%，扣除价格因素实际增长8.2%。城镇居民人均可支配收入24669元，比上年名义增长8.7%，扣除价格因素实际增长6.5%；农村居民人均可支配收入8683元，比上年名义增长11.4%，扣除价格因素实际增长9.3%。

民生支出比重提高。民生支出比上年增支178.78亿元，增长7.3%，占公共预算支出的比重达76.5%；农村危房改造超额完成，惠及超过400万农村贫困群众；社会保障水平继续提高，已连续10年增加企业退休人员工资。

新增就业超额完成年度目标。城镇新增就业47.7万人，比预期目标多增7.7万人；新增农村劳动力转移就业74.86万人次；城镇登记失业率3.15%，低于年度控制目标。

物价水平相对平稳。居民消费价格（CPI）比上年上涨2.1%，涨幅比上年回落0.1个百分点，圆满完成预定目标（4%以内），其中食品上涨4.3%，高于上年0.5百分点。

（五）“双核”对全区经济增长贡献突出

全年，全区双核地区（南、北、钦、防、柳、梧、贵、百、来、崇）GDP总量11645.81亿元，比上年增长8.4%，占全区比重为74.3%，对全区经济增长的贡献率为73.7%。

北部湾经济区主要指标增速高于全区。全年，广西北部湾经济区（南、北、钦、防）GDP总量为5448.21亿元，比上年增长9.5%，比全区同期水平高1.0个百分点；占全区比重为34.8%，同比提高1.3个百分点。财政收入比上年增长9.6%、规模以上工业增加值增长14.4%、外贸进出口增长27.9%，分别比全区高1.5、3.7和4.4个百分点；固定资产投资增长16.7%，与全区增速持平。

珠江－西江经济带广西七市主要指标保持增长。全年，珠江－西江广西七市（南、贵、梧、百、来、柳、崇）GDP总量为9345.89亿元，比上年增长7.8%。财政收入增长8.6%，比全区高0.5个百分点。规模以上工业增加值、固定资产投资、外贸进出口分别比比上年增长9.1%、15.5%和19.2%。

二、经济增速低于预期目标的原因分析

2014年，我区GDP增速低于预期目标1.5个百分点。分产业看，三次产业均低于预期目标的支撑值。

（一）第一产业低于支撑值0.2个百分点

畜牧业增加值增速回落较大，直接拉低了第一产业的增速，其次是甘蔗产量下降。畜牧业受生猪价格下降和禽流感疫情等多因素影响，增加值同比仅增长0.3%，低于上年约2.0个百分点。甘蔗受国内糖价、普通糖料蔗收购首付价下跌的影响，产量同比下降2.1%，增速较上年回落5.6个百分点。

（二）第二产业低于预期目标1.9个百分点

规模以上工业增速放缓，是第二产业增速低的主因。全年规模以上工业增加值比上年增长10.7%，低于预期3.1个百分点。主要原因：一是比重大的行业增长慢，发展快的行业比重低。受产能过剩，市场需求不足等因素影响，非金属矿物制品、黑色金属冶炼和压延加工、农副食品加工等比重大的传统资源型能源型行业增长乏力。高新技术产业发展虽快，但占规上工业增加值的比重仅为7.4%，而全国高技术产业占比在2010 年就已达10.8%。二是主要产品价格持

续走低。全区工业生产者出厂价格（PPI）同比下降1.6%，连续35个月处于负增长区间。截止2014年12月底，成品糖（含税）4400元/吨，同比降630元；铝锭13030元/吨，降990元；铁合金6050元/吨，降800元；锡127500元/吨，降15000元；螺纹钢3070元/吨，降510元。

（三）第三产业低于支撑值1.5个百分点

从核算第三产业增加值的基础指标看，大部分指标增速回落且低于预期目标的支撑值。交通运输仓储邮政业增加值增长4.9 %，低于上年0.3个百分点；批发和零售业增长6.4%，低2.6个百分点；金融业增长14.9%，低7个百分点；房地产业增长5.0%，低0.5个百分点；非盈利性服务业增长4.7%，低1.5个百分点。

三、适应发展新常态的对策建议

2015年是“十二五”收官之年，2011-2014年，广西GDP年均增长10.6%，2015年必须增长8.0%，才能实现“十二五”规划确定的10%年均增长目标。必须坚定信心，主动作为，顺应新常态下全国发展大趋势，把握好我区阶段性特征，挖掘增长潜力，找准工作着力点。

（一）创新驱动，充分发挥引擎作用

创新是一个民族特有的创造性劳动的体现，是经济社会进步的核心动力和源泉。新常态下，我区要保持经济持续健康发展，必须加强创新驱动对经济发展的引擎作用。

1. 科技创新，健全工业创新体系。要重点扶持一批发展潜力大、成长性好的高技术新兴产业项目，加快推动一批重点项目建成投产。要逐步开展自治区级技术创新示范企业、企业技术中心和研发中心认定，力争到2015年新增自治区级以上企业技术中心30家以上，技术创新示范企业5家以上。

2. 技术创新，提升自主创新能力。通过加大技改投入，改造提升传统产业，推动工业整体素质跃上新台阶。要组织实施创新能力建设项目

18个，带动研发投入6.7亿元；新产品新技术开发及产业化项目338个，带动研发投入27.7亿元；组织实施产学研用合作项目12个，带动研发投入1.23亿元，帮助企业攻克技术难题。

3. 产品创新，加快新产品推介和交易平台建设。争取到2015年工业企业新产品产值突破2000亿元。企业要结合自身发展需要，找准产品定位，实现人有我优，奋力抢占行业制高点。在完成新产品推介和交易平台一期建设并上线试运行之后再接再厉，为发布更多的新产品新技术成果创造有利条件。

4. 管理创新，支持重点园区建设发展。引导企业切实加强对生产经营各环节、各领域、各流程的控制，加快由粗放式管理向集约式管理转变，使企业走集约高效的内涵式发展道路，争取更多的企业列入国家“质量标杆”。到2015年底，争取全区工业园区工业总产值突破18000亿元，工业增加值5100亿元以上，百亿元园区45个。

（二）弥补短板，充分挖掘经济增长潜力

从我区情况看，仍有很多领域发展滞后，这既是差距和短板，也是发展的潜力和空间。有些行业特别是服务业，加大投资既不会导致产能过剩，也不会造成重复建设，还能加快经济发展，是既惠当前更利长远的措施。

1. 挖掘第三产业增长潜力。2014年，我区第三产业增加值占GDP的比重为37.8%，低于全国10.4个百分点。一是要加快发展现代服务业。

充分发挥自治区服务业专项资金引导作用，加快发展现代服务业，加快形成以现代商贸服务业为基础，以金融、信息、咨询、科技研发、电子商务、现代物流、文化创意服务业为主导的产业体系，提高产业整体素质和核心竞争力。二是要扶持培育企业做大做强。在市场准入、规划布局、用地保障、投融资、财税、价格政策等方面完善相关政策，优化服务业发展环境加快培育服务业企业做大做强。三是要围绕体制突破和机制完善，深入开展服务业综合改革试点和服务业发展示范区建设，加强服务业集聚区公共平台建设，先行先试，创新发展模式，完善体制机制和政策措施，破解制约服务业发展瓶颈。四是继续优化投资环境，扎实推进重大旅游项目建设，促进旅游业发展升级，推进广西龙象谷养生养老基地、桂林国际塔山生态养心岛及配套设施、涠洲岛旅游接待服务设施等47项重大旅游业项目建设，促进高铁沿线旅游业及住宿、餐饮等行业。

2. 挖掘城镇化水平低的潜力。2014年，我区城镇化率只有46.0%，低于全国8.8个百分点。据测算，我国城镇化率每提高一个百分点，可拉动GDP增长1.5-2.0个百分点；每增加一个城镇人口，可带动10万元左右投资，带动3倍于农民的消费支出。

加快城镇化发展：一要以有序推进以项目为载体的城镇化建设；二要协调发展、培育推动发展新型城镇；三要产城融合、统筹城乡发展；四要提升公共服务保障能力，提升城镇化开放合作水平；五要统筹推进人口管理、土地管理、资金保障、城镇住房、城镇管理等体制机制改革；六要借鉴吸收国内外先进经验，积极稳妥扎实推进。

3. 挖掘加工贸易的潜力。2014年，广西加工贸易占进出口贸易的比重为20.7%。而2013年，全国为32.6%，广东为48.2%。经测算，加工贸易比重每提高一个百分点，可拉动进出口总额提高0.2个百分点左右。

加快发展加工贸易：一是加大产业承接，不断扩大加工贸易规模。二是调整产业结构，提升产业发展质量。注重产品的深度加工，提高科技含量和产品附加值，延长产业链，创建自主品牌。三是优化产业布局，提高资源配置效率。各市根据各自产业发展特点，选准产业承接方向，科学布局承接基地、优化承接环境，主动承接国内国际加工贸易产业转移，使全区形成产业配套、布局合理的产业集群。

4. 挖掘居民收入增长潜力。2014年，全区城镇居民人均可支配收入24669元，比全国低4175元，农村居民人均纯收入收入7565元，比全国低2327元。居民收入水平长期偏低，不利于拉动消费，不利于服务业发展。增加居民收入，是民生要求，是全面建成小康社会的要求，也是党的群众路线教育实践活动的要求。

增加居民收入：一是要加快建立正常的工资增长机制，逐步缩小与全国的差距；二是要加大对城乡低收入居民的扶持力度，保障弱势群体基本权益；三是要努力增加城乡居民就业，拓宽居民收入渠道；四是要切实落实减轻企业税费政策，增强企业提薪能力；五是要做精做强农业产业，提高农民家庭经营收入水平；六是要精准扶贫，提高贫困地区农民收入。

（三）推动优势产业、区域良性互动

1. 全面实施“广西特色农业产业提升行动”。实施粮食产业提升行动，2015年力争粮食总产稳定在1500万吨以上；实施糖料蔗产业提升行动，力争调整优化全区糖料蔗种植面积在1500万亩左右、糖料蔗总产在7000万吨左右；实施水果产业提升行动，力争实现全区水果产量1280万吨；实施蔬菜产业提升行动，力争实现蔬菜产量2650万吨；实施茶产业提升行动，力争茶叶产量6万吨；实施桑蚕产业提升行动，力争桑园面积300万亩，蚕茧产量33万吨；实施食用菌产业提升行动，力争全区食用菌鲜品总产量达170万吨；加快推进罗非鱼产业提升行动，力争全区罗非鱼总产40万吨；加快推进肉牛肉羊产业提升行动，力争全区肉牛产肉量17.34万吨；实施生猪产业提升行动。

2. 着力推动优势产业发展。继续加快推动产业结构优化升级，推动千亿元产业发展壮大，

进一步加快培育新千亿元产业。2015年要加快重点产业园区建设，创建工业园区循环化改造试点1-2个，培育工业循环经济先进企业（工业园区）25家。筛选一批投资额大、技术先进、带动性强、效益突出的项目列入《2015年工业跨越发展“1131”工程及十大行动计划项目建设年度实施计划》，重点推进广西柳州汽车城二期、柳工核心铸件研发制造基地、桂林电线电缆集团大型环保电缆、柳州新宇12万锭纺纱能力提升改造、钦州中马粮油加工等一批重大工业项目开工建设和竣工投产。要强化扶持和激励，推进园区管理体制和运行机制改革创新，推动各市做好中马钦州产业园区、钦州保税港区等试点工作，支持建设自治区级两化融合试点示范园区，组织实施产城互动行动计划。

3. 扶持重点区域发展。2014年，全区双核地区GDP总量占全区比重为74.3%，同比提高1.5个百分点，对经济增长的贡献率达73.7%。要继续深入实施“双核驱动”战略，进一步发挥“双核”对全区经济发展的重要拉动作用。

加强北部湾经济区航运枢纽建设。围绕基础设施、产业升级、港口物流等方面实施256个重点项目，重点建设一批深水航道、装夜话泊位及港口码头，力争新开工防城港第五作业区进港航道、北海西港区北幕作业区7—8号泊位等项目，建成北部湾40万吨码头及配套航道等项目前期工作。

加快西江经济带发展。组织实施黄金水道畅通、综合交通运输大通道、千里西江生态等8大工程，重点加快完善集疏运体系，力争新开工西津二线船闸、贵港华电码头等项目，建成崇左港将军岭作业区一期、百色田东港区祥周作业区一期等项目，推进梧州至广州段I级航道等项目前期工作。

（四）扩大投资，增添经济发展后劲

我区亿元以上重大项目投资额占全部投资额的比重不足30%，远低于全国60%左右的比重，处于全国最低水平。要下大决心，加大投资尤其是亿元以上重大项目投资力度，充分发挥投资的稳增长作用。

1. 抓好重大项目建设。将扩大投资规模与优化投资结构、提高投资效率有机结合起来，扩大筹措建设资金渠道，抓好重大项目建设。重大项目建设统筹推进县县通高速公路、市市通高速铁路、港口水运、棚户区改造、城市重大基础设施、工业、农林水利、现代服务业、生态环保等九大领域重大项目建设。

2. 加强金融改革。进一步取消对社会投资的不合理限制，积极鼓励民间投资。同时，抓好央企入桂、民企入桂、外企入桂等活动中提及的项目建设。

3. 全力加强筹融资工作。积极争取信贷支持，尽快向金融机构推出一批基本落实开工条件、急需建设资金的重大项目，扩大企业债券、短融、中票等直接融资规模，探索股权投资、公私合营等新的融资方式。

4. 切实解决好项目用地落实难、审批慢等关键问题。我区优质耕地储备资源不足，占补缺口大，加上项目审核、环评等环节较多且进度慢，供地时效得不到保障。必须完善重大项目用地的保障制度，找准项目在审批、拆迁、环评等各环节中存在的问题并全力解决。

（作者：杨和荣　广西壮族自治区统计局局长）

专栏：广西农民收入增长较快 生活质量稳步提升

2014年，广西自治区党委、政府认真贯彻落实党的十八大精神，周密部署农民收入倍增计划工作，切实采取各项措施促进农民增收，农村居民收入保持了较快增长，消费能力得到进一步增强，生活质量有了进一步提高。

一、广西农村居民收入呈较快增长态势

收入增速略快于全国平均水平。2014年广西农村居民人均纯收入为7565元，同比名义增长11.4%，高于全国平均水平0.2个百分点，扣除物价因素实际增长9.3%，高于全国平均水平0.1个百分点。广西农村居民人均纯收入较快增长主要得益于：一是广西各级政府加大促进农民工转移就业、自主创业有关政策的落实，加大农村基础设施建设力度，积极推进农村土地产权制度改革，提高农村土地流转效率，增加了农民工就业机会，农村生产经营服务、建筑等本地非农务工工资水平出现了较快增长。据抽样调查，2014年广西农民工总量达到1211万人，比上年增长3.9%，其中外出农民工929万人，增长3.5%，本地农民工282万人，增长5.7%；农民工从业比例逐年提高，2014年占农村从业劳动力达51.3%，同比提高3.2个百分点；农民工收入平稳增长，农民工月平均工资2720元，比上年增长5.6%。主要受其影响，2014年农民人均“工资性收入”2967元，比上年增长9.4%，增速比家庭经营纯收入增速高0.3个百分点，对全年农民纯收入的贡献率达33%。二是在荔枝、龙眼、芒果、柑橘等水果和蔬菜价格上涨，广西优质特色农业发展迅猛，木材砍伐量增加及木材价格上涨，渔业水产生产形势较好，同时，家庭经营二三产业取得较快发展等共同因素作用下，2014年人均“家庭经营纯收入”3732元，比上年增长9.1%，对全年纯收入的贡献率达40.3%。三是各地各部门积极稳固和扩展新型农村养老保险、农村最低生活保障、新农合等农村社会保障政策落实，将补贴标准提高并落实到位。如，2014年广西农村低保对象月人均补助水平由2013年的84元提高到110元，新农合医疗补助水平由2013年的280元提高到320元，增幅分别达到31.0%和14.3%。兑现落实农机购置、农作物良种和畜牧良种等补贴政策，农民得到的农业补贴收入大幅增长。据调查，全年农民人均得到的救济补助、惠农补贴分别增长28.7%和23.2%。2014年人均“转移性收入”增长29.4%，对全年纯收入的贡献率达22.3%，其占农村居民人均纯收入的比重为10.1%，分别比2012年和2013年高2.2和1.4个百分点。

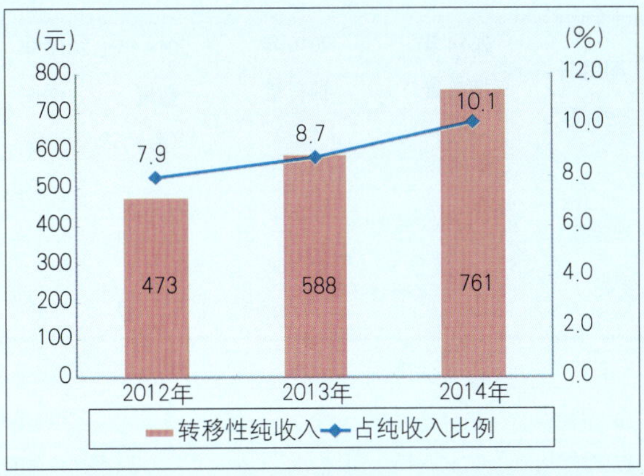

图1 2012–2014年转移性纯收入比重图

城乡居民收入差距进一步缩小。2014年广西农村居民人均纯收入实际增幅高于城镇居民可支配收入实际增幅2.8个百分点，已是连续五年高于城镇居民收入的增速。广西城乡居民收入比由2010年3.76:1下降为2014年3.26:1，呈持续缩小态势。

退耕还林户收入增速有所加快。2014年广西各地继续采取有力措施进一步推进退耕还林（草）工作，促进了林业经济较快发展，退耕户收入增加较快。据对广西17个监测县1340户退耕户的监测调查结果显示，2014年广西退耕还林农村居民人均纯收入6435元，比上年增加672元，增长11.7%，增幅比2014年农村居民人均

纯收入的 11.4%增幅高 0.3 个百分点，略高于全区农村居民平均水平。

二、广西农村居民生活质量稳步提升

随着收入的增加，广西农村居民生活消费结构逐年发生变化，生活质量呈现趋好趋优、稳步提升的良好态势。

消费支出全面增长，恩格尔系数逐年降低。2014 年广西农村居民人均消费支出 6675 元，同比增长 10.6%，增幅比城镇居民人均消费支出增幅高 6.6 个百分点，扣除价格因素，实际增长 8.5%。八大类消费支出全面增长，其中：居住增长 13.3%，食品增长 11.2%，交通和通讯增长 10.7%，文教娱乐增长 9.3%，家庭设备及用品增长 7.7%，衣着增长 7.0%，医疗保健增长 5.3%，其他商品和服务增长 1.3%。在消费支出全面增长的同时，农村居民家庭食品消费支出占消费总支出的比重（即恩格尔系数）却下降至 40.3%，比 2010 年的 48.5%，下降了 8.2 个百分点，表明农村居民恩格尔系数正逐步逐年向城镇居民家庭恩格尔系数（2014 年 35.2%）靠拢，生活质量呈现趋好趋优的态势。

人均食品消费量增，蛋白质摄入量提高。随着农村居民生活质量的提升，也表现在消费结构发生了一些大的变化，比如，肉食类消费的显著增加，大大增加了农村居民蛋白质摄入量，有利于增强农村居民的身体素质。据调查，2014 年广西农村居民人均消费粮食 183.6 千克，比 2010 年增加 4.2 千克，增长 2.3%；人均消费猪肉 25.7 千克，比 2010 年增加 11.8 千克，增长 84.9%；人均消费禽类 16.8 千克，比 2010 年增加 7.0 千克，增长 71.4%；人均消费蛋及制品 4.4 千克，比 2010 年增加 3.1 千克，增长 2.38 倍。

居住条件继续改善，耐用消费品拥有量快速增加。按常住地分，2014 年，广西农村居民人均居住住房面积 43.25 平方米，比上年增加 2.76 平方米，增长 6.8%，农村居民人均居住面积比城镇居民多 5.5 平方米。农村居民家庭平均每百户年末主要耐用消费品拥有量快速增加，使农村居民的生活品质得到较大提升。彩色电视机、移动电话、摩托车全面普及，洗衣机、电冰箱占比较大，计算机、空调、微波炉、汽车逐步走进农村家庭。（详见下表）

表 1　2014 年广西农村居民家庭平均每百户年末主要耐用消费品拥有量比较表

耐用消费品	2014 年拥有量（台）	2010 年拥有量（台）	2014 年比 2010 年	
			数量（台）	增长（%）
洗衣机	49	15	34	2.27（倍）
电冰箱	75	31	44	1.42（倍）
彩色电视机	113	99	14	14.1
计算机	15	4	11	2.75（倍）
空　调	13	4	9	2.25（倍）
微波炉	16	4	12	3.0（倍）
移动电话	251	140	111	79.3
摩托车	101	76	25	32.9
汽　车	6	0.3	5.7	19（倍）

（作者：邹伟忠　国家统计局广西壮族自治区调查总队总队长）

海南省经济社会发展报告

2014年，在省委、省政府的正确领导下，各级政府、各部门坚持稳中求进、改革创新的工作总基调，主动适应经济发展新常态，抢抓机遇、锐意进取、奋发作为，克服了错综复杂的国内外环境的不利影响和战胜了两次强台风灾害，全省经济运行总体保持平稳增长，呈现出增长平稳、质量提升、物价稳定、民生改善的良好态势，转型发展取得新进展。

一、2014年海南经济运行基本特征

（一）经济增长呈现低开高走，三大产业协调发展

2014年，面对错综复杂的经济形势，省委、省政府审时度势，认真研究分析形势，采取一系列有效措施，着力解决经济运行中的突出矛盾和问题，促进了经济社会持续平稳发展。在服务业、房地产业、棚户区改造、小微企业发展等方面出台了一揽子扶持政策，努力培育创新动力；设立了创业投资引导基金，奋力激发市场活力；加强了对电力、天然气等生产要素的组织调度；大力开展旅游、房地产、热带农产品宣传促销活动等。初步核算，2014年全省地区生产总值3500.7亿元，比上年增长8.5%。分产业看，第一产业增加值809.6亿元，增长4.8%；第二产业增加值874.4亿元，增长11.0%；第三产业增加值1816.7亿元，增长8.7%。分季度看，一季度同比增长7.3%，上半年增长8.0%，前三季度增长8.7%，全年增长8.5%。

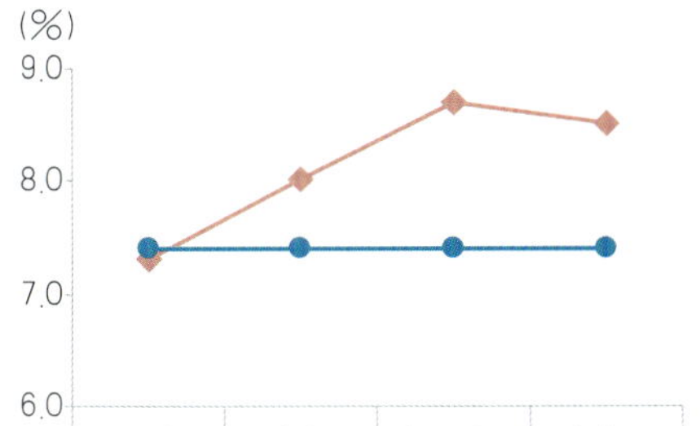

	一季度	上半年	前三季	全年
海南	7.3	8.0	8.7	8.5
全国	7.4	7.4	7.4	7.4

图1 海南与全国GDP累计增长走势

1. *农业保持稳定发展*。2014年，海南省继续加大对农业的扶持力度，实施“菜篮子”工程、瓜菜田头预冷处理系统、良种补贴、农民培训、农业技术推广、农机购置补贴、农业金融和保险等财政扶持政策；积极推进品牌农业发展，扶优扶强品牌农业经营主体，培育区域公共品牌和商标品牌；加快建设文昌航天育种基地、陵水圣女果标准化生产基地等一批现代化农业园区；全力抓好农产品促销，举办冬交会、参加中国国际农产品交易会和武汉国际农业博览会等活动。在连续遭受超强台风“威马逊”和强台风“海鸥”严重破坏的情况下，全年农业完成增加值832.8亿元，比上年增长5.0%。分行业看，种植业和渔业是支撑农业经济增长的主要动力。种植业完成增加值375.3亿元，增长6.7%，对农业增长的贡献率为55.9%；渔业完成增加值231.2亿元，增长7.6%，对农业增长的贡献率为41.1%。林业完成增加值68.1亿元，增长2.3%；畜牧业完成增加值135.1亿元，下降2.3%；农林牧渔服务业完成增加值23.1亿元，增长11.2%。

2. *工业增速明显加快*。2014年，海南省全力推进工业企业生产发展和工业项目建设，工业经济增速明显快于前两年，为全省经济增长提供了有力支撑。加强对电力、天然气等生产要素的调度，确保炼油、化工、造纸、医药等重点企业的生产运营，挖掘新兴行业的增长潜力。全部工业增加值514.4亿元，按可比价格计算，比上年增长11.6%，增速同比加快5.2个百分点。其中，规模以上工业实现增加值471.2亿元，同比增长12.0%，增幅比上年加快5.7个百分点。

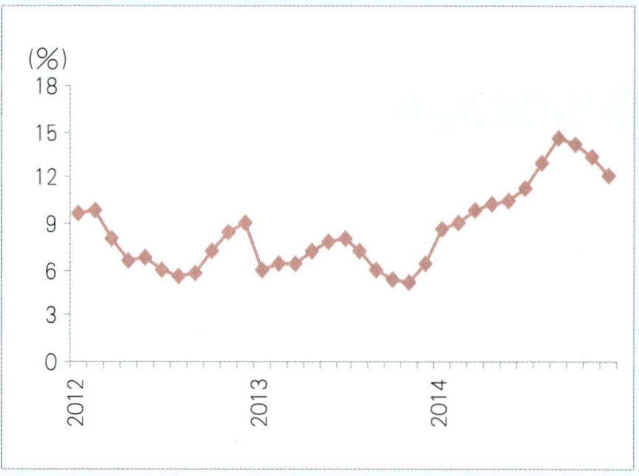

图 2 规模以上工业增加值月度累计增长走势

重工业是带动规模以上工业较快增长的重要引擎。全年重工业增加值实现 355.6 亿元，增长 15.1%，占规模以上工业的比重为 75.5%，增速比轻工业快 11.7 个百分点。分行业看，全省 36 个大类行业中有 20 个行业工业总产值实现同比增长。其中，油气化工行业领跑八大支柱产业，化学原料和化学制品制造业增加值增长 50.6%，石油加工业增加值增长 14.7%，两行业对规模以上工业的贡献率分别为 60.2% 和 25.8%。其他优势行业增势较好，医药制造业增加值增长 12.3%，电力、热力的生产和供应业增加值增长 6.5%。

3. 服务业保持平稳增长。2014 年，海南省相继出台了《关于进一步加快发展服务业的若干意见》、《关于加快发展服务业的若干政策》、《海南省现代服务业产业指导目录（鼓励类）》等一批加快服务业发展的政策措施，海口、三亚等市县出台了批发、运输、房地产、旅游、动漫、总部经济、新型城镇化等方面的扶持政策，对在增加地方税收、扩大就业、改善民生等方面贡献大的服务业企业实施奖励，促进了服务业的较快发展，全年服务业实现增加值 1816.7 亿元，比上年增长 8.7%。

表 1 服务业及各行业增加值

行 业	2014 年（亿元）	比上年增长（%）
服务业	1816.7	8.7
其中：交通运输邮政仓储业	185.1	16.4
批发和零售业	419.0	12.9
住宿和餐饮业	152.7	7.1
金融业	210.6	16.2
房地产业	301.3	-2.8
信息传输、计算机服务及软件业	64.8	6.3

金融业、批发业和交通运输仓储邮政业快速增长，三个行业对服务业的增长贡献率达 64.7%，支撑服务业持续稳定发展。省政府出台了《2014 年金融改革创新指导意见》，《海南省金融发展专项资金暂行办法》等系列金融支持政策，继续加大对小微企业和农民小额贷款的政策倾斜力度。全年金融机构人民币存贷款余额同比增长 12.0%，金融业对服务业增长贡献率为 18.1%。海口、琼海、洋浦新增一批大型批发企业，在橡胶、化工、金属等大宗材料贸易大幅增长的带动下，全年批发业销售额同比增长 28.5%，批发业对服务业增长贡献率为 26.9%。运输和物流业较快发展，交通运输业对服务业增长贡献率为 19.7%。

旅游业运行势头良好。2014 年，海南省继续实施“请进来，走出去”旅游营销措施，旅游新业态蓬勃发展，旅游市场秩序进一步规范。市县组团赴重点旅游客源城市推介旅游线路和产品；参加中国国际旅游交易会等具有较高影响力的旅游交易展会；在北京投放《海南深呼吸》旅游专题宣传片，抢夺 APEC 商机；继续举办“三月三”主题活动、端午美食文化节、高尔夫明星赛、环岛自行车赛、欢乐节等文体活动。三亚千古情、观澜湖电影公社、万宁奥特莱斯、海棠湾免税购物中心等新型旅游产品倍受游客青睐；保亭布隆赛乡村文化旅游区、琼海龙寿洋乡村田野公园等乡村旅游发展迅速，吸引大量岛内游客。全年接待国内外游客总人数 4789.1 万人次，同比增长 10.6%，其中，接待过夜游客 4060.2 万人次，同比增长 10.6%，接待一日游游客 728.9 万人次，同比增长 10.7%；旅游总收入 506.5 亿元，同比增长 13.2%，其中过夜旅游收入 485 亿元，同比增长 13.2%，一日游收入 21.5 亿元，同比增长 14%。

（二）三大需求协同增长，投资的关键作用、消费的基础作用、出口的支撑作用得到发挥

1. 固定资产投资较快增长。2014 年，海南省进一步加快推进重点项目建设，开展了两轮专项检查和“集中问题解决月”活动，确保投资保持增长，发挥大项目对经济增长的引领示范作用。全省固定资产投资总额（不含农户）完成 3039.5 亿元，比上年增长 13.2%。其中，房地产开发完成投资 1431.7 亿元，增长 19.6%；基础设施建设完成投资 694.0 亿元，增长 15.7%；两项投资共同拉动全部投资增长 12.3 个百分点。分产业看，第一产业投资 42.7 亿元，增长 43.2%；第二产业投资 448.8 亿元，增长 5.7%；第三产业投资 2548.0 亿元，增长 14.2%。

重点项目建设进展较好。全省 395 个重点项目完成投资 1919 亿元，比上年增长 7%，完成年

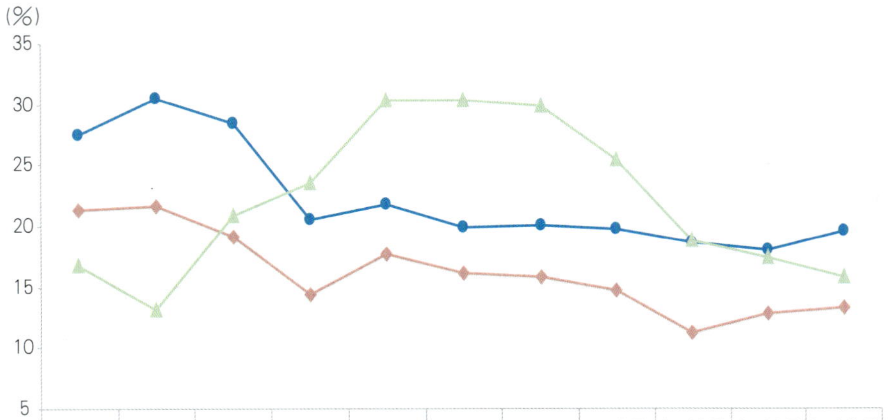

	1-2月	1-3月	1-4月	1-5月	1-6月	1-7月	1-8月	1-9月	1-10月	1-11月	1-12月
固定资产投资	21.3	21.6	19.1	14.3	17.6	16	15.7	14.6	11.2	12.7	13.2
#房地产开发	27.5	30.4	28.3	20.5	21.7	19.8	20.0	19.7	18.5	17.9	19.6
#基础设施建设	16.7	13.1	20.8	23.4	30.2	30.2	29.8	25.4	18.8	17.3	15.7

图 3 各项投资月度累计增长走势

度计划投资的 112%。澄迈椰树矿泉水生产线、300 万吨 LNG 工程竣工，观澜湖电影公社、海口希尔顿逸林酒店、海棠湾国际购物中心、三亚接待中心正式营业，洋浦跨海大桥建成通车，西部中心医院开业运营。昌江核电一期、西南部电厂、西环高铁、屯昌至琼中高速公路、新海滚装码头、红岭灌区、海口观澜湖、万宁神州半岛、乐东龙沐湾、海口红旗、三亚育才、万宁兴隆、琼海博鳌等风情小镇等一大批项目加快推进。

2. 消费市场销售保持较旺势头。2014 年，海南省进一步完善市场体系建设，保障市场供应，促进商品流通市场良好运行。全省社会消费品零售总额 1224.5 亿元，同比增长 12.3%。从消费形态看，随着高端餐饮业向大众消费转型，餐饮收入稳步提升，全年餐饮收入增长 12.7%，增速比上年提高 1.4 个百分点。从经营地看，随着“万村千乡市场工程”的推进，农民收入提高及消费观念改变，以及乡村旅游日益火热带动农村消费市场销售旺盛，全年乡村零售额增长 16.6%，增速比城镇快 5.0 个百分点。

从消费品市场特点看，一是汽车消费总体活跃，是拉动社会消费品零售总额较快增长的主要因素。汽车零售额同比增长 21.2%，对全省限额以上零售额增长的贡献率达 55.1%。二是购物旅游成为海南省的热点旅游模式。海棠湾免税购物中心开业，美兰机场免税店扩建，进一步释放

免税政策效应，免税商品销量继续大幅提升，同比增长 31.6%。三是部分重点商品较快增长。粮油食品类商品零售额同比增长 28.9%、服装类增长 26.3%、日用品类增长 25.3%、化妆品类增长 20.4%。

3. 外贸出口较快增长。全省进出口总值 975 亿元，比上年增长 4.3%。其中，出口总值 271.4 亿元，增长 17.8%。在主要商品出口中，增长较快的是：成品油增长 75.3%、平板玻璃增长 54.0% 等。

（三）宏观经济基本面较好，经济转型取得扎实进展

经济运行质量提高。地方一般公共预算收入较快增长。全省全口径一般公共预算收入 919.5 亿元，比上年增长 11.9%。其中，地方一般公共预算收入 555.3 亿元，增长 15.4%。在地方一般公共预算收入中，税收收入 480.5 亿元，增长 16.8%。税收收入占地方一般公共预算收入的 86.5%，比上年提高 0.9 个百分点。企业效益稳步提升。工业企业综合效益指数连月提高。纳入统计监测的 371 家规模以上工业企业综合效益指数为 364.4%，比上年提高 6.8 个百分点。

物价基本稳定。进一步加大物价调控力度，加强市场价格监管，规范市场价格秩序，确保了市场价格稳定。全省居民消费价格同比上涨 2.4%，低于预期目标 1.6 个百分点，涨幅处于合理区间。

信贷支持经济增长力度加强。积极创新财政引导金融机制，优化财政资金配置，进一步加大对小微企业的信贷支持力度等方式，引导金融支持地方经济发展。年末金融机构本外币贷款余额比上年末增长 16.4%。

劳动就业情况良好。全年城镇新增就业人数 10.1 万人，比上年增长 1.6%；年末城镇登记失业率 2.25%，保持在较低水平。农村劳动力转移 9.55 万人，增长 0.5%。年末从业人员 533.90 万人，比上年末增长 3.8%。

转方式取得新成效。自去年 6 月份以来海南省单位工业增加值能耗连续保持下降趋势。全年单位工业增加值能耗同比下降 4.3%。初步核算，化学需氧量、氨氮、二氧化硫、氮氧化物等主要污染物排放总量控制在国家规定的减排目标内。

（四）居民收入继续增加，民生进一步得到改善

城乡居民收入较快增长。全省常住居民人均可支配收入 17476 元，比上年增长 11.1%，扣除价格因素，实际增长 8.5%，与经济发展同步。其中，城镇常住居民人均可支配收入 24487 元，名义增长 9.3%，扣除价格因素，实际增长 6.9%；农村常住居民人均可支配收入 9913 元，名义增长 12.6%，扣除价格因素，实际增长 9.6%。

民生保障水平进一步提高。民生支出继续增加。全省地方一般公共预算支出 1094.4 亿元，增长 8.2%。其中，教育、文化体育与传媒、社会保障和就业、医疗卫生与计划生育、节能环保、城乡社区事务、农林水、交通运输、住房保障、粮油物资储备等民生支出 791.7 亿元，占地方公共财政支出的 72.3%，增长 10.2%。

各项民生事业稳步推进，为民办实事圆满完成。城镇居民社会养老保险和新型农村社会养老保险实现统一合并，城镇居民基本医疗保险筹资标准、待遇水平实现全省统一；新型农村社会养老保险基础养老金标准提高至每人每月 120 元；全省城镇保障性安居工程新开工建设住房 3.58 万套，基本建成 3.02 万套，完成全年计划任务。三沙市第一所学校在永兴岛开建，海口学前教育首个“三年行动计划”中的 30 所公办幼儿园全部竣工。农民小额贷款财政贴息工作在贷款额度、期限、次数和地域等四方面都实现突破。为 3.56 万对夫妇免费实施孕前优检和地贫筛查；新增三亚市中医院和妇幼保健院、琼中县人民医院、琼海市中医院、定安县人民医院和中医院、东方市人民医院等 7 家公立医院纳入公立医院综合改革试点单位；为符合条件的老年乡村医生发放每人每月 300 元的生活补助。全年建成村邮站 1708 个，覆盖全省行政村，让村民足不出村即能享受多种便利服务。海口、三亚、陵水等地为城乡低保（含农村五保户）、优抚对象、领取失业保险金人员等对象发放价格临时补贴。

二、2015年经济展望及对策建议

2015年是"十二五"规划的收官之年，全面完成"十二五"规划目标，需要战胜经济运行中面临的诸多风险和挑战。总体来看，在全国经济进入稳定增长的新常态后，2015年海南省经济将总体保持平稳增长的态势。

从海南省各产业经济环境看，农业将继续加大强农惠农政策力度，进一步恢复2014年"威马逊"和"海鸥"两个强台风的灾后生产，推动农业稳定发展。如无较大气候灾害影响，种植业将保持平稳增长，成为支撑农业平稳增长的支柱产业；继续实施渔船更新改造，预计渔业生产稳步增长。工业的增长点将集中在电力、医药、烟草等行业，但部分大型石化企业计划生产量持平甚至下降、停产或半停产将极大影响全省工业增速下滑，而大型工业项目投产时间较晚，预计工业增速有所回落。固定资产投资增速将延续2014年的回落态势，受此影响，建筑业增速将稳中趋缓。服务业在无大的利好刺激政策下，将保持平稳增长。其中，房地产业大规模保障性住房建设进入减档期，而纯商品房在海南省优越自然气候条件的卖点下销售形势应略好，预计全省房屋销售面积基本持平；商贸业将持续平稳增长势头，大宗石化商品带动批发业快速增长，生活日用为代表的重点商品支撑零售业较快增长，旅游市场平稳发展，推动住宿餐饮业平稳增长；交通运输业如果不继续推出新的刺激政策，政策效用将明显减弱，增速可能有所放缓。

2015年要全面贯彻落实中央经济工作会议和全省经济工作会议精神，按照省委、省政府的决策部署，坚持稳中求进工作总基调，坚持以提高经济发展质量和效益为中心，主动适应经济社会发展新常态，继续深化改革开放，把转方式调结构放到更加重要位置，狠抓改革攻坚，突出创新驱动，积极培育新的经济增长点，加强生态环境建设，打好节能减排攻坚战，着力保障改善民生，努力推动在新常态下海南省经济持续平稳健康发展。

（一）全力推进项目建设，促进投资加快增长。

项目建设是加快发展的关键支撑。没有一批大项目好项目，科学发展、绿色崛起就是一句空话。针对固定资产投资增速持续回落的趋势，有针对性地制定解决方案，强化投资对海南省经济增长的拉动作用。按照竣工投产一批、加快推进一批、开工建设一批、策划储备一批的思路狠抓落实， 突出加大重点领域投资，各级政府、各部门要把抓项目促投资作为主要抓手，集中力量抓好产业、城乡基础设施、新型城镇化、棚户区改造、生态、现代农业、社会事业等重点领域项目投资。着力解决项目建设中的土地、资金瓶颈，动员银行、证券、保险、资本市场等各种资本拓宽项目融资渠道；争取群众理解和支持，破解征地拆迁难题，为项目落地创造条件。加大为推动项目建设优化项目提供服务的力度，各行业主管部门要从服务项目、服务企业角度出发，进一步简化各项审批手续。

（二）着力扩大有效消费需求，提高消费对经济增长拉动力。

一是积极开展商品房促销，促进房地产业健康发展。努力促进商品房销售，避免房产业出现大的波动，影响经济增长放缓。创新促销方式，突出海南岛的区域品牌优势，开展好房地产促销活动。加强和改善房地产市场调控，有针对性地实施"差别化"房地产信贷政策，引导居民改善住房条件。强化舆论引导，稳定房地产投资者和消费者的心理预期。加大棚户区改造工作力度，进一步推行货币安置，积极引导棚改居民购买商品房解决住房问题。

二是大力促进旅游消费。强化旅游宣传营销，进一步完善旅游电子商务网站建设；扩展营销中心，在主要客源地建立旅游营销中心；协调引导旅游企业根据客户的不同需求，设计不同的旅游产品，合作推出旅游优惠套餐；加快免税购物政策的调整出台，以实施多样化的免税购物和提货方式形成新的消费热点。

三是努力促进本地居民消费。进一步优化消

费环境，稳定消费预期，进一步创新商业模式，培育新的消费增长点，推动消费升级；积极稳妥地推进新型城镇化建设，不断提高农民和进城务工农民的收入，引导消费转型升级，进一步释放消费潜力。

（三）进一步加快新型工业发展，提升工业经济地位。

一是全面推动工业稳定生产来促进经济增长。加强企业跟踪服务，确保重点企业正常生产，进一步落实重点产业的政策扶持，为企业加快生产创造条件；继续挖掘发电潜力，加大让气保电协调力度，全力做好各项生产要素的保障；二是加大工业投入，尤其是加大制造业方面的投入，增强海南省工业发展后劲；三要狠抓项目落实，争取推动东方石化二期、乐东西南电厂、70万吨生活纸项目、环宇新能源项目、洋浦汇智石化等一批新增项目在年内竣工投产，为全省工业注入新的增长动力；四是突出重点，提升发展传统优势工业、加快高新技术制造业及战略性新兴产业发展，促进工业结构调整；五是加快推进产业园区建设，打造产业集群，不断完善园区配套设施，提高园区承载能力；五是在市场、资金等方面加大对企业的扶持力度，做好供电供气的生产保障，保障全年工业经济健康运行。

（四）切实抓好农业生产，实施知本农业发展战略。

做好瓜菜田间管理和春耕指导工作，引导果农做好肥水、整枝修剪、扬花及病害防治等管理工作，确保大宗农产品稳产增产。加大农业生产扶持投入力度，大力扶持畜牧生产企业加快对畜牧饲养场的治污改造，加大对大宗农产品生产补贴力度。及早疏通农产品销售渠道，扶持农产品深加工企业扩大生产能力，实现农产品增产又增收。立足于热带农业资源禀赋比较优势，全面实施知本农业发展战略，加快热带农业转型升级，提升热带农业比较竞争优势。一要创造条件吸引国内外知名生物研究机构或企业入驻海南，带动海南生物技术基础研究和生物产业发育成长，加快热带天然种质资源基因转化研究应用和热带农作物品种改良。二要优化和完善热带农业生产力空间布局，建立以高标准设施化栽培和工厂化规模生产为主的资本与技术密集型生产体系，推进热带农业集约化、产业化发展。三要加快农村土地流转进程，鼓励农民以土地入股直接或间接参与热带农业生产经营，为农业生产企业集中土地资源推进统一经营、资本扩张运作、技术进步支撑创造条件。四要重视农业职业教育，提高农业劳动者的劳动素质和生产技能，满足知本农业发展对农业劳动者的基本要求。同时，要进一步加大农业科研的投入，为知本农业发展提供必要的技术支撑。积极推广应用农业新技术，转化农业新的科研成果，切实增强热带农业的市场竞争能力。

（五）狠抓落实，确保“十二五”完成节能减排任务。

要坚决贯彻落实党中央、国务院的战略部署和国家关于节能减排工作的任务要求，明确目标、开拓创新、狠抓落实。相关部门应加大节能减排工作力度，周密安排部署，精心组织实施，分工协作，落实责任，形成各部门齐抓共管的合力。强化重点用能单位节能管理，加强重点污染源、治理设施的运行监管和节能减排执法监督。实施节能预警调控，严控水泥、化工等高耗能行业的能耗；强化标准约束，对宾馆酒店等重点耗能企业开展能耗限额标准执行情况专项监察；引导居民低碳节能生活，减少能源刚性消费。

（作者：符国瑄 海南省统计局局长）

专栏：深挖县域经济潜力 海南农民增收加快

2014年是海南省“深化改革年”和“科学管理年”。一年来，海南积极适应经济新常态，因地制宜发展县域经济、广开渠道促农增收，实施了一系列稳增长、调结构、促改革、惠民生的政策。虽然先后遭受“威马逊”和“海鸥”两次超强台风肆虐，但海南农民收入仍然保持了较快增长，增速排名居全国第3位。

一、农民收入稳定增长，收入结构优化

2014年，海南农民收入增长呈现5大特征：

一是收入增幅跑赢GDP。2014年海南农村常住居民（以下简称农民）人均可支配收入9913元，同比增长12.6%，扣除价格因素实际增长9.6%，名义和实际增速分别快于同期全省GDP增幅4.1和1.1个百分点，双双跑赢GDP。

二是收入增速居全国前列，收入水平与全国差距缩窄。海南农民人均可支配收入的名义和实际增速分别高于全国1.4和0.4个百分点，其中名义增幅排全国第3位，为“十二五”以来增速排名最高的一年。与全国的收入差距进一步缩小，绝对数差距由上年的628元缩小至576元，缩小52元。

三是农民收入增幅继续快于城镇，城乡收入比优于全国水平。与全省城镇居民人均可支配收入相比，农民人均可支配收入名义增幅高于城镇3.3个百分点，连续4年跑赢城镇。城乡居民收入比由上年的2.55:1缩小至2.47:1，城乡收入差距持续缩小，低于全国城乡居民收入比（2.75:1）。

四是低收入人群收入增幅跑赢全省平均，收入差有所缩小。按农民收入五组分组，20%低收入组农民人均可支配收入为3190元，同比增长16.1%，增幅高于全省农民平均3.5个百分点。20%高收入组和20%低收入组农民人均可支配收入比由上年的7.65：1缩小至7.18：1。

五是收入结构进一步优化，四大项收入全面增长。海南农民人均经营净收入、工资性收入、转移净收入、财产净收入分别为4753元、3596元、1386元和177元，分别同比增长6.4%、19.7%、18.9%和6%。工资性收入继续快速增长，对可支配收入增长的贡献率为53.3%，占农民人均可支配收入的比重从34.1%提升至36.3%。经营净收入稳步增长，占农民人均可支配收入的比重由上年的50.7%下降到48%，对可支配收入增长的贡献率为25.9%。农民收入稳定性进一步增强，收入来源进一步拓宽。

二、因地制宜发展县域经济，加快农村产业结构调整

（一）加快产业调整，发展品牌农业，稳定农业生产

作为全国“菜篮子”和热带作物基地，农业一直是海南着力发展的主要产业。其中，天然橡胶、生猪等主要农产品对农民收入贡献很大，如2011年橡胶收入占农民收入的比重为14.74%。自2012年起橡胶价格持续下滑，生猪价格波动下行，对海南农民收入造成不利影响。面对困难，全省各地加大农业扶持，大力调整产业结构，科学规划特色产品种养，建设一批现代化园区和农业品牌。如全省农民收入增幅第一的国定贫困县琼中县，大力发展山区特色作物，扩大特色驰名水果绿橙的种植面积，重点扶植桑蚕和鹅类规模化养殖；白沙和五指山等其他中部市县充分利用林下资源，大力发展中草药材、粽叶、山鸡、蜜蜂等产业，实现了复合型农业生产经营。在连续遭受超强台风“威马逊”和强台风“海鸥”严重破坏的情况下，全年全省农业完成增加值832.8亿元，比上年增长5.0%，增速高出全国0.7个百分点；冬季瓜菜出岛量332万吨、增长2.1%，出岛产值117亿元、增长30.6%。

图 1　橡胶和工资性收入占收入比重

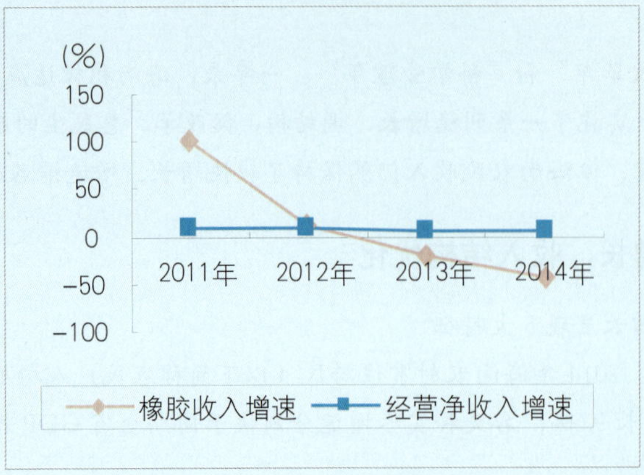

（二）服务业、建筑业和劳动密集型加工业较快发展，为农村剩余劳动力就业提供广阔平台

随着国际旅游岛各项建设的深入推进，海南经济持续稳定发展，特别是第三产业、建筑业和小城镇加工业较快发展，创造了大量的就业岗位。如文昌市会文镇抓住星月菩提佛珠市场火爆的机会，利用海南原料发展佛珠加工，形成了佛珠加业群，至 2014 年底，全镇注册个体加工厂共有 54 家，家庭作坊 700 多家；提供农村转移就业岗位 5000 个。琼海市潭门镇的砗磲制品加工业和儋州市木棠镇的花梨木加工业也快速发展。2014 年全省共转移农村劳动力 9.55 万人，农村本地非农务工人数同比增长 12.5%，人均工资性收入增长 19.7%，从事第一产业的农村劳动力下降了 2.1 个百分点。自 2000 年以来务工收入保持 10% 以上的增速，是海南农村居民收入得以持续较快增长的主要动力。

图 2　橡胶和工资性收入占收入比重

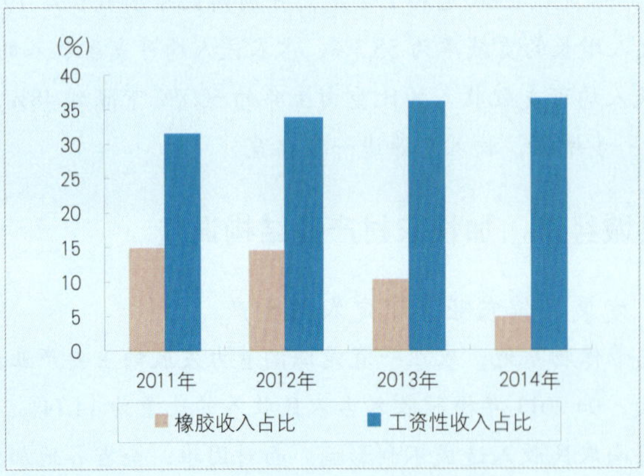

（三）新型城镇化 + 特色乡村旅游，拓展农民增收途径

随着新型城镇化的不断发展和特色乡村旅游的逐步推进，越来越多的农民转向从事批零贸易、住宿餐饮及交通运输业以及建筑业，丰富农民增收来源，确保增收步伐更稳更有力。如琼海北仍村拥有完善的公共服务设施并大打“乡愁”牌，是海南乡村休闲旅游的一个典范，每天接待游客 3000 人次。琼中县围绕黎族“三月三”节庆和特色水果节等主题活动，加快推进 5 个黎苗乡村旅游省级示范村和 13 个绿色休闲农业示范点建设。类似的休闲农业项目在三亚、万宁和文昌等市县均有蓬勃发展，有效地促进了当地农民第三产业的增收。2014 年海南农民人均住宿和餐饮业收入增幅达 45.6%。不断升温的乡村旅游正持续激发着海南农村非农经营的活力。农户投资中，非住宅投资比重上升。2014 年，非住宅投资占农户固定资产投资的比重为 11.6%，比上年提升了 2.8 个百分点。

三、夯基础，惠民生，多措并举助农增收

为加快民生改善步伐，近年来海南持续推行“为民办实事”“中部市县农民增收计划”等惠民举措，加大中央和省级财政转移支付和扶贫政策的落实，不断夯实农村发展基础，改善农民生活质量，推动农民转移净收入快速增长。

一是不断完善农村公路、房屋、农田水利、饮水安全等设施建设，大力扶贫，夯实“三农”基础。全年改建县道砂土路和农村公路连通工程965公里；改造农村危房2.58万户；对60个贫困村实施扶贫整村推进，实现9万人脱贫。

二是充分发挥农村金融的活力，激发农民创业积极性，助推产业增收。海南推出农民小额贷款的财政贴息和农业保险财政补贴政策，全年全省新增村镇银行5家、小额贷款公司11家；发放农民小额贷款和农民专业合作社贷款46.24亿元，为7.05万户农民提供财政贴息；农业保险财政补贴15个险种全覆盖。如琼中县，农民小额贷款已覆盖全县农户68%，惠及农村人口近6万人，其中2014年新增发放农民小额贷款10329万元，新增惠及农村人口近1万人。

三是社会保障不断增强。新农合养老金和农村教师等职工补助增加，政府和社会对受灾人群的救助力度加大等，使转移性收入持续较快增长。一方面农村社会保障体系持续完善，财政投入不断增加。各市县继续加大民生建设的资金保障力度，提高各项补贴标准，促进了农民增收。从调查数据看，全年农民人均新型农村养老保险增长35.7%，最低生活保障费增长18.5%。全年向9243名农村小学教师每人每月发放生活补助300元。另一方面政府和社会在两次超强台风灾害后给予灾区农村居民资助和救助，全年人均社会救济和补助增长61.4%，其中仅人均救灾款一项增长14.6倍。

农民增收的效果和实惠直接体现在农民生活质量的不断改善。2014年海南农村居民人均生活消费支出7029元，同比增长10.2%。享受型、发展型等非食品类支出增长远高于食品类支出，其占消费支出的比重由2013年的55.6%上升至56.8%。2014年末每百户农村居民家庭中，家用汽车拥有量为4.6辆，增长33.2%；接入有线电视的彩色电视机、洗衣机、电冰箱、空调机等家庭设备分别为42.2台、21.6台、48.2台、18.8台，增幅分别为15.8%、10.4%、11.9%、36.7%。互联网也加快进入农村家庭。2014年末每百户农村居民家庭中，计算机拥有量为9.4台，其中接入互联网的有6.1台，分别比上年增长25.2%和8.6%；接入互联网的移动电话拥有量为58.7部，比上年增长30.4%。

（作者：刘恒　国家统计局海南调查总队总队长）

重庆市经济社会发展报告

2014年，面对错综复杂的国内外形势，市委、市政府紧紧围绕"科学发展、富民兴渝"总任务，大力实施五大功能区域发展战略，全面深化改革开放，着力稳增长、调结构、促改革、惠民生、防风险，在新常态中奋发有为，经济结构调整稳中有进、稳中提质，重庆经济社会发展呈现出平稳向好的良好态势。

一、经济运行总体平稳

初步核算，2014年，重庆实现地区生产总值14265.40亿元，同比增长10.9%，较全国高3.5个百分点。从全年经济运行轨迹看，一季度GDP增长10.9%、上半年增长10.9%、前三季度增长10.8%，全年增长10.9%，季度累计增速波动幅度在0.1个百分点以内，经济增长未出现大起大落，总体处于稳定状态。

（一）三次产业发展平稳

农业经济发展稳健。2014年，第一产业实现增加值1061.03亿元，同比增长4.4%。粮、猪、菜、家禽四大基础产业发展稳定。重庆粮食播种面积3363.8万亩，同比下降0.5%；粮食总产量达1144.5万吨，下降0.3%，连续7年稳定在1100万吨以上。蔬菜播种面积1062.1万亩，蔬菜产量1689.1万吨，分别增长3.9%、5.5%，面积、产量双增长。生猪、家禽、牛、羊出栏为2150.8万头、23601.3万只、64.3万头、249.9万只，分别增长2.2%、1.9%、8.9%、9.9%。

表1　2014年主要农产品产量

产品名称	产　量	比上年增长（%）
粮食（万吨）	1144.5	−0.3
油料（万吨）	56.9	7.1
蔬菜（万吨）	1689.1	5.5
禽蛋（万吨）	43.2	5.2
牛奶（万吨）	5.7	−16.3
出栏生猪（万头）	2150.8	2.2
出栏牛（万头）	64.3	8.9
出栏羊（万头）	249.9	9.9
出栏家禽（万只）	23601.3	1.9
猪肉（万吨）	158.5	2.3

工业经济保持平稳。2014年，第二产业实现增加值6531.86亿元，同比增长12.7%，其中工业增加值5175.80亿元，增长12.3%。工业规模实现阶梯式增长，全口径工业企业总产值突破2万亿大关，达21520.41亿元，增长14.0%，规上工业总产值18722.51亿元，增长14.6%。规上工业增加值增长12.6%，高于全国平均水平4.3个百分点，连续五年列全国前两位。规下工业增加值增长11.1%，增速位居全国第四。

表2　2014年规模以上工业总产值

指　标	绝对量（亿元）	同比增长(%)
规模以上工业总产值	18722.51	14.6
#大中型	13378.59	11.4
#国有控股	5031.02	10.3
#汽车制造业	3846.94	19.9
电子信息产品制造业	3683.62	22.2
装备制造业	1797.63	18.1
化医产品制造业	1388.82	11.4
材料制造业	2636.34	9.6
按轻重工业分		
轻工业	4932.47	10.8
重工业	13790.04	16.1
按登记注册类型分		
国　有	190.10	53.8
集　体	30.58	3.4
股份合作制	20.27	5.1
股份制	12913.87	14.2
外商及港澳台	5201.23	15.5
其　他	366.46	4.6

服务业稳步发展。2014年，第三产业实现增加值6672.51亿元，同比增长10.0%。金融业支柱地位显著，金融业增加值增长12.0%，是服务业主要行业中增速最高的行业。人民币存贷款稳定增长，12月末，重庆金融机构人民币存、贷款余额分别为24501.54亿元、20011.50亿元，同比增长10.4%、15.1%。交通运输仓储及邮政业发展稳定，全年完成客货运周转量2780.63亿吨公里，增长12.9%，其中，以动车短途客运为主的渝利铁路全线贯通带动铁路客运量增长24.5%，为近年来最好水平。

（二）三大需求增长平稳

固定资产投资稳定增长。2014年，重庆完成固定资产投资13223.75亿元（含区域项目），同比增长18.0%。投资累计增速除1-2月为17.7%外，各月投资增速均保持在18%左右，总体保持平稳发展。工业投资和房地产开发投资稳定增长是重庆投资保持平稳的关键，全年工业投资4163.91亿元，增长18.0%，占投资总量的31.5%，对重庆投资的贡献率达31.4%，带动重庆投资增长5.7个百分点；全年房地产开发投资额3630.23亿元，增长20.5%，对重庆投资增长贡献率达30.6%，拉动重庆投资增长5.5个百分点。房地产开发投资增速各月增速均保持在20%以上，市场健康良性发展态势较为明显。

消费品市场平稳运行。2014年，重庆实现社会消费品零售总额5710.7亿元，同比增长13.0%，扣除物价因素，实际增长12.0%。分行业看，批发和零售业实现零售额4339.43亿元，增长12.9%；住宿和餐饮业实现零售额756.77亿元，增长13.4%。从限额以上（法人单位企业）商品零售额看，14个大类商品中12个实现增长。

对外贸易快速增长。2014年，重庆实现进出口总值954.5亿美元，同比增长39.0%，高出全国35.6个百分点。其中，出口总额634.1亿美元，增长35.5%；进口总额320.4亿美元，增长46.3%，增速分别高出全国29.4和45.9个百分点。在国际投资持续走低背景下，重庆实际利用外资连续4年保持百亿美元，2014年，重庆实际利用外资106.29亿美元，增长0.3%。

二、结构调整稳中有进

（一）产业结构调整加快

特色农业快速增长。市委、市政府在稳定粮食、蔬菜、猪肉产量的同时，大力发展特色效益农业。近三年，经济作物种植面积占农作物总播种面积的比重由35%增加到37%。猪肉占比由77.2%降至76.6%，牛羊禽肉占比由22.8%提高到23.4%。果业、中药材等特色农业快速增长，2014年，果业产量达到347.6万吨，增长9.0%；中药材种植面积170.4万亩，增长5.8%，以秀山为例，中药材电子交易额突破8000万元。

电子、汽车产业贡献大。2014年，规上工业39个行业大类中，35个行业实现增长。电子制造业、汽车产业两大支柱产业全面发力，建成“5+6+800”全球最大电脑产业集群，手机产量比上年增长1.2倍；汽车行业建成“1+10+1000”全国最大汽车生产基地，增加值累计增长20.5%，贡献率达29.2%。装备制造业生产加快，电气机械及器材制造业和通用设备制造业增加值分别比上年增长12.1%和14.0%，贡献率为8.5%。集成电路、液晶面板、页岩气、机器人、物联网等10大战略性新兴产业发展势头良好。

服务业占比超过工业。2014年，服务业占比首次超过工业，三次产业结构由“二三一”优化为“三二一”。金融业增加值增长12.3%，快于第三产业2.3个百分点，新型金融业企业实现增加值167.21亿元，增长17.7%，快于第三产业7.7个百分点，金融业增加值占GDP比重达到8.6%。重庆实施了跨境电子商务、保税商品战时交易、保税贸易、大数据云计算、跨境结算等“五大专项，实现824亿美元离岸金融结算，完成1602亿元跨境人民币结算。

（二）需求结构不断改善

融资主体多元化。从资金来源主体看，融资主体更加多元化。去年启动了交通、市政等13个PPP项目、总金额约1300亿元。设立产业引导股权投资基金增添发展动力，工业、农业、现代服务业、科技、文化、旅游业等六大产业基金募资127亿元。民间投资占比大，增长快，全年民间投资6558.04亿元，比重达49.6%，比上年提高了3.5个百分点，增速27.1%，高于全社会固定资产投资9.1个百分点。从资金投向看，更多投向实体经济。制造业投资增长21.5%，汽车、电子、通用装备等产业投资增长40%以上。工业、房地产开发和基础设施建设是重庆投资的三大主要支柱，占比分别为31.5%、27.5%和25.6%，三大板块布局更趋合理，增加了发展后劲。

消费加快转型升级。2014年，汽车消费对消费品市场发展起到显著的拉升作用，汽车类零售额比去年增长24.9%，对重庆限额以上零售额增长贡献率为36.8%，拉动重庆限上零售额增长6.6个百分点。会展促销效果明显，今年以来的各种会展在促进批发零售业增长的同时，吸引大量外来客商云集重庆，助推住宿和餐饮消费较快发展。重庆百亿级商圈和市场分别增至10个和15个。电子商务交易额达到4500亿元、增长53%。

进出口保持快速增长。2014年，进口与出口共同发挥拉动作用，尤其是进口的高增长，为重庆对外贸易维持在较高增速发挥了重要作用。以笔电产业为代表的电子信息产业，累计进出口2713亿元，增长22.2%，占进出口总额的46.3%。其中，便携式电脑出口5854万台，比上年增加20%，价值1559.9亿元，增长27%。积极推动跨境电子商务试点，来自消费者的网上订单为全年进口数据贡献了6000多万元。

（三）五大功能区域实现特色发展、差异发展

都市功能核心区服务业加快发展；都市功能拓展区结构调整和转型升级步伐加快；城市发展新区工业化城镇化提速发展；渝东北生态涵养发展区和渝东南生态保护发展区“面上保护、点上开发”并行并重。

都市功能核心区，服务业是经济增长的主要动力，全年第三产业增加值2297.51亿元，同比增长10.2%，占比达到78.0%，达到全国服务业领先地区水平。都市功能拓展区，GDP增速领跑重庆，全年实现地区生产总值增长12.2%，居各区域之首。城市发展新区，为重庆贡献最多经济增量，实现地区生产总值4718.08亿元，占重庆比重为33.1%，增长11.5%；规上工业增加值占重庆比重的为43.8%，增长12.8%。渝东北生态涵养发展区和渝东南生态保护发展区充分利用资源优势，大力发展特色农业，柑橘种植成为三峡库区特色经济发展的支柱产业，中药材产业发展迅速，以秀山为例，中药材电子交易额突破8000万元。

表3　2014年五大功能区域地区生产总值

指　　标	绝对量（亿元）	比上年增长(%)	比重(%)
重庆生产总值	14265.40	10.9	100.0
都市功能核心区	2944.22	9.0	20.6
都市功能拓展区	3344.83	12.2	23.4
城市发展新区	4718.08	11.5	33.1
渝东北生态涵养发展区	2466.75	10.6	17.4
渝东南生态保护发展区	791.52	9.7	5.5

三、质量效益稳步提高

企业经营效益不断向好。2014年，规模以上工业经济效益综合指数达到282.5%，同比提高20.7个百分点。2000年，重庆规上工业企业全面扭亏盈利15.65亿元，2004年利润突破百亿大关，2008年达两百亿，而后自2009年起实现“一年一跃”，2014年突破千亿大关，达到1169.87亿元，同比增长30.8%。

财政收入较快增长。2014年，一般公共预算收入完成1921.88亿元，同比增长13.9%。其中税收收入1281.70亿元，增长15.2%，成为拉动财政收入增长的主要因素。重庆一般公共预算支出3303.72亿元，增长8.0%。

城乡居民收入增长较快。2014年，城乡常住居民人均可支配收入分别达到25147元和9490元，同比分别增长9.1%和11.7%。

就业形势总体稳定。2014年，城镇新增就

业人员 65.3 万人，城镇登记失业率为 3.5%。

居民消费价格总体平稳。2014 年，居民消费价格同比上涨 1.8%，涨幅比上年缩小 0.9 个百分点，为近五年来最低水平。分类别看，八大类商品和服务价格呈现“七涨一降”格局，除烟酒价格下降 2.2% 外，其余七大类消费价格温和上涨，其中，食品价格上涨 3.3%。

节能降耗成效明显。2014 年，规模以上工业企业综合能源消费量 3863.47 万吨标准煤，同比上升 6.0%，规模以上工业单位工业增加值能耗下降 5.9%。六大高耗能行业综合能源消费量增长 5.6%，占规模以上工业能耗的 86.2%，能耗增长贡献率达 83.1%，拉动作用明显。

四、民生事业进一步改善

改善民生是社会经济发展的出发点和归宿点。2014 年重庆在全面推进就业、教育、医疗、社保、住房、居民收入等民生工作的基础上，集中力量办好 22 件民生实事，重庆民生得到进一步改善。

城乡养老保险机制逐步完善。重庆城镇企业职工基本养老保险参保人数比上年增长 6.9%。参加基本医疗保险人数增长 0.7%，其中，城镇职工基本医疗保险参保人数增长 6.7%。

卫生和社会服务事业不断改善。年末重庆共有各级各类医疗卫生机构 18765 个，医疗卫生机构卫生技术人员 15.40 万人。年末重庆共有 40.98 万人享受城市居民最低生活保障，50.24 万人享受农村居民政府最低生活保障。

环境质量不断改善。全年主城区环境空气质量满足优良天数 246 天，PM2.5 平均浓度下降 7.1%。重庆 161 个监测断面水质满足水域功能要求的断面比例为 86.3%，61 个城区集中式饮用水水源地达标率为 97.3%。

总体而言，2014 年重庆经济社会发展取得的成绩是市委、市政府统揽全局、科学决策的结果，凝聚着各级各部门及广大人民群众的艰辛和智慧。新的一年是全面深化改革的关键之年，是全面推进依法治市的开局之年，也是全面完成“十二五”规划的收官之年。重庆处在“一带一路”和长江经济带的战略节点，建设长江上游经济中心、国家中心城市和内陆开放高地既面临众多机遇，也存在不少挑战。但我们坚信，在市委、市政府的坚强领导下，只要我们锐意改革，积极创新，不断推进结构调整和转型升级，深刻认识新常态，主动适应新常态，一定会开创新常态下重庆发展的新局面。

（作者：蓝庆华　重庆市统计局局长）

专栏：重庆市长江柑橘带发展报告

三峡库区是国家农业部确定的“长江上中游优势柑橘产业带”核心区，柑橘产业是三峡库区的特色产业。目前重庆正加快把柑橘打造成中国柑橘第一品牌和第一优势农业特色产业，生产、加工能力显著提升，但存在的四个问题仍需引起高度重视，以促进柑橘产业健康可持续发展。

一、多项措施促进柑橘产业较快发展

（一）促进柑桔产业快速发展的主要做法

1. 围绕产品现状，着力搞好战略定位。面对全球、全国早中熟品种相对过剩的柑橘产销形势，重庆提出了“晚熟与加工并重”走错季上市和延伸产业链条之路，制定了“三季有鲜果、八个月能加工”的结构调整目标。鲜食柑橘，做到“不与两湖抢早，不与赣南争中，差异化发展”，重点发展2-6月成熟上市的晚熟柑橘，缓解全国柑橘集中上市出现的卖难和国内大宗新鲜水果周年供应不均衡格局。通过加大柑橘品种结构调整力度，重点发展晚熟鲜食品种和加工品种，使早、中、晚熟比例由之前的3:82:15调整到2014年末的20:42:38，鲜食与加工柑橘品种结构从之前的8:2调整到2014年末的7:3。

2. 围绕整合资金，着力投入多元化。按照集中力量办大事的原则，重庆市成立柑橘产业发展领导小组，整合多部门资金和力量，缓解了制约柑橘基地建设的资金瓶颈。2011年市政府又将柑橘发展纳入了绿化长江、重庆行动建设项目，从2011年到2014年，每亩补贴2000元，进一步充实了柑橘的发展资金。此外，专门成立了重庆市农业担保公司，加大柑橘担保融资力度，近几年来为柑橘方面融资担保30亿元以上。优惠的政策吸引大量的社会资本投入柑橘产业，每年投入柑橘方面的社会资本达4亿元以上。

3. 围绕产业基础，着力加强能力建设。截止2014年末，全市创建农业部柑橘标准园13个，其中通过农业部验收的标准园5个，累计实施柑橘标准园创建面积6.79万亩。国家级标准园的示范引领作用，推动千亩标准园向万亩标准园区的提档升级，促进了长寿现代农业园区、忠县中国柑橘城等6个万亩级标准化园区的建设。四是积极试点探索柑橘政策性保险，防范产业风险。各级财政对于自愿申请参加柑橘保险的经营主体，给予70.0%的保险费补贴，为果农有效抵御因自然灾害等原因造成的风险。

4. 围绕管理创新，着力强化柑橘管护。为了促进柑橘尽快投产见效，有效克服“重建设轻管理”的现象，重庆对果园的管护机制进行了一些探索和尝试，如目前比较有成效的是“果园托管”机制，该机制共设计了“半托”、“全托”“次票”三种类型的服务模式，以满足不同层次的服务要求。由于措施、权责、制度三个落实，柑橘管理效果较明显。

5. 围绕拓展市场，着力打造柑橘品牌。重庆市政府斥资1000万元用于重庆柑橘的品牌建设。由著名摄影师赵晓时指导拍摄的重庆柑橘广告片已在央视、重庆卫视和凤凰卫视等向全球播放；重庆柑橘LOGO标志标识形象系统正全面应用于重庆柑橘的所有标识系统中；组织实施“万名记者橘乡行”、“山青水碧橘农笑——绿化长江柑橘带建设纪实采风”等活动，邀请各大媒体深入柑橘基层，回应柑橘心声，大力宣传三峡库区柑橘产业发展，不断扩大重庆柑橘影响力。

6. 围绕产业链条，拓展产业功能。一是增强加工能力。引进和培育了美国博富文柑橘公司、三峡建设集团、重庆尚蔬坊果蔬饮品公司、北京汇源集团、福建天邦公司等橙汁加工企业，以及澳门恒河果业公司等果实商品化处理与营销企业。二是与生态观光旅游、新农村建设、城镇化推进相结合，延伸了柑橘产业链条，拓宽了居民增收渠道。

（二）柑橘产量七连增，加工能力显著提升

从鲜果生产来看，在政策、市场和气候等有利因素影响下，2006年以来重庆柑橘产量实现八年连增，生产能力快速提高。据统计，2014年，全市柑橘产量达207.2万吨，较上年增加14万吨，增长7.2 %，较2006年增长144.6%，年均增长11.8%，比水果产量增幅快0.3个百分点，占水果产量的比重比2006年上升1.5个百分点。

2014 年，柑橘园面积 288.7 万亩，较 2006 年增长 75.1%，年均增长 7.3 %。

表 1 2006–2014 年重庆市柑橘产量与面积

年份	水果产量（万吨）	#柑橘	果园面积（万亩）	#柑橘园
2006年	145.7	84.7	284.0	164.9
2007年	175.9	104.4	309.3	170.8
2008年	193.3	113.7	325.1	180.4
2009年	212.9	126.3	346.3	189.5
2010年	238.5	139.0	373.0	207.0
2011年	261.2	153.3	397.2	221.2
2012年	291.2	171.5	423.3	242.1
2013年	318.9	193.2	444.6	237.5
2014年	347.6	207.2	473.1	288.7

从柑橘加工来看，截止 2014 年末，重庆已建成橙汁加工厂 5 家，橙汁加工及果实商品化年处理能力达到 100 万吨，其中三峡建设集团生产的派森百 NFC 速冻橙汁填补了国内空白。

二、存在的几个问题

（一）低质低效果园面积较大

重庆市部分地区老果园衰败，导致大面积低产或感病，效益下降。尽管自 2008 年以来，全市整合中央现代农业柑橘专项资金开展老果园改造工作，改造了 20 万亩老果园和 15 万亩郁闭果园，但在奉节、开县、万州、长寿等树龄超过 30 年的老果园面积仍然很大。据市农委统计，截止 2014 年末，全市树龄 25 年以上的柑橘园面积占总面积的比例为 40.0% 左右，树龄 10-25 年柑橘园面积占 33.0% 左右。如奉节县柑橘品种熟期结构调整慢，满足中高档需求的早晚熟脐橙种植面积只有 5 万亩，仅占全县总面积的 22.7%。

（二）农村劳动力缺乏，规模化、标准化经营推进较困难

一方面，大量农村青壮年劳动力外出务工，农村青壮年劳动力严重缺乏和断代，即使有，也很少从事传统种植业。据 2010 年第五次人口普查资料以及 2012 年 1% 人口抽样调查显示，忠县常年外出务工人数 28.2 万人左右，占全县户籍人口的 27.9%，且年龄段主要集中在 30-50 岁之间，以男性为主。另一方面，柑橘生产仍以一家一户为主，生产规模小且零星分散，加之土地流转困难、果园流转率低，致使一些公司、合作社、专业大户难以实施规模化、标准化生产。

（三）果园基础设施建设不够配套

奉节县干旱机率达72.0%。坡地果园缺少工程性蓄水和灌溉设施，平地果园缺少排水沟，70.0%的果园是“望天园”。大旱会严重影响柑桔的正常生长，有的果树“一年掉叶，三年不结”。另外全县80.0%的果园道路不畅通，90.0%的果园没有安全的人行道，100.0%的果园道路不能通行旅游客车。道路不畅直接增加采摘成本，在运输途中造成果面损伤，影响品质。

（四）品牌打造和市场营销仍显不足

“奉节脐橙”品质虽好，但缺乏理化品质和基因图谱分析支撑，建立技术标准体系还缺乏科学参数，也缺乏稳定的品牌营销渠道、精干的营销团队和强有力的营销活动。开县作为一个柑橘产业大县，没有一个与之匹配的果品专业批发市场和流通信息网络，柑橘销售盲目、分散、无序，对外地客商和企业缺乏吸引力。

三、几点建议

（一）加大柑橘产业发展扶持力度

一是将三峡库区种植柑橘全部纳入退耕还林补助，给予果农一定资金扶持。二是将果园作为一种特殊林权。创新“三权”抵押，将柑橘林作为一种特殊的林权，取到权属证书，为种植者提供融资服务。三是继续实施中央对重庆柑橘种苗补贴政策，提高补助标准，增大补助的资金总量。

（二）加快推进柑橘基地规模化、标准化建设

培育新型农业经营主体，鼓励专业合作社、龙头企业、家庭农场、专业大户依法通过转包等方式将农村劳动力转移后闲置的土地集中经营，加快柑橘基地建设。进一步加大标准化果园的管理和老果园的管护改造投入，强化柑橘幼龄果园的标准化示范管理，继续推行柑橘幼龄果园示范管理奖励补助政策和无公害标准化技术管理的果园补贴办法，探索幼林果园统管、托管和承包权转移等多种有效管理模式。

（三）着力改善果园基础设施配套

一是要狠抓水利建设，按照平均每亩果园配套10立方米蓄水池的要求，力争基本解决因干旱造成减产和果品质量下降问题，在标准园逐步配套建设滴灌式水利设施，确保旱涝保收。二是要抓好交通建设，解决果园及规划产区的道路通畅问题，做到主产区通水泥路，规模种植区通三轮运输车。三是要对果园进行土壤改良与综合开发，修建人行便道，配套电力设施，做到电线架设到园，解决田间作业安全便捷通行问题。

（四）打造品牌，延伸链条，健全柑橘市场营销体系

要开展优质柑橘品种品质论证，组织权威机构对其进行成分检测与品质分析，发布权威数据，为提升重庆柑橘的品牌地位提供依据。要建设集交易、物流、冷藏为一体的地区性特色农产品批发交易市场，建立柑橘产品营销电子商务平台，在大中城市建立物流配送中心和直销网点，要开展“农商对接”，拓展销售渠道。加工层面上，按照“激发现品牌、拓展新品牌”的原则，支持鼓励企业加快创新步伐，引入竞争机制，创建品牌、推广名牌，同时不断拓展其产品销售市场，延长销售终端，形成销售引导加工的机制。

（作者：朋琳　国家统计局重庆调查总队总队长）

四川省经济社会发展报告

2014年，在国内经济由高速增长转向中高速增长“新常态”的宏观环境下，四川全省上下牢牢把握稳中求进工作总基调，认真落实中央各项部署，深入实施“三大发展战略”，主动作为，积极采取一系列“稳增长、促发展”政策措施，全省经济运行与全国大势保持基本一致，呈现出总体平稳、稳中有进的发展态势。

一、经济运行的主要特点

2014年，四川经济运行呈现出“平稳增长、减速换档、追赶发展、结构调整、民生改善、区域协调”六个显著特点。

*一是经济运行总体平稳。*2014年，受国际、国内宏观经济环境和市场需求不足等多因素的影响，全省经济下行压力不断加大，一季度经济增速从2013年的10%回落至8.1%后，经积极组织实施一系列稳增长政策措施，上半年和前三季度经济平稳回升到8.5%的较快增长，全年实现地区生产总值（GDP）28536.7亿元，按可比价格计算，比上年增长8.5%，比全国平均水平高1.1个百分点，这在四川经济的长期结构性矛盾与当前特殊性困难交织的情况下，实属来之不易。

*二是经济增长在合理区间。*全省经济经过自2002年以来连续12年保持两位数的快速增长以后，近三年放缓趋势明显，表现出新常态下减速换挡的显著特征。从主要经济指标情况看，GDP增速比2013年回落1.5个百分点，规模以上工业增加值、全社会固定资产投资、社会消费品零售总额增速分别比上年回落1.5、4.7和1.2个百分点。但就业和物价形势稳定，全年城镇新增就业96.2万人，城镇登记失业率4.15%，CPI上涨1.6%，经济运行仍在合理区间。

*三是追赶发展势头较好。*新常态下四川“人口多、底子薄、不平衡、欠发达”的基本省情仍未根本改变，与全国同步全面建成小康社会的任务艰巨繁重，发展仍是四川的第一要务。2014年，四川经济增长继续保持高于全国的追赶发展势头，GDP增速比全国高1.1个百分点，在前八位经济大省中排位靠前。其中，第二产业增速比全国高2.0个百分点，第三产业增速比全国高0.7个百分点。

*四是结构调整取得积极进展。*从产业结构看，三次产业结构进一步优化，由上年的12.8:51.3:35.9调整为12.4:50.9:36.7，第三产业比重比上年提高0.8个百分点。城镇化率46.3%，比上年提高1.4个百分点。从工业行业结构看，汽车制造业、计算机通信两大优势产业占规上工业比重达13.6%，比上年提高0.8个百分点；高技术产业占全省工业比重从上年的13.0%提高到13.8%；石油加工、化学原料、黑色金属冶炼等六大高耗能行业增加值占比从上年的25.3%降至25.1%；传统资源开采类行业占比从14.5%降低至13.9%。从投资结构看，民间投资占全社会固定资产投资比重达56%，比上年提高1.3个百分点，投资增长的内生动力不断增强。从城镇化进程看，城镇化率从上年的43.5%提高到44.9%，提升了1.4个百分点，提升幅度列全国第3位。

*五是民生改善稳步推进。*就业形势总体稳定，城乡就业人员4833万人，比上年末增加15.7万人，三次产业就业结构从上年的40.6:26.0:33.4优化调整为39.5:26.4:34.1。大学毕业生就业形势稳定，失业人员再就业、就业困难人员就业情况进展较好。在城乡居民工资性收入稳步提高等推动下，居民收入持续增长。全年城镇居民人均可支配收入24381元，增长9.0%；农民人均纯收入8803元，增长11.5%。

*六是区域经济竞相发展。*2014年，在“多点多极支撑发展”战略引导下，全省区域综合

竞争力和可持续发展能力不断增强，五大经济区各具特色，区域经济形成新格局。其中，成都经济区在计算机通信、汽车制造业、装备制造等优势产业带动下，经济总量稳居区域首位，全年实现经济总量为17772.2亿元，增长9.0%；川南经济区白酒行业转型发展效果显现，实现经济总量4933.7亿元，增长8.9%；攀西经济区受钢铁行业产能过剩影响增速有所放缓，经济总量为2185.2亿元，增长8.8%；川东北经济区经济总量为4722.3亿元，增长8.6%；川西北经济区经济总量为454.6亿元，增长4.9%。县域经济底部基础进一步夯实，经济活力进一步释放，183个县（市区）中有经济总量过百亿的县达到105个，比上年增加9个；100万以上的人口大县22个，比上年增加1个。

二、主要经济指标运行情况

2014年，全省工业、农业生产平稳发展，投资、消费需求稳步扩大，财政、金融运行平稳，城乡居民增收，物价总体稳定。

（一）产业发展平稳

农业方面：粮食稳产，全年粮食总产量3374.9万吨，基本保持上年水平；油料作物增产，全年油料作物产量300.8万吨，比上年增产3.6%；畜牧业生产稳定，全年生猪出栏7445.0万头，比上年增长1.8%；全年肉类总产量683.3万吨，增长3.2%。第一产业增加值3531.1亿元，比上年增长3.8%。

工业方面：受国际国内市场需求不足、部分行业产能过剩等影响，全省工业增长减速换档，结构调整步伐加快。全年规上工业增加值增长9.6%，增速比全国高1.3个百分点，其中一季度规上工业增长9.2%，上半年增长9.6%，前三季度增长9.8%，缓中趋稳的势头较好。

从主要行业情况，41个工业行业大类中37个行业增长，增加值总量前10位的行业占全省规上工业比重为59.2%，比上年提高0.3个百分点，拉动全省工业增长6.2个百分点。其中计算机通信、电力热力生产和供应业、汽车制造业分别增长12.8%、10.7%、12.7%，合计拉动规上工业增长2.9个百分点。占比最大的酒饮料精制茶制造业转型调整仍在持续，增加值同比增长7.7%，增速比全省平均水平低1.9个百分点；煤炭开采和洗选业恢复调整进程稳步推进，增加值从上年的下降转为全年增长10.4%。

从主要产品产量看，重点监测的117种工业产品产量有81种增长，增长面为69%。其中，铁矿石原矿量增长11.1%，化学农药增长16.2%，汽车增长19.1%，电子计算机增长22.9%，白酒增长5.6%，水泥增长4.9%。全年规模以上工业企业实现出口交货值3181.4亿元，增长18.2%。

服务业方面：金融、交通运输、旅游等服务业相关行业继续保持较快增长，服务业发展稳步回升，全年服务业增加值突破万亿元大关，达到10486.2亿元，比上年增长8.8%，增速比前三季度提高0.4个百分点。其中，金融业增加值1982.5亿元，增长15.5%；交通运输、仓储和邮政业增加值828.0亿元，增长8.6%。

（二）需求稳步扩大

投资方面：全年完成全社会固定资产投资23577.5亿元（含区域项目），比上年增长12%。其中固定资产投资（不含农户）22662.3亿元，增长14.7%。新开工项目情况较好，新开工项目20459个，比上年增加1097个；计划总投资18247.1亿元，增长12.4%；平均投资规模8919万元，比上年增加364万元。全年完成房地产开发投资4380.1亿元，增长13.7%；商品房新开工面积11328万平方米，增长11.5%；商品房竣工面积5334.5万平方米，增长4.4%；商品房销售面积7142.4万平方米，下降2.3%。

消费方面：全年实现社会消费品零售总额12393.0亿元，比上年增长12.7%。分城乡看，城镇市场零售额9348.8亿元，增长12.4%；乡村零售额2317.0亿元，增长13.8%。分消费形态看，商品零售额9994.8亿元，增长13.1%；餐饮收入零售额1671.0亿元，增长10.1%。从主要商品销售看，限额以上16大类商品零售额全面增长，其中粮油、食品、饮料、烟酒类零售额增长17 %,汽车类增长16.1%,石油及制品类增长5.8%。

外贸方面：全年实现外贸进出口总额702.5亿美元，比上年增长8.8%，其中出口额448.5亿美元，增长6.9%；进口额254.0亿美元，增长12.3%。

（三）民生持续改善

就业方面：就业形势总体稳定，年末城乡就业总量为4833万人，比上年末增加15.7万人，其中城镇新增就业96.2万人，比上年增加2.75万人。三次产业就业结构从上年的40.6:26.0:33.4调整为39.5:26.4:34.1，非农产业就业比重提升1.1个百分点，就业结构进一步改善。大学毕业生就业形势稳定，就业率86.35%，失业人员再就业、就业困难人员就业情况进展较好。

居民收入：在城乡居民工资性收入稳步提高等推动下，居民收入较快增长。全年城镇居民人均可支配收入24234元，比上年增长9.0%，农民人均可支配收入9348元，增长11.5%。

同时，节能降耗形势较好，全年单位GDP能耗下降4.64%，单位工业增加值能耗下降8.03%，超额完成全年目标任务。

（四）运行环境稳定

物价方面：受食品价格涨幅回落、新涨价因素有所减弱等影响，全年物价水平低位运行，居民消费价格（CPI）比上年上涨1.6%。八大类商品及服务价格 “七涨一跌”，其中衣着类继续领涨，比上年上涨2.5%；食品类上涨2.1%，涨幅比上年回落2.7个百分点，拉动全省CPI上涨0.9个百分点。工业生产者出厂价格（PPI）比上年下降1.3%；工业生产者购进价格（IPI）比上年下降1.3%,降幅比2013年扩大0.5个百分点。

财政方面：全年实现地方公共财政收入3058.5亿元，比上年增长9.8%，其中税收收入2311.7亿元，增长9.9%；地方公共财政支出6784.3亿元，增长9.1%。

金融方面：12月末，全社会金融机构人民币各项存款余额53282.0亿元，增长11.8%，其中个人储蓄存款余款25312.5亿元，增长12.0%；金融机构人民币各项贷款余额33884.1亿元，增长14.7%。

三、2015年四川经济平稳中减缓趋势明显

2015年，国际国内经济下行压力仍然较大，影响四川经济发展的不确定、不稳定因素仍然较多，全省经济既要面临新常态下增速放缓的客观现实，同时在稳增长、促改革、惠民生等有力措施推动下，经济保持平稳增长的趋势依然较强，但受市场需求不足态势短期难以改变、新增重点产能减弱等因素影响，全年经济增长率将有所降低。

一是新常态下四川经济发展长期趋势性向好和短期特殊性矛盾交织。

一方面，经济长期向好的趋势仍然较强。国家“一路一带”发展战略从布局到稳步实施，将为四川打造新增长极提供重要机遇，形成长期驱动力。国家区域发展政策重点支持跨区域、次区域发展，中央财政转移支付更多的向中西部地区倾斜，将有助于扶持四川革命老区、民族地区、贫困地区加快发展。基于加快构建完整的铁路、公路骨架网络的目标，国家重点基础设施建设更多地向西部倾斜，四川在完善基础设施建设方面仍有巨大开发空间。四川仍处于工业化、城镇化双加速的发展阶段，尤其是城镇化水平与全国相差8个多百分点，与东部发达地区相差20个百分点左右，城镇化提升空间广阔，将是全省经济增长的重要动力。

另一方面，新常态下四川经济与全国一样总体进入速度换档期，经济发展的短期特殊性矛盾仍然突出，市场需求明显不足、部分行业产能过剩的严峻现状短期难有明显改观，三大需求、发展动力、要素环境都难以支撑经济高速增长，经济增速短期惯性回落的势头已经形成，近期难有大幅回升，经济增长减缓趋势明显。同时，结构调整的阵痛仍将持续，新旧增长点交替阶段“青

黄不接”的矛盾凸显。各项改革效果显现需要时间，完成提质增效的目标仍然艰巨。

二是产业发展稳中趋缓。只要不遭受大的自然灾害，农业生产有望保持平稳发展。加快战略资源利用转化优势，继续打造新兴增长极，发展优势产业、战略性新兴产业和高端成长型产业将为工业稳定增长提供支撑。汽车和电子行业对全省工业增长拉动力今年将进一步减弱，钢铁、建材、有色、化工等重化工业仍将持续低位运行，白酒行业将继续呈现挤压式发展格局，尚难以走出困难期。近几年工业投资持续放缓，工业新增产能进一步减弱。工业作为支撑经济增长的主动力，预计今年将呈稳中缓降的发展趋势。继续深化服务业体制机制改革，加快推进服务业重点领域发展，优先发展生产性服务业，大力发展生活性服务业，积极培育新兴服务业，加快发展电子商务等五大新兴先导型服务业，服务业发展的政策机遇较好，第三产业有望保持平稳增长。

三是需求增势稳定。稳投资仍是四川经济稳增长的重要支撑。2014年结转投资规模突破2.25万亿，进出川铁路、城际快线等重大基础设施项目建设将继续加快，全省在建高速公路、铁路投资位居全国前列。民间投资占比进一步提升，已成为四川投资的主导力量。今年将继续支持全省500个重点项目和50个省重点推进项目，抓好56个重点产业项目，全省新开工项目投资规模有望达到2.45万亿。预计全年全省投资有望保持稳定增长。消费方面，随着全面深化改革的继续推进，收入分配制度改革进程将加快，今年收入增长预期较好；商品性消费热点升级换档，网上消费等新型消费方式方兴未艾，保障房建设等社会保障体系建设日益完善，电子商务、养老健康服务业等新的消费增长点加快推进，消费需求进一步推动，消费结构优化升级，四川人口多、市场容量大等优势进一步发挥，消费市场平稳增长的动力仍然较强。

基于以上因素分析，在平稳增长的大趋势中，四川在新常态下传统经济发展动力逐步减弱，经济下行压力依然较大，经济增长速度将有所降低。

（作者：范秋美　四川省统计局局长）

专栏：四川农民收入快速增长 扶贫开发任重道远

2014年，在省委、省政府的正确领导下，四川省继续坚持开发性扶贫的方针，不断加大扶贫开发力度，同时从经济、文化、社会等方面采取多种措施，合力推进，努力提高贫困地区的农民收入水平，不断提高其生活质量和综合素质，扶贫开发工作取得显著成效。全省农民人均可支配收入达9438元，比上年增长11.5%，农村贫困地区，特别是集中连片特困地区农民可支配收入继续增加，生活消费水平不断提高。

一、贫困地区农民可支配收入较快增长

2014年四川省贫困地区农民人均可支配收入为7091元，比上年同期增加809元，增长12.9%，增幅比同期全省农民人均可支配收入高1.4个百分点。其中连片特困地区农民人均可支配收入7051元，比上年同期增加955元，增长15.7%，实现大幅度增长。贫困重点县农民人均可支配收入6988元，比上年同期增加854元，增长13.9%。

（一）收入结构发生明显变化

从收入组成看，经营净收入、工资性收入和转移净收入仍是贫困农户收入的主体，但收入结构发生明显变化。其中，工资性收入为2609元，比上年同期增长18.7%，在总量中占36.8%，比上年增加1.8个百分点；经营净收入3014元，增长0.8%，在总量中占42.5%，比上年下降5.1个百分点；财产净收入和转移净收入分别为65元和1403元，在总收入中的占比分别较上年提高0.3个和3.0个百分点。在可支配收入增加额中，工资性收入比上年同期增加412元，占可支配收入增加额的50.9%，成为贫困地区农民可支配收入较快增长的主要因素。经营性净收入增加25元，占增加额的3.1%。财产性净收入增加30元，占增加额的3.7%。转移净收入增加342元，占增加额的42.3%，成为增加贫困家庭农民收入的重要来源。

（二）工资性收入快速增长

2014年，贫困地区农民工资性收入增幅18.7%，高于农民人均可支配收入5.8个百分点，占人均纯收入的36.8%，占比比上年提高1.8个百分点。工资性收入快速增长主要有三方面原因，一是贫困地区农民由于家庭资金少，自主创业、从事家庭经营等相对较为困难，劳动力大多选择外出打工，工资性收入仍是其最主要的收入来源。二是工资标准提高。从2014年7月1日起，四川调整了最低工资标准，与以往最低工资标准相比，平均增长幅度达到14.5%。三是精准扶贫，投入财政专项扶贫资金5000万元，培训输出贫困家庭劳动力5万多人。

（三）转移净收入成为贫困农民增收的强引擎

2014年贫困地区农民转移净收入人均达到1403元，增长32.2%，占人均可支配收入的19.8%。转移净收入主要来自两大方面：一是强农惠农政策覆盖面不断扩大。全省下达各项农业惠农补贴资金，包括农业“四项补贴”、草原生态奖补、退耕还林、森林生态效益补偿等资金共计135.5亿元。二是农村社会保障政策不断完善。为保障和改善农村居民基本生存权利的生活需要，分享经济发展和社会进步的成果，四川进一步提高农村低保补贴标准，提高新农保补贴标准，提高医保个人报销标准等措施，使农民转移净收入继续保持了较快增长。

二、贫困地区农民生活消费水平继续提高

2014年贫困地区农民人均生活消费支出6100元，比上年同期增加575元，增长10.4%。其中，食品烟酒消费支出2570元，比上年同期增加122元，增长5.0%；衣着类消费支出376元，增长10.3%；居住类消费支出1132元，增长5.8%；生活用品及服务消费支出420元，增长20.1%；交通通讯支出569元，增长32.5%；教育文化娱乐支出464元，增长8.9%；医疗保健支出472元，增长22.3%；其他用品及服务支出98元，增长24.6%。

恩格尔系数（食品消费占生活消费的比重）为42.1%，比上年（44.3%）下降2.1个百分点，生活有所改善。但贫困农民生活消费支出仍主要用于食品、居住、医疗（共占生活消费支出的68.4%）等刚性消费，生活压力

仍较大。特别是医疗消费支出占生活消费支出的7.7%，占比比上年提高0.8个百分点。

三、贫困人口509万，扶贫开发任重道远

据国家统计局反馈数据，按照年人均收入2300元（2010年不变价）的农村扶贫标准计算，2014年四川农村贫困人口为509万人，比上年减少93万人。贫困发生率为7.3%，比上年下降1.3个百分点。通过加大贫困农民扶贫开发力度，贫困农民收入得到普遍、快速增长，四川扶贫开发工作取得明显成效。

但由于四川省贫困面大，涉及国家级贫困县区多达45个，贫困人口众多，扶贫任务依然非常艰巨。2015年是四川实施"三大发展战略"、推进"两个跨越"的关键之年，全省将坚持扶贫开发与区域发展相结合，齐抓共管，实现贫困地区农民收入保持快速增长。

一是优化教育扶贫，提高贫困地区农民的自身素质。要高度重视贫困地区人口素质的提高，加大教育投入，举办各种形式的职业技术培训班，不断提高贫困地区人口的知识水平和新形势下适应新的工作岗位和自我创业的能力。对建档立卡贫困户未能升学的初高中毕业生，提供生活补贴或贴息贷款，通过2-3年的职业教育培训，掌握一门技能，提高就业创业能力，帮助贫困户"拔穷根"。

二是强化产业扶贫，促进贫困地区均衡发展。围绕加快产业化扶贫，规划实施一批能促进产业结构优化升级的工业项目、技改项目，能加快推进新型工业化、农业产业化、城乡一体化建设的龙头产业。结合国家和省实施重点产业调整的大好机遇，合力推进投资规模大、科技含量高、市场前景好的重大项目，做强主导产业，做大新兴产业，做优传统产业，统筹区域平衡发展，加快贫困地区脱贫致富步伐。继续开展产业扶贫试点，大力支持革命老区发展，推进秦巴山区、乌蒙山区扶贫攻坚，全面启动实施世行第六期扶贫项目，以扶贫新村、巴山新居为载体，着力实施"六到农家"行动。

三是多措并举扶贫，充分调动社会各阶层力量。积极实施"片区攻坚、到村到户"扶贫战略，巩固和发展专项扶贫、行业扶贫、社会扶贫三位一体的大扶贫工作格局，充分发挥社会各阶层的主动性和灵活性，大力推广产业发展、技能培训和资金互助等扶贫模式，切实增强贫困地区自我发展能力，特别是加快集中连片特困地区脱贫致富步伐，全力打好新一轮扶贫开发攻坚战。坚持先行试点、逐步推广原则，推动扶贫与金融合作共赢，大力发展农村金融机构，创新贫困地区金融服务和金融产品，探索建立产业发展基金，用财政扶贫资金撬动金融资金、社会资本投入扶贫开发。支持各类银行与各地政府开展合作，先行先试，创新探索金融参与扶贫开发模式。

四是统筹推进扶贫，实施片区内外攻坚。结合四川贫困地区，幅员辽阔，既有秦巴山区、又涉及乌蒙山区。包括有藏、羌、彝族自治区的特征。四川要因地制宜，实施《〈秦巴山区、乌蒙山区和藏区区域发展与扶贫攻坚实施规划〉2015年实施方案》，持续用力推动"四大片区扶贫攻坚行动"和"五大扶贫工程"12项重点工作。编制《大小凉山彝区"十项扶贫工程"2015年实施方案》，深入推动彝区新一轮扶贫攻坚。扎实开展藏区"六大民生工程"扶贫解困行动计划，继续抓好"4•20"芦山地震193个贫困村灾后恢复重建。

（作者：丁远忠　国家统计局四川调查总队总队长）

贵州省经济社会发展报告

面对错综复杂的国内外经济环境，面对经济发展的新常态，在中共贵州省委、贵州省人民政府坚强领导下，全省深入贯彻落实中央精神和各项决策部署，紧紧守住发展和生态两条底线，坚持主基调、主战略，坚持全面深化改革，统筹做好稳增长、促改革、调结构、惠民生、防风险各项工作，经济社会发展稳中有进、稳中向好，呈现出运行平稳、转型加快、活力增强、民生改善的良好态势。

一、2014年全省经济社会发展基本情况

（一）经济社会发展新突破新亮点

1. 经济总量不断提升，提前完成“十二五”规划目标。一是经济总量迈上新台阶。全省地区生产总值9251.01亿元，比上年增长10.8%。其中，第一产业增加值1275.45亿元，增长6.6%；第二产业增加值3847.06亿元，增长12.3%；第三产业增加值4128.50亿元，增长10.4%。地区生产总值提前一年实现“十二五”规划翻番目标。二是全省地区生产总值比上年增加1164.15

表1　全省地区生产总值

单位：亿元，%

指标名称	2010年	2011年	2012年	2013年	2014年
地区生产总值	4602.16	5701.84	6852.20	8086.86	9251.01
第一产业	625.03	726.22	891.91	998.47	1275.45
第二产业	1800.06	2194.33	2677.54	3276.24	3847.06
第三产业	2177.07	2781.29	3282.75	3812.15	4128.50
占全国比　重	1.15	1.22	1.32	1.38	1.45

亿元，经济增量连续4年保持在1000亿元以上，占全国的比重逐年提高。

2. 主要经济指标平稳较快增长，增速继续高于全国和西部。经济运行延续2010年第四季度以来的平稳较快发展态势，规模以上工业增加值、固定资产投资、社会消费品零售总额分别比上年增长11.3%、23.6%和12.9%，分别高于3.0个、7.9个和0.9个百分点。部分指标增速居全国前列。全省公路货物周转量增长27.2%，居全国第1位；金融机构人民币各项存款余额增长15.1%，居全国第3位；金融机构人民币各项贷款余额增长22.4%，居全国第4位。

表2　2014年全省主要经济指标增速与全国及东、中、西部地区比较

单位：%

指标名称	贵州	全国	东部地区	中部地区	西部地区
规模以上工业增加值	11.3	8.3	—	—	—
固定资产投资	23.6	15.7	14.6	17.2	17.5
社会消费品零售总额	12.9	12.0	—	—	—
金融机构人民币各项存款余额	15.1	9.1	7.9	9.8	10.6
金融机构人民币各项贷款余额	22.4	13.6	12.1	16.2	16.9

注：规模以上工业统计口径为年主营业务收入2000万元及以上工业企业；固定资产投资统计口径为计划总投资500万元及以上的城镇、农村非农户和房地产开发投资。（以下同）。社会消费品零售总额东、中、西部为简单平均数。

3. 经济发展活力进一步增强，新增长点不断涌现。一是工业新增企业释放增长动力，全年新增规模以上工业企业720户。其中新建投产入规企业446户，新建投产入规企业占全部新增企业的比重为61.9%，规模以上工业企业净增630

户，新增企业对全省工业经济增长带动作用明显。二是市场主体释放增长活力，截止12月底，全省市场主体总量161.18万户，注册资本金1.64万亿元，分别比上年增长22.3%和41.2%。三是投产项目形成增长动力，全省固定资产投资本年新开工项目6958个，占全部施工项目的比重为72.3%，拉动固定资产投资增长8.0个百分点。

4. 结构调整继续推进，质量效益不断提高。一是加大农业结构调整，经济作物种植面积比上年增长3.8%，茶叶、水果等经济作物产量再创新高。二是工业中非金属矿物制品业，计算机、通信和其他电子设备制造业等新兴产业增长较快，分别比上年增长23.6%和20.7%；轻工业比上年增长11.5%，快于重工业0.3个百分点。

在结构调整推进下，经济运行质量效益不断改善。全省规模以上工业实现利润总额539.40亿元，增速由上年下降0.5%转为增长9.4%。规模以上工业亏损企业747户，亏损面为20.3%，比上年收窄5.5个百分点。财政收入质量提高。全年一般公共预算收入中，税收收入增长22.3%，税收收入占一般公共预算收入的比重为75.1%，比重比上年提高5.5个百分点。

5. 基础设施建设取得突破性进展，发展环境明显改善。一是交通运输发展进入新时代。贵广高铁建成通车，沪昆铁路客运专线贵阳至怀化段达到联调联试条件，铁路交通迈入“高铁时代”，全年铁路营业里程超过2472公里。公路建设成效显著，高速公路通车里程突破4000公里，通高速公路县达79个。航空建设加快推进，9个市（州）均实现机场通航。二是水利建设取得新进展。黔中水利枢纽一期工程、滋黔一期工程基本建成，夹岩水利枢纽工程加快建设，黄家湾、马岭大型水利工程获国家批准立项，开工骨干水源工程40座，新增机井2125眼。三是城镇建设取得新成效。启动实施信息基础设施建设三年会战，贵阳、遵义、安顺通信实现同城化，“三网融合”工程项目稳步推进，4G网络实现乡镇全覆盖。2014年末，全省常住人口3508万人，其中城镇人口1403.57万人，占常住人口比重为40.01%，比重比上年提高2.18个百分点。

（二）三次产业稳步发展

1. 农业形势较好。2014年是贵州近年来利于农业生产的较好年景，农业实现增产丰收。一是种植业较快发展，全年粮食总产量1138.50万吨，比上年增长10.5%，产量为近五年最高。其中，夏粮产量264.7万吨，增长10.0%；秋粮产量873.8万吨，增长10.7%。二是畜牧业稳步发展，全年肉类总产量为201.80万吨，比上年增长1.0%。

2. 工业较快增长。全年规模以上工业增加值3117.60亿元，比上年增长11.3%，各月累计增速均保持在11%以上。一是主要行业增长较快。19个重点监测的工业行业中，18个保持增长，11个增速达到两位数。二是重点行业增长稳定。酒、饮料和精制茶制造业比上年增长13.7%；煤炭开采和洗选业，烟草制品业均增长8.8%；电力、热力生产和供应业增长增长6.6%。三是私营企业快速发展。规模以上工业中私营企业增加值比上年增长11.7%，高于规模以上工业增加值增速0.4个百分点，占规模以上工业增加值的比重为24.4%，比上年提高1.1个百分点。

3. 服务业平稳发展。服务业发展大会召开，以及先后出台的一系列支持服务业发展的政策措施，促进服务业稳步发展。一是旅游业继续较快发展。全年接待旅游总人数3.21亿人次，比上年增长20.1%；实现旅游总收入2895.98亿元，增长22.2%。二是交通运输业发展加快。全年旅客周转量比上年增长7.9%，民航旅客吞吐量增长26.2%；公路货物周转量增长27.2%，水运货物周转量增长20.8%，民航货邮吞吐量增长7.1%。

（三）三大需求较快增长

1. 投资规模继续扩大。全年固定资产投资8778.40亿元，比上年增长23.6%。一是三次产业投资较快增长。第一产业投资173.85亿元，比上年增长19.6%；第二产业投资2321.46亿元，增长18.9%；第三产业投资6283.09亿元，增长25.6%。二是重点领域投资稳步增长。其中，工业投资2337.81亿元，比上年增长19.9%；公路投资1234.12亿元，增长36.3%；铁路投资390.89亿元，增长20.6%；房地产开发投资2187.67亿元，增长12.6%。三是到位资金情况良好。固定资产投资本年到位资金8890.71亿元，比上年增长21.6%。其中，国家预算资金增长15.2%，国内贷款增长21.5%，自筹资金增长26.9%。

2. 市场消费总体平稳。全年全省限额以上商业企业3176户，比上年增加751户。在限额以上商业企业数量较快增长带动下，消费品市场实现平稳增长，全年社会消费品零售总额2936.9亿元，比上年增长12.9%。按经营单位所在地分，城镇消费品零售额2113.15亿元，比上年增长12.8%；乡村消费品零售额466.38亿元，增长13.2%。按行业分，批发业零售额312.57亿元，比上年增长17.2%；零售业零售额2040.01亿元，增长12.7%；住宿业零售额21.97亿元，增长9.1%；餐饮业零售额204.98亿元，增长8.3%。

3. 出口贸易增幅较大。对外贸易呈"低开高走"发展态势，一季度全省进出口总额为负增长，上半年由负转正，前三季度速度提高，全年进出口总额108.14亿美元，比上年增长30.5%，增速比上年加快5.5个百分点。其中，出口总额93.97亿美元，比上年增长36.5%，一般贸易出口89.45亿美元，增长38.9%；进口总额14.17亿美元，与上年持平。

（四）财政金融稳定运行

1. 财政收支稳定增长。全省财政总收入2130.90亿元，比上年增长11.1%。其中，一般公共预算收入1366.67亿元，增长13.3%。一般公共预算支出3542.80亿元，比上年增长14.9%。其中，教育支出637.03亿元，增长13.6%；社会保障和就业支出299.72亿元，增长13.3%；节能环保支出85.34亿元，增长28.4%。

2. 金融运行平稳。年末全省金融机构人民币各项存款余额、贷款余额分别为15263.26亿元和12368.30亿元，比上年末增长15.1%和22.4%。

（五）民生进一步改善

1. 就业形势总体稳定。在"5个100工程"等发展平台建设带动下，全省就业人数继续增加。全年城镇新增就业68.37万人，比上年增长23.2%。其中，失业人员再就业15.29万人，增长7.8%。年末城镇登记失业人数14.09万人，城镇登记失业率3.27%。

2. 价格水平涨幅较低。居民消费价格延续低位运行态势，全省全年居民消费价格总水平比上年上涨2.4%，涨幅比上年回落0.1个百分点。

3. 居民收入继续增加。根据城乡一体化住户调查，全省居民人均可支配收入12371.06元，比上年名义增长11.6%，扣除价格因素实际增长9.0%。按常住地分，城镇居民人均可支配收入22548.21元，比上年名义增长9.6%，扣除价格因素实际增长7.0%；农村居民人均可支配收入6671.22元，比上年名义增长13.1%，扣除价格因素实际增长10.3%。

4. 社会保障不断健全。年末，全省城镇职工基本养老保险参保人数361.28万人，比上年末增长7.1%；城乡居民基本养老保险参保人数1586.64万人，增长6.7%；失业保险参保人数191.86万人，增长3.6%；工伤保险参保人数275.05万人，增长5.6%；生育保险参保人数248.01万人，增长3.9%。全省城市居民最低生活保障人数47.63万人，比上年下降7.1%；农村居民最低生活保障人数418.31万人，下降12.3%。

（六）社会事业全面进步

1. 教育事业扎实推进。年末，全年各级各类学校2.77万所，比上年末下降4.0%（其中普通小学通过合并集中办学由2013年10632所减为9275所）。各级各类学校在校学生1064.91万人，比上年末增长1.6%；各级各类学校专任教师46.26万人，增长5.3%。小学学龄儿童入学率99.1%，比上年下降0.2个百分点；高中阶段毛入学率78.0%，提高10.0个百分点；高等教育毛入学率29.4%，提高2.0个百分点。

2. 科技创新能力进一步增强。全年国家项目中，安排“973”计划项目／课题4项，“863”计划项目／课题1项。全年省部级以上科技成果登记147项。其中，基础理论成果22项，应用技术成果124项，软科学成果1项。全年专利申请量22471件，比上年增长29.1%；专利授权量10107件，增长27.7%。全年签订技术合同658项，技术合同成交金额20.04亿元，比上年增长3.4%。

3. 文化事业稳步发展。年末，全省共有艺术表演团体39个，群众艺术馆、文化馆98个，公共图书馆94个，档案馆107个，博物馆、纪念馆75个，艺术表演场所6个，乡镇综合文化站1564个。年末，有线电视用户379.54万户。全省广播综合人口覆盖率和电视综合人口覆盖率分别提高到91.5%和95.4%。图书出版社6个，音像出版社1个，印刷复制企业685个；全年图书出版量6090.64万份，杂志出版量1598.28万份。

4. 医疗卫生服务体系进一步健全。年末，全省共有卫生机构28966个。其中，医院、卫生院2512个，比上年末增长3.4%；妇幼保健院（所、站）100个，增长2.0%。全省卫生机构床位数18.37万张，比上年末增长12.0%；卫生技术人员16.95万人，增长8.3%。其中，执业（助理）医师5.78万人，增长3.5%；注册护士6.72万人，增长13.2%。乡镇卫生条件继续改善，全省乡镇卫生院拥有床位数3.82万张，比上年末增长3.7%，乡镇卫生技术人员2.92万人，增长9.8%。

二、存在的困难和问题

（一）下行压力加大

从外部环境看，世界经济复苏缓慢，国内经济发展处于新常态阶段，经济增速连续3年保持在7.5%左右，2014年，全国国内生产总值比上年增长7.4%，增速比上年回落0.3个百分点。

受全国经济下行传导影响，全省经济下行压力较大。主要经济指标增速均呈回落态势。地区生产总值增速连续三年回落，已从2011年增长15.0%，回落到2012年的13.6%，2013年的12.5%和2014年的10.8%。3年平均回落幅度为1.4个百分点；规模以上工业由2011年增长21.0%回落到2014年增长11.3%，回落9.7个百分点；固定资产投资由2011年增长40.0%回落到2014年增长23.6%，回落16.4个百分点；社会消费品零售总额由2011年增长18.1%回落到2014年增长12.9%，回落5.2个百分点；一般公共预算收入由2011年增长44.8%回落到2014年增长13.3%，回落31.5个百分点。

表3 2011-2014年贵州主要经济指标增速情况

单位：%

指标名称	2011年	2012年	2013年	2014年	年均回落
地区生产总值	15.0	13.6	12.5	10.8	1.4
规模以上工业增加值	21.0	16.2	13.6	11.3	3.2
固定资产投资	40.0	35.0	29.0	23.6	5.5
社会消费品零售总额	18.1	15.8	14.0	12.9	1.7
一般公共预算收入	44.8	31.2	18.9	13.3	10.5

（二）增长动力减弱

主要表现在两个方面：一方面，投资增速回落。主要是由于房地产开发投资和工业投资增速回落，加之其合计占固定资产投资的比重达一半以上(51.6%)，对投资增速回落影响较大。全年房地产开发投资2187.67亿元，比上年增长12.6%，增速低于固定资产投资11.0个百分点，比上年大幅回落19.8个百分点；工业投资2337.81亿元，增长19.9%，增速低于固定资产投资3.7个百分点，增速比上年回落0.9个百分点。

另一方面，工业持续较快增长动力不足。一是主要工业行业增速放缓。全年19个重点监测的工业行业中，有12个增速比上年回落。二是国有控股和大中型企业增速较低。全年规模以上国有控股工业企业实现增加值1503.54亿元，比上年增长7.9%，增速低于规模以上工业3.4个百分点；大中型工业企业完成增加值2163.83亿元，比上年增长7.8%，增速低于规模以上工业3.5个百分点。三是工业产品市场需求不振。自2013年以来，全省PPI（工业生产者价格指数）已连续23个月负增长，2014年一季度降到最低点，下降5.8%；工业产销衔接不理想，全年规模以上工业产品产销率低于全国同期水平2.6个百分点。

（三）结构性矛盾突出

全省第一产业经济效益偏低，第二产业发展滞后，第三产业发展不足，三次产业发展不协调，产业结构不合理，矛盾突出。一是农业方面。农业抗御自然灾害的能力较弱，结构调整难度较大，特别是畜牧业占比持续降低，保持稳定发展难度加大。2014年，全省畜牧业增加值占第一产业增加值的比重为25.1%，比上年下降2.2个百分点。二是工业方面。2014年，全省全部工业增加值3140.88亿元，占全国的1.3%，排全国倒数第5位，仅为广西的51.8%、重庆的61%、云南的80%。另外，行业面窄，行业依赖度较高，煤电烟酒四大行业占全省规模以上工业的比重超过60%。三是服务业方面。2014年全省服务业中，批发和零售业、住宿和餐饮业、非营利性服务业等三个传统服务行业增加值占服务业增加值的比重为47.5%。服务业对传统行业依赖较大，发展水平不高，对经济增长带动作用有待进一步提升。

三、经济走势展望及有关建议

从国际环境看，世界经济仍处于深度调整期，国际货币基金组织（IMF）指出，全球经济面临长期维持低增长的平庸时代，预计2015年世界经济增长率为3.8%。从国内情况看，国内经济下行压力较大，特别是在结构转型阵痛、政策时滞、投资增速回落、去库存化等影响下，全国经济增速将呈现稳中趋缓态势，但仍具有巨大韧性、潜力和回旋余地，有条件保持中高速经济增长。

尽管外部宏观环境趋紧，但结合当前贵州所处的发展阶段，全省经济社会发展面临的积极因素和有利条件仍然较多。一是改革红利进一步释放。2014年，全省成立了经济体制改革等8个专项小组、40个专题组，出台了近70项改革措施，取消、下放和转移了47项投资项目核准事项。随着改革措施落地施行，经济增长的活力将进一步释放。二是发展平台支持力度加大。经过近几年建设与发展，全省“5个100工程”初见成效，园区数量和规模迅速扩大。随着园区新建企业投产、达产，可有力支撑全省经济较快增长。三是积极培育新增长点。全省经济工作会议确定，2015年要加快培育以大数据产业为重点的电子信息产业、新医药和大健康产业、以文化旅游为重点的现代服务业、遵循山地经济规律的现代高效农业、新型建筑业和建材产业等“五大战略性新兴产业”。随着这些产业项目建设、投产、运行、达产，将成为全省经济发展的重要增长极，支撑经济平稳运行。

综合判断，2015年贵州经济可继续保持平稳较快增长态势。为此，要深入贯彻落实党的十八届三中、四中和中央经济工作会议精神，按照省委、省政府决策部署，坚持稳中求进工作总基调，坚持以提高经济发展质量和效益为中心，主动适应经济发展新常态，保持经济运行在合理区间。

（一）加强经济运行调度管理

进一步提高经济运行调度能力，充分发挥“看得见的手”的作用。一是加大项目建设。根据经济发展重点和投资方向，多谋划符合贵州资源禀赋和有利于产业长远发展的重大项目，特别是要加强“五大战略性新兴产业”投资力度，确保见到成效。全面落实国家鼓励政府和社会资本合作（PPP）的政策措施，鼓励和引导民间资本参与投资、建设和运营基础设施和公益性项目建设。同时，引导房地产开发企业拓宽消费市场，消化存量住房，确保房地产市场平稳健康运行。二是推进产能释放。加强监督检查，对招商引资的工业项目，及时跟进和督促，促进工业项目加快落地、投产、达产，形成新增产能、形成新的增长点。

（二）加大服务经济发展的力度

充分发挥“看不见的手”的作用，加大政府服务力度。一是继续开展“百千万”和“双服务”行动，加大对重点行业、企业的调研力度，协调解决工业企业生产经营过程中出现的困难和问题，落实好相关产业扶持政策措施，帮助企业开拓市场，扩大需求，提高企业产销水平。二是进一步取消和下放审批权限，理顺好政府与市场的关系，营造低门槛进入、低成本运行、高效益回报的投资环境，进一步释放改革红利。

（作者：任湘生　贵州省统计局局长）

专栏：经济发展快 民生指标优

2014年，贵州省牢牢把握新常态下的新机遇，强力推进“六大战略新兴产业”、“五张名片”、“5个100工程”等政策的实施，推动经济平稳运行，主要民生指标持续改善：粮食实现增产，肉类生产稳定，城乡居民收入保持增长。

一、生产方面：粮食喜获丰收，畜牧业发展平稳，规下工业较快增长

1. 粮食生产“政策好、人努力、天帮忙”，全年粮食产量达到1138.5万吨，增产108.5万吨，增长10.5%。单位面积产量241.9公斤/亩，比上年增产21.7公斤/亩，增长9.8%。

2014年夏粮产量264.7万吨，比上年增产24万吨，增10%。夏粮单产达到176.3公斤/亩，比上年增加14.3公斤/亩，增长8.8%；其中马铃薯单产达204.8公斤/亩，增长5.6%。夏粮品种的单产、总产都实现增长，特别是马铃薯在前期雨水较多不利生长的情况下，仍然实现增产；各地加大政策和科技投入，加强服务和防灾减灾，推动单产水平增长，主导了夏粮增产。

2013年由于贵州局部夏伏旱的影响，玉米、中稻、红薯等秋收粮食作物因灾减产，2014年入春以来气候适宜，秋收主要粮食作物单产均呈恢复性增长。秋粮873.8万吨，比上年增产84.5万吨，增10.7%。主要秋粮品种水稻、玉米单产分别达到378.9公斤/亩、286.9公斤/亩，比去年增7.9%、12.4%。

2. 通过发展山地生态畜牧业推进产业结构优化，全年猪肉产量达到165.6万吨，牛肉14.7万吨，羊肉3.8万吨，同比分别增长1.1%、3.9%和7.0%；禽肉14.8万吨，减少4.1%。猪牛羊禽肉总产量198.8万吨。

从畜禽养殖特点看，一是肉牛养殖比重逐步提升，市场前景看好。肉牛养殖比重从2012年的52.8%上升到2014年的58.7%，当前牛肉消费群体逐步扩大，消费季节也从过去的冬季消费为主向四季消费转变，市场需求量处于增长态势，肉牛养殖前景较好，养殖户积极性也较高。二是羊养殖户增长较快。在全省“千万只肉羊”工程极大利好下，肉羊养殖发展迅速，养殖户增长较快，2014年全省400只以下羊养殖户比两年前增长了38%，其中存栏量10只以上的养殖户数量更是翻番，羊养殖户逐年增多，羊存出栏快速增长，羊肉产量不断提高。三是生猪市场价格仍然低迷，养殖户利润较低，养殖积极性不高，退养比重上升，养殖规模出现萎缩。四是受禽流感影响，肉用家禽发展缓慢，市场动力不足。

3.2014年工业下行压力较大，但小微企业扶持政策的效应不断释放，简政放权的改革力度继续加大，推动规下工业总体平稳运行。全年实现增加值173.2亿元，可比价增速为9%。

规下工业发展外部政策环境改善。随着工业化和城镇化的深入推进，工业园区和产业园区快速发展，特别是从去年3月以来，一系列简政放权和商事制度改革降低了市场经营主体创业成本，有效激发投资热情，尤其对创新型规下工业企业发展有较大推动作用，促进了贵州万众创业、大众创新的积极性。调查显示，认为目前企业综合经营状况良好和一般的占72.9%，规下工业持续平稳向快的发展势头。

二、价格方面：居民消费价格温和上涨，处于调控目标范围之内；工业生产者出厂价格低位回升

1. 受经济增速放缓、货币政策稳健、有效需求不足、食品价格波动等因素影响，全年CPI温和上涨，累计涨幅2.4%，比2013年低0.1个百分点，为近5年最低。CPI温和上涨直接惠及民生改善，但通缩迹象有所显露也需引起高度关注。

从居民消费价格指数调查的八大类商品及服务项目价格呈“7升1降”态势。食品类价格上涨4.2%，其中：鲜瓜果上涨20.0%，巴氏杀菌乳或灭菌乳上涨11.6%，薯类价格上涨10.6%，牛肉价格上涨10.1%，虾蟹上涨8.6%，活鸭价格上涨9.5%，面粉价格上涨10.4%，鲜菜价格上涨4.5%；受白酒价格下降影响，烟酒类价格下降0.2%；受男夹克衫、衬衫，女士T恤衫、儿童裤子、衣着加工服务费等商品和服务价格回升影响，衣着类价格上涨2.1%；

受家庭服务、装饰灯具等商品及服务项目价格上涨影响，家庭设备用品及维修服务类价格上涨 0.7%；受中药材、理（烫）发、洗浴等商品及服务项目价格上涨影响，医疗保健和个人用品价格上涨 1.6%；受飞机票、停车费等商品及服务项目价格上涨的影响，交通和通信类价格上涨 0.2%；受学前教育、高等教育、健身活动、旅行社收费、修理服务等商品及服务项目价格上涨影响，娱乐教育文化用品及服务项目价格上涨 2.4%；受管道燃气、水、住房租金、装修材料等商品及服务项目价格上涨影响，居住价格上涨 1.8%。

2. 2014 年全省 PPI 一直在下降通道，但从 3 月份起降幅逐步收窄，全年 PPI 累计下降 1.7%，跌幅比全国平均水平低 0.2 个百分点。其中电力、煤炭、黑色、化学、有色等行业大类价格累计均有所下跌，但近期也出现了部分价格环比上涨等积极信号。

贵州 PPI 与全国比较，趋势一致但不同步，呈现先低后高走势。2014 年都运行在下跌趋势中，前三季度贵州低于全国平均水平，但差距逐季缩小，四季度逆转为高于全国平均水平。以累计指数为例：一季度贵州比全国平均跌幅 2.0% 低 0.9 个百分点，二季度低 0.7 个百分点，三季度低 0.4 个百分点，四季度高 0.2 个百分点。

三、收入方面：城乡居民收入继续保持增长，城乡收入差距进一步缩小

2014 年以来，贵州稳步实施“四化同步”战略，经济活力和改革红利不断释放，社会保障政策效应显著，城乡居民收入渠道拓宽，推动居民收入实现较快增长，城乡收入差距进一步缩小。全年城乡居民收入比为 3.38:1，比 2013 年缩小 0.11。

全年农村居民人均可支配收入 6671 元，增长 13.1%。具体看，一是相关部门有计划、有组织的开展劳务培训，有效提高了城乡居民的劳动技能和水平，加之本地和外出务工的人员都有所增加，务工人员工资标准提高，拉动工资性收入增长 20.6%，占农民人均可支配收入的 37.8%，比重比上年提高了 2.4 个百分点，对农村居民增收的贡献日益突出；二是家庭经营收入增长的亮点不多，蔬菜、糖料等作物出售量有所增加，但谷物、油料、烟叶等出售量减少，加上部分农产品价格下跌和灾害影响、劳动力缺乏、比较效益低等原因，来自种养业的现金收入增长较慢，农村居民经营净收入增长 7.8%，占农村居民人均可支配收入的 39.6%；三是限于财力趋紧和政策效应减弱，转移性收入增长难度加大，全年转移性收入较上年增长 9.2%，占可支配收入的 21.5%，比上年下降了 0.8 个百分点。

全年城镇居民人均可支配收入 22548 元，增长 9.6%。进入下半年，全国工业下行压力加大，贵州顶住压力深处着力，实现工业较快增长，有利于企业职工收入增长；园区建设加快推进，养老金提高、低保标准上调、企业工资指导线调整、年终考核奖励标准提高等政策效应继续释放，有利于促进就业和增加收入；简政放权和商事制度改革效应逐渐显现，市场主体数量不断增长，消费需求稳定增加，有效促进居民经营性收入增长；社会保障制度的不断建立和完善，各项保障能力和水平不断提高，各地同步上调机关事业单位、企业离退休人员津补贴，不断扩大城乡养老保险覆盖面，促进居民转移性收入稳步增长。全年城镇居民工资性收入、经营净收入、财产净收入和转移净收入分别增长 9.5%、5.2%、17.4% 和 10.5%。

（作者：钟赛梅　国家统计局贵州调查总队总队长）

云南省经济社会发展报告

2014年以来，面对国际错综复杂的发展环境和国内日益加大的经济下行压力以及自然灾害频发的困难局面，全省上下认真贯彻落实中央和省委、省政府各项决策部署，坚持稳中求进总基调，把改革创新贯穿经济社会发展各个领域，全力以赴统筹做好稳增长、调结构、促改革、惠民生等各项工作，国民经济在严峻挑战中砥砺前行，全省总体保持了经济平稳运行与社会和谐稳定。

一、全省经济运行总体平稳，经济基础进一步夯实

初步核算，2014年云南省GDP完成12814.59亿元，比上年增长8.1%，其中，第一产业完成增加值1991.17亿元，增长6.2%，第二产业完成增加值5281.82亿元，增长9.1%，其中，工业完成增加值3898.97亿元，增长7.2%，建筑业完成增加值1389.66亿元，增长16.2%；第三产业完成增加值5541.6亿元，增长7.4%。人均生产总值（GDP）达27264元，比上年提高2181元，增长7.5%。2014年云南三次产业结构比重为15.5:41.2:43.3，较2013年的三次产业结构16.2:42.0:41.8有所优化，第三产业比重比2013年提升1.5个百分点。

（一）农业生产稳中有升，粮食产量实现“十二连增”

2014年全省农林牧渔业实现总产值3261亿元，比上年增长6.1%；实现增加值2028亿元，增长6.2%，其中，农业增加值1209亿元，增长5.9%；林业增加值206亿元，增长8.9%；牧业增加值527亿元，增长5.4%；渔业增加值47亿元，增长9.6%；农林牧渔服务业增加值38亿元，增长7.6%。2014年全省粮食生产实现了面积增、总量增及单产增的“三增”态势，全省粮食产量达1860.7万吨，比上年增加36.7万吨，增长2.01%，高于全国0.9%的增幅，粮食产量在全国的位次从14位上升至13位，且实现连续十二年增长，超额完成省委省政府年初设定的粮食增产30万吨的目标任务。高原特色农业五大板块形势良好，特色经济作物量效齐升，茶叶、水果、花卉等价格上涨明显，橡胶、咖啡及核桃种植面积和产量继续保持全国第一，粮油、肉类、蔬菜、水产品等都获得较好收成。

（二）工业生产面临较多困难，运行总体平稳

初步统计，2014年全省规模以上工业实现增加值3545.41亿元，比上年增长7.3%，增速比2013年回落5个百分点。

1. 制造业支撑作用明显，采矿业持续低迷。2014年以来，全省制造业呈现逐月回暖态势，是支撑工业生产的最重要因素。2014年全省制造业实现增加值2667.06亿元，制造业增加值增速从年初的5.1%逐月回升至1-12月的10.0%，回升了4.9个百分点。全省制造业拉动规模以上工业增加值增长7.3个百分点，增长贡献率为101.1%；全省采矿业实现增加值348.08亿元，比上年下降17.8%。受外需减弱、产业结构调整以及自然灾害等因素影响，2014年全省采矿业生产形势持续下行，增速从年初的-3.9%持续下行至1-12月的-17.8%，降幅扩大了13.9个百分点，下拉全省规模以上工业增加值2.4个百分点，增长贡献率为-32.5%。电力、热力、燃气及水生产和供应业增长较快，但各季度之间增速波动较大，2014年全省电力、热力、燃气及水生产和供应业实现增加值530.27亿元，增长16.8%，拉动全省规模以上工业增加值增长2.4个百分点，增长贡献率为31.4%。

2. 烟草制品业未改回落态势，非烟产业增长

乏力。从行业看，影响工业增速回落的主要是烟草制品业。2014 年全省卷烟产量同比增长 1.6%，烟草制品业完成增加值 1207.57 亿元，比上年增长 8.5%，增速比上半年和前三季度分别回落 1.1 个和 1.3 个百分点。2014 年全省烟草制品业占规模以上工业增加值的比重达 34.1%，其增速的持续回落是造成全省规模工业增加值增速回落的最重要原因之一。

2014 年全省非烟工业增加值完成 2337.84 亿元，比上年增长 6.7%。一是煤炭开采及洗选业生产依然低迷。2014 年，由于连续发生两起重大煤矿安全事故，省政府对全省年产 9 万吨及以下 992 个煤矿全部关停整顿，受煤炭产业整顿升级和煤矿安全事故影响，全省煤炭生产大幅下降。2014 年，全省 386 家规模以上原煤生产企业共生产原煤 4013.66 万吨，同比下降 51.4%，煤炭开采及洗选业完成增加值 127.81 亿元，同比下降 38%，降幅比 1-11 月份扩大 0.6 个百分点；二是黑色及有色金冶炼和压延加工业生产持续回落。1-12 月全省黑色金属冶炼及压延加工业完成增加值 141.73 亿元，同比下降 3.4%，增速比 1-11 月份回落 13 个百分点；有色金属冶炼及压延加工业完成增加值 319.46 亿元，同比增长 18.9%，增速比 1-11 月份提高 1.9 个百分点；三是电力、热力的生产和供应业生产较为平稳，1-12 月，全省电力、热力的生产和供应业完成增加值 509.68 亿元，同比增长 17.2%，增速比 1-11 月份提高 0.9 个百分点，2014 年全省电力生产实现三大突破：发电量突破 2500 亿千瓦时、外送电量突破 1000 亿千瓦时和全社会用电量突破 1500 亿千瓦时；四是农副食品加工及医药制造业生产增速有所回升，1-12 月，上述两个行业增加值增速同比分别增长 13.5% 和 8.6%，增幅较 1-11 月分别回升 1.1 个和 0.5 个百分点。随着国家控烟政策进一步落实，烟草制品业对云南经济增长的拉动作用将逐渐减弱，云南工业经济发展亟待非烟工业的加快发展来增强支撑。

3. 工业经济效益形势严峻，工业企业亏损面持续扩大。2014 年 1-12 月，全省规模以上工业企业实现主营业务收入 10041.64 亿元，同比增长 2.7%，增幅比 1-11 月回落 1.6 个百分点，比上半年末及三季度末分别回落 5.2 个和 3.5 个百分点。全省规模以上工业企业实现利润 478.92 亿元，同比下降 12.5%，降幅比 1-11 月扩大 0.6 个百分点，比前三季度扩大 7.7 个百分点，全省规模以上工业企业亏损面为 31.22%，亏损面比上年提高 5.6 个百分点。

（三）能源消费低位运行，工业用电量增速持续回落

受工业生产持续低迷影响，全省能源消费仍处于低位运行区间。2014 年，全省规模以上工业能源消费量为 6671.79 万吨标准煤（等价热值），比上年下降 0.21%，其中，六大高耗能行业综合能源消费量为 5816.02 万吨标准煤，增长 0.5%，占规模以上工业能源消费量的 87.17%。2014 年全省全社会用电量 1529.38 亿千瓦时，同比增长 4.8%，2014 年以来全省全社会用电量增速呈现持续回落态势，从年初 2 月份的 8.4% 下降至 1-12 月的 4.8%，回落 3.6 个百分点，其中，全省工业用电量增长尤为缓慢，1-12 月，全省全部工业用电量 1146.66 亿千瓦时，同比增长 2.14%，增速比年初回落 2.13 个百分点。

（四）投资增长总体稳定，房地产投资回落明显

2014 年，全省固定资产投资（不含农户）完成 11073.86 亿元，比上年增长 15.1%，增速比 2013 年回落 12.3 个百分点。房地产业投资回落较为明显，全省房地产开发投资完成 2846.65 亿元，同比增长 14.4%，增速比 2013 年回落 25.2 个百分点，对全省投资增长贡献率为 24.7 %，较上年下降 9.4 个百分点，拉动投资增长 3.7 个百分点，较上年下降 5.6 个百分点。

1. 第一产业投资加快，第二、三产业投资增速下滑。2014 年，全省第一产业投资完成 308.84 亿元，比上年增长 87.7%，增速比上年提高 12.4 个百分点；第二产业投资完成 2788.85 亿元，比上年下降 2.8%，增速比上年回落 16.2 个百分点；其中，工业投资 2787.734 亿元，下

降2.8%；第三产业投资完成7976.17亿元，比上年增长21.1%，增速比上年回落12.1个百分点。

2. 基础设施投资加快增长，拉动作用有所加强。2014年，全省基础设施投资完成3547.73亿元，比上年增长20.0%，增速较上年回升3.8个百分点，占全省固定资产投资的比重达到32.0%，对全省固定资产投资贡献率达40.8%，拉动全省固定资产投资增长6.2个百分点，成为拉动全省投资增长的主要动力。

3. 民间投资增速持续下滑，比重及贡献率下降。2014年，全省民间投资完成5176.11亿元，比上年增长1.4%，增速比2013年回落34.4个百分点；民间投资占全部投资的比重为46.7%，比2013年降低6.4个百分点，对全省投资增长贡献率仅为4.9%，比上年下降60.2个百分点，拉动全省投资增长0.7个百分点，比上年下降17.1个百分点。

4. 亿元以上项目投资增速及资金到位率均出现回落。2014年，全省计划总投资亿元以上施工项目（不含房地产）2707个，比上年增长27.9%，增幅比上年回落13.4个百分点，投资完成率为22.8%，比上年回落1.4个百分点。2014年全省建设项目到位资金9843.52亿元，比上年增长7.6%，增速较上年回落10.2个百分点，资金到位率仅为88.9%，较2013年下降6.2个百分点。

5. 房地产业步入调整阶段，产销增速双双回落。2014年，全省商品房施工面积20034.58万平方米，比上年增长9.7%，增幅比上年回落17.4个百分点，其中，住宅13607.78万平方米，增长4.9%，增幅比上年回落19.4个百分点；全省商品房销售面积达3194.19万平方米，下降3.5%，增幅比上年回落5.7个百分点，其中，商品住宅销售面积为2618.02万平方米，下降8.3%，增速比上年回落10.7个百分点；全省商品房销售额达1596.37亿元，增长7.3%，增幅比上年回落1.8个百分点，其中，住宅销售额为1165.39亿元，下降2.3%。

（五）消费需求略有回升，刚性消费需求增长较快

2014年全省实现社会消费零售总额4632.9亿元，比上年增长12.7%，增速比2013年回落1.3个百分点。其中，12月当月全省社会消费品零售总额完成720.04亿元，同比增长13.2%，增速比11月份加快0.5个百分点。

1. 城乡市场同步增长，农村消费潜力释放有所加快。2014年，城镇市场实现消费品零售额3647.07亿元，比上年增长12.6%；乡村市场实现零售额899.56亿元，比上年增长13.1%，农村消费增幅高于乡村0.5个百分点。城镇市场对社会消费品零售总额增长的贡献率达78.7%，拉动社会消费品零售总额增长10个百分点。

2. 住宿餐饮业回归理性增长，大众餐饮持续旺销。2014年，全省住宿餐饮业营业额实现1089.68亿元，比上年增长16.9%，其中，住宿业营业额达194.63亿元，增长12.0%；餐饮业营业额达895.05亿元，增长18.0%。

3. 吃穿用类商品消费全面增长，汽车类及石油及制品类消费小幅回落。2014年，全省限额以上吃穿用类商品消费有所加快，粮油、食品、饮料、烟酒类实现零售额390.89亿元，比上年增长18.9%；服装、鞋帽、针纺织品类实现零售额127.12亿元，增长9.5%；日用品类实现零售额92.76亿元，增长21.6%。全省限额以上建筑及装潢材料和家具类商品均延续了快速增长势头，零售额分别比上年增长18.3%和13.9%；金银珠宝类实现零售额72.09亿元，增长12.2%；中西药药品类实现零售额108.49亿元，增长21.7%；汽车类、石油及制品类分别实现零售额分别增长6.8%和9.0%。

（六）进出口较快增长，增速有所减缓

2014年，全省进出口总额完成296.22亿美元，比上年增长17.1%，增速比上年回落5.8个百分点，比全国高13.7个百分点。其中：出口完成188.02亿美元，增长20%，增速比上年回落39.3个百分点，比全国高13.9个百分点；进口完成108.20亿美元，增长12.3%，增速比上

年回升 22.5 个百分点，比全国高 11.9 个百分点。

（七）财税收支基本稳定，财政收入增速回落明显

2014 年，全省实现地方公共财政预算收入 1697.79 亿元，比上年增长 5.4%，为年初预算的 94.1%，增速比上年回落 15 个百分点。其中，税收收入 1232.97 亿元，增长 1.4%，增速比上年回落 12.8 个百分点。其中，增值税、企业所得税、个人所得税分别增长 17.6%、8.7% 和 18.2%。受"营改增"政策持续影响，2014 年全省营业税比上年下降 5.4%。

2014 年，全省地方公共财政预算支出 4438.32 亿元，为年初预算的 100.3%，比上年增长 8.3%，较 2013 年回落 6.4 个百分点。2014 年全省用于民生的支出达 3072.7 亿元，占全省公共财政支出的比重达 69.2%。其中：城乡社区支出增长 5.1%；医疗卫生与计划生育支出增长 11.7%；社会保障和就业支出增长 15.5%；交通运输支出同比增长 17.0%。全省一般公共服务支出增长 6.5%；农林水支出增长 10.1%；节能环保支出增长 3.3%。

（八）金融运行总体平稳，存款及贷款增速均有所放缓

全省金融存款增速进一步回落。12 月末，全省金融机构人民币存款余额为 22338 亿元，比年初增加 1646.42 亿元，同比增长 8.0%，增速较 2013 年 12 月末回落 7.2 个百分点。12 月末，全省金融机构人民币贷款余额 17978.74 亿元，比年初增加 2155.65 亿元，同比增长 13.9%，增速较 2013 年 12 月末回落 0.1 个百分点。其中：短期贷款余额 5659.76 亿元，比年初增加 736.76 亿元，增长 15.9%；中长期贷款余额 11818.68 亿元，比年初增加 1277.35 亿元，增长 12.1%。

二、当前云南经济面临的困难和挑战

（一）三大需求可持续增长后劲不足

2014年，全省投资呈现整体回落态势，全年最低增速出现在1-4月（12.3%），虽然之后投资增速有所回升，但由于缺乏重大项目支撑，企业投资意愿不足，全年15.1%的增速仍为逐月累计的次低增速，2014年全省工业投资、产业投资及民间投资表现均较疲软，可以预期投资高速增长潜力未来将出现下降；从消费需来看，由于缺乏收入支撑以及新的消费热点，2014年全省消费运行虽然平稳，但是批发业、零售业、餐饮业总体不旺，难以对经济增长形成有力支撑；从外需看，尽管出口增长较快，但各季度间波动较大，前三季度各季度进出口总额的增速分别为30.4%、52.3%及39.7%，进出口增速在上半年后出现增幅回落态势，从上半年的52.3%回落至全年的17.1%，回落了35.2个百分点，外需增速虽然高于投资及内需增速，但由于其基数小，对全省经济的增长难以形成有力拉动。

（二）实体经济困难较多，工业投资形势堪忧

2014年，全省3571户规模以上工业企业中，亏损企业1115户，比去年同期增加200户，同比增长21.9%，亏损面为31.2%，比去年同期上升5.6个百分点。全省规模以上工业亏损企业亏损额达218.34亿元，同比增长40.0%，增幅比1-11月扩大14.3个百分点。工业企业的生存压力进一步加大，企业盈利能力降低，亏损企业增多，给全省工业可持续健康发展带来较大的压力。2014年，全省工业投资同比下降2.8 %，投资增速低于全省平均水平17.9个百分点，占全省固定资产投资比重继续下降，仅为25.2 %，比2013年下降4.6个百分点，对全省投资增长贡献率为-5.4%。

（三）房地产市场持续低迷，新开工面积增速持续下降

房地产市场调整影响突出。由于全省房地产市场进入周期性调整，对其上、下游产业形成较大影响，对全省经济的冲击正进一步显现，对经济的拉动作用也将进一步减弱。一是房地产投资增速回落明显。2014年，云南房地产增速出现上半年逐步上升，下半年逐步回落的特点，全年14.1%的增速较2013年39.6%的增速回落25.5个百分点。二是商品房新开工面积持续大幅下降。2014年，云南商品房屋新开工面积5458.43万平方米，比上年下降15.8%，增幅较2013年回落23.2个百分点。三是土地市场持续遇冷。2014年，全省房地产开发企业土地购置面积1218.23万平方米，下降38.3%；土地成交价款214.58亿元，下降39.8%。房地产先行指标土地成交面积持续下降，对房地产市场运行及开发投资增长下行压力不断加大。四是房地产开发企业普遍资金紧张。2014年，房地产开发企业到位资金2917.43亿元，下降0.2%，增幅比2013年回落31.2个百分点，其中，国内贷款下降0.9%，增幅比2013年回落66.8个百分点；自筹资金增长0.5%，增幅比2013年回落50.7个百分点。

三、加快2015年云南经济转型发展的对策建议

2015年是“十二五”规划的收官之年，也是谋划“十三五”规划的关键一年，是全面深化改革、推进依法治国的攻坚之年。全面认识新常态，积极适应新常态，主动引领新常态，有利于加快转变经济发展方式和促进转型升级，有利于进一步提升经济发展的质量和效益。2015年，全省上下应在经济发展新常态中，团结一致，克难攻坚，全力以赴做到调速不减势，努力保持全省经济稳步增长，经济发展结构不断优化，逐步实现“企业可盈利、财政可增收、就业可充分、民生可改善、风险可防范、资源环境可持续”的“六可”目标。

（一）以消费需求为导向，加快工业转型升级步伐

以改革开放为动力，以招商引资和项目

实施为抓手，以园区建设为载体，以科技创新为支撑，以消费需求为导向，按照“有扶有控、做强做优、彰显特色、绿色发展”的要求，大力发展轻工业，加快发展战略新兴产业，调整发展重化工业，积极发展生产性服务业，实现工业发展从过度依赖资源向高端制造业转变，从过度依赖重化工业向注重轻工业转变，从资源消耗向创新驱动、低附加值向高附加值、耗能污染向环境友好转变，全方位加快发展方式转变。着重加快发展非烟轻工业，培育打造茶、酒、糖、油、核桃、咖啡、果蔬等特色食品加工产业链。

（二）鼓励消费扩大和升级，促进经济提质增效

2014 年以来，省委省政府出台了一系列增加居民收入的政策措施，全省上下要牢牢把握机遇和有利条件，深入挖掘消费潜力，鼓励消费扩大和升级，带动新产业、新业态发展，推动发展向中高端水平迈进。一是扩大移动互联网、物联网等信息消费，提升宽带速度，支持网购发展和农村电商配送。二是促进绿色消费，推广节能产品，对建设城市停车、新能源汽车充电设施较多的给予奖励。三是稳定住房消费，加强保障房建设，放宽提取公积金支付房租条件。四是升级旅游休闲消费，落实职工带薪休假制度，实施乡村旅游富民等工程，积极发展康体休闲旅游、自驾度假游。五是提升教育文体消费，完善民办学校收费政策，扩大中外合作办学。六是鼓励养老健康家政消费，探索建立产业基金等发展养老服务。用更好的产品与服务，让人民群众放心消费、享受生活。

（三）充分利用云南资源禀赋，打造富有云南特色的“大健康”产业

云南拥有良好的气候资源及环境资源，具有发展健康产业的基础条件和可挖掘潜力。在经济发展新常态下，随着经济增长动力转换，消费将成为经济增长最重要的动力，而蓬勃发展的健康产业将为国民经济提供巨大消费需求。一要科学编制好云南健康产业发展规划，以促进医疗、药品、保健、休闲、养生等企业和机构集聚发展，推动健康产业与卫生事业、旅游产业的融合发展；二要大力发展非公立医疗机构，引进高端优质医疗资源，引导康复护理、老年护理、家庭护理服务的发展；三要发展多样化、特色化的健康服务，完善健康产业体系。利用得天独厚的宜居气候条件，努力打造云南特色“大健康”产业链，打造全国著名的候鸟式养老养生基地。引导扶持有条件的企业尽快切入健康产业，打造相关健康产业细分行业的“小巨人”；在新一轮由健康养老市场巨大需求带动的大健康产业浪潮中，抢占健康消费品、智慧医疗、生态养老基地等大健康产业的战略制高点。

（四）推动旅游文化产业融合发展，做大做强旅游文化产业

要继续依托云南旅游传统优势，进一步发挥文化产业对整个经济转型升级的引领、辐射及带动作用。一是建立具有云南特色的标志性文化建设项目，以丰富的自然、历史文化遗产为核心，开发建设旅游线路项目，加大生态旅游、民族文化旅游，康体休闲度假旅游、村镇特色旅游、边境旅游和推动旅游企业发展；二是构建区域旅游文化带，实现旅游文化融合发展的率先突破。要充分发挥已经规划建设的“昆明—玉溪旅游文化产业经济带”的辐射带动和引导示范作用，促进滇中经济区率先突破，尽快复制推广；三是搭建文化产业融资平台，打通融资通道。要有计划、有重点、有规划地设立各种文化产业发展专项基金，对文化产业的主导行业和重要产品提供资金支持。

（五）统筹推进农业庄园经济和“美丽乡村”建设

要按照云南省五年内建成 100 个现代特色农业精品庄园的要求，大力发展现代“庄园经济”。要着眼长远发展，加强规划设计；着眼内生动力，加强改革创新；着眼增强实力，加强项目建设；着眼人居环境，加强生态治理；着眼统筹协调，加强责任落实，只有将两种模式有机结合起来，

实现融合协调发展才能走出一条云南农业经济转型发展的成功之路。

（六）解放思想，大力鼓励民营经济发展

继续细化、实化省委省政府出台的一系列促进民营经济发展的政策措施，以更大力度破除制约民营经济发展“玻璃门”、“弹簧门”、“旋转门”，力推民营经济健康有序、转型升级发展。政策创新消除市场准入壁垒，坚持非禁即入原则，放宽市场准入条件，推行负面清单管理制度，彻底打破“玻璃门”，鼓励民间资本投资实体经济；完善多层次民营金融服务体系，降低企业融资成本，资金续接化解“弹簧门”；打造土地集约、资源共享、设施共用、投资节省的创业平台，为民间投资充分整合资源，民资抱团拆除“旋转门”。积极鼓励非公有制企业参与国有企业改革，鼓励发展非公有资本控股的混合所有制经济。高度重视小微企业的发展，完善和细化小微企业的差别税率政策，进一步加强扶持小微企业的工作，扎实推进“两个10万元”微型企业培育工程。

（七）抢抓机遇，推动云南沿边开放上水平

云南作为“一带一路”建设中连接交汇战略支点的区位优势更加显著。在难得的机遇面前，一定要牢牢抓住机遇，加快云南沿边开放步伐。依托“一带一路”战略，加快建设孟中印缅经济走廊，深化大湄公河次区域合作。依托边境、跨境和境外三类经济合作区，进一步加强开放平台建设、开放型园区建设和外向型特色优势产业基地建设，把云南省打造成为我国重要的出口加工贸易基地、清洁能源基地、新兴石油化工基地、优势特色农产品生产加工基地、生物产业基地和国际知名旅游目的地。

（八）以点带面，全面启动云南生态文明先行示范区建设

一是大力实施以滇池、洱海、抚仙湖治理等重大生态修复工程，力争取得实质性突破，加强自然生态系统保护，增强生态产品生产能力；二是不断推进生态文明制度建设和体制机制创新，大胆探索实践，针对薄弱环节破解体制机制障碍，加快形成绿色、循环、低碳发展的制度体系；三是着力培育生态文化，构建生态文化体系，重点建设以民族博物馆和民族村镇为载体的民族文化生态保护区；四是推行绿色低碳生活方式，构建人与自然和谐关系，营造生态文明建设良好社会氛围。

（九）加快推进重点领域改革，释放改革红利促发展

一是进一步深化政审批制度改革，进一步简政放权；二是进一步加大投资体制改革，建立完善以政府债券为主体的地方政府举借融资机制；三是加快推进财税、金融体制改革，全面贯彻落实结构性减税措施；四是深入推进国有企业改革，积极发展混合所有制经济；五是力争云南纳入国家新一轮输配电价改革试点，积极推进发电和销售电价的市场化，有效破解云南发展清洁高载能产业的瓶颈；六是加快城乡一体化改革，贯彻落实关于实行城乡一体化的各项措施，确保城镇化建设发展目标任务的如期完成。

（作者：张云松　云南省统计局局长）

专栏：云南农民烤烟收入持续增长

烟草是云南财政增收、农民增收重要源泉和工业转型升级坚实后盾，在经济新常态下，为云南省稳增长、农民持续增收，闯出一条跨越式发展路子作出了新的特殊贡献。2014 年云南在烤烟收购计划同比大幅减少的情况下，全省烟叶质量水平、等级结构、烟农收入等指标突破历史最高水平。国家统计局云南调查总队住户调查数据显示：2014 年云南农民人均交售烟叶数量为 36.5 公斤，同比下降 4.9%，农民交售烟叶综合平均单价（每公斤价格，下同）为 26.64 元，上涨 13.3%，农民人均获得交售烟叶现金收入 972 元，创历史新高，增长 7.8%。通过住户调查历史数据分析，云南农民烤烟收入增长情况，有以下特点：

一、烤烟对云南农民收入增长作出了特殊贡献

一是农民烤烟交售单价呈现持续加速上涨势头。2000 年以来的 14 年间，云南农民交售烟叶综合平均单价持续加速上涨："十五时期"，从 2000 年的 7.75 元缓慢上涨至 2005 年的 8.96 元，年均上涨 2.9%；"十一五时期"，从 2006 年的 10.15 元上涨至 2010 年的 14.16 元，年均上涨 9.6%；"十二五前四年"，从 2011 年的 17.14 元上涨至 2014 年的 26.64 元，年均上涨 17.1%。农民烤烟交售单价持续加速上涨，是云南持续保持烟叶数量和质量全国第一的最重要因素。

二是农民人均交售烤烟现金收入呈持续快速增长态势。2000 年以来的 14 年间，我省农民人均交售烤烟现金收入从 2000 年的 163.7 元，持续快速增加至 2014 年的 972.3 元，年均增幅达 13.6%。其中，"十五时期"增长 6.9%，"十一五时期"增长 16.3%，"十二五前四年"增长 19%。2014 年全省烟农人均获得交售烟叶现金收入 4850 元，比上年的 4180 元，增加 670 元，增长 16%。农民人均交售烤烟现金收入持续快速增长，确保我省农民烤烟收入对全省农民增收的贡献持续保持全国第一的地位。

三是烟农种植规模与农民收入总体呈正相关，烟农收入显著高于非烟农。交售烟叶数量不同的烟农，收入差异依然明显，2014 年人均交售烟叶数量不同的烟农，农村常住居民人均可支配收入分别为：人均交售烟叶 50 公斤以下的为 6642 元，50-100 公斤的为 6429 元，100-200 公斤的为 7985 元，200-300 公斤的为 9725 元，300-400 公斤的为 11945 元，400-500 公斤的为 12781 元，500-1000 公斤的为 16215，1000-2000 公斤的为 32902 元，2000 公斤以上的为 29722 元。2014 年云南烟农人均可支配收入达 8573 元，比全省平均 7456 元，高 15%，比全省非烟农 7176 元，高 19.5%。烟农种植规模与农民收入总体呈正相关，烟农收入显著高于非烟农。由此可见，在经济新常态下，大力培育职业烟农，提高烟叶生产组织化程度，稳妥推进烟农适度规模种植，仍然是促进云南农民种植业增收的最重要手段。

二、当前云南烤烟种植经营面临的主要困难和问题

一是云南烤烟种植经营面临严峻的市场和政策环境。首先，是经济下行压力。长期以来，烟草产业增速均高于 GDP 增速，特别是 2002—2012 年的 10 年，增速均达 20% 左右。目前经济进入新常态，烟草行业进入平稳增长时期。2015 年一季度，全国烟草行业税利增长仅为 5.67%，同比回落 2.1 个百分点，首次出现低于同期 GDP 增速困境，烟草稳增长压力十分突出。其次，是政策环境紧逼。国家不断加大烟草控制框架公约履约力度，各地相继出台控烟条例，严格烟草控制，烟草消费明显下降。同时，2015 年 5 月国家正式出台调整卷烟消费税新政，抑制烟草经营消费作用显著，烟草发展的氛围受到空前压制。第三，是市场空间收缩。云南烟草特别是优质烟叶原料在全国市场中具有举足轻重的影响，全国市场波动对云南烟草的冲击最大。目前，全国烟叶过剩、库存膨胀问题凸显，全国烟叶库存水平已攀升到 37 个月历史新高，云南烟叶也达 30 个月峰值，烟叶市场供大于求的困境，将使云南烟草烟叶发展的强劲势头难以继续保持。

二是农民交售烤烟数量增幅总体回落。2000 年以来的 14 年间，受国家烟草专卖计划调控以及农民种烟意愿不高的双重影响，云南农民人均交售烟叶数量从 2000 年的 21.1 公斤，缓慢增长至 2014 年的 36.5 公斤，年均

增长4%。其中，“十五时期”增长3.8%，“十一五时期”增长6.1%，“十二五前四年”增长1.6%，2014年比上年下降4.9%。云南烟草种植业发展的规模限制瓶颈问题依然突出。

三是农民交售烟叶现金收入比较利益总体下降。“十二五”以来，云南农民人均获得交售烟叶现金收入占比总体下降，烟草种植比较利益呈下降趋势。2009—2014年，云南农民人均交售烟叶现金收入占农民人均现金总收入的比重分别为：11.7%、10.6%、10.1%、11.0%、11.2%、10.5%；农民人均交售烟叶现金收入占种植业现金收入分别为：33.7%，32.2%，31.8%，33.3%，34.3%，31.5%，占比总体呈下降趋势。烟农收入增幅依然低于非烟农。2014年云南烟农人均可支配收入增幅仅为8.9%，比全省农民收入增幅11%低2.1个百分点，比全省非烟农收入增幅12%低3.1个百分点。高原特色农业产业化带动非烟种植业多样化发展变化趋势，使云南烟草种植业比较利益优势的持续发挥面临新的挑战。

四是烟农数量呈持续下降态势，烟农结构出现新变化。2014年云南烟农占总农户的比重为18.3%，比上年的20.1%下降了1.3个百分点。由此推算云南全省烟农人口数量总体呈现持续下降趋势，已从“双控”前的180万户，800万人左右，下降至目前的137万户，570万人左右。从我省烟农内部结构看，2014年人均交售烟叶数量不同的烟农户数占比分别为：小于100公斤的占34.8%；100-300公斤的占47.6%；300公斤以上的占17.6%。规模种烟农户占比较低，已成为阻碍云南烟草种植业“提质增效”的主要因素。

三、对策建议

一是巩固提升烟草支柱产业优势，支撑云南跨越式发展。从云南农业产业化发展历程看，烟草种植业一直是我省农业产业发展最规范、农民受益面最大、最适合云南发展的高原特色产业项目。建议调整制定相关扶持政策，要持续将烟草种植业继续作为云南省高原特色农业发展的“第一工程”，富民兴滇最重要的农业产业化项目予以重点支持。要以“稳定规模、提升质量、科技兴烟、建设卓越烟叶品牌”为目标，发挥云南独特生态优势，着力推动云南烟叶生产发展转型升级，巩固云南烟叶在全国的绝对领先地位。要以全面贯彻落实习近平总书记考察云南重要讲话精神为契机，努力闯出一条云南烟草再创辉煌的跨越式发展的路子来。

二是加强基本烟田建设，保持烟叶稳定发展。云南省要扎实推进符合现代农业标准的基本烟田（地）建设。各级政府应加强经济发展的统筹规划，特别是要在保护基本烟田上加大工作力度，建议及时出台基本烟田保护的法律法规，确保烟草投入改造的烟水工程、烟路工程等农田改造的土地能够持续为提高烟叶种植水平持续发挥重要作用，保护烟草企业继续投入烟田改造的积极性。确保完成国家烤烟收购任务，积极为云南137万户烟农增收致富服务。

三是发挥市场在资源配置中的决定性作用，促进烟草产业发展。根据云南烤烟种植比较利益、烟农数量均呈下降趋势新困难，以及云南贫困县数量居全国第一，贫困人口居全国第二，是全国扶贫攻坚主战场的实际状况，结合云南烟草企业和行业发展需求强劲的现状特征，努力争取国家将云南作为全国优质烟叶第一产区的特殊扶持政策：赋予省内自主确定烟叶收购价格权，稳定烟草种植面积和收购量计划指标规模。

（作者：杨雯　国家统计局云南调查总队总队长）

西藏自治区经济社会发展报告

2014年，在世界经济复苏放缓、国内经济“三期”叠加效应明显，经济发展速度下降的新常态下，西藏自治区党委、政府认真贯彻落实中央关于稳增长、促改革、调结构、惠民生的决策部署，统筹做好改革发展稳定各项工作，经济运行呈现出“总体平稳、稳中有增、增中提质”的良好态势，主要经济指标增幅保持在合理区间，综合实力再上新水平，结构调整取得新进展，发展质量跃上新台阶，民生改善收到新成效。但经济下行压力仍然较大，内需动力仍显不足，经济运行的矛盾和困难依然较多。

一、经济运行处于合理区间，主要指标平稳增长

初步核算，2014年全区实现生产总值920.83亿元，按可比价格计算，比2013年增长10.8%，虽低年初目标1.2个百分点，但仍高于全国3.4个百分点，增速居全国第2位。其中，第一产业增加值91.57亿元，增长4.2%；第二产业增加值336.84亿元，增长14.6%；第三产业增加值492.42亿元，增长9.5%。

（一）农业生产持续稳定

2014年，预计全区农林牧渔业总产值达到138.72亿元，增长4.2%，实现农林牧渔业增加值93.94亿元，增长4.0%。全年粮食总产量97.97万吨，增长1.9%，实现“五连增”。今春部分地区受雪灾、病害等因素影响，全年牲畜存栏头数1861.44万头（只、匹），下降4.5%；牲畜出栏575.42万头（只、匹），下降13.0%。猪牛羊肉产量达到28.62万吨，下降2.0%；奶类产量34.06万吨，增长4.8%；蔬菜产量68.21万吨，增长1.8%。

（二）工业经济企稳回升

2014年全区规模以上工业增加值完成48.87亿元，增长6.0%，增速较三季度提高了3.8个百分点，较上半年提高了4.7个百分点，较一季度提高了5.7个百分点，总体呈稳步回升的良好态势。轻工业保持较快增长，全区轻工业累计实现工业增加值18.87亿元，同比增长18.3%；重工业实现增加值30.00亿元，与上年持平。多数行业稳定增长，在我区有生产的19个行业大类中，从累计增加值同比角度看，13个行业增长、4个行业下降，行业增长面为68.4%。股份制企业引领增长，股份制企业累计实现增加值45.96亿元，占规模以上工业的93.9%，增长7.2%。企业产品产销率逐步提高，规模以上工业企业产销率达到94.4%，比上年提高0.4个百分点。

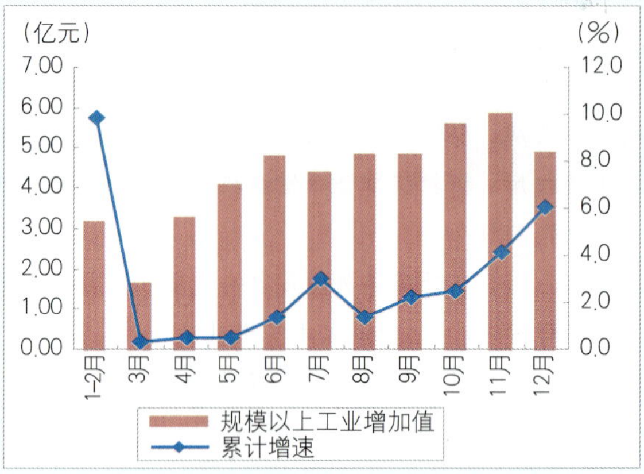

图1 规上工业增加值累计增速及当月总量

（三）服务业稳中趋好

规模以上服务业企业继续保持较快发展，全区规上服务业单位实现营业收入35.19亿元，比上年增长9.7%。交通运输平稳增长，全区旅客运输量1826.52万人，增长7.2%；货物运输量1911.85万吨，增长4.6%。金融信贷运行良好。截至12月末，金融机构人民币各项存款余额

3082.38 亿元，比年初增长 23.3%，其中，单位存款 2273.57 亿元，增长 19.6%；个人存款余额 559.49 亿元，增长 12.7%。金融机构人民币各项贷款余额 1618.72 亿元，增长 50.2%，其中，短期贷款余额 297.93 亿元，增长 14.2%；中长期贷款余额 1200.87 亿元，增长 58.1%。旅游人数持续增加，旅游收入较快增长。2014 年，全区接

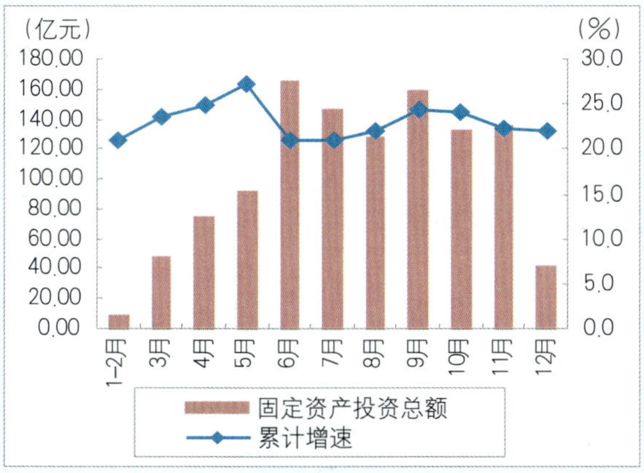

图 2 固定资产投资累计增速及当月总量

待海内外游客 1553.14 万人次，增长 20.3%。其中，接待国内游客 1528.70 万人次，增长 20.5%；接待入境游客 24.44 万人次，增长 9.5%。实现旅游总收入 204.00 亿元，增长 23.5%。

（四）固定资产投资高位运行

2014 年，全区完成全社会固定资产投资 1119.73 亿元（含区域项目），比上年增长 21.9%，全年分月累计增速均保持在 20.0% 以上，呈持续高位运行态势。其中，500 万元以上投资项目完成 1069.23 亿元，增长 22.1%。从三次产业看，第一产业完成 57.53 亿元，增长 18.4%；第二产业完成 355.90 亿元，增长 24.3%；第三产业完成 706.30 亿元，增长 21.0%。新开工项目增势稳定。全年新开工项目 3883 个，比上年增长 1.5%；完成投资 645.49 亿元，增长 8.9%。房地产市场蓬勃发展。房地产开发投资 52.91 亿元，增长 446.7%；商品房销售面积 59.33 万平方米，增长 133.54%，其中，住宅销售面积 53.64 万平方米，增长 135.49%。

（五）消费品市场持续活跃，增速全国第一

2014 年，全区实现社会消费品零售总额 364.51 亿元，比上年增长 13.1%，增速在全国排名第一。其中，限额以上社会消费品零售总额

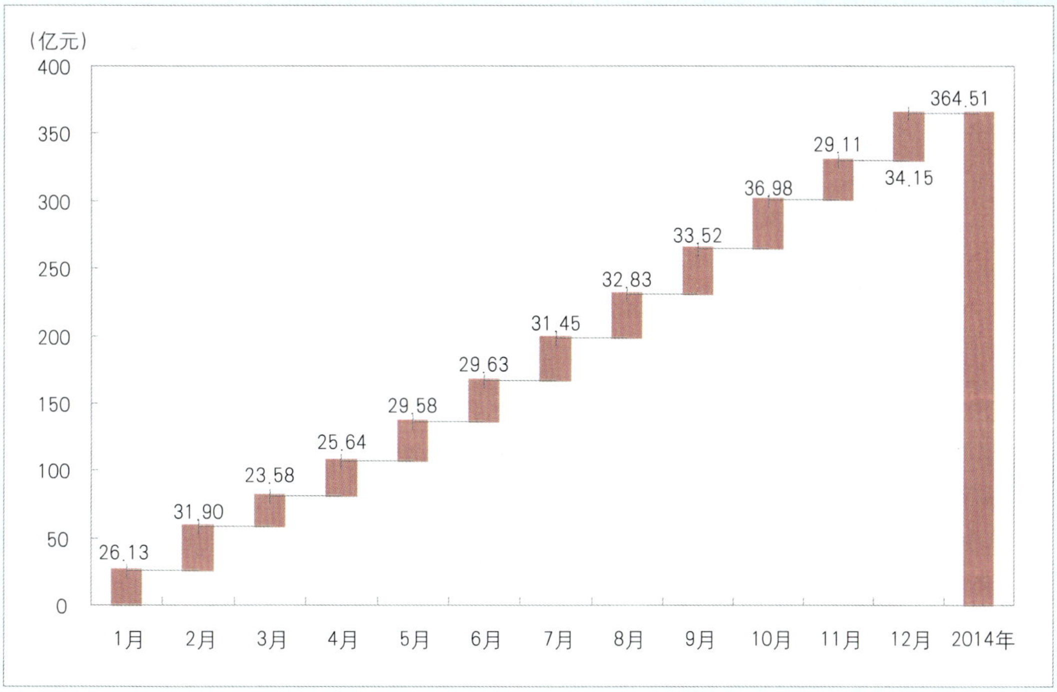

图 3 社会消费品零售总额

99.38亿元，增长15.5%。今年以来，全区消费品市场保持平稳运行态势，除2、3、4月累计增速分别略低于13.0%以外，后续9个月的累计增速都保持在13.0%以上。城镇增速快于乡村，全区城镇实现零售额303.01亿元，增长13.9%；农村实现零售额61.50亿元，增长9.6%。批发零售仍占主导，限上餐饮持续低迷。全区批发零售行业实现零售额307.60亿元，增长14.0%，占全区社会消费品零售总额份额的84.4%；住宿业实现营业额7.21亿元，增长9.6%；餐饮业实现营业额49.70亿元，增长8.3%，其中限上企业营业额0.70亿元，下降32.3%。大部分商品销售态势良好，限额以上16个商品大类中，12类商品零售额实现不同程度增长，增长面为75.0%。

（六）人民生活不断改善

居民收入持续稳增。2014年，全体居民人均可支配收入10730元，比上年增长10.2%。其中，农村居民人均可支配收入7359元，增长12.3%，增幅居全国第二；城镇居民人均可支配收入22016元，增长7.9%。就业形势总体良好。2014年，全区城镇新增就业3.97万人，农牧区劳动力转移就业98万人次、60万人，均超额完成年度目标任务；1.4万多名西藏籍应届毕业生实现全就业，公益性岗位安置就业2.45万人，动态消除零就业家庭2400户；城镇登记失业率2.47%，控制在2.5%的年度目标以内。物价调控目标完成。2014年，我区CPI保持温和上涨态势，全年上涨2.9%，涨幅较2013年缩小0.7个百分点，低于4.0%的年度调控目标。

（七）财税收支增势稳定

2014年，全区实现财政收入164.75亿元，同比增长49.2%，增幅较上年提高33.8个百分点。其中，各项税收收入85.86亿元，增长20.0%。从四大税种看，增值税、企业所得税和营业税分别增长47.7%、45.0%和13.7%，个人所得税下降17.8%。全区财政支出1240.27亿元，增长18.2%。其中，公共财政预算支出1185.51亿元，增长16.9%。

二、经济结构调整扎实推进，平稳运行中实现提质增效

自治区围绕“稳中求进”总基调，实施定向调控、精准发力，将转型提质作为重要突破口，加快产业结构调整，不断提高地方经济的实力和活力，全区经济自主发展能力不断增强。

（一）产业结构调整步伐加快

制造业发展持续较快。2014年，全区规模以上工业增加值同比增长6.0%。其中，食品制造业，酒、饮料和精制茶制造业，医药制造业增加值分别增长517.7%、19.9%和11.2%。非公经济支撑强劲。非公有制企业完成工业增加值26.54亿元，同比增长13.2%，对工业增长的贡献率达50.8%，占规上工业增加值份额的53.3%，比上年提高13.5个百分点；公有制企业实现增加值22.33亿元，下降0.9%。小微企业活力不断增强。中型企业实现工业增加值20.58亿元，下降1.7%；小微型企业累计实现工业增加值23.19亿元，增长11.37%。小微型企业具有较好的成长性。节能降耗成效显著。2014年，全区规模以上工业综合能源消费量同比下降6.2%。其中，高耗能行业能耗下降7.5%，下降幅度较大的有电力、热力生产和供应业、农副食品加工业、食品制品业、黑色金属矿采选业、医药制造业，分别下降32.7%、25.8%、52.2%、36.3%和5.8%。

（二）需求结构不断优化

投资结构逐步趋好。基础设施投资力度不断加大。2014年，公共基础设施投资完成523.48亿元，增长22.4%，对全区固定资产投资增长贡献率达47.6%，拉动固定资产投资增长10.4个百分点。服务业投资稳健增长。全区服务业完成投资653.39亿元，同比增长11.9%，其中，居民服务、修理和其他服务业投资增长73.8%，信息传输、软件和信息技术服务业投资增长29.9%，金融业投资增长29.7%。民间固定资产投资增势强劲。全区民间固定资产投资完成

308.83亿元，增长34.4%，高于全区投资增速12.5个百分点，占全区投资的比重达到27.6%，同比上升2.6个百分点。

消费结构出现积极变化，大众化、理性化消费逐步回归。中央八项规定和自治区“约法十章”、“九项要求”的出台，限制“三公”消费成效显著，消费“泡沫”被不断挤出，限额以上餐饮业回落明显，下降31.1%。限额以下零售主体较为活跃，带动力渐强，实现零售额224.97亿元，增长12.1%，占全区社会消费品零售总额份额的69.4%。金银珠宝类市场需求减弱，下降18.3%；汽车类增速放缓，增长1.1%，增速同比回落17.4个百分点。

（三）经济运行质态良好

财税质量稳步提高。得益于“营改增”改革的顺利推进，2014年，全区税收收入85.86亿元，同比增长20.0%，占公共财政预算收入收入的69.1%。其中，营业税、增值税和企业所得税三大主体税种分别完成31.98亿元、15.91亿元和18.14亿元，增长13.7%、47.7%和45.0%。全年公共财政预算支出中，交通运输、环境保护、教育和医疗卫生等与民生紧密相关的类项支出增速较快，分别增长了84.4%、66.6%、36.0%和23.4%。企业效益平稳增长。2014年，全区规模以上工业企业实现主营业务收入113.5亿元，增长17.4%；实现利润总额12.44亿元，增长89.2%，19个工业行业大类中14个实现盈利，盈利面为73.7%。规模以上服务业企业实现营业收入35.19亿元，增长9.7%。城乡收入差距进一步缩小。2014年，农村居民人均可支配收入增长12.3%，快于城镇4.4个百分点。城乡居民收入比由2013年的3.11:1缩小至2014年的2.99:1，连续8年呈缩小态势。

三、新常态下经济运行面临的困难和挑战

回顾2014年，全区经济亮点突出，发展环境日趋优化。但在复杂多变的国内外经济形势和持续增大的下行压力下，我区经济发展仍面临不少挑战，制约经济发展的一些问题值得关注。

（一）受宏观经济走弱影响，整体经济下行压力较大

当前国内宏观经济面临较大的下行压力，全国工业生产者出厂价格（PPI）已连续34个月负增长。我区经济发展尽管放在全国大环境中表现出较好的增长势头，但主要经济指标增速普遍下滑，经济下行压力依然较大。2014年，生产总值、规模以上工业增加值、固定资产投资、社会消费品零售总额增速同比分别回落1.3、6.2、7.5和2.0个百分点。

（二）内需市场稳中趋弱，新的增长点依然缺乏

消费缺乏新热点。今年以来，受市场和政策因素的影响，汽车、家用电器和音响器材、金银珠宝等消费热点逐渐回归常态，而新的消费热点没有培育形成，传统行业快速增长难度加大。在当前物价、利率及收入水平下，更多的居民倾向于储蓄、投资，居民消费倾向持续减弱。2014年社会消费品零售总额增速同比回落2.0个百分点；限额以上批发和零售业中，汽车类、金银珠宝类和家用电器和音响器材类商品零售额增速同比分别回落17.4、111.7和148.1个百分点。

投资持续高速增长难度加大。亿元项目在建总规模增速较低，影响投资持续增长。2014年，全区亿元在建项目361个，比上年增长20.7%，增速同比回落56.2个百分点；亿元项目完成投资651.06亿元，增长22.7%，回落25.3个百分点。新开工项目增长放缓，对投资拉动力减弱。全区共有新开工项目3883个，增长1.5%，增速同比回落1.7个百分点，比全区投资增速低20.4个百分点；新开工项目完成投资645.49亿元，增长8.9%，回落25.1个百分点，比全区投资增速低13个百分点。到位资金趋紧对投资的支撑作用乏力。全区建设资金到位1301.31亿元，增长19.0%，增速同比回落32.7个百分点，低于全区投资增速2.9个百分点。

（三）工业生产增长乏力，结构调整任重而道远

工业品市场持续疲软。12 月我区工业生产者出厂价格同比下跌 5.3%，自 2012 年 2 月以来，已连续 35 个月同比下降。特别是以初级产品为主的有色金属、黑色金属等主要工业行业产品价格下降幅度较大。工业品产量下降面大。工业品价格持续下降，导致企业被动调整产能。2014 年我区主要工业品产量呈“5 升 5 降”，下降面达 50%。其中，铬矿石、铜金属含量、中成药、发电量和啤酒分别同比下降 23.0%、19.0%、10.1%、9.0% 和 8.4%；铅金属含量增速同比回落 4.9 个百分点。高耗能、低附加值为主的产业结构没有改变。规模以上工业六大高耗能行业（我区只有化学原料及化学制品制造业、非金属矿物制品业和电力、热力的生产供应业 3 个行业）实现工业增加值 11.40 亿元，占规上工业增加值份额的 26.4%，同比提升 1.5 个百分点；有色金属矿采选业实现工业增加值 14.80 亿元，占规上工业增加值份额的 30.3%；四个行业累计占比达到 53.6%，占比虽较 2013 年 63.2% 下降 9.6 个百分点，但高耗能、低附加值行业为主导的产业结构基本面没有改变。

（四）居民收入增长放缓，民生大幅改善难度加大

城镇居民收入增速放缓。受上年折算工龄补贴、按月发放住房补贴等资金的影响，2014 年我区城镇居民人均可支配收入仅增长 7.9%，增速同比回落 3.1 个百分点，增幅居全国倒数第一。农村居民增收空间受限。受宏观经济下行的影响，部分地区农村劳动力就业难、就业时间缩短、工资水平下降等情况将有所显现；农村第一产业在现有总量和价格提高空间不大的情况下，收入增长已显乏力，对农村居民人均可支配收入拉动作用将会减弱。物价持续上涨，居民生活成本攀升。2014 年全区居民消费价格同比上涨 2.9%，涨幅居全国之首。食品价格累计上涨 5.3%，拉动全区 CPI 上涨 2.0 个百分点，对 CPI 影响程度达 68.6%，仍然是居民消费价格上涨的主要因素。与居民生活密切相关的粮食、牛羊肉、鲜菜鲜果等消费价格涨幅均超过 5.0%，导致普通居民日常生活支出增加，低收入群体生活负担加重。

四、2015 年经济社会发展政策建议

总体来看，当前国内外宏观经济环境依然复杂，我区经济仍处于调整期，有利因素与不利影响并存，机遇与困难同在。随着世界经济基本面的持续改善，国家创新宏观调控，实施创新驱动，以及自治区稳增长系列“微刺激”和“定向组合拳”的逐步落实和发挥作用，我区经济增长动力将有所增强，总体经济增长在两位数波动已成为新常态。

（一）积极培育新的需求增长点，进一步积攒经济发展后劲

消费方面。一是完善城乡市场体系。进一步优化商贸流通建设总体设计，实施七地市商业网点规划和农牧区市场体系建设规划。整合“内贸专项资金”、“中小国际开拓市场资金”等专项资金，打造推动区域商贸流通升级加速的“亮点”工程，重点加强农牧区产业基地、专业市场和农畜产品流通设施、储备及市场监测体系建设。二是挖掘居民消费潜力。深入挖掘“万村千乡市场工程”、“新网工程”一店多用潜力，积极扶持特色产品电子商务平台，拓展特优产品销售渠道，切实解决“工业品下乡难、农产品进城难”问题。盘活房地产业，加快干部职工周转房和公租房“租售并举”进程，激活房地产及家装、家居等相关行业的消费。以地方财政为支撑，重启汽车、大型家电、家具、建材等的购置补贴，带动城乡大宗商品消费。三是促进外贸健康发展。加强与南亚各国的经贸往来，继续用好用活中央赋予西藏外贸优惠政策，确保不出现贸易虚增回潮。积极向国家部委争取边民互市贸易差别化政策，加大口岸、边贸市场、边民互市贸易点建设力度，改善对外贸易环境，扩大自产品出口和资源性产品进口，提升贸易便利化水平。

投资方面。一是继续加大公共财政支出力度。

政府投资仍占全区固定资产投资的主体地位，这种格局会维持很长一段时期，积极衔接，主动作为，加快落实与城镇化、区域发展相关的能源、矿产、通信等规划项目。加快实施乡（镇）周转房、工作暖棚、蔬菜大棚、棚户区改造、保障性安居工程和农村危房改造等项目。二是激发民间资本活力。加快落实“五放”、“六支持”，引导区内外民间资本逐步参与我区社会基本公共服务领域、市政公用设施领域、重大基础设施领域、重点产业发展领域的建设和运营。三是加快签约项目建设进度。全力推进重点项目快开工、快建成、快见效，确保规划项目全部落地开工，同时要不断创新项目管理机制，提高项目建设管理水平。四是做好新项目研究储备。立足“十三五”，紧紧围绕到2020年与全国一道实现全面建成小康社会宏伟目标，研究储备一批交通、能源、水利、民生、矿产、生态等重大项目，结合推进新型城镇化，储备一批城镇建设项目，做深做细做实项目前期工作。

（二）扶持产业加快发展，进一步增强经济发展动力

加快农牧业产业化建设。一要大力发展农牧民专业合作经济组织。按照“因地制宜、多元创办、政府扶持、部门引导、市场运作”的要求，大力发展多层次、多形式、多领域的农牧民专业合作经济组织，推动农牧业产业化经营。二要加大对自治区级农牧业产业化龙头企业扶持力度。以股份合作、资产参与等模式，使龙头企业与广大农户之间结成风险共担、利益均给的经济共同体，以规模大、带动面广、技术水平高、渠道多样、形式多种为方向，培育壮大具有西藏特色的产业化龙头企业。三要加快农牧业现代化建设。紧紧围绕建设“国家重要的高原特色农产品基地”的目标要求，狠抓特色农牧业发展关键技术突破、共性技术集成和重大技术示范，着力提升特色农牧业发展层次和效益。推动无公害、绿色、有机产品开发认证工作，推进农畜产品标准化生产。

壮大工业经济。一要大力推进工业重点项目建设。通过总量扩张、提质增效、结构调整，实现工业经济稳中有进。坚持水、电、矿优势资源优先开发、重点发展，培育地方特色和比较优势的战略支撑产业。二要加快推进园区建设。继续推进格尔木藏青工业园区基础设施建设，力争年内更多企业入园。积极引导区内矿产开发项目为藏青工业园提供原材料配套支撑，进行矿产资源深加工。加快昌都地区经济开工作进度。提升山南建材工业园整体发展水平。加快日喀则工业园配套建设。三要推动特色优势产业发展。依托“一区七园”，加快水、电、矿优势资源优先开发、重点发展，继续做大高原特色食（饮）品和农畜产品加工业、藏药业、民族手工业，运用先进适用技术改造提升传统产业，推动产业优化升级，做大做强特色产业。

以旅游、文化和金融业为主体，力促第三产业增效提速。一是推动旅游业持续升温。积极推动建设重要的世界旅游目的地，大力实施特色鲜明、功能完备、国际标准、融合发展为主要内涵的“旅游转型升级工程”，打造西藏旅游升级版。立足独具特色的藏文化和高原生态景观，着力构建拉萨国际旅游文化中心、林芝世界生态旅游区、珠峰文化旅游区、雅砻文化旅游区、象雄文化旅游区、羌塘草原旅游区、大香格里拉旅游合作区、陕甘青藏旅游合作区、中尼国际旅游合作实验区。以旅游业为引擎，带动商贸物流、休闲娱乐、餐饮住宿、信息咨询、文化等行业加快发展，培育好以旅游业为核心的产业链。二是加快文化产业发展。加快建设拉萨、日喀则、山南、昌都文化

创意园区，推进国家藏羌彝文化产业走廊建设，打响一批特色文化产业品牌。三是完善金融体系建设。强化银政企合作和项目资金对接，为实体经济提供有效服务，加快金融业发展步伐，鼓励支持金融机构增设县域和乡镇分支机构，健全金融服务体系，完善金融服务机制，积极吸引各类金融机构来我区设立分支机构和金融业务区域中心，大力发展信托、租赁、保险、证券、担保等非银行金融机构，加快形成多元化、多层次的金融体系。

（三）坚持改革先行，进一步激发经济增长活力

继续推动政府职能转变，充分发挥市场在资源配置中的决定性作用。一是深入推进行政审批制度改革。加快取消和下放行政职权和审批事项，不断向市场放权、向基层放权，加强事中事后监管。二是建立和完善“权力清单”制度。行政审批事项一律以权力清单形式向社会公开，清单之外的不得实施审批，实现政府部门“法无授权不可为”。三是探索建立“负面清单”制度。加快探索市场准入负面清单管理方式，逐步做到负面清单之外的事项，由市场主体依法自行决定，实现“法无禁止即可为”。

继续全面深化改革，激发经济增长活力。一是加快投资体制改革。研究投资体制改革路径，因地制宜、因事制宜，积极探索 BT、PPP 等模式。二是深化财税体制改革。推进事权和支出责任相适应。清理整合专项转移支付，提高一般性转移支付占比，增加对高寒地区、偏远地区、边境地区和贫困地区的转移支付。加快实施企业所得税优惠办法和中小微企业所得税减征办法。三是继续深化商事制度改革。加快“前置改后置”步伐，进一步简化审批程序，降低企业投资门槛和成本，激发市场活力。四是积极稳妥推进金融领域改革。进一步增强金融业对实体经济的支持力度，有序放宽金融机构市场准入，在加强监管前提下，允许具备条件的民间资本依法设立中小银行等金融机构，引导民间资本参股、投资金融机构和融资中介服务机构。

（四）强化民生保障，进一步发掘经济增长潜力

一是继续着力办好民生“十件实事”。坚持把 70% 以上财力投向民生，着力办好生产生活条件改善、扩大就业、增加城乡居民收入、稳控物价、社会保障、医疗保障、文化惠民、扶贫开发、防灾减灾和安全生产等“十件实事”，继续加大民生补助提标扩面工作力度。二是确保就业形势保持稳定。继续把高校毕业生作为就业工作的重中之重，扩大就业创业，鼓励自主创业。要加大职业培训力度，优化就业培训结构，帮助有就业能力和愿望的就业困难人员和零就业家庭人员实现就业。三是扎实推进居民增收。农牧民增收方面，要按照稳定经营性收入、强化转移性收入、增加工资性收入、促进财产性收入的思路，推进农牧业综合生产能力和农牧业特色产业项目建设，巩固“主业增收”；狠抓强农惠农富农政策的执行，强化“政策增收”；强化转移就业，提升“劳务增收”；完善农村土地流转体系建设，促进“财产性收入”。城镇居民增收方面，要通过大力发展现代服务业，努力增加城镇居民的工资性和经营性收入；积极稳妥扩大工资集体协商的覆盖范围，引导企业合理进行工资分配，调整并完善最低工资标准；继续落实中央确定的对西藏机关事业单位干部职工的特殊工资政策。四是不断完善保障体系。进一步扩大养老、医疗、工伤、生育、失业等社会保险覆盖面，提高城乡居民的社会保障水平。对与群众生活密切相关的商品和服务价格进行重点监测。密切关注特殊保障人群的生活，重点做好对低收入人群和贫困人口的生活保障工作。

（作者：刘柏呈　西藏自治区统计局局长）

陕西省经济社会发展报告

2014年，面对国内外错综复杂的发展环境，陕西省委、省政府主动适应经济发展新常态，大力实施“稳中有为、提质增效”发展战略，努力化解“三期叠加”带来的不利因素，以产业结构调整与增强自主创新为抓手，积极培育新的增长点，全年经济呈现“总体平稳、稳中向好、结构向优”的良好态势。

一、2014年经济运行情况

（一）经济增速保持合理区间，发展仍处上升通道

1. 增速稳居第一方阵，发展仍处上升通道。初步核算，2014年全省生产总值17689.94亿元，比上年增长9.7%，增速比前三季度快0.1个百分点，比全国平均增速高2.3个百分点，经济增速稳居全国第一方阵，发展仍处在上升通道。人均GDP突破7000美元。2014年，全省人均GDP为46929元，折合美元为7669美元（按汇率1美元兑6.119元人民币计算），同比增长9.4%。

2. 粮食产量实现“十一连丰”，果业产量全国领先。2014年，陕西克服伏旱、秋淋等极端天气影响，粮食总产量1197.80万吨，自2004年开始连续11年稳定在千万吨以上，实现“十一连丰”。其中，夏粮451.30万吨，增长6.5%；秋粮746.50万吨，下降5.8%。果业产量全国领先。2014年，全省园林水果面积1836.79万亩，比上年增长2.6%；园林水果产量1553.98万吨，增长4.5%。果业面积和产量均实现“十四连增”。其中苹果面积和产量分别达到1023万亩和988万吨，比上年增长2.5%和4.8%，继续保持面积、产量、品质全国第一，苹果产量占全国1/4、世界1/6。猕猴桃面积和产量分别达到93万亩和120.6万吨，实现面积、产量全国第一，成为继苹果之后陕西果业的又一亮点。畜牧业生产稳定发展。大力推进“北羊、南猪、关中奶畜”，畜牧业养殖逐渐走出低谷。2014年生猪存栏879.41万头、家禽存栏6623.51万只，比上年分别下降2.1%和1.3%，降幅均比前三季度收窄；牛存栏150.62万头、羊存栏700.17万只，分别增长5.2%和9.6%；猪牛羊禽肉产量116.74万吨，增长3.7%；牛奶产量144.67万吨，增长2.5%。

3. “稳产促销保市场”成效显现，工业增速居全国第五。在煤炭、石油价格持续走低，工业下行压力加大的情况下，陕西坚持实施“稳产促销保市场”战略和工业转型升级十大工程，全省规模以上工业稳步增长，增速在经济结构相近省份中居第一位。2014年规模以上工业实现增加值7468.64亿元，增长11.3%。，增速居全国第五位。

4. 投资保持快速增长，重点项目提前完成年度任务。2014年，陕西继续发挥投资对经济增长的关键作用，深入开展“促开工、赶进度、保增长”活动，以民生工程为抓手“倒逼”新型城镇化，引汉济渭、东庄水库等重点项目建设取得突破进展，固定资产投资增速虽有所减缓，但仍保持了快速增长。全年全社会固定资产投资18709.69亿元（含区域项目），比上年增长17.4%。其中，固定资产投资18358.01亿元，增长17.8%；农户投资351.68亿元，增长0.3%。重点项目超额完成年度任务。2014年，全省54个重点推进项目完成投资572.93亿元，占年度计划的121.1%，提前完成年度任务。其中，三星12英寸闪存芯片项目完成投资188.33亿元，占年度计划的184.2%；神华陕西甲醇下游加工项目完成投资40.4亿元，占年度计划的134.7%；园区启动一期项目完成投资40.97亿元，占年度计划的102.4%。同时，一批储备项目也相继提前开工，确保了全省经济稳步快速增长。

5. 消费市场稳中向好，餐饮收入增速由负转正。2014 年，陕西把激活消费的着力点放在落实居民收入倍增计划、加强物价调控和培育消费新热点上，全省社会消费品零售总额增速平稳运行在 12.8%-13% 区间，稳中向好的趋势十分明显。全年实现社会消费品零售总额 5918.7 亿元，比上年增长 12.8%。餐饮收入增速由负转正。受政策环境影响，餐饮收入增速自 2013 年初开始出现下降，并自 2013 年 4 月以来持续负增长。2014 年 4 月，餐饮收入累计增速首次转“正”、增长 0.1%，随后呈波动回升态势，2014 年限额以上企业（单位）实现餐饮收入 191.33 亿元，增速由 2013 年下降 5.7% 转为增长 3.1%。

6. 强化出口支撑作用，对外贸易高位增长。2014 年，陕西充分发挥三星、美光等外企带动效应，启动对外投资和外贸综合服务平台建设，巩固果汁、机电等传统出口，与中亚国家在基础设施、能源、农业等领域合作建设项目达 100 多个。全年进出口总额 1683.53 亿元，比上年增长 35%，增速居全国前列。其中，出口 855.54 亿元，增长 34.9%；进口 827.99 亿元，增长 35%。

（二）经济结构持续优化，转型升级步伐加快

1. 工业结构出现积极变化，非能源工业增速快于能源工业。在三星高端闪存芯片、比亚迪二工厂等项目建成投产的带动下，陕西新能源汽车、电子信息等非能源工业快速增长。2014 年非能源工业总产值 12653.8 亿元，占规模以上工业的比重达到 62.8%，比能源工业占比高 25.6 个百分点，比 2013 年高 1.3 个百分点；非能源工业总产值同比增长 16.1%，增速高于能源工业 13.4 个百分点。

2. 能源化工业产业高端化，气油煤产量居全国前列。能源化工工业是陕西的第一支柱产业。近年来，陕西将能源化工产业高端化作为工业转型升级的主要抓手之一，持续推动能源化工产业延伸链条、深度转化、综合利用，延长石油能源综合利用项目、陕西未来能源化工项目、中煤榆横煤制烯烃项目等项目相继建成投产。2014 年能源化工工业增加值比上年增长 9.3%，在能源大省中一枝独秀，天然气、原油、煤产量分别居全国第 1、2、3 位。

3. 投资结构更趋合理，民间投资占比提高。2014 年第一产业投资 671.3 亿元，占固定资产投资比重为 3.7%，较 2013 年提高 0.3 个百分点；第二产业投资 5890.7 亿元，占 32.1%，下降 4.1 个百分点；第三产业投资 11796.01 亿元，占 64.3%，提高 3.9 个百分点。三产投资占比明显提高，投资结构不断优化。民间投资占比提高。2014 年，全省民间投资 8433.18 亿元，比上年增长 21.1%，增速高于全省固定资产投资 3.3 个百分点，增幅较 2013 年提高 1.7 个百分点。民间投资占固定资产投资的比重达 45.9%，较 2013 年提高 1.2 个百分点。

4. 新兴产业占 GDP 比重不断提高，投资高速增长。2014 年，以电子信息、新材料、高端制造业等为代表的七大战略性新兴产业表现抢眼，完成增加值 1716.2 亿元，比上年增长 15.9%，比规模以上工业增加值增速快 4.6 个百分点。七大战略性新兴产业投资 2091.21 亿元，增长 45%，增速高于固定资产投资增速 27.2 个百分点。其中，高端装备制造业和新一代信息技术产业增速分别达 90.1% 和 70.7%。

5. 非公经济占比持续提升，经济发展活力不断增强。2014 年全省非公经济占 GDP 比重为 52.7%，比 2013 年提高 0.5 个百分点，比 1-9 月提高 0.2 个百分点。

（三）增长质量明显提升，发展成果更多惠及百姓

1. 节能降耗目标任务超额完成。2014 年，全省万元 GDP 能耗为 0.759 吨标准煤，同比下降 3.58%，超额完成全年单位 GDP 能耗下降 3.3% 的目标任务。全省二氧化硫排放量、化学需氧量排放量、氨氮排放量和氮氧化物排放量分别较上年削减 3.1%、2.8%、2.2% 和 7.0%，均超过了既定全年目标任务。西安连续 10 个月退出全国重点城市空气质量排名后十位，治污降霾初见成效。造林绿化 497.6 万亩，保护恢复湿地 146 万亩，

退耕还林56万亩，天蓝地绿水清逐步成为现实。

2. 企业主营业务收入增速企稳回升，主营业务利润率、成本费用利润率居全国前列。2014年，在国内外宏观环境偏紧、市场需求不足、产能过剩、成本上升和出厂价格走低等多重因素叠加困境中，全省规模以上工业实现主营业务收入18313.64亿元，同比增长7.8%，增速高于全国0.8个百分点，居全国第16位；规模以上工业主营业务利润率8.9%，同比下降2.2%，比全国高出3.3个百分点，居全国第1位；规模以上工业成本费用利润率10.7%，同比下降2.7%，比全国高出4.3个百分点，居全国第2位。

3. 居民收入持续增加，城乡收入比缩小。2014年，陕西采取多种措施，着力提高居民收入，全省居民收入实现较快增长。全省居民人均可支配收入15837元，同比名义增长10.2%，增速居全国第13位；全省农村居民人均可支配收入7932元，名义增长11.8%，增速居全国第 8位；城镇居民人均可支配收入24366元，名义增长9.0%，增速居全国第10位。农村居民人均可支配收入增速连续5年快于城镇居民，城乡居民收入比为3.1:1，较上年缩小0.1，统筹城乡发展进一步取得成效。

4. 城镇化加速推进，扶贫移民搬迁超额完成年度目标任务。2014年，陕西加大重点示范镇、移民搬迁和文化旅游名镇建设，35个重点示范镇建设投入100.2亿元，全省移民搬迁建成住房9.1万套、搬迁11.4万户，其中扶贫移民搬迁累计搬迁贫困人口6.13万户、24.08万人，城镇化加速推进，2014年城镇化率为52.57%，较上年提高1.26个百分点。

5. 民生支出继续加大，保障房建设居全国第一。2014年，陕西克服困难，坚持新增财力和财政支出的80%用于民生。2014年地方财政收入1889.98亿元，同比增长13.63%；财政支出3961.73亿元，增长8.09%，其中民生支出3237亿元，占到全省财政支出的81.71%，如期兑现两个80%承诺。重点民生支出得到较好保障，全年城乡社区事务支出增长28.24%，交通运输支出增长40.15%，住房保障支出增长32.99%。保障房基本建成量居全国第一。据住建部统计，2014年陕西保障房新开工量位居全国第三，基本建成量位居第一，新增发放租赁补贴位居第三。截止2014年底，全省保障房累计开工191.5万套、基本建成38.48万套，困难群众住房得到进一步改善。

6. 金融存贷款稳定增加。2014年末，全省金融机构（含外资）人民币各项贷款余额18837.2亿元，同比增长16.1%，较年初新增2579.31亿元。其中，新增中长期贷款1939.17亿元，占全部新增贷款的比重达75.2%；新增短期贷款316.53亿元。全省金融机构（含外资）人民币各项存款余额28111.34亿元，同比增长9.9%，较年初新增2532.81亿元。其中，新增个人储蓄存款1179.5亿元，占全部新增存款的46.6%。

二、需要关注的问题

（一）重化工为主的产业结构没有改变

2014年，规模以上工业增加值7468.64亿元，其中能源化工工业增加值4344.61亿元，占比达到58.2%；非金属矿物制品业295.63亿元，占比达到4.0%；有色冶金工业671.25亿元，占比达到9.0%。三个行业累计占比达到71.2%，占比虽较2013年71.3%下降0.1个百分点，但重化工结构为主的产业结构没有改变。

（二）PPI连续下降，工业生产形势依然严峻

今年以来，陕西工业生产者价格持续走低，2014年全年，陕西工业生产者出厂价格同比下降2.9%，购进价格同比下降1.5%。其中，12月份陕西工业生产者价格同比下降4.9%；购进价格同比下降3.3%。

（三）投资增速回落，发展后劲不足

2014年，全省固定资产投资18358.01亿元，比上年增长17.8%，继续延续今年以来波动下行态势，增速较2013年24.7%回落6.9个百分点。

其中工业投资5818.91亿元，同比增长8.2%，增速较2013年25.8%回落17.6个百分点；占全省固定资产投资比重为31.7%，占比较2013年34.5%下降2.8个百分点。

三、2015年展望及几点建议

（一）2015年陕西经济展望

进入2015年，全国经济“增速换档、发展转型、动力转换”的新常态特征将更加明显，经济正在向形态更高级、分工更复杂、结构更合理的阶段演化。在全国经济进入新常态的大背景下，陕西经济也进入了新常态。但陕西的区域特点、经济结构和发展阶段决定了陕西经济新常态面临着更大的压力和挑战。

作为长期欠发达、处于赶超阶段的西部省份，陕西经济发展中既有自身发展过程中积累的深层次问题，也有新常态下的共性问题，发展形势较全国更为复杂。从增长转挡看，陕西增速虽高于全国2个以上百分点、位列全国前列，但已跌破两位数，已进入中高速增长期。从发展转型看，陕西工业特别是能源化工工业在经济中比重较大，单位GDP能耗、投资率均高于全国水平，整体上还属于资源依赖型和投资拉动型的粗放式发展。从动力转换看，全国服务业、消费等对经济增长的贡献日益突出，而陕西还主要依靠二产和投资。另外，资源类产品价格，特别是煤炭、石油价格持续走低，且短期内难有回升，将严重影响陕西经济发展。总体来看，2015年陕西经济下行压力将前所未有。

也要看到，国家继续加大西部大开发力度，支持向西开放，打造丝绸之路经济带等，陕西仍拥有国家发展政策赋予的战略机遇，另外，陕西还具有资源、科教、工业、文化等优势，总体上“压力与与机遇并存，机遇大于压力、发展危中有机”。只要陕西能积极应对、主动作为，找准调挡换挡与保持一定增速之间的平衡点，统筹做好稳增长、促改革、调结构、惠民生、防风险等工作，牢牢把握经济工作的主动权，陕西仍大有可为。

（二）对2015年经济工作的建议

一是着力稳增长，保持合理的增速，把稳全国第一方阵。陕西属于中西部地区，后发优势突出，要坚持“发展是第一要务”理念不动摇，坚持“有效益、有质量、可持续”的发展方向不偏离，细化、强化工作措施，深入实施“稳中有为、提质增效”战略，加快推进工业化、城镇化、信息化和农业现代化等新“四化”，保持经济平稳运行。

二是加快工业结构调整转型升级，叫响“陕西制造”。加大传统产业技术改造力度，特别是要推进煤炭、能源、汽车等支柱产业围绕产业链部署创新链，不断推进传统产业向精细化、高端化、智能化发展。要按照创新驱动要求，支持构建企业为主体、市场为导向、产学研相结合的技术创新体系，发展壮大战略性新兴产业。

三是继续发挥投资对经济发展的支撑作用，建设内陆改革开放新高地。要深入贯彻落实十八届三中全会决定和中央经济工作会议精神，鼓励民营资本发展，引导企业和其他社会投资主体，围绕陕西“稳增长、优结构、提质量、增效益”指标体系，全面落实重点项目推进办法和重点产业项目年度考核办法，全力提高投资质量和效益，确保经济增长的速度和效益。

四是结合民生需求，丰富市场供给，不断提高消费对经济发展的贡献水平。要按照民生托底的要求，加大廉租住房、公共租赁住房等保障性住房建设和供给，做好棚户区改造。要继续加大教育、医疗、养老、社会保障、环境治理和生态保护的投资力度，不断优化消费环境。

（作者：丁云祥　陕西省统计局局长）

专栏：陕西多措并举促农增收

农民增收是全党工作的“重中之重”，是国民经济提质增效可持续发展的基础。近年来，陕西省委省政府多措并举促进农民增收，政策聚力、措施给力、科技发力，农民收入快速增长。2014年，全省农民人均可支配收入达到7932元，较上年增长11.8%，扣除价格因素实际增长9.9%，快于GDP增速0.2个百分点，农民收入实现了与经济同步增长。伴随“一带一路”经济建设的整体推进，陕西农民增收将迎来新的机遇。

一、“三力”促增收，惠民显实效

（一）政策聚力，农民收入快速增长

“十一五”以来，陕西农民收入进入高速增长期，年均增速达到16.2%，居全国首位，快于全国增速2.3个百分点；2014年，全省农民收入增速位于全国31个省的第8位、西部12省的第5位、西北5省的第3位，与GDP增速同处全国第一方阵。农民增收七大工程的全面实施，各项惠民补贴政策标准提升，覆盖面扩大，为全省农民赢得了收入增速连续八年超过全国、连续五年超过城镇居民的突出成绩。五年来，陕西农民收入水平从全国第28位上升至26位，超越青海和西藏，农民增收取得实质性突破。

（二）措施给力，农民增收渠道拓宽

从收入来源看，2014年，农民人均工资性收入3217元，增长11.4%；经营净收入2751元，增长8.7%；财产净收入120元，增长33.1%；转移净收入1844元，增长16.4%。四项收入对农民收入增长的贡献率分别为39.3%、26.3%、3.6%、30.8%；工资性收入占据主导地位，经营净收入基本稳定，财产净收入和转移净收入占可支配收入的比重明显提升。为拓展农民增收渠道，陕西省委省政府采取强有力措施，新增农业保险补贴、加大土地流转力度、对农业生产大户和农业专业合作社实施以奖代补、上调最低工资标准、支持中小企业发展，一系列新政策、新举措精准发力，为农民增收注入了新的活力。

（三）科技发力，农业生产焕发生机

2014年，面对持续高温伏旱和经济下行压力对粮食生产、畜牧养殖发展造成的不利影响，省委省政府领导全省人民积极应对，运用科技发展现代农业，科学种植养殖，保证了大灾之年粮食丰收、农业稳产。全省粮食产量1198万吨，为历史上第三个高产年。以30个粮食主产县和20个旱作农业高产县为重点实施的增产攻关项目逐一落实，优良品种的培育推广和进一步深化农机农艺融合，有效地破解了制约粮食生产的瓶颈；全省主要农作物种、收综合机械化水平超过60%，农技推广和进步对粮食单产提升的贡献率达到48%。良种化、规模化、标准化养殖，同样为促进畜禽养殖结构优化发挥了积极作用，以渭北10个肉牛重点县、陕北8个肉羊重点县、陕南10个生猪重点县、关中10个奶山羊重点县建设为主线的畜牧业发展规划稳步推进，为促进农民增收作出了积极贡献。

二、进入新常态，赶超困难多

（一）贫困人口多，收入水平低

陕西有56个国家级扶贫开发区县和41个省级扶贫开发区县，2014年末，按照国家规定的人均年收入2300元贫困标准计算，全省农村贫困人口为350万人，按照陕西省人均年收入2500元贫困标准计算，为449万人，贫困发生率为16.7%。贫困地区生态环境脆弱、生存条件恶劣、自然灾害频繁，基础设施和社会产业发展明显滞后，使得贫困人口脱贫难度加大，农民增收难度加大。2014年，陕西农民人均可支配收入在全国排第26位，在西部排第7位，在西北排第3位；收入水平仅为全国的75.6%，比全国平均水平少2557元，相当于陕西农民近4个月的收入。陕西农民收入增速虽快但水平偏低，接近和赶超全国平均水平的任务非常艰巨。

（二）工资比重大，减缓影响多

工资性收入是近年来陕西农民增收的主要动力，也是陕西农民收入增速连续多年快于全国的主要原因。2014 年，陕西农民人均工资性收入 3217 元，占可支配收入的 40.6%，占比高出全国 0.9 个百分点；工资性收入增长对农民增收的贡献率达到四成。2014 年，全省农民工达到 685.1 万人，占农村人口的 36%，外出务工已成为农村青壮劳动力的一种常态。但是，伴随着经济环境的快速变化，农民工资性收入增速明显减缓，占可支配收入的比重呈现下降趋势。2014 年陕西农民工月均收入增速为 11.1%，较上年下降 5.1 个百分点，影响全省农民工资性收入增速较上年下降 4.1 个百分点。依靠工资性收入增长拉动农民收入增长的红利释放正在消退。农民工资性收入增速减缓，占比下降，对加快农民增收形成一定制约。

（三）经营收入少，赶超难度大

粮食和生猪生产是陕西农民经营收入的主要组成和稳定构成，成本“地板”和价格“天花板”的双重挤压，使得两者生产的目的是为保证和满足基本供应需求，因而增量不大，带动农民增收的作用有限。2014 年，陕西农民经营净收入占可支配收入的比重仅为 34.7%，比全国低 5.7 个百分点。其中，人均一产收入 2089 元，比全国平均水平少 910 元；二产收入仅 42 元，比全国少 216 元；三产收入 620 元，比全国少 360 元。农业生产经营收入比重小、增长慢，农村工业生产水平低、发展滞后，成为影响农民增收的掣肘。2014 年，陕西农民收入与全国平均水平的差距由上年的 2338 元扩大至 2557 元，差距进一步拉大。

三、抢抓新机遇，谋划新举措

（一）抢抓“全面小康”建成机遇，加大强农惠农力度

全面建成小康社会是“中国梦”的首要目标，其难点在于如何提高低收入群体收入、扩大中等收入和高收入群体。实施兜底补短的惠民政策是提低扩中调高的主要手段。2014 年，陕西农民转移净收入增速较上年回落 1.9 个百分点，部分政策性补贴如粮食直补由于补贴标准低、精准性差，已经失去了调动农民生产积极性的作用。及时调整惠农措施，精准制定补贴政策，加大强农支持力度，是促进农民增收的重要举措。一是继续加大对农业生产政策性补贴力度，在保证粮食直补等各种补贴原有水平基础上，结合经济发展所需，考虑物价上涨因素，扩大补贴范围，提高补贴标准，“授人以渔”，达到强农目的。二是及时调整和整合补贴项目。调整粮食补贴发放对象，使粮食直补精准补贴给种粮农户、大户，切实发挥补贴调动农业生产积极性的作用；创新补贴形式，将各种政策性投入项目整合配套，降低投放频次，加大单次投放金额，提高投入综合效力。三是优化农民转移性收入结构。农村离退休养老金水平低、范围小、增长慢，影响了农民收入的提升，应进一步加快农村养老制度改革，消除农村养老后顾之忧，减轻农民生产、生活负担。

（二）抢抓“新常态”发展机遇，全面促进农民增收

伴随着世界经济进入深度结构调整期，我国经济也步入“三期叠加”的“新常态”，农民收入增幅收窄、增长动力放缓趋势日益凸显。2011-2014 年，全国农民收入增速下降了 6.7 个百分点，陕西农民收入增速下降 10.7 个百分点。新常态下，农业和农村经济的变化对农民收入产生的影响主要表现在四个方面：经营净收入基本稳定，工资性收入增幅趋缓，转移净收入增长面临挑战，财产净收入增长具有较大潜力。新常态下推动农民增收，必须明确农民增收的主渠道和着力点，开拓农民增收新的动力源和增长源。一是依托需求结构升级、农业技术进步、产业结构优化和经营规模逐步扩大，拓展现代农业发展空间，提高传统农业附加值，通过产业链条延伸为农民增收开创新的途径；二是依托城镇化建设的快速推进，加快农村剩余劳动力转移和就业，增加农民兼业收入，提高最低工资标准，使处于工资末端的农民工收入增加，生活改善，使他们有能力、有余力带动全体农民增收；三是依托政策顶层设计和制度创新，深化农村土地制度、产权制度、经营制度改革和人力资本创新，建立有利于农民增收的制度环境和内生机制，激发农民增收潜力。

（三）抢抓“一带一路”建设机遇，支持农村二、三产业发展

陕西是古丝绸之路的起点，历史上具有优越的资源禀赋和特殊的地理优势，多样的地势地貌、良好的气候条件和丰富的水资源，使陕西蔬果鲜美、茶园飘香，加之交通便利，陕西农产品走出国门具有先天优势。“一带一路”战略的全面启动，为陕西农民增收创造了新的机遇。2014 年，陕西农民收入在涉及“一带一路”建设的 18 个省份中排第 14 位，农产品附加值低，缺乏竞争力，使得陕西农产品大省美名大打折扣。抢抓机遇，加快发展，不仅关系到陕西农民增收，更加关系到“一带一路”建设的整体推进。一是积极抢抓社会化大生产发展的带动和影响机遇，提高农业生产发展水平，提高农业生产效率，以效率增效益，提高农民收入；二是积极发展农村二、三产业，延伸农产品生产链，提高农产品附加值；三是聚集优势资源打造陕西品牌，提升名优产品竞争力和影响力，为陕西农产品走出国门赢得新优势，为实现农民快速增收开创新途径。

（作者：孙法臣　国家统计局陕西调查总队总队长）

甘肃省经济社会发展报告

2014年，面对严峻复杂的外部环境和持续加大的经济下行压力，省委省政府针对经济运行中的薄弱环节和重点领域，实施精准调度，狠抓国务院稳增长、促改革、调结构、惠民生、防风险各项政策措施的落实，全省经济呈现稳中有升，稳中向好的态势，全年全省生产总值比上年增长8.9%。

一、全省经济运行的特点

（一）“稳增长”扎实有效，经济运行稳中有升

在工业品价格持续下跌，市场需求仍然不足的情况下，省委、省政府出台了一系列稳增长的政策措施，下半年政策效应逐步显现，全省经济运行实现稳中有升。全年全省实现生产总值6835.27亿元，比上年增长8.9%。经济增长速度呈逐季加快的趋势，由一季度的7.9%逐季提高至全年的8.9%。

从三次产业看，第一产业增加值900.80亿元，增长5.6%；第二产业增加值2924.86亿元，增长9.2%；第三产业增加值3009.61亿元，增长9.5%。

1. 农业健康稳定发展，特色优势产业势头强劲。全年全省粮食总产量1158.7万吨，比上年增长1.7%，连续11年实现丰收。

农作物种植结构更趋优化，特色、设施农业发展迅速。全年全省新增特色优势经济作物142.04万亩，其中蔬菜、中药材、玉米播种面积分别比上年增长5.19%、9.50%和4.38%。蔬菜产量1705.19万吨，比上年增长8.01%；中药材产量99.37万吨，增长14.66%；园林水果产量425.23万吨，增长8.65%。

牛羊产业较快增长。年末，全省牛存栏522万头，比上年末增长5.2%；牛出栏185万头，增长5.0%。羊存栏2119万只，增长7.4%；羊出栏1222万只，增长7.9%。生猪存栏688万头，增长1.8%；出栏775万头，增长3.7%。

2. 工业经济稳定增长，新增企业带动明显。全年全省规模以上工业企业实现工业增加值2070亿元，比上年增长8.4%。规模以上工业增加值增速于4、5月份经历了较大幅度回落，在一系列提振工业政策措施促进下，下半年呈稳步增长态势。

新增企业对规模以上工业增长带动明显。397户新增企业完成工业增加值98.5亿元，占规模以上工业总量的4.8%，比上年增长103.2%，拉动规模以上工业增长2.4个百分点，对规模以上工业增长的贡献率为29.2%。其中，146户新建投产企业完成工业增加值46.4亿元，占规模以上工业总量的2.2%，拉动规模以上工业增长1.2个百分点，对规模以上工业增长的贡献率为15.0%。

从重点支柱行业看，机械、冶金、有色、建材、食品行业工业增加值分别比上年增长13.7%、12.0%、10.8%、10.2%和8.7%，高于规模以上工业平均增速；石化、电力行业工业增加值分别增长8.3%和3.0%，低于规模以上工业平均增速，煤炭行业工业增加值与上年持平。

从工业企业规模看，小型企业（从业人员300人以下，20人及以上）实现工业增加值占规模以上工业的23.3%，比上年增长15.1%，高于全省平均增速6.7个百分点，对规模以上工业增长的贡献率为39.3%。

3. 固定资产投资稳中趋缓，第一、三产业投资增长较快。全年全省计划总投资500万元及以上项目和房地产开发共完成固定资产投资7759.62亿元，比上年增长21.1%，增速比上半年回落2.2个百分点，比前三季度回落0.6个百分点。其中，项目投资完成7038.15亿元，增长

23.86%；房地产开发投资完成721.47亿元，下降0.44%。

从三次产业看，全年第一产业完成投资409.09亿元，比上年增长75.85%；第二产业完成投资3531.53亿元，增长8.83%；第三产业完成投资3819.01亿元，增长30.36%。

4. 市场消费保持平稳，主要商品零售额有升有降。全年全省实现社会消费品零售总额2668.3亿元，比上年增长12.6%。

全年全省批发业实现销售额4438.91亿元，比上年增长15.4%；零售业实现销售额2590.72亿元，增长13.6%；住宿业实现营业额93.07亿元，增长12.5%；餐饮业实现营业额496.07亿元，增长16.1%。

从限额以上企业主要商品零售情况看，粮油、食品、饮料、烟酒类（增长51.5%），家具类（增长37.1%），体育娱乐用品类（增长29.1%），化妆品类（增长13.2%）零售额增速较快；电子出版物及音像制品类（下降20.4%），煤炭及其制品类（下降15.6%），金银珠宝类（下降15.5%），文化办公用品类（下降4.3%）零售额下降。

5. 出口总额增长，进口总额下降。全年全省实现外贸进出口总额86.5亿美元，比上年下降15.4%。其中：出口总额53.3亿美元，增长14.2%；进口总额33.2亿美元，下降40.3%。

6. 金融机构存款较快增长，贷款增速逐步走高。年末，全省金融机构本外币各项存款余额13957.98亿元，比上年末增长15.64%。其中，单位存款6669.40亿元，增长18.05%；个人存款6886.02亿元，增长13.42%。

年末，全省金融机构本外币各项贷款余额11075.78亿元，比上年末增长25.54%，为年内最高增速，比上年末提高2.95个百分点。其中，短期贷款3913.44亿元，增长19.58%；中长期贷款6454.35亿元，增长26.40%。

（二）“调结构”稳步推进，转型升级成效明显

1. 第三产业增加值比重提高。全年全省第三产业增加值比上年增长9.5%，比生产总值增速高0.6个百分点。第三产业增加值占生产总值的比重为44.0%，高于第二产业1.2个百分点。第三产业比重较2004年提高3.2个百分点。

2. 非公有制工业企业较快增长。全年全省非公有制工业企业完成工业增加值458.2亿元，占规模以上工业总量的22.1%，比上年增长13.7%，增速高于规模以上工业5.3个百分点，对规模以上工业增长的贡献率为34.1%。

3. 节能降耗效果显著。全年全省规模以上工业能源消费量5110.11万吨标煤，比上年增长1.39%，为“十二五”以来最低增幅。全年单位生产总值能耗超额完成当年节能目标任务，节能降耗成效显著。

4. 城镇化率继续提高。2014年，全省城镇化率达41.68%，比上年提高1.55个百分点。近年来，全省积极实施中心城市带动战略，把培育壮大中心城市摆在优先位置，加快县城和重点镇的规划建设，城镇化质量明显提高。

（三）“惠民生”持续加强，质量效益稳步提升

1. 财政收入稳定增加，财政支出保障有力。全年全省完成大口径财政收入1234.54亿元，比上年增长11.59%。完成公共财政预算收入672.15亿元，增长13.63%。其中：税收收入增长17.29%，非税收入增长4.07%。完成上划中央收入562.38亿元，增长9.30%。完成公共财政预算支出2538.41亿元，比上年增长9.91%。其中，交通运输、医疗卫生与计划生育支出分别增长25.86%和11.43%。

2. 居民消费价格涨幅稳定，八大类商品和服务价格“六升一平一降”。全年全省居民消费价格总水平比上年上涨2.1%，自8月份以来连续五个月累计涨幅保持在2.1%。12月份，居民消费价格总水平同比上涨2.4%，环比上涨0.6%。

八大类商品和服务价格“六升一平一降”。全年全省食品类价格上涨3.6%，衣着类价格上涨2.4%，家庭设备用品及维修服务类价格上涨2.2%，娱乐教育文化用品及服务类价格上涨1.4%，

医疗保健及个人用品类价格上涨 1.2%，居住类价格上涨 1.5%；交通通信类价格与上年持平；烟酒类价格下降 0.1%。

3. 城乡居民收入继续增加，就业形势保持稳定。全年全省城镇居民人均可支配收入 21804 元，比上年增长 9.7%，其中工资性收入增长 8.7%，经营性收入增长 14.3%，财产性收入增长 11.3%，转移性收入增长 10.0%。农村居民人均可支配收入 6277 元，比上年增长 12.3%，其中工资性收入增长 12.8%，家庭经营现金收入增长 10.1%，财产性收入增长 25.3%，转移性收入增长 16.3%。

全年全省城镇新增就业 43.5 万人，与上年基本持平。城镇登记失业率为 2.19%，低于上年末 0.16 个百分点。

二、经济运行中需要关注的问题

（一）工业企业生产经营情况不容乐观

一是工业生产者价格降幅扩大。工业生产者价格总体呈现先降后升再下行的态势，由年初同比下降 5.7% 上升至 7 月份上涨 0.7% 后，逐月跌至 12 月份的年内最低点，同比下降 7.1%；12 月份环比下降 1.5%。全年工业生产者出厂价格总水平同比下降 3.3%，降幅比前三季度扩大 0.8 个百分点；工业生产者购进价格总水平同比下降 2.4%，降幅比前三季度扩大 0.6 个百分点。

二是企业利润下滑加剧，亏损额上升加快。全年全省规模以上工业企业实现利润总额 233.16 亿元，比上年下降 18.6%，降幅比前三季度扩大 12.8 个百分点。全省规模以上工业亏损企业 532 家，亏损面为 27.8%，比上年扩大 3.4 个百分点。亏损企业亏损额达 119.5 亿元，增长 42.1%，比前三季度上升 9.0 个百分点。

三是部分重点行业工业企业仍处困境。受煤炭下游行业生产低迷，煤炭行业产能过剩等因素影响，全省煤炭需求增速放缓，传统旺季生产不旺，库存增大，货款拖欠严重。随着水泥行业新增产能的集中释放，全省水泥行业产能过剩矛盾日渐凸显，加之周边省份水泥产品流入，供过于求的矛盾将更加突出。铁合金、电解铝等高载能行业企业产能利用率不高，部分处于停产、半停产状态，产品价格处于与成本倒挂状态。

（二）支撑投资持续增长的动力仍显不足

一是工业投资增速持续回落。工业投资完成 2665.98 亿元，比上年增长 14.21%，低于项目投资 9.65 个百分点，为年内最低增速。项目投资中改建和技术改造项目完成投资 282.30 亿元，下降 3.16%，仅占项目投资的 4.01%。

二是到位资金低位徘徊。固定资产投资本年到位资金 7474.90 亿元，低于固定资产投资 284.72 亿元，仅比上年增长 2.79%，低于固定资产投资 18.32 个百分点。按构成分，国内贷款增长 5.71%，自筹资金增长 5.44%，国家预算资金下降 9.05%，债券、利用外资及其他资金下降 1.81%。

（三）城乡居民收入增长较缓

城乡居民收入增速回落，收入水平与全国差距拉大。全省城镇居民人均可支配收入增速比上年回落 0.8 个百分点，农村居民人均可支配收入增速比上年回落 1.0 个百分点。城乡居民收入与全国差距拉大，分别由上年的低于全国平均水平 7990 元和 3788 元拉大到 8577 元和 4156 元。

三、对策建议

（一）盘活机遇，做大做强实体经济

甘肃经济同全国一样正处于增速从高向中高换挡、结构从失衡向优化再平衡转换的特殊时期，经济增长下行压力更加具有挑战性，保持经济稳步增长，需要依赖实体经济。甘肃要实现与全国一道进入全面建成小康社会的目标任务，必须结合自身的条件与优势，深入研究“全面深化改革”、“新丝绸之路经济带建设”、“新一轮西部大开发战略”等发展战略与政策，全面梳理，切实用好、用活、用足各项优惠政策，全力以赴，做大做强实体经济，推动经济稳定发展。

（二）大力扶持，促进工业提质增效

加快用高新技术和先进技术改造提升石油化工、有色冶金、煤电化工等传统工业产业，确保工业经济快速增长；大力发展以信息、生物、新能源等为代表的高新技术产业，加快构建战略性新兴产业体系，促进产业结构调整优化，加快转型升级步伐；进一步加强对省内企业互保共建的引导，帮助协调解决企业生产经营过程中的困难和问题，在金融信贷、技改资金、要素保障等方面加大扶持力度，增强产业竞争力，提升工业经济效益。

（三）狠抓项目建设，确保投资稳定增长

坚持增量优化与存量改造并举，走创新驱动型投资发展道路，正确引导资金投向，进一步优化投资结构。抢抓国家推出的包括信息电网油气等重大网络工程、健康养老服务、生态环保、清洁能源、粮食水利、交通、油气及矿产资源保障工程等 7 大项目包的机遇，抓紧谋划对接项目，集中推动一批可以有效拉动内需、有利于优化经济结构和提升产业层次水平的重大项目，促进经济持续稳定增长。转变观念，积极推广 PPP 融资模式，选择具有稳定现金流的公用事业行业，引入社会资本，增强地方政府融资平台的造血功能，大力发展基础设施项目建设，为经济后续发展打好基础。

（四）提高城乡居民收入，激活消费需求

在经济发展新常态下，驱动经济发展的“三驾马车”中，消费的驱动作用特别需要进一步提升。城乡居民收入不断增长是促进消费的关键。要进一步完善农村社会保障体系，建立健全农村居民在养老、低保、医疗、环境等方面的保障制度；拓展农民增收空间，不断出台符合省情的农村二、三产业发展政策；积极鼓励创业，多措并举大力支持私营经济发展；找准切入点，通过提高财产性收入促进居民增收。当前甘肃城乡居民收入偏低，与全国的收入差距不断拉大。要把握住城镇化和消费需求变化带来的机遇，切实采取有效措施，提高居民收入水平，提升消费能力，增强消费对经济增长的推动作用。

（五）依托新型城镇化建设，推动经济快速发展

由于特定的经济社会条件和历史原因，甘肃城市基础设施水平低，城镇化进程明显滞后。从现阶段经济发展实际看，较低的城镇化水平已经成为经济转型升级、快速发展的制约因素之一。在经济社会加快转型的关键时期，新型城镇化建设是带动产业结构、城乡结构、区域结构加快调整和优化的重大引擎。因此，“十三五”时期，甘肃应以新型城镇化建设为抓手，促进经济转型升级，引领经济快速发展。

（六）发挥优势，加快丝绸之路经济带甘肃黄金段建设

抢抓机遇，充分利用甘肃区位、新能源、矿产资源及旅游资源优势，以及与中亚国家人文关系密切等有利条件，推进相关产业发展，加强经济交流合作。加快交通基础设施建设，构建以铁路为主体、高速公路和民航相配套的综合运输体系；提升节点城市支撑能力，加强与中亚国家的点对点连接和直达交通；做好新能源等互补产业合作，把扩大向西开放与承接东中部产业转移结合起来，促进产业结构升级；建立区域性金融、物流中心和自贸区，降低沿线国家和地区的流通成本，增强抵御金融风险的能力。

四、2015年展望

2015年是全面深化改革的关键之年，是全面推进依法治国的开局之年，也是全面完成“十二五”规划的收官之年。国内外经济形势将更加错综复杂，转型升级、提质增效仍将面临新任务、新挑战。甘肃经济既面临有利因素，也存在一些不确定因素，机遇与挑战并存，总体仍将保持平稳的发展势头。

（一）有利因素

一是世界经济增速将略有回升。2015年，世界经济仍处于国际金融危机后的深度调整期，增速可能会略有回升。国际货币基金组织预测2015年世界经济增长3.8%，快于2014年的3.3%。

二是全国经济发展总体向好的基本面没有改变。2015年，我国经济进入新常态，总体向好的基本面没有改变。特别是国家推出西部开发、东北振兴、中部崛起、东部率先的“四大板块”与“一带一路”、京津冀协同发展、长江经济带的“三个支撑带”的战略组合，有利于促进我国经济平稳中有进、稳中向好，也有利于甘肃在经济转型中争取新的发展空间，争取更多的国家政策支持。

三是甘肃经济稳中有升的态势没有改变。正处于工业化、城镇化快速发展阶段，经济稳中有升的态势没有改变。随着“3341”项目工程和“1236扶贫攻坚行动”的深入实施，结构调整步伐加快，基础设施建设不断完善，为经济发展提供的支撑能力进一步增强。同时，全省基础设施投资和消费升级还有很大的增长空间，在农村、城镇、产业、生态环保等领域蕴含着巨大的增长潜力。特别是兰州新区、丝绸之路经济带甘肃段的建设为甘肃经济发展带来重大机遇。

（二）不利因素

一是全球经济依然充满巨大的不确定性因素。世界经济总体复苏疲弱态势难有明显改观，国际市场总需求仍显不足，大宗商品价格继续跌落，国际投资者针对新兴市场撤资出现新的动向。

二是全国经济发展仍面临不少风险与挑战。在国际格局深刻调整，国内“三期”叠加的大背景下，我国依然面临着长期矛盾与短期问题相互交织，产能过剩问题突出，市场需求不旺，企业效益难以明显改观等困难和挑战。这些，直接影响到全省经济发展，需要我们密切关注、积极应对。

三是全省经济社会发展仍面临一些突出困难和问题。全省经济稳定增长的基础薄弱，经济下行压力持续加大，特别是产业结构层次较低，工业结构偏重；投资增长势头减弱，创新能力不强，实体经济发展困难；城乡居民收入长期偏低，消费能力不强；城乡基础设施薄弱，环境与资源等发展的瓶颈制约仍然突出，实现经济平稳较快发展的难度增加。

总体来看，尽管当前全省经济增长面临较大压力，形势依然严峻，但经济发展的有利条件较多，运行环境总体向好，预计2015年全省经济仍将保持平稳发展态势。

（作者：樊怀玉　甘肃省统计局局长）

专栏：甘肃农民收入来源多元化　生活质量稳步提高

2014年，甘肃认真贯彻中央和省委、省政府对“三农”工作的重大决策部署，按照稳定政策、改革创新、持续发展的总要求，坚持以保障和改善民生为抓手，不断增进农民福祉，农村居民收入增长较快，收入来源日益多元化，生活质量稳步提高。

一、农村居民收入来源日益多元化

2014年，甘肃省农村居民人均纯收入为5736元，同比增长12.3%，农村居民纯收入构成四大项均以两位数的速度增长，财产性收入增幅达到25.3%。

表1　2014年甘肃农村居民纯收入一览表

指标名称	2014年（元）	2013年（元）	同比增幅（%）
纯收入	5736	5107.8	12.3
一、工资性收入	2485.1	2203.4	12.8
二、家庭经营现金收入	2455.9	2231	10.1
三、财产性收入	166.5	132.9	25.3
四、转移性收入	628.6	540.5	16.3

（一）务工收入增加，工资性收入的主导地位逐渐巩固

随着非农就业比重的提高和工资水平的较快上涨，2014年，农村居民工资性收入为2485.1元，同比增长12.8%，占纯收入的43%，工资性收入的主导地位进一步巩固。工资收入增长的主要因素有：一是农村经济稳定发展，新农村和城镇化建设步伐加快，土地流转政策稳步推进，为农民创造了更多就业机会；二是农村劳动力输出方式多样化，薪酬标准提高，农民务工积极性高涨，农村富余劳动力务工选择方式较多，使农民务工收入增幅明显。为确保农民工工资及时全额兑现，2014年甘肃联合开展了农民工工资支付情况大排查活动，使农民工被拖欠工资及时得到发放，确保了工资性收入的增长；三是乡村公职人员收入不断增加；四是高度重视劳动力培训，为扩大创业、就业铺平了道路。

（二）农村产业结构单一状况有所改变，农民来自二、三产业的经营收入增长明显

2014年，甘肃农村居民家庭经营现金收入为2455.9元，同比增长10.1%。其中，第一产业家庭经营现金收入同比增长4.7%；第二产业家庭经营现金收入同比增长79.9%；第三产业家庭经营现金收入同比增长39.4%。

1.粮食增收，拉动一产收入平稳增长。近年，甘肃省加大了科技增粮的实施力度，充分挖掘科技增产潜力，注重集成技术创新，大力推广小麦全膜覆土穴播技术、玉米全膜双垄沟播技术，为粮食稳定增产提供了重要保障。2014年，甘肃粮食继续增收，实现了“十一连增”，人均农业收入同比增长6.2%。

2.特色农业产销两旺，凸显优势。2014年，甘肃省各类特色产业出现产销两旺的良好势头，以苹果产业为例，在2014年全国产量减少，收购价格上涨的情况下，甘肃省产区果农销售收入大幅增加。同时，进入年底，甘肃经济作物销售势头回暖，蔬菜价格小幅上涨，并随着天气转冷，蔬菜产品减少，价格继续攀升，带动了农户收益增加。

3.非公经济迅速发展，带动三产增收。近年来，支持非公经济发展的政策不断出台，发展势头强劲，在大力落实国家各项优惠政策的基础上，甘肃省政府相继出台了许多支持农民自主经营、创业发展的优惠政策，激发了农民创业积极性，批发零售、小型住宿餐饮、租赁、服务业等市场空前活跃。2014年，甘肃农村居民批发和零售业收入增长53.7%，成为推动家庭经营收入增长的最直接因素，交通运输、仓储和邮政业收入也有了较

快发展，同比增长 30.7%。

（三）土地管理趋于科学规范，财产性收入多样化

2014 年，甘肃农村居民人均财产性收入为 166.5 元，同比增长 25.3%。其中，增长最快的是转让土地经营权租金净收入，同比增长 87.3%，是财产净收入稳步增长的主力，主要原因是近年土地流转规模不断扩大，特别是随着甘肃省“设施农牧业＋特色林果业”主体生产模式的强力推进，设施农牧业的集中连片建设，鼓励土地承包经营权向专业大户、家庭农场、合作社、农业企业流转，为农民财产性收入增添了新的来源，带动农民财产性收入快速增加。另外，红利收入、闲置房屋出租收入、出租机械收入等都为财产性收入增长起到了助推作用。

（四）社会保障范围进一步扩大，转移性收入增长稳定

随着城乡一体化进程的推进，政府加大了对农村居民的财政转移支付力度，财政补贴支出逐年增长，养老、低保等社会保障标准持续提高，各级财政对农民的粮食直补、农资综合补贴、良种补贴、农机购置补贴等均已及时发放到位，同时，今年人均基本公共卫生服务经费补助标准有所增长；涉农专业学生、经济困难学生学费标准降低等政策补贴都为农村居民转移性收入的持续增长提供了支撑。2014 年，甘肃农村居民人均转移性收入达到 628.6 元，同比增长 16.3%。

图 1　2014 年甘肃农村居民四大项收入比重图

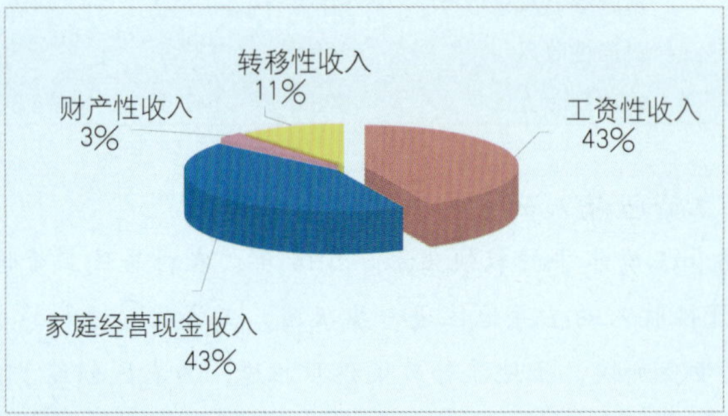

二、农村居民生活质量稳步提高

在甘肃居民收入稳步增长和城乡社会保障体系不断完善的良好发展势头下，农村居民消费能力逐步增强，恩格尔系数逐年下降，生活质量不断提高。2014 年，农村居民人均生活消费支出达到 5272 元，同比增长 8.7%，农村居民生活八大类消费支出中，改善生活质量的文化教育娱乐服务、居住类增幅最快，食品消费结构向营养健康发展，交通通信更加便捷。

表 2　2014 年甘肃农村居民八大数类消费支出一览表

指标名称	2014年（元）	2013年（元）	增速（%）
消费性支出	5272	4849.6	8.7
1.食品烟酒	1980.4	1798.5	10.1
2.衣着	386.4	352.7	9.5
3.居住	882.9	794	11.2
4.家庭用品及服务	323.8	302.7	7.0
5.交通通信	626.8	598.4	4.8
6.文化教育娱乐服务	413.5	366.5	12.8
7.医疗保健	529.8	513.3	3.2
8.其他用品和服务	128.5	123.5	4.0

（一）饮食观念更新，食品消费结构优化

2014 年，甘肃农民人均食品烟酒消费支出 1980.4 元，同比增长 10.1%，食品类同比增长 2.5%，其中，肉类、禽类、干鲜瓜果类的消费支出增长较多，分别增长 20.8%、23.1% 和 21.8%；人均蛋类、奶类消费支出分别增长 14.3% 和 14.8%；谷物类下降 8%；薯类下降 21.6%，可以看出，膳食结构继续向营养、科学型发展。同时，随着生活水平的提高和消费观念的改变，农村居民饮食服务同比增长 38.4%，其中，其他在外饮食支出同比增长 45.3%。

图 2　2014 年甘肃农村居民食品类消费比重图

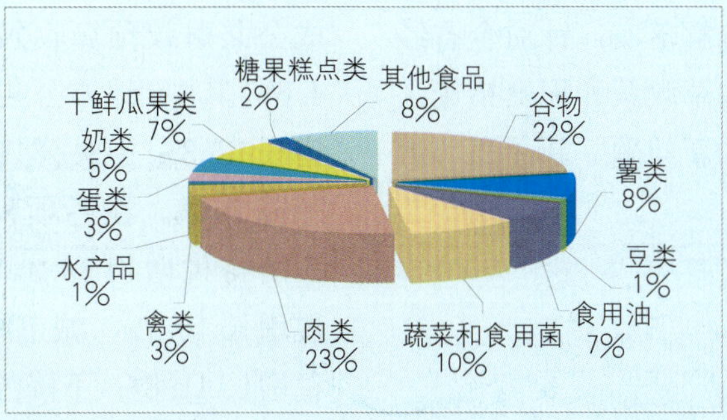

（二）住房条件改善，居住消费加快

随着农民收入水平的提高，农户改善居住条件的需求迅速增加，农村居民居住消费支出同比增长 11.2%，其中住房维修及管理支出同比增长 14.1%，反映出农村居民注重居住环境、提高生活质量意愿积极明显。

（三）教育负担减轻，文化生活质量不断提升

近年来，随着减免农村义务教育学杂费，以及对农村义务教育阶段贫困家庭学生实施“两免一补”政策，农村居民的学杂费支出持续减少，负担减轻，增速放缓，2014 年农民人均文化教育娱乐服务支出同比增长 12.8%。外出旅游、休闲娱乐逐步成为农民生活新时尚，文化娱乐支出同比增长 15.4%，其中文化娱乐服务同比增长 23.3%。

（四）信息产品广泛普及，交通和通讯更加便捷

近几年，随着收入水平的进一步提高和乡村道路的不断改善，农村居民用于改善交通工具的支出继续呈快速增长态势，拉动了农民对交通工具的消费需求。2014 年甘肃农村每百户拥有家用汽车 8.4 辆，人均交通通信消费支出同比增长 4.8%，其中，交通费支出同比增长 14.8%，交通工具使用及维修支出同比增长 7.5%。科技的发展日新月异，互联网设备、移动通讯工具已在农村普及，每百户拥有手机 227.5 部，每百户拥有计算机 13.9 台，通信类支出同比增长 17.4%，其中通信工具和通信服务分别增长 5.6% 和 22.7%。

（五）新农合逐渐普及，医疗保健支出相对稳定

随着生活质量的提高，农村新型合作医疗体系不断完善，农村医保覆盖面不断扩大，使越来越多的农民受惠，健康保健问题也成为农民关注的重点，2014 年，甘肃农村居民人均医疗保健消费支出增长 3.2%。

（作者：刘克明　国家统计局甘肃调查总队总队长）

青海省经济社会发展报告

2014年，面对全国经济下行压力增大、市场需求持续走弱的不利局面，青海省委、省政府深化认识，积极作为，主动适应经济发展新常态，抓好国家重大决策部署的分解落实，针对全省经济发展实际，实施一系列改革政策和配套措施，着力解决经济运行中出现的新问题、新矛盾，力促全省经济平稳运行。

一、2014年全省经济运行主要特点

全年全省工业生产平稳增长，固定资产投资保持快速增长，消费品零售总额较快增长，财政、金融平稳运行，各领域结构调整加快步伐。

（一）经济运行总体平稳，三次产业协同发展

经国家统计局核定，全年全省完成地区生产总值2301.12亿元，比上年增长9.2%，增幅高于全国1.8个百分点。其中，第一产业增加值215.93亿元，增长5.2%；第二产业增加值1232.11亿元，增长10.0%；第三产业增加值853.08亿元，增长8.8%。人均地区生产总值39633元，比上年增长8.2%。

就业：2014年，在总体经济平稳运行的背景下，全省就业形势基本稳定。年末全省就业人员317.3万人，比上年末增加3.1万人。全年城镇新增就业人员6.14万人。年末城镇登记失业率为3.2%，比上年末下降0.1个百分点。

物价：2014年，全省居民消费价格涨幅比上年回落，总体稳定。全年全省居民消费价格比上年上涨2.8%。八大类商品和服务价格呈“六涨两降”格局，其中：食品类价格上涨4.0%；衣着类价格上涨4.9%，娱乐教育文化用品及服务类价格上涨2.6%，居住类价格上涨3.0%。

财政：财政收入规模继续扩大。全年全省完成公共财政预算收入385.47亿元，比上年增长4.6%。其中，地方公共财政预算收入252.03亿元，增长12.3%；中央公共财政预算收入133.44亿元，下降7.4%。在各项税收中，增长的主要有：个人所得税增长33.2%、资源税增长26.0%、营业税增长10.7%、城市维护建设税增长7.0%、房产税增长41.8%；下降的主要有：增值税下降5.5%、企业所得税下降9.5%、消费税下降3.7%。

农业：2014年，全省土壤墒情好于上年，农作物出苗较齐，长势普遍良好；牧草返青快，牧区没有出现大的自然灾害，全省农牧业生产形势良好。据抽样调查推算，全年全省粮食播种面积280.10千公顷，比上年增长0.1%。全年粮食产量104.81万吨，比上年增长2.4%，自2008年起连续七年超过百万吨；油料产量31.51万吨，比上年下降3.3%；蔬菜及食用菌产量158.58万吨，比上年下降0.2%；枸杞产量5.31万吨，增长31.5%；水产品产量9037吨，增长50.6%。据主要畜禽监测调查推算，全年肉类总产量33.41万吨，比上年增长4.5%。牛奶产量30.50万吨，增长10.7%。

规模以上工业：全年全省规模以上工业①增加值比上年增长9.1%，高于全国平均增速0.8个百分点。36个大类行业中26个行业增加值比上年增长，增长面为72.2%，其中20个行业增加值增速高于全省平均水平。全年全省规模以上工业产销率为94.9%，比上年提高2.6个百分点。其中，重工业产销率为95.4%，比上年提高3.4个百分点，轻工业产销率为91.7%，比上年下降3.2个百分点。

注：①规模以上工业企业统计口径为年主营业务收入2000万元及以上的工业企业。

2014年全省规模以上轻、重工业主要行业增加值增速

单位：%

行业名称	比上年增长
规模以上工业	9.1
重工业	5.9
# 煤炭开采和洗选业	-34.5
石油和天然气开采业	8.7
有色金属矿采选业	14.0
石油加工和炼焦业	2.5
化学原料和化学制品制造业	19.1
非金属矿物制品业	28.2
黑色金属冶炼和压延加工业	-0.4
有色金属冶炼和压延加工业	16.4
电气机械和器材制造业	147.1
电力、热力生产和供应业	5.5
轻工业	30
# 农副食品加工业	30.0
食品制造业	63.6
酒、饮料和精制茶制造业	24.2
纺织业	33.1
纺织服装、服饰业	15.5
文教、工美、体育和娱乐用品制造业	10.6
医药制造业	32.4

第三产业：全省第三产业发展呈现规模扩大、产业支撑能力增强的良好态势。第三产业增加值比上年增长8.8%，占生产总值的37.1%。全年全省接待国内外游客2005.58万人次，比上年增长12.6%，实现旅游总收入201.9亿元，增长27.3%。其中，接待国内游客2000.43万人次，比上年增长12.6%，实现国内旅游收入200.31亿元，增长27.3%；接待入境游客5.15万人次，增长10.7%，实现旅游外汇收入2574.35万美元，增长32.6%。12月末，全省金融机构人民币各项存款余额4529.87亿元，比年初增加427.32亿元，同比少增加146.84亿元，增长10.4%。全省金融机构人民币各项贷款余额4171.73亿元，比年初增加769.06亿元，同比多增加165.97亿元，增长22.8%。全年全省完成货物运输量14638.64万吨，比上年增长9.4%；完成客运量5642.92万人，增长13.8%，增速比上年提高5.9个百分点。

（二）投资消费稳步增长，需求拉动持续增强

投资：全年全省完成全社会固定资产投资2908.71亿元（含区域项目），比上年增长21.0%。其中固定资产投资（不含农户）②2788.91亿元，增长22.0%，增速比全国平均水平高6.3个百分点。全省50万元及以上项目基础设施投资1021.41亿元，比上年增长47.5%，高于全社会固定资产投资增速26.5个百分点，高于上年基础设施投资增速17.4个百分点。全省房地产开发投资308.27亿元，比上年增长24.5%。其中，商品住宅投资190.67亿元，增长19.4%，（其中90平米以下商品住宅投资占26.9%，比重比上年提高8.5个百分点，投资额比上年增长74.8%）；商业营业用房投资64.28亿元，增长44.5%。

消费：全年全省完成社会消费品零售总额620.8亿元，比上年增长13.0%，高于全国增速1.0个百分点，在全国31个省（市、区）中位居第2位，西部12省（市、区）中位居第2位，西北5省（区）中位居第1位。从规模看，全年全省限额以上企业③零售额比上年增长8.3%；限额以下企业（含个体户）零售额增长16.8%。

进出口：全年全省进出口总值17.19亿美元，比上年增长22.5%。其中，出口总值11.28亿美元，增长33.2%，为2014年2月以来各月累计最高增速；进口总值5.91亿美元，增长6.3%。

（三）结构调整成效显现，转型发展催生活力

农业：种植业结构积极调整，粮食作物中小麦播种面积比上年下降7.2%，玉米、青稞播种面积分别增长15.9%和10.6%；经济作物中油料

注：②固定资产投资（不含农户）统计口径为计划总投资500万元及以上的建设项目投资和房地产开发投资。
③限额以上批发业包括年主营业务收入在2000万元及以上的批发业企业（单位）；限额以上零售业包括年主营业务收入在500万元及以上的零售业企业（单位）；限额以上住宿、餐饮业包括年主营业务收入在200万元及以上的住宿、餐饮业企业（单位）。

播种面积下降 4.7%，枸杞播种面积增长 4.0%；果园面积增长 12.3%。

规模以上工业：轻工业比重不断提高。随着绿色低碳、生态环保、循环经济发展理念的不断推进，地毯绒纺、中藏药、特色生物医药等产业链和产业集群体系的日趋完善，轻工业发展势头强劲。全年轻工业增加值占规模以上工业增加值的 12.8%，比重比上年提高 2.4 个百分点。制造业规模扩大。全年制造业增加值增速（17.2%）比规模以上工业增速高 8.1 个百分点，占全省规模以上工业增加值的 62.5%，比重比上年提高 4.5 个百分点。股份制企业占比提高。全年股份制企业增加值占全省规模以上工业增加值的 88.5%，比重比上年提高 0.9 个百分点；外商及港澳台投资企业增加值增长 19.9%，增速比上年加快 14.1 个百分点；国有企业增加值比上年下降 15.5%。非公有工业不断发展壮大。全年非公有工业增加值占规模以上工业增加值的比重为 46.2%，比上年提高 1.6 个百分点。国有控股企业增加值比重（44.3%）比上年下降 1.9 个百分点。十大优势产业④发展良好。全年工业十大优势产业中有 7 个产业增加值保持两位数快速增长，增速位居前三位的是新能源产业、生物产业和装备制造业，分别增长 82.8%、44.0% 和 30%。高技术产业⑤和装备工业⑥快速增长。高技术产业增加值比上年增长 36.8%，占规模以上工业增加值的 4.7%，比重比上年提高 1.1 个百分点。装备工业增加值增长 30%，占规模以上工业增加值的 4.0%，比重比上年提高 0.8 个百分点。资源类行业⑦比重下降。资源类行业增加值比上年下降 8.9%，占全省规模以上工业增加值的 23.5%，比重比上年下降 4.7 个百分点。新建企业贡献突出。近年来，新建企业对全省特色优势行业的发展和工业结构的调整起到了积极的带动作用。全年全省新建入库企业 34 户，完成的工业增加值占规模以上工业增加值的比重为 2.7%。从新建企业的行业分布来看，主要集中在以太阳能发电为主的电力热力生产和供应业（9 户，占新建企业的 26.5%）、以中藏药生产为主的医药制造业（4 户，占 11.8%）、以肉食品加工为主的农副食品加工业（4 户，占 11.8%）等行业中。

投资：第一、三产业投资快速增长。全年全省第一产业完成投资 139.46 亿元，比上年增长 27.6%。第二产业完成投资 1283.56 亿元，增长 10.4%，其中工业投资 1205.30 亿元，增长 12.0%。第三产业完成投资 1485.69 亿元，增长 31.3%，增速为三次产业之首，占全社会固定资产投资的比重过半（51.1%），比上年提高 4.0 个百分点。在第三产业投资中，居民服务和其他服务业投资增长 3.3 倍，科学研究、技术服务和地质勘探业投资增长 78.3%。民间投资增速加快。全年全省国有及国有控股投资完成 1639.93 亿元，比上年增长 21.5%。民间投资 1240.12 亿元，增长 21.5%，增速比前三季度和上半年分别加快 0.9 和 1.6 个百分点，占全社会固定资产投资的 42.6%，比重比上年提高 0.1 个百分点，其中私营个体投资继续大幅增长，完成投资 564.85 亿元，增长 44.7%。港澳台及外商投资 28.67 亿元，下降 12.2%。十大优势产业投资比重提高。全年全省工业十大优势产业投资保持快速增长，完成投资 1013.94 亿元，增长 27.2%，占全社会固定资产投资的 34.9%，比重比上年提高 1.7 个百分点。其中，新能源产业投资增长 80.5%（占十大优势产业投资的比重为 23.3%，比上年提高 6.9 个百分点），煤化工产业投资增长 2.7 倍（占十大优势产业投资的比重为 12.8%，比上年提高 8.4 个百分点），有色金属产业投资增长 89.5%（占十大优势产业投资的比重为 22.2%，比上年提高

注：④青海省十大优势产业指新能源产业、新材料产业、盐湖化工产业、有色金属产业、油气化工产业、煤化工产业、装备制造业、钢铁产业、轻工纺织业、生物产业。

⑤青海省高技术产业有化学药品原药制造、化学药品制剂制造、中成药制造、生物药品制造、电子器件制造、电子元件制造。

⑥青海省装备工业有金属制品业，通用设备制造业，专用设备制造业，汽车制造业，铁路船舶航空航天和其他运输设备制造业，电气机械和器材制造业，计算机通信和其他电子设备制造业，仪器仪表制造业，金属制品、机械和设备修理业。

⑦资源类行业包括煤炭开采和洗选业，石油和天然气开采业，黑色金属矿采选业，有色金属矿采选业，非金属矿采选业，开采辅助活动，其他采矿业。

7.3 个百分点），生物产业投资增长 69.6%（占十大优势产业投资的比重为 6.1%，比上年提高 1.5 个百分点），装备制造业投资增长 50.7%，钢铁产业投资增长 42.2%。新开工亿元及以上项目贡献突出。全年全省亿元及以上施工项目 662 个，比上年增加 59 个，完成投资 1814.07 亿元，比上年增长 24.5%。其中新开工亿元及以上项目 284 个，比上年增加 31 个，完成投资 719.56 亿元，占全社会固定资产投资的比重（24.7%）比上年提高 3.6 个百分点。

消费：近七成商品类别零售额保持增长。从限额以上批发零售贸易企业分类商品零售情况看，有零售额的 19 个大类商品中 13 类保持增长，增长面为 68.4%。其中：粮油、食品、饮料、烟酒类增长 4.0%，服装、鞋帽、针纺织品类增长 12.1%，化妆品类增长 13.8%，中西药品类增长 21.2%，石油及制品类增长 7.2%，汽车类增长 13.6%。

（四）财政支出保障有力，民生改善持续推进

全年全省坚持“小财政办大民生”的理念，紧紧围绕民生工程十项实事，进一步完善政策措施，持续加大财政投入，有效动员社会力量，合力打造民生工程升级版。

财政支出倾向民生。全年全省完成公共财政预算支出 1365.98 亿元，比上年增长 9.2%。面对财政收入增幅减缓的困难，通过调整优化支出结构等措施，民生投入超千亿元，占到全省财政总支出的 75.6%，有力保障和改善了民生。与上年相比，教育支出增长 28.3%，科学技术支出增长 22.8%，文化体育与传媒支出增长 32.0%，财政对社保基金补助支出增长 22.0%，就业补助支出增长 11.5%，医疗卫生与计划生育支出增长 16.9%，农林水支出增长 19.1%，住房保障支出增长 8.1%，城乡社区支出增长 9.2%。

城乡居民收入稳步增加。深入推进民生工程货币化改革，有效增加城乡居民收入。据城乡一体化住户调查，全年全省城镇常住居民人均可支配收入 22306.57 元，比上年增长 9.6%。其中，人均工资性收入 15283.47 元，比上年增长 7.1%；人均经营净收入 1699.38 元，增长 40.8%；人均财产净收入 1159.63 元，增长 10.3%；人均转移净收入 4164.10 元，增长 8.8%。城镇常住居民人均生活消费支出 17492.89 元，比上年增长 7.8%。全年全省农村常住居民人均可支配收入 7282.73 元，比上年增长 12.7%。其中，人均工资性收入 2041.42 元，增长 15.1%；人均经营净收入 3021.39 元，增长 8.4%；人均财产净收入 287.78 元，增长 1.2 倍；人均转移净收入 1932.13 元，增长 9.4%。农村常住居民人均生活消费支出 8235.14 元，比上年增长 9.7%。

社会保障水平明显提高。实施养老、医疗、低保等 11 项提标政策，出台政府购买公共服务实施办法，统一城乡居民基本养老保险制度，完善残疾人保障和社会救助制度，推行城乡低保有进有退、动态管理，取得扎实成效，年末全省养老保险参保人数 319.19 万人；医疗保险参保人数 559.41 万人，比上年末增加 15.43 万人；全省失业保险参保人数 39.31 万人，比上年末增加 0.8 万人，其中农民工参保人数 0.37 万人；全省工伤保险参保人数 54.69 万人，比上年末增加 2.43 万人，其中农民工参保人数 6.13 万人；全省生育保险参保人数 45.95 万人，比上年末增加 3.13 万人。年末全省享受城市最低生活保障的居民 20.3 万人，享受农村最低生活保障的农牧民 37.2 万人。

社会事业达到新水平。教育公平得到更好体现。学前三年毛入园率居全国中上水平，基本完成中小学标准化建设，农牧区义务教育经费保障补助标准持续提高，新组建的 3 所高等职业技术学院实现招生，高校学科专业结构进一步优化。医疗条件继续改善。医药卫生体制改革不断深化，县级公立医院改革、分级诊疗、大病医保等走在西部前列，医保住院费用支付比例提高。文化惠民成效显著。深入实施文化建设“八大工程”，27 个文化产业园区全面开工，广播、电视综合人口覆盖率分别达到 97% 和 97.5%。扶贫攻坚取得实效。年末全省实有贫困人口 53.97 万人，当年减少贫困人口 20.9 万人。

二、当前经济运行中面临的困难

一是工业持续增长压力加大。2014年，全省工业生产者价格持续低位徘徊，工业生产成本持续上升，工业经济效益下滑。工业生产者价格自2012年2月以来连续35个月处于下降区间，且黑色冶金、有色冶金、化学工业等主要工业行业价格持续下降。2014年全年全省工业生产者出厂价格和购进价格分别比上年下降3.9%和2.4%，降幅高于全国。在经济增长新常态及结构转型的大背景下，全省工业持续增长面临较大压力。

二是财政增收压力加大。由于部分企业经济效益下滑，2014年，增值税和企业所得税比上年分别下降5.5%和9.5%，使全省公共财政预算收入增收压力加大，而民生等方面支出的刚性需求不减，财政收支矛盾凸显。

三是城乡居民增收难度加大。近年来，全省加大惠民措施力度，城乡居民收入不断提高，增幅列全国前位。全年全省城乡居民收入增幅分别列全国第4位和第2位。但随着经济增速的回落，城乡居民增收压力逐步增大。

三、对2015年全省经济发展的建议

（一）坚持生态立省，探索生态文明与经济发展的新平衡

我省已被列入全国首批生态文明先行示范区，要抓好《青海省生态文明先行示范区建设实施方案》的落实，树立生态保护第一的理念，把建设生态文明先行示范区与加快经济转型升级结合起来，激发各类主体建设生态文明的内生动力，坚持在保护中开发，在开发中保护，积极倡导绿色发展观，着力构建绿色产业体系，努力取得生态保护与经济协调发展的新经验、新成效。

（二）切实抓好工业运行，确保经济稳增长

目前，在我省产业结构中工业占比高达41%，因此工业对经济的影响举足轻重。在经济新常态的背景下，要按照党中央、国务院、省委、省政府的决策部署，将促增长、调结构、转型升级的各项政策及措施落到实处，尤其是加大对中小微企业的扶持力度，进一步简政放权，激发市场活力，充分发挥政府宏观调控力度和市场配置资源的作用。鼓励企业加强与高校、科研单位合作，增强自主创新能力，加大技术改造，加强企业内部管理，根据市场需要调整生产，转型升级，增强应对市场变化的能力。此外，抓好各生产要素的支撑保障。

（三）继续加强投资建设，注重发挥投资对结构调整的引导作用

近年来，我省固定资产投资保持快速增长，使全省人民的生产生活环境极大改善，但由于历史欠账较多，目前，在基础设施、交通运输、民生改善、产业升级等领域都还有较大投资空间。要继续抓好重点项目的实施和挖掘，充分发挥重点项目的投资带动作用；发挥好政府投资对结构调整的引导作用，加大政府投资对保障性安居工程、“三农”、社会事业、节能减排、生态环保、自主创新等领域和部分战略性新兴产业的支持力度；组合应用各种融资工具，激发民间投资活力，拓宽资金来源渠道。

（四）加快经济结构调整，打好转型升级攻坚战

面对经济下行压力加大的国内外环境，要在调结构、促改革中，努力探寻新的增长点和新动力。要加快工业内部结构的调整，大力发展轻工业，加快发展新兴产业，调整发展重工业，着力推动传统产业向中高端迈进，增强战略性新兴产业的支撑作用，实现工业发展从资源型向市场主导型转变，从资源消耗向创新驱动、低附加值向高附加值、高耗能高污染向环境友好型转变；加快现代服务业发展，积极发展生产性服务业，提高金融业、信息传输计算机服务和软件业、租赁服务业等现代服务业对经济的贡献；寻找消费新增长点，实施适宜的消费政策，释放消费潜力，促进消费结构的转型升级，增强消费对经济的驱动力。

（作者：侯碧波　青海省统计局局长）

专栏：青海城乡居民收入持续性稳定增长

2014年，面对国际经济下行压力加大和国内经济换档调整复杂多变的形势，青海省委省政府坚持科学发展，牢牢把握稳中求进、好中求快的总基调，抢抓机遇，稳中有为，坚持小财政办大民生，以提高城乡居民收入为抓手，以改善民生、提高城乡居民消费水平为宗旨，将财政支出的75%以上用于民生建设，制定和出台一系列惠民政策和措施，多渠道增加城镇居民收入，多举措增加农村居民收入，城乡居民收入实现持续稳定增长。据全省城乡一体化住户抽样调查资料显示，2014年，青海全体居民人均可支配收入143734元，比增长11.0%。

一、城镇居民收入稳步增长，生活水平不断提高

（一）城乡居民收入增速快于全国平均水平

2014年，青海城镇常住居民人均可支配收入22307元，同比增长9.6%，增速较全国平均水平快0.6个百分点，居全国第4位；青海农村居民人均可支配收入7283元，同比增长12.7%，增速较全国平均水平快1.5个百分点，居全国第2位；城镇常住居民人均可支配收入达到全国平均水平的77.3%，较上年提高0.4个百分点；农村常住居民人均可支配收入达到全国平均水平的69.4%，较上年提高0.9个百分点。

（二）城乡居民收入结构优化

2014年，坚持小财政办大民生，将财政支出的75.6%用于民生建设，涉及各大民生领域，收入倍增、规范津补贴、乡镇工作岗位补助、艰苦边远地区津贴，高海拔折算工龄补贴、城乡低保、大学生“三项制度”等其他群体的补助、种粮农民直接补贴和农资综合补贴、保障性住房建设、农村危房改造和奖励性住房补助、城乡居民基本医疗保障、养老保险保障、义务教育和中小学校标准化建设、大学生就业创业、公益性岗位补贴、贫困地区移民搬迁、公共事业配套工程、城市交通及排水排污工程建设等。省人代会向全省人民承诺的十大民生工程建设及惠民政策性补助项目扎实推进，全部兑现，一些民生指标走在了西部乃至全国前列，城乡居民生活改善收到实效，收入结构进一步优化。城镇居民工资性收入、经营净收入、财产净收入、转移净收入分别增长7.1%、40.8%、10.3%和8.8%，对城镇常住居民可支配收入增加额的贡献率分别为52.1%、25.2%、5.5%和17.2%，拉动城镇常住居民可支配收入增长5.0、2.40.5和1.7个百分点；农村居民人均工资性收入、家庭经营净收入、财产净收入、转移净收入分别增长15.1%、8.4%、1.16倍和9.4%，对农村常住居民可支配收入增加额的贡献率分别为32.5%、28.4%、18.8%和20.3%，拉动城镇常住居民可支配收入增长4.1、3.6、2.4和2.6个百分点；农村居民收入由单纯依赖务农向务农、务工和发展二、三产业转变，全省农民工数量继续增加，务工人员月工资水平持续攀升，务工收入的快速增长成为农牧民增收的主要动力，各项惠农强农政策补贴有效保障农村居民现金收入增加。城乡居民收入结构趋向多元化。

二、城乡居民生活消费品质提升

随着收入的不断增加，城乡居民的生活品质和消费水平均有明显提升，消费结构转型升级。2014年，全省社会消费品零售总额614.61亿元，同比增长13%。全省城镇居民人均生活消费支出同比增长7.8%，八大类消费支出呈“七升一降”态势。其中，其他用品和服务增长26.9%，教育文化娱乐服务增长25.5%，交通通信增长24.4%，食品增长6.2%，衣着增长3.7%，居住增长1.6%，生活用品及服务增长0.5%；医疗保健下降9.8%。食品消费种类增多、质量提高，保健食品、绿色食品、生物食品越来越受到青睐；居民家庭家用汽车拥有量不断增加，节假日自驾游活动增多，电脑、智能手机全面普及，居住面积增加，质量提高，生活品质明显提升。农村居民人均生活消费支出同比增长9.7%，八大类消费支出全面增长。其中，教育文化娱乐服务增长15.7%，居住增长14.1%，交通通信增长13%，其他用品和服务增长12%，衣着增长10.5%，医疗保健增长6.3%，食品支出增长5.3%；住房质量、家居品质提升，家用汽车拥有量增加，家用电器及智能通讯产品普及率提高，金银首饰消费走俏，节日集中消费且消费水平提升和结构的改善，城镇化率的快速提高，带动了农村居民生活质量明

显提升。

三、城乡统筹发展初显成效

（一）城乡居民收入增速农村快于城镇

2014 年全省城镇常住居民人均可支配收入同比增长 9.6%，农村居民人均可支配收入增长 12.7%。农村居民收入增速比城镇居民可支配收入增速快 3.1 个百分点。

（二）城乡居民收入差距逐步缩小

2014 年，青海城镇居民人均可支配收入与农村居民人均可支配收入之比为 3.06:1，收入差距较上年缩小 0.09。纵观 1978 年至 2014 年青海城乡居民收入，1980 年，城乡居民收入差距为 1.71:1，到 2007 年达到高点 3.83:1。但自 2008 年开始，城乡收入差距连续七年保持逐步缩小趋势。

（三）城乡居民消费差距比缩小

2014 年，青海城镇居民人均生活消费支出同比增长 7.8%；农村居民人均生活消费支出增长 9.7%，城乡居民人均生活消费支出增幅农村快于城镇，城乡居民消费差距比由上年的 2.2:1 缩小到 2.1:1。

（作者：张小军　国家统计局青海调查总队总队长）

宁夏回族自治区经济社会发展报告

2014年，面对错综复杂的经济环境和下行压力，自治区党委、政府牢牢把握稳中求进工作总基调，科学统筹稳增长、促改革、调结构、惠民生，坚持定向调控、精准发力，强化对经济运行的预调微调，加快推进经济结构调整和产业转型升级，全区经济在新常态下呈现“总体平稳、稳中有进、稳中向好”的运行态势。

初步核算，2014年，全区实现地区生产总值2752.10亿元（现价），按可比价格计算，比上年增长8.0%，增速比全国高0.6个百分点。分季度看，一季度增长6.9%，二季度增长7.7%，三季度增长7.8%，四季度增长9.0%，呈现出较为明显的稳中有进、逐季回升态势。分产业看，第一产业增加值216.84亿元，增长5.4%；第二产业增加值1343.13亿元，增长9.2%；第三产业增加值1192.13亿元，增长6.9%。

（一）从生产角度分析，农业生产形势向好，工业生产总体平稳

1. *农业生产形势向好*。2014年，全区实现农林牧渔业总产值444.5亿元，按可比价格计算，比上年增长5.9%。粮食产量再创历史新高。全年粮食总产量377.9万吨，比2013年增产4.5万吨，增长1.2%，实现粮食“十一连丰”。蔬菜园艺产业持续向好。蔬菜产量539.1万吨，增长5.9%；瓜果产量193.1万吨，增长7.4%；葡萄种植面积51.6万亩，增长3.2%，产量18.1万吨，增长4.8%。养殖业发展势头良好。羊只出栏量552.03万只，增长5.9%；肉牛出栏量58.71万头，下降1.3%；年末奶牛存栏量37.37万头，增长9.6%；牛奶产量135.74万吨，增长30.3%；家禽出栏量1204.42万只，下降0.6%；禽蛋产量8.3万吨，增长11.6%；生猪出栏量101.2万头，增长5.9%；水产品产量16.2万吨，增长11.8%。

2. *工业生产总体平稳*。2014年，全区规模以上工业实现增加值954.4亿元，按可比价计算（下同），比上年增长8.3%，增速与全国持平。轻工业较快增长。全区轻工业实现增加值139.4亿元，增长15.0%，增速比规模以上工业高6.7个百分点；重工业实现增加值814.9亿元，增长7.3%。10大工业产业全部实现增长。其中，煤炭增长6.2%、电力增长6.7%、化工增长10.2%、冶金增长1.0%、有色增长6.6%、轻纺增长18.8%、机械增长2.3%、建材增长10.7%、医药增长13.1%、其他增长18.2%。

（二）从需求角度分析，固定资产投资持续增长，市场消费平稳运行，对外贸易增势强劲

1. *固定资产投资持续增长*。2014年，全区完成全社会固定资产投资3200.98亿元（含区域项目），比上年增长19.4%。其中，固定资产投资（不含农户）完成3121.11亿元，增长19.7%，增速比全国高4.0个百分点；农户完成投资79.87亿元，增长8.9%。分产业看，第一产业投资128.69亿元，增长44.7%；第二产业投资1439.97亿元，增长14.5%；第三产业投资1632.33亿元，增长22.3%。工业投资增速回落。2014年，全区工业完成投资1424.52亿元，增长15.1%，增速比上年回落6.4个百分点，比全社会固定资产投资低4.3个百分点。重大项目拉动作用明显。2014年，全区亿元以上项目完成投资1885.62亿元，增长23.6%，占全社会固定资产投资比重为58.9%，比上年提高2个百分点，拉动全区固定资产投资增长13.4个百分点。

2. *市场消费平稳运行*。2014年，全区实现社会消费品零售总额737.2亿元，比上年增长10.3%，增速比全国低1.7个百分点。乡村消费快于城镇。全区城镇消费品零售总额612.92亿元，增长9.5%；乡村零售额60.30亿元，增长

19.1%，增速快于城镇9.6个百分点。四大行业“三增一降”。全区批发业零售额88.12亿元，增长1.6%；零售业零售额482.24亿元，增长10.7%；住宿业零售额7.82亿元，下降4.8%，餐饮业零售额94.87亿元，增长18.9%。20大类商品零售额“11增9降”。其中：中西药品类增长15.6%，日用品类增长9.5%，汽车类增长5.4%；金银珠宝类下降 9.1%，石油及制品类下降7.5%。

3. *对外贸易增势强劲*。2014年，全区外贸实现进出口总额54.36亿美元，比上年增长69.0%，增速比全国高65.6个百分点，外贸进出口首次迈上50亿美元台阶。其中，出口43.03亿美元，增长68.6%；进口11.33亿美元，增长70.3%。实现贸易顺差31.70亿美元。从出口产品看，部分重点出口产品仍具有较强竞争力，轮胎、除草杀虫剂、饲料添加剂、泰乐菌素、金属镁出口同比分别增长2.3倍、1.7倍、79.8%、60.8%和37.2%。

（三）从发展方式转变分析，转型升级步伐加快，结构调整积极推进

随着经济结构调整和转型升级步伐不断加快，改革创新力度不断加大，全区经济结构出现积极变化。

1. *经济逐渐向第三产业主导转变*。2014年，全区三次产业结构由上年同期的8.7:49.3:42.0调整为7.9:48.8:43.3，第一、二产业比重有所下降，第三产业比重明显提升。三次产业投资结构也由上年同期的3.3:46.9:49.8调整为4.0:45.0:51.0，第三产业投资比重提升了1.2个百分点。

2. *结构优化升级取得成效，新产业新业态加快孕育*。在政府主动引导和市场倒逼双重作用下，经济发展新生动力不断涌现。特色优势农业比重由2013年的85.2%提高到2014年的85.7%。工业结构优化升级取得成效。轻工业占规模以上工业增加值的比重为15.0%，比2013年提高1.5个百分点；六大高耗能工业比重由上年的55.4%下降为54.4%。高技术产业较快发展。规模以上工业高技术产业实现增加值21.9亿元，比上年增长15.6%，增速比全区平均水平高7.3个百分点，占规模以上工业增加值的比重由上年的1.8%提高到2.3%。企业更新改造步伐加快。全区更新改造增长20.1%，高于全社会固定资产投资增速0.7个百分点。其中，工业技术改造投资增长19.1%，高于工业投资增速4.0个百分点。随着互联网技术的广泛应用，新的商业模式不断涌现，催生出一系列与互联网相关的新业态，正深刻改变生产方式和人们生活方式。2014年，全区通过互联网实现商品销售34.68亿元，增长15.0%，比全区社会消费品零售总额增速高4.7个百分点，占社会消费品零售总额的5.2%。

3. *市场主体活力不断增强*。行政审批制度改革力度的加大，有力激发了市场主体的活力。2014年，全区月度新增“四上”企业163家，年度新增312家。在市场准入放宽的同时，政府积极扩大企业投资自主权，极大激发了市场活力，有力地促进了非公经济的较快发展。2014年，民间投资占全区投资的55.9%。规模以上工业非公有制经济实现增加值401.3亿元，比上年增长16.3%，高于全区平均增速8.0个百分点，对全区规模工业增长的贡献率达到76.1%，拉动全区规模工业增长6.4个百分点。

4. *资源能源利用效率显著提高*。企业转型发展主动性明显增强，能耗水平继续下降，能源消费结构不断优化。2014年，全区单位地区生产总值能耗下降4.2%；规模以上工业能源消费量同比增长3.5%，增速比上年下降3.1个百分点，低于同期规上工业增速4.8个百分点；单位工业增加值能耗同比下降4.5%；风力和太阳能发电量分别增长20.7%和1.6倍，占全区工业发电量的8.1%，比上年同期提高2.3个百分点。

（四）从经济运行质量分析，财政收支增势平稳，居民收入稳步提高，就业形势总体稳定

1. *财政收支稳步增长*。2014年，全区完成公共财政预算总收入565.02亿元，比上年增长6.9%。其中，地方公共财政预算收入339.81亿元，增长10.2%。在地方公共财政预算收入中，完成

各项税收收入250.26亿元，增长5.4%。其中，增值税增长20.8%、营业税下降0.7%、企业所得税增长9.4%。全区公共财政预算支出1000.49亿元，增长8.5%。其中，教育支出123.31亿元，增长9.2%；社会保障和就业支出115.52亿元，增长12.4%；医疗卫生支出64.56亿元，增长20.1%；住房保障支出81.92亿元，增长47.3%；城乡社区事务支出104.32亿元，下降22.0%；一般公共服务性支出63.52亿元，下降1.0%。

2. *居民收入稳步提高*。随着一系列富民惠民政策措施的贯彻落实，城乡居民收入稳步增长。根据城乡一体化住户调查结果，2014年，全区全体居民人均可支配收入15907元，同比名义增长9.2%，扣除价格因素影响，实际增长7.2%。按常住地分，农村常住居民人均可支配收入8410元，同比名义增长10.7%，增速比城镇快2.3个百分点，扣除价格因素影响，实际增长9.0%。城镇常住居民人均可支配收入23285元，同比名义增长8.4%，扣除价格因素影响，实际增长6.3%。

3. *就业形势总体稳定*。2014年，全区创造新岗位3.7万个，转移农村富余劳动力70.7万人，城镇新增就业7.4万人。全年全区城镇登记失业率4.0%，完成4.2%的年度调控目标。

（五）从运行环境分析，金融信贷继续加大，物价涨幅持续回落

1. *金融信贷继续加大*。2014年，全区金融机构人民币各项存款余额4209亿元，比上年增长8.8%，比年初增加341亿元。其中，个人存款2171亿元，增长11.0%，比年初增加216亿元。人民币各项贷款余额4578亿元，增长17.1%，比年初增加654亿元。其中，短期贷款1664亿元，增长11.3%；中长期贷款2720亿元，增长18.7%；票据融资184亿元，增长53.1%。

2. *价格涨幅持续回落*。2014年以来，全区居民消费价格涨幅总体保持回落态势。全年上涨1.9%，涨幅比上年回落1.5个百分点，比全国平均水平低0.1个百分点。其中，12月当月上涨1.7%，比年初回落0.9个百分点。分城乡看，城市上涨2.0%，农村上涨1.6%。分类别看，食品类上涨2.7%、衣着类上涨2.7%、家庭设备用品及维修服务类上涨1.1%、医疗保健及个人用品类上涨1.6%、娱乐教育文化用品及服务类上涨2.8%、居住类上涨1.2%，烟酒类下降0.9%、交通和通信类下降0.4%。

二、经济运行中值得关注的主要问题

当前国内外环境仍然较为复杂，不稳定不确定的因素依然较多，经济运行仍然“稳中有忧”，经济持续向好的基础尚不稳固。

（一）市场需求仍然不足，宏观环境依旧严峻

2014年，市场需求不足的问题始终困扰着我区经济发展。从产品价格看，农产品生产价格同比下降5.2%。工业品出厂价格下降3.7%，已连续33个月同比下跌；工业生产者购进价格下降3.0%，工业生产者出厂价格和购进价格降幅分别高于全国平均水平1.8和0.8个百分点，继续呈现“高进低出”态势。从产品衔接看，产销情况不容乐观。2014年，全区规模以上工业产品销售率为95.5%，比上年下降2.2个百分点，远低于98.0%的合理水平；规模以上企业主营业务收入仅增长1.1%，低于增加值增速7.2个百分点；产成品存货281.2亿元，增长31.6%，增速比上年加快36.1个百分点。从相关指标看，部分指标仍呈增速回落或下降态势。2014年，全区交通运输货运量同比仅增长0.91%，货物周转量下降4.35%。其中，铁路货运量、货物周转量分别下降17.12%和16.27%。全社会用电量848.8万千瓦时，增长4.6%，增速比上年回落4.8个百分点。其中，工业用电量771.80万千瓦时，增长4.1%，增速比上年回落5.0个百分点。一般公共服务性支出由上年的增长8.2%转为下降1.0%。

（二）经济结构矛盾加剧，产业结构不尽合理

虽然全区经济保持了8%的平稳增长，但结构性矛盾仍较为突出。首先从三次产业比重看，

第三产业占地区生产总值的比重虽然提高 0.8 个百分点，但对经济增长的贡献率为 32.8%，比第二产业低 28.8 个百分点，第三产业大而不强的局面仍然存在。其次，从工业内部行业构成看，煤炭、电力、化工、冶金等资源型传统工业和高耗能产业比重明显偏高，2014 年，四大产业增加值占规模以上工业增加值的比重达 66.5%。再次，服务业中的传统服务业仍占重要地位，2014 年，全区交通运输、仓储和邮政业，批发和零售业，金融业，住宿和餐饮业房地产业占比仍过六成。

（三）工业生产增长乏力，经济效益持续低迷

一是工业企业停产减产情况仍未好转。12 月末，全区 1061 户规模以上工业企业中停产 112 户，净减少工业产值 65.3 亿元。同时，还有 295 户企业比上年产值减少，企业减产面达到 28.0%，净减少产值 246 亿元。二是重工业增长乏力。随着国家对房地产、钢铁、电解铝、水泥、平板玻璃、造船等产能严重过剩行业调控力度加大，我区重工业全面进入调整下行阶段，电石、铁合金、焦炭、水泥、发电机组等产能利用率持续下降，全年重工业增长 7.3%，增幅低于全区平均水平 1.0 个百分点，对规模工业增长的贡献率为 76.2%，比 2013 年降低 9.0 个百分点。三是工业企业效益大幅下滑。受市场不景气，企业成本上升等因素影响，全区规模以上工业企业效益出现大幅度的回落。企业利润由年初的增长 6% 逐步下滑至全年的下降 33.0%。与此同时，亏损企业亏损总额持续增加，达到 62.1 亿元，增长 43.5%，亏损面高达 32.3%。企业主营业务收入利润率为 3.0%，比上年下降 1.1 个百分点。

（四）投资资金供给趋紧，服务业投资增速回落

投资是我区经济发展的主要动力，但今年以来，资金供给偏紧问题制约着投资的增长。2014 年，全区固定资产投资资金来源合计 3122.05 亿元，比上年增长 12.5%，增速比上年回落 17.6 个百分点，低于同期全社会投资增速 6.9 个百分点，资金保障度为 97.5%。本年到位资金 2988.90 亿元，增长 12.0%。其中，国家预算内资金 237.34 亿元，下降 1.3%；国内贷款 746.22 亿元，增长 31.1%；自筹资金 1623.67 亿元，增长 8.8%，比上年回落 29.3 个百分点。各项应付款增长 66.7%，增速仍然较高，表明投资资金仍然比较紧张，对投资增长的支撑不足。第三产业投资支撑作用减弱。2014 年，全区第三产业投资增长 22.3%，增速比上年回落 12.8 个百分点，拉动全社会投资增长 11.1 个百分点，比上年低 5.3 个百分点，拉动力减弱。

（五）房地产市场继续回落调整，企业经营风险加大

房地产开发投资增速趋缓。2014 年，全区房地产开发投资 654.80 亿元，增长 17.1%，增速比上年回落 13.1 个百分点，低于全社会固定资产投资增速 2.3 个百分点。商品房新开工面积继续下降。全区商品房新开工面积 2053.77 万平方米，下降 5.1%，而上年是增长 17.4%。新开工面积作为房地产先行指标持续下降，表明企业开发新项目活跃度有所降低。商品房销售面积、销售额双回落。全区商品房销售面积 1129.46 万平方米，增长 7.7%，增速比上年回落 22.6 个百分点。其中，住宅销售面积 939.37 万平方米，增长 1.2%，增速比上年回落 30.0 个百分点。商品房销售额 464.96 亿元，增长 4.8%，增速比上年回落 34.9 个百分点。其中，住宅销售额 352.03 亿元，下降 3.2%，增速比上年回落 45.1 个百分点，房地产市场驶入了深度调整的区间。随着本次房地产市场的持续调整，开发企业库存显著增加，导致资金回笼速度放慢，企业经营风险加大。一是企业去库存压力增大。12 月末，全区商品房待售面积 967.16 万平方米，增长 9.8%，比上年末增加 86.11 万平方米。其中，住宅待售面积 627.00 万平方米，增长 7.1%，比上年末增加 41.57 万平方米。消化库存已经成为当前房地产开发面临的重要问题。二是到位资金趋紧。2014 年，房地产开发企业实际到位资金 742.91 亿元，增长 7.0%，增幅比上年回落 31.9 个百分点，低

于房地产投资增速 10.1 个百分点。其中，以销售回笼资金为主的定金及预收款和个人按揭贷款同比下降 0.9% 和 15.7%，增幅比上年回落 59.7 个和 49.9 个百分点。

（六）消费需求增势不旺，内需潜力有待挖掘

今年以来，受经济增长放缓、收入增速回落等诸多因素影响，各类消费主体动力明显不足，消费市场增速明显回落。2014 年，全区社会消费品零售总额增速比上年回落 2.2 个百分点；限额以上批发和零售业商品零售额增速比上年回落 6.9 个百分点，住宿餐饮业零售额持续下降。从分类商品看，重点商品销售下滑。石油及制品类零售额下降 7.5%，比上年低 14.5 个百分点；金银珠宝类零售额下降 9.1%，自一季度后连续 9 个月负增长，比上年低 42.3 个百分点；化妆品类零售额增长 6.7%，增速回落 10.8 个百分点。从行业看，限额以上住宿餐饮企业正处于转型升级的试验期，对消费市场的拉动作用仍然较弱。2014 年，我区七成以上的限额以上住宿业和餐饮业企业营业额为负增长。

三、2015 年全区经济走势判断

展望 2015 年，国内外发展环境仍将复杂多变，世界经济可能继续呈现低速增长态势。国内经济保持稳定增长的因素在增多。宏观调控政策仍具有较大空间，各项改革将陆续释放红利。同时，市场信心正在逐步恢复，产业结构孕育新突破，需求结构有积极变化，收入分配结构有所改善，整个经济再平衡的态势比较明显。但当前，经济发展处于“三期”叠加的特殊发展时期，支撑我国发展的要素条件在发生深刻变化，经济运行深层次矛盾凸显，经济增长的内生动力依旧不足，经济增速下行压力明显，保持适度增速难度较大。

从我区看，全区经济运行仍将保持平稳健康发展的态势。从有利因素分析，一是一系列全面深化改革措施的全面推进以及“一带一路”建设，将为我区经济发展提供了新的机遇。二是随着区内稳增长、调结构、促转型等各项政策措施逐步落实到位，第三产业、非公有制经济等新的经济增长点将孕育成长。三是经济增速虽然下滑，全区民生并未受到太大影响，尤其是城乡居民收入和就业情况呈良好发展态势，有利于支撑全区经济的增长。但同时也应看到，保持经济平稳较快发展难度也再加大。一是经过多年快速发展，我区经济总量已具有较大规模，保持较快的增长速度，必需有更多新的大项目、好项目支撑，这需要付出更大努力。二是我区支柱产业多为产能过剩行业，资源利用率还比较低，增长方式还比较粗放，高耗能行业比重较大，在全国进入结构转型新阶段背景下，这些长期积累的矛盾对经济增长的制约更加突出。三是当前我区实体经济生产经营困难较多，投资重大项目储备不足等问题仍较突出。

总之，2015 年我区经济发展的环境和条件已经发生变化，经济发展进入新阶段，呈现增速换挡、动力转换、结构优化的新特点。只要我们坚持深化改革，积极推进结构调整和转型升级，不断激发市场活力和动力，经济就有希望保持平稳较快增长。

四、促进经济平稳健康发展的几点建议

2015 年是 “十二五” 规划的收官之年，也是迈向 “十三五”的承上启下之年。因此，全区的经济工作应把继续深入贯彻落实党的十八届三中全会关于全面深化改革的各项战略部署作为主线，根据全区经济发展外在环境和内在条件的变化，把握新常态，拥有平常心，全面落实各项改革措施，实现全区经济的平稳、持续、健康发展。

（一）深化改革——增创经济发展新优势

着力以全面深化改革增强经济社会发展的动力和活力， 为“十三五”我区经济社会发展奠定良好基础。毫不动摇地巩固和发展公有制经济，鼓励、支持、引导非公有制经济发展，加快发展

混合所有制经济，落实“非禁即可”产业准入政策，开展负面清单管理方式试点。探索建立公共投资领域引入社会资本的机制。深化投资管理体制和行政审批制度改革，推行“三个清单”管理模式，营造良好营商环境。

（二）节能减排——加快产业结构转型升级

抓住经济放缓的时机，加快推进经济结构调整和发展方式转变，促进产业结构优化升级。要利用当前市场形成的“倒逼机制”，淘汰一些落后的产能，加大产业的整合力度，下决心关、停、并、转一批规模小、效益差、能耗高、污染大的企业。要支持和引导煤炭、石化、建材、纺织等传统产业改造升级，用先进的工艺和技术，加快对传统落后产业的技术改造。继续加强节能减排工作，严格控制能耗增量，加强高耗能地区、重点行业和企业的跟踪监测，遏制高耗能产能扩张，严控能耗增长势头，大力发展低耗、高效、循环经济，不断提高资源、能源综合利用水平。

（三）抢抓机遇——全面提升对外开放水平

着力推进开放宁夏建设，创新开放模式，将全区的对外开放融入中央“一带一路”战略。创新对外贸易发展方式。坚持以质取胜，优化出口产品结构，稳定劳动密集型产品出口，扩大传统优势产品出口，控制高耗能、高污染产品出口，提高宁夏产品国际市场占有率和影响力。提高利用外资水平。从提升质量、扩大规模入手，努力在利用外资上取得新突破。要加强引资平台建设，抓住引资重点，切实把引资项目做细做实。要更加注重招商选资，抓好重点领域招商，瞄准重点区域招商，突出重大项目招商，提高招商引资的针对性。

（四）积蓄内力——增强投资发展后劲

投资项目建设一直以来是我区稳增长的有力抓手。要引导投资投向科技创新、结构调整、节能减排、基础设施、民生保障等关键领域。积极探索投资促进技术进步的新途径，进一步释放民间投资潜力，引导社会资金进入高技术领域。坚持区别对待，有保有压的方针，严格控制高耗能、高污染企业行业和产能过剩投资项目。对煤炭、冶金、化工等支柱行业的投资应以拉长产业链，提升工艺水平，促进科技创新为重点，进一步发挥投资在结构调整、转型升级的关键作用。

（五）对症下药——着力释放消费潜力

扩大内需促进经济增长，最根本的要靠拉动消费，特别是最终消费需求。通过提高收入，加强保障和改善民生，来稳定居民的消费预期，增强居民消费信心，不断激发居民消费意愿。在当前社会节俭风尚逐步形成，消费习惯和消费方式悄然变化的环境下，要顺应消费结构升级的需要，进一步采取措施，在扩大居民物质消费的同时，着力拓展文化娱乐、休闲旅游、信息服务、健康体育等精神文化层面消费空间。

（六）突出重点——切实增进人民福祉

保障和改善民生是经济发展的出发点和落脚点，要把改善民生摆在突出位置，切实推进收入、就业以及社会保障等重点民生领域的发展。一要促进居民稳定增收，千方百计促进城乡居民收入较快增长。二要着力扩大就业渠道，大力发展服务业、劳动和知识密集型产业，不断扩大就业规模。三要不断完善保障体系，扩大“五大”保险的覆盖面，加快推进保障性住房建设，着力解决城市低收入家庭住房困难。

（作者：梅廷彦　宁夏回族自治区统计局局长）

专栏：宁夏生态移民就业、生活状况分析与思考

生态移民工程是宁夏经济社会发展两大战略之一，受到中央和自治区高度重视。从2011年起宁夏开始实施这一战略工程，计划用5年时间、投资105亿元，把近35万生活在不适宜居住、不适宜发展环境里的六盘山连片特困地区贫困群众搬迁到经济条件优越的引黄灌区，再用5年时间助其脱贫致富。2014年8月，宁夏调查总队组织对银川市兴庆区、石嘴山市大武口区等6个市县9个生态移民安置区120户移民家庭开展了专题调查。在调查的120户移民家庭中，生态移民80户，劳务移民40户。通过实地访谈调查，结果表明，该项工程实施以来，已搬迁的移民群众生产生活条件得到很大改善，增收致富渠道不断拓宽，为实现脱贫致富和全面建成小康社会奠定了坚实基础。

一、生态移民就业、生活状况

（一）移民地区生活设施得到很大改善

据了解，搬迁后移民点实现了水、电、路、排水、邮政、公交、广播电视、电话“八通”，学校、幼儿园、卫生室、文化广场、超市、村级活动场所、便民服务中心、太阳能“八有”。移民群众告别了过去的土坯房、危房和窑洞，离开了干旱缺水、交通不便、信息闭塞、地质灾害频发的生存环境，住进了政府统一规划的砖瓦新房小庭院，家家通了电视、自来水，安装有太阳能热水器，安置点内道路硬化、路灯亮化、环境绿化，有各种健身器材，小学就在村口，中学在镇上，出门有班车，孩子上学方便，村卫生室等配套设施完善，移民的生活条件有所改善，文化与闲暇生活空间进一步拓宽，生活质量明显提高。

（二）八成劳动力实现就业

调查显示，在120户移民家庭中，整半劳动力301人，户均2.51人。16-45岁的劳动力163人，占劳动力总数54.2%；46-50岁的劳动力48人，占16%；50岁以上的劳动力90人，占29.9%。实现就业的劳动力241人，占劳动力总人数80.1%，就业率达到八成。

（三）劳动力就业集中于建筑业和种植业

调查显示，120户移民家庭中就业的241个劳动力中，从事种植业53人，占22%；从事养殖业9人，占3.7%；从事商业住宿餐饮业20人，占8.3%；从事交通运输业15人，占6.2%；从事建筑业80人，占33.2%；从事煤炭开采工业加工制造业26人，占10.8%；从事家政服务业7人，占2.9%；从事其他行业31人，占12.9%。建筑业和种植业成为生态移民就业的两大主要行业，占就业劳动力的55.5%，超过五成。

（四）收入来源结构发生很大变化，务工收入成为生态移民的主要收入来源

移民前，由于环境限制，宁夏山区农民长期处于封闭状况，大多家庭以种植和养殖为生，零星时间出外打工，务农是他们的主要收入来源。移民后，收入结构由以农牧业为主导的第一产业开始向特色种植业、养殖业及二、三产业转变。据120户移民家庭问卷调查结果表明，在原居住地，移民家庭收入主要来源依次为种植业、务工、养殖业、其他行业。移民后，随着地域环境和就业环境的变化收入来源结构发生明显改变，90.8%的被访家庭反映收入主要来源于外出务工。因此，如何帮助提高移民务工收入的稳定性，是今后各级政府应当解决和关注的问题。

（五）生态移民社会保障覆盖率低，保障标准不高

调查数据显示，120户生态移民户中，参加居民基本医疗保险548人，占全部常住人口的89.8%；参加居民社会养老保险219人，占全部常住人口的35.9%。120户移民家庭中，没有参加居民基本医疗保险的常住人口仍有10.2%，而参加了居民基本医疗保险的，90%以上缴交的是最低标准50元。

二、几点建议

（一）统筹规划，抓好各项政策落实

一是要统筹安排，做好发展规划。生态移民工程不是孤立的社会工程，它涉及地区经济发展和社会发展的全局。不仅要考虑移民在迁徙过程中的问题，而且应该考虑移民在新的居住地长期生产和生活问题，需要将移民工程与地区的整体发展规划设计与实施结合起来，并将地区农业发展、产业布局、城镇规划以及水资源的调配等相关问题统筹安排，避免顾此失彼。二是要认真落实生态移民相关政策措施。生态移民工程要实实在在地改善移民的生活条件，为他们的长远发展创造条件，解决好移民群众在生产和生活中遇到的实际困难问题，为移民提供后续支持，帮助他们度过移民初期的困难。

（二）加强技能培训，确保移民稳定就业

一要积极引导，转变移民就业观。要引导移民群众转变思想观念，克服“吃补贴、等救济”的依赖思想，激发他们勤劳致富的积极性和创造性。二要加强就业指导，优化就业服务环境。建立完善移民基础数据台账，及时掌握各类企业用工基本情况及用工需求，充分发挥移民劳务工作站的桥梁作用，鼓励和扶持移民新村成立劳务中介组织和发展壮大劳务经纪人队伍，提高移民务工的组织化程度和市场化运作水平。三要强化培训，提升移民整体素质。要大力开展移民职业技能培训和创业培训工作。根据移民安置地的自然资源、产业发展特点以及劳动力的年龄层次、文化结构和就业需求有针对性地进行培训。要重视 50 岁以上劳动力的培训，让移民切实掌握生产经营技术，积极投入设施农业生产经营中。

（三）广开增收渠道，确保移民收入增加

一要强化就业引导，以就业带动收入稳步提高。要促进移民村产业的发展，实现移民就近就地稳定就业。要完善促进移民创业带动就业的政策措施，鼓励有条件的移民自主创业。要挖掘闲散劳动力潜力。调查结果显示，接近半数的移民家庭有意愿自己养牛养羊，政府要针对年龄较大有养殖业经验的移民，结合地区产业发展情况，为他们提供相应的扶持政策，降低牛羊养殖托管及养殖区入户门槛，鼓励移民从事养殖业，鼓励有空闲时间的移民家庭妇女从事手工业。二要大力发展现代农业，促进移民经营性收入增长。发展以草畜种植、奶牛养殖为主导，设施瓜菜等特色种植为辅助的产业，使 50-60 岁移民务农的同时做到自给自足，增加收入，减轻生活负担。推进农业产业化经营，充分发挥龙头辐射带动作用。提升农产品流通能力，实现农产品直接采购或订单生产，减少流通环节，降低流通成本，提高农产品收益。三要创新土地流转方式，增加移民财产性收入。要建立土地流转、农业设施租赁过程中企业与农户之间的利益联结机制，保证移民土地和设施农业的合理收益。

（四）加大资金扶持力度，破除生态移民发展瓶颈

一要增加财政扶持资金。特别是要加大对生态移民的生产性投入，为移民收入倍增提供有力支持。要加大惠农惠民政策扶持力度，制定相应的补贴性惠农政策，促进养殖业、种植业的发展。二要拓宽资金来源渠道。设立移民新生代创业基金，鼓励青年移民走出农家创办实体，政府财政给予创办资金和贴息贷款支持。用足用活各类融资类型，带动移民地区产业发展和增收致富。三要放宽贷款条件，提高贷款效率。适当放宽贷款条件，切实有效地把小额担保贷款优惠政策落实到有创业意愿的移民创业者身上，为移民创业提供支持。

（五）强化心理疏导，确保移民区社会稳定

要加强基层组织建设，选好带头人，建好活动阵地，做好教育、引导、服务群众的工作，解决生产、生活各个方面的实际困难，及时化解矛盾纠纷，确保移民村的和谐稳定。要采取多种措施，做好移民的心理疏导工作，通过在移民点设置移民宣传栏，宣传展示移民工作的成功经验和成果，组织观摩成熟的移民区生产生活情况，邀请老移民区移民致富能手现身说法，讲述移民后生活的变化和致富经验，帮助移民增强生活信心，打消生活顾虑。

（作者：胡宁生 国家统计局宁夏调查总队总队长）

新疆维吾尔自治区经济社会发展报告

2014年，在世界经济缓慢复苏，全国经济进入“新常态”的形势下，新疆上下深刻认识“新常态”，积极应对“新挑战”，牢牢把握“新机遇”，紧紧围绕社会稳定和长治久安总目标，始终坚持“稳中求进，改革创新”工作总基调，着力推进稳增长、促改革、调结构、惠民生、防风险各项工作。新疆经济保持了平稳较快发展态势，巩固了上行比全国快，下行比全国慢的局面，主要经济指标增幅居全国前列，经济结构逐步优化，运行质量不断提升，转型升级扎实推进，民生建设持续改善。

“新常态”下新疆经济发展呈现“五大”亮点

（一）经济发展稳中向好，增速居全国第4位

从主要调控目标完成情况看，初步预计，2014年新疆实现生产总值突破9000亿元大关，达到9264亿元，按可比价格计算，比上年同期增长10.0%，高于全国2.6个百分点，增速居全国第4位，创1990年以来新高；分三次产业看，第一产业增加值1574.60亿元，增长5.9%；第二产业增加值4098.62亿元，增长10.6%；第三产业增加值3526.78亿元，增长11.3%。城镇新增就业47万人，超过目标计划7万人；居民消费价格上涨2.1%，低于年初目标1.9个百分点。

从主要先行经济发展指标看，接待旅游总人数稳定在5000万人；电力装机容量超过5000万千瓦，新增装机容量超过1000万千瓦，发电量增长27.5%，用电量增长24.0%，装机容量、发电量和用电量增速均居全国第1位；机场旅客吞吐量2192万人，增长10.3%，货物吞吐量18.30万吨，增长8.4%，旅客和货物吞吐量均创历史新高。固定资产投资（不含农户）达到9744.81亿元，增长25.2%，在全国位居第二位。

（二）三次产业协调发展，有效支撑进一步增强

1. 农业生产总体平稳，粮食生产实现“七连增”。2014年，新疆继续深化农业结构调整，全面落实各项惠农政策，不断加大农业科技投入，加快发展产业化经营，农业发展保持平稳。实现农林牧渔业总产值2744.01亿元，比上年同期增长6.8%，其中，农业增长7.2%，林业增长5.8%，牧业增长5.7%，渔业增长5.7%。

粮食生产实现“七连增”。粮食播种面积3383.80万亩，增长0.9%；粮食产量1414.50万吨，增产37.50万吨，增长2.7%，其中，秋粮产量767.30万吨，增产17.30万吨，增长2.3%。

主要经济作物产量“三增二减”。棉花产量451万吨；蔬菜产量1871.70万吨，增长1.5%；瓜果产量608.28万吨，增长9.3%，其中，西瓜增长22.4%，甜瓜下降1.9%。油料产量59.33万吨，下降2.1%；甜菜产量471.94万吨，下降1.0%；

畜牧业生产保持稳定。牛、羊、生猪存栏4571.43万头（只），增长6.1 %；牛、羊、生猪出栏4042.48万头（只），增长7.1%。猪牛羊肉产量 126.62万吨，增长6.5 %，其中，牛肉产量39.16万吨，增长3.5%；羊肉产量53.61万吨，增长7.8%；猪肉产量33.86万吨，增长8.1%。禽蛋产量30.52万吨，增长8.3%。牛奶产量147.53万吨，增长9.3%。

2. 工业生产平稳增长，重点产业增势较好。今年以来，面对全国工业产能过剩，需求不足，企业生产经营艰难的困局，我区工业以贯彻落实差别化产业政策为抓手，大力实施优势资源转换战略，以装备制造、有色、电力、化学等为主的非石油工业生产大幅增长，工业增速持续回升。

工业增加值增速保持两位数增长。全年实

现工业增加值3078.97亿元，比上年同期增长10.0%。从季度看，一季度增长10.8%、二季度增长10.2%、三季度增长10.0%，四季度增长10.0%，呈现 “一季度较快增长、二季度增速放缓、三季度稳中趋缓、四季度筑底企稳”特征。

重工业保持较快增长。重工业实现增加值2806.48亿元，增长10.2%，比上年同期回落2.5个百分点，拉动工业增长9.4个百分点，贡献率为94.0%；轻工业实现增加值272.49亿元，增长8.6%，增速比上年同期回落10.6个百分点，拉动规模以上工业增长0.6个百分点，贡献率为6.0%。

非石油工业贡献突出。非石油工业实现增加值1656.21亿元，增长12.6%，拉动规模以上工业增长6.6个百分点，对规模以上工业增长的贡献率为65.7%，成为工业增长的绝对主力。非石油工业增速快于石油工业5.4个百分点。石油工业实现增加值1422.76亿元，增长7.2%，比上年同期提高1.3个百分点，拉动规模以上工业增长3.4个百分点，对规模以上工业增长的贡献率为34.3%。其中，石油和天然气开采业实现增加值1172.31亿元，增长6.4%。

十大重点监测产业“九升一降”。在40个工业行业大类中，有32个行业增加值实现增长，占80%。在十大重点监测产业中，汽车工业增长2.6倍，电力工业增长36.2%，有色工业增长33.0%，农副食品加工业增长14.2%，装备制造业增长7.4%，化学工业增长7.4%，石油工业增长7.2%，煤炭工业增长7.0%，钢铁工业增长1.6%，纺织工业下降0.2%。

优势资源产品产量加速增长。在统计的工业非能源产品中，有53.7%的产品产量实现增长，产量增幅较大的有：多晶硅增长1.5倍，原铝（电解铝）增长73.3%，十种有色金属增长72.0%，平板玻璃增长53.8%，番茄酱增长31.9%，罐头增长25.7%，变压器增长16.7%。

3. 第三产业稳中趋好，交通、邮电、金融等服务业稳健支撑。今年以来，自治区进一步将促进服务业大发展作为推进新型工业化、农牧业现代化和新型城镇化的重要保障，大力发展面向生产的服务业，积极发展面向消费的服务业，服务业的结构、质量、水平不断得到提升。预计全年服务业实现增加值3500亿元，按可比价格计算，比上年增长10.0%，保持了平平稳较快增长的态势。

交通运输平稳增长。新疆铁路货运量7529.10万吨，增长1.8%；公路货运量64756万吨，增长8.6%；民航货运量7.16万吨，增长7.6%。铁路客运量2355.30万人，增长1.6%；公路客运量34847万人，下降9.8%；民航客运量727.01万人，增长3.0%。

金融信贷运行良好。截至12月末，金融机构人民币各项存款余额15055.39亿元，增长6.9%，其中，单位存款8156.28亿元，增长6.2%；个人存款余额6314.84亿元，增长5.2%。金融机构人民币各项贷款余额11671.39亿元，增长18.6%，其中，短期贷款余额3850.61亿元，增长14.2%；中长期贷款余额6817.44亿元，增长19.1%，其中，个人贷款余额1731.89亿元，增长20.5%。

（三）投资消费协同拉动，经济增长内生动力加强

今年以来，自治区把扩内需作为最大的调结构，不断强化创新驱动，引导和鼓励固定资产投资向实体经济、基础设施和民生工程倾斜，投资更趋合理；更加注重消费增长的质量，不断挤出消费“泡沫”，消费更趋理性，更好的发挥了消费的基础性作和投资的关键作用。

1. 固定资产投资增势强劲，对经济发展的作用凸显。中央新疆工作座谈会召开以来，新疆投资增速连续三年超过30%，在全国位居前列。今年以来，在近年来高速增长的基础上，新疆固定资产投资（不含农户）接近万亿，达到9744.81亿元（含区域项目），增长25.2%，在全国位居第二位，投资已成为新疆经济增长的主要推手，对经济增长的贡献进一步提高，拉动作用进一步加大。

地方项目投资占据主导地位。地方项目投资7726.84亿元，增长28.0%，比上年同期回

落5.8个百分点，占新疆投资总额的79.3%，对投资的贡献率达到86.2%，拉动投资增长21.7个百分点。中央项目投资2017.97亿元，增长15.5%，占新疆投资总额的20.7%，拉动投资增长3.5个百分点。

基础设施投资支撑作用显著。新疆基础设施投资3491.32亿元，在上年增长57.1%的基础上继续增长41.3%，占新疆投资总额的35.8%，提高4.1个百分点，对投资增长的贡献率达到52.0%，拉动投资增长13.1个百分点。在四大类基础设施项目中，电力、热力、燃气及水的生产和供应业投资1647.82亿元，增长31.2%；交通运输、仓储和邮政业投资838.92亿元，增长47.9%；水利、环境和公共设施管理业投资911.62亿元，增长51.4%；信息传输、软件和信息技术服务业投资107.92亿元，增长1.0倍。

民间投资积极活跃。民间投资4066.93亿元，增长26.7%，高于新疆投资增速1.5个百分点，占新疆投资的41.8%，比重比上年同期提高0.5个百分点，民间投资对新疆投资增长的贡献率达到43.9%，拉动投资增长11.0个百分点。从行业分布看，民间投资主要集中在制造业、房地产业、电力、热力、燃气及水的生产和供应业等传统产业。

2. 消费市场增长平稳，基本生活类商品增长较快。新疆实现社会消费品零售总额2436.5亿元，比上年同期增长11.8%。其中，城镇市场实现零售额2090.35亿元，增长11.3%，乡村市场实现零售额189.30亿元，增长17.7%。

基本生活类商品增长较快。在限额以上批发和零售业商品零售额中，粮油、食品、饮料、烟酒类商品零售额76.72亿元，增长21.2%；服装、鞋帽、针纺织品类零售额95.76亿元，增长10.2%；家具类零售额增长41.7%；建筑及装潢材料类零售额增长83.9%；中西药品类商品零售额增长14.7%。

石油、汽车类销售增速放缓。限额以上石油及制品类零售额增长10.1%，增速比上年同期回落17.0个百分点；汽车类实现零售额下降1.8%，比上年同期回落10.0个百分点。

住餐业经营形势依然严峻。我区238家限额以上住宿业法人企业中，70%以上企业营业额下降，其中，企业营业额降幅最大为下降26.0%。77家限额以上餐饮企业中，60%以上企业营业额下降，其中，企业营业额降幅最大为下降39.4%。

（四）转方式调结构扎实推进，优化升级成效明显

我区大力推进“稳增长、调结构、促转型”，尽管今年经济增长出现“减速”，但转型升级的进程呈现出稳步“加速”的良好态势。

1. 工业结构调整步伐加快，工业经济活力增强。非公有制经济快于公有制经济。公有制企业完成增加值2327.75亿元，增长8.5%，拉动规模以上工业增长6.6个百分点，贡献率为66.3%；非公有制企业完成增加值751.222亿元，增长15.4%，拉动规模以上工业增长3.4个百分点，贡献率为33.8%。非公有制经济增速快于公有制经济增速6.9个百分点。

地方工业快于中央工业。地方企业完成增加值1157.59亿元，增长14.9%，拉动规模以上工业增长5.1个百分点，贡献率为51.4%。增速比中央企业快7.5个百分点。

中小企业快于大型企业。中小企业完成增加值992.41亿元，增长13.3%，拉动规模以上工业增长3.3个百分点，贡献率为33.4%；大型企业完成增加值2086.57亿元，增长8.7%。中小企业增速比大型企业快4.6个百分点。

2. 投资结构持续优化，装备制造业投资较快增长。产业投资结构逐步优化。分三次产业看，第一产业投资300.74亿元，增长27.8%，拉动投资增长0.8个百分点；第二产业投资4784.99亿元，增长20.2%，拉动投资增长10.3个百分点，其中，工业投资4689.55亿元，增长20.2%；第三产业投资4659.08亿元，增长30.6%，拉动投资增长14.0个百分点。投资产业结构由上年同期的3.0∶51.2∶45.8调整为3.1∶49.1∶47.8。

装备制造业投资表现优异。新疆制造业投资2028.58亿元，增长17.2%，增速比上年同期提

高7.7个百分点，其中，装备制造业投资190.13亿元，增长41.1%，比上年同期提高40.7个百分点，占制造业投资的9.4%，比重提高1.6百分点。其中，金属制品业增长95.6%；专用设备制造业增长1.1倍；铁路和其他运输设备制造业增长54.3%。

部分产能扩展过快行业投资明显下降。黑色金属冶炼和压延加工业投资下降38.2%；有色金属冶炼和压延加工业投资下降12.5%。

3. 消费结构转型升级，节能环保消费理念深入人心。大众消费快于高端消费。中央八项规定和自治区十条规定的出台，限制“三公”消费成效显著，消费“泡沫”被不断挤出，长期以来主要靠公款支撑的限额以上消费增速开始回落，特别是住宿和餐饮业回落更加明显，主要以大众消费支撑的限额以下消费增速开始大幅增长。新疆限额以上企业零售额1012.20亿元，增长5.5%，占社会消费品零售总额的44.4%；限额以下社会消费品零售1267.45亿元，增长17.4%，增幅高于限额以上11.9个百分点。

新型业态消费优于传统业态消费。在网络零售保持高速增长的同时，传统业态增速回落明显。

（五）财政收入稳步增长，民生建设持续改善

财税质量稳步提高。全年完成地方财政收入1710.56亿元，增长9.9%。公共预算收入1282.65亿元，增长13.7%。从主体税种看，个人所得税增长11.7%，企业所得税增长6.1%，国内增值税增长3.0%，营业税下降7.7%。非税收收入395.04亿元，增长30.7%。

财政支出重点向民生倾斜。新疆公共财政预算支出3322.74亿元，增长8.3%。其中，医疗卫生202.80亿元，增长26.0%；城乡社区事务288.62亿元，增长18.7%；社会保障和就业300.40亿元，增长14.1%；公共安全222.24亿元，增长12.7%；教育566.37亿元，增长6.3%。

城乡居民收入增长较快。今年以来，各地强化了民生工程与农村富余劳动力转移就业的对接，大批农村富余劳动力得到安置，农民工资性收入大幅增加，带动农村居民现金收入快速增长，城乡居民收入均保持两位数以上的高增长。全年城镇居民人均可支配收入23214元，增长10.1%；农村居民人均可支配收入8724元，增长11.2%。

就业形势总体平稳。全年新增就业人数为47人，应届高校毕业生就业率88.7%，零就业家庭实现24小时动态清零。南疆三地州农产品加工短平快扶持项目带动就业4.1万人。农业富余劳动力转移就业260万人次。

居民消费价格涨幅创五年来新低。新疆居民消费价格上涨2.1%，为五年来最低水平，比上年同期回落1.8个百分点。其中，城市上涨2.3%，农村上涨1.7%。分类别看，食品类上涨 3.6%，居住类上涨1.9%，衣着类上涨1.9%，医疗保健和个人用品类上涨1.3%，家庭设备用品及维修服务上涨1.1%，烟酒类上涨0.6%，交通和通信上涨0.4%，娱乐教育文化用品及服务上涨0.4%。

工业生产者价格降幅扩大。新疆工业生产者出厂价格下降3.8%，降幅比上年同期扩大0.4个百分点；工业生产者购进价格下降2.5%，降幅扩大0.3个百分点。

回顾2014年，新疆经济亮点突出，发展环境日趋优化。但受国内外经济环境复杂多变的影响，我区经济发展需求不足、内生动力不强、工业效益持续下滑的问题仍然突出，仍将制约经济较快发展的步伐。下阶段，新疆将主动适应经济发展“新常态”，围绕经济发展面临的突出问题，狠抓改革攻坚，突出创新驱动，强化风险防控，加强民生保障，促进新疆经济平稳健康发展。

（作者：王忠山　新疆维吾尔自治区统计局局长）

专栏：2014年新疆城乡居民收入较快增长

2014年，新疆自治区党委、政府面对极其复杂的形势，坚持稳中求进，在稳增长、调结构、惠民生等一系列政策措施的推动下，全区经济保持健康平稳发展，城乡居民收入呈现出较快增长的发展态势。据新疆城乡一体化住户调查：2014年新疆全体居民人均可支配收入15097元，同比增加1427元，增长10.4%，扣除价格因素，实际增长8.2%，城镇居民人均可支配收入为23214元，同比增加2122元，增长10.1%，扣除价格因素，实际增长7.6%；农村居民人均可支配收入为8724元，同比增加877元，增长11.2%，扣除价格因素，实际上涨9.3%。

一、2014年城乡居民收入呈现四大特点

特点一：新疆全体居民收入增幅全国第12位，跑赢GDP。新疆全体居民人均可支配收入增长10.4%，比全国高0.3个百分点，增幅居全国第12位，跑赢GDP增幅0.4个百分点；其中城镇居民人均可支配收入增长10.1%，比全国高1.1个百分点，增幅居全国第1位，农村居民人均可支配收入增长11.2%，增幅与全国一致，居全国第15位。

特点之二：新疆农村居民人均可支配收入实际增幅快于城镇居民1.7个百分点，城乡居民收入比由上年2.72:1缩小到2.66:1。

特点三：低收入组城乡居民收入增速快于全区水平。新疆城镇居民低收入组人均可支配收入增长38.9%，农村居民低收入组人均可支配收入增长18.1%，分别比全区城乡居民收入增幅高28.8个和6.9个百分点。

特点四：工资性收入和转移净收入是新疆城乡居民增收的主要支撑点。2014年工资性收入和转移净收入这两项对城镇居民增收贡献率为98.2%、对农村居民增收贡献率为99.8%。

二、城乡居民收入增长原因

（一）城镇居民人均可支配收入增长10.1%

表1　2014年新疆城镇居民人均可支配收入变动情况表

指标名称	2014年(元)	2013年(元)	增量(元)	增幅(%)
可支配收入	23214	21091	2123	10.1
一、工资性收入	15404	14031	1374	9.8
二、经营净收入	2491	2645	-154	-5.8
三、财产净收入	1240	1048	193	18.4
四、转移净收入	4078	3368	710	21.1

1. 工资性收入15404元，增加1374元，增长9.8%，对城镇居民增收贡献率达64.7%。增收的主因：一是各级政府和有关部门积极促进就业，增加就业岗位，城镇从业人数稳中有升；二是在岗职工工资正常增长机制的推动；三是公益性岗位增加明显，特别是与维稳直接相关公益性岗位大幅增加；四是发放了“维稳”补贴，拉动工资性收入增加。

2. 经营净收入2491元，减少154元，下降5.8%。

3. 财产净收入1240元，增加193元，增长18.4%。增收主要是由于出租房价格上涨以及银行业、互联网金融业不断推出理财产品，有效扩充了城镇居民的财产收入来源，加快拉动城镇居民财产净收入增长。

4. 转移净收入4078元，增加710元，增长21.1%。主要原因：一是自治区今年继续提高了企业退休人员基本养老金和“五七工”收入，特别是对边远地区实施了重点倾斜，带动城镇居民人均养老金或离退休金收入较快增长；二是城乡社保制度不断完善，加大对南疆四地州居民医疗补助力度，简化医疗报销手续，医药报销比

例持续提高；三是低保标准的提高和政府以及社会各界加大了救助、捐助等力度。

（二）农村居民人均可支配收入增长 11.2%

表 2 2014 年新疆农村居民人均可支配收入变动情况表

指标名称	2014年(元)	2013年(元)	增量(元)	增幅(%)
可支配收入	8724	7847	877	11.2
一、工资性收入	1848	1243	605	48.7
二、经营净收入	5179	5201	−21	−0.4
三、财产净收入	229	205	23	11.4
四、转移净收入	1468	1198	270	22.5

1. 工资性收入 1848 元，增加 605 元，增长 48.7%，对农村居民增收的贡献率达 69.0%。增收的主要原因：一是农业机械化、科技化的广泛应用，以及土地流转步伐的加快，使更多的农民脱离土地，为农民务工就业创造了空间，据农民工监测：2014 年新疆农村居民本地非农务工人员同比增加 64%；二是政府组织多种形式的职业技能培训，扩展农民的择业范围，提高农民的就业能力；三是各级政府把发展南疆四地州的"短平快"项目作为解决本地农民就业，维护社会长治久安的首要任务来抓，加大了"短平快"项目投入力度，项目对农村居民非农就业的辐射带动能力明显增强；四是提高了农村干部报酬以及农村"四老"人员生活补助标准等，带动工资性收入增加。

2. 经营净收入 5179 元，减少 21 元，下降 0.4%，经营净收入下降全部来自农业收入减少的影响，农业收入减少的主要原因是主要农产品价格下降所致。2014 年新疆作为棉花目标价格补贴政策的试点省市，农村居民出售籽棉每公斤均价 6.0 元，较去年同期价格每公斤籽棉均价下降了 2.9 元左右，农村居民出售棉花收入人均同比减少了 1105 元，下降了 29.7%。

3. 财产净收入 229 元，增加 23 元，增长 11.4%。主要是城乡一体化建设进程和土地流转步伐的加快，自治区加大各类惠农强农措施实施力度，农村居民生产的外围环境得到明显改善，农村闲置资产利用率进一步提高，使得农民以转让承包土地经营权、农牧业设备出租和房屋出租收入明显增加。

4. 转移净收入 1468 元，增加 270 元，增长 22.5%。增收的主要原因：一是实施的各项惠农强农政策带动农村居民人均政策性生活补贴收入增加；二是全疆（除新和县之外）所有县市及时向棉农兑付亩均 191 元的棉花面积补贴，带动农村居民惠农性补贴收入快速增加，农村居民人均惠农性补贴收入增加 303 元，增长 96.9%；三是加大对设施农业、养殖业的扶持力度，带动转移性收入增加。

三、制约城乡居民收入增长的主要因素

1. 国有企业、行政事业单位职工工资增长步伐放慢，加之福利性收入减少，使城镇居民收入增幅收窄。

2. 二、三产业经营效益下滑。一是 2014 年以来，受暴恐事件影响，来疆投资、旅游人员减少，给旅游、批零贸易、住宿餐饮等服务行业带来很大的冲击，致使城镇居民经营净收入负增长。二是劳动力、原材料价格攀升也给二、三产业的发展带来压力。

3. 受经济下行压力增大的影响，部分行业经济效益下降；同时农作物受灾程度高于去年，再加之种植成本上升，影响了农民收入持续增收。

4. 主要农产品价格走势不乐观，特别是棉花价格过低，农民持续增收难度大。

5. 农民务工收入增加难度大。据了解，受房地产业发展有所减缓的影响，作为建筑业主要从业人员的进城

务工人员活源减少、工资水平有所降低。

四、推动城乡居民收入增长的对策建议

（一）多种增资政策相结合，推动居民收入增长

工资性收入是居民收入的主要来源，要实现城乡居民收入较快增长，一是加快统筹城乡就业，努力构建城乡统一的劳动力就业市场，为农民提供平等的就业机会；二是推动就业结构调整与产业结构调整的有机结合，创造更多就业机会；三是要建立合理的企业工资形成与增长机制，完善公务员和事业单位职工工资制度；四是继续稳步推进和完善工资协商机制，改善私营和个体企业中劳动者在收入分配中所得偏低的状况；五是扶持发展本地企业，改善就业环境，增加农民就业机会，全面提高城乡居民工资性收入。

（二）挖掘第一产业增产潜力，提高农民收入

新疆农村居民的经营净收入主要来自第一产业中农业和畜牧业，应采取切实有效措施，提高农业和畜牧业生产能力，加大对农业基础设施投入的支持，提高农业抗御自然灾害的能力，进一步加大“三农”补贴力度，提高能源资源利用效率，促进农业节本增效。

（三）大力发展二、三产业，不断拓宽城乡居民增收渠道

一是大力发展民营经济，为小微企业的发展、高校毕业生和返乡农民工创业解决困难、创造条件，给予融资、生产经营、销售、纳税与吸纳就业等方面更多更大的惠利政策，促进经营收入的增长；二是大力发展农产品加工业等劳动密集型产业，提高区域经济发展的就业吸纳能力。

（四）增加城乡居民财产性收入

财产性收入是今后城乡居民增收的一个重要渠道和增长点，提高居民财产性收入的空间巨大。

（五）进一步建立和完善社会保障体系

近年来，自治区政府对民生投入力度不断加大，社会保障体系日趋完善，公共事业长足发展。但是，最低生活保障标准仍然较低，因此，要加快推进国民收入分配制度改革，进一步提高最低生活费用补助标准，增加居民转移性收入；第二，应进一步完善社会保障体系，提高保障水平，扩大养老、医疗、失业等社会保险保障覆盖面，继续提高医疗保险费用报销比例和最高支付限额；第三，要加快推进城乡居民基本医疗保险和新型农村合作医疗建设，切实解决城乡居民看病难、看病贵等问题。

（作者：余晓明　国家统计局新疆调查总队总队长）

新疆生产建设兵团经济社会发展报告

2014 年，面对国际国内复杂的经济形势，兵团上下深入贯彻党的十八大、十八届三中、四中全会和第二次中央新疆工作座谈会精神，按照兵团党委六届十二、十三次全委（扩大）会议总体部署，着眼新疆社会稳定和长治久安总目标，坚持稳中求进、改革创新、提质增效，着力深化改革、扩大开放、改善民生、维护社会大局和谐稳定，统筹推进各项工作，经济社会保持持续健康发展。

一、主要特点

初步核算，全年实现生产总值 1738.68 亿元，比上年增长 16.1%。约占新疆维吾尔自治区比重 18.6%，比上年提高 0.9 个百分点。从全年走势来看，一、二、三季度分别增长 16.1%、16.0% 和 16.3%，经济运行总体平稳。相对于兵团“十一五”12.5% 的平均增速，兵团经济仍然保持较高增长水平。

（一）从生产角度看，三次产业协同发展，农业生产稳定，工业较快增长，产业发展支撑有力

全年第一产业实现增加值 416.96 亿元，增长 7.9%；第二产业 776.86 亿元，增长 22.2%；第三产业 544.86 亿元，增长 14.3%。三次产业对经济的贡献率分别为 12.9%、61.7% 和 25.4%，分别拉动经济增长 2.1、9.9 和 4.1 个百分点。

1. *农业生产稳步发展*。2014 年，兵团上下以加快推进农业现代化发展为主线，积极落实各项强农惠农政策，农业生产稳步发展。全年实现农林牧渔业总产值 938.55 亿元，比上年增长 8.2%。

种植规模继续扩大。全年农作物播种面积 1991.78 万亩，比上年增长 13.1%。其中，粮食种植面积 418.73 万亩，增长 2.9%；棉花种植面积 1050.85 万亩，增长 18.6%；油料种植面积 80.28 万亩，增长 6.1%；甜菜种植面积 35.85 万亩，下降 10.1%；蔬菜种植面积（含菜用瓜）121.81 万亩，增长 16.2%。

棉花总产创新高。全年主要农产品产量“三增两减”。其中，粮食产量 222.89 万吨，比上年增长 8.0%；棉花产量 163.61 万吨，增长 11.7%，创历史新高；油料产量 16.99 万吨，下降 0.9%；甜菜产量 203.57 万吨，下降 6.0%；蔬菜产量 614.85 万吨，增长 24.5%，其中，工业用番茄 374.90 万吨，增长 29.6%。水果产量大幅增长，达 276.74 万吨，增长 26.4%，其中葡萄产量 62.39 万吨，增长 14.8%，红枣产量 130.88 万吨，增长 48.7%。

畜牧业生产较快发展。全年牲畜出栏 783.35 万头（只），增长 11.5%。年末牲畜存栏 730.78 万头（只），增长 16.2%。肉类总产量 37.72 万吨，增长 11.9%；牛奶产量 59.07 万吨，增长 9.1%；禽蛋产量 7.62 万吨，增长 17.2%。

2. *工业平稳较快发展*。全年实现全部工业增加值 519.22 亿元，比上年增长 22.1%。规模以上工业增加值增长 23.9%，其中，国有控股企业增长 10.0%；轻工业增长 24.0%，重工业增长 23.8%。

部分传统行业快速增长。规模以上工业增加值中，农副食品加工业增长 32.2%，食品制造业增长 27.8%，酒饮料和精制茶制造业增长 21.1%，化学原料及化学制品制造业增长 23.8%，非金属矿物制品业增长 18.2%，有色金属冶炼及压延加工业增长 28.1%。

主要工业产品产量大部分保持增长。其中，发电量 572.05 亿千瓦时，比上年增长 25.8%；精制食用植物油 76.13 万吨，增长 24.3%；番茄酱罐头 49.62 万吨，增长 60.9%；钢材 102.49 万吨，

增长 78.4%；原铝 223.22 万吨，增长 53.6%。

3. 建筑业较快增长。初步核算，完成建筑业增加值 245 亿元，比上年增长 20.0%。各类建筑施工单位签订合同额 1739.29 亿元，比上年增长 33.8%。全年房屋建筑施工面积 6870 万平方米，增长 26.0%。

（二）从三大需求看，投资保持增长，消费市场平稳运行，对外贸易稳步增长，需求继续扩大

1. 投资保持增长。全年完成全社会固定资产投资 1761.33 亿元，比上年增长 16.7%。其中，第一产业 123.93 亿元，增长 42.9%；第二产业 788.21 亿元，增长 14.6%；第三产业 849.19 亿元，增长 15.5%。固定资产投资三次产业构成为 7:45:48。民间投资增势强劲。全年完成民间固定资产投资 770.33 亿元，增长 23.7%，占固定资产投资的比重为 43.7%。南疆垦区投资增速高于北疆垦区。南疆垦区受国家政策支持带动，民生及基础设施投资增加较快。全年南疆垦区完成投资 445.71 亿元，增长 25.5%；北疆垦区投资 1315.62 亿元，增长 13.9%。南疆垦区投资增速比总投资增速高 8.8 个百分点，比北疆垦区高 11.6 个百分点。

2. 商贸流通运行平稳。全年批发零售业商品销售总额 2437.26 亿元，比上年增长 14.5%。全年社会消费品零售总额 458.82 亿元，比上年增长 19.0%，扣除价格因素，实际增长 17.0%。按消费形态统计，实现商品零售额 387.33 亿元，增长 19.6%；实现餐饮收入 71.49 亿元，增长 15.6%。

3. 对外贸易稳步增长。全年货物进出口总额 119.88 亿美元，比上年增长 3.4%。其中，货物出口 109.55 亿美元，增长 5.7%；货物进口 10.33 亿美元，下降 15.5%。

（三）从质量效益看，经济结构继续优化，能源消耗增势趋缓，居民收入持续增长，质量效益不断提高

1. 经济结构继续优化。三次产业结构进一步优化，三次产业结构由上年 29:42:29 调整为 24:45:31，二、三产业比重进一步提升。农业结构进一步优化，果树园艺业和畜牧业产值比重占农业总产值比重 52.7%，较上年提高 6.2 个百分点。投资结构逐步优化，南疆垦区投资增速高于北疆垦区，六大高耗能行业投资增长 26.9%，增速较上年下降 2.9 个百分点。

2. 能源消耗增势趋缓。全年规模以上工业企业综合能源消费量 2530.80 万吨标准煤，比上年增长 21.6%，增速较上年回落 10.3 个百分点。其中，煤炭消费量 4099.98 万吨，增长 30.0%，较上年回落 19.4 个百分点；电力消费量 548.38 亿千瓦小时，增长 29.6%，较上年回落 5.0 个百分点。

3. 居民收入持续增长。全年兵团居民人均可支配收入 22803 元，比上年增长 10.3%，扣除价格因素，实际增长 8.0%。其中，城镇常住居民人均可支配收入 27558 元，比上年增长 10.2%，扣除价格因素，实际增长 7.7%；连队常住居民人均可支配收入 13930 元，比上年增长 11.5%，扣除价格因素，实际增长 9.6%。

全年在岗职工工资总额 400 亿元，比上年增长 11.7%。在岗职工平均工资 49000 元，比上年增加 4957 元，增长 11.3%。

（四）从运行环境看，物价小幅上涨，就业基本稳定，金融业平稳增长，运行基本面总体平稳

1. 物价小幅上涨。全年新疆居民消费价格涨幅总体呈回落态势。全年上涨 2.1%，涨幅较上年同期回落 1.8 个百分点。其中，食品类价格上涨 2.3%，回落 4.9 个百分点。

2. 就业形势基本稳定。全年新增就业 10.14 万人，增长 18.2%，其中，新引进劳动力 1.67 万人，完成计划任务的 128.8%。年末城镇登记失业率 2.63%，较上年提高 0.08 个百分点。

3. 金融业平稳增长。全年驻疆金融机构对兵团贷款余额 1810 亿元，比上年增长 16.0%。兵团农业银行年末各项本外币存款余额 1033.27 亿元，比年初增长 6.0%。其中，储蓄存款 546.80

亿元，增长5.6%；各项贷款年末余额475.93亿元，增长21.3%。全年企业实现各类债券融资181.5亿元，比上年增长26.9%。

二、问题和困难

2014年，兵团经济总体实现全年预期目标，但依然存在复杂的宏观经济环境传导压力和兵团经济自身发展中的不平衡、不协调、发展基础不牢固、产业层次低、结构不合理等突出矛盾和问题。

（一）经济下行压力较大

受国际、国内经济发展环境趋紧，市场有效需求不足等影响，兵团经济下行压力依然较大，全年主要经济指标增速均呈回落态势。生产总值增速较上年回落2.0个百分点，工业增加值增速回落5.7个百分点，固定资产投资增速回落28.6个百分点，社会消费品零售总额增速回落1.6个百分点。兵团工业生产者出厂价格下降0.1%，工业生产者购进价格下降0.2%。

（二）企业生产经营困难加大

在经济下行压力加大，产能过剩和各类成本持续上升的情况下，企业生产经营面临用工短缺、人工费用和原材料价格上涨、融资困难、货物出疆运力紧张、部分行业产能过剩需求下降和盈利空间受挤压等问题。

（三）结构性矛盾依然突出

兵团产业结构层次较低，结构性矛盾依然突出。从经济增长贡献率看，三产贡献率依然偏低，三产对经济增长贡献率比二产低36.3个百分点。从产业内部结构看，一产比重仍显过高，农业中种植业比重较大，种植作物中棉花比例较高；二产中工业农副产品加工、煤炭、电力、化工、冶金等资源型传统工业和高耗能产业比重明显偏高，产品附加值不高；三产尤其是现代服务业、物流业发展相对滞后。

（四）投资增长后劲不足

全年固定资产投资增长16.7%，增速较上年回落28.6个百分点。从外部环境看，受宏观经济经济下行压力影响，投资动力和投资意愿不强。从三次产业看，二、三产业支撑作用明显减弱，二、三产投资增速分别较上年回落22.9、38.7个百分点。从具体行业看，比重较大行业投资增速回落明显，电力、热力、燃气及水的生产和供应业、房地产业投资增速分别回落70.1、27.7个百分点，制造业中食品制造业、非金属矿物制品业、黑色金属冶炼及压延加工业、有色金属冶炼及压延加工业投资分别较上年下降55.1%、12.8%、49.2%、40.9%。从资金来源看，投资资金供给趋紧，本年资金来源总额增长14.1%，低于投资增速2.6个百分点。当前兵团经济发展是典型的投资拉动型增长方式，投资增长后劲不足，将对经济增长带来不利影响。

（五）经济运行质量不高

兵团经济增长高投入、高消耗，发展较为粗放，经济运行总体质量不高。一是投资效率不高。投资效果系数呈下降态势，“十一五”时期平均为0.25，“十二五”前三年大幅回落到0.16。2014年投资效果系数为0.14。二是节能降耗形势严峻。全年规模以上工业综合能源消耗2530.80万吨标准煤，同比增长21.6%。其中，六大高耗能行业能源消耗2320.11万吨标准煤，同比增长22.4%，占能源消耗总量91.7%，节能降耗任务依然艰巨。

三、展望与对策

2015年是全面深化改革的关键年、全面推进依法治国的开局年和“十二五”规划的收官年。兵团经济仍然面临复杂严峻的宏观经济形势。世界经济总体复苏疲软态势短期难有明显改观。我国经济正处在“三期叠加”（增长速度换挡期、结构调整阵痛期、前期刺激政策消化期）影响阶段，经济下行压力仍然比较大。但也面临着重大的机遇，中央出台系列支持兵团发挥特殊作用的政策、丝绸之路经济带建设、向南发展等一些重大战略布局，必将进一步拓宽兵团发展空间。总体来看，机遇大于挑战，兵团经济发展仍将保持平稳健康态势。兵团上下应按照兵团党委六届十四次全委（扩大）会议工作部署，主动适应新常态，继续坚持稳中求进、改革创新、提质增效的工作总基调，为实现经济社会发展各项目标任务，应当努力做好以下工作：

（一）加强宏观经济运行调控，努力保持经济平稳健康发展

密切关注国际、国内经济形势和市场变化趋势，加强对纺织、水泥、电解铝、电力等重点行业、企业的经济预警监测分析。落实好相关产业扶持政策措施，帮助企业开拓市场，扩大需求，提高企业产销水平，加大对关键行业和薄弱环节支持力度。全力做好煤、电、油、气、运等生产要素保障供给。加强监督检查，对重点、重大项目，及时跟进和督促，促进项目加快落地、投产、达产，形成新增产能，形成新的增长点。

（二）坚持创新驱动发展战略，加快推进产业结构优化升级

按照兵团党委六届十四次全委（扩大）会议部署，要坚持以调结构转方式为主线，大力推进工业提效、城镇化提升、现代农业提质、服务业提速的“四大工程”，加大产业转型升级增效力度，构建现代产业体系，提升产业层次。加快推进产业优化升级，要把握好三大关系：一是把握好传统产业和新兴产业的关系。新兴产业要加快发展，但传统产业的优势也不能丢。要在加快培育壮大新能源、新材料、电子信息和生物医药等战略新兴产业的同时高度重视传统产业的优势再造，引导和推进传统产业改造升级，挖掘潜力，延伸产业链，提高附加值，增强市场竞争力。同时要更加重视大众创业、万众创新，激活市场主体活力，助推产业转型升级。二是把握好工业和其他产业的关系。当前兵团工业化还处于上升阶段，要坚定不移走新型工业化发展道路，要充分发挥工业化在稳增长中的中坚作用和推进“三化”建设中的引领带动作用。要大力推进工业特别是制造业与服务业融合发展，助推服务业在跨越发展、创新发展中实现提速升级。三是把握好市场和政府的关系。要充分发挥市场在资源配置中的决定性作用，让科技成果市场化，加速转换成生产力。坚持企业在自主创新中的主体地位，政府要进一步营造鼓励创新的环境，培养造就创新人才，深化科技管理体制改革，优化科技资源配置，完善鼓励技术创新和科技成果产业化的法制保障、政策体系和激励机制。

（三）加大招商引资力度，发挥投资对经济增长拉动作用

当前，兵团经济仍处于投资拉动型阶段，要促进经济快速发展和民生不断改善，必须保持一定规模的投资持续增长。国家将在兵团重点领域、关键环节和重点项目上给予政策支持，要多措并举，保持投资增速在合理区间，继续加大招商引资力度。一是引导投资投向科技创新、结构调整、节能减排、基础设施、民生保障等关键领域。严格控制高耗能、高污染企业行业和产能过剩投资项目。二是实施项目带动战略，以第二次中央新疆工作座谈会为契机，抓住对口援疆和产业援疆机遇，积极谋划项目，切实建成一批支撑加快发展的大项目，开发一批壮大经济实力的好项目，储备一批增强发展后劲的新项目。三是加强服务指导，积极协调解决影响项目落地慢，建设速度不快的问题，加快项目建设进度。

（四）进一步深化改革开放，不断激发经济发展动力活力

面对经济发展新常态，兵团只有加大改革开放步伐，才能拓展新的发展空间，培育新的经济增长点。既要向全面深化改革要动力，又要向扩大对外开放要活力。一是深入推进重点领域改革。要提高行政运行效率，通过精简行政审批事项，加快实现职能转变，努力建设服务性政府；要进一步完善经济体制机制，通过深化国资国企改革，加快构建现代化的市场经济体制，特别是要创新民营经济发展体制，积极营造混合所有制经济公

平竞争、共同发展的体制环境。二是深化对外开放。要抢抓国家“一带一路”战略机遇，积极参与丝绸之路经济带核心区建设，抓紧制定和落实相关规划，在把握机遇中赢得发展的主动；要深化兵地融合、嵌入发展，向内挖掘经济发展的潜力。充分发挥兵团集约化管理和大规模农业生产的优势，通过兵地产城融合、园区共建、相互参股、以团代乡等方式，提升兵团城市承载力、公共服务能力和吸纳力。

（作者：王新农　新疆生产建设兵团统计局局长）

专栏：2014年新疆兵团经济社会发展改革亮点

2014年兵团紧紧围绕新疆社会稳定和长治久安总目标，聚焦发挥稳定器大熔炉示范区作用，坚持稳中求进、改革创新、提质增效，统筹推进各项工作，兵团经济社会保持持续健康发展，民生进一步改善，兵地融合进一步增强，兵的作为进一步彰显。全年实现生产总值1738.68亿元，增长16.1%；完成全社会固定资产投资1761.33亿元，增长16.7%；居民人均可支配收入22803元，增长10.3%。

一、喜迎兵团成立60周年，庆祝活动极大提升兵团影响力

2014年是兵团成立60周年，共组织开展了8类22项重点活动。党中央高度重视，以中共中央、国务院、中央军委名义发来贺信，派出了高规格代表团。首次发布了《新疆生产建设兵团的历史与发展》白皮书，首次出版了《新疆生产建设兵团工作文献选编》，首次在国家博物馆举办了以“中国梦·军垦魂为主题的兵团历史文物展。广泛开展了多层次多形式的宣传报道和文体活动。营造了喜庆和谐的浓厚氛围，向全国乃至全世界宣传了兵团的成就和贡献，全面展示了兵团精神和兵团人形象，极大地提升了兵团影响力，增强了兵团人的荣誉感自豪感，更加坚定了兵团人不辱使命，维稳戍边的决心信心热心。

二、主动应对经济下行增大压力，经济继续保持平稳健康发展

面对经济形势“三期叠加”、下行压力加大的影响，兵团以“三化”发展转方式、以投资拉动稳增长、以深化改革添动力、以改善民生聚民心、以强化管理增效益，经济继续保持平稳健康发展态势。经济总量占自治区比重进一步提升，三次产业结构持续优化，果蔬园艺和畜牧业占农业总产值半壁江山，工业主导地位进一步确立，第三产业比重进一步提高。设市建镇、师市合一工作又有新进展，年末兵团管理的城市达到7座、建制镇6个，城镇化率预计达到64%。

三、营造拴心留人环境，民生建设持续加强

兵团持续加大民生建设投入，继续办好“十件实事”，进一步完善教育、科技、医疗卫生、文化、就业、扶贫等公共服务和社会保障体系。民生支出占到财政支出70%以上，新增就业增长18.2%，年内20个团场实现脱贫。采取有力措施拓宽职工增收渠道，初步形成多渠道就业和多元增收格局。

四、完善创新体制机制，改革开放稳步推进

兵团把全面深化改革开放作为新形势下兵团事业发展的动力活力之源和使命履行的体制机制保障。深入贯彻党的十八届三中全会部署，坚持顶层设计、突出重点、先行先试，成立了领导小组和专项小组，制定了实施意见。年初确定的183项改革任务初步完成158项，29个试点团场改革总结评估和整改落实工作基本完成，国资国企改革进一步深化，行政职能转变步伐加快，社会治理体制改革、文化体制改革、事业单位分类改革试点等工作稳步推进，党的建设制度改革全面展开。注重发挥农业比较优势，积极参与丝绸之路经济带建设，着力深化和拓展兵团境外发展空间。

五、主动沟通对接，对口援疆深入开展

主动与援疆省市沟通对接，采取援受双方、行政和市场联动方式，因地制宜推进民生社会建设。开展对口援疆项目管理效益年活动，实施对口援疆项目187个，总投资49.99亿元。十二师二二一团、二二二团分别纳入湖南省、山西省援建范围，对口援疆实现“一对一、全覆盖”。产业援疆取得突破，实施各类招商引资项目1438个，引进兵团以外到位资金1040亿元，其中19个援疆省市产业合作项目421个，到位资金496.4亿元。

六、共铸感情利益共同体，兵地融合不断深化

兵团自觉融入、主动服务自治区经济社会发展，在不断深化兵地融合中体现和发挥兵团作用。兵团与地方建立了政策共享和战略规划协调实施机制，共同编制了城镇、水利、交通及重点产业规划。兵地企业相互参股、园区共建积极推进。兵地基本公共服务统筹有了新突破，团场、连队与周边县、乡、村结对子活动初显成效，地方少数民族群众到邻近团场就业创业、文化娱乐明显增多。向地方重点复杂县34个村派出"访惠聚"工作组，在帮助改善民生、强化基层基础、促进社会稳定方面做了大量工作。

七、强化维稳戍边看家本领，维护稳定展现新作为

兵团深刻把握、积极应对新疆反恐维稳特殊形势，不断强化维稳戍边看家本领，探索加强民兵常态维稳力量和常备武装力量建设，建立健全维稳指挥和常态参与机制。按照中央和自治区党委统一部署，组织开展严打专项行动，实现了兵团辖区和谐稳定，进一步强化了戍边守防功能，在全面参与地方重大暴恐案件处置和敏感期社会面稳控上展现了新作为。全年参与社会面管控和维稳执勤出动的兵力、机动的距离、执勤的时间为近年来之少有。

2014年，兵团在党中央、国务院亲切关怀、自治区党委、政府重视支持和援疆省市大力援助下，改革创新、奋力拼搏，经济社会发展改革取得了新成绩。但兵团经济社会发展中仍存在发展不平衡、不协调，发展基础不牢固，产业层次低，结构不合理，资源短缺，生产要素不全等困难和问题。今后，兵团将继续在全面深化改革、全面推进法治兵团建设、全面建成小康社会、全力维护新疆社会稳定和长治久安中健全治理体系，落实中央要求，完善内部运行机制，丰富特殊体制内涵和实现形式。

（作者：王贵荣　国家统计局新疆兵团调查总队总队长）